Christopher Browning

Die Entfesselung der »Endlösung«

Christopher Browning

Die Entfesselung der »Endlösung«

Nationalsozialistische Judenpolitik
1939–1942

Mit einem Beitrag von
Jürgen Matthäus

Propyläen

Aus dem Amerikanischen von Klaus-Dieter Schmidt

Der Band erscheint im Rahmen eines von Yad Vashem, Jerusalem, herausgegebenen mehrbändigen Reihenwerks mit dem Titel *The Comprehensive History of the Holocaust.*

Die Publikation wurde ermöglicht durch die Unterstützung der Alfried Krupp von Bohlen und Halbach-Stiftung.

Propyläen Verlag
Propyläen ist ein Verlag des
Verlagshauses Ullstein Heyne List GmbH & Co. KG

ISBN 3-549-07187-6

Originaltitel: *The Origins of the Final Solution*

Published by arrangement with the University of Nebraska Press

Redaktion: Nicolai Blank
Gesetzt aus der Janson
bei LVD GmbH, Berlin
Druck und Bindung: Bercker Grafischer Betrieb, Kevelaer

Inhalt

Vorwort

Der vorliegende Band über die Entfesselung der »Endlösung« ist Teil einer geplanten mehrbändigen Gesamtgeschichte des Holocaust, was sein Konzept und Format auf dreierlei Weise beeinflusst hat. Erstens stellt er im Rahmen dieses Projekts lediglich einen von drei Bänden, die sich der Entwicklung der nationalsozialistischen Judenpolitik widmen. Da ihm ein Band über die Vorkriegsjahre vorangehen soll, bildet das Jahr 1939 den nahe liegenden Ausgangspunkt; auf die Jahre davor wird allenfalls eingegangen, um den Hintergrund der Ereignisse zu erhellen. Zum nachfolgenden Band über die Durchführung der »Endlösung« ist eine eindeutige zeitliche Trennung hingegen unmöglich, gibt es doch keinen einheitlichen, für alle unter deutscher Besatzung stehenden Gebiete Europas zugleich gültigen Zeitpunkt für den Übergang von den Ursprüngen der Judenvernichtung zu ihrer Durchführung. Wir haben uns für den März 1942 entschieden, jenen Zeitpunkt, ab dem die Deutschen damit begannen, die polnischen Ghettos zu liquidieren und in Belzec Juden zu vergasen, als sie die ersten Transporte aus Frankreich und der Slowakei zusammenstellten, die Deportationen aus dem Reich wieder aufnahmen und die zweite Mordwelle in den besetzten Gebieten der Sowjetunion in Gang setzten. Nach unserer Auffassung markiert dieses Zusammentreffen unheilvoller Ereignisse die plausibelste Trennlinie zwischen den Ursprüngen und der Durchführung der »Endlösung« und passt zugleich am besten zu unserem interpretatorischen Rahmen.

Zweitens konzentrieren sich die meisten übrigen Bände der Reihe, abgesehen von den drei genannten, die sich speziell mit dem politischen Entscheidungsprozess des NS-Regimes befassen, auf die Geschichte der jeweiligen vom Völkermord betroffenen jüdischen Bevölkerungsgruppen in den einzelnen europäischen Ländern. Im Gegensatz zu einigen jüngeren Arbeiten unternehmen wir im vorliegenden Band nicht den ehrgeizigen Versuch, die Geschichte der Täter und Opfer in einer einzigen Darstellung zu vereinen. Die Perspektive und die Erfahrungen der Opfer finden nur Erwähnung, wo die Initiativen und Taktiken führender Vertreter des Judentums, insbesondere von Rumkowski in Lodz und Czerniaków in Warschau, nachhaltigen Einfluss auf die Gestaltung der nationalsozialistischen Politik hatten. Es soll in diesem Band nicht oberflächlich und redundant abgehandelt werden, was in den anderen Bänden der Reihe eingehend erörtert wird.

Drittens gelangte man bereits bei der Ausarbeitung des Gesamtprojekts zu dem Schluss, dass interpretatorische Einheitlichkeit angesichts der Mitarbeit so vieler Autoren weder erreichbar noch wünschenswert ist. Die Verantwortlichen akzeptierten daher die unterschiedlichen Blickwinkel, Herangehensweisen und Gewichtungen der einzelnen Autoren und beschlossen, diesen für die wissenschaftliche Welt charakteristischen Pluralismus in der Gesamtreihe zu erhalten. Aufmerksame Leser werden bemerken, dass die von den beiden Autoren dieses Bandes dargelegten Interpretationen in einigen kleineren Punkten voneinander abweichen. Wir haben von dem Versuch abgesehen, unsere Ansichten einander mit aller Macht anzugleichen, und lassen, ganz im Geiste des Gesamtprojekts, jede Interpretation für sich selbst sprechen.

Die Autoren sind einer Reihe von Institutionen für ihre unentbehrliche Unterstützung zu Dank verpflichtet. Christopher Browning erhielt Forschungsstipendien des DAAD, der Alexander-von-Humboldt-Stiftung, des Institute for Advanced Study in Princeton und des Institute for Advanced Study der Hebräischen Universität von Jerusalem, ferner den J. B. und Maurice C. Shapiro Award sowie den Ina Levine Scholar in Residence Award des Center for Advanced Holocaust Studies des U. S. Holocaust Memorial Museum, Mittel aus dem Forschungsjahr- und dem Regency-Advancement-Award-Programm der Pacific Lutheran University, ein Fulbright-Stipendium und einen W. R. Kenan jr.-Forschungsurlaub der Universität von North Carolina in Chapel Hill. All diesen Institutionen möchte Christopher Browning für ihre großzügige finanzielle Forschungshilfe danken. Dankbar ist er auch für die Zusammenarbeit und Unterstützung der Archivare und Mitarbeiter des Yad-Vashem-Archivs, des Archivs des U. S. Holocaust Memorial Museum, des vormals in Bonn ansässigen Politischen Archivs des Auswärtigen Amts, des Bundesarchivs in Koblenz und Berlin, des Bundesarchiv-Militärarchivs in Freiburg, der Zentralstelle der Landesjustizverwaltungen in Ludwigsburg, des Berlin Document Center, der U. S. National Archives, des Archivum Panstwowe in Warschau, des Jüdischen Historischen Museums in Belgrad und der Landgerichte in Bonn, Hannover, Köln und Konstanz.

Jürgen Matthäus dankt den Mitarbeitern des Bundesarchivs Berlin, des U. S. Holocaust Memorial Museum und des Zentrums für Antisemitismusforschung in Berlin. Wenngleich die in den entsprechenden Teilen des Buchs geäußerten Ansichten seine eigenen und nicht die Auffassungen des U. S. Holocaust Memorial Museum widerspiegeln, ist er der International Archival Programs Division des Museums und seinem Center for Advanced Holocaust Studies dankbar dafür, dass sie ihm ermöglicht haben, dieses Projekt außerhalb seiner offiziellen Funktion als Museumshistoriker zu verwirklichen.

Im Lauf der Jahre haben zahlreiche Kollegen kritische Anmerkungen gemacht und unserer Arbeit wertvolle Unterstützung gewährt. Danken möchten wir vor allem Raul Hilberg, Michael Marrus, Yehuda Bauer, Saul Friedländer, Peter Hayes, Jonathan Steinberg, Eberhard Jäckel, Ulrich Herbert, Dina Porat, Richard Cohen, Dov Kulka, George Mosse, Yaacov Lozowick, Henry Friedlander, Gerhard Weinberg, Helmut Krausnick, Karl Schleunes, Thomas Sandkühler, Konrad Kwiet, Dieter Pohl, Jürgen Förster, Christian Gerlach, Hans Mommsen, Nechama Tec und Klaus-Michael Mallmann. Für eventuell verbliebene Unzulänglichkeiten und Fehler sind natürlich allein wir selbst verantwortlich.

Christopher Browning *Jürgen Matthäus*

Kapitel 1

Der Hintergrund

In der kurzen Zeitspanne zwischen Herbst 1939 und Herbst 1941 vollzog die nationalsozialistische Judenpolitik einen Entwicklungssprung von erzwungener Emigration zur »Endlösung«, wie sie heute verstanden wird: zu dem systematischen Versuch, alle Juden zu töten, deren die Deutschen habhaft werden konnten. Der Massenmord an den sowjetischen Juden hatte bereits im Spätsommer 1941 begonnen, und nur ein halbes Jahr später war das NS-Regime in der Lage, diese Politik auch in den anderen Teilen seines Einflussgebiets umzusetzen. Die Untersuchung der dreißig Monate vom September 1939 bis zum März 1942 eröffnet entscheidende Einblicke in jene Prozesse, die zur »Endlösung« führten; sie steht im Mittelpunkt des vorliegenden Buches. Das NS-Regime stand in dieser Phase vor einer wahrhaft historischen Entscheidung. Aber warum trat dieses Ereignis nach zwei Jahrtausenden christlich-jüdischen Gegensatzes und einem Jahrtausend einzigartigen europäischen Antisemitismus ausgerechnet Mitte des 20. Jahrhunderts in Deutschland ein?

Christen und Juden hatten sich seit dem ersten Jahrhundert ihrer gemeinsamen Geschichte feindselig gegenübergestanden. Nachdem es den frühen Anhängern des Jesus von Nazareth nicht gelungen war, eine größere Zahl jüdischer Mitbürger davon zu überzeugen, dass er der Messias sei, verfestigte sich ihre Gruppenidentität nach und nach von der einer reformerischen jüdischen Sekte zu derjenigen einer neuen Religion. Zunächst begann das paulinische Christentum nicht nur unter den Juden, sondern auch unter der heidnischen Bevölkerung des Römischen Reichs Konvertiten zu gewinnen. In einem zweiten Schritt versuchten die Verfasser der Evangelien etwa vierzig bis sechzig Jahre nach dem Tode Jesu ihre Rivalen dadurch zu brandmarken, dass sie statt der römischen Behörden in Palästina die Juden für die Kreuzigung Jesu verantwortlich machten – und legten damit in der Heiligen Schrift den Keim des fatalen »Christusmörder«-Vorwurfs. Schließlich sah sich das frühe Christentum durch den jüdischen Aufstand in Palästina und die Zerstörung des zweiten Tempels nicht nur veranlasst, sich völlig von den Juden zu lösen, sondern es interpretierte die jüdische Katastrophe auch als verdiente Strafe für die hartnäckige Weigerung, Jesus als Messias anzuerkennen, sowie als göttliche Bestätigung des eigenen Glaubens. Christen und Juden, zwei kleine Sekten, die auf Grund ihres Monotheismus und ihrer heiligen Schriften mehr miteinander gemein hatten als mit dem Rest der toleranten, synkretistischen, polytheistischen und heidnischen römischen Welt, entwickelten eine unversöhnliche Feindschaft gegeneinander.

Diese Feindschaft erlangte historische Bedeutung, als das Christentum im 4. Jahrhundert nach der Konversion von Kaiser Konstantin zuerst zur bevorzugten und dann gar zur Staatsreligion des Römischen Reichs wurde. Der religiöse Zwist zweier kleiner und relativ machtloser Sekten, die beide die heidnische Welt, die sie umgab, ablehnten, verwandelte sich plötzlich in das ungleiche Verhältnis zwischen einer siegreichen Staatsreligion und einer drangsalierten religiösen Minderheit. Dennoch war das Los der Juden noch besser als das der Heiden. Während die triumphierenden Christen das Heidentum vernichteten und dessen Tempel niederrissen, verschonten sie die Synagogen. Neben dem Christentum blieb das Judentum die einzige gesetzlich erlaubte Religion. Ohne dieses doppelte Maß an Intoleranz – die Vernichtung des Heidentums und ein verachtetes, aber zugelassenes Judentum – hätte es keine Fortsetzung der christlich-jüdischen Geschichte gegeben.

Bald erlebte das scheinbar siegreiche Christentum seinerseits eine jahrhundertelange Kette von Katastrophen. Vom demographischen und wirtschaftlichen Niedergang geschwächt, lösten sich die westlichen Provinzen des christianisierten Römischen Reichs auf und brachen unter dem Angriff zahlenmäßig recht kleiner germanischer Invasionskräfte aus dem Norden zusammen. Der Einfall der Hunnen aus dem Osten lief noch ins Leere, aber nicht mehr die nachfolgende Invasion der Muslime, die von der arabischen Halbinsel heranstürmten und am Ende des 7. Jahrhunderts die halbe römische Welt eroberten. Ganze Städte und mit ihnen die urbane Kultur und die Geldwirtschaft verschwanden in dem Gebiet, aus dem einst Westeuropa werden sollte, von der Landkarte. Eine erheblich geschrumpfte Bevölkerung – analphabetisch, verarmt, in abgeschiedenen Dörfern und primitiver Subsistenzwirtschaft ein kärgliches Leben fristend – ächzte im 9. und 10. Jahrhundert unter den Auswirkungen weiterer verheerender Invasionen der Wikinger aus Skandinavien und der Magyaren aus Zentralasien. In diesen Jahrhunderten voll Elend und Niedergang gab es weder für die christliche Mehrheit noch für die jüdische Minderheit in Westeuropa viel Trost.

Eine lange Phase der Erholung – demographisch, wirtschaftlich, kulturell und politisch – begann kurz vor der Jahrtausendwende. Die Bevölkerung und die Städte wuchsen, der Wohlstand vervielfachte sich, zentralisierende Monarchien gewannen die Oberhand über feudale Anarchie, Universitäten wurden gegründet, Kulturschätze des Altertums wieder entdeckt, und das Einflussgebiet des westlichen Christentums begann sich auszudehnen. Doch kam dieser Wandel nicht allen zugute. Die erste große »Modernisierungskrise« Europas hatte – wie jede derart tief greifende Veränderung – auch ihre »sozialen Verlierer«. Für eine große Zahl enttäuschter Ritter – Europas feudale Elite – hatten sich die Aussichten verschlechtert. Eine neue Geldwirtschaft und urbane Gesellschaft untergruben die traditionellen Herrschaftsbeziehungen. Zunehmende Alphabetisierung und Universitätsbildung, zusammen mit der verstörenden Entdeckung des aristotelischen Rationalismus, bildeten zudem eine potentielle Gefahr für den überlieferten christlichen Glauben. Wachstum, Prosperität und enthusiastische Religiosität gingen einher mit Verwirrung, Frustration und Zweifel.

Als Verkörperung des Neuen und Beunruhigenden, des Unverständlichen und Bedrohlichen dieser »Modernisierungskrise« erschien den Zeitgenossen die jüdische Minderheit. Der für das erste Jahrtausend des christlich-jüdischen Gegensatzes typische Antijudaismus christlicher Theologen und ihre »Lehre der Verachtung« (Jules Isaac) wich rasch einem »xenophoben« Antisemitismus (Gavin Langmuir) – ein verbreitetes negatives Stereotyp, das sich aus unterschiedlichen Behauptungen zusammensetzte, die nicht die wirkliche jüdische Minderheit beschrieben, sondern verschiedene Bedrohungen symbolisierten, welche die christliche Mehrheit nicht in den richtigen Kontext einordnen konnte und wollte.[1] Eine Häufung antijüdischer Vorfälle am Ende des ersten Jahrzehnts des 11. Jahrhunderts markierte eine Wende, die schließlich in den blutigen Pogromen marodierender Ritterbanden auf ihrem Weg zum ersten Kreuzzug deutlich zutage trat.[2] Mit Langmuirs Worten: »Diese Gruppen scheinen aus Leuten bestanden zu haben, deren Identitätsgefühl von der raschen Veränderung sozialer Bedingungen, die sie weder kontrollieren noch verstehen konnten und denen sie sich nicht anzupassen vermochten, ernstlich untergraben war.«[3]

Als urbane und Handel treibende Randgruppe, vor allem aber als »Ungläubige« sahen sich die Juden nicht nur der unmittelbaren Gefahr ausgesetzt, den ersten Pogromen Europas zum Opfer zu fallen; sie waren langfristig auch durch eine zunehmend radikalere negative Stereotypisierung bedroht. Ausgeschlossen von den ehrenhaften Ständen der Militärs und der Landbesitzer, ausgeschlossen häufig auch von den angesehenen wirtschaftlichen Aktivitäten, die die christliche Mehrheit mit Hilfe der Zünfte kontrollierte, wurden sie jetzt als Feiglinge, Schmarotzer und Wucherer gebrandmarkt. Der ursprünglich religiös begründete Antisemitismus erhielt so eine ökonomische, soziale und politische Dimension.

In den folgenden Jahrhunderten gewann das negative Stereotyp des xenophoben Antisemitismus weiter an Schärfe und Spannbreite, etwa in Gestalt der wahnwitzigen Vorwürfe, Juden würden Ritualmorde oder Hostienfrevel begehen. Diese phantastischen Beschuldigungen scheinen auf geistesgestörte Individuen zurückzugehen, die auf gesellschaftlich anerkannte Weise mit ihren psychischen Problemen fertig zu werden suchten.[4] Auf dem fruchtbaren Boden des xenophoben Antisemitismus vermehrten und verbreiteten sich solche Chimären rasch, bis sie schließlich von den Autoritäten aufgegriffen und legitimiert wurden. Während man die Juden zunehmend entmenschlichte und verteufelte, kulminierte der mittelalterliche Antisemitismus in den Vertreibungen und den vielerorts als Reaktion auf die Pestepidemien begangenen Massakern.

Derart tief und umfassend in der christlichen Kultur Westeuropas verankert, war es für die Judenfeindlichkeit einer Gesellschaft gleichgültig, ob tatsächlich Juden in ihr lebten. In Spanien, wo die letzte und größte Judenvertreibung stattfand, galt selbst die Konversion immer öfter als unzureichendes Mittel, um das den Juden angeblich angeborene Böse zu überwinden. Die Marranen – so die Bezeichnung für die nach der Reconquista zwangsweise getauften Juden der iberischen Halbinsel – wurden verfolgt und vertrieben, während zugleich in beklemmendem Vorgriff auf die Geschehnisse, die 500 Jahre später in der Mitte Europas eskalieren sollten, der Begriff des reinblütigen Christen seine erste Prägung fand.

Das europäische Judentum überlebte den ausufernden Mahlstrom der Verfolgung, weil die Kirche ihn nicht nur sanktionierte, sondern auch eindämmte.[5] Durchlässige Grenzen ermöglichten es den vertriebenen Juden zudem, zu entkommen und sich anderswo anzusiedeln; durchlässige Grenzen und religiöse Zurückhaltung fehlten im 20. Jahrhundert jedoch. Dass der mittelalterliche Antisemitismus schließlich langsam abzuebben begann, lag weniger daran, dass in weiten Teilen Europas kaum Juden lebten, als vielmehr an der schrittweisen Säkularisierung der frühneuzeitlichen europäischen Gesellschaften – vom Renaissancehumanismus über den Zerfall der kirchlichen Einheit während der Reformation, die wissenschaftlichen Revolutionen von Galilei und Newton im 17. Jahrhundert bis hin zur Aufklärung. Westeuropa war kein christliches Gemeinwesen mehr, dessen Kultur und Identität sich allein aus der Religion speisten.

Während dieser relativen Ruhephase kehrten Juden in einige Teile Westeuropas zurück, aus denen sie vertrieben worden waren. Das demographische Zentrum des Judentums lag jetzt jedoch eindeutig im Osten. Als sich Juden im Mittelalter in Osteuropa anzusiedeln begannen, hatten sie die dortigen Herrscher häufig willkommen geheißen, weil die neuen Siedler vorher fehlende wirtschaftliche Tätigkeiten ausübten. Im 18. Jahrhundert kam es hier gar zu einer regelrechten jüdischen Bevölkerungsexplosion. Die nun folgende »Doppelrevolution« des späten 18. und frühen 19. Jahrhunderts betraf alle Europäer, Juden wie Nichtjuden gleichermaßen. Während die Französische Revolution das Aufkommen von Liberalismus und Nationalismus ankündigte, setzte die industrielle Revolution einen tief greifenden wirtschaftlichen und sozialen Wandel in Gang.

Anfangs schien diese Doppelrevolution den europäischen Juden nur Vorteile zu bringen. Der Liberalismus förderte die »Judenemanzipation«; innerhalb weniger Jahrzehnte wurden die über Jahrhunderte hinweg angehäuften diskriminierenden antijüdischen Verordnungen nicht nur in England und Frankreich, sondern selbst in den autokratischen Reichen der Hohenzollern und der Habsburger durch die liberale Lehre von der Gleichheit vor dem Gesetz und der Gewissensfreiheit ersetzt. Die industrielle Revolution wiederum eröffnete einer mobilen, gebildeten und anpassungsfähigen Minderheit enorme Möglichkeiten. Der im Niedergang befindlichen traditionellen Wirtschaft und Gesellschaft, die sie so eingeschränkt und marginalisiert hatte, waren die Juden jedenfalls nur ansatzweise verbunden und trauerten ihr folglich kaum nach.

Am Ende erwies sich die zweite große »Modernisierungskrise« Europas für die Juden jedoch als noch gefährlicher als die erste ein Jahrtausend zuvor.[6] Erneut fanden die »sozialen Verlierer« der Modernisierung – die traditionellen Eliten und insbesondere vorindustriell geprägte Wirtschaftszweige – in den Juden eine willkommene Zielscheibe ihrer Unzufriedenheit. Da die Juden von den Veränderungen profitierten, die das traditionelle Leben in Europa unterminierten, erschien es vielen plausibel, dass sie für eben jene Veränderungen entsprechend verantwortlich waren. Besaßen religiöse Argumente im stark säkularisierten und wissenschaftsgläubigen 19. Jahrhundert auch kaum noch Überzeugungskraft, so verfestigte sich stattdessen die Ansicht, dass das Verhalten der Juden nur durch unveränderliche jüdische Rassemerkmale erklärbar sei.[7] Aus den Implikationen dieses rassischen Antisemitismus erwuchsen Gefahren neuer Art. An die Stelle der Forderung, zum Christentum überzutreten und sich zu assimilieren, setzte der rassische Antisemitismus das Verdikt biologistischer Determiniertheit. Als Rasse konnten die Juden ihre Vorfahren nicht vergessen machen; sie konnten bestenfalls verschwinden.

Die in der zweiten Hälfte des Mittelalters zusammengetragenen Elemente des antisemitischen Stereotyps konnten auf der neuen rassischen Grundlage des Antisemitismus fast ausnahmslos übernommen und ohne große Aktualisierungen weiterverwendet werden. Als einzige bedeutende Ergänzung kam der Vorwurf hinzu, die Juden seien für die marxistische Revolution verantwortlich. Ohne Rücksicht auf logische Folgerichtigkeit wurde das alte Negativklischee des schmarotzenden Wucherjuden (in seiner aktualisierten Version des habgierigen Kapitalisten) mit dem neuen Bild des Juden als subversivem Revolutionär verknüpft, der darauf aus war, Privateigentum und Kapitalismus zu zerstören und die Gesellschaftsordnung umzustürzen. Nach 1917 setzte sich die Vorstellung eines bedrohlichen »jüdischen Bolschewismus« bei europäischen Konservativen ebenso fest wie einst das Stigma der »Christusmörder« bei den europäischen Christen.

Diese Entwicklungen in der Geschichte des Antisemitismus überschritten die nationalen Grenzen und waren gesamteuropäischer Natur. Warum spielte dann von allen europäischen Völkern ausgerechnet das deutsche eine solch verhängnisvolle Rolle in der mörderischen Zuspitzung der Krise des 20. Jahrhunderts? Historiker haben eine Reihe von Interpretationen des deutschen Sonderwegs vorgelegt, die in der Regel England und Frankreich als Vergleichsmaßstab heranziehen. Eine Erklärung verweist auf die kulturell-ideologische Entwicklung in Deutschland: Das Ressentiment gegen die von den revolutionären und napoleonischen französischen Eroberern aufgezwungenen Veränderungen hätte die ohnehin schon verzerrte und unvollständige Rezeption der Aufklärung sowie der »westlichen« liberalen und demokratischen Ideale in Deutschland zusätzlich erschwert. Die antiwestliche Einstellung und die Verzweiflung vieler deutscher Intellektueller angesichts der immer stärker gefährdeten und sich zunehmend auflösenden traditionellen Welt hätten einerseits die Ablehnung der liberal-demokratischen Werte perpetuiert, andererseits eine selektive Versöhnung mit gewissen Aspekten der Moderne (wie dem technologischen Fortschritt und der zweckgerichteten Rationalität) zur Folge gehabt, so dass sich, um Jeffrey Herfs Begriff zu verwenden, ein spezifisch deutscher »reaktionärer Modernismus« herausgebildet habe.[8]

Dem sozial-strukturellen Ansatz zufolge ergab sich in Deutschland aufgrund der lang anhaltenden politischen Zersplitterung eine Situation, die der wirtschaftlichen Entwicklung und der Entstehung einer starken Mittelklasse weniger förderlich war als in England und Frankreich. Das Scheitern der Revolution von 1848 habe auch das Ende der Versuche bedeutet, die Entwicklung Deutschlands, wenn es schon nicht zu England und Frankreich aufschließen konnte, wenigstens nach deren Vorbild durch gleichzeitige politische und wirtschaftliche Modernisierung voranzutreiben. In einem autokratischen politischen System hätten die vorkapitalistischen deutschen Eliten stattdessen ihre Privilegien gesichert, während die enttäuschte Mittelschicht mit der nationalen Einheit belohnt worden sei, die sie durch ihre allzu zaghaften revolutionären Anstrengungen selbst nicht hatte erreichen können. Am Ende habe sie sich durch die Prosperität im Zuge der von der Vereinigung ausgelösten raschen wirtschaftlichen Modernisierung »kaufen« lassen. Aus Angst vor dem Aufstieg des Sozialismus und infolge verstärkter »sozialimperialistischer« Manipulation »von oben« sei die deutsche Mittelschicht nicht wie in England und Frankreich zur Hauptstütze einer starken liberal-demokratischen Mitte geworden.[9] Stattdessen habe sich Deutschland zu einer »schizophrenen« Nation entwickelt, die einerseits eine immer moderner gestaltete Gesellschaft und Wirtschaft besaß, andererseits aber von einem autokratischen Monarchen und traditionellen Eliten regiert wurde, die selbst zu schrittweisen demokratischen Reformen unfähig waren.

Ein dritter Ansatz sieht den deutschen Sonderweg in der einzigartigen Verbreitung sowie der zentralen Bedeutung und Virulenz des Antisemitismus begründet. Laut Daniel Jonah Goldhagen war der Antisemitismus nirgendwo anders so verbreitet,

»dass er im Kontext dieser Kultur ein Axiom darstellte«. Der deutsche Antisemitismus sei »ein Phänomen für sich« und schon in vornationalsozialistischer Zeit die »Normalwährung der deutschen Gesellschaft« gewesen.[10] Mit einem weniger breiten Pinsel bemüht sich John Weiss, die Brutstätten des deutschen Antisemitismus in den populistischen Bewegungen sowie bei den politischen und akademischen Eliten des späten 19. Jahrhunderts nachzuzeichnen.[11]

Eine gelungene Synthese von Grundelementen dieser unterschiedlichen, einander jedoch nicht ausschließenden Thesen über den deutschen Sonderweg liefert Shulamit Volkov, die den deutschen Antisemitismus vom Ende des 19. Jahrhunderts als einen »kulturellen Kode« interpretiert. Danach verknüpften deutsche Konservative, die in einem illiberalen politischen System zwar die führende Rolle spielten, diese aber durch die fortschreitende Modernisierung der Gesellschaft zunehmend gefährdet sahen, alles Bedrohliche mit dem Antisemitismus – Liberalismus, Demokratie, Sozialismus, Internationalismus, Kapitalismus und kulturelle Experimente. Antisemit zu sein bedeutete zugleich auch autoritäre, nationalistische, imperialistische, protektionistische, ständische und in kultureller Hinsicht traditionelle Standpunkte zu vertreten. »Mit allem, wofür die Konservativen standen«, resümiert Volkov, »wurde damals der Antisemitismus assoziiert.« Immer stärker habe er sich mit ihrem Antimodernismus verschränkt.[12] Wie Uriel Tal angemerkt hat, machten die deutschen Konservativen ihren Frieden mit dem modernen Nationalismus und dem modernen Staat, indem sie beide im Sinne eines traditionellen deutschen »christlichen Staats« und dessen überlieferter Werte interpretierten. Statt gegen das traditionelle orthodoxe Judentum wandten sich die Konservativen gegen all jene Werte, die sie mit dem modernen, emanzipierten und relativ assimilierten Judentum gleichsetzten – Rationalismus, Liberalismus, »Manchestertum« und Sozialismus.[13] Das Ergebnis war eine merkwürdige Mischung aus religiösem und kulturellem Antisemitismus, zumeist jedoch noch kein rassischer Antisemitismus.

An der Jahrhundertwende war der deutsche Antisemitismus integraler Bestandteil der konservativen politischen Anschauungen und tief in den Universitäten verwurzelt. Er war politischer geworden und stärker institutionalisiert als in den westlichen Demokratien Frankreich, England und Amerika. Das heißt jedoch nicht, dass der deutsche Antisemitismus das politische oder geistige Leben am Ende des 19. Jahrhunderts beherrscht hätte. Konservative und antisemitische Parteien bildeten eine Minderheit. Während diskriminierende Gesetze gegen Katholiken in den siebziger Jahren und solche gegen Sozialisten in den achtziger Jahren im Reichstag eine Mehrheit fanden, wurde die Emanzipation der Juden, die weniger als ein Prozent der Bevölkerung stellten und kaum in der Lage gewesen wären, sich gegen ein in feindseliger Besessenheit vereintes Deutschland zur Wehr zu setzen, nicht rückgängig gemacht. Und am anderen Ende des politischen Spektrums stand die SPD, die nicht nur die größte marxistische Partei Europas war, sondern auch in den Reichstagswahlen zwischen 1890 und 1930 regelmäßig die meisten Stimmen erhielt.

Im Vergleich zu Westeuropa könnte man sagen, dass in Deutschland die politische Rechte antisemitischer, die Mitte schwächer, die Linke stärker, der Liberalismus blasser und die politische Kultur autoritärer war. Zudem waren die Juden auffälliger. Diese Prominenz – wohlgemerkt in den akademischen Berufen und im Wirtschaftsleben, nicht in jenen Bereichen, die von den alten Eliten dominiert wurden, also dem Offizierskorps und dem Staatsdienst – sowie die tiefe Verbundenheit der deutschen Juden mit der deutschen Kultur und eine relativ große Zahl von Heiraten über die Religionsgrenzen hinweg deuten nicht auf verbreitete Feindseligkeit hin, sondern auf ein Klima, in dem sie prosperierten. Der Antisemitismus mag in einflussreichen Kreisen stark gewesen sein, insbesondere im Vergleich mit dem Westen, aber er war weder so allgegenwärtig noch so radikal wie weiter im Osten, wo Deutschland den unterdrückten Juden als Land der unbegrenzten Möglichkeiten erschien. Und dieses Bild, das sei hier hinzugefügt, wurde auch durch das Verhalten, das die deutschen Truppen im Ersten Weltkrieg in Osteuropa an den Tag legten, nicht verdunkelt.

Langmuirs Begriff des xenophoben Antisemitismus passt gut auf die Judenfeindschaft der deutschen Konservativen an der

X „Intelligenz“

Jahrhundertwende, projizierten seine Vertreter ihre unverstandenen Ängste doch in der Tat auf die Juden. Allerdings war die jüdische Frage für sie nur eine unter vielen, ohne höchste Priorität zu haben oder Quelle größter Furcht zu sein. Dennoch bot der xenophobe Antisemitismus, so Langmuir, einen fruchtbaren Boden für das Wachstum eines phantastischen, »schimärischen«, oder, wie es Saul Friedländer kürzlich ausgedrückt hat, eines »Erlösungsantisemitismus«.[14] Während der deutsche xenophobe Antisemitismus die politischen Anschauungen eines großen Segments des politischen Spektrums durchdrang, bildeten die »Erlösungsantisemiten« mit ihren »schimärischen« Anklagen – von der jüdischen »Vergiftung« des reinen arischen Bluts bis zu einer geheimen jüdischen Weltverschwörung, die angeblich hinter der doppelten Bedrohung durch marxistische Revolution und plutokratische Demokratie stand – eine Gruppe, die Juden obsessiv als – in erster Linie rassische – Bedrohung wahrnahm. Doch waren die von Uriel Tal »antichristlich-rassistisch« genannten Antisemiten zu diesem Zeitpunkt noch eine Randerscheinung: »Im Zweiten Reich [...] stieß die nicht- und antichristliche Haltung der modernen Antisemiten bei der großen Mehrheit der Wähler noch auf Ablehnung.«[15] Oder, wie Richard Levy konstatiert: »Eine der größten Schwächen der antisemitischen Parteien des Kaiserreichs war ihre Unfähigkeit, die deutsche Rechte für ihre Version des ›ernsthaften‹ Antisemitismus zu gewinnen.«[16]

Die Kette zutiefst erschütternder Ereignisse, die Deutschland zwischen 1912 und 1929 erlebte – der Verlust der Kontrolle über den Reichstag seitens der Rechten, ein furchtbarer Krieg, der in militärischer Niederlage und Revolution endete, eine galoppierende Inflation und der Zusammenbruch der Wirtschaft –, transformierte die deutsche Politik. Gespalten und traumatisiert, gab die deutsche Gesellschaft kein tragfähiges Fundament ab, auf dem sich eine stabile, funktionierende gemäßigte Demokratie errichten ließ. Auf Kosten der Mitte wuchs die Rechte, und deren radikaler Flügel auf Kosten des traditionalistischen. Gleichzeitig entwickelte sich der »schimärische« und rassische Antisemitismus von einer Randerscheinung zur Kernidee einer Bewegung, die bis zum Sommer 1932 zur größten Partei Deutschlands und sechs Monate später zur Regierungspartei aufstieg. Allein schon diese Tatsache unterscheidet die Geschichte Deutschlands und des deutschen Antisemitismus von derjenigen anderer europäischer Länder.

Doch diese Einzigartigkeit muss in die richtige Perspektive gerückt werden. Die Nationalsozialisten erhielten in freien Wahlen nie mehr als 37 Prozent der Stimmen, weniger als Sozialdemokraten und Kommunisten zusammengenommen. Im innerlich zerrissenen Deutschland gab es nur einen Konsens: Über die Hälfte der Wähler – diejenigen der Nationalsozialisten und der Kommunisten – war der Ansicht, dass die gelähmte Weimarer Demokratie einer anderen, radikaleren Regierungsform weichen sollte. Die Nationalsozialisten passten ihre verschiedenartigen Botschaften den Erwartungen der Wähler an. Viele Deutsche wählten sie nicht einfach aus einer antisemitischen Einstellung heraus, sondern aus Verärgerung über das politische Chaos und die Wirtschaftskrise, aus Furcht vor der Linken und aus gedemütigtem Nationalismus. Andererseits ließen sich die Millionen, die den Nazis aus solchen Gründen ihre Stimme gaben, von deren Antisemitismus aber auch nicht abschrecken. Der Antisemitismus der Konservativen und der Universitäten hatte seine nationalsozialistische Spielart politisch und intellektuell hoffähig gemacht.

Insofern wurden durch Hitlers Machtantritt nicht nur die Nationalsozialisten und ihre rechten Verbündeten – seit langem die Vorreiter des Antisemitismus in Deutschland – auf die Juden »losgelassen«; dies geschah vielmehr auch mit der stillschweigenden Duldung von Millionen Deutschen, die das Schicksal der Juden im Vergleich mit ihren eigenen Sorgen wenig oder gar nicht kümmerte – zumal nun auch viele Deutsche ihr Mäntelchen nach dem Wind hängten und das neue Regime aktiv unterstützten. Wie William Sheridan Allen einprägsam formuliert hat, wurden viele »vom Antisemitismus angezogen, weil sie sich vom Nationalsozialismus angezogen fühlten, nicht umgekehrt«.[17] Gleichzeitig wurden mit atemberaubender Geschwindigkeit Parteien und Gewerkschaften verboten und der öffentliche Dienst, das Bildungssystem, Länder- und Kommunalverwaltungen sowie buchstäblich das gesamte Vereins- und

Kulturleben »gleichgeschaltet«. Deutschland hörte auf, eine pluralistische Gesellschaft zu sein, und es gab außerhalb des Bündnisses von Nationalsozialisten und Konservativen, auf dem das Regime ruhte, keine nennenswerte Gegenkraft mehr.

Für Hitlers konservative Verbündete waren die Rücknahme der Emanzipation und die gesellschaftliche Ausgrenzung der Juden untrennbare Bestandteile der Gegenrevolution und der nationalen Erneuerung. Sie wollten den angeblich übermäßigen jüdischen Einfluss auf das deutsche Leben zurückdrängen, auch wenn dies neben solchen Zielen wie der Zerschlagung von Gewerkschaften, marxistischen Parteien und der parlamentarischen Demokratie oder der Wiederbewaffnung und dem Wiederaufstieg Deutschlands zur Großmacht kaum zu ihren Prioritäten gehörte. Es ist höchst unwahrscheinlich, dass die Konservativen von sich aus über die 1933/34 ergriffenen Diskriminierungsmaßnahmen hinausgegangen wären, durch die die Juden aus öffentlichem Dienst, Militär, akademischen Berufen und Kulturleben verdrängt wurden. Was sie als ausreichend betrachteten, war für die Nationalsozialisten allerdings nicht mehr als ein Anfang. Weit deutlicher als die Konservativen nahmen sie die Kluft zwischen sich und ihren Verbündeten wahr. Als Komplizen bei der Durchsetzung der ersten antijüdischen Maßnahmen und der Zerstörung der Demokratie konnten die Konservativen nun allerdings ebenso wenig gegen die Radikalisierung der Judenverfolgung protestieren wie für sich selbst eben jene Rechte beanspruchen, die sie anderen genommen hatten. Und obwohl sie über den zunehmenden Verlust von Einfluss und Privilegien an die Nationalsozialisten geklagt haben mögen, denen sie selbst zur Macht verholfen hatten, gab es nur erschreckend wenige, die angesichts des Schicksals der Juden Bedauern oder gar Mitleid empfanden. Darauf hinzuweisen, dass Hitlers konservative Verbündete nicht in allem mit den Nationalsozialisten einer Meinung waren, heißt nicht, in Abrede zu stellten, dass ihr Verhalten ebenso jämmerlich wie verantwortungslos war. Einmal mehr hatte der xenophobe Antisemitismus dem »schimärischen« den Boden bereitet.

Was lässt sich über das deutsche Volk in den dreißiger Jahren des vergangenen Jahrhunderts sagen? Wurde die Mehrheit der

Deutschen von der antisemitischen Flutwelle der Nationalsozialisten mitgerissen? Nur teilweise, wie Ian Kershaw, Otto Dov Kulka und David Bankier, die in diesem Punkt zu erstaunlich gleich lautenden Ergebnissen gelangt sind, in detaillierter Forschung gezeigt haben.[18] Für die Periode von 1933 bis 1939 unterscheiden diese Historiker zwischen einer Minderheit von Aktivisten, die dem Antisemitismus oberste Priorität beimaßen, und der breiten Bevölkerung, für die dies nicht galt. Dennoch akzeptierte die Mehrheit der »gewöhnlichen« Deutschen – die Saul Friedländer im Gegensatz zu den »Aktivisten« als »Zuschauer« charakterisiert hat[19] – die vom Regime erlassenen Gesetze, welche das Ende der Emanzipation bedeuteten und die Juden 1933 aus allen öffentlichen Stellungen vertrieben, 1935 gesellschaftlich ächteten und 1938/39 endgültig ihres Eigentums beraubten. Zwar duldete die Mehrheit die in gesetzlichen Bahnen verlaufende Verfolgung der Juden, rowdyhaften antisemitischen Gewaltausbrüchen stand sie indessen kritisch gegenüber. Der Boykott von 1933, die Ausschreitungen von 1935 und der »Kristallnacht«-Pogrom vom November 1938 fanden beim größten Teil der deutschen Bevölkerung kein positives Echo.[20]

Am wichtigsten war jedoch, dass sich zwischen der jüdischen Minderheit und der allgemeinen Bevölkerung eine Kluft auftat. Auch wenn die Mehrheit der Deutschen keinen radikalen, gewalttätigen Antisemitismus verfocht, verhielt sie sich dem Schicksal der Juden gegenüber doch in zunehmendem Maße »apathisch«, »passiv« und »indifferent«. Viele Deutsche, die den Juden gleichgültig oder sogar feindselig begegneten, beunruhigte die öffentliche Verhöhnung tief verwurzelter Werte mit ihren negativen Folgen für die Aufrechterhaltung von Recht und Ordnung und den Schutz des Eigentums. Wurden die antisemitischen Maßnahmen aber geordnet und scheinbar legal ausgeführt, erfuhren sie weithin Billigung. Dafür gab es zwei Gründe: Zum einen nährten solche Maßnahmen die Hoffnung auf eine Begrenzung der Gewalt, die von den meisten Deutschen verabscheut wurde, und zum anderen hatte der größte Teil der Deutschen inzwischen das Ziel akzeptiert, die Juden aus der deutschen Gesellschaft teilweise oder sogar ganz zu verdrängen. Das war ein großer Erfolg für das Regime, ließ aber noch keineswegs erwarten, dass die meisten »gewöhnlichen« Deutschen den Massenmord am europäischen Judentum gutheißen, geschweige denn an ihm teilnehmen würden, dass aus den »Zuschauern« von 1938 die genozidalen Mörder von 1941/42 werden würden.

Im Gegensatz zu den konservativen Eliten und der deutschen Öffentlichkeit hatten Hitler, die NS-Führung insgesamt, die Partei und die Bürokratie eine weitere Verschärfung und Eskalation der Judenverfolgung im Sinn. Hitlers Antisemitismus war sowohl obsessiv als auch ein zentrales Element seiner politischen Anschauungen.[21] Für ihn barg die »Judenfrage« die Ursache sämtlicher Probleme wie auch den Schlüssel zu ihrer Lösung. Insofern schuf sein Antisemitismus einen ideologischen Imperativ, der eine immer umfassendere Suche nach einer abschließenden Lösung, einer »Endlösung«, erforderte.

Die emotionale und ideologische Priorität von Hitlers Antisemitismus im Kontext einer Deutung der Geschichte als Rassenkampf wurde vom größten Teil der NS-Führung und der Partei geteilt. Diese Rassenideologie bestimmte die Politik des Dritten Reichs und verlieh ihr Sinn; sie gab dem Regime Handlungsimpulse und Richtungsvorgaben für seinen unermüdlichen Dynamismus und ständigen Bewegungsdrang. Innerhalb des polykratischen Systems brauchte Hitler kein Konzept, keinen Zeitplan und keine große Strategie für die »Lösung der Judenfrage«. Er brauchte sie nur immer wieder auf die Tagesordnung zu setzen und jene zu belohnen, die einander mit immer neuen Lösungsvorschlägen überboten. Von der Dynamik des politischen Systems der Nationalsozialisten angetrieben, sorgte ein wie von einem Sperrrad gesteuerter Entscheidungsprozess dafür, dass Radikalisierungssprünge und taktische Pausen einander abwechselten, ohne jemals eine Mäßigung oder Rücknahme zu gestatten. Am Ende waren »Endlösungen« die einzigen, die es wert waren, Hitler vorgelegt zu werden. Nach dem »Kristallnacht«-Pogrom verkündete Göring in dessen Namen, die »Judenfrage« sei nunmehr »so oder so zur Erledigung zu bringen«, und im Januar 1939 öffnete Hitler selbst seinen Anhängern einen neuen Erwartungshorizont, als er prophezeite, dass es im Falle eines Weltkriegs zur »Vernichtung der jüdischen Rasse in Europa« kommen werde. So erzeugte Hitlers antisemitischer ideologischer Imperativ im Zusammenspiel mit dem in interne Rivalitäten verstrickten polykratischen NS-Machtapparat auch ohne breite öffentliche Unterstützung einen enormen Sog in Richtung fortschreitender Eskalation der nationalsozialistischen Judenpolitik.

Ende der dreißiger Jahre wurde diese Eskalation und Radikalisierung zusätzlich durch die Eigendynamik der deutschen Bürokratie beschleunigt. Nach der Machtübernahme der Nationalsozialisten war binnen weniger Monate in nahezu jeder Regierungsbehörde aus untergeordneten Beamten – alten Gefolgsleuten der Partei ebenso wie frisch Konvertierten und anpassungsfähigen, ehrgeizigen Karrieristen – ein so genanntes Judenreferat gebildet worden, das alle in die jeweilige Jurisdiktion fallenden judenpolitischen Angelegenheiten bearbeiten sollte. Kein Ministerium, das in irgendeiner Weise mit der nationalsozialistischen Judenpolitik zu tun hatte, kam mehr ohne Experten aus, die es über die Auswirkungen der von anderen Stellen erlassenen judenfeindlichen Verordnungen unterrichteten oder an diversen interministeriellen Konferenzen teilnahmen, um den Standpunkt ihres Ministeriums zu vertreten, und natürlich dessen eigene Maßnahmen vorbereiteten. Und je mehr die Zahl dieser Judensachbearbeiter wuchs, desto stärker wurden die kumulativen Auswirkungen ihrer Tätigkeit spürbar. Die bloße Existenz dieser Beamtenplanstellen sorgte dafür, dass der Strom an diskriminierenden Verordnungen nicht abebbte. Noch während die deutschen Juden 1942 in die Ghettos und Vernichtungslager im Osten deportiert wurden, produzierte die Bürokratie Vorschriften, die es ihnen untersagten, Haustiere zu halten, sich von arischen Friseuren die Haare schneiden zu lassen oder das Reichssportabzeichen zu erwerben.[22] Eine solche bürokratische »Vernichtungsmaschinerie« war willens und bereit, sich der professionellen Herausforderung zu stellen und die unzähligen Probleme zu lösen, die von der eskalierenden Judenpolitik heraufbeschworen wurden. Nach Raul Hilbergs denkwürdiger Formulierung aus der ersten Auflage seines Standardwerks *The Destruction of the Euro-*

pean Jews winkten die deutschen Bürokraten »ihr faustisches Schicksal heran«.[23] Nicht nur für Hitler und die Parteimitglieder, sondern auch für die akademischen Experten aus der deutschen Bürokratie sollten der Kriegsausbruch im September 1939 und die nachfolgenden Siege die einmalige Gelegenheit eröffnen, Geschichte zu machen und die »Judenfrage« zu lösen.

Kapitel 2

Polen – Laboratorium der Rassenpolitik

Die Invasion und Eroberung Polens im September 1939 war von entscheidender Bedeutung für die Weiterentwicklung der nationalsozialistischen Judenpolitik in Richtung »Endlösung«. Zahlenmäßig fielen den Deutschen über zwei Millionen polnische Juden in die Hände; als am Ende des Jahres die Grenzen zwischen der deutschen und der russischen Zone geschlossen wurden, verblieben noch 1,7 bis 1,8 Millionen unter deutscher Herrschaft.[1] Bis dahin hatte man bei der Suche nach einer Lösung für die »Judenfrage« stets an die deutschen Juden gedacht, und obwohl mittlerweile die Juden Österreichs sowie des Sudetenlandes und des so genannten Protektorats Böhmen und Mähren hinzugekommen waren, schien sie durch Emigration und schrittweise Vertreibung immer noch erreichbar zu sein. Die Aussicht auf ein letzten Endes »judenfreies« Deutschland blieb gewährleistet.

Doch der Kriegsausbruch drohte nun den ohnehin schon abnehmenden Auswandererstrom zusätzlich zu verringern, während Deutschland durch die Eroberung Polens einen gewaltigen Zuwachs an jüdischer Bevölkerung zu verzeichnen hatte. Nachdem das NS-Regime den Weg der imperialistischen Expansion beschritten hatte, konnte die »Judenfrage« nicht mehr nur im deutschen Rahmen betrachtet werden. Sie würde erst dann vollständig gelöst sein, wenn auch die von Deutschland besetzten und unter seinem Einfluss stehenden Gebiete, deren Grenzen bis 1942 unaufhörlich hinausgeschoben wurden, ebenso wie das Kernland des Dritten Reichs von Juden »gesäubert« oder »gereinigt« war. Die nun zu bewältigenden Zahlen überforderten die fragilen Emigrationspläne indessen heillos. Daher setzte die Eroberung von Polen die Suche der

Nationalsozialisten nach einer neuartigen Lösungsstrategie für das »Judenproblem« in Gang.

Die Veränderung war jedoch nicht nur quantitativer Art, sondern ging unter drastisch gewandelten Umständen vonstatten. Deutschland befand sich jetzt im Krieg, und obwohl der Kriegsausbruch nicht von überschäumender nationalistischer Begeisterung begleitet wurde wie im August 1914, befreite er die NS-Führung gleichwohl von verschiedenen Einschränkungen und Verboten, die sie in den vorangegangenen sechs Jahren gebremst hatten.[2] Seit Jahren hatte die NS-Propaganda die Juden als Feinde Deutschlands gebrandmarkt. Wenn ein Krieg ausbräche, hieß es, dann aufgrund der Machenschaften des »internationalen« Judentums. Der Jude war ein integraler Bestandteil, ja die Quintessenz des stereotypen Feindbildes der Nationalsozialisten.[3] Und da sich Deutschland nunmehr im Krieg befand, schienen harte Maßnahmen gegen den »Feind«, einschließlich »potentieller Feinde« (nicht kämpfende Zivilisten, Frauen, Kinder), selbstverständlich und vom nationalen Interesse gerechtfertigt zu sein. Das deutsche Volk war jetzt weit eher bereit, die brutalsten und schrecklichsten dieser Maßnahmen als »Exzesse«, die im Krieg unvermeidlich seien, hinzunehmen und wegzureden. Reaktionen des Auslands konnten leicht als Wiederholung der angeblich schamlosen und falschen Gräuelpropaganda abgetan werden, die im Ersten Weltkrieg die Ehre und den guten Ruf Deutschlands beschmutzt hatte.

War es der NS-Propaganda auch nicht gelungen, viele Deutsche in fanatische Antisemiten nach Hitlers Vorbild zu verwandeln, hatte sie die Juden doch erfolgreich vom Rest der Gesellschaft isoliert. Von Mitbürgern und Mitmenschen, mit denen man sich identifizieren und denen man Mitgefühl entgegenbringen konnte, hatten sie sich in zunehmendem Maße zu einem abstrakten Phänomen entwickelt, dessen Schicksal kalt ließ. Durch den Waffengang in Polen hatte die nationalsozialistische Botschaft zusätzlich an Glaubwürdigkeit gewonnen. Der leichte Sieg schien die Deutschen als »Herrenvolk« zu bestätigen, das es verdient hatte und das dazu bestimmt war, die minderwertigen Slawen in Osteuropa zu beherrschen. Viele junge deutsche Soldaten sahen nun zum ersten Mal die fremdartigen Ostjuden, die sich so sehr von den assimilierten deutschen Juden unterschieden und ihnen bisher nur aus den Karikaturen der NS-Propaganda bekannt gewesen waren. Darüber hinaus waren sie so zahlreich, dass die Behauptung plausibel erschien, das Ostjudentum sei die biologische und geistige Quelle eines feindlichen Volkes und zugleich die Antithese zu allem Deutschen.[4]

Während der Kriegszustand und die Eroberung Polens Hitler und sein Regime von vielen Beschränkungen der vorangegangenen sechs Jahre befreiten und den bisherigen Rahmen für die Lösung der »Judenfrage« hinfällig machten, ließen sie zugleich die seit 1933 mit so viel Mühe im Zaum gehaltenen radikalen Tendenzen in der Partei wieder aufleben. Dem aufregenden Abenteuer der »Machtergreifung« waren sechs Jahre relativer Ruhe und Stabilität gefolgt. Doch jetzt waren die Radikalen wie ihr Führer von den hinderlichen Zwängen dieser Zeit erlöst. Im Unterschied zur Kristallnacht, als der Aufruhr unter den entsetzten Augen der deutschen Bürger stattgefunden hatte, bot sich in Polen ein Aktionsfeld, das weit genug entfernt war, um vor lästiger Beobachtung zu schützen. Der Überfall auf Polen verschaffte den Parteiradikalen eine zweite Großchance für die »nationalsozialistische Selbstverwirklichung« (Martin Broszat).[5] Zudem trafen sie in Polen auf eine deutsche Minderheit, die seit zwanzig Jahren unter polnischer Herrschaft gelebt und in der Phase der wachsenden Spannungen vor der Invasion und in der Woche unmittelbar danach Schlimmes durchlitten hatte. Plötzlich in die Herrenposition versetzt und von der Gelegenheit berauscht, ihre polnischen und jüdischen Nachbarn ungestraft quälen, ausplündern, vertreiben und ermorden zu können, entwickelten sich die »Volksdeutschen« zu einer weiteren »Quellkraft« der Radikalisierung der nationalsozialistischen Rassenpolitik in Polen.

Die Eroberung Polens wirkte sich auch auf andere Weise auf die Suche der Nationalsozialisten nach einer Lösung der von ihnen selbst geschaffenen »Judenfrage« aus. Wie die Wurzeln des Antisemitismus reichten auch diejenigen des Imperialismus weit in die europäische Geschichte zurück. In den vergangenen fünf Jahrhunderten hatte die europäische Eroberung von Gebieten, in denen angeblich »zurückgebliebene« und »unzivilisierte« Völker lebten, oftmals zu einer furchtbaren Dezimierung der Bevölkerung und gelegentlich sogar zu ihrer völligen oder nahezu völligen Auslöschung geführt. Ende des 19. Jahrhunderts wurden solche Bevölkerungsdezimierungen unter sozialdarwinistischen und rassischen Vorzeichen gesehen, das heißt als unvermeidlicher Triumph der überlegenen »weißen Rasse« über die unterlegene »schwarze Rasse«, deren Niederlage, Unterjochung und sogar Auslöschung man als Teil des Naturprozesses betrachtete, durch den die Menschheit sich weiterentwickelte. Hitlers Überzeugung, dass die Deutschen zusätzlichen »Lebensraum« brauchten, beinhaltete die Vorstellung, dass die Nationalsozialisten in Osteuropa ein Kolonialreich aufbauen könnten, wie es andere Mächte in Übersee getan hatten. Dies wiederum bedeutete, dass das NS-Regime bereit war, die Bevölkerung in den eroberten Gebieten, insbesondere die slawischen Völker im Osten, mit den gleichen Herrschaftsmethoden und Mitteln der Bevölkerungsdezimierung zu behandeln, die Europäer bisher nur in eroberten Gebieten in Übersee angewandt hatten.[6]

Insofern sollte Polen zum »Laboratorium« für Experimente auf dem Gebiet des rassischen Imperialismus werden, in dem die Nationalsozialisten ideologische Parolen wie »Lebensraum«, »Volkstumskampf«, »Flurbereinigung« und »Endlösung der Judenfrage« in die Realität umzusetzen gedachten. Dabei würde man viel herumexperimentieren und aus Fehlern lernen müssen, waren die Parolen doch keineswegs eindeutig; ihre Bedeutung erschloss sich nicht von selbst, und häufig führte die Notwendigkeit, Prioritäten zu setzen und pragmatische Kompromisse einzugehen, zu Verzögerungen und Modifizierungen der »Realisierung des Utopischen« (Hans Mommsen). Außerdem mussten die Nationalsozialisten nicht nur ihre politischen Vorstellungen durchexerzieren, sondern auch die Machtinstrumente entwickeln und erproben, mit denen sie realisiert werden konnten. Tatsächlich begann die Entwicklung damit, dass die Wehrmacht ihre ursprüngliche Rolle als Exekutivgewalt in Polen rasch wieder verlor und nur zögerlich gegen frühe Fälle von Massenexekutionen und die anschließende Aufteilung der Beute zwischen Himmlers SS und den Parteisatrapen vorging – eine politische Niederlage der Wehrmacht, die ebenso erstaunlich und verhängnisvoll war wie ihr gleichzeitiger militärischer Sieg.

2.1 Der Rückzug der Wehrmacht

Hitler entschied erst im Lauf der Ereignisse von 1939 über die Eroberung Polens und die Bevölkerungs- und Rassenpolitik, die anschließend dort verfolgt werden sollte. Obwohl die Slawen Osteuropas in seiner Rassenhierarchie zweifellos einen geringen Platz einnahmen, hinderte dies ihn nicht daran, sich mit ihren Regierungen zu verbünden, wenn es ihm von Nutzen war. So wurden beispielsweise die Slowaken für ihre Mithilfe bei der Zerschlagung der Tschechoslowakei damit belohnt, dass sie einen modellhaften Vasallenstaat bilden durften. Und nachdem Warschau während der Münchener Krise mit der Forderung nach Abtretung der Stadt Teschen (Těšin) Druck auf die Tschechoslowakei ausgeübt hatte, konnte sich Hitler mit Polen durchaus eine ähnliche Beziehung vorstellen. Hätte es territorialen Veränderungen an der Grenze zu Deutschland zugestimmt, wäre es durch ukrainische Gebiete im Osten entschädigt worden. Da Polen jedoch das Angebot ausschlug und Großbritannien Ende März 1939 eine Garantieerklärung für das Land abgab, wies Hitler seine Militärs an, sich auf einen Angriff auf Polen spätestens im folgenden September vorzubereiten. Am 22. August, während Außenminister Joachim von Ribbentrop in Moskau weilte, um den Nichtangriffspakt mit der Sowjetunion zu unterzeichnen, der Polen in eine aussichtslose Lage brachte, empfing Hitler auf dem Berghof bei Berchtesgaden die führenden Generäle, um ihnen in einer langen, nur durch eine Mittagspause unterbrochenen Ansprache seine Ansichten über die strategische Lage und die Zukunft Polens darzulegen. Dabei ließ er seinem Hass auf das Nachbarland freien Lauf. Nach einer heimlich angefertigten Mitschrift erklärte er: »Vernichtung Polens im Vordergrund. Ziel ist die

Beseitigung der lebendigen Kräfte, nicht die Erreichung einer bestimmten Linie. Auch wenn im Westen Krieg ausbricht, bleibt Vernichtung Polens im Vordergrund. [...] Herz verschließen gegen Mitleid. Brutales Vorgehen. 80 Millionen Menschen müssen ihr Recht bekommen. Ihre Existenz muss gesichert werden. Der Stärkere hat das Recht. Größte Härte.«[7]

Während Hitler in unheilvollen Worten das Nachkriegsschicksal Polens beschwor und seine Generäle zu brutalem Vorgehen ermahnte, bereitete sich die Wehrmacht nüchtern und geschäftsmäßig auf die Besetzung des Landes vor, in dessen besetzten Gebieten sie die »vollziehende Gewalt« übernehmen sollte. Nach den Richtlinien für das Verhalten der Truppe war Gewaltanwendung nicht nur im Falle von bewaffnetem Widerstand, sondern auch bei Streiks, Sabotage und passivem Widerstand erlaubt. Freischärler sollten ähnlich wie Spione vor ein Kriegsgericht gestellt und zum Tod verurteilt werden. Gleichzeitig sollte jedoch folgende beruhigende Verlautbarung veröffentlicht werden: »Die Wehrmacht sieht in der Bevölkerung nicht ihren Feind. Alle völkerrechtlichen Bestimmungen werden beachtet werden. Die Wirtschaft des Landes und die öffentliche Verwaltung arbeiten weiter und werden wieder aufgebaut.«[8]

Aber schon die in Polen einmarschierende Wehrmacht selbst – Offiziere wie einfache Soldaten – kam mit einer Einstellung ins Land, die die Einhaltung der eigenen Versprechen unwahrscheinlich machte. Die bloße Existenz Polens, das teilweise aus Gebieten bestand, die bis 1919 zu Deutschland gehört hatten, war ein Symbol der demütigenden Niederlage im Ersten Weltkrieg und des verhassten Versailler Vertrages. Auf die Bevölkerung, ganz gleich, ob es sich um Polen oder Ostjuden handelte, sah man von oben herab; sie galt als primitiv, minderwertig und reif für die Kolonialherrschaft der deutschen »Herrenrasse«. Zudem wurde sie als hinterhältig, deutschfeindlich und daher als Gefahr betrachtet, vor der die deutschen Besatzer ständig auf der Hut sein mussten. Das von dieser Einstellung geprägte Klima förderte eine harte Behandlung der Zivilbevölkerung und begünstigte Gräueltaten.[9]

Darüber hinaus war die Wehrmacht nicht allein, denn neben

ihr beteiligten sich auch SS-Einheiten, so genannte Einsatzgruppen (EG) der Sicherheitspolizei (Sipo) und des Sicherheitsdienstes (SD), an der Besetzung und Befriedung des Landes. Zunächst waren fünf Einsatzgruppen gebildet worden, je eine pro Invasionsarmee. Später kamen zwei weitere und ein separates Einsatzkommando 16 aus Danzig hinzu. Insgesamt waren es 3000 Mann.[10] Sie rekrutierten sich aus der Sipo mit ihren Teilorganisationen Geheime Staatspolizei (Gestapo) und Kriminalpolizei (Kripo), SD und Ordnungspolizei (Orpo). Viele der Befehlshaber gehörten der Gruppe von NS-Intellektuellen um den Himmler-Stellvertreter Reinhard Heydrich an. Von den 25 Einsatzgruppen- und Einsatzkommandoleitern trugen 15 den Doktortitel, zumeist den *Doctor iuris* oder den *Doctor philosophiae*.[11]

Schon früh hatten Wehrmacht und SS Verhandlungen über die Rolle dieser Einheiten aufgenommen. Nach einer Vereinbarung vom 31. Juli 1939 bestand ihre Aufgabe in der »Bekämpfung aller reichs- und deutschfeindlichen Elemente in Feindesland rückwärts der fechtenden Truppe«. Heydrich war sehr darauf bedacht, Komplikationen auszuschließen. Seine Befehlshaber und Verbindungsleute sollten persönlich für »reibungslose« Beziehungen zwischen Wehrmacht und Zivilverwaltung verantwortlich gemacht werden. Die Männer hätten sich »bestimmt, aber korrekt« zu verhalten. Die Ziele der Einsatzgruppen seien »so zu erreichen, dass Beschwerden möglichst vermieden« würden. Als wichtigste Aufgabe wies Heydrich den Einsatzgruppen die summarische Festnahme potentieller Feinde zu, das heißt aller Personen, »die sich den Maßnahmen der deutschen Amtsstellen widersetzen oder offensichtlich gewillt und auf Grund ihrer Stellung und ihres Ansehens in der Lage sind, Unruhe zu stiften«.[12] Die Verhandlungen zwischen Wehrmacht und SS wurden am 29. August in einer Besprechung zwischen General Eduard Wagner, dem Generalquartiermeister des Heeres, und Heydrich sowie Werner Best vom SD abgeschlossen. Obwohl Wagner den »berüchtigten« Heydrich »besonders unsympathisch« fand und erfuhr, dass die Einsatzgruppen eine Fahndungsliste mit 30 000 Personen besaßen, die verhaftet und in Konzentrationslager verschleppt werden sollten, notierte er in seinem Tagebuch, dass man schnell zu einer Einigung gelangt sei.[13]

Sollten die Spitzen der Wehrmacht vor Kriegsausbruch noch irgendwelche Zweifel daran gehabt haben, dass das Versprechen, die Vorschriften des Völkerrechts einzuhalten, massiv gebrochen werden würde, so wurden diese schon innerhalb der ersten beiden Kriegswochen zerstreut. Enthüllungen über polnische Gräuel an deutschstämmigen Polen in der ersten Kriegswoche, insbesondere über den berüchtigten »Blutsonntag« in Bromberg (Bydgoszcz), sowie der fortgesetzte Widerstand polnischer Einheiten, die hinter den rasch vorwärts verlegten deutschen Linien abgeschnitten und nur schwer von Partisanen zu unterscheiden waren, sorgten auf deutscher Seite für Unruhe und brachten Heydrich gegen die Wehrmacht auf. Obwohl täglich 200 Hinrichtungen vorgenommen wurden, beklagte er sich über die langsame Arbeit der Kriegsgerichte, wie Major Helmuth Groscurth, der Chef der Verbindungsgruppe des Oberkommandos des Heeres (OKH) zur Abwehr, berichtet: »Die Leute müssten sofort ohne Verfahren abgeschossen oder gehängt werden. ›Die kleinen Leute wollen wir schonen, der Adel, die Popen und Juden müssen aber umgebracht werden.‹«[14]

Den Militärführern war klar, dass dieser Ausbruch nicht nur einem Wutanfall Heydrichs zuzuschreiben war, denn sie unterstellten Hitler die gleiche Haltung. Am 9. September erfuhr Groscurth von Generalstabschef Franz Halder, es sei »die Absicht des Führers und Görings, das polnische Volk zu vernichten und auszurotten«.[15] Als Groscurths Vorgesetzter, Admiral Canaris, Wilhelm Keitel, den Chef des Oberkommandos der Wehrmacht (OKW), auf bestehende Pläne für umfangreiche Exekutionen in Polen, insbesondere von Angehörigen des Adels und der Geistlichkeit, aufmerksam machte, erwiderte dieser, dass »diese Sache bereits vom Führer entschieden« sei. Hitler habe klargestellt, dass, »wenn die Wehrmacht hiermit nichts zu tun haben wolle, sie es auch hinnehmen müsse, dass SS und Gestapo neben ihr in Erscheinung treten« und die »volkstümliche Ausrottung« Zivilisten überlassen werde.[16]

Auch wenn die ersten in Polen verübten Gräuel der deutschen Militärführung bestätigten, dass das NS-Regime umfangreiche Exekutionen beabsichtigte, hatte der systematische Massenmord damit noch nicht begonnen. Für die in Frage stehenden Gräuel waren drei Personengruppen verantwortlich: zur Selbstjustiz greifende »Volksdeutsche«, Militärpersonal (zumeist, aber nicht ausschließlich, Angehörige der Waffen-SS) und natürlich die Einsatzgruppen. Und während die Ausschreitungen der »Volksdeutschen« in entlegenen Gegenden geschahen und die von Angehörigen der Waffen-SS begangenen Massaker als bedauerliche, aber nachvollziehbare Disziplinlosigkeiten abgetan werden konnten,[17] stellte das Vorgehen der Einsatzgruppen die Autorität der militärischen Führung in Frage und konnte daher nicht einfach hingenommen werden. Nach Hitlers ausdrücklichem Befehl an die Einsatzgruppe IV, in Bromberg Vergeltung zu üben, hatte das OKH die Wehrmachttruppen angewiesen, nicht einzuschreiten, und es gibt nicht den geringsten Hinweis darauf, dass das Heer in diesem speziellen Fall irgendwelche Vorbehalte gehabt hätte.[18] Dagegen veranlassten die Ereignisse im Umfeld der Einsatzgruppe II (Schäfer) und der Einsatzgruppe z. b. V. (»zur besonderen Verwendung«, von Woyrsch) die Heeresführung zum Eingreifen.

In Südpolen hatte die Einsatzgruppe II bereits Hunderte von Exekutionen durchgeführt, als der Abwehroffizier der Heeresgruppe Süd, Major Rudolf Langhäuser, am 12. September erfuhr, dass in einem vom Heer soeben an die SS übergebenen Lager 180 polnische Zivilisten erschossen werden sollten. Daraufhin unterstellte er das Lager umgehend wieder der Aufsicht des Heeres. Am nächsten Tag wies er die Forderung der SS zurück, ihr die Gefangenen zu überlassen, und stellte den Kommandeur der Einsatzgruppe, Emanuel Schäfer, zur Rede, der sein Handeln mit einer dem Heer nicht bekannten Weisung Himmlers rechtfertigte, wonach alle Mitglieder von Freischärlerbanden zu erschießen seien. Weitere Nachforschungen ergaben, dass direkt aus dem »Führerzug« der Befehl an die Polizei ergangen war, Aufständische ohne Gerichtsverhandlung hinzurichten. Schäfer merkte zudem an, dass in Tarnów und Kattowitz, wo von Woyrschs Einsatzgruppe operierte, solche Exekutionen bereits stattgefunden hätten.[19] Sein Hinweis auf den Vorsprung der von Woyrsch'schen Einheit, was die Exekutionen betraf, bestätigte sich am 20. September, als der Abwehroffizier der 14. Armee, Groscurth, Abwehrchef Canaris über die Unruhe berichtete, »die im Armeebereich durch die zum Teil ungesetzlichen Maßnahmen der Einsatzgruppe [...] Woyrsch entstanden ist (Massenerschießungen insbesondere von Juden). Die Truppe sei insbesondere verärgert darüber, dass junge Leute, statt an der Front zu kämpfen, ihren Mut an Wehrlosen erprobten.«[20]

Nach Besprechungen mit dem Oberbefehlshaber des Heeres, Walther von Brauchitsch, und Generalstabschef Halder am 18. September begab sich der Unterhändler der Wehrmacht in Fragen bezüglich der Einsatzgruppen, Generalquartiermeister Wagner, zu einer »sehr wichtigen, notwendigen und deutlichen Aussprache« mit Heydrich nach Berlin.[21] Tatsächlich muss die Unterredung sehr offen geführt worden sein. Als Wagner im Namen des Heeres über die Aufgaben der Einsatzgruppen informiert werden wollte, kam Heydrich dem in denkbar deutlichen Worten nach: »Flurbereinigung: Judentum, Intelligenz, Geistlichkeit, Adel.« Daraufhin verlangte Wagner, dass diese »Flurbereinigung« erst »nach dem Herausziehen des Heeres und nach Übergabe an eine stabile Zivilverwaltung« erfolgen dürfe; als Termin dafür gab er »Anfang Dezember« an.[22] Nach dem Treffen mit Heydrich schrieb Wagner für von Brauchitsch, der am nächsten Tag zu Hitler bestellt war, Vortragsnotizen nieder,[23] während der Chef der Sipo und des SD die Ergebnisse des Gesprächs in einer Amtschefbesprechung zusammenfasste: Es sei festgelegt worden, »dass die Einsatzgruppenleiter der Sipo wohl den AOK's [Armee-Oberkommandos] unterstehen, aber unmittelbar Weisungen vom Chef der Sipo erhalten. Die ganze Besprechung muss als sehr günstiges Ergebnis in der Zusammenarbeit mit der Wehrmacht bezeichnet werden.«[24]

In der Besprechung am 20. September versicherte Hitler dem OKH-Chef, dass er über alle die Exekutivgewalt der Wehrmacht in Polen betreffenden Entscheidungen, die er selbst sowie Himmler, Heydrich oder die Einsatzgruppenkommandeure träfen, in Kenntnis gesetzt werden würde. Und wie Wagner am Tag zuvor durch Heydrich erhielt nun auch von Brauchitsch durch Hitler einen Eindruck davon, was in Polen geplant war. Aus den Gebieten, die vor 1918 zu Deutschland gehört hatten, so Hitler, würde man die Polen vertreiben. Über weitere massenhafte Bevölkerungsverschiebungen werde nachgedacht. Auf jeden Fall aber würden sie nicht durchgeführt, solange die Transportkapazitäten für die Truppen gebraucht wurden. »Ghetto-Gedanke besteht im Großen«, notierte Halder, »im Einzelnen noch nicht klarliegend. Berücksichtigung der Wirtschaftsbelange vorweg.« Ominös fügte Hitler hinzu, man werde Himmler über die Möglichkeit befragen, eigene Polizeigerichte zu schaffen. Wie Wagner am Tag zuvor von Heydrich gefordert habe, werde nicht die Wehrmacht, sondern die Zivilverwaltung für die »Flurbereinigung« verantwortlich sein. In seiner Erwiderung erklärte von Brauchitsch, er hoffe, dass nichts geschehen werde, »was dem Ausland die Möglichkeit gibt, aufgrund dieser Vorkommnisse eine Gräuelpropaganda durchzuführen«. Besorgt äußerte er sich insbesondere hinsichtlich der katholischen Geistlichkeit.[25]

Von Brauchitsch informierte die Heeresgruppen- und Armeebefehlshaber teilweise über das Ergebnis dieses Treffens. Die Einsatzgruppen, hieß es in seinem Schreiben, würden im Auftrag Hitlers im besetzten Polen »gewisse volkspolitische Aufgaben« erfüllen. Die Ausführung dieses Auftrages sei den Kommandeuren der Einsatzgruppen überlassen und »liegt außerhalb der Verantwortlichkeit der Oberbefehlshaber« des Heeres. Die Art dieser »volkspolitischen Aufgaben« zu erläutern ersparte sich von Brauchitsch.[26]

Zwei Tage darauf, am 22. September, kamen von Brauchitsch und Wagner mit Heydrich zusammen, um bei der SS endgültig die Wünsche des Heeres durchzusetzen: »a) Orientierung des Heeres über alle Befehle der SS. b) Bei allen Maßnahmen müssen auf Befehl des Führers die wirtschaftlichen Belange zunächst den Vorrang haben. Also keine zu schnelle Beseitigung der Juden usw. c) Volkspolitische Bewegungen erst nach Beendigung der Operationen. d) Keine Maßnahmen, die ungünstig im Ausland wirken können.« Von Brauchitsch ließ sich von Heydrich offenbar weit weniger einschüchtern als von Hitler, denn es entspann sich eine heftige Diskussion. Heydrich versprach, dem

Heer alle Befehle der SS mitzuteilen. Obwohl er die Kriegsgerichte weiterhin als zu langsam kritisierte, gestand er ferner ein, dass der Befehl zur Erschießung von Insurgenten ohne Standgericht zurückgenommen worden sei. Allerdings würden Polizeigerichte eingerichtet, deren Urteile nicht vom Heer, sondern auf dem »polizeilichen Dienstwege« geprüft werden sollten. Was die Wirtschaftsbelange anging, zeigte sich Heydrich unzugänglich; es könne »keine Rücksicht genommen werden auf Adel, Geistlichkeit, Lehrer und Legionäre. Das seien aber nur wenige, ein paar Tausend. Diese müssten sofort verhaftet werden und in die KZ verbracht werden.«[27]

Nachdem von Brauchitsch gegangen war, blieb Wagner zurück, um die Einzelheiten zu klären. Es gelang ihm, Heydrich die Zusage abzuringen, die berüchtigte Einsatzgruppe von Woyrsch aus Polen abzuziehen.[28] Im Gegensatz zur ersten Besprechung mit Wagner am 19. September zeigte sich Heydrich hinterher sehr unzufrieden.[29] Wagner dagegen triumphierte. An seine Frau schrieb er, er habe »viel, viel Einfluss auf den Ablauf der politischen Dinge in Polen« erlangt, und diesmal sei ihm »ein großer Schlag gegenüber unsichtbaren Gewalten« gelungen.[30]

Aber Heydrichs anfängliche Unzufriedenheit und Wagners Genugtuung sollten nicht über die Bedeutung des Geschehenen hinwegtäuschen. Vor allem hatte die oberste Militärführung – in diesem Fall Keitel, von Brauchitsch, Halder und Wagner – im klaren Wissen um deren verbrecherische Natur keine prinzipiellen Einwände gegen die nationalsozialistischen Pläne in Polen erhoben, weder gegen Massenverhaftungen und riesige Bevölkerungsverschiebungen noch gegen die Ermordung ganzer Bevölkerungsgruppen. Tatsächlich lehnte sie diese Maßnahmen nicht grundsätzlich ab; vielmehr fürchtete sie einerseits eine Schwächung der Autorität des Heeres durch Aktionen der SS und andererseits einen möglichen Verlust ihres beruflichen Ansehens im Ausland. »Flurbereinigung« und »Ausrottung« wurden nicht als das missbilligt, was sie waren, nämlich massive Verletzungen elementarer Menschenrechte und des Völkerrechts, die infolge der Eroberung Polens durch die Wehrmacht möglich geworden waren. Zudem war der Beitrag der Einsatzgruppen im Kampf gegen die von den verachteten Polen und Juden angeblich ausgehende Bedrohung der Sicherheit im rückwärtigen Raum zu nützlich, als dass man ihren Einsatz gänzlich hätte zurückweisen können, auch wenn gelegentliche Grausamkeiten und »Exzesse« bedauert wurden.[31] Weil sie es versäumte, in Polen eine klare Grenze zu ziehen, wurde die Wehrmacht zum »Komplizen« des Regimes. Sie sollte danach nie wieder in der Lage sein, prinzipiell Stellung gegen Verbrechen des NS-Regimes zu beziehen, obwohl sie dem Nazimoloch durch ihre militärischen Eroberungen immer mehr Opfer zuführte.[32]

Die zweite verhängnisvolle Entscheidung der militärischen Führungsspitze war es, ihr Wissen über die Absichten des Regimes nicht ihren Offizierskameraden mitzuteilen. Die verbrecherische Natur des Regimes war mittlerweile unbestreitbar, aber die Beweise dafür wurden nicht über den engen Kreis um Keitel, von Brauchitsch, Halder und Wagner hinaus verbreitet. Das fortwährende Entsetzen lokaler Befehlshaber in Polen über die Geschehnisse und die Proteste, die sie dagegen erhoben, bewiesen, dass das Offizierskorps immer noch zu moralischer Entrüstung fähig war. Viele Offiziere blieben den Massenmorden gegenüber nicht gleichgültig; dieses Verhalten musste erst noch entwickelt werden. Aber Entsetzen und Empörung des Offizierskorps hätten nur dann in einer Einheitsfront gegen die Verbrechen des Regimes mobilisiert werden können, wenn den Offizieren klargemacht worden wäre, dass sie keine lokalen Exzesse einzelner SS-Angehöriger miterlebten, sondern Ausprägungen einer von Hitler persönlich abgesegneten Regierungspolitik. Einzig Admiral Canaris informierte eine kleine Gruppe ihm vertrauter Nachrichtendienstoffiziere systematisch über die Ereignisse; sie sollten den Kern des militärischen Widerstands gegen Hitler bilden. Der Rest vergrößerte die »Verschwörung des Schweigens«. Nicht willens zu begreifen, dass sie keine »guten Deutschen« im auch von ihnen so verstandenen traditionellen Sinn mehr sein konnten, das heißt treu sowohl der Regierung ihres Landes als auch den moralischen Normen ihres Berufs und ihrer Kultur, tat die Wehrmachtführung alles, um das Offizierskorps von der Erkenntnis abzuschirmen, dass eine Wahl unvermeidlich geworden war und dass diese Wahl, wenn sie nicht bewusst getroffen wurde, automatisch zugunsten der Komplizenschaft mit den Nationalsozialisten ausfallen würde.

Indem sie es versäumte, einen grundsätzlichen Standpunkt zu beziehen, und in die »Verschwörung des Schweigens« einwilligte, verhielt sich die Wehrmachtführung nicht anders als die anderen Eliten der deutschen Gesellschaft. Sogar die Kirchen suchten den Ausgleich mit dem Nationalsozialismus und scheuten davor zurück, die Gläubigen vor die harte Wahl zwischen christlicher Moral und Loyalität dem Regime gegenüber zu stellen. Immerhin war das Offizierskorps ein Teil der Gesellschaft. Die Tragik bestand nur darin, dass das Militär den Lauf der Dinge hätte ändern können, wenn es sich in seiner Reaktion auf den Nationalsozialismus von anderen deutschen Institutionen unterschieden hätte.[33]

Statt auf Konfrontationskurs zu gehen, verfolgten von Brauchitsch, Halder und Wagner Mitte September eine weit vorsichtigere dreigleisige Politik: Erstens wollte man der SS nur in eng begrenzten Fragen entgegentreten; zweitens sollte in Polen ein administratives Gefüge errichtet werden, das die schlimmsten nationalsozialistischen »Exzesse« möglicherweise verhindern konnte; und drittens wollte man Zeit gewinnen, um das Heer aus Polen abziehen zu können, solange es noch eine saubere Weste hatte. In begrenzten Sachfragen gewann das Heer anfangs einige Scharmützel. So gelang es, Himmlers Befehl an die Einsatzgruppen, Freischärler ohne Standgericht zu erschießen, vorübergehend aufzuheben und das Versprechen zu erhalten, Befehle dieser Art würden nur noch mit Kenntnis der Wehrmacht ergehen; zudem wurde die berüchtigte Einsatzgruppe von Woyrsch abgezogen.[34] Auch von Brauchitschs Ersuchen, mit den »Säuberungen« erst nach dem Rückzug des Heeres und der Übergabe der Exekutive an eine stabile Zivilverwaltung zu beginnen, gab man statt. Daher schien es Hitler nur umso dringlicher, dafür zu sorgen, dass die aufzubauende deutsche Verwaltung nicht zu einem Hindernis, sondern zu einem Instrument der NS-Politik wurde und die Verwaltungsbefugnisse des Heeres baldmöglichst endeten. Wagners Hoffnung, eine stabile Zivilverwaltung zu hinterlassen, die in der Lage wäre, das Schlimmste zu verhüten, blieb vor diesem Hintergrund naive Selbsttäuschung.

Während der Vorbereitungen auf die Invasion Polens war jeder Armee nicht nur eine Einsatzgruppe, sondern auch ein Chef der Zivilverwaltung (CdZ) zugeordnet worden. Die deutschen Armeen stürmten so schnell vorwärts, dass sich keine voll funktionsfähige Verwaltung aufbauen ließ, und binnen weniger Tage stießen die Gauleiter der grenznahen Gebiete in dieses Vakuum vor, um sich einen Anteil an der Beute zu sichern. Die Wehrmacht verlieh der Verteilung der Pfründe eine gewisse Systematik, als Wagner am 7. September zusammen mit von Brauchitsch einen Vorschlag für die Aufteilung Polens in Militärbezirke ausarbeitete. Die Unterscheidung zwischen den früheren deutschen Gebieten Danzig-Westpreußen, Posen (Poznań) und Oberschlesien einerseits und den vorgeschlagenen Bezirken Lodz und Krakau andererseits lief nach Ansicht Wagners auf eine »vierte Teilung« Polens hinaus. Jedem Militärbezirk sollten ein Militärbefehlshaber und ein Verwaltungschef vorstehen. Hitler habe »alles nach Antrag genehmigt«, notierte Wagner in seinem Tagebuch,[35] so auch die Besetzung der Verwaltungschefposten: In Danzig-Westpreußen war dies Albert Forster, der Gauleiter von Danzig, in Posen der Danziger Senatspräsident Arthur Greiser und in Oberschlesien der dortige Gauleiter Josef Wagner. Am 15. September wurde Hitlers Anwalt und Minister ohne Geschäftsbereich, Hans Frank, zum Chef der Zivilverwaltung sowohl ganz Polens als auch des Bezirks Lodz mit der Maßgabe ernannt, dass seine Unterstellung unter den Militärbefehlshaber vorübergehender Natur sei und baldmöglichst beendet werden würde.[36]

Während sich Wagner noch damit beschäftigte, einen »stabilen« administrativen Rahmen für Polen zu entwerfen, der geeignet schien, den nationalsozialistischen Radikalismus zu zügeln, hatten andere bereits Tatsachen geschaffen: Die ehemals deutschen Grenzgebiete wurden von NS-Satrapen mit Beschlag belegt, die sich umgehend daranmachten, die Verwaltung mit ihren Gefolgsleuten zu besetzen. Dennoch arbeiteten Wagner und sein Stab fieberhaft an der Fertigstellung des Erlasses über die Militärverwaltung in Polen. Er sah vor, dass Zivilbeamte allein durch den Oberbefehlshaber des Heeres ernannt werden sollten, das Reichsinnenministerium als zentrale Koordinierungsbehörde bei sämtlichen Aktivitäten anderer Behörden und Parteistellen in Polen einzuschalten war und die Verantwortlichkeit des Heeres durch keinerlei Sondervollmachten eingeschränkt werden durfte. Hitler unterzeichnete den Erlass nach einer Stippvisite in Warschau, als er, offenbar in Eile, bereits im Auto saß, um die polnische Hauptstadt wieder zu verlassen. Wagner war erleichtert, glaubte er doch, die Militärverwaltung in Polen langfristig gesichert zu haben. Die Besatzungsbehörden wurden beauftragt, einen Haushaltsplan für die Zeit bis Ende März 1940 aufzustellen. Aber die Ereignisse sollten bald zeigen, dass Hitler den Erlass nur deshalb ohne Zögern unterschrieben hatte, weil er eine Interimslösung für nur einen Monat darstellte.[37]

Frank stattete am 29. September seinem neuen Vorgesetzten, dem Oberbefehlshaber der Heeresgruppe Süd, General Gerd von Rundstedt, in dessen Hauptquartier in Spała bei Lodz einen Höflichkeitsbesuch ab und reiste dann rasch wieder nach Berlin zurück. Auf Anfragen teilte sein Stellvertreter mit, dass in der Hauptstadt wichtige Entscheidungen bevorstünden und Frank vorher nicht zurückerwartet werde.[38] Tatsächlich fielen in den zwei Wochen nach Hitlers Unterschrift unter Wagners Erlass alle Schlüsselentscheidungen. Am 28. September wurde die endgültige Demarkationslinie zwischen der deutschen und der russischen Besatzungszone vereinbart, wobei auch die Rückkehr von Deutschstämmigen aus dem sowjetischen Machtbereich eine Regelung erfuhr. Am nächsten Tag lag Hitler der erste Entwurf eines Erlasses vor, mit dem Himmler die Zuständigkeit für deren Rückkehr und Ansiedlung sowie für andere Fragen bezüglich der »Festigung deutschen Volkstums« übertragen werden sollte. In der endgültigen Fassung wurde er am 7. Oktober unterzeichnet. In seiner neuen Funktion als Reichskommissar für die Festigung deutschen Volkstums (RKFDV) verfügte Himmler neben der Polizei über eine zweite Machtbasis auf polnischem Territorium.[39] Ebenfalls am 28. September sicherte sich Göring das Recht, die wirtschaftliche Ausbeutung der besetzten Gebiete zu koordinieren, und am 19. Oktober gründete er eine eigene Behörde für die Beschlagnahme polnischen und jüdischen Eigentums, die Haupttreuhandstelle Ost (HTO).[40] Die Tinte unter Wagners Erlass, der die Erteilung von Sondervollmachten an dritte Stellen untersagte, war also noch nicht einmal trocken, als er bereits Makulatur war.

Doch das war erst der Anfang. Als sich Forster am 5. Oktober über das mangelnde Verständnis des Heeres für die rassenpolitischen Maßnahmen in Westpreußen beschwerte, entzog Hitler dieses Gebiet der Militärverwaltung und unterstellte es Forster als Reichskommissar. Am nächsten Tag beschloss Hitler, keine halben Sachen zu machen, und ordnete die Ausarbeitung eines Erlasses an, durch den die Militärbezirke Danzig-Westpreußen, Posen und Oberschlesien ins Reich eingegliedert werden sollten. Am 8. Oktober unterzeichnet, trat der Erlass am 1. November 1939 in Kraft.[41] Auch der Gauleiter von Ostpreußen, Erich Koch, wurde nicht vergessen und bekam mit dem zwischen Ostpreußen und Warschau gelegenen Südostpreußen (Regierungsbezirk Zichenau) seinen Anteil an der Beute.[42]

Zugleich begann man an einem Erlass für die verbliebenen polnischen Gebiete zu arbeiten, während Hitler kurzzeitig abwartete, wie die Westalliierten auf seine »Friedensinitiative« von Anfang Oktober reagieren würden. Frank drängte auf völlige Unabhängigkeit von der Wehrmacht, und Staatssekretär Ernst von Weizsäcker verlangte, Polen nicht länger als besetztes Gebiet einzustufen, denn als solches unterlag es den Normen des Völkerrechts, »denen wir uns zweifellos nicht unterwerfen sollten«.[43] Am 12. Oktober unterzeichnete Hitler einen Erlass, durch den ein Generalgouvernement unter ziviler Verwaltung mit Hans Frank an der Spitze geschaffen wurde.

Welche Rolle die Wehrmacht spielen sollte, blieb noch offen. Von Wagner abgesehen, verlor sie rasch das Interesse an Polen. Am 27. September erfuhren die erstaunten Generäle von Hitlers Absicht, im November, wenn Schlamm und Nebel den deutschen Flugzeugen und Panzern ihre Wirksamkeit weitestgehend nehmen würden, eine Offensive im Westen zu starten.[44] Die Frage des Westfeldzugs war ihnen jetzt um vieles wichtiger als die Gräuel in Polen.[45] Darüber hinaus betrachteten Offiziere wie von Rundstedt den Einsatz im Osten als karrierehinderlich und zeigten wenig Eifer beim Aufbau der Militärverwaltung.[46] Einige Generäle waren jedoch besorgt über die Auswirkungen der Ereignisse in Polen auf die militärische Disziplin. Halder beispielsweise notierte am 5. Oktober: »Judenmorde – Disziplin!«[47]

Vielleicht weil er den Unmut in der Wehrmacht spürte und ahnte, wie von Brauchitsch reagieren würde, teilte Hitler dem Oberbefehlshaber mit, dass die Militärverwaltung im Generalgouvernement bestehen bleiben würde.[48] Unter dem Eindruck der schnellen Veränderungen in Polen und des unerwarteten Befehls für eine Herbstoffensive im Westen sprach sich von Brauchitsch gegenüber Keitel jedoch für die Beendigung der Militärverwaltung in Polen aus.[49] Tatsächlich herrschte an der Spitze des Militärs heillose Verwirrung. Am 16. Oktober notierte Groscurth über Halder: »Völliger Nervenzusammenbruch.« Auch von Brauchitsch sei ratlos. Verzweifelt und voller Verachtung klagte Groscurth: »Welche Zustände! Das sind preußische Offiziere! Ein Chef d. Genstb. *hat* nicht zusammenzubrechen. Alles wie 1914 [...]«[50]

Einzig Wagner unternahm noch einen Versuch, indem er Keitel am folgenden Tag mit neuer Munition in Form einer Zusammenstellung der Forderungen des Heeres in Polen versorgte. Die Verantwortlichkeit des Militärbefehlshabers in Polen dürfe nicht durch die Erteilung von Sondervollmachten an dritte Stellen beeinträchtigt werden, die Ernennung von Beamten der Zivilverwaltung dürfe allein durch den Oberbefehlshaber erfolgen, dem die Ministerien und der Verwaltungschef Vorschläge unterbreiteten. Umsiedlungsprogramme des Reichsführers-SS hätten nur in Absprache mit der Wehrmacht zu erfolgen und dürften die militärischen Interessen nicht verletzen. Schließlich müsse Frank nach Lodz kommen und seinen Verwaltungspflichten nachkommen.[51] Am gleichen Abend empfing Hitler die höchsten NS-Chargen, ein Treffen, das Wagner versäumte, da er kurz zuvor zum OKH nach Zossen zurückgefahren war.

Keitel brachte Wagners Forderungen nie zur Sprache, da Hitler in seinen Ausführungen an jenem 17. Oktober gleich zu Anfang klarstellte, dass die Rolle des Militärs in Polen beendet sei. Es könne keine zwei Verwaltungen nebeneinander geben. Außerdem habe von Brauchitsch darum gebeten, dem Heer diese Pflichten abzunehmen. Es solle froh sein, davon befreit zu sein. Danach beschrieb Hitler, wie er sich die Zukunft Polens vorstellte. Dort sei »Teufelswerk« gefordert. So müsse verhindert werden, dass die polnische Intelligenz sich erneut zur herrschenden Klasse aufschwinge. Der Lebensstandard solle niedrig gehalten werden, denn man wolle dort lediglich »Arbeitskräfte schöpfen«. Es sei nicht Aufgabe Deutschlands, die Ordnung wiederherzustellen. Vielmehr solle die »›polnische Wirtschaft‹ […] zur Blüte kommen«. Sowohl das neue als auch das alte Reichsgebiet werde durch Umsiedlungen innerhalb Polens von »Juden, Polacken u. Gesindel« gesäubert werden. Es sei ein »harter Volkstumskampf, der keine gesetzlichen Bindungen gestattet«, zu führen, damit Polen nie wieder zum Schlachtfeld werde.[52] Neun Tage später wurde die Militärverwaltung in Polen offiziell aufgelöst, wie es Groscurth vorausgesehen hatte, als er lakonisch bemerkte: »Im Generalgouvernement soll Minister Frank die Verwaltung allein übernehmen und dort ›ausrotten‹.«[53] Für die Armee, wenn auch nicht für andere Konkurrenten, war der Machtkampf in Polen zu Ende.

2.2 Rassenpolitik und Terror

Hitlers schriller Aufruf zu einem »harten Volkstumskampf« in Polen gab der NS-Politik eine allgemeine Richtung vor, ermangelte aber jeden konkreten Inhalts. Dies hatte zwei für Hitlers Herrschaftsmethode typische Folgen. Einerseits signalisierte er den verschiedenen über Polen herfallenden NS-Organisationen durch seinen Aufruf, dass die Beschränkungen, unter denen sie seit den unruhigen Monaten der »Machtergreifung« gelitten hatten, jetzt aufgehoben waren. Niemand würde zur Rechenschaft gezogen werden, weil er zu »rücksichtslos« oder zu »tatkräftig« vorging. Im Gegenteil, ehrgeizige Nationalsozialisten sollten nun beweisen, dass sie fähig waren, ihren Worten Taten folgen zu lassen. Konsequenterweise brach in Polen ein chaotischer Terror los, dessen Qualität und Ausmaß je nach den lokalen Tätern variierte und dessen vages Ziel in einer gewalttätigen »Flurbereinigung« bestand, die die Feinde Deutschlands hinwegfegen sollte. Andererseits war Hitlers Aufruf eine Aufforderung an die NS-Führung, Pläne auszuarbeiten, die seine mehrdeutigen ideologischen Erklärungen und emotionalen Tiraden in konkrete Programme mit klar definierten Zielen übersetzten. Diejenigen, deren Vorschläge seinen Wünschen am nächsten kamen, konnten damit rechnen, für ihre Realisierung mit zusätzlichen Machtbefugnissen ausgestattet zu werden. Und diejenigen, die sich nicht nur als fähig erwiesen, die drastischen Maßnahmen des chaotischen Terrors auszuführen, sondern auch ein gewisses organisatorisches Talent zeigten, setzten diese nun konkreter formulierte Politik um. Wer sich diesem Prozess nicht schnell genug anpasste, wurde beiseite geschoben. »Wilde Aktionen« machten zentral gesteuerten Programmen Platz, und der chaotische Terror wurde schrittweise zum systematischen Terror. Die Utopie drängte auf Verwirklichung. Die Ereignisse in Polen im Herbst 1939 folgten diesem Muster.

Die Herausbildung der Besatzungsherrschaft

Die nationalsozialistischen Pläne für den »Volkstumskampf« und die Gewinnung von »Lebensraum« in Polen haben erst im September Gestalt angenommen, nicht schon vor der Invasion. Als Heydrich am 7. September mit seinen Amtschefs zusammenkam, war über die »vierte Teilung« Polens hinaus noch nicht viel entschieden worden. Nach seinen Vorstellungen waren polnische Juden, einschließlich jener, die schon vor langer Zeit Deutschland zu ihrer Heimat gemacht und inzwischen die deutsche Staatsbürgerschaft erworben hatten, aus Deutschland abzuschieben. Die führende Schicht Polens müsse »unschädlich gemacht« werden, indem man sie in Konzentrationslager in Deutschland schicke; die Unterschicht solle ungebildet bleiben und »heruntergedrückt« werden und die Mittelschicht in provisorische Konzentrationslager in Grenznähe verbracht werden, von wo aus man sie später in die verbleibenden Gebiete Polens deportieren könne.[54]

Eine Woche später lagen konkrete Pläne vor. In einer Amtschefbesprechung erklärte Heydrich zur »Judenfrage«, der Reichsführer-SS habe Hitler Vorschläge unterbreitet, »die nur der Führer entscheiden könne, da sie auch von erheblicher außenpolitischer Tragweite sein« würden.[55] Am 20. September erfuhr von Brauchitsch, wie erwähnt, bei einer Begegnung mit Hitler, dass der »Ghetto-Gedanke [...] im Großen« bestehe, aber die Details noch nicht geklärt seien. Am nächsten Tag bestellte Heydrich sämtliche Amtschefs, Einsatzgruppenkommandeure und seinen Experten für jüdische Auswanderung, Adolf Eichmann, zu sich, um die gefassten Beschlüsse zu konkretisieren. In Bezug auf die polnische Führungsschicht blieb die Politik unverändert: Die obersten Ränge sollten in Konzentrationslager in Deutschland gesteckt, die Mittelschicht (zu der nach der jetzt aufgestellten Definition Lehrer, Geistliche, Adlige, ehemalige Kämpfer der Polnischen Legion und demobilisierte Offiziere gehörten) verhaftet und nach Restpolen abgeschoben werden. Die »gemeinen« Polen wollte man als Fremdarbeiter in der deutschen Wirtschaft einsetzen und schließlich schrittweise umsiedeln. Frühere deutsche Gebiete sollten dem Reich angegliedert werden.

Diese Ausweitung des deutschen »Lebensraums« war natürlich nicht ohne eine Lösung der »Judenfrage« zu erreichen. »Die Juden-Deportation in den fremdsprachigen Gau, Abschiebung über die Demarkationslinie«, heißt es im Sitzungsprotokoll, »ist vom Führer genehmigt.« Doch dieser »Prozess« solle über ein Jahr verteilt durchgeführt werden; in der Zwischenzeit würden die Juden in städtischen Ghettos zusammengefasst, »um eine bessere Kontrollmöglichkeit und später Abschubmöglichkeit zu haben«. Insbesondere hätten die jüdischen Kleinsiedler vom Lande zu verschwinden und »so schnell wie möglich« in die Städte umzuziehen. Diese »Aktion« müsse binnen drei bis vier Wochen abgeschlossen sein. Nur dann sei eine »systematische Ausschickung« der Juden zusammen mit 30 000 »Zigeunern« in Güterzügen nach Polen möglich.[56]

In einem Schnellbrief vom selben Tag an die Einsatzgruppenleiter wiederholte Heydrich unter Bezugnahme auf die Besprechung die Unterscheidung zwischen dem streng geheim zu haltenden Endziel (Deportation/Vertreibung), dessen Verwirklichung längere Zeit in Anspruch nehmen werde, und den kurzfristig zu ergreifenden Maßnahmen (Konzentration in Städten). Die Gebiete von Danzig-Westpreußen, Posen und Ostoberschlesien sollten Vorrang haben. Im restlichen Polen, außer in dem Gebiet östlich von Krakau und nördlich der slowakischen Grenze, plante man die Konzentration der Juden entlang von Eisenbahnstrecken. Obwohl Heydrich einsah, dass man die Operation nicht in allen Einzelheiten von Berlin aus steuern könne, bestand er doch auf einem in den Grundzügen einheitlichen Vorgehen: In allen jüdischen Gemeinden seien Ältestenräte zu bilden, die die volle Verantwortung für die Ausführung der deutschen Befehle zu tragen hätten. Sämtliche Maßnahmen seien in engster Absprache mit den lokalen deutschen Behörden durchzuführen, wobei insbesondere die Interessen der Wehrmacht berücksichtigt werden sollten.[57]

Am folgenden Tag informierte Heydrich von Brauchitsch bei ihrer »unbefriedigenden« Begegnung über die »beabsichtigen Maßnahmen: Zunächst jüdische Deportationen vom Lande in die Städte«. Von Brauchitsch verlangte, die Aufsicht über diese Bewegungen nicht den Zivilbehörden, sondern dem Militär zu übertragen – »kein eigenmächtiges Vorgehen der Zivilisten. Sonst käme es zu Reibungen«. Bei dieser Gelegenheit enthüllte Heydrich auch den Grund, warum die Juden aus dem Gebiet östlich von Krakau bei den Konzentrationsmaßnahmen unberücksichtigt bleiben sollten: »Ein Judenstaat unter deutscher Verwaltung bei Krakau. Dahinein auch alle Zigeuner und sonstige Unliebsame.«[58]

Am 30. September kam Heydrich mit Halder zusammen, der erneut die Sorgen des Heeres über Unruhen vortrug, die von der raschen Umsiedlung der Juden in die Städte hervorgerufen wurden. Heydrich gab nach und schrieb einen weiteren Schnellbrief an die Einsatzgruppenleiter, in dem er seine Anweisungen vom 21. September bekräftigte, alle Maßnahmen in engster Abstimmung mit den lokalen Militärbehörden durchzuführen. Die Entscheidung über Zeitpunkt und Intensität der Konzentrierung der Juden bleibe zwar den Führern der Einsatzgruppen vorbehalten, sei aber davon abhängig zu machen, dass militärische Bewegungen nicht gestört würden.[59] Den Befehlshabern des Heeres wurde mitgeteilt, Heydrichs Schnellbrief vom 21. September (von dem sie Kopien erhalten hatten!) beziehe sich lediglich auf »vorbereitende Maßnahmen«.[60] Am 3. Oktober sprach ein enttäuschter Heydrich in einer Amtschefbesprechung von dem »alten Problem SD/Polizei und Wehrmacht«.[61]

Ende September gab es noch andere Entwicklungen, die sich auf die »Lebensraum«- und Rassenpolitik der Nazis auswirkten. In den Abschlussverhandlungen mit der Sowjetunion bezüglich der Aufteilung Polens wurde eine unerwartete Änderung des Grenzverlaufs vereinbart: Deutschland trat Litauen ab und erhielt dafür Zentralpolen, also das Gebiet um Lublin bis zum Bug. Außerdem einigte man sich darauf, die Deutschstämmigen aus den sowjetisch besetzten Gebieten nach Deutschland zu repatriieren.[62] In einer Besprechung mit einem seiner Osteuropaberater, Alfred Rosenberg, erklärte Hitler am 29. September, dass sämtliche Juden, einschließlich derjenigen aus dem Reich, in dieses neu erworbene Gebiet zwischen Weichsel und Bug abgeschoben und an der neuen deutschen Grenze Deutschstämmige aus aller Welt angesiedelt werden sollten. Zwischen deutschem und jüdischem Siedlungsgebiet sei ein polnisches Gebiet vorgesehen; an der Weichsel würde ein »Ostwall« das jüdische vom polnischen Gebiet trennen. Die Frage, ob das deutsche Siedlungsgebiet »nach Jahrzehnten« ostwärts verschoben werde, könne nur die Zeit beantworten.[63]

Bis Ende September hatten die Nationalsozialisten ein auf rassischen Prinzipien beruhendes gewaltiges bevölkerungsplanerisches Programm entworfen, das die Verschiebung von Hunderttausenden und schließlich sogar Millionen von Menschen einschloss, als wären sie Schachfiguren. Es war nicht das Ergebnis lang gehegter Pläne, sondern ergab sich aus den unvorhersehbaren Ereignissen des Jahres 1939, wie der polnischen Weigerung, zum Vasallenstaat in einem von Deutschland neu geordneten Europa zu werden, Stalins Entscheidung, auf der Grundlage der Teilung Polens eine Vereinbarung mit dem Dritten Reich zu schließen, oder dem Entschluss des Westens, kein weiteres *Fait accompli* in Osteuropa hinzunehmen. Obwohl improvisiert, stimmte diese Politik im September 1939 mit Hitlers ideologischen Vorgaben überein: mit dem sozialdarwinistisch hergeleiteten Verlangen nach »Lebensraum« im Osten, der Verachtung für die slawische Bevölkerung Osteuropas und der Entschlossenheit, das expandierende Deutsche Reich von Juden zu säubern. Zudem entsprach sie der Wut und dem Hass Hitlers gegenüber den widerspenstigen Polen, denen er 1934 mit einem Nichtangriffspakt und 1938 mit einem Streifen der Tschechoslowakei seine Gunst bewiesen hatte. Gleichwohl schlugen diese sein Angebot einer fortdauernden Juniorpartnerschaft aus, die ihnen immerhin sowjetisches Territorium im Osten eingebracht hätte. Hitler brauchte lediglich die ideologischen Richtlinien vorzugeben und die Tiefe seiner Antipathie gegenüber Polen und Juden auszudrücken. Die Aufgabe, diesen Richtlinien konkrete Gestalt zu geben, konnte er getrost seinen ehrgeizigen Paladinen überlassen, in diesem Fall vor allem Himmler und Heydrich.

Der grundlegende nationalsozialistische Plan für die Gewinnung von »Lebensraum« in Polen stand nicht nur mit Hitlers Weltanschauung im Einklang, sondern auch mit in der deutschen Gesellschaft weit verbreiteten Ansichten und Hoffnungen in Bezug auf die Schaffung eines auf rassischen und sozialdarwinistischen Prinzipien beruhenden deutschen (Kolonial-)Reichs im Osten. Dass die Grundzüge dieses Vorhabens so rasch hervortraten, war nicht auf Vorschläge von außenstehenden Fachleuten zurückzuführen, sondern eine Reaktion auf die unzähligen Details lokaler Problemlösungsansätze. Es herrschte kein Mangel an Funktionsträgern, die danach trachteten, mit einem Beitrag zur Nutzung dieser historischen Gelegenheit dem Triumph des deutschen rassischen Imperialismus im Osten Vorschub zu leisten. Und je mehr die verbreiteten Hoffnungen und Visionen dieser willigen Helfer an der Realität zu scheitern drohten, desto mehr stieg ihre Bereitschaft zu immer gewalttätigeren Lösungen. Die breite Unterstützung für den rassischen Imperialismus im Osten bildete einen der Grundbausteine des künftigen Konsenses über den Massenmord an den Juden.[64]

Die Einzelheiten des massiven Deportations- und Neuansiedlungsprogramms mussten noch ausgearbeitet, Institutionen, Methoden und personelle Ausstattung bestimmt werden. In der Zwischenzeit ließ sich der Terror verschärfen, indem man potentielle polnische Oppositionelle liquidierte. Damit eröffnete sich einerseits ein Übungsfeld für das benötigte Personal, andererseits verringerten Mord und Flucht die Zahl der später zu vertreibenden Polen und Juden.

Terror in Polen

In den ersten Wochen des Polenfeldzugs nahmen die Einsatzgruppen in Erfüllung ihrer Aufgabe, potentielle antideutsche Elemente in der Bevölkerung »auszuschalten«, über 10 000 Personen fest.[65] Am 3. September erhielten sie von Himmler den Befehl, alle Insurgenten – vage definiert als all jene, die Leben oder Eigentum von Deutschen gefährdeten – zu erschießen. Die genaue Zahl der von den Einsatzgruppen in dieser Periode durchgeführten Exekutionen ist in ihren Berichten nicht enthalten, aber sie dürfte nicht unbedeutend gewesen sein. Der polnische Historiker Szymon Datner hat Zahlenmaterial über die in dieser Zeit von Deutschen auf polnischem Territorium vorgenommenen Hinrichtungen zusammengetragen und ist auf 12 137 im September und weitere 4199 in den Wochen bis zum Ende der Militärverwaltung am 25. Oktober 1939 gekommen. Diesen Zahlen ist allerdings nicht zu entnehmen, wie viele der Tötungsaktionen auf das Konto der Einsatzgruppen gingen und wie viele von anderen Einheiten ausgeführt wurden. Schon am 4. September bezeichnete der Quartiermeister der 8. Armee, General Johannes Blaskowitz, die Übergabe »verdächtiger« Personen an die Einsatzgruppen als »unzweckmäßig«, da nur in den seltensten Fällen »ausreichende Schuldbeweise« vorhanden seien. Andere Armeeeinheiten hatten weit weniger Skrupel. Die Feldgendarmerie übergab den Einsatzgruppen so viele Verhaftete zur Exekution, dass Heydrich das OKW am 15. September bat, sie anzuweisen, die Erschießungen selbst auszuführen.[66]

An der Terrorwelle, die Polen im September heimsuchte, waren nicht nur die Einsatzgruppen, sondern auch Einheiten der Wehrmacht und der im Entstehen begriffenen Waffen-SS beteiligt. Nach der Besetzung Brombergs, wo in den ersten Kriegstagen viele Deutschstämmige getötet worden waren,[67] führten »Polizei, SD-Einsatzgruppe und Truppen« Massenerschießungen durch. Generalmajor Walter Braemer, dem Kommandanten des rückwärtigen Armeegebiets, zu dem die Stadt gehörte, wurden unterschiedliche Zahlen genannt; nach einer Meldung forderten die Erschießungen bis zum Morgen des 9. September 200 bis 300 Opfer, nach einer anderen 400. In der Nacht vom 9. auf den 10. September starben bei einer »Säuberungsaktion« 120 Menschen, und am 10. wurden zur Vergeltung für einen Hinterhalt, in dem ein deutscher Soldat schwer verwundet worden war, auf dem Marktplatz 20 Polen erschossen. Als Roland Freisler, der spätere berüchtigte Vorsitzende des Volksgerichtshofs, in Bromberg eintraf, um dort ein Sondergericht zu bilden, und sich nach der Anzahl der bereits gefällten Urteile erkundigte, vermerkte Braemer: »Ich kann nur mitteilen, dass bisher nur die Truppe selbst gesprochen hat und mehrere Hundert Zivilisten wegen Waffentragens bezw. Widerstand erschossen wurden.«[68]

Im Laufe der Zeit erfasste die Terrorwelle mehr und mehr jüdische Opfer. In Rozan hatten ein Polizeiwachtmeister der Feldpolizei und ein Angehöriger eines SS-Artillerieregiments, wie es in einer Aktennotiz hieß, »etwa 50 Juden [...] in einer Synagoge zusammengetrieben und *grundlos* zusammengeschossen«.[69] Am 11. September notierte Groscurth, die SS-Standarte »Deutschland« habe »reihenweise Juden erschossen ohne Standgericht«.[70] Eine Woche darauf, in der Nacht vom 18. auf den 19. September, ließ der Obermusikmeister der SS-Leibstandarte in Blonie 50 Juden erschießen. Solche Vorkommnisse waren offenbar häufig genug, dass der Kommandeur der 10. Armee, Reichenau, den Oberbefehlshaber der Heeresgruppe Süd, von Rundstedt, um eine grundsätzliche Weisung bat, worauf dieser ihm bestätigte, dass zumindest seine Heeresgruppe keinen Befehl zur Erschießung jüdischer Zivilgefangener erlassen habe.[71] Am 22. September wurden bei Pultusk 80 Juden »durch die Truppe niedergeknallt in viehischer Weise«.[72] Zwei Tage zuvor hatte die 14. Armee über »Massenerschießungen, insbesondere von Juden« durch die Einsatzgruppe von Woyrsch berichtet.[73] Als man im Stab des Kommandanten des rückwärtigen Armeegebiets 581 in Leslau (Włocławek) von der Absicht der SS erfuhr, alle männlichen Juden zu verhaften, erhob dessen Quartiermeister Einspruch: Man werde wohl kaum 10 000 Menschen festnehmen können, da ihre Internierung unmöglich sei. Darauf erwiderte der Adjutant von SS-Standartenführer Paul Nostitz, dem Kommandeur der SS-Totenkopfstandarte »Brandenburg«, dann werde man eben so viele festnehmen, wie die Gefängnisse fassten; »im Übrigen würden sie doch geschossen [sic]«.[74]

Neben den Massenerschießungen vergrößerten die deutschen Behörden aktiv den Flüchtlingsstrom, den die deutsche Invasion in Polen ausgelöst hatte. Sowohl unter denen, die sich aus eigener Entscheidung zur Flucht aus den deutsch besetzten Gebieten entschlossen, als auch unter den auf deutschen Befehl aus ihren Häusern Vertriebenen befand sich ein großer Anteil von Juden. Aus dem nordpolnischen Graudenz (Grudziądz) meldete die Einsatzgruppe V am 7. September, dass buchstäblich alle führenden männlichen Juden geflohen seien und die »Abwanderung« der zurückgebliebenen vorbereitet werde. Die jüdische Gemeinde wurde sogar angewiesen, einen »Auswanderungsfonds« anzulegen, in den die Einnahmen aus dem Verkauf jüdischer Geschäfte fließen sollten. Von den 350 Juden in Mielau (Mława) schob die Einsatzgruppe »im Einvernehmen mit dem dortigen Truppenführer« 66 Männer und zwei Frauen in den bisher noch unbesetzten Teil Polens ab.[75] Später berichtete sie, sie habe Brücken gesperrt, um die Rückkehr geflohener Polen und Juden zu verhindern, und am 28. September brüstete sie sich damit, dass Juden »in größeren Kolonnen über die Demarkationslinie abgeschoben« würden.[76]

Im Süden war die Situation ähnlich. Aus Tschenstochau

(Częstochowa) berichtete Einsatzgruppenleiter Schäfer über die Vorbereitungen auf die »in Aussicht genommene Abschiebung der Juden«.[77] Am 12. September befahl der Generalquartiermeister des OKH einer Grenzschutzeinheit, die Juden in Ostoberschlesien über den San abzuschieben. Als einige Tage später sowjetische Truppen in das Gebiet einrückten, erging der ausdrückliche Befehl, polnische und jüdische Flüchtlinge wenn nötig mit Waffeneinsatz an der Rückkehr nach Westpolen zu hindern. Um diese Aufgabe zu erfüllen, forderte die 14. Armee die Einsatzgruppe I auf, die Dörfer an der Demarkationslinie von »unzuverlässigen Elementen« zu säubern und »in erster Linie [...] die jüdische Bevölkerung« über den San zu treiben.[78] Ende September schlug General Georg Brandt in Ostoberschlesien vor, als Einleitung zur Evakuierung aller »fremdvölkischen Elemente« die »Massen von Juden« in dem Gebiet zwischen Bedzin und Tschenstochau zu deportieren und an ihrer Stelle »Volksdeutsche« aus den sowjetisch besetzten Gebieten Galizien und Wolhynien anzusiedeln – eine Idee, die Himmlers spätere Pläne vorwegnahm.[79]

Mit dem Verschieben der Demarkationslinie vom San an den Bug gingen im Oktober ähnliche Ereignisse einher. Wehrmachtmeldungen ist zu entnehmen, dass viele Flüchtlinge wegen des Hochwassers ertranken oder von den Russen erschossen wurden. Zahlreiche Juden aus Cholm und Hrubieszow fielen den Erschießungsaktionen deutscher Polizeieinheiten zum Opfer. Sowjetischen Beschwerden über die Flüchtlingsströme folgten immer rigidere Abwehrmaßnahmen bis hin zur Drohung Ende Oktober, im Gegenzug die Rückkehr der Deutschstämmigen in den Westen zu unterbinden.[80]

Nach und nach wandelte sich der Terror. An die Stelle sporadischer Massenerschießungen von Juden und Polen traten systematischere »Liquidierungen« bestimmter Teile der Bevölkerung, die eine dauerhafte Befriedung zu gefährden schienen, sowie – im Fall der ins Reich eingegliederten Gebiete – die Deportation ganzer Bevölkerungsgruppen, in denen man ein Hindernis für die »Eindeutschung« sah. Dieser Übergang vom chaotischen zum systematischen Terror wurde im Oktober 1939 zuerst in Westpreußen vollzogen. Im gesamten polnischen Grenzland hatten sich die »Volksdeutschen« zum so genannten Selbstschutz zusammengeschlossen, um ihre Gemeinden in den ersten Kriegstagen gegen polnische Angriffe zu schützen. In vielen Gebieten, insbesondere in Westpreußen, waren die Führer der »Volksdeutschen« kurz vor Kriegsausbruch verhaftet und verschleppt worden, und mancherorts, etwa in Bromberg, hatten die deutschstämmigen Bewohner schwere Verluste erlitten.[81] In den ersten Kriegstagen kamen vermutlich bis zu 6000 »Volksdeutsche« ums Leben.[82] Nachdem die Wehrmacht rasch an den meisten »volksdeutschen« Gemeinden vorbeigestürmt war, verlagerte sich das Motiv des Selbstschutzes jedoch von Selbstverteidigung auf Rache, und mit vielen, die nicht rechtzeitig geflohen waren, wurden alte Rechnungen beglichen. Als Mitte September SS-Offiziere eintrafen und alle waffenfähigen »Volksdeutschen« aufriefen, sich zu melden, wurde aus den *ad hoc* gebildeten Trupps offiziell ein vereinigter Selbstschutz gegründet. An dessen Spitze wurde mit Gustav Berger ein Mitarbeiter aus Himmlers Stab berufen, während für den Warthegau, Oberschlesien und Westpreußen Bezirkskommandeure ernannt wurden. Der bei weitem berüchtigtste von ihnen war Himmlers persönlicher Adjutant, SS-Oberführer Ludolf von Alvensleben, der den westpreußischen Selbstschutz übernahm. Ihm unterstanden sechs von SS-Offizieren aus dem Reich geleitete Inspektionen. Auf lokaler Ebene blieben die Einheiten unter dem Befehl von »Volksdeutschen«, die sich in den ersten Kriegswochen hervorgetan hatten.[83] Bis zum 5. Oktober hatte der 17 667 Mann starke westpreußische Selbstschutz bereits 4247 Polen exekutiert.[84]

Als Gauleiter Forster Anfang Oktober von den Besprechungen mit Hitler, in deren Folge die Grenzgebiete ins Reich eingegliedert wurden, nach Westpreußen-Danzig zurückkehrte, stand ihm somit neben zahlreichen Danziger Polizeieinheiten (dem Eimann-Wachsturm und dem Einsatzkommando 16 unter Kriminalrat Jakob Löllgen) und einer Sondereinheit des SD aus Allenstein unter SS-Sturmbannführer Rudolf Oebsger-Röder auch Alvenslebens Selbstschutz zur Verfügung. Mit seiner Ankündigung, Westpreußen werde binnen kurzem eine »blühende, rein deutsche Provinz« sein, aus der alle Polen »verdrängt« sein würden, eröffnete Forster die zweite Phase des Terrors.[85] Zusätzlichen Ansporn bot Heydrich, als er Mitte Oktober die »Liquidierung des führenden Polentums« bis zum 1. November anordnete, aus Furcht, die Zivilverwaltung, welche die scheidende Militärverwaltung ersetzen sollte, könne seinen Handlungsspielraum eingrenzen.[86]

Die Dringlichkeit war sogar auf lokaler Ebene zu spüren, wie Oebsger-Röder notierte: »Die Liquidierung wird nur noch kurze Zeit durchgeführt werden können. Dann werden die deutsche Verwaltung sowie andere, außerhalb der NSDAP liegende Faktoren direkte Aktionen unmöglich machen.« In Westpreußen seien zum einen die »physische Liquidierung aller derjenigen polnischen Elemente, die a) in der Vergangenheit auf polnischer Seite irgendwie führend hervorgetreten sind oder b) in Zukunft Träger eines polnischen Widerstandes sein können«, und zum anderen die »Aussiedlung bezw. Umsiedlung« aller Polen notwendig, der alteingesessenen wie der »Kongresspolen«, das heißt jener Polen, die seit 1919 aus dem Osten nach Westpreußen gekommen waren.[87] Am 20. Oktober vermerkte Oebsger-Röder, Gestapo und Selbstschutz hätten bei gemeinsamen Aktionen gezielt Lehrer verhaftet und der erste Transport von Kongresspolen sei auf den Weg gebracht. Die Festnahme der verbliebenen Angehörigen der polnischen Intelligenz, insbesondere der Mitglieder polnischer nationalistischer Organisationen, sei im Gange. Man plane, »die radikalen polnischen Elemente zu liquidieren«.[88] Kriminalrat Löllgen ergänzte, diese Liquidierungen »sowie alles bisher zur Zeit der Stapo Geschehene« hätten die »volle Billigung« Himmlers gefunden, dem er am 20. Oktober in Bromberg habe vortragen dürfen.[89]

Der Terror in Bromberg erfasste auch die Geistlichkeit. Nur 17 von 75 katholischen Priestern durften im Amt bleiben; nach dem »Ausrotten der radikal-polnischen Pfarrer« wurde angenommen, dass die Übriggebliebenen entweder zu eingeschüchtert oder zu weich und unpolitisch seien, als dass von ihrer Seite noch irgendwelche Schwierigkeiten zu erwarten waren.[90] Bis Anfang November wurden 1000 Kongresspolen aus Bromberg deportiert. Die Eisenbahnzüge in Richtung Osten waren stets gut gefüllt, da sich immer mehr Menschen aus Angst vor den künftigen Maßnahmen der Besatzer in Sicherheit zu bringen versuchten.[91] Nach weiteren 250 Exekutionen in der ersten Novemberwoche betrachtete Löllgen die Aktion gegen die polnische Intelligenz für so gut wie beendet.[92] Doch Oebsger-Röder zeigte sich unzufrieden, war er doch der Ansicht, »dass auch in den nächsten Monaten und Jahren noch mit einer erheblichen Zahl reiner und bewusster Polen zu rechnen sein wird«.[93]

Der NS-Terror mag in Bromberg intensiver gewesen sein als anderswo in Westpreußen, entsprach in seinen Grundzügen aber einem allgemeingültigen Muster. Die polnische Intelligenz, Nationalisten, katholische Priester, Juden, »Zigeuner«, sogar katholische »Volksdeutsche« und solche mit polnischen Ehepartnern sowie jeder, der von mindestens zwei »Volksdeutschen«, aus welchen Gründen auch immer, denunziert worden war, wurden in Lager verschleppt, die überall in Westpreußen aus dem Boden schossen. Auf seinen Reisen durch die Provinz beklagte sich von Alvensleben bei seinen Selbstschutzoffizieren darüber, dass zu wenige Polen erschossen würden. Damit setzte er für seine Untergebenen den Maßstab. Der Landrat des Kreises Berent in der Nähe von Danzig erklärte bedauernd, er habe sein Ziel, 2000 Polen zu liquidieren, nicht ganz erreicht, und ein Selbstschutzkommandeur, Standartenführer Wilhelm Richardt, eröffnete den Männern im Lager Karlshof (Karolewo), dass ihm nicht daran liege, große Lager bauen zu lassen und die Polen »durchzufüttern«; es sei »eine Ehre für jeden Polen, mit seinem Kadaver die deutsche Erde zu düngen«.[94]

Es sind nur wenige Fälle von mangelndem Einsatz bei den Tötungsaktionen des Selbstschutzes oder sogar Widerstand gegen sie überliefert. Ein Inspektionschef, Standartenführer Norbert Scharf, wurde seines Postens enthoben, weil er die Polen nicht in der verlangten Weise »zur Rechenschaft gezogen« hatte. In der anschließenden Untersuchung stellte sich heraus, dass seine Inspektion bis Anfang Oktober 1939 »nur« 300 Hinrichtungen durchgeführt hatte.[95]

In einem anderen Fall stießen SS-Untersturmführer Wilhelm und seine Selbstschutzeinheit bei ihrem Einmarsch in der Gemeinde Pelplin am 23. Oktober 1939 auf Gendarmeriehauptwachtmeister Hahn, der auf Befehl von Bürgermeister Seedig SA und Hitlerjugend bewaffnet hatte, um den Selbstschutz von der Erfüllung seiner Aufgabe abzuhalten. Auf Wilhelms Hinweis, die Maßnahmen seien vom Reichsführer-SS angeordnet worden, erwiderte Hahn »in brausendem Ton«, der Reichsführer-SS, den er nicht kenne, interessiere ihn »nicht im Geringsten«; sein direkter Vorgesetzter sei der Bürgermeister. Dessen Stellvertreter telefonierte mit dem Landrat, der ihm erklärte, dass nichts gegen den Selbstschutz unternommen werden dürfe, worauf Seedig den stellvertretenden Bürgermeister prompt seines Postens enthob. Doch als der Selbstschutz am nächsten Tag mit SD-Unterstützung erneut anrückte und Hahns verwirrte und unwillige Hilfspolizisten zu beschießen drohte, gab dieser seinen Widerstand auf.[96]

Die Gesamtzahl der Opfer der Mord- und Deportationswelle in Westpreußen lässt sich nicht genau feststellen. Oebsger-Röder klagte schon im Herbst 1939: »Auf jeden Fall wird am Ende trotz aller Härte nur ein Bruchteil der Polen in Westpreußen vernichtet sein (schätzungsweise 20 000).«[97] Im Februar 1940 meldete Gauleiter Forster, aus Danzig-Westpreußen seien 87 000 Menschen evakuiert worden.[98] Dass Juden in Westpreußen nur einen geringen Anteil der Opfer stellten, lag daran, dass dort nicht viele Juden lebten und die meisten von ihnen bereits vor dem Eintreffen der Deutschen aus diesem am schwersten zu verteidigenden Teil Polens geflohen waren. Im Gebiet von Bromberg gab es Anfang Oktober beispielsweise nur noch 39 Juden, und einen Monat später galten sowohl die Stadt als auch der Landkreis als »judenfrei«; die Juden seien »beseitigt« worden durch »Verschickung und sonstige Maßnahmen«, wobei mit Letzteren ihre Ermordung gemeint war.[99] Das Verbleiben einzelner Juden oder jüdischer Familien in einem Dorf wurde als »beschämende Tatsache« betrachtet, deren unverzügliche Beseitigung den örtlichen Selbstschutzführern oblag.[100]

Auch im Warthegau wütete im Herbst 1939 der chaotische Terror. Für Gauleiter Greisers Politik gegenüber den Polen fand der Begriff »Drei-A-System« Anwendung: »Aussiedeln, Ausbeuten, Ausrotten«. Als im Dezember eine Phase systematischeren Handelns anbrach, stellte SS-Sturmbannführer Albert Rapp fest, dass es äußerst schwierig sei, eine verlässliche Liste politisch aktiver Polen aufzustellen, da deren Zahl »durch Flucht, Erschießungen oder Verhaftungen stark reduziert« worden sei.[101]

In Südostpreußen setzte der Terror etwas später ein, denn Gauleiter Koch war erst im Oktober in der Lage, seine Leute aus Ostpreußen dorthin zu verlegen.[102] Als SS-Brigadeführer Dr. Dr. Otto Rasch im November als neuer Inspekteur der Sipo und des SD in Königsberg eintraf, fand er eine große Zahl von Gefangenen vor, die von den Einsatzgruppen verhaftet worden und immer noch verstreut in früheren Unterkünften für Autobahnarbeiter untergebracht waren. Rasch schlug die Liquidierung ihrer Wortführer vor, und Heydrich willigte ein, solange die Exekutionen »unauffällig« abliefen. Rasch legte persönlich fest, welche Gefangenen getötet werden sollten, und ließ die Exekutionen in Waldgebieten durchführen. Doch dies schien nicht unauffällig genug zu sein; jedenfalls richtete Rasch im Januar 1940 in der ehemaligen polnischen Armeekaserne in Soldau an der Grenze zwischen Ostpreußen und dem gerade erst annektierten Südostpreußen ein »Durchgangslager« ein. Es diente sowohl als Ort, an dem die Liquidation der polnischen Intelligenz (die Rasch weiterhin persönlich leitete) zu Ende gebracht werden konnte, wie auch als Zwischenstation für die Deportationen ins Generalgouvernement, die in den ersten Monaten des Jahres geplant waren. Da jedoch der Nachschub an deutschfeindlichen Elementen wie »Kriminellen«, »Asozialen« und »Arbeitsscheuen« nie ausging, wurde aus dem »Durchgangslager« Soldau eine Dauereinrichtung, in der etwa 1000 politische Häftlinge und 1558 Geisteskranke ums Leben kamen.[103] Von den annektierten polnischen Grenzgebieten war Oberschlesien dasjenige mit den wenigsten Exekutionen; dort wurden im September 1939 »nur« 1400 bis 1500 Menschen erschossen.[104]

Die »Flurbereinigung« beschränkte sich nicht auf die annektierten Gebiete. Im Herbst 1939 in Westpreußen und im

Warthegau begonnen und im Winter in Ostpreußen fortgesetzt, erreichte sie im Frühjahr 1940 das Generalgouvernement. Allerdings war die Ermordung von Polen im Generalgouvernement alles andere als eine unbekannte Erscheinung. Am 6. Februar 1940 sagte Generalgouverneur Frank zu einem Korrespondenten des *Völkischen Beobachters*, wenn er »für je sieben erschossene Polen ein Plakat aushängen lassen wollte [wie in Prag geschehen], dann würden die Wälder Polens nicht ausreichen, das Papier herzustellen für solche Plakate«.[105] Trotz solcher schneidigen Äußerungen bemühte sich Frank zu dieser Zeit darum, die Tötungsaktionen kontrollierter ablaufen zu lassen. So bestand er darauf, dass die Vollstreckung von Todesurteilen nur mit seiner Zustimmung erfolgen dürfe und »massenweise Exekutionen« zu unterbleiben hätten.[106]

Frank setzte langfristig auf die Germanisierung seines Kolonialgebiets, doch vorerst verstärkten sich hier die Reihen der polnischen Intelligenz und der Führungskader durch die Deportation aus den annektierten Gebieten. Als die Aufmerksamkeit der Weltöffentlichkeit durch den Frankreichfeldzug abgelenkt war, ergriff Frank die Gelegenheit zum Handeln. Am 30. Mai 1940 verkündete er in einer Besprechung mit Polizeioffizieren seine Absicht, ein »Befriedungsprogramm« durchzuführen, das »mit der Masse der in unseren Händen befindlichen aufrührerischen Widerstandpolitiker und sonst politisch verdächtigen Individuen in beschleunigtem Tempo Schluss« machen werde. Er gestehe »ganz offen, dass das einigen Tausend Polen das Leben kosten wird«. Im Vertrauen, fügte er hinzu, handle es sich dabei um einen Befehl des Führers, der zu ihm gesagt habe: »Was wir jetzt an Führerschicht in Polen festgestellt haben, das ist zu liquidieren, was wieder nachwächst, ist von uns sicherzustellen und in einem entsprechenden Zeitraum wieder wegzuschaffen.« Diese so genannte AB-Aktion (AB für »Allgemeine Befriedung«) sei ausschließlich Aufgabe des Höheren SS- und Polizeiführers (HSSPF) im Generalgouvernement, SS-Obergruppenführer Friedrich Wilhelm Krüger.[107]

Die 1939/40 durchgeführte systematische Liquidierung von Polen, die sich durch Bildung, nationale Gesinnung oder gesellschaftliche Stellung auszeichneten, machte deutlich, dass die Nationalsozialisten fähig waren, Tausende von Menschen zu ermorden. Schätzungen zufolge wurden bis Ende 1939 50 000 Polen getötet.[108] Aus deutscher Sicht war dies lediglich ein Schritt zur Festigung der deutschen Herrschaft in den eroberten polnischen Gebieten. Die Komplementärmaßnahme zu den Exekutionen war die »Umsiedlung« von Hunderttausenden, wenn nicht Millionen von Menschen. Durch die Vertreibung unerwünschter Elemente – Polen, Juden, »Zigeuner« – nach Osten und die Rückführung wertvoller deutscher Volksangehöriger, die an ihrer Stelle angesiedelt wurden, sollte das biologische Fundament für die Konsolidierung des deutschen »Lebensraums« gelegt werden. Die nationalsozialistische Judenpolitik war zumindest zeitweise diesen bevölkerungspolitischen Experimenten untergeordnet. Als die massiven Umsiedlungen unüberwindbare Schwierigkeiten erzeugten und die Lösung der »Judenfrage« abgetrennt sowie vorübergehend aufgeschoben werden musste, konnten die Deutschen auf eine Lektion von immenser Bedeutung zurückgreifen, die sie in der Periode des deutschen Terrors in Polen gelernt hatten: In vielen Fällen war es einfacher zu töten als umzusiedeln.

Kapitel 3

Die Suche nach einer »Endlösung« durch Vertreibung, 1939–1941

Zwei Aspekte der zwischen 1939 und 1941 in Polen von den Nationalsozialisten verfolgten Judenpolitik sind von herausragender Bedeutung: Vertreibung und Ghettoisierung. Der eine Aspekt entsprach den für diese Phase vorgesehenen Plänen, der andere den tatsächlich durchgeführten Maßnahmen. Die Betrachtung dieser Politik und dieser Periode wurde häufig von dem Wissen um die nachfolgende Katastrophe beeinflusst, wenn nicht bestimmt oder sogar verzerrt. Viele Jahre lang nahmen Historiker die Politik der Vertreibung der Juden und ihren Zusammenhang mit der Umsiedlungspolitik im Allgemeinen nicht so ernst, wie dies einst die Nationalsozialisten taten.[1] Umgekehrt ist die Ghettoisierung immer wieder als integraler und sogar bewusst vorbereitender Schritt in Richtung Vernichtung verstanden worden, während sie für das NS-Regime lediglich eine vorläufige Improvisation darstellte, ein »notwendiges Übel« im Gefolge gescheiterter Vertreibungspläne. Diese beiden Politikansätze sind Gegenstand der folgenden beiden Kapitel, wobei der Versuch unternommen wird, Vertreibung und Ghettoisierung aus sich selbst heraus zu verstehen – als Schlüsselproblem nationalsozialistischer Judenpolitik in Polen im Vorfeld der Endlösung.

3.1 Eichmann und der »Niskoplan«

Bereits im September 1939 waren viele polnische Juden in die östlichen Teile Polens geflohen, die der Sowjetunion zugeschlagen werden sollten, und viele andere wurden später von deutschen Polizei- und Wehrmachtseinheiten über die Demarkationslinie getrieben.[2] Das Protokoll von Heydrichs Besprechung mit den Amtschefs des Reichssicherheitshauptamts (RSHA) und den eigens nach Berlin gerufenen Einsatzgruppenleitern am 21. September 1939 dokumentiert Hitlers Zustimmung zur »Judendeportation in den fremdsprachigen Gau [Generalgouvernement]« und zur »Abschiebung über die Demarkationslinie«. Aber waren damit zwei aufeinander folgende Phasen oder parallele Maßnahmen gemeint?[3] Heydrichs und Hitlers Äußerungen über einen »Judenstaat« beziehungsweise ein »Reichsghetto«, zuerst östlich von Krakau, dann bei Lublin, belegen, dass sie nie ernstlich angenommen hatten, die »Judenfrage« ließe sich allein durch Abschiebung über die Demarkationslinie in den sowjetisch besetzten Teil Polens lösen. Deshalb genehmigten und förderten sie die Schaffung eines jüdischen »Reservats« als östlichstem Ausläufer des Deutschen Reichs. Ein Teilnehmer der Besprechung am 21. September nahm sich diese Ermutigung besonders zu Herzen: Adolf Eichmann.

SS-Sturmbannführer Eichmann, ein nachgeordneter Beamter in Heydrichs SD mit dem Arbeitsbereich »Judenfrage«, hatte sich nach dem »Anschluss« als Organisator der jüdischen Auswanderung aus Österreich einen Namen gemacht.[4] Seine Zentralstelle für jüdische Auswanderung in Wien diente als Vorbild für die SS-Politik zwischen »Kristallnacht« und Kriegsausbruch, und Eichmann war in Anerkennung seiner Verdienste zusätzlich zum Chef einer ähnlichen Einrichtung in Prag ernannt worden. Doch die Auswanderungsmöglichkeiten nahmen 1939 drastisch ab, und nach Kriegsausbruch verdüsterten sich die Aussichten für eine Fortsetzung der Emigrationspolitik noch weiter. Eichmanns Karriere drohte in einer Sackgasse zu enden, es sei denn, er fand einen Weg, sich der neuen Situation anzupassen. Viele seiner Maßnahmen – etwa die Internierung eines Familienmitglieds in einem Konzentrationslager, bis die Angehörigen alle Vorbereitungen für die Auswanderung getroffen hatten, oder das Abschieben von Juden über die grüne Grenze – stellten bereits Vertreibungen dar, und die formelle Erlaubnis zur weiteren Abschiebung von Juden in den sowjetischen Machtbereich eröffnete glänzende Aussichten für Eichmanns Karriere. Musterbeispiel eines ehrgeizigen Nationalsozialisten, der auf vage Signale von oben hin die Initiative ergriff, schwang sich Eichmann nun zum Herrscher über die Deportationen und die Vertreibungen von Juden in den Distrikt Lublin und darüber hinaus auf.

Am 6. Oktober 1939 kam er in Berlin mit SS-Oberführer Heinrich Müller, dem Chef der Gestapo, zusammen. Nach Eichmanns Bericht über das Gespräch wies Müller ihn an, sich wegen der Deportation von 70 000 bis 80 000 Juden aus Ostoberschlesien mit Gauleiter Wagner in Kattowitz in Verbindung zu setzen. »Diese Juden sollen vorerst in östliche Richtung über die Weichsel zum Abschub gelangen«, notierte Eichmann nach dem Treffen. Die Juden aus der Gegend um Mährisch-Ostrau, das in der Ostecke des so genannten Protektorats Böhmen und Mähren lag, könnten gleich mit einbezogen werden, insbesondere jene, die während der Kämpfe in Polen dorthin geflohen seien. »Diese Tätigkeit soll in erster Linie dazu dienen, Erfahrungen zu sammeln, um auf Grund dieser derart gesammelten Erfahrungen die Evakuierung größerer Massen durchführen zu können.«[5]

Bevor er sich nach Kattowitz begab, besuchte Eichmann Mährisch-Ostrau, wo er am 9. Oktober seine Prager Mitarbeiter Rolf Günther, Theodor Dannecker und Anton Brunner versammelte, um ihnen die gestellte Aufgabe zu erläutern. Auf Befehl Müllers seien je ein Judentransport aus Mährisch-Ostrau und aus Kattowitz zusammenzustellen, die »gewissermaßen als Vorkommando« in ein Gebiet südwestlich von Lublin geschickt werden sollten, um dort ein Barackenlager zu errichten, das als »Durchgangslager für alle nachfolgenden Transporte« dienen werde. Deshalb hatte diese erste Gruppe im Gegensatz zu allen weiteren Deportationen, bei denen nicht auf Alter und Geschlecht geachtet wurde, ausschließlich arbeitsfähige Männer zu umfassen, insbesondere Ingenieure, »Baumeister« und Handwerker jeder Art sowie mindestens zehn Ärzte. Daneben sollten diese ersten Deportationen als »Mustertransporte« herhalten. Für die »ordnungsgemäße« Durchführung seien hauptsächlich die Juden selbst heranzuziehen. Dies sei nicht zuletzt »im Interesse der Wahrung eines gewissen ›freiwilligen Charakters‹ und auch zur Erreichung eines möglichst unauffälligen Abganges des Transportes notwendig«.[6]

Eichmann und Günther reisten ins nahe gelegene Kattowitz weiter, wo sie noch am selben Tag, dem 9. Oktober, mit Generalmajor Knobelsdorff und dem für Oberschlesien zuständigen Sonderbeauftragten des Breslauer Verwaltungschefs, Otto Fitzner, zusammenkamen und am nächsten Tag von Gauleiter Wagner empfangen wurden. Auf dem Weg nach Kattowitz hatten sich Eichmanns Pläne offenbar erweitert, denn jetzt sollten plötzlich je zwei Transporte mit jeweils 1000 Personen von Mährisch-Ostrau und Kattowitz abgehen. Waren diese vier Transporte erfolgreich abgewickelt, sollte ein Erfahrungsbericht an Heydrich geschickt werden, der ihn »wahrscheinlich« an Hitler weiterleiten wollte. Danach, so Eichmann, müsse man abwarten, »bis der generelle Abtransport von Juden angeordnet« werde, womit zu rechnen sei, denn der Führer habe »vorerst die Umschichtung von 300 000 Juden aus dem Altreich und der Ostmark« befohlen. Wagner, Knobelsdorff und Fitzner sagten allesamt ihre Unterstützung zu.[7]

Eichmanns wachsende Pläne waren nicht auf Kattowitz und Mährisch-Ostrau beschränkt. Während seines Aufenthalts in Kattowitz bereitete sein Stellvertreter in Wien, Hans Günther, sowohl deutsche Beamte als auch Vertreter der dortigen jüdischen Gemeinde auf die Aktion vor. Am 10. Oktober forderte er führende Juden auf, eine Liste von 1000 bis 1200 Arbeitern, insbesondere Zimmermännern, Tischlern und Mechanikern, für die Deportation aufzustellen. Darüber hinaus sollten sich vier führende Vertreter der Wiener Juden mit Kleidung für einen drei- bis vierwöchigen Aufenthalt bei Eichmann in Mährisch-Ostrau einfinden.[8] Den deutschen Beamten wurde »streng vertraulich« mitgeteilt, dass der Führer die Umsiedlung von 300 000 Juden aus dem Reich nach Polen angeordnet habe und dass man Wien im Zuge dieser Aktion binnen eines Dreivierteljahres »judenfrei« machen werde.[9] Eine Woche später erteilte Gauleiter Josef Bürckel, der froh war, die Juden in seinem Machtbereich loszuwerden, Eichmann die »Vollmacht«, die Umsiedlungsaktion einzuleiten, und man begann mit der Planung von zwei Transporten pro Woche.[10]

Eichmann erhöhte nicht nur ständig die Zahl der Transporte, sondern veränderte dadurch auch das Wesen des Vorhabens. Müller hatte ihn ermächtigt, Versuchstransporte von Juden aus dem frisch ins Reich eingegliederten Ostoberschlesien durchzuführen, und zugestanden, dass dabei auch einige Juden aus angrenzenden Gebieten des Protektorats, insbesondere Flüchtlinge aus Polen, einbezogen wurden. Eichmann stellte die Deportationen aus dem Protektorat umgehend auf eine Stufe mit denen aus Ostoberschlesien und plante zugleich einen regelmäßigen halbwöchentlichen Zugverkehr von Wien aus. Das Schwergewicht verlagerte sich eindeutig in die Regionen, in denen er vor dem Krieg die jüdische Emigration organisiert hatte und daher über einen Mitarbeiterstab verfügte, dem er vertraute. Und er hoffte offenbar – und rechnete sogar damit –, dass sein Experiment erfolgreich verlaufen und die Grundlage für ein weiterführendes Deportationsprogramm bilden würde.

Bevor sein ambitionierter Plan greifen konnte, musste Eichmann jedoch einen Ort für sein »Durchgangslager« finden. Am 12. Oktober flog er zusammen mit seinem direkten Vorgesetzten, dem SD-Führer von Wien und Befehlshaber der Sipo und des SD im Protektorat, SS-Oberführer Franz Walter Stahlecker, nach Krakau und Warschau und unternahm Autofahrten, um das in Frage kommende Gebiet zu erkunden. Am 15. Oktober konnte er einen Erfolg vermelden: Ziel der Deportationszüge sollte das an der Westgrenze des Distrikts Lublin gelegene Nisko am San sein.[11]

Wie zuversichtlich Eichmann war, dass sich sein Experiment zu einem umfassenden Programm auswachsen würde, zeigt seine Antwort auf eine Anfrage von SS-Oberführer Arthur Nebe. Der Chef des Reichskriminalpolizeiamts hatte am selben Tag angerufen, an dem Eichmann seine Polenreise auf der Suche nach einem Ort für ein Durchgangslager antrat, um sich zu erkundigen, wann die Berliner »Zigeuner« nach Osten abgeschoben werden könnten. Wenn dies nicht bald geschehe, würde man mit erheblichem Kostenaufwand ein Lager für sie bauen müssen. Nebes Idee war nicht neu; Heydrich hatte schon in der Besprechung der Amtschefs und Einsatzgruppenleiter am 21. September die Deportation von 30 000 »Zigeunern« aus Deutschland erwähnt. Nach seiner Rückkehr aus Polen antwortete Eichmann dem Kripo-Chef, »laufende Transporte« gingen jetzt »regelmäßig vorläufig von Wien für die Ostmark, Mähr. Ostrau für das Protektorat und Kattowitz für das ehem. polnische Gebiet« in das Generalgouvernement. Am einfachsten wäre es, »jedem Transport einige Waggons Zigeuner anzuhängen«. Nebes Experten sollten sich mit Eichmanns Mitarbeitern, den Brüdern Günther – Hans in Wien und Rolf in Mährisch-Ostrau und Prag – in Verbindung setzen, um die Einzelheiten zu besprechen. Die Deportationen aus dem »Altreich« könnten in drei oder vier Wochen beginnen, schloss Eichmann zuversichtlich.[12]

In Mährisch-Ostrau wurde am 17. Oktober der erste Transport mit 901 Juden zusammengestellt und am Morgen des 18. auf die Fahrt geschickt. Die ersten Transporte mit Juden aus Wien (912 Personen) und Kattowitz (875) folgten am 20. Oktober.[13] Eichmann befand sich bereits in Nisko, als der Zug aus Mährisch-Ostrau am 19. Oktober mittags in den Bahnhof der Stadt einfuhr. Er hatte große Anstrengungen unternommen, um die wahre Natur der Vertreibung zu verschleiern. Die Deportierten hatten eine Erklärung unterschreiben müssen, in der sie versicherten, sich freiwillig in ein »Umschulungslager« zu begeben.[14] Gegenüber der jüdischen Gemeinde in Wien malte Eichmann zynisch ein rosiges Bild von Juden, die sich zwischen San, Bug und Weichsel eine neue Existenz aufbauten, ohne von den ihnen im Dritten Reich auferlegten Einschränkungen behindert zu werden.[15] Die Realität sah anders aus. Die Juden des ersten Transports wurden über den San auf eine vom Dauerregen aufgeweichte Wiese in der Nähe des Dorfs Zarzecze gebracht, wo sie ein Barackenlager errichten sollten. Am nächsten Morgen wurden die besten Arbeiter ausgesondert; die anderen jagte man mit dem warnenden Hinweis, ja niemals wiederzukommen, ostwärts davon. Den Deportierten aus Wien und Kattowitz erging es ähnlich.[16]

Was sich nach Eichmanns Vorstellungen zu einem das gesamte Reichsgebiet umfassenden Deportations- und Vertreibungsprogramm entwickeln sollte, wurde schon im Anfangsstadium durch Müllers Intervention gestoppt. Während Rolf Günther am 20. Oktober in Kattowitz mit den bürokratischen Nacharbeiten der Transporte beschäftigt war, traf via Mährisch-Ostrau ein Telegramm ein, in dem Müllers Anweisung mitgeteilt wurde, »dass die Umsiedlung und Abschiebung von Polen und Juden in das Gebiet des künftigen polnischen Reststaates einer zentralen Leitung bedarf. Deshalb muss dazu grundsätzlich eine Genehmigung der hiesigen Dienststelle vorliegen.« Auf Günthers Nachfrage, ob die für die kommende Woche vorgesehenen Transporte aus Mährisch-Ostrau und Kattowitz noch stattfinden könnten, wurde ihm mitgeteilt, »dass jeglicher Abtransport von Juden zu unterbleiben habe«, einschließlich der geplanten Eisenbahnzüge aus Mährisch-Ostrau und Kattowitz.[17]

Eichmann eilte nach Berlin, um von seinen hochfliegenden Plänen zu retten, was zu retten war, hatte aber nur mäßigen Erfolg. Am 24. Oktober bestätigte er nach Mährisch-Ostrau telefonisch, dass die Deportation der Juden aus dem Protektorat tatsächlich bis auf weiteres eingestellt werden müsse. Insbesondere die für den nächsten Transport vorgesehenen Frauen seien von der Aktion auszunehmen. Eichmann pflichtete jedoch Günthers Einwand bei, dass angesichts der weit fortgeschrittenen Vorbereitungen zumindest die jüdischen Männer abtransportiert werden sollten, »um das Prestige der hiesigen Staatspolizei zu wahren«. Dies könne geschehen, indem ein »Teiltransport« von 400 Männern aus Mährisch-Ostrau in den Transport einbezogen werde, der unverändert am 27. Oktober von Kattowitz abgehen sollte. SS-Oberführer Müller sei zwei Tage im Voraus detailliert über jeden Transport zu informieren.[18]

Neben dem Transport vom 27. Oktober mit 1000 Juden aus Kattowitz und 400 Juden aus dem Protektorat war bereits am 26. ein Zug mit 672 Juden aus Wien abgegangen.[19] Am 1. November fertigte man noch einen kleineren Transport mit 323 Juden aus Prag ab, der jedoch aufgrund eines Telegramms von Eichmann, in dem dieser über die Unpassierbarkeit einer Brücke über den San informierte, in Sosnowitz (Sosnowiec) aufgehalten wurde.[20] Ein Versuch, einen weiteren Transport aus Wien auf die Reise zu schicken, schlug fehl, weil die Wehrmacht an dem vorgesehenen Abfahrtstag sämtliche Transportmittel für sich beanspruchte.[21] Damit war das Nisko-Experiment beendet, auch wenn das Lager noch bis in das folgende Frühjahr bestehen blieb. Im April 1940 wurde es auf Befehl des HSSPF im Generalgouvernement, Wilhelm Krüger, aufgelöst, und die 501 verbliebenen Insassen durften nach Österreich und ins Protektorat zurückkehren.[22]

Warum wurde dieses Experiment so abrupt beendet? Die Proteste des örtlichen Landrats gegen die »Invasion« und regionaler Wehrmachtdienststellen darüber, dass sie entweder die Juden vor dem »berechtigten Unmut« der Bevölkerung in Schutz nehmen oder aber Judenpogrome »dulden bzw. fördern« müssten,[23] erfolgten nachträglich. Deshalb können sie keinen Einfluss auf eine Entscheidung gehabt haben, die in Berlin getroffen wurde, noch bevor der erste Transport in Nisko eingetroffen war. Auch Hans Frank erhob später Einspruch gegen die Deportationen; doch war er Mitte Oktober in Erwartung der unmittelbar bevorstehenden Ablösung der Militärverwaltung in Polen damit beschäftigt, von Berlin über Posen nach Lodz und von dort zurück nach Berlin zu reisen und sich vergeblich darum zu bemühen, dass das Gebiet von Lodz nicht dem neuen Warthegau, der ins Reich eingegliedert werden sollte, sondern seinem künftigen Herrschaftsbereich zugeschlagen wurde. Dass er irgendetwas von Eichmanns Plänen gewusst oder sogar politisches Kapital darauf verschwendet haben sollte, gegen sie zu protestieren, ist höchst unwahrscheinlich.[24] Russische Proteste dürften ebenfalls kaum entscheidend gewesen sein, denn örtliche deutsche Stellen fuhren fort, Juden über die Demarkationslinie zu treiben, und das bis weit in den Dezember hinein, als Frank schließlich Krüger anwies, solche Aktionen zu unterbinden, um die guten Beziehungen zur Sowjetunion nicht zu stören.[25] Zweifellos beanspruchte die Wehrmacht, die ihre Kräfte für die für Mitte November geplante Offensive in aller Eile nach Westen verlagerte, einen großen Teil der Transportmittel für sich. Aber weder das Militär noch Göring, der eifrig damit beschäftigt war, Polen auszuplündern, hatten *sämtliche* Transporte verboten, wie Eichmann auf eine Nachfrage hin herausfand.[26] Auch hatte Eichmann nicht völlig ohne Müllers Wissen gehandelt – wofür man ihn nun zur Rechenschaft hätte ziehen können –, denn dann hätte weder Nebe von Eichmanns geplanten Deportationen wissen können, noch Eichmann dem Kripo-Chef so offen angeboten, Waggons mit »Zigeunern« an die »laufend« abgehenden Transporte anzuhängen.[27]

Der Befehl zur Einstellung der Deportationen kam eindeutig von Himmler persönlich. Das gab er dem Wiener Gauleiter Bürckel unmissverständlich zu verstehen, als dieser Arthur Seyß-Inquart, damals Franks Stellvertreter im Generalgouvernement, beschuldigte, die von ihm selbst sehnlichst herbeigewünschte Deportation der Wiener Juden zu hintertreiben. Himmler begründete seine Entscheidung mit »technischen Schwierigkeiten«.[28] Ihm war soeben die Zuständigkeit für die Umsiedlung der »Volksdeutschen« übertragen worden, und die Ankunft der ersten Baltendeutschen in Danzig am 15. Oktober dürfte für ihn in dieser Zeit alles andere in den Hintergrund gedrängt haben.[29] Für den Augenblick hatte die Suche nach Ansiedlungsraum für die »Volksdeutschen« in Westpreußen und im Warthegau Vorrang vor der Deportation von Juden aus Oberschlesien und insbesondere aus Österreich und dem Protektorat. Tatsächlich waren die Umsiedlungspläne des Regimes in Osteuropa im folgenden Jahr untrennbar mit der Ansiedlung von Deutschstämmigen in den annektierten polnischen Gebieten verknüpft. Durch Eichmanns Deportationsvorhaben, dessen Schwergewicht in Österreich und im Protektorat lag, wären Unterkünfte und Arbeitsplätze für zuziehende »Volksdeutsche« jedoch nicht dort frei gemacht worden, wo Himmler sie brauchte. Wie sich herausstellte, erfüllte nicht einmal die Deportation von Juden aus dem Warthegau Himmlers Anforderungen nach geeigneten Unterkünften und Arbeitsplätzen für die Neuankömmlinge. Obwohl die Nationalsozialisten es nicht zugaben und entsprechende Schlussfolgerungen monatelang zurückwiesen, erwies sich, dass die »Festigung deutschen Volkstums« in den ins Reich eingegliederten Gebieten und die »Lösung der Judenfrage« keine komplementären, sondern in Konkurrenz zueinander stehende Ziele waren. Da die Ansiedlung von »Volksdeutschen« im Augenblick Vorrang hatte, musste die »Lösung der Judenfrage« entweder aufgeschoben werden oder auf anderen Wegen, etwa durch Deportationen in den Osten erfolgen. Eichmanns Nisko-Experiment zeigte also nicht nur, wie viel Spielraum die unteren Ebenen im nationalsozialistischen Herrschaftssystem besaßen, sondern auch deren Grenzen, wenn ihre Initiativen im Widerspruch zu den von der Führung festgelegten Prioritäten standen.

3.2 Die Baltendeutschen, der erste »Nahplan« und die Deportationen in den Warthegau

Kurz nachdem Deutschland am 28. September 1939 mit der Sowjetunion einen Vertrag geschlossen hatte, der unter anderem die Repatriierung der »Volksdeutschen« aus dem sowjetischen Herrschaftsbereich regelte, gelang es Himmler, von Hitler die Zuständigkeit über die »Festigung deutschen Volkstums« zu erhalten. Damit war er sowohl für die Ansiedlung der »Volksdeutschen« als auch für die Zurückdrängung des »schädlichen« Einflusses der »volksfremden« Bevölkerungsgruppen in den »einzudeutschenden« Gebieten verantwortlich. Kurz, er kontrollierte jetzt sämtliche Bevölkerungsbewegungen diesseits und jenseits der Reichsgrenzen.

Die Erweiterung von Himmlers Aufgabenbereich war ein Paradebeispiel für die Tatsache, dass derjenige, der Hitlers Wünsche am besten antizipierte, zur Belohnung mit erheblichem Machtzuwachs rechnen konnte. Himmler befand sich nun in einer Position, die es ihm ermöglichte, die durch von Brauchitsch am 22. September 1939 im Gespräch mit Heydrich errichteten Hindernisse für Bevölkerungsverschiebungen beiseite zu räumen. Zugleich ging der SS-Chef daran, ein wirtschaftliches Fundament für seine Tätigkeit zu schaffen. Nachdem Göring sich die Zuständigkeit für die Beschlagnahmung polnischen und jüdischen Eigentums in den ins Reich eingegliederten Gebieten gesichert hatte, bestand Himmler in seiner neuen Stellung als RKFDV auf der Kontrolle über die Verteilung der für die Ansiedlung von »Volksdeutschen« benötigten landwirtschaftlichen Flächen, die Göring ihm auch zugestand.[30]

Am 30. Oktober 1939 gab Himmler Richtlinien für die Tätigkeit des Stabshauptamtes des RKFDV in den Vertreibungsgebieten heraus. Danach sollten bis Februar 1940, also binnen vier Monaten, folgende Bevölkerungsgruppen ins Generalgouvernement abgeschoben werden: aus den eingegliederten Gebieten alle Juden (deren Zahl der stellvertretende Stabshauptamtschef Rudolf Creutz auf 550 000 schätzte); aus Danzig-Westpreußen alle Kongresspolen und aus dem Warthegau, Ostoberschlesien und Südostpreußen eine noch zu bestimmende Anzahl besonders deutschfeindlicher Polen. Die Bevölkerungsverschiebungen sollten zwischen den jeweiligen HSSPF abgesprochen werden, wobei Krüger im Generalgouvernement über die Zielorte der Transporte zu entscheiden hatte. Bevorzugtes Deportationsziel für die Juden war jedoch das Gebiet zwischen Weichsel und Bug (in das im folgenden Jahr auch die Juden aus dem westlich der Weichsel gelegenen Teil des Generalgouvernements verschickt werden sollten). Im Generalgouvernement überließ man es der örtlichen polnischen Verwaltung, sich um die Deportierten zu kümmern. Wie der Befehlshaber der Sicherheitspolizei und des SD (BdS) im Generalgouvernement, SS-Brigadeführer Bruno Streckenbach, Frank umgehend mitteilte, hatte Himmler vor, in den nächsten vier Monaten nicht weniger als eine Million Menschen zu deportieren.[31]

Während die HSSPF mit den realen Problemen, die schon bei der Verschiebung eines kleinen Teils der in Himmlers Anordnung genannten Bevölkerungsgruppen entstanden, fertig werden mussten, formulierten Erhard Wetzel und Gerhard Hecht, zwei Beamte des Rassenpolitischen Amts der NSDAP (RPA), die diesem gewaltigen bevölkerungspolitischen Vorhaben zugrunde liegende Rassentheorie. Ihr Memorandum könnte leicht als reines Phantasieprodukt abgetan werden, wäre sein Inhalt nicht zum großen Teil in die Denkschrift über die Behandlung der Bevölkerungen im Osten eingeflossen, die Himmler im Mai 1940 Hitler vorlegte.[32] Wetzel und Hecht wiesen darauf hin, dass in den neu eingegliederten Gebieten nur sieben Prozent der Bevölkerung deutschstämmig seien; fünf Prozent seien Juden, und der Rest Polen. Daher erweise sich »die Notwendigkeit einer rücksichtslosen Verminderung der Polen und die selbstverständliche Ausweisung sämtlicher Juden und polnisch-jüdischer Mischlinge als zwangsläufig«. Der deutsche Bevölkerungsanteil sei durch die Umsiedlung von »Volksdeutschen« zu stärken, zunächst aus der Sowjetunion, später auch aus Südosteuropa und sogar aus dem Westen sowie aus Palästina und Australien. Nur ein kleiner Teil der Polen eigne sich für die »Eindeutschung«, die als »echte Umvolkung« definiert wurde. Darunter verstanden die Autoren mehr als nur die Aneignung von Sprache und Kultur, nämlich das erst nach ein bis zwei Generationen realisierbare »endgültige, geistig und seelisch mittragende Eintreten in das Volkstum eines anderen Volks«. Dies sei nur bei einer kleinen Zahl von rassisch geeigneten Polen zu erwarten. Wenn sie sich politisch »neutral« verhielten und bereit seien, ihre Kinder in deutsche Erziehungseinrichtungen zu schicken, könnten sie bleiben. Rassisch in Frage kommende, aber deutschfeindlich eingestellte Polen seien dagegen abzuschieben; ihre »rassisch wertvollen« Kinder jedoch sollten, solange sie nicht älter als acht bis zehn Jahre seien, in die förderliche Umgebung einer deutschen Familie oder von Anstalten »nach Art des früheren Potsdamer Militärwaisenhauses« gebracht werden. Die polnische Intelligenz, politische Aktivisten, Kongresspolen, die rassisch »minderwertige« Unterschicht, Personen polnisch-jüdischer Herkunft und sogar deutsche »Mischlinge ersten Grades« (Deutsche mit zwei jüdischen Großeltern) seien ausnahmslos zu deportieren. Am Ende sollten etwa eine Million Polen im Reichsgebiet verbleiben, während 5,6 Millionen Polen zusammen mit 530 000 Juden aus den eingegliederten Gebieten sowie den Juden aus Deutschland, Österreich und dem Protektorat nach Osten »umgesiedelt« würden. Das Problem der Übervölkerung im polnischen Reststaat bereitete Wetzel und Hecht keine Kopfschmerzen. Die rassisch »minderwertige« Bevölkerung, die dort lebe, wachse ohnehin zu schnell. Die Gefahr der Übervölkerung »dürfte aber beseitigt werden, wenn in das Land neue

Bevölkerungsmassen einströmen und damit die Bevölkerungsdichte vermehrt wird. Schon um den rapiden Bevölkerungszuwachs dieser Gebiete zu verhindern, ist eine Umsiedlung der Polen aus dem Reichsgebiet in diese Gebiete dringend erforderlich.«

In »Restpolen« sei das polnische »Nationalideal« rücksichtslos zu bekämpfen, indem man Bildung und Kultur auf der primitivsten Stufe halte. Um das Bevölkerungswachstum zu verringern, sei die medizinische Versorgung auf das zur Verhinderung von Seuchen und ihrer Verbreitung über die deutsche Grenze hinweg absolut notwendige Minimum zu reduzieren. Geburtenkontrolle wolle man ermutigen, Hygienestandards senken und Homosexualität straffrei stellen. Obwohl die Juden ebenfalls von dieser Politik betroffen sein würden, könnten sie nach Ansicht von Wetzel und Hecht »erleichtert behandelt« werden, um die Feindseligkeit zwischen ihnen und den Polen anzufachen. Eine bessere Schulbildung mache die Juden »auswanderungsfähig« und sei bei ihnen weniger gefährlich, da sie »keine politisch so reale Kraft« bildeten wie ihre slawischen Mitbürger mit ihrer großpolnischen Ideologie.

Die deutschen Behörden im Generalgouvernement, also im Zielgebiet dieser Flut von Entwurzelten, waren über Wetzels und Hechts nur im Rückblick bizarre Idee einer Vorzugsbehandlung von Juden nicht erbaut; umso besser gefiel ihnen der Gedanke, den Umfang ihres »Judenproblems« durch eine Verschlechterung der Lebensbedingungen der jüdischen Bevölkerung zu verringern. Seyß-Inquart notierte Ende November 1939 nach der Rückkehr von einer Inspektionsreise durch das Generalgouvernement über den Distrikt Lublin: »Dieses Gebiet mit seinem stark sumpfigen Charakter könnte nach Erwägungen des Distriktsgouverneurs Schmidt als Judenreservat dienen, welche Maßnahme womöglich eine starke Dezimierung der Juden herbeiführen könnte.«[33] Am 25. November teilte Hans Frank Beamten des Generalgouvernements auf einer Sitzung in Radom in einer großsprecherischen Rede mit, dass die Hälfte bis zwei Drittel der Juden, einschließlich derjenigen aus dem Reich, über die Weichsel nach Osten abgeschoben werden sollten. »Bei den Juden nicht viel Federlesens«, fügte er im Hinblick auf die Auswirkungen des zu erwartenden strengen Winters hinzu. »Eine Freude, endlich einmal die jüdische Rasse körperlich angehen zu können. Je mehr sterben, umso besser [...]«[34]

Auch Propagandaminister Goebbels war hocherfreut und verbreitete sich in seinem Tagebuch über die Natur und die Intensität des in Polen zu führenden Rassenkampfs. Am 10. Oktober notierte er: »Des Führers Urteil über die Polen ist vernichtend. Mehr Tiere als Menschen, gänzlich stumpf und amorph. [...] Der Führer will mit den Polen keine Assimilation. Sie sollen in ihren verkleinerten Staat hineingedrückt und ganz unter sich gelassen werden.« Eine Woche später sah Goebbels zusammen mit Hitler die neuesten Wochenschaubilder aus Warschau. »Und dann Aufnahmen zum Ghettofilm«, hielt er in seinem Tagebuch fest. »Noch niemals da gewesen. Schilderungen, so grausam und brutal in den Einzelheiten, dass einem das Blut in den Adern gerinnt. Man schaudert zurück vor so viel Rohheit. Dieses Judentum muss vernichtet werden.« Ein Besuch in Lodz am 2. November bestärkte ihn in dieser Haltung: »Fahrt durch das Ghetto. Wir steigen aus und besichtigen alles eingehend. Es ist unbeschreiblich. Das sind keine Menschen mehr, das sind Tiere. Das ist deshalb auch keine humanitäre, sondern eine chirurgische Aufgabe. Man muß hier Schnitte tun, und zwar ganz radikale.« Und über Polen insgesamt: »Fahrt über polnische Straßen. Das ist schon Asien. Wir werden viel zu tuen haben, um dieses Gebiet zu germanisieren.« Anfang Dezember berichtete Goebbels Hitler über eine weitere Polenreise. »Er hört sich alles genau an und teilt ganz meine Ansicht in der Juden- und in der Polenfrage«, notierte er hinterher in seinem Tagebuch. »Die Judengefahr muß von uns gebannt werden. [...] Die polnische Aristokratie verdient ihren Untergang.«[35]

Offenbar gab es in Berlin und Polen viele Nationalsozialisten, die von Himmlers Vision gewaltiger, innerhalb von vier Monaten durchzuführender Bevölkerungsverschiebungen beeindruckt waren und den damit einhergehenden Verlust von Menschen, insbesondere von Juden, begrüßten. Den SS-Angehörigen, denen die unlösbare Aufgabe zufiel, Himmlers Ankündigungen in die Tat umzusetzen, genügten großspurige Reden und blutrünstige Tagebucheintragungen allerdings nicht. Sie mussten die Maschinerie und die Techniken entwickeln, mit denen Abertausende von Menschen aus ihrer Umgebung herausgerissen und umgesiedelt werden konnten. Obwohl sie bald erkannten, dass Himmlers unrealistische Terminvorgabe nicht einzuhalten war, lernten sie viel darüber, was im Bereich des Möglichen lag und was nicht. Die Lektion zeigte Wirkung: Am Ende waren sie sogar in der Lage, noch phantastischere Visionen Hitlers und Himmlers in die Tat umzusetzen.

Die praktischen Vorbereitungen liefen Ende September an, als die deutsch-sowjetische Vereinbarung über die Rückführung der »Volksdeutschen« noch nicht einmal unterzeichnet war. Auf einen entsprechenden Befehl hin begann die Wehrmacht, in Gdingen (Gdynia) Platz für sie zu schaffen. Wie der Historiker Hans Umbreit feststellt, unterschied sich ihr Vorgehen »nicht wesentlich von dem später von der SS angewandten Verfahren« bei der Vertreibung der einheimischen Bevölkerung. Wenige Tage darauf wurde Himmler offiziell die Verantwortung für alle Umsiedlungsangelegenheiten übertragen. In Gdingen richtete er eine »Einwanderungszentrale« ein, die den Zuzug der Baltendeutschen und die Aussiedlung von Polen organisieren sollte. Nachdem am 15. Oktober die ersten Baltendeutschen eingetroffen waren, gewann der Prozess an Dynamik. Insgesamt wurden etwa 40 000 Menschen aus Gdingen vertrieben und zum Teil in das Gebiet um Radom und Kielce im Generalgouvernement abgeschoben.[36] Das war fast die Hälfte der Einwohnerschaft von Gdingen beziehungsweise die Hälfte der bis Ende Januar 1940 aus Westpreußen Deportierten. Nachdem feststand, dass in Gdingen nicht genügend Platz geschaffen werden konnte, befahl Himmler, auch in Posen Vorbereitungen für die Aufnahme von Baltendeutschen zu treffen. Während die »Volksdeutschen« aus dem Baltikum nun nach Posen strömten, wurden hastig Auffanglager errichtet, in denen die verdrängten Polen bis zu ihrer Deportation untergebracht werden sollten. Die Internierung, zuerst der Intelligenz, begann am 4. November 1939.[37]

Die Notwendigkeit koordinierten Vorgehens war offensichtlich, und so kamen die HSSPF in den eroberten polnischen Gebieten am 8. November 1939 in Krakau, der Hauptstadt des Generalgouvernements, zu einer Besprechung zusammen. Krüger, der die Sitzung leitete, forderte die sofortige Beendigung der »wilden Umsiedlung«. Bis Ende Februar sollten nicht weniger als eine Million Polen und Juden deportiert und umgekehrt außer den Baltendeutschen 100 000 »Volksdeutsche« aus Wolhynien und der Ukraine, 30 000 aus dem Gebiet von Lublin sowie 20 000 aus anderen Teilen des Generalgouvernements aufgenommen werden. Angesichts dieser Zahlen mussten, so Krüger, die »Zurückführung« der Volksdeutschen und die Aufnahme der Polen und Juden »planmäßig« erfolgen.

Laut Krügers BdS Streckenbach sollten letztlich alle Juden und Polen aus dem Altreich und den eingegliederten Gebieten verschwinden; bis Ende Februar hatte man es jedoch allein auf die Juden und Kongresspolen in den neuen Reichsgauen abgesehen. Die verbleibenden Polen, so Streckenbach, würden überprüft und die »unerwünschten« unter ihnen 1941 abgeschoben werden. Mitte November (das heißt nach Abschluss der Umgruppierung der Wehrmacht) sollten die ersten Eisenbahnzüge abgehen. Eine wichtige Ausnahme machte Streckenbach in Bezug auf Lodz: Da über die Zugehörigkeit der Stadt zum Warthegau noch nicht endgültig entschieden sei, müsse man von Deportationen, »selbst auch von Juden«, absehen. Sollte Lodz weiterhin zum Generalgouvernement gehören, wären Bevölkerungsverschiebungen überflüssig. Folglich wurde die Stadt, die später unter dem Namen Litzmannstadt die höchste jüdische Bevölkerungskonzentration in den annektierten Gebieten aufweisen sollte, nicht in die bevorstehenden Deportationen einbezogen.[38]

Wilhelm Koppe, HSSPF im Warthegau, kehrte nach Posen zurück, um die Umsiedlungsaktionen zu organisieren. Am 11. November bildete er zwei Sonderstäbe, einen mit Reichsamtsleiter Derichsweiler an der Spitze für die Ansiedlung von Baltendeutschen und einen für die »Evakuierung« von Polen und Juden, der von SS-Sturmbannführer Rapp geleitet wurde.[39] Rapp war auch der Verfasser des Entwurfs eines Rundschreibens, in dem Koppe die Deportation von 200 000 Polen und

100 000 Juden zwischen Mitte November und Ende Februar als »Erstaktion« im Rahmen der »notwendigen Säuberung und Sicherung« des Warthegaus ankündigte. In diese Aktion seien sämtliche politisch aktiven Polen einzuschließen. Wirtschaftliche Überlegungen sollten den Sicherheitserwägungen untergeordnet und die Deportationen mit der Ankunft der Baltendeutschen »verkoppelt« werden. Im Übrigen war das Deportationskontingent allein mit den zugunsten der zuziehenden »Volksdeutschen« aus ihren Wohnungen und Betrieben vertriebenen Polen keineswegs erfüllt, sondern allenfalls ein Anfang gemacht. Falls es zu »Lücken und Verzögerungen« kam, konnten laut Rapp jedoch die im Warthegau lebenden Juden – ausgenommen diejenigen in Lodz – binnen Stunden zusammengetrieben und zusätzlich »eingeschoben« werden.[40]

Das am 12. November verschickte Rundschreiben enthielt gegenüber Rapps Entwurf bedeutende Veränderungen. So wurde das Ziel der Schaffung von Wohnraum und Erwerbsmöglichkeiten für die zuziehenden »Volksdeutschen« mit der »Säuberung und Sicherung« auf eine Ebene gestellt. Ferner sollten zusätzlich zu den politisch denkenden, nationalistischen Polen – der »geistig führenden Schicht, der gesamten Intelligenz« – auch sämtliche »kriminellen Elemente« deportiert werden. Für die in früheren Planungen verschonten Lodzer Juden wurde eine konkrete Zahl genannt: 30 000 seien »zur Abschiebung bereitzustellen«. Arbeiter, kleine Angestellte und Beamte, die zu keiner der genannten Kategorien gehörten, sollten von der Deportation ausgenommen werden, »da sie als Arbeitskräfte dringend benötigt« wurden. Um zu verhindern, dass wirtschaftlich unverzichtbare Polen abgeschoben wurden, waren Bürgermeister, Landräte und Wirtschaftsführer zu konsultieren. Die »Evakuierungen« seien für jeden Polen »individuell vorzubereiten«; »wahllose Massenräumungen« ganzer Straßen und Viertel hätten zu unterbleiben.[41]

Zwischen dem 16. November und dem 4. Dezember verfasste Rapp nicht weniger als zwölf verschiedene Erlasse, die jeden nur denkbaren Aspekt der Deportationen regelten. Zudem hielt er zwei Sitzungen über den Zeitplan der Transporte beziehungsweise die Behandlung des Eigentums der Deportierten ab und unternahm schließlich eine Inspektionsreise zu allen Regierungspräsidenten, Oberbürgermeistern und Landräten des Warthegaus.[42] Nur ein »Sonderbefehl« vom 24. November befasste sich speziell mit der Abschiebung von Juden. Er verfügte die direkte Beteiligung der jüdischen Ältestenräte, deren Mitglieder für die Zusammenstellung der geforderten Zahl von Juden und die geordnete Durchführung der Deportation persönlich haftbar gemacht wurden.[43] Die Aktion sollte nicht wie eine »wilde Umsiedlung«, sondern als in allen Details sorgfältig vorbereitete Operation verlaufen.

In Westpreußen war Gauleiter Forster, der mit Himmler auf weniger gutem Fuß stand, nicht sonderlich geneigt, dessen Umsiedlungspläne zu verwirklichen. Von ihm ist die Bemerkung überliefert: »Wenn ich so aussehen würde wie der, würde ich erst gar nicht von Rassen reden.«[44] Er äußerte offen Kritik an der Art, wie Himmler die Umsiedlung der »Volksdeutschen« betrieb. Bei Goebbels beklagte er sich über »die haarsträubenden organisatorischen Missstände bei der Evakuierung der Baltendeutschen«. »Die schreien allerdings zum Himmel«, bestätigte Goebbels.[45] Himmler ordnete möglicherweise auf Grund von Forsters mangelnder Kooperation bei der Ansiedlung der »Volksdeutschen« am 28. Oktober 1939 an, die Deportation von Polen aus Westpreußen zu beenden.[46]

Diese Anordnung blieb allerdings nicht lange in Kraft. Am 5. November drängte Ulrich Greifelt, der Chef des Stabshauptamts des RKFDV, darauf, die verfügbaren Transportmöglichkeiten in vollem Umfang für die Verschickung von Polen und Juden zu nutzen, um »weitere Unterbringungsmöglichkeiten für volksdeutsche Rückwanderer aus Lettland und Estland zu schaffen«.[47] Im Laufe des Novembers hielt Richard Hildebrandt, HSSPF und Beauftragter des RKFDV in Danzig-Westpreußen, eine Reihe von Sitzungen ab, auf denen er für Dezember 1939 eine Zielvorgabe von lediglich 10 000 Deportierten machte, gleichzeitig aber ankündigte, dass im folgenden Jahr 400 000 Menschen abgeschoben würden. Zu ihnen sollten wie üblich sämtliche Juden, die Familien von hingerichteten Polen sowie all jene, die ein Sicherheitsrisiko darstellten – Radikale und politisch Unerwünschte –, gehören, aber auch polnische Bauern, deren Höfe für »volksdeutsche« Neusiedler geeignet waren. Nach den wilden Deportationen der vorangegangenen Wochen wirkten Hildebrandts Äußerungen beinahe zurückhaltend. »Eigenmächtige Abschiebungen haben zu unterbleiben«, forderte er. Die Wirtschaft dürfe nicht behindert werden. Wer wirtschaftlich notwendige Funktionen ausfülle, sei von der Abschiebung auszunehmen. »Im Danziger Bezirk selbst werden Baltendeutsche nicht mehr verbleiben, sondern weitergeleitet.«[48]

Am 28. November intervenierte Heydrich von Berlin aus und reduzierte das Ausmaß der aktuellen Aufgaben, vor denen die Deutschen in den annektierten Gebieten standen, drastisch. Ähnlich wie in seinem berühmten Schnellbrief vom 21. September unterschied er zwischen einem »Nahplan« und einem »Fernplan« und machte es den Nationalsozialisten damit möglich, ins Reich des Machbaren zurückzukehren und gleichzeitig an ihrer Ideologie festzuhalten. Dem Nahplan zufolge waren »so viel Polen und Juden abzutransportieren, dass die hereinkommenden Baltendeutschen untergebracht werden können. Der *Nahplan* wird *nur für den Warthegau* [Hervorhebung C. B.] durchgeführt, da zunächst nur dorthin Baltendeutsche gebracht werden.« Weil man deren Zahl auf 40 000 schätzte, sollte bis zum 16. Dezember die doppelte Anzahl von Polen und Juden, also 80 000, »evakuiert« werden.[49]

Während den anderen eingegliederten Gebieten eine Atempause vergönnt war, standen Koppe und Rapp nun vor der gewaltigen Aufgaben, in weniger als drei Wochen 80 000 Menschen zu deportieren. Doch lieferten sie einen außergewöhnlichen Beweis brutaler Effizienz und übertrafen das Ziel sogar noch, indem sie bis zum 17. Dezember in 80 Eisenbahnzügen 87 833 Menschen abtransportieren ließen. Rapp fasste den Verlauf der Aktion in zwei langen Berichten zusammen.[50] Zahlreiche Hindernisse seien überwunden worden, rühmte er sich darin. Da so viele Behörden beteiligt gewesen seien – die Landräte als Verantwortliche vor Ort, die Dienststelle des HSSPF als zentrale Planungsstelle, Sipo und SD als Helfer bei der Auswahl der Opfer, die Reichsbahn als Transporteur sowie Polizei und Selbstschutz als Ausführende der »Evakuierungen« –, hätten Schwierigkeiten in einem Teilbereich automatisch die Gesamtaktion gefährdet. Der Nachrichtenaustausch sei sehr schlecht gewesen, weshalb schließlich ein Kurierdienst eingerichtet worden sei. Die Landräte hätten sich im Allgemeinen bewährt. »Wo es sich um junge Offiziere oder SS-Führer handelte, wurde die ganze Aktion mit persönlichem Schwung angepackt. Die älteren Landräte vom Typ des deutschen Verwaltungsbeamten gewährleisteten in der Auswahl der Personen und in der Organisation des Abtransportes wenigstens einen geordneten Verlauf. Nur in einzelnen Fällen ließen Landräte anfänglich die für die Evakuierung notwendige Härte vermissen.« Als vorteilhaft habe sich die Errichtung von Sammellagern erwiesen, in denen die Deportierten erfasst und durchsucht worden seien; auf diese Weise habe man den Aufenthalt der Züge in den Abfahrtsbahnhöfen auf ein Mindestmaß verringern können. Die Reichsbahn, so fährt Rapp fort, habe allerdings Schwierigkeiten gehabt, ihre Zusagen einzuhalten; von den elf für die Aktion vorgesehenen Zügen kehrten nur fünf zurück, und das auch erst nach acht Tagen und nicht, wie geplant, nach vier. Die anderen wurden von der Wehrmacht oder der »Ostbahn«, der beschlagnahmten polnischen Staatseisenbahn, in Krakau in Anspruch genommen. Ersatzzüge zu finden war fast unmöglich. Darüber hinaus bestand das Zugpersonal fast ausschließlich aus Polen, die kein Interesse am glatten Ablauf der Aktion hatten. Tatsächlich wurde, so Rapp, gelegentlich die Arbeit verweigert und versucht, die Operation zu sabotieren. Auch Beamte der Verwaltung des Generalgouvernements hätten ungenügendes Engagement gezeigt. Es seien ungeeignete Ankunftsstationen ausgewählt und die örtlichen Behörden nicht informiert worden. Zudem seien die Vorbereitungen vor Ort nur mangelhaft gewesen. Wiederholt wurde die Abnahme von Transporten verweigert und »im Ganzen von den abnehmenden Behörden wenig Verständnis gezeigt«.

Auch die Auswahl der zu Deportierenden habe sich als schwierig erwiesen, berichtete Rapp weiter. Zur Evakuierung vorgesehen waren Juden, antideutsche und politisch aktive Polen sowie Angehörige der polnischen Intelligenz und der Führungsschicht – ein aufgrund von biologischen, politischen und sozialen Merkmalen umrissener Personenkreis. Vorrang hätten jene Polen, die eine »unmittelbare Gefahr für das Deutschtum« im Warthegau darstellten. Es sei indessen schwierig gewesen, zuverlässige Listen politisch aktiver Polen aufzustellen, da ihre Anzahl »durch Flucht, Erschießungen oder Verhaftungen stark reduziert« worden sei. Das statistische Material über die polnische Intelligenz und Führungsschicht im Allgemeinen sei ebenfalls unzureichend gewesen. Deshalb habe man für die Anfertigung der Listen für diese beiden Kategorien von Deportierten umfangreiche Vorarbeiten leisten müssen. Zähle man sämtliche Juden hinzu, einschließlich der bisher noch nicht einbezogenen 230 000 aus Lodz, käme man auf eine Zahl von 680 000 abzuschiebenden Personen. Folglich seien noch 600 000 zurückgeblieben, die, wenn täglich drei Eisenbahnzüge mit jeweils 1000 Personen abgingen, innerhalb von sechs bis sieben Monaten abtransportiert werden könnten.

Merkwürdigerweise erwähnte Rapp in seinen Berichten nirgendwo, wie viele Juden unter den im Dezember 1939 aus dem Warthegau deportierten 87 000 »Polen und Juden« gewesen waren. Auch bei anderen Gelegenheiten sprachen SS-Vertreter nur von den im Rahmen dieser Aktion deportierten Polen.[51] Tatsächlich hatte man mit dem ersten Nahplan nicht das Ziel verfolgt, die »Judenfrage« zu lösen, sondern gefährliche Polen loszuwerden und Platz für die zuziehenden Baltendeutschen zu schaffen. Dennoch befanden sich in dem Zug, der am 1. Dezember von Konin nach Ostrowiec fuhr, 900 Juden.[52]

Auch die meisten der zehn Transporte, die im Zuge des ersten Nahplans von Lodz abgingen, hatten aus Juden bestanden. Das wurde indessen in keinem der die Aktion zusammenfassenden Berichte erwähnt, geschweige denn als Erfolg verbucht, verwies dieser Umstand doch auf das Versagen des Systems und die Unfähigkeit der Behörden in Lodz, gefährliche Polen zu benennen und festzunehmen. Als einer von Rapps Untergebenen am 30. November 1939 die Stadt besuchte, musste er zu seinem Entsetzen feststellen, dass keinerlei Vorbereitungen für die Deportationen getroffen worden waren. Stadtkommissar Schiffer schien sich nicht einmal im Klaren darüber zu sein, dass er die Verantwortung für die Koordinierung der aus Lodz abgehenden Transporte trug. Anweisungen mit den Kriterien für die Auswahl der zu deportierenden Personen waren gerade erst eingetroffen, und von den bereits angefertigten Listen und Akten der Gestapo waren nur noch Bruchstücke aufzufinden. Der Polizeipräsident, SS-Brigadeführer Johannes Schäfer, schlug vor, man könne ja das »jüdische Proletariat« abschieben, für das man keine Listen brauche.[53]

Lodz war eine Quote von 15 000 »Polen und Juden« zugewiesen worden, aber in »erster Linie sollten politisch verdächtigte und intellektuelle Polen evakuiert werden«. Da das von der Gestapo zusammengetragene umfangreiche Material verschwunden war, brachte man es nur auf eine Kartei mit 5000 Namen. Die hastig zusammengeschusterten Listen erwiesen sich allerdings als weitgehend nutzlos, denn nur 2600 der aufgeführten Personen konnten tatsächlich in Haft genommen werden. »Um die Zahl von 15 000 Personen aufzufüllen, musste daher auf Juden zurückgegriffen werden«, wie Rapps Abgesandter, Richter, vermerkte. Der Judenrat wurde eingeschaltet, um unter den in einem Lager in Radogosz festgehaltenen Juden »Freiwillige« auszuheben, wobei 1000 Personen zusammenkamen. Polizeipräsident Schäfer und der Lodzer Oberbürgermeister kamen daraufhin überein, dass nächtliche Razzien von ganzen Wohnhäusern im Judenviertel den »einzig gangbaren Weg« darstellten, und so nahmen in der Nacht vom 14. auf den 15. Dezember 650 Schutzpolizisten und 80 Angehörige des Nationalsozialistischen Kraftfahrkorps (NSKK) zwischen 20.20 Uhr und vier Uhr früh 7000 Juden fest, von denen man am folgenden Abend zwischen 5600 und 5850 in drei Zügen deportierte. Bei einer zweiten Razzia am 16. Dezember wurden 2000 Juden aufgegriffen und am nächsten Tag zusammen mit den restlichen Festgenommenen der ersten Razzia in drei Zügen abtransportiert.

Rapps Vertreter Richter griff die Stadtverwaltung von Lodz heftig an. Der Aufruf an die Juden, sich freiwillig zu melden, sei von Anfang an zum Scheitern verurteilt gewesen, da diejenigen, die sich gemeldet hatten, bei eisiger Kälte vier Stunden lang strammstehen mussten. Ferner sei die erste Razzia nicht gestoppt worden, nachdem bereits doppelt so viele Juden wie geplant festgenommen worden waren. Dabei habe es keine Sammellager gegeben; einmal festgenommene Juden wieder freizulassen hätte für die deutschen Behörden indessen einen »nicht tragbarer Prestigeverlust« bedeutet. So habe man die Züge überfüllt, und da die Viehwaggons weder mit Stroh noch mit Verpflegung versorgt worden seien, sei damit zu rechnen gewesen, »dass nicht alle transportierten Personen, insbesondere die Säuglinge, den Zielbahnhof lebend erreichen«. Die Beamten der Stadtverwaltung hätten auch keine Listen angefertigt und wüssten noch nicht einmal, wie viele Menschen aus Lodz deportiert worden seien. Sie schätzten ihre Zahl auf 8400, während er, Richter, von 9600 bis 9900 ausgehe.[54]

Es gibt nur wenige andere Berichte über die Umsetzung des ersten Nahplans, in denen Juden erwähnt werden. Im Kreis Konin wollte der Landrat 6200 Juden sowie 5000 Polen deportieren. Tatsächlich befanden sich unter den 1102 Deportierten in den ersten beiden Zügen, die am 1. Dezember abgingen, 900 Juden.[55] Der Landrat des Kreises Schroda meldete am 12. Dezember 1939, in seinem Zuständigkeitsbereich würden keine Juden mehr leben; sie hätten auch nur weniger als ein Prozent der Vorkriegsbevölkerung gestellt.[56] In Schieratz (Sieradz) hatte der Polizeipräsident, wie Richter notierte, Mitte November bereits »aufgrund eigener Initiative« die Deportation von 300 bis 400 Juden nach Lublin in die Wege geleitet und dafür 16 Eisenbahnwaggons bereitgestellt. Richter beurteilte den Polizeipräsidenten als »sehr tüchtig«.[57] Im Kreis Weichsel hatte ein Einsatzkommando vergleichbare lokale Initiativen nicht erst abgewartet, sondern dem Bürgermeister von Alexandrow am 14. November kurzerhand befohlen, alle Juden der Stadt zu zwingen, binnen zehn Tagen nach Warschau umzuziehen.[58]

Der erste Nahplan sah die Vertreibung einzelner, auf Listen erfasster Polen vor, die aufgrund ihrer politischen Ansichten oder gesellschaftlichen Stellung ausgewählt worden waren, oder weil sie Häuser beziehungsweise Firmen besaßen, die für die zuziehenden Baltendeutschen gebraucht wurden. Ortsansässige Deutsche, die auf die willkürliche Festnahme und Deportation von Juden zurückgriffen, gestanden damit letztlich ein, dass sie nicht in der Lage waren, politisch aktive Polen und Intellektuelle aufzuspüren. Sie waren deshalb nicht gerade erpicht darauf, die Zahl der deportierten Juden zu nennen. Aus demselben Grund strich Rapp Richters kritische Bemerkungen über die Deportationen in Lodz aus seinen schönfärberischen Berichten.

In Berlin war die »Judenfrage« trotz der andersartigen Ausrichtung des Nahplans nicht in Vergessenheit geraten. Am 19. Dezember legte das »Judenreferat« des RSHA in Vorbereitung auf eine Besprechung der Amtschefs eine hausinterne Notiz zur »Endlösung des deutschen Judenproblems« vor, in der Heydrichs Judenexperten die Frage aufwarfen, »ob ein Judenreservat in Polen geschaffen werden soll«.[59] Das Protokoll der Sitzung ist nicht erhalten, aber einige ihrer Ergebnisse sind bekannt: Erstens verbot Müller »bis auf weiteres eine Abschiebung von Juden aus dem Altreich einschließlich der Ostmark und dem Protektorat in die besetzten polnischen Gebiete«. Zweitens gab Heydrich am selben Tag bekannt, dass eine »zentrale Bearbeitung der sicherheitspolizeilichen Angelegenheiten bei der Durchführung der Räumung im Ostraum notwendig« sei, und ernannte Adolf Eichmann deshalb zum Sonderreferenten im Amt IV (Gestapo) des RSHA.[60] Damit blieb zwar das Verbot, das dem Niskoplan ein Ende bereitet hatte, in Kraft, aber dessen Initiator hatte keinen Karriereknick erlitten. Das dritte Ergebnis der Besprechung war die Einrichtung einer Einwandererzentralstelle (EWZ) in Posen mit Filialen in Gdingen und Lodz. Das Schwergewicht der Ansiedlung von »Volksdeutschen« hatte sich augenscheinlich in den Warthegau verlagert.[61]

Viertens wurde auf der Sitzung die erste Fassung des zweiten Nahplans vorgestellt, der die »restlose Erfassung sämtlicher Juden ohne Rücksicht auf Alter und Geschlecht in den Deutschen Ostgauen und deren Abschiebung in das Generalgouvernement« zum Ziel hatte.[62] Als Himmler am 30. Oktober 1939 die Deportation aller Juden aus den eingegliederten Gebieten angeordnet hatte, war der Grenzverlauf des erweiterten Dritten Reichs und des Generalgouvernements noch nicht endgültig festgelegt worden. Daher blieb einstweilen unklar, auf welcher Seite der Grenze die beiden größten jüdischen Bevölkerungszentren – Lodz im Warthegau und Sosnowitz-Bedzin in Ostoberschlesien – liegen würden und ob »nur« 170 000 oder aber 550 000 Juden deportiert werden mussten. Ende Dezember stand dagegen fest, dass sowohl Lodz als auch Sosnowitz-Bedzin dem Deutschen Reich angegliedert wurden.[63] Nach den sogar noch höheren Schätzungen des zweiten Nahplans waren bis Ende April folglich 600 000 Juden zu deportieren. Von Norden und Westen her sollten die »neuen Reichsgebiete« »durchkämmt« und, um den 15. Januar 1940 herum beginnend, täglich 5000 Juden abtransportiert werden. Um zu gewährleisten, dass die Gebiete »restlos von Juden geräumt« wurden, waren grundsätzlich keine Rückstellungen aufgrund einer von Arbeitgebern geltend gemachten angeblichen wirtschaftlichen Unentbehrlichkeit zugelassen.

Am 4. Januar 1940 leitete Eichmann in Berlin eine Besprechung mit Judenexperten der Sipo und des SD aus den vier neuen Reichsgauen und dem Generalgouvernement, an der außerdem Vertreter der Ministerien für Wirtschaft, Verkehr und Finanzen sowie von Görings HTO teilnahmen. Es war die erste in einer ganzen Reihe interministerieller Sitzungen, die Eichmann in den folgenden Jahren einberief. »Auf Anordnung des Reichsführers-SS«, verkündete er den Teilnehmern am 4. Januar, »ist die Evakuierung sämtlicher Juden aus den ehemals polnisch besetzten Gebieten vordringlich durchzuführen.« Ohne eine Erklärung dafür abzugeben, nannte er anstelle der im ersten Entwurf des zweiten Nahplans enthaltenen Zahl von 600 000 Personen eine für die »sofortige Judenevakuierung« vorgesehene Quote von »nur« 352 000 bis 357 000 Menschen: 30 000 aus Ostpreußen, 120 000 bis 125 000 aus Ostoberschlesien, 200 000 aus dem Warthegau und 2000 aus Danzig-Westpreußen. »Der Warthegau«, fügte er hinzu, »will außerdem sofort 80 000 Polen evakuieren, um für die Volksdeutschen aus Galizien und Wolhynien Raum zu schaffen. Der Warthegau hat bisher bereits 87 000 Polen evakuiert.« Ein Termin könne nicht festgelegt werden, da im Generalgouvernement die Vorbereitungen für die Aufnahme der Deportierten noch nicht abgeschlossen seien. Man werde einen »Fernplan« ausarbeiten, »der in mehrere Nahpläne aufgeteilt werden soll«. Auf jeden Fall würden alle vier Distrikte des Generalgouvernements – und nicht nur Lublin – Deportierte aufzunehmen haben. Die Evakuierungen würden nicht vor dem 25. Januar beginnen; vorher sollte noch eine abschließende Besprechung unter Teilnahme Heydrichs stattfinden.[64]

Bis zum Jahreswechsel hatte der Versuch der Nationalsozialisten, die »Judenfrage« durch Abschiebung auf polnisches Territorium zu lösen, kaum praktische Fortschritte gemacht. Obgleich Hitler Ende September Rosenberg zu verstehen gegeben hatte, dass man alle Juden, einschließlich derjenigen im Altreich, in das Gebiet zwischen Weichsel und Bug verschicken werde, und obwohl Himmler am 30. Oktober angeordnet hatte, bis Ende Februar sämtliche Juden aus den annektierten Gebieten abzuschieben, war wenig zustande gebracht worden – vom fast vollständigen Verschwinden der Juden aus Westpreußen und dem ehemals deutschen Westteil des Warthegaus durch Flucht, »wilde Deportationen« und Mord einmal abgesehen.[65] Man hatte allerdings eine gewisse Klärung der Situation erreicht. Die Deportation der Juden aus dem Altreich war auf unbestimmte Zeit verschoben und das Schwergewicht auf die Juden in den annektierten Gebieten verlagert worden. Zudem war die Leitung der Deportationen unter Heydrichs Sonderreferenten Eichmann zentralisiert worden, der sich umgehend darangemacht hatte, das durch die Vermengung der Deportation von Polen und Juden verursachte Durcheinander aufzulösen, das auch die deutschen Dokumente aus dieser Periode kennzeichnet. Die Polen, so verfügte er, seien zu »evakuieren«, um Platz für die »Volksdeutschen« zu schaffen, die Juden hingegen zu deportieren – sofort und mit Vorrang –, eben weil sie Juden seien. Nach Eichmanns Vorstellung war es möglich, beide Umsiedlungsprogramme parallel in Angriff zu nehmen. Doch erneut sollte seine Rechnung nicht aufgehen.

3.3 Die Einschränkung der Deportationspläne, Januar–Februar 1940

Im Januar und Februar 1940 rückte die nationalsozialistische Deportationspolitik ins Zentrum einer Debatte, die eine erhebliche Reduzierung der von der SS geplanten massiven Bevölkerungsverschiebungen zur Folge hatte. Dazu gehörte die nahezu vollständige Einstellung von Transporten, die darauf abzielten, die annektierten Gebiete »judenfrei« zu machen. Nachdrückliche Kritik kam von verschiedenen Seiten: von Angehörigen der SS selbst, von Vertretern des Generalgouvernements, von Wirtschaftsfachleuten sowohl der Wehrmacht als auch aus Görings Machtkreis sowie von einigen der betroffenen Gauleiter. Schließlich wurde Himmler, der unterdessen selbst zu dem Schluss gelangt war, dass das Deportationsprogramm eingeschränkt werden müsse, von den in dieser Frage verbündeten Frank und Göring zu Zugeständnissen gezwungen.

Im Warthegau waren die Hauptopfer der Abschiebungsmaßnahmen Angehörige der polnischen Intelligenz, politische Aktivisten und Nationalisten gewesen, nicht aber Kongresspolen, die sich hier nach 1919 angesiedelt hatten. Das entsprach Himmlers Anordnung vom 30. Oktober, nach der Kongresspolen nur in Danzig-Westpreußen zur Deportation vorgesehen waren. Wie nicht anders zu erwarten, befanden sich unter den für die »Evakuierung« ausgewählten Angehörigen der polnischen Eliten viele Gebildete, die Deutsch sprachen und mit der deutschen Kultur vertraut waren. Auf deutscher Seite hegte man wiederum häufig den Verdacht, dass sich viele gebildete Polen als »Volksdeutsche« ausgaben; gleichzeitig wollte man sich in den Reihen der »Volksdeutschen« nun offenbar an jenen rächen, die sich der polnischen Herrschaft angepasst hatten. Die Folge war, dass sich viele Deportierte bei den Beamten des Generalgouvernements über ihre Behandlung beschwerten, weil sie nach eigenen Angaben »Volksdeutsche« waren. Himmler und seine Rassentheoretiker, die das »volksdeutsche« Element in den eingegliederten Gebieten stärken und geeignete Polen für die »Eindeutschung« zurückhalten wollten, sahen darin eine unverzeihliche Verschwendung wertvollen Rassematerials. Deshalb verbot Himmler, Personen, deren Deutschtum umstritten war, ohne seine ausdrückliche Genehmigung zu deportieren; eine Denunziation durch andere »Volksdeutsche« reiche zur Klärung ihres Status nicht aus. Weiter verfügte er, dass vorläufig nur Kongresspolen und Juden abgeschoben werden sollten, aber keine Alteingesessenen, die sorgfältiger zu überprüfen seien. Damit stellte er die Organisatoren der Deportationen vor erhebliche Probleme, denn die Sammellager waren zumeist bereits mit politisch belasteten Polen überfüllt. Zudem besaßen die Alteingesessenen die besseren und für die zuziehenden Baltendeutschen geeigneteren Wohnungen. Die Kongresspolen waren hingegen zumeist einfache Arbeiter, die als wirtschaftlich unentbehrlich eingestuft wurden und über keinen brauchbaren Wohnraum verfügten.[66] Die Nationalsozialisten standen, was die Deportationen anging, folglich vor einem Geflecht von Problemen: Einerseits sollten mutmaßliche »Volksdeutsche« und für die »Eindeutschung« geeignete Polen von Abschiebungen ausgenommen werden, andererseits musste für die zuziehenden »Volksdeutschen« Platz geschaffen werden. Zwar sollte die wirtschaftliche Produktion nicht gestört, das Gros der Kongresspolen, die überwiegend Arbeiter waren, jedoch als erstes weggeschafft werden.

Ein zweites Problemfeld eröffneten die Deportationsmethoden. Rapp hatte in typischer SS-Manier beachtliche Sympathie und sogar Lob für die »überlasteten« deutschen Beamten geäußert, denen es unter Überwindung erheblicher Hindernisse gelungen war, binnen 17 Tagen 87 000 Menschen zu »evakuieren«. Über das furchtbare Schicksal der Deportierten verlor er dagegen kein Wort. Andere Vertreter des NS-Regimes, zumal Beamte des Generalgouvernements, die den Zustrom von Deportierten zu bewältigen hatten, waren weniger verständnisvoll und bekundeten dies auch unmissverständlich. Auf der von Eichmann einberufenen Sitzung am 4. Januar in Berlin fasste SS-Hauptsturmführer Mohr aus der Verwaltung des Generalgouvernements die Klagen seiner Kollegen zusammen: Es seien mehr Menschen deportiert worden, als vereinbart; deshalb wären die örtlichen Beamten nicht darauf vorbereitet gewesen, derart viele Personen unterzubringen. Die Deportierten seien bis zu acht Tage in Viehwaggons eingeschlossen gewesen, ohne auch nur die Gelegenheit zu bekommen, ihre Notdurft zu verrichten. Aufgrund der extremen Kälte hätten auf einem Transport 100 Personen Erfrierungen erlitten. In anderen Berichten wurde darüber geklagt, dass die Deportierten während der gesamten Fahrt weder Verpflegung noch Trinkwasser und nach Ankunft nicht einmal die grundlegendsten Lebensnotwendigkeiten, wie Decken und Essgeschirr, erhalten hätten, von dem für einen Neuanfang nötigen Geld ganz zu schweigen. Eichmann versprach, die angesprochenen Probleme auszuräumen: In Zukunft sollten die Transporte auf 1000 Personen begrenzt werden und jeder Deportierte Lebensmittelrationen für zehn Tage sowie 100 Zloty erhalten. Krakau würde rechtzeitig über die Abfahrt der Züge informiert, Frauen und Kinder bei großer Kälte geschützt werden; man werde, »wenn möglich«, Personenwaggons für sie bereitstellen. Schließlich wolle man dafür sorgen, dass sich die Wachmannschaften »diszipliniert« verhielten.[67]

Während einer Reise in den Warthegau erfuhr Goebbels aus erster Hand von Greisers Problemen. Der Gauleiter, notierte er, habe »viel Schwierigkeiten mit Himmler, der vor allem in der Evakuierungsfrage sehr selbstherrlich regiert«. Der Propagandaminister verlor keine Zeit und brachte Hitler gegenüber die Bevölkerungspolitik des Reichsführers SS zur Sprache. »Himmler verschiebt augenblicklich die Völker«, schrieb er in sein Tagebuch. »Nicht immer mit Erfolg.«[68]

Auch Wirtschaftsexperten der Wehrmacht in Polen hielten mit ihrem Missfallen nicht hinterm Berg. Ihre Kritik war allerdings weder moralisch noch politisch begründet. Als Rapp Anfang Dezember 1939 einen Stabs- und einen Abwehroffizier über die bevorstehenden Deportationen informierte, hatten beide, wie er nach der Besprechung berichtete, nicht nur »keinerlei Bedenken vorzubringen«, sondern »erklärten im Gegenteil ihr volles Verständnis für die Maßnahmen«.[69] Wehrmachtoffiziere, die sich für einzelne von der Abschiebung bedrohte Polen einsetzten, wurden gar von General Walter Petzel, dem Militärbefehlshaber in Posen, darüber belehrt, dass ihr Verhalten gegen die »gebotene« Einstellung gegenüber der polnischen Bevölkerung verstoße und geeignet sei, »dem Ansehen der Wehrmacht zu schaden«.[70] Hingegen erschollen aus wirtschaftlichen Gründen lautstarke Proteste. Im Herbst 1939 hatte die Wehrmacht darauf hingewiesen, dass die polnische Industrie am besten für die deutsche Kriegswirtschaft genutzt werden könne, wenn sie unangetastet bliebe – ohne Erfolg. Frank und Göring hatten für ihre Raubpolitik – und diese umfasste den Abtransport von allem, was über das »für die notdürftigste Lebenshaltung der Bevölkerung unbedingt notwendige Minimum« hinausging – Hitlers Rückendeckung bekommen.[71]

Im Dezember unternahm das Rüstungswirtschaftsamt des OKW einen erneuten Versuch und wandte sich direkt an Himmler mit der Aufforderung, die Interessen der Kriegswirtschaft stärker zu berücksichtigen. Seine Umsiedlungspläne drohten die Wirtschaft sowohl in den eingegliederten Gebieten als auch im Generalgouvernement zu lähmen, da sie hier unentbehrliche Arbeiter abzögen, um sie dort in Überfluss zu massieren.[72] Solche Einsprüche blieben indes ohne Wirkung, bis die katastrophalen Deportationen im Dezember Hans Frank veranlassten, sich seinen ansonsten verhassten militärischen Rivalen in diesem Punkt anzuschließen.

Frank war in seiner ursprünglichen Einschätzung des Ansiedlungspotentials des Generalgouvernements erheblich vorsichtiger als Himmler und die RPA-Theoretiker Wetzel und Hecht. Einem unsignierten, vermutlich von Frank verfassten Gutachten zufolge konnte das relativ arme und ohnehin schon übervölkerte Generalgouvernement nicht mehr als eine bis anderthalb Millionen Menschen zusätzlich aufnehmen. Es sei, heißt es dort, möglicherweise in der Lage, die Juden aus den eingegliederten Gebieten (nach Franks Schätzung 600 000) sowie aus dem Altreich, Österreich, dem Sudetenland und dem Protektorat Böhmen und Mähren (mit denen die Gesamtzahl auf eine Million stieg) aufzunehmen. Darüber hinaus könnten die abgeschobenen Polen – Angehörige der Intelligenz, Nationalisten und Bauern, deren Land für »volksdeutsche« Umsiedler benötigt wurde – im Generalgouvernement Asyl finden. Aber jeder Versuch, sechs oder sieben Millionen Polen anzusiedeln – wie es sich die Autoren der Denkschrift des RPA vorstellten –, sei nur im Zuge einer »umwälzenden Neuordnung des Ostens« möglich, in deren Rahmen »überschüssige« Polen nach Osten abtransportiert würden, nach Sibirien beispielsweise. Auch könne zusätzlicher Platz geschaffen werden, indem man die Millionen Juden des Generalgouvernements nach Madagaskar aussiedelte.[73]

Die Deportationen im Winter ernüchterten Frank erheblich. Am 19. Januar 1940 erklärte HSSPF Krüger auf einer unter Franks Vorsitz abgehaltenen Abteilungsleitersitzung, dass aus den ins Reich eingegliederten Gebieten auf Grund einer »Notlage« – der Notwendigkeit, für die zuziehenden Baltendeutschen Platz zu schaffen – in sehr kurzer Zeit 80 000 Polen und Juden ausgesiedelt worden seien. Außerdem habe man mindestens weitere 30 000 Polen und Juden »auf illegalem Wege« ins Generalgouvernement abgeschoben. Bei diesen »Umsiedlungen« handle es sich im Grunde um eine »moderne Völkerwanderung«, deren Auswirkungen Berlin leider nicht in vollem Umfang erkannt habe. Darüber hinaus sei für 1940 geplant, neben den Wolhyniendeutschen 30 000 östlich der Weichsel lebende »Volksdeutsche« aufzunehmen, 14 000 Ukrainer und Weißrussen aus dem Generalgouvernement gegen 60 000 Polen aus den sowjetischen Gebieten jenseits der Demarkationslinie auszutauschen, etwa 120 000 Polen innerhalb des Generalgouvernements umzusiedeln, um Raum für die von der Wehrmacht geplante »Ostverteidigung« zu schaffen, und rund eine Million Polen als Arbeitskräfte ins Reich zu senden. Die bisherigen Erfahrungen mit solchen Aktionen hätten, so Frank, indessen viele »Fehler und Mängel« zutage gefördert. Es sei daher absolut unmöglich, die Umsiedlungsaktionen »in der bisher geplanten Form« durchzuführen. Nach seiner Information habe man deshalb den Beginn der Umsetzung des so genannten Fernplans, das heißt die Deportation von 600 000 Juden ins Generalgouvernement, vom 15. Januar auf den 1. März verschoben, was es ermögliche, den Ablauf der Umsiedlungsaktionen erheblich zu verbessern.[74]

Während die Verwaltung des Generalgouvernements gegen die Aufnahme großer Kontingente deportierter Juden zu diesem Zeitpunkt opponierte, bereitete es den zuständigen Stellen im Warthegau Probleme, genügend Wohnraum und Arbeitsplätze für die einwandernden Baltendeutschen bereitzustellen, von denen vom 7. Januar an täglich 1200 von Stettin aus in Posen eintreffen sollten. Beamte in Posen hielten es für unbedingt notwendig, Angehörige der polnischen Intelligenz, die zugleich politisch vorbelastet waren, als Erste zu deportieren, um die »Erfassung guter Wohnungen« zu gewährleisten. Politisch auffällige Polen ohne nutzbaren Wohnraum sowie »Zigeuner« könnten später, nach Abschluss der »Wohnungsaktion«, abgeschoben werden. Die aus politischen Gründen zu evakuierenden Polen wurden deshalb in drei Kategorien eingeteilt: in diejenigen mit gutem, durchschnittlichem und schlechtem Wohnraum. In die erste Kategorie wurden allerdings nicht einmal zehn Prozent der zur Deportation vorgesehenen Polen eingeordnet.[75]

Wie in Posen sah man auch in Lodz mit Bangen dem Zustrom von Baltendeutschen entgegen, die dort ab dem 9. Januar eintreffen sollten. Am 11. Januar äußerte Koppe gegenüber Heydrich den Wunsch, täglich zwei Transporte mit Polen und Juden abschieben zu dürfen, um Platz für »Volksdeutsche« zu schaffen. Die abschlägige Antwort ließ nicht auf sich warten: Es seien weder Eisenbahnzüge verfügbar noch Aufnahmekapazitäten im Generalgouvernement vorhanden.[76] Auf der Suche nach einer probaten Lösung richtete die Lodzer Verwaltung ihre Maßnahmen daraufhin erneut gegen den jüdischen Bevölkerungsteil. Während die »Evakuierung der Polen [...] individuell vorgenommen werden« sollte, könne man Juden aus Vierteln mit »besseren Judenwohnungen« blockweise vertreiben. Im Gegensatz zu Polen, die nicht ins Generalgouvernement geschickt werden durften, könnten sie zudem in das für das künftige Ghetto ins Auge gefasste Gebiet abgeschoben werden. Die Evakuierung der jüdischen Wohnungen und der Abtransport der Bewohner ins Ghettogebiet sollten daher »umgehend« beginnen.[77] Wenige Tage später machten sich SS-Männer des »Evakuierungsstabs« und Schutzpolizisten daran, jüdische Wohnungen zu räumen. Die Zielvorgabe lautete, täglich 50 Unterkünfte freizumachen, doch unter Aufbietung aller

Kräfte übertrafen die Kommandos sich selbst und räumten binnen dreier Tage 399 Wohnungen. Die Aktion wurde als Erfolg verbucht und fortgesetzt.[78]

Obwohl sich Koppe bereits am 14. Januar darüber im Klaren war, dass das Generalgouvernement im Augenblick keine weiteren Transporte mehr aufnehmen konnte, glaubte er nach wie vor, der zweite Nahplan umfasse »grundsätzlich nur die Abschiebung der Juden«. Bei Wiederaufnahme der Deportationen sei jedoch insofern eine Ausnahme zu machen, als »in unmittelbarem Zusammenhang mit der Einweisung von Balten- und Wolhyniendeutschen« auch Polen abgeschoben werden dürften.[79] Eine knappe Woche darauf unterrichtete Koppe seine Untergebenen im Warthegau von einer weiteren Änderung der Pläne und Prioritäten. In Absprache mit RSHA, Generalgouvernement und Reichsverkehrsministerium sei dem zweiten Nahplan nunmehr ein »Zwischenplan« vorangestellt worden, dessen einziger Zweck darin bestehe, Wohnraum und Arbeitsstellen für die zuziehenden Baltendeutschen zu beschaffen. Es solle aber niemand abgeschoben werden, der möglicherweise deutscher Herkunft oder für die Wirtschaft unentbehrlich sei.[80] Allerdings könnten trotz des »durchweg guten Willens« von Reichs- und Ostbahn vor dem 10. Februar keine Züge für die Umsetzung des Zwischenplans bereitgestellt werden, von Lodz, das jetzt als Hauptziel für 100 000 bis 130 000 Deutsche aus Wolhynien und Galizien vorgesehen war,[81] folglich erst ab dem 20. Februar Transporte abgehen.[82]

Zusätzlich zur Ankunft der Wolhyniendeutschen traten im Januar eine Reihe wirtschaftlicher Probleme auf, die auf Interventionen Görings zurückgingen. Einerseits änderte sich der offizielle wirtschaftliche Status des Generalgouvernements. Es galt nun nicht mehr als Beuteland, sondern als Warenproduzent. Insofern war Franks Verhandlungsposition wegen der ökonomischen Folgen des Umsiedlungsprogramms gestärkt worden.[83] Andererseits sollten bis Mitte März 800 000 Landarbeiter für das Reich abgestellt werden,[84] darunter 100 000 Personen aus dem Warthegau. Wie am 5. Januar in Berlin in einer Besprechung unter Vorsitz von SS-Standartenführer Otto Ohlendorf, dem Chef des SD-Inland, festgestellt wurde, war es daher sinnvoll, eine »doppelte Umsiedlung« zu vermeiden; das bedeutete, dass »rassisch geeignete« Polen ins Generalgouvernement abgeschoben wurden, nur um von dort als Landarbeiter ins Reich zurückgeschickt zu werden.[85]

In einer anderen Besprechung am 11. Januar in Posen zu Fragen des Arbeitseinsatzes erklärte Rapp: »Zu der bisherigen Aktion der Evakuierung und der Unterbringung von Balten- und Wolhyniendeutschen sind nun die Abschiebungen der vom Reich geforderten polnischen Landarbeiter hinzugekommen.« SS-Obersturmbannführer Ernst Kendzia, Leiter der Hauptabteilung Arbeit in der Reichsstatthalterei Posen, ergänzte, die dem Warthegau auferlegte Quote von 100 000 Landarbeitern sei »unmöglich« zu erfüllen. Bis Ende 1939 seien bereits 20 000 Arbeiter ins Reich verbracht worden. Daher habe man für die Ernte Juden einsetzen müssen; doch gebe es mittlerweile in der Gegend um Posen keine Juden mehr. »Vorerst müsse die Bedarfsdeckung an Landarbeiterkräften für den Warthegau gesichert sein, die Evakuierung nach dem Generalgouvernement müsste demnach eingestellt werden.«

Rapp informierte Kendzia darüber, dass für die 12 000 bis 15 000 Wolhyniendeutschen im Warthegau Höfe geräumt werden müssten. Landarbeiter, die selbst keinen Hof besäßen, sollten im Gegensatz zu Landbesitzern nicht deportiert werden. Ansonsten würden nur Stadtbewohner abgeschoben. SS-Sturmbannführer Hans Ehlich vom RSHA (SD-Inland) übermittelte Heydrichs Wunsch, aus Sicherheitsgründen zunächst das polnische Arbeitskräftereservoir der eingegliederten Gebiete auszuschöpfen, bevor man die feindlich gesinnten polnischen Arbeiter des Generalgouvernements heranzog. Darüber hinaus sollten diese Arbeiter sowohl Freiwillige als auch rassisch geeignet sein. Nach Ansicht der Sitzungsteilnehmer würden sich diese in ausreichender Zahl finden, wenn man sie vor die Wahl zwischen Abschiebung ins Generalgouvernement oder Arbeit im Reich stellte.[86]

Am 30. Januar versuchte das NS-Regime in einer von Heydrich geleiteten Besprechung von Spitzenbeamten alle Widersprüche zu lösen und die Prioritäten der Umsiedlungspolitik festzulegen. An der Besprechung nahmen sowohl führende Polizeibeamte aus dem Osten als auch Vertreter des RKFDV sowie des RSHA und des HTO teil. Wie Heydrich feststellte, waren von Seiten des Generalgouvernements keine grundsätzlichen Einwände gegen die Deportationen erhoben, sondern nur die Art und Weise ihrer Durchführung bemängelt worden, insbesondere die Überfüllung der Eisenbahnzüge. Nach Einrichtung des für Räumungsangelegenheiten zuständigen Referats IV D 4 im RSHA (später IV B 4, »Juden- und Räumungsangelegenheiten«) unter Leitung Adolf Eichmanns sei nunmehr eine zentrale Steuerung vorhanden, die diese Mängel beseitigen werde. Die vordringliche Aufgabe bestehe darin, 40 000 Juden und Polen aus dem Warthegau zur »Platzbeschaffung« für die restlichen Baltendeutschen abzuschieben. Anschließend werde zugunsten der zuziehenden Wolhyniendeutschen eine »weitere improvisierte Räumung« erfolgen, die etwa 120 000 Polen betreffe. Da auf Anweisung des Reichsführers-SS keine »Stammesdeutschen« deportiert werden dürften, seien dabei »möglichst Kongresspolen« auszuwählen. Zudem seien die Wolhyniendeutschen im Gegensatz zu den Baltendeutschen keine Städter (die in Ballungszentren wie Gdingen oder Posen angesiedelt wurden), sondern Landbewohner, für deren Ansiedlung ländliche Gebiete geräumt werden müssten (weshalb Juden in diesem Zusammenhang als Deportationsopfer ausgeschlossen waren).

Nach der Verschleppung der 40 000 Juden und Polen zugunsten der Baltendeutschen sowie der 120 000 Polen zugunsten der Wolhyniendeutschen sollte »als *letzte Massenbewegung* [Hervorhebung C. B.] die Abschiebung von sämtlichen Juden der neuen Ostgaue und 30 000 Zigeunern aus dem Reichsgebiet in das Generalgouvernement erfolgen«. Die »Wolhynienaktion« werde im März anlaufen, die Deportation der Juden und »Zigeuner« erst nach deren Abschluss beginnen. Beinahe nebenbei verkündete Heydrich, dass für Mitte Februar der Transport von mehr als tausend Juden aus Stettin ins Generalgouvernement vorgesehen war, weil ihre Wohnungen dringend gebraucht wurden.

Hinsichtlich der für das Reich vorgesehenen Landarbeiter sprach Heydrich von 800 000 bis einer Million zusätzlich zu den polnischen Kriegsgefangenen benötigten Polen. In diesem Zusammenhang erwähnte er Himmlers Zugeständnis, dass eine »rassische Auslese« der Arbeitskräfte derzeit nicht möglich sei. Nach Abschluss der genannten »Massenbewegungen« jedoch werde durch die Umwandererzentralen eine entsprechende Auswahl der Arbeiter erfolgen, die aufgrund ihrer persönlichen, rassischen, gesundheitlichen, sicherheitspolizeilichen und beruflichen Eignung für eine Umsiedlung ins Reich in Frage kämen.

Obwohl die Deportation der Juden aus den eingegliederten Gebieten aufgeschoben worden war, stießen sich die beiden anwesenden ranghöchsten Vertreter des Generalgouvernements, Franks Stellvertreter Seyß-Inquart und HSSPF Krüger, offenbar daran, dass ihre Einwände als bloße Kritik an der Verfahrensweise abgetan wurden. Krüger wies auf die Schwierigkeiten hin, die durch die für Wehrmachtzwecke nötige Umsiedlung von 100 000 bis 120 000 Polen innerhalb des Generalgouvernements verursacht wurden, und Seyß-Inquart brachte die Transportprobleme und die Lebensmittelknappheit im Generalgouvernement zur Sprache, die Importe aus dem Reich erforderlich mache. Doch wischte Heydrich ihre Sorgen mit dem Hinweis vom Tisch, dass mehrere hunderttausend Juden in Zwangsarbeitslagern untergebracht werden könnten, um den »Ostwall« zu errichten, während ihre Familien den bereits im Generalgouvernement befindlichen jüdischen Familien zugeteilt werden würden.[87]

Eichmanns Plan, alle Juden aus den eingegliederten Gebieten zu deportieren, hatte innerhalb eines Monats bereits zwei Rückschläge erlitten. Zuerst war die Deportation von Juden Mitte Januar im zweiten Nahplan zugunsten eines Zwischenplans, mit dem Platz für zuwandernde Baltendeutsche geschaffen werden sollte, zurückgestellt worden. Schließlich hatte Heydrich sie Ende des Monats erneut aufgeschoben, diesmal wegen der Deportation polnischer Landbewohner zugunsten der Wolhyniendeutschen. Darüber hinaus war den Deportationsspezialisten die Aufgabe aufgebürdet worden, eine große Zahl polnischer Arbeiter auszuwählen und ins Reich zu schaffen.

Noch komplizierter wurde die Situation, als Göring am

12. Februar 1940 Frank und Himmler, die Gauleiter der eingegliederten Gebiete sowie die Staatssekretäre der wichtigsten Ministerien zu einer Sitzung auf seinem Landsitz Karinhall empfing. Oberste Priorität, erklärte er bei dieser Gelegenheit nachdrücklich, sei es, das Kriegspotential des Reichs zu stärken. Die neuen Gaue hätten die Aufgabe, die landwirtschaftlichen Erträge zu steigern und Kornkammer Deutschlands zu werden. Dies ließe sich nur erreichen, wenn dort genügend Arbeitskräfte vorhanden seien. Aber auch das Reich benötige Fremdarbeiter aus diesen Gebieten. Deshalb seien alle »Evakuierungsmaßnahmen [...] darauf abzustellen, dass brauchbare Arbeitskräfte nicht verschwinden«. Daraus folgte für Göring jedoch keineswegs, dass die Deportationen von Juden sowohl aus dem Altreich als auch aus den eingegliederten Gebieten beendet werden müssten. Solange sie geordnet erfolgten und die Transporte rechtzeitig im Generalgouvernement angekündigt wurden, hatte er nichts dagegen einzuwenden.

Die Haltung der Gauleiter war unterschiedlich. Bisher hätten keine Deportationen aus Ostpreußen stattgefunden, sagte Koch. Neben den Polen, die in Fabriken und in der Landwirtschaft arbeiteten, bräuchte man auch jüdische Arbeiter für den Straßenbau. Sollten die polnischen Kriegsgefangenen ins Altreich abtransportiert werden, benötige Ostpreußen zusätzlich 115 000 bis 120 000 polnische Landarbeiter und könne folglich niemanden abschieben. Für Danzig-Westpreußen erklärte Forster, der Gau habe kürzlich 300 000 zugewanderte Polen, Juden und »Asoziale« aufgenommen. Von ihnen seien 87 000 Menschen abgeschoben worden und nur 1800 Juden verblieben. Es gelte noch »zahlreiche arbeitsscheue Elemente« zu deportieren, so dass im folgenden Jahr mit der »Evakuierung« von weiteren 20 000 Personen zu rechnen sei. Aus dem Warthegau waren, laut Greisers Ausführungen, ebenfalls 87 000 Menschen abtransportiert worden. Wagner berichtete, dass in Oberschlesien keine Deportationen durchgeführt worden seien; man habe allerdings vor, 100 000 bis 200 000 Juden sowie 100 000 zugewanderte »unzuverlässige« Polen abzuschieben. Im Anschluss wies Frank darauf hin, dass eine Fortführung der bisherigen Deportationspraxis die Errichtung einer geordneten

Verwaltung im Generalgouvernement behindere. Görings Argumentation folgend, erklärte er weiter, dass selbst Himmlers stark reduzierter Umsiedlungsplan die Lösung der Ernährungsfrage voraussetze und, was das Tempo seiner Umsetzung angehe, von den »Kriegsnotwendigkeiten« abhänge.

Angesichts der ausbleibenden Unterstützung von Seiten Görings, Franks und zumindest eines Teils der Gauleiter der Ostprovinzen versuchte Himmler von seinem Umsiedlungsvorhaben zu retten, was zu retten war. Von den acht Millionen auf deutschem Territorium lebenden Polen seien bisher nicht mehr als 300 000 »evakuiert« worden, bemerkte er. Man habe für 70 000 Baltendeutsche und 130 000 Wolhyniendeutsche Platz schaffen müssen. Letztere würden auf polnischen Höfen entlang der Grenze zum Generalgouvernement angesiedelt. Aufgrund der Überschneidungen zwischen Umsiedlungen und Kriegsnotwendigkeiten habe er die Zuwanderung von 40 000 Litauendeutschen, 80 000 bis 100 000 Bukowinadeutschen und 100 000 bis 130 000 Bessarabiendeutschen vorläufig zurückgestellt. 30 000 östlich der Weichsel lebende »Volksdeutsche« müssten jedoch in die Ostgaue aufgenommen werden, da in ihrem gegenwärtigen Wohngebiet das »Judenreservat« errichtet werden solle. Auf jeden Fall, versicherte Himmler, würden er und Frank sich über »das Verfahren bei künftigen Evakuierungen [...] einigen«.[88]

Einen Konsens darüber, was in Karinhall entschieden worden war, gab es augenscheinlich nicht. Göring hatte sich zwar gegen den weiteren Transport polnischer Arbeiter nach Osten ausgesprochen sowie den absoluten Vorrang der landwirtschaftlichen Produktion und der Stärkung des deutschen Kriegspotentials betont, gleichzeitig aber keine Einwände gegen eine in geordneten Bahnen verlaufende Deportation von Juden erhoben. Himmler hatte die Absicht geäußert, die Umsiedlung der Balten- und Wolhyniendeutschen abzuschließen, und ausdrücklich erklärt, dass zugunsten Letzterer polnische Bauern, die Göring nicht antasten wollte, von ihren Höfen zu vertreiben seien. Andererseits hatte er mit keinem Wort angedeutet, dass Deportationen von Juden unmittelbar bevorstünden. Er schien anzunehmen, durch die Verlangsamung der Umsiedlungsaktion und den Aufschub der Deportation von Juden die Unruhe sowohl in den eingegliederten Gebieten als auch im Generalgouvernement so weit dämpfen zu können, dass er sein Herzensprojekt trotz der Einwände von Göring und Frank weiterverfolgen konnte. Die Festigung des neuen deutschen Lebensraums durch die Ansiedlung von »Volksdeutschen« hatte für ihn zu diesem Zeitpunkt eindeutig Vorrang vor der Deportation von Juden.

Anfang März teilte Frank Beamten des Generalgouvernements bei verschiedenen Gelegenheiten seine Interpretation der Ergebnisse der Konferenz mit. »Wir bekommen noch mindestens 400- bis 600 000 Juden ins Land hinein«, verkündete er. »Dann können wir uns erst allmählich darüber unterhalten, was mit ihnen zu geschehen haben wird.« Es bestehe »der Plan, dass sie alle in den östlichen Teil des Generalgouvernements mit der Grenze nach Sowjetrussland überführt werden sollen, und das werden wir auch durchsetzen«. Im Übrigen sei es »unbeschreiblich, welche Meinungen sich im Reich gebildet haben, dass das Gelände des Generalgouvernements östlich der Weichsel immer mehr als eine Art Judenreservat in Aussicht genommen ist«. Fest stehe jedoch, dass Göring in Karinhall in Anwesenheit Himmlers entschieden habe, »dass keinerlei Umsiedlungsaktion in das Generalgouvernement vorgenommen werden darf, ohne vorherige Genehmigung jeder einzelnen Umsiedlungsaktion durch den Generalgouverneur«. Er, Frank, besitze jetzt die Vollmacht, Umsiedlungszüge zu stoppen. »Im Allgemeinen ist ja der große Umsiedlungsgedanke aufgegeben. Von dem Gedanken, dass man 7,5 Millionen Polen nach und nach in das Generalgouvernement hereintransportieren kann, ist man völlig abgekommen. Es handelt sich nur noch um die Frage der Abführung von etwa 100–120 000 Polen, etwa 30 000 Zigeunern und einer nach Belieben festzusetzenden Zahl von Juden aus dem Reich, denn das Endziel soll sein, das Deutsche Reich judenrein zu machen. Dass das aber nicht in einem Jahr geht und insbesondere nicht unter den Umständen des Krieges, sieht man auch in Berlin ein.«[89] Angesichts der gegensätzlichen Ansichten von Himmler und Frank über die in der Besprechung in Karinhall getroffenen Entscheidungen waren weitere Konfrontationen und Auseinandersetzungen um die Deportations- und Umsiedlungspolitik unvermeidlich.

3.4 Der »Zwischenplan«. Deportationen von Februar bis Juli 1940

Ein Grund, weshalb Himmler in Karinhall so getan hatte, als beträfen Görings und Franks Einwände seine reduzierten Deportationspläne nicht, war die Tatsache, dass zwei Aktionen zum Zeitpunkt der Besprechung bereits liefen. Am 20. Januar waren die Gestapostellen im Warthegau über den so genannten Zwischenplan informiert und angewiesen worden, Wohnraum und Arbeitsstellen für die restlichen zuwandernden Baltendeutschen bereitzustellen. Das 40 Transporte umfassende Deportationsprogramm war am 10. Februar, zwei Tage vor Beginn der Konferenz in Karinhall, angelaufen und sollte am 3. März abgeschlossen werden. Die Zielorte lagen in den Distrikten Krakau, Radom und Warschau, aber nicht im Raum Lublin.[90] Es wurde alles unternommen, um sicherzustellen, dass sich nicht wieder eine erneute Welle der Kritik erhob wie anlässlich des ersten Nahplans. Jeder Deportierte sollte eine angemessene Lebensmittelration, Kleidung und polnisches Geld erhalten, und in jedem Zug sollten nicht mehr als 1000 Personen transportiert werden, und zwar nicht in Viehwaggons, sondern in Personenwagen.[91]

Trotz sorgfältiger Planung traten jedoch Probleme auf. Noch vor Beginn der Aktion wollte die Reichsbahn die Zahl der Züge von 40 auf 38 kürzen. Mitte Februar gestand sie ein, dass sie den Fahrplan nicht einhalten könne und die leeren Züge nicht rechtzeitig zurückkehren würden.[92] Lokale Behörden baten darum, unerwünschte Polen, deren Anwesenheit eine Belastung darstelle und durch deren Abschiebung Platz für Baltendeutsche geschaffen würde, in die Transporte einzubeziehen. Doch wurden solche Anfragen generell abgelehnt.[93] Als die Deportationen nahezu abgeschlossen waren, ersuchte sogar Rapp um ihre Ausweitung. Durch die Bereitstellung von fünf zusätzlichen Zügen könnten Arbeitsstellen für sämtliche zuwandernden Baltendeutschen freigemacht und, indem man die letzten drei Züge um 10 bis 15 Prozent überbelegte, die Lager sogar gänzlich geleert werden. Eichmann wies beide Ansinnen zurück.[94] Auch Frank beklagte sich, dass trotz seines Protests immer noch polnische Bauern aus Posen und Westpreußen ins Generalgouvernement abgeschoben wurden. »Die Methoden, mit denen im Warthegau regiert werde«, resümierte er laut Protokoll, »seien nicht sehr sympathisch.«[95]

Die Zwischenplan wurde am 15. März abgeschlossen; nach offiziellen Angaben waren insgesamt 40 128 Polen deportiert worden.[96] Juden fanden zwar keine Erwähnung, doch sagt das nichts über die tatsächlichen Konsequenzen des Umsiedlungsprogramms für die jüdische Bevölkerung im Warthegau aus. In Lodz zwang man im Stadtzentrum wohnende Juden, ins künftige Ghetto umzuziehen, um ihre Wohnungen für Baltendeutsche freizumachen.[97] Am 3. März wurden 1200 Juden aus dem Kreis Konin nach Lodz verschleppt.[98] Am 7. März verzeichnete der Judenrat in Krakau die Ankunft von 421 Juden;[99] höchstwahrscheinlich gehörten sie zu den 999 Personen, die gemäß dem Zwischenplan aus Konin ins Generalgouvernement »evakuiert« wurden.[100] Das Schicksal der anderen aus Konin nach Lodz verschickten Juden ist unbekannt, aber die meisten von ihnen deportierte man vermutlich ebenfalls ins Generalgouvernement. Es dürfte kein Zufall gewesen sein, dass Rapp am 7. März von Eichmann wissen wollte, wohin die Juden im Generalgouvernement gebracht werden könnten.[101]

Ende Januar kündigte Heydrich eine von Stettin aus abgehende Deportation an, die – obwohl vom Umfang her weitaus geringer, als im Zwischenplan vorgesehen – wesentlich mehr Aufmerksamkeit erregte. Am frühen Morgen des 12. Februar, demselben Tag, an dem Göring, Himmler und Frank in Karinhall zusammenkamen, wurden in Stettin etwa 1000 Juden festgenommen und ins Generalgouvernement verschleppt.[102] Wenige Tage später berichteten ausländische Reporter in anschaulicher Weise darüber, wie die Stettiner Juden, selbst die Bewohner der beiden Altenheime, von denen einige über 80 Jahre alt waren, aus den Betten geholt und von SS- und SA-Männern zum Güterbahnhof geführt wurden, wobei sie, bis auf einen einzigen Koffer, eine Uhr und einen Ehering, ihr gesamtes Hab und Gut zurücklassen mussten. Der Staatssekretär im Auswärtigen Amt, Ernst von Weizsäcker, fragte an, ob an der Behauptung der Auslandspresse, die Abschiebung der Stettiner Juden sei der Beginn umfassenderer Maßnahmen, etwas Wahres sei.[103] Daraufhin versicherten sowohl Walter Schellenberg als auch Heinrich Müller vom RSHA, bei der Stettiner Affäre handle es sich um eine Einzelaktion mit dem Ziel, Wohnraum für die zuwandernden Baltendeutschen freizumachen.[104] Das Auswärtige Amt verlangte nun, dass solche Aktionen »in geräuschloser und vorsichtiger Form« ausgeführt werden sollten, um nicht die Aufmerksamkeit des Auslands zu erregen.[105] Dieser Korrespondenz folgte indessen nur wenig später, am 12. März, die Deportation von 160 Juden aus Schneidemühl in Pommern.

Reichskanzlei und Auswärtiges Amt erhielten einen in Berlin anonym aufgegebenen Brief mit einem erschreckenden Bericht über die beiden Deportationen, der angeblich auf Erkenntnissen eines mit den amerikanischen Quäkern und dem Roten Kreuz zusammenarbeitenden polnisch-jüdischen Hilfsausschusses im Generalgouvernement beruhte.[106] Danach waren die Deportierten bei Temperaturen von 20 Grad unter Null gezwungen worden, von Lublin aus zu Fuß auf tief verschneiten Landstraßen zu Dörfern zu marschieren, in denen es weder genügend Unterkünfte noch Verpflegung gab. Als die Juden aus Schneidemühl eintrafen, seien bereits 230 ihrer Stettiner Leidensgenossen verstorben gewesen. Distriktgouverneur Ernst Zörner habe jede Verantwortung abgelehnt; außerdem sei Göring über die Vorgänge informiert worden. Als das Auswärtige Amt nachfragte, behauptete Eichmann, die Schneidemühler Juden seien nur bis nach Posen transportiert und von dort zurück ins Reich gebracht worden, wenn auch nicht nach Schneidemühl, da ihre dortigen Wohnungen für andere gebraucht würden.[107]

Helmuth Wohlthat aus Görings Amt für den Vierjahresplan informierte das Auswärtige Amt darüber, dass unter ausländischen Diplomaten, einschließlich der amerikanischen, weiterhin Gerüchte über bevorstehende umfangreiche Deportationen kursierten. Das Auswärtige Amt erwiderte, dass auf Grund der besonderen Aufmerksamkeit, die Präsident Roosevelt der Entwicklung der deutschen Judenpolitik beimaß, sowie des deutschen Interesses an der Neutralität der USA eine inoffizielle Erklärung wünschenswert sei, der zufolge man nicht an eine Deportation der Juden aus dem Altreich denke. Wohlthat war bereit, eine solche informelle Versicherung zu übermitteln. Doch erübrigte sich dies, da Göring am 23. März in seiner Eigenschaft als Vorsitzender des Ministerrats für die Reichsverteidigung persönlich eingriff und Himmler mitteilte: »Der Herr Generalgouverneur für die besetzten polnischen Gebiete hat sich darüber beschwert, dass immer noch Deportationen von Juden aus dem Reich in das Generalgouvernement durchgeführt werden, obgleich Aufnahmemöglichkeiten zurzeit noch nicht gegeben sind. Ich verbiete hiermit weitere solche Deportationen ohne meine Genehmigung und ohne Nachweis des Einverständnisses seitens des Herrn Generalgouverneurs.«[108]

Görings Intervention, mit der er die von ihm in der Besprechung in Karinhall vertretene Position bekräftigte, drohte Himmlers Deportationen zu beenden, sofern es ihm nicht gelang, seinem auf der Konferenz gegebenen Versprechen nachzukommen, Abschiebungen nur im Einvernehmen mit Frank zu veranlassen. Einigen NS-Größen, insbesondere Greiser im Warthegau, widerstrebte es anfangs, sich dieser unerfreulichen Tatsache zu beugen. Als er von Görings Befehl erfuhr, bestand seine erste Reaktion darin, dessen Geltungsbereich einzuengen: Die Anordnung beziehe sich nur auf die Stettiner und nicht auf die zur Deportation vorgesehenen Lodzer Juden. Dies sei in Karinhall so beschlossen worden.[109] Doch räumte Himmler der Umsiedlung der »Volksdeutschen« wiederum Vorrang vor der Deportation der Juden ein und einigte sich mit Frank auf den zweiten Nahplan, der den sofortigen Abtransport von 120 000 Polen und 35 000 »Zigeunern« vorsah, um für die Wolhyniendeutschen Platz zu schaffen. In Übereinstimmung mit dem am 30. Januar von Heydrich verkündeten Ablauf sollte die Deportation der Juden aus dem Warthegau erst nach der »Wolhynienaktion« erfolgen und daher, wie man annahm, nicht vor dem August beginnen können. Als die Juden dann eintrafen, dachte Frank immer noch, er könne sie über die Weichsel abschieben.[110]

Die seit über zwei Monaten vorbereitete »Wolhynienaktion« oder, genauer gesagt, die Vertreibung von Polen zugunsten der »Volksdeutschen« aus Wolhynien und Galizien sollte sogar noch geordneter ablaufen als die Umsetzung des Zwischenplans. Anfang Februar hatten Rapps Mitarbeiter die Landräte des östlichen Warthegaus besucht, um sie auf die gleichzeitige »Evakuierung« von Polen und Ansiedlung von Wolhyniendeutschen vorzubereiten.[111] Dabei kamen viele Probleme zur Sprache, die sich insbesondere daraus ergaben, dass man es nun mit bäuerlichen Polen und nicht mit Städtern zu tun hatte. Es gäbe nur wenige mittelgroße und noch weniger große polnische Höfe, berichteten die Umsiedlungsexperten, weshalb geeignete Höfe für deutsche Siedler erst noch geschaffen werden müssten, indem man im Durchschnitt drei polnische Familien enteigne und ihr Land zusammenlege, um eine deutsche Familie darauf anzusiedeln.[112] Die Vorbereitungen dazu sollten verdeckt vonstatten gehen. Offene Untersuchungen deutscher Kommissionen in polnischen Dörfern seien zu beenden, da die Polen auf diese Weise vor der bevorstehenden Deportation gewarnt würden, ihr Vieh abschlachteten und ihr Getreide vernichteten. Auf jeden Fall aber müsse der Besitzerwechsel entweder vor oder nach der Frühjahrsernte stattfinden.[113]

HSSPF Koppe ließ in jedem Kreis eine Hofkartei anlegen, in der die besten polnischen Gehöfte erfasst wurden. Im Übrigen sollte der Termin der Abreise der Siedler aus Lodz so gelegt werden, dass sie am frühen Morgen einträfen und noch am selben Tag von ihren neuen Höfen Besitz ergreifen könnten. »Evakuierungen und Einweisungen müssen aus taktischen Gründen Zug um Zug erfolgen«, verlangte Koppe. Um psychologische Spannungen zu vermeiden, sei jedoch dafür zu sorgen, dass die deutschen Siedler zum Zeitpunkt der Enteignung außer Sicht blieben.[114]

Außerdem mussten Raster und Auswahlmethoden entwickelt werden, um sowohl Himmlers Suche nach Personen deutscher Abstammung als auch Görings Forderung nach polnischen Landarbeitern zu genügen. Dafür wurde ein System von drei

Lagertypen erdacht: Zunächst sollten alle enteigneten Polen in Lager I in der Wiesenstraße in Lodz gebracht werden, ein »Durchschleusungslager«, in dem sie rassischen und medizinischen Untersuchungen unterzogen wurden. Von dort wurden die für die Deportation ins Generalgouvernement bestimmten Personen in Lager II in der Luisenstraße geschickt, das als »Übergangslager« fungieren sollte. Denjenigen, die sich für den Arbeitseinsatz im Reich eigneten, war Lager III (Konstantynow) vorbehalten. In den Lagern I und II war sicherzustellen, dass niemand, der möglicherweise deutscher Abstammung war, deportiert wurde; dazu gehörte unabhängig von der politischen Einstellung jeder, der die Aufnahme auf die deutsche »Volksliste« beantragt hatte, Mitglied der deutschen evangelischen oder katholischen Kirche oder aber der polnischen evangelischen Kirche war, der Verwandte hatte, die deutsche Staatsbürger waren oder in der Wehrmacht dienten. Erschienen sie für die »Eindeutschung« geeignet, konnten ganze Familien in Lager III geschickt werden. Ansonsten sollten hier nur Saison- oder Wanderarbeiter unterkommen – ohne Familie.[115]

Trotz all dieser Vorbereitungen umfassten die ersten Transporte im Rahmen des zweiten Nahplans keine enteigneten Polen, die durch das Dreilagersystem geschleust wurden. Stattdessen verließen in der ersten Aprilwoche drei Züge mit 2663 Juden Glowno bei Posen.[116] Erst danach wurde das neue Verfahren für die Deportation von Polen entweder ins Generalgouvernement oder zum Arbeitseinsatz im Reich erprobt – anfangs ohne viel Erfolg. Am 20. April verfasste Rapp eine vernichtende Denkschrift, die das ganze Ausmaß des Scheiterns offenbarte. In Wirklichkeit seien kaum Polen abgeschoben worden, »häufig nur 10 %«. Aus Angst vor den befürchteten Deportationen würden die polnischen Bauern selbst in Kreisen, die lediglich an die Evakuierungsgebiete angrenzten, nur wenige Stunden am Tag auf ihren Höfen verbringen, um das Vieh zu füttern. Dies gefährde nicht nur das Evakuierungsprogramm, sondern auch die Ernte. Bleibe es bei der bisherigen Erfolgsquote, werde man anstelle von 120 000 nur 20 000 der zur Umsiedlung vorgesehenen Polen aufgreifen. Die restlichen 100 000 würden als untragbares Sicherheitsrisiko von Dorf zu

Dorf ziehen. Rapp empfahl, die Aktion einzustellen, bis die »Ansiedlungsstäbe« die Dörfer verlassen hätten. Ihre Anwesenheit wirke wie ein Warnsignal und zudem lieferten sie der Umwandererzentralstelle (UWZ) sowieso nur unzureichende Informationen. Evakuierungen und Neuansiedlungen könnten anschließend als Überraschungsaktion in ganzen Kreisen gleichzeitig durchgeführt werden.[117]

Himmler war außer sich über die Verzögerung. Für ihn zählte nicht, wie viele Polen abgeschoben, sondern wie viele »Volksdeutsche« angesiedelt wurden und wie schnell dies geschah. In einem Schreiben an Greifelt betonte er, die Ansiedlung der Wolhyniendeutschen müsse »so unbürokratisch und damit so schnell wie möglich« erfolgen, da die Bedingungen in den Lagern »sehr schlecht« seien. Darüber hinaus litten die Wolhyniendeutschen unter dem, was sie durchgemacht hätten, unter dem »ganzen Schock des Abschieds aus ihrer Heimat, der Wanderung und des Trecks im Winter, des langen Wartens in den Lagern, der Krankheiten und manchmal des Todes von einem Kind«. Sein Ziel sei es, pro Tag 100 Familien anzusiedeln und die Aktion bis Ende August abzuschließen. Die Ansiedlungen seien nicht als endgültig zu betrachten und könnten im nächsten Frühjahr nachgebessert werden.[118] Gleichzeitig wurde Rapp seines Postens in Posen enthoben und durch Rolf-Heinz Höppner ersetzt; Hermann Krumey, dem Leiter der UWZ in Lodz, wurde die Verantwortung für die Ansiedlungen im Warthegau übertragen.[119]

Himmlers Unzufriedenheit machte sich nicht nur am langsamen Tempo der Ansiedlung der Wolhyniendeutschen fest. Sein groß angelegter Entwurf einer umfassenden rassischen Neuordnung Osteuropas war im Lauf der Zeit immer weiter beschnitten worden. Im Herbst 1939 hatte er geplant, bis Ende Februar 1940 rund eine Million Menschen aus den eingegliederten Gebieten ins Generalgouvernement zu verschicken, einschließlich sämtlicher Juden und aller rassisch unerwünschten Elemente. Doch noch im März 1940 konnte sich Frank damit brüsten, dass man von der Idee, nach und nach 7,5 Millionen Polen ins Generalgouvernement abzuschieben, völlig abgekommen sei. Darüber hinaus war die Deportation von Juden immer wieder verschoben worden – zuletzt in den August desselben Jahres –, und Göring hatte Frank praktisch ein diesbezügliches Vetorecht eingeräumt. Sogar die Umsiedlung von »Volksdeutschen« war weiter eingeschränkt worden und mittlerweile festgefahren.

Aber ebenso, wie sich Frank über Himmlers Kopf hinweg an Göring wenden konnte, stand Himmler die Tür bei Hitler offen. Seit seinen Äußerungen vom vergangenen Herbst hatte Hitler bei der Ausarbeitung der Rassenpolitik keine sichtbare Rolle mehr gespielt. Entsprechend dem »institutionellen Darwinismus« des Dritten Reichs resultierte die Gestaltung der Praxis aus dem Kampf zwischen den Untergebenen, während sich der Führer selbst mit hochfliegenden strategischen Fragen befasste, insbesondere den Vorbereitungen der Angriffe auf Skandinavien, die Niederlande und Frankreich.

Im Frühjahr 1940 schien Hitler den Glauben an seinen Umsiedlungsplan verloren zu haben, zumindest was die Juden in der Region um Lublin anging. Laut dem Verbindungsmann des Auswärtigen Amts im Führerhauptquartier, Walther Hewel, sagte Hitler am 12. März 1940 zu dem Publizisten Colin Ross, »dass die Lösung der Judenfrage eben eine Raumfrage sei, die für ihn besonders schwer zu lösen sei, da er ja selbst keinen Raum zur Verfügung habe. Auch die Bildung eines Judenstaats um Lublin herum würde nie eine Lösung bedeuten, da auch dort die Juden zu eng aufeinander wohnten, um einen einigermaßen befriedigenden Lebensstandard erreichen zu können. [...] Auch er würde eine positive Lösung der Judenfrage begrüßen, wenn er nur eine Lösung angeben könne, was ihm aber unter den heutigen Umständen, wo er für sein eigenes Volk nicht einmal genug Raum habe, unmöglich sei.«[120]

Die Nachricht über diesen Gesinnungswandel Hitlers muss Himmler umgehend hinterbracht worden sein, denn schon Anfang April wies der HSSPF im Generalgouvernement, Krüger, die Abschiebung von Juden aus Warschau in den Distrikt Lublin zurück.[121] Doch gaben die glänzenden Erfolge der Wehrmacht in den ersten beiden Wochen des Frankreichfeldzugs Himmler Ende Mai die Gelegenheit, von Hitler die Zustimmung zu seiner Rassenvision zu erhalten, die in krassem

Gegensatz zu Görings und Franks pragmatischem Ansatz stand und eine weit radikalere Lösung der »Judenfrage« beinhaltete als das mittlerweile verblassende Projekt eines Reservats im Gebiet Lublin. In einer Anordnung vom 9. Mai 1940 an die HSSPF im Osten (in ihrer Eigenschaft als Beauftragte des RKFDV) bekräftigte Himmler seine Anweisung, aus der Bevölkerung der eingegliederten Gebiete und des Generalgouvernements jene Angehörigen der Fremdvölker auszusondern, die sich auf Grund ihrer »rassischen Eignung« für die »Eindeutschung« empfahlen. Diese rassische »Auslese« war ins Reich zu schicken und dort an einer Arbeitsstelle unterzubringen, wo sie nicht mit anderen ausländischen Arbeitern in Berührung kommen konnte und ihre »Eindeutschung« rasch vonstatten ging.[122] Darüber hinaus blieb Himmler bei seiner Linie, dass jene Polen, die nicht »rassisch verschmelzbar« schienen, nur so lange in den östlichen Provinzen verbleiben durften, wie man ihrer Arbeitskraft bedurfte. Nach seiner Vorstellung sollten sie dementsprechend »im Verlauf der nächsten 5–10 Jahre ohne jede Ausnahme und Gnade ins Generalgouvernement, als Sammelbecken der für Deutschland rassisch nicht Brauchbaren, abgeschoben« werden.[123]

Kurz darauf entwarf Himmler seine Denkschrift mit dem Titel »Einige Gedanken über die Behandlung der Fremdvölkischen im Osten«, die nahtlos an die Vorlage von Wetzel und Hecht vom November 1939 anschloss.[124] Der »Völkerbrei« der 15 Millionen Menschen im Generalgouvernement und der acht Millionen in den eingegliederten Gebieten, schrieb der SS-Chef und RKFDV, sei für die »Sichtung und Siebung« in möglichst viele Volksgruppen aufzuteilen. Grundlage aller Überlegungen müsse es sein, »die rassisch Wertvollen aus diesem Brei herauszufischen, nach Deutschland zu tun, um sie dort zu assimilieren«. Eine Schlüsselfrage in diesem Ausleseprozess sei die Bildung. Für die nichtdeutsche Bevölkerung dürfe es keine höhere Schulbildung geben: »Rechnen bis 500, Schreiben des Namens, eine Lehre, dass es ein göttliches Gebot ist, den Deutschen gehorsam zu sein und ehrlich, fleißig und brav zu sein« – das reiche aus. Lesen sei nicht erforderlich. Rassisch wertvolle Kinder würden in höhere Schulen aufgenommen, aber nur in

Deutschland. Ihre Eltern müssten sich entweder von ihnen trennen oder ebenfalls nach Deutschland gehen. Ihres rassisch wertvollsten Teils beraubt sowie im Generalgouvernement mit jenen Bewohnern des Reichs zusammengedrängt, »die dieselbe rassische und menschliche Art haben« wie sie, würden die verschiedenen Volksgruppen im Lauf der Zeit verschwinden – die kleinsten, wie etwa die Kaschuben, schon innerhalb von vier oder fünf Jahren, nach ihnen auch die Ukrainer, Goralen und Lemken und schließlich, nach einem entsprechend längeren Zeitraum, das größte dieser Völker, die Polen. Dieses »führerlose Arbeitsvolk« stehe Deutschland dann als Reservoir von Wanderarbeitern zur Verfügung.

Im Zuge der Entnationalisierung der osteuropäischen Volksgruppen – genauer gesagt, ihres kulturellen Genozids – sollten auch die Juden verschwinden, wenn auch auf andere Art und Weise. »Den Begriff Juden«, schrieb Himmler, »hoffe ich, durch die Möglichkeit einer großen Auswanderung sämtlicher Juden nach Afrika oder sonst in eine Kolonie völlig auslöschen zu sehen.« Zur Rechtfertigung dieser systematischen Zerstörung der ethnischen Zusammensetzung Osteuropas erklärte Himmler: »So grausam und tragisch jeder einzelne Fall sein mag, so ist diese Methode, wenn man die bolschewistische Methode der physischen Ausrottung eines Volkes aus innerer Überzeugung als ungermanisch und unmöglich ablehnt, doch die mildeste und beste.«

Am 25. Mai, eine Woche, nachdem deutsche Truppenverbände den Ärmelkanal erreicht hatten und bei Dünkirchen den Ring um die französische Nordarmee und das britische Expeditionsheer schlossen, besprach Himmler seine Denkschrift mit Hitler. Der Termin war gut gewählt, und er erlebte einen großen Triumph. »Der Führer«, notierte er, »las die 6 Seiten durch und fand sie sehr gut und richtig.« Darüber hinaus habe Hitler vorgeschlagen, dass er, Himmler, »Generalgouverneur Frank einmal nach Berlin bäte, um ihm diese Niederschrift zu zeigen und ihm zu sagen, dass der Führer das für richtig hielte«. Himmler ersuchte Hitler, den Chef der Reichskanzlei, Hans Heinrich Lammers, zu beauftragen, den vier Gauleitern im Osten sowie Generalgouverneur Frank und Ernährungs- und

Landwirtschaftsminister Richard Walter Darré Kopien zukommen zu lassen »und ihnen mitzuteilen, dass der Führer diese Niederschrift als Richtlinie anerkannt und bestätigt habe«. Hitler stimmte auch diesem Vorschlag zu. Himmler selbst beauftragte Greifelt, Görings Mann in den eingegliederten Gebieten, den Leiter der HTO, Bürgermeister Winkler, und andere über den genauen Inhalt der Denkschrift in Kenntnis zu setzen.[125]

Diese Episode ist insofern von herausragender Bedeutung, als Himmlers Aufzeichnung über die Vorlage seiner Denkschrift bei Hitler das einzige Dokument ist, in dem ein hochrangiger Beteiligter selbst darstellt, wie Hitler eine Entscheidung entlockt wurde und wie im Zuge der Herausbildung der nationalsozialistischen Rassenpolitik in dieser Periode ein Führerbefehl zustande kam. Die Initiative ging von Himmler aus. Allerdings präsentierte er Hitler keinen präzisen Plan, sondern eher eine Absichtserklärung, eine Liste politischer Ziele. Die Einzelheiten der Durchführung blieben ihm, Himmler, überlassen. Hitler äußerte jedoch nicht nur seine Zustimmung, sondern ließ auch erkennen, wem dies mitgeteilt werden sollte. Er erteilte Funktionsträgern wie Göring, Frank und den Gauleitern im Osten nicht eigens einen Befehl. Stattdessen gab er zu verstehen, was er beabsichtigte und was er befürwortete. Es ist anzunehmen, dass im Dritten Reich regelmäßig auf diese Weise entschieden wurde.

Im Juni wendete sich Himmler mit einer weiteren Denkschrift gegen das Argument, dass man in den eingegliederten Gebieten aus wirtschaftlichen Gründen dauerhaft auf polnische Arbeiter angewiesen sei. Das Prinzip, vom dem er sich leiten ließ, lautete: »Ein Land besitzt man nur, wenn auch der letzte Einwohner dieses Gebietes der eigenen Volkart angehört.« Alles andere führe nur zu »blutlicher Vermischung«. Deshalb seien die »Fremdvölkischen« zu Bauarbeiten vom Land in die Städte zu verbringen. Anschließend würden nach und nach sieben Achtel von ihnen in den Osten abgeschoben, das restliche Achtel eingedeutscht. Die Arbeit auf dem Lande sollte von jungen deutschen Männern und Frauen erledigt werden, die Geld für ihre eigenen Höfe ansparen wollten. Nach seiner Überzeugung werde man »im Osten auf die Dauer ohne einheimische polnische Arbeiter auskommen« können; die Polen dürfe man »auch aus wirtschaftlichen Gründen nicht in den Ostprovinzen belassen«.[126]

Frank verharrte derweil in der Meinung, dass der Gedanke an die Deportation von 7,5 Millionen Polen aufgegeben worden sei. Er hatte sich mit Himmler darauf geeinigt, mehrere Hunderttausend Polen und sämtliche Juden im Generalgouvernement aufzunehmen, eine Aussicht, die für ihn belastend genug war. »Wir werden aber auch künftig«, führte er in einer Polizeisitzung in Krakau aus, »Hunderttausende von Polen aufnehmen müssen, und es besteht gar kein Zweifel, dass wir es, wenn man das Polenproblem im Reich lösen will, in den kommenden Jahren werden tun müssen. Wenn wir sie nicht direkt und legal aufnehmen, dann wird es eben auf illegale Weise vor sich gehen. Wir müssen aber dieses Opfer auch dem Deutschen Reich bringen.« Er habe sowohl Hitler als auch Himmler gegenüber betont, »dass wir gar kein Interesse haben, sondern zunächst bis zur äußersten Grenze der Leistungsfähigkeit uns bereithalten wollen, als Aufnahmebecken aller der Elemente, die von draußen ins Generalgouvernement hereinströmen, seien es nun Polen, Juden, Zigeuner usw.« Was die Juden angehe, so würden nicht Hunderttausende, sondern Millionen dem Generalgouvernement im Zuge der Säuberung der östlichen Provinzen des Reichs zur Last fallen. Dies werfe Probleme auf, denn diese Juden seien nicht reich, und auch »im Generalgouvernement gebe es keine reichen Juden mehr, sondern in der Hauptsache nur noch ein Judenproletariat«. Noch konnte er sich allerdings ebenso wenig wie Himmler ihre physische Vernichtung als Lösung vorstellen. »Schließlich könne man sie ja nicht verhungern lassen«, erklärte sein BdS Streckenbach der Runde, die Frank gerade erst angewiesen hatte, Tausende von Angehörigen der polnischen Intelligenz zu liquidieren.[127]

Frank kam nicht, wie von Hitler angeregt, mit Himmler zusammen, sondern traf sich am 12. Juni 1940 mit Heydrich. Er muss die Schwierigkeiten im Generalgouvernement bei dieser Gelegenheit auf überzeugende Weise dargestellt haben, denn man einigte sich darauf, es »in Anbetracht der bedrängten

Lage« vorläufig bei den bereits vereinbarten Abschiebungen zu belassen, das heißt bei der im Gang befindlichen »Wolhynienaktion« und der »Judenevakuierungsaktion«, die »voraussichtlich« im August anlaufen werde.[128] Doch war das nur ein schwacher Trost für den immer härter bedrängten Frank. In einem Brief an Lammers klagte er über die Wirtschaftslage im Generalgouvernement und fügte hinzu: »Ebenso unmöglich, in ihren katastrophalen Auswirkungen auch nicht mehr erträglich, ist die Fortführung der Umsiedlung.« Das Generalgouvernement sei weit dichter bevölkert als das Reich. »Es ist ganz unmöglich, dass angesichts der völlig trostlosen Ernährungslage des Generalgouvernements die Umsiedlungsaktionen fortgesetzt werden können über das Maß des letzten mit dem RFSS vereinbarten Umsiedlungsplans hinaus.« Eine »Gesamtbesprechung« der »Ostprobleme« sei daher »dringend nötig«.[129] Auf Frank musste die überraschende Anordnung Himmlers, mit der plötzlich die drohende Abschiebung von Juden ins Generalgouvernement ausgesetzt wurde, folglich wie eine große Erleichterung wirken:[130] Der Reichsführer-SS hatte die für die Juden bestimmte Kolonie in Afrika gefunden – die Insel Madagaskar.

3.5 Die Wehrmacht zwischen Distanzierung und Komplizenschaft

Im Oktober 1939 hatte die Wehrmacht die Verantwortung über Polen mit der Auflösung der Militärverwaltung aus ihren Händen gegeben. Dennoch war Militärpersonal im Osten verblieben, und zwar nicht nur in rein militärischen Funktionen, sondern auch, um der ungenügend mit Personal ausgestatteten Zivilverwaltung unter die Arme zu greifen. Während die oberste Militärführung sehr genau darüber informiert war, dass die systematische Auslöschung der polnischen Eliten sowie Massendeportationen bevorstanden, erfuhr das Offizierskorps einschließlich der in Polen zurückbleibenden Generäle davon im Allgemeinen nichts. Sie wurden Zeugen von haarsträubenden Gräueln, die sie sich nur als ungenehmigte Willkürakte örtlicher SS-Einheiten oder als Produkt Himmlers finsterer Machenschaften zu erklären vermochten. Wenigstens in den Augen einiger Generäle enthüllten die Grausamkeiten die schändliche Natur gewisser Gruppen im NS-Regime, ohne jedoch zwangsläufig für die Politik des Staates repräsentativ zu sein. Man muss diesen Offizieren zugute halten, dass sie lautstark, wenn auch folgenlos protestierten, denn neben Hitler waren auch von Brauchitsch und Halder für Einsprüche dieser Art aus dem Osten unempfänglich.

Eine Zeit lang hatten die drastischen Berichte über die schrecklichen Vorgänge in Polen allerdings auch unter den Generälen an der Westfront Konjunktur. Dies war auf eine Verkettung ungewöhnlicher Umstände zurückzuführen. Ende September hatte Hitler die Generäle mit seiner Ankündigung, noch im Herbst gegen Frankreich losschlagen zu wollen, vor den Kopf gestoßen. Sie befürchteten, dass der Schlamm und der Novembernebel Panzer- und Luftwaffe, von denen ein möglicher militärischer Erfolg abhing, lahm legen würden. Der Grund für die weit verbreitete Unzufriedenheit in ihren Reihen lag also nicht in der in Polen so offenkundigen verbrecherischen Natur des Regimes, sondern in Hitlers wilder Entschlossenheit, unter den ungünstigsten Bedingungen alles auf eine Karte zu setzen. In dieser von Unmut geprägten Atmosphäre, in der sich der zaghafte Gedanke an Verschwörung und Opposition regte, konnten einige aufrichtige Nazigegner Informationen über die Ereignisse in Polen sammeln und in einem vorübergehend dafür aufgeschlossenen Offizierskorps verbreiten.

Als das Wetter so schlecht wurde, dass die Herbstoffensive abgeblasen werden musste – und Hitler so vor sich selbst gerettet wurde –, schöpfte die Generalität neue Hoffnung auf einen militärischen Sieg. Von Brauchitsch, der zeitweise mit einer »Vertrauenskrise« zu kämpfen gehabt hatte, nutzte die Gelegenheit, um die protestierenden Generäle und die Übermittler unerwünschter Nachrichten aus Polen zum Schweigen zu bringen. Als schließlich der spektakuläre Sieg über Frankreich errungen war, bestätigte er in den Augen der meisten Offiziere das Genie des Mannes, den sie ein halbes Jahr zuvor noch für verrückt gehalten hatten. Auf diesen tragischen Niedergang der Wehrmacht vom Negieren ihrer Verantwortung zu aktiver Komplizenschaft soll im Folgenden näher eingegangen werden.[131]

Hatte sich im Oktober innerhalb der gesamten Generalität Bestürzung breit gemacht, fasste lediglich der fanatischste Nationalsozialist in ihren Rängen, Walter von Reichenau, den Mut, Hitler offen entgegenzutreten und die Absage der Herbstoffensive zu fordern.[132] Generalstabschef Halder war zwar selber nicht bereit, sich zu exponieren, tolerierte aber zaghafte Vorbereitungen für einen Staatsstreich, den Offiziere wie Generalleutnant Karl-Heinrich von Stülpnagel, damals Generalquartiermeister I im Generalstab des Heeres, Oberst Hans Oster, Leiter der Zentralabteilung der Abwehr, und Major Helmuth Groscurth durchzuführen gedachten, falls die Offensive nicht verschoben wurde. Zwar besuchte von Stülpnagel regelmäßig die Westfront, stieß aber nur bei einem einzigen Befehlshaber der drei dortigen Heeresgruppen, Wilhelm Ritter von Leeb (die anderen beiden waren Fedor von Bock und Gerd von Rundstedt), auf die Bereitschaft, aktiv gegen das Regime vorzugehen, obwohl auch die übrigen die Herbstoffensive ablehnten. Bevor von Brauchitsch und Halder ebenfalls in den Westen reisten, um Stimmen gegen den Angriff zu sammeln, gestand Letzterer Groscurth »mit Tränen« in den Augen ein, er wäre seit Wochen mit einer Pistole in der Tasche zu Hitler gegangen, habe es aber nicht über sich gebracht, ihn zu erschießen. Noch am 2. November 1939 gab er Groscurth zu verstehen, dass er den Staatsstreich unterstützen werde, falls Hitler nicht innerhalb der nächsten drei Tage die Offensive absage. In einer stürmischen Besprechung am 5. November, in der von Brauchitsch eine gegen die Herbstoffensive gerichtete Denkschrift vorlegte, explodierte Hitler und ließ eine seiner berühmten Tiraden vom Stapel. Nach 20 Minuten verließ von Brauchitsch »kreidebleich« den Raum und berichtete Halder von Hitlers Drohung, den »Geist von Zossen« – hier hatte das OKH seinen Sitz – auszurotten. Halder schloss daraus, dass die Verschwörung aufgeflogen sei, und eilte ins OKH zurück, um sämtliche Beweise zu verbrennen. In der Folge distanzierte er sich Schritt um Schritt von jeglicher Opposition.[133]

Was die militärischen Ratschläge der Generäle nicht vermochten, erreichte das Wetter – die Verzögerung der Offensive bis in den Januar 1940. Als am 10. Januar ein Flugzeug mit deutschen Militärplänen an Bord vom Kurs abkam und in den Niederlanden landete, ordnete Hitler schließlich eine Verschiebung der Offensive bis Mai an und ließ in der Zwischenzeit neue Pläne ausarbeiten. Während dieses ausgedehnten »Sitzkriegs« vervielfachten sich die beunruhigenden Meldungen aus dem Osten.

In Westpreußen verhandelte Generalleutnant Max Bock zunächst mit HSSPF Hildebrandt über die Beendigung der exzessiven Hinrichtungspraxis durch von Alvenslebens Selbstschutz. Exekutionen, darauf verständigte man sich, seien nur aus Sicherheitsgründen und in ordnungsgemäßer Weise durch entsprechende Kommandos des HSSPF durchzuführen. Als sich daraufhin nichts Wesentliches änderte, wandte sich Bock direkt an Forster: Die ihm unterstellten Kommandeure würden einhellig über eine »ungeheuere Erregung und starke seelische Belastung« der Truppe berichten. Darüber hinaus gefährde die Fortsetzung solcher Aktionen die Sicherheit im Gau, da die polnische Bevölkerung, »abgesehen von den notwendigen harten Maßnahmen der Enteignung und Aussiedlung, durch Schließung der Kirchen, Erschießung der Pfarrer, durch die vor ihren Augen erfolgte Zerstörung der Heiligenbilder, durch die ständige Drohung, dass *alle* Polen so schnell wie möglich aus diesem Lande verschwinden müssten, und durch die ständige Unsicherheit des eigenen Lebens in eine Verzweiflungsstimmung getrieben« werde, die sich bei nahendem Winter und zunehmender Not nur noch mehr steigere. In einem Gebiet, in dem nur zehn Prozent der Bevölkerung Deutsche waren, die weit verstreut auf isolierten Höfen lebten, reichten die vorhandenen Sicherheitskräfte nicht aus, um sie vor Verzweiflungstaten von Polen zu schützen, die nichts mehr zu verlieren hätten.[134]

Im benachbarten Warthegau machte General Petzel in einem Bericht an OKH und OKW darauf aufmerksam, dass die »große Aufbauarbeit auf allen Gebieten« durch SS-Einheiten gestört werde. Sie neigten dazu, einen »›Staat im Staate‹« zu bilden, und führten ihre »›volkspolitischen Sonderaufträge‹« – beide

Formulierungen sind von Petzel in Anführungszeichen gesetzt worden – ohne jede Rücksicht auf die Truppe aus. »Fast in allen größeren Orten«, so der General, »fanden durch die erwähnten Organisationen öffentliche Erschießungen statt. Die Auswahl war dabei völlig verschieden und oft unverständlich, die Ausführung vielfach unwürdig.« In manchen Kreisen seien sämtliche polnischen Gutsbesitzer und deren Familien interniert worden. »In den Städten wurden Evakuierungen durchgeführt, bei denen wahllos Häuserblocks geräumt wurden. [...] In mehreren Städten wurden Aktionen gegen Juden durchgeführt, die zu schwersten Übergriffen ausarteten.« So seien in Turek Juden in die Synagoge getrieben worden, wo sie singend durch die Bänke kriechen mussten, »wobei sie ständig von den SS-Leuten mit Peitschen geschlagen wurden«. Dann seien sie gezwungen worden, »die Hosen herunterzulassen, um auf das nackte Gesäß geschlagen zu werden. Ein Jude, der sich vor Angst in die Hosen gemacht hatte, wurde gezwungen, den Kot den anderen Juden ins Gesicht zu schmieren.«[135]

Der Oberbefehlshaber Ost, Generaloberst Johannes Blaskowitz, zeigte sich über den Terror im Generalgouvernement ebenfalls betroffen. Bei einem Besuch von Oberstleutnant Helmuth Stieff, der damals der Operationsabteilung des Generalstabs angehörte, schüttete er ihm eine Dreiviertelstunde lang sein Herz aus und drängte ihn, die Dinge im OKH zur Sprache zu bringen. Stieff schrieb daraufhin tief bewegt an seine Frau: »Die blühendste Phantasie einer Gräuelpropaganda ist arm gegen die Dinge, die eine organisierte Mörder-, Räuber- und Plündererbande unter angeblich höchster Duldung dort verbricht. [...] Diese Ausrottung ganzer Geschlechter mit Frauen und Kindern ist nur von einem Untermenschentum möglich, das den Namen Deutsch nicht mehr verdient. *Ich schäme mich, ein Deutscher zu sein!*« (Hervorhebung C. B.)[136]

Blaskowitz seinerseits schickte am 27. November 1939 einen Bericht an das OKH, in dem er darauf hinwies, dass die Einsatzgruppen »fast ausschließlich als Exekutionskommandos« operierten und die Polizei »bisher noch keine sichtbaren Aufgaben der Ordnung geleistet, sondern nur Schrecken in der Bevölkerung verbreitet« habe. Dieser »Blutrausch« stelle für die Wehrmacht eine unerträgliche Belastung dar, »da dies ja alles im ›Feldgrauen Rock‹ geschieht«. Die gegenwärtige Situation mache die Nutzung des Landes zugunsten der Truppe und der Kriegswirtschaft unmöglich, denn »mit Gewaltmaßnahmen allein« sei »die Sicherheit und Ruhe des Landes nicht herzustellen«.[137] Als dieser Bericht schließlich Hitler erreichte, tat er ihn mit der Bemerkung ab, er sei Ausdruck der »kindlichen Einstellung« und der »Heilsarmee-Methoden« der Militärführung.[138]

Männer wie Groscurth sammelten Informationen aus Polen und versuchten damit das Offizierskorps zu mobilisieren. »Aber ein Entschluss zum Handeln wird nicht gefasst«, notierte er verbittert in seinem Tagebuch. »Man ist Soldat, an seinen Eid gebunden, dem Führer treu usw., vor allem aber klebt man an seiner Stellung und hat eine elegante Frau«, wie er verächtlich hinzufügte – eine Anspielung auf von Brauchitsch, dessen Scheidung und Neuverheiratung mit einer glühenden Nationalsozialistin durch ein großzügiges Geldgeschenk von Hitler ermöglicht worden waren.[139] Groscurth versuchte ein weiteres Mal, Halder zum Handeln zu bewegen, doch vergebens. Der Generalstabschef wies ein solches Ansinnen jetzt rundweg zurück und führte dafür sechs Gründe an, die allesamt dafür sprachen, Hitler bis zum Ende treu zu folgen: Eine solche Widerstandstat in Kriegszeiten verstoße gegen die Tradition; es sei kein Nachfolger in Sicht, das junge Offizierskorps nicht zuverlässig und die Stimmung im Lande nicht reif dafür; ferner sei es nicht zu ertragen, »dass Deutschland auf die Dauer ein ›Helotenvolk‹ Englands« bleibe; und schließlich habe auch Ludendorff 1918 gegen den Rat seiner Umgebung eine Offensive gestartet, ohne dass das geschichtliche Urteil über ihn ungünstig ausgefallen sei.[140]

Nachdem er in Berlin erfolglos geblieben war, besuchte Groscurth vom 18. bis 22. Dezember die Westfront. Dort vermochte er mit dem polnischen Material – darunter ein neuer Bericht von Blaskowitz, der am 8. Dezember in sechs Durchschriften in Berlin eingegangen war[141] – zumindest »große Erregung« hervorzurufen.[142] Sogar der vorsichtige Fedor von Bock notierte in seinem Tagebuch: »Ich höre hier Vorgänge aus der ›Kolonisierung‹ des Ostens, die mich tief erschrecken.« Darüber hinaus sprach er mit anderen Generälen über die Notwendigkeit, auf einer Klärung dieser Angelegenheit zu bestehen, obwohl von Brauchitsch zunächst mit der Zusicherung konterte, Blaskowitz habe seine Schwierigkeiten inzwischen mit Frank in einem Gespräch ausgeräumt.[143]

Am 13. Januar 1940 unternahm Groscurth erneut einen Vorstoß bei Halder, doch der war zunehmend fasziniert von den »großen Erfolgsmöglichkeiten«, die sich militärisch aus seiner Sicht auftaten, und schimpfte auf alle, die an einen Putsch dachten. Dabei handle es sich um Leute, die »meist nur reaktionär wären und das Rad der Geschichte zurückdrehen wollten«.[144] Vier Tage später führte Blaskowitz eine Unterredung mit von Brauchitsch, aber auch der Oberbefehlshaber des Heeres lehnte es rundweg ab, irgendetwas von dem, was ihm vorgetragen wurde, Hitler gegenüber zur Sprache zu bringen. Ein Treffen von Blaskowitz und Halder am nächsten Tag verlief ähnlich enttäuschend.[145]

Obwohl die protestierenden Generäle weder von Brauchitsch noch Halder überzeugen konnten, schufen sie doch eine kritische Stimmung, eine »Vertrauenskrise« im Verhältnis zum Oberbefehlshaber des Heeres, die zum einen durch dessen Führungsschwäche und zum anderen durch die verbreitete Antipathie gegenüber der SS begründet war. Generalmajor Kurt von Tippelskirch, Oberquartiermeister IV im Generalstab des Heeres, notierte am 23. Januar: »Falls nicht andere Haltung eingenommen wird, kann ObdH [Oberbefehlshaber des Heeres] keine Garantie übernehmen, dass es nicht zur Entladung kommt.«[146]

Um den Schaden in Grenzen zu halten, bat von Brauchitsch um ein Gespräch mit Himmler. Vor ihrem Zusammentreffen versuchten sowohl der SS-Chef als auch Heydrich, an ein Exemplar der mittlerweile offenbar zu Berühmtheit gelangten Blaskowitz-Denkschrift zu kommen, die Groscurth an der Westfront in Umlauf gebracht hatte.[147] Was bei von Brauchitschs und Himmlers Unterredung am 24. Januar herauskam, ist nicht bekannt, doch versuchte von Brauchitsch im Anschluss daran, die Befehlshaber im Westen zu beruhigen: Himmler habe erklärt, dass man das Vergangene nicht ändern könne, in Zukunft aber alles getan werden solle, um Weiteres zu verhindern.[148] Außerdem entsandte von Brauchitsch Major Karl-Richard Kossmann als »neutralen objektiven Abgesandten« ins Krisengebiet. Dessen Bericht fiel indessen vernichtend aus und konnte nicht zur Beruhigung beitragen, wie Groscurth notierte, um sarkastisch hinzuzufügen: »Und Herr v. Brauchitsch verhandelt mit Herrn Himmler beim Tee weiter.«[149]

Himmler zeigte sich im Gespräch mit dem Oberbefehlshaber des Heeres entgegenkommend. Von Brauchitsch berichtete Halder, Himmler habe zugegeben, dass Fehler vorgekommen seien, jedoch seine Absicht unterstrichen, die »schwere Aufgabe so verständig wie möglich mit wenig Blutvergießen durchzuführen«. Er wolle ein »gutes Verhältnis zum Heere«. Zum Beweis seines guten Willens bot er an, 2,5 Millionen Juden bereitzustellen, die Panzergräben an der Ostgrenze graben könnten. Von Brauchitsch erwiderte, er werde darüber nachdenken. Auch das Verhalten der Wehrmacht, fuhr Himmler fort, sei nicht ohne Fehl. Angehörige des Heeres hätten schwarz Vieh geschlachtet und Umgang mit Polen gehabt.[150]

Von Brauchitsch beeilte sich im Anschluss, die Zusagen Himmlers zu verbreiten, um seine Generäle zu beschwichtigen. Am 7. Februar 1940 sandte er allen Oberbefehlshabern der Armeen und Heeresgruppen sowie dem Oberbefehlshaber Ost ein Schreiben zum Thema »Heer und SS«, in dem er »ungewöhnliche, harte Maßnahmen gegenüber der polnischen Bevölkerung« als unvermeidlich bezeichnete, um den deutschen Lebensraum zu sichern. Gleichzeitig dekretierte er darin, dass angesichts des »bevorstehenden Entscheidungskampfs des deutschen Volkes« jede Kritik an der nationalsozialistischen Rassenpolitik zu unterbleiben habe.[151]

Neben dieser Apologie der NS-Rassenpolitik in Polen und seinen beiden Treffen mit Himmler bemühte von Brauchitsch ein weiteres Mittel, um seine Kritiker mundtot zu machen: Er enthob Großcurth seines Postens im OKW. Vor seinem beschämenden Abstieg auf den Posten eines Bataillonskommandeurs – »eine Frechheit und Degradierung«, schimpfte Groscurth in seinem Tagebuch – erreichten ihn weitere entmutigende Neuigkeiten über Halder, wonach dieser erklärt habe, »die Verhältnisse im Osten würden später vergessen – *sie seien gar nicht so schlimm«* (Hervorhebung C. B.). Groscurth vermerkte dazu, dass dies »erbärmlich und nicht zu verstehen« sei. Von Brauchitsch verschließe die Ohren, und an die Anständigkeit von Halder glaube er »nun in keiner Form mehr. [...] – von *diesen* Leuten ist *nichts* mehr zu erwarten!« (Hervorhebung C. B.)[152]

Trotz Groscurths Ablösung gab es noch eine letzte Runde in der ungleichen Auseinandersetzung um die in Polen begangenen Gräuel auszufechten. Nach seinem unbefriedigenden Treffen mit von Brauchitsch Mitte Januar hatte Blaskowitz weiteres Material über die Vorkommnisse in Polen gesammelt. Als der Oberbefehlshaber des Heeres am 20. Februar das Hauptquartier des »Oberost« besuchte, lag dessen Munition bereit: eine 26-seitige Sammlung von Notizen, die unter anderem eine Liste mit 35 einzeln aufgeführten und datierten Fällen schwerer Ausschreitungen sowie ein Schreiben des Militärbefehlshabers im Grenzabschnitt Süd, General Alexander Ulex, umfasste.[153] Dieser berichtete empört, das gewalttätige Vorgehen der Polizeikräfte offenbare einen »unbegreiflichen Mangel menschlichen und sittlichen Empfindens, so dass man geradezu von Vertierung sprechen« könne. Dabei erfahre sein Stab nur von einem Bruchteil der tatsächlich stattfindenden Gewaltaktionen. Der »einzige Ausweg« aus diesem »unwürdigen, die Ehre des ganzen deutschen Volks befleckenden Zustand« sei der Rückzug sämtlicher Polizeiverbände, einschließlich ihrer Kommandeure.

Blaskowitz selbst formulierte vorsichtiger, womöglich um einen letzten noch vorhandenen Rest utilitaristischen Zweckdenkens anzusprechen; angesichts der Umstände fiel sein Urteil indessen kaum weniger vernichtend aus: Es sei »abwegig, einige 10000 Juden und Polen, so wie es angeblich geschieht, abzuschlachten; denn damit werden angesichts der Masse der Bevölkerung weder die polnische Staatsidee totgeschlagen noch die Juden beseitigt. Im Gegenteil, die Art und Weise des Abschlachtens bringt größten Schaden mit sich, kompliziert die Probleme und macht sie viel gefährlicher, als sie bei überlegtem und zielbewusstem Handeln gewesen wären.« Dies habe viele ungünstige Folgen. Der Feindpropaganda werde so das wirkungsvollste Material an die Hand gegeben, und was die Rundfunksender des Feindes bisher gemeldet hätten, sei nur ein geringer Bruchteil dessen, was tatsächlich geschehen sei; man müsse damit rechnen, dass die Empörung im Ausland weiter zunehmen und sich noch lauter Gehör verschaffen werde, »zumal die Scheußlichkeiten tatsächlich geschehen sind«. Die staatliche Gewalt gegen Juden rufe »tiefste Abscheu« hervor und erwecke sogar bei den bisher judenfeindlichen Polen Mitgefühl für die Opfer; es bestehe die Gefahr, dass der gemeinsame Hass auf Deutschland Polen und Juden eine. Das Ansehen des Heeres, das gezwungen sei, diesen Grausamkeiten ohnmächtig zuzusehen, könne in den Augen der polnischen Bevölkerung nie wieder hergestellt werden. Am schlimmsten aber sei »die maßlose Verrohung und sittliche Verkommenheit, die sich in kürzester Zeit unter wertvollem deutschen Menschenmaterial wie eine Seuche ausbreiten« werde. Im Augenblick schwanke die Haltung der Truppe gegenüber SS und Polizei »zwischen Abscheu und Hass«, aber wenn »hohe Amtspersonen der SS und Polizei Gewalttaten und Brutalität verlangen und sie in der Öffentlichkeit belobigen, dann reagiert in kürzester Zeit nur noch der Gewalttätige. Überraschend schnell finden sich Gleichgesinnte und charakterlich Angekränkelte zusammen, um, wie es in Polen der Fall ist, ihre tierischen und pathologischen Instinkte auszutoben.«

Schließlich könne solch ein Verhalten nur polnischen Widerstand auslösen. Besondere Unruhe erzeugten die Deportationen, bei denen die Menschen aus ihren Häusern gezerrt und »völlig mittellos« fortgeschickt würden. Dass die von den Umsiedlungen hervorgerufene Angst und Panik »durch die zahlreichen verhungerten toten Kinder jedes Transportes und die Waggons voll erfrorener Menschen zu maßlosem Hass gesteigert« werde, sei »nur zu erklärlich. Die Ansicht, man könne das polnische Volk mit Terror einschüchtern und am Boden halten, wird sich bestimmt als falsch erweisen. Dafür ist die Leidensfähigkeit des Volkes viel zu groß.« Die mehrfach geäußerte Ansicht, »ein kleiner polnischer Aufstand sei ganz erwünscht, weil man dann Gelegenheit habe, im großen Stil die Polen zu dezimieren, wird für sehr leichtfertig gehalten«. Tatsächlich aber sei die Gefahr, die von dem durch deutsche Maßnahmen erzeugten polnischen Widerstand ausgehe, sehr real. Sie bedrohe die militärische Sicherheit und die wirtschaftliche Nutzung des Ostens, und da überall im Land noch viele Waffen versteckt seien, koste der polnische Widerstand auch viel deutsches Blut.

Bei seiner Rückkehr nach Berlin erwartete von Brauchitsch ein Brief des 90-jährigen Weltkriegshelden und ältesten lebenden Generalfeldmarschalls, August von Mackensen, der seine Sorge über die »Ausschreitungen« in Polen äußerte und darauf drängte, dass etwas unternommen werde, um die Befleckung des Ansehens und der Ehre des deutschen Heeres durch die Untaten »gedungener Untermenschen und freigelassener Verbrecher« zu verhindern.[154]

Um den Vorwürfen und der Kritik ein Ende zu bereiten, war sich von Brauchitsch an diesem Punkt nicht zu schade, die Dienste Himmlers in Anspruch zu nehmen. Der Reichsführer-SS hatte ihm vorher bereits indirekt angeboten, den Befehlshabern im Westen die Vorkommnisse in Polen persönlich darzulegen, doch hatte von Brauchitsch bis dahin darauf verzichtet. Nun nahm von Brauchitsch das Angebot an: Am 20. Februar lud er Himmler ein, einen Vortrag vor den versammelten Befehlshabern sämtlicher Heeresgruppen und Armeen zu halten. Himmler äußerte zunächst Bedenken dagegen, »vor großem Kreis zu erscheinen und sich zu entschuldigen«. Von Brauchitschs Mittelsmann, von Tippelskirch, versicherte ihm jedoch, es gehe nicht um Entschuldigungen, sondern um Aufklärung. Indessen sträubte sich Himmler weiterhin und schlug vor, lediglich vor einer kleinen Gruppe wohlmeinender Generäle zu sprechen. Insbesondere den Oberbefehlshaber der 18. Armee, Georg von Küchler, der eine SS-Einheit in Polen als »Schandfleck der Armee« bezeichnet hatte, sowie von Leeb, Blaskowitz und Ulex wollte er nicht dabei haben.[155] Nach einigem Hin und Her nahm Himmler die Einladung an, äußerte aber die »dringende Bitte«, den Vortrag abends, »möglichst im Anschluss an ein gemeinsames Essen«, stattfinden zu lassen, »weil die Abendzeit für die Zuhörer stimmungsmäßig wirkungsvoller wäre und auch die Möglichkeit einer kameradschaftlichen Aussprache über diese immerhin schwierigen Probleme günstiger sei«. Dieser Bitte kam von Brauchitsch nach. Als Termin wurde der 13. März, als Ort von Rundstedts Hauptquartier in Koblenz vereinbart.[156]

In seinem Vortrag stellte Himmler klar, dass die SS-Aktionen in Polen keineswegs unerlaubte Exzesse darstellten, sondern entweder von untergeordneten Kommandeuren oder von ihm selbst abgesegnet worden seien. Es habe »keine wilden Angelegenheiten von Unterführern« gegeben, wie er in seinen handschriftlichen Stichwortnotizen festhielt.[157] »In diesem Gremium der höchsten Offiziere des Heeres«, hob er laut General Ulex hervor, »kann ich es wohl offen aussprechen: Ich tue nichts, was der Führer nicht weiß.« Reichsfreiherr Maximilian von Weichs, damals Oberbefehlshaber der an der Westfront stationierten 2. Armee, erinnerte sich später: »Am Schlusse betonte er [Himmler], dass er immer die Befehle des Führers ausführe, dass er aber bei Dingen, die vielleicht unverständlich erscheinen, bereit sei, vor dem Volk und der Welt für den Führer die Verantwortung zu übernehmen, da die Person des Führers nicht mit diesen Dingen in Zusammenhang gebracht werden dürfe.« In der anschließenden Diskussion fühlte sich offenbar niemand bemüßigt, das Thema Polen anzuschneiden, obwohl Blaskowitz zugegen war und alle anwesenden Offiziere mindestens einen seiner Berichte kannten.[158]

Von Brauchitschs Taktik ging auf. Nach Himmlers Vortrag vor den Generälen verebbte bei vielen die schwelende Unzufriedenheit ebenso wie die offene Kritik derjenigen, die den Mut gehabt hatten, das deutsche Vorgehen in Polen anzuprangern. Fortan wandte man sich dem bevorstehenden Angriff auf Frankreich zu, dessen spektakulärer Erfolg eine kaum zu überschätzende Wirkung auf die Militärführung ausübte, hatten doch viele Generäle die schrecklichen Stellungsschlachten des Ersten Weltkriegs an der Westfront als prägendes Ereignis ihrer militärischen Lehrjahre erlebt. In ihren Augen erwies sich Hitler nun als ein vom Schicksal begünstigtes Genie, das zum Wohle Deutschlands über die Zögerlichkeit der Generalität obsiegt hatte. So schrieb etwa Generalquartiermeister Wagner, ein einstiger Kritiker Hitlers, seiner Familie von der Westfront: »[...] dem Führer allein gebührt der Ruhm; denn ohne seinen Willen wäre es zu einem solchen Handeln nie gekommen.«[159]

Das Schicksal der Kritiker fiel unterschiedlich aus. Blaskowitz sammelte weitere Beweise über SS-Gräuel, die er Keitel Ende April in zwei Ordnern vorzulegen versuchte. Doch lehnte es der OKW-Chef ab, diese zu lesen. Anfang Mai wurde Blaskowitz – als einziger am Polenfeldzug beteiligter Generaloberst, der nicht den Feldmarschallstab erhalten hatte – aus Polen abberufen.[160] General von Küchler, der Himmler im Herbst 1939 derart aufgebracht hatte, schwenkte auf die Linie der nationalsozialistischen Rassenpolitik ein, als er im folgenden Sommer aus dem Osten zurückkehrte. Am 22. Juli 1940 erließ er einen Befehl an die 18. Armee, in dem er jegliche Kritik »an dem im Generalgouvernement durchgeführten Volkstumskampf, z. B. Behandlung der polnischen Minderheiten, der Juden und kirchlichen Dinge«, verbot. Die »endgültige völkische Lösung« des jahrhundertealten Kampfes an der Ostgrenze bedürfe »einmaliger, scharf durchgreifender Maßnahmen«.[161]

Zwischen September 1939 und Sommer 1940 vollzog sich in der Wehrmacht, der einzigen Organisation, die in der Lage gewesen wäre, von innen heraus Hitlers Sturz herbeizuführen oder zumindest den Gräueln im Ausland Grenzen zu setzen, ein tief greifender Transformationsprozess. Obwohl sie über die systematischen Mord- und Deportationspläne des Regimes in Polen Bescheid wusste, versuchte sich die Militärführung ihrer Verantwortung zu entziehen. Euphemistisch sprach von Brauchitsch davon, das Heer von Geschehnissen fernzuhalten, welche die Disziplin und die Moral der Truppe zu gefährden drohten. Die Empörung über die Ankündigung einer Herbstoffensive im Westen ließ kurzzeitig in manchen Köpfen den Gedanken an einen Putsch entstehen, doch brachen diese Pläne ebenso schnell in sich zusammen wie die Nerven Halders und von Brauchitschs unter dem Eindruck einer zwanzigminütigen Tirade Hitlers. Jene Minderheit, die weniger vom Unmut über die unüberlegte Herbstoffensive im Westen als vielmehr von der Abscheu gegen die Grausamkeiten in Polen und die verbrecherische Natur des Regimes im Allgemeinen angetrieben wurde, versuchte vergebens, die Unzufriedenheit zu schüren. Als sich im Westen ein schneller Erfolg abzeichnete und von Brauchitsch Himmler persönlich aufbot, um die NS-Politik in Polen zu rechtfertigen, verstummten die Kritiker. Mit dem Sieg über Frankreich fand eine Entwicklung ihren Abschluss, die schon seit geraumer Zeit in Gang war und in deren Folge die Wehrmacht ihre Verantwortung für das Schicksal der Zivilbevölkerung in den eroberten Gebieten endgültig preisgab.

1939 war in der Wehrmacht die Bereitschaft zur moralischen Entrüstung noch ebenso vorhanden wie die Neigung, die Ereignisse an den traditionellen Normen einer Militärkaste zu messen, die – so antidemokratisch und antisemitisch sie auch sein mochte – sich zu Ehre und Ritterlichkeit sowie gewissen Verpflichtungen gegenüber unbewaffneten Zivilisten bekannte. Begriffe wie »Unehre« und »Schande« bedrohten die auf den Kopf gestellte Moral der Nationalsozialisten bei ihrem Versuch, Werte wie Treue, Gehorsam oder die Achtung von Gesetz und Ordnung auszuhöhlen und zu pervertieren und die Masse der Deutschen entweder zur aktiven Unterstützung oder zur passiven Duldung ihrer mörderischen Politik zu bewegen. Bis zum Sommer 1940 waren die Wertmaßstäbe der untergegangenen Welt – und damit die Möglichkeit, in Deutschland Restbestände von Vernunft zu erhalten – wirkungsvoll unterdrückt und ein großes Hindernis für die Radikalisierung der nationalsozialistischen Rassenpolitik beiseite geräumt.

Lange bevor die »Endlösung« in den Mittelpunkt der NS-Rassenpolitik rückte und die Juden zu ihren Hauptopfern wurden, duldete man in der Wehrmacht keinerlei Kritik mehr an den Grundsätzen dieser Politik, obwohl sich deren mörderische Ausformungen bereits deutlich abzeichneten. Doch war der langsame Niedergang der Wehrmacht damit noch nicht beendet: Mit Beginn des »Vernichtungskriegs« gegen die Sowjetunion 1941 und der »Endlösung« trat an die Stelle bewusster Verantwortungslosigkeit und passiver Komplizenschaft ihre direkte Beteiligung am Kreuzzug gegen den »jüdisch-bolschewistischen« Feind.

3.6 Der »Madagaskarplan«

Der deutsche Sieg über Frankreich beschleunigte die Radikalisierung der nationalsozialistischen Rassenpolitik in mehrfacher Hinsicht. Zum einen wurde Himmlers Position gegenüber den von Göring und Frank vorgebrachten, auf wirtschaftlichem Pragmatismus beruhenden Argumenten erheblich gestärkt; zum anderen schuf die Siegeseuphorie genau die richtige Atmosphäre, in der sich Himmler und andere führende NS-Funktionäre von Hitler erneut die geplante restlose Vertreibung der Juden und Polen aus dem erweiterten Reichsgebiet sowie die Umwandlung der unter deutscher Herrschaft lebenden osteuropäischen Bevölkerung in entnationalisierte »Helotenvölker« absegnen lassen konnten. Darüber hinaus wuchs die Bewunderung für Hitlers militärisches Genie im Offizierskorps der Wehrmacht beträchtlich; Kritik am Regime, insbesondere an dessen Rassenpolitik, verbot sich fortan von selbst.

Doch trug der Sieg auch auf andere Weise zur Radikalisierung der Lage bei. Durch die Besetzung weiter Teile Westeuropas kamen Hunderttausende zu den bereits unter deutscher Herrschaft lebenden Juden hinzu. Die Nationalsozialisten konnten sich bei ihrer Suche nach einer »Lösung der Judenfrage« somit nicht mehr nur auf das Dritte Reich und das Generalgouvernement beschränken, sondern standen dem Problem nun gleichsam in seiner europäischen Dimension gegenüber. Theoretisch hatte eine europaweite »Endlösung« zwar schon immer die NS-Politik umgetrieben; nun lag sie im Bereich des Möglichen. Schließlich schien es in Erwartung eines raschen Friedensschlusses mit Frankreich und Großbritannien wahrscheinlich, dass das Dritte Reich bald über das französische Kolonialreich und die britische Handelsflotte würde verfügen können. Aus dem Zusammentreffen dieser Faktoren ging der Madagaskarplan hervor, der die Vertreibung der jüdischen Bevölkerung aus Europa und damit eine gesamtkontinentale »Endlösung der Judenfrage« in Aussicht stellte. Für all jene, deren bevölkerungspolitische Eingriffe in den vergangenen neun Monaten in Osteuropa mehr Probleme geschaffen als gelöst hatten, eröffnete sich hier eine berauschende und verführerische Aussicht, die die Entschlossenheit und den Fanatismus der Nationalsozialisten neu entfachte. So unrealistisch er im Rückblick auch wirken mag, war der Madagaskarplan ein wichtiger psychologischer Schritt auf dem Weg zur »Endlösung«.

Kein anderes der potentiellen Umsiedlungsgebiete, die die Befürworter einer Vertreibung der Juden vom europäischen Kontinent in den Jahren vor dem Zweiten Weltkrieg ins Auge fassten, übte eine solche Anziehungskraft aus wie die damals zum französischen Kolonialreich gehörige Insel Madagaskar. Auch britische Antisemiten wie Henry Hamilton Beamish, Arnold Leese und der obskure Georg de Pottere (der das Pseudonym Egon van Winghene benutzte) warben für diese Idee.[162] Ende der dreißiger Jahre spielten nicht nur die polnische, französische und britische Regierung mit diesem Gedanken, sondern selbst, wenngleich nur kurzzeitig, das American Joint Distribution Committee.[163] Polen sandte gar ein dreiköpfiges Expeditionsteam aus, die Lepecky-Kommission, die erkunden sollte, ob eine Ansiedlung der polnischen Juden auf Madagaskar möglich wäre. Nach einer 13-wöchigen Untersuchung gelangte Lepecky zu dem Schluss, dass 5000 bis 7000 Familien auf Madagaskar angesiedelt werden könnten; der optimistischere der beiden jüdischen Expeditionsteilnehmer hielt allerdings eine Zahl von 500 Familien für das Maximum.[164]

Wenn eine derart abstruse Idee sogar auf Franzosen und Polen anziehend wirkte, konnte sie der Aufmerksamkeit der Deutschen kaum entgehen. Von 1938 bis ins Frühjahr 1940 kamen diverse Nazigrößen – Streicher, Göring, Rosenberg, Ribbentrop, Frank und selbst der opportunistische Hjalmar Schacht – auf diese Idee zu sprechen.[165] Zehn Tage vor dem »Anschluss« Österreichs war Eichmann angewiesen worden, Material für eine »außenpolitische Lösung der Judenfrage« zusammenzutragen, wie sie von Polen und Frankreich erwogen wurde.[166] Nach dem »Anschluss« war Eichmann vermutlich zu sehr damit beschäftigt, die Wiener Juden zur Emigration zu zwingen; jedenfalls gibt es keinen Beleg dafür, dass – über bloße Verweise auf die Möglichkeit einer Umsiedlung nach Madagaskar hinaus – an konkreten Plänen gearbeitet worden wäre, bevor sich im Juni 1940 angesichts der bevorstehenden Niederlage

Frankreichs die Möglichkeit auftat, auf dessen Kolonien zugreifen zu können.

Die Initiative ging in diesem Fall weder von der SS noch von dem Kreis um Julius Streichers antisemitischem Hetzblatt *Der Stürmer* aus, sondern von Franz Rademacher, dem neu ernannten Leiter des so genannten Judenreferats in der Deutschlandabteilung des Auswärtigen Amts (Referat D III). Rademacher, ein ehrgeiziger junger Jurist und Diplomat aus dem Arbeitermilieu, der sich hochgearbeitet hatte, war gerade aus Montevideo zurückgekehrt, wo er als Geschäftsträger an der deutschen Botschaft tätig gewesen war.[167] In seiner neuen Aufgabe suchte er nach Mitteln und Wegen, dem eintönigen Bürokratismus zu entkommen, den die Bearbeitung individueller jüdischer Fälle und ihrer außenpolitischen Implikationen mit sich brachte. War dies in der Vorkriegszeit die Hauptaufgabe des »Judenreferats« gewesen, so sah Rademacher jetzt, nach Kriegsbeginn, darin keinen Sinn mehr, denn er wollte sich mit grundsätzlicheren Fragen befassen. »Dafür steht m. E. die Frage nach dem deutschen Kriegsziel in der Judenfrage zur Entscheidung«, schrieb er am 3. Juni 1940 an seinen Vorgesetzten, Martin Luther, den Leiter der Deutschlandabteilung . »Es muss die Frage geklärt werden, wohin mit den Juden?«, erklärte er und erwog mehrere Möglichkeiten: »a) alle Juden aus Europa, b) Trennung zwischen Ost- und Westjuden; Ostjuden, die den zeugungskräftigeren und talmudischeren Nachwuchs für die kämpferische jüdische Intelligenz stellen, bleiben z. B. im Bezirk Lublin als Faustpfand in deutscher Hand, damit die Juden Amerikas in ihrem Kampf gegen Deutschland lahm gelegt bleiben. Die Westjuden werden dagegen aus Europa entfernt, beispielsweise nach Madagaskar.« Rademacher wollte eine Machbarkeitsstudie dieser Möglichkeiten anfertigen, um zu verhindern, dass die weniger nazifizierte und konservativere Politische Abteilung des Ministeriums die gesamten Planungen für den Friedensvertrag mit Frankreich an sich zog und dabei die Rassenfrage mit ihrem »aus der Sache bedingten imperialistischen Denken« außer Acht ließ. Er bat Luther daher, bei Ribbentrop Grundsätzliches über das deutsche Kriegsziel bezüglich der »Judenfrage« in Erfahrung zu bringen.[168]

War schon die Idee verlockend gewesen, die osteuropäischen Juden im Gebiet um Lublin zu konzentrieren, so erschien den frustrierten deutschen Bevölkerungsplanern das Vorhaben, sämtliche Juden Europas nach Madagaskar zu verschiffen, geradezu als Allheilmittel aller Probleme. Der Gedanke verbreitete sich jedenfalls mit atemberaubender Geschwindigkeit. Zwei Wochen nachdem Rademacher mit Luther darüber gesprochen hatte, fand Madagaskar sowohl bei Ribbentrop als auch bei Hitler erstmals Erwähnung, als sie am 18. Juni in München mit dem italienischen Außenminister, Graf Galeazzo Ciano, beziehungsweise Mussolini über das weitere Schicksal des französischen Kolonialreichs konferierten.[169] Zwei Tage später äußerte Hitler gegenüber dem Oberbefehlshaber der Kriegsmarine, Admiral Erich Raeder, erneut die Absicht, die europäischen Juden nach Madagaskar umzusiedeln.[170]

Als der stets gut informierte Heydrich von den Plänen des Auswärtigen Amts erfuhr, ging er umgehend daran, seine Zuständigkeit in dieser Frage geltend zu machen. Am 24. Juni 1940 erinnerte er Ribbentrop brieflich daran, dass Göring im Januar 1939 ihm, Heydrich, die Verantwortung für alle die jüdische Auswanderung aus dem Reichsgebiet betreffenden Angelegenheiten übertragen habe. Diese sei seit Kriegsbeginn erfolgreich vorangetrieben worden, doch könne das »Gesamtproblem« von etwa 3,25 Millionen Juden, die unter deutscher Herrschaft lebten, nun nicht mehr auf dem Wege der Emigration gelöst werden. Eine »territoriale Lösung« sei notwendig. Heydrich bat daher darum, an allen vom Auswärtigen Amt vorgesehenen Besprechungen zu dem Thema beteiligt zu werden. Ribbentrop kam dem Wunsch des RSHA-Chefs umgehend nach. Rademacher wurde mitgeteilt, der Minister habe den »Grundsätzen der Vorbereitung einer Abschiebung der Juden aus Europa zugestimmt«, um sie in »engem Einvernehmen mit den Dienststellen des Reichsführers SS« durchzuführen.[171]

Anfang Juli erfuhr Hans Frank vom Madagaskarplan. Am 10. berichtete HSSPF Krüger über das neue Vorhaben, das zur Folge habe, dass keine »Ausweisungen« von Juden ins Generalgouvernement mehr erfolgen würden, auch diejenigen nicht, die bereits für August vorgesehen gewesen seien. Man werde alle Juden, einschließlich derjenigen aus dem Generalgouvernement, in die afrikanischen Kolonien schicken, welche »die französische Regierung zu diesem Zweck an das Deutsche Reich ausliefern« müsse.[172]

Damit veränderte sich die Situation nach Einschätzung der deutschen Verwaltung im Generalgouvernement erheblich. Zum einen bliebe der Zustrom von Juden aus dem Reichsgebiet, der im August beginnen sollte, aus; zum anderen würde man all die polnischen Juden loswerden, die sich bereits im Generalgouvernement befanden. Der auf diese Art und Weise von seiner Bürde befreite Frank konnte sein Glück kaum fassen und frohlockte bei mehreren Gelegenheiten, sehr zur »Heiterkeit« seines Hofstaats, in launigen Worten über diese »kolossale Entlastung«.[173]

Bei so viel Enthusiasmus konnte es nicht verwundern, dass der Madagaskarplan rasch auf allen Ebenen der deutschen Verwaltung im Generalgouvernement bekannt wurde. Schon am 1. Juli eröffnete der SD-Mann Gerhard Mende dem Vorsitzenden des Warschauer Judenrats, Adam Czerniaków, »der Krieg sei in einem Monat zu Ende und wir würden nach Madagaskar ausreisen«.[174] In Warschau gab man die für Anfang Juli vorgesehene Errichtung zweier Ghettos am Stadtrand auf, da aus Krakau die Weisung gekommen war, »alle Ghettobildungsarbeiten mit Rücksicht darauf einzustellen, dass nach dem Plane des Führers die Juden Europas nach Kriegsende auf Madagaskar angesetzt werden sollten und daher eine Ghettobildung praktisch illusorisch sei«.[175] Anfang September berichtete der Kreishauptmann von Krasnystaw, dass in seinem Kreis viele Juden deutsche Namen trügen, die sie jedoch polonisiert hätten; so sei beispielsweise aus Ziegelschipper Zygelszyper geworden. Um die Aktenführung zu erleichtern, habe er die Verwendung der deutschen Schreibweise angeordnet. Dies beeinträchtige die deutschen Interessen seiner Ansicht nach in keiner Weise, denn wenn »sie nach dem Kriege einmal nach Madagaskar kommen, können sie sich ja dort madagassische Namen zulegen«.[176]

Waren die deutschen Beamten im Generalgouvernement auch erleichtert, so empfanden ihre Kollegen in den eingegliederten polnischen Gebieten die Implikationen des Madagaskarplans als weit weniger erfreulich. Insbesondere Greiser zeigte sich skeptisch. Ende Juli bemerkte der Gauleiter und Reichsstatthalter im Warthegau bei einem Treffen mit Frank, dass die Juden, laut Himmler, jetzt nach Übersee geschickt werden sollten. »Das hänge natürlich von der Dauer des Krieges ab«, fügte er laut Protokoll hinzu. Doch im Warthegau habe man erwartet, dass die Juden im Sommer 1940 abgeschoben werden könnten; allein im Ghetto von Lodz würden auf engstem Raum 250 000 Menschen leben – in Wirklichkeit waren es 160 000 –, und soweit es seinen Gau betreffe, müsse noch vor dem Winter eine Lösung des »Judenproblems« gefunden werden. Greiser fuhr fort: »Sollte der Krieg noch länger dauern, dann werde man eine Zwischenlösung finden müssen. [...] Es sei vorgesehen gewesen, sie in einer zweckmäßigen Form in das Generalgouvernement zu transportieren, und man habe die Form dieser Übernahme heute gleichfalls klären wollen. Inzwischen sei nun die neue Entscheidung gekommen, und er lege größten Wert darauf, dass die Möglichkeit der Übernahme geklärt werde, weil es für den Warthegau [...] ein unmöglicher Zustand wäre, diese im Ghetto zusammengepferchten Juden noch über den Winter hinaus zu behalten. Man müsse deshalb unter allen Umständen eine Zwischenlösung finden, die die Möglichkeit biete, diese Juden in ein anderes Gebiet abzuschieben.«

Aber Frank, Krüger und Streckenbach zeigten keine Bereitschaft, Greiser und seinem HSSPF Koppe entgegenzukommen, waren sie doch ihrerseits damit beschäftigt, die Deportation der im Generalgouvernement lebenden Juden nach Madagaskar vorzubereiten. Im Zuge der Planungen des Überseeprojekts, tröstete man Greiser, werde man sich dafür einsetzen, dass die Juden aus Lodz »in erster Linie« berücksichtig würden. Laut Himmler musste das Generalgouvernement indessen immer noch mit dem Zustrom von 30 000 »Zigeunern« rechnen. Darüber hinaus seien bisher erst 58 000 der angekündigten 120 000 Polen aus der Wolhynienaktion eingetroffen; zudem erwarte man 20 000 bis 30 000 »Volksdeutsche« aus Litauen und 41 000 Polen aus Gdingen. Koppes Einwurf, »dass die Lage hinsichtlich der Juden im Warthegau von Tag zu Tag schlimmer« werde und das Ghetto in Lodz »eigentlich auch nur unter der Voraussetzung eingerichtet worden« sei, »dass die Abschiebung der Juden spätestens Mitte des Jahres beginnen werde«, hinterließ keinen nachhaltigen Eindruck bei Frank. Der Warthegau habe gewiss »absoluten Vorrang in der Deutschhaltung dieses Gebietes«, konzedierte er, aber auch das Generalgouvernement habe »eine wichtige Aufgabe für das Reich zu erfüllen«.[177]

Unterdessen trieb man in Berlin fieberhaft den Madagaskarplan voran. Neben Rademachers Judenreferat hatte sich auch Eichmanns RSHA-Referat für Juden- und Räumungsangelegenheiten in die Planungen eingeschaltet.[178] Rademacher nahm Kontakt zu verschiedenen Dienststellen der SS und zum Innenministerium sowie zur NSDAP auf und legte Anfang Juli einen ersten Bericht vor.[179] »Der bevorstehende Sieg«, begann er zuversichtlich, »gibt Deutschland die Möglichkeit und meines Erachtens auch die Pflicht, die Judenfrage in Europa zu lösen.« Im Friedensvertrag müsse Frankreich gezwungen werden, Deutschland die Insel Madagaskar als Mandat zu überlassen. Strategisch wichtige Teile der Insel würden Marine und Luftwaffe zur Verfügung stehen, während das restliche Gebiet von einem dem Reichsführer-SS unterstellten Polizeigouverneur verwaltet werden sollte. Die Madagaskarlösung »bedeute, vom deutschen Standpunkt aus gesehen, Schaffung eines Großghettos. Nur die Sicherheitspolizei hat die nötigen Erfahrungen auf diesem Gebiet [...].« Die Juden sollten für den Grund und Boden, der ihnen auf Madagaskar zur Verfügung gestellt werde, als Gesamtschuldner finanziell haften. Ihr gesamtes europäisches Vermögen sei daher einer zu gründenden Bank zur Verwertung zu übertragen. Eine Kolonialverwaltung solle nicht eingerichtet werden, brächte dies doch nur ein »unnützes Überschneiden der Gewalten« mit sich; darüber hinaus drohe unter den amerikanischen Juden ein Sturm der Entrüstung, wenn man die europäischen Juden wie ein Kolonialvolk behandele. Stattdessen könnten sie unter dem Polizeigouverneur eine Selbstverwaltung bilden – mit eigenen Bürgermeistern, eigener Polizei, eigener Post- und Eisenbahnverwaltung und so weiter. So viel »Großmut« gegenüber den Juden, glaubte

Rademacher, ließe sich propagandistisch zugunsten Deutschlands verwerten.

In den folgenden Monaten setzte der Leiter des Judenreferats in der Deutschlandabteilung des Auswärtigen Amts seine Nachforschungen fort. Von dem bekannten Bevölkerungswissenschaftler und Präsidenten des Bayerischen Statistischen Landesamts, Friedrich Burgdörfer, erfuhr er, dass man getrost 4,9 Millionen Juden aus Europa und 1,6 Millionen aus anderen Teilen der Welt, mit Ausnahme der USA und der Sowjetunion, nach Madagaskar umsiedeln könne, da die Bevölkerungsdichte nur auf 16 Menschen pro Quadratkilometer ansteigen werde, auch wenn die einheimische Bevölkerung dort verbliebe. Das entspräche ungefähr dem globalen Durchschnitt und einem Zehntel des deutschen Wertes. Burgdörfer und Rademacher waren in völliger Verkennung der Realität der Überzeugung, dass eine Bevölkerung dieser Größe auf der Insel eine ausreichende Lebensgrundlage fände. Friedrich Schumacher von der Freiburger Bergakademie führte in einem Gutachten aus, dass es auf Madagaskar außer Graphit keinerlei bedeutende Bodenschätze gebe.

Aus *Meyer's Lexicon* erfuhr Rademacher, dass das heiße, feuchte Küstenklima auf der Insel »für Europäer sehr ungesund«, es im Hochland jedoch kühler und angenehmer sei.[180] Vor allem aber beschäftigte Rademacher der ökonomische Aspekt des Madagaskarplans. Zur Vorlage bei Helmuth Wohlthat in Görings Amt für den Vierjahresplan verfasste er eine Denkschrift über die Gründung einer »intereuropäischen Bank für die Verwertung des Judenvermögens in Europa«. Ihr Hauptgedanke war, den wirtschaftlichen Einfluss der Juden in Europa mit einem Schlag durch denjenigen Deutschlands zu ersetzen, ohne dabei die Wirtschaftstätigkeit auch nur in einem einzigen Land zu stören. Der jüdische Besitz sollte von der Bank treuhänderisch verwaltet und nach und nach liquidiert werden, um die Kosten der Umsiedlung zu begleichen. Auch der Besitz auf Madagaskar sollte von der Bank verwaltet und schrittweise an die Juden übergeben werden. Anschließend sollte sie die Verwaltung der Wirtschaftsbeziehungen zwischen dem jüdischen Reservat auf Madagaskar und der Außenwelt wahrnehmen, da direkte Kontakte zwischen den Juden und dem Rest der Welt nicht gestattet sein würden.[181] Am 15. August 1940 erfuhr Rademacher durch Luther von einem Gespräch zwischen Hitler und dem deutschen Botschafter in Paris, Otto Abetz, in dem der Führer verkündet hatte, er werde »nach dem Kriege sämtliche Juden aus Europa evakuieren«.[182] Rademacher hatte also allen Grund zu der Annahme, dass seine Planungen ernst genommen wurden.

Eichmann und seine Judenexperten im RSHA waren ebenfalls eifrig bei der Arbeit. Bereits am 25. Juni, einen Tag nachdem Heydrich seinen Brief an Ribbentrop geschrieben, und eine Woche nachdem Hitler das Madagaskarprojekt Mussolini gegenüber zum ersten Mal erwähnt hatte, eröffnete Walter Jagusch, ein untergeordneter Beamter aus Eichmanns Referat, Paul Eppstein von der Reichsvereinigung der Juden in Deutschland, es bestehe die Absicht, eine »grundsätzliche Lösung« der »Judenfrage« zu erreichen, indem man alle unter deutscher Herrschaft lebenden Juden – »gegebenenfalls auch [...] die Juden aus England«, wie er ergänzte – in ein »koloniales Reservatsgebiet« umsiedle.[183] Am 3. Juli kamen Eichmann und sein Mitarbeiter Dannecker mit führenden jüdischen Vertretern aus Berlin (Paul Eppstein), Prag (Jakob Edelstein und František Weidmann) und Wien (Josef Löwenherz) zusammen, um ihnen mitzuteilen, dass man nach dem Krieg eine »Gesamtlösung der europäischen Judenfrage« anstreben werde, die auf dem Wege der individuellen Auswanderung nicht erreicht werden könne. Immerhin handle es sich um die Umsiedlung von etwa vier Millionen Menschen. Eichmann forderte seine Gesprächspartner auf, die »allgemeinen Gesichtspunkte, die bei einem solchen Plan zu berücksichtigen wären«, binnen 24 Stunden schriftlich zusammenzufassen. Für die Vertreter der jüdischen Gemeinden wäre als Zielland allerdings nur Palästina in Frage gekommen; das jedoch schlossen ihre deutschen Gegenüber als Möglichkeit aus.[184]

Eichmann und Dannecker setzten ungeachtet der jüdischen Einwände ihre Planungen fort. Mitte August stellten sie einen eigenen Entwurf eines Umsiedlungsplans unter dem Titel »Reichssicherheitshauptamt: Madagaskar-Projekt« fertig, eine sorgfältig gedruckte Broschüre, komplett mit Inhaltsverzeichnis und Landkarten. Ein Exemplar wurde am 15. August Rademacher übersandt.[185] Darin befanden Eichmann und Dannecker, dass nach »dem Hinzukommen der Massen des Ostens [...] eine Bereinigung des Judenproblems durch Auswanderung unmöglich geworden« sei. »Zur Vermeidung dauernder Berührung anderer Völker mit Juden« sei eine »Überseelösung insularen Charakters jeder anderen vorzuziehen«. Daher sollten die vier Millionen unter deutscher Herrschaft lebenden Juden nach Madagaskar geschickt werden – jedes Jahr eine Million.[186] Der Plan des RSHA enthielt keine Hinweise auf eine etwaige Autonomieregelung für die Juden. Im Innern werde das Mandatsgebiet ein »Polizei-Staat« sein, hieß es klipp und klar. Man werde zwar jüdische Einrichtungen zulassen, doch bestünde deren Aufgabe einzig und allein darin, die Anordnungen der SS so schnell wie möglich auszuführen. Vor allem aber betonten die Autoren der Denkschrift, dass das gesamte Projekt – von der Finanzierung über den Transport bis zu den Sicherheitsmaßnahmen – unter der Leitung von Reinhard Heydrich stehe, der im Januar 1939 von Göring zum Sonderbeauftragten für die jüdische Auswanderung ernannt worden war. Neben dem Aufbau des Verwaltungsapparats, den man für die Deportation aus den unter deutscher Herrschaft stehenden Ländern benötige, wurde vorgeschlagen, eine Vorausabteilung nach Madagaskar zu schicken, die unter anderem die Möglichkeit zur Errichtung von Lagern erkunden sollte, um die Aufnahmekapazität zu vergrößern. Schließlich wurde angeregt, einen Sonderbeauftragten für das Madagaskar-Projekt zu den Friedensverhandlungen mit Frankreich zu entsenden.

Rademacher ließ sich von Eichmanns offensichtlicher Absicht, den Madagaskarplan zu monopolisieren und andere Behörden auszuschließen, nicht abschrecken. Ende August schlug er in einem Resümee über die bisherige Entwicklung des Projektes eine umfassende Arbeitsteilung vor: Danach sollte das Auswärtige Amt die Verhandlungen sowohl über den Friedensvertrag mit Frankreich als auch über die Sonderabkommen mit anderen Ländern zur Regelung der »Judenfrage« führen. Die SS hingegen übernahm ihrerseits die Verantwortung für die Aushebung der Juden in Europa und die Verwaltung des Inselghettos. Wohlthat vom Amt für den Vierjahresplan übertrug Rademacher die Aufgabe, mit Hilfe einer speziellen Bank die Verwertung des jüdischen Eigentums zu organisieren. Die Propaganda sollte im Innern Eberhard Taubert von der Antisemitischen Aktion (bis Dezember 1939: Institut zum Studium der Judenfrage) sowie nach Außen die Informationsabteilung des Auswärtigen Amts übernehmen. Die Organisation der Transporte schließlich wurde Viktor Brack von der Reichskanzlei anvertraut. Darüber hinaus bat Rademacher Ribbentrop um seine Zustimmung zu einer Konferenz der verschiedenen Behörden im Auswärtigen Amt, um eine Vorbereitungskommission zu bilden.[187]

Ribbentrops Antwort ist nicht aktenkundig. Doch kam es weder zu einer solchen Konferenz im Auswärtigen Amt noch zur Bildung einer Vorbereitungskommission; stattdessen stellte man im Auswärtigen Amt die Arbeit am Madagaskarplan ein. Rademachers Gegenpart im RSHA, Adolf Eichmann, erging es nicht besser. Noch im Dezember 1940 klagte er gegenüber Bernhard Lösener, dem Rassereferenten im Innenministerium, der Madagaskarplan liege noch immer unerledigt auf Heydrichs Schreibtisch.[188]

Ursprung wie Scheitern des Madagaskarplans resultierten aus der militärischen Situation. Aufgrund der Niederlage Frankreichs und des scheinbar bevorstehenden Sieges über Großbritannien hatte die Aussicht bestanden, dass Deutschland in nächster Zukunft sowohl über die Kolonialgebiete als auch über eine Flotte verfügte, die für eine massive Deportation der europäischen Juden nach Übersee notwendig waren. Als sich im September jedoch immer deutlicher abzeichnete, dass ein Sieg über Großbritannien vorläufig nicht zu erwarten, der Plan folglich nicht zu verwirklichen war, verschwand er ebenso schnell wieder in der Versenkung, wie sich der Eifer, mit dem man in den Sommermonaten daran gearbeitet hatte, verflüchtigte.

Es kann, mit Leni Yahils Worten, »kein Zweifel daran bestehen, dass sich sowohl Rademacher als auch Eichmann in dieser kurzen Phase in vollem Ernst mit dem Plan beschäftigt haben«.[189] Wichtiger war indessen, dass auch die NS-Führung daran geglaubt hatte. Zu Franks Erleichterung und Greisers Enttäuschung wurden die geplanten Deportationen aus dem Warthegau ins Generalgouvernement eingestellt. Frank seinerseits ordnete die Beendigung des Ghettobaus an, weil er ihn nunmehr als sinnlos betrachtete. Dabei handelte es sich keineswegs um ein groß angelegtes Täuschungsmanöver, sondern um Entscheidungen, die auf den Madagaskarplan als reale Zielvorstellung nationalsozialistischer Judenpolitik im Sommer 1940 aufbauten.

Ebenso klar ist, dass eine Ausführung des Planes mörderische Konsequenzen gehabt hätte.[190] Welchen Illusionen sich der naive und dilettantische Rademacher auch hingegeben haben mag, die Planungen der nationalsozialistischen Bevölkerungsexperten in Osteuropa implizierten eine »Dezimierung« der Vertriebenen als Grundlage für weitergehende Maßnahmen. Dabei handelte es sich wohlgemerkt noch nicht um die »Endlösung« – ein verbindliches umfassendes Programm mit dem Ziel, alle Juden, deren die Nationalsozialisten habhaft werden konnten, zu ermorden –, aber die genozidale Tendenz war bereits erkennbar. Insofern stellte der Madagaskarplan einen bedeutenden Schritt auf dem Weg zur ein Jahr später beschlossenen »Endlösung« dar. Im Herbst 1939 glaubten die Nationalsozialisten noch, die »Judenfrage« durch Deportationen in den Raum Lublin schnell erledigen zu können. Nur mussten sie bald erkennen, dass dies schwieriger war und mehr Zeit in Anspruch nehmen würde, als sie gedacht hatten. Dass nun der Madagaskarplan als potentielles Allheilmittel für das »Judenproblem« so viel Anklang fand, zeigt, wie viel Frustration sich auf Grund der selbst verursachten Sachzwänge bereits angestaut hatte. Doch wieder einmal erwies sich die verlockende Aussicht auf eine rasche und totale Lösung der »Judenfrage« als Illusion. Der Wunsch nach Abhilfe, ja die »Pflicht«, einen Ausweg aus dem rassischen Dilemma zu finden, verstärkte den Druck auf die nationalsozialistische Judenpolitik und senkte die Hemmschwelle zum systematischen Massenmord.

3.7 Die letzten Nachwirkungen der Vertreibungspolitik

Parallel zu den schwindenden Siegeshoffnungen während der Schlacht um England verdüsterten sich auch die Aussichten auf eine baldige Verwirklichung des Madagaskarplans. Die auf Vertreibung ausgerichtete deutsche Judenpolitik steckte in einer Sackgasse; weder in Polen noch in Übersee hatte sich eine neue Perspektive zur Errichtung eines »Judenreservats« ergeben. Doch die Macht alter Gewohnheiten, Denkmuster und Neigungen wirkte fort. Von Herbst 1940 bis Frühjahr 1941 setzten die Gauleiter der Grenzprovinzen des Deutschen Reichs – im Westen wie im Osten – bei Hitler durch, einen Teil der unerwünschten Juden aus ihren Herrschaftsgebieten sukzessive nach Vichy-Frankreich und ins Generalgouvernement deportieren zu dürfen. Hitlers Ermunterungen veranlassten die Bevölkerungsexperten 1941, weitere Pläne für massive Bevölkerungsverschiebungen in Polen auszuarbeiten, und Frank sah sich genötigt, seine Zustimmung zu geben. Einmal mehr erwiesen sich die praktischen Hürden als unüberwindlich, und die Pläne blieben weitgehend unausgeführt. Doch erzeugte das Haupthindernis für die massive Verschiebung der polnischen Bevölkerung – die Vorbereitungen für das Unternehmen »Barbarossa« – auch neue Planungen für die Vertreibung der Juden, die bis weit in das Frühjahr 1941 hinein das Leitmotiv nationalsozialistischer Bevölkerungspolitik blieb.

Der Westen

Nach dem Sieg über Frankreich wurden das Elsass und Lothringen annektiert und in die Gaue Baden (mit Gauleiter Robert Wagner) und Saarpfalz (Josef Bürckel) eingegliedert. Anfang Juli begann man dort, Juden, »Zigeuner«, »Asoziale«, Kriminelle, Geisteskranke und überzeugte französische Nationalisten zu deportieren. Dass diese Bevölkerungsverschiebungen für Himmler in einem Zusammenhang mit jenen in den eingegliederten Gebieten im Osten standen, ist einer Rede zu entnehmen, die er am 7. September 1940 vor den Offizieren der

SS-Leibstandarte »Adolf Hitler« hielt: »Genau dasselbe hat bei 40° Kälte in Polen stattgefunden, wo wir Tausende und Zehntausende und Hunderttausende wegtransportieren mussten, wo wir die Härte haben mussten – Sie sollen das hören und sollen das aber auch gleich wieder vergessen, – Tausende von führenden Polen zu erschießen.«[191] Aus dem Elsass wurden bis Mitte November 47 187 und aus Lothringen bis Dezember 23 790 Menschen (darunter 3259 Juden) verschleppt. Weiteren 71 537 Menschen, die aus dem Elsass geflohen waren (darunter 17 875 Juden), verweigerte man die Rückkehr.[192]

Angesichts dieser massiven Bevölkerungsbewegungen ist es nicht verwunderlich, dass die Idee aufkam, die in Baden und der Saarpfalz lebenden deutschen Juden einzubeziehen, um die beiden Gaue »judenfrei« zu machen. Laut Eichmann war es der Gauleiter von Baden, der Himmler diesen Vorschlag unterbreitete; der Reichsführer habe spontan zugestimmt, ohne lange über mögliche Komplikationen nachzudenken.[193] Doch wie »impulsiv« die Entscheidung auch gefällt worden sein mochte, insgeheim waren die Deportationen schon lange vorher sorgfältig vorbereitet und zwischen den Behörden der beiden Gaue sowie mit Polizei und RSHA abgestimmt worden. Laut Lösener hatte Himmler die Deportationen auf der Grundlage eines Führerbefehls am 30. September genehmigt, also lange bevor klar wurde, dass ein Sieg über England in jenem Herbst nicht mehr zu erwarten stand. Nach einem Erlass des badischen Innenministeriums vom 15. Oktober sollten die örtlichen Dienststellen am 21. Oktober über die am nächsten Tag geplanten Maßnahmen informiert werden.[194]

Am Morgen des 22. Oktober schwärmten in allen badischen und Saarpfälzer Ortschaften, in denen Juden lebten, mit Listen ausgestattete Polizeiabteilungen aus und wiesen die Juden an, binnen zwei Stunden an bestimmten Sammelpunkten zu erscheinen. Die Razzia verlief nach detaillierten Richtlinien. Die Deportierten durften nicht mehr als 50 Kilogramm Gepäck und 100 Reichsmark mit sich führen; alles andere wurde konfisziert. Auch die Versiegelung der Wohnungen war in allen Einzelheiten geregelt, bis hin zu der Vorschrift, von Nachbarn, die Haustiere in Pflege nahmen, Quittungen zu verlangen. Die festgenommenen Juden waren gut zu behandeln und Übergriffe zu vermeiden.[195] In Walldorf bei Heidelberg waren an der Festnahme von 19 Juden vier Schutzpolizisten und vier Angehörige der Polizeireserve beteiligt, was darauf schließen lässt, dass im Verhältnis zur Zahl der Deportierten relativ viele Polizisten aufgeboten wurden.[196]

Heydrich vermerkte zufrieden, dass die Deportationen »reibungslos und ohne Zwischenfälle« verlaufen und »von der Bevölkerung kaum wahrgenommen« worden seien. Am 22. und 23. Oktober seien neun Eisenbahnzüge – zwei aus der Saarpfalz und sieben aus Baden – mit 6504 deutschen Juden nach Vichy-Frankreich abgefahren. Eichmann, der die Transporte in Absprache mit dem Verkehrsministerium organisiert hatte, saß am Übergang an der Demarkationslinie in Chalon-sur-Saône »schweißgebadet« in seinem Auto, bis der letzte Zug im unbesetzten Frankreich war. Als die Franzosen bemerkten, wem sie den Grenzübertritt gestattet hatten, internierten sie die deutschen Juden in Gurs und Rivesaltes in den Pyrenäen sowie in Les Milles bei Aix-en-Provence in Lagern, die ursprünglich für republikanische Flüchtlinge aus Spanien errichtet worden waren.[197]

Auch wenn die Deportation selbst erfolgreich verlaufen war, machten die diplomatischen und politischen Komplikationen rasch klar, dass der Vertreibungspolitik im Westen Grenzen gesetzt waren. Wie das Generalgouvernement wollte auch Vichy-Frankreich nicht zur »Müllkippe« (so Franks Formulierung) für die Juden aus dem Reich werden. Am 28. Oktober legte die französische Delegation bei den Waffenstillstandsverhandlungen in Wiesbaden Protest ein: In dem falschen Glauben, dass es sich bei den Fahrgästen um französische Bürger aus Elsass-Lothringen handle, habe man neun Eisenbahnzüge mit mehr als 6000 deutschen Staatsbürgern, die als »Transporte Ausgewiesener« angemeldet worden seien, einreisen lassen. Es gehe zwar das Gerücht, dass die deutschen Juden nach Portugal unterwegs seien, doch man erwarte »umgehende Auskunft« darüber, »welches endgültige Reiseziel die Reichsregierung für diese Ausgewiesenen vorgesehen« habe.[198]

Da die deutsche Delegation bei den Waffenstillstandsverhandlungen mit dem Bemühen, vom Auswärtigen Amt »Mitteilung über Sachverhalt und Weisung« zu erhalten, scheiterte, wandte sie sich ans RSHA. Zuerst gestand Eichmanns Mitarbeiter Rolf Günther mündlich und dann Heydrich brieflich ein, dass die gemeldeten Deportationen tatsächlich durchgeführt worden seien, zwar ohne vorherige Information der Franzosen, aber auf Befehl Hitlers. Darauf wies Ribbentrop die Verhandlungsdelegation an, sie möge das französische Auskunftsbegehren »dilatorisch behandeln«.[199]

Wie im Fall der Deportationen aus Stettin und Schneidemühl im Frühjahr wurde das Auswärtige Amt erneut durch einen anonymen Brief in allen schrecklichen Einzelheiten über die Ereignisse ins Bild gesetzt. Diesmal war der mit einer »Vierteljüdin« verheiratete Friedrich Gaus von der Rechtsabteilung der Adressat, der den Brief an Luther weiterleitete, dessen »Judenreferat« ihn schließlich der Gestapo übersandte. Der Verfasser erklärte nicht nur, die Aktion ginge auf die Initiative von Bürckel und Wagner zurück, sondern behauptete auch, in Hessen sei eine ähnliche Aktion auf Grund des französischen Protests vorläufig aufgeschoben worden. Unter den verschleppten Opfern seien Veteranen aus dem Ersten Weltkrieg und Bewohner von Altersheimen gewesen, von denen einige auf Tragen zu den Zügen gebracht wurden. Viele hätten nach der Ankündigung der Deportation Selbstmord begangen; allein in Mannheim habe es acht Fälle gegeben und in Karlsruhe drei. Da in den Lagern in den Pyrenäen geeignete Unterkünfte und Verpflegung für die Deportierten – überwiegend alte Männer und Frauen – fehlten, erwäge die französische Regierung, sie nach Madagaskar zu schicken, sobald die Seewege wieder offen seien. Neben der letzten Mitteilung vermerkte Luther: »Sehr interessant!«[200]

Auch eine andere interessierte Instanz meldete sich zu Wort, das Reichsinnenministerium. Ministerialrat Hans Globke bat Rademacher um ein Exemplar der französischen Protestnote, mit der Begründung, das Innenministerium sei die für die jüdischen Belange in Deutschland zuständige Behörde. Als Rademacher vorwurfsvoll einwandte, die Abschiebungen nach Frankreich seien vor allem eine außenpolitische Angelegenheit, das Innenministerium habe indessen nicht einmal die Freundlichkeit besessen, das Auswärtige Amt vorher darüber zu informieren, erwiderte Globke, das Innenministerium hätte dies mit Freuden getan, habe aber selbst nichts von den Abschiebungen gewusst.[201]

Unterdessen ließen die Franzosen in Wiesbaden nicht locker. Den Höhepunkt ihres Protestes bildete eine Note vom 18. November 1940, in der die französische Regierung mitteilte, dass sie »diesen Ausländern nicht länger Asyl gewähren« könne, und »dringendst« beantrage, »dass die Reichsregierung unverzüglich die erforderlichen Maßnahmen trifft, damit die Betreffenden nach Deutschland zurückbefördert und die während ihres Aufenthalts in Frankreich verursachten Auslagen zurückbezahlt werden«.[202] General Heinrich von Stülpnagel, der Leiter der deutschen Delegation, beschwerte sich nachdrücklich darüber, dass die Verhandlungen durch diese Frage, in der er überdies seit fast einem Monat auf Instruktionen warte, außerordentlich belastet würden.[203] Doch Ribbentrop blieb bei seiner Anweisung, die Angelegenheit zu verschleppen. Von Stülpnagel sei mitzuteilen, dass die Abschiebungen auf einen Führerbefehl zurückgingen und eine Rückkehr der Juden nicht in Frage komme.[204]

Frankreich besaß nicht die Macht, das Dritte Reich zur Zurücknahme der aus Baden und der Saarpfalz deportierten Juden zu zwingen, bis sie fast zwei Jahre später von Deutschen in den Vernichtungslagern in Polen ermordet wurden. Dennoch waren die französischen Behörden jetzt vorgewarnt, um in Zukunft größere Deportationen zu verhindern. Am 14. November 1940 traf in Portugal ein Zug mit 280 Luxemburger Juden ein. Grundlage war ein deutsch-portugiesisches Abkommen, das unter anderem auch die Bestimmung enthielt, dass Abgeschobene nach Deutschland zurückgeschickt werden konnten, wenn deren Weiterreise nach Nord- oder Südamerika scheiterte. Genau das passierte in diesem Fall jedoch, und so wurden die unglücklichen Luxemburger Juden am 20. November wieder nach Bayonne im deutsch besetzten Teil Frankreichs geschickt, wo sie der Chef des SD-Sonderkommandos in Bordeaux, Herbert Hagen, in Empfang nahm. Am 26. November wollte sie der einstige Vorgesetzte Eichmanns im SD-Judenreferat und dessen Begleiter auf der Palästinareise im Jahr 1937 in vier Eisenbahnwagen ins unbesetzte Frankreich abschieben, musste jedoch erleben, dass französische Beamte den Transport in Orthex an der Demarkationslinie aufhielten. In Wiesbaden legte die französische Delegation umgehend Protest ein, während sich die Militärverwaltung in Bordeaux darüber beschwerte, dass der weitere Aufenthalt der Juden in diesem strategisch wichtigen Gebiet unzumutbar sei.[205] Als 38 dieser Luxemburger Juden am 21. Dezember in einem regulären Passagierzug ins unbesetzte Frankreich geschmuggelt wurden und die Deutschen ihre Rückkehr anschließend verweigerten, protestierte die französische Regierung erneut.[206]

Auf die Informationsersuchen des Auswärtigen Amts, die Beschwerden der Waffenstillstandsdelegation und die Forderungen der Wehrmacht nach Entfernung der Juden aus Bayonne reagierte das RSHA erst Ende Februar 1941 mit der Mitteilung, der SD in Bordeaux sei dabei, die in Bayonne gestrandeten Juden nach und nach abzutransportieren; der Großteil sei bereits verschickt worden.[207] Im Mai bestätigte die Militärverwaltung in Bordeaux, dass sämtliche Luxemburger Juden fortgebracht worden seien, teils über die spanische Grenze, teils nach Vichy-Frankreich.[208] Die deutsche Waffenstillstandsdelegation verlangte indessen nicht nur eine Bestätigung über das Ende dieser Episode, sondern auch die Zusage, dass die SS künftig keine Juden mehr über die Demarkationslinie abschieben werde. Das RSHA versicherte daraufhin am 9. Juli, es habe sich um »besondere Einzelmaßnahmen« gehandelt, die jetzt abgeschlossen seien.[209] Doch zu diesem Zeitpunkt operierten deutsche Einsatzgruppen bereits in der Sowjetunion und standen kurz davor, anstelle der Vertreibung eine völlig andere Judenpolitik zu verwirklichen.

Polen

Himmler, Heydrich, Göring und Frank hatten – nicht ohne Konflikte – eine Einigung über die Umsiedlungsvorhaben für 1940 erzielt. Laut Zwischenplan und zweitem Nahplan sollte das Generalgouvernement vertriebene und enteignete Polen aus den ins Reich eingegliederten Gebieten aufnehmen. Die in beiden Plänen vorgesehenen Deportationen sollten im Juli abgeschlossen sein, danach sämtliche Juden aus den neuen Reichsgebieten vertrieben werden. Diese Übereinkunft, die Heydrich und Frank am 12. Juni 1940 bekräftigt hatten, geriet in der Folgezeit jedoch in dreierlei Hinsicht unter Druck. Erstens kam die »Wolhynienaktion« wesentlich langsamer voran als geplant und endete erst im Januar 1941. Zweitens wurde die vollständige Vertreibung der Juden aus den eingegliederten Gebieten auf Grund des Madagaskarplans abgebrochen, auch wenn Greiser im März und im Juli versuchte, wenigstens das Lodzer Ghetto aufzulösen. Und drittens setzten zuerst Himmler und dann auch Hitler nach der Streichung der Massenvertreibung der Juden eine Ausweitung des zweiten Nahplans bei Frank durch, was in den letzten vier Monaten des Jahres 1940 vier zusätzliche begrenzte Umsiedlungsaktionen ermöglichte.

Die Vertreibung von Polen aus dem Warthegau, die Wolhyniendeutschen weichen mussten, begann am 6. Mai 1940 und endete über acht Monate später am 20. Januar 1941. In dieser Zeit brachten 92 Eisenbahnzüge unter Aufsicht der UWZ in Lodz insgesamt 89 293 Polen und 2663 Juden ins Generalgouvernement – letztere mit drei Transporten aus Posen.[210] Doch erwies sich die Festnahme der umzusiedelnden Polen, wie in Rapps kritischem Bericht von Ende April vorhergesehen, als schwierig. Die UWZ-Außenstelle in Gostynin meldete Ende Mai eine durchschnittliche Festnahmequote von 44 Prozent der Vorgabe, merkte dazu aber an, dass sich hinter dieser Zahl erhebliche Schwankungen verbargen. Am ersten Tag einer Aktion könne die Festnahmerate bei 75 Prozent liegen, um am nächsten Tag jäh auf 25 Prozent abzusinken. Viele Polen würden nicht zu Hause schlafen, die Quote könne durch eine Durchsuchung des nächstgelegenen Waldes häufig erheblich verbessert werden.[211] Zwei Monate später lag die Festnahmequote immer noch bei mageren 40 Prozent. Die Polen wurden vielfach gewarnt, und zwar nicht selten von habgierigen »Volksdeutschen«, die die bevorstehenden Deportationen dazu nutzten, Vieh und Geräte zu Schleuderpreisen zu erpressen.[212]

HSSPF Koppe schlug nun vor, der SD solle ein weit gespanntes Netz von Agenten knüpfen, um das Warnsystem der Polen aufzuspüren, während die Ordnungspolizei deutliche Verstärkung erhalten müsse.[213] Tatsächlich griff die Orpo in erheblichem Umfang ein: So nahm beispielsweise das Polizeibataillon (PB) 44 zwischen dem 9. September und dem 13. Dezember an 71 Umsiedlungsaktionen teil, häufig in unverhältnismäßig großer Mannschaftsstärke. Es war nicht ungewöhnlich, dass 200 bis 300 Polizisten ein Gebiet durchkämmten und nicht einmal halb so viele polnische Familien festnahmen.[214] Bei drei Aktionen im Kreis Schroda erzielte das Bataillon eine Festnahmequote von 81, 59 beziehungsweise 87 Prozent.[215]

Das Polizeibataillon 101 rückte offenbar in geringerer numerischer Stärke aus. »In pausenlosen Tag- und Nachteinsätzen wurden die Kräfte 100 % in allen Regierungs-Bezirken des Warthegaues eingesetzt. Im Durchschnitt wurden täglich etwa 350 polnische Bauernfamilien evakuiert. […] In Hochzeiten der Evakuierungs-Periode konnten sie [die Männer des Bataillons] 8 Tage und Nächte nicht in den Standort zurückgezogen werden. Gelegenheit zum Schlafen bot sich den Männern nur bei nächtlichen Fahrten auf Mlkw [Militärlastkraftwagen] zu den Einsatzorten. […] Im Höchsteinsatz evakuierte das Batl. […] rund 900 Familien […].« Insgesamt »evakuierte« es, bei einer Zielvorgabe von 58 628, 36 972 Personen – eine »Erfolgsquote« von 63 Prozent.[216]

Auch die verstärkte Suche nach Flüchtigen erwies sich als erfolgreich. Anfang November berichtete die UWZ Lodz an Eichmann, dass über 4000 Polen aufgegriffen worden seien, die sich der Umsiedlung entzogen hatten und auf den Fahndungslisten standen.[217] Höppner machte sich indessen keine Illusionen: Solange die deutschen Behörden im Warthegau polnisches Personal beschäftigen müssten, würden Nachrichten über deutsche Umsiedlungsaktionen auch weiterhin durchsickern.[218]

Aber nicht nur die Festnahme der zur Deportation vorgesehenen Polen bereitete Schwierigkeiten. Die bereits vor ihrer Eingliederung ins Reich in den Ostprovinzen lebenden Deutschstämmigen sahen in den »Rückkehrern« nicht so sehr Rassengenossen als vielmehr Konkurrenten, die bei der Verteilung polnischen Eigentums ungerechterweise bevorzugt wurden. Sie versuchten in der Folge nicht nur, zur Deportation vorgesehene Polen zu erpressen, sondern tauchten auch bei den neu angesiedelten Wolhyniendeutschen auf, um Dinge einzufordern, die sie angeblich den polnischen Vorbesitzern geliehen hatten.[219] Darüber hinaus verlangten sie von den deutschen Behörden nun ihrerseits eine »Besserstellung«, das heißt die Enteignung und Abschiebung von Polen zu ihren Gunsten. Die zuständigen Stellen lehnten dies jedoch aus mehreren Gründen ab: Für zusätzliche Deportierte seien keine Eisenbahnzüge vorhanden, die Ansiedlung der »Rückkehrer« sei vordringlich und die polnischen Bauern hätten sonst keinen Anreiz mehr, ihre Höfe intakt zu halten, wenn dies bloß dazu führte, dass ihr Besitz habgierigen deutschstämmigen Nachbarn übertragen wurde. Daher bat man die alteingesessenen Volksdeutschen um Geduld: Der Führer habe angeordnet, dass diese Gebiete eines Tages vollständig von Polen gesäubert werden sollten. In Wirklichkeit aber drückten die örtlichen deutschen Beamten ein Auge zu, wenn »Volksdeutsche« sich polnische Höfe aneigneten, und leisteten dieser weit verbreiteten Praxis sogar Vorschub – eine Haltung, die ein SD-Offizier bündig mit den Worten zusammenfasste: »Dem Polen wird beigebracht, zu verschwinden.«[220]

Ein weiteres Problem ergab sich aus der wahrscheinlich von Frank durchgesetzten Vorschrift, Alte und Kranke nicht zu deportieren. Lokale Behörden im Warthegau protestierten dagegen, dass diese Ausnahmeregelung auf lange Sicht zu unerträglichen Zuständen führen müsse, da die Zurückgelassenen keinen familiären Rückhalt hätten und folglich »der öffentlichen Fürsorge zur Last fallen« würden. Dem widersprach ein SS-Offizier zwar mit dem Argument, die meisten kranken und älteren Polen könnten bei Verwandten unterkommen, nur »ganz wenige« würden so zur Belastung werden. Höppner nahm diese Frage jedoch sehr ernst und machte sich die ominöse Notiz: »U[nter]. U[mständen]. müssen gegen transportunfähige Personen andere Maßnahmen ergriffen werden.«[221] Das Problem scheint Höppner auch weiterhin beschäftigt haben, denn im Frühjahr 1941 ersuchte er darum, alle Polen, bei denen Tuberkuloseverdacht bestand, zu registrieren und zu deportieren.[222]

Auch die ständige Versuchung, die Deportationen auszuweiten, führte zu Schwierigkeiten. Die Ansiedlung der Wolhyniendeutschen hatte kaum begonnen, als sich mehrere deutsche Behörden bereits daranmachten, den zweiten Nahplan auszudehnen. Mitte Mai bat die Wehrmacht die UWZ-Außenstelle in Konin um Hilfe bei der Räumung der Südhälfte des Kreises, wo ein riesiges Übungsgelände samt Schießplatz entstehen sollte.[223] Ende Juni wurde die überwältigende Dimension des Projekts deutlich, das unter anderem die Umsiedlung von 80 000 Menschen, darunter 8000 »Volksdeutsche« und 4000 Juden, erforderte.[224] Sowohl Höppner in Posen als auch Eichmanns Stellvertreter in Berlin, Rolf Günther, erklärten, dass ohne die Zustimmung von Göring, Frank und Reichsverkehrsminister Julius Heinrich Dorpmüller keine Abschiebungen ins Generalgouvernement durchgeführt werden könnten. Höppner riet Krumey in Lodz, die Aufnahme etwaiger Transporte in die UWZ-Lager ebenfalls von dieser Prämisse abhängig zu machen, und Günther empfahl statt der Abschiebung ins Generalgouvernement »örtliche Umsiedlungsmaßnahmen« innerhalb des Warthegaus.[225] Ende Juli wurde die Angelegenheit vorläufig auf Eis gelegt, da sich die Wehrmacht dazu entschloss, den Übungsplatz bei Konin erst nach Kriegsende zu bauen.[226]

Als im Herbst 1939 zum ersten Mal die Rede davon war, im Gebiet um Lublin ein »Judenreservat« zu errichten, hatte Franks HSSPF Krüger erklärt, Voraussetzung dafür sei, die dort lebenden »Volksdeutschen« (geschätzte 22 000 Personen) ins Reich umzusiedeln, und Frank hatte Himmlers Zustimmung dazu erhalten.[227] Das Projekt begann sich nun zu verselbständigen und gewann selbst dann noch an Dynamik, als das Lubliner »Reservat« zunächst von der Tagesordnung gestrichen und durch den Madagaskarplan ersetzt wurde. Während Himmler am 25. Mai 1940 mit Hitler zusammenkam, um ihm seinen Plan für die demographische Neuordnung Osteuropas vorzulegen, erfuhren die Bevölkerungsexperten in Posen von seiner Absicht, »Volksdeutsche« aus dem Generalgouvernement in den Warthegau umzusiedeln. Im Unterschied zum Vorgehen bei der Ansiedlung der Balten- und Wolhyniendeutschen, also der Enteignung polnischer Bauern in den eingegliederten Gebieten und ihrer Abschiebung ins Generalgouvernement, schwebte Himmler jetzt ein geordneter Tausch zwischen den Höfen von Polen und »Volksdeutschen« vor, wobei beide Seite ihr persönliches Eigentum sowie Geräte und Vieh mitnehmen durften. Die Aktion sollte im August 1940 beginnen.[228]

Bis Ende Juni hatte sich der Plan derart ausgeweitet, dass er nicht mehr nur die »Volksdeutschen« aus dem Distrikt Lublin, die so genannten Cholmer Deutschen, sondern »Volksdeutsche« aus dem gesamten Generalgouvernement umfasste, etwa 80 000 Personen.[229] Eichmanns Referat IV D 4 in Berlin scheint nicht darüber informiert worden zu sein, denn am 1. Juli 1940 telegrafierte Günther an Höppner, entsprechend der Vereinbarung zwischen Heydrich und Frank vom 12. Juni könnten über die »Wolhynienaktion« und die für August geplante »Evakuierung« von Juden hinaus keine weiteren Deportationen durchgeführt werden. Höppner teilte daraufhin telefonisch mit, das RSHA habe bereits einen EWZ-Mitarbeiter nach Lublin geschickt; Heydrich musste die Entscheidung zu einer erweiterten Umsiedlung also bereits gefällt haben.[230] Eine Woche später wurde Höppner während eines Berlinbesuchs im Referat IV D 4 vertraulich über einen »Evakuierungsstopp der Juden in das Generalgouvernement« informiert. Hinsichtlich der Umsiedlung der Cholmer Deutschen in den Warthegau erfuhr er, dass man, sobald alle Fakten und Zahlen vorlägen, Franks Einwilligung »erwirken« werde[231] – ein Hinweis darauf, dass Himmler und Heydrich als Gegenleistung für die Zusage, die »Evakuierung« von Juden zu unterlassen, zu diesem Zeitpunkt bereits Franks grundsätzliche Zustimmung zur »Cholmer Aktion« erhalten hatten.

Im Verlauf der konkreten Planungen sank die Zahl der umzusiedelnden »Volksdeutschen« von 80 000 zunächst auf 34 000 und dann auf 30 000; jene der Polen wurde auf 50 000 festgesetzt, weil einige kleinere Höfe zusammengelegt werden sollten. Auch Himmlers Idee einer »Tauschsiedlung« wurde modifiziert. Polen und Deutsche sollten zwar weiterhin ihre Höfe miteinander tauschen und ihre persönlichen Besitztümer mitnehmen dürfen, da aber die polnischen Höfe im Warthegau wirtschaftlich häufig besser dastanden als diejenigen im Generalgouvernement, sollten Geräte und Vieh zurückbleiben. Der Beginn der Aktion wurde auf Anfang September verschoben.[232]

Die Entscheidung vom Sommer 1940, die im Generalgouvernement lebenden »Volksdeutschen« umzusiedeln, ist insofern von Bedeutung, als sie Himmlers damalige Haltung beleuchtet. Im Unterschied zu den Balten-, Wolhynien- und Bessarabiendeutschen wurden die »Volksdeutschen« aus dem Generalgouvernement nicht aus Gebieten evakuiert, die durch den Hitler-Stalin-Pakt und seine Teilungsvereinbarung der Sowjetunion zugeschlagen worden waren. Sie lebten unter deutscher Herrschaft und galten somit als ungefährdet. Zudem war nach der Aufgabe des Lublin-Plans auch der ursprüngliche Grund für die Umsiedlung weggefallen, nämlich die Absicht, die »Volksdeutschen« nicht mitten in einem »Judenreservat« leben zu lassen. Himmlers Wunsch, die »Volksdeutschen« in die eingegliederten Gebiete umzusiedeln, war weniger eine Reaktion auf konkrete Entwicklungen als vielmehr Selbstzweck. Die Vision einer Germanisierung der neuen Grenzprovinzen – sowohl im Osten als auch im Westen – entfachte seine Phantasie. Er empfand es als historische Aufgabe von enormer Tragweite, einen zusammenhängenden deutschen Lebensraum zu schaffen. Sein Umsiedlungs- und Germanisierungsvorhaben sollte allerdings bald vom »Generalplan Ost« überholt werden. Bereits zwei Jahre später ging man daran, die Umsiedlungen von 1940 rückgängig zu machen, indem man polnische Bewohner aus dem Distrikt Lublin vertrieb, um in denselben Gebieten, aus denen gerade erst die »Volksdeutschen« ausgesiedelt worden waren, neue deutsche Siedlungen anzulegen. Doch lassen sich Himmlers ideologische Vorstellungen im Sommer 1940 – und das gilt auch in Bezug auf die

Umsiedlungspolitik und den Madagaskarplan – aus rückblickender Perspektive nicht hinreichend ermessen.

Am 2. September 1940 fuhr der erste Eisenbahnzug im Rahmen der »Cholmer Aktion« von Lodz in den Distrikt Lublin; der letzte verließ Lodz am 14. Dezember. Insgesamt wurden in 48 Transporten 28 365 Polen deportiert, also erheblich weniger als die ins Auge gefassten 50 000.[233] Zusammen mit dem schleppenden Verlauf der »Wolhynienaktion« und der Aussetzung der Judendeportationen schuf die Einschränkung der »Cholmer Aktion« offenbar Raum für drei andere im zweiten Nahplan vorgesehene Vertreibungsaktionen aus den eingegliederten Gebieten. So wurden in der »Saybuscher Aktion« zwischen dem 23. September und dem 14. Dezember 1940 17 413 Polen aus Ostoberschlesien in 18 Zügen deportiert. In der »Mielau-Aktion« schob man zwischen dem 10. und 20. November 10 700 Menschen in 11 Zügen ab, wobei sich in mindestens einem Zug Juden aus dem ostpreußischen Bezirk Zichenau befanden. Schließlich wurden in der »Litauer Aktion« zwischen dem 5. und 17. Dezember 6607 Polen und 3259 Juden aus Ostpreußen in zehn Zügen via Soldau »evakuiert«.[234]

Im Juni 1940 hatte Frank die verheerenden Bedingungen im Generalgouvernement und die bevorstehenden massiven Deportationen von Juden aus den eingegliederten Gebieten kritisiert; jetzt, im Herbst, konnte er mit sich zufrieden sein: Die Vertreibung der Juden war aufgegeben und die der Polen auf ein vergleichsweise bescheidenes Maß reduziert worden. Und so hielt er sich am 2. Oktober bei einem seltenen Treffen der Gauleiter der Ostprovinzen in der Reichskanzlei denn auch nicht zurück, mit seinen Erfolgen im Generalgouvernement zu prahlen. Besonders hob er hervor, dass die Juden in Warschau und anderen Städten inzwischen in Ghettos eingesperrt seien. Der Wiener Gauleiter Baldur von Schirach, der auf der anderen Seite Hitlers saß, hörte aufmerksam zu und warf sofort ein, er habe noch 50 000 Juden in Wien, die Frank ihm abnehmen müsse. Gauleiter Koch aus Ostpreußen bemerkte, dass er aus dem Zichenauer Gebiet bisher weder Juden noch Polen abgeschoben habe; »selbstverständlich« müsse das Generalgouvernement die Juden nunmehr aufnehmen. Wie üblich traf Hitler keine explizite Entscheidung; er erwähnte die Juden nicht einmal, gab den Gauleitern aber zu verstehen, welche allgemeine Linie er verfolgte. Die Bevölkerungsdichte im Generalgouvernement, erklärte er, sei unwichtig, denn dieses sei nur »eine Reservation, ein großes polnisches Arbeitslager«. Die »polnischen Herren« und die Intelligenz seien umzubringen, das Lebensniveau der Bevölkerung auf einer so niedrigen Stufe zu halten, dass sie, wenn sie überleben wolle, »ihre eigene Arbeitskraft, d. h. sozusagen sich selbst, [ins Reich] exportieren« müsse.[235]

Um dem wachsenden Druck standzuhalten, verwies Frank am 2. November in einem Fernschreiben an Greiser auf den Widerstand der Wehrmacht gegen bisherige Deportationen ins Generalgouvernement. Dies habe er auch Himmler mitgeteilt. Bis Kriegsende, stellte er kategorisch fest, seien weitere »Verschickungen« von Polen und Juden in sein Herrschaftsgebiet unmöglich. Er habe deshalb seine Dienststellen angewiesen, alle Transporte aus den benachbarten Gebieten anzuhalten und zurückzuschicken.[236] Als er zwei Tage später mit Hitler zusammenkam, sah er sich jedoch mit dem »dringenden Wunsch« des »Führers« konfrontiert, mehr Polen im Generalgouvernement aufzunehmen.[237] Von daher datierte wahrscheinlich auch die Erweiterung der Deportationen um die Mielauer und die Litauer Aktion. Im Dezember bekräftigte Hitler gegenüber Frank seine Position, »dass die Poleneinsiedlung in das Generalgouvernement in seiner Politik liege und dass die zur Durchführung dieser Einsiedlung notwendigen Maßnahmen noch während des Krieges ergriffen werden müssen, weil sie nach dem Kriege mit internationalen Schwierigkeiten verbunden wären«.[238]

Im Rahmen der wieder aufgenommenen Deportationen sollten nicht nur Polen, sondern auch Juden verschleppt werden. Von Schirachs Forderung nach »Abnahme« seiner österreichischen Juden war auf fruchtbaren Boden gefallen. Am 3. Dezember 1940 teilte Lammers dem Wiener Gauleiter mit, Hitler habe auf Grund eines von ihm erstatteten Berichts entschieden, »dass die in dem Reichsgau Wien noch wohnenden 60 000 Juden beschleunigt, also noch während des Krieges, wegen der in Wien herrschenden Wohnungsnot ins Generalgouvernement abgeschoben werden sollen«.[239] Für Frank war das ein Warnsignal; die Deiche, die er erst wenige Monate zuvor mühsam gegen weitere Deportationen ins Generalgouvernement aufgerichtet hatte, drohten erneut unter einer Flut von Deportierten zu brechen. Indessen konnte er nun kaum mehr tun, als über die Modalitäten der Deportationen sowie zusätzliche Wirtschaftshilfen zu verhandeln. Wie er seinem Staatssekretär Josef Bühler anvertraute, hielt er es »für angebracht, in dieser Frage zunächst noch einen gewissen Widerstand zu leisten, wenn auch dieser Widerstand auf die Dauer nicht aufrechterhalten werden könne«.[240]

Von Hitler ermutigt, verfielen die Organisatoren der Vertreibung in fieberhaften Aktionismus. Eichmanns Umsiedlungsexperten im Osten wurden für den 17. Dezember nach Berlin beordert, um an einer Besprechung über einen »dritten Nahplan« für die Umsiedlung von »Volksdeutschen« aus Bessarabien, der Bukowina, der Dobrudscha und Litauen teilzunehmen.[241] Am 8. Januar 1941 informierte Heydrich den HSSPF im Generalgouvernement, Krüger, über die Ergebnisse dieser Sitzung. Danach beabsichtigte man, im folgenden Jahr nicht weniger als 831 000 Menschen zu deportieren, um Platz für »Volksdeutsche« zu schaffen. Darüber hinaus bestand die Wehrmacht auf der Umsiedlung von 200 000 Menschen ins Generalgouvernement, weil ihre Wohngebiete für riesige Truppenübungsplätze benötigt wurden. Nach dem dritten Nahplan waren also über eine Million Menschen in Bewegung zu setzen – bis Mai 1941 allein 238 500. Um dies zu bewerkstelligen, sollten täglich zwei Eisenbahnzüge mit je 1000 Personen abgehen. Zusätzlich sollten 10 000 Wiener Juden ins Generalgouvernement »abgeschoben« werden.[242]

Nach eigenen Angaben – das heißt ohne Berücksichtigung der Flüchtlinge und »wild« Deportierten – hatte die SS zwischen Dezember 1939 und Januar 1941 286 161 Menschen ins Generalgouvernement verschleppt: 87 833 im Rahmen des ersten Nahplans von Dezember 1939, 40 128 im Rahmen des Zwischenplans von Februar/März 1940, 120 321 (ausschließlich aus dem Warthegau) im Rahmen des zweiten Nahplans und 37 879 im Zuge der drei kleineren Aktionen in Ostoberschlesien, Zichenau und Westpreußen.[243] Nach Heydrichs Vorstellungen sollten in den folgenden vier Monaten demnach fast ebenso viele Menschen wie in den vorangegangenen 13 Monaten und bis zum Ende des Jahres viermal so viele wie 1940 ins Generalgouvernement deportiert werden. Kurz, die Nationalsozialisten wollten die bisher bereits ausgelösten demographischen Umwälzungen noch weit in den Schatten stellen.

Doch wiederum spiegelten die hochfliegenden Siedlungspläne weit mehr die Wunschvorstellungen ihrer Autoren als den Grad ihrer Umsetzbarkeit. Im Unterschied zum vorangegangenen Jahr stießen sie allerdings nicht auf den Widerstand des Generalgouverneurs. Hitlers Absichten in dieser Hinsicht waren allzu deutlich geworden, und so akzeptierte Frank die Vertreibungen als »eine der großen Aufgaben, die der Führer dem Generalgouvernement gestellt« habe. Er verbat sich daher ausdrücklich jede Kritik an den Maßnahmen »aus irgendwelchen Rudimenten menschlicher Überlegungen oder Zweckmäßigkeitsbetrachtungen«.[244] Die Transportsituation in den Monaten vor dem Beginn des Unternehmens »Barbarossa« schloss jedoch Vertreibungen im geplanten Umfang aus.

Zwischen Ende Januar und Ende März wurden unter Federführung der UWZ 17 086 Polen und 2140 Juden in den Warthegau deportiert.[245] Anfang März traf mindestens ein Zug mit Juden aus einem Sammellager im westpreußischen Dirschau in Warschau ein.[246] Am 1. Februar wurde der jüdischen Gemeinde in Wien mitgeteilt, dass bis Mai 10 000 ihrer Mitglieder »umgesiedelt« werden sollten. Tatsächlich gingen zwischen 15. Februar und 12. März fünf Züge ab, die etwa 5000 Juden in südpolnische Dörfer brachten.[247] Wie bei den Deportationen aus Stettin, aus Baden und der Saarpfalz erhielt das Auswärtige Amt auch diesmal nach Abfahrt des ersten Zuges einen anonymen Brief. Darin wurde behauptet, dass die meisten der im vorangegangenen Jahr aus Stettin und Wien verschleppten Juden inzwischen tot seien und viele aus dem ersten Transport, darunter 35 Frauen, Selbstmord begangen hätten. Außerdem stünden auch 8000 »nichtarische« Christen aus Wien auf den Deportationslisten. Rademacher wandte sich daraufhin entnervt an die Gestapo: Mit jeder »Judenmaßnahme« träfe solch ein Beschwerdebrief ein. Es müsse doch möglich sein, den Absender aufzuspüren und dafür zu sorgen, dass er seine »Klagelieder« nicht mehr in alle Welt verschicke.[248]

Die Wehrmachtsvertreter in Polen, die sich mitten in den Vorbereitungen auf die Invasion der Sowjetunion befanden, waren verärgert über die zusätzliche Anspannung der Wohnsituation und befürchteten, dass die im dritten Nahplan vorgesehenen riesigen Deportationen zu Unruhe in der militärischen Sicherheitszone führten. Als Franks Staatssekretär erklärte, es stehe nicht in seiner Macht, die Deportationen zu verhindern, bat die in Südpolen stationierte 17. Armee das OKH, mit dem RSHA Verbindung aufzunehmen. Möglicherweise dadurch ermutigt, dass er Verbündete in der Wehrmacht gefunden hatte, protestierte nun auch Bühler beim RSHA und verwies auf einen Brief Görings vom 28. Februar 1941, der den Vorrang der Kriegsangelegenheiten vor der Rassenpolitik unterstrich, unabhängig davon, wie wünschenswert rassenpolitische Maßnahmen auch sein mochten.[249]

Doch das Ende der Deportationen war absehbar. Am 21. Februar übermittelte Eichmanns Stellvertreter Günther den Umsiedlungsexperten im Osten ein vertrauliches Schreiben des Verkehrsministeriums, dem zufolge die Reichsbahn aus »nahe liegenden militärischen Gründen« nicht mehr in der Lage sei, die für die erste Phase des dritten Nahplans benötigte Anzahl von Zügen zur Verfügung zu stellen. In naher Zukunft könne sogar selbst die begrenzte Bereitstellung von Zügen unmöglich werden. Trotzdem sagte die Reichsbahn Anfang März zwei Züge täglich zu.[250] Am 15. März verfügte Heinrich Müller jedoch schließlich den endgültigen Stopp der Transporte. Aus den »bereits bekannten Gründen« seien bis auf weiteres keine »Evakuierungstransporte« aus den eingegliederten Gebieten und aus Wien mehr möglich. Wann sie wieder aufgenommen werden konnten, vermochte Müller nicht zu sagen.[251]

Eine Woche darauf gab HSSPF Krüger bekannt, dass die Umsiedlung von Polen und Juden ins Generalgouvernement eingestellt worden sei. Frank konnte sogar die noch erfreulichere Neuigkeit verkünden, »dass ihm der Führer bei der Besprechung am 17. März mitgeteilt habe, dass künftig die Einsiedlung ins Generalgouvernement von den Möglichkeiten dieses Gebietes abhängig gemacht werde«. Darüber hinaus habe er »zugesagt, dass das Generalgouvernement in Anerkennung seiner Leistungen als erstes Gebiet judenfrei gemacht werde«, und das »in absehbarer Zeit«.[252]

Tatsächlich hatten die Juden seit dem Madagaskarplan und dem Stopp der Deportationen ins Generalgouvernement im Sommer 1940 in den deutschen Umsiedlungsplänen im Osten kaum mehr eine Rolle gespielt. Doch hatte man in den Führungsetagen des Regimes nicht aufgehört, über das Thema nachzudenken, insbesondere nach der Entscheidung für den Angriff auf die Sowjetunion. Im Februar 1941 ließ sich Hitler gegenüber Martin Bormann, Wilhelm Keitel, Albert Speer, Robert Ley und Walther Hewel ausführlich über die »Judenfrage« aus. Der Krieg, bemerkte er, werde die Lösung beschleunigen, aber auch viele neue Schwierigkeiten mit sich bringen. Ursprünglich habe er lediglich daran gedacht, die Macht der Juden in Deutschland zu brechen, jetzt aber sei es sein Ziel, im gesamten Herrschaftsbereich der Achse den jüdischen Einfluss zu verdrängen. In vielen Ländern, wie etwa in Polen und der Slowakei, könne dies direkt durch die deutschen Behörden geschehen. In anderen Ländern sei das weitaus schwieriger, aber umso wichtiger. »Wenn er nur wüsste«, grübelte er, »wo man die paar Millionen Juden hintun könnte, so viel seien es ja gar nicht.« Als er erwähnte, dass er Frankreich dazu bringen werde, Madagaskar zur Verfügung zu stellen, fragte Bormann, wie man die Juden während des Krieges dorthin schaffen wolle. Darüber werde man noch nachdenken, erwiderte Hitler. Er würde die gesamte deutsche Kriegsmarine dafür abstellen, wolle sie aber nicht der Gefahr von Torpedoangriffen aussetzen. »Er dächte über manches jetzt anders, nicht gerade freundlicher«, resümierte er dunkel.[253] Was meinte er damit?

»Ein noch zu bestimmendes Territorium«

Waren Hitler und seine engsten Vertrauten, wie etwa Heinrich Himmler, bereits in den ersten Monaten des Jahres 1941, vielleicht sogar schon im Januar, zu einer grundsätzlichen Entscheidung über die systematische Ermordung aller unter deutscher Herrschaft lebenden europäischen Juden gelangt?[254] Ich bin nicht dieser Meinung. Die Entscheidung für das Unternehmen »Barbarossa« änderte weder etwas an der Absicht, ein »judenfreies« Europa zu schaffen, noch an den von den Nationalsozialisten dafür vorgesehenen Mitteln: Vertreibung und eingeschränkte Bevölkerungsdezimierung, nicht systematische Auslöschung. Was sich augenscheinlich veränderte, war das Zielgebiet. Der Madagaskarplan war im vorangegangenen Herbst wieder in der Schublade verschwunden, auch wenn der Name der Insel noch monatelang durch die Diskussionen geisterte.[255] Jedenfalls rückte bei denjenigen, die von den geheimen Vorbereitungen auf das Unternehmen »Barbarossa« wussten und mit einem schnellen Sieg über die Sowjetunion rechneten, das Gebiet jenseits der Demarkationslinie im Osten als mögliche Antwort auf die einst vom Judenreferenten des Auswärtigen Amts gestellte Frage »Wohin mit den Juden?« in den Mittelpunkt der Überlegungen.

Am 30. Oktober 1940 verschickte Heydrich an alle Staatspolizeileitstellen in Deutschland ein Rundschreiben über »Planungen für die Regelung der Judenfrage in dem unter deutschem Einfluss stehenden Europa nach den Friedensschluss«. Diese werde in Form einer »Evakuierung nach Übersee« realisiert werden.[256] Noch über einen Monat später hielt Eichmann an der Vorstellung einer solchen »Evakuierung« fest. Am 3. Dezember erklärte er dem Rassenexperten des Innenministeriums Lösener, wieso bei den jüngsten Deportationen so wenige Juden abtransportiert worden waren. »Die Abschiebung der Juden«, teilte er ihm mit, werde »nach einigen Nahplänen und einem Fernplan durchgeführt«. Erstere beträfen nur »Verschiebungen von Juden«, die nötig seien, um Wohnraum für deutsche »Rückwanderer« zu schaffen. So seien etwa 3000 Juden in die Deportationen aus Ostpreußen ins Generalgouvernement einbezogen worden, um Deutschen aus Litauen Platz zu machen; weitere 1700 würden folgen. Aber solche Abschiebungen seien auf das »Allernötigste« zu beschränken, »weil ohnehin der Fernplan alles Weitere in absehbarer Zeit überflüssig machen« werde, denn dieser sehe vor, »dass die Juden aus dem gesamten von Deutschland beherrschten europäischen Raum nach Kriegsende im Rahmen eines Vier- bis Fünfjahresplanes nach *Madagaskar* abgeschoben werden«.[257]

Am folgenden Tag, dem 4. Dezember, legte Eichmann Himmler eine kurze Notiz zum Stand der Bearbeitung der »Judenfrage« vor. Danach waren aus dem Altreich, Österreich und dem Protektorat Böhmen und Mähren 501 711 Juden ausgewandert. Zudem hätten in den genannten Gebieten, seit sie unter NS-Herrschaft stünden, die Sterbefälle innerhalb der jüdischen Bevölkerung um 57 036 über den Geburten gelegen; insgesamt lebten dort noch 315 642 Juden. In Bezug auf die europaweite »Endlösung der Judenfrage« konnte Eichmann keine vergleichbaren Fortschritte vermelden. Sie sollte durch die »Umsiedlung der Juden aus dem europäischen Wirtschaftsraum des deutschen Volkes in ein noch zu bestimmendes Territorium« gelöst werden, wie er vage schrieb. »Im Rahmen dieses Projektes kommen rund 5,8 Millionen Juden in Betracht.«[258] Mitgerechnet hatte Eichmann jetzt offenbar auch die Juden in den mit Deutschland verbündeten Ländern in Südosteuropa; daher die Steigerung von vier Millionen im Madagaskarplan vom August 1940 auf 5,8 Millionen. Madagaskar wurde jetzt nicht mehr erwähnt, stattdessen nur mehr ein »noch zu bestimmendes« Zielgebiet.

Einer Rede, die Himmler am 10. Dezember 1940 vor den versammelten Reichs- und Gauleitern hielt, ist zu entnehmen, dass mit diesem Zielgebiet nicht Polen gemeint war. In seinen Redenotizen hielt der Reichsführer-SS fest, das unter »rücksichtsloser deutscher Herrschaft« stehende Generalgouvernement sei ein »Arbeiterreservoir« für Deutschland, um dann kryptisch hinzuzufügen: *»Judenauswanderung und damit noch mehr Platz für Polen«* (Hervorhebung C.B.).[259] Himmler traf diese Aussagen kurz bevor endgültig über zwei wichtige Vorhaben entschieden werden sollte, von denen Himmler vermutlich wusste: den dritten Nahplan, der die Deportation von einer Million Polen aus den annektierten Gebieten ins Generalgouvernement vorsah, sowie den Angriff auf die Sowjetunion im kommenden Frühjahr. Zwar durfte der geplante Feldzug zu diesem Zeitpunkt nicht einmal angedeutet, geschweige denn offen diskutiert werden, doch sollte damit das »noch zu bestimmende Territorium« für die jüdischen Vertreibungsopfer erst noch erobert werden. So konnte die Übervölkerung im Generalgouvernement gemildert und Platz für die zu deportierenden Polen geschaffen werden. Die Bevölkerungsplaner hatten zum Jahreswechsel also gleich zwei Vorhaben vorzubereiten, das eine, die Vertreibung der Juden ins Generalgouvernement, relativ offen, das andere, ihre Vertreibung in die eroberten sowjetischen Gebiete, im Geheimen. Natürlich konnte man außerhalb des innersten Machtzirkels nicht offen über eine Vertreibung der Juden in die Sowjetunion sprechen, ohne das Geheimnis der Vorbereitungen auf das Unternehmen »Barbarossa« zu lüften – daher die kodierte Formulierung von einem »noch zu bestimmenden Territorium«.

Die detailliertesten Hinweise auf die Planungen sind in einem Dokument enthalten, das Eichmanns enger Mitarbeiter Theodor Dannecker am 21. Januar 1941 verfasste. Darin heißt es:

> »Gemäß dem Willen des Führers soll nach dem Kriege die Judenfrage innerhalb des von Deutschland beherrschten oder kontrollierten Teiles Europas einer endgültigen Lösung zugeführt werden.
> Der Chef der Sicherheitspolizei und des SD [Heydrich] hat bereits vom Führer über den RF-SS [Himmler] bezw. durch den Reichsmarschall [Göring] Auftrag zur Vorlage eines Endlösungsprojektes erhalten. – Auf Grund der bei den Dienststellen des CdS und des SD vorhandenen umfangreichen Erfahrungen in der Judenbehandlung und dank der seit längerer Zeit geleisteten Vorarbeiten wurde dann das Projekt in seinen wesentlichsten Zügen ausgearbeitet. Es liegt dem Führer und dem Reichsmarschall vor.
> Fest steht, dass es sich bei der Ausführung um eine Riesenarbeit handelt, deren Erfolg nur durch sorgfältigste Vorberei-

tungen gewährleistet werden kann. Diese müssen sich sowohl auf die einer Gesamtabschiebung der Juden vorausgehenden Arbeiten als auch auf die Planung einer bis ins Einzelne festgelegten Ansiedlungsaktion *in dem noch zu bestimmenden Territorium* erstrecken« (Hervorhebung C.B.).[260]

Ähnliche Andeutungen wurden im Februar auch von anderen RSHA-Beamten gemacht. In einem Brief an Staatssekretär Luther im Auswärtigen Amt vom 5. Februar sprach Heydrich selbst von einer »späteren Gesamtlösung des Judenproblems«; vorgesehen sei es, die Juden »nach dem zukünftigen Bestimmungslande abzutransportieren«. Am 14. Februar bestätigte Streckenbach in einem Schreiben an Luther, dass nach Friedensschluss eine »Gesamtevakuierung aus Europa« geplant sei.[261] Dass Heydrich tatsächlich einen solchen Plan ausgearbeitet und Göring unterbreitet hat, belegt sein Aktenvermerk über eine Besprechung am 26. März 1941, in dem er unter Punkt 10 notierte: »Bezüglich der Lösung der Judenfrage berichtete ich kurz dem Reichsmarschall und legte ihm meinen Entwurf vor, dem er mit einer Änderung bezüglich der Zuständigkeit Rosenbergs zustimmte und Wiedervorlage befahl.« Die Erwähnung Rosenbergs, der zu diesem Zeitpunkt bereits als Minister für die Zivilverwaltung der noch zu besetzenden sowjetischen Gebiete gehandelt wurde, deutet darauf hin, dass mit dem »noch zu bestimmenden Territorium« für die geplante »Evakuierung« der europäischen Juden die Sowjetunion gemeint war.[262]

Allerdings scheinen nicht viele aus dem Kreis der mit der NS-Judenpolitik befassten Personen über Heydrichs Pläne und insbesondere über deren Zeitrahmen informiert gewesen zu sein. Hitlers Äußerungen wiederum waren zu diesem Zeitpunkt selbst im Kreis seiner Vertrauten vage genug, um je nach den Erwartungen und den Wünschen seiner Zuhörer unterschiedliche, ja selbst widersprüchliche Interpretationen zuzulassen. Nach einem gemeinsamen Mittagessen mit Hitler und Frank am 18. März 1941 vertraute Goebbels seinem Tagebuch an: »Wien wird nun bald ganz judenrein sein. Und jetzt soll Berlin an die Reihe kommen. Ich spreche das schon mit dem

Führer und Dr. Franck [sic] ab.«[263] Er verlor denn auch keine Zeit, die Angelegenheit voranzutreiben. Zwei Tage nach diesem Treffen mit Hitler empfing Leopold Gutterer, Staatssekretär im Propagandaministerium, Eichmann und einen Vertreter von Albert Speer in seinem Büro. Er informierte sie über Goebbels' jüngste »Unterhaltung an der Mittagstafel des Führers«, bei der der Minister Hitlers Aufmerksamkeit auf die noch in Berlin ansässigen 60 000 bis 70 000 Juden gelenkt habe. »Man habe bei dem Gespräch festgestellt«, fuhr er fort, »dass es nicht weiter anginge, dass die Hauptstadt des nat.-soz. Reiches auch heute noch eine derartig hohe Zahl Juden beherberge.« Hitler habe »bei diesem Gespräch *zwar nicht selbst entschieden*, dass Berlin sofort judenfrei gemacht werden müsse«, doch sei Goebbels »der *Überzeugung*, dass ein geeigneter Evakuierungsvorschlag sicher die Zustimmung des Führers finden werde« (Hervorhebungen C. B.). Eichmann merkte an, dass Heydrich, »der vom Führer mit der endgültigen Judenevakuierung beauftragt sei«, Hitler vor acht bis zehn Wochen einen Vorschlag unterbreitet habe, der nur deshalb nicht umgesetzt werden könne, weil das Generalgouvernement im Moment nicht in der Lage sei, auch nur einen Juden oder Polen »aus dem Altreich« aufzunehmen. Es gebe allerdings einen »schriftlichen Befehl des Führers« über die »Evakuierung« von 60 000 Juden aus Wien in das Generalgouvernement. Gegenwärtig seien aber nur 45 000 Wiener Juden »greifbar«, so dass man die restlichen 15 000 Juden »möglicherweise aus Berlin entfernen« könne, sofern sie nicht in der Produktion benötigt wurden. Speers Vertreter stimmte Goebbels' Position zu. In Berlin seien zur Zeit 20 000 Wohnungen von Juden bewohnt, während gleichzeitig ein Mangel von 160 000 bis 180 000 Wohnungen bestehe. Am Ende der Besprechung wurde Eichmann gebeten, für Goebbels einen Vorschlag bezüglich der »Evakuierung« der Berliner Juden auszuarbeiten.[264]

Goebbels irrte, wenn er glaubte, Hitlers Äußerungen seien als Signal für die umgehende Ausarbeitung eines Evakuierungsvorschlags zu verstehen. Seine Hoffnungen auf eine baldige Deportation der Berliner Juden zerschlugen sich. Am 22. März notierte er: »Die Juden selbst können nicht aus Berlin evakuiert werden, da 30 000 in Rüstungsbetrieben arbeiten.«[265] Das verlangte nach Trost. »Da die Evakuierung der Juden aus Berlin leider zunächst nicht in dem gewünschten Maße vor sich gehen kann, hat Dr. Goebbels Anweisung gegeben, ihm ein Abzeichen für Juden vorzuschlagen.«[266] Als das Propagandaministerium auf Anordnung von Goebbels die Angelegenheit weiter verfolgte, wurde ihm jedoch mitgeteilt, dass mit Göring bereits über einen Markierungsvorschlag von Heydrich verhandelt werde.[267] Für den Augenblick blieb Goebbels' Initiative ebenso folgenlos wie sein Deportationsprojekt.

Hans Frank, der ebenfalls an dem Mittagessen bei Hitler am 18. März teilgenommen hatte, hatte einen völlig anderen Eindruck von dessen Wünschen und Absichten gewonnen als Goebbels. Eine Woche nach dem Ereignis teilte er seinen Gefolgsleuten im Generalgouvernement seine Version mit: Sein Herrschaftsgebiet sollte binnen »einiger Jahrzehnte« oder »im Laufe von 15 bis 20 Jahren« völlig germanisiert und die Umsiedlung von Juden und Polen fürs Erste beendet werden. Darüber hinaus habe ihm Hitler versprochen, das Generalgouvernement in »absehbarer Zeit« als erstes Gebiet »judenfrei« zu machen.[268] Frank hatte Hitler eindeutig so verstanden, dass es sich dabei nicht um ein kurz-, sondern um ein langfristiges Projekt handelte, und so stimmte er im folgenden Monat dem Aufbau einer Selbstversorgungswirtschaft im Warschauer Ghetto zu, in der Annahme, dass dieses in fünf Jahren noch existieren werde. Auch Eichmann hatte im vorangegangenen Dezember gegenüber Lösener von einer Lösung »in absehbarer Zeit« gesprochen und angekündigt, dass »nach Kriegsende im Rahmen eines Vier- bis Fünfjahresplanes« das gesamte europäische Judentum abgeschoben werden würde.[269]

Was hielt Himmler nun von Heydrichs planerischen Aktivitäten in den ersten Monaten des Jahres 1941? Es gibt Anzeichen dafür, dass er zumindest in einer Hinsicht beunruhigt war. Anfang 1941 äußerte er gegenüber Viktor Brack von der Reichskanzlei die Sorge, dass »durch die Vermischung der polnischen Juden und die Vermehrung durch die westeuropäischen Juden [...] nach dem Kriege eine noch viel größere Gefahr für Deutschland, als sie vorher bestand«, entstehe. Diese Befürchtung entsprach Himmlers bizarrem Denken, ergab indes nur dann einen Sinn, wenn tatsächlich beabsichtigt war, in irgendeinem Deportationsgebiet eine große Zahl von Juden aus Ost- und Westeuropa gemeinsam anzusiedeln. Jemand, der von einem angeblichen Führerbefehl zur Ermordung sämtlicher europäischer Juden in naher Zukunft wusste, hätte sich wohl kaum Sorgen über die politischen und biologischen Implikationen einer erst in zwanzig Jahren ins Erwachsenenalter eintretenden gemischten Nachkommenschaft von Ost- und Westjuden gemacht. Himmler bat Brack, der im Rahmen der von seinem Chef, Philipp Bouhler, geleiteten »Euthanasieaktion« mit Wissenschaftlern und Ärzten zusammenarbeitete, die Möglichkeit einer Massensterilisierung der Juden mit Hilfe von Röntgenstrahlen zu untersuchen. Am 28. März 1941 legte Brack einen vorläufigen Bericht vor, für den Himmler sich am 12. Mai bedankte.[270] Danach zeigte der Reichsführer-SS jedoch kein Interesse mehr an dem Thema, was angesichts des Mangels an anderen Belegen darauf hindeuten könnte, dass Himmler und Hitler in dieser Phase zumindest unter vier Augen die Möglichkeit radikalerer Lösungen als Vertreibung und Sterilisation diskutierten.

3.8 Zusammenfassung

Zwischen Herbst 1939 und Frühjahr 1941 verfolgten die Nationalsozialisten mit Blick auf den neu gewonnenen »Lebensraum« im Osten eine auf rassischen Grundsätzen beruhende, wenngleich sprunghafte Bevölkerungspolitik. Nach den Vorstellungen Hitlers, Himmlers und anderer NS-Größen war der westliche Teil Polens ins Reich einzugliedern und durch die Ansiedlung von »Volksdeutschen« aus dem sowjetischen Herrschaftsbereich sowie die Vertreibung »schädlicher« und unerwünschter Elemente der ansässigen Bevölkerung, das heißt der meisten Polen und aller Juden, völlig zu »germanisieren«. Zentralpolen sollte ein riesiges Reservoir für billige polnische Arbeitskräfte werden. Durch umfangreiche Exekutionen ihrer gegenwärtigen und zukünftigen Führungsschicht beraubt, durch die systematische Unterdrückung ihrer Kultur entnationalisiert und mit Hilfe eines Ausleseverfahrens um die angeblich biologisch wertvollsten Angehörigen gebracht, die für eine »Eindeutschung« beziehungsweise »Wiedereindeutschung« in Frage kamen, sollten sie auf Grund eines absichtlich niedrig gehaltenen Lebensstandards gezwungen werden, unter den vom NS-Regime diktierten Bedingungen zu arbeiten.

Für die Juden war nur teilweise Raum in diesem Planungsschema. Wie die Polen sollten auch sie vom deutschen Territorium entfernt werden, ohne dass weitere Schritte geklärt waren. Anders als die Polen konnten sie weder zur Arbeit im Reich herangezogen werden, noch kamen sie für eine »Eindeutschung« in Betracht. Von der polnischen Bevölkerung abgesondert, sollten sie, soweit möglich, »verschwinden«, wobei Himmler die »bolschewistische Methode der physischen Ausrottung eines Volkes aus innerer Überzeugung« noch als »ungermanisch und unmöglich« ablehnte. So beschäftigte zuerst die Idee eines »Judenreservats« im östlichsten Gebiet des deutschen Herrschaftsgebiets um Lublin, dann die eines riesigen Ghettos auf Madagaskar und schließlich die der Vertreibung auf sowjetisches Territorium die Phantasie der Nationalsozialisten.

Auch wenn Hitler die letzte Inspirationsquelle und Autorität nationalsozialistischer Rassenpolitik war, spielten seine Gefolgsleute doch eine bedeutende Rolle. Der »Führer« gab Ziele vor, legitimierte sie und schlichtete Streitfälle, wenn ihm danach war, während die Initiative für Einzelaktionen sowie für die Ausarbeitung von Plänen für gewöhnlich in den Händen seiner Paladine lag. Es war Himmler, der nach den Siegen über Polen Mitte September 1939 und über Frankreich Ende Mai 1940 Hitlers Zustimmung für eine umfassende demographische Neuordnung Osteuropas nach rassischen Gesichtspunkten erlangte. Im Herbst 1940 rangen die Gauleiter – Robert Wagner, wohl auch Bürckel im Westen, von Schirach in Österreich und Koch im Osten – dem »Führer« die Erlaubnis ab, die schrittweisen Deportationen wieder aufzunehmen. Und schließlich veranlasste Hitlers offene Ermunterung Himmler und Heydrich, für das Jahr 1941 erneut Massendeportationen von Polen und Juden zu planen.

Obwohl Hitler eine radikale Rassenpolitik vertrat und augenscheinlich von der »Judenfrage« besessen war, ließ das polykratische System des Nationalsozialismus seinen Paladinen beträchtliche Spielräume. Sie konnten die vom »Führer« sanktionierte Politik nicht nur kritisieren und modifizieren, sondern unter Verweis auf andere Prioritäten in gewissem Umfang sogar dagegen opponieren. Hitlers Zustimmung ermöglichte es zwar, bestimmte Vorhaben anzugehen, doch spielte in der Praxis auch die politische Realität eine Rolle. So erwiesen sich Himmlers Pläne für massive Bevölkerungsverschiebungen als kaum durchführbar. Nazigrößen wie Göring waren bestrebt, die wirtschaftliche Ausbeutung zugunsten der Kriegsanstrengungen zu maximieren, während sich Frank gegen eine unbeschränkte Abschiebung von Polen und Juden ins Generalgouvernement zur Wehr setzte. Zudem musste man den »Volksdeutschen«, die aus weiter östlich gelegenen Gebieten repatriiert wurden, Wohnraum, Höfe und Geschäfte zur Verfügung stellen, was eine pragmatische Auswahl von begüterten Polen zur Deportation erforderlich machte. In diesem Sinne erklärte Eichmann seinen Mitarbeitern im Warthegau im Juni 1940, es sei unsinnig, Pächter von Bauernhöfen zu »evakuieren«, da dadurch die Höfe nicht frei würden.[271]

Gleiches galt für die Juden, die im Warthegau bereits ihres Eigentums beraubt und unter elenden Bedingungen in Ghettos zusammengepfercht worden waren. Obwohl sie auf der untersten Stufe der nationalsozialistischen Rassenhierarchie standen, bezog man sie in dieser Phase nur in relativ geringem Umfang in die Vertreibungen ein. Viele Juden waren im Herbst 1939 vor den vorrückenden deutschen Truppen geflohen, viele aber auch im chaotischen Kriegsterror ermordet oder deportiert worden. Andere flohen in der Folgezeit, häufig, nachdem sie Wohnung, Hof oder Geschäft verloren hatten. Im Dezember 1939 wurden im Rahmen des ersten Nahplans etwa 10 000 Juden deportiert; im Februar 1941 kamen 1000 Juden aus Stettin und im Frühjahr 3800 aus Konin und Posen hinzu. Ende 1940 und Anfang 1941 wurden schließlich fast 24 000 Juden aus den eingegliederten Gebieten, aus Baden und der Saarpfalz sowie aus Wien verschleppt. Doch war es klar, dass diese Maß-

Polen 1940

OSTSEE
Gdingen
Danzig
Königsberg
DANZIG
OST-
PREUSSEN
SUDAUEN
(SUWALKI)
Allenstein
Grodno
WEST-
PREUSSEN
Soldau
Bromberg
SÜDOST-
PREUSSEN
Bialystok
Treblinka
Posen
Chelmno
Warschau
WARTHEGAU
DISTRIKT
WARSCHAU
Lodz
Sobibor
GENERAL-
DISTRIKT
Radom
DISTRIKT
Lublin
RADOM
LUBLIN
Tschenstochau
Kielce
GOUVERNEMENT
Sosnowitz-Bedzin
OST-
Nisko
Kattowitz
Krakau
Tarnów
OBER-
SCHLESIEN
Auschwitz
DISTRIKT
KRAKAU
DISTRIKT
Lemberg
GALIZIEN
Tarnopol
Drohobycz
Czortkow
Stanislau
Horodenko
Kolomyja
Vorkriegsgrenze Polens
Grenze des Generalgouvernements
Distriktsgrenze
Reichsgaugrenze
Eingegliederte Gebiete
Generalgouvernement
Sowjetisch besetztes Polen
Sowjetisch besetztes Polen 1940; ab 1941
Distrikt Galizien des Generalgouvernements

nahmen die »Judenfrage« nicht einmal annähernd einer Lösung näher brachten, nahm sich die Anzahl der deportierten Juden im Vergleich mit den Hunderttausenden von Polen, Franzosen und »Volksdeutschen«, die von den Nationalsozialisten damals hin und her geschoben wurden, doch sehr bescheiden aus. Die Versuche Eichmanns vom Oktober 1939, Januar 1940 und Sommer 1940, eine umfassende Deportation der Juden in Gang zu bringen, scheiterten an rivalisierenden Prioritäten und Erwägungen. Es zeigte sich, dass das von den Nationalsozialisten selbst geschaffene »Judenproblem« durch Vertreibung nicht zu lösen war.

Dass zu diesem Zeitpunkt vergleichsweise wenig Juden deportiert wurden, hieß jedoch nicht, dass die Nationalsozialisten ihrer Ideologie abgeschworen hätten. Das Konzept des »Lebensraums«, wie es zwischen Ende 1939 und Anfang 1941 formuliert und praktiziert wurde, sah einen langfristig angelegten Konsolidierungsprozess vor. Bei verschiedenen Gelegenheiten bemerkte Hitler, dass die Gauleiter im Osten für die Germanisierung ihrer Provinzen zehn Jahre Zeit hätten und er nicht nach den Methoden fragen würde, mit denen sie dieses Ziel zu erreichen gedachten.[272] Ganz ähnlich äußerte er sich im September 1939 gegenüber Rosenberg: Die Zeit werde zeigen, ob sich die Germanisierung »nach Jahrzehnten« über die Grenzen der eingegliederten Gebiete hinaus ausdehnen werde. Auch Himmlers Vorstellung, ein Land gehöre erst dann dem deutschen Volk, wenn auch der letzte Kleinbauer Deutscher sei, konnte nur auf lange Sicht verwirklicht werden, womöglich erst nach Generationen. Die Umsiedlung der »Volksdeutschen« aus dem Generalgouvernement in den Warthegau, insbesondere die Cholmer Aktion im zweiten Halbjahr 1940, verdeutlicht, dass Himmlers Umsiedlungsprojekte von 1939/40 keine improvisierten Rettungsoperationen, sondern ideologisch determinierte Maßnahmen darstellten und dass seine Pläne noch nicht über die rassische Festigung der eingegliederten Gebieten hinausgingen.

Innerhalb seines langfristigen Erwartungshorizonts konnte das NS-Regime antisemitischen Grundsätzen treu bleiben, indem es die spätere Vertreibung der Juden nach Lublin, Madagaskar oder in die Sowjetunion zwar plante, vorläufig aber der »Rettung« und Neuansiedlung bedrohter »Volksdeutscher« Vorrang einräumte, auch wenn dies die Fanatiker frustrierte. Die »Judenfrage« war zwar genauso wichtig, aber einstweilen nicht so dringlich wie die Umsiedlung der »Volksdeutschen«.

Mit der Entscheidung für den Angriff auf die Sowjetunion veränderten sich jedoch die Rahmenbedingungen für »Lebensraum«-Konzepte und Rassenpolitik. Als Hitler grünes Licht für das Unternehmen »Barbarossa« gab, leiteten ihn mehrere Motive: sein glühender Antibolschewismus, die Vorstellung, Russland sei der für eine deutsche Expansion vorbestimmte Raum, der wachsende Glaube an sein von der Vorsehung bestimmtes Lebenswerk, die Enttäuschung über den militärischen Stillstand im Westen sowie der rastlose Aktionismus, der sowohl seine eigene Psyche als auch die gesamte NS-Bewegung kennzeichnete. All das führte zu einem massiven Radikalisierungsschub. Die zwischen 1939 und 1941 praktizierte »Lebensraum«-Politik war zwar in ihren Methoden, weit weniger aber in ihren außenpolitischen Implikationen radikal gewesen. Mit der Invasion der Sowjetunion bekam sie einen anderen Charakter: Die bisher angestrebte schrittweise Konsolidierung wich grenzenlosem Expansionismus.

Ganz ähnlich radikalisierte sich aus praktischen wie ideologischen Gründen auch die nationalsozialistische Sicht der »Endlösung der Judenfrage«. Grenzenlose Expansion in die Sowjetunion hinein bedeutete, dass noch mehr Juden unter deutsche Herrschaft gerieten. Durch die Einbeziehung Weißrusslands, der Ukraine, des Baltikums und anderer Gebiete drohte ein Problem, das sich bereits im Altreich, in den annektierten Gebieten und im Generalgouvernement als unlösbar erwiesen hatte, immense Ausmaße anzunehmen. Auf Grund der zwischen 1939 und 1941 gescheiterten Vertreibungspläne hatten sich die Sachwalter des NS-Staates einerseits daran gewöhnt, die »Endlösung« als etwas unmittelbar Bevorstehendes zu betrachten, andererseits wuchs aber ihr Unmut darüber, dass sich die Vision eines »judenfreien« Deutschen Reichs immer wieder der Verwirklichung entzog. Es war nun an der Zeit, diesen Teufelskreis zu durchbrechen und dafür zu sorgen, dass weitere Geländegewinne nicht mit einer zusätzlichen Belastung durch Juden einhergingen. Im Kontext der Vorbereitung des Vernichtungskriegs gegen die Sowjetunion lag Massenmord schon deshalb nahe, weil deutsche Planer den sowjetischen Juden schwerlich ein besseres Schicksal zugedachten als jenes, das so viele andere Menschen erwartete.

Die Tendenz zur radikalen »Lösung der Judenfrage« wurde dadurch verstärkt, dass die Identifizierung des Bolschewismus mit dem Judentum einen Eckpfeiler in der NS-Ideologie bildete. Als die Nationalsozialisten im September 1939 in Polen einfielen, konnte das polnische »Judenproblem« warten, nicht aber das der polnischen Intelligenz. Noch bevor Hitler und Himmler in der Euphorie des Sieges ihre Vision riesiger Bevölkerungsverschiebungen konkretisierten, hatten die Einsatzgruppen bereits den Auftrag für die genozidale Liquidierung aller potentiellen Träger der polnischen Nationalidee erhalten. Nun, da die Nationalsozialisten sich auf die Konfrontation mit dem Kommunismus vorbereiteten, duldete weder das »Problem« der Politkommissare der Roten Armee noch das der sowjetischen Juden Aufschub. Beide Gruppen sollten im Zuge des deutschen Vormarschs ermordet werden, bildeten sie in den Augen der Nationalsozialisten doch letztlich eine Einheit: die politische und biologische Verkörperung ein und derselben »jüdisch-bolschewistischen Gefahr«. Die Phase der Vertreibung im Rahmen der »Lösung der Judenfrage« endete, als Mitte März 1941 die letzten Evakuierungstransporte nach Polen auf Grund der militärischen Vorbereitungen für das Unternehmen »Barbarossa« gestoppt wurden. Bald sollte an ihre Stelle der Massenmord treten.

Kapitel 4

Die polnischen Ghettos

4.1 Ghettoisierung

Den Auftakt zur nationalsozialistischen Judenpolitik in Osteuropa bildete Heydrichs Besprechung mit den Amtschefs des RSHA und den Leitern der Einsatzgruppen am 21. September 1939. Heydrich verlangte die sofortige, innerhalb von drei bis vier Wochen zu vollziehende Konzentrierung der Juden in städtischen Ghettos, »um eine bessere Kontrollmöglichkeit und später Abschubmöglichkeit zu haben«.[1] In dem anschließend verschickten Schnellbrief verfügte er die Bildung von »jüdischen Ältestenräten« – je nach Größe der jeweiligen jüdischen Gemeinde mit bis zu 24 männlichen Mitgliedern, die für die Ausführung der deutschen Anweisungen »im Sinne des Wortes voll verantwortlich zu machen« waren. Ende der dreißiger Jahre wusste das NS-Regime bereits um die Vorteile und Techniken einer Instrumentalisierung führender Juden, die von den jüdischen Gemeinden geachtet wurden; auf diese Erfahrungen konnte es sich nun, wie Heydrich betonte, auch in Polen stützen. Darüber hinaus blieb Heydrich in seinen Anweisungen zur zukünftigen Regelung des jüdischen Lebens in Polen recht vage. Zwar merkte er an, die Konzentrierung der Juden in Städten werde »wahrscheinlich aus allgemein sicherheitspolizeilichen Gründen Anordnungen in diesen Städten bedingen, dass den Juden bestimmte Stadtviertel überhaupt verboten werden, dass sie – stets jedoch unter Berücksichtigung der wirtschaftlichen Notwendigkeiten – z. B. das Ghetto nicht verlassen, zu einer bestimmten Abendstunde nicht mehr ausgehen dürfen usw.«, doch waren dies Vorschläge und keine expliziten Weisungen. In der Einleitung des Schreibens räumte

Heydrich ein: »Es ist selbstverständlich, dass die heranstehenden Aufgaben von hier [Berlin] in allen Einzelheiten nicht festgelegt werden können.« Damit artikulierte er ein Wesensmerkmal nicht nur der Ghettoisierung, sondern vieler künftiger Maßnahmen der nationalsozialistischen Judenpolitik.[2]

Heydrichs Zeitrahmen für die städtische Konzentrierung der Juden innerhalb von drei bis vier Wochen ließ sich nicht einhalten. Auf Drängen von Brauchitschs wies er die Einsatzgruppenleiter am 30. September erneut darauf hin, dass die Konzentrierungsmaßnahmen keine militärischen Bewegungen stören dürften.[3] Noch frustrierender wirkte sich indessen das nahezu vollständige Scheitern der nacheinander geplanten Deportationen nach Lublin und Madagaskar aus. Die Ghettoisierung von Juden in den Städten, ursprünglich als Zwischenstation auf dem Weg zur endgültigen Deportation gedacht, wurde jetzt zu einem Faktor, mit dem die örtlichen deutschen Behörden entgegen ihren Erwartungen auf lange Sicht zu Rande kommen mussten. Aus Berlin erhielten sie dazu kaum Handlungsanleitungen, da man dort weiter umfassenden Deportationsplänen anhing und sich dem Eingeständnis verweigerte, dass die Juden »festsaßen«. So waren die lokalen Dienststellen im Generalgouvernement und in den eingegliederten Gebieten auf sich allein gestellt. Die Ghettoisierungspolitik, wie sie 1940 und 1941 in Polen Gestalt annahm, war insofern keine direkte Folge der in Heydrichs Schnellbrief vom 21. September angeordneten Konzentrierung der Juden in Städten, sondern eher ein Ergebnis des Scheiterns der im selben Schreiben avisierten späteren Deportationen.

Obwohl die Idee der Ghettoisierung von Anfang an existierte, bestanden erhebliche Unterschiede, was Art und Zeitpunkt ihrer Realisierung anging. Die durch Entwurzelung und Konzentrierung der Juden heraufbeschworenen Probleme, der Wunsch, jüdisches Eigentum zu plündern und jüdische Arbeitskraft auszubeuten, die Notwendigkeit, Wohnraum für die deutschen Beamten, Geschäftsleute und Militärs sowie für die »Volksdeutschen« in denselben Städten zu beschaffen, in denen die Juden konzentriert waren, und die ideologischen Parameter deutschen Handelns – all diese Faktoren galten überall in annähernd gleichem Umfang.[4] Doch darüber, was diese Konstellation für die konkrete Politik bedeutete, herrschte zwischen den deutschen Behörden vor Ort keineswegs Einmütigkeit, zumal klare Richtlinien von oben fehlten. Im Kern läßt sich der Streit über die Ghettoisierungspolitik auf die Konfrontation zwischen Befürwortern einer Vernichtung durch Hunger und Produktivitätsbefürwortern, die einen auf wirtschaftliche Ausbeutung ausgerichteten Kurs vertraten, reduzieren. Die einen zielten auf den Niedergang und sogar das Aussterben der jüdischen Bevölkerung ab; für sie waren die Ghettos riesige Konzentrationslager, die mittels vorsätzlich herbeigeführter Hungersnot die totale Vernutzung jüdischen Eigentums ermöglichen sollte. Dagegen betrachteten es die Produktivitätsbefürworter zumindest so lange, wie die Juden noch nicht endgültig verschwunden waren, als ihre Aufgabe, die ökonomische Belastung, die die Ghettos für das Reich darstellten, durch größtmögliche Ausnutzung ihres wirtschaftlichen Potentials zu minimieren. Für sie waren die Ghettos Wirtschaftseinheiten, deren Ausbeutung rational organisiert werden musste, damit sie sich selbst versorgen oder, besser noch, zur deutschen Kriegswirtschaft beitragen konnten. In diesem Streit gewannen nach und nach die Produktivitätsbefürworter die Oberhand – bis Berlin sich schließlich einmischte, allerdings – wie sich zeigen wird – nicht zugunsten des Aushungerns der Ghettos, sondern zugunsten des sofortigen systematischen Massenmords. Nach der im vorangegangenen Kapitel behandelten Frage, was das NS-Regime zwischen der Eroberung Polens und dem Angriff auf die Sowjetunion zu tun gedachte, um die »Judenfrage« zu lösen, soll nun untersucht werden, was es in den eroberten polnischen Gebieten tatsächlich unternahm.

Lodz

Die Ghettoisierung begann, wenn auch zögerlich, im Warthegau, als sich die Deportation der Lodzer Juden – trotz des Drängens der örtlichen deutschen Behörden – als unmöglich erwies. Bereits am 20. September 1939 hatte Hans Felber, der

Generalstabschef der 8. Armee (von Blaskowitz), Heydrichs Gedanken vorweggenommen und angeregt, dass die Lodzer Juden – ein »entsetzliches Pack«, »dreckig und verschlagen« – deportiert werden müssten.[5] Einen Monat später wollte Hans Frank 50 000 Juden aus der Stadt verschleppen, was die Wehrmacht jedoch für undurchführbar hielt.[6] Als nach dem Ende der Militärverwaltung in Polen im November 1939 konkrete Pläne für Deportationen ausgearbeitet wurden, verfügte Franks HSSPF Krüger, dass bis zu der Entscheidung darüber, ob Lodz dem Warthegau oder dem Generalgouvernement zugeschlagen werden sollte, keine Deportationen, »selbst auch von Juden«, stattzufinden hätten.[7]

Angesichts dieser Verzögerung beschloss Greiser, die Lodzer Juden zu ghettoisieren. Sie hätten »ungeheuer gehamstert« und sollten in den Ghettos bleiben, »bis das von ihnen Zusammengeraffte im Austauschverfahren gegen Lebensmittel zurückgegeben ist«. Danach würden sie »über die Grenze abgeschoben« werden.[8] Am 10. Dezember räumte der für Kalisz (Kalisch) und Lodz zustänige Regierungspräsident, Friedrich Uebelhör, ein, dass die »sofortige Evakuierung« der Lodzer Juden, deren Zahl er mit 320 000 erheblich überschätzte, nicht möglich sei. Deshalb ordnete er an, die »Judenfrage« in Lodz »vorläufig« durch die Konzentrierung sämtlicher Juden in einem »geschlossenen Ghetto« zu lösen. Da die vorhandenen Pläne nicht ausreichten, bildete Uebelhör aus Mitarbeitern seiner Dienststelle sowie Vertretern der NSDAP, der Orpo und des SD, des örtlichen SS-Totenkopfverbandes, der Industrie- und Handelskammer, des Finanzamts sowie der Stadtverwaltung von Lodz (Wohnungsamt, Bauamt, Gesundheitsamt, Ernährungsamt und so weiter) einen Arbeitsstab, der ein Baukonzept für ein Ghetto im Norden der Stadt ausarbeiten sollte, wo bereits die meisten Juden lebten.

Laut Uebelhör galt es noch viele Frage zu klären: die Grenzen des Ghettos, die Umsiedlung der dort lebenden Polen und Deutschen, die Verlegung von Straßen und Straßenbahnlinien, die Art der Abriegelung des Ghettos und die dafür nötigen Materialien, die Bewachungsmaßnahmen, die Vorkehrungen zur Seuchenbekämpfung, Fäkalienabfuhr und den Abtransport von

Leichen sowie die Bereitstellung von Heizmaterial und Lebensmitteln. Erst wenn diese Vorbereitungen getroffen seien und genügend Wachpersonal bereitstünde, würde die »schlagartige« Errichtung des Ghettos angeordnet. Zu einem bestimmten Zeitpunkt sollten dann Wachen an einer festgelegten Grenzlinie Aufstellung nehmen und den Beginn der Bauarbeiten an den Absperrungsvorrichtungen absichern. Unmittelbar darauf würden sich Orpo, Sipo und Stadtverwaltung um die außerhalb des Ghettos wohnenden Juden kümmern. Die Arbeitsfähigen würde man in »Arbeitskasernen« unterbringen, die Arbeitsunfähigen ins Ghetto abschieben. Die Verpflegung sollte durch das Ernährungsamt der Stadtverwaltung sichergestellt werden, jedoch nur gegen Aushändigung der Wertsachen, die die Juden, wie Uebelhör annahm, gehortet hatten. Die innere Verwaltung des Ghettos überließ man dem jüdischen Ältestenrat mit seinen Referaten für Ernährung, Gesundheit, Rechnungswesen, Sicherheit, Unterbringung und Meldewesen. Die Sicherheit wurde durch eine jüdische Polizei, den so genannten Ordnungsdienst, gewährleistet.[9] Von diesen Vorgaben ausgehend, nahmen die Planungsarbeiten den gesamten Januar in Anspruch. Am 8. Februar erging die Verfügung zur Errichtung des Ghettos, das am 30. April von der Umgebung abgeriegelt wurde.[10]

Die Errichtung des Ghettos von Lodz hatte eine enorme Signalwirkung. Es war das erste große Ghetto im deutschen Einflussgebiet und wurde zum Modell für andere. Obwohl häufig modifiziert und den Bedürfnissen der örtlichen deutschen Behörden vor Ort angepasst, tauchte das Lodzer Grundmuster paralleler deutscher und jüdischer Verwaltungs- und Polizeistrukturen in der Regel überall auf. Das Ghetto wurde sogar zu einer »›Sehenswürdigkeit‹, die dann immer wieder das lebhafte Interesse der Besucher aus dem Altreich hervorrief«.[11] Im Frühjahr und Sommer 1940 folgte die Ghettoisierung der übrigen jüdischen Gemeinden im Warthegau.[12]

Wie sich herausstellte, war die Zahl der Juden im Ghetto Lodz weit geringer, als Uebelhör erwartet hatte. Rückblickend schätzte das Statistikamt der Stadt die Zahl der am 1. Januar 1940 noch anwesenden Juden auf 219 860; nach der Abriegelung des Ghettos Anfang Mai waren es nur noch 162 000.[13] Die jüdische Bevölkerungsgruppe war folglich um über 57 000 Menschen geschrumpft. Wo diese Menschen verblieben waren, geht aus den deutschen Akten nicht hervor. Nach Bekanntgabe der Ghettoerrichtung flohen viele Juden in andere Gegenden des Warthegaus. So wurden im März bei einer »Judenrazzia« in Hinterberg im Norden des Warthegaus viele Juden aus Lodz aufgebracht, die bei Verwandten oder Freunden Zuflucht gesucht und sich nicht bei der Polizei angemeldet hatten.[14] Einige dürften auch im Februar und März im Rahmen des Zwischenplans deportiert worden sein. Die meisten hatten jedoch vermutlich die noch bis zur Abriegelung des Ghettos bestehende Möglichkeit der »freiwilligen« Umsiedlung ins Generalgouvernement ergriffen, zumal wenn sie durch die Beschlagnahme ihrer Häuser und Geschäfte förmlich dazu gezwungen wurden. Jedenfalls beklagten sich die Behörden in dem an den Distrikt Lodz angrenzenden Teil des Generalgouvernements über »illegale Judenevakuierungen und unberechtigte Grenzübertritte von Juden«. Um des Zustroms Herr zu werden, ließ der zuständige Kreishauptmann Ghettos in Lowicz und Glowno errichten.[15] Nach Schätzung des polnischen Historikers Czesław Madajczyk nahm die jüdische Bevölkerung des Warthegaus von September 1939 bis Februar 1940 von 263 000 auf 247 000 ab. Yehuda Bauer hat für die annektierten Gebiete insgesamt im selben Zeitraum einen Rückgang der jüdischen Bevölkerung von 692 000 auf 460 000 dokumentiert.[16] Offensichtlich gab es viele Bevölkerungsbewegungen, die weder von den Statistiken der Umwandererzentralen in Posen und Lodz noch von Eichmanns Referat in Berlin erfasst wurden.

Gauleiter Greiser und Regierungspräsident Uebelhör konnte der deutliche Rückgang der jüdischen Bevölkerung von Lodz in diesen Monaten allerdings wenig trösten. Uebelhör hatte von Anfang an darauf bestanden, dass das Ghetto keine Dauereinrichtung sein dürfe: »Die Einstellung des Ghettos ist selbstverständlich nur eine Übergangsmaßnahme. Zu welchem Zeitpunkt und mit welchen Mitteln das Ghetto und damit die Stadt Lodsch von Juden gesäubert wird, behalte ich mir vor. Endziel muss jedenfalls sein, dass wir diese Pestbeule restlos ausbrennen.«[17] Tatsächlich jedoch stand es weder ihm noch Greiser frei, das Ghetto nach Belieben aufzulösen. So stieß Greiser mit seinem Ersuchen auf taube Ohren, die Deportation der Lodzer Juden von Görings Befehl vom 23. März 1940 auszunehmen, der jede Abschiebung von Juden ins Generalgouvernement untersagte, bis die Umsiedlung der Wolhyniendeutschen beendet war.[18] Als die Auflösung des Lodzer Ghettos Ende Juli aufgrund des Madagaskarplans erneut auf die Zeit nach Beendigung des Krieges mit England aufgeschoben wurde, verzweifelte Greiser fast, doch blieben seine Proteste auch diesmal wirkungslos.[19]

Da die deutschen Behörden die baldige Deportation der Lodzer Juden erwartet hatten, dauerte es eine Weile, bis sie sich auf die unangenehme Tatsache einstellten, dass das Ghetto nicht so schnell wieder verschwinden würde. Bis zur Abriegelung der entsprechenden Straßenzüge am 30. April 1940 hatten die Deutschen nichts unternommen, um die jüdische Bevölkerung zu ernähren, obwohl sie sich bewusst waren, dass die Lebensmittelvorräte im Ghetto nicht lange reichen würden.[20] Tatsächlich bestand der Zweck des Ghettos in ihren Augen darin, die Juden zu zwingen, im Austausch für Lebensmittel »gehamsterte« Sachwerte herzugeben. Auch die Ausbeutung der jüdischen Arbeitskraft schien sie nicht sonderlich zu interessieren, da nach ihrer Ansicht für die volle Beschäftigung der jüdischen Facharbeiter mehr Rohstoffe gebraucht wurden, als verfügbar waren, und zudem die Tätigkeit der Textilindustrie, für die Lodz berühmt war, gestört werden könnte. Als der Vorsitzende des Judenrats, Chaim Rumkowski, den stellvertretenden Oberbürgermeister von Lodz, Karl Marder, Anfang April um die Erlaubnis bat, im Ghetto Produktionszweige aufzubauen und damit Arbeit zu organisieren, um für seine armen Bewohner Lebensmittel einkaufen zu können, erhielt er die Vollmacht, die Juden zur Zwangsarbeit heranzuziehen. Außerdem wurde er aufgefordert, Listen der im Ghetto vorhandenen Maschinen und beruflichen Fähigkeiten vorzulegen. Auf deutscher Seite erwartete man allerdings, dass durch den Einsatz jüdischer Arbeitskräfte nicht mehr als 15 Prozent der Verpflegungskosten des Ghettos erwirtschaftet werden könnten.[21]

Wie aus einem Vermerk über eine Besprechung in der Lodzer Stadtverwaltung am 27. Mai 1940 hervorgeht, lag der Schwerpunkt deutscher Planungen weiterhin stärker auf Enteignung als auf Produktion. Marder räumte ein, dass bald Geld aufgebracht werden müsse, um die Nahrungsmitteleinkäufe für das Ghettos zu bezahlen. Man rechne aber damit, aus vier Quellen die notwendigen Mittel aufbringen zu können: durch die Herausziehung sämtlichen Bargelds aus dem Ghetto; durch den Verkauf von im Ghetto produzierten Waren; durch die Bereitstellung ungelernter jüdischer Arbeiter für Bauarbeiten in der Stadt; und durch den Verkauf von Waren aus den Lagern der Litzmannstädter Warenhandelsgesellschaft (LWHG), einem im Dezember 1939 gegründeten Ableger der Lodzer HTO-Filiale zur Verwertung von Textilien und anderen in jüdischen Firmen und Geschäften beschlagnahmten Waren. Nach Auffassung der Sitzungsteilnehmer konnten durch jüdische Facharbeit bestenfalls 15 000 Reichsmark am Tag in die Kassen fließen, ein nur geringfügiger Teil der benötigten Gesamtsumme. In der Annahme, dass noch rund fünf Millionen Reichsmark aus dem Ghetto herausgepresst werden konnten, im Juni aber 100 000 und im Juli 200 000 Reichsmark pro Tag benötigt wurden, war daher abzusehen, dass Ende Juli eine kritische Situation eintreten würde, die eine Finanzierung durch die LWHG erforderlich machte.[22] Doch beunruhigte das die versammelten Beamten nicht, da sie für August mit der Deportation der Ghettobewohner rechneten. Eine Anfang Juni geschlossene Vereinbarung, nach der die LWHG Rohmaterialien ins Ghetto liefern und den Verkauf der daraus hergestellten Textilien übernehmen sollte, aus dessen Erlös 70 Prozent dem Einkauf von Nahrungsmitteln für das Ghetto zuflössen, bedeutete vor diesem Hintergrund bloße Flickschusterei und signalisierte keine grundlegende Änderung der Ghettopolitik.[23]

Im Juli traten die Meinungsverschiedenheiten innerhalb der deutschen Behörden über Finanzierung und Versorgung des Ghettos offen zutage. Leiter der in der Stadtverwaltung eigens geschaffenen »Ernährungs- und Wirtschaftsstelle Getto« war Hans Biebow, ein 38-jähriger Bremer Geschäftsmann, der 1937 der NSDAP beigetreten war und sein Geld als Kaffeeimporteur verdient hatte, bevor er im Mai 1940 sein Amt in Lodz antrat.[24] Biebow betonte im Juli zwar, dass Lebensmittelkäufe für das Ghetto mit Rücksicht auf die Versorgung der Stadt nur aus überschüssigen Vorräten getätigt werden könnten, war sich aber der drohenden Krise bewusst. In seinem Monatsbericht für Juli 1940 hielt er Rumkowski zugute, seine Aufgaben »schnell und zuverlässig« zu erledigen und möglichst vielen Juden Arbeit zu beschaffen. Laut Rumkowski gehe dem Ghetto das Geld für den Kauf von Lebensmitteln aus, und die Armut nehme rapide zu. »Inwieweit man ihm Glauben schenken darf«, kommentierte Biebow, »wird der Monat August beweisen.«[25]

Während Biebow die Ereignisse abwartete, äußerte sich einer seiner Mitarbeiter, Alexander Palfinger, bereits skeptisch zu Rumkowskis Bemühungen, die Beschäftigungslage im Ghetto zu verbessern. Palfinger glaubte, dass die Juden immer noch große Mengen von Edelmetall und anderen Wertsachen besaßen. Angesichts der Mentalität der Juden, schrieb er, sei es ziemlich sicher, dass sie solche hoch geschätzten Reserven nur bei »allergrößter Not« preisgeben würden. Erst wenn die Juden überzeugt wären, dass ihre Bedürfnisse durch Arbeit nicht zu befriedigen seien, würden sie sich von diesen Wertsachen trennen.[26] Anfang September näherte sich Biebow jedoch Rumkowskis Einschätzung an. Die Verarmung der Juden habe im August erheblich zugenommen, berichtete er. 70 Prozent der Bevölkerung verfügten über keinerlei Mittel, um sich Lebensmittel zu kaufen, und waren von der Gemeinde abhängig. Ende August seien die Lebensmittellieferungen ins Ghetto allerdings eingestellt worden, da auch die Gemeinde kein Geld mehr habe, um die in den Lagern der Deutschen bereits vorrätigen Lebensmittel zu bezahlen.[27]

Sorge bereitete Biebow auch der Versuch von Gauleiter Greiser, das Lohneinkommen der Ghettobewohner in seine eigenen Kassen zu lenken, nachdem er sie nicht, wie geplant, bereits im August ins Generalgouvernement hatte abschieben können. Sofort nach der Rückkehr von seinem Treffen mit Frank Ende Juli, bei dem er vergeblich gefordert hatte, bis zur Verwirklichung des Madagaskarplans eine »Zwischenlösung« für die Lodzer Juden zu finden, verfügte Greiser, dass alle Einnahmen von privat angestellten jüdischen Arbeitern, die einen Stundenlohn von zehn Pfennig überstiegen, auf sein »Aufbaukonto der NSDAP« einzuzahlen seien. Bürgermeister Marder protestierte heftig, arbeiteten die Lodzer Juden doch bereits in Projekten, die kriegswirtschaftlich bedeutsam waren. Marder war der Ansicht, angesichts des allgemeinen Arbeitskräftemangels müsse die Mobilisierung der jüdischen Arbeiter vordringlich betrieben werden. Greisers Erlass nahm den Juden hingegen jeglichen Anreiz dazu. Marder wollte erreichen, dass die Ghettobevölkerung selbst für ihren Unterhalt aufkam und nicht auf öffentliche Mittel angewiesen war. Mochte es auch als irrelevant erscheinen, ob die Juden als Lohn für ihre Arbeit oder durch die Unterstützung der HTO versorgt wurden, so stellte doch nur Ersteres sicher, dass sie sich um ihre Eigenfinanzierung bemühten. Nach längeren Verhandlungen und angesichts der drohenden Aussicht, das Ghetto binnen kurzem mit HTO-Mitteln subventionieren zu müssen, stimmten die Gaubehörden schließlich einer Regelung zu, nach der die jüdischen Arbeiter 35 Prozent ihrer Löhne behalten durften und die restlichen 65 Prozent auf Greisers Sonderkonto gingen.[28]

Anfang Oktober war sich Biebow über die Lage im Klaren. Trotz der vorübergehenden Einstellung der Lebensmittellieferungen ins Ghetto im September war es nicht zu einer Welle von Tauschgeschäften mit gehorteten Wertsachen gekommen. Vielmehr hatte er Regierungspräsident Uebelhör bitten müssen, zusätzliche Mittel für Lebensmittel bereitzustellen.[29] Deshalb musste laut Biebow nun alles unternommen werden, um »durch Arbeitsbeschaffung die Selbsterhaltung der Juden zu fördern«. Dies sei ohne »laufende und anfänglich hohe Zuschüsse« nicht möglich, denn der »Großeinsatz der jüdischen Arbeitskräfte« erfordere eine beträchtliche Vorlaufzeit, um Verträge zu schließen und Fabriken zu errichten. Es werde Wochen dauern, bis die Verpflegung der Juden aus ihrem Einkommen bezahlt werden könne. Unterdessen dürfe auch die Anschaffung von Vorräten für den Winter nicht weiter aufgeschoben werden; die dafür nötigen vier Millionen Reichsmark könnten die Juden jedoch keinesfalls aufbringen. Daher benötige man »so bald wie möglich« staatliche Zuschüsse.[30]

Biebows Forderungen wurden nur teilweise erfüllt. Man hatte ihn in dem Glauben gelassen, die mit geraubtem jüdischem Eigentum finanzierte LWHG würde im Bedarfsfall Geld zuschießen. Doch stattdessen bot sie einen mit viereinhalb Prozent verzinsten sechsmonatigen Kredit über nur drei Millionen Reichsmark an. Der Vertrag wurde von Rumkowski und dem Judenrat unterzeichnet, der für die Rückzahlung der Summe haftete. Als Biebow die Fähigkeit der Juden anzweifelte, den Kredit zurückzuzahlen, und vorschlug, die Zinszahlungen als »pro forma«-Angelegenheit zu behandeln, wurde ihm bedeutet, es handle sich schließlich um öffentliche Gelder.[31] Dennoch markierte der Kredit einen Wendepunkt in der deutschen Politik. Das Ghetto galt nun nicht mehr als Provisorium mit dem Ziel, den Juden kurz vor ihrer Deportation möglichst alle Besitztümer abzupressen. Es entwickelte sich vielmehr zu einer Dauereinrichtung, an deren Wirtschaftlichkeit die Deutschen ein unmittelbares Interesse hatten.

Dieser schicksalhafte Perspektivenwechsel fand schließlich auf einer Besprechung am 18. Oktober 1940 amtliche Anerkennung. Wie es im Protokoll heißt, wurde »festgestellt, dass das Ghetto in Litzmannstadt weiterbestehen müsse und alle Kräfte in Bewegung gesetzt werden müssten, um das Getto aus sich selbst heraus zu erhalten«. Biebows Dienststelle wurde in »Gettoverwaltung Litzmannstadt« umbenannt, direkt dem Oberbürgermeister unterstellt und mit der Organisation des jüdischen Arbeitseinsatzes im gesamten Distrikt betraut. Ihre Aufgabe bestand darin, aus den Vertragsabschlüssen »möglichst große Überschüsse« zu erzielen, die für den Unterhalt des Ghettos eingesetzt werden sollten.[32]

Aber nicht jeder fand sich mit diesem Wandel in der deutschen Ghettopolitik ab. Für Biebows widerspenstigen Stellvertreter Palfinger grenzte schon der bloße Gedanke eines sich selbst versorgenden Ghettos an Häresie, war er doch überzeugt, dass »speziell in der Judenfrage die nationalsozialistische Idee [...] keine Kompromisse« erlaube. Durch »kaufmännische Verhandlungsfähigkeit« eine Lösung des Problems herbeiführen zu wollen bedeute, auf eine wirkliche Lösung zu verzichten. Palfinger schwebte anderes vor: »Völlig gleichgültig, um nicht zu sagen wünschenswert, ist uns das rasche Absterben der Juden insolange als die Begleiterscheinungen das öffentliche Interesse des deutschen Volkes unberührt lassen; sofern jedoch weisungsgemäß (Reichsführer SS) dieses Volk staatlichen Interessen dienstbar zu machen ist, müssen die primitivsten Voraussetzungen hierzu geschaffen werden.«[33] Damit stand Palfinger jedoch in schroffem Gegensatz zu dem von Marder und seinem Ghettoverwalter Biebow vertretenen pragmatischen Standpunkt. Solange das Ghetto eine »Übergangsmaßnahme« gewesen sei, die nicht einmal bis zum Jahresende dauern sollte, erklärte der stellvertretende Bürgermeister später, habe die Hauptaufgabe seiner Verwaltung in der »Abziehung der Werte der Gettoinsassen zur Deckung ihres Lebensbedarfs« bestanden. Doch nun müsse der Charakter des Ghettos »grundlegend geändert« werden: Es solle nicht mehr nur »eine Art Anhalte- oder Konzentrationslager« sein, sondern müsse ein »wesentlicher Bestandteil der Gesamtwirtschaft, [...] ein Großbetrieb sui generis« werden.[34]

Nachdem die Deutschen infolge der 1939 gescheiterten Deportationspläne in Lodz das erste Großexperiment einer Ghettoisierung durchgeführt hatten, versuchten sie sich nun, da die Juden auch 1940 noch nicht deportiert waren, an der Schaffung einer Ghettowirtschaft. Beide Entwicklungen resultierten weder aus Plänen noch Wunschvorstellungen, sondern aus der Notwendigkeit, eine Lösung für die Lodzer Juden zu finden, ohne ihren unmittelbaren Tod herbeizuführen. In dieser Hinsicht war Palfinger immer noch die Ausnahme, nicht die Regel. Darüber frustriert, dass man seine Forderung nach einem »raschen Absterben der Juden« überhört und ihre Leitung nicht ihm, der sich für den eigentlichen Architekten der Ghettoverwaltung hielt, sondern dem Quereinsteiger Biebow und, noch schlimmer, dessen Stellvertreter Friedrich Wilhelm Ribbe anvertraut hatte, verließ er Lodz in Richtung Warschau, um seine Vorstellungen dort durchzusetzen.[35] Zuvor orderte er jedoch – gewissermaßen als Abschiedsgeste – eine wöchentliche Lieferung von 144 000 Eiern für das Ghetto, zuerst in Posen und dann in Berlin, um damit auf die seiner Meinung nach unerträgliche Verhätschelung der Juden in Lodz aufmerksam zu machen. Biebow und Ribbe blieben in der peinlichen Lage zurück, eine Erklärung dafür finden zu müssen, warum die Bestellungen ohne ihr Wissen aufgegeben worden waren.[36]

Warschau

Im Gegensatz zur Ghettoisierung der Lodzer Juden, die auf einen einzigen Anstoß Greisers zurückging und unter der Oberaufsicht Uebelhörs in einer kontinuierlichen Aktion durchgeführt wurde, vollzog sich die Konzentration der Juden in Warschau in einem uneinheitlichen Prozess. Erst im November 1940 wurde das Ghetto abgeriegelt; die Reorganisation seiner Verwaltung zum Zweck der wirtschaftlichen Selbstversorgung erfolgte nicht vor Mai 1941. Die Ereignisse in Warschau hinkten, kurz gesagt, ein halbes Jahr hinter denen in Lodz her. Noch deutlicher als dort trat in Warschau das Fehlen einer zentralen, langfristigen Planung und der daraus resultierende Improvisationscharakter deutscher Ghettoisierungspolitik zutage.

Am 4. November 1939 wies SS-Standartenführer Rudolf Batz den Warschauer Judenrat im Namen des Kommandanten der Stadt, Generalleutnant Karl-Ulrich Neumann-Neurode, an, die ansässigen Juden innerhalb von drei Tagen in bestimmten Straßenzügen zu konzentrieren. Am nächsten Tag suchte eine Abordnung des Judenrats den Stadtkommandanten auf, der nichts von dem Befehl wusste und sie bat, eine schriftliche Bestätigung abzuwarten. Zwei Wochen darauf notierte der Vorsitzende des Judenrats, Adam Czerniaków, erleichtert, dass die Errichtung des Ghettos um einige Monate aufgeschoben worden sei.[37] Statt der Ghettoisierung ordnete die Wehrmacht an, im vorwiegend von Juden bewohnten Viertel der Stadt ein »Seuchengebiet« auszuweisen, dessen Betreten für Deutsche verboten war, während Polen und »Volksdeutsche« dort leben durften. Juden war es weiterhin erlaubt, auch anderswo zu wohnen und zu arbeiten.[38] Ironischerweise erhielt der Gouverneur des Distrikts Warschau, Ludwig Fischer, zum gleichen Zeitpunkt, als die SS-Initiative zur Errichtung eines Ghettos scheiterte, von Frank die Genehmigung, in der ehemaligen polnischen Hauptstadt ein »besonderes Ghetto« zu schaffen.[39]

In den folgenden Monaten gingen unter den Warschauer Juden Gerüchte sowohl über Deportationen als auch über die Ghettoisierung um.[40] Konkrete Vorbereitungen für ein separates jüdisches Wohngebiet begannen nach dem Jahreswechsel, als Fischer den 36-jährigen Waldemar Schön, einen Beamten und Parteiangestellten, der seit 1930 sowohl der NSDAP als auch der SA angehörte, zum Leiter der neu geschaffenen Abteilung Umsiedlung in seiner Distriktsverwaltung ernannte.[41] Als Erstes schlug dieser die Einrichtung eines jüdischen Ghettos in dem durch die Weichsel abgegrenzten Stadtteil am Ostufer des Flusses vor, doch wurde dieser Plan in einer Besprechung am 8. März 1940 verworfen, da insbesondere die Stadtverwaltung Einwände erhob: Eine »Ghettobildung« würde die Wirtschaftstätigkeit in der Stadt empfindlich stören, da die Handwerkerschaft zu 80 Prozent aus Juden bestehe. Darüber hinaus sei es unmöglich, die Juden in einem solchen »geschlossenen Wohnbezirk« zu ernähren.[42]

Wie in Lodz kamen die Warschauer Planer als nächstes auf die Idee, ihr »Judenproblem« durch Deportationen zu lösen, wobei der Blick auf den Distrikt Lublin fiel, der als »Sammelbecken aller Juden des Generalgouvernements« dienen sollte. Im April klärte HSSPF Krüger sie jedoch darüber auf, dass eine Deportation nach Lublin nicht beabsichtigt sei.[43] Unterdessen hatten zwei Spitzenbeamte des Gesundheitswesens, SA-Oberführer Jost Walbaum, der Leiter des Hauptamtes Gesundheit der Regierung des Generalgouvernements, und Kaminski, der Chef der Abteilung Gesundheitswesen des Distrikts Warschau, die Errichtung eine Mauer um das »Seuchengebiet« durchgesetzt.[44] Gebaut und bezahlt werden sollte sie von den Juden. »Ein Ghetto wider Willen«, resümierte Czerniaków.[45] Doch gaben sich die Deutschen damit noch nicht zufrieden, und die Planung ging weiter mit dem Ziel, die Umsiedlung ins Ghetto vor Einbruch des Winters abzuschließen. Schön schlug vor, zwei Ghettos zu errichten – in den Stadtteilen Kolo und Wola im Westen und in Grochow im Osten –, die weder die Wirtschaft noch den Verkehr der Stadt beeinträchtigen würden.[46]

Auftrieb erhielt dieser Gedanke am 6. und 7. Juni 1940 anlässlich einer großen Wirtschaftskonferenz im Generalgouvernement. Um die jüdischen Zwangsarbeiter verlässlich erfassen und rationell einsetzen zu können, war es nach einhelliger Ansicht der Teilnehmer »notwendig, dass die nomadisierenden Juden in Städten sesshaft würden«. »[D]amit die Juden sich nicht frei bewegen können«, wollte man in allen Städten Arbeitslager, Konzentrationslager und Ghettos errichten.[47] Näher sollte das NS-Regime einer einheitlichen Ghettoisierungspolitik im Generalgouvernement nicht kommen. Doch auch dieser Ansatz wurde umgehend wieder zunichte gemacht, als aus Krakau, der Hauptstadt des Generalgouvernements, einen Monat später der Einstellungsbefehl für »alle Ghettobildungsarbeiten« kam, da sie angesichts der bevorstehenden Deportation der Juden nach Madagaskar als »praktisch illusorisch« erschienen.[48]

Am Ende waren es nicht Schön und seine Abteilung Umsiedlung, sondern wiederum Ärzte, deren Intervention die Entscheidung zugunsten eines geschlossenen Ghettos brachte. In Warschau zog der gerade erst eingetroffene Leiter der Abteilung Gesundheitswesen des Distrikts Warschau, Arnold Lambrecht, aus der Seuchenstatistik »mit absoluter Sicherheit« den Schluss, dass sich während des Winters im ganzen Distrikt Fleckfieber und Typhus ausbreiten würden. Zum Schutz der in dem Gebiet zusammengezogenen Truppen, so Lambrecht, sei die »Ghettobildung« dringend erforderlich. Fischers Abteilung Innere Verwaltung unterstützte diese Forderung und beklagte sich darüber, dass »offenbar in Krakau bisher noch nicht eine einheitliche Behandlung des Judenproblems festgelegt wurde«.[49] Am 6. September erläuterte Dr. Walbaum Frank persönlich eine statistische Übersicht über das Seuchenproblem und verlangte die sofortige Errichtung eines Ghettos in Warschau. Frank genehmigte daraufhin am 12. September ein geschlossenes Ghetto, »vor allem weil festgestellt ist, dass die Gefahr von den 500 000 Juden so groß ist, dass die Möglichkeit des Herumtreibens dieser Juden unterbunden werden muss«.[50]

Da man es einerseits für notwendig hielt, die Ghettoisierung vor Einbruch des Winters abzuschließen, die Verwirklichung von Schöns Plan für zwei Stadtrandghettos andererseits vier bis fünf Monate in Anspruch genommen hätte, einigte man sich darauf, das »Seuchengebiet«, wo bereits die meisten Warschauer Juden lebten und mehrere Mauern errichtet worden waren, in ein Ghetto umzuwandeln. Die jüdische Bevölkerungsdichte in diesem Gebiet hatte ständig zugenommen, da zuziehende Juden und solche, die ihre Wohnungen in anderen Bezirken der Stadt aufgeben mussten, seit August nur noch dort ihren Wohnsitz nehmen durften.[51] Mit der Durchführung der Ghettoisierung wurde Schöns Abteilung Umsiedlung betraut. Gleichzeitig sollte auch in anderen Städten des Distrikts mit der Errichtung von Ghettos begonnen werden.[52]

In Lodz hatte man die Ghettoisierung schlicht als Mittel gerechtfertigt, den Juden kurz vor ihrer Deportation – im Tausch gegen Lebensmittel – die letzten Wertsachen abzupressen. In Warschau standen hingegen keine Deportationen bevor; die deutsche Verwaltung erging sich daher in komplexeren Rechtfertigungen. Sowohl Schön als auch Distriktgouverneur Fischer führten als einen der Hauptgründe für die Zusammenpferchung der Juden die diesbezügliche Empfehlung der Mediziner an, mit der eine Ausbreitung von Epidemien verhindert werden sollte. Als weitere Gründe nannten sie die erwünschte Zurückdrängung des politischen, moralischen und kulturellen Einflusses der Juden auf die polnische Gesellschaft sowie die Beendigung des jüdischen Schwarzhandels und der Preistreiberei.[53] Nachträglich kamen zwei weitere Vorteile hinzu, ein ästhetischer – Warschau verlor sein »jüdisches Gepräge« und glänzte wieder mit »sauberen Straßen«[54] – sowie ein praktischer – die Ghettobildung war mit einer relativ geringen Anzahl deutschen Personals bewerkstelligt worden.[55]

Doch welche besonderen Gründe zu diesem Zeitpunkt auch eine Rolle gespielt haben mochten: Die Ghettoisierung stimmte voll und ganz mit den Grundsätzen und langfristigen Zielen der nationalsozialistischen Judenpolitik überein, die eine totale Entfernung der Juden aus dem deutschen Herrschaftsgebiet anstrebte. In Lodz war das Ghetto als temporäres Provisorium, als Durchgangsstation vor der Deportation errichtet worden, die dann jedoch nicht zustande kam. In Warschau handelte es sich hingegen in gewisser Weise um eine bewusst ergriffene Ersatzmaßnahme anstelle der vorläufig nicht mehr zu erwartenden Deportation. Ausschlaggebend für die Errichtung des Ghettos war nach Aussage des deutschen Ghettokommissars Heinz Auerswald »in erster Linie der Wunsch, die Juden aus allgemeinen politischen und weltanschaulichen Gründen von der arischen Umwelt abzusondern«.[56] Aber auch hier wollte man sich ebenso wenig wie in Lodz eingestehen, dass dies einer Dauerlösung gleichkam. Zumindest ein Teil der NS-Funktionäre versuchte mit Nachdruck zu beweisen, dass man nicht in einer Sackgasse steckte, die »Judenfrage« keineswegs unlösbar war und die Ghettoisierung nur eine Station auf dem Weg zu einer endgültigen Lösung darstellte. Bei Schön liest sich das so: »Wir wollen der Welt zeigen, dass wir im Rahmen unserer kolonisatorischen Arbeit mit dem Judenproblem, auch wenn es als Massenproblem auftritt, fertig zu werden in der Lage sind. Der Parasit aller Völker wird auf einem neu gefundenen Wege doch noch der menschlichen Gemeinschaft nutzbar gemacht. Der jüdische Wohnbezirk in Warschau stellt in seiner Entwicklung praktisch eine Vorstufe der vom Führer geplanten Ausnützung der jüdischen Arbeitskräfte in Madagaskar dar.«[57]

Bei der Errichtung des Warschauer Ghettos standen die Deutschen vor zwei Hauptproblemen: Zum einen mussten sie die für die Verwaltung eines Ghettos notwendigen Methoden erlernen, zum anderen seine endgültigen Grenzen festlegen. Das erste Problem lösten sie, indem sie sich auf die Erfahrungen anderer stützten. Anfang September wurde Chaim Rumkowski, der Vorsitzende des Lodzer Judenrats, nach Warschau gebracht, und Mitte September reiste eine Gruppe Warschauer Beamter nach Lodz.[58] Darüber hinaus erstattete der Kreishauptmann von Lowicz, Heinrich Werner Schwender, den Warschauer Beamten über das Ghetto Bericht, das er im Mai 1940 in Reaktion auf den Zustrom von Juden aus dem Warthegau hatte errichten lassen. Er betonte vor allem die Nützlichkeit des Judenrats und dessen Ordnungsdienstes, der in Lowicz mit Reitpeitschen ausgestattet sei. Auf diese Weise sei es fast ohne eigene Wachmannschaften gelungen, die Juden unter Kontrolle zu halten und ihren Arbeitseinsatz zu organisieren.[59]

Noch während sich die deutsche Verwaltung in Warschau sachkundig machte, wurde sie bereits mit Anträgen überschüttet, bestimmte Gebäude und Straßenzüge nicht in das Ghetto einzubeziehen, und da sie so viele dieser Bitten wie möglich erfüllte, schrumpfte das künftige Ghettogebiet beständig.[60] Zwischen Anfang Oktober und Mitte November wurden in einem massiven Bevölkerungsaustausch 113 000 Polen und 138 000 Juden umgesiedelt. Doch war das Ergebnis alles andere als ausgeglichen, denn als er beendet war, drängten sich 30 Prozent der Bevölkerung auf 2,4 Prozent des Stadtgebiets.[61] Den deutschen Statistiken zufolge übertraf die Bevölkerungsdichte im Ghetto den Stadtdurchschnitt um das Achtfache.[62] Die Situation verschärfte sich Anfang 1941 noch, als die Deutschen zwischen Januar und März alle westlich der Weichsel lebenden Juden ins Ghetto umsiedelten, um Platz für jene Polen zu schaffen, die im Rahmen des dritten Nahplans aus den ins Reich eingegliederten Gebieten abgeschoben werden sollten. Durch den Zustrom dieser 66 000 Menschen erreichte die Einwohnerzahl des Warschauer Ghettos mit 445 000 Menschen, darunter 130 000 Flüchtlinge aus der Umgebung der Stadt, seinen höchsten Stand.[63] Damit betrug die Ghettobevölkerung in Warschau im Vergleich zu Lodz fast das Dreifache; zusammen genommen sperrte man nahezu ein Drittel der unter deutscher Herrschaft lebenden polnischen Juden in diese beiden Ghettos ein.

Die Errichtung eines geschlossenen Ghettos, in dem die Juden von den Arbeitsstellen und dem Geschäftsleben außerhalb seiner Mauern abgeschnitten waren, machte die Neugestaltung ihres Wirtschaftslebens erforderlich. Schön schuf zu diesem Zweck eine so genannte Transferstelle, die als ökonomischer Mittler zwischen den eingesperrten Juden und der Außenwelt fungierte und im Dezember 1940 ihre Arbeit aufnahm. Ihre Aufgabe war es, Lebensmittel und Rohstoffe ins Ghetto zu liefern und im Namen der Ghettogemeinde Verträge mit Dritten zu schließen. Bezahlt werden sollten die Lieferungen ins Ghetto mit den dort hergestellten Gütern, deren Wert festzulegen allein Sache der Transferstelle war. Es stand somit in ihrer Macht, das Wirtschaftsleben im Ghetto durch seine Einbindung in die deutsche Kriegswirtschaft entweder zu fördern und zu stärken oder aber zu blockieren und die Ghettobewohner dem Hungertod preiszugeben.

Zwei Anzeichen geben zu erkennen, dass Schön letzterer der beiden Optionen zuneigte. Zum einen ernannte er niemand anderen als Alexander Palfinger, den verärgerten früheren Beamten der Lodzer Ghettoverwaltung, zum Leiter der Transferstelle. Dieser machte aus seiner Haltung gegenüber den Juden keinen Hehl. Wie der Ghettochronist Emmanuel Ringelblum notierte, machte er es sich »zur Gewohnheit, nicht mit Juden zu sprechen. Es gibt solche Amtsträger, die aus Prinzip keinen Juden sehen wollen, um mit ihm zu reden. Sie öffnen die Fenster der Transferstelle, weil die Juden solchen Gestank verbreiten.«[64] Zum anderen sah er es als Zweck und Aufgabe der Transferstelle an, die Kriegsanstrengungen zu unterstützen, indem sie ausländische Währungen aus dem Ghetto herauspresste und dort Aufträge Dritter, insbesondere der Wehrmacht, ausführen ließ. Darüber hinaus sollte sie alle im Ghetto »versteckten« lebensnotwendigen Dinge der Nutzung zuführen und »eine wirksame und ständige Ausnützung der Arbeits- und Wirtschaftskräfte der Juden bei der Aufrechterhaltung des jüdischen Wohnbezirkes bis zur restlosen Liquidierung des jüdischen Vermögens im Zeitpunkt der Aussiedlung nach Madagaskar« gewährleisten. Bei der Gratwanderung zwischen höchstmöglicher Ausplünderung und dem, was Schön als »vorzeitiges Verarmen« bezeichnete,[65] favorisierten sowohl er als auch Palfinger die maximale Ausbeutung der Juden.

Die verheerenden ökonomischen Folgen der Ghettoisierung blendete Schön völlig aus. Im Gegensatz zur Distriktsverwaltung, die in ihrem für Krakau bestimmten Lagebericht die massiven wirtschaftlichen Störungen hervorhob, beteuerte er, dass das Wirtschaftsleben »nicht wesentlich gestört« wäre.[66] Als der Leiter der Abteilung Ernährung und Landwirtschaft der Distriktsverwaltung von Warschau, Karl Naumann, Anfang Dezember 1940 vorschlug, das Ghetto in diesem Monat nicht mit Lebensmitteln zu beliefern, um die Juden zu zwingen, geschmuggelte Lebensmittel und verstecktes Geld aufzubrauchen, warnte Dr. Lambrecht von der Gesundheitsabteilung davor, den Ausbruch von Seuchen mit einer solchen »künstlichen Hungersnot« zu fördern. Schön stellte sich hinter Lambrecht, und Naumann sicherte die Lieferungen zu.[67] Nichtsdestoweniger untersagte Naumanns Abteilung zwei Tage später jegliche Lebensmittellieferungen ins Ghetto.[68] Wie aus Czerniakóws immer verzweifelteren Briefen aus dieser Zeit hervorgeht, trafen die meisten der zugesagten Lebensmittel tatsächlich nicht im Ghetto ein, wogegen Schön offenbar nichts unternahm.[69]

Mitte Januar erfuhr Krakau vom Stopp der Lebensmittelversorgung der Warschauer Juden.[70] Dennoch ließen Czerniakóws Bitten Schön weiterhin unberührt. Seine Abteilung, erklärte er, interessierten die Klagen des Judenrats nicht – mit einer Ausnahme: Die Seifenlieferung müsse durchgeführt werden, »damit nicht der Judenrat mit Recht behaupten kann, die deutschen Behörden würden ihm die Durchführung der hygienischen Vorschriften erschweren«. Diese Sorge um die Seifenversorgung hielt Wilhelm Hagen, den Chefarzt der deutschen Stadtverwaltung, nicht davon ab, der Transferstelle vorzuwerfen, seine Bemühungen um die Seuchenbekämpfung zu torpedieren.[71] Offenbar waren Schön, Palfinger und Naumann nur allzu gerne bereit, das »Absterben« der Warschauer Juden zu forcieren.

In Krakau kündigte sich unterdessen einer von Franks unvermittelten Meinungsumschwüngen an. Anfang des Jahres hatte er sich widerstrebend Hitlers Wünschen hinsichtlich der Deportationen des dritten Nahplans gebeugt. Als dieser Mitte März jedoch für unbestimmte Zeit aufgeschoben wurde, nahm der Generalgouverneur rasch einen gelasseneren und pragmatischeren Standpunkt ein. Im Augenblick seien »große volkspolitische Experimente« nicht durchführbar, erklärte er und zitierte zustimmend Görings Bemerkung: »Es ist wichtiger, dass wir den Krieg gewinnen, als Rassenpolitik durchzusetzen.« Man müsse über jeden Polen oder Juden froh sein, der in einer Fabrik arbeite, fügte Frank hinzu, ob es einem nun passe oder nicht.[72]

Günstiger hätte der Augenblick, den sich Walter Emmerich, der Leiter der Hauptabteilung Wirtschaft des Generalgouvernements ausgesucht hatte, kaum sein können, um Frank ein

53-seitiges Gutachten über die wirtschaftliche Lage des Warschauer Ghettos vorzulegen. Die von Emmerichs Berater Rudolf Gater, dem Chef einer wirtschaftspolitischen »Denkfabrik« namens Reichskuratorium für Wirtschaftlichkeit, verfasste Untersuchung mahnte umgehend organisatorische Veränderungen an, da das Ghetto, seit es abgeriegelt und seine Bevölkerung von jeder normalen Wirtschaftstätigkeit abgeschnitten worden war, mehr konsumiere als produziere.[73] Mit anderen Worten, das Ghetto, das nach Gaters Schätzung fünf Jahre bestehen bleiben würde, wirtschaftete defizitär. Sobald die vorhandenen Mittel der Juden verbraucht waren, würden die Deutschen vor der Wahl stehen: Sie könnten, erstens, das Ghetto mit öffentlichen Geldern unterhalten, zweitens die Folgen der unzureichenden Ernährung in Kauf nehmen, drittens die Juden für produktive Arbeiten einspannen oder, viertens, die Absperrung des Ghettos lockern, um die Wiederaufnahme direkter Wirtschaftsbeziehungen zur Außenwelt zu ermöglichen. Die zuletzt genannte Möglichkeit werde auf den Widerstand der Gesundheitsbehörden stoßen; und dass die erstgenannte unerwünscht war, verstand sich von selbst. Folglich konnte man das Ghetto entweder als ein Mittel betrachten, »das jüdische Volkstum zu liquidieren«, oder es als ein Arbeitskräftereservoir nutzen, das ausreichend verpflegt werden musste, um produktiv zu bleiben.

Der größte Teil der Gaterschen Gutachtens war den Voraussetzungen für ein sich selbst tragendes Arbeitsghetto gewidmet, also der dritten Option. Danach mussten 60 000 Juden »Exportartikel« herstellen, um eine minimale Versorgung der Ghettobewohner ohne öffentliche Subventionen zu gewährleisten. Diese Aufgabe war mit den politischen Vorgaben von Schön und Palfinger nach Gaters Überzeugung nicht durchzusetzen. Schön habe behauptet, die Ghettobewohner besäßen noch ausreichende Werte, um die Lebensmittelversorgung sechs Monate lang zu finanzieren; bevor man sich Gedanken über Arbeitsmöglichkeiten mache – so Schön –, solle man diese »durch Sperrung der Nahrungsmittellieferungen« aus ihnen herauspressen. Gater zufolge existierten noch nicht einmal annäherungsweise so viele Werte im Ghetto. Stattdessen müsse man mit einer »erheblichen Stockung des Lebens« im Ghetto rechnen, wenn die Produktion nicht innerhalb der nächsten drei Monate anlaufe. Auch das Vorhaben der Transferstelle, nach Lodzer Vorbild mit Hilfe des Judenrats die totale Kontrolle über eine hochgradig zentralisierte Ghettowirtschaft auszuüben, fand bei Gater keine Gnade. Der Judenrat besitze dafür nicht genügend Autorität und Organisationsvermögen, und die Transferstelle könne nicht jeden Aspekt des Wirtschaftslebens von fast 500 000 Menschen in den Griff bekommen.

Frank beauftragte Emmerich, Fischers Meinung einzuholen, bevor er eine Besprechung über dieses Thema einberief. Zwei Tage später teilte Fischer mit, die Lage des Ghettos sei ausgezeichnet. 40 000 Warschauer Juden hätten bereits Arbeit (15 000 im Ghetto und 25 000 in Lagern), und die Seuchengefahr habe sich gegenüber dem Vorjahr um 50 Prozent vermindert. »Wenn sich die Entwicklung weiter so vollziehe«, beteuerte er, »brauche man mit besonderen Schwierigkeiten im Ghetto nicht zu rechnen, umso weniger, da die Versorgung auch sichergestellt ist.«[74] Es folgte eine erbitterte Debatte zwischen den überwiegend aus Krakau kommenden Produktivitätsbefürwortern und den Warschau Befürwortern einer Vernichtung durch Hunger. Die Konfrontation begann mit einer Besprechung am 3. April 1941, an der die führenden Beamten aus Krakau und Warschau teilnahmen. Distriktsgouverneur Fischer malte ein rosiges Bild der Lage: Die Juden hätten »erhebliche Mittel« zur Verfügung, und im Ghetto seien genügend Lebensmittelvorräte vorhanden, so dass »in den nächsten Monaten die Gefahr einer Hungersnot keineswegs gegeben« sei. Handel und Produktion im Ghetto kämen voran. Jüdische Handwerker seien gut beschäftigt. Emmerich hingegen wischte diese Phantasievorstellungen beiseite: »Bei allen wirtschaftlichen Überlegungen bezüglich der Ghettos müsse man sich von dem Gedanken frei machen, dass es jetzt im Ghetto noch gut gehe und dass es dort noch Vorräte gebe. Das Ghetto sei keine Angelegenheit, die in einem Jahr bereits liquidiert werden könne, sondern es werde für einen größeren Zeitraum eingerichtet, und daher müssten auch die wirtschaftlichen Planungen für einen größeren Zeitraum erfolgen.« Ausgangspunkt für alle wirtschaftlichen Maßnahmen sei der Gedanke gewesen, »die Lebensfähigkeit der Juden zu erhalten. Die Frage sei, ob es gelinge, dieses Problem in produktiver Weise zu lösen, d. h. so viel Arbeit in das Ghetto hineinzulegen bzw. soviel Arbeitserträge aus dem Ghetto herauszuziehen, dass der Ausgleich herbeigeführt wird.«

In kaum verhohlener Anspielung auf Palfinger und Schön fügte Emmerich hinzu, dass bei der Schaffung der Transferstelle »natürlich auch die Persönlichkeitsfrage« eine große Rolle gespielt habe. Sein Berater Gater trug danach detailliert vor, wie man das nötige wirtschaftliche Gleichgewicht für das Ghetto erreichen könne, ohne dass er aus seiner pessimistischen Einschätzung einen Hehl machte. Abschließend führte Emmerich aus, dass man Kredite und die Investitionen großer deutscher Unternehmen benötige, um die Wirtschaft anzukurbeln. Man müsse für 65 000 bis 75 000 Juden im Ghetto eine produktive Arbeit finden. Nur dann werde man die Einrichtung des Ghettos als Erfolg betrachten können. Schön, für den die Besprechung einigermaßen unangenehm gewesen sein muss, tat Gaters Vortrag als »zu theoretisch« ab. Doch weder er noch Fischer wagten es, den allgemeinen Konsens der Versammelten in Frage zu stellen, wonach das Ghetto einer gesunden wirtschaftlichen Basis bedurfte, zumal dem auch Frank zustimmte. »Die Verantwortung«, erklärte der Generalgouverneur, »die die Regierung mit der Schaffung des jüdischen Wohnbezirks für 500 000 Menschen übernehme, sei sehr groß, und ein Misserfolg würde immer der Regierung des Generalgouvernements zur Last gelegt werden.«[75]

Vier Tage nach dieser Sitzung schrieb Palfinger ein kritisches »Exposé« zu Emmerichs Bericht. Dieser sei von »betriebs- und wirklichkeitsfremden Theoretikern« verfasst worden, die von falschen Fakten ausgingen. Die Beschäftigungsaussichten im Ghetto seien so gut, dass die Ghettoverwaltung bald in der Lage sein werde, »einen Reservefonds sukzessive aufzustocken«. Außerdem hätten diese »Theoretiker« nicht erkannt, dass die wirtschaftlichen Erwägungen »rein politischen« unterzuordnen seien. In ihrer politischen Ignoranz schätzten sie beispielsweise den Bedarf der ghettoisierten Juden so hoch ein, als handle es sich um Arier. Palfinger setzte andere Maßstäbe:

»Ein Nutztier, von dem der Mensch Leistungen verlangt, war noch nie wegen seines Bedarfs der Gegenstand tiefsinniger Betrachtungen, sondern [...] der Tierhalter reguliert die Futtermittelzufuhr je nach dem Grade des durch die Leistungen des Tiers ihm gebrachten Nutzens.« Die Autoren des Berichts hätten die Tatsache übersehen, dass von höchster Stelle ein »radikaler, durch das primäre politische Moment bestimmter Kurs« in der »Judenfrage« gewünscht werde und der Lebensstandard der Ghettobewohner, unabhängig von ihrem produktiven Ausstoß, auf das Niveau eines »Anhaltelagers« zu drücken sei.[76]

Palfingers »Exposé« blieb folgenlos. Am 9. April 1941 legten Krakauer Beamte Frank den Entwurf einer Verordnung zur Reorganisation der Verwaltung des Warschauer Ghettos vor. Darin wurde ausdrücklich betont, dass der Distriktsgouverneur von Warschau »im Rahmen der von der Regierung des Generalgouvernements gegebenen Richtlinien« zu handeln habe.[77] Diese Klausel hielten die Verfasser des Entwurfs für erforderlich, »weil der Distriktschef von Warschau ausschließlich über diese Frage bestimmen wolle, ohne das notwendige Einvernehmen mit den übergeordneten Stellen herzustellen«. Die unmittelbare Verantwortung für die Verwaltung des Ghettos sollte der Abteilung Umsiedlung abgenommen und einem neu berufenen »Kommissar für den jüdischen Wohnbezirk« übertragen werden, der die Tätigkeit sowohl der Transferstelle als auch des Judenrats überwachte. Dessen Vorsitzender sei fortan gewissermaßen als Bürgermeister des Ghettos zu betrachten.[78] Nachdrücklich verlangte Frank, dass sich die Verwaltung des Distrikts Warschau an die Vorschriften der Verordnung halte und wies Unterstaatssekretär Ernst Kundt an, Fischer entsprechend zu instruieren.[79]

Am 19. April fand – wiederum unter Teilnahme des Distriktsgouverneurs von Warschau – eine abschließende Besprechung statt. Fischers Einwände gegen die Verordnung wurden von Frank mit Bestimmtheit zurückgewiesen. Diese »ganze Frage des Warschauer Ghettos« sei »als eine Angelegenheit des Generalgouvernements und nicht lediglich als eine solche des Distrikts aufzufassen«. Fischer habe daher die Verbindung zu den Zentralbehörden aufrechtzuerhalten und ihnen Gelegenheit zu einer Stellungnahme zu geben, bevor er irgendwelche Maßnahmen ergreife. Der Chef der Emissionsbank, Fritz Pärsch, äußerte die Befürchtung, dass das Warschauer Ghetto ebenso wenig wie das in Lodz ohne staatliche Zuschüsse auskommen werde. Dem widersprach Fischer: Im Unterschied zum Lodzer habe man das Warschauer Ghetto nicht sämtlicher Produktionsmittel beraubt. Im Übrigen wäre die Gefahr weit größer gewesen, wenn man kein geschlossenes Ghetto errichtet und den Juden weiterhin die volle Bewegungsfreiheit gestattet hätte. In dieser Hinsicht stimmte ihm Frank ausdrücklich zu: »Man werde hier wohl das kleinere Übel wählen müssen. Dass man das Ghetto nicht auflösen und die Juden sich frei betätigen lassen könne, darüber sei man doch wohl einig. Zudem habe der Führer ihm versprochen, dass das Generalgouvernement als erstes Gebiet von Juden völlig befreit werden solle. Es handle sich danach nicht um eine dauernde Belastung, sondern um eine typische Kriegserscheinung, vielleicht sogar um eine Reichsverteidigungsmaßnahme. Selbst wenn diese Maßnahme Kosten verursachen sollte, so würde es für ihn doch ein beruhigendes Gefühl sein, eine halbe Million Juden unter Kontrolle zu haben.« Man stimmte schließlich darin überein, dass alle in Warschau getroffenen Maßnahmen aufgrund der einzigartigen Verhältnisse in der Stadt nicht auf andere Städte im Generalgouvernement übertragbar waren.[80]

Die Sitzung hatte sowohl politische als auch personelle Konsequenzen. An die Spitze der Transferstelle wurde Max Bischof, ein Wiener Bankier mit »halbjüdischer« Ehefrau,[81] berufen, um die Selbstversorgung des Ghettos herzustellen. Er erhielt die Zusage, nötigenfalls auf Regierungsmittel zurückgreifen zu können. Außerdem wurde ihm versichert, dass er Palfinger ablösen könne, sobald er sich eingearbeitet habe.[82] Schön wurde auf einen anderen Posten in der Distriktsverwaltung versetzt; zum Kommissar für den jüdischen Wohnbezirk wurde Heinz Auerswald ernannt, ein Rechtsanwalt, dessen NSDAP-Mitgliedschaft offenbar insofern nur eine Formsache war, als er sich bei mindestens einer Gelegenheit nicht mehr an den Zeitpunkt seines Parteibeitritts erinnern konnte.[83]

Die neuen Ghettoverwalter standen vor einer gewaltigen

Aufgabe. Auerswald gestand Bischof, er sei unangenehm überrascht gewesen, als er erfahren habe, dass trotz gegenteiliger Zusicherungen so gut wie kein Ghettobewohner Arbeit hatte. Darüber hinaus habe die Transferstelle nicht mehr als fünf bis zehn Prozent des Grundbedarfs an Lebensmitteln und anderen Gütern beschafft. Unter diesen Umständen werde man Lücken in der Abriegelung des Ghettos tolerieren müssen.[84]

Czerniaków's Tagebucheinträge vom Mai 1941 belegen einen erstaunlichen Wandel im Verhalten der Deutschen. Am 5. Mai besuchten Gater und ein anderer Wirtschaftsberater aus Krakau namens Meder das Warschauer Ghetto und schlugen vor, dass Kaufleute beiderseitig der Ghettomauern direkte Kontakte zueinander aufnehmen sollten. Am nächsten Tag erkundigte sich Palfinger argwöhnisch bei Czerniaków, was Gater und Meder im Ghetto getrieben hätten, teilte ihm aber gleichzeitig mit, er werde »alles tun, um die Versorgungslage zu verbessern«. Am 8. Mai erfuhr Czerniaków von Schöns Stellvertreter Otto Mohns, dass das Ghetto einen Haushalt von 24 Millionen Złoty erhalten solle und dass künftig alle Beschlagnahmungen verboten und, sollten sie dennoch vorkommen, sofort zu melden seien. Jüdische Hilfspolizisten dürften zudem die rücksichtslosen Wachen der Arbeitslager ablösen; schließlich werde die Regierung den Anteil des Judenrats am Mieteinkommen von vier auf zehn Prozent erhöhen. Am 12. Mai kam Czerniaków mit Auerswald zusammen, der verkündete, sein Verhältnis zum Judenrat sei »objektiv und sachlich [...], ohne Animositäten«. Am 21. wurde Czerniaków gar von Distriktsgouverneur Fischer empfangen, der ihm gleich eingangs versicherte, »es sei nicht sein Ziel, die Juden auszurauben. Die Rationen würden vielleicht vergrößert und es werde Arbeit bzw. Aufträge für die Arbeiter geben«. Neben diesen Zusagen hatte Fischer aber auch eine Bitte: »Er wies darauf hin, dass die Leichen auf den Straßen einen schlechten Eindruck machten. [...] Die Leichen – sagte er – müssen rasch weggeschafft werden.« Zum Thema der Lebensmittelversorgung zurückkehrend, ergänzte er, »vielleicht werde es Extrazuteilungen für die Polizei und die Angestellten geben«. Am Nachmittag desselben Tages hatte Czerniaków ein Gespräch mit Auerswald und Bischof, bei dem er zwischen den Zeilen eine gewisse Unzufriedenheit in Sachen Transferstelle herauslas, und Anfang Juni bestätigte er schließlich den unter Palfingers Nachfolger Bischof eingetretenen Wandel in der Transferstelle.[85]

Im Mai 1941 vollzog sich also auch in Warschau, ähnlich wie im Herbst zuvor in Lodz, ein grundlegender Wandel der deutschen Ghettopolitik. Die Produktivitätsbefürworter gewannen die Oberhand über die Befürworter einer Vernichtung durch Hunger. Das Ghetto sollte zu einer produktiven Wirtschaftseinheit entwickelt werden; wenn nötig, wollte die Regierung einen Teil der Unterhaltskosten des Ghettos übernehmen, auch wenn die Eigenfinanzierung sicherlich das Ziel blieb. Der Zeitpunkt dieser Veränderung entbehrte weder einer gewissen Tragik noch einer bitteren Ironie. Gerade als sich die deutschen Beamten in Polen entschlossen, pragmatischer und weniger mörderisch mit den Warschauer Juden umzugehen, bereiteten ihre Kollegen in Berlin einen »Vernichtungskrieg« gegen die Sowjetunion vor, der furchtbare Konsequenzen für das sowjetische Judentum haben sollte. Doch obwohl der sich dort entwickelnde Massenmord nicht aus den örtlichen Initiativen deutscher Behörden in Polen folgerte – der Trend wies hier ja gerade in die umgekehrte Richtung –, verschlossen sich diese auch nicht den neuen Impulsen aus Berlin. Es gab in Polen hinreichend viele Nationalsozialisten, die bereit waren, das »Absterben« der Juden zu betreiben, sobald es wieder auf der Tagesordnung stand.

Krakau, Radom und Lublin

Die Ghettoisierung in den übrigen drei Distrikten des Generalgouvernements, Krakau, Radom und Lublin,[86] folgte einem anderen Muster. 1940 mit der Hauptstadt Krakau beginnend, beschlossen die deutschen Behörden, die jüdische Bevölkerung in andere Teile des Generalgouvernements abzuschieben. Das hatte eine ganze Reihe von Vertreibungsaktionen zur Folge, da die Behörden von Radom und Lublin im Frühjahr 1941 dem Beispiel Krakaus folgten. Angesichts des massiven Zustroms deutscher Truppen im Vorfeld des »Unternehmens Barbarossa« versuchten die deutschen Stadtverwaltungen die Wohnungsnot durch die Ausweisung der Juden in kleinere Nachbarstädte zu beheben. Die Lokalbehörden wiederum begegneten der angespannten Situation, indem sie die unwillkommenen Juden in ausgewählte Städte ihres Distrikts umsiedelten, um sie dort in Zwangsquartieren zusammenzupferchen. Mit der Ghettoisierung der jüdischen Restbevölkerung von Krakau, Lublin und Radom im Frühjahr 1941 verebbte die unablässige Verschiebung polnischer Juden für einige Zeit, bis sie im Frühjahr 1942 wieder in Gang kam. Nachdem die polnischen Juden aus ihren neuen Domizilen in die Vernichtungslager der »Aktion Reinhard« deportiert waren, nahmen Juden aus Deutschland, Österreich und der Tschechoslowakei vorübergehend ihren Platz ein, bis man auch sie auf die letzte, tödliche Eisenbahnfahrt schickte. Die meisten der in Südpolen lebenden Juden wurden so zu entwurzelten, verarmten Flüchtlingen, die wie Figuren in einem gigantischen demographischen Schachspiel verschoben wurden. Das fieberhafte Treiben deutscher Umsiedlungsverwalter hörte erst auf, nachdem die polnischen Juden und die ihnen folgenden mitteleuropäischen Juden ermordet worden waren.[87]

Den ersten Anstoß zu dieser Serie interner Bevölkerungsverschiebungen gab am 12. April 1940 in Krakau eine Diskussion über die Wohnungsnot in der Stadt. Es sei »absolut unerträglich«, erklärte Frank, dass in einer Stadt, die der Führer dadurch ausgezeichnet habe, dass er sie zur Hauptstadt des Generalgouvernements erhob, »Tausende und Abertausende von Juden herumschlichen und Wohnungen innehätten«. Er beabsichtige daher, Krakau durch eine »große Aussiedlungsaktion«, bei der 50 000 Juden entfernt und vielleicht 5000, höchstens aber 10 000 unabkömmliche Handwerker zurückbleiben sollten, zu der »judenreinsten Stadt des Generalgouvernements« zu machen. Erst wenn dies erledigt sei, könne man deutsche Wohnsiedlungen errichten und »deutsche Luft atmen«.[88]

Den Juden von Krakau räumte man eine Frist bis zum 15. August 1940 ein, um die Stadt freiwillig zu verlassen. Folgten sie diesem Aufruf, wurde ihnen gestattet, ihre Besitztümer mitzunehmen und sich niederzulassen, wo sie wollten. Die lokalen deutschen Behörden im gesamten Generalgouvernement wurden angewiesen, dieser freiwilligen Umsiedlung keine Hindernisse in den Weg zu legen, damit die Juden, die Krakau verließen, sich nicht zu einer »Landplage« in der Umgebung der Stadt entwickelten. Am Ende sollten nur jene Juden zurückbleiben, die für die Wirtschaft der Stadt unverzichtbar waren. Wer Krakau nicht bis zum angegeben Termin verließ, musste damit rechnen, zwangsweise und besitzlos deportiert zu werden.[89]

Den Distriktschefs gegenüber rechtfertigte Frank die Vertreibung damit, dass die seit der Eroberung Polens um 50 Prozent gewachsene jüdische Bevölkerung in Krakau der Hauptgrund für die Wohnungsnot sei. Die Statistiken der jüdischen Gemeinde von Krakau zeigten ein anderes Bild: Danach hatten Ende November 1939 65 488 Juden in der Stadt gelebt, und trotz des Zuzugs von 4400 Juden im Rahmen des ersten Nahplans, 421 im Zuge des Zwischenplans sowie weiteren gut 4000 im April 1940 war die jüdische Bevölkerung aufgrund einer vergleichbar hohen Abwanderung nur auf 66 110 Menschen angewachsen – ein Zuwachs von weniger als einem Prozent.[90] Doch um die statistische Realität ging es nicht in Franks Vorhaben, das Hitler bei einem Treffen mit dem Generalgouverneur am 8. Juli absegnete.[91]

Bis zum 21. Juli hatten nur 3689 Juden Krakau verlassen, so dass Major Johann Ragger von der Unterabteilung für Bevölkerungswesen und Fürsorge dem Judenrat auftrug, drei Listen mit je 1000 arbeitsfähigen und unverheirateten Juden zu erstellen, die nacheinander am 16., 17. und 18. August ausgewiesen werden sollten.[92] Im Anschluss seien mehrere Stadtteile von Juden zu »säubern«, bis man ihren Anteil auf 10 000 wirtschaftlich nützliche Juden im Bezirk Kazimir reduziert habe.[93] Anfang August änderte Frank die Quoten leicht; nun sollten 45 000 Juden vertrieben werden und 15 000 verbleiben dürfen. Darüber hinaus betonte er, »dass die ganze Aktion den Stempel der Menschlichkeit tragen« müsse.[94] Am 19. August konnte Ragger melden, dass 22 000 Juden freiwillig die Stadt verlassen hätten; die Abschiebung von 3000 unverheirateten und arbeitsfähigen Juden sei hingegen ein totaler Fehlschlag gewesen. Von den 3000 in den Listen des Judenrats angeführten Männern hätten sich nur 70 gemeldet. Daraufhin seien das in Krakau stationierte Regiment der Orpo und die ihm zur Seite stehenden polnischen Polizisten angewiesen worden, 5000 auf Listen erfasste Juden festzunehmen. Bei dieser Aktion seien jedoch nur 500 Personen aufgegriffen worden, die man zur Zwangsarbeit in Steinbrüche geschickt habe.[95]

SS-Standartenführer Dethoff aus Krügers Stab setzte sich nun mit Ragger in Verbindung und verlangte aufgebracht die Festnahme des gegenwärtigen Judenrats und die Einsetzung eines neuen. Wenn auch der nicht parierte, sollten beide »an die Wand gestellt« werden. Ragger bat daraufhin seinen Vorgesetzten Friedrich Siebert, den Chef der Abteilung Innere Verwaltung, ihn von der Verantwortung für die Umsiedlung der Krakauer Juden zu entbinden. Siebert antwortete ihm, er solle Dethoffs Forderung in Bezug auf den Judenrat ignorieren. Aber auch der Kommandeur der Orpo, Oberstleutnant Köber, meldete sich jetzt bei Ragger und teilte ihm mit, dass er keine Anforderungen zu Polizeieinsätzen mehr entgegennehmen werde; solche Anweisungen müssten künftig über Dethoff vom Stab des HSSPF erfolgen.[96]

Während sich die deutschen Stellen in gegenseitigen Vorwürfen und Drohungen ergingen, wies der Judenrat mutig darauf hin, dass der offensichtliche Grund für das Scheitern der Razzia in den widersprüchlichen deutschen Anordnungen zu suchen sei. Fast alle Juden, die auf der Abschiebungsliste standen, hätten bereits die Möglichkeit ergriffen, Krakau freiwillig und mit ihren Besitztümern vor dem 15. August zu verlassen. Der Judenrat setzte sich dafür ein, die bislang erfolgreiche Maßnahme auf freiwilliger Basis fortzusetzen.[97] Tatsächlich verließen bis Ende August 26 000 und bis Ende September insgesamt 35 000 Juden die Stadt.[98]

Andernorts im Generalgouvernement reagierten die deutschen Behörden entsetzt auf den Zustrom von Flüchtlingen aus Krakau, hatten sie doch bereits die Last des Zuzugs der aus den eingegliederten Gebieten geflohenen oder deportierten Juden und Polen zu tragen. Der Kreishauptmann von Krakau-Land beschwerte sich, dass sein Zuständigkeitsbereich geradezu überschwemmt werde, da er nahe der Hauptstadt liege und es den Juden überlassen worden sei, sich niederzulassen, wo sie wollten; Überfüllung, gestiegene Mieten und Seuchengefahr seien die Folgen.[99] In dem durchsichtigen Versuch, seinen Argumenten Nachdruck zu verleihen, berichtete der Kreishauptmann von Jaslo, viele Polen seien »durch die Behandlung des Judenproblems beunruhigt. Sie könnten durchaus nicht verstehen, warum Krakau judenrein gemacht werden soll, während doch diese Elemente in der größeren Stadt besser kontrolliert werden können und auch weniger in Erscheinung treten würden, als das auf dem Lande und in den kleineren Städten der Fall ist. Die Aussicht auf eine spätere generelle Regelung des Judenproblems kann der hiesigen Bevölkerung keine Entschädigung dafür sein, dass sie die jetzige Invasion der Krakauer Juden auf sich nehmen muss. Die Polen bringen sogar zum Ausdruck, warum den deutschen Beamten und Angestellten in den Kreisstädten noch mehr Schwierigkeiten bei dem nun einmal unvermeidlichen Umgang mit Juden zugemutet werden, und glauben nicht recht an eine spätere gänzliche Evakuierung der Juden, weil ja sonst die Krakauer Aktion nicht nötig gewesen wäre.«[100]

In Tarnów beklagten sich die Behörden, der Zustrom von 4000 Juden aus Krakau habe die Wohnungsnot erheblich vergrößert und die Bevölkerung aufgebracht.[101] Der Kreishauptmann von Opatów erläuterte in einem Schreiben, dass er eine »planmäßige Entjudung« des Marktviertels der Stadt durchführe und, wenn möglich, ein Ghetto errichten werde. Doch dafür müsse die jüdische Bevölkerung auf 2500 Personen verringert werden, und das sei kaum zu erreichen, wenn Juden aus benachbarten Gebieten zuziehen dürften.[102] Auch andere Kreise berichteten über ihre Versuche, ein Ghetto zu errichten oder die Juden wenigstens in bestimmten Vierteln oder Städten zu konzentrieren.[103]

In Krakau war man über den Gang der Ereignisse ebenso wenig erfreut, allerdings aus dem entgegengesetzten Grund: Die jüdische Bevölkerung der Stadt nahm nicht schnell genug ab. Anfang Oktober wurde Ragger die Verantwortung für die Umsiedlungen abgenommen und dem Stadthauptmann von

Krakau, Carl Schmid, übertragen. Die Prüfung der Frage, welche Juden für die Wirtschaft wichtig waren, sollte rasch abgeschlossen werden, damit Polizeiaktionen zur Vertreibung der übrigen eingeleitet werden konnten.[104] Doch erwies sich dieser Vorgang als schwierig und zeitaufwändig. Sechs Wochen später waren noch keine weiteren Abschiebungen vorgenommen worden; stattdessen kehrten viele Juden, den Lageberichten zufolge, aus der Umgebung in die Stadt zurück. Ein Bericht bezifferte die jüdische Bevölkerung wieder auf 50 000 Menschen, ein anderer sogar auf 60 000. Der Gouverneur des Distrikts Krakau, Otto Wächter, kanzelte Schmid daraufhin wütend ab, entzog ihm die Aufsicht über die Umsiedlungsaktion und übertrug sie dem ihm direkt unterstellten SS-Obersturmbannführer Rudolf Pavlu.[105]

Diesmal ließen brutale Aktionen nicht lange auf sich warten. Am 29. November sowie am 3. und 9. Dezember 1940 führte das Polizeibataillon 311 zusammen mit der polnischen städtischen Polizei und der deutschen Kriminalpolizei Razzien durch, um den Juden den »Ernst der Lage« vor Augen zu führen. Nach Schätzung der Sipo verließen im Dezember daraufhin etwa 20 000 Juden die Stadt.[106] Angesichts des neuerlichen Zustroms von Juden sowohl aus Krakau als auch aus den eingegliederten Gebieten erhob sich in den Kreisstädten ein Aufschrei der Entrüstung: Man habe bereits mehr Flüchtlinge aufgenommen als möglich und könne keine weiteren mehr unterbringen.[107] Dessen ungeachtet beharrte man in Krakau auf einer Quote von höchstens 15 000 Juden und bereitete neue Kennkarten und Aufenthaltsgenehmigungen für sie vor. Bis Ende Februar 1941 waren 27 000 Ausweisungsbefehle ergangen, und im Viertel Podgorze liefen die Vorarbeiten für die Errichtung eines Ghettos an.[108] Den ganzen Februar über gingen von Krakau Eisenbahntransporte mit Juden in andere Teile des Generalgouvernements ab.[109] Mit Wirkung vom 27. Februar wurden die alten Ausweise für ungültig erklärt; in Krakau aufenthaltsberechtigt waren fortan nur noch die Inhaber der neuen Kennkarten. Am 3. März schließlich erging der Befehl zur Errichtung eines Ghettos.[110]

Die Eskalation der Vorgehensweise in Krakau war nicht zuletzt eine Folge der widersprüchlichen, im Kern undurchführbaren deutschen Politik sowie der daraus folgenden Frustration – ein Muster, das ebenso der Dynamik der eskalierenden Umsiedlungspläne entsprach. Frank hatte allen Juden, die nicht wirtschaftlich verzichtbar waren, befohlen, die Stadt zu verlassen, doch reichte selbst die drohende Deportation ohne Hab und Gut nicht aus, um 45 000 Juden dazu zu bewegen, freiwillig wegzuziehen, zumal sie bei der Ankunft in anderen Teilen des Generalgouvernements Feindseligkeit und Widerstand erwarteten. Darüber hinaus wurden die für die Erfüllung der Quote notwendigen Polizeirazzien bis zum Ende des Jah res aufgeschoben, weil man zuvor prüfen wollte, wer aufgrund seiner wirtschaftlichen Nützlichkeit von der Deportation ausgenommen werden sollte. Als sie schließlich durchgeführt werden konnten, trugen die Vertreibungen selbstverständlich nicht »den Stempel der Menschlichkeit«, und statt in Kazimir wurden die zurückbleibenden Juden nun in Podgorze ghettoisiert.

Im Frühjahr 1941 versuchten die deutschen Behörden in Radom und Lublin, dem Vorbild Krakaus folgend, die jüdische Bevölkerung ebenfalls durch Vertreibungen in Provinzstädte und Dörfer zu verringern und die Zurückgebliebenen zu ghettoisieren. Durch den massiven militärischen Aufmarsch im Generalgouvernement im Vorfeld des »Unternehmens Barbarossa« gerieten sie indessen zusätzlich unter Druck, da sich die Wohnungsnot nur noch mehr verschärfte. Die Wehrmacht machte daraufhin nicht nur ihr Veto gegen den Zuzug polnischer Flüchtlinge aus den eingegliederten Gebieten im Rahmen des dritten Nahplans geltend, sondern reihte sich auch in den Chor derjenigen ein, die die Vertreibung von Juden aus städtischen Gebieten und ihre Konzentration in übervölkerten Ghettos forderten.[111]

In der Distriktshauptstadt Radom hatte man bereits im Dezember 1940 damit begonnen, Juden in Städte der Umgebung zu deportieren – lange bevor die Wehrmacht aufgrund des »Unternehmens Barbarossa« Druck ausübte.[112] Diese Umsiedlung, hieß es, erweise sich »schon deshalb als notwendig, weil eine geschlossene Unterbringung der jüdischen Bevölkerung in einem bestimmten Wohnbezirk – es kommt hierfür nur die Altstadt in Frage – nur bei ca. 10 000 Juden möglich sein« werde.[113] In anderen Städten des Distrikts wurde die Ghettoisierung im Anschluss an eine Sitzung in Angriff genommen, die der Distriktsgouverneur Karl Lasch am 29. März abhielt: in Kielce am 31. März, in Tschenstochau, Skarzysko-Kamienna, Opatów und Ostrowiec im April.[114] Der Zeitpunkt deutet mit Blick auf den Distrikt Radom auf einen Zusammenhang mit dem »Unternehmen Barbarossa« hin, der aber nicht überbewertet werden sollte. Die Bemühungen um die Ghettoisierung begannen schon vorher und dauerten darüber hinaus an. Der Stadthauptmann von Kielce beispielsweise erklärte bereits am 23. Januar 1941, dass er ein Ghetto errichten wolle, sobald es die Wetterlage erlaube. Da das geplante Ghetto aber nur für 15 000 bis 20 000 Juden Platz bot, schlug er dem Kreishauptmann des Kreises Kielce einen Bevölkerungsaustausch vor: 5000 Juden aus Kielce sollten gegen 2500 Polen aus der Stadt Checiny ausgetauscht werden. Der Kreishauptmann stimmte zu, doch Gouverneur Lasch befand, dass die Frage der Ghettobildung erst genauer geprüft werden müsse.[115]

Im Mai 1941 wurde die Errichtung eines Ghettos in Checiny schließlich genehmigt, aber »mit Rücksicht auf die zur Zeit bestehende Seuchengefahr« erneut vertagt[116] – einer der seltenen Fälle im Generalgouvernement, wenn nicht der einzige, bei dem der offensichtliche Zusammenhang zwischen Ghettoisierung und dem Ausbruch von Epidemien zu realistischem, vorbeugendem Verhalten führte. Am 3. Juli 1941, lange nachdem die Wehrmacht weitergezogen war, gab der Kreishauptmann von Kielce schließlich die Anweisung, das Ghetto in Checiny »sofort« zu errichten und die im Januar vereinbarte Umsiedlung durchzuführen. Dies geschah Anfang August.[117]

Im Distrikt Lublin ist der Druck von Seiten der Wehrmacht eindeutig belegt.[118] Anfang März verlangte der Befehlshaber der 17. Armee nachdrücklich ein Ende der Zuwanderung von Flüchtlingen, »da die vorhandenen Unterkünfte für neu eintreffende Truppen voll benötigt« würden. Eine Woche darauf schrieb Franks Staatssekretär Bühler, dass »zwingende militärische Rücksichten die sofortige Evakuierung von zehntausend Juden aus der Stadt Lublin in den Distrikt veranlasst« hätten.[119]

Am 25. März beschrieb Distriktsgouverneur Ernst Zörner den zu beobachtenden Dominoeffekt. 10 000 Juden seien aus der Stadt ausgesiedelt worden; in die geräumten jüdischen Viertel würden nun Polen eingewiesen, deren Wohnungen wiederum der Wehrmacht zur Verfügung gestellt wurden.[120] Offiziell war der Beginn der Evakuierungen am 9. März 1941 bekannt gegeben worden. Am nächsten Tag verteilten die Behörden 1100 Juden auf vier Kleinstädte, und am 12. März deportierte man weitere 1200 Juden.[121] Am 24. März wurde die Errichtung des Ghettos verkündet. Juden, die nicht im Ghetto leben wollten, stand es frei, die Stadt mitsamt ihren Habseligkeiten zu verlassen und sich in anderen Gemeinden des Distrikts anzusiedeln. Da das Ghetto lediglich 20 000 Menschen aufnehmen konnte, mussten rund 15 000 überzählige Juden die Stadt verlassen – diejenigen, die bereits Mitte März deportiert worden waren, nicht mitgerechnet. Zogen nicht genügend Juden aus eigenem Entschluss weg, wollte man zum Mittel der Zwangsumsiedlung greifen, wobei nur 25 Kilogramm Gepäck mitgeführt werden durften. Auf diese Weise sollte ein »gewisser Druck« ausgeübt werden, um die angestrebte Quote durch freiwillige Abwanderung zu erreichen. Tatsächlich aber wurde das Ziel verfehlt; das Lubliner Ghetto beherbergte weiterhin knapp 40 000 Menschen.[122]

Wie bereits anderswo riefen Flucht und Vertreibung der Juden aus der Distriktshauptstadt in die kleineren Städte heftige Proteste hervor.[123] Aber im Unterschied zu Radom lösten sie keine Kettenreaktion der Ghettoisierung in anderen Städten des Lubliner Distrikts aus. Im Februar 1942, am Vorabend der Massenvernichtungen, notierte ein Beamter, dass im Distrikt Lublin mit einer Ausnahme »reguläre und abgeschlossene Ghettos noch nicht vorhanden« seien. Es existiere zwar »eine Reihe von jüdischen Wohnvierteln und besondere Judengemeinden, die aber alle keine besondere Aufschließung aufweisen«.[124] Tatsächlich führte die Ghettoisierung im Distrikt Lublin, wie Bogdan Musial aufgezeigt hat, nicht zu einer Konzentration der jüdischen Bevölkerung, sondern zu ihrer Entwurzelung und »Dekonzentrierung«.[125]

Die Ghettoisierung der polnischen Juden verlief, grob vereinfacht, in drei Wellen: im Frühjahr 1940 in Lodz und dem gesamten Warthegau sowie in den angrenzenden Gebieten im Westen des Distrikts Warschau; im Herbst 1940 in Warschau und dem Rest des Distrikts; und im Frühjahr 1941 schließlich in den Distrikten Krakau und Radom sowie in der Stadt Lublin (aber nicht im Lubliner Distrikt). Lodz und Warschau dienten als Sammelpunkte für die Juden der Umgebung, während aus Krakau, Radom und Lublin Juden in die Umgebung vertrieben wurden. In Lodz rechtfertigten deutsche Verwalter die Ghettoisierung als das geeignetste Mittel, den Juden kurz vor ihrer Deportation die letzten verbliebenen Besitztümer abzunehmen. In Warschau wurde zwar eine ganze Reihe von Gründen angeführt, doch lieferte die Furcht vor Epidemien den Auslöser für die immer wieder verschobene Entscheidung. In Krakau, Radom und Lublin stand vor allem die von der zunehmenden Präsenz der Wehrmacht im Frühjahr 1941 verschärfte, aber nicht verursachte Wohnungsnot im Vordergrund. Die Ghettoisierung in Polen fand also zu unterschiedlichen Zeitpunkten, auf unterschiedliche Weise und aus unterschiedlichen Gründen statt. Darüber hinaus variierte das Ausmaß der Abriegelung der Ghettos erheblich.[126] Kurz, es gab weder eine gemeinsame noch eine einheitliche Ghettoisierungspolitik.

Gleichwohl lag dieser Erscheinungsvielfalt eine gemeinsame Annahme zugrunde, die die Judenpolitik im Ergebnis vereinheitlichte: »Arier« sollten nicht mit Juden zusammenleben. Als alle Versuche, Juden zu entfernen und woanders hinzuschicken, fehlschlugen, wandelte man die Ghettos zu großen »Lagerhäusern« um, in denen sie als unerwünschte Bevölkerungsgruppe vom Rest der Gesellschaft isoliert werden konnten. Im Spätfrühling 1941 setzte eine sichtbare, wenn auch prekäre Stabilisierung dieses Zustandes ein. Die Ghettoisierung war weitgehend abgeschlossen, die unablässigen Bevölkerungsverschiebungen schwächten sich ab, und die Pragmatiker, die eine höchstmögliche Steigerung des wirtschaftlichen Potentials der Ghettos anstrebten, gewannen zumindest vorübergehend die Oberhand über die radikaleren Verwaltungsplaner, die eine Aushungerungsstrategie vorzogen. Diese Stabilisierung war jedoch nur oberflächlicher und vorübergehender Natur; der Angriff auf die Sowjetunion übte eine enorm radikalisierende Wirkung auf die nationalsozialistische Judenpolitik aus, von der kein Jude im deutschen Herrschaftsgebiet und ganz besonders in Polen unberührt blieb.

4.2 Ausbeutung

So gespalten sich die Deutschen in Bezug auf den Zweck der Ghettoisierung zeigten, so einig waren sie sich über die Ausbeutung des Eigentums und der Arbeitskraft des polnischen Judentums sowie seiner Aussonderung aus dem normalen Wirtschaftsleben. Meinungsverschiedenheiten gab es nur in der Frage, wer die Kontrolle über die Erträge dieser Ausbeutung haben und den Nutzen aus ihr ziehen sollte. Dies löste einerseits eine wahre Flut antijüdischer Verordnungen und Maßnahmen aus und führte andererseits zu erheblichen internen Auseinandersetzungen, da verschiedene Behörden des Regimes ihre Ansprüche in den jüdischen Angelegenheiten anmeldeten. Auf deutscher Seite gab es also Gewinner und Verlierer, während die Juden in diesem schäbigen Streit nur verlieren konnten.

Im Zuge des Kompetenzgerangels nahmen örtliche Behörden viele der großen antijüdischen Maßnahmen vorweg. Uebelhör in Lodz hatte beispielsweise bereits am 14. November 1939 die Kennzeichnung der Juden angeordnet, musste sie dann aber den von Greiser für den gesamten Warthegau erlassenen Bestimmungen anpassen.[127] Im Distrikt Warschau hatte Gouverneur Fischer bereits eine eigene Kennzeichnungsverordnung erlassen, bevor Frank am 23. November 1939 einen Erlass für das ganze Generalgouvernement herausgab.[128] Die Wehrmacht zog Juden häufig aus eigener Initiative zu unbezahlter Arbeit heran, und die Sipo in Warschau schloss mit dem dortigen Judenrat eine Vereinbarung über die regelmäßige Bereitstellung von Arbeitern, noch bevor Frank am 26. Oktober 1939 per Verordnung den Arbeitszwang für alle männlichen Juden im Alter von 12 bis 60 Jahren einführte.[129] Desgleichen nahm der Distrikt Warschau die Krakauer Verordnung über die Registrierung jüdischen Eigentums vom 24. Januar 1940 um einen Monat vorweg, während die Wehrmacht dem Erlass des Generalgouvernements über die Sperrung jüdischer Bankkonten zuvorkam.[130] Und nachdem Heydrich bereits in seinem Schnellbrief vom 21. September 1939 die Bildung von Judenräten angeordnet hatte, sah sich Frank am 28. November 1939 schließlich bemüßigt, sie in einem Erlass erneut zu verfügen.[131]

Wenn die Zentralbehörden nicht den Anregungen der Lokalbehörden folgten, versuchten Letztere sie oftmals zu kompromittieren. Ein Beispiel aus Warschau: Am 26. Januar 1940 war den Juden im Generalgouvernement verboten worden, ohne Sondergenehmigung Eisenbahn zu fahren; der Distrikt Warschau gewährte solche Genehmigungen nur bei Todesfällen in der Verwandtschaft und wenn jüdische Repräsentanten zu deutschen Behörden bestellt wurden. Abgesehen von Vertretern des American Joint Distribution Committee, denen man gestattete, den D-Zug nach Krakau zu nehmen, durften Juden nur in der dritten Klasse reisen. In Warschau nahm man daher mit Befremden zur Kenntnis, dass Beamte in Krakau Vertretern jüdischer Wohltätigkeitsorganisationen nicht nur erlaubten, mit D-Zügen zu fahren, sondern auch die zweite Klasse und sogar die Schlafwagen zu benutzen. Solche Begünstigungen seien »abwegig, da man es den Reichsdeutschen nicht zumuten kann, mit Juden im gleichen Abteil im Schnellzug oder Schlafzug zu fahren«.[132]

Eigentum

Unter der Vielzahl antijüdischer Maßnahmen erweckte die Kontrolle über das jüdische Eigentum und die jüdische Arbeitskraft bei den Deutschen eindeutig das größte Interesse. Dabei überschnitt sich die deutsche Raubpolitik in Bezug auf die Vermögenswerte in Polen mit den speziell das jüdische Eigentum betreffenden Maßnahmen. Göring hatte im Oktober 1939 mit der Gründung der HTO Anspruch auf alle polnischen Vermögenswerte (und damit auch auf die jüdisch-polnischen) erhoben, sah sich aber schon bald darauf zu Zugeständnissen genötigt.

So erlangte Himmler im Zusammenhang mit der Ansiedlung von Volksdeutschen die Kontrolle über das Grundeigentum in den eingegliederten Gebieten, während Frank eine eigene Treuhandstelle für das Generalgouvernement einrichtete.[133] Anfangs beschränkten sich Göring und Frank auf leicht zu bewerkstelligende Plünderungen, das heißt, wie Raul Hilberg es ausdrückt, auf das »Abschöpfen des Rahms«.[134] Dass es jedoch von Anfang an um die totale Enteignung des jüdischen Eigentums ging, lässt sich bereits den ersten Erlassen der Militärverwaltung entnehmen. So wurden am 6. September 1939 der Verkauf, die Verlagerung, Verpachtung, Schenkung und die Belastung jeglichen Vermögens verboten, das auch nur teilweise in jüdischem Besitz war. Mitte September verkündete man dann unmissverständlich den Leitgedanken dieser Politik: »Ziel der Behandlung der Juden im Wirtschaftsleben muss es sein, sie für die Zukunft restlos auszuschalten und ihre Betriebe in arische Hand zu überführen.«[135]

Doch gestaltete es sich wesentlich einfacher, jüdisches Eigentum einzufrieren, als es in Besitz zu nehmen. Während der wilden Vertreibungen im Herbst 1939 fielen sowohl den in Polen wie in einem Goldrausch einfallenden Reichsdeutschen[136] als auch den Volksdeutschen, die eine großzügige Kompensation für ihr zwanzigjähriges »Leiden« unter polnischer Herrschaft verlangten, zweifellos etliche Vermögenswerte in die Hände, polnische wie jüdische. Im Dezember 1939 mussten die deutschen Behörden im Rahmen der Deportationen des ersten Nahplans aus dem Warthegau jedoch Verfahren für eine systematische Beschlagnahmepraxis entwickeln. Albert Rapp, der Organisator dieser Deportationen, lud deshalb alle beteiligten Parteien zu einer Besprechung über dieses Thema ein. Man verständigte sich darauf, dass die HTO Treuhänder für Unternehmen bereitstellen sollte, während Kommunalbeamte die Wohnungen der Deportierten sicherten und die Banken deren Konten sperrten. Vor ihrem Abtransport sollten die ausgesonderten Polen und Juden Angaben über ihr gesamtes Vermögen in ein entsprechendes Formular eintragen. Um Verluste zu vermeiden, wurden so schnell wie möglich Inventarlisten angefertigt und Plünderer mit der Todesstrafe bedroht.[137]

Die Entscheidung zur Ghettoisierung der Lodzer Juden war Herausforderung und Gelegenheit zugleich, neue Enteignungstechniken zu entwickeln. Tatsächlich ging ja diese Entscheidung auf den Wunsch zurück, die Juden vor der Deportation im Gegenzug für Lebensmittellieferungen zur Herausgabe ihrer angeblich gehorteten Reichtümer zu zwingen. Doch waren die Deutschen entschlossen, schon vor dem Abschluss der Ghettoisierung so viel Besitztümer wie möglich sicherzustellen. Standen die Ghettogrenzen erst einmal fest, erhielten verschiedene Behörden den Auftrag, dafür zu sorgen, dass im »Judenviertel« nichts von Wert zurückblieb. Die LWHG sollte sämtliche im Ghetto vorhandenen Fertig- und Halbfertigprodukte sowie Rohstoffe und Ausrüstungen übernehmen und die Firmen bestimmen, bei denen sich eine Verlegung rentierte. Der Verband Lodzer Industrieller prüfte derweil, welche Industriezweige es im Bereich des künftigen Ghettos gab. Verschiedenen Stellen der Stadtverwaltung wurde die Beschlagnahme von Lebensmittelvorräten, Haushaltswaren und Einzelhandelsgeschäften übertragen. Die SS war für Wertsachen wie Gold und Silber zuständig, und die HTO fuhr fort, anhand von Inventarlisten, die von Vertretern der Industrie- und Handelskammer angefertigt worden waren, jüdische Unternehmen zu schließen. Sämtliche beschlagnahmten Güter sollten zur Schätzung und zum Verkauf an Sammelstellen übergeben werden, deren Einnahmen in die Kassen der HTO flossen.[138] Um den Ertrag aus den außerhalb des Ghettos gelegenen Stadtgebieten zu steigern, wurde in der Ghettoisierungsverordnung vom 8. Februar 1940 verfügt, dass jeder nur so viel Besitz dorthin mitnehmen dürfe, als er tragen konnte.[139] Bei der Ausplünderung der Lodzer Juden handelte es sich folglich um eine Gemeinschaftsaktion von Stadtverwaltung, Polizei, Görings HTO und mehreren Wirtschaftsorganisationen.

Die jüdischen Vermögenswerte waren Verlockung genug, um die deutschen Behörden zum Vorgehen gegen ungenehmigte Beschlagnahmungen zu motivieren. Da sich daran häufig Himmlers Männer beteiligten, forderte Uebelhör vom Lodzer Polizeipräsidenten Johannes Schäfer ein hartes Durchgreifen gegen die Übergriffe der SS-Angehörigen auf die Wirtschaft.[140] Es müsse eine strenge Arbeitsteilung eingehalten werden, betonte er in einem Schreiben an die Landräte seines Regierungsbezirks sowie die Oberbürgermeister von Kalisz und Lodz. SS und Polizei seien für die Beschlagnahme von Wertgegenständen und Edelmetallen zuständig, die Vertreter des RKFDV für landwirtschaftliche Flächen und die HTO für Fabriken und Geschäfte. Die Konfiszierung von Rohstoffen sowie Halbfertig- und Fertigprodukten obliege einem Sonderstab unter Generalmajor Robert Bührmann, während die HTO die Beschlagnahmung von städtischen Immobilien, Wohnungen und Mobiliar den Bürgermeistern beziehungsweise Landräten übertragen habe.[141] Da Möbel und bewegliches Eigentum besonders leicht zu entfernen waren, wurden die Oberbürgermeister veranlasst, eigens vor der unerlaubten Konfiszierung dieser Beutestücke zu warnen.[142]

Ironischerweise war es in Lodz vor allem die Kripo, die durch illegale Beschlagnahmungen glänzte. Sie hatte erfolgreich um die Einrichtung eines Reviers im Ghetto ersucht, weil die Juden, wie sie zur Begründung ausführte, allesamt »mehr oder weniger kriminell veranlagt« seien und sie vor Ort präsent sein müsse, um ihre Arbeit verrichten zu können.[143] Nach Ansicht der »Ernährungs- und Wirtschaftsstelle Getto« der Stadtverwaltung war die Kripo jedoch weniger mit dem Kampf gegen Schmuggel und andere illegale Aktivitäten als vielmehr mit der systematischen Plünderung des Ghettos beschäftigt, was nichts anderes als »Sabotage« sei. Man habe bereits mit der Gestapo und anderen Stellen vereinbart, sämtliche jüdische Wertgegenstände gegen Lebensmittel einzutauschen. Das Vorgehen der Kripo gefährde nicht nur die ordnungsgemäße Lebensmittelversorgung des Ghettos, sondern könne auch zur Verbreitung von Seuchen führen, da es die vorgeschriebene Desinfektion aller den abgesperrten Bereich verlassenden Güter missachte.[144] Der Protest war teilweise von Erfolg gekrönt, und die Kripo schloss mit der kurz darauf in »Ghettoverwaltung« umbenannten Ernährungs- und Wirtschaftsstelle Ghetto eine Vereinbarung, nach der sie zwar als einzige Behörde Beschlagnahmungen durchführen durfte, die konfiszierten Güter aber der Verwaltung übergeben musste. Die Kripobeamten sollten spezielle Uniformen (weil ihre Arbeit so »schmutzig« war) und aufgrund der zusätzlichen Einnahmen, die sie der Ghettoverwaltung einbrachten, Zuschläge erhalten. Darüber hinaus räumte man ihnen ein Vorkaufsrecht für die von ihnen konfiszierten Güter zu einem von der Ghettoverwaltung festzulegenden Preis ein.[145]

Die Lodzer Kripo war nicht die einzige Behörde, die das Gefühl hatte, um den ihrer Rolle bei der Beschlagnahme jüdischen Eigentums entsprechenden Anteil an der Beute gebracht zu werden. Im Generalgouvernement, wo am 24. Januar 1940 die Registrierung und Enteignung jüdischen Eigentums verfügt und der Leitung von Franks Treuhandstelle übertragen worden war, brachte der Kreishauptmann von Krasnystaw eine ähnliche Klage vor. In seinem Kreis 1125 jüdische Häuser zu konfiszieren hätte die Treuhandstelle ohne die Hilfe der örtlichen Beamten niemals geschafft. Es sei »deshalb nicht mehr als recht und billig, dass wir (d. h. die Kreishauptleute) auch in erster Linie die Verfügung über die Häuser und die daraus fließenden Einnahme haben. Leider hat die Treuhandstelle in dieser Hinsicht Bedenken, berücksichtigt aber nicht, dass sie die Einnahme nicht hätte, wenn wir die Häuser nicht beschlagnahmten.«[146] Im Allgemeinen war der Streit um den jüdischen Besitz im Generalgouvernement jedoch weniger heftig als in den eingegliederten Gebieten. Da die Juden im Generalgouvernement ärmer waren, ging es dort um weniger. Andererseits kam dem Einsatz jüdischer Arbeitskräfte eine höhere Bedeutung zu,[147] weshalb erbittert um seine Kontrolle gekämpft wurde.

Arbeit

Am 26. Oktober 1939 gab Franks Regierung einen Erlass heraus, der für alle im Generalgouvernement lebenden Juden Arbeitszwang verordnete und die Verantwortung für die Durchführung dieser Bestimmung HSSPF Krüger übertrug.[148] Bis zu diesem Zeitpunkt hatten die örtlichen Behörden nach eigenem Gutdünken Juden zur Zwangsarbeit herangezogen. Die von solchen Aushebungen hervorgerufene Unruhe und

Angst hatte den Vorsitzenden des Warschauer Judenrats, Adam Czerniaków, veranlasst, mit der Sipo eine Vereinbarung auszuhandeln, die den Judenrat verpflichtete, ein »Arbeiterbataillon« aufzustellen und für dessen Kosten aufzukommen.[149] Andere Judenräte folgten diesem Beispiel, so dass die Zahl der Zwangsrekrutierungen abnahm, auch wenn sie nie ganz aufhörten.[150]

Krüger war sich bewusst, dass örtliche Razzien nur eine relativ irrationale Nutzung jüdischer Arbeitskraft erlaubten. Die polnischen Juden besäßen verschiedene Fertigkeiten, bemerkte er, »und es wäre schade, wenn diese Arbeitskräfte nicht nützlich eingesetzt würden«. Doch könne dieses Problem nicht sofort gelöst werden; vielmehr erfordere es eine systematische, nach Berufen unterteilte Registrierung aller männlichen Juden. Diese Aufgabe sei von den Judenräten unter Aufsicht der örtlichen Bürgermeister zu erledigen. In der Zwischenzeit könnten die Juden weiterhin bei solchen Projekten in Arbeitskolonnen eingesetzt werden, die Distriktsgouverneure als dringend einstuften.[151] Ende Januar 1940 und mit veränderten Instruktionen noch einmal Mitte Februar wies man die Judenräte schließlich an, bis Ende März 1940 eine Kartei der Arbeitskräfte in ihren Gemeinden anzulegen.[152]

Unterdessen hatte die Begeisterung über das riesige Arbeitskräftereservoir auch Krügers Vorgesetzte erfasst, Frank in Krakau ebenso wie Heydrich und Himmler in Berlin. Einem Korrespondenten des *Völkischen Beobachters* gegenüber lobte Frank gar die Juden des Generalgouvernements: »Sie arbeiten sehr brav, ja sie drängen sich dazu [...]. Der Typ des Ostjuden ist bei uns nicht bekannt; hier arbeitet der Jude.«[153] Am 30. Januar 1940 brachte Heydrich die Möglichkeit zur Sprache, mehrere Hunderttausend Juden in Zwangsarbeitslager zu stecken, um sie bei der Errichtung von Verteidigungsanlagen und anderen Bauvorhaben im Osten einzusetzen. Wenige Tage später lockte Himmler von Brauchitsch mit der Aussicht auf zweieinhalb Millionen Juden, die an der Ostgrenze Panzerabwehrgräben ausheben könnten, ein Angebot, das sich der OKH-Chef durch den Kopf gehen lassen wollte.[154]

Nach Fertigstellung der Karteien der arbeitsfähigen Juden

blieb die Frage, wer für die Zuteilung der jüdischen Arbeitskräfte verantwortlich sein sollte. Und war es tatsächlich ratsam, wie von Himmler angedacht, die Juden für den Einsatz bei Großprojekten zusammenzupferchen? Wie üblich beantworteten die deutschen Behörden in Polen diese Fragen nicht einheitlich. Im Distrikt Warschau gab der für den jüdischen Arbeitskräfteeinsatz zuständige SD diese Kompetenz im April 1940 an Fischers Arbeitsabteilung ab, die ihre eigenen Vorschriften aufstellte und darauf bestand, dass sämtliche Anträge auf Arbeitseinsätze bei ihr eingingen. Dem sah sich der SD genötigt zuzustimmen, da die Verwaltung der jüdischen Zwangsarbeit seine ohnehin überlasteten Mitarbeiter überfordert hätte.[155] In Lublin dagegen achtete der örtliche SS- und Polizeiführer (SSPF), Odilo Globocnik, der Franks Distriktsbehörden verachtete, eifersüchtig darauf, dass seine Vorrechte nicht beschnitten wurden. Dort war es deshalb die Polizei, die im Mai 1940 Vorschriften für den Einsatz jüdischer Arbeitskräfte herausgab; Anträge auf ihre Zuteilung waren in Globocniks Amtssitz in Lublin oder bei der Sipo einzureichen.[156]

In der Folgezeit bildete die Frage der Kontrolle über die jüdischen Arbeitskräfte Teil einer umfassenderen Debatte darüber, wer die Aufsicht über die jüdischen Gemeinden und, konkreter, über die Judenräte ausüben sollte. In einer langen Besprechung am 30. Mai 1940 beklagte sich der BdS im Generalgouvernement, Streckenbach, über die Zersplitterung der Aufsicht über die Juden, da sich mittlerweile alle möglichen Dienststellen der Judenräte bedienten und »planlos« Arbeitskräfte anforderten. Es müsse eine Grundsatzentscheidung darüber gefällt werden, wer die Judenräte beaufsichtigen solle. Nach Streckenbachs Ansicht sollte die Sipo aufgrund ihrer Erfahrungen im Umgang mit den Juden die einzige Aufsichtsbehörde sein und alle die Juden betreffenden Wünsche abwickeln. Eine einheitliche Verwaltung, die durch eine solche Entscheidung geschaffen werde, sei insbesondere in Bezug auf die Arbeitseinsätze wünschenswert. Die Gier nach jüdischen Vermögenswerten war offenbar so weit verbreitet, dass sich Streckenbach bemüßigt fühlte, bereits im Vorfeld alle Absichten der Sipo auf Selbstbereicherung in Abrede zu stellen.

Der Gouverneur des Distrikts Lublin, Zörner, widersprach Streckenbach und übte indirekt Kritik an Globocnik. In Lublin stünden die Juden auf den Straßen herum, weil sie nicht genügend zur Arbeit herangezogen würden. Es sei daher notwendig, der Zivilverwaltung die Zuständigkeit in dieser Frage zu übertragen. Nur die Beamten vor Ort wären mit den örtlichen Gegebenheiten vertraut genug, um die Juden mit Hilfe der Judenräte effektiv einzusetzen. Der SD verfüge für diese Aufgabe einfach nicht über genügend Leute. Fischer stimmte Zörner zu und bemerkte, in Warschau sei der SD derart überlastet, dass er die Aufsicht über die jüdischen Arbeitskräfte bereits an die Zivilverwaltung abgegeben habe. Die Zuständigkeit von SD und Sipo für die Überwachung der Judenräte stellte Frank nicht in Frage und räumte ein, dass er den HSSPF zur zentralen Instanz hinsichtlich der jüdischen Zwangsarbeit bestimmt habe. Doch war er nun der Meinung, dass Anträge auf den Einsatz jüdischer Arbeitskräfte und deren Zuteilung durch lokale Dienststellen bearbeitet werden sollten, »selbstverständlich in engster Verbindung mit Sicherheitspolizei und SD«. Eine endgültige Regelung dieser Frage müsse aber noch gefunden werden, und er erwarte von den Distriktsgouverneuren binnen zwei Wochen entsprechende Vorschläge.[157]

Der erste Schritt in Richtung auf eine Lösung des Problems wurde auf einer zweitägigen Wirtschaftstagung von Beamten des Generalgouvernements am 6. und 7. Juni 1940 unternommen.[158] Max Frauendorfer, der Chef der Hauptabteilung Arbeit des Generalgouvernements, verkündete einen Kompromiss: Grundsätzlich sei die Verwaltung der jüdischen Zwangsarbeit eine Polizeiangelegenheit; in der Praxis geschehe die Zuteilung der Arbeitskräfte jedoch im Einvernehmen mit der Polizei durch die Abteilung Arbeit; die Registrierung jüdischer Arbeiter bleibe allerdings Aufgabe der Polizei. Im Übrigen beabsichtige er, die jüdischen Arbeiter gegen Bezahlung auf dem normalen Arbeitsmarkt einzusetzen. »Man dürfe auch nicht vergessen«, fügte er hinzu, »dass die Juden, solange sie eben da seien, in irgendeiner Weise versorgt werden müssten.«[159] In Frauendorfers Zuständigkeitsbereich fiel auch die Organisation der Zwangsarbeit, deren rationelle Nutzung er aber nur für möglich hielt, wenn die »nomadisierenden Juden« in den Städten sesshaft gemacht und registriert werden könnten. Aufgrund von Verwaltungs-, Sicherheits-, Versorgungs- und Finanzproblemen könnten selbstverständlich nicht alle Juden in Lagern untergebracht werden; daher die Notwendigkeit, Juden in der freien Wirtschaft zu beschäftigen. In Absprache mit dem Militärbefehlshaber in Polen wollte er Juden zudem an der »so genannten grünen Grenze« zwischen Bug und San einsetzen. Dabei handele es sich um ein Experiment; die Zukunft werde zeigen, wie weit man in dieser Richtung gehen könne. Einig waren sich die Tagungsteilnehmer darüber, dass die Juden zur Arbeit heranzuziehen waren und zur Unterbindung jüdischer Freizügigkeit sowohl Ghettos als auch Arbeitslager errichtet werden sollten.

Eine Woche später beschloss HSSPF Krüger, die Zuständigkeit der Hauptabteilung Arbeit in Krakau für den Einsatz jüdischer Arbeitskräfte sogar noch auszuweiten. In einem persönlichen Schreiben teilte er Frauendorfer mit, dass er ihm die von der Polizei angelegten Karteien der jüdischen Arbeiter zukommen lassen werde. Fortan sei ihre Registrierung ebenso Aufgabe der Hauptabteilung Arbeit wie die Auswahl der zur Zwangsarbeit heranzuziehenden Juden und die Festlegung ihrer Arbeitsbedingungen. Die Polizei werde sich auf die Ausführung der Vorgaben beschränken.[160] Frauendorfer sandte daraufhin am 5. Juli ein Rundschreiben an alle Arbeitsabteilungen des Generalgouvernements, in dem er eine einheitliche Politik für den Einsatz jüdischer Arbeitskräfte formulierte. Die Heranziehung von Juden war ihm zufolge »dringend erforderlich«, weil man viele polnische Arbeiter nach Deutschland geschickt hatte und »sich unter diesen zwangsarbeitspflichtigen Juden im Gegensatz zu den Juden im Reich auch gute Facharbeiter und Handwerker befinden«. Die Zuteilung der jüdischen Arbeiter habe ausschließlich durch die der Abteilung Arbeit bei den Distriktsverwaltungen unterstellten örtlichen Arbeitsämter zu erfolgen. Wenn möglich, seien Juden über den freien Arbeitsmarkt zu vermitteln, da ihre Fähigkeiten dort am besten zum Wohl der Allgemeinheit genutzt werden und sie sich zudem den Lebensunterhalt für sich und ihre Familien verdienen könnten. Bisher seien jüdische Arbeiter nicht regelmäßig entlohnt worden, da man das den Judenräten überlassen habe. Doch deren Mittel seien erschöpft; wolle man die Arbeitskraft der Juden erhalten und den Lebensunterhalt ihrer Familien sichern, so Frauendorfer, müsste man dieses Grundprinzip jetzt beiseite lassen und eine regelmäßige Bezahlung in Höhe von 80 Prozent dessen einführen, was ein Pole für die gleiche Arbeit erhielt. Zur Zwangsarbeit sollten nur Juden herangezogen werden, die nicht in der freien Wirtschaft tätig waren, und zwar primär für Großprojekte, bei denen eine große Zahl von Arbeitern in bewachten Lagern untergebracht würde.[161]

Diese Richtlinien stießen in zwei Punkten auf Widerstand. Erstens waren all jene, die sich daran gewöhnt hatten, kostenlose Arbeitskräfte einzusetzen, über die nunmehr anstehende Bezahlung verärgert. Es gab nur einige wenige Ausnahmen, wie etwa Rittmeister Hans Schu in Warschau, der bereits am 10. Mai 1940 zu Czerniaków gesagt hatte, dass er kein »Sklaventum« wolle und bereit sei, die Arbeiter zu bezahlen.[162] Ganz anders reagierte die Wehrmacht im Kreis Puławy auf die neuen Vorschriften: Anstatt Juden irgendwelche Vergütungen zu zahlen, beschäftigte sie trotz der höheren Löhne fortan nur noch Polen.[163] Der Kreishauptmann in Jaslo beschwerte sich darüber, dass Straßenbaufirmen auch bei 20 Prozent geringeren Lohnkosten keine Juden einstellen wollten, weil diese physisch bereits zu heruntergekommen und angesichts der harten körperlichen Arbeit ihren Lohn nicht wert seien.[164] Aus dem Kreis Miechów kam die Klage, man habe die Städte bisher mit Hilfe unbezahlter jüdischer Arbeiter sauber gehalten. Die Gemeinden hätten dafür kein Geld, aber offenbar die Judenräte, die es sich leisten könnten, arme Juden zu unterstützen. Man schlage daher vor, Letztere zu unentgeltlicher Arbeit bei der Straßenreinigung heranzuziehen.[165] Und auch der Kreishauptmann in Tschenstochau beschwerte sich über die angebliche Unfähigkeit der Judenräte, für die Bezahlung der jüdischen Zwangsarbeiter aufzukommen: »Wenn man natürlich die Äußerung des Judenrats als Maßstab für die Leistungsfähigkeit der Juden nimmt, so hätten eigentlich alle in letzter Zeit durch jüdische Zwangsarbeiter durchgeführten Arbeiten bezahlt werden müssen, denn die Juden waren nach ihrer Aussage schon vor einem halben Jahr vor dem finanziellen Zusammenbruch gestanden. Ich nehme an, dass auch diese Vorschrift örtlich verliert [sic] werden kann, und habe entsprechend gehandelt.«[166] Frauendorfer beharrte jedoch auf der 80-prozentigen Entlohnung der jüdischen Zwangsarbeiter, »da sonst die Erhaltung der Arbeitskraft der eingesetzten Juden nicht gewährleistet« sei.[167]

Schwerer wog der Streit, der zwischen Globocnik und den Arbeitsämtern im Distrikt Lublin entbrannte.[168] Frauendorfer hatte der Beschäftigung der Juden in der freien Wirtschaft Vorrang gegeben und allein den Arbeitsämtern das Recht eingeräumt, die jüdischen Arbeitskräfte entsprechend zuzuteilen. Globocnik war indessen nicht geneigt, sich irgendwelchen Vorschriften zu beugen, die seinen Plänen für den Bau der Befestigungsanlagen zwischen San und Bug im Wege standen. Die Idee des massiven Einsatzes jüdischer Zwangsarbeiter bei der Errichtung des so genannten Ostwalls an der Demarkationslinie zum sowjetisch besetzten Teil Polens hatte Himmler der Wehrmacht Anfang Februar unterbreitet, und im Juni billigte die Wehrmacht reduzierte Pläne für Befestigungen zwischen San und Bug in Form von Panzergräben. Gegraben werden sollten sie von jüdischen Zwangsarbeitern, die die Behörden des Generalgouvernements bereitstellten, und obwohl derartige Wallanlagen angesichts des raschen deutschen Sieges in Frankreich als militärisch überholt galten, gingen die Arbeiten weiter.[169]

Nach Globocniks Vorstellungen sollten ab August 30 000 ungelernte Arbeiter und 1000 Facharbeiter zum Einsatz kommen und in SS-Lagern entlang der Demarkationslinie untergebracht werden. Bei den Behörden in Lublin und Krakau drängte er auf rasches Handeln; insbesondere im ersten Lager in Belzec benötige man umgehend 3000 Arbeiter.[170] Globocnik wartete jedoch nicht ab, bis andere tätig wurden. In der Nacht vom 22. auf den 23. Juli nahmen SS-Männer bei einer Razzia in Lublin 300 Juden fest, ohne vorher die Abteilung Arbeit zu informieren. Protestierenden Mitarbeitern des Arbeitsamts wurde höflich erklärt, dass man in Kürze eine Änderung der Arbeitspolitik erwarte und die SS sich bis dahin je nach Bedarf in Lublin

Juden beschaffen werde.[171] Am nächsten Tag kam der Leiter der Abteilung Arbeit der Distriktsverwaltung, Oberregierungsrat Jache, mit Vertretern Globocniks zusammen und handelte einen heiklen Kompromiss aus. Danach wollten die Arbeitsämter die Opfer der Razzia auf der Grundlage eines zurückdatierten Antrags des SSPF offiziell erfassen und der SS übergeben. Im Gegenzug würde sich die SS »weiterer Sondermaßnahmen« zur Aushebung von Arbeitskräften für die Grenzbefestigungen enthalten, bis dafür eine Genehmigung von Frank oder Krüger vorliege.[172]

Am 6. August 1940 fand in Krakau unter Frauendorfers Leitung eine weitere wichtige Sitzung zum Problem der Arbeitskräftezuteilung statt. Frauendorfers Stellvertreter, Oberregierungsrat Ernst Gschliesser, betonte die Notwendigkeit, den Einsatz jüdischer Arbeitskräfte grundsätzlich von »Hilfsleistungen bei Behörden und sonstigen Dienststellen zum Masseneinsatz bei staatspolitisch bedeutsamen Bauvorhaben« zu verlagern. Aufgrund der »Evakuierung« von Juden aus Krakau und des »Großbedarfs der Grenzsicherungsarbeiten im Distrikt Lublin« sei ein gewisser Ausgleich zwischen den Distrikten erforderlich. HSSPF Krüger teilte mit, dass bereits Lager für 15 000 Arbeiter nahezu fertig gestellt seien und die Kapazitäten rasch auf 30 000 anwachsen würden. Um nicht völlig leer auszugehen, gaben auch Vertreter der für Wasserversorgung und Straßenbau zuständigen Behörden ihren Bedarf an jüdischen Arbeitskräften – 7000 beziehungsweise 12 000 Arbeitern – zu Protokoll. Anschließend bat Jache die SS ungeachtet der jüngsten Spannungen um Hilfe bei der Zwangsrekrutierung und Bewachung jüdischer Arbeitskräfte. Am Ende einigte er sich mit Globocniks Vertreter, SS-Untersturmführer Hofbauer, darauf, dass die SS im Distrikt Lublin »im Einvernehmen und unter Beteiligung der zuständigen Arbeitsämter« verstärkte Anstrengungen unternehmen werde, um arbeitsfähige Juden heranzuziehen. Darüber hinaus sagten die Leiter der Arbeitsabteilungen der Distrikte Warschau und Radom zu, jüdische Arbeiter nach Lublin zu schicken. Ihr Kollege aus Krakau erklärte, sein Distrikt benötige im Augenblick selber alle verfügbaren jüdischen Arbeitskräfte für den Straßen- und Talsperrenbau, schloss aber nicht aus, dass er später ebenfalls Juden an Lublin abgeben könne.[173]

Jache befand sich in einer schwierigen Situation. Er brauchte Globocniks Hilfe, um die erforderliche Zahl jüdischer Arbeiter zu mobilisieren, wollte diese Unterstützung aber zu seinen eigenen Bedingungen erhalten. Nicht die SS, sondern die Arbeitsämter sollten das letzte Wort darüber behalten, wer in die Lager geschickt wurde. Globocnik schien damit einverstanden zu sein, denn er erklärte sich bereit, Razzien durchzuführen, sobald die Abteilung Arbeit die Zahl der jeweils benötigten Arbeitskräfte mitgeteilt habe. Auch bekräftigte er, dass deren Registrierung und Zuteilung Aufgabe der Arbeitsämter war, und versprach, die von ihnen ausgegebenen Ausnahmebescheinigungen für bereits anderweitig beschäftigte Juden anzuerkennen.[174]

Bei den großen Massenaktionen im Distrikt Lublin in der Nacht vom 13. auf den 14. August wurden 7296 Juden festgenommen.[175] Es folgte eine Welle von Beschwerden bei der Abteilung Arbeit; die örtlichen Arbeitsämter beklagten sich darüber, dass die SS sie völlig ausschließe oder ihnen lediglich gestatte, die Festgenommenen zu registrieren. Die SS behalte sich die Verteilung der Juden selbst vor und transportiere fast alle in die SS-Lager, darunter auch viele mit Ausnahmebescheinigungen der Arbeitsämter. Deren Proteste würden von den örtlichen SS-Männern unter Hinweis auf »Geheimbefehle« Globocniks abgeschmettert.[176]

Zörners Stellvertreter Hans Damrau schrieb einen wütenden Brief an Frank, in dem er Globocnik Doppelzüngigkeit vorwarf. Zum einen würden durch die eigenmächtigen Maßnahmen der SS viele wichtige Arbeiten gefährdet, an denen jüdische Arbeitskräfte beteiligt seien; zum anderen verstoße Globocniks Geheimbefehl gegen die Anweisungen des Generalgouverneurs in Bezug auf den jüdischen Arbeitseinsatz. Dies bringe die Beamten der Arbeitsämter in eine »untragbare« und »unwürdige Lage«. Das Ansehen der deutschen Verwaltung stehe auf dem Spiel, denn solch widersprüchliches Vorgehen bleibe den Polen nicht verborgen. Da weitere Razzien bevorstünden, ersuche er dringend darum, Globocnik anzuweisen, derartige Vorkommnisse nicht zu wiederholen.[177]

Auch Jache ersuchte Globocnik, weitere Aktionen zurückzustellen, bis die Arbeitsämter eine neue Kartei angelegt hätten. Die von der SS übergebenen Karteien hätten sich als höchst unzuverlässig herausgestellt; man müsse die in einem Arbeitsverhältnis stehenden Juden mit aktualisierten Ausweisen ausstatten, um sie im Interesse der Wirtschaft von künftigen Aushebungen auszunehmen. Globocnik versprach, sich bis zum 20. August – ganze vier Tage – zurückzuhalten, und setzte die Aushebungen dann fort, obwohl die Abteilung Arbeit in letzter Minute um eine weitere Verschiebung gebeten hatte. Wiederum folgten Beschwerden über das eigenmächtige Vorgehen der SS und die völlige Missachtung von örtlichen Wirtschaftsinteressen und Arbeitsamtsbescheinigungen.[178] Die Abteilung Arbeit rächte sich, indem sie die meisten der aus Warschau und Radom verschickten Juden Projekten in der Wasserwirtschaft und im Straßenbau zuteilte. Zur Begründung gab man an, Globocnik habe die Lubliner Juden ausschließlich in seine eigenen Lager gesteckt. Darüber hinaus wies Distriktsgouverneur Zörner, ein Intimfeind Globocniks, die Arbeitsämter an, die Registrierung der von der SS rekrutierten jüdischen Zwangsarbeiter einzustellen.[179] Doch kam die Arbeitsverwaltung auch weiterhin nicht ohne die SS aus. Sie besaß weder Durchgangslager noch Wachmannschaften, um den Zustrom der aus Warschau und Radom eintreffenden jüdischen Arbeitskräfte bewältigen zu können. Erneut schloss die Abteilung Arbeit deshalb eine Vereinbarung mit Globocniks SS, wonach sie als Gegenleistung für die Benutzung von dessen Lubliner Lagern und den Einsatz seiner Wachmannschaften der Aufteilung der ankommenden Zwangsarbeitertransporte zustimmte.[180]

Noch zweimal im Herbst 1040 ließ Globocnik Razzien durchführen, ohne vorher die Lubliner Zivilverwaltung zu informieren.[181] Ende November wurde dann schließlich eine weitere Vereinbarung getroffen, nach der die Polizei jede Anfrage nach jüdischen Arbeitskräften der Abteilung Arbeit zu melden hatte. Nur wenn diese die benötigte Zahl von Arbeitern nicht bereitstellen konnte, durften sie durch Razzien beschafft werden. Juden mit gültigen Arbeitsbescheinigungen blieben davon auch weiterhin ausgenommen.[182] Doch zu diesem Zeitpunkt war das Problem schon kaum mehr relevant. Bereits im September hatte der Zustrom von Arbeitskräften aus anderen Distrikten die Notwendigkeit von Razzien verringert. Allein aus Warschau waren 15 Transporte mit Juden in den Lagern eingetroffen – darunter einige Freiwillige, in zunehmendem Maße aber Zwangsarbeiter. Sie wurden auf 13 Lager für Meliorationsarbeiten, sechs für den Straßenbau und fünf für den Bau von Grenzbefestigungen verteilt. Das hielt Warschau allerdings nicht davon ab, im folgenden Frühjahr selbst Arbeitslager einzurichten.[183]

Derweil verlegte Globocnik im Oktober Juden aus seinen Lagern in diejenigen für Wasser- und Straßenbau. Allerdings handelte es sich dabei nicht etwa um eine kooperative Geste gegenüber der Arbeitsverwaltung, sondern um den Versuch, anderen die Versorgung »seiner« Juden aufzuhalsen, die er bis über die Grenze ihrer physischen Leistungsfähigkeit hinaus ausgepresst hatte. So berichtete etwa ein Inspektor der Wasserwirtschaftsstelle: »Die Juden, die [...] aus dem Judenlager Belzec zugeführt worden sind, mussten leider wieder entlassen werden, da diese von dem damaligen Träger der Maßnahme (SS) bis aufs Letzte ausgenutzt worden sind und völlig arbeitsunfähig waren.«[184] Nach der Auflösung des SS-Lagers Belzec sollten die jüdischen Arbeiter aus Warschau und Radom in ihre Distrikte zurückgeschickt, die Lubliner Juden aber zum Straßenbau eingesetzt werden. Ein Beamter aus Lublin beschwerte sich jedoch in Krakau, dass sich Globocnik erneut unkooperativ verhalte. Der Verbleib von über 400 Juden sei ungeklärt. »Da sie in dieser großen Zahl nicht gut alle erschossen worden sein können«, vermutete er, dass die SS sie »vielleicht gegen Zahlung von irgendwelchen Geldern freigelassen« habe.[185] Das Thema erledigte sich schließlich von selbst, als um den Jahreswechsel mit einsetzendem Winterwetter auch das letzte Lager der Wasserwirtschaftsstelle in Lublin vorübergehend geschlossen wurde.[186]

1940 hatten 21 000 Juden, darunter 5253 aus dem Distrikt Warschau und 7223 aus dem Distrikt Radom, als Arbeitslagerinsassen an der Errichtung von Grenzbefestigungen (8000), im Straßenbau (3000) und bei Meliorationsprojekten (10 000) gearbeitet – ein verhängnisvolles Programm für die unmittelbar Betroffenen, das zudem keinerlei militärischen Wert besaß und wirtschaftlich von geringem Nutzen war. Die Judenräte zehrte es finanziell aus, mussten sie doch häufig sowohl den Lohn der Arbeiter als auch den Unterhalt ihrer Familien aufbringen.[187]

Als sich im Frühjahr 1941 der Schwerpunkt des deutschen Interesses vom Bau von Verteidigungsanlagen auf die Vorbereitungen für das »Unternehmen Barbarossa« verlagerte, verlor der Streit mit der SS über die Zuteilung jüdischer Arbeitskräfte an Schärfe. Ihr Einsatz konzentrierte sich fortan auf wasserwirtschaftliche Projekte wie den Bau von Kanälen oder Deichen entlang des Bugs. Zu diesem Zweck richtete man im Distrikt Warschau im April 15 Lager ein, in die im Lauf der Zeit 6100 Warschauer Juden kamen; weitere 1500 beziehungsweise 2000 wurden in Lager in den Distrikten Krakau und Lublin geschickt.[188] Bald darauf trafen in Warschau Berichte über die schlechten Bedingungen und die unmenschliche Behandlung in den Lagern ein, die sich wenig später bestätigten, als die Überlebenden »körperlich und geistig gebrochen« zurückkehrten. Trotz des Hungers waren im Ghetto schon bald keine Freiwilligen mehr zu finden, und die deutschen Behörden mussten den Judenrat mit seinem Ordnungsdienst zwingen, die Anwerbungsquote durch Zwangsrekrutierungen zu erfüllen.[189]

Aufgrund der sich häufenden Klagen inspizierte eine dreiköpfige Delegation mehrere Lager. Neben einem Hauptmann der Schutzpolizei namens Meissner gehörten ihr Gamsej Wielikowski, ein Vertreter der Jüdischen Sozialen Selbsthilfe, der auch Mitglied des Warschauer Judenrats war, sowie ein weiteres Mitglied des Judenrats namens Beniamin Zabludowski an. Wielikowski berichtete über furchtbare Lebensmittelknappheit in allen Lagern; schlechte sanitäre Bedingungen und medizinische Versorgung kamen hinzu sowie in vielen Fällen Misshandlungen durch die Wachen. In einigen Lagern hätten die Arbeiter überhaupt keinen Lohn erhalten. Ein Lagerunternehmer habe sogar erklärt, nach Abzug der Kosten für Verpflegung, Unterkunft, Wachen und Gesundheitsversorgung schuldeten ihm seine Arbeiter noch 2000 Złoty.[190] Dagegen räumte Meissner zwar ein, dass niemand die vorgeschriebenen Lebensmittelrationen erhalte und bei den Wachmannschaften Brutalität und Bestechlichkeit verbreitet seien; die Krankheiten und die hohe Sterblichkeit der Lagerinsassen schrieb er aber sowohl dem ungewöhnlich kalten und feuchten Wetter als auch dem vom Judenrat rekrutierten »minderwertigen Menschenmaterial« zu. Die Arbeiter seien bereits krank und halb verhungert, bevor sie in die Lager kämen, bemängelte Meissner und schloss: »Aus der ganzen Art der Erfassung des vom Judenrat zur Arbeit zur Verfügung gestellten Menschenmaterials muss man den Eindruck haben, dass der jüdische Wohnbezirk in den Arbeitslagern eine Einrichtung sieht, sich seiner minderwertigen Elemente zu entledigen.«[191] Dass es im Ghetto nach einem halben Jahr systematischer Aushungerung möglicherweise keine starken, gesunden Arbeiter mehr gab, schien dem Polizeihauptmann nicht in den Sinn zu kommen.

Der Judenrat hielt den Deutschen unter Hinweis auf die Klagen aus den Lagern vor, dass er innerhalb der Ghettobevölkerung ein Mindestmaß an Popularität besitzen müsse, um die ihm übertragenen Aufgaben erfüllen zu können. Die gegenwärtige Lage diskreditiere ihn jedoch, ohne dass leistungsfähige Arbeiter gestellt werden konnten. Eine Verbesserung der Lebensbedingungen in den Lagern könne hier mehr erreichen als die »intensivste Aktion des jüdischen Ordnungsdienstes«.[192]

Der Leiter der Wasserbauprojekte im Distrikt Warschau versuchte die jüdischen Vorwürfe mit der Bemerkung abzutun, es sei »ja wohl allen Beteiligten bekannt, dass die Juden nicht gern arbeiten und alles versuchen, um einen Arbeitseinsatz zu sabotieren«. Im Übrigen seien die Klagegründe – deren Existenz er zuvor noch geleugnet hatte – bereits beseitigt worden.[193] Auerswald wollte sich selbst davon überzeugen und besuchte zusammen mit dem für den jüdischen Arbeitseinsatz im Distrikt verantwortlichen Beamten, Kurt Hoffmann, mehrere Lager. Was er dort sah, gereichte ihm zur Bestätigung, dass die Arbeitsbedingungen ungeeignet waren, um die Arbeitsfähigkeit der Juden zu erhalten; zudem wurde das Leistungslohnsystem derart fehlerhaft gehandhabt, dass die Arbeiter nicht einmal bei normaler Produktivität etwas davon gehabt hätten.

Beschwerden über die Brutalität und Bestechlichkeit der Lagerwachen veranlassten Auerswald, diese zu entlassen und durch Mannschaften der jüdischen Polizei zu ersetzen.[194] In einer Besprechung am 22. Mai, zwei Tage nach seinen Lagerbesuchen, ordnete er weitere Reformen an. Künftig sollten die jüdischen Arbeiter, bevor sie ins Lager kämen, eine Woche lang anständig ernährt werden – selbstverständlich aus Lebensmittelzuteilungen des Ghettos. Wer als nicht mehr arbeitsfähig galt, war so schnell wie möglich aus den Lagern zurückzuschicken. Ferner sollten die medizinische Versorgung verbessert und die Entlohnung überdacht werden.[195]

Als nächstes beschloss Auerswald, die alten Lager zu schließen und stattdessen seine Reform in drei neuen, vom Versagen des bisherigen Systems nicht betroffenen Lagern zu testen. Von verschiedener Seite wurde allerdings vor weiteren Experimenten gewarnt. Meissner wies darauf hin, dass die Baukosten der alten Lager den Wert der von ihren Insassen verrichteten Arbeit jeweils um das Viereinhalbfache übertroffen hätten.[196] Wielikowski wiederum erinnerte daran, dass die nun von den Juden verlangten Arbeiten in der Vorkriegszeit von polnischen Arbeitern verrichtet und diese wegen der körperlichen Anstrengungen alle drei Wochen ausgetauscht worden waren. Seit 20 Monaten geschwächte und ausgezehrte Juden bei ungenügender Ernährung, wenn nicht sogar unter Hungerbedingungen eine solche Arbeit ausführen zu lassen könne nur katastrophale Folgen zeitigen. Seit dem Frühjahr seien bereits 239 Juden in den Lagern gestorben.[197] Aber Auerswald ließ sich sein Experiment nicht ausreden. Als Insassen des ersten neuen Lagers in Drewnica, das von jüdischen Polizisten bewacht wurde und nicht mit Stacheldraht eingezäunt war, flohen und die Zahl der »Freiwilligen« gegen Null sank, drohte er Czerniaków mit Konsequenzen. Die Juden sollten »ihren guten Willen unter Beweis stellen«, erklärte er, »und sich zur Arbeit melden. Andernfalls werde das Ghetto mit Stacheldraht eingezäunt. […] Der Ring werde sich immer enger schließen und die gesamte Bevölkerung tatsächlich nach und nach aussterben.«[198] Doch änderte diese Drohung nichts an der Tatsache, dass sich Auerswalds »Modelllager« in Drewnica zu einem Fehlschlag entwickelte. Die Mehrzahl der Lagerinsassen fiel binnen kurzem aufgrund geschwollener Füße aus; wegen des Ausbruchs von Fleckfieber konnte nicht einmal Ersatz geschickt werden, so dass die Produktivität keinen höheren Stand als in den alten Lagern erreichte.[199]

Das Warschauer Experiment blieb keine Einzelaktion. Hoffmann stellte fest, dass der Bedarf an jüdischen Arbeitkräften im Generalgouvernement bis Ende August stetig zurückgegangen war: »Die Neigung zum Einsatz der Juden in Lagern ist nach manchen bitteren Erfahrungen nicht mehr groß. Der Aufwand steht in keinem glücklichen Verhältnis zu den Arbeitsergebnissen.« Einen Monat später notierte er, die Nutzung von Arbeitslagern habe weiter nachgelassen; auch in Lublin habe man mittlerweile alle wasserwirtschaftlichen Lager geschlossen.[200] Im Spätsommer wurden nur noch 2359 Warschauer Juden in Lagern außerhalb des Ghettos beschäftigt, und bis Oktober sank ihre Zahl weiter auf 600.[201] Zumindest für die Zivilverwalter stellten die Arbeitslager ein Auslaufmodell dar. Als im März 1942 während einer Besprechung in Warschau der Vorschlag gemacht wurde, sie wieder zu beleben, stieß die Idee auf wenig positive Resonanz. Nach den bisher gemachten Erfahrungen, sagte Hoffmann, wolle er »keine Lager von ausgemergelten Menschen, keine unmöglichen Arbeitsansprüche, die selbst deutsche Arbeiter nicht bewältigen können«.[202] Doch hatten die Zivilbeamten mittlerweile keinen Einfluss mehr auf den Einsatz jüdischer Arbeitskräfte. Im Juni 1942 teilte Frauendorfer den Arbeitsabteilungen der Distrikte seine Erwartung mit, »dass die Polizei in Zukunft die Auswertung der jüdischen Arbeitskräfte in gewissem Umfange, insbesondere für die Rüstungsindustrie, selbst vornimmt«.[203] Ein neues System von SS-Arbeitslagern stand bereit, und für jene Juden, die als nicht arbeitsfähig galten, schwebte der SS eine andere Art von Lagern vor.

4.3 Das Dilemma der Ghettoverwaltung – Produktion oder Hungertod

Zwar hatten in Lodz und Warschau diejenigen die Oberhand gewonnen, die für die Schaffung einer Ghettowirtschaft zum Zwecke ihrer Selbstversorgung eintraten, doch standen ihrem Erfolg eine Reihe wichtiger Faktoren entgegen. Erstens mussten aus dem Nichts neue Wirtschaftsstrukturen geschaffen, Produktionsstätten errichtet und Marktbeziehungen geknüpft werden. Zweitens galt es, eine verarmte, entwurzelte und isolierte Bevölkerung ungeachtet endemischer Unterernährung und Krankheit am Leben zu erhalten und zur Arbeit heranzuziehen. Sowohl in Lodz als auch in Warschau regten die deutschen Behörden die Schaffung einer Ghettowirtschaft an, wenn auch auf erstaunlich unterschiedliche Weise. Doch gegen die verheerende Auszehrung durch Hunger und Seuchen gingen sie in keinem der beiden Ghettos in ausreichendem Maße vor. In dieser Hinsicht erwiesen sich die Schwierigkeiten, mit denen sie zu kämpfen hatten, als unüberwindlich.

Gemeinhin galt das Ghetto als vorübergehendes Phänomen, das zwar schon länger als anfangs erwartet existierte, aber in naher Zukunft liquidiert werden sollte. Auf der Prioritätenskala deutscher Politik rangierte das Ghetto an nachgeordneter Stelle, während seine Bewohner die unterste Stufe der nationalsozialistischen Rassenhierarchie einnahmen. Selbst der nichtjüdischen polnischen Bevölkerung, der man auf Hitlers ausdrücklichen Befehl nur das äußerste Existenzminimum zugestand, wurde ein größeres Anrecht auf kriegsrationierte Lebensmittel eingeräumt als den Juden. Den zuständigen Behörden standen für die Ghettowirtschaft daher nur solche Ressourcen zur Verfügung, die keine andere Dienststelle für sich reklamierte. Eine Umverteilung, insbesondere von Lebensmitteln, zugunsten der Juden konnten sie dagegen nicht durchsetzen.

Gegen diese Zwänge kamen die Ghettoverwaltungen nicht an. Alles, was sie erreichten, war eine prekäre »Stabilisierung«, die die Dezimierung der jüdischen Bevölkerung durch Hunger und Krankheiten nur teilweise aufhielt.[204] Dennoch dürfen die polnischen Ghettos in dieser Phase nicht als Teil eines verdeckten Planes zynischer deutscher Funktionsträger zur schrittweisen Vernichtung der jüdischen Bevölkerung verstanden werden – auch wenn die im Ghetto eingesperrten Juden dies verständlicherweise vermuteten.[205] Die deutschen Lokalbehörden hatten allen Grund, die Produktivität der Ghettos zu erhöhen, und zogen daraus den nahe liegenden Schluss, dass hungernde Juden keine produktive Arbeit verrichten konnten. Die Tatsache, dass die Hungerrationen beibehalten wurden, entsprach nicht ihren Absichten, sondern lief ihnen zuwider.

Lodz

In der eingangs erwähnten Besprechung vom 18. Oktober 1940 waren die Lodzer Behörden zu dem Schluss gekommen, dass das Ghetto auf lange Sicht bestehen bleiben würde und daher in die Lage versetzt werden müsse, sich wirtschaftlich selbst zu tragen. In den folgenden Wochen fand eine Reihe weiterer Sitzungen zur Ausarbeitung konkreter Maßnahmen statt. Die erste, die am 24. Oktober unter der Leitung von Uebelhörs Stellvertreter, Oberregierungsrat Moser, abgehalten wurde, beschäftigte sich mit der Lebensmittelversorgung des Ghettos. Protokollführer war der noch nicht abgereiste und schlecht aufgelegte Palfinger. Laut Moser standen die »Meinungsverschiedenheiten« zwischen den einzelnen mit Angelegenheiten des Ghettos befassten Behörden »nunmehr nicht zur Dikussion«. Das Ghetto, erläuterte er, sei zwar eine »höchst unwillkommene Einrichtung«, aber ein »notwendiges Übel«; seine Bewohner müssten ernährt werden. Dass es sich bei ihnen nicht um Normalverbraucher handle, bedürfe keines Kommentars. Statt mit normalen Rationen werde man sie mit der Art und Menge von Lebensmitteln beliefern, die die Ghettoverwaltung und die Ernährungsbehörden des Reichs für ausreichend befänden. Die Versorgung der übrigen Bevölkerung dürfe jedoch keinesfalls »auch nur geringfügigst zugunsten der Juden beeinträchtigt« werden. Die Juden seien nur mit Gütern minderwertigster Qualität zu beliefern, und die Preise für Güter aus dem Ghetto seien »in einem handelsüblich angepassten Verhältnis zur Qualität der mehr oder weniger dubiosen Ware« festzusetzen.[206] Als Erfolg versprechenden Beginn der Selbstversorgung des Ghettos konnte man diese Richtlinien – jedenfalls in der von Palfinger festgehaltenen Fassung – kaum bezeichnen.

In einer von Uebelhör geleiteten Besprechung am 9. November 1940 klang ein völlig anderer Ton an. Zunächst wandte sich der Lodzer Bürgermeister Marder gegen die Absicht des Finanzamts, ausstehende Steuern von dem zum Kauf von Lebensmitteln eingerichteten Konto einzuziehen, und fand damit bei Uebelhör Gehör. Der Regierungspräsident versprach, die Angelegenheit in Berlin zu klären. Danach stellte Biebow seine Pläne für die Ghettowirtschaft vor. Im Augenblick würden die Bestellungen der Wehrmacht sämtliche Facharbeiter des Ghettos beanspruchen, so dass vorläufig keine weiteren Aufträge angenommen werden könnten. Um die Produktionskapazität des Ghettos zu erhöhen, schlug er vor, dass die HTO alle überzähligen und nicht funktionierenden Maschinen, insbesondere Nähmaschinen und Tischlerbänke, zur Verfügung stelle, wobei Reparatur und Instandhaltung der Maschinen Sache des Ghettos sein müsse. Was die jüdischen Arbeitskräfte angehe, so sollten sie nur bei besonders arbeitsintensiven Regierungsprojekten eingesetzt werden. Entsprechende Anfragen seien ausschließlich an die Ghettoverwaltung zu richten. Privatunternehmen sollten, so Biebow, keine jüdischen Arbeitskräfte zur Verfügung gestellt bekommen, während die Wehrmacht keine Aufträge an Privatfirmen erteilen sollte für Arbeiten, die genauso von »internierten, dem Reich zur Last fallenden jüdischen Kräften« erledigt werden konnten. Was die Ernährung anging, so bestand laut Biebow die Möglichkeit, durch die Einrichtung großer Gemeinschaftsküchen Lebensmittel einzusparen und zu rationieren. Die Größe der Rationen sollte ungefähr der von »Gefängniskost« entsprechen, wobei arbeitenden Juden höhere Sätze zustanden als nicht arbeitenden. Dem pflichtete Uebelhör mit der Einschränkung bei, dass die Zusatzrationen am Arbeitsplatz verteilt werden sollten, damit die Arbeiter sie nicht mit ihren Familienangehörigen teilten. Marder wurde aufgefordert, die Gefängnisrationen zu ermitteln sowie medizinischen Rat über das »Ernährungsminimum« einzuholen und auf dieser Grundlage einen Plan für die Lebensmittelversorgung aufzustellen. Damit dem Reich aus dem Unterhalt des Ghettos keine Kosten entstanden, sollten darüber hinaus weitere Einsparungen erzielt werden, indem der Verbrauch von Strom und Heizmaterial im Ghetto nach 20 Uhr verboten wurde.[207]

Biebows Konzept einer hochgradig zentralisierten Ghettowirtschaft, in der allein die Ghettoverwaltung Verträge schließen und Arbeitskräfte zuteilen durfte, spiegelte die diktatorischen Neigungen des Judenratsvorsitzenden Rumkowski und dessen Vorschläge zugunsten einer zentralen Leitung im Ghetto selbst. Im April 1940 hatte Rumkowski gegenüber Marder angeregt, ihm allein die Vollmacht zu erteilen, die Ghettoarbeit zu organisieren und die dadurch erzielten Einnahmen zu verteilen, um Lebensmittel für das Ghetto kaufen und arme Juden unterstützen zu können.[208] Daraufhin hatte Marder ihn ermächtigt, alle Juden zur Zwangsarbeit heranzuziehen.[209] Das Interesse der Deutschen hatte damals allerdings noch nicht der Produktion, sondern den angeblich gehorteten Wertgegenständen gegolten. Erst jetzt, im Herbst, entdeckten sie Rumkowskis umfassendes Konzept einer Selbsterhaltung des Ghettos durch Produktion für ihre Zwecke.

In den folgenden Monaten beließ es Biebow nicht dabei, ungenutzte Maschinen der HTO aus dem Warthegau zu übernehmen. Über das Finanzministerium in Berlin erreichte er auch die Lieferung von Maschinen, die bei deutschen Juden beschlagnahmt worden waren. Im März 1943 konnte er stolz ein Inventar von 18 000 Maschinen vorweisen.[210] Außerdem reiste er kreuz und quer durch Deutschland, um Aufträge zu akquirieren.[211] Unablässig erweiterte er die wirtschaftliche Basis des Ghettos durch die Einrichtung neuer Werkstätten und Fabriken sowie die Einführung neuer Produktionsbranchen. Hatte das Schwergewicht anfangs auf der Textilherstellung gelegen, produzierte das Ghetto im Frühjahr 1941 bereits Möbel, Schuhe und Handschuhe und führte Gerber-, Kürschner-, Polster- sowie Schmiedearbeiten aus.[212]

Auch an den Beschäftigtenzahlen war der wirtschaftliche Wandel abzulesen. Waren im Oktober 1940 im Ghetto 5000 Textilarbeiter beschäftigt gewesen, stieg ihre Zahl bis zum Dezember auf 15 000.[213] Die Hoffnung vieler Juden, außerhalb des Ghettos Arbeit zu finden, blieb unerfüllt, denn zwischen Dezember 1940 und April 1941 gelang dies lediglich 2148 Ghettobewohnern.[214] Aber innerhalb der Ghettomauern nahm die Beschäftigung im Frühjahr 1941 stetig zu. Im Sommer gab Marder an, dass 40 000 Menschen Arbeit hatten; ein Jahr später lag ihre Zahl bei 53 000, und im Frühjahr 1943 waren es 80 000 – fast die gesamte damalige Ghettobevölkerung.[215] Das Einkommen der jüdischen Arbeitskräfte wurde für das Jahr 1941 auf 3,3 Millionen Reichsmark geschätzt, stieg im folgenden Jahr aber bereits auf 19 Millionen. Zudem erwiesen sich Vorbehalte wegen der »zweifelhaften« Qualität der von Juden hergestellten Güter bald als unbegründet. Hatte die Wehrmacht anfangs aus Misstrauen nur Schneiderarbeiten in Auftrag gegeben, war sie bald so überzeugt von der »Qualitätsarbeit« der Ghettojuden, dass sie alle nur denkbaren militärischen Versorgungsgüter bestellte. All dies hatte man – so Biebow stolz – mit einer deutschen Beteiligung von nur 180 Angestellten und 160 Arbeitern erreicht.[216]

Trotz des Wirtschaftswachstums im, laut Isaiah Trunk, »industrialisiertesten Ghetto in ganz Osteuropa« stieß Biebow auf mehrere Hindernisse. Das erste war die Zahlungsbilanz des Ghettos; diese war stets gefährdet aufgrund der künstlich niedrig gehaltenen Preise für Ghettoprodukte, der zum Zweck der Selbstbereicherung frisierten deutschen Buchführung und der ständigen Versuche einzelner Besatzungsinstanzen, sich die im Ghetto geschaffenen Werte anzueignen.[217] Ein markantes Beispiel war der Versuch der Stadtverwaltung im Januar 1941, der jüdischen Gemeinde eine pauschale Steuer von monatlich 275 000 Reichsmark aufzuerlegen, um den Rückgang der Einnahmen aus verschiedenen kommunalen Steuern auszugleichen. Die HTO zahlte nur für tatsächlich eingenommene Mieten Steuern, und da Tausende von jüdischen Wohnungen und Geschäften leer standen, entfielen die Steuereinkünfte aus Mieteinnahmen. Der Stadtverwaltung erschien es daher nur allzu logisch, dass die Juden für den durch ihre Umsiedlung ins Ghetto verursachten Steuerausfall aufkommen sollten. Uebelhör konnte diese Schikane zwar verhindern, doch hörte die Stadtverwaltung nicht auf, sich über die angeblich anfallenden Kosten des Ghettos zu beklagen, für die sie keine Entschädigung erhielte.[218]

Die prekäre Zahlungsbilanz konnte ausgeglichen werden, weil die Ghettoverwaltung zusätzlich zu dem, was das Ghetto an Erlösen produzierte, die Einnahmen aus dem Verkauf beschlagnahmter jüdischer Güter erhielt. Naturgemäß waren diese Einnahmen jedoch rückläufig, so dass Biebow fürchtete, das Ghetto sei eines Tages nicht mehr in der Lage, seinen Verpflichtungen nachzukommen. Das einzige Gegenmittel war nach seiner Ansicht die Erhöhung der Produktivität der Arbeiter.[219] Zu diesem Zweck wurde die Wochenarbeitszeit von 54 zunächst auf 60 und dann auf 72 Stunden erhöht und die Arbeitsdisziplin drakonisch verschärft.[220] Doch stellte die Intensivierung der Ausbeutung Biebow vor ein weiteres Problem: je höhere Anforderungen er an die Produktivität der Arbeiter stellte, umso schwächer wurden sie aufgrund der völlig unzureichenden Verpflegung; genauer gesagt, sie waren sogar dabei, langsam zu verhungern.

Im November 1940 hatte man den Vorschlag, die Ghettobewohner mit »Gefängniskost« zu versorgen, nach einigen Beratungen unter dem Vorbehalt abgesegnet, dass »die Juden nur so weit diese Lebensmittel erhalten, wenn dadurch keinesfalls die Ernährungslage in Litzmannstadt in irgendeiner Weise ungünstig beeinflusst« werde.[221] Da keine Vorräte angelegt worden waren, verschlechterte sich die Versorgungslage im Lauf des Winters zunehmend. Im Januar berichtete Biebow:

> »Die Notlage im Ghetto war so groß, dass sich der Älteste der Juden gezwungen sah, die für die Fütterung der Pferde hineingelieferten Kartoffelflocken an seine Volksküchen zu verabfolgen, um wenigstens den produktiv tätigen Arbeitern in den Werkstätten Mittagessen zu bereiten. [...] Praktisch lebt das Ghetto von der Hand in den Mund, und jede weitere Minderbelieferung in einem den Juden zustehenden Nah-

> rungsmittelkontingent wirkt sich zu einer nicht überbrückbaren Not aus. […] In den Berechnungen des Bedarfs der Bevölkerung in Litzmannstadt und den daraus resultierenden Freigaben und Anlieferungen für die deutsche und polnische Bevölkerung wird anscheinend das Ghetto nie eingeschlossen. Es wäre zweckmäßig, dass der Standpunkt der marktregelnden Behörden sich grundlegend ändert, denn die Tatsache bleibt bestehen, dass sich sowohl der Leiter wie auch die sonstigen maßgeblichen Herren der Ghettoverwaltung Tag für Tag mit Ernährungsfragen für das Ghetto zu befassen haben, weil entweder die Anlieferungen den zugesagten Umfang nicht erreichen oder aber freigegebene Lebensmittel plötzlich wieder für angeblich dringendere Versorgungen zurückgezogen werden. Zwangsläufig entsteht hieraus die Notwendigkeit, andere, ebenfalls wichtige Aufgaben der Ghettoverwaltung ruhen zu lassen, was speziell den Arbeitseinsatz der Juden ungünstig beeinflusst.«[222]

Auch die Chroniken des Lodzer Ghettos verzeichnen die wachsende Not: »Bei der gegenwärtigen Zunahme der Todesrate vergehen mindestens drei Tage bis zum Begräbnis der Toten; manchmal sind sogar zehn Tage zu einer alltäglichen Erscheinung geworden.« Die Zahl der Todesfälle lag im Januar und Februar bei 1218 beziehungsweise 1069 und erreichte damit fast den Höchststand vom Juli 1940, als 1366 Ghettobewohner starben.[223]

Neben der verzweifelten Ernährungslage herrschte ein derartiger Kohlenmangel, dass selbst dann, wenn einmal Kartoffeln vorhanden waren, keine Mahlzeiten gekocht werden konnten. Mitunter kamen die Arbeiter nicht in die ungeheizten Fabriken, weil die Kälte dort einfach nicht auszuhalten war, wovon sich Biebow persönlich überzeugte.[224] Als Uebelhörs Stellvertreter Moser Mitte Januar mit Beamten der für die Ernährung zuständigen Dienststellen der Stadt und des Regierungsbezirks Lodz sowie der Ghettoverwaltung über die Versorgung des Ghettos konferierte, gestand man offen ein, dass weder das angestrebte Niveau der »Gefängniskost« noch die zugesagten Liefermengen an Lebensmitteln erreicht wurden.

Biebow beklagte sich zudem darüber, dass Großhändler sich weigerten, selbst Güter zu liefern, die nicht knapp waren. Ihm wurde versprochen, dass Anweisungen an die Großhändler ergingen, seinen Bestellungen nachzukommen. Ferner wurde beschlossen, fortan zehn Prozent der Kohlezuteilung für die Stadt ins Ghetto zu liefern, da die dort ansässigen Fabriken andernfalls nicht produzieren konnten.[225]

In der zweiten Januarhälfte verzeichnete Biebow eine leichte Verbesserung der Lage, aber die Hoffnung, dass bis Februar das Ernährungsniveau von Gefängnisrationen erreicht sein würde, erfüllte sich nicht. Vom Hauptnahrungsmittel – Kartoffeln – sei, an diesem Maßstab gemessen, nur ein knappes Viertel der zugestandenen Menge geliefert worden, berichtete er. Es drohe eine »Katastrophe« und »Hungersnot«. Dass unter solchen Bedingungen die Produktivität leide, liege auf der Hand. Sogar die für den Gütertransport so wichtigen Pferde würden verhungern; bisher seien alle Bemühungen, Futter für sie zu beschaffen, fehlgeschlagen.[226]

Bei der Prüfung der Bücher der Ghettoverwaltung stellte sich heraus, dass die Juden für 23 Pfennig pro Tag verpflegt wurden, während der Satz für Gefängnisinsassen mindestens doppelt so hoch lag. Der Rechnungsprüfer beklagte den Mangel an »richtigem Verständnis« für das Ghetto. Bestellungen nicht nur von Lebensmitteln, sondern auch von Rohstoffen würden häufig mit der Bemerkung abgewiesen, dass für Juden nichts zur Verfügung stünde. Dabei werde »vollständig übersehen, dass diese Anforderungen viel weniger dem Interesse der Juden als der zweckmäßigen Auswertung der jüdischen Arbeitskraft zum Nutzen des Reichs dienten«.[227]

Erst im März 1941 konnte Biebow berichten, dass die Verpflegung in einigen Bereichen Gefängnisniveau erreicht hatte. Im April bezeichnete er die Lebensmittelversorgung, bis auf einige Ausnahmen, sogar als »befriedigend«, allerdings nur für die Menschen, nicht für die Pferde.[228] Am optimistischsten zeigte er sich, nachdem er am 7. Juni 1941, zwei Wochen vor dem Angriff auf die Sowjetunion, in Posen mit den für die Versorgung des Gaus zuständigen Beamten zusammengekommen war. »Alle beteiligten Herren«, so das Protokoll, »erkannten an, dass die augenblickliche Verpflegung der Judengemeinschaft unverantwortlich sei [sic] und wenn nicht schnellstens eine Besserung eintritt, wird Hungersnot die Folge sein, was sich 1) mit den enormen Aufgaben, die den Juden auf handwerklichem Gebiet gestellt sind, nicht vereinbaren lässt, und 2) verkennt man die große Gefahr des Ausbruchs von Seuchen im Ghetto nicht.« Die Posener Beamten sagten nicht nur zu, die bisherigen Ghettorationen sicherzustellen, sondern sie sogar zu erhöhen. Arbeitende Juden sollten mindestens den Verpflegungssatz der polnischen Bevölkerung, nicht arbeitende die seit langem versprochene »Gefängniskost« erhalten. Vier Tage nach dieser Besprechung bewilligte die Gauleitung die »polnischen Rationen« für arbeitende Juden und forderte die Ghettoverwaltung auf, sich umgehend mit ihr in Verbindung zu setzen, sollten weitere Schwierigkeiten auftreten.[229]

Da die nationalsozialistische Judenpolitik im zweiten Halbjahr 1941 eine fatale Wandlung durchmachte, wurden die versprochenen Verbesserungen nie verwirklicht. Im August machte Biebow darauf aufmerksam, dass seine Bemühungen, die Verpflegung der Arbeiter in der militärischen Produktion aufrechtzuerhalten, zwangsläufig die Schwächung aller anderen Arbeiter zur Folge hatten und sie ihr bisheriges Leistungsniveau folglich nicht halten konnten.[230] Als man im März 1942 bei ihm anfragte, ob das Ghetto angesichts der gesunkenen Bevölkerungszahl infolge der im Januar 1942 angelaufenen Deportationen nicht zu viele Lebensmittel erhalte, wies er dies nachdrücklich zurück. 1940, schrieb er, sei die Verpflegung der Ghettobewohner an den »Gefängnissätzen« ausgerichtet, dieses Niveau jedoch über ein Jahr lang nicht erreicht worden. Überdies seien die gelieferten Lebensmittel von minderer Qualität gewesen. Niemand könne »die Behauptung aufstellen, dass die Ghettobewohner von den ihnen zugewiesenen Lebensmitteln auf die Dauer arbeitseinsatzfähig bleiben [...] Den klarsten Beweis für die Ernährungslage legen die rapide ansteigenden Sterbeziffern ab. [...] Jeder, der die Verhältnisse im Ghetto kennt, weiß, dass die Werktätigen buchstäblich an ihren Arbeitsplätzen wegen Entkräftigung [sic] zusammenbrechen.«[231] Unterstützung erhielt Biebow vom Lodzer Stadtmedizinalrat. Die Juden erhielten nicht das, was ihnen auf dem Papier zugesagt worden sei. Die Verpflegung liege weit unterhalb des Gefängnisniveaus und habe eine »regelrechte Hungersnot« zur Folge. In einer solchen Situation könne man »nicht mehr von einem Juden verlangen, dass er arbeitet«. Außerdem fördere Hunger den Ausbruch von Seuchen.[232]

Ein Jahr später hatte sich die Lage weiter verschlechtert, und Biebow forderte erneut, den jüdischen Arbeitern im Ghetto, die weit produktiver seien als die polnischen, wenigstens die gleichen Rationen zuzugestehen wie diesen. Die derzeitigen Verpflegungssätze seien »untragbar« und sogar noch schlechter als diejenigen in jüdischen Arbeits- und Gefangenenlagern. Der Lodzer Oberbürgermeister Werner Ventzki versprach, sein Bestes zu tun, machte Biebow aber wenig Hoffnungen. Gauleiter Greiser habe es »schon mehrfach grundsätzlich abgelehnt, die Verpflegung der Juden zu verbessern, und zwar mit Rücksicht auf die Tatsache, dass die Versorgung der deutschen Bevölkerung mit nicht unerheblichen Schwierigkeiten verbunden« sei.[233] Angesichts der knappen Ressourcen in Kriegszeiten und des ideologisch begründeten Axioms, dass von niemandem erwartet werden könne, zugunsten der Verpflegung von Juden zurückzustecken, mussten auch die vernünftigsten Argumente wirkungslos bleiben. Hier lag das schwerwiegendste Hindernis, das die Ghettoverwalter nicht überwinden konnten.

Im Übrigen begründeten sie die Forderung nach einer ausreichenden Lebensmittelversorgung der Juden erst ab Mitte 1941 ausschließlich damit, dass diese ohne Nahrung nicht arbeiten könnten. Zuvor hatten die Produktivitätsbefürworter genau umgekehrt argumentiert, nämlich dass die Juden nicht ernährt werden könnten, wenn man keine Arbeit für sie finde, und damit über die Befürworter einer Vernichtung durch Hunger, wenn auch nur vorläufig und unzureichend, obsiegt.

Warschau

In Warschau hatten sich die Verfechter einer Neubelebung der Ghettowirtschaft im Mai 1941 durchgesetzt, doch konnte dieser Sieg nicht mehr verhindern, dass die Sterberate im Ghetto nach einem halben Jahr des Hungerns in die Höhe schnellte. Die Zahl der Todesfälle stieg im Februar auf über 1000, im April auf über 2000 und im Mai auf 3800. Damit hatte sie sich im Vergleich zum Vormonat also jeweils nahezu verdoppelt. In einem Bericht vom 20. Mai 1941 zeichnete der Oberfeldkommandant von Warschau ein anschauliches Bild von den Zuständen: »Die Lage im Judenviertel ist katastrophal. Die Leichen der vor Entkräftung Gestorbenen liegen in den Straßen herum. Die Sterblichkeit, 80 % Unterernährung, hat sich seit Februar verdreifacht. Das Einzige, was den Juden zugeteilt wird, sind 1 1/2 Pfund Brot pro Woche. Kartoffeln, für die vom Judenrat eine Vorauszahlung von mehreren Millionen geleistet war, konnten bis jetzt nicht geliefert werden. [...] Das Ghetto wächst sich zu einem Kulturskandal, einem Herd von Krankheiten und Aufzucht des schlimmsten Untermenschentums aus.«[234] Auch Auerswald vermerkte einige Monate später ein »sprunghaftes Ansteigen der Sterbefälle im Mai«, das gezeigt habe, »dass der Lebensmittelmangel sich bereits zu einer Hungersnot auswuchs. Die Lebensmittelversorgung stellte sich daher als dringendste Aufgabe dar.« Auerswald sorgte dafür, dass die Jüdische Soziale Selbsthilfe zusätzliche Lebensmittel erhielt, um die Zahl der täglich ausgeteilten Mahlzeiten von 30 000 im Mai auf 120 000 im August zu steigern. Aufgrund der »allgemeinen, seit Kriegsbeginn bestehenden Verelendung der Juden«, berichtete Auerswald weiter, hätten die zusätzlichen Rationen jedoch nicht verhindern können, dass die Sterberate im Juli einen Höchststand von 5550 Personen erreichte und im August auf 5560 anstieg. Danach habe sich die Zahl der Todesfälle auf etwas niedrigerem Niveau stabilisiert.[235]

In dieser Periode des Massensterbens machte eine Reihe von Deutschen den verhungernden Juden Hoffnungen auf eine Verbesserung ihrer Versorgung. Ende Mai sprach Fischer gegenüber Czerniaków von einer solchen »Möglichkeit«, und

Anfang Juli stellte Auerswald »polnische Rationen« für den August in Aussicht. Ende Juli gestand er allerdings ein: »Die Lebensmittelrationen für Juden werden im nächsten Monat nicht erhöht«, und am 19. August teilte er Czerniaków schließlich mit, dass in nächster Zukunft nicht mit einer besseren Versorgung zu rechnen sei. In Krakau habe man zwar »die Absicht, die Juden in den Ghettos nicht auszuhungern«, die Rationen könnten »vorläufig jedoch nicht erhöht werden, weil die neu besetzten Gebiete Lebensmittel verschlängen«.[236]

Im Oktober beschwerte sich Max Bischof darüber, dass es an der »unbedingt notwendigen« Verpflegung für die in der Wirtschaft beschäftigten Juden fehle. Auerswald unterstützte Bischofs Vorstoß nach Kräften. Seine Judenpolitik, schrieb er, hänge in jeder Hinsicht – etwa in Bezug auf die strengere Abriegelung des Ghettos, die Beendigung der jüdischen Schwarzmarktgeschäfte und des Schmuggels, die Eingrenzung von Seuchen und die Ausbeutung der jüdischen Arbeitskraft – davon ab, dass »die für die arbeitende jüdische Bevölkerung erforderliche Mindesternährung« gewährleistet sei. Die derzeitigen Rationen, die ein Drittel unter denen des Lodzer Ghettos lagen, seien »absolut unzureichend«. Als einstiger Befürworter einer Vernichtung durch Hunger beharrte Fischer zwar darauf, dass der Krieg ein Konflikt »mit dem Judentum in seiner Gesamtheit« sei und die Deutschen zu Recht »vernichtend« gegen diese »Brutstätte des Judentums vorgingen, aus der sich das gesamte Weltjudentum stets von neuem ergänzt«. Wenn man aber die Juden in der Zwischenzeit arbeiten lassen wolle, dann müssten sie »ausreichende Rationssätze« erhalten.[237]

Frank lehnte wie Greiser im Warthegau grundsätzlich jede Anhebung der Verpflegungssätze ab, da auch »für die polnische Bevölkerung [...] kaum noch etwas zur Verfügung gestellt werden« könne.[238] Auf lokaler Ebene wurde dies allerdings teilweise umgangen. Während die Brotration nicht erhöht wurde, sorgte Bischof dafür, dass andere Lebensmittel, insbesondere Kartoffeln, geliefert wurden.[239] Czerniaków schrieb jedoch pessimistisch in sein Tagebuch: »Die Lebensmittelrationen sollten erhöht werden. Der Berg hat eine Maus gekreißt [sic]. [...] Brot bleibt wie gehabt. Von einer Erhöhung ist keine Rede.«

Allerdings habe man ihm winzige Mengen von Kartoffeln, Zucker und Marmelade sowie pro Person ein Ei im Monat versprochen.[240] Bischofs Hauptanliegen war jedoch nicht die allgemeine Erhöhung des Verpflegungssatzes für die gesamte Ghettobevölkerung, sondern die Verteilung zusätzlicher Rationen an die jüdischen Arbeiter durch ihre deutschen Arbeitgeber. Im Winter erreichte er dies wenigstens für die in der Kriegsproduktion Beschäftigten. Als Folge erhöhte sich die Produktivität so »außerordentlich«, dass Bischof davon überzeugt war, andere Unternehmen dazu bewegen zu können, dem Beispiel zu folgen. Allerdings seien, wie er notierte, nur acht Prozent der Kartoffeln, die er für das Ghetto beschafft habe, auch tatsächlich geliefert worden.[241]

Auerswald und Bischof waren sich von Anfang an darüber im Klaren gewesen, dass die offiziellen Lebensmittellieferungen an das Ghetto keinesfalls ausreichen würden, um dessen Bewohner am Leben zu erhalten. In einem für Krakau bestimmten Bericht, dessen Veröffentlichung die dortigen Behörden ablehnten, stellte Auerswald rundheraus fest, die Menge »legal gelieferter Lebensmittel« sei »bei weitem nicht ausreichend«, um »der im jüdischen Wohnbezirk vorhandenen Hungerlage wirksam entgegenzutreten«. Dies hatte zwei Folgen: Einerseits wurde durch die Unterernährung der Ausbruch von Epidemien gefördert, denn »Ernährungs- und Gesundheitslage stehen in engem Zusammenhang«.[242] Andererseits verlegten sich die Juden in dem verzweifelten Kampf gegen den Hunger auf den Schmuggel und beschworen damit die Gefahr herauf, dass sich die hungerbedingten Epidemien über die Ghettomauern hinaus verbreiteten. Da er nicht in der Lage war, die Juden durch eine ausreichende Ernährung gesund zu halten und so den Teufelskreis zu durchbrechen, grübelte Auerswald immer intensiver über eine Lösung für den Problemzusammenhang von Schmuggel und Seuchenepidemien nach. Anfangs beschränkte er sich dabei auf recht simple Rezepte. Gegenüber Czerniaków erklärte er, »dass man beim Schmuggel ein Auge zudrücke. [Grenz-]Übertritte von Menschen dagegen werde man schärfstens bekämpfen. Der Grund – die Epidemie.«[243] Als sich jedoch Fleckfieber auch außerhalb des Ghettos ausbreitete, gab Auerswald den jüdischen Schmugglern die Schuld daran und schlug einen härteren Ton an. Hilfe könne hier nur »strengstes Einschreiten gegen vagabundierende Juden (Todesstrafe!) und vor allem die Schaffung von Grenzen des jüdischen Wohnbezirks bringen, die eine tatsächliche Abgrenzung und Überwachung gewährleisten«.[244] Dafür müsse man das Ghetto dahingehend verkleinern, dass seine Mauern auf den Straßen verliefen und Öffnungen in den Wänden der an den Grenzen des Ghettos stehenden Häuser nicht mehr genutzt werden könnten.[245]

Um eine wirkungsvollere Überwachung zu ermöglichen, hatten die deutschen Behörden zunächst sogar eine noch drastischere Verkürzung der Ghettogrenzen beschlossen und den kleineren südlichen Teil des Ghettos völlig abschneiden wollen. Doch Amtsarzt Wilhelm Hagen hatte sich nachdrücklich dagegen ausgesprochen und über Auerswalds Kopf hinweg an Bürgermeister Ludwig Leist appelliert: Es sei »ein Wahnsinn […], eine solche Maßnahme in der jetzigen Zeit durchzuführen«. Angesichts der Ausbreitung des Fleckfiebers bedeute jede Bevölkerungsbewegung eine »Katastrophe«.[246] Die Idee, den südlichen Teil des Ghettos aufzulösen, wurde schließlich aufgegeben, aber auch unabhängig davon wurden im Zuge der Grenzverlegung erneut rund 60 000 Menschen aus ihren Unterkünften verjagt.[247]

Auerswalds Vorschlag, zur Bekämpfung des Schmuggels die Todesstrafe einzuführen, wurde am 15. Oktober von Frank verfügt, jenem Tag, an dem er Bischofs Bitte um zusätzliche Lebensmittellieferungen für das Warschauer Ghetto ablehnte.[248] Den etwa 100 Amts-, Militär- und SS-Ärzten aus dem gesamten Generalgouvernement, die in Bad Krynica zu einer von Dr. Walbaum geleiteten Tagung zusammengekommen waren, entging der logische Zusammenhang zwischen diesen beiden Entscheidungen nicht.[249] Professor Kudicke, der Sonderbeauftragte für die Bekämpfung des Fleckfiebers, brachte die wichtige Frage »mit großer Vorsicht« zur Sprache; »rein akademisch ohne Werturteil« bemerkte er, dass man die Ausbreitung der Seuche nicht unterbinden könne, ohne deren Ursache zu entfernen. Er habe bereits in seinen Berichten darauf hingewiesen, »dass zweifellos die erheblichen Mängel der Ernährung dazu geführt haben, dass die jüdische Bevölkerung aus den Ghettos, in denen es nichts zu essen gab, einfach ausbrach. [...] Will man das zukünftig verhindern, dann muss man das beste Mittel hierzu gebrauchen, nämlich für ausreichendere Ernährung der jüdischen Bevölkerung sorgen. Hier versagt aber meine Kraft – ich darf offen sagen –, hier versagt die Kraft aller. [...] Ich weiß auch, dass die Schwierigkeiten so groß sind, dass die Mängel vielleicht in dieser Hinsicht niemals beseitigt werden können.« Daher müsse man sich darüber im Klaren sein, dass der Versuch, die Ausbreitung der Seuche zu verhindern, auch einfach scheitern könne.

Diese entmutigenden Worte konnte Walbaum nicht unwidersprochen im Raum stehen lassen. Er erwiderte: »Sie haben vollkommen Recht. Natürlich wäre es das Beste und Einfachste, den Leuten ausreichende Ernährungsmöglichkeiten zu geben, das geht aber nicht, das hängt eben mit der Ernährungs- und Kriegslage im Allgemeinen zusammen. Deshalb wird jetzt die Maßnahme des Erschießens angewandt, wenn man einen Juden außerhalb des Ghettos ohne besondere Erlaubnis antrifft. Man muss sich, ich kann es in diesem Kreise offen aussprechen, darüber klar sein, es gibt nur 2 Wege, wir verurteilen die Juden im Ghetto zum Hungertode oder wir erschießen sie. Wenn auch der Endeffekt derselbe ist, das andere wirkt abschreckender. Wir können aber nicht anders, wenn wir auch möchten, denn wir haben einzig und allein die Aufgabe, dafür zu sorgen, dass das deutsche Volk von diesem Parasiten nicht infiziert und gefährdet wird, und dafür muss uns jedes Mittel recht sein.« Laut Protokoll wurden Walbaums Ausführungen mit »Beifall, Klatschen« quittiert.

Dr. Lambrecht, der Chef des Gesundheitswesens im Distrikt Warschau, pflichtete Walbaum bei. Es sei utopisch zu glauben, das Ghetto ließe sich so weit abriegeln, dass es kein einziger Jude mehr verlassen könne. Daher müsse man in Kauf nehmen, dass außerhalb des Ghettos aufgegriffene Juden auf der Stelle erschossen würden. Er selbst habe empfohlen, »die Verpflegung der Juden im Ghetto zu verbessern, denn je größer der Druck im Ghetto, umso größer der Druck auf die Grenze. Leider konnte mir damals nicht die notwendige Lebensmittelmenge bewilligt werden, weil nichts da war. Aber besser ist jedenfalls noch immer, dass die Juden im Ghetto sterben, als dass sie verstreut in der Stadt sitzen und dort umkommen. [...] Man muss hier konsequent sein, und es wäre daher angebracht, gegen die Juden noch viel schärfer vorzugehen als bisher.« Auch Lambrechts Bemerkungen wurden mit »Beifall, Klatschen« aufgenommen. Unter Medizinern bemühte man sich nach Kräften, die Hungerpolitik gegenüber den Juden mit logischen Argumenten zu legitimieren. So wie Gesundheitsexperten einst die Ghettoisierung verlangt hatten, um die Ausbreitung von Epidemien zu verhindern, nahmen sie jetzt aus demselben Grund – wie die Befürworter einer Vernichtung durch Hunger – ihr »rasches Absterben« in den Blick.[250]

Die von den Ärzten so nachdrücklich begrüßte Einführung der Todesstrafe für Juden, die heimlich das Ghetto verließen, wurde dem Judenrat am 6. November bekannt gegeben. Zwei Wochen später fanden die ersten Hinrichtungen statt. Vier Tage darauf kam es zu einer außergewöhnlichen Unterredung zwischen Czerniaków und Auerswald, in der der Judenratsvorsitzende zweieinhalb Stunden mit dem Ghettokommissar über dessen »historische Rolle und Verantwortung« sowie über die »Zweckmäßigkeit von Anordnungen« sprach.[251] Vielleicht lag es am deutlichen Rückgang der epidemischen Erkrankungen,[252] vielleicht aber auch an Czerniakóẅs Bemühungen, jedenfalls nahm Auerswald in der Folge in der Schmuggelfrage eine mildere Haltung ein. So setzte er sich auf Czerniakóws Bitte für die Freilassung eines Großteils der außerhalb des Ghettos Aufgegriffenen ein, anstatt sie alle erschießen zu lassen. Nachdem ihm dies gelungen war, meinte er zu Czerniaków, »wenn er gewusst hätte, dass diese Arbeit so kompliziert ist, hätte er sie nicht auf sich genommen«, worauf dieser erwiderte, er solle »seine Rechnung vor allem mit Gott machen«.[253]

Während Auerswald das Verpflegungsproblem nicht lösen konnte und sich in der Schmuggelfrage nicht weiterkam, gelang es Bischof und ihm, wenn auch nur schrittweise, der Ghettowirtschaft in Warschau eine Grundlage zu verschaffen. Ein Haupthindernis auf dem Weg dorthin bereitete ihnen die enorme Arbeitslosigkeit im Ghetto. Anfang 1941, also noch vor den personellen Veränderungen innerhalb der Ghettoverwaltung im Mai, hatten die deutschen Behörden dieses Problem mit Hilfe der umfassenden Einführung eines Systems von Arbeitslagern zu bewältigen versucht. Es gab Pläne, 25 000 Juden in den Distrikt Lublin zurückzuschicken und weitere 25 000 bei wasserwirtschaftlichen Bauprojekten im Distrikt Warschau selbst einzusetzen. Mit einer solchen Abwanderung von Arbeitskräften erstrebte man eine »fühlbare Entlastung« innerhalb des Ghettos,[254] doch war das Arbeitslager weder für die Beseitigung der Arbeitslosigkeit noch für die effektive Ausbeutung der jüdischen Arbeitskräfte das richtige Mittel.

Neben den Arbeitslagern versuchte sich die deutsche Ghettoverwaltung an vier Lösungswegen, um das Arbeitslosenproblem zu bewältigen. Erstens richtete man Werkstätten im Ghetto ein. Auerswald verbuchte dies als großen Erfolg; statistisch belegt ist jedoch nur eine mäßige Verbesserung der Lage. Im September arbeiteten von insgesamt 36 198 registrierten Beschäftigten lediglich 3055 in den Werkstätten; 69 862 Ghettobewohner waren arbeitslos, was gegenüber 76 102 Arbeitslosen im Juni nicht mehr als einen leichten Rückgang darstellte.[255] Noch ungünstiger fiel das Bild aus, wenn man diese Zahlen mit denen aus Lodz verglich, wo im gleichen Zeitraum 53 000 Ghettobewohner Arbeit hatten, obwohl die jüdische Bevölkerung nur ein Drittel derjenigen von Warschau ausmachte.

Zweitens wurden einmal mehr die jüdischen Arbeitskräfte registriert; denjenigen, die sich meldeten, versprach man bessere Rationen, allen anderen drohte Bestrafung. Trotzdem kam die Registrierung nur sehr langsam voran. Hoffmann bemerkte dazu: »Die Furcht der jüdischen Bevölkerung, vor dem Arbeitsamt zu erscheinen, hat ihre Begründung darin, dass bisher größere Maßnahmen immer nur zum Zwecke des lagermäßigen Einsatzes ergriffen wurden.« Dieses Misstrauen werde man nur überwinden können, wenn man für die Registrierten Arbeit finde.[256]

Drittens bemühte man sich, das Wirtschaftsleben im Ghetto zu stabilisieren und weiter anzuregen, indem man existierende Strafen und Beschränkungen aufhob. Beschlagnahmungen und andere kontraproduktive Eingriffe wurden eingestellt, Kontrollen des Geldbesitzes aufgehoben. All jene, die Wertsachen versteckt hatten, kamen in den Genuss einer Amnestie, um sie zu ermutigen, diese in die Wirtschaft einzubringen. Der Judenrat erhielt verschiedene Bank- und Kreditrechte, um wirtschaftliche Veränderungen herbeiführen zu können, und die Gebühren für ökonomische Transaktionen wurden drastisch gesenkt. Mehrere Abteilungen des Judenrats, die bis dahin mit Wirtschaftsfragen zu tun gehabt hatten, wurden aufgelöst und durch privatwirtschaftliche Körperschaften ersetzt, für deren Handeln nicht mehr bürokratische, sondern ökonomische Gesichtspunkte ausschlaggebend waren.[257]

Viertens schließlich wurde alles unternommen, um deutsche Unternehmer für das Ghetto zu interessieren. In mehreren deutschen Zeitungen erschienen Artikel über jüdische Facharbeiter; an Wirtschaftsorganisationen wurden Informationsbriefe verschickt; Beamte, die öffentliche Aufträge erteilten, insbesondere im Rüstungsbereich, wurden direkt angesprochen.[258] Im Gegensatz zu Lodz vergab die Wehrmacht in Warschau anfangs nur sehr zögerlich Aufträge an das Ghetto.[259] Erfolgreicher waren da schon die Bemühungen um Privatunternehmen. Einen Hauptanreiz bedeutete die Tatsache, dass die Ghettoverwaltung die wirtschaftliche Leitung der Werkstätten abgab. Da die Transferstelle auf lange Sicht nicht das wirtschaftliche Risiko für diese Werkstätten übernehmen könne, so Auerswald, seien deutsche Firmen hinzugezogen worden, die sie leiteten und Aufträge für sie beschafften.[260] Im Gegensatz zu Lodz mit seinen stark zentralisierten Kontrollmechanismen begann die Ghettoverwaltung in Warschau eine Art freier Ghettowirtschaft zu fördern, die sowohl deutschen als auch jüdischen Unternehmern wirtschaftliche Spielräume bot. So verurteilte Bischof beispielsweise die den wohlhabenden Juden von Czerniaków auferlegte Zwangsabgabe für Fürsorgezwecke, »ruiniere« sie doch den Kapitalmarkt.[261]

Angesichts dieser etwas liberaleren Wirtschaftspolitik waren die Kontrollmöglichkeiten von Bischofs Transferstelle natürlich nicht mit jenen Biebows in Lodz vergleichbar. Obwohl sie den Wirtschaftsaustausch zwischen Ghetto und Außenwelt überwachen sollte, wurden Verträge vielfach ohne ihr Wissen und ohne ihre Genehmigung geschlossen, und auch die Lieferung von Rohstoffen und Fertigprodukten entzog sich ihrer Kontrolle. Die Schattenwirtschaft blühte.[262] Bischof wusste zumindest teilweise, was vor sich ging, denn er beklagte sich darüber, dass die »arischen Firmen die formellen Erfordernisse des Genehmigungsverfahrens der Transferstelle scheuen« und die unzureichende Abriegelung des Ghettos »in außerordentlich großem Umfange für die Abwicklung des illegalen Wirtschaftsverkehrs mit dem jüdischen Wohnbezirk missbraucht« werde.[263] Doch neigten Auerswald und Bischof in dieser Frage noch weniger zum Durchgreifen als bei der Schmuggelbekämpfung. Weit beunruhigender erschienen ihnen die ernsten Probleme, mit denen die Ghettowirtschaft im Winter 1941/42 zu kämpfen hatte: dauernde Stromausfälle, die Nachtarbeit unmöglich machten, häufiger Rohstoffmangel und ständige Transportschwierigkeiten.[264]

Trotz aller Anstrengungen konnte Bischof im ersten halben Jahr seiner Amtszeit kaum Erfolge vorweisen. Als er Mitte Oktober Bilanz zog, gestand er enttäuscht ein, dass das Ghetto aus wirtschaftlicher Sicht ein »Ruinenfeld« sei.[265] Anfang 1942 begann sich das Bild allerdings zu ändern. Der Grund dafür lag in der gewandelten Einstellung vieler Deutscher im Hinblick auf die Nützlichkeit jüdischer Zwangsarbeiter, sowjetischer Kriegsgefangener sowie anderer unter deutsche Herrschaft geratener Völker. Nach dem furchtbaren Winter von 1941 war an der Ostfront kein schneller Sieg mehr zu erwarten. Deutschland musste sich auf ein langes Ringen gefasst machen. Von den sowjetischen Kriegsgefangenen hatte nur ein Teil die schrecklichen Verluste der ersten neun Kriegsmonate überlebt – bis April 1942 waren über zwei Millionen Rotarmisten ums Leben gekommen –, und auch die Nachfrage nach polnischen Arbeitskräften nahm zu.[266] In einer Besprechung Ende März 1942 informierte Hoffmann Auerswald und andere Distriktsbeamte über die neue Lage. Sämtliche Russen, die im zivilen Sektor gearbeitet hatten, sowie die Hälfte derer, die für die Wehrmacht tätig gewesen waren, seien ebenso ins Reich geschickt worden wie Hunderttausende von Polen. Das Ghetto sei jetzt ein Arbeitskräftereservoir, das für kriegswichtige Aufgaben gebraucht werde.[267]

Im April und Mai stieg die Nachfrage nach jüdischen Arbeitskräften stark an. Neue Firmen nahmen ihren Betrieb im Ghetto auf, andere weiteten ihre Aktivitäten aus. Im Mai sank die monatliche Sterberate zum ersten Mal seit einem Jahr auf unter 4000 Todesfälle.[268] Die Produktionszahlen schossen in die Höhe. Der von der Transferstelle erfasste Teil der Ghettowirtschaft produzierte im Januar 1942 Ausfuhrwaren im Wert von 3 736 300 Złoty, und diese Zahl stieg seitdem stetig an: Im Juni lag sie bei 14 450 200 Złoty, in den ersten drei Juliwochen bei 15 058 558 Złoty.[269] Der Umschwung trat bereits deutlich zutage, als sich Hans Frank am 18. Juni 1942 die folgenden Ausführungen von Fischers Amtschef Herbert Hummel vor führenden Beamten des Generalgouvernements notierte: »Im Gegensatz zu früheren Gutachten sei es gelungen, das Ghetto wirtschaftlich so zu aktivieren, dass staatliche Zuschüsse bisher nicht notwendig gewesen seien. Im Ghetto arbeiteten ungefähr 25 000 Juden in kriegswichtigen Betrieben, während im externen Einsatz 3000 Juden beschäftigt würden. [...] Der monatliche Umsatz zwischen Ghetto und arischem Wohnbezirk betrage zurzeit 6 Millionen; dazu trete ein nicht erfasster Umsatz von vielleicht noch 2 bis 3 Millionen. Von diesem Umsatz lebten die Insassen des Ghettos recht und schlecht. Er hoffe, dass die Stadt Warschau in absehbarer Zeit von der arbeitsunfähigen Judenlast befreit werde.«[270] Trotz aller Widrigkeiten befand sich die Ghettowirtschaft in Warschau ganz augenscheinlich im Aufschwung.

Doch gleichzeitig stand das Ghettosystem vor dem Ende, denn im selben Frühsommer 1942 begann die Liquidierung der polnischen Judenviertel. Dabei waren es in Warschau keinesfalls lokale Ghettoverwalter, die zum Mittel des offenen Mordes griffen, weil die Bewohner des Ghettos beharrlich Unterversorgung und Hunger überlebt hatten; auch suchte man nicht nach Auswegen aus wirtschaftlichen Engpässen, die eine ausreichende Versorgung der Ghettobevölkerung verhinderten. Vielmehr wurde in Warschau mit der Wende zum Massenmord vorzeitig ein Wirtschaftsexperiment beendet, das gerade erst begonnen hatte, Früchte zu tragen.

4.4 Zusammenfassung

Seit Kriegsbeginn galt deutschen Verwaltern in Polen die Konzentration der Juden als Übergangsmaßnahme mit dem Ziel, ihre nachhaltige Kontrolle bis zur bevorstehenden Vertreibung zu gewährleisten. Auch nachdem die geregelte Ghettoisierung angelaufen war – an verschiedenen Orten zu unterschiedlichen Zeiten, auf unterschiedliche Weise und aus unterschiedlichen Gründen –, behielten die Ghettos ihren provisorischen Charakter, und zwar länger, als man ursprünglich erwartet hatte. Auch wenn die bevorstehende Vertreibung auf einen ungewissen Zeitpunkt verschoben worden war, galt die Ghettoisierung weiterhin als Zwischenlösung.

Mit den Ghettos entwickelte sich unweigerlich eine deutsche Bürokratie, die sie reglementierte. Über einen Aspekt ihrer Funktion waren sich diese Verwalter einig: Die Judenräte bildeten ein wertvolles Kontrollinstrument; sie nahmen den Deutschen einen großen Teil der Verwaltungsarbeit ab und waren daher eine wichtige, wenn nicht unentbehrliche Institution. Wie Schöns Stellvertreter Mohns feststellte, lag es »im Interesse der schwierigen Verwaltung des jüdischen Wohnbezirks, dass die Autorität des Judenrates unter allen Umständen aufrechterhalten bezw. gestärkt« wurde.[271] Darüber hinaus dienten die Judenräte als Blitzableiter, da sie den Unmut und die Frustration der eingesperrten Juden auf sich zogen. »Wenn Mängel auftreten«, bemerkte Auerswald, »so richtet sich der Unwille der Juden in erster Linie gegen die jüdische Verwaltung und nicht gegen die deutsche Aufsicht.«[272]

Weniger Einverständnis und Klarheit herrschte unter den Beamten in der Frage der Ghettoversorgung. Isaiah Trunk vertritt hier insofern einen abweichenden Standpunkt, als er von einem eindeutigen Ziel nationalsozialistischer Ghettoisierungspolitik ausgeht, auch wenn es unvollkommen umgesetzt wurde: »Es war die vorgegebene Aufgabe der deutschen Besatzungsbehörden […], dafür zu sorgen, dass die Zahl der Juden durch die Anwendung ökonomischer Maßnahmen, die darauf abzielten, Verarmung, Epidemien und wachsende Sterberaten zu erzeugen, verringert wurde. Doch sosehr sie es auch versuchten, konnten sie diese Ziele nicht vollständig erreichen. In gewissem Umfang wurden ihre Absichten [...] durch die neutralisierende Wirkung [...] eines subjektiven Faktors in der Haltung einiger deutscher Ghettoaufseher gegenüber den Juden durchkreuzt – von letzten Resten von Menschlichkeit bei den einen, von verschieden stark ausgeprägter Bestechlichkeit oder moralischer Verkommenheit bei den anderen.«[273]

Ohne jeden Zweifel haben viele deutsche Beamte die Aushungerung der jüdischen Bevölkerung durch die Ausbeutungs- und Ghettoisierungsmaßnahmen der Jahre 1939 bis 1941 befürwortet und begrüßt. Doch scheint die Annahme irrig, die Aushungerung sei eine »vorgegebene Aufgabe« deutscher Dienststellen gewesen, deren restlose Erfüllung ihre Grenze lediglich an eigenen materiellen Interessen oder »letzten Resten von Menschlichkeit« fand. Das Gegenteil ist der Fall: Neben der Konzentration und dem Ausschluss der Juden aus dem normalen Wirtschaftsleben zum Zwecke ihrer späteren Abschiebung existierte schlicht und einfach keine »vorgegebene Aufgabe«. Ohne klare Anweisungen von oben zur Frage, was mit den Juden zu tun war, mussten die lokalen Behörden improvisieren. Für manche war das Ghetto tatsächlich nicht mehr als ein riesiges städtisches Internierungslager, wobei die »natürliche Verminderung« der jüdischen Bevölkerung erwartet und erhofft wurde. Doch handelte es sich dabei um die Sichtweise einer Minderheit. Nach vorherrschender Auffassung der von Berlin mehr oder weniger allein gelassenen deutschen Lokalbehörden war das Ghetto ein »Lagerhaus«, in dem man die Juden bei möglichst geringen Kosten für das Reich »aufbewahrte«.

Dass die Juden als unerwünschte Last betrachtet wurden, steht außer Frage. Tatsächlich erzeugten Besatzungspolitik und antijüdische Maßnahmen eine Dynamik, in deren Folge Aussehen und Verhalten der polnischen Juden die antisemitischen Stereotype der Nationalsozialisten nur noch mehr bestätigten. Die wechselseitige Verstärkung zwischen rücksichtloser Enteignung und Ausbeutung, völlig unzureichender Ernährung und unhaltbaren sanitären Verhältnissen, furchtbarer Enge in heruntergekommenen Häusern und mangelnder medizinischer

Versorgung machte aus den polnischen Juden eine hungernde, von Krankheit heimgesuchte, verarmte Gemeinschaft, die mit »illegalen« Mitteln – Schmuggel, Bestechung und Schwarzmarktgeschäften – verzweifelt um ihr Überleben kämpfte.[274] Deutschen Besatzern erschien das polnische Judentum als wachsende Bedrohung für Gesundheit, Wirtschaftsordnung und ästhetisches Empfinden. Wie aus den überlieferten Dokumenten hervorgeht, begriffen wenigstens einige der Ghettoverwalter, dass dieser »Teufelskreis« in einer Politik wurzelte, mit deren widersprüchlichen Auswirkungen sie aus eigener täglicher Anschauung vertraut waren. Gleichwohl erwarteten sie weder eine Revision der Grundlagen deutscher Besatzungspolitik, noch hatten sie die Absicht, eine solche Veränderung herbeizuführen. Ihr Ziel bestand vielmehr darin, die für sie negativen Konsequenzen dieser Politik durch die Schaffung einer sich selbst tragenden Ghettowirtschaft zu verringern, mit der die jüdische Bevölkerung bis zu ihrer Deportation ernährt werden konnte.

Diese Haltung entsprang weder dem Wunsch nach mehr Selbstbereicherung noch etwaigen Anwandlungen von Menschlichkeit, obwohl beides – Ersteres mehr, Letzteres weniger – mitunter eine Rolle spielte. Das Verhalten der Ghettoverwalter entsprach vielmehr dem, was sie als ihre Pflicht gegenüber dem Dritten Reich ansahen. Auf diese Weise konnten sie Deutschland die »Lösung der Judenfrage« erleichtern, bis sich die Zentralbehörden des Problems annahmen. Ihr pflichtbewusstes Handeln verstanden sie dabei keinesfalls als Vorstufe des Vernichtungsprozesses, denn wer sich als Mitwirkender an einem geheimen Plan zur Verringerung der jüdischen Bevölkerung betrachtet, fordert ebenso wenig eine bessere Lebensmittelversorgung für die Ghettos, wie er sich gegenüber seinen Vorgesetzten mit Erfolgen in der Seuchenbekämpfung, der Senkung der Sterberate oder der Heranziehung der Ghettobevölkerung zur Arbeit brüstet.[275]

Nichts im Verhalten der deutschen Ghettoverwalter deutet also darauf hin, dass ein Plan für die vorsätzliche Vernichtung der Juden mit der Ghettoisierung als erster Phase existierte. Genauso wenig liefert dieses Verhalten einen Beleg für das Vorhandensein eines politischen Mechanismus automatischer und unvermeidlicher Radikalisierung als Folge lokaler Initiativen von unten. Die Ghettoverwalter tendierten nicht zur Radikalisierung, sondern zu ökonomischem Rationalismus und zielorientiertem Nützlichkeitsdenken. Um Yisrael Gutman zu zitieren: »Den Deutschen wurde bald klar, dass sie nicht beides tun konnten: die Juden verhungern lassen und das Ghetto auslöschen und gleichzeitig die jüdische Arbeitskraft nutzen.«[276] Noch vor dem Scheitern des Blitzkrieges gegen die Sowjetunion und der damit einhergehenden Erkenntnis, dass man sich wirtschaftlich auf einen langen Krieg vorbereiten musste, favorisierten die Ghettoverwalter letztere Option. Die sich verändernden Kriegsaussichten verstärkten nur einen bereits im Gange befindlichen Prozess.

Ihre Aufgabe sahen die Ghettoverwalter dennoch stets als vorläufige Improvisation, nicht als endgültige Lösung der »Judenfrage« an. Nach Auerswalds Ansicht bestand die beste Lösung darin, die Juden zu deportieren.[277] Er und seine Kollegen waren sich darüber im Klaren, dass die Ghettos eines Tages verschwinden würden, und sie dachten nicht einmal im Traum daran, sich dem entgegenzustellen, wenn es so weit sein sollte. Tatsächlich sehnten sich viele Deutsche nach dem Tag, an dem ihnen die unerwünschte Last abgenommen wurde. Als man in Berlin schließlich die »Lösung der Judenfrage« gefunden hatte, erfüllten sie daher bereitwillig ihre neue Pflicht: die Liquidation derselben Ghettos, um deren Erhalt sie bisher gekämpft hatten.

Kapitel 5

Deutschland und Europa

5.1 Rassische Verfolgung im Dritten Reich, 1939–1941: Juden, »Zigeuner« und Bchinderte

Als demographisches Zentrum der unter deutscher Herrschaft lebenden jüdischen Bevölkerung und Ort der ersten Versuche des NS-Regimes, eroberten »Lebensraum« bevölkerungspolitisch umzugestalten, entwickelte sich das deutsch besetzte Polen von 1939 bis Juni 1941 zum wichtigsten »Laboratorium« nationalsozialistischer Rassenexperimente. Sowohl die Zahl der von rassischer Verfolgung betroffenen Menschen als auch die Radikalität der angewandten Mittel haben dazu geführt, dass in geschichtlichen Darstellungen zu diesem Zeitabschnitt die Ereignisse in Polen deutlich stärker im Vordergrund stehen als die parallel stattfindenen Verfolgungsmaßnahmen innerhalb der deutschen Vorkriegsgrenzen. Doch obwohl der auf den deutschen Juden lastende Verfolgungsdruck geringer war als in Polen, beschleunigte sich der Prozess ihrer Isolierung, Verarmung, Ausbeutung und Demütigung in dieser Periode erheblich. Zudem litten die »Zigeuner« – Roma und Sinti – unter Formen staatlicher Diskriminierung, die erschreckende Parallelen zur Situation der Juden aufwies. Vor allem aber entdeckte das NS-Regime im Zuge der Ermordung deutscher Behinderter in den Gaskammern der »Euthanasie«-Anstalten, wie es die wissenschaftlichen, medizinischen und organisatorischen Errungenschaften einer modernen Gesellschaft in den Dienst seiner auf systematischen Massenmord ausgerichteten Rassenpolitik stellen konnte.

Die Verfolgung der deutschen Juden

Nach dem Novemberpogrom des Jahres 1938 verfolgte das NS-Regime, mit Wolf Gruners Worten, eine »Doppelstrategie« von erzwungener Auswanderung einerseits und »Separierung der Zurückbleibenden in einer Zwangsgemeinschaft« andererseits.[1] Mit Ausbruch des Krieges im September 1939 wurden die ohnehin schon begrenzten Möglichkeiten der Emigration noch einmal drastisch eingeschränkt, die Alternative der kollektiven Vertreibung hingegen wiederholt aufgeschoben. In dieser Situation konzentrierten sich die deutschen Behörden darauf, den Druck auf die »kontrollierte Gemeinschaft« zu intensivieren. Einige Maßnahmen, die man kurzzeitig erwogen, nach der »Kristallnacht« aber fallengelassen hatte – die Kennzeichnung der Juden und ihre Ghettoisierung –, wurden in Polen zwar umgesetzt, innerhalb Deutschlands aber weiterhin verworfen. Dennoch verfügten die Behörden über genügend Spielraum für die Verwirklichung einer endlosen Reihe antijüdischer Bestimmungen, die die Existenzbedingungen der deutschen Juden, grob zusammengefasst, auf fünffache Weise beschnitten: erstens durch verstärkte Isolierung und Konzentration, zweitens durch fortschreitende Verarmung, drittens durch verstärkten Terror sowie die weitere Einschränkung ihrer Rechte und gesellschaftlichen Stellung, viertens durch ihre verstärkte Demütigung und Entwürdigung und fünftens durch Ausbeutung ihrer Arbeitskraft. Die ersten vier Maßnahmenbündel ebneten der kollektiven Vertreibung und Vernichtung den Weg, während sich aus der Ausbeutung jüdischer Arbeitskraft zumindest vorübergehend unerwartete gegenläufige Konsequenzen ergaben.

Die Isolierung der deutschen Juden hatte lange vor dem Kriegsausbruch begonnen und präsentierte sich in vielfältigen Formen, vom Verbot der Eheschließung oder sexueller Beziehungen mit Nichtjuden bis zum Besuchsverbot für Schwimm- und Strandbäder, Parks und Gärten, Restaurants und Cafés.[2] Jüdisches Leben in Kleinstädten und Dörfern war sowohl wirtschaftlich als auch gesellschaftlich unerträglich geworden. Neben die verstärkte Konzentration in den Großstädten, in deren

Anonymität die Juden Zuflucht suchten,[3] traten in den Monaten nach Kriegsausbruch Ausweisungen aus den westlichen Grenzgebieten.[4] Viele Juden wurden, wie Marion Kaplan es ausdrückte, zu »Flüchtlingen innerhalb von Deutschland«.[5]

Für eine andere Form der Konzentration, eine Art Ghettoisierungsersatz, sorgte der erzwungene Umzug in so genannte Judenhäuser. Obwohl der Plan zur Errichtung von Ghettos im Anschluss an die »Kristallnacht« fallengelassen worden war, wuchs die Bereitschaft, Juden vom Schutz der Mietgesetzgebung auszunehmen, um im Interesse der Hausbesitzer den sofortigen Auszug jüdischer Mieter durchzusetzen. Aufgrund der Sorge, die Obdachlosenzahlen könnten nach oben schnellen, lehnte Hitler diesen Vorschlag allerdings ab.[6] Stattdessen sollten Juden, soweit möglich, in bestimmten Häusern konzentriert werden. Die rechtliche Grundlage hierfür schuf ein Gesetz vom 30. April 1939, das das Mietrecht für Juden änderte. Nunmehr konnten sie von ihren Vermietern vor die Tür gesetzt werden, wenn diese eine städtische Bescheinigung vorlegten, dass eine andere Unterkunft zur Verfügung stand; die Kommunen wiederum konnten jüdische Hausbesitzer zwingen, jüdische Mieter aufzunehmen.[7] Die Folge war, dass kommunale Behörden gemeinsam mit örtlichen Parteiführern und der Polizei (in Berlin auch mit der Hilfe des Generalbauinspekteurs für die Reichshauptstadt, Albert Speer) die jüdische Bevölkerung nach und nach in »Judenhäusern« konzentrierten. Mitte 1941 erreichte diese Entwicklung eine neue Stufe: Als die SS im Mai 1941 in Wien verfügte, dass Juden nur noch in drei Stadtvierteln wohnen durften, kam man der Bildung von Ghettos schon sehr nahe.[8] Anderswo im Reich begann man, in alten Baracken oder anderen heruntergekommenen Gebäuden jüdische »Wohnlager« einzurichten. Insgesamt wurden mindestens 38 solcher »Wohnlager« geschaffen.[9] Das größte war ein Barackenlager in einer alten Befestigungsanlage im Kölner Stadtteil Müngersdorf, in dem 2000 Juden – 20 pro Zimmer – zusammengepfercht wurden.[10]

Unmittelbar nach Kriegsausbruch folgten weitere Isolierungsmaßnahmen gegen deutsche Juden. Erstens verhängte man Sperrstunden und beschränkte Einkaufszeiten, um die Gelegenheiten für Kontakte mit der nichtjüdischen Bevölkerung weiter einzuschränken. Zweitens wurden ihre Informations- und Kommunikationsmöglichkeiten beschnitten. Im September 1939 beschlagnahmten die Behörden Rundfunkgeräte deutscher Juden, 1940 ihre privaten Telefone, und im folgenden Jahr erfolgte das Verbot, öffentliche Telefone zu benutzen. Von 1941 an durften sie auch keine Leihbibliotheken mehr in Anspruch nehmen, und 1942 wurde ihnen sogar der Kauf von Zeitungen und Zeitschriften untersagt.[11]

Ab der Jahreswende 1938/39 ging die »freiwillige Arisierung« in die »Zwangsarisierung« über, mit der die systematische Enteignung jüdischen Vermögens eine neue Qualität erreichte.[12] Bis Kriegsausbruch verloren die deutschen Juden den größten Teil ihres Vermögens, was die deutsche Bürokratie jedoch nicht daran hinderte, weitere Maßnahmen auszuarbeiten, um den Prozess der Verarmung voranzutreiben und, wie Uwe Adam es nennt, in einem »legalisierten Raubzug« auch das wenige noch zu konfiszieren, was den Juden geblieben war.[13] So stieg zum Beispiel am 15. November 1939 die berüchtigte »Sühneleistung«, eine Vermögenssteuer, die den Juden nach der Ermordung des Gesandtschaftsrats vom Rath in Paris auferlegt worden war, von 20 auf 25 Prozent, und im Dezember 1940 fand die zunächst nur Polen abverlangte »Sozialausgleichsabgabe« auf Juden Anwendung, was damit begründet wurde, dass sie keine Beiträge an die nationalsozialistischen Fürsorge- und Wohlfahrtsverbände abführten.[14] In den folgenden Jahren zwang man die Juden, bestimmte Gegenstände wie Pelze, elektrische Geräte, Schreibmaschinen, Rechenmaschinen, Kopiergeräte, Fahrräder, Fotoapparate und Ferngläser abzuliefern. In Dresden nahm man ihnen sogar Rasierapparate, neue Kämme und Haarscheren ab.[15]

Andere gegen deutsche Juden gerichtete Vorschriften beschnitten ihre Versorgung. Am schlimmsten wirkten sich die zahlreichen Einschränkungen der Lebensmittelrationierungen aus. Propagandaminister Goebbels preschte in diese Richtung vor, als er am 17. November 1939 anregte, Juden keine Lebensmittelmarken für den Kauf von Schokoladenprodukten auszugeben, eine Idee, die das Reichsernährungsministerium umgehend aufgriff.[16] Vom symbolischen Ausschluss war es nur ein kleiner Schritt zur substanziellen Beschränkung. Im Dezember 1939 wurde die erste von vielen Kürzungen der Lebensmittelrationen für Juden vorgenommen, die schließlich dazu führten, dass in der gesamten jüdischen Bevölkerung fortan Hunger und Unterernährung grassierten. Rasch kamen Vorschriften hinzu, die die Ausgabe von Bezugsmarken für Schuhe, Kleidung und andere Textilien an Juden verboten.[17] Sogar am Kauf nicht rationierter Waren wurden die Juden gehindert, sei es durch spezielle Verbote, sei es durch die Begrenzung ihrer Einkaufszeiten auf Geschäftsstunden, zu denen zugelassene Waren häufig bereits ausverkauft waren.[18] Darüber hinaus erhielten Juden keine der vielen Lohnzusatzleistungen, die deutschen Arbeitern zustanden, wie bezahlter Urlaub, Familien- oder Kinderzulagen, Geburts- und Heiratsbeihilfen, Sterbegelder und so weiter.[19]

Auch der Rechtsschutz wurde den deutschen Juden genommen; dem entfesselten Polizeistaat waren sie zunehmend hilflos ausgeliefert. Im Oktober 1939, kurz nach Ausbruch des Krieges, erließ Himmler eine Verordnung, der zufolge Juden, die staatlichen Anweisungen nicht sofort nachkamen oder auf andere Weise eine staatsfeindliche Einstellung an den Tag legten, zu verhaften und in ein Konzentrationslager einzuliefern waren; im Frühjahr 1940 verfügte er, dass alle in Konzentrationslagern einsitzenden Juden für die Dauer des Krieges nicht zu entlassen seien.[20] Insbesondere lokale Polizeibehörden und deren Eifer bei der Umsetzung der ihnen von Himmler übertragenen, buchstäblich unbeschränkten Verfügungsgewalt entschieden über das Schicksal der deutschen Juden. Das Bewusstsein ihrer Angreifbarkeit bestärkte sie in dem Bestreben, geltende Bestimmungen einzuhalten. Trotzdem stieg beispielsweise in Krefeld, wie Eric Johnson gezeigt hat, während des Krieges der Anteil der Fälle, in denen die Gestapo gegen Juden ermittelte, von 20 auf 35 Prozent, obwohl sie nur einen verschwindend geringen Anteil der Bevölkerung ausmachten. Angesichts des Diensteifers der Gestapo und der Denunziationsbereitschaft der Bevölkerung war für Juden die Wahrscheinlichkeit, in die Mühlen des Gesetzes zu geraten, wie auch die Aussicht, wesentlich härtere Strafen zu erhalten, um ein Vielfaches höher als bei »gewöhnlichen« Deutschen.[21]

Während Himmler Verordnungen erließ, die es in der Praxis gestatteten, Juden beim geringsten Anlass im System der Konzentrationslager verschwinden zu lassen, oder sie den Launen und dem Fanatismus der lokalen Polizei auslieferten, war der Staatssekretär im Innenministerium Wilhelm Stuckart von der Idee besessen, ihnen die Staatsbürgerschaft abzuerkennen.[22] Selbstverständlich hatten die Juden im Sudetenland, im Protektorat Böhmen und Mähren sowie in den eingegliederten polnischen Gebieten nicht die deutsche Staatsbürgerschaft erhalten, als diese Gebiete Teile des Dritten Reichs wurden. Himmlers Vorgaben für die »Wiedereindeutschung« ausgewählter Bewohner der eingegliederten Gebiete schlossen die Erfassung derjenigen ein, die eindeutig nicht in Frage kamen als »Schutzangehörige« des Deutschen Reichs. Stuckart beunruhigte sowohl das entstandene rechtliche Durcheinander als auch die Anomalie, dass die nichtjüdische Bevölkerung in den eingegliederten Gebieten schlechter gestellt sein sollte als die deutschen Juden. Er schlug daher vor, auch diese zu »Schutzangehörigen« zurückzustufen. Der Staatssekretär in der Reichskanzlei, Wilhelm Kritzinger, sah im Hinblick darauf, »dass in nicht ferner Zeit die [deutschen] Juden aus Deutschland verschwunden sein werden«, jedoch nicht ein, wieso ein Sonderstatus für sie geschaffen werden sollte,[23] und sein Chef, Hans Heinrich Lammers, bewegte im Dezember 1940 Hitler dazu, grundsätzlich jede Verordnung zurückzuweisen, in der Juden als »Schutzangehörige« des Deutschen Reichs bezeichnet wurden.

Davon unbeirrt hielt Stuckart mehrere Sitzungen ab und verfasste eine Reihe von Entwürfen, die nunmehr darauf abzielten, die deutschen Juden zu Staatenlosen zu erklären. Als er am 27. Mai 1941 Hitler den endgültigen Entwurf vorlegte, erteilte ihm der »Führer« erneut eine Abfuhr, weil er, wie Lammers anschließend erläuterte, »der Meinung ist, dass es nach dem Krieg in Deutschland ohnehin keine Juden mehr geben werde und dass es deshalb nicht erforderlich sei, jetzt eine Regelung zu treffen, die schwer zu handhaben sei, Arbeitskräfte binde und eine grundsätzliche Lösung doch nicht bringe«.[24] Hitler zufolge reichte es aus, im Ausland lebenden deutschen Juden die Staatsbürgerschaft (und ihr Vermögen) zu entziehen, und diese Formel war es dann auch, die im November 1941 auf dem Verordnungsweg Gesetzeskraft erlangte.

Ungeachtet von Stuckarts Scheitern in der Staatsbürgerschaftsfrage blieben die Juden Ziel eines wahren Sperrfeuers von Verboten, die allein dem Zweck ihrer Demütigung und Erniedrigung dienten. Seit dem 20. Oktober 1939 durften jüdische Autoren in deutschen Dissertationen nur noch zitiert werden, wenn es aus wissenschaftlichen Gründen absolut unerlässlich war, und auch dann nur, wenn die jüdische Quelle eindeutig als solche gekennzeichnet wurde. Im selben Monat wurde Juden die Mitgliedschaft in der freiwilligen Feuerwehr untersagt.[25] 1942 liefen die Bürokraten der Verfolgung zu besonderer Kreativität auf. Möglicherweise war die Eile, mit der sie nun darangingen, legislative Monumente ihres Diensteifers zu errichten, gerade darin begründet, dass ihre Opfer mittlerweile in den Vernichtungslagern des Ostens verschwanden und über Jahre hinweg gesammelte Erfahrungen in Judenangelegenheiten beruflich bald überflüssig sein würden. Jedenfalls mussten in allen Leipziger Bäckereien und Konditoreien Schilder aufgehängt werden, die besagten, dass man Juden und Polen keinen Kuchen verkaufe, und in Dresden wurde ihnen nun auch der Erwerb von Schnittblumen verboten. Juden durften keine Haustiere besitzen und ihre Haare nicht von nichtjüdischen Friseuren schneiden lassen; sie durften keine Trachten erwerben und gegenüber deutschen Beamten keine Titel oder Berufsbezeichnungen benutzen.[26]

Alle diese auf Isolierung, Konzentration, Enteignung, Verarmung, Einschüchterung, Inhaftierung und Demütigung ausgerichteten Maßnahmen bereiteten den Boden für die spätere Deportation und Vernichtung der deutschen Juden. Die Ausbeutung der jüdischen Arbeitskraft führte unterdessen zu Komplikationen, die diesen Prozess vorübergehend verlangsamten. Vor dem Krieg waren die deutschen Juden in der Praxis nur in begrenztem Umfang zur Zwangsarbeit herangezogen worden. Arbeitslose Juden hatten sich bei den zuständigen Arbeitsämtern zu melden, die ihnen, von nichtjüdischen Arbeitern getrennt, niedere Schwerarbeiten zuweisen sollten.[27] Im Sommer 1939 standen rund 20 000 Juden in solchen Arbeitsverhältnissen.[28]

Am 28. Februar 1939 wurde auf einer vom Innenministerium einberufenen und von dessen Judenreferenten Lösener geleiteten Sitzung die Frage der jüdischen Zwangsarbeit im Kriegsfall erörtert. Die teilnehmenden Vertreter von Sipo, Orpo, Wehrmacht und Theodor Eickes Konzentrationslagersystem waren sich darüber einig, dass sämtliche männliche Juden im Alter von 18 bis 55 Jahren zu schwerer Zwangsarbeit, etwa im Straßenbau, heranzuziehen seien. Da diese Arbeit in ihren Augen als Ersatz für die Ableistung des Wehrdienstes anzusehen war, sollte sie auch »in militärischer Form« und in »besonderen Lagern« organisiert werden.[29] Nach dem Ausbruch des Krieges wurden die Planungen auf dieser Grundlage fortgesetzt. In den ersten Kriegsmonaten loteten allerdings nur die Wiener NS-Behörden ernsthaft die Möglichkeit aus, große Arbeitslager für die Internierung der österreichischen Juden zu errichten, und stellten dabei fest, dass dies enorme Kosten mit sich brachte.[30]

Nachdem Hitler der Deportation aller deutschen Juden in das Lubliner »Reservat« zugestimmt hatte, schienen langfristige Planungen für die Mobilisierung und Ausbeutung der jüdischen Arbeitskraft irrelevant geworden zu sein. Tatsächlich stellte man viele Projekte, bei denen Juden eingesetzt werden sollten, zurück; die Nachfrage nach jüdischen Arbeitskräften sank. Viele, die bereits Zwangsarbeit leisteten, wurden stattdessen als Erntehelfer eingesetzt, bevor polnische Kriegsgefangene, die ab Ende Oktober in Deutschland eintrafen, an ihre Stelle traten. Im Winter 1939/40 fanden jüdische Zwangsarbeiter bei niedrigen Arbeiten wie Schneeräumen Verwendung. Sowohl der Arbeitskräftemangel als auch die Anwesenheit von Juden in Deutschland wurden nach wie vor als vorübergehende Erscheinungen angesehen; noch erwog niemand ernsthaft, Juden in größerem Umfang in der Kriegswirtschaft einzusetzen.[31]

Im Frühjahr 1940 veränderte sich jedoch der Kontext, der die Überlegungen zum Thema jüdischer Arbeitseinsatz leitete.

Die Deportation der deutschen Juden in den Osten wurde erneut verschoben und die Idee eines »Reservats« bei Lublin schließlich aufgegeben. Die Emigration schien theoretisch zwar weiterhin erstrebenswert, praktisch aber in zunehmendem Maße unrealistisch, zum einen durch fehlende Fluchtwege, zum anderen durch das Ausreiseverbot für jüdische Männer in wehrfähigem Alter. Zugleich wuchs der Arbeitskräftemangel in der Industrie derart besorgniserregend, dass nun nicht nur die Arbeitslosen und Fürsorgeempfänger, sondern alle Juden – Männer zwischen 15 und 55 sowie Frauen zwischen 15 und 50 Jahren – meldepflichtig wurden. Im Mai und Juni 1940 setzte man Juden darüber hinaus zum ersten Mal in der Industrie, einschließlich des Rüstungssektors, ein, wenn auch vorläufig noch nicht auf qualifizierten Arbeitsstellen.[32]

Die Nachfrage der deutschen Industrie nach jüdischen Arbeitskräften war geweckt. Es handelte sich hierbei um ein Reservoir von Arbeitskräften, aus denen bei geringster Entlohnung höchste Leistungen herausgeholt werden konnten und für die im Unterschied zu ausländischen Arbeitern weder Baracken gebaut noch Dolmetscher eingestellt werden mussten. Juden gelangten zunehmend auch in qualifiziertere Positionen, und bis Oktober 1940 stieg die Zahl der jüdischen Zwangsarbeiter auf 40 000.[33] Zugleich ergriff man, zunächst in Wien und dann auch im Rest des Reichs, drakonische Maßnahmen, um den erschöpften Bestand an jüdischen Arbeitskräften aufzufüllen. Die Altersgrenzen von 55 Jahren für Männer und 50 Jahren für Frauen wurden umgangen und die jüdischen Selbstverwaltungen gezwungen, die Zahl ihrer Beschäftigten zu reduzieren. Die derart freigesetzten Arbeitskräfte führte man ebenso der Zwangsarbeit zu wie diejenigen, die die jüdischen Gemeinden in speziell dafür eingerichteten Lagern auf die Auswanderung vorbereiteten. Jene, denen Arbeitsunfähigkeit bescheinigt worden war, mussten sich einer neuen Untersuchung unterziehen. Zudem verstärkte man die systematische Rekrutierung von Frauen.[34]

In welchem Ausmaß die jüdische Zwangsarbeit zum festen Bestandteil der deutschen Kriegswirtschaft geworden war, trat im Herbst 1940 deutlich zutage. Im Oktober umging Fritz

Todt, der unter anderem als Generalinspektor für das deutsche Straßenwesen für den Autobahnbau verantwortlich war, die Arbeitsämter und wandte sich wegen des akuten Arbeitskräftemangels ans Reichssicherheitshauptamt (RSHA), das daraufhin von der Reichsvereinigung der Juden binnen fünf Tagen die Bereitstellung von 10 000 Mann für den Straßenbau verlangte. Da das Reservoir an jüdischen Arbeitskräften allerdings bereits nahezu vollständig mobilisiert worden war, erwies sich diese Forderung als unerfüllbar. Das RSHA erteilte Gauleiter Greiser im Warthegau die Genehmigung, für den Bau des Autobahnabschnitts zwischen Frankfurt an der Oder und Posen polnische Juden einzusetzen, auch wenn dies bedeutete, dass sie in Arbeitslagern innerhalb der vor 1938 gültigen deutschen Grenzen untergebracht werden mussten. Eine ähnliche Ausnahmegenehmigung erging für den Einsatz polnischer Juden im Straßenbau in Schlesien.[35]

Wachsender Arbeitskräftemangel veranlasste Reichsarbeitsminister Franz Seldte zu der Bitte an Greiser, weitere 73 000 polnische Juden aus dem Warthegau zum Arbeitseinsatz in Deutschland zur Verfügung zu stellen.[36] »Da die gegenwärtige Einsatzlage dazu zwingt, alle vorhandenen Arbeitskraftreserven auszunutzen«, so der Staatssekretär im Arbeitsministerium, Friedrich Syrup, zur Begründung, »kann auf den Einsatz dieser Juden nicht verzichtet werden.«[37] Doch diesen pragmatischen Erwägungen hinsichtlich des Arbeitskräftebedarfs der Kriegswirtschaft standen die ideologischen Prioritäten des NS-Regimes entgegen, die ein »judenfreies« Reich verlangten. Nur eine Woche, nachdem Syrup den lokalen Arbeitsämtern mitgeteilt hatte, dass zusätzliche 73 000 jüdische Arbeiter aus dem Warthegau verfügbar seien, drängte Goebbels Eichmann, ihm dabei zu helfen, die Berliner Juden so schnell wie möglich zu »evakuieren«.[38] Wie der Propagandaminister zu seinem Erstaunen erfuhr, konnten die Juden »nicht aus Berlin evakuiert werden, da 30 000 in Rüstungsbetrieben arbeiten. Wer hätte das früher einmal für möglich gehalten?«[39] Es war nicht mehr zu übersehen, dass die jahrelangen Anstrengungen, das Reich »judenfrei« zu machen, durch den Arbeitskräftebedarf gefährdet wurden. Im RSHA bemerkte man dazu: »Seit Jahren ist es das Bestreben des Reichssicherheitshauptamtes, das Reichsgebiet von Juden zu säubern. Die Schwierigkeiten, die diesen Auftrag begleiten, sind dort bekannt. Es geht nun nicht, dass auf der einen Seite mit besonderen Gewaltanstrengungen Juden herausbefördert werden, um sie auf der anderen Seite wieder hereinzulassen. Es wurde bisher lediglich eine Ausnahme gemacht, nämlich zum Bau der strategisch wichtigen Autobahn zwischen Frankfurt/O. und Posen. [...] Eine weitere Verschiebung von jüdischen Arbeitern aus den Ostgebieten, insbesondere in das Altreichsgebiet, ist nicht vertretbar.«[40]

Auch Hitler schaltete sich nun ein, und am 7. April 1941 musste Syrup seine Mitteilung über die zur Vermittlung bereitstehenden polnischen Juden zurücknehmen, weil der »Führer« entschieden habe, »dass Juden aus dem Generalgouvernement und dem Warthegau nicht im Reichsgebiet einzusetzen sind«.[41] Damit war der Verwendung jüdischer Zwangsarbeiter, ungeachtet ökonomischer Erwägungen, eine Grenze gesetzt.

Die Herausbildung der nationalsozialistischen Politik bezüglich des Einsatzes jüdischer Arbeitskräfte ist in zweifacher Hinsicht aufschlussreich. Erstens handelte es sich hier um ein Themenfeld, das von polykratischen Interessen ebenso geprägt war wie von grundlegendem Konsens. Die Vielzahl der beteiligten Ämter und Behörden war fast unüberschaubar – vom Reichsarbeitsministerium, der SS, dem Amt für den Vierjahresplan, dem Innenministerium, der Parteikanzlei und der Wehrmacht an der Spitze bis zu den örtlichen Arbeitsämtern, den Kommunalbehörden, lokalen Parteiorganisationen und Unternehmen am unteren Ende der Pyramide gab es kaum eine Institution, die nicht mitgemischt hätte.[42] Dennoch war man sich, trotz des unvermeidlichen Kompetenzgerangels, über ein dem Anschein nach paradoxes Vorgehen einig: die Ausbeutung der Arbeitskraft der deutschen Juden sollte maximiert werden, während man ihre Produktivität durch Niedrigstlöhne, immer schlechtere Ernährung und Unterkunft sowie andere Restriktionen fortwährend verringerte.[43] Wie in vielen anderen Bereichen der NS-Politik glaubte man, durch Terror und Zwang die Quadratur des Kreises verwirklichen zu können.

Zweitens bestätigte sich das Primat der Ideologie in Gestalt der Absicht, Deutschland »judenfrei« zu machen, gegenüber wirtschaftlichen Zwängen, die angesichts chronischen Arbeitskräftemangels für die Einstellung zusätzlicher jüdischer Arbeiter sprachen. Nicht von ungefähr war es einer der seltenen Anlässe, bei denen Hitler sich bemüßigt fühlte, persönlich einzugreifen. Und das Ergebnis ließ ahnen, wie es den deutsch-jüdischen Arbeitern am Ende ergehen würde, denn selbst eine Beschäftigung als Facharbeiter in der Rüstungsindustrie konnte ihre Deportation und Ermordung nur aufschieben, nicht aber verhindern.

Die Verfolgung der »Zigeuner«

Ähnlich wie die Juden lebten die »Zigeuner« seit Jahrhunderten als Minderheit verstreut in Europa und waren Opfer tief sitzender Vorurteile. Sie wurden als heimatlose Wanderer charakterisiert, als angeblich gewohnheitsmäßige Schmarotzer und Kriminelle, die schmutzig, faul, promisk und unzuverlässig waren. Wie im Fall der Juden hatte der Trend zu Emanzipation und Demokratisierung in Europa weder diese weit verbreiteten Stereotype ausgemerzt noch ihnen die volle Gleichberechtigung vor dem Gesetz beschert. Es kann daher nicht überraschen, dass das NS-Regime für die »Zigeuner« eine besondere Gefahr bedeutete – zunächst für die deutschen Sinti und später für die im übrigen Europa lebenden Roma. Gleichwohl war der Weg, der sie nach Auschwitz führte, noch »gewundener« als derjenige der Juden.[44]

In Hitlers hasserfüllter Weltanschauung nahmen die »Zigeuner« keinen prominenten Platz ein, und das NS-Regime legte sich nie konkret auf ein umfassendes Programm fest, das analog zur »Endlösung der Judenfrage« die Ermordung sämtlicher »Zigeuner« im deutschen Herrschaftsbereich zum Ziel gehabt hätte. Zahlenmäßig unbedeutend[45] und gesellschaftlich marginalisiert, wurden die »Zigeuner« als »Plage« oder »Pest« betrachtet, aber nicht als unheilvolle Bedrohung, als Volk, das sich mit Deutschland in einem Kampf auf Leben und Tod befand, aus dem nur eine Seite als Sieger hervorgehen konnte. Dennoch wurde die Mehrheit der deutschen und österreichischen »Zigeuner« vom NS-Regime ebenso ermordet wie viele Tausende Sinti und Roma überall im deutsch beherrschten Europa.[46] Der Umstand, dass die Nationalsozialisten gegen ein von ihrem »Führer« nicht weiter gefürchtetes Volk einen solchen genozidalen Angriff[47] durchführten, zeigt die Gefährlichkeit der Kombination aus verbreiteten Vorurteilen, institutionalisiertem Rassismus und der Rigorosität eines bürokratischen Polizeistaats, der es sich angewöhnt hatte, Probleme durch Repression zu lösen.

Vor dem Krieg setzte das NS-Regime die »Zigeuner« in unterschiedlicher Weise unter Druck. Einige der Maßnahmen waren nicht ausdrücklich gegen »Zigeuner« gerichtet, zogen sie aber unverhältnismäßig stark in Mitleidenschaft, da die Reglementierung zumeist ideologisch inakzeptable, als »asozial« betrachtete Verhaltensweisen wie Bettelei, Landstreicherei und »Arbeitsscheu« betraf. In dieser Hinsicht gerieten insbesondere wandernde, das heißt nicht sesshafte, sowie »weiße Zigeuner«, die eine »zigeunerhafte« Lebensweise pflegten, in die Mühlen des Systems. Das unter dem NS-Regime legitimierte unrassistische Denken ordnete den angeblich ererbten und unveränderbaren Eigenschaften der »Rassen« bestimmte individuelle Merkmale und Verhaltensweisen zu. So galten »Zigeuner« generell als kriminell und verfingen sich daher besonders leicht in den Paragraphen des Gesetzes gegen »gefährliche Berufsverbrecher« vom November 1933 und des Erlasses zur »vorbeugenden Verbrechensbekämpfung« vom Dezember 1937. Als Folge einer verhängnisvollen Kausalkette wurden »Zigeuner« pauschal mit dem identifiziert, was Nationalsozialisten als »asozial« galt; das entsprechende Verhalten stellte man unter Strafe, so dass Verdächtigen ohne ordentliches Gerichtsverfahren auf unbestimmte Zeit »Vorbeugehaft« drohte.[48] Auf dieser Basis wurden 1938 und 1939 über 2000 deutsche und österreichische »Zigeuner« in Konzentrationslager eingesperrt.[49]

Ähnlich überproportional waren die »Zigeuner« von der Zwangssterilisation nach dem Gesetz zur »Verhütung erbkranken Nachwuchses« vom Juli 1933 betroffen. Als »schwachsinnig« erklärt, konnten sie von Gesetzes wegen sterilisiert werden. Für jene Fälle, in denen die Opfer offensichtlich zu intelligent für diesen Vorwand waren, entwickelten Wissenschaftler des Reichsgesundheitsamts wie Fred Dubitscher und Robert Ritter die Begriffe des »moralischen« und des »getarnten Schwachsinns«, die es erlaubten, Nonkonformität und Gleichgültigkeit gegenüber herrschenden sozialen Normen einerseits sowie Intelligenz und Gerissenheit andererseits als Symptome einer angeblichen angeborenen geistigen Zurückgebliebenheit zu interpretieren, die eine Sterilisation rechtfertigte.[50]

Neben allgemeinen rassepolitischen Maßnahmen gab es solche, die explizit gegen »Zigeuner« gerichtet waren. So beklagten sich etwa viele Kommunen darüber, dass die umherziehenden »Zigeuner« für sie sowohl eine Belastung als auch ein Schandfleck seien. Die Kölner Stadtregierung errichtete 1935 deshalb ein Lager, in dem die »Zigeuner« zusammengepfercht und kontrolliert werden konnten. Nach diesem Vorbild schufen Berliner Behörden im Vorort Marzahn ein Lager, um die umherziehenden »Zigeuner« im olympischen Sommer 1936 aus dem Blickfeld der Öffentlichkeit zu entfernen. Viele andere Städte folgten dem Beispiel, und die Lager entwickelten sich zu Dauereinrichtungen.[51]

In den im September 1935 verkündeten Nürnberger Gesetzen noch nicht erwähnt, richteten sich die anschließend herausgegebenen Kommentare und Durchführungsverordnungen auch gegen »Zigeuner«. Neben den Juden wurden sie darin als »Fremdblütige« bezeichnet, die nicht das Recht hätten, Reichsbürger zu sein oder »Deutschblütige« zu heiraten.[52] Allerdings waren nun Richtlinien notwendig, anhand deren bestimmt werden konnte, wer vor dem Gesetz als »Zigeuner« galt. Da die »Zigeuner« Christen waren, schied die Religionszugehörigkeit als Kategorisierungsschlüssel aus. Zur Klärung dieser Frage ordnete das Reichsinnenministerium die Bildung einer Forschungsabteilung an, die zunächst dem Reichsgesundheitsamt und später der Kriminalpolizei angegliedert wurde. Als Leiter dieser »Rassenbiologischen und Bevölkerungsbiologischen

Forschungsstelle« fungierte Robert Ritter, ein Fachmann auf dem Gebiet der »Kriminalbiologie«. Ritter und seine Mitarbeiter unternahmen Feldforschungen, um die Genealogie, insbesondere den exakten Anteil an »Zigeunerblut«, aller nichtsesshaften Personen in Deutschland zu bestimmen. Am Ende stand die Klassifizierung der Untersuchungsobjekte in »reinrassige Zigeuner«, »Zigeunermischlinge« – entweder überwiegend deutscher oder »zigeunerischer« Art – und »Nichtzigeuner«. Entsprach Ritters Modell somit weitgehend dem vom Innenministerium angewandten Kategorisierungsschema für Juden, so kehrte er gängige rassenideologische Stereotypen mit der Behauptung um, »reinrassige Zigeuner« – ganze zehn Prozent der Erfassten – seien von Natur aus Nomaden und bildeten eine relativ harmlose Gruppe, der man erlauben könne, ihre Lebensweise beizubehalten, solange sie sich vom Rest der Bevölkerung fern halte. Die zahlenmäßig größte Gruppe der »Zigeunermischlinge« als Produkt einer generationenübergreifenden Vermischung mit den asozialsten und niedrigsten Elementen der deutschen Bevölkerung sei hingegen biologisch zu Kriminalität und Schmarotzertum verdammt und stelle eine Gefahr für die Gesellschaft dar, die bekämpft werden müsse.[53]

Himmler folgte Ritters Argumentation und erklärte, man müsse die »Zigeunerfrage aus dem Wesen dieser Rasse heraus in Angriff« nehmen; es sei daher »notwendig, bei der endgültigen Lösung der Zigeunerfrage die rassereinen Zigeuner und die Mischlinge gesondert zu behandeln«.[54] Es war in Nazideutschland nichts Ungewöhnliches, Verhaltens- und Charaktermerkmale rassistisch zu verabsolutieren, wie im Fall der Gleichsetzungskette »Partisan, Bolschewist, Jude« oder »Kriminalität, Immoralität, Zigeuner«, da die Vermischung unterschiedlicher Kategorien zur Radikalisierung der Verfolgung beitrug. Allerdings warf die von Ritter und Himmler favorisierte Vorstellung, »reinrassige Zigeuner« seien weniger kriminell und weniger gefährlich als »Zigeunermischlinge«, die Frage auf, ob man die »reinrassigen Zigeuner« gegenüber den »Zigeunermischlingen« mit mehr oder weniger deutschem Blutanteil bevorteilen oder einfach das Modell der Judengesetz-

x) *1901 (Tod ? genannt) Rassenhygieniker Psych/Psych. Dr. med. habil.

gebung übernehmen sollte, das bei geringem jüdischem Blutanteil eine weniger schwere Verfolgung vorsah. Anders gefragt: Würden Ritters und Himmlers Rassenphantasien oder die Macht bürokratischer Routine die deutsche »Zigeunerpolitik« bestimmen?

Nach Ausbruch des Krieges bezog das NS-Regime sowohl die »Reichsjuden« als auch die »Zigeuner« in die Pläne zur ethnischen »Flurbereinigung« mit ein. In der Besprechung der RSHA-Amtschefs und Einsatzgruppenleiter am 21. September 1939 verkündete Heydrich die »systematische Abschiebung« der Juden und von 30 000 »Zigeunern« in den nicht annektierten Teil des eroberten Polen.[55] Am nächsten Tag bestätigte er gegenüber von Brauchitsch die Absicht, sämtliche Juden östlich von Krakau zu konzentrieren – zusammen mit »allen Zigeunern und sonstigen Unliebsamen«.[56] Und als Eichmann die ersten Transporte der Nisko-Aktion durchführte, wurde er umgehend von Kripo-Chef Nebe, in dessen Zuständigkeit »Zigeunerangelegenheiten« fielen, auf eine mögliche Deportation der Berliner »Zigeuner« angesprochen.[57]

Am 17. Oktober 1939, einen Tag nachdem Eichmann Nebe vorgeschlagen hatte, doch einfach »jedem Transport einige Waggons Zigeuner anzuhängen«, betonte Hitler in einer Besprechung mit OKW-Chef Keitel, dass das alte und neue Reichsgebiet von »Juden, Polacken u. Gesindel« zu säubern sei.[58] Er führte die »Zigeuner« zwar nicht eigens an, aber die Bezeichnung »Gesindel« war eindeutig auch auf sie gemünzt. Am selben Tag übermittelte Heydrich den Kripo-Dienststellen in ganz Deutschland Himmlers Anordnung, dass »Zigeuner« und »Zigeunermischlinge« ihren derzeitigen Wohn- beziehungsweise Aufenthaltsort bis auf weiteres nicht verlassen durften. Anderweitig festgenommene »Zigeuner« waren »bis zu ihrem endgültigen Abtransport in besonderen Sammellagern unterzubringen«.[59] Um entscheiden zu können, wer im Einzelnen festzunehmen, zu internieren und zu deportieren war, beabsichtigte man, die »Zigeuner« und »Zigeunermischlinge« zu erfassen und zu zählen. Dabei sollten Angaben darüber gesammelt werden, ob sie in den letzten fünf Jahren einer geregelten Arbeit nachgegangen waren, ob sie selbst für ihren

Lebensunterhalt und den ihrer Familien aufkamen, ob sie einen ständigen Wohnsitz und einen arischen Ehepartner hatten.[60] Wie diese Informationen ausgewertet und nach welchen Kriterien »Zigeuner« von der Deportation ausgenommen werden sollten, ist nicht bekannt, denn der Plan, im Herbst 1939 nicht nur Juden, sondern auch »Zigeuner« abzuschieben, wurde schließlich fallen gelassen.

Sowohl Ritter als auch Leonardo Conti, der Staatssekretär für das Gesundheitswesen im Reichsministerium des Inneren, lehnten Deportationen als Lösung der »Zigeunerfrage« ab und befürworteten stattdessen ihre Sterilisation, weil eine geographische Verschiebung der »Zigeuner« ihre Fortpflanzung nicht verhindere.[61] Dennoch holte Heydrich am 30. Januar 1940 den Plan wieder hervor, die »Zigeuner« zusammen mit den Juden in den eingegliederten Gebieten aus dem Reich zu deportierten, und zwar als »letzte Massenbewegung« nach den Deportationswellen, mit denen für die zuziehenden »Volksdeutschen« im Warthegau Platz geschaffen wurde.[62] Doch wie im Februar 1940, als die SS vorgeprescht war und Juden aus Stettin und Schneidemühl verschleppt hatte, führte sie im Mai 1940 eine hastig vorgezogene Deportation von »Zigeunern« durch. Den Vorwand hatte offenbar die Wehrmacht geliefert, als sie Himmler am 31. Januar 1940 darum bat, »Zigeunern« wegen »Spionagegefahr« »baldmöglichst« den Aufenthalt in den westlichen Grenzgebieten zu verbieten.[63] Himmler reagierte jedoch nicht sofort, erst am 27. April verfügte er die Deportation einer bestimmten Anzahl von »Zigeunern« und »Zigeunermischlingen« aus dem Westen Deutschlands ins Generalgouvernement: 1000 aus Hamburg und Bremen, 1000 aus Düsseldorf, Köln und Hamburg sowie 500 aus Frankfurt am Main und Stuttgart. Als die Festnahmen drei Wochen später begannen, war ihre militärische Rechtfertigung durch die Offensive im Westen bereits hinfällig geworden.

Der Verlauf der Razzien und Verschleppungen nahm auf unheimliche Weise vorweg, was die deutschen Juden 1941 und 1942 erleben sollten. Das unmittelbare Schicksal der Deportierten glich allerdings demjenigen der aus den eingegliederten Gebieten ins Generalgouvernement abgeschobenen Polen. So endete der Transport aus Stuttgart in Jedrezejow im Distrikt Radom, wo man die »Zigeuner« auf die umliegenden Dörfer verteilte und sich selbst überließ. Die Deportierten aus Köln kamen nach Platorowo im Distrikt Warschau. Der Hamburger Transport wurde in den Distrikt Lublin geschickt, und dort wies man die »Zigeuner« zunächst in Globocniks Arbeitslager in Belzec ein, bevor man auch sie auf das Land verteilte. Obwohl nicht als systematische Vernichtungsaktion geplant, wirkten sich die Deportationen für den größten Teil der »Zigeuner« in Polen so aus; im Fall des Hamburger Transports starben 80 Prozent der Opfer.[64]

Noch am 31. Juli 1940 erwartete HSSPF Krüger, dass das Generalgouvernement 30 000 »Zigeuner« aus dem Altreich würde aufnehmen müssen.[65] Eine Anfang des Monats von der Kriminalpolizeistelle Salzburg für die zweite Augusthälfte angekündigte »Evakuierung« von »Zigeunern« wurde jedoch wie die mehrmals verschobene Deportation der Juden auf unbestimmte Zeit vertagt.[66] So wie die Konzentration der polnischen Juden als Vorbereitung auf ihre Abschiebung zuerst nach Lublin und dann nach Madagaskar gedacht war, hatte Himmler den »Zigeunern« am 17. Oktober 1939 die Bewegungsfreiheit genommen, um ihre Deportation vorzubereiten. Doch jetzt steckte auch diese Aktion fest, und insbesondere in Österreich und dem Protektorat waren so gut wie alle »Zigeuner« in Lagern interniert.[67] Lediglich in dem vom Dritten Reich annektierten Elsass konnten die lokalen deutschen Behörden im Zuge einer umfassenderen »Säuberung«, die sich gegen eine lange Liste von »Unbrauchbaren und rassisch Minderwertigen« richtete, einen gewissen Erfolg bei der Vertreibung der »Zigeuner« verbuchen.[68]

Die geplanten Deportationen sollten sowohl »Zigeuner« als auch »Zigeunermischlinge« umfassen. Der von Ritter und Himmler favorisierte Gedanke, diskriminierende Maßnahmen allein gegen »Zigeunermischlinge« zu ergreifen und »reinrassige Zigeuner« bevorzugt zu behandeln, scheint in den ersten beiden Kriegsjahren selbst bei der SS in Vergessenheit geraten zu sein. Es kann daher auch nicht verwundern, dass andere an der Verfolgung der »Zigeuner« beteiligte Instanzen noch stärker dazu neigten, sich am antijüdischen Modell zu orientieren. So wurden »vollblütige Zigeuner« sowie Personen mit »auffälligem Einschlag von Zigeunerblut« 1937 vom Wehrdienst ausgeschlossen. Im Februar 1941 verfügte das OKW dann »aus rassepolitischen Gründen« die Entlassung von »Zigeunern« und »Zigeunermischlingen« aus dem aktiven Wehrdienst. In der Praxis wurden jedoch vor allem »Zigeunermischlinge mit vorwiegend zigeunerischem Bluteinschlag« entlassen, während »Zigeunermischlinge mit vorwiegend deutschem Bluteinschlag« häufig in der Truppe verbleiben konnten. Interessanterweise fielen die beiden einzigen bekannten Äußerungen Hitlers über die »Zigeuner« in diesem militärischen Kontext.[69]

Wie die Juden unterlagen auch die »Zigeuner« in zunehmendem Maße der Zwangsarbeit, allerdings mit dem Unterschied, dass sie keine qualifizierten Arbeiten verrichten durften. 1942 wurden die für Juden geltenden arbeitsrechtlichen Bestimmungen auf sie übertragen, einschließlich der fünfzehnprozentigen »Sozialausgleichsabgabe«.[70] Lediglich das Innenministerium schien sich dem Trend, antijüdische Maßnahmen einfach auf die »Zigeuner« auszudehnen, entgegenstemmen und eine abweichende Behandlung entsprechend Ritters Theorie durchsetzen zu wollen. Seit den Nürnberger Gesetzen waren Eheschließungen zwischen »Deutschblütigen« und Juden oder jüdischen »Mischlingen ersten Grades« verboten, solche zwischen Mischlingen oder zwischen »Deutschblütigen« und »Mischlingen zweiten Grades« hingegen erlaubt. Dennoch wies das Innenministerium lokale Behörden am 20. Juni 1941 an, geplante Heiraten von »Zigeunermischlingen« besonders genau unter die Lupe zu nehmen, und verbot Eheschließungen zwischen »Deutschblütigen« und »Zigeunermischlingen«, auch wenn ihr »zigeunerischer Blutanteil« nur ein Viertel oder noch weniger betrug.[71] 1941 zeitweise in den Hintergrund gedrängt, waren Ritters Vorstellungen noch keineswegs völlig verschwunden.

In den Jahren von 1939 bis 1941 entsprach die Verfolgung der »Zigeuner« stärker als in den vorangegangenen und nachfolgenden Phasen den gegen Juden gerichteten Maßnahmen. Vor dem Krieg resultierte die Diskriminierung der »Zigeuner«

vor allem aus ihrer Einbeziehung in die staatliche Politik gegen »Asoziale«, während rassische Kategorien erst allmählich Anwendung auf das »Zigeunerproblem« fanden. Zwischen 1939 und 1941 sollten Juden und »Zigeuner« im Zusammenhang mit »ethnischen Säuberungen« und Bevölkerungsverschiebungen gemeinsam deportiert werden, im Allgemeinen blieben jedoch beide Deportationsprogramme im Planungsstadium stecken. In Gestalt von Konzentration und »Festsetzung«, Zwangarbeit, Isolation und Demütigung glichen sich die Verfolgungserfahrungen beider Minderheiten über weite Strecken. Erst mit dem Angriff auf die Sowjetunion und der Herausbildung der »Endlösung« begann sich die deutsche Politik gegenüber Juden und »Zigeunern« wieder auseinander zu entwickeln.

Die Ermordung der Behinderten

In der europäischen Tradition war der Antisemitismus seit vielen Jahrhunderten tief verwurzelt. Ein halbes Jahrtausend lang hatte die Expansion Europas ein rassischer Imperialismus begleitet, der die Eroberung und Unterjochung angeblich minderwertiger und zurückgebliebener Völker rechtfertigte. Doch erst im 19. Jahrhundert verlieh der moderne Sozialdarwinismus derartigen Stereotypen pseudowissenschaftlichen Anstrich. Letzter wissenschaftlich legitimierter Beitrag, der in die nationalsozialistische Ideologie einging, war die Eugenik.[72] Ausgehend von der Vererbbarkeit rassischer Unterschiede, hielten die Eugeniker menschlichen Fortschritt für das Ergebnis einer Begrenzung der Fortpflanzung »minderwertiger« Menschen bei gleichzeitiger Förderung der Zuchtauswahl »überlegener« Menschen. Derartige Ideen waren nicht auf Deutschland beschränkt. Amerikanische Eugeniker agitierten Anfang des 20. Jahrhunderts in vielen Bundesstaaten der USA erfolgreich für Gesetze, die die Sterilisation von Menschen mit tatsächlichen oder vermuteten Erbkrankheiten, etwa einer geistigen Behinderung, erlaubten. Die eugenische Lehre führte also das menschliche Verhalten, das heute in der Regel als Produkt von

Sozialisation und Vererbung angesehen wird, einzig und allein auf Erbfaktoren zurück und schloss von individuellen Verhaltensweisen mittels stereotyper Verallgemeinerungen auf das Verhalten ebenfalls erbbiologisch definierter Gruppen. Insbesondere subjektive Urteile über den Wert individueller Eigenschaften wie Intelligenz, Fleiß oder Ernsthaftigkeit wurden in zunehmendem Maße mit Rassen- oder Klassenzugehörigkeit gleichgesetzt, so dass ganze Rassen oder Klassen als erblich hochstehend oder minderwertig eingestuft wurden. In den USA richtete sich dieses Vorurteil vor allem gegen Arme, Nichtweiße und Neueinwanderer, die als angebliche Träger minderwertiger Erbeigenschaften den Niedergang der gesamten Gesellschaft herbeizuführen drohten.

Die internationale eugenische Bewegung wies in ihrer deutschen Ausformung einige bedeutsame Charakteristika auf. Erstens war sie in den Universitäten verankert und genoss infolgedessen besonders großes Ansehen. Zweitens war sie stark völkisch geprägt und daher Träger der Idee germanischer, nordischer beziehungsweise arischer Überlegenheit mit stark antisemitischer Tendenz. Drittens gingen populäre Vertreter eugenischer Parolen wie Karl Binding und Alfred Hoche über die übliche Befürwortung von Sterilisationen hinaus, indem sie öffentlich für Gesetze plädierten, die es dem Staat gestatteten, »lebensunwertes Leben« zu töten. Dabei vermengten sie absichtlich die Argumente für die Euthanasie – das heißt für die Erlaubnis, auf der Grundlage der individuellen und aus freiem Willen getroffenen Entscheidung eines Menschen, sein Leben mit medizinischen Mitteln zu beenden – mit der staatlich genehmigten Tötung als »degeneriert« oder »lebensunwert« eingestufter Menschen.[73] Während der Aufstieg des Nationalsozialismus die am offensten rassistisch und antisemitisch auftretenden Teile der amerikanischen Eugenikbewegung diskreditierte,[74] wurde das neue Regime, sein Antisemitismus und sein Kreuzzug gegen »rassische Entartung« in Deutschland von Anthropologen, Genetikern, Psychiatern und Ärzten begeistert begrüßt – all jenen, die Henry Friedlander als »Praktiker der Rassenhygiene« bezeichnet hat.[75] Was das Vorgehen gegen diejenigen anging, die als Gefahr für die »Erbgesundheit« des deutschen Volks galten, hatten die Nationalsozialisten in den medizinischen und akademischen Kreisen Deutschlands angesehene Verbündete.

Im Vergleich zum »gewundenen Weg« (Karl Schleunes) des NS-Regimes zum Massenmord an Juden und »Zigeunern« verlief die Entwicklung zum Massenmord an den Behinderten ungewöhnlich gradlinig. Bereits 1935 hatte Hitler die Absicht geäußert, im Falle eines Krieges die »Euthanasie« in die Tat umzusetzen.[76] Als der Kriegsausbruch näher rückte, wurden konkrete Vorbereitungen getroffen. Im Mai 1939 wies Hitler seinen Begleitarzt, Karl Brandt, an, eine Expertengruppe zu bilden, um die Tötung geisteskranker Kinder vorzubereiten. Diese Gruppe gab sich den Namen »Reichsausschuss zur wissenschaftlichen Erfassung von erb- und anlagebedingten schweren Leiden«. Zu einem nicht genau bekannten Zeitpunkt trat Brandt mit einer Eingabe an Hitler heran, in der die Eltern eines stark missgebildeten Kindes, des am 20. Februar 1939 geborenen »Knauer-Kindes« Gerhard Herbert Kretschmar, darum baten, ihr Kind töten lassen zu dürfen. Hitler beauftragte Brandt, der Sache nachzugehen und, wenn die Fakten zuträfen, die »Euthanasie« zu veranlassen. Brandt besuchte daraufhin die bei Leipzig lebende Familie, und das Kind wurde am 25. Juli 1939 getötet. Danach wurden Brandt und Philipp Bouhler, der Leiter der Führer-Kanzlei, ermächtigt, in ähnlichen Fällen ebenso vorzugehen.[77]

Hitler, Brandt und Bouhler hatten allerdings nicht die Absicht, auf Eingaben zu warten. Vielmehr wollte sich das Regime die Opfer selbst aussuchen. Am 18. August 1939 wurden Ärzte und Hebammen durch einen Runderlass des Innenministeriums verpflichtet, alle Fälle von Missbildungen bei Neugeborenen zu melden. Der beigefügten Liste relevanter medizinischer Befunde lässt sich entnehmen, dass das Schwergewicht der »Kindereuthanasie« nicht auf geistigen Störungen, sondern auf körperlichen Missbildungen lag.[78]

In den letzten Wochen vor dem Krieg nahm auch das Programm der Erwachsenen-»Euthanasie« Gestalt an. Zunächst hatte Hitler Staatssekretär Conti mit der Organisation dieses Programms beauftragt, doch wurde dieser bald von Brandt und

Bouhler verdrängt, die damit für die Tötung sowohl von Kindern als auch von Erwachsenen zuständig waren.[79] Nach Aussage von Werner Heyde, dem späteren medizinischen Leiter des »Euthanasie«-Programms, bat man ihn im Juli 1939 zu einer Besprechung, an der außer ihm Brandt, Bouhler, Conti und Herbert Linden, ein Beamter der Gesundheitsabteilung des Innenministeriums, teilnahmen. Bei dieser Gelegenheit habe er von der bevorstehenden »Euthanasie« erwachsener Geisteskranker erfahren sowie von der Notwendigkeit, Ärzte als Experten anzuwerben. In einer Reihe weiterer Sitzungen, die sich bis in den Herbst hinein zogen, sei ihm dann klar geworden, dass Brandt und Bouhler das Sagen hatten.[80]

Irgendwann in dieser Periode kam Hitler mit Lammers, Conti sowie mit Bormann zusammen. Laut Lammers hielt Hitler es bei diesem Treffen für richtig, »dass das lebensunwerte Leben schwer Geisteskranker beseitigt werde«. Die Stärke von Hitlers Ekel und Verachtung für diese Unglücklichen verdeutlicht der Umstand, dass er als Beispiel jene Kranken anführte, die »sich selbst dauernd verunreinigten« und »ihre eigenen Exkremente in den Mund führen und als Nahrung zu sich nehmen«. Im Gegensatz zu den »Zigeunern« waren Behinderte wie die Juden Objekte von Hitlers tiefem Hass, und an der Entscheidung über ihre Ermordung war er unmittelbar beteiligt.[81]

Während sich die Vorbereitungen auf eine landesweite systematische »Euthanasie«-Aktion bis in den Herbst 1939 hinzogen, bot der Sieg über Polen die Möglichkeit für eine Reihe lokaler Aktionen gegen Behinderte im Osten Deutschlands. Diesen Tötungsaktionen fielen nicht nur polnische Patienten von Anstalten in den eingegliederten Gebieten, also in Danzig-Westpreußen und im Wartheland, sondern auch deutsche Patienten aus den alten Provinzen Pommern und Ostpreußen zum Opfer. Die Tötungen begannen während der letzten zehn Septembertage in Westpreußen: Ausgeführt wurden sie von denselben Einheiten – dem Eimann-Wachsturm, dem Einsatzkommando 16 und dem Selbstschutz –, die sich bei der Ermordung der polnischen Intelligenz, politisch belasteter Polen und anderer hervortaten. Die polnischen Behinderten bildeten eine weitere Gruppe »unerwünschter« Polen, die bei den im Herbst 1939 überall in Westpreußen stattfindenden Massentötungen ermordet wurden. Am 19. September trafen Hitler, Himmler, Lammers, Bormann und andere führende Nationalsozialisten, darunter auch Bouhler, Brandt und Conti, in Danzig ein, wo sie mit Gauleiter Forster zusammenkamen. Contis Gesprächspartner dürfte der Amtsarzt, Professor und SS-Oberführer Großmann gewesen sein.[82] Drei Tage darauf, am 22. September, ermordete der Eimann-Wachsturm in einer Nervenheilanstalt im südlich von Danzig gelegenen Conradstein (Kocborowo) die ersten polnischen Patienten. Bis Anfang Dezember erschossen Eimanns Männer und ihre Helfer im Wald von Szpegawski, in dem insgesamt rund 7000 Opfer begraben wurden, etwa 1800 Patienten.[83] Als Conradstein zum großen Teil geräumt war, wurden Patienten aus anderen Anstalten in Schwetz, Mewe, Silberhammer und Riesenburg dorthin gebracht. Obwohl Riesenburg in Ostpreußen lag, also im Altreich, wurden von den 700 deutschen Patienten, die von dort nach Conradstein verlegt wurden, 300 nach ihrer Ankunft ermordet.[84]

Ein zweiter großer Schauplatz der Hinrichtungen von Behinderten war der Piasnitzer Wald nordwestlich von Gdingen, wo insgesamt etwa 10 000 Menschen ermordet und verscharrt wurden. Wie in Conradstein begannen die Morde an Patienten der Nervenheilanstalt in Neustadt Ende September und endeten Anfang Dezember; die Täter waren hier Angehörige des Einsatzkommandos 16.[85] An einem dritten Ort, dem so genannten Todestal bei Konitz, ermordete der örtliche Selbstschutz rund 2000 Opfer, darunter auch Patienten der nahe gelegenen Nervenheilanstalt.[86]

Der Patientenschwund in einigen dieser Anstalten und die völlige Räumung anderer löste unter den deutschen Besatzern Streit um die frei gewordenen Gebäude aus. Während Teile von Conradstein als Nervenheilanstalt in Betrieb blieben, wurden die geräumten Gebäude sowie einige neue Baracken Ende Oktober als Übergangslager für zuziehende »Volksdeutsche« genutzt, zuerst für Lettlanddeutsche und dann für »Rückwanderer« aus Bessarabien. Die Anstalt in Schwetz wurde zum Altenheim für Baltendeutsche, während das Kinderheim in Mewe von der Wehrmacht übernommen wurde. In Riesenburg wurde zunächst ein Übergangslager für Polen eingerichtet, die man zur Arbeit oder zur »Eindeutschung« nach Deutschland schickte. Schließlich wurde die Anstalt dem Heer übergeben, das sie wieder als Krankenhaus nutzte. In Konitz wandelte der Selbstschutz einen Teil der Anstalt in ein Gefängnis um; in der Klinik in Neustadt wurde die Feldgendarmerie untergebracht.[87] Kurz, die Gebäude wurden, sobald sie frei waren, von anderen mit Beschlag belegt; allerdings hatte der jeweilige Raumbedarf, etwa für zuziehende Baltendeutsche, für sich allein genommen, weder die Beutegier geweckt noch den Tötungsprozess ausgelöst.

Es folgte eine Phase, in der sich das Töten von hospitalisierten Geisteskranken von Westpreußen nach Pommern ausbreitete. Nach einem Besuch in Polen sah Gauleiter Franz Schwede-Coburg die Gelegenheit gekommen, die Geisteskranken seines Gaus loszuwerden. Mit dem Versprechen, mehrere der geräumten Anstalten der Waffen-SS zur Verfügung zu stellen, sicherte er sich zunächst Himmlers Zustimmung; dann begann er Ende Oktober zusammen mit seinem HSSPF, Emil Mazuw, 1400 Patienten aus Anstalten in Stralsund, Ueckermünde, Treptow, Lauenburg und Meseritz-Obrawalde mit der Eisenbahn nach Neustadt in Westpreußen abtransportieren zu lassen. Dort wurden sie mit Lastwagen in den Piasnitzer Wald gefahren und vom Eimann-Wachsturm erschossen. Zwei völlig geräumte Anstalten – Stralsund und Lauenburg – funktionierte man zu Kasernen der Waffen-SS um; die anderen drei dienten weiter als Nervenheilanstalten.[88]

Während die Täter aus Westpreußen bei der Ermordung der Patienten aus Pommern halfen, gingen Ärzte aus den pommerschen Anstalten den Kollegen im Warthegau bei der Selektion künftiger Opfer zur Hand. So stellte Johannes Banse sich und seine in Ueckermünde gesammelten Erfahrungen bei der Auswahl von Todeskandidaten der Nervenheilanstalt im nördlich von Posen gelegenen Treskau (Owinska) zur Verfügung. Anfang November begann ein Trupp von SS-Männern der unter dem Kommando von Erich Naumann stehenden

Einsatzgruppe VI damit, die Anstalt zu räumen. Abgesehen von der letzten »Evakuierung«, wurden alle Opfer in einem nahe gelegenen Wald erschossen. Etwa 100 überlebende deutsche Patienten verlegte man in die Anstalt in Tiegenhof (Dziekanka), während in Treskau die Waffen-SS einzog und die Anstalt zur Kaserne umfunktionierte.[89]

Noch deutlicher wird die Verbindung zwischen den Mordaktionen an Geisteskranken in Westpreußen, Pommern und dem Warthegau und ihrer Koordination durch Himmler sowie der zentralen »Euthanasie«-Behörden in Berlin, wenn man die weiteren Tötungsaktionen im Warthegau im Dezember 1939 und Januar 1940 betrachtet. Im Oktober war Albert Widmann, der Chefchemiker des zu Nebes Reichskriminalpolizeiamt (RKPA) gehörenden Kriminaltechnischen Instituts (KTI), von den »Euthanasie«-Planern als Berater in Fragen der Tötungsmethodik hinzugezogen geworden und hatte die Verwendung von in Flaschen abgefülltem Kohlenmonoxid empfohlen. Der Ratschlag wurde beherzigt und Ende November in den ersten beiden als Tötungszentren ausgewählten Anstalten, Grafeneck und Brandenburg, Gaskammern gebaut.[90] Der Entscheidung gingen Tests voraus, wie Volker Rieß gezeigt hat. Im Oktober 1939 war der SS-Chemiker August Becker, den Himmler später an das »Euthanasie«-Programm auslieh und der sich selbst als »Fachmann in Vergasungsfragen« bezeichnete, nach Posen gereist. Hier ließ er im Fort VII, in dem Naumann ein Konzentrationslager eingerichtet hatte, eine provisorische Gaskammer bauen, in der er sowohl mit Kohlenmonoxid als auch mit einem dem später benutzten Zyklon B ähnlichen Stoff experimentierte.[91] Offenbar erzielte man mit Kohlenmonoxid die besseren Ergebnisse. Im Anschluss an diese Versuche wurde der letzte Transport mit Patienten aus Treskau am 25. November im Fort VII vergast.

Die Räumung der nächsten Nervenheilanstalt im Warthegau, Tiegenhof, begann am 7. Dezember. Auch dieser Anstalt hatte Dr. Banse einen Besuch abgestattet, um die Patienten in Kategorien zu unterteilen. Als ihr Abtransport kurz vor Weihnachten vorübergehend eingestellt werden musste, waren bereits 595 Patienten ins Fort VII gebracht und vergast worden.

Am 13. Dezember nahm Himmler an einer solchen Vergasung teil. Nach dem Jahreswechsel wurde die Räumung hastig vollendet, allein zwischen dem 8. und 12. Januar schaffte man insgesamt 442 Patienten weg. Diese wurden indessen nicht in die improvisierte Gaskammer von Fort VII gebracht, sondern in einem luftdicht verschlossenen Lastwagen getötet, in den man Kohlenmonoxid leitete.[92]

Dieser erste Gaswagen wurde von einem Kommando unter Herbert Lange, dem früheren Stabschef von Naumanns Einsatzgruppe, betrieben. Vermutlich waren die Mörder wegen der logistischen Schwierigkeiten auf die Idee mit den Gaswagen verfallen. Außerdem war es kaum möglich, die Anfahrt der Opfer zum Fort VII und der Abtransport ihrer Leichen in irgendeinen Wald, in dem sie in Massengräbern verscharrt wurden, geheim zu halten. Der Gaswagen ermöglichte es ihnen, Gaskammer und Kohlenmonoxid zu den Opfern zu bringen und sich ihrer anschließend mit demselben Transportmittel zu entledigen.

Am 15. Januar 1940 stattete Langes Kommando der Nervenheilanstalt in Kosten (Kościan) im Warthegau einen ersten Besuch ab, wo der umtriebige Dr. Banse bereits die Patienten aussortiert hatte. In den nächsten Wochen wurden 534 von ihnen ermordet. Die meisten Einrichtungen übernahm die Wehrmacht, bis auf einige Gebäude, in denen rund eintausend Patienten aus Pommern untergebracht wurden, die mit einer weiteren Welle von Transporten eintrafen. Die frei gewordenen Betten der ermordeten polnischen Patienten belegte man also umgehend mit aus Pommern abgeschobenen deutschen Patienten.[93]

Damit war Langes Arbeit noch nicht zu Ende. Sein als Lastwagen der Firma »Kaiser's Kaffeegeschäft« getarnter Gaswagen x) funktionierte offenbar so gut, dass er die Fahrten durch den Warthegau im Frühjahr 1940 fortsetzte, bis sein Kommando einer Anfrage des ostpreußischen HSSPF Wilhelm Rediess folgend das Durchgangslager in Soldau heimsuchte. Dort vergasten Langes Männer zwischen dem 21. Mai und dem 8. Juni 1559 deutsche Geisteskranke aus Ostpreußen und 250 bis 300 polnische Patienten aus dem annektierten Südostpreu-

x) In Moskau z. Zt. d. Säuberungen
Kastenwagen Chleba = Brot, Masso = Fleisch

ßen – und das ohne weitere Kosten für Rediess zu verursachen, denn als er nach Norwegen versetzt wurde, reiste er ab, ohne die Rechnung von zehn Reichsmark pro Kopf für Langes Morddienste beglichen zu haben.[94]

Obwohl diese ersten Tötungsaktionen im östlichen Grenzland nicht so systematisch und einheitlich vor sich gingen wie die anschließende »Euthanasie«-Aktion T4 (benannt nach der Adresse der zentralen Dienststelle für das Programm in der Berliner Tiergartenstraße 4), waren sie keine »wilden« Aktionen, die allein lokalen Initiative entsprangen. Die Ermordung der polnischen Geisteskranken in Westpreußen begann unmittelbar nachdem Hitler und Himmler in Begleitung von Brandt, Bouhler und Conti am 19. September Danzig besucht hatten; sie stellte eine Facette eines von der NS-Führung initiierten weit umfassenderen Programms dar, das die Auslöschung einer ganzen Reihe von unerwünschten polnischen Bevölkerungsgruppen zum Ziel hatte. Örtliche NS-Führer im benachbarten Pommern sahen und ergriffen ebenso wie Himmler die Gelegenheit, die eingesetzten Mordkommandos zur Reduzierung der Zahl deutscher Anstaltspatienten zu benutzen. Nachdem das medizinische Personal in Pommern bereits Erfahrungen bei der Auswahl deutscher Patienten, die in den Tod geschickt werden sollten, gesammelt hatte, stellte es sich den Nervenheilanstalten im Warthegau zur Verfügung, wo in der Folgezeit ebenfalls große Gruppen von Patienten, überwiegend Polen, ermordet wurden, erst durch Erschießen, dann mit Giftgas. Die Erschießungen wurden durch die örtliche SS ausgeführt, die Vergasungen durch einen vom RKPA in Berlin abgestellten Kripo-Chemiker. Nach den Vergasungen im Warthegau begab sich schließlich Langes Kommando mit seinem Gaswagen nach Ostpreußen, um dort deutsche und polnische Patienten zu töten. Man kann also festhalten, dass in einer Reihe aufeinander folgender Aktionen in Westpreußen, Pommern, dem Warthegau und Ostpreußen sowohl polnische als auch deutsche Patienten der Nervenheilanstalten ermordet wurden und bei jeder dieser Aktionen die Täter die Verantwortlichen der nächsten Aktion an ihren soeben erworbenen Erfahrungen teilhaben ließen. Diese Mordwelle in den östlichen Grenzländern forderte 7700 Opfer[95] und bildete den ersten Akt des genozidalen Angriffs auf die deutschen Behinderten, der nun nach sorgfältiger Planung in Gang gesetzt wurde.

In den ersten beiden Kriegsjahren wurden im Rahmen des systematischen, landesweiten »Euthanasie«-Programms für vier verschiedene Opfergruppen – Kinder, Erwachsene, hospitalisierte Juden und KZ-Insassen – vier unterschiedliche, aber überlappende Verfahren entwickelt. Die Planung der »Kindereuthanasie« lag in den Händen von Hitlers Arzt Karl Brandt und dem Leiter der Führerkanzlei, Philipp Bouhler, die wiederum Herbert Linden und einen von Bouhlers Stellvertretern, Viktor Brack, hinzuzogen. Nachdem Lindens Dienststelle den Runderlass vom 18. August 1939 über die Meldepflicht in Fällen von Missbildungen bei Neugeborenen herausgegeben hatte, kamen die anderen Teile des Programms hinzu. Ein neu gebildetes Gremium aus drei Medizinern sollte über das Schicksal von Kindern entscheiden, die Nichtmediziner aus Bracks Mitarbeiterstab ausgesucht hatten. In ausgewählten Krankenhäusern – am Ende insgesamt 22 in ganz Deutschland – wurden spezielle Stationen eingerichtet und Ärzte angeworben, die die dorthin geschickten Kinder töten sollten. Dies geschah in der Regel mittels einer Überdosis gewöhnlicher Medikamente, von denen der stets hilfsbereite KTI-Chemiker Widmann große Mengen beschaffte. Lokale Gesundheitsbehörden erhielten die Aufgabe, Eltern mit dem Versprechen einer besonderen medizinischen Betreuung dazu zu überreden, ihre Kinder in die Tötungsstationen zu geben. Wenn nötig, sollten ihnen auch finanzielle Zuwendungen angeboten werden. Eltern, die dann immer noch zögerten, sollte mit der Aberkennung des Sorgerechts gedroht werden. Im Lauf der Zeit wurde die ursprüngliche Altersgrenze von Neugeborenen und Kindern bis zu drei Jahren so weit angehoben, dass auch ältere Kinder und in manchen Fällen sogar Jugendliche in die »Euthanasie«-Aktion einbezogen werden konnten. Gleichzeitig verlängerte man die Liste der todbringenden Befunde, die nun sogar Lernschwierigkeiten und Verhaltensauffälligkeiten umfassten. Bis Kriegsende wurden im Rahmen dieses Programms etwa 5000 Kinder ermordet.[96]

Das Programm der »Erwachseneneuthanasie« war zwar wesentlich umfangreicher, aber stärker zentralisiert. An der Spitze stand dasselbe aus Brandt, Bouhler, Linden und Brack bestehende Team, doch war die Aktion zu weit gespannt, als dass Bracks Mitarbeiterstab sie direkt von der Führerkanzlei aus leiten konnte. Deshalb erhielt die »Euthanasie«-Bürokratie in der Berliner Tiergartenstraße 4 eigene Räume. Am 21. September 1939 brachte das Innenministerium wie bei der »Kindereuthanasie« einen Runderlass in Umlauf, mit dem Krankenhäuser, Entbindungskliniken, Altenheime, Sanatorien und ähnliche Einrichtungen verpflichtet wurden, Meldebögen für alle Patienten auszufüllen, die seit mindestens fünf Jahren hospitalisiert oder als geisteskranke Strafgefangene verwahrt wurden, nichtarischer Herkunft waren oder an bestimmten, in einer langen Liste aufgezählten Krankheiten litten (etwa an »Schwachsinn jeder Ursache«) und arbeitsunfähig waren. Hatte bei den Kindern noch ein Beschlussgremium von drei Ärzten ausgereicht, begutachteten bei der Aktion T4 rund 40 Mediziner die eingegangenen Meldebögen. In Anstalten, die keine Meldebögen eingesandt hatten oder im Verdacht standen, sie falsch ausgefüllt zu haben, sandte man darüber hinaus T4-Ärzte, um eigene Listen von Patienten aufzustellen, die nach ihrer Ansicht unter die Kriterien der Meldebögen fielen.[97]

Auch die Tötungsmethode für Erwachsene unterschied sich von jener für Kinder. Auf Anraten Widmanns wurden im Zuge der Kohlenmonoxid-Experimente seines Kollegen Becker in Posen sechs spezielle »Euthanasie«-Tötungszentren geschaffen. Im Januar 1940 nahmen rund 20 Funktionsträger und Berater des T4-Programms, darunter Widmann und Becker vom KTI, der Leiter der Stuttgarter Kripo, Christian Wirth, sowie eine große Abordnung führender Ärzte, im ersten dieser Zentren in Brandenburg an einer Versuchsvorführung teil. Die behinderten deutschen Erwachsenen waren damit die erste Opfergruppe, die vom NS-Regime systematisch vergast wurde. Für die Transporte zu den sechs Tötungszentren gründete T4 eigens eine Transportfirma, die Gemeinnützige Krankentransport GmbH (Gekrat), die die todgeweihten Patienten mit Bussen aus ihren Anstalten abholte und in die Tötungszentren brachte.

Aufgrund negativer Reaktionen der Öffentlichkeit kamen die Patienten ab Herbst 1940 zunächst in »Zwischenanstalten«, von wo aus sie zwei oder drei Wochen später in die Tötungszentren transportiert wurden. Nach ihrer Ermordung mit Kohlenmonoxid erhielten die Angehörigen gefälschte Totenscheine. Bis August 1941 wurden in den Tötungszentren Brandenburg, Grafeneck, Hartheim, Sonnenstein, Hadamar und Bernburg über 70 000 Menschen getötet.[98]

Anfangs wurden jüdische Geisteskranke und Körperbehinderte genauso behandelt wie andere Patienten. Wenn die medizinischen Gutachter aufgrund der vorgelegten Meldebögen zu dem Schluss gelangten, dass ein jüdischer Patient den Kriterien für die »Euthanasie« entsprach, wurde sein Name auf die Liste der Menschen gesetzt, die aus der jeweiligen Anstalt abgeholt und in die Tötungszentren gebracht werden sollten. Schon bald kamen offen rassistische Auswahlkriterien hinzu. Am 15. April 1940 forderte Herbert Linden die örtlichen Gesundheitsbehörden auf, ihm die Namen aller jüdischen Patienten in ihrem Zuständigkeitsbereich zu melden. Von Anfang Juni an wurden diese dann gruppenweise zu Sammelstellen gebracht, von wo aus sie auf die verschiedenen »Euthanasie«-Gaskammern im Reichsgebiet verteilt wurden. Zur Tarnung erwiderte die Gekrat auf Nachfragen, die Juden würden in ein Heim in Cholm (polnisch Chełm) im Distrikt Lublin im Generalgouvernement gebracht. Sogar die Totenscheine wurden von dort abgeschickt. Kurz, die jüdischen Patienten wurden auf dieselbe Weise getötet wie die anderen T4-Opfer, aber nach anderen Kriterien ausgewählt. Der Grad der Behinderung, die Krankengeschichte und die Prognose für die Zukunft waren bei ihnen irrelevant; für ein Todesurteil reichte es bereits vollkommen aus, gleichzeitig Jude und Patient zu sein. Es gab allerdings eine bemerkenswerte Ausnahme, nämlich die Patienten der jüdischen Heil- und Pflegeanstalt in Bendorf-Sayn. Offenbar waren sie nicht in die Registrierung für die Aktion T4 einbezogen worden; deportiert wurden sie jedenfalls erst 1942 zusammen mit den Juden von Koblenz. Ermordet wurden sie in Polen schließlich nicht im Zuge der Aktion T4, sondern im Rahmen der »Endlösung«.[99]

Im Frühjahr 1941 wurde die Zusammenarbeit der T4-Akteure mit der SS in einer 14f13 genannten Operation auf die Konzentrationslager ausgeweitet. Himmler wollte die Tötungszentren der Aktion T4 nutzen, um einen Teil der KZ-Insassen loszuwerden. Wie Henry Friedlander schlüssig nachgewiesen hat, bestanden die Beamten von Führerkanzlei und Tiergartenstraße 4 offenbar auf dem Einsatz von Ärzten und Formularen der Aktion T4, um die formelle Kontrolle über die »Euthanasie« zu behalten. Deshalb wurden wie im Fall saumseliger Nervenheilanstalten regelmäßig Teams von T4-Ärzten in Konzentrationslager geschickt, um dort Meldebögen auszufüllen. Medizinische Untersuchungen führten sie nicht durch; vielmehr beschränkten sie sich darauf, Informationen der SS-Lagerärzte in die Meldebögen einzutragen. Die Hauptkriterien, die über Leben und Tod entschieden, waren Rasse, Gesundheitszustand, Vorstrafen, Verhalten im Lager und Arbeitsfähigkeit. Bei jüdischen Gefangenen gab häufig bereits die »Rasse« den Ausschlag für die Todesstrafe. Die Tötungen fanden in Hartheim, Sonnenstein und Bernburg statt.[100]

Bis zum Sommer 1941 waren sowohl der Kenntnisstand als auch der Unmut über das »Euthanasie«-Programm in der Bevölkerung gewachsen. Für Beunruhigung sorgten besonders der Transport und die Tötung erwachsener Behinderter. Bereits 1940 hatte Himmler aufgrund der Erregung in der Öffentlichkeit zwei der berüchtigten Tötungszentren, Grafeneck und Brandenburg, geschlossen – allerdings nur, um sie durch Bernburg und Hadamar zu ersetzen.[101] Doch blieben die Tarnungen und Täuschungsmanöver wirkungslos, vor allem wohl deshalb, weil die Morde auf deutschem Boden durchgeführt wurden. Im Unterschied zu Juden und »Zigeunern« gehörten die Opfer außerdem keiner rassischen Minderheit an, deren Schicksal der Mehrheit der Bevölkerung bestenfalls gleichgültig war. Der wachsende Unmut innerhalb der Öffentlichkeit bestärkte eine Hand voll couragierter Kirchenmänner darin, ihren Protest an die Öffentlichkeit zu bringen. Zu erwähnen ist hier insbesondere Bischof Clemens August Graf von Galen in Münster, der in einer Predigt am 3. August 1941 auf das Thema zu sprechen kam. Kurz darauf, am 24. August, ordnete Hitler den Stopp der

»Erwachseneneuthanasie« in ihrer damaligen Form an. Das Räumen von Krankenhäusern im großen Stil und der Massentransport in die Tötungszentren waren damit beendet.[102] Andere Formen der »Euthanasie« aber wurden nicht nur fortgeführt, sondern sogar noch intensiviert. In die »Kindereuthanasie« bezog man nun ältere Opfer ein. Die Aktion 14f13 kam 1941 gerade erst in Gang und nahm weiter an Umfang zu; die Gesamtzahl ihrer Opfer belief sich bei Kriegsende auf 20 000. In den Erwachsenenkliniken ersetzte die »wilde« Euthanasie das allzu auffällige Programm der T4-Aktion, mit ähnlichen Methoden, wie sie bei der »Kindereuthanasie« angewandt wurden. Tatsächlich kamen, laut Henry Friedlander, »nach dem Einstellungsbefehl mehr Euthanasieopfer um als in der Zeit davor«.[103]

Während die Zahl der »Euthanasie«-Opfer weiter anstieg, wurde in den kaum noch genutzten Tötungszentren eine große Zahl professioneller Mörder mit Erfahrungen im Betrieb von Gaskammern für andere Verwendungen frei. 1942 sollten viele von ihnen in Polen wieder auftauchen und eine zentrale Rolle beim Genozid an den Juden spielen. Gerald Reitlinger hat in seiner frühen Geschichte der »Endlösung« als einer der ersten Historiker auf die direkte Verbindung zwischen dem »Euthanasie«-Programm und der späteren »Endlösung« hingewiesen, sowohl in Bezug auf das Personal als auch hinsichtlich der Gaskammertechnik. Wie die Zahl der jüdischen Opfer unterschätzte er allerdings auch die Zahl der »Euthanasie«-Opfer erheblich; nach seinen Angaben waren es 50 000 bis 60 000.[104] Raul Hilberg verlor in der ersten Auflage von *The Destruction of the European Jews* von 1961 kaum ein Wort über die »Euthanasie«; in der überarbeiteten und erweiterten Fassung von 1985 widmete er der Verbindung zwischen dem »Euthanasie«-Programm und der nachfolgenden Ermordung der Juden jedoch mehrere Seiten und gelangte zu dem Schluss: »Die ›Euthanasie‹ war sowohl eine begriffliche wie auch technologische und administrative Vorwegnahme der ›Endlösung‹ in den Vernichtungslagern.«[105] Erst die bahnbrechende Arbeit von Ernst Klee leitete eine Periode des intensiven Studiums der Ermordung der Behinderten im Dritten Reich ein. Sie führte zu der vielleicht am eindrücklichsten von Michael Burleigh und Wolfgang Wippermann einerseits sowie von Henry Friedlander andererseits formulierten Erkenntnis,[106] dass die Verbindung zwischen der von den Nationalsozialisten betriebenen »Euthanasie« und der »Endlösung« weit über den Transfer von Personal, Technologie und Verfahrensweisen hinausging. Der Ermordung von Behinderten und dem Genozid an den Juden lag eine umfassende nationalsozialistische Rassenutopie zugrunde. Durch die »Euthanasie« sollte Deutschland von »degenerierten« und »defekten« Elementen gesäubert, durch die »Endlösung« sein Hauptfeind eliminiert werden. Es handelte sich um zwei Schlachten desselben Kreuzzugs.

5.2 Die deutsche Einflusssphäre

Zwischen September 1939 und April 1941 erlangte das nationalsozialistische Deutschland die Kontrolle über den größten Teil Europas. Seine Einflusssphäre erstreckte sich, mit Raul Hilbergs Worten, in einem »halbkreisförmigen Bogen« von Norwegen nach Süden zu den Pyrenäen und dann östlich bis zur Ägäis und zum Schwarzen Meer. In diesem immensen Raum war das NS-Regime mit einer Situation konfrontiert, die sich sowohl in Bezug auf die Möglichkeit, die eigene Judenpolitik durchzusetzen, als auch hinsichtlich der demographischen Bedeutung der potentiellen Opfer stark von derjenigen im Altreich und in Polen unterschied.

Die Beziehungen des Dritten Reichs zu den Ländern in seiner Einflusssphäre variierten erheblich. Einige Gebiete, wie Luxemburg, Elsass-Lothringen und Nordslowenien, wurden annektiert, andere, wie die Niederlande und Norwegen, von NSDAP- und SS-Funktionären beherrscht, und wieder andere, wie Belgien, Nordfrankreich, Nordgriechenland und Serbien, standen unter Militärverwaltung. In einigen der eroberten Gebieten wurden halbautonome Marionettenregime eingesetzt, die auf Gedeih und Verderb von Deutschland abhingen – etwa Vichy-Frankreich oder die neu geschaffenen Staaten Slowakei und Kroatien. Lediglich die Dänen behielten eine eigene Regierung, die auf der Grundlage der bisherigen Verfassung tätig war. Neben den eroberten Ländern verfügte das Reich über eine Reihe militärischer Verbündeter. Italien hatte schon vor dem Krieg auf Deutschlands Seite gestanden, während sich Ungarn, Rumänien und Bulgarien ihm erst aufgrund seiner militärischen Erfolge anschlossen. Bis auf Rumänien handelte es sich bei diesen Ländern um »revisionistisch« gesinnte Staaten, die gegen die nach dem Ersten Weltkrieg vereinbarten territorialen Regelungen Ansprüche geltend machten, zu deren Erfüllung sie der militärischen Rückendeckung Deutschlands bedurften.

Alle diese Gebiete befanden sich im deutschen Herrschaftsgebiet, gehörten aber nicht zu dem ins Auge gefassten »Lebensraum«. Von der letztlich geplanten Entfernung der Juden einmal abgesehen, verfolgte das NS-Regime nicht das Ziel, die rassische Zusammensetzung dieser Länder grundlegend zu verändern. Vielmehr wollte seine Führung die Wirtschaft dieser Länder – und im Fall der Verbündeten auch das Militär – in die Kriegsanstrengungen einbeziehen, und das bei geringstmöglichem Einsatz eigener Ressourcen. Die engen Grenzen praktischen Handelns machten es notwendig, deutschen Interessen weniger durch Anordnungen als vielmehr durch Einflussnahme Geltung zu verschaffen. Deutschland war auf die Hilfe der verschiedenen regierenden Körperschaften dieser Länder angewiesen und bedurfte ihrer Zustimmung und Kooperation auch in der Judenpolitik. Allerdings sollte hier völlig anders vorgegangen werden als in jenen Gebieten Osteuropas, die die Deutschen zum neuen »Lebensraum« deklarierten. Neben SS und Wehrmacht spielte das Auswärtige Amt dabei eine bedeutende Rolle.[107]

Hinzu kam, dass die jüdische Bevölkerung im Bogen der deutschen Einflusssphäre eine anders geartete Zielgruppe darstellte. Einerseits standen zwischen ihr und dem NS-Regime eine Reihe juristischer Barrieren und politischer Vermittler, andererseits war sie weit weniger zahlreich und weiter verstreut. Im Warschauer Ghetto lebten mehr Juden als in ganz Frankreich, im Lodzer Ghetto mehr als in den Niederlanden, in Krakau mehr Juden als in Italien, und buchstäblich jede mittelgroße polnische Stadt hatte eine größere jüdische Bevölkerung als ganz Skandinavien. In Südosteuropa – Ungarn, Rumänien, Bulgarien, Jugoslawien und Griechenland – gab es weniger Juden als in den ursprünglichen vier Distrikten des Generalgouvernements. Während die Deutschen zwischen 1939 und 1941 in Polen mit einer Politik der Vertreibung, Enteignung, Ghettoisierung und Zwangsarbeit experimentierten, blieb ihre Vorgehensweise gegen die in ihrer Einflusssphäre lebenden Juden notgedrungen erheblich zurückhaltender.

Auswanderung

Das NS-Regime war eindeutig dazu entschlossen, seine gesamte Einflusssphäre auf lange Sicht »judenfrei« zu machen. Der Madagaskarplan sah die Vertreibung von vier Millionen Juden aus dem deutschen Machtbereich vor, der inzwischen auch die eroberten Gebiete im Westen umfasste. Als Deutschland im Dezember 1940 sein Bündnissystem auf dem Balkan aufbaute, verfasste Eichmann eine für Himmler bestimmte Aufstellung, in der er die Zahl von 5,8 Millionen aus dem »europäischen Wirtschaftsraum des deutschen Volkes« auszusiedelnden Juden nannte. Zwei Wochen zuvor hatte Hitler dem ungarischen Ministerpräsidenten Pál Teleki versichert, »dass die Juden bei Friedensschluss aus Europa herausgebracht werden müssten«.[108]

Wie unzweifelhaft das langfristige Ziel auch gewesen sein mag, kurzfristig ging es dem NS-Regime darum, das Altreich zum ersten »judenfreien« Gebiet Europas zu machen. Das bedeutete, dass Deutschland seinen Einfluss vorläufig nicht dazu verwandte, die Auswanderung von Juden aus anderen Teilen Europas zu fördern, sondern sie im Gegenteil behinderte, um die wenigen Emigrationsmöglichkeiten für die deutschen Juden zu monopolisieren. Ein Grundaxiom der deutschen Diplomatie in den Jahren 1939 bis 1941 bildeten daher die Bemühungen, im Interesse der fortgesetzten Auswanderung deutscher Juden anderen Juden diesen Ausweg zu versperren.

Wenige Wochen nach dem Ausbruch des Krieges gegen Polen im September 1939 leitete das Auswärtige Amt eine Anfrage des Internationalen Roten Kreuzes (IRK) über die Fortsetzung der jüdischen Auswanderung an Heydrichs Sipo weiter. Im Namen des SD-Chefs antwortete der Leiter der Berliner Reichszentrale für jüdische Auswanderung, Kurt Lischka, dass diese nach wie vor erwünscht sei. Der Reichsvereinigung der Juden in Deutschland sei es jedoch nicht gestattet, mit dem IRK Kontakt aufzunehmen, um dieses nicht in die Probleme der jüdischen Auswanderung zu verwickeln und so von seinen bedeutenden Aufgaben abzulenken. Das IRK willigte ein, sich nicht einzumischen.[109] Unterdessen hatten Lischka, Helmuth Wohlthat von Görings Amt für den Vierjahresplan sowie Emil Schumburg und Ernst Eisenlohr vom Referat Deutschland des Auswärtigen Amts miteinander vereinbart, dass die jüdische Auswanderung während des Krieges nicht nur fortgesetzt, sondern mit allen Mittel gefördert werden sollte, solange keine deutschen Interessen verletzt wurden. In diesem Zusammenhang forderte das Auswärtige Amt, jüdischen Akademikern und Intellektuellen, die für die feindliche Wirtschaft und Propaganda nützlich sein könnten, die Ausreise zu verweigern.[110]

Als der sich ausdehnende Krieg die ohnehin schon spärlichen Auswanderungsmöglichkeiten für deutsche Juden noch zusätzlich einschränkte, bemühte sich das Auswärtige Amt aktiv darum, die wenigen verbliebenen Routen offen zu halten. Im September 1939 bekräftigte Großbritannien die früher erteilte Genehmigung der Einreise von 1450 deutschen Juden nach Palästina. Bedingung war nur, dass sie die Einreiseerlaubnisse in Triest abholten. Daraufhin nahm das Auswärtige Amt mit Zustimmung von Gestapochef Heinrich Müller Verhandlungen mit der italienischen Regierung auf, die ihr Plazet im Gegenzug für das Versprechen gab, dass Juden, denen die Einreise nach Palästina verwehrt wurde, nach Deutschland zurückkehren durften.[111] Im Mai 1940, als sich Italien auf den Kriegseintritt vorbereitete, lehnte sie die Erteilung weiterer Transitvisa an deutsche Juden jedoch ab, da sie befürchtete, dass diese bei Kriegsbeginn in Triest stranden könnten.[112]

Nachdem die italienische Route versperrt war, versuchte das Auswärtige Amt gemeinsam mit der SS und der Reichsstelle

*) 1908-1989 MA Eichmanns
Leutnant (Untersturmführer) u. Oberstleutnant

für Auswanderungswesen, vereinfachte bürokratische Verfahren für die Ausreise der Juden auf der heiklen Route durch die Sowjetunion und Mandschukuo nach Schanghai zu erwirken. Bisher hatte jeder Antragsteller die notwendigen Genehmigungen der Inlandsbehörden einholen und sich dann vom Auswärtigen Amt eine »Unbedenklichkeitsbescheinigung« ausstellen lassen müssen, bevor er bei den Botschaften der Sowjetunion, Mandschukuos und Japans Visa beantragen konnte. Vom Sommer 1940 an füllten die Auswanderungsstellen die Formulare der vom RSHA gebilligten Antragsteller aus, und nachdem das Auswärtige Amt seinerseits geprüft hatte, ob sich unter ihnen Personen befanden, deren Auswanderung aufgrund ihres Berufs unerwünscht war, schickte es ganze Listen mit Namen von Ausreisewilligen an die betreffenden Botschaften und beantragte Transitvisa für sie.[113] Bis zum Juni 1941, als durch den deutschen Angriff auf die Sowjetunion auch dieses Schlupfloch verstopft wurde, emigrierten mehrere tausend Juden auf der Route durch Sibirien in den Fernen Osten.

Um die begrenzten Möglichkeiten der Auswanderung von Juden aus Deutschland, Österreich und dem Protektorat zu verbessern, versuchte das NS-Regime, wann immer möglich die jüdische Emigration aus anderen Gebieten zu verhindern. In diesem Zusammenhang fiel eine bemerkenswerte Formulierung: »In Anbetracht der zweifellos kommenden Endlösung der Judenfrage«, teilte ein Beamter aus Himmlers Stab, Weintz, dem Auswärtigen Amt im September 1940 mit, genehmige man keinerlei sonstige jüdische Auswanderung, nicht einmal aus dem Generalgouvernement.[114]

Es war eine Sache, die Auswanderung aus Gebieten unter direkter deutscher Kontrolle zu verhindern, aber eine andere, die Emigration aus den übrigen europäischen Ländern zu reglementieren. Häufig kollidierten hier widerstreitende Interessen. Im Februar 1940 stellte die litauische Regierung in Berlin ein Ersuchen um eine Durchreiseerlaubnis für geflohene polnische Juden nach Italien. Die Bitte wurde von Italien unterstützt, das verhindern wollte, dass die einheimischen Reedereien das Nachsehen gegenüber sowjetischen Konkurrenten hatten, die auf einer alternativen Route von Odessa nach Palästina fuhren.

In Anbetracht der Tatsache, dass Litauen 1500 aus Suwalki vertriebene Juden aufgenommen hatte, empfahl das deutsche Konsulat in Kowno eine wohlwollende Prüfung der Angelegenheit. Das Auswärtige Amt war geneigt, dem Antrag stattzugeben, doch die SS lehnte ihn unnachgiebig ab. Von Litauen aus stehe die Route über Odessa offen, und wenn italienische Reedereien ungenutzte Kapazitäten hätten, sollten sie sich intensiver um Geschäfte mit deutschen Juden bemühen.[115]

Im September 1940 ersuchte die ungarische Regierung ebenfalls um eine Transiterlaubnis für Juden, die durch Deutschland nach Lissabon reisen wollten. Eichmann begründete seine ablehnende Haltung mit dem Argument, der akute Mangel an Auswanderungsmöglichkeiten für deutsche Juden würde durch die Konkurrenz der ungarischen Juden nur noch weiter verschärft. Da Ungarn deutschen Juden gewöhnlich jedoch Transitvisa erteilte, wandte die Rechtsabteilung des Auswärtigen Amts mit Erfolg ein, dass es sowohl die Regeln zwischenstaatlicher Höflichkeit als auch das Prinzip der Gegenseitigkeit geboten, den ungarischen Juden die Durchreise zu gestatten.[116] In einem anderen Ausnahmefall stimmten Eichmann und der »Judenberater« in der Slowakei, Dieter Wisliceny, einer einmaligen Durchreise slowakischer Juden durch Deutschland nach Lissabon zu, allerdings nur unter der Bedingung, dass der Transport versiegelt wurde, die Juden das wehrfähige Alter überschritten hatten und freier Schiffsraum zur Verfügung stand.[117] Angesichts der sich häufenden Bitten um Ausnahmen bekräftigte das RSHA am 20. Mai 1941 in einem von Eichmanns Referat verteilten und von Walter Schellenberg abgezeichneten Rundschreiben unterdessen unmissverständlich die bisherige Linie: »Gemäß einer Mitteilung des Reichsmarschalls des Großdeutschen Reiches [Göring] ist die Judenauswanderung aus dem Reichsgebiet einschließlich Protektorat Böhmen und Mähren auch während des Krieges verstärkt [...] durchzuführen. Da für die Juden aus dem Reichsgebiet z. Zt. nur ungenügend Ausreisemöglichkeiten, in der Hauptsache über Spanien und Portugal, vorhanden sind, würde aber eine Auswanderung von Juden aus Frankreich und Belgien eine erneute Schmälerung derselben bedeuten. Unter Berücksichtigung dieser Tatsache und im Hinblick auf die zweifellos kommende Endlösung der Judenfrage ist daher die Auswanderung von Juden aus Frankreich und Belgien zu verhindern.«[118] Tatsächlich blieb die jüdische Auswanderung aus dem Dritten Reich bis zum 18. Oktober 1941 erlaubt.

Westeuropa

Behinderte das NS-Regime bereits die jüdische Auswanderung aus den in seiner Einflusssphäre liegenden Ländern, so versuchte es zugleich die Behandlung der dort festsitzenden Juden zu beeinflussen. Dabei verfolgte es das Ziel, kurzfristig die politische und wirtschaftliche Stellung der Juden zu zerstören sowie langfristig ihre vollständige »Evakuierung« vorzubereiten. In Westeuropa übernahmen die deutschen Besatzungsinstanzen in Frankreich diese Aufgabe.

Der deutsche Sieg brachte Frankreichs Teilung: Elsass-Lothringen war vom Dritten Reich annektiert worden; die nördlichen Departements Nord und Pas de Calais unterstanden dem Militärbefehlshaber für Belgien und Nordfrankreich mit Sitz in Brüssel; der Rest war in eine besetzte und eine unbesetzte Zone unterteilt. Während die besetzte Zone vom Militärbefehlshaber in Frankreich mit Sitz in Paris verwaltet wurde, regierte in Vichy in der zentralen und südlichen unbesetzten Zone die Marionettenregierung von Marschall Pétain. Da es in der besetzten Zone nur 1000 deutsche Offiziere und Beamte gab und in der unbesetzten überhaupt keine, musste die Militärverwaltung notgedrungen französische Bürokraten beschäftigen; die Polizei blieb in ganz Frankreich im Dienst.[119] Mit Ausnahme von Werner Best, der – bis vor kurzem noch Heydrichs Stellvertreter im RSHA – als Leiter der Abteilung für Verwaltung beim Militärbefehlshaber in Frankreich fungierte, bestand die Militärverwaltung von General Otto von Stülpnagel aus einer homogenen Gruppe nationalkonservativer Militärs, deren Temperament und Weltsicht gelegentlich mit der NS-Ideologie kollidierten, aber häufig auch mit ihr übereinstimmten.[120]

Typisch für die deutschen Verwaltungen in den besetzten Gebieten war, dass eine Vielzahl von Dienststellen und Behörden miteinander um Macht und Einfluss kämpften, und Frankreich bildete in dieser Hinsicht keine Ausnahme. Die nationalsozialistische Judenpolitik bestimmten dort insbesondere zwei Institutionen, die SS und das Auswärtige Amt. Dessen Botschafter Otto Abetz hatte seinen Sitz nicht in Vichy, sondern in Paris und war aufgrund einer dehnbaren Aufgabenstellung für alle politischen Angelegenheiten in beiden Zonen zuständig. Kein Karrierediplomat, sondern ein früher Mitarbeiter des Büros Ribbentrop – einer außenpolitischen Beratergruppe der NSDAP –, unterhielt Abetz seit geraumer Zeit Kontakte zur französischen Rechten. Sein Stellvertreter Rudolf Schleier, ein früherer Geschäftsmann, pflegte ebenfalls Beziehungen nach Frankreich, und sein Berater in jüdischen Angelegenheiten und Verbindungsmann zur Sipo, SS-Sturmbannführer Carltheo Zeitschel, war ein ehrgeiziger, fanatischer Antisemit und wie Schleier alter Nationalsozialist.[121]

Da es der Wehrmacht während des Westfeldzuges und der anschließenden Besatzung zunächst gelungen war, die Rolle der SS zu beschränken und insbesondere die Aufstellung von Einsatzgruppen zu verhindern, verfügte Himmlers Truppe nur über eine schwach besetzte Dienststelle unter BdS Helmut Knochen. Zu seinen Männern gehörten jedoch drei enge Eichmann-Mitarbeiter mit beträchtlichen Erfahrungen in »Judenangelegenheiten«: Kurt Lischka, der frühere Chef der Zentralstelle für jüdische Auswanderung in Berlin, Herbert Hagen, Eichmanns ehemaliger Vorgesetzter im Judenreferat des SD-Hauptamts, sowie der 27-jährige Theodor Dannecker, Knochens Judenreferent und der berüchtigtste der drei Männer.[122]

Doch nicht Knochen, sondern Best und Abetz waren diejenigen, die die Initiative ergriffen. Anfang August war Abetz zu einer Audienz bei Hitler geladen, der bei dieser Gelegenheit seine Absicht bekräftigte, nach dem Krieg alle Juden aus Europa zu evakuieren.[123] Nach seiner Rückkehr arbeitete Abetz zusammen mit Best in Paris eine Reihe von Vorschlägen für antijüdische Maßnahmen in der besetzten Zone aus, die von den französischen Behörden durchgesetzt werden und zugleich als Grundlage für die spätere Entfernung der Juden auch aus dem unbesetzten Teil Frankreichs dienen sollten. Zu den vorgeschlagenen Maßnahmen gehörten das Verbot der Rückkehr von Juden über die Demarkationslinie in die unter deutscher Militärhoheit stehenden Gebiete, die Registrierung aller Juden in der besetzten Zone, die Kennzeichnung jüdischer Geschäfte sowie ihre treuhänderische Übernahme im Fall ihrer Aufgabe. Best und Abetz baten »sehr dringend« um Zustimmung.[124]

Seinen Mitarbeitern in der Militärverwaltung legte Best eine etwas abweichende Zusammenfassung vor, die auch die Bitte enthielt, die Möglichkeit einer Entfernung aller Juden aus der besetzten Zone zu prüfen. Ihre Reaktion fiel gemischt aus. Einerseits gab die Militärverwaltung zu bedenken, dass die Aufrechterhaltung von Ordnung und Sicherheit an erster Stelle stünde und administrative Maßnahmen zweckmäßigerweise der französischen Bürokratie überlassen werden sollten. Vor allem aber fürchtete man, mit Aufwerfen der Rassenfrage bei den Franzosen Annexionsängste auszulösen. Schließlich hielten sie die Vertreibung aller Juden aus der besetzten Zone für undurchführbar, teilten jedoch die Ansicht, dass die Juden ein gefährliches antideutsches Element darstellten und gewisse Maßnahmen, die ihren wirtschaftlichen und kulturellen Einfluss beschnitten, wünschenswert wären.[125] Zweifelsfrei hatte die Wehrmacht schon am 26. August 1940 Kenntnis über Hitlers generelle Genehmigung, in der Judenfrage aktiv zu werden.[126]

Die offizielle Zustimmung zu Abetz' Vorschlägen ließ indessen auf sich warten, da das Auswärtige Amt vor einer Entscheidung die Meinungen von Heydrich und von Görings Amt für den Vierjahresplan einholte. Wohlthats Stellvertreter im Amt für den Vierjahresplan, Hoppe, fand die Vorschläge »nicht zweckmäßig«.[127] Unterstaatssekretär Luther vom Auswärtigen Amt bezweifelte, dass die psychologische Vorbereitung der Franzosen ausreichte und hielt es für angeraten, die vorgeschlagenen Maßnahmen vom Vichy-Regime ausführen zu lassen, so dass dieses »beim Misslingen die Verantwortung trägt«.[128] Heydrich reagierte erst auf eine zweite Anfrage, hatte dann aber nichts gegen die Vorschläge einzuwenden; er erachtete es jedoch als »unerlässlich«, dass die in jüdischen Angelegenheiten erfahrene Sipo die französische Polizei bei der Durchführung überwachte.[129]

Am 27. September und 16. Oktober 1940 setzte die Militärverwaltung in Paris mit zwei Erlassen eine Reihe von antijüdischen Vorschriften in Kraft. Der erste Erlass definierte einen Juden als Person jüdischen Glaubens beziehungsweise als Nachkommen von mehr als zwei jüdischen Großelternteilen. Wie von Abetz und Best vorgeschlagen, verbot der Erlass Juden, aus dem unbesetzten in den besetzten Teil Frankreichs zurückzukehren. Außerdem sollten sich alle Juden in der besetzten Zone registrieren lassen; jüdische Geschäfte waren zu kennzeichnen.[130] Der zweite, auf Drängen von Brauchitschs herausgegebene Erlass verfügte die Registrierung jüdischen Besitzes als Vorstufe zur Beschlagnahmung und Arisierung.[131]

Diese ersten antijüdischen Erlasse der Militärverwaltung in Frankreich sind aus mehreren Gründen bemerkenswert. Erstens ging die Initiative weder von Berlin noch von der örtlichen SS oder Sipo aus; und mochten solche Vorschläge von Abetz und Best als überzeugten Anhängern der NS-Ideologie auch zu erwarten gewesen sein, so war es doch keineswegs selbstverständlich, dass sie von den Nationalkonservativen um von Stülpnagel gebilligt wurden.

Zweitens verabschiedete das Vichy-Regime zeitgleich mit diesen Verordnungen eigene antijüdische Gesetzesbestimmungen. Am 22. Juli 1940 verfügte Vichy den Entzug der Staatsbürgerschaft von nach 1927 naturalisierten »unerwünschten« Personen, und am 27. August hob es das Verbot antisemitischer Publikationen auf. Am 3. Oktober folgte das *Statut des juifs*, das den Begriff »Jude« anhand rassischer Kriterien definierte und Juden von der Ausübung öffentlicher Ämter sowie freier Berufe ausschloss. Einen Tag darauf wurden die französischen Präfekten ermächtigt, ausländische Juden in Lagern zu internieren. All dies geschah nicht auf Druck der deutschen Besatzer, die selbst noch nach einem geeigneten Vorgehen suchten, doch setzten die deutschen und französischen Maßnahmen einen Kreislauf wechselseitiger Radikalisierung in Gang. Nachdem Best von der bevorstehenden Veröffentlichung des *Statut des juifs* erfahren hatte, war er von der Dringlichkeit überzeugt, den deutschen Erlass vorher bekannt zu geben, um den Eindruck zu erwecken, dass die Judengesetzgebung von den deutschen Behörden ausgegangen sei.[132] Umgekehrt fühlte sich Vichy durch den zweiten deutschen Erlass über die Registrierung und Arisierung von jüdischem Eigentum veranlasst, eine »Präventivstrategie« zu verfolgen. Aus Furcht, die Deutschen könnten jüdisches Eigentum für sich selbst beanspruchen und den eigenen Souveränitätsanspruch in Frage stellen, erklärte sich das Vichy-Regime rasch zur Zusammenarbeit bereit, um die Einsetzung französischer Treuhänder sicherzustellen.[133]

Drittens schließlich galten sowohl die Regelungen der Militärverwaltung als auch diejenigen des Vichy-Regimes andernorts als Vorbild.[134] So erließ etwa die Militärverwaltung für Belgien und Nordfrankreich am 28. Oktober 1940 ebenfalls zwei Verordnungen: eine, die in Anlehnung an die beiden Pariser Erlasse den Judenbegriff definierte, die Rückkehr von Juden verbot, ihre Registrierung sowie die Kennzeichnung und Erfassung jüdischer Geschäfte verfügte, und eine zweite, die, dem *Statut des juifs* folgend, Juden von öffentlichen Ämtern und anderen wichtigen Positionen ausschloss.[135]

Eine weitere Initiative der Deutschen ging auf Theodor Dannecker zurück. Hitlers Absicht, »nach dem Krieg« sämtliche Juden aus Europa zu »evakuieren« und Heydrich mit der Planung des »Endlösungsprojekts« zu beauftragen, spornte den Judenreferenten in Knochens BdS-Dienststelle an. Am 21. Januar 1941 empfahl er die Schaffung eines »Zentralen Judenamts« in Paris, mit dem Ziel, die französischen Behörden für die »Riesenarbeit« und die notwendigen »sorgfältigsten Vorbereitungen« einzuspannen, die der »Gesamtabschiebung der Juden« in ein »noch zu bestimmendes Territorium« vorausgehen müssten. Militärverwaltung und deutsche Botschaft waren einverstanden.[136] Luther wurde in Berlin von Heydrich und Streckenbach bestätigt, dass als »spätere Gesamtlösung« geplant sei, die Juden »nach dem zukünftigen Bestimmungslande abzutransportieren«.[137] Man konnte Vichy davon überzeugen, ein Generalkommissariat für jüdischen Angelegenheiten (Commissariat Général aux Questions Juives, CGQJ) einzurichten, mit Xavier Vallat, einem Antisemiten nationalistischer und antideutscher Prägung, an der Spitze.[138] Best drängte darauf, den neu ernannten Generalkommissar über das deutsche Ziel der »vollständigen Entjudung« Europas in Kenntnis zu setzen. Außerdem ersuchte er das Militär, Vallat aufzufordern, 3000 bis 5000 als besonders gefährlich oder unerwünscht eingestufte Juden, darunter auch französische Staatsbürger, zu internieren und darüber hinaus rechtzeitig mit den Vorbereitungen für die spätere »Auswanderung« aller französischen Juden zu beginnen.[139] Vallat zeigte sich durchaus bereit, die antijüdischen Maßnahmen des Vichy-Regimes auszuweiten, lehnte eine Beteiligung an den »unangenehmeren« Maßnahmen, wie Ausweisung und Internierung, jedoch ab; diese fielen, wie er erklärte, nicht in seine Zuständigkeit.[140] Trotz Vallats partieller Widerspenstigkeit lag Abetz richtig in der Annahme, dass die deutsche Verwaltung mit Hilfe des CGQJ in der Lage sein würde, antijüdische Maßnahmen vom besetzten auf das unbesetzte Frankreich auszudehnen.[141]

Die Forderungen der Deutschen blieben nicht ohne Folgen. Im Mai 1941 wurden 3733 ausländische Juden von der französischen Polizei verhaftet und in den Lagern Pithiviers und Beaune-la-Rolande in der besetzten Zone interniert.[142] Wichtiger noch war, dass Vallat in dem Bemühen, Vichys Souveränität in ganz Frankreich Geltung zu verschaffen, durch eine Verordnung vom Sommer 1941 die Registrierung und Arisierung jüdischen Eigentums auf die unbesetzte Zone ausdehnte. Laut Michael R. Marrus und Robert O. Paxton war dies der »bis dahin schwerwiegendste Schritt« im Rahmen der erfolgreichen Versuche der Deutschen, mit französischer Hilfe Dinge zu vollbringen, die sie alleine nie erreicht hätten.[143]

Auch die Gründung einer anderen Institution, die sich bei der späteren Deportation der französischen Juden als nützlich erweisen sollte, ging auf Danneckers Bemühungen zurück. Seit August 1941 hatte er darauf gedrängt, sämtliche jüdischen Organisationen durch einen Judenrat zu ersetzen. Seine Drohung mit eigenmächtigem Vorgehen in der besetzten Zone konnte Vallat dazu bewegen, am 29. November 1941 per Gesetz die *Union Générale des Israélites de France* (UGIF) zu gründen.[144]

Im Laufe der Zeit schwand die deutsche Abhängigkeit von französischem Personal und französischen Institutionen infolge der Kombination aus bodenständigem, der »Nationalen Revolution« immanentem Antisemitismus mit dem Appell an Vichys eifersüchtige Entschlossenheit, die Souveränität Frankreichs auch in der besetzten Zone zu repräsentieren. Erst vor diesem Hintergrund konnten die französischen Juden kategorisiert, registriert, von verschiedenen Ämtern und Berufen ausgeschlossen, enteignet und der Zuständigkeit eines Judenrats unterstellt werden. Die Initiative für all diese Maßnahmen ging dabei entweder von Vichy oder von Abetz, Best und Dannecker aus, doch erwies sich die deutsche Militärverwaltung als recht entgegenkommend, solange ihr Hauptanliegen – die maximale Ausbeutung Frankreichs bei minimalem deutschem Personaleinsatz – nicht gefährdet wurde.

Das deutsche Besatzungsregime in den Niederlanden unterschied sich beträchtlich von dem in Frankreich.[145] Zum Ersten war die niederländische Regierung ins Exil gegangen. Der zurückgebliebene öffentliche Dienst blieb unter der Leitung von Generalsekretären zwar intakt, doch gab es an der Spitze kein Pendant zur Marionettenregierung in Vichy. Zum Zweiten installierten die Deutschen ein von österreichischen Nationalsozialisten dominiertes Reichskommissariat, während die Wehrmacht eine untergeordnete Rolle spielte und das Auswärtige Amt in Den Haag nur durch einen »Vertreter«, Otto Bene, repräsentiert wurde, der nicht die gleichen Kompetenzen besaß wie Abetz in Frankreich. Als Reichskommissar fungierte Arthur Seyß-Inquart, eine der Schlüsselfiguren beim Anschluss Österreichs und später Franks Stellvertreter im Generalgouvernement. Zwei seiner österreichischen Gefolgsleute nahmen entscheidende Posten ein: Hans Fischböck, der sich bei der Ausplünderung der österreichischen Juden hervorgetan und Göring sowie Schacht 1938/39 während der Verhandlungen mit George Rublee vom *Intergovernmental Committee on Refugees* (IGCR) beraten hatte, wurde Generalkommissar für Finanzen und Wirtschaft; Friedrich Wimmer Generalkommissar für Verwaltung und Justiz. Und drittens war die Stellung der SS außerordentlich stark. Zu Seyß-Inquarts potentiellem Hauptrivalen wurde sein eigener Generalkommissar für Sicherheit Hanns Rauter, ein weiterer Österreicher, der gleichzeitig als HSSPF Himmler direkt unterstand. Ungeachtet ihrer Konkurrenz um die Kontrolle über die Judenpolitik galten sowohl Seyß-Inquart als auch Rauter als glühende Nationalsozialisten und Antisemiten. Hatten es Abetz, Best und Dannecker in Frankreich mit einer starken Militärverwaltung zu tun, die zwar die Judenverfolgung nicht ablehnte, ihr aber keine Priorität beimaß, existierten in den Niederlanden unter den deutschen Besatzern keine vergleichbaren Differenzen.

Obwohl das deutsche Besatzungsregime in den Niederlanden über mehr ziviles Personal und eine größere Polizeitruppe verfügte als der Militärbefehlshaber in Frankreich,[146] kam es ohne die einheimische Bürokratie nicht aus. Niederländische Empfindlichkeiten mussten deshalb in Rechnung gezogen werden, und entsprechend vorsichtig gingen die Deutschen anfangs dann auch gegen die 140 000 in den Niederlanden lebenden Juden vor. Der öffentliche Dienst etwa wurde nicht mit einem Schlag, sondern in mehreren Schritten von Juden gesäubert. Am 28. August 1940 ordnete Wimmer an, dass niemand, der jüdische Vorfahren hatte (und sei es auch nur ein Großelternteil), in den öffentlichen Dienst eintreten durfte. Am 18. Oktober mussten die niederländischen Beamten unterschiedliche Formulare ausfüllen, je nachdem, ob sie »Arier« waren oder nicht. Am 4. November wies Wimmer die niederländischen Generalsekretäre an, jüdische Beamte zu entlassen. Nach »langen Diskussionen« und unter »schweren Gewissensqualen« willigten die Generalsekretäre schließlich ein, ihre jüdischen Kollegen »vorübergehend« zu suspendieren, statt sie rundweg vor die Tür zu setzen.[147]

Das Muster, nach dem niederländische Beamte auf ihren Posten verblieben und auf Geheiß der Deutschen Verordnungen verkündeten – nicht ohne vorher geringfügige Zugeständnisse zu erreichen –, ließ sich in der Folgezeit immer wieder beobachten. Die Indienstnahme einer willfährigen, gehorsamen und überaus effizienten Beamtenschaft bildete einen der Schlüsselfaktoren für die im Vergleich mit anderen westeuropäischen Ländern extrem hohe Todesrate der niederländischen Juden.[148]

Am 20. Oktober 1940 verfügte man auf dem Verordnungsweg neben einer verschärften Definition des Begriffs »Jude« die Registrierung jüdischer Geschäfte. Die Registrierung der Juden selbst, einschließlich der Mischlinge, wurde am 10. Januar 1941 angeordnet. Nirgends trat die Kompetenz der niederländischen Bürokratie deutlicher zutage als in der Gründlichkeit ihres Registrierungsverfahrens und der relativen Fälschungssicherheit der von ihr ausgegebenen Ausweise.[149] Die anschließende Enteignung jüdischen Eigentums nutzte im Unterschied zu Frankreich vor allem einer Phalanx deutscher Unternehmen, insbesondere der Dresdner Bank.[150]

Im Februar 1941 wurde das schrittweise, aber methodische legislative Vorgehen bei der Verfolgung der niederländischen Juden durch eine Reihe ungewöhnlicher Ereignisse vorübergehend unterbrochen. Der deutsche Stadtkommissar von Amsterdam, Heinrich Böhmcker, spielte im Januar 1941 mit dem Gedanken, ein Ghetto zu errichten, und ermutigte niederländische Nationalsozialisten zu Übergriffen gegen die Amsterdamer Juden.[151] Am 11. Februar stießen marodierende niederländische Nationalsozialisten im jüdischen Viertel der Stadt jedoch auf Widerstand, und nach längerem Handgemenge erlag einer der Nationalsozialisten seinen Verletzungen. Daraufhin bestellte Böhmcker führende Juden zu sich und wies sie an, einen Judenrat zu bilden, der umgehend die Aufgabe erhielt, die Ordnung wiederherzustellen und für die Übergabe sämtlicher in jüdischem Besitz befindlichen Waffen zu sorgen. Als am 19. Februar die jüdischen Betreiber einer zuvor verwüsteten Eisdiele einer deutschen Polizeipatrouille Widerstand leisteten, reagierten die Deutschen mit Gewalt. Der Eigentümer der Eisdiele wurde erschossen, und bei einer Polizeirazzia im jüdischen Viertel wurden etwa 425 junge jüdische Männer als »Geiseln« festgenommen, von denen man 389 nach Mauthausen schickte, wo sie, zusammen mit Hunderten anderer Juden, die bei einer weiteren Razzia im Juni aufgegriffen worden waren, in der Folgezeit allesamt ums Leben kamen. Als daraufhin am 25. und 26. Februar ein Streik oder »Aufruhr« niederländischer Arbeiter ausbrach, drohten die deutschen Besatzer dem Judenrat mit noch massiveren Vergeltungsmaßnahmen in Form von Deportationen und Erschießungen, worauf der Judenrat die Streikenden, deren Widerstand ohnehin schon durch deutsche Repressionen gebrochen war, beschwor, den Ausstand zu beenden.[152]

Nach den Februarereignissen und der Gründung des Amsterdamer Judenrats beschleunigten die deutschen Besatzer die Vorbereitungen für die vollständige »Evakuierung« der Juden. Gleichzeitig versuchte sich die SS eine größere Rolle bei der Gestaltung der Judenpolitik zu sichern. In Frankreich führte Dannecker parallel dazu ähnliche Aktionen durch, die wie in den Niederlanden auf Heydrichs Initiative zurückzuführen waren. Im April 1941 ordnete der RSHA-Chef die Gründung einer Zentralstelle für jüdische Auswanderung in den Niederlanden an, die »beispielgebend für die Lösung der Judenfrage in allen europäischen Ländern sein sollte«. Als Vorbild für ihre Finanzierung nannte er Eichmanns Zentralstelle für jüdische Auswanderung in Prag, deren Mitarbeiter Erich Rajakowitsch in die Niederlande versetzt wurde. Desgleichen brachte man zwei jüdische Mitarbeiter der Prager Zentralstelle nach Amsterdam, um die beiden Vorsitzenden des dortigen Judenrats, Abraham Asscher und David Cohen, zu beraten; schließlich wurde ein Vertreter des Judenrats nach Lissabon geschickt, um beim American Joint Distribution Committee einen Kredit zur Finanzierung der Auswanderung zu beantragen.[153]

Rauter zog kontrollierte Methoden unter Leitung der SS der von Böhmcker entfachten zügellosen Gewalt vor. Seyß-Inquart gegenüber betonte er deshalb am 18. April 1941 unter Verweis auf Heydrichs Befehle, dass die neue Zentralstelle in die Zuständigkeit der Sipo unter BdS Wilhelm Harster falle. Es folgte ein Tauziehen zwischen dem Reichskommissar und seinem Generalkommissar für Sicherheit, als dessen Ergebnis anstelle von Rajakowitsch am 19. Mai 1941 Seyß-Inquarts Generalkommissar für Finanzen Fischböck die Aufsicht über die Geldangelegenheiten der Zentralstelle erhielt.[154] Im August versuchte Harster erneut, Rajakowitschs Stellung zu stärken, indem er ihn an die Spitze eines neu geschaffenen Sonderreferats J setzte, das für alle jüdischen Angelegenheiten zuständig sein und als einzige Dienststelle dem Judenrat Anweisungen erteilen sollte. Zwar gelang es Seyß-Inquart, dem Generalkommissariat, insbesondere Böhmcker, auf Dauer eine Mitwirkung an der Judenpolitik zu sichern, aber bereits die Ausdehnung der Autorität des Amsterdamer Judenrats auf alle niederländischen Juden war Folge der enger werdenden Zusammenarbeit mit der SS.[155]

Eine weitere verhängnisvolle Entwicklung stellte die zunehmende Einbeziehung der niederländischen Polizei in die Verfolgungsmaschinerie dar. Nach den Ereignissen des Februar 1941 ernannten die Deutschen den Hitlerbewunderer Sybren Tulp, der seit 1939 Mitglied der Nationalsozialistischen Bewegung der Niederlande (NSB) war, zum Chef der Amsterdamer Polizei. Als pensionierter Oberstleutnant der niederländischen Ostindienarmee besaß Tulp beträchtliche Erfahrungen in der polizeilichen Durchsetzung rassischer Diskriminierung. Innerhalb der Amsterdamer Polizei bildete er zwei neue Organisationen: das aus 300 demobilisierten Soldaten bestehende kasernierte Amsterdamer Polizeibataillon und ein Referat für jüdische Angelegenheiten. Es war Tulps Amsterdamer Polizei, die im Juni 1941 300 deutsche Juden als zweite Gruppe von »Geiseln« festnahm, bevor sie als Vergeltungsmaßnahme nach Mauthausen geschickt wurden. Ebenso setzte Tulps Truppe im Herbst 1941 deutsche Verordnungen durch, mit denen die Juden aus dem öffentlichen Leben verdrängt wurden; auch in diesem Fall wurden die meisten Festgenommenen den Deutschen übergeben und fanden in Mauthausen den Tod.[156]

Die Konkurrenz zwischen Seyß-Inquart und Rauter um die Kontrolle über die Judenpolitik verlangsamte den Verfolgungsprozess letztlich keineswegs. Wie in Frankreich wurden auch in den Niederlanden die Definition des Begriffs »Jude«, die Registrierung der jüdischen Bevölkerung, ihr Ausschluss aus dem Wirtschaftsleben und die Enteignung ihres Besitzes in Zusammenarbeit mit der einheimischen Verwaltung durchgeführt. Als Übermittler deutscher Anweisungen hatte man einen Judenrat gebildet, und die niederländische Polizei war in ein Vollzugsorgan der Besatzungsverwaltung umgewandelt worden.

x) * 4.2.1895–1949 (hingerichtet 24.3.1949)

In Belgien gab es weder eine Regierung, die nach dem Muster der Machthaber in Vichy eigene antisemitische Ziele verfolgte, noch ein durch und durch nazifiziertes Besatzungsregime, dessen führende Köpfe um die Kontrolle über die Judenpolitik kämpften. Für die 52 000 dort lebenden Juden (darunter 90 Prozent Ausländer) wirkte sich diese Konstellation im Ergebnis indessen kaum positiv aus. Die Militärverwaltung gab am 22. Oktober 1940 zwei Erlasse heraus, mit denen sie die antijüdische Gesetzgebung in Frankreich übernahm. Sie enthielten eine Definition des Begriffs »Jude«, verfügten die Registrierung der Juden, ihren Ausschluss aus dem öffentlichen Dienst sowie verschiedenen anderen Berufen und verboten ihre Rückkehr aus dem Ausland. In Bezug auf die Arisierung hielt man sich stärker an das niederländische Vorbild, was zum Teil daran gelegen haben mag, dass die Belgier zumindest gegen den Erwerb von jüdischem Grundbesitz eine gewisse »Aversion« hegten. Im Gegensatz zu den deutschen Behörden in den Niederlanden, die die antijüdischen Übergriffe in Amsterdam angestachelt hatten, ging der Militärverwaltungschef in Belgien, Eggert Reeder, am Ostermontag 1941 gegen eine lärmende Gruppe belgischer Antisemiten vor, die einen Angriff auf das jüdische Viertel von Antwerpen zu unternehmen gedachte. Reeder wollte die Fäden der Judenpolitik in der Hand behalten und duldete daher keinerlei Störungen oder Einmischungen seitens ihm nicht unterstehender SS-Einheiten oder belgischer Kollaborateure. Erfolg hatte er damit nicht zuletzt deshalb, weil er selbst Träger eines SS-Ranges war. Als »Sammelpunkte« für die belgischen Juden wurden Brüssel, Antwerpen, Lüttich und Charleroi ausersehen, und am 29. August 1941 verbot man ihnen, aus diesen vier Städten wegzuziehen. Fast zeitgleich mit der UGIF in Frankreich wurde in Belgien die *Association des Juifs en Belgique* (AJB) gegründet und, im Gegensatz zur UGIF, unter Umgehung der Sipo direkt der Militärverwaltung unterstellt.[157]

Trotz des im Vergleich zu Frankreich und den Niederlanden langsameren Tempos und der scheinbaren Laxheit der antijüdischen Maßnahmen in Belgien hatte man bis Ende 1941 in allen drei Ländern gleichermaßen die Vorbereitungen für die

»nach dem Krieg« geplante vollständige »Evakuierung« der Juden aus Europa getroffen. Die Basis dafür war also geschaffen, als die deutsche Judenpolitik das Zielgebiet der »Evakuierung« während des Krieges schließlich in »den Osten« verlegte.

Südosteuropa

In der politischen Situation der späten dreißiger Jahre waren die osteuropäischen Juden in vierfacher Hinsicht bedroht gewesen: Erstens waren sie als Nutznießer und Anhänger der für die Gleichberechtigung kämpfenden liberalen und revolutionären Bewegungen von den autoritären, antiliberalen und antikommunistischen Gruppierungen, die in fast allen osteuropäischen Ländern, bisweilen nach kurzem demokratischem Zwischenspiel, an die Macht kamen, nicht nur ausgeschlossen, sondern auch zu deren »natürlichem« Angriffsziel geworden. Zweitens taugten die Juden als Symbole für Kapitalismus und Modernisierung in Zeiten weltweiter Depression und schmerzlicher wirtschaftlicher Veränderungen gewissermaßen automatisch als Sündenböcke, denen man wirtschaftliche Not und Habgier aufladen konnte. Als verstreute, »internationale« Minderheit wurden sie, drittens, von politischen Bewegungen, deren Programmatik auf einem integralen ethnischen Nationalismus basierte, sowohl gemieden als auch angegriffen. Zusätzlich zu diesen für den weit verbreiteten bodenständigen Antisemitismus kennzeichnenden drei Faktoren wirkte eine vierte, von außen induzierte Einflussgröße: In einer Region, die – bei abnehmendem Einfluss des Westens – der gleichzeitigen Bedrohung durch die Sowjetunion und das mächtiger werdende Dritte Reich ausgesetzt war, fungierten die Juden in den geopolitischen Überlegungen der um Hitlers Gunst buhlenden osteuropäischen Führer als freie Verfügungsmasse.

Natürlich trugen auch andere Faktoren zur prekären Situation der Juden bei. In vielen Ländern Osteuropas war der Antisemitismus eher kulturell als rassistisch geprägt. Es war dabei nicht unerheblich, ob es sich um fremdartige, nicht assimilierte und ausländische oder um hoch assimilierte einheimische Juden handelte. Im Gegensatz zur nationalsozialistischen Rassenlehre galten häufig die auffälligen fremdartigen Juden als politisches Symbol für gesellschaftliche Unzufriedenheit und als die eigentliche Bedrohung. Darüber hinaus hatte der Wunsch, wenigstens eine symbolische Unabhängigkeit vom NS-Regime zu wahren, oftmals zur Folge, dass dieses uneinheitliche Judenbild und die eingeschränkte Willfährigkeit gegenüber Maßnahmen gegen die einheimischen Juden in den mit Deutschland verbündeten osteuropäischen Ländern zu einer Frage der Ehre wurden. Als das deutsche Kriegsglück langsam dem Ende entgegenging und einige osteuropäische Staaten begannen, in ihrer jüdischen Bevölkerung ein politisches Pfund zu sehen, mit dem sie dem Westen gegenüber wuchern konnten, sollte sich dieser Anflug von Widerspenstigkeit als bedeutsam für das Überleben von Teilen des osteuropäischen Judentums erweisen.

Die Deutschen vermochten es, in dieser Situation auf unterschiedliche Weise Druck auszuüben. Im Innern wurden die traditionellen autoritären Regime Osteuropas von einer neuen Rechten bedrängt – faschistisch ausgerichteten politischen Bewegungen, zu deren Prioritäten häufig der Antisemitismus gehörte. In vielen Fällen ergriff daher die traditionelle Rechte antisemitische Maßnahmen, um das Thema zu besetzen und ihren Gegnern den Wind aus den Segeln zu nehmen wie auch mehr Unterstützung im Innern zu gewinnen und die Haltung des Dritten Reichs zu beeinflussen, das sich hinter ihre faschistischen Herausforderer stellen oder ihnen die kalte Schulter zeigen konnte. Noch bedeutsamere Wirkung entfaltete das gerade in Osteuropa kontrovers diskutierte Thema der nach dem Ersten Weltkrieg getroffenen Grenzregelungen; das Dritte Reich zögerte hier nicht, seine Machtposition auszunutzen, um in der Verkleidung des Vermittlers seine Freunde zu belohnen und seine Feinde zu bestrafen. Letzten Endes war dies das wirkungsvollste Druckmittel, mit dem das NS-Regime seine osteuropäischen Verbündeten auf den Weg zum Massenmord brachte, auch wenn seine Wirkung mit schwindendem Kriegsglück nachließ.

Nicht alle osteuropäischen Staaten versuchten Hitler gefällig zu sein. Die Tschechoslowakei war schon vor dem Krieg zerstört worden. Als Polen und Jugoslawien nacheinander Hitlers Bündnisangebote ausschlugen, wurden sie erobert und zerteilt. 1939 beziehungsweise 1941 wurden zwei abhängige Rumpfstaaten gebildet, die Slowakei und Kroatien. Rumänien, Ungarn und Bulgarien dagegen versuchten sich in der Periode von 1938 bis 1940 mit dem NS-Regime zu arrangieren. Im Verhalten dieser Länder traten die Faktoren Antisemitismus, Territorialansprüche und nationalsozialistischer Einfluss in ihrer Wechselwirkung und unterschiedlichen Ausprägung deutlich zutage.

Die Slowakei war der erste Satellitenstaat, den das Dritte Reich schuf, als es im März 1939 die durch den Münchener Vertrag bereits verkleinerte Tschechoslowakei zerschlug. Da der slowakische Staat ein Paradebeispiel für die Vorteile einer Kooperation mit dem Dritten Reich werden sollte, legte das NS-Regime einigen Wert darauf, den Anschein seiner Unabhängigkeit zu wahren. Als einen seiner ersten Schritte erließ das neue slowakische Regime am 18. April 1939 eine antijüdische Verordnung, die die Rolle der Juden in den freien Berufen und der Wirtschaft einschränkte, eine nach nationalsozialistischen Maßstäben jedoch ziemlich unbefriedigende Definition des Begriffs »Jude« enthielt, da vor 1918 zum Christentum konvertierte Personen nicht einbezogen wurden.[158] 1940 neigte sich die Waage im internen Machtkampf zwischen der ultrafaschistischen Hlinka-Garde von Sano Mach – der Kampforganisation der Partei von Ministerpräsident Vojtěch Tuka –, den klerikalfaschistischen Anhängern des Prälaten und Staatspräsidenten Jozef Tiso und den autoritär-nationalistischen Gefolgsleuten von Innen- und Außenminister Ferdinand Durčanský, die ein säkulareres und von Deutschland unabhängigeres Regime anstrebten, zugunsten des Letzteren.[159] Im Mai 1940 wurde Mach – laut Unterstaatssekretär Ernst Woermann vom Auswärtigen Amt »einer unserer besten Freunde in der Slowakei« – aus allen Schlüsselpositionen entfernt und durch Durčanský-Anhänger ersetzt, darunter auch ein Mann, »dessen Frau jüdischer Abstammung sein soll«, wie Woermann schrieb.[160]

Nach dem Sieg im Westen schwand das Interesse der NS-Führung, den Anschein slowakischer Unabhängigkeit aufrechtzuerhalten, zugunsten der Absicht, ein willfähriges Regime nach ihrem Geschmack zu installieren. Im Juni wurde Manfred von Killinger als diplomatischer Krisenmanager nach Bratislava entsandt. Er kam zu der Ansicht, dass Durčanský – der sich von »jüdisch-plutokratischen Kreisen« habe »einfangen« lassen – »unbedingt aus der Regierung verschwinden muss«. Durčanský versuchte seinem Schicksal zu entkommen, indem er den Germanophilen spielte und in seiner Eigenschaft als Innenminister die Kennzeichnung aller Geschäfte in Bratislava mit der Aufschrift »Juden unerwünscht« verfügte. Von Killinger drängte darauf, dass Mach Innen- und Tuka Außenminister wurde und Deutschland einen »Kommissar bei der slowakischen Regierung« einsetzte, »der alle Begebenheiten überwacht«.[161]

Auf deutschen Druck wurde Durčanský abgesetzt, und Tiso, Tuka und Mach am 28. Juli 1940 zu einer Unterredung mit Hitler auf den Berghof bei Berchtesgaden bestellt. Hitler warnte davor, dass »in Europa Kräfte am Werk seien (Juden, Freimaurer und ähnliche Elmente), die das Zusammenleben der beiden Völker [des deutschen und des slowakischen] hintertreiben wollten«. Deutschland erwarte, »dass sich die Slowakei innenpolitisch loyal und eindeutig zur deutschen Sache bekenne«.[162] Von Killinger wurde zum neuen deutschen Botschafter in der Slowakei ernannt und angewiesen, ein Netz »deutscher Berater« aufzubauen, einschließlich eines Beraters für die »Judenfrage«.[163] Auf diesen Posten wurde niemand anders berufen als der enge Eichmann-Mitarbeiter Dieter Wisliceny. Dieser sollte, wie Heydrich Unterstaatssekretär Luther vom Auswärtigen Amt erklärte, dem Polizeiberater Hahn unterstellt werden, da sämtliche jüdischen Angelegenheiten vom RSHA vorbereitet würden.[164]

Von Killingers Vorgänger hatte sich darüber beklagt, dass die »Judenfrage« in der Slowakei »in keiner Weise der Lösung näher gebracht« worden wäre.[165] Nach Wislicenys Ankunft am 1. September 1940 kam der legislative Angriff auf die 89 000 slowakischen Juden jedoch in Schwung. Am 3. September wurde die Regierung ermächtigt, jüdische Angelegenheiten ohne vorherige Parlamentsberatung auf dem Verordnungsweg zu regeln; am 16. September wurde ein Zentrales Wirtschaftsamt geschaffen, das die Arisierung jüdischen Eigentums beaufsichtigte, dessen Registrierung kurz zuvor angeordnet worden war; am 26. September richtete man schließlich eine Judenzentrale ein und erklärte alle anderen jüdischen Organisationen für aufgelöst.[166] Die Slowakei unterlag nunmehr fest der Dominanz deutscher Judenpolitik.

Die Geschicke Ungarns in der Zwischenkriegszeit glichen in vielerlei Hinsicht denen Deutschlands. Es hatte infolge des Friedensvertrages von Trianon noch größere territoriale Einbußen hinnehmen müssen als Deutschland in Versailles und drängte daher hartnäckig auf eine Revision dieser Regelungen. Ferner trug die von »weißem Terror« begleitete Konterrevolution gegen die von Béla Kun geführte Räterepublik stark antisemitische Züge, und schließlich hatte der antisemitische Demagoge Gyula Gömbös von 1932 bis zu seinem Tod im Jahr 1936 an der Spitze der Regierung gestanden. In Ungarn waren antisemitische Strömungen, wie sie von der eigenen, mit dem Nationalsozialismus sympathisierenden radikalen Rechten vertreten wurden, also nichts Unbekanntes. Andererseits war das Land vom Dünkel einer ehemaligen Großmacht durchdrungen und daher nicht geneigt, sich auf den Status eines zweitrangigen Satelliten des Dritten Reichs reduzieren oder in eine neue militärische Niederlage hineinziehen zu lassen. Ungarn versuchte sich in einem schwierigen Balanceakt, durch den die militärische Niederlage und die Vernichtung der ungarischen Juden zwar aufgeschoben, am Ende aber nicht verhindert werden konnten.

Am 5. März 1938 verkündete Ministerpräsident Kálmán Darányi, er werde den übermäßigen Einfluss der Juden in Ungarn einschränken. Damit ging er auf Forderungen der oppositionellen radikalen Rechten ein, um eine breitere politische Basis zu gewinnen. Mit dem »Anschluss« Österreichs Mitte März, der Ungarn eine gemeinsame Grenze mit dem Dritten Reich bescherte, wuchs der außenpolitische Wert dieser Politik. Das erste, auch von den Kirchen unterstützte Judengesetz, das mit großer Mehrheit das Parlament passierte, wurde von

Darányis Nachfolger Béla Imrédy unterschrieben und trat am 29. Mai 1938 in Kraft. Es enthielt eine religiöse Definition des Begriffs »Jude«, wobei 1919 als Stichjahr für Konversionen galt, und sah, mit Ausnahme von Kriegsveteranen, Witwen und Waisen, eine Verringerung der jüdischen Arbeitnehmer in den freien Berufen sowie in Wirtschaft und Kultur auf einen Anteil von 20 Prozent vor.[167]

Bereits im November 1937 hatte Hitler ungarischen Besuchern die Wiederherstellung der alten Grenzen in Aussicht gestellt, und als der ungarische Reichsverweser Miklós Horthy und Ministerpräsident Imrédy im August beziehungsweise September 1938 die deutsche Hauptstadt besuchten, versuchte Hitler, sie für einen Krieg gegen die Tschechoslowakei zu gewinnen. Ungarn erwiderte diese Avancen, indem es sich während der Krise um die Tschechoslowakei weitgehend neutral verhielt, und bekam nach Abschluss des Münchener Abkommens durch den Ersten Wiener Schiedsspruch vom 3. November 1938 einen Streifen der Südslowakei zugesprochen. Imrédy, der die »Judenfrage« nach der Verabschiedung des ersten Judengesetzes für erledigt erklärte hatte, schlug daraufhin weitere antijüdische Maßnahmen vor und ernannte den deutschfreundlichen István Csáky zum Außenminister.[168]

Als Csáky am 16. Januar 1939 von Hitler empfangen wurde, brachte er auch die »Judenfrage« zur Sprache. Hitler reagierte – nur zwei Wochen vor seiner berühmten Reichstagsrede, in der er die Vernichtung der europäischen Juden im Falle eines Weltkriegs prophezeite – mit Entschiedenheit: »Fest stände für ihn nur, dass die Juden bis zum Letzten aus Deutschland verschwinden müssten.« Im Übrigen bestünde für ihn »das Judenproblem nicht für Deutschland allein, Deutschland würde jeden Staat unterstützen, der diesen Kampf aufnimmt«.[169] Zwei Monate später, nach der endgültigen Zerschlagung der Tschechoslowakei, bekam Ungarn mit der Karpato-Ukraine eine zweite territoriale Belohnung. Gleichzeitig schloss sich das Land dem Antikominternpakt an und trat aus dem Völkerbund aus.[170]

Als Imrédys Nachfolger Teleki Ribbentrop über die Zustimmung des ungarischen Parlaments zu dem neuen antijüdischen

Gesetz informierte, erklärte der deutsche Außenminister unter »lebhafter Zustimmung« seiner Gäste, darunter auch Csáky, »dass er die deutsche und die ungarische Zukunft nur gemeinsam sehe«.[171] Das zweite Judengesetz, das im Mai 1939 verabschiedet wurde, definierte den Begriff »Jude« rassisch, machte aber so viele Ausnahmen, dass es in der Praxis bei der religiösen Definition blieb. Darüber hinaus schloss es Juden vom öffentlichen Dienst aus und legte für viele freie Berufe sowie für den Zugang zur höheren Bildung einen *Numerus clausus* von sechs Prozent fest.[172]

Im September 1939 klammerte sich Ungarn wie während der tschechischen Krise von 1938 an seine Unabhängigkeit und verweigerte deutschen und slowakischen Truppen den Durchmarsch nach Polen. Doch die deutschen Siege und der wachsende deutsche Einfluss auf Rumänien, ein weiteres Land, das vormals ungarische Gebiete erhalten hatte, bildeten offenbar eine zu große Versuchung. Am 30. August 1940 ordnete Hitler im zweiten Wiener Schiedsspruch die Rückgabe der nördlichen Hälfte von Siebenbürgen an Ungarn an. Teleki kündigte daraufhin umgehend ein weiteres antijüdisches Gesetz an, das »klar, radikal und einfach« sein würde, »ohne die Kompliziertheit und die Schlupflöcher seiner Vorgänger«. Der ungarische Botschafter in Berlin warnte seine Regierung vor der deutschen Ungeduld: »Meines Erachtens ist die Entwicklung der Judenfrage von derart weit reichender Bedeutung, dass sie entscheidende Auswirkungen auf die deutsch-ungarischen Beziehungen haben könnte, ja, […] ich muss sogar im vollen Bewusstsein meiner Verantwortung feststellen, dass sie in der Tat entscheidend sein wird.« Bei einem Treffen mit Hitler in Wien am 20. November 1940 unterzeichnete Teleki nicht nur die Beitrittsurkunde zum Dreimächtepakt, sondern bekräftigte auch, dass die Juden nach dem Krieg aus Europa entfernt werden sollten.[173]

Zwischen November 1938 und November 1940 erhielt Ungarn also drei Territorien zugesprochen; seine jüdische Bevölkerung war dadurch von 450 000 auf 725 000 gewachsen. Im Gegenzug hatte es zwei Judengesetze erlassen und ein drittes in Aussicht gestellt. Ungleich wichtiger war indessen, dass sich

Ungarn sowohl dem Ziel der Vertreibung der Juden als auch der Teilnahme an Hitlers künftigen Kriegen verschrieben hatte.

Im Gegensatz zu Ungarn gehörte Rumänien zu den großen territorialen Nutznießern der nach dem Ersten Weltkrieg geschlossenen Friedensverträge. Diese Tatsache bestimmte das Schicksal des Landes und seiner Juden auf zweierlei Weise. Zum einen galt Rumänien als natürlicher Verbündeter der Westmächte, da es an der Aufrechterhaltung der Friedensregelungen interessiert war; in gleichem Maße wurde es dadurch jedoch ein natürliches Angriffsziel für die »revisionistischen« Länder. Zum anderen gab es in Rumänien neben den Juden des alten Königreichs drei weitere deutlich voneinander zu unterscheidende jüdische Bevölkerungsgruppen: die ungarischen Juden in Siebenbürgen, die österreichisch-deutschen Juden der Bukowina und die Ostjuden in Bessarabien. Alle drei Gruppen wurden als Ausländer betrachtet, insbesondere aber die als fremd und unassimilierbar geltenden Juden Bessarabiens.

Zwei Faktoren machten Rumänien anfällig für deutschen Druck. Außenpolitisch geriet das Land aufgrund seiner isolierten Lage und des auf Kosten der Westmächte wachsenden Einflusses des Dritten Reichs in eine diplomatisch und militärisch hoffnungslose Position. Innenpolitisch sah sich Rumänien mit gleich zwei rechtsradikalen, antisemitischen Bewegungen gestraft, der Eisernen Garde von Corneliu Codreanu und der Christlich-Nationalen Partei von Alexander Cuza und Octavian Goga, die beide vom Dritten Reich nicht nur inspiriert, sondern auch politisch und finanziell unterstützt wurden. Der einzige diplomatische Trumpf des Landes war das für die deutsche Kriegsmaschinerie lebensnotwendige Erdöl von Ploieşti. Am Ende reichte er aus, um Rumänien das Schicksal der anderen osteuropäischen Nutznießer der Nachkriegsordnung – Tschechoslowakei, Polen und Jugoslawien – zu ersparen, allerdings um den Preis, zum Satelliten des Dritten Reichs zu werden.

Nachdem sich die beiden rechtsradikalen Bewegungen 1937 zusammengeschlossen und 25 Prozent der Wählerstimmen auf sich vereinigt hatten, wurde Goga von König Carol II. zum Ministerpräsidenten ernannt. Die Regierung Goga erließ eine Flut von antijüdischen Verordnungen, die 200 000 Juden ihrer Staatsbürgerschaft beraubten.[174] Im folgenden Jahr entließ der König die Regierung Goga jedoch; in den anschließenden Unruhen wurden Codreanu und viele andere Führer der Eisernen Garde ermordet. Das Dritte Reich zog verärgert seinen Botschafter aus Bukarest ab und gewährte dem neuen Anführer der Eisernen Garde, Horia Sima, Asyl. Nach seiner Rückkehr nach Bukarest machte der deutsche Botschafter Wilhelm Fabricius deutlich, dass sich die deutsch-rumänischen Beziehungen verbessern würden, wenn Rumänien die richtige Einstellung zur »Judenfrage« fände. Ungeachtet dessen setzte das Land auf die wirtschaftliche Karte und erzielte im März 1939 eine Vereinbarung mit der NS-Regierung, die Deutschland den ungehinderten Zugang zum rumänischen Erdöl garantierte und Rumänien endgültig in die deutsche Wirtschaftssphäre eingliederte.[175]

Der deutsch-sowjetische Nichtangriffspakt vom August 1939, dessen geheimes Zusatzprotokoll die Bukowina und Bessarabien der sowjetischen und die Ölfelder von Ploieşti der deutschen Einflusssphäre zuschlug, sowie der deutsche Sieg im Westen im Mai/Juni 1940 machten die Lage Rumäniens noch aussichtsloser. Als das Sowjetregime Ende Juni 1940 ultimativ die Abtretung der Bukowina und Bessarabiens verlangte, empfahl Berlin die rückhaltlose Erfüllung der Forderung. Bulgarien, das in den Balkankriegen von 1912 und 1913 Gebiete an Rumänien verloren hatte, und Ungarn erhoben nun ihrerseits Forderungen nach Abtretung der Dobrudscha beziehungsweise Siebenbürgens. Verzweifelt, aber zu spät unternahm Rumänien alles, um die Gunst der Deutschen zu gewinnen; so lud es eine deutsche Militärmission ins Land ein und trat aus dem Völkerbund aus. Im Juni erhielt Rumänien wie die Slowakei Besuch von Krisenmanager von Killinger, und Ende Juli wurde Ministerpräsident Ion Gigurtu nach Berlin bestellt, wo er mit Hitler und Ribbentrop zusammentraf. Bei beiden Gelegenheiten sprach man auch die »Judenfrage« an.[176] Es kam daher nicht überraschend, dass die rumänische Regierung postwendend ein umfangreiches Paket antijüdischer Maßnahmen beschloss, das unter anderem eine rassische Definition des Begriffs »Jude« nach dem Vorbild der Nürnberger Gesetze beinhaltete und »Mischehen« verbot. Außerdem wurden Juden aus Militär, öffentlichem Dienst und anderen Berufen beziehungsweise Aktivitäten bis hin zum Mannschaftssport ausgeschlossen, bei denen sie in Kontakt mit der Öffentlichkeit kommen konnten.[177]

Doch blieben alle Bemühungen der Rumänen, weitere territoriale Verluste zu verhindern, vergebens. Die Forderungen Bulgariens mussten ebenso erfüllt werden wie die Ungarns, das durch den Zweiten Wiener Schiedsspruch vom 30. August 1940 Nordsiebenbürgen zugesprochen bekam. Durch den Verlust Bessarabiens, der Bukowina und Nordsiebenbürgens schrumpfte die jüdische Bevölkerung Rumäniens von 728 000 auf 302 000.[178] Zugleich läutete der horrende Gebietsverlust das Ende der »Königsdiktatur« Carols II. ein. Das NS-Regime befürwortete seine Abdankung und die Bildung einer Koalitionsregierung aus Eiserner Garde und General (später Marschall) Ion Antonescu, der unter Carol II. verhaftet, auf deutschen Druck aber wieder freigelassen worden war. Deutsche Truppen marschierten in das Land ein, um die Ölfelder zu »schützen«, und die neue Regierung erließ eine Flut neuer antijüdischer Verordnungen, die die Enteignung jüdischen Grundbesitzes, die schrittweise »Romanisierung« der Wirtschaft – das heißt die Entlassung von Juden aus Handel und Industrie –, Beschränkungen für Ärzte und Rechtsanwälte sowie die Ersetzung des Wehrdienstes durch den Arbeitsdienst vorsahen.[179]

Als im Januar 1941 die Eiserne Garde revoltierte, um die Macht ganz an sich zu reißen, und »nebenbei« 120 Juden ermordete, stellte sich Hitler hinter Antonescu und gestattete ihm, den Putsch niederzuschlagen, was die Abhängigkeit des rumänischen Diktators von Deutschland noch weiter verstärkte.[180] Dennoch wurde Horia Sima und anderen Führern der Eisernen Garde erneut Asyl in Deutschland gewährt, wo sie für den Fall in Reserve gehalten wurden, dass Antonescus Regime den deutschen Wünschen nicht eilfertig genug nachkommen sollte.[181]

Auch Bulgarien hegte irredentistische Absichten, wobei seine territorialen Verluste nicht auf die Friedensregelungen nach dem Ersten Weltkrieg, sondern auf seine Niederlage im Zweiten Balkankrieg von 1913 zurückgingen. Die bulgarischen Juden stellten weniger als ein Prozent der Bevölkerung und fielen kaum auf; die türkische und die griechische Minderheit war zahlenmäßig weitaus größer und wurde von der Öffentlichkeit wesentlich deutlicher wahrgenommen. Bulgariens rechtsradikale Bewegung, die Ratnitsi, gab sich zwar auch antisemitisch, strebte in erster Linie aber die Wiederangliederung Mazedoniens an.

Dass Rumänien im Sommer 1940 einen Gebietsstreifen an Bulgarien abtreten musste, weckte dort Appetit auf mehr; als notwendige Voraussetzung für weitere Gebietsgewinne band sich das Land enger ans Dritte Reich. König Boris III. war sich bewusst, dass antijüdische Maßnahmen unter diesen Umständen unumgänglich waren, und er zog es vor, sie selbst zu ergreifen, anstatt abzuwarten, bis Deutschland sie ihm diktierte. Die Ratnitsi hatten bereits erheblichen Einfluss auf die Regierung gewonnen, als im Oktober 1939 Petur Grabovski zum Innenminister ernannt wurde und seinerseits Aleksandr Belev auf den Posten des Judenreferenten berief. Grünes Licht für ihre Politik erhielten sie jedoch erst im Sommer 1940, woraufhin Belev nach Deutschland reiste, um sich über die antijüdische Gesetzgebung zu informieren. Das daraus hervorgegangene »Gesetz zur Verteidigung des Landes« verfügte die Registrierung der jüdischen Bevölkerung und schränkte ihre politische wie wirtschaftliche Tätigkeit ein, nahm aber Kriegsveteranen, Ehepartner in »Mischehen« und Konvertiten aus. Im November 1940 ins Parlament eingebracht und im Dezember verabschiedet, stieß das Gesetz auf erhebliche Kritik von Seiten angesehener bulgarischer Politiker. Dennoch wurde es am 15. Januar 1941 von Boris III. unterzeichnet.

Wie der Historiker Frederick Chary anmerkte, gab es »in Bulgarien eigentlich kein jüdisches Problem im nationalsozialistischen Sinn, aber das Bündnis mit Deutschland schuf die Notwendigkeit für ein solches Problem«.[182] Von allen südosteuropäischen Ländern, die die legislativen antisemitischen

Konsequenzen eines Bündnisses mit dem Dritten Reich auf sich nahmen, verspürten die Bulgaren den geringsten eigenen Antrieb dazu und bewiesen folglich den größten Zynismus.

Als Deutschland Ende 1940 mit den konkreten Vorbereitungen für den Angriff auf die Sowjetunion und die Sicherung seiner Balkanflanke begann, hatte es in Südosteuropa bereits eine diplomatische und wirtschaftliche Vormachtstellung erlangt. Dank seiner machtpolitischen Möglichkeiten, territoriale Umverteilungen durchzusetzen, sowie durch die geschickte Ausnutzung innenpolitischer Rivalitäten hatte das NS-Regime zugleich ein Bündnis für seinen Krieg gegen das Judentum geschaffen.

Kapitel 6

Vorbereitung auf den »Vernichtungskrieg«

Kein Gebiet der Holocaustforschung ist in den vergangenen Jahrzehnten intensiver untersucht und diskutiert worden als Art und Verlauf des Entscheidungsprozesses, der zur Herausbildung der »Endlösung« führte.[1] Obwohl viele Punkte weiterhin umstritten sind, herrscht unter Historikern in einer ganzen Reihe von Fragen inzwischen weitgehend Einigkeit. Zum Ersten stimmen die meisten von ihnen darin überein, dass die Ursprünge der »Endlösung« durch eine »Urknall«-Theorie, die sie auf eine einzige, zu einem bestimmten Zeitpunkt getroffene Entscheidung zurückführt, nicht zu erklären sind. Vielmehr geht man allgemein davon aus, dass es einen langwierigen, schrittweisen Entscheidungsprozess gab. Im Grunde dreht sich die Debatte nur noch um Nuancen von Gewichtung und Betonung, also darum, welche Kette von Entscheidungen und Ereignissen als wichtiger und zentraler anzusehen ist.

Zweitens hat sich die Betonung von der Diskontinuität auf die Kontinuität verlagert.[2] Die zwischen September 1939 und März 1941 verfolgte Politik der Judenvertreibung hatte eine massive Dezimierung der jüdischen Bevölkerung zur Folge. Wäre sie vollständig umgesetzt worden, hätte man das Ergebnis als Erfüllung der »Prophezeiung« vom 30. Januar 1939 betrachtet, in der Hitler für den Fall eines neuen Weltkrieges die Vernichtung des europäischen Judentums angekündigt hatte. Im Frühjahr und Sommer 1941 sahen die Pläne für diesen »Vernichtungskrieg« bereits den Tod von Millionen von Menschen in der Sowjetunion vor. In einer solchen Situation befanden sich selbstverständlich auch die sowjetischen Juden in ernster Gefahr. Tatsächlich *implizierten* die nationalsozialistischen Pläne für den »Vernichtungskrieg« angesichts der vorangegangenen Geschehnisse in Polen den *Genozid* an den sowjetischen Juden. Bei Massenerschießungen waren stets unverhältnismäßig viele Juden unter den Opfern gewesen. Bei Massenvertreibungen hatte man stets darauf geachtet, dass auch der letzte Jude verschwand; und wurden Lebensmittel knapp, waren stets die Juden die Ersten, die hungerten. Die in der Sowjetunion geplanten Massenerschießungen, Massenvertreibungen und Hungersnöte stellten alles, was in Polen geschehen war, in den Schatten. Im Rahmen eines »Vernichtungskrieges« sollten die sowjetischen Juden zusammen mit Millionen anderen Slawen durch Erschießung, Hunger und Vertreibung in unbewohnbare Gebiete letztlich ausgerottet werden. In den Monaten nach dem Angriff auf die Sowjetunion im Juni 1941 entwickelte sich diese vage Vision eines in die Zukunft verlegten *implizierten Genozids*, für den weder der Zeitplan noch die anzuwendenden Mittel feststanden, schrittweise zu dem, was die Nationalsozialisten die »Endlösung der Judenfrage« nannten – einem Programm des systematischen und totalen Massenmords an allen im deutschen Herrschaftsgebiet lebenden Juden, ob Mann, Frau oder Kind. Wenngleich die Stufenfolge von Bevölkerungsdezimierung, Genozid und Endlösung evident scheint, lassen sich aus den einschlägigen NS-Dokumenten und der nationalsozialistischen Praxis die Trennlinien zwischen den aufeinander folgenden Phasen nur unscharf ziehen.

Drittens sind sich die meisten Historiker darüber einig, dass der amorphe und unstrukturierte Charakter des nationalsozialistischen Entscheidungsprozesses durch ein einfaches, lineares und hierarchisches Modell nach dem Muster Entscheidung–Befehl–Durchführung nicht erfasst wird. Stattdessen bildete sich die Politik im Zuge einer unsystematischen dialektischen Interaktion wechselseitiger Radikalisierung zwischen zentralen und lokalen Behörden heraus, wobei von oben in unterschiedlicher Form Ermunterung, Legitimierung und Unterstützung sowie Entscheidungen und Anweisungen kamen, während von unten Einfallsreichtum, Initiativen und Experimentierfreude sowie Gehorsam einflossen. Die relative

Gewichtung von Zentrale und Peripherie, die genaue Rolle Hitlers sowie die zeitliche und kontextuelle Festlegung der Wendepunkte in diesem komplexen Prozess sind weiterhin umstritten.

Viertens besteht Einvernehmen darüber, dass sich der Entscheidungsprozess ebenso wenig durch die einseitige Konzentration auf Hitler und die Zentralbehörden nachvollziehen lässt, wie man die sich herausbildende NS-Politik allein aus der Geschichte der SS erklären kann. Wie entscheidend die Rollen von Himmler, Heydrich und der Höheren SS- und Polizeiführer sowie der Einsatzgruppen und anderer unter ihrem Befehl stehenden Polizeieinheiten auch waren, ohne die Einbeziehung von Wehrmacht, Zivilverwaltung, Ministerialbürokratie und Wirtschaftsplanern, örtlichen Kollaborateuren und Hilfspolizisten bliebe das Bild unvollständig. Der Historiker steht vor der kaum lösbaren Aufgabe, angesichts nahezu unbegrenzter lokaler Variationen gültige Verallgemeinerungen über die jeweilige Rolle der verschiedenen Institutionen und Organisationen zu formulieren.

Fünftens schließlich neigen die meisten, wenn auch gewiss nicht alle Historiker, die sich mit diesem Gebiet befassen, der zuerst vor über zwanzig Jahren von Christian Streit und Alfred Streim vertretenen Auffassung zu, dass es vor dem Angriff auf die Sowjetunion keine Entscheidung oder Weisung für die Ermordung aller sowjetischen Juden gab.[3] Vielmehr setzten die Vorbereitungen auf das »Unternehmen Barbarossa« eine verhängnisvolle Kette von Ereignissen in Gang, und der mörderische »Vernichtungskrieg« führte dann rasch zum systematischen Massenmord, zuerst an den sowjetischen und bald darauf auch an den anderen europäischen Juden.

6.1 Militärische Vorbereitungen[4]

Am 31. Juli 1940 bemerkte Hitler in einer Besprechung mit den Spitzen der Wehrmacht, dass man durch eine Zerschlagung der Sowjetunion England die letzte Hoffnung rauben würde. OKH-Chef Halder notierte hinterher: »Der Herr Europas und des Balkans ist dann Deutschland. Entschluss: Im Zuge dieser Auseinandersetzung muss Russland erledigt werden. Frühjahr 1941.«[5] Nachdem im September der Angriff auf England verschoben worden war und Hitler kurzzeitig eine Mittelmeerstrategie gegen das britische Empire erwogen hatte, sprach er am 5. Dezember erneut mit der Generalität über die Invasion der Sowjetunion. Zwei Wochen später gab er den förmlichen Befehl, bis Mitte Mai 1941 sämtliche Vorbereitungen für das »Unternehmen Barbarossa« abzuschließen.[6] Am 9. Januar 1941 rechtfertigte er die Entscheidung für einen Angriff mit pragmatischen Überlegungen: Solange seine Führung und Bewaffnung schwach seien, könne man das sowjetische Heer noch stellen; im Übrigen werde die »Zerschlagung« der Sowjetunion England zum Einlenken zwingen, Japan in die Lage versetzen, die USA im Pazifik anzugreifen, und Deutschlands wirtschaftliche Schwierigkeiten lindern, da ihm dann die immensen Reichtümer Russlands zur Verfügung stünden und das deutsche Heer zugunsten von Luftwaffe und Marine verkleinert werden könne. Deutschland besäße in der Folge die Fähigkeit, gegen Kontinente Krieg zu führen, ohne eine Niederlage fürchten zu müssen.[7]

Hitler erläuterte der Wehrmachtführung den Sinn des Angriffs auf die Sowjetunion also in der Sprache des traditionellen hegemonialen Großmachtstrebens – eine Gedankenwelt, die den in der Wilhelminischen Ära geprägten Offizieren nicht unbekannt war. Binnen weniger Monate jedoch bestimmte die Unheil verheißende Dimension eines ideologischen und rassischen »Vernichtungskrieges« die Diskussion über das »Unternehmen Barbarossa«. Als General Georg Thomas, der Chef des Wehrwirtschafts- und Rüstungsamtes des OKW, Ende Februar 1941 Pläne für die wirtschaftliche Nutzung der eroberten Gebiete vorlegte, übermittelte ihm Göring am 26. Februar Hitlers Antwort. Mit den ökonomischen Aspekten sei der Führer völlig einverstanden – Thomas wurde sogar zu Görings Beauftragtem für eine einheitliche Wirtschaftspolitik in den eroberten sowjetischen Gebieten ernannt –, doch um das besetzte Russland zum Zwecke einer maximalen Ausbeutung zu befrieden und zu sichern, müsse man den Kommunismus vernichten, und dafür wiederum sei es notwendig, »zunächst schnell die bolschewistischen Führer zu erledigen«.[8]

Als Alfred Jodl, der Stabschef des OKW, Hitler am 3. März den ersten Entwurf der Einsatzrichtlinien der Wehrmacht für die Invasion der Sowjetunion unterbreitete, setzte ihm der »Führer« nachdrücklich die Prinzipien auseinander, nach denen sie zu überarbeiten waren: »Dieser kommende Feldzug ist mehr als nur ein Kampf der Waffen; er führt auch zur Auseinandersetzung zweier Weltanschauungen. [...] Die jüdisch-bolschewistische Intelligenz, als bisheriger ›Unterdrücker‹ des Volkes, muss beseitigt werden. [...] Außerdem müssen wir unter allen Umständen vermeiden, anstelle des bolschewistischen nunmehr ein nationales Russland treten zu lassen, das, wie die Geschichte beweist, letzten Endes wieder deutsch-feindlich [sic] sein wird. Unsere Aufgabe ist es, sobald wie möglich mit einem Minimum an militärischen Kräften sozialistische Staatsgebilde aufzubauen, die von uns abhängen. Diese Aufgaben sind so schwierig, dass man sie nicht dem Heere zumuten kann.«

Dem entsprachen Jodls Vorgaben für den neuen Entwurf. Das Operationsgebiet sei in der Tiefe zu beschränken. Hinter dieser Zone sei keine Militärverwaltung aufzubauen. Stattdessen würden dort Reichskommissare und der größte Teil der Polizeikräfte eingesetzt werden. Die Frage, ob SS-Einheiten neben der Geheimen Feldpolizei in der Kampfzone operieren sollten, müsse man mit dem Reichsführer-SS klären. »Die Notwendigkeit, alle Bolschewistenhäuptlinge und Kommissare sofort unschädlich zu machen, spreche dafür«, fügte Jodl hinzu. Militärgerichte müssten jedoch »für alle diese Fragen ausgeschaltet werden, sie hätten sich nur mit den Gerichtssachen innerhalb der Truppe zu befassen«.[9] Zwei Tage später informierte Generalquartiermeister Wagner OKH-Chef Halder über den neuen, den Anweisungen von Hitler und Jodl entsprechenden Entwurf. Zustimmend notierte dieser, das Heer dürfe »nicht mit der Verwaltung belastet werden. Sonderauftrag des Reichsführers-SS.«[10]

Am 13. März wurde das Papier fertig gestellt und von Keitel unterzeichnet. Die Frage des Einsatzes von SS-Einheiten in der schmalen Kampfzone war zugunsten Himmlers entschieden worden. »Im Operationsgebiet des Heeres«, hieß es in der neuen Fassung, »erhält der Reichsführer-SS zur Vorbereitung der politischen Verwaltung Sonderaufgaben im Auftrage des Führers, die sich aus dem endgültig auszutragenden Kampf zweier entgegengesetzter politischer Systeme ergeben. Im Rahmen dieser Aufgaben handelt der Reichsführer-SS selbständig und in eigener Verantwortung.« Die Einzelheiten der Zusammenarbeit zwischen SS und Heer sollten in weiteren Verhandlungen abgesprochen werden, aber schon jetzt wurde festgelegt, dass das Heer den in der Kampfzone operierenden SS-Einheiten logistische Unterstützung leisten sollte.[11]

Die Unterredungen mit der SS begannen bereits am selben Tag, und wie vor dem Angriff auf Polen wurden sie auch diesmal von Generalquartiermeister Wagner und Heydrich geführt.[12] Noch vor Abschluss der Gespräche beseitigte Hitler gegenüber Wagner und Halder jeden eventuell noch vorhandenen Zweifel an den Aufgaben der SS-Einheiten: »Die von Stalin eingesetzte Intelligenz muss vernichtet werden. Die Führungsmaschinerie des russischen Reiches muss zerschlagen werden. Im großrussischen Bereich ist Anwendung brutalster Gewalt notwendig. Weltanschauliche Bande halten das russische Volk noch nicht fest genug zusammen. Es wird mit dem Beseitigen der Funktionäre zerreißen.«[13]

Trotz der Erfahrungen, die das Heer mit SS-Einheiten in Polen gemacht hatte – wo sie, mit Blaskowitz' Worten, »fast ausschließlich als Exekutionskommandos« tätig geworden waren –, gelangten Wagner und Heydrich am 26. März zu einer Einigung. Der Befehlsentwurf bekräftigte, dass die »Sonderkommandos der Sicherheitspolizei« – die künftig »Einsatzgruppen«, ihre Teileinheiten »Einsatz-« oder »Sonderkommandos« genannt wurden – auf eigene Verantwortung handelten. Vom Heer sollten sie logistische Unterstützung erhalten, ihre Einsatzbefehle für »Exekutivmaßnahmen« gegenüber der Zivilbevölkerung aber würden von Heydrich kommen. Der ständige Kontakt zwischen einem Verbindungsoffizier der Einsatzgruppen und dem Abwehroffizier (Ic) im jeweiligen Armeestab sollte eine enge Zusammenarbeit mit der Wehrmacht gewährleisten. Die Armee war über alle von Heydrich an die Einsatzgruppen ergehenden Befehle zu informieren. Einen Monat später unterzeichnete von Brauchitsch die Vereinbarung.[14]

Einem Bericht zufolge hatte Wagner eine der Verhandlungsrunden »mit verhaltenen Schritten und geröteten Wangen« verlassen.[15] Mit dieser Vereinbarung eröffnete die Wehrmacht der SS wissentlich die Möglichkeit zur Durchführung von Massenmorden auf sowjetischem Territorium. Angesichts von Hitlers Äußerungen gegenüber Halder und Jodl sowie der Tatsache, dass Göring sie auch General Thomas übermittelte, konnte die Wehrmachtführung absolut keinen Zweifel mehr an der geplanten systematischen Ermordung von Kommunisten haben. Darüber hinaus wusste sie sehr genau, dass Hitler Juden und Bolschewisten gleichsetzte. Tatsächlich hatte er am 3. März ausdrücklich von der Beseitigung der »jüdisch-bolschewistischen Intelligenz« gesprochen. In der Wehrmacht gab es viele, die diese Überzeugung teilten. So fügte beispielsweise die Wehrmachtpropaganda der Erwähnung von »Kommissaren und Parteifunktionären« die Erklärung hinzu: »meist dreckige Juden«.[16] Kurz, da die »jüdisch-bolschewistische Intelligenz« und kommunistische Funktionäre summarisch erschossen werden sollten, ist kaum anzunehmen, dass sich die Wehrmachtführung nicht schon mehrere Monate vor dem Angriff auf die Sowjetunion im Klaren darüber war, dass es zu Massenerschießungen von Kommunisten und Juden kommen würde.

Die Haltung und die Erwartungen der Wehrmacht hinsichtlich der Invasion der Sowjetunion fanden nicht nur in der mit der SS ausgehandelten Vereinbarung über die Einsatzgruppen ihren Ausdruck. Auch andere im Frühjahr 1941 getroffene Vorbereitungen deuteten darauf hin, dass die Wehrmacht diesmal eine aktive Rolle spielen und nicht wie in Polen bloß am Rande stehen und zuschauen würde, während die SS ihr Mordwerk verübte. In den Richtlinien vom 13. März gab Keitel nicht nur der SS freie Hand für Aktionen in der Kampfzone, sondern führte auch zwei andere für das Militär bedeutsame Punkte an. Zum einen sollten das »Verhalten der Truppe gegenüber der Bevölkerung und die Aufgaben der Wehrmachtgerichte [...] gesondert geregelt und befohlen« werden, zum anderen sollte Görings Beauftragter General Thomas spezielle einheitliche Richtlinien für die Wirtschaftsverwaltung der besetzten Gebiete ausarbeiten.[17] Und schließlich gab es noch eine bezeichnende Planungslücke: Obwohl Hitler und seine Generäle eine Strategie riesiger militärischer Zangenbewegungen ausgearbeitet hatten, bei denen Kriegsgefangene in großer Zahl zu erwarten waren, enthielten Keitels Richtlinien keinerlei Anweisungen für deren Behandlung. In diesem Versäumnis trat die Bereitschaft der Wehrmacht, sich an Hitlers »Vernichtungskrieg« in Russland zu beteiligen, am deutlichsten zutage.

Am 30. März 1941 hielt Hitler vor über 200 Offizieren eine zweieinhalbstündige Rede und wiederholte vor diesem großen Kreis die Signale, die er Jodl, Wagner und Halder bezüglich der Charakteristik des Russlandfeldzuges gegeben hatte. Über Hitlers unheilvolle Worte machte sich Halder ausführliche Notizen:

> »*Kampf zweier Weltanschauungen gegeneinander.* Vernichtendes Urteil über Bolschewismus, ist gleich asoziales Verbrechertum. Kommunismus ungeheure Gefahr für die Zukunft. Wir müssen von dem Standpunkt des soldatischen Kameradentums abrücken. Der Kommunist ist vorher kein Kamerad und nachher kein Kamerad. Es handelt sich um einen Vernichtungskampf. Wenn wir es nicht so auffassen, dann werden wir zwar den Feind schlagen, aber in 30 Jahren wird uns wieder der kommunistische Feind gegenüberstehen. Wir führen nicht Krieg, um den Feind zu konservieren. […]
> *Kampf gegen Russland:* Vernichtung der bolschewistischen Kommissare und der kommunistischen Intelligenz. Die neuen Staaten müssen sozialistische Staaten sein, aber ohne eigene Intelligenz. Es muss verhindert werden, dass eine neue Intelligenz sich bildet. Hier genügt eine primitive sozialistische Intelligenz.
> Der Kampf muss geführt werden gegen das Gift der Zersetzung. Das ist keine Frage der Kriegsgerichte. Die Führer der Truppe müssen wissen, worum es geht. Sie müssen in dem Kampf führen. Die Truppe muss sich mit den Mitteln verteidigen, mit denen sie angegriffen wird. Kommissare und

> GPU-Leute sind Verbrecher und müssen als solche behandelt werden.
> Deshalb braucht die Truppe nicht aus der Hand der Führer zu kommen. Der Führer muss seine Anordnungen im Einklang mit der Truppe treffen. [Randnotiz Halders: Der Kampf wird sich sehr unterscheiden vom Kampf im Westen. Im Osten ist Härte mild für die Zukunft.]
> Die Führer müssen von sich das Opfer verlangen, ihre Bedenken zu überwinden. [Randnotiz Halders: ObdH Befehl]
> *Mittags:* Gemeinsames Frühstück.«[18]

Die Art und Weise, wie die Generäle in den folgenden Monaten mit der von Hitler verlangten Ermordung der sowjetischen »Kommissare« und der Begrenzung der Zuständigkeit der Militärgerichtsbarkeit umgingen, verdeutlicht, dass sie nur allzu bereit waren, »ihre Bedenken zu überwinden«. Am 6. Mai 1941 legte Generalleutnant Eugen Müller, dem in seiner Funktion als General zur besonderen Verwendung beim Oberbefehlshaber des Heeres die Gruppe III (Rechtswesen) unterstand, dem OKW zwei Befehlsentwürfe vor: einen, der sich mit der Zuständigkeit von Militärgerichten in besetzten sowjetischen Gebieten befasste – den »Gerichtsbarkeitserlass Barbarossa« oder einfach »Barbarossa-Erlass« –, sowie einen zweiten mit »Richtlinien zur einheitlichen Durchführung« eines am 31. März erteilten Auftrages, der als »Kommissarbefehl« bekannt werden sollte.[19]

Die Arbeit an dem Erlass über die Begrenzung der Zuständigkeit der Militärgerichte hatte bereits Anfang März begonnen.[20] Aufgrund einer Verzögerung durch die Vorbereitungen für den unerwarteten Jugoslawienfeldzug wurde Jodl und dessen Stellvertreter, Generalmajor Walter Warlimont, ein fertiger Entwurf von Rudolf Lehmann, dem Leiter der Rechtsabteilung des OKW, erst am 28. April vorgelegt. »Freischärler« und andere Zivilisten, hieß es darin, sollten nicht von Militärgerichten abgeurteilt, sondern von der Truppe mit »allen Mitteln […] bis zur Vernichtung des Angreifers« bekämpft werden. Wehrmachtsangehörige sollten nur dann wegen krimineller Handlungen belangt werden, wenn es zur Aufrechterhaltung der Disziplin nötig sei. Bei der Beurteilung solcher Taten sei »zu berücksichtigen, dass der Zusammenbruch im Jahre 1918, die spätere Leidenszeit des deutschen Volkes und der Kampf gegen den Nationalsozialismus mit den zahllosen Blutopfern der Bewegung entscheidend auf bolschewistischen Einfluss zurückzuführen war und dass kein Deutscher dies vergessen hat«.[21]

Im OKH diskutierten Halder und Müller über Lehmanns Entwurf, über den der Generalstabschef notierte: »Befehl an die Truppe im Sinne der letzten Führer-Ansprache an die Generäle [30. März 1941]. Truppe muss den weltanschaulichen Kampf mit durchfechten bei Ostfeldzug.«[22] Am 6. Mai sandte Müller einen mit zahlreichen Zusätzen versehenen Entwurf an das OKW zurück, darunter eine rechtfertigende Präambel über Maßnahmen, die notwendig seien, um eroberte Gebiete zu befrieden:

> »Hierbei ist festzustellen, dass außer den sonst bekämpften Widersachern der Truppe diesmal als besonders gefährliches und jede Ordnung zersetzendes Element aus der Zivilbevölkerung der Träger der jüdisch-bolschewistischen Weltanschauung entgegentritt. Es ist kein Zweifel, dass er seine Waffe der Zersetzung heimtückisch und aus dem Hinterhalt, wo er nur kann, gegen die im Kampf stehende und das Land befriedende deutsche Wehrmacht gebraucht.
> Die Truppe hat daher das Recht und die Pflicht, sich auch gegen diese zersetzenden Kräfte umfassend und wirksam zu sichern.«

Im Haupttext sah der Müller-Entwurf für den Fall, dass Einzeltäter nicht schnell gefunden werden konnten, kollektive Repressalien gegen Dörfer vor, aus denen heraus Angriffe erfolgt waren. Darüber hinaus wurde die Verfolgung von Straftaten ausgeschlossen, die Soldaten »aus Erbitterung über Gräueltaten oder die Zersetzungsarbeit der Träger des jüdisch-bolschewistischen Systems« an Zivilisten begingen.[23]

Lehmann überarbeitete seinen Entwurf und fügte die explizite Bestimmung hinzu, dass Militärgerichte keinerlei Jurisdiktion über Zivilpersonen hätten, denn sonst bestehe »die Gefahr, dass die Truppe die Sachen, die ihr unbequem sind, an die Gerichte abschiebt und dass so [...] das Gegenteil von dem eintritt, was erreicht werden soll«. Um die Sache »etwas schmackhafter« zu machen, formulierte Lehmann die Präambel jedoch um und strich die Hinweise auf die »Träger der jüdisch-bolschewistischen Weltanschauung« und des »jüdisch-bolschewistischen Systems«; stattdessen betonte er das Rechtfertigungsargument der militärischen Sicherheit.[24] Dieser Entwurf wurde am 13. Mai von Keitel unterzeichnet.[25]

Der andere Befehlsentwurf, den Müller dem OKW am 6. Mai vorlegte, betraf mit Rücksicht auf Hitlers wiederholt geäußerte Forderung nach Ausschaltung der »jüdisch-bolschewistischen Intelligenz« und der kommunistischen Parteifunktionäre die Rolle des Heeres bei der Behandlung der »Kommissare«. Diese stellten in der Kampfzone »eine erhöhte Gefahr für die Sicherheit der Truppe und die Befriedung des eroberten Landes« dar und seien »daher zu beseitigen«. Gefangen genommene Kommissare seien zu einem Offizier zu bringen, der nach ausreichender Feststellung ihrer politischen Funktion auf der Stelle ihre Erschießung anzuordnen und ausführen zu lassen habe. Der Roten Armee zugeteilte Kommissare würden »nicht als Soldaten anerkannt«, weshalb die »für Kriegsgefangene geltenden Bestimmungen [...] auf sie keine Anwendung« fänden. Dies gälte auch für von der Truppe aufgegriffene Kommissare in Verwaltung und Partei. Wirtschaftsfunktionäre seien hingegen nur festzunehmen, wenn sie sich der Wehrmacht widersetzten. Im rückwärtigen Gebiet angetroffene Kommissare, die nicht der sowjetischen Armee angehörten, seien den Einsatzgruppen zu übergeben.[26]

Warlimont empfahl Jodl, stärker zwischen militärischen und zivilen Kommissaren zu unterschieden. Mit den Armeekommissaren solle man wie im OKH-Entwurf vorgesehen verfahren, das heißt, sie sollten nicht als Kriegsgefangene anerkannt und spätestens in den Sammellagern beseitigt werden. Zivilkommissare, die den deutschen Truppen Widerstand leisteten, seien gemäß dem Barbarossa-Erlass zu behandeln, während bei jenen, die sich keiner feindlichen Handlungen schuldig gemacht hatten, später zu klären sei, ob sie den Einsatzgruppen übergeben werden sollten. Jodl schlug im Gegenzug vor, die gesamte »Aktion« als Vergeltungsmaßnahme zu begründen.[27]

Die endgültige Fassung des Kommissarbefehls unterzeichnete Keitel am 6. Juni. Zur Rechtfertigung der Maßnahmen war die folgende Präambel hinzugefügt worden:

> »Im Kampf gegen den Bolschewismus ist mit einem Verhalten des Feindes nach den Grundsätzen der Menschlichkeit oder des Völkerrechts nicht zu rechnen. Insbesondere ist von den politischen Kommissaren aller Art als den eigentlichen Trägern des Widerstandes eine hasserfüllte, grausame und unmenschliche Behandlung unserer Gefangenen zu erwarten. Die Truppe muss sich bewusst sein:
> 1. In diesem Kampf ist Schonung und völkerrechtliche Rücksichtnahme diesen Elementen gegenüber falsch. Sie sind eine Gefahr für die eigene Sicherheit und die schnelle Befriedung der eroberten Gebiete.
> 2. Die Urheber barbarisch asiatischer Kampfmethoden sind die politischen Kommissare. Gegen diese muss daher sofort und ohne weiteres mit aller Schärfe vorgegangen werden. Sie sind daher, wenn im Kampf oder Widerstand ergriffen, grundsätzlich sofort mit der Waffe zu erledigen.«[28]

Im Kampfgebiet angetroffene Kommissare, die man verdächtigte, Widerstand geleistet zu haben, sollten gemäß dem »Barbarossa-Erlass« behandelt werden; im rückwärtigen Gebiet waren sie den Einsatzgruppen zu übergeben. Armeekommissare waren nicht als Kriegsgefangene zu behandeln, sondern auszusondern und zu erschießen.

Das Offizierskorps reagierte auf diese Befehle auf dreierlei Weise. Erstens sind einige Proteste dokumentiert. Generalfeldmarschall Fedor von Bock wandte ein, dass jeder deutsche Soldat jetzt nach eigenem Gutdünken russische Zivilisten erschießen könne, und forderte von Brauchitsch auf, Verbrechen gegen Zivilisten kriegsgerichtlich ahnden zu lassen.[29] Oberstleutnant Henning von Tresckow erklärte, wenn das Völkerrecht schon gebrochen werden solle, dann solle man doch den Russen den Vortritt lassen.[30] Ulrich von Hassell schließlich warf von Brauchitsch und Keitel Rückgratlosigkeit vor, weil sie Hitler gestatteten, das »Odium der Mordbrennerei« von der SS auf das Heer zu übertragen.[31]

Eine andere Art der Reaktion wählte von Brauchitsch. Er parierte die Kritik durch Herausgabe einer ganzen Reihe von ergänzenden Befehlen, auf die sich Offiziere berufen konnten, wenn sie die Auswirkungen des Kommissarbefehls und des Barbarossa-Erlasses abmildern wollten. Seine Reaktion lässt darauf schließen, dass sich von Brauchitsch mit einer kritischen Stimmung konfrontiert sah, die weiter verbreitet war, als aus den überlieferten Dokumenten hervorgeht. Am 24. Mai gab er den so genannten Disziplin-Erlass heraus, der Spielraum für eine mildere Vorgehensweise eröffnete. Darin wurde festgestellt, dass der Barbarossa-Erlass nur für schwere Fälle gelte und je nach den Umständen auch geringere Strafen als vorgesehen verhängt werden könnten (wie Haft bei verminderten Rationen, Ankettung oder Zwangsarbeit). Darüber hinaus wurden die Offiziere ermahnt, die Disziplin aufrechtzuerhalten und willkürliche Übergriffe zu verhindern. Es stehe Soldaten nicht frei, sich gegenüber der Zivilbevölkerung zu verhalten, wie es ihnen gefalle; sie hätten sich vielmehr an die Befehle ihrer Offiziere zu halten.[32]

Am 8. Juni gab von Brauchitsch im Zusammenhang mit dem Kommissarbefehl eine weitere entschärfende Weisung heraus, der zufolge zivile Kommissare nur dann erschossen werden durften, wenn ihre deutschfeindliche Einstellung durch eine »besondere erkennbare Handlung oder Haltung« deutlich geworden war. Die Erschießung von militärischen Kommissaren wiederum sollte nur auf Befehl eines Offiziers und außerhalb der Kampfzone stattfinden.[33]

Von Brauchitschs Erlassen wurde indessen durch eine dritte Reaktion viel von ihrer mildernden Wirkung genommen. Zur Erläuterung der ungewöhnlichen Befehle über die Gerichtsbarkeit und die Behandlung der sowjetischen Kommissare hielt man eine ganze Reihe von Offiziersversammlungen ab; die überlieferten Dokumente über die dabei geführten Diskussionen enthalten nichts, was die These stützen würde, es hätte eine verbreitete »Verschwörung des Schweigens« und einen stillschweigenden Konsens der Offiziere gegeben, diese Befehle zu sabotieren. In mehreren Versammlungen wurde die Zuständigkeit der SS für die Durchführung der »politischen« Aufgaben und die Nichtbeteiligung des Heeres hervorgehoben, in anderen dagegen explizit um Verständnis für die »politischen« Aufgaben und Unterstützung bei ihrer Erfüllung geworben. SS-Standartenführer Hans Nockemann erklärte am 6. Juni vor Abwehroffizieren, die endgültige Beseitigung des Bolschewismus sei notwendig, um die Sicherheit der besetzten Gebiete zu gewährleisten; man müsse deshalb nach den geltenden Befehlen »mit äußerster Härte und Schärfe« vorgehen. General Müllers Rechtsberater, Oberst-Kriegsgerichtsrat Erich Lattmann, stellte in Versammlungen am 16. und 24. Mai klar, dass es gegen Zivilisten keine Kriegsgerichtsbarkeit und keine Gerichtsurteile geben werde, sondern nur den Kampf mit der Waffe. Jeder Freischärler sei zu erschießen; gegen Ortschaften, aus denen geschossen werde, seien kollektive Maßnahmen zu ergreifen: »Nicht anstecken, 30 Mann erschießen.« In einer anderen Diskussion wurde empfohlen, gefangene Kommissare vor der Übergabe an den SD durch Abwehroffiziere verhören zu lassen, denn viele der nichtjüdischen Kommissare seien »zweifellos nur Mitläufer und nicht von der kommunistischen Idee überzeugt«. Am 10. und 11. Juni instruierte Müller persönlich Heeresoffiziere in Allenstein beziehungsweise Warschau. Das »Rechtsempfinden« müsse hinter den Kriegsnotwendigkeiten zurückstehen, erklärte er. Das bedeute die »Rückkehr zu altem Kriegsrecht«. Einer von beiden Feinden müsse »auf der Strecke bleiben«. Den »Träger der feindlichen Einstellung nicht konservieren, sondern erledigen«, forderte er. »Unter den Begriff ›Freischärler‹ fällt auch der, der als Zivilist die deutsche Wehrmacht behindert oder zur Behinderung auffordert [...].« In Zweifelsfällen werde »häufig der Verdacht genügen müssen«. Und am 18. Juni ließ Oberkriegsgerichtsrat Weber vor Offizieren der 11. Armee verlauten: »Jeder Soldat muss wissen, dass [...] politische Kommissare auszusondern und abseits zu erledigen sind. Jeder Batl.-Kommandeur muss wissen, dass er kollektive Gewaltmaßnahmen anordnen kann.«[34]

Schließlich waren zusammen mit dem Kommissarbefehl Richtlinien für das Verhalten der Truppe ausgearbeitet und gleichfalls am 6. Juni mit der Anweisung auf Divisionsebene verteilt worden, dass sie vor Beginn der Invasion der Truppe bekannt zu machen seien. Die ersten Sätze lauteten: »Der Bolschewismus ist der Todfeind des nationalsozialistischen deutschen Volkes. Dieser zersetzenden Weltanschauung und ihren Trägern gilt Deutschlands Kampf. Dieser Kampf verlangt rücksichtsloses und energisches Durchgreifen gegen bolschewistische Hetzer, Freischärler, Saboteure, Juden und restlose Beseitigung jeden aktiven oder passiven Widerstandes.«[35]

Unter den verschiedenen in diesem Zusammenhang ausgegebenen Befehlen war dies der einzige, in dem die Juden explizit erwähnt wurden. Bezeichnenderweise wurden sie mit jenen Kategorien von Feinden – Freischärlern, Saboteuren, Agitatoren und Widerstandskämpfern – in einem Atemzug genannt, die nicht nur von den Einsatzgruppen, sondern auch von der Wehrmacht auf der Stelle zu erschießen waren.

Im Zeitraum zwischen dem Angriff auf Polen und dem Beginn des »Unternehmens Barbarossa« hatten sich die deutschen Militärs also von passiven, wenn auch gelegentlich Beschwerde führenden Zuschauern zu Komplizen und aktiven Teilnehmern an Hitlers Neuordnung Europas entwickelt.[36] Damit reagierten sie zunächst auf eine politische Situation: Nachdem sie Hitler wiederholt vor den Konsequenzen seines risikoreichen Handelns gewarnt hatten und jedes Mal durch die Ereignisse eines Besseren belehrt worden waren, sprangen sie im Gefolge des triumphalen Sieges über Frankreich gewissermaßen auf den fahrenden Führerzug auf. Angesichts der Intuition, des schicksalhaften Gespürs und des unglaublichen Glücks des »Führers« hatten die Militärs das Vertrauen in das eigene Urteilsvermögen verloren. Darüber hinaus versuchten sie ihre Institution vor dem zunehmenden Einfluss der SS zu schützen. Und so waren sie in der Erwartung eines kurzen Krieges schließlich nur allzu bereit, als Preis für die Wahrung ihrer Stellung und ihres Einflusses in der neuen Ordnung einen Teil des »Teufelswerks« zu erledigen.

Daneben spielten indes auch andere Faktoren eine Rolle. Zwei prägende Erlebnisse aus den Jahren des Ersten Weltkriegs bestimmten das Handeln hoher Wehrmachtoffiziere. Bei dem ersten handelt es sich um die Blockade, die Deutschland langsam seiner Fähigkeit zur Kriegführung beraubt und es einer verachteten Nation von Kleinkrämern ermöglicht hatte, der militärischen Tapferkeit des Kaiserreiches zu trotzen. Das zweite war der traumatische Zusammenbruch am Ende des Krieges, als buchstäblich alles, was den Militärs wert und teuer erschien, von Niederlage und Revolution hinweggeschwemmt wurde. Die Schuld daran schrieben sie einem von marxistischen sowie internationalistisch-pazifistischen – und daher »natürlich« jüdischen – Kräften geführten »Dolchstoß in den Rücken« der Nation zu, durch den die Heimatfront gelähmt worden war.

Die Einstellung der militärischen Elite Deutschlands gegenüber der Sowjetunion wies daher in vielerlei Hinsicht Überschneidungen mit der nationalsozialistischen Ideologie auf. NS-Führung und Militärelite teilten die gleichen geopolitischen und sozialdarwinistischen Postulate, nach denen Deutschland »Lebensraum« im Osten erobern musste, um nicht mehr für eine Blockade anfällig zu sein und seine Stellung als Weltmacht abzusichern. Sie teilten die Verachtung für die slawischen Völker, die sich in ihren Augen für nichts anderes eigneten als für die koloniale Ausbeutung und Beherrschung durch Deutschland. Und sie hatten einen fanatischen Antikommunismus gemein. Durch die Eroberung der Sowjetunion und die Ausrottung des Bolschewismus wollten sich Nationalsozialisten und Militärs für den »Dolchstoß« von 1918 rächen und eine subversive, zersetzende Bedrohung – ihr politischer Alptraum – für immer ausschalten. Nach ihrer Ansicht rechtfertigte die Bösartigkeit des Kommunismus jede Art von Präventivmaßnahmen, ganz gleich, wie sehr sie dem Völkerrecht und den traditionellen Normen des Soldatentums Hohn sprachen. Und nicht zuletzt teilte das Offizierskorps mit den Nationalsozialisten und den Konservativen überall in Europa die Gleichsetzung von Bolschewismus und Judentum.

Für Hitler war der Bolschewismus nur die jüngste und ruchloseste Verkörperung einer ewigen jüdischen Bedrohung. Sein

Antibolschewismus war Ausdruck seines rassistischen Antisemitismus. Für die alten Eliten hatte der Antibolschewismus dagegen sehr viel größeres Eigengewicht; allerdings verstärkte er zugleich ihren Antisemitismus. In dem bevorstehenden »Vernichtungskrieg« gegen die Sowjetunion sollten militärische Überlegungen, Antikommunismus und Antisemitismus eine Rolle spielen. Militärische Eroberung, systematische Repression, planmäßiger Terror und gezielte Aushungerung würden viele Opfer fordern, doch sollten die sowjetischen Juden von all dem in unvergleichlich hohem Maße betroffen werden. Mit dem Mord an den sowjetischen Juden wurde schließlich das Tor zur »Endlösung« aufgestoßen.

6.2 Vorbereitungen der SS

In Polen war es aufgrund mangelnder vorheriger Absprache und Koordination zu erheblichen Reibungen zwischen Einsatzgruppen und Wehrmacht gekommen, was unter anderem dazu führte, dass die SS bei der Eroberung von Skandinavien und Westeuropa im Jahr darauf eine geringere Rolle spielte. Himmler und Heydrich bemühten sich eifrig, im Rahmen des »Unternehmens Barbarossa« eine Wiederholung eines solchen Konfliktes sowie jegliche Beschränkung ihrer Rolle zu verhindern. In Verhandlungen mit der Wehrmacht erwirkten sie von Brauchitschs Zustimmung zur Aufstellung von Sondereinheiten der Sipo und des SD – der berüchtigten Einsatzgruppen. Sie sollten in enger Zusammenarbeit mit dem Heer operieren, von dem sie logistische Unterstützung erhielten, und auf Befehl Heydrichs »Exekutivmaßnahmen gegenüber der Zivilbevölkerung« ausführen.[37] Obwohl die Einsatzgruppen die Vorhut der SS in den besetzten sowjetischen Gebieten bildeten, mobilisierte Himmler zusätzlich noch zahlreiche andere Polizeieinheiten für den bevorstehenden »Vernichtungskrieg«: neben Bataillonen der Ordnungspolizei und Einheiten der Waffen-SS seinen eigenen Kommandostab und die handverlesene Gruppe der Höheren SS- und Polizeioffiziere.

Offenbar nahm Heydrich schon früh im Jahr 1941 Verhandlungen mit von Brauchitsch auf, um sicherzustellen, dass die Einsatzgruppen zusammen mit dem Heer vorrücken konnten. Jedenfalls vertraute er einem SS-Mann namens Künsberg, der mit einer von ihm geleiteten Gruppe für das Auswärtige Amt Dokumente und Wertgegenstände plündern sollte, im Februar an, dass solche Verhandlungen im Gange seien.[38] Obwohl von Brauchitsch erst am 28. April eine entsprechende Vereinbarung unterzeichnete, kümmerten sich Heydrich selbst, sein Personalchef Streckenbach[39] sowie die Gestapo-, Kripo- und SD-Hauptämter des RSHA bereits im März um die Auswahl geeigneter Führungskräfte, wobei sich Himmler das letzte Wort vorbehielt. Die Auswahl der unteren Ränge verlief, laut Streckenbach, willkürlicher. Er habe mit Sipo, Kripo und SD über ihre jeweilige Quote verhandelt und dann von den verschiedenen Dienststellen in ganz Deutschland Listen mit den Namen von Männern angefordert, die für den Fronteinsatz geeignet und bei ihrer gegenwärtigen Arbeit abkömmlich waren. Es seien nicht immer die schlechtesten Männer gewesen, die man ihm gemeldet habe.[40] Vermutlich drängten viele eifrige und ehrgeizige SS-Männer ihre Vorgesetzten, ihnen die Gelegenheit zu geben, sich zu beweisen und ihre Karriere voranzubringen, zumal eine ganze Reihe von Gestapo- und SD-Dienststellen verkleinert und ihre Führungsspitzen herabgestuft wurden.[41]

Als Heydrich Streckenbach Ende April anwies, die Zahl der für die Einsatzgruppen vorgesehenen Männer weiter zu erhöhen, wurde der letzte Anschein einer individuellen Auswahl aufgegeben. Von nun an verpflichtete man ganze Einheiten *en bloc*. So wurden am 21. Mai 1941 der gesamte laufende Lehrgang der Führerschule der Sicherheitspolizei in Berlin-Charlottenburg,[42] ein Lehrgang für eine Fachprüfung des Kriminaldienstes[43] und alle vier Kompanien des in Berlin stationierten Polizeireservebataillons 9 zum Dienst in den Einsatzgruppen abkommandiert. Am 8. Juli kam zu den ohnehin zahlreichen Reservisten der Waffen-SS, die bereits für die neue Aufgabe eingezogen worden waren, ein ganzes Bataillon der Waffen-SS hinzu.[44] Daneben wurde eine Vielzahl von Stabskräften engagiert, von Funkern, Fernschreibern und Dolmetschern über Fahrer und Mechaniker bis hin zu Sekretärinnen. Schließlich sollten die Einsatzgruppen während des Vormarschs auf sowjetischem Territorium noch zusätzlich durch einheimische Kollaborateure verstärkt werden. Einen Eindruck von der Beteiligung der verschiedenen Gruppen vermittelt eine Aufstellung der Angehörigen der 990 Köpfe zählenden Einsatzgruppe A aus dem Oktober 1941, die sich wie folgt zusammensetzte: 89 Sicherheitspolizisten, 41 Kriminalpolizisten, 35 SD-Angehörige, 133 Ordnungspolizisten, 340 Angehörige der Waffen-SS, 172 Fahrer, 87 Hilfspolizisten, 51 Dolmetscher sowie 42 Verwaltungsfachleute, Sekretärinnen, Funker und Fernschreiber.[45] Da die anderen Einsatzgruppen deutlich kleiner waren, belief sich ihre Gesamtstärke auf nahezu 3000 Personen.[46]

Ursprünglich waren drei Einsatzgruppen für den Nord-, Mittel- und Südabschnitt der Front vorgesehen, doch für die rumänische Front wurde schließlich eine vierte hinzugefügt. Jede von ihnen bestand aus zwei Sonder- und zwei Einsatzkommandos (SK und EK). Erstere sollten in den »rückwärtigen Armeegebieten« unmittelbar hinter der Front, Letztere in den noch weiter vom Kampfgeschehen entfernten »rückwärtigen Heeresgebieten« operieren. Einsatzgruppe B, die dem Mittelabschnitt der Front zugeteilt war, wurde zusätzlich ein »Vorkommando Moskau« unterstellt.

Was das Führungspersonal betraf, griff Heydrich wie bereits in Polen auf einen Stamm hochgebildeter Nationalsozialisten zurück. Von den vier EG-Kommandeuren besaßen drei Doktortitel: Dr. Dr. Otto Rasch (EG C), Dr. Franz Walter Stahlecker (EG A) und Dr. Otto Ohlendorf (EG D). Von den 17 Kommandeuren der Sonder- beziehungsweise Einsatzkommandos sowie des Vorkommandos Moskau trugen weitere sieben einen Doktortitel: Dr. Martin Sandberger (SK 1a), Dr. Erich Ehrlinger (SK 1b), Dr. Walter Blume (SK 7a), Dr. Erhard Kröger (EK 6), Dr. Otto Bradfisch (EK 8), Dr. Alfred Filbert (EK 9) und Prof. Dr. Franz Six (Vorkommando Moskau). Nebe, Ohlendorf, Six, Sandberger, Filbert, Blume und Erwin Schulz (EK 5) kamen aus den oberen Rängen des RSHA in Berlin. Rasch und Stahlecker hatten in Königsberg beziehungsweise Prag an der Spitze von Sipo und SD gestanden, andere Sipo- und Gestapostellen geleitet: Rudolf Batz (EK 2) in

Hannover, Günther Hermann (SK 4b) in Brünn, Heinz Seetzen (SK 10a) in Hamburg und Gustav Nosske (EK 12) in Aachen.

Welche Posten sie zuvor auch bekleidet hatten, Karriere hatten die meisten von ihnen in Heydrichs SD gemacht, und buchstäblich alle teilten dieselben ideologischen Ansichten über Juden, Bolschewiken und Slawen sowie über Deutschlands imperiale Zukunft im Osten. Darüber hinaus war ihnen eine durch »tatkräftige Rücksichtslosigkeit«, Eigeninitiative und Aktivismus geprägte Haltung zu Eigen, die die gesamte intellektuelle Elite der SS charakterisierte.[47] Doch obwohl die Führungskräfte handverlesen waren, gibt es keine Anzeichen dafür, dass ideologische Zuverlässigkeit jemals als notwendiges Auswahlkriterium angesehen wurde.[48]

Im Mai und Juni trafen die zu den Einsatzgruppen Abkommandierten nach und nach in der Grenzpolizeischule im sächsischen Pretzsch und in den benachbarten Städten Düben und Bad Schmiedeberg ein. Dort erhielten sie häufig Besuch von Streckenbach, der für ihre Zusammenziehung und Ausrüstung verantwortlich war.[49] Auch Heydrich und Gestapochef Müller sollen mehr als einmal bei ihnen gewesen sein. Wichtiger war indessen, dass viele Führungskräfte entweder ganz in Berlin stationiert blieben oder regelmäßig dorthin fuhren und an Besprechungen mit den maßgeblichen Amtschefs beziehungsweise Abteilungsleitern des RSHA – Nockemann, Nebe, Müller, Schellenberg und Ohlendorf – sowie anderen Experten teilnahmen, in denen sie eingehend auf ihre bevorstehende Mission vorbereitet wurden.[50] Schließlich fand am 17. Juni 1941 in Berlin unter Heydrichs Leitung eine Sitzung aller Führungskader der Einsatzgruppen statt, und bevor diese ausrückten, hielt der RSHA-Chef auf der Abschiedszeremonie in Pretzsch eine Ansprache.[51] Zudem wurden zumindest die Mannschaften von Einsatzgruppe D für einige Tage in Düben zusammengezogen, damit sie vor dem Abmarsch an die Front ein gewisses Gemeinschaftsgefühl entwickelten.[52]

Klar ist also, dass Führungskräfte und Mannschaften der Einsatzgruppen auf ihre Aufgabe vorbereitet wurden, doch welche genauen Befehle sie vor der Invasion erhielten, war und ist umstritten. Laut Otto Ohlendorfs Aussage vor dem Internationalen Militärgerichtshof und den Aussagen von fünf anderen angeklagten EG-Offizieren (Sandberger, Blume, Nosske sowie Paul Blobel, dem Kommandeur des SK 4a, und Waldemar Klingelhöfer, dem stellvertretenden Kommandeur des SK 7b) im Einsatzgruppenprozess vor dem amerikanischen Militärtribunal in Nürnberg im Jahr 1948 erteilte Streckenbach (nach anderen Versionen Heydrich) den Einsatzgruppenführern wenige Tage vor der Invasion der Sowjetunion den Befehl zur Ermordung aller sowjetischen Juden. Diese Darstellung wurde nur von dem todkranken Kommandeur der EG C, Otto Rasch, und dem Kommandeur der EK 5, Erwin Schulz, bestritten, die behaupteten, erst Mitte August einen solchen Befehl erhalten zu haben.[53] Ohlendorfs Aussage wurde selbst dann noch als richtig erachtet, als der zuvor für tot erklärte Bruno Streckenbach nach seiner Rückkehr aus sowjetischer Kriegsgefangenschaft bestritt, einen solchen Befehl überbracht zu haben.[54] Im anschließenden Ermittlungsverfahren gegen Streckenbach bezeichnete ihn nur einer der fünf überlebenden Mitangeklagten des inzwischen hingerichteten Ohlendorf, Waldemar Klingelhöfer, weiterhin als Überbringer des Mordbefehls. Zwei andere, Sandberger und Blume, entlasteten ihn, blieben aber dabei, dass sie vor der Invasion von Heydrich einen solchen Befehl erhalten hätten. Nosske schloss sich Schulz an, der den Befehl weiterhin Mitte August erhalten haben wollte. Von weiteren acht EK- und SK-Kommandeuren, die in der Folgezeit aufgespürt und vernommen wurden, bestätigten vier (Batz, Filbert, Karl Jäger [EK 3] und Paul Zapp [EK 11a]), dass bereits vor der Invasion ein umfassender Mordbefehl ergangen sei, obwohl keiner von ihnen Ohlendorfs ursprüngliche Version stützte, nach der Streckenbach der Übermittler gewesen war. Bradfisch und Prast (Seetzens Stellvertreter in SK 10a) behaupteten, den Befehl erst später erhalten zu haben, während Ehrlinger und Kröger bestritten, ihn überhaupt jemals empfangen zu haben.[55]

Aus dem Wirrwarr der einander widersprechenden und sich ändernden Nachkriegsaussagen sowie im Zuge seiner eigenen Vorbereitung auf die Anklage gegen Angehörige des SK 4a schlussfolgerte Alfred Streim, dass sich Ohlendorf mit seinen

Mitangeklagten abgesprochen hatte – wobei sich ihm nur Rasch und Schulz entzogen –, um mit Falschaussagen das Verteidigungsargument des Befehlsnotstands zu untermauern. Streim zufolge war Streckenbach als angeblicher Überbringer des Befehls ausgewählt worden, weil er als tot galt.[56] Im letzten Jahrzehnt haben die meisten Historiker Streims These akzeptiert und den frühen Aussagen der verhafteten Einsatzgruppenkommandeure geringe Verlässlichkeit attestiert.[57] Größere Glaubwürdigkeit misst man den überlieferten SS-Dokumenten bei, obwohl ihre Anzahl im Vergleich zum Umfang der militärischen Akten über die Ausarbeitung von Kommissarbefehl und Gerichtsbarkeitserlass sowie über die allgemeine Stimmung im Vorfeld des »Vernichtungskrieges« gegen die Sowjetunion nur gering ist.

Kurz vor dem Angriff wurden Richtlinien für die Führungskader der Einsatzgruppen und -kommandos erlassen und in 75 Kopien verteilt. Besonderen Wert legte man auf eine enge Zusammenarbeit mit der Wehrmacht: »Für das Verhältnis zur Wehrmacht gilt der Befehl des OKH vom 26. 3. 1941, der genau zu beachten ist. Aufgrund dieses Befehls ist loyalste Zusammenarbeit mit der Wehrmacht sicherzustellen.«[58] Am 29. Juni 1941 schrieb Heydrich an die Einsatzgruppenführer und erinnerte sie an die mündlichen Erklärungen, die er ihnen am 17. Juni in Berlin gegeben hatte. Den »Selbstreinigungsbestrebungen antikommunistischer und antijüdischer Kreise in den neu zu besetzenden Gebieten« dürfe kein Hindernis in den Weg gelegt werden. Im Gegenteil, sie seien, »allerdings spurenlos«, anzuregen, zu verstärken und, wenn nötig, in die richtige Richtung zu lenken, »ohne dass sich diese örtlichen ›Selbstschutzkreise‹ später auf Anordnungen oder gegebene politische Zusicherungen berufen können«. Da ein solches Vorgehen nur in der ersten Phase der Besetzung möglich sei, sollten die EG und EK in engem Zusammenwirken mit der Wehrmacht so schnell wie möglich wenigstens Vorauskommandos in die neu eroberten Gebiete schicken.[59]

Am 2. Juli wandte sich Heydrich mit einem Schreiben an die HSSPF an der Ostfront: Im Unterschied zu Kurt Daluege, dem Chef der Orpo, sei es ihm leider nicht möglich gewesen, ihnen in Berlin »grundsätzliche Weisungen« über die Zuständigkeit von Sipo und SD zu erteilen, weshalb er ihnen jetzt »in gedrängter Form« seine »wichtigsten Weisungen« für die Einsatzgruppen mit der Bitte, sie sich zu Eigen zu machen, zuschicke. »Nahziel« sei die politische, »d. h. im Wesentlichsten sicherheitspolizeiliche«, »Fernziel« die wirtschaftliche Befriedung. Die notwendigen Maßnahmen seien mit »rücksichtsloser Schärfe« durchzuführen. Um jeder Verwirrung über die Rolle der Einsatzgruppen im Rahmen der Gesamtkampagne vorzubeugen, bezog sich Heydrich explizit auf den OKH-Befehl vom 26. März 1941, den von Brauchitsch am 28. April unterzeichnet hatte. Die Einsatzgruppen hätten alle für die politische Befriedung nötigen Festnahmen und Exekutionen vorzunehmen. Als Hinzurichtende nannte er ausdrücklich: alle Funktionäre der Komintern und kommunistischen Berufspolitiker, die hohen, mittleren und radikalen unteren Funktionäre der Partei sowie ihrer Unterorganisationen, »Juden in Partei- und Staatsämtern« sowie andere »radikale Elemente (Saboteure, Propagandisten, Heckenschützen, Attentäter, Hetzer usw.)«, soweit sie nicht wegen ihres politischen oder wirtschaftlichen Fachwissens benötigt wurden. Insbesondere die Gruppe der Wirtschaftsexperten solle nicht zu gründlich liquidiert werden, da andernfalls keine brauchbaren Fachkräfte übrig blieben. Und schließlich schärfte Heydrich auch den HSSPF ein, dass die antikommunistischen und antijüdischen »Selbstreinigungsversuche« zu ermutigen seien, ohne jedoch Spuren zu hinterlassen, die auf eine deutsche Beteiligung hindeuteten.[60]

Neben diesem bruchstückhaften schriftlichen Beleg über die Aufgaben der Einsatzgruppen gab es die mündlichen Einweisungen Heydrichs in Berlin und Pretzsch. Laut Erwin Schulz,[61] dem über die Jahre hinweg beständigsten und meiner Ansicht nach glaubwürdigsten Zeugen unter den EG-Kommandeuren, hielt Heydrich seine Ansprachen in allgemeinen Worten, ließ aber dennoch erkennen, was er von seinen Leuten erwartete. Sie stünden vor einer Auseinandersetzung von ungeheurer Härte, erklärte er ihnen, einem Kampf auf Leben und Tod zwischen zwei Weltanschauungen. Ihre Aufgabe sei es, den rückwärtigen Raum vor Partisanen zu schützen. Eine besondere Gefahr stellten die Juden dar, weshalb gegen sie, wie man es in Polen gelernt habe, noch »schärfer« durchgegriffen werden müsse.[62]

Nach solchen Hetzreden konnten die EG-Führer kaum noch Zweifel daran haben, was von ihnen erwartet wurde, zumal sie den expliziten Befehl erhalten hatten, alle kommunistischen Parteifunktionäre sowie alle Juden in Staats- und Parteiämtern zu erschießen und darüber hinaus so viele Exekutionen durchzuführen, wie für die Befriedung notwendig waren – mit einer Einschränkung: Das Verhältnis zur Wehrmacht sollte nicht belastet und das Wirtschaftsmanagement nicht vollständig liquidiert werden. Ansonsten würde ihre Leistung an der Zahl der von ihnen durchgeführten Exekutionen gemessen werden. Unter diesen Umständen waren kommunistische Parteifunktionäre, Juden in führenden Positionen und männliche Juden im wehrfähigen Alter die offensichtlichen Zielpersonen und daher besonders gefährdet. Aber auch jeder andere, der als potentieller Feind betrachtet wurde, musste um sein Leben fürchten. Und erwies sich die Wehrmacht als williger Partner im »Vernichtungskrieg«, stand es den EG-Kommandeuren frei, die Zahl der Morde beliebig zu erhöhen. Solange die Beziehungen zur Wehrmacht intakt blieben, würde man sie nicht dafür tadeln, dass sie zu viele Menschen erschossen, sondern allenfalls dafür, dass es zu wenige waren.

Die Einsatzgruppen sollten eindeutig die Vorhut der SS-Präsenz auf sowjetischem Territorium bilden, wenngleich ihre Rolle aufgrund der erhalten gebliebenen täglichen Meldungen, in denen sie minutiös über ihre Taten berichteten, in der historischen Perspektive zweifellos übertrieben dargestellt worden ist. Ihre Prominenz sollte indessen nicht die Tatsache verdecken, dass sie nur eines, und zwar das kleinste, der Kontingente waren, die Himmler für seine »Sonderaufgaben« abstellte. In den überlieferten Dokumenten weniger häufig erwähnt, quantitativ jedoch wesentlich signifikanter waren die 21 Polizeibataillone, die neben den Reservepolizeibataillonen 9 und 69, deren Männer über die Einsatzgruppen verteilt beziehungsweise verschiedenen Einheiten der Organisation Todt als

Wachen zugeteilt worden waren, in den besetzten sowjetischen Gebieten stationiert werden sollten. Sie bildeten eine Truppe von über 11 000 Mann, während die Einsatzgruppen nur über 3000 Mann verfügten.[63]

Nachdem Himmler 1936 die zentrale Befehlsgewalt über die Polizei erlangt und seinem Titel als Reichsführer-SS den Zusatz »und Chef der Deutschen Polizei« hinzugefügt hatte, gliederte er die Polizei neu. Im September 1939 fasste er dann die Sicherheitspolizei (Gestapo und Kriminalpolizei) und den Sicherheitsdienst der SS im Reichssicherheitshauptamt Heydrichs zusammen. Parallel dazu operierte das Hauptamt der Ordnungspolizei unter Kurt Daluege, das die städtische Schutzpolizei, die ländliche Gendarmerie und die kleinstädtische Gemeindepolizei umfasste. Daneben baute Daluege jedoch auch eine paramilitärische kasernierte Polizei auf, die sich aus »Polizeihundertschaften« von je 108 Mann, denen 1938 8930 Polizisten angehörten, und Polizeiausbildungskompanien mit insgesamt 3389 Mann zusammensetzte. Von den 20 000 Ordnungspolizisten, die im März 1938 am Einmarsch in Österreich teilnahmen, stammten viele aus diesen Einheiten. Auch an der Besetzung des Sudentenlandes im Oktober 1938 und der »Resttschechei« im März 1939 waren Polizeieinheiten beteiligt. Mit Blick auf die weitere Expansion der Orpo schuf Daluege eine Polizeireserve von 91 500 Mann, die im Ernstfall mobilisiert werden konnte. Die Wehrmacht überließ der Polizeireserve die Geburtsjahrgänge 1901 bis 1909, die für den normalen Wehrdienst aus Altersgründen nicht mehr in Frage kamen.[64]

Der Kriegsausbruch hatte auch für die Orpo einschneidende Konsequenzen. Die Polizeikompanien wurden zu Bataillonen von jeweils rund 500 Mann zusammengefasst, von denen 17, den Armeen zugeteilt, nach Polen einmarschierten. Diese Bataillone, deren Zahl sich Ende 1939 auf 21 erhöhte, waren nicht nur mit traditionellen Polizeiaufgaben beschäftigt, sondern auch an Hinrichtungen, ethnischen Säuberungen und Ghettowachen beteiligt, die zur Besatzungs- und Rassenpolitik des NS-Regimes in Polen gehörten.[65] Doch der Krieg eröffnete der Orpo nicht nur neue Betätigungsfelder, er bedrohte auch ihren Personalbestand. Einige der besten Einheiten wurden in einer 16 000 Mann starken Polizeidivision zusammengefasst, die der Wehrmacht zur Verfügung gestellt wurde. Weitere 8000 Berufspolizisten versetzte man zur Feldgendarmerie.[66] Zum Ausgleich durfte die Orpo Freiwillige anwerben: 9000 aus den Jahrgängen 1918 bis 1920 sowie 17 000 aus den Jahrgängen 1909 bis 1912 in einer »26 000-Mann-Aktion« sowie 6000 »Volksdeutsche« aus den eingegliederten Gebieten im Osten. Die Zahl der jungen Männer, die sich bei gleichzeitiger Zurückstellung vom Wehrdienst freiwillig für eine Polizeilaufbahn meldeten, übertraf die zugeteilte Quote bei weitem. Himmler ließ daher alle jene, die man als geeignet ansah, zur SS einziehen, auch wenn sich viele der Betroffenen getäuscht fühlten. Dennoch konnte es sich die Orpo leisten, wählerisch zu sein und auf das Kriterium der politischen Zuverlässigkeit zu achten; von 160 000 Bewerbern wurden jedenfalls nur 13 100, die Hälfte der angestrebten Zahl, angenommen.[67]

In den ersten zwölf Kriegsmonaten stieg die Zahl der Polizeibataillone auf 101.[68] Da zunehmend ältere Reservisten eingezogen wurden, um lokale Dienststellen aufzufüllen, kamen weitere Berufspolizisten zu den Polizeibataillonen. Die Mannschaften und unteren Offiziersdienstgrade von mehr als 20 zusätzlichen Bataillonen stellten überwiegend ältere Reservisten, während die Unteroffiziers- und Kommandeursstellen auch in diesen »reinen Reservebataillonen« Berufspolizisten besetzten.[69] Schließlich wurden aus den jüngst angeworbenen Freiwilligen 30 Bataillone aufgestellt mit den Nummern 151 bis 156 für die Jahrgänge 1918 bis 1920 und 301 bis 325 für die Jahrgänge 1909 bis 1912. Während die Reservistenbataillone aus Männern mittleren Alters bestanden, die hauptsächlich eingezogen worden waren, weil sie keine kriegswichtigen Arbeitsstellen hatten, und die lediglich eine äußerst notdürftige Ausbildung erhielten, setzten sich die neuen Bataillone aus sorgsam ausgewählten jungen Männern zusammen, die der Generation mit der stärksten Bindung an die NSDAP angehörten. Sie hatten sich aus eigenem Antrieb zum Dienst in der Polizei eines nationalsozialistischen Polizeistaats gemeldet und bekamen nun eine intensive Ausbildung.[70] Zwölf der 21 Bataillone (außer PB 9 und 69), die im Sommer 1941 auf besetztem sowjetischem Gebiet eingesetzt wurden, waren 300er-Bataillone.[71] Einige dieser Einheiten verbrachten mehrere Monate in Polen oder dem Protektorat, um sich an die Polizeiarbeit im Dienst des rassischen Imperialismus zu gewöhnen, bevor sie über die Grenze geschickt wurden.[72] Unter den Polizeibataillonen, die zum »Unternehmen Barbarossa« abgestellt wurden, befanden sich jedoch auch einige »reine Reservebataillone«, die aus bunt zusammengewürfelten älteren Eingezogenen bestanden und nahezu unvorbereitet in den Einsatz geschickt wurden.[73]

Seit Himmler 1936 zum obersten Polizeichef aufgestiegen war, machte die Orpo in zweierlei Hinsicht einen sich beschleunigenden Veränderungsprozess durch. Zum einen erlebte sie eine Militarisierung, die ihren deutlichsten Ausdruck in der Aufstellung zunächst von Polizeibataillonen und dann von Polizeiregimentern fand, die ursprünglich für Besatzungsaufgaben bestimmt gewesen waren, ab 1941 aber auch an der Front eingesetzt wurden.[74] Zum anderen war eine personelle und ideologische Verschmelzung mit der SS zu beobachten. Von der Polizei war am allerwenigsten zu erwarten, dass sie der Schaffung eines Polizeistaates entgegentrat, hatte sie sich doch schon vor 1936 eilfertig der Aufwertung ihrer Stellung in der NS-Diktatur angepasst. Eine verführerische Kombination aus Karrieredenken, institutioneller Bedeutung und ideologischer Nähe brachte viele Polizeibeamte dazu, in die NSDAP einzutreten. Im Februar 1942 konnte Daluege vermelden, dass 76 Prozent des Offizierskorps der Orpo der Partei und 30 Prozent der SS angehörten. Bei den Reserveoffizieren lag der Anteil der Parteimitglieder bei 67 Prozent, während derjenige der SS-Angehörigen nur sieben Prozent betrug.[75] In einem »reinen Reservebataillon« wie Reservepolizeibataillon (RPB) 101 waren nur 25 Prozent der Mannschaften, aber 63 Prozent der Unteroffiziere Parteimitglieder; 22 Prozent der Unteroffiziere gehörten der SS an.[76] Die jüngeren und sorgfältiger ausgewählten Mannschaftsdienstgrade der 300er-Bataillone waren häufiger Parteimitglieder als ihre älteren Kollegen in den Reservebataillonen.[77]

Himmler versuchte während des raschen Wachstums der Orpo in den ersten Kriegsjahren alle neuen Rekruten, ob jung oder alt, im Sinne des Regimes zu indoktrinieren. Nach den Ausbildungsrichtlinien vom 23. Januar 1940 sollten sie »zur Härte« erzogen werden, damit sie ihre Kriegspflichten erfüllen konnten. Die Grundausbildung umfasste eine Einführung in die Polizeiarbeit, körperliche Ertüchtigung und Unterricht im Waffengebrauch und hatte die »charakterliche und weltanschauliche Festigung« der Rekruten zum Ziel.[78] Anschließend folgte nach Himmlers Anweisungen eine intensive dreimonatige militärische und ideologische Schulung der Reservepolizeibataillone, die im Fall der jüngst angeworbenen Freiwilligen am 30. Juni 1941 abgeschlossen sein sollte.[79]

Nach Himmlers Vorstellungen sollten alle Polizisten zu »soldatischen Kämpfern« geformt werden. Richtschnur der Ausbildung war die nationalsozialistische Weltanschauung. Die Männer seien täglich, mindestens aber jeden zweiten Tag, über die aktuellen Ereignisse und ihre richtige Einordnung in die ideologische Perspektive zu unterrichten. Die Offiziere sollten jede Woche eine themenbezogene Schulung von einer halben bis dreiviertel Stunde abhalten, in der nationalsozialistische Erziehungsziele vermittelt wurden. Darüber hinaus sollten monatliche Veranstaltungen über die wichtigsten Fragen der Zeit durchgeführt werden.[80] Als Grundlage für diese ideologischen Schulungen wurden zahllose Informationsblätter verteilt.[81] In dem Zeitraum vor dem Angriff auf die Sowjetunion enthielten sie Artikel von Nazigrößen wie Alfred Rosenberg, Dr. Leonardo Conti, der den »Einsatz für den biologischen Sieg« diskutierte, und Professor Dr. Walter Groß, der über Rassenauslese und Bevölkerungspolitik referierte. Die Ausgabe vom 10. Juni 1941 war ganz dem Thema »Judentum und Kriminalität« gewidmet. In anderen Ausgaben wurden Themen wie »Die Blutgemeinschaft der germanischen Völker« oder »Das großgermanische Reich« behandelt. Ende 1941 setzte mit Pamphleten wie »Ein Ziel dieses Krieges: Das judenfreie Europa« eine deutliche Verschärfung der explizit antisemitischen Tonlage dieser Schriften ein.

Auch wenn dieses Material heutigen Lesern als uneffektive

Mischung aus nationalsozialistischen Plattitüden und ödem Geschwätz erscheinen mag, das im Vergleich mit den verbalen und visuellen Monumenten eines Joseph Goebbels und Albert Speer kaum inspirierend gewirkt haben kann, gehörte es in den breiteren Kontext der institutionellen Sozialisation im Dritten Reich. Himmler und Daluege legten großen Wert auf die Pflege der Standeskultur einer soldatischen Polizei, die von bestimmten Grundeinstellungen geprägt war: von harter und entschiedener Rücksichtslosigkeit, dem festen Glauben an die rassische Überlegenheit der Deutschen, der fraglosen Anerkennung ihres legitimen Rechts, in Osteuropa ein Kolonialreich zu erobern, sowie der dazugehörigen Pflicht, sich dort als Herrenrasse durchzusetzen, und schließlich von einer besonderen Abneigung gegen Juden und Bolschewiken als gleichermaßen verachtenswerten und gefährlichen Feinden. Diese Sichtweise gab Verhaltensnormen und Werte vor, bei denen es sich vielfach nur um verschärfte oder radikalisierte Versionen von in der deutschen Gesellschaft weit verbreiteten Haltungen handelte. In dem Bestreben, nicht als unzuverlässig zu gelten, sahen sich deshalb auch ganz »gewöhnliche Deutsche«, die von der Polizei entweder eingezogen oder angeworben worden waren, genötigt, sich ihnen anzupassen. Indoktrination, institutionelle Sozialisierung an eine Standeskultur und der Konformitätsdruck der Bezugsgruppe wirkten zusammen und verstärkten sich gegenseitig.[82]

Die expliziten Befehle, die den Polizeibataillonen am Vorabend der Invasion der Sowjetunion übermittelt wurden, wichen stark voneinander ab. Major Ernst Weis gab beim zuvor in Radom im Generalgouvernement stationierten Polizeibataillon 309 nicht nur den Kommissarbefehl und den Barbarossa-Erlass bekannt, sondern ging weit darüber hinaus, indem er seinen Offizieren erklärte, der kommende Krieg werde ein Kampf gegen Juden und Bolschewiken sein, und er wolle dies so verstanden wissen, dass sein Bataillon rücksichtslos gegen Juden vorgehe. Nach seiner Ansicht bedeute der Führerbefehl die Vernichtung der Juden, ungeachtet ihres Alters.[83] Im Fall des Polizeibataillons 322 sprach Generalmajor der Polizei Retzlaff zu den Männern, bevor sie am 6. Juni aus Wien abfuhren.

Jeder müsse sein Bestes für Führer, Volk und Vaterland geben, rief er aus, und jeder habe »den slawischen Völkern gegenüber als Herrenmensch aufzutreten und zu zeigen, dass er Deutscher sei«. Und vor ihrem Grenzübertritt am 2. Juli wurden die Männer angewiesen, sowohl Zivilisten, die eine Waffe trugen, als auch politische Kommissare zu erschießen. Es sei »hart, entschlossen und rücksichtslos durchzugreifen«.[84]

Ein Bremer Kaufmann, der als Reservist eingezogen und dem Reservepolizeibataillon 105 zugeteilt worden war, schrieb am 24. Juni an seine Frau: »Der Major sagt, jeder Verdächtige ist sofort zu erschießen.« Er war nicht besonders beeindruckt. »Na, ich bin gespannt«, fuhr er sarkastisch fort. Ohne die Abneigung gegen seine Offiziere zu verhehlen, vermutete er, dass sie genauso schießen würden, wie sie es in der bequemen Umgebung des Offizierskasinos in Oslo getan hatten, wo sie zuvor stationiert gewesen waren. Die Herren kämen sich »sehr wichtig und kriegerisch vor«, während er der Zukunft in Ruhe entgegensehe.[85]

Im Gegensatz zu den Einsatzgruppen, die in Pretzsch und Berlin gemeinsam instruiert worden waren, unterschieden sich die Polizeibataillone in Zusammensetzung, Führung sowie Kenntnisstand und erhielten am Vorabend der Invasion voneinander abweichende Weisungen. Einige, wie PB 309, waren sofort bereit, einen »Vernichtungskrieg« zu führen und einen genozidalen Angriff auf die sowjetischen Juden zu unternehmen. Andere näherten sich diesen Aufgaben schrittweise.

Neben Heydrichs Einsatzgruppen und Dalueges Polizeibataillonen, die anfangs den Hauptteil der am Überfall auf die Sowjetunion beteiligten SS-Kräfte stellten, standen Himmler weitere Einheiten zur Verfügung. Am 7. April 1941 bildete er einen Einsatzstab, der ab dem 6. Mai offiziell als Kommandostab Reichsführer-SS firmierte. Ebenfalls Anfang Mai fasste er verschiedene in Polen stationierte SS-Einheiten zur 1. und 2. SS-Brigade und zu einer SS-Kavalleriebrigade zusammen. Diese drei Einheiten wurden direkt dem Kommandostab, das heißt Himmlers persönlichem Befehl unterstellt. Zusammen mit einigen kleineren Einheiten bestand diese Truppe der Waffen-SS aus rund 25 000 Mann. Insbesondere die 1. SS-Brigade und die SS-Kavalleriebrigade mit insgesamt über 11000 Mann waren ab Ende Juli 1941 tief in die antijüdischen Aktionen auf sowjetischem Territorium verstrickt.[86]

Um die Koordinierung künftiger gemeinsamer Aktionen von SS und Polizei auf sowjetischem Territorium zu gewährleisten, ernannte Himmler jeweils einen HSSPF für den Nord-, Mittel- und Südabschnitt der Front (Hans-Adolf Prützmann, Erich von dem Bach-Zelewski, Friedrich Jeckeln); ein vierter (Gerret Korsemann) war für den Kaukasus vorgesehen. Das Amt des Höheren SS- und Polizeiführers war 1937 geschaffen worden, um die Aufsicht über die SS- und Polizeieinheiten in den Wehrkreisen in Deutschland effektiver zu gestalten. Zu den ursprünglich 13 HSSPF kamen später weitere hinzu: 1938 in Wien, 1939 in Südösterreich, im Protektorat Böhmen und Mähren, im Warthegau, in Danzig-Westpreußen und im Generalgouvernement sowie 1940 in Norwegen und den Niederlanden.[87] Am 21. Mai 1941 vereinbarte Himmler mit der Wehrmacht, dass die HSSPF, wie schon die Einsatzgruppen, auf sowjetischem Territorium von den Befehlshabern der rückwärtigen Armeegebiete logistische Unterstützung, ihre operativen Weisungen und »Sonderaufgaben« aber direkt von Heydrich erhalten würden. Für deren Ausführung standen ihnen die im jeweiligen Gebiet stationierten Einheiten von Sipo, Orpo und Waffen-SS zur Verfügung.[88]

Himmler sah in den HSSPF seine persönlichen Vertreter. Mit entsprechender Sorgfalt berücksichtigte er bei der Ernennung daher solche Männer, von denen er erwarten durfte, dass sie stets die Interessen der SS und seine eigenen Zielvorstellungen im Auge behielten und dabei keine Skrupel hatten, sich über bürokratische Hürden hinwegzusetzen. Die Möglichkeiten in den besetzten sowjetischen Gebieten bot tatkräftigen HSSPF ein weites Feld, auf dem sie das ganze Machtpotential ihrer besonderen, nicht immer klar definierten Stellung ausschöpfen sowie den Einfluss und die Herrschaft ihres Dienstherrn vergrößern konnten. Eine entscheidende Rolle sollten sie bei der Sicherung von Himmlers Kontrolle über seine mächtigen Untergebenen Heydrich und Daluege, bei der Wahrung von SS-Interessen auf sowjetischem Territorium gegen die Ansprüche rivalisierender NS-Institutionen sowie bei der Aufbietung aller Kräfte für den bevorstehenden »Vernichtungskrieg« spielen.[89]

6.3 Wirtschaftliche und demographische Vorbereitungen
(von Christopher Browning und Jürgen Matthäus)

Neben den Plänen für die Zerschlagung der Roten Armee und die polizeiliche Überwachung der eroberten Gebiete ließen auch die Vorbereitungen auf den »Vernichtungskrieg« die deutschen Hoffnungen und Erwartungen hinsichtlich der künftigen Rolle der Region als Bestandteil der deutschen Einflusssphäre erkennen. In der offiziellen Ideologie und Propaganda kreisten diese Erwartungen um die »Lebensraum«-Theorie, wie sie Hitler seit den zwanziger Jahren als verschwommene Idee anzubieten hatte. Politisch-praktisch bewirkten diese Erwartungen eine noch stärkere Konzentration auf die Umsiedlungsfrage, die seit der Eroberung Polens und dem Abkommen mit der Sowjetunion über die »Rückführung« von »Volksdeutschen« ins Reich eine von Himmlers Hauptaufgaben in seiner Eigenschaft als Reichskommissar für die Festigung deutschen Volkstums darstellte.[90]

Zugleich versprach man sich von der Ausbeutung der besetzten Sowjetunion immense Vorteile für die deutsche Kriegswirtschaft. Die Einfuhr von landwirtschaftlichen Produkten sollte die Versorgung in Deutschland sicherstellen und eine Lebensmittelknappheit, wie sie im Ersten Weltkrieg für Unfrieden in der Bevölkerung gesorgt hatte, verhindern helfen. Die deutschen Vorkriegspläne konzentrierten sich dementsprechend auf den Problemzusammenhang von Umsiedlung und wirtschaftlicher Nutzung.

Von Anfang an sahen die ökonomischen Planungen für das »Unternehmen Barbarossa« Bevölkerungsverluste von ungeheuren Ausmaßen vor. Dabei war man bereit, Zivilopfer nicht nur passiv hinzunehmen, sondern auch aktiv herbeizuführen. Im Februar 1941 traf General Thomas mit seiner Denkschrift über die zu erwartenden unmittelbaren wirtschaftlichen Vorteile einer Invasion der Sowjetunion auf Hitlers Zustimmung.[91] Als am 2. Mai die Staatssekretäre verschiedener Ministerien mit Thomas zu einer Besprechung zusammenkamen, stimmten sie darin überein, dass der Versorgung der Wehrmacht mit Lebensmitteln aus Russland und dem Abtransport wichtiger landwirtschaftlicher Produkte, wie Ölsaaten, Ölkuchen und Getreide, nach Deutschland Vorrang einzuräumen war. »Hierbei«, heißt es im Sitzungsprotokoll lakonisch, »werden zweifellos zig Millionen Menschen verhungern, wenn von uns das für uns Notwendige aus dem Lande herausgeholt wird.« Was die verbliebene industrielle Infrastruktur angehe, sollte die Produktion nur in Mangelbereichen wieder aufgenommen werden (Verkehrsmittel, Eisen, Textilien). Darüber hinaus wollte man die »weiten Gebiete zwischen den Rollbahnen«, das heißt den Transitwegen der Wehrmacht, durch die Bereitstellung »besonderer Truppen« sichern. Allerdings sei es noch notwendig, »die besonders wichtigen und daher zu schützenden Gebiete herauszusuchen«.[92]

Aus diesem Protokoll geht die Denkweise der Planer deutscher Besatzungspolitik in der Sowjetunion deutlich hervor. Die Entscheidung für den absichtlich herbeigeführten Tod eines großen Teils der einheimischen Bevölkerung tarnt die Niederschrift als logische, fast unvermeidliche Folge der Ereignisse, um dann rasch zu praktischen Fragen überzugehen. Diese scheinbar sterile, sachorientierte Haltung resultierte aus einer durch und durch rassistischen Denkweise, der jegliche Sorge um menschliches Leben fremd war, solange es sich nicht um jene Auserwählten handelte, die als Angehörige des deutschen Volks betrachtet wurden.

Obwohl man sich vor dem Krieg über das Ziel der Ausbeutung grundsätzlich verständigt hatte, sollte es in der Praxis zu einigen Auseinandersetzungen kommen. Wirtschaftliche Ressourcen konnten auf unterschiedliche Weise genutzt werden: Entweder man stellte alles, von den Produktionsmitteln bis zum Endprodukt, so weit wie möglich in den Dienst kurzfristiger Bedarfsdeckung für die deutsche Kriegswirtschaft, oder man ließ die vorhandene Infrastruktur intakt und beutete die einheimischen Arbeitskräfte mit dem Ziel aus, auf längere Sicht zu produzieren. Hauptfiguren in dem um diese Frage geführten Wirtschaftsstreit waren Hermann Göring und sein Amt für den Vierjahresplan, General Thomas und das Wehrwirtschafts- und Rüstungsamt, Heinrich Himmler als Reichsführer-SS, Chef der Deutschen Polizei und RKFDV sowie der designierte Reichsminister für die besetzten Ostgebiete, Alfred Rosenberg.

Seit Ende März 1941 konnten sich die Spitzen des NS-Regimes ausrechnen, dass Rosenberg, der sich bisher als Chefideologe der NSDAP hervorgetan hatte und offiziell an einer ganzen Reihe anderer Aktivitäten, von der auswärtigen Politik bis zur Plünderung von Kunstgegenständen, beteiligt war, einen enormen Machtzuwachs erhalten würde.[93] Als Heydrich am 26. März 1941 Göring seinen Entwurf für eine »Lösung der Judenfrage« vorlegte, verlangte dieser – neben einer an die Truppe gerichteten Warnung vor der Gefährlichkeit von GPU-Angehörigen, Politkommissaren, Juden und anderen, »damit sie wisse, wen sie praktisch an die Wand zu stellen habe« – einen Zusatz über die Rosenberg künftig überantworteten Zuständigkeiten.[94] Zwei Tage später sollte Himmler zur Eröffnung des Instituts für die Erforschung der Judenfrage in Frankfurt am Main eine Rede halten, überlegte es sich aber anders und ließ seinem angehenden Ostminister den Vortritt.[95] In seiner Rede erklärte Rosenberg, das »Judenproblem« werde für Deutschland und Europa erst gelöst sein, »wenn der letzte Jude den großdeutschen Raum« beziehungsweise »den europäischen Kontinent verlassen« habe.[96] Anfang April versicherte ihn Hitler der großen Erwartungen, die er in ihn setzte – »Rosenberg, jetzt ist Ihre große Stunde gekommen!« –, und befragte ihn anschließend über den »jetzigen jüdischen Anteil in der Sowjetunion und anderes«.[97] Seinem Tagebuch vertraute Rosenberg den kryptischen Hinweis an: »Was ich heute nicht niederschreiben will, aber nie vergessen werde.«[98]

Im April und Mai, als die »Barbarossa«-Erlasse erarbeitet wurden, verfasste Rosenberg eine Reihe von Denkschriften für Hitler, in denen er seine Vorstellungen über die Zukunft der besetzten Sowjetunion darlegte. In der ersten dieser Denkschriften behandelte er die Notwendigkeit der vollständigen Zerschlagung der »jüdisch-bolschewistischen Staatsverwaltung« sowie der Umsiedlung unerwünschter Volksgruppen,[99] ein Thema, das ihn in dieser Zeit auch privat beschäftigte. So spekulierte er in seinem Tagebuch: »Der Osten ist etwas grundsätzlich anderes als der Westen mit seinen Städten, Industrie, Disziplin. Man wird sich die Verödung nicht schlimm genug vorzustellen haben.«[100] In der »Judenfrage« musste seiner Ansicht nach eine »zeitweilige Übergangslösung« gefunden werden, die Zwangsarbeit und Ghettoisierung einschloss.[101] In der Ukraine erwartete er nach der »selbstverständlichen Ausscheidung der Juden aus allen öffentlichen Stellen« eine »entscheidende Lösung« durch die Bildung von Arbeitskolonnen und die Einrichtung von Ghettos nach dem Lodzer Modell, soweit »die Juden von den Ukrainern selbst nicht vertrieben worden sind«. Das »Ostland«, ein künstliches geopolitisches Gebilde, das die baltischen Staaten und Teile Weißrusslands umfasste, war laut Rosenberg »durch Eindeutschung rassisch möglicher Elemente, durch Kolonisierung germanischer Völker und durch Aussiedlung nicht erwünschter Elemente« umzugestalten.[102] Infolge seiner längerfristigen Perspektive befürwortete er ein weniger radikales Vorgehen gegen diese »Feinde« im Rahmen des »Unternehmens Barbarossa«, als es die Wehrmacht plante.[103]

Obwohl die bereits erwähnte Besprechung über Wirtschaftsfragen bei General Thomas am 2. Mai 1941 Rosenbergs Aufgabenbereich betraf, nahm er vermutlich nicht an ihr teil, da er an diesem Tag von der Wehrmacht über den Angriffsplan und die in der Vereinbarung zwischen Heydrich und Wagner umrissene Aufgabenteilung zwischen Heer und SS informiert wurde.[104] Dennoch stimmten seine Vorstellungen weitgehend mit den Ideen derjenigen überein, die den Hungertod von Millionen Menschen anstrebten. In seinen verquasten Jargon verkleidet, fand diese Haltung Eingang in die Arbeitsgrundlagen von Rosenbergs ministeriellem und regionalem Apparat. In einer Denkschrift mit allgemeinen Instruktionen für die Reichskommissare in der Ukraine, im »Ostland« und in anderen zu erobernden Gebieten beschrieb er den bevorstehenden

Krieg als »Kampf um die Ernährung und Rohstoffversorgung sowohl für das Deutsche Reich als auch für den ganzen europäischen Raum, einen Kampf weltanschaulicher Natur, in dem der letzte jüdisch-marxistische Gegner niedergerungen werden muss«.[105]

In den Wochen vor dem Beginn des »Unternehmens Barbarossa« arbeiteten Wirtschaftsfachleute weitere Pläne aus, die gleichfalls massenhaften Hungertod und massive Ausbeutung einkalkulierten. Besondere Bedeutung kam dabei den von der Gruppe Landwirtschaft des Wirtschaftsstabes Ost am 23. Mai 1941 fertig gestellten wirtschaftspolitischen Richtlinien zu.[106] Mit »Billigung der höchsten Stellen« schlugen die (unbekannten) Verfasser der zwanzigseitigen Schrift vor, die russische Wirtschaft gemäß einem »Primat der Ernährung« zum Wohle der Wehrmacht, der deutschen Bevölkerung und des restlichen deutsch beherrschten Europa grundlegend umzustrukturieren. Als Schlüssel zum Erfolg galt die im Hinblick auf die landwirtschaftliche Produktivität vorgenommene Aufteilung der Sowjetunion in zwei geoökonomische Einheiten: eine »Zuschusszone«, auch »Waldbauzone« oder »Hungergebiet« genannt, im Norden, zu der insbesondere die Industriezentren Moskau und Leningrad gehörten, und eine »Überschuss-« oder »Schwarzerdezone« im Süden, einschließlich des Kaukasus. Der durch die wirtschaftliche Entkoppelung der beiden Zonen erzielte Überschuss sollte von den Besatzungstruppen buchstäblich aufgezehrt werden: Mindestens zwei Drittel ihres Bedarfs wollte man mit Produkten aus den besetzten sowjetischen Gebieten abdecken; das restliche Drittel sollte aus Frankreich kommen. Aber auch die deutsche Wirtschaft sollte, wie es sich schon die Teilnehmer der Besprechung am 2. Mai vorgestellt hatten, durch die Einfuhr von Fetten und Getreide direkt vom Ertrag der »Überschusszone« profitieren. Während die Bevölkerung im Süden, die Produzenten des landwirtschaftlichen Überschusses, auf »lebenswürdige Zustände« hoffen konnte, ließ man den Menschen im »Hungergebiet« kaum eine Chance aufs Überleben: »Viele 10 Millionen Menschen werden in diesem Gebiet überflüssig und werden sterben oder nach Sibirien auswandern müssen. Versuche, die Bevölkerung dort vor dem

Hungertode dadurch zu retten, dass man aus der Schwarzerdezone Überschüsse herauszieht, können nur auf Kosten der Versorgung Europas gehen. Sie unterbinden die Durchhaltemöglichkeit Deutschlands im Kriege, sie unterbinden die Blockadefestigkeit Deutschlands und Europas. Darüber muss absolute Klarheit herrschen.«

Im Übrigen rechtfertigten die Wirtschaftsexperten ihre Pläne mit der fatalistischen Annahme, dass der deutschen Verwaltung die Belieferung des Nordens mit Lebensmitteln aus dem Süden auch bei bestem Willen unmöglich war, weil die nötigen Transportmöglichkeiten fehlten. Neben dem zusammenfassenden Protokoll der Besprechung vom 2. Mai 1941 waren die Richtlinien der deutlichste Beleg für die Absichten der Besatzer gegenüber der sowjetischen Zivilbevölkerung aus der Zeit vor der Invasion, rechneten deutsche Wirtschaftsexperten doch mit dem physischen Verschwinden von Millionen Menschen, ob durch Verhungern oder durch die »Evakuierung« von »überflüssigen Essern«.

Die Richtlinien dienten indessen nicht als Blaupause für die nach dem Beginn des »Unternehmens Barbarossa« tatsächlich ergriffenen Maßnahmen.[107] Andernfalls wäre es den Menschen in den baltischen Staaten und zum Teil auch in Weißrussland womöglich besser ergangen, als es letztlich der Fall war, denn diese Gebiete wurden zwar der »Zuschusszone« zugerechnet, zugleich galt es dort aber nach Ansicht der Wirtschaftsfachleute besondere deutsche Interessen zu berücksichtigen. Aufgrund seiner intensiv betriebenen Landwirtschaft sei das Baltikum »so zu behandeln wie die neu eingegliederten Gaue« im früheren Polen; und im Fall von Weißrussland, dem wichtigsten Fleischproduzenten in relativer Nähe zum deutschen Markt, sei es wünschenswert – »auch aus politischen Gründen: Gegensatz Weißrussen, Litauer gegen Großrussen« –, dieses Gebiet »pfleglich zu behandeln«; die Zukunft werde zeigen, »wieweit das möglich ist«.

Juden wurden in den Richtlinien nicht explizit erwähnt. Die Hauptzielgruppe der nationalsozialistischen Hungerpolitik waren die in der Umgebung von Moskau und Leningrad lebenden Menschen sowie die »Großrussen«, die kollektiv als politische Feinde betrachtet wurden. Mit Ausnahme einiger weniger Gebiete, darunter der Umgebung von Leningrad, wo die 900 Tage dauernde deutsche Belagerung tatsächlich zu einem massenhaften Hungersterben führte, gelang es den Deutschen allerdings nur, jene Gebiete zu besetzen, die in den Richtlinien als »Überschusszone« bezeichnet wurden oder als Ausnahmebereiche innerhalb der »Hungerzone« ausgewiesen waren, in denen Sonderinteressen eine weniger zerstörerische Politik notwendig machten.

Bei aller Ungenauigkeit hatten die deutschen Vorkriegsplanungen auf wirtschaftlichem Gebiet unheilvolle Implikationen nicht nur für die sowjetische Bevölkerung, sondern auch für die vielen Kriegsgefangenen, die aufgrund der Wehrmachtstrategie forcierter Kesselschlachten zu erwarten waren.[108] Die von den Wirtschaftsplänen erzeugte Erbitterung in der Bevölkerung wiederum verstärkte die deutschen »Befriedungs«-Versuche und beschleunigte den Eskalationsprozess von Terror und Repression erheblich.[109] Darüber hinaus ergaben sich einschneidende Folgen für die sowjetischen Juden, die, wie anderswo im deutschen Einflussbereich auch, stets als Letzte bei der Verteilung der knappen Lebensmittel berücksichtigt wurden.

Alle an den Vorkriegsplanungen beteiligten Stellen stimmten darin überein, dass die »Lösung der Ostfragen«[110] eine Vielzahl von Maßnahmen gegen verschiedene Bevölkerungsgruppen erforderte. Hans Frank erhoffte von »Barbarossa« die Abschiebung und Dezimierung der europäischen Juden im Allgemeinen und der in seinem Herrschaftsgebiet lebenden jüdischen Bevölkerung im Besonderen. Am 19. Juni, kurz vor der Invasion der Sowjetunion, sprachen Hitler, Goebbels und Frank über die im Generalgouvernement lebenden Juden. Goebbels notierte hinterher: »Dr. Franck [sic] erzählt vom Generalgouvernement. Dort freut man sich schon darauf, die Juden abschieben zu können. Das Judentum in Polen verkommt allmählich. Eine gerechte Strafe für die Verhetzung der Völker und die Anzettelung des Krieges. Der Führer hat das ja auch den Juden prophezeit.«[111] Allerdings schienen diese Gespräche in Franks Augen nicht über Hitlers bereits im vorangegangenen März gemachten Zusagen hinauszugehen, denn er wartete einen ganzen Monat ab, bevor er seine Gefolgsleute im Generalgouvernement über das Gespräch informierte. Erneut sei ihm versichert worden, dass das Generalgouvernement »in absehbarer Zeit« von Juden gesäubert werde. Es diene lediglich als »Durchgangslager«, was eine endgültige Abschiebung nach Osten erwarten ließ.[112] Zugleich bat Frank in einem Brief an Reichskanzleichef Lammers um die Eingliederung der Pripjet-Sümpfe ins Generalgouvernement. Dort wollte er die Juden aus seinem Herrschaftsgebiet ansiedeln, damit sie nützliche Arbeit für das Reich verrichten konnten.[113]

Nicht alle führenden Nationalsozialisten betrachteten die »Judenfrage« als das dringlichste Problem auf der politischen Tagesordnung. Am 20. Juni 1941 erklärte Alfred Rosenberg in einer Ansprache vor den, wie es in seinem Redemanuskript heißt, »engsten Beteiligten am Ostproblem«, dass es eines seiner Hauptziele sei, »aus dem Riesenterritorium der Sowjetunion Staatengebilde organisch herauszuschneiden und gegen Moskau aufzubauen, um das Deutsche Reich für kommende Jahrhunderte von dem östlichen Albdruck zu befreien«. Vor Deutschland stünden zwei »Riesenaufgaben«: »1. die deutsche Ernährung und Kriegswirtschaft zu sichern; das ist die große Aufgabe des Reichsmarschalls [Göring], und 2. Deutschland für immer von dem politischen Druck aus dem Osten zu befreien; das ist das politische Ziel in diesem Kampf.« Auf zentraler Planungsebene habe die »deutsche Volksernährung« Vorrang. Auch Rosenberg präsentierte ideologisch determinierte Entscheidungen über das Schicksal der einheimischen Bevölkerung als unabänderliche Gesetzmäßigkeit: »Wir sehen durchaus nicht die Notwendigkeit ein, aus diesen Überschussgebieten das russische Volk mit zu ernähren. Wir wissen, dass das eine harte Notwendigkeit ist, die außerhalb jeden Gefühls steht. Zweifellos wird eine sehr umfangreiche Evakuierung notwendig sein, und dem Russentum werden sicher sehr schwere Jahre bevorstehen.« Rosenberg zufolge war Weißrussland ein »sehr geeignetes Auffanggebiet« für »viele unsoziale Menschen« aus den baltischen Staaten sowie aus dem Generalgouvernement und dem Wartheland – ein Anzeichen dafür, dass die Idee der Abschiebung von Juden und anderen unerwünschten Gruppen nach Osten weiter an Boden gewonnen hatte.[114]

Zusätzlich zu den praktischen Maßnahmen zur Vorbereitung des »Vernichtungskrieges« gegen die Sowjetunion, insbesondere der Aufstellung der Einsatzgruppen, schwelgte Himmler – wie viele andere auch[115] – bereits in den Möglichkeiten demographischer Großprojekte, die der Ostkrieg eröffnete. Daneben nahmen sich die Experimente der vorangegangenen anderthalb Jahre geradezu harmlos aus. Vom 12. bis 15. Juni 1941 empfing er auf der als »SS-Reichsführerschule« genutzten Wewelsburg bei Paderborn die Spitzen der SS, einschließlich Heydrichs und der drei künftigen HSSPF an der Ostfront, von dem Bach-Zelewski, Prützmann und Jeckeln. Laut von dem Bach-Zelewski erklärte Himmler bei dieser Gelegenheit, es gehe im bevorstehenden Krieg um »eine Existenzfrage, daher werde es zu einem Volkstumskampf von unerbittlicher Härte kommen, in dessen Verlaufe durch die Kriegshandlungen und die Ernährungsschwierigkeiten 20 bis 30 Millionen Slawen und Juden umkommen würden«.[116] Am 24. Juni, kurz nach Beginn der Invasion, traf sich Himmler mit Professor Konrad Meyer, einem seiner Bevölkerungsplaner, und erteilte ihm den Auftrag, nach vorgegebenen »Richtlinien und Hinweisen« einen »Generalplan Ost« für die künftige Bevölkerungsstruktur auszuarbeiten. Nur drei Wochen später legte Meyer einen ersten Entwurf vor. Doch der Feldzug im Osten kam offenbar derart gut voran, dass der auf der Grundlage von Himmlers »Richtlinien und Hinweisen« vom 24. Juni entworfene Plan schon nicht mehr aktuell war. Jedenfalls betrachtete der Reichsführer-SS ihn als überholt und wies Meyer an, eine überarbeitete Fassung vorzulegen.[117]

Himmler verstand den Russlandfeldzug stets als einen gewaltigen rassischen und ideologischen Kampf, der mehr umfasste als die »Judenfrage«. Am 13. Juli 1941 schwor er in Stettin Einheiten der Waffen-SS darauf ein, den »Kampf der Rassen« gegen die asiatischen Horden zu führen – gegen »dasselbe Untermenschentum, dieselben Niederrassen«, die Europa seit der Epoche der Hunnen, Magyaren und Tataren bedroht hätten, nur dass sie jetzt unter der Fahne des Bolschewismus anträten. Und am 20. Juli stimmte er in Lublin sogar Globocniks Plänen zu, eine Region einzudeutschen, aus der er nur ein Jahr zuvor in der Cholmer Aktion die »Volksdeutschen« evakuiert hatte.[118]

Ohne Unterlass schmiedete Himmler Pläne für riesige Bevölkerungsverschiebungen und Vertreibungen sowie für die Ansiedlung von Deutschen. Im Frühjahr 1942 kursierte im Ostministerium eine neue Fassung des Generalplans Ost, und aus den Anmerkungen, die Erhard Wetzel (mittlerweile Rassenreferent in Rosenbergs Ministerium) dazu anfertigte, ging hervor, dass seit Juni 1941, als Meyer Himmlers »Richtlinien und Hinweise« erhalten hatte, eine grundlegende Veränderung eingetreten war. Der Plan, kritisierte Wetzel, sehe die Abschiebung von 31 Millionen Slawen nach Sibirien vor (was in etwa der Zahl entsprach, die Himmler auf der Wewelsburg genannt hatte), während man es 14 Millionen gestatte, zurückzubleiben. Nur wenn man davon ausgehe, »dass die etwa 5 bis 6 Mill. Juden, die in diesem Raume wohnen, schon vor der Evakuierung beseitigt sind, kommt man zu der in dem Plan erwähnten Ziffer von 45 Mill. Fremdvölkischen. Die Ausführungen des Planes ergeben jedoch, dass die Juden in den genannten 45 Mill. noch enthalten sind.« Indessen sei einzukalkulieren, dass die Juden im Rahmen der »Endlösung« bereits »liquidiert« werden würden und ihre Umsiedlung sich daher »erübrigt«. Polen oder Russen, fügte Wetzel hinzu, könne man hingegen nicht »liquidieren«, wie es mit den Juden geschehe.[119]

Tatsächlich sah die nächste Fassung des Generalplans Ost, die Meyer im Mai 1942 vorlegte, nicht einmal mehr die Deportation der nichtjüdischen Bevölkerung vor.[120] Irgendwann nach dem 24. Juni 1941, an dem Meyer Himmlers »Richtlinien und Hinweise« erhalten hatte, war folglich ein grundlegender Richtungswechsel vollzogen worden.[121] Die »Lösung der Judenfrage« wurde nicht mehr im größeren Rahmen einer riesigen Bevölkerungsdezimierung und Vertreibung der Slawen gesucht, sondern hatte eine Eigenständigkeit und Priorität erlangt, die ihr vorher gefehlt hatte. Doch diese unheilvolle Entwicklung fand nach Beginn des Russlandfeldzuges statt, und nicht in der Planungsphase vor der Invasion.

Es wäre irreführend, bei der Betrachtung der deutschen Vorbereitungen auf das »Unternehmen Barbarossa« den Blick ausschließlich auf die Pläne der Führungsspitze zu richten. So waren materielle Erwartungen zum Beispiel nicht auf die Rahmenplanungen für die Ausbeutung der okkupierten sowjetischen Gebiete zugunsten der eigenen Volkswirtschaft beschränkt. Korruption, Freibeutermentalität und Günstlingswirtschaft hatten schon vor 1941 im Zusammenhang mit der antijüdischen Politik endemische Ausmaße angenommen, insbesondere bei der »Arisierung« jüdischer Geschäfte und Unternehmen. Seit dem »Anschluss« Österreichs im Frühjahr 1938 galt die Kombination aus territorialer Expansion und antijüdischen Maßnahmen für Einzelne und Gruppen, die es verstanden, aus der massiven Umverteilung von jüdischem Eigentum an »Arier« Nutzen zu ziehen, nicht nur in finanzieller Hinsicht als ausgesprochen profitabel.[122] Der totale Krieg gegen die Sowjetunion verhieß eine Art Goldrausch, der allein durch die Verfügbarkeit von Beute sowie die Durchsetzung von Restriktionen durch die deutschen Behörden selbst beschränkt wurde. Nicht nur Hitlers Paladine auf ihren hohen Posten im Osten, sondern auch gewöhnliche Deutsche – Soldaten, Bürokraten, Verwalter – hofften auf Profit. Ihre Erwartungen reichten vom »Organisieren«, das heißt Stehlen von Lebensmitteln, Wertsachen und Waren des täglichen Bedarfs für den Versand in die Heimat, über den Erwerb von Ländereien im Rahmen der Pläne zur »Sesshaftmachung im Ostraum« bis hin zu der Gewährung bedeutender finanzieller Gratifikationen durch Hitler, wie es sich etwa die Generalfeldmarschälle von Leeb und von Rundstedt erhofften.[123]

Die verbreitete, wenn auch inoffizielle Akzeptanz des Mottos *»enrichissez-vous«* – »Bereichert euch« – stellte keine Abweichung vom idealisierten Bild des deutschen Staatsdieners im Osten dar, sondern bildete eines seiner Funktionselemente. Die Verfasser der Wirtschaftsrichtlinien vom 23. Mai 1941 hatten darauf hingewiesen, dass die erfolgreiche Ausbeutung des besetzten Ostens von der »größten Initiative und Einsatzfreudigkeit« aller beteiligten Dienststellen abhinge. Ihre geringe Zahl müsse man durch persönlichen Einsatz und die Fähigkeit, schnelle Entscheidungen zu treffen, wettmachen; falsche Entscheidungen seien unter diesen Umständen besser als gar keine. Die Männer müssten sich darüber im Klaren sein, »dass sie allein auf sich gestellt sind und in den großen Räumen nicht erst auf schriftliche oder telefonische Befehle von oben warten können. Sie haben nach den hier gegebenen Richtlinien von sich aus mit höchstem Einsatz zu arbeiten. Sie haben auch keine Forderungen nach oben zu stellen, da solche Forderungen – mindestens in den ersten Monaten – gar nicht erfüllt werden können.«[124]

Bereits im Vorfeld des Angriffs sorgte die NS-Führung dafür, dass der Bedarf an persönlicher Initiative und Entschlusskraft angesichts des Fehlens klarer Befehle gedeckt werden konnte. Auf die Positionen der HSSPF im Osten berief Himmler aus den Reihen seiner Generäle ausschließlich solche, die ehrgeizig, rücksichtslos und intelligent genug waren, um zu antizipieren, was ihre Vorgesetzten von ihnen erwarteten.[125] Sie alle hatten Erfahrungen mit der »Judenfrage« im Reich, am meisten von dem Bach-Zelewski als Sipo-Chef in Ostpreußen und HSSPF in Schlesien.[126] Mit der Auswahl von Vertretern, deren Zuverlässigkeit erwiesen war, folgte Himmler einem bürokratischen Verfahren, das seit 1933 in zunehmendem Maße den politischen Entscheidungsprozess in Deutschland geprägt hatte. Dieser durch Improvisation und Kompetenzstreitigkeiten gekennzeichnete Stil passte gut zu Hitlers Vorliebe, drängende Entscheidungen zu verzögern oder gänzlich zu vermeiden.[127] Mitte Oktober 1941, in einer entscheidenden Phase des Krieges und der Entwicklung der »Endlösung«, bekannte Hitler gegenüber Vertrauten, dass er es sich angewöhnt habe, herausgehende Post drei oder vier Tage zurückzuhalten. Es werde immer Probleme geben, die er selbst lösen müsse; er würde dies allerdings lieber anderen überlassen. »Wohin käme ich«, fragte er rhetorisch, »wenn ich nicht Leute meines Vertrauens fände zur Erledigung der Arbeiten, die ich nicht selbst leiten kann, harte Leute, von denen ich weiß, sie greifen so durch, wie ich das tun würde. Der beste Mann ist für mich der, welcher mich am wenigsten bemüht, indem er 95 von 100 Entscheidungen auf sich nimmt.«[128] Die Wochen nach dem

22. Juni 1941 sollten zeigen, dass die Bereitschaft, auf der Basis allgemein anerkannter Zielsetzungen und vager Richtlinien eigenständig zu handeln und dadurch den überlasteten »Führer« von der Notwendigkeit, Entscheidungen zu treffen, zu befreien, weit über den Kreis seiner direkten Untergebenen hinausging.

Willige Vollstrecker mit vorauseilenden Innovationen.

Kapitel 7

Das »Unternehmen Barbarossa« und der Beginn der Judenvernichtung, Juni–Dezember 1941

(von Jürgen Matthäus)

Nachdem die Wehrmacht am 22. Juni 1941, dem ersten Tag des »Unternehmens Barbarossa«, die sowjetische Grenze überschritten hatte, eroberte sie rasch einen breiten Landstreifen, der von der Ostsee über Weißrussland bis zur südöstlichen Ukraine reichte. Im Unterschied zu früheren Feldzügen verlief dieser »Blitzkrieg« nicht nach Plan. Trotz der Niederlage in vielen Schlachten sowie gewaltiger Verluste an Material und Menschenleben konnte die Rote Armee den deutschen Vormarsch stoppen und der Wehrmacht einen Winterfeldzug aufzwingen, auf den sie nicht vorbereitet war. Was danach folgte, mag im Rückblick als Vorgeschichte zum deutschen Rückzug erscheinen, der schließlich mit der bedingungslosen Kapitulation endete. Ende 1941 jedoch demonstrierte die lange Frontlinie im Osten nicht nur die ungebrochene militärische Macht des Dritten Reichs, sondern bedeutete auch Leid und Tod für Millionen von Menschen in den besetzten Gebieten der Sowjetunion.[1]

Von Anfang an verfolgte das NS-Regime eine Politik des Terrors, die zwar bereits in den Vorausplanungen für diesen »Vernichtungskrieg« angelegt war, aber erst im Laufe der Zeit an Dynamik gewann. Schon Ende 1941 hatte die Zahl der Todesopfer gewaltige Ausmaße erreicht. Zwischen 500 000 und 800 000 Juden, einschließlich Frauen und Kindern – im Durchschnitt 2700 bis 4400 Personen am Tag –, waren ermordet worden, und ganze Regionen galten bereits als »judenfrei«. Während viele jüdische Gemeinden vor allem in ländlichen Gebieten erst später organisierten »Aktionen« zum Opfer fielen, erreichte die Ermordung sowjetischer Kriegsgefangener in dieser frühen Phase ihren Höhepunkt. Im Herbst 1941 starben in den deutschen Lagern täglich rund 6000 Rotarmisten; bis zum Frühjahr 1942 kamen über zwei Millionen der 3,5 Millionen von der Wehrmacht gefangen genommenen sowjetischen Soldaten ums Leben. Als sich die Deutschen 1943/44 schließlich aus der Sowjetunion zurückzogen, hatten sie den größten Teil des besetzten Territoriums verwüstet, Tausende Dörfer niedergebrannt und riesige Gebiete entvölkert. Verlässliche Schätzungen über die sowjetischen Gesamtverluste an Menschen sind kaum möglich, aber eine Zahl von mindestens 20 Millionen Todesopfern erscheint wahrscheinlich.[2]

Bei der Suche nach Antworten auf die Frage, wie, wann und warum die nationalsozialistische Judenverfolgung zur »Endlösung« wurde, lässt sich die Bedeutung des Krieges gegen die Sowjetunion kaum überschätzen. Seit das »Unternehmen Barbarossa« zum Forschungsgegenstand geworden ist, gilt als unstrittig, dass die Ermordung der sowjetischen Juden eine Wegscheide in der Geschichte darstellt, einen Quantensprung in Richtung »Endlösung«.[3] Doch trotz neuer Forschungen auf der Grundlage von Quellen aus osteuropäischen Archiven tun sich Historiker mit Antworten auf einige der Schlüsselfragen immer noch schwer: Was machte Männer aus verschiedenen Gruppen – Wehrmacht, SS, Polizei und Zivilbehörden, verbündeten Truppen und einheimischen Kollaborateuren – zu Tätern, und wie haben sie im Zuge der »Realisierung des Utopischen«[4] zusammengewirkt? Wie wichtig waren Befehle, Richtlinien und Instruktionen der Berliner Zentralbehörden im Vergleich zu Faktoren, die auf lokaler und regionaler Ebene wirksam wurden? Welche Kräfte trieben diesen Prozess voran, und was waren ihre Ursachen? Bei der Behandlung dieser Fragen muss man sich der Schwächen monokausaler Erklärungen ebenso bewusst sein wie der Unmöglichkeit einer die ganze Bandbreite der Geschehnisse abbildenden Darstellung. Das folgende Kapitel sucht nach Antworten auf die Frage nach den Ursachen, Triebfedern und Verlaufsmustern der »Endlösung« und konzentriert sich dabei auf jene Entwicklungen, die die Grenzüberschreitung von unorganisierten physischen Gewaltanwendungen und gelegentlichen Mordaktionen zur systematischen Vernichtung erklären helfen.

7.1 Unsichtbares Gepäck. »Der Osten« in deutschen Vorstellungen und Erwartungen

Nicht nur die großen strategischen Entwürfe und militärischen Befehle, die die NS-Führung im Vorfeld des Krieges gegen die Sowjetunion ausarbeitete, waren von ideologischen Vorurteilen beeinflusst. Als Wehrmachtssoldaten, SS-Männer und andere Deutsche die Grenze in Richtung Osten überschritten, brachten sie mehr oder weniger feste Vorstellungen von der Region und den Menschen mit, denen sie dort begegnen würden. Diese vorwiegend negativen Stereotypen, in denen sich kollektive Klischees des 19. Jahrhunderts mit nationalsozialistischen Propagandaparolen und politischen Konzepten mischten, wie sie ihren Ausdruck in den »Barbarossa«-Befehlen fanden, bestimmten die Wahrnehmung der Wirklichkeit durch die Besatzer. Als »endlose Weite« und zugleich neuer »Lebensraum« war ihnen »der Osten« sowohl Bedrohung als auch Verheißung für die Zukunft. In seinen Ursprüngen und Funktionen stand der Begriff des »Ostens« eng mit anderen ideologisch aufgeladenen Begriffen in Zusammenhang, vor allem mit denen des »Juden« und des »Bolschewismus«. Hitlers keineswegs neue und mit starken utopischen Elementen durchsetzte Ideen vom »Lebensraum« sind sowohl aus seinen eigenen Schriften und Reden als auch aus denen seiner engsten Getreuen bekannt.[5] Weit schwieriger einzuschätzen ist der Erwartungshorizont der Deutschen außerhalb des engen, in Berlin ansässigen Kreises der NS-Führung.[6]

Vorstellungen über »den Osten« hatten die deutsche Politik seit dem Ersten Weltkrieg beeinflusst, als deutsche Truppen zum ersten Mal Teile des russischen Reichs besetzten. Am deutlichsten wird diese Kontinuität mit Blick auf das Russland-Bild der kommandierenden Wehrmachtsoffiziere, von denen die meisten im Ersten Weltkrieg gedient hatten. Der militärische Konflikt zwischen beiden Ländern erschien als eine tief in der Geschichte verwurzelte Konstante, als ein Kampf, in dem germanische Völker die »europäische Kultur gegen die moskowitisch-asiatische Überschwemmung« verteidigten. Als Folge der Besetzung von Ostpolen, Teilen des Baltikums, Weißrusslands und der Ukraine im Ersten Weltkrieg waren deutsche Soldaten mit den Völkern Osteuropas in Berührung gekommen. Besonders das Offizierskorps hatte die einheimische Bevölkerung damals nicht nur als andersartig, sondern auch als minderwertig und für westliche Werte unempfänglich wahrgenommen; den niedrigsten Platz auf der Skala der Zurückgebliebenheit wies man den Ostjuden zu. Städtische Ghettos galten als Relikte des Mittelalters, ihre Bewohner als dreckig und abstoßend.[7]

Während des Ersten Weltkriegs war das deutsche Heer nicht in der Lage gewesen, die eroberten Gebiete nachhaltig zu sichern. Dabei erschien die Bedrohung durch Freischärler im Westen als gering im Vergleich mit der Gefahr, die im Osten von »Banditen« und später von kommunistischen Unterwanderern ausging.[8] Viele Offiziere nahmen die Lehren aus dem Ersten Weltkrieg noch 20 Jahre später ernst. Mitte Juni 1941 unterwies der Rechtsexperte des OKH, Generalleutnant Eugen Müller, Offiziere der 3. Panzergruppe, die erwartete Härte des kommenden Krieges verlange nach gleichermaßen harten Strafmaßnahmen gegen zivile Saboteure. Um dies zu unterstreichen, erinnerte er an die kurze russische Besatzung von Gumbinnen in Ostpreußen im Jahr 1914; damals seien alle Dorfbewohner entlang der Eisenbahnstrecke von Tilsit nach Insterburg mit dem Tod bedroht worden, falls die Gleise beschädigt würden. Dass es bei der Drohung blieb, spielte für Müller keine Rolle. »In Zweifelsfragen über Täterschaft wird häufig der Verdacht genügen müssen«, schärfte er seinen Zuhörern für die Zukunft ein.[9]

Ein weiteres herausragendes Element ideologischer Kontinuität nach 1918, die Identifikation von Juden und Bolschewismus, verknüpfte alte antisemitische Klischees mit der neuen Furcht vor einer kommunistischen Weltrevolution, die die bestehende Ordnung zu zerstören drohte. Rechte Ideologen und NS-Propagandisten wie Rosenberg und Goebbels perhorreszierten den Kommunismus als Irrweg der europäischen Geschichte, als asiatisches Phänomen, dem alle anerkannten moralischen Kategorien des Westens fremd seien.[10] Die große

Akzeptanz derartiger Vorstellungen bei deutschen Offizieren erklärt teilweise, warum es ihnen leicht fiel, ihren Schwur zum Schutz der Weimarer Republik zu brechen und den NS-Staat bis in die letzten Stunden seiner Existenz aktiv zu verteidigen.

Hitlers Partei machte allen Teilen der nationalistischen Elite Versprechungen, doch für das Militär war sie besonders anziehend, da sie mehr als nur eine Revision des Versailler Vertrages forderte und die Chance zur raschen Wiederbewaffnung Deutschlands eröffnete. Frühe Anzeichen für die willfährige Unterstützung des Regimes durch das Militär waren zum einen die Hinnahme der Ermordung politischer Gegner, unter anderem des früheren Reichskanzlers und Generals Kurt von Schleicher, während des so genannten Röhm-Putschs 1934, und zum anderen seine Haltung gegenüber den Juden. Ohne die Nürnberger Gesetze abzuwarten, beeilte sich die Armeeführung, eigene antijüdische Maßnahmen zu ergreifen, durch die Juden vom Wehrdienst ausgeschlossen und Offizieren die Ehe mit »Personen nichtarischer Abstammung« verboten wurde.[11]

Stabsoffizieren adliger oder großbürgerlicher Herkunft mochten Parolen im Stil des *Stürmers* und die Aktionen nationalsozialistischer Schlägertrupps zuwider gewesen sein, doch hegten sie gleichzeitig keinerlei Sympathie für Juden und Kommunisten. Bereits Ende 1935 wurden sowjetische Parteifunktionäre in einem Flugblatt des Reichskriegsministeriums als »meist dreckige Juden« bezeichnet.[12] Vier Jahre später veröffentlichte das Allgemeine Wehrmachtsamt des OKH, das bald tief in die Planungen für das »Unternehmen Barbarossa« verwickelt war, ein Schulungsheft mit dem Titel *Der Jude in der deutschen Geschichte*, in dem dargelegt wurde, was man in der »Judenfrage« noch zu leisten habe. So seien alle Spuren des »jüdischen Einflusses« auszumerzen, insbesondere in Wirtschaft und in Kultur; außerdem war der »Kampf gegen das Weltjudentum, das alle Völker der Welt gegen Deutschland aufzuhetzen trachtet« fortzusetzen.[13] Fest in der antijüdischen Politik verankert und von einem Sperrfeuer entsprechender Propaganda unterstützt, entfaltete das Phantom des »jüdischen Bolschewismus« im Juni 1941 ein Eigenleben, das die Fähigkeit des Militärs zur Wahrnehmung der Wirklichkeit erheblich einschränkte. Dass im Rahmen des »Unternehmens Barbarossa« auch Stabsoffiziere an der Ermordung der Juden und anderer Zivilisten beteiligt waren, die später zur Militäropposition gegen Hitler gehörten, verdeutlicht die breite Akzeptanz grundlegender Vorstellungen der NS-Ideologie innerhalb der nationalsozialistischen Funktionselite.[14]

Während sich bei den kommandierenden Offizieren der Wehrmacht zweifelsfrei eine tief sitzende Abneigung gegenüber dem kommunistischen Russland mit einem überkommenen, politisch-ideologisch untermauerten Antisemitismus verband, kann dies von den Unteroffizieren und Mannschaften nicht mit gleicher Sicherheit gesagt werden. Für 1941 eingezogene Rekruten gehörte der Erste Weltkrieg, so wichtig er in der Familiengeschichte, der Schulausbildung und dem nationalen Gedächtnis auch sein mochte, der Vergangenheit an. Die meisten von ihnen kannten »den Osten« nur aus Büchern, Schulstunden und der Propaganda. Der deutsche Angriff auf Polen im September 1939 wurde von einer Lügenkampagne über die Vernachlässigung eines früheren (und zukünftigen) deutschen Siedlungsgebiets durch die Polen begleitet. Bis heute fehlt es an Forschungsergebnissen über die Auswirkungen ideologischer Indoktrination auf das Verhalten der Wehrmachtssoldaten oder der Angehörigen der anderen im Osten eingesetzten Gruppen. Nach der vorherrschenden, wenn auch wenig fundierten Interpretation waren Bemühungen in dieser Richtung zum größten Teil vergeblich.[15] Es muss jedoch in Rechnung gezogen werden, dass die NS-Propaganda seit Beginn des Polenfeldzuges durch die Auswirkungen deutscher Besatzungspolitik und die verzerrte Wahrnehmung der Bedingungen im Osten gestützt wurde. Da die eingeleiteten Maßnahmen diese Bedingungen rapide verschlechterten, erschienen stigmatisierte Teile der einheimischen Bevölkerung in zunehmendem Maße als »Untermenschen«, was wiederum bewirkte, dass noch vorhandene Reste moralischer Skrupel in Bezug auf ihre Behandlung immer mehr schwanden. Nirgends trat dieser Teufelskreis der Entmenschlichung deutlicher zutage als im Fall der polnischen Juden, die als Personifizierung der nationalsozialistischen Karikatur des »ewigen Juden« dargestellt und wahrgenommen wurden. Die sowohl von der SS als auch von der Wehrmacht bereits während des Polenfeldzuges begangenen Gräuel waren zumindest teilweise eine Folge solcher Vorstellungen und der seit 1933 systematisch verstärkten »Herrenvolk«-Mentalität.[16]

Nach der Unterzeichnung des Hitler-Stalin-Pakts am 23. August 1939 hatte man die antibolschewistische Propaganda dämpfen müssen.[17] Zugleich begann sich die bis dahin relativ homogene Zusammensetzung des Offizierskorps aufgrund der Todesopfer der Feldzüge in Polen und auf den folgenden Kriegsschauplätzen aufzulösen – eine Entwicklung, die sich nach dem Beginn des »Unternehmens Barbarossa«, das insbesondere in den unteren Offiziersrängen große Verluste mit sich brachte, erheblich beschleunigte.[18] Selbst wenn die Versuche, den Soldaten nationalsozialistische Vorstellungen nahe zu bringen, wie oft behauptet wird, vor Juni 1941 nur begrenzten Erfolg gehabt haben sollten, hatten die ideologisch aufgeladene Atmosphäre und die Verhältnisse an der Ostfront in der Folgezeit massive Auswirkungen darauf, wie die Wehrmachtsangehörigen ihr Tun wahrnahmen und rechtfertigten. Zumindest bis Stalingrad überdauerten deutsche Soldaten alle Widrigkeiten des Feldzuges gegen einen entschlossen kämpfenden Feind mental nicht nur aus Gehorsam oder infolge von Gruppendruck, sondern auch aufgrund bestimmter Überzeugungen, welche die Projektion der eigenen destruktiven Impulse auf den Feind beinhalteten.[19] In dieser Hinsicht zeigte die politische Führung Realitätssinn. Bereits in seiner Rede vor der Wehrmachtsführung am 30. März 1941, in der er die »Vernichtung der bolschewistischen Kommissare und der kommunistischen Intelligenz« ankündigte, hatte Hitler seinen Offizieren empfohlen, ihre Befehle »im Einklang mit dem Empfinden der Truppe« zu geben.[20] Mitte September gestand er in einem seiner abendlichen Monologe, dass er zum Zeitpunkt des Angriffs mit einer gewissen prokommunistischen Einstellung in der Wehrmacht gerechnet habe. »Die jetzt dabei waren, haben bestimmt alle umgelernt«, versicherte er, »aber vordem hat niemand gewusst, wie es wirklich drüben aussieht [...].«[21]

Das nationalsozialistische Konzept des ideologischen Krieges implizierte den Austausch der traditionellen Regeln von Disziplin und Subordination durch ein flexibleres System, das es deutschen Funktionsträgern auf allen Ebenen erlaubte, rasch und entschlossen zu handeln. Anfang Mai 1941 rechtfertigte Generaloberst Erich Hoepner, der als Kommandeur der Panzergruppe 4 der Heeresgruppe Nord zugeteilt werden sollte, den bevorstehenden Krieg in einem Befehl als »Verteidigung europäischer Kultur gegen moskowitisch-asiatische Überschwemmung« und »Abwehr des jüdischen Bolschewismus«.[22] Einige Tage später stellte General Müller in Bezug auf die Behandlung von Kommissaren und einheimischer Bevölkerung fest, dass der kommende Feldzug anders sein werde als alle vorherigen. Die Wehrmacht müsse mit dem Widerstand der »Träger der jüdisch-bolschewistischen Weltanschauung« rechnen und habe »Landeseinwohner, die als Freischärler an den Feindseligkeiten teilnehmen, oder teilnehmen wollen, [...] im Kampf oder auf der Flucht zu erschießen«. Von Wehrmachtsangehörigen begangene Vergehen seien, sofern sie die Disziplin nicht gefährdeten, nicht zu ahnden.[23] Dies entsprach dem Tenor des von Hitler am 13. Mai 1941 unterzeichneten Gerichtsbarkeitserlasses, den von Brauchitsch am 24. Mai an die Armeebefehlshaber weiterleitete.[24]

Die Grenze zwischen »legitimem« und »unannehmbarem« Verhalten gegenüber der einheimischen Bevölkerung blieb allerdings verschwommen und bot viel Ermessensspielraum. In einer Versammlung von Ic-Offizieren erklärte General Müllers führender Rechtsexperte, die Entscheidung, ob eine von einem deutschen Soldaten verübte Straftat die Disziplin bedrohe, hänge vor allem vom Tatmotiv ab.[25] In den von der OKW-Abteilung Wehrmachtspropaganda herausgegebenen Richtlinien für das Verhalten der Truppe während des Russlandfeldzuges wurde, wie erwähnt, ein »rücksichtsloses und energisches Durchgreifen« und die »restlose Beseitigung jeden aktiven oder passiven Widerstands« gefordert.[26] Die endgültige Fassung hob zudem das »Untermenschentum« des künftigen Gegners hervor.[27] Am 6. Juni 1941 unterzeichnete OKW-Chef Keitel den »Kommissarbefehl«,[28] und kurz darauf legte seine Abteilung für Kriegsgefangene einen Erlass über die Behandlung gefangener Rotarmisten vor, der den Richtlinien für die Behandlung der Zivilbevölkerung im Allgemeinen entsprach, in dem Kommissare und Juden jedoch nicht erwähnt wurden.[29]

Das Verhalten der »Truppe des Weltanschauungskrieges«, der Angehörigen der Einsatzgruppen, führt die Forschung maßgeblich auf feste ideologische Überzeugungen zurück. Ihrer Größe nach wirken Heydrichs Einsatz- und Sonderkommandos, verglichen mit den drei Millionen Wehrmachtssoldaten an der Ostfront, fast vernachlässigbar. Die Mehrheit ihres Personals kam nicht aus Sipo oder SD, sondern aus Einheiten der Orpo und der Waffen-SS. Schon deshalb muss die von Christopher Browning in seiner bahnbrechenden Fallstudie über das Polizeibataillon 101 aufgeworfene Frage, wie »gewöhnlich« diese Männer waren, auf alle direkt beteiligten Täter ausgedehnt werden.[30] Da es bislang keine vergleichenden Untersuchungen zur Tätermentalität gibt, ist es jedoch schwierig, mehr als nur vorläufige Aussagen zu machen. Immerhin steht fest, dass diese Frage eng mit der institutionellen Geschichte von SS und Polizei im Dritten Reich zusammenhängt.

Seit Mitte der dreißiger Jahre gehörten ideologische Lehrsätze in Gestalt »weltanschaulicher Erziehung« fest zur Ausbildung deutscher Polizisten. Nachdem Himmler 1936 zum Chef der Deutschen Polizei ernannt worden war, beschleunigte er seine Bemühungen, die verschiedenen Teile seines Machtapparates stärker zu integrieren. In organisatorischer Hinsicht erwiesen sich diese Anstrengungen aufgrund der heftigen Rivalitäten zwischen den verschiedenen Dienststellen als nur bedingt erfolgreich. Das Amt des Höheren SS- und Polizeiführers, das die Funktionseinheit von SS und Polizei gewährleisten sollte, verstärkte die Tendenz zur Dezentralisierung insofern, als es »kleine Himmler« schuf, die weniger mittels bürokratischer Mechanismen als vielmehr durch ihre persönliche Verpflichtung gegenüber dem Reichsführer-SS in die vorhandenen Strukturen eingebunden waren.[31] In ideologischer Hinsicht hingegen verstanden sich die Offiziere von SS und Polizei bereits vor dem Krieg als Angehörige eines einheitlich ausgerichteten »Staatsschutzkorps«, das das Reich gegen innere Feinde verteidigte, so wie die Wehrmacht es vor äußeren Feinden schützte.[32] Die langfristigen Auswirkungen dieses Prozesses mentaler Standardisierung in Bezug auf die »Judenfrage« bringt Konrad Kwiet mit dem Begriff der »Erziehung zum Mord« auf den Punkt.[33] Laut Ian Kershaw war Propaganda im Nationalsozialismus »insbesondere dort wirkungsvoll, wo sie sich auf bestehende Werte und Einstellungen stützte«.[34] Wie die Wehrmacht und die deutsche Bevölkerung insgesamt waren auch SS-Männer und Polizisten tagtäglich antisemitischen Botschaften ausgesetzt. Vom staatlichen Kultur- und Unterhaltungsbetrieb vermittelte Inhalte wie in dem Spielfilm *Jud Süß* von 1940 bestätigten und verstärkten, was in den Polizei- und SS-Schulen gelehrt wurde.

»Weltanschauliche Erziehung« war kein Selbstzweck, sondern eng mit der politischen Praxis verknüpft. Seit dem Inkrafttreten der ersten antijüdischen Maßnahmen und dem Anstieg der alltäglichen Übergriffe gegen Juden nach dem Januar 1933 gehörte die Polizei zu den wichtigsten Funktionselementen jener Maschinerie, die schließlich die »Endlösung« hervorbrachte. Auch wenn einzelne Polizisten keine antijüdischen Gefühle hegten, die über das im Vorkriegsdeutschland als normal geltende Maß hinausgingen, beeinflussten die Aktivitäten von nationalsozialistischen Schlägern, opportunistischen Profiteuren und willfährigen Bürokraten Polizeiangehörige aller Ränge sowie die Institution als Ganze. Vorurteile, Indoktrination und die sich ständig verschärfende administrative Verfolgungspraxis sorgten dafür, dass SS-Männer und Polizisten die »Judenfrage« statt in abstrakten Begriffen als drängendes Problem wahrnahmen, das zum Nutzen des Regimes, des Sicherheitsapparates und ihrer eigenen Karrieren bewältigt werden musste. Das Schwergewicht »weltanschaulicher Erziehung« in SS und Polizei lag daher nicht auf theoretischem, sondern auf praxisorientiertem Wissen, was unter anderem daran abzulesen war, dass viele Lehrer an den SS- und Polizeischulen ebenso wie ihre Schüler Angehörige von Einsatzgruppen waren und mit praktischen Aspekten der »Judenfrage« befasste Beamte wie Eichmann an diesen Schulen Vorträge hielten.[35]

Ideologische Faktoren spielten auf vielen Ebenen eine Rolle. So konnten sich deutsche Stellen, die Berichte über die Geschehnisse auf sowjetischem Territorium vor dem »Unternehmen Barbarossa« sammelten, in gewissem Ausmaß auf die Informationen einheimischer Zuträger stützen. In den baltischen Staaten und der Westukraine, die nach dem Polenfeldzug von der Sowjetunion annektiert worden waren, deckte sich die antisemitische Tendenz nationalistischer Kreise mit den Vorurteilen deutscher Funktionsträger. Eine besonders wichtige Gruppe bildeten litauische Aktivisten, die nach der Angliederung ihres Landes an die Sowjetunion emigriert waren. Über die Staatspolizeistelle (Stapostelle) Tilsit erhielt das Amt IV (Gestapo) des RSHA regelmäßig Berichte von jenseits der litauischen Grenze, die gelegentlich auch von Himmler und Heydrich gelesen wurden. Ende Mai 1941 meldete die Tilsiter Stapostelle unter SS-Sturmbannführer Hans-Joachim Böhme, unter den kommunistischen Funktionären in Litauen seien Russen und Juden besonders stark vertreten. »Die Juden in Sowjetlitauen«, befand Böhme, »betätigen sich vorwiegend als Spitzel zugunsten der Sowjetunion.«[36]

Wie bedeutsam ideologische Faktoren in der Planungsphase des »Unternehmens Barbarossa« waren, zeigen die Vorkriegsbefehle der Wehrmachtsführung über die Behandlung gefangener Rotarmisten und Politkommissare. Diese Anordnungen des Militärs gingen in ihrer Radikalität über die Richtlinien hinaus, die Heydrich den Einsatzgruppen für den Krieg im Osten vorgab und die die Vernichtung bestimmter, wenn auch ungenau definierter Bevölkerungsgruppen vorsahen. Heydrich konnte jedoch davon ausgehen, dass die Offiziere von Sipo, SD und Orpo sich weniger vom Wortlaut der Richtlinien als vielmehr von ihrem eigenen Verständnis des im Osten Nötigen leiten ließen. Vor dem Angriff auf Polen hatte er die Einsatzgruppen – analog zur Zwecksetzung der Sipo im Reich – mit der »Bekämpfung aller reichs- und deutschfeindlichen Elemente in Feindesland rückwärts der fechtenden Truppe« beauftragt. Diese Formel ließ den Kommandeuren genügend Ermessens- und Handlungsspielraum für Terrorakte gegen die polnische Bevölkerung.[37] Auf der Grundlage der in Polen gemachten Erfahrungen erließ Heydrich 1940 strengere Richtlinien für den Einsatz von Sipo und SD in Norwegen. Es seien zwar »alle reichs- und deutschfeindlichen Elemente zu bekämpfen«, dabei müsse aber »die Notwendigkeit absolut korrekten Verhaltens« beachtet werden. Alle Maßnahmen seien »mit größtem Taktgefühl« durchzuführen, da es sich »nicht um einen Einsatz in Feindesland« handle.[38] Für den Balkanfeldzug im Frühjahr 1941 schien ein solcher Vorbehalt unnötig; tatsächlich geriet die Liste der Feindgruppen diesmal wesentlich umfangreicher und umfasste auch Kommunisten und Juden.[39] Bei der Planung des »Unternehmens Barbarossa« muss dem Chef von Sipo und SD bewusst gewesen sein, dass sich die Wahrscheinlichkeit von Gewalttaten gegen die Zivilbevölkerung umso mehr erhöhte, je verschwommener die den eingesetzten Offizieren mitgegebenen Richtlinien formuliert waren.

7.2 Grenzüberschreitung. Frühe antijüdische Maßnahmen und der Wendepunkt Mitte Juli

Nach dem deutschen Angriff auf die Sowjetunion am 22. Juni 1941 flossen die Planungen und vorgefertigten Ideen aus der Vorkriegszeit in die Gestaltung der politischen Realität in den besetzten sowjetischen Gebieten ein. Obwohl der Feldzug als »Vernichtungskrieg« gegen die Rote Armee, potentielle Feinde der deutschen Herrschaft und Millionen von unerwünschten Zivilisten konzipiert war, mussten auf dem Weg zum Völkermord an den Juden noch verschiedene Barrieren überwunden werden. Dieser Weg verlief weder geradlinig, noch war er vorgezeichnet; zum damaligen Zeitpunkt stellte sich die deutsche Führung die »Endlösung« immer noch als Zwangsumsiedlung vor, die zwar ihrem Wesen nach die Zerstörung jüdischer Lebenszusammenhänge, aber nicht den systematischen Massenmord an allen jüdischen Männern, Frauen und Kindern zum Ziel hatte. Schlüsselfaktoren für den Übergang zum Genozid, zuerst in den besetzten sowjetischen Gebieten und ab 1942 auch in anderen Teilen Europas, bildeten die von den beteiligten Instanzen über Jahre hinweg bei der Behandlung der »Judenfrage« gesammelten Erfahrungen und ihre Wechselwirkung mit der Dynamik der Ereignisse im Osten.

Das erste Gebiet, in dem die deutsche Kriegsmaschinerie vorsätzlich gegen Zivilisten vorging, war der deutsch-litauische Grenzstreifen. In den frühen Morgenstunden des 22. Juni eröffnete ein Bataillon des 176. Infanterieregiments den Angriff auf Garsden (Gargždai), wo es auf starken Widerstand stieß. Vom Angriff überrascht und nur mit Handfeuerwaffen bewaffnet, verteidigten die sowjetischen Grenztruppen Teile der Stadt, bis sie am Nachmittag von der Übermacht des Feindes nahezu vollständig aufgerieben wurden. Das deutsche Infanterieregiment verlor an diesem ersten Tag des Ostfeldzugs 100 Männer, darunter sieben Offiziere. Als es weiter nach Osten vorrückte, übernahmen deutsche Grenzpolizisten aus Memel die Sicherung der Stadt. Die aus Memel geschickte Einheit sonderte 600 bis 700 Juden vom Rest der Zivilbevölkerung ab, wusste dann aber nicht, wie sie weiter vorgehen sollte, und versuchte von der Stapostelle Tilsit und dem RSHA Instruktionen zu erhalten.[40]

Am nächsten Vormittag wies SS-Sturmbannführer Böhme, der als Leiter der Stapostelle Tilsit in den vorangegangenen Monaten Berichte litauischer Informanten über den jüdischen Einfluss im sowjetisch besetzten Litauen ans RSHA weitergeleitet hatte, die Grenzpolizei an, 200 männliche Juden unter den Festgenommenen auszuwählen, die dann, zusammen mit einer Frau, auf ein Feld auf der anderen Seite der Grenze geführt wurden, wo deutsche Zollbeamte sie bewachten. Es ist nicht klar, welche Befehle die Stapostelle Tilsit vor dem Angriff erhalten hatte. In seinem Gerichtsverfahren Ende der fünfziger Jahre behauptete Böhme, ihm seien vom RSHA drei Befehle zugegangen: einer zur Schließung der Grenze, ein zweiter zu den Aufgaben der Einsatzgruppen – zu denen seine Einheit nicht gehörte – und ein dritter zu Exekutionen im Grenzgebiet. Da die Stapostelle und der SD in Tilsit nicht genügend Männer hatten, um die 201 ausgesonderten Bewohner von Garsden zu erschießen, stellte der Polizeidirektor von Memel auf eine entsprechende Anfrage hin ein Schupo-Kommando zur Verfügung. Am 23. Juni übte dieser Zug, der aus einem Offizier und etwa 25 Männern bestand, in der Polizeikaserne die Durchführung der Exekution, bevor er am nächsten Tag nach Garsden fuhr, wo Böhme und der Tilsiter SD-Chef Werner Hersmann ihn empfingen. Während sie auf ihre Erschießung warteten, mussten die Juden – unter ihnen alte Männer, die Frau eines sowjetischen Kommissars und mindestens ein Junge im Alter von zwölf Jahren – ihre Habseligkeiten abgeben und ein Massengrab ausheben. Stapo- und SD-Männer misshandelten derweil die Opfer, besonders einen alten Rabbi mit Bart und Kaftan; ein Mann wurde auf der Stelle erschossen, weil er nicht schnell genug grub.

Am frühen Nachmittag des 24. Juni wurden die restlichen 200 Juden in einer an ein Standgericht erinnernden Prozedur exekutiert: Nachdem man ihnen verkündet hatte, sie würden »wegen Vergehen gegen die Wehrmacht auf Befehl des Führers« erschossen, gab der Schupo-Offizier mit gezogenem Degen den Feuerbefehl. Opfer und Täter waren einander nicht fremd. Viele der vor dem deutschen Angriff in Garsden lebenden Juden hatten Memel Anfang 1939 infolge der Annexion des Memellandes durch das Dritte Reich verlassen. Noch Jahrzehnte später konnten sich einige Angeklagte und Zeugen im Gerichtsverfahren in Ulm an die Namen der Opfer erinnern. Laut Urteilsschrift rief der Seifenfabrikant Feinstein aus Memel seinem früheren Nachbarn und Freund, einem Polizeiwachtmeister, der im Erschießungskommando stand, zu: »Gustav, schieß gut!« Nach der Exekution sprachen die Schutzpolizisten aus Memel über das Getane und beruhigten sich gegenseitig mit Kommentaren wie: »Menschenskinder, verflucht noch mal, eine Generation muss dies halt durchstehen, damit es unsere Kinder besser haben.«[41]

Ebenfalls am 24. Juni kamen Böhme und Hersmann mit SS-Brigadeführer Stahlecker, dem Kommandeur der Einsatzgruppe A, zusammen. In dem Gerichtsverfahren nach Kriegsende behaupteten die Angeklagten, Stahlecker habe Böhme den Befehl erteilt, alle im Grenzgebiet lebenden Juden, auch Frauen und Kinder, zu erschießen.[42] Dokumente aus der Kriegszeit legen jedoch einen anderen Schluss nahe. In einem

Bericht, den er etwa eine Woche nach der ersten Massenexekution nach Berlin sandte, schrieb Böhme, Stahlecker habe »grundsätzlich sein Einverständnis zu den Säuberungsaktionen« im Grenzgebiet erklärt.[43] Von Garsden zog Böhmes Einheit, die jetzt als »Einsatzkommando Tilsit« bezeichnet wurde, weiter. In Krottingen erschoss sie zusammen mit Wehrmachtsangehörigen 214 Personen, darunter eine Frau; in Polangen exekutierte sie 111 Menschen, weil sie angeblich deutsche Soldaten angegriffen hatten. Anschließend trafen Böhmes Männer in Augustowo auf Himmler und Heydrich. Wiederum ist der Wortlaut von Böhmes Bericht über diese Zusammenkunft entscheidend für das Verständnis der Situation zu Beginn des »Unternehmens Barbarossa«: »Der Reichsführer-SS und der Gruppenführer [Heydrich], die dort zufällig anwesend waren, ließen sich über die von der Staatspolizeistelle Tilsit eingeleiteten Maßnahmen unterrichten und billigten diese in vollem Umfange.« Im Zusammenhang mit der Angliederung der Grenzregion an Ostpreußen erwähnte Böhme auch Konsultationen mit hohen Zivilbeamten – dem Regierungspräsidenten in Gumbinnen und dem ostpreußischen Oberpräsidenten und Gauleiter Erich Koch, der bald Reichskommissar für die Ukraine werden sollte. Das Einsatzkommando Tilsit setzte sein Mordwerk in Litauen fort; nach eigenen Angaben fielen ihm bis zum 18. Juli 1941 3302 Menschen zum Opfer.[44]

Südlich des litauischen Frontabschnitts ereigneten sich ähnlich verheerende Vorkommnisse mit Präzedenzcharakter. Nur wenige der frühen Tötungsaktionen verweisen derart deutlich auf Judenhass als tatrelevantes Motiv wie der Massenmord an Juden in Bialystok am 27. Juni 1941, als Angehörige des Polizeibataillons 309 und anderer der 221. Sicherungsdivision der Wehrmacht unterstehender Einheiten mindestens 2000 Juden umbrachten. Über 500 Menschen, darunter Frauen und Kinder, wurden in eine Synagoge getrieben und bei lebendigem Leib verbrannt; wer zu fliehen versuchte, wurde erschossen. Damit das Feuer nicht auf die Stadt übergriff, sprengten Wehrmachtseinheiten die Nachbarhäuser. Das Fehlen von zeitgenössischen Belegen über dieses Massaker wurde teilweise durch die nach dem Krieg von einem westdeutschen Gericht zusammengetragenen Ermittlungsergebnisse ausgeglichen. Danach gaben einige entschlossene Offiziere, die andere mit sich rissen, den Impuls zur Tat, nachdem der Befehl ergangen war, nach Rotarmisten und Juden zu suchen. Das westdeutsche Gericht konnte zwei der Täter aus dem Polizeibataillon 309 als »fanatische Nationalsozialisten« identifizieren: »Pipo« Schneider, Zugführer der 3. Kompanie, und Hauptmann Hans Behrens, Führer der 1. Kompanie. Schneider hatte offenbar wenig für militärische Konventionen übrig, denn er verunglimpfte seinen Kompaniechef mehr oder weniger offen als »feigen Schwächling« und machte keinen Hehl aus seiner Überzeugung, der »Führer« werde »diese dreckigen Jordanlatscher nicht mehr am Fressen halten«. Zusammen mit Behrens setzte er seine Ideen in die Tat um. Ihre ersten Opfer waren jüdische Männer, deren Äußeres den antisemitischen Klischees entsprach: Den einen wurden die Bärte angezündet, andere gezwungen, zu tanzen und »Ich bin Jesus Christus!« zu rufen; orthodoxe Juden erschossen sie auf offener Straße. Ein Polizist, der sein Unbehagen über diese Morde äußerte, wurde mit den Worten zurechtgewiesen: »Halt die Fresse, du bist wohl ideologisch noch nicht richtig geschult.« Höhere Offiziere, etwa die Kommandeure des Polizeibataillons und der 221. Sicherungsdivision, schritten nicht ein. Erst als im Park neben seinem Dienstsitz Exekutionen stattfanden, nahm der kommandierende General Notiz davon, dass einige seiner Männer Amok liefen. Später versuchte er das Massaker als Vergeltungsaktion hinzustellen.[45]

Die Massenmorde in Garsden und Bialystok von Ende Juni 1941 können als beispielhaft für die »erste Tötungswelle« gelten, wie Raul Hilberg die Frühphase des Genozids in der Sowjetunion genannt hat.[46] Die Täter benutzten ein von der NS-Propaganda auf der Basis verbreiteter Klischees überzeichnetes Feindbild sowie den Vorwand der »Vergeltung« und »Befriedung«, um die Aussonderung und Hinrichtung unerwünschter Personen, vor allem von Juden, zu rechtfertigen, ohne entsprechende Befehle höherer Dienststellen abzuwarten. Wenn die Ermordung der Juden in den besetzten sowjetischen Gebieten nicht das Resultat eines vorgefertigten Plans war, wie die neuere Forschung annimmt,[47] dann müssen Abfolge, Tempo und Ausmaß der Tötungsaktionen mit regionalen Faktoren und der Dynamik kurzfristig wirksamer Entscheidungs- und Ereigniszusammenhänge zu tun gehabt haben. Schon früh im Lauf dieser Entwicklung verloren traditionelle Elemente des hierarchischen Formalismus ihre Bedeutung. Männer aus verschiedenen Organisationen – Sipo, Wehrmacht, Orpo – arbeiteten zusammen, und die Befugnis, über Leben und Tod von Zivilisten zu entscheiden, löste sich vom militärischen Rang; untere Offiziersdienstgrade ergriffen die Initiative, während ihre Vorgesetzten Unterstützung, Ermutigung oder nachträgliche Rechtfertigung anboten. Als Folge der Aktionen erweiterten sich die Grenzen dessen, was im Umgang mit bestimmten Gruppen der Zivilbevölkerung als akzeptabel galt.

Dieses Verlaufsmuster setzte sich nicht über Nacht entlang der ganzen Front durch. Zum Zeitpunkt des Massakers in Garsden verstand das 10. Regiment der 1. SS-Brigade, das als Teil des Kommandostabs RF-SS weiter südlich eingesetzt war, den Befehl zur »Säuberung des Grenzgebiets« in einem weit engeren Sinn als das Einsatzkommando Tilsit. Statt Zivilisten zu töten, bewachte es offenbar hauptsächlich Brücken.[48] Im Laufe des Monats Juli begannen Einheiten, die Himmler zusätzlich zur Verfügung standen, wie Kommandostab und Orpo-Bataillone, dann jedoch ebenfalls in beträchtlichem Ausmaß ihren Beitrag zu den Massenmorden zu leisten, womit die erste Phase der Vernichtung zu Ende ging.

Wie im Fall der Begegnung mit Böhme in Augustowo verstärkten Himmler und seine Führungsoffiziere die regionale Dynamik des Tötungsprozesses – häufig auf weniger greifbare Weise als mit direkten Befehlen. Regelmäßige Besuche der HSSPF sowie von Heydrich, Daluege und Himmler sorgten dafür, dass der »Erfolg« radikaler Maßnahmen bei seinen Männern rasch Bekanntheit erlangte und sich zögerliche oder saumselige Offiziere den neuen Gegebenheiten anpassten.[49] Wie sehr die Anwesenheit hochrangiger Vertreter des Regimes den Gang der Ereignisse beeinflusste, zeigt der Besuch von Himmler, Daluege und von dem Bach-Zelewski in Bialystok Anfang Juli 1941. Wenige Stunden vor dem Eintreffen des »Reichsführers-SS« hatte das Polizeibataillon 322 das jüdische

Viertel geplündert und 20 Lastwagenladungen mit Lebensmitteln und anderen Gütern abtransportiert, allerdings ohne unter den Juden ein Massaker anzurichten, wie es das Polizeibataillon 309 wenige Tage zuvor verübt hatte. Tatsächlich waren die drei Opfer, die PB 322 erschossen hatte, Polen gewesen.[50]

In Bialystok hielt Himmler in Anwesenheit von von dem Bach-Zelewski, Max von Schenckendorff, dem Befehlshaber des rückwärtigen Heeresgebiets Mitte,[51] und Max Montua, dem Kommandeur des Polizeiregiments Mitte, zu dem PB 322 gehörte, eine Ansprache vor den Offizieren des SD sowie der Polizeibataillone 322 und 316. Laut Nachkriegsaussagen damaliger Zuhörer erläuterte der »Reichsführer-SS« die Organisation der Polizei im Osten und erkundigte sich dann nach den an diesem Tag im jüdischen Viertel durchgeführten Maßnahmen. Ein Zeuge behauptete, er hätte damals von anderen gehört, dass sich Himmler über die geringe Zahl von festgenommenen Juden beklagt und ein aktiveres Vorgehen in dieser Richtung gefordert habe.[52]

Am nächsten Tag, dem 9. Juli, besuchte Orpo-Chef Daluege das Polizeiregiment Mitte in Bialystok und hielt eine Rede über die »Niederringung des Weltfeindes, des Bolschewismus«. Die zeitliche Nähe zwischen diesen Besuchen und den folgenden Ereignissen in der Stadt deutet auf eine Kausalbeziehung hin. Zwischen dem 8. und 11. Juli, möglicherweise auch schon am Abend von Himmlers Besuch, wurden mindestens 1000 Juden – ausschließlich Männer im wehrfähigen Alter – an den Stadtrand gefahren und von Angehörigen der Polizeibataillone 316 und 322 unter dem Befehl von Sipo und SD erschossen.[53] Zweifellos beschleunigte rhetorische Ermutigung von oben den Übergang zum Massenmord. Doch wie das erste Massaker in Bialystok von Ende Juni und Exekutionen an anderen Orten, die keinen hochrangigen Besuch aus Berlin erhalten hatten, belegen, war die Anwesenheit des »Reichsführers-SS« und seiner Vertreter keinesfalls notwendig, um Massenmorde an Juden auszulösen.[54]

Am 11. Juli 1941 übermittelte Montua, vermutlich als Reaktion auf frühere Tötungsaktionen der Orpo-Einheiten in Bialystok,[55] den Polizeibataillonen 307, 316 und 322 einen Befehl von HSSPF von dem Bach-Zelewski, dem zufolge »alle als Plünderer überführten Juden im Alter von 17–45 Jahren sofort standrechtlich zu erschießen« waren. Um die Entstehung von »Wallfahrtsorten« zu verhindern, sollten die Exekutionen heimlich durchgeführt und täglich Bericht erstattet werden; Zuschauer und das Fotografieren der Erschießungen seien nicht zuzulassen. Danach gab von dem Bach-Zelewski einen Ratschlag weiter, den er direkt oder indirekt von Himmler erhalten haben musste, der für seine Sorge um das Wohlergehen der SS-Männer bekannt war: »Die seelische Betreuung der bei dieser Aktion beteiligten Männer haben sich die Batls.-Kdre. [Bataillonskommandeure] und Kompanie-Chefs [sic] besonders angelegen sein zu lassen. Die Eindrücke des Tages sind durch Abhaltung von Kameradschaftsabenden zu verwischen. Ferner sind die Männer laufend über die Notwendigkeit der durch die politische Lage bedingten Maßnahmen zu belehren.«[56]

Bei ihren Besuchen hinter der Front sammelten und verbreiteten Himmler und seine engsten Gefolgsleute wichtige Informationen darüber, wie die »Befriedungsanstrengungen« synchronisiert werden konnten. Indem sie bereits Geschehenes absegneten und ihre Männer in der schnell eskalierenden Situation zu noch mehr Eigeninitiative aufforderten, kamen sie ohne direkte Appelle zur Ermordung unbewaffneter Zivilisten, ungeachtet von Alter und Geschlecht, aus. Das Fehlen konkreter Befehle aus Berlin zur Ermordung aller östlich der Grenze lebenden Juden wird durch die Tatsache belegt, dass die ersten Opfer der physischen Vernichtung laut den aus dem Feld eingehenden Meldungen einheimische jüdische Männer im wehrfähigen Alter, insbesondere Angehörige der jüdischen Intelligenz und der Führungsschicht, waren.[57] Gleichwohl fehlten der Zielgruppe von Anfang an klare Konturen. Die Massaker in Garsden und Bialystok von Ende Juni beweisen, dass die Täter nicht zögerten, selbst vollkommen wehrlose Juden, einschließlich Frauen, Alte und Kinder, zu töten.

In gewisser Weise folgten die in den besetzten sowjetischen Gebieten angewandten antijüdischen Maßnahmen dem in Polen erprobten Modell. Im Gegensatz zum Polenfeldzug und der anschließenden Besatzungszeit wurden die Festnahmen,

Beschlagnahmungen, Berufsverbote, Kennzeichnungen und Absonderungen vom Rest der Bevölkerung im Rahmen des »Unternehmens Barbarossa« aber von Anfang an von umfangreichen Morden unter Beteiligung verschiedener deutscher Instanzen begleitet. Jüngste Forschungen haben gezeigt, dass erste Aktionen vielfach von der Wehrmacht durchgeführt wurden.[58] Systematischer gingen später sowohl Sipo und SD als auch – in den Reichskommissariaten – Angehörige der Zivilverwaltung vor. Was aus der heutigen Perspektive wie ein zentral geplantes und einheitlich angewandtes Muster von Stigmatisierung, Enteignung, Konzentration und Vernichtung anmutet, war während der ersten Monate des »Unternehmens Barbarossa« kaum mehr als eine Folge von unzusammenhängenden, lokal und regional variierenden Maßnahmen, die sich auf deutscher Seite durch ein wachsendes Maß an Gewalt und deren Hinnahme als im Osten unverzichtbare Notwendigkeit auszeichneten.

Die vom deutschen Angriff auf die Sowjetunion freigesetzten destruktiven Kräfte richteten sich hauptsächlich gegen die feindlichen Truppen. In jeder kriegerischen Auseinandersetzung können Soldaten Gräueltaten begehen, doch das »Unternehmen Barbarossa« war ein besonderer Krieg, für den die deutsche Führung eigens neue Verhaltensmaßregeln definiert hatte. Verbrecherische Befehle von oben und aggressiver Aktionismus von unten schufen ein Klima ungezügelter Gewalt. Dies belegen die Ermordung gefangen genommener Rotarmisten durch Fronttruppen und die Bedingungen in den Lagern für sowjetische Kriegs- und Zivilgefangene.[59] In Minsk ließ der örtliche Militärbefehlshaber Ende Juni 1941 ein Lager errichten, in dem zeitweise bis zu 100 000 Kriegsgefangene und 40 000 Zivilisten, überwiegend Männer im wehrfähigen Alter, unter furchtbaren Bedingungen zusammengepfercht wurden; sogar Deutsche äußerten sich entsetzt über die Missstände.[60] In den folgenden Wochen sichteten Einheiten von Sipo und SD zusammen mit Angehörigen der Geheimen Feldpolizei des Heeres beide Gefangenengruppen und wählten schätzungsweise 10 000 Personen für Hinrichtungen aus. Viele der Exekutierten waren Juden, aber auch unter den fast 20 000

Menschen, die Mitte Juli aus dem Minsker Lager entlassen wurden, befanden sich zahlreiche Juden.[61]

Wie in den vor dem Krieg angefertigten Denkschriften und Plänen verschleierten die Vertreter des NS-Regimes ideologische Vorurteile mit rationalisierenden Erklärungen. Antijüdische Maßnahmen wurden zumeist als Teil einer umfassenderen »Befriedungspolitik« in den besetzten Gebieten präsentiert, so etwa im Fall der Ereignisse in Bialystok und einer Reihe anderer Mordaktionen. Einem Bericht des 1. Generalstabsoffiziers der 295. Infanteriedivision zufolge erschossen Verbände der Waffen-SS-Division »Wiking« Ende Juni bis Anfang Juli in Zborov in der Ukraine »wahllos russische Soldaten und auch Zivilisten, die ihnen verdächtig erschienen«, darunter höchstwahrscheinlich auch 600 Juden.[62] Auf Initiative der 6. Armee tötete das zur EG C gehörende SK 4a in Sokal 17 nichtjüdische Zivilisten, 117 »kommunistische Agenten des NKWD« (Volkskommissariat des Inneren) und 183 »jüdische Kommunisten«. Laut General Hoepner, dem Kommandeur der Panzergruppe 4, waren »einzelne kommunistische Elemente, vor allem Juden« für die »ziemlich seltenen Sabotagefälle« verantwortlich.[63] In Drobomil erschoss EK 6 etwa 100 Personen, überwiegend Juden, unter dem Vorwand der Vergeltung für NKWD-Morde.

Berichte über Ereignisse in Kowno, Lemberg (Lwów) und Tarnopol zogen eine Verbindung zwischen der Exekution von Juden und der vorangegangenen Ermordung von Gefängnisinsassen durch sowjetische Instanzen und stellten damit eine künstliche Kausalbeziehung her, die sowohl die jüdischen Opfer des NKWD ignorierte als auch die antijüdische Motivation deutscher Einheiten verschleierte.[64] Noch vor Mitte Juli erschossen Angehörige des PB 307 und der 162. Infanteriedivision in Brest-Litowsk im Rahmen einer »Durchsuchungsaktion« 4000 bis 6000 männliche Juden.[65] In Litauen erprobten deutsche Sicherheitskräfte weiterhin Maßnahmen, die später in den Gesamtprozess einfließen sollten. Anfang Juli 1941 meldete der Kommandeur von EK 3, SS-Standartenführer Karl Jäger, bisher seien in Kowno 7800 Juden getötet worden, »teils durch Pogrom, teils durch Erschießungen von litauischen Kommandos«. Um die ländlichen Gebiete systematisch zu durchkämmen, habe er eine kleine mobile Einheit gebildet; in Kowno werde man in den nächsten vier Wochen zudem ein Ghetto errichten.[66]

Überall hinter der Front exekutierten Wehrmacht und Polizeieinheiten Juden als Plünderer, Angehörige der Intelligenz, Saboteure oder Kommunisten in Vergeltung für angebliche Angriffe auf deutsche Truppen. Von Mitte Juli an mussten Juden in den Städten in gesonderten »jüdischen Wohnbezirken« leben.[67] Einige Wochen später ergingen zentrale, zum Teil allerdings widersprüchliche Befehle zur Ghettoisierung.[68] Wie intensiv ein Gebiet »gesichert« und »befriedet« wurde, hing in erheblichem Umfang von den Arbeitsbeziehungen zwischen führenden Offizieren von Wehrmacht und Einsatzgruppen ab.[69] Im lettischen Libau (Liepāja), wo auf Wehrmachtssoldaten geschossen worden war, suchte der Orts- und Festungskommandant der Marine Ende Juli bei Polizeikräften um Hilfe bei der Lösung des »Judenproblems« nach .[70] Einsatzgruppenführer Nebe (EG B) berichtete, die »ausgezeichnete« Zusammenarbeit mit der Heeresgruppe Mitte habe sich »besonders bei den Liquidierungs-Aktionen in Bialystok und Minsk gut bewährt und ihre Wirkung auf die übrigen Kommandos nicht verfehlt«.[71] Nach Dieter Pohls Schätzung ermordeten SS- und Polizeieinheiten in Ostgalizien bis Ende Juli 1941, also bis zur Angliederung des Gebiets ans Generalgouvernement, über 7000 Juden.[72] Zur gleichen Zeit meldete die Einsatzgruppe B die Ermordung von 11 084 Opfern, vorwiegend Juden.[73] Insgesamt fielen den Einsatzgruppen bis Ende Juli 63 000 Menschen zum Opfer, etwa 90 Prozent von ihnen Juden.[74] Für die Tatbeteiligten verlor die Idee einer vollständigen Auslöschung der Juden ihren utopischen Charakter. Bereits Anfang Juli schrieb ein Angehöriger des Reservepolizeibataillons 105 aus Bremen in einem Brief an seine Familie, die Juden seien »Freiwild« und man könne ihnen »nur noch einen gut gemeinten Rat geben: Keine Kinder mehr in die Welt zu setzen. Sie haben keine Zukunft mehr.«[75]

Die Mordaktionen in den ersten fünf Wochen des »Unternehmens Barbarossa« waren für den weiteren Gang der Ereignisse von entscheidender Bedeutung. Was bis dahin als logistisch schwierig, moralisch fragwürdig und politisch gefährlich gegolten hatte, wurde zu einem festen Bestandteil der deutschen Besatzungspolitik. Beginnend in Garsden und Bialystok, fiel allmählich auch das letzte Tabu – die Ermordung von Frauen und Kindern. Am 3. Juli berichtete der Ic-Offizier der 295. Infanteriedivision aus Zloczów, dass Ukrainer auf offener Straße »Juden und Russen, einschließlich Frauen und Kindern« ermordeten.[76] Aus Litauen meldete Jägers EK 3 einen kleinen, aber wachsenden Anteil von Frauen unter den Hingerichteten.[77] Auch unter den Opfern der Pogrome in Lemberg und Grodek Jagiellonski Ende Juli befanden sich offenbar viele Frauen.[78] Das Polizeiregiment Mitte wies seine Polizeibataillone an, die Zahlen der erschossenen russischen Soldaten, Juden und Frauen in ihren Statistiken einzeln aufzuführen.[79] Ende Juli und Anfang August begannen auch andere Einheiten – die HSSPF Jeckeln unterstellte 1. SS-Brigade sowie die Einsatzgruppen B (EK 9) und C (SK 4a) – in größerem Umfang Frauen und Kinder zu ermorden.[80] Anfang August schrieb der Bremer Angehörige des RPB 105: »Gestern Nacht sind aus diesem Ort 150 Juden erschossen, Männer, Frauen, Kinder, alles umgelegt. Die Juden werden gänzlich ausgerottet.«[81]

Zu diesem Zeitpunkt existierte bereits ein standardisierter Tötungsablauf: Zuerst wurden die Juden in Razzien festgenommen und in Gruppen unterschiedlicher Größe zu einem mehr oder weniger entlegenen Erschießungsplatz gebracht, wo die zuerst Angekommenen ein Massengrab ausheben mussten. Danach mussten sie sich ausziehen und in einer Reihe vor dem Massengrab aufstellen, so dass sie durch die Wucht der Schüsse nach hinten in die Grube fielen. Die Nachfolgenden zwang man, sich auf die bereits Ermordeten zu legen, bevor man sie ihrerseits erschoss.[82] Was die Täter als »geordnetes« Exekutionsverfahren darstellten, war in Wahrheit ein Blutbad. In der Nähe von Städten entstand dabei trotz gegenteiliger Befehle ein Phänomen, das man als »Exekutionstourismus« bezeichnen könnte: Deutsche jedweder Couleur besuchten während oder außerhalb ihres Dienstes die Erschießungsstätten, um zuzusehen oder zu fotografieren.[83] Im Unterschied zu den Hinrichtungen in Garsden verzichtete man bei späteren Aktionen auf kriegsrechtliche Verfahrensregeln, etwa das Verlesen eines Urteils. Auch ein Schießbefehl wurde in vielen Fällen nicht erteilt; stattdessen schossen die Männer nach Belieben, häufig mit Maschinengewehren. Gnadenschüsse blieben die Ausnahme; wer verwundet, aber nicht sofort tot war, wurde einfach ignoriert und erlag entweder seinen Verletzungen oder erstickte im zugeschaufelten Grab. Für die Täter war die »Ordnung« wiederhergestellt, sobald sie nach getaner »Arbeit« in die scheinbar normale Welt zurückkehrten oder, wie von Himmler angeraten, an »Kameradschaftsabenden« teilnahmen.[84]

Wie bereits in der Planungsphase des »Unternehmens Barbarossa« leiteten wirtschaftliche Überlegungen die deutsche Politik gegenüber den Juden auch jetzt nur teilweise. Während die Wehrmacht und später die Zivilverwaltung ihren Bedarf an qualifizierten jüdischen Arbeitern anmeldeten, erwiesen sich Juden nach den ersten Erfahrungen als entbehrlich. Nach Ansicht des Wirtschaftsstabes Ost zeigte der Fall einer Erdölraffinerie in Drohobycz, dass man jüdische Fachleute nur für eine kurze Übergangsphase brauchte. Da alles auch »ganz judenfrei« funktionierte, sprachen sich die Wirtschaftsplaner für eine Ghettoisierung aus.[85] Damit stellte man zudem sicher, dass Juden vom Lebensmittelmarkt ausgeschlossen und Deutschen sowie zuverlässigen Einheimischen zusätzliche wirtschaftliche Chancen eröffnet wurden. Laut Görings Wirtschaftsexperten sollten jüdische Facharbeiter nur dann in der Rüstungsindustrie beschäftigt bleiben, wenn sie für die Aufrechterhaltung des erforderlichen Produktionsniveaus notwendig und nicht ersetzbar waren.[86] Ende Juli ließen die Berliner Ökonomen ihre vor dem Krieg entwickelten großen wirtschaftspolitischen Entwürfe fallen zugunsten praktischer Maßnahmen mit sofortigem Nutzen für die deutschen Kriegsanstrengungen. Die Juden sollten nun in Ghettos konzentriert und in Arbeitskolonnen zur Zwangsarbeit herangezogen werden.[87] Gleichwohl herrschte Unsicherheit darüber, welche Juden bis auf weiteres als unentbehrlich anzusehen waren und welche getötet werden konnten. So stellte der Wirtschaftsstab

Ost in seinem ersten Bericht fest: »Ungelöst Frage der Juden, die diesmal Todfeinde bleiben und doch wirtschaftlich wegen großer Zahl mindestens vorläufig notwendig.«[88] Den für die Durchführung antijüdischer Maßnahmen Verantwortlichen fiel auf, dass ihre Opfer versuchten, eine Logik hinter den verwirrenden und widersprüchlichen Schritten der Deutschen zu entdecken, und oftmals zu dem Schluss gelangten, »dass wir sie in Ruhe lassen, wenn sie fleißig ihrer Arbeit nachgehen«.[89]

In der sich rasch verändernden Situation hatten die Befehlszentren ebenso wie die Einheiten im Einsatz vor Ort ein vitales Interesse daran, den Kontakt aufrechtzuerhalten. In seinem Schreiben vom 29. Juni 1941 verlangte Heydrich von den Führern der Einsatzgruppen, dass sie in ihren Handlungen das »erforderliche politische Fingerspitzengefühl« erkennen ließen; darüber hinaus erwartete er regelmäßige Berichte.[90] Am 1. Juli forderte er von seinen Männern »größte Beweglichkeit in der taktischen Einsatzgestaltung« und kritisierte, dass er bei einem gemeinsamen Besuch mit Himmler in Grodno vier Tage nach der Besetzung der Stadt keinen einzigen Vertreter von Sipo und SD angetroffen hatte.[91] Einen Tag darauf unterrichtete er die HSSPF über seine »wichtigsten Weisungen« für die Einsatzgruppen »in gedrängter Form«, wobei er rigide Maßnahmen zur Erreichung des »Fernziels« der »wirtschaftlichen Befriedung« anmahnte. Auf der Liste der hinzurichtenden Personen standen neben kommunistischen Funktionären und Volkskommissaren auch »Juden in Partei- und Staatsämtern« sowie andere »radikale Elemente«,[92] zu denen Heydrich »Saboteure, Propagandisten, Heckenschützen, Attentäter, Hetzer« zählte. Damit waren die Hauptopfergruppen in einer Form umrissen, die sich mit der legitimatorischen Verbrämung von Massentötungen in den Berichten der Einsatzgruppen sowie der Wehrmacht- und Polizeieinheiten deckte. Es ist jedoch unklar, ob diese Berichte Instruktionen aus Berlin folgten oder umgekehrt Heydrichs verspätete Weisung auf die Rhetorik seiner Untergebenen zugeschnitten waren; eine Mischung aus beiden Alternativen scheint am wahrscheinlichsten.

Heydrichs Verlangen, die Aktivitäten seiner Einheiten hinter der vorrückenden Front im Auge zu behalten, entsprang zum großen Teil der auch von Himmler geteilten Sorge, die Ereignisse könnten aus dem Ruder laufen. Statt explizite Befehle für die rasche Ausweitung des Tötungsprozesses zu erteilen, verfolgte die Führung in Berlin in dieser Phase eine Linie, die als kontrollierte Eskalation beschrieben werden kann. Da die Delegation von Machtbefugnissen bei gleichzeitigem Fehlen eindeutiger Richtlinien die Gefahr erhöhte, dass untergeordnete Offiziere den Bogen überspannten, kam zuverlässigen Informationen über die Geschehnisse vor Ort größte Bedeutung zu. Die Berichte der Einsatzgruppen wurden vom RSHA gesammelt, bearbeitet und in Form von »Ereignismeldungen« an andere Dienststellen weitergeleitet, um sie über den Gang der Ereignisse im Osten zu unterrichten. Himmlers berüchtigte Rede vom Oktober 1943, in der er die versammelten NS-Funktionäre in den Verlauf der »Endlösung« einweihte, war demnach nicht der erste Versuch, die Verantwortung für die Ermordung der europäischen Juden auf viele Schultern zu verteilen.[93]

Die Akteure an der Peripherie konnten davon ausgehen, dass ihre Berichte von einem einflussreichen Kreis hochrangiger Funktionsträger gelesen wurden. Zur Vorlage bei Hitler stellte das RSHA »Anschauungsmaterial« über die »Arbeit der Einsatzgruppen im Osten« zusammen.[94] Als Heydrich am 4. Juli die lokalen Sipo- und SD-Stellen im Grenzgebiet ermächtigte, in den besetzten Gebieten in Absprache mit den Einsatzgruppen »Säuberungsaktionen« durchzuführen, bekräftigte er zugleich sein großes Interesse an funktionierenden Kommunikationswegen zwischen Peripherie und Zentrale. Er mochte an Böhmes Einsatzkommando Tilsit und dessen Eigeninitiative im deutsch-litauischen Grenzgebiet gedacht haben, als er damit drohte, diese Ermächtigung zurückzuziehen, falls die zusätzlichen Polizei- und SD-Einheiten ein »weiteres Vorgehen« beabsichtigten, das über das »zwecks einheitlicher Ausrichtung der zu ergreifenden Maßnahmen« mit den Einsatzgruppen Vereinbarte hinausging.[95] Auch Himmler ermahnte noch Mitte August Offiziere im Osten, denen er besonders vertraute, regelmäßig Bericht zu erstatten.[96]

Aktionen, die über das Ziel hinausschossen, bargen nach Auffassung von Himmler und Heydrich eine ganze Reihe von Gefahren in sich. Erstens drohte trotz der guten Beziehungen an der Front und der Vereinbarung zwischen Wagner und Heydrich weiterhin ein neuerliches Zerwürfnis mit der Wehrmacht in Form von Konflikten, wie man sie vom Polenfeldzug her kannte. Zweitens stand zu befürchten, dass der zwar dünne, aber nach innen wie außen wichtige Schleier der Geheimhaltung reißen und die wahre Natur der deutschen Maßnahmen im Osten bloßgelegt würde. Wie Richard Breitman gezeigt hat, war diese Furcht begründet, da Großbritannien den Funkcode der Orpo geknackt und die Exekutionsmeldungen sowie anderes inkriminierendes Material abgefangen hatte.[97] Drittens fürchtete Himmler die psychischen Auswirkungen der ständigen Anwendung extremer Gewalt auf Zusammenhalt, Loyalität und Effektivität der Truppe, auch mit Blick auf die Nachkriegszeit. Viertens – und das war angesichts der Tatsache, dass die NS-Führung unter allen Umständen eine mit 1918 vergleichbare Situation vermeiden wollte, wohl der wichtigste Aspekt – durfte die Ruhe an der Heimatfront nicht gestört werden. Ökonomische Erwägungen, die bereits in der Planungsphase des Ostkrieges Teile der einheimischen Bevölkerung für überflüssig und entbehrlich erklärt hatten, verfolgten keinen Selbstzweck, sondern resultierten zum großen Teil aus der Entschlossenheit der NS-Führung, im Reich keine gesellschaftspolitischen Konflikte aufkommen zu lassen. So wurden im August 1941 auch aus Furcht vor Unruhe in der Bevölkerung die »Euthanasie«-Morde im Rahmen der Aktion T4 gestoppt, inoffiziell jedoch weitergeführt. »Der Führer«, erklärte Heydrich seinen Untergebenen Anfang September, »hat wiederholt darauf hingewiesen, dass alle Feinde des Reiches – wie während des [Ersten] Weltkrieges – jede Möglichkeit ausnützen, Uneinigkeit im deutschen Volke zu säen. Es ist daher dringend erforderlich, dass alle Maßnahmen unterbleiben, welche die einheitliche Stimmung des Volkes beeinträchtigen könnten.« Daher ordnete er an, »dass vor allen zu treffenden besonders einschneidenden Maßnahmen vorher mein Einverständnis eingeholt wird«, ließ aber bezeichnenderweise durch den Zusatz »sofern nicht Gefahr im Verzuge obwaltet« Ausnahmen zu.[98]

Hitler selbst blieb zuversichtlich, dass sich die Bevölkerung insgesamt ebenso wie die Truppe rasch an die Situation gewöhnen würde. Obwohl er davon ausging, dass anfangs noch einige Wehrmachtssoldaten gewisse Sympathien für den Kommunismus hegten,[99] war er sich sicher, dass die Zustände jenseits der Grenze die gewünschte Wirkung haben und noch vorhandene Hemmungen beseitigen würden. Die deutsche Propagandamaschine verstärkte ihrerseits vorhandene Klischees und verkündete: »Heute sind Millionen deutscher Soldaten Zeugen der Barbarei und der Verkommenheit des bolschewistischen Staates.« Was sie erlebten, gehe weit über alles bisher Bekannte hinaus: »Ihre furchtbaren Einblicke in die Verhältnisse dieses jüdischen Sklavenstaates stellen das in den Jahren bisher dem deutschen Volk bekannt Gewordene noch weit in den Schatten.«[100]

Nach jüngsten Studien zu Briefen und Fotografien von Wehrmachtssoldaten bestand zwischen den Propagandaparolen und der komplexeren »Osterfahrung« vieler Deutscher eine gewisse Diskrepanz, spielten Juden darin doch keine herausragende Rolle.[101] Weit häufiger wurde ganz allgemein über die »primitiven Verhältnisse«, Schmutz und mangelnde Hygiene berichtet, was sich im Zuge der »Barbarisierung der Kriegführung« (Omer Bartov), die insbesondere die Frontsoldaten erfasste, allerdings rasch ändern sollte.[102] In den vergleichsweise wenigen Fällen, in denen die Briefe auf die »Judenfrage« eingingen, imitierten die Verfasser stilistisch wie inhaltlich die NS-Propaganda mit ihren vertrauten Klischees. Wie stark Juden als Heckenschützen oder Anstifter von Gräueln an deutschen Soldaten stigmatisiert wurden, verdeutlicht ein Brief eines Soldaten aus Tarnopol von Anfang Juli 1941. Der Verfasser berichtete von verstümmelten Leichen, die von der Roten Armee zurückgelassen worden waren, und beschrieb dann ungeschminkt, was weiter geschah: »Die Rache folgte sofort auf dem Fuße. Gestern waren wir mit der SS gnädig, denn jeder Jude, den wir erwischten, wurde sofort erschossen. Heute ist es anders, denn es wurden wieder 60 Kameraden verstümmelt gefunden. Jetzt müssen die Juden die Toten aus dem Keller herauftragen, schön hinlegen, und dann werden ihnen die Schandtaten gezeigt. Hierauf werden sie nach Besichtigung der Opfer erschlagen mit Knüppeln und Spaten. Bis jetzt haben wir zirka 1000 Juden ins Jenseits befördert, aber das ist viel zu wenig für das, was die gemacht haben. Die Ukrainer haben gesagt, dass die Juden alle die führenden Stellen hatten und ein richtiges Volksfest mit den Sowjets hatten bei der Hinrichtung der Deutschen und Ukrainer. Ich bitte Euch, liebe Eltern, macht das bekannt, auch der Vater in der Ortsgruppe. Sollten Zweifel bestehen, wir bringen Fotos mit. Viele Grüße, Euer Sohn Franzl.«[103]

Rückblickend bestätigen die vorhandenen Dokumente Hitlers Erwartung, dass die Truppe gut funktionieren werde und die Geschlossenheit der Heimatfront nicht in Gefahr sei. In Gegenwart seiner engsten Berater äußerte er zu diesem Zeitpunkt allerdings weniger Interesse für die »Judenfrage« als für andere, umfassendere Probleme des Ostkrieges. Beispielhaft dafür ist eine Besprechung am 16. Juli 1941, in der er Göring, Rosenberg, Lammers, Bormann und Keitel einen Einblick in seine Vorstellungen über politische Schlüsselfragen gab. Die deutsche Propaganda müsse hervorheben, dass die Wehrmacht in der Sowjetunion eingeschritten sei, um die Ordnung wiederherzustellen, das Reich also ein Mandat wahrnehme. Dennoch könnten »alle notwendigen Maßnahmen – Erschießen, Aussiedeln etc. –« ergriffen werden, zumal klar sei, »dass wir aus diesen Gebieten nie wieder herauskommen«. Bei einer »endgültigen Regelung« in der Sowjetunion komme es darauf an, »den riesenhaften Kuchen handgerecht zu zerlegen, damit wir ihn erstens beherrschen, zweitens verwalten und drittens ausbeuten können«. Stalins Aufruf zum Partisanenkrieg kam Hitler gerade recht, denn »er gibt uns die Möglichkeit, auszurotten, was sich gegen uns stellt«.[104]

Rosenberg griff Hitlers bei dieser Gelegenheit erhobene Forderung, die besetzten Gebiete in einen »Garten Eden« zu verwandeln, auf und betonte mit Blick auf die Einsetzung einer Zivilverwaltung in den Gebieten westlich der Düna die Notwendigkeit, die einheimischen Bevölkerungsgruppen unterschiedlich zu behandeln; für die Ukraine konnte er sich sogar eine begrenzte Unabhängigkeit vorstellen.[105] Göring erhob dagegen mit dem Argument Einspruch, dass im Augenblick alle Gedanken darauf gerichtet werden müssten, die Lebensmittelversorgung zu sichern, doch die Teilnehmer der Besprechung verzichteten auf eine verbindliche Festlegung. Hitlers Bemerkung, Verordnungen seien nur Theorie, und wenn sie den Anforderungen nicht entsprächen, müssten sie geändert werden, könnte in diesem Zusammenhang gefallen sein – wie zumindest Rosenbergs Aufzeichnungen in seinem Tagebuch vermuten lassen.[106] Danach wandte sich die Diskussion der Frage zu, welche eroberten Gebiete an Verbündete abgetreten werden sollten, und man unterhielt sich ausführlich über die relativen Vorzüge der verschiedenen Kandidaten für die Posten der Reichskommissare. Auch in dieser Hinsicht hing alles von raschem, energischem Handeln ab. Als Rosenberg gegen den Vorschlag protestierte, Gauleiter Erich Koch die Ukraine anzuvertrauen, weil er möglicherweise zu eigenständig agieren würde, musste sich der designierte Ostminister von Göring erklären lassen, er könne »die eingesetzten Leute ja nun nicht ständig gängeln, sondern diese Leute müssten doch sehr selbständig arbeiten«.[107]

Als nächstes brachte Rosenberg die »Frage der Sicherung der Verwaltung« zur Sprache. Hitler erklärte darauf, er habe wiederholt bessere Waffen für die Polizei im Osten verlangt: »Der Riesenraum müsse natürlich so rasch wie möglich befriedet werden; dies geschehe am besten dadurch, dass man jeden, der nur schief schaue, totschieße.« Feldmarschall Keitel fügte hinzu, angesichts der Unmöglichkeit, »für jeden Schuppen und für jeden Bahnhof« Wachen abzustellen, müsse der einheimischen Bevölkerung klar gemacht werden, »dass jeder erschossen würde, der nicht funktioniere, und dass sie für jedes Vergehen haftbar gemacht würden«.[108] Obwohl Himmler nicht zugegen war, wurden seine Interessen doch von den Besprechungsteilnehmern und auch in dem von Lammers ausgearbeiteten Befehl über die Einrichtung der Zivilverwaltung berücksichtigt.

Rosenbergs Schlussbemerkungen über das Treffen geben die Atmosphäre wieder, in dem es stattfand: Um acht Uhr sei man fertig gewesen; ihm sei eine gewaltige Aufgabe übertragen worden, wahrscheinlich die größte, die das Reich zu vergeben habe – die Aufgabe, Europa von überseeischen Ländern unabhängig zu machen und es für die kommenden Jahrhunderte abzusichern. Er habe jedoch nicht die volle Autorität erhalten, da Göring als Bevollmächtigtem für den Vierjahresplan das Recht, für kurze Zeit sogar das Vorrecht, vorbehalten sei, in Wirtschaftsfragen einzugreifen, was, wenn es nicht mit klaren Absprachen einhergehe, die politischen Ziele gefährden könne. Hinzu komme, dass sich Koch in Kiew, der wichtigsten Stadt im Osten, eher auf Görings Seite schlagen werde. Er, Rosenberg, werde darauf achten müssen, dass man seine Anordnungen befolge. Beim Abschied habe Göring ihm die Hand geschüttelt und die Hoffnung auf eine gute Zusammenarbeit ausgedrückt.[109]

Die Besprechung am 16. Juli kann als Beleg für Christopher Brownings These eines ersten Wendepunkts im Entscheidungsprozess zur Vernichtung der Juden gelten.[110] In Weiterführung der Kernziele deutscher Siedlungspolitik seit Herbst 1939 propagierten die Teilnehmer und insbesondere Hitler selbst einerseits eine »positive« Vision für das gesamte deutsche Volk, die eine Umwandlung des rückständigen Ostens in einen »Garten Eden« in Aussicht stellte; andererseits forderten sie negative, in ihren Zielsetzungen, Formen und Auswirkungen höchst zerstörerische Maßnahmen gegen jedes Anzeichen von Widerstand auf Seiten der einheimischen Bevölkerung. In diesem Kontext spielte auch die Wechselbeziehung zwischen »dem Osten« und der »Judenfrage« in ihrem weiteren Sinne eine bedeutende, wenngleich unbestimmte Rolle. Zu dieser Zeit mochte die NS-Führung die Zweifel der Peripherie geteilt haben, ob »das jüdische Problem« durch Massenerschießungen von sowjetischen Juden »einer grundsätzlichen Lösung zugeführt werden« konnte, wie es in einem Bericht des Kommandostabs RF-SS über die Mordaktionen im Baltikum hieß.[111] Ähnlich sah es der Befehlshaber der Heeresgruppe Nord, Generalfeldmarschall von Leeb, der Anfang Juli nach den Pogromen in Kowno dem Befehlshaber des rückwärtigen Heeresgebiets Nord, General Franz von Roques, darin beipflichtete, »dass auf diese Weise die Judenfrage wohl nicht gelöst werden kann. Am sichersten wäre sie durch die Sterilisierung aller männlichen Juden zu lösen.«[112] Doch hielten sich Hitler und die Führung des NS-Regimes mit Äußerungen zu dieser Frage zurück und überließen den Einheiten vor Ort die Entscheidung über das weitere Vorgehen.

Obwohl aus der Besprechung am 16. Juli keine konkreten Weisungen zur »Judenfrage« im Osten hervorgingen, bestimmte sie die Parameter der nachfolgenden Politik in entscheidendem Maße. Einen Tag nach dem Treffen unterzeichnete Hitler eine Reihe von Erlassen über die Schaffung einer Zivilverwaltung in den besetzten Gebieten.[113] Die Erlasse bestätigten Himmlers Zuständigkeit für Sicherheitsfragen sowie Görings kriegswirtschaftliche Kompetenzen und schufen damit das prekäre institutionelle Gleichgewicht, innerhalb dessen Rosenberg und sein Ostministerium fortan agieren mussten.[114] Mit der Berufung der ersten Mitarbeiter der Zivilverwaltung nahm die Verfolgung der Juden gleichzeitig eine neue, systematischere Form an.[115] Rosenbergs Männer fanden Bedingungen vor, die durch die Ereignisse der vorangegangenen Wochen bereits weitgehend vorgeprägt waren. Für diese Ereignisse, einschließlich der frühen Massenmorde an der jüdischen Bevölkerung, zeichneten indessen nicht ausschließlich Deutsche verantwortlich.

7.3 Nützliche Hilfe. Pogrome und Kollaboration

Bereits in der Anfangsphase des Krieges gegen die Sowjetunion beteiligten sich Nichtdeutsche – gewissermaßen in stillschweigender Arbeitsteilung – in erheblichem Umfang an antijüdischen Gewaltmaßnahmen. Ihre Mithilfe erstreckte sich von der Identifizierung, Demütigung und Ghettoisierung über Pogrome bis hin zu »Säuberungsmaßnahmen« und anderen Gewaltverbrechen. Die Täter waren einheimische Nichtjuden, Kollaborateure aus anderen Landesteilen sowie Soldaten und Polizisten aus Ländern, die mit dem Dritten Reich verbündet oder von ihm abhängig waren.[116] Entsprechend Heydrichs Weisungen an die Einsatzgruppen sollten sie die gegen Kommunisten und Juden gerichteten »Selbstreinigungsbestrebungen« der einheimischen Bevölkerung fördern; doch ohne das »Unternehmen Barbarossa« wären diese Verbrechen nicht begangen worden.[117] Der Schlüssel zum Verständnis der nichtdeutschen Kollaboration liegt also in der deutschen Politik und deren Wahrnehmung durch die Kollaborateure. Selbstverständlich gab es auch Einheimische, die Juden trotz der damit verbundenen Risiken bei der Flucht vor der Verfolgung halfen und vielen das Leben retteten.[118] Dennoch bleibt die Frage, welche Rolle die Beteiligung nichtdeutscher Helfer für antijüdische Maßnahmen in dieser Phase und darüber hinaus spielte.

In Bezug auf Litauen, wo die meisten baltischen Juden lebten und einige der ersten Massenmorde stattfanden, stellt sich diese Frage mit besonderer Dringlichkeit. Im Unterschied zu anderen Teilen der besetzten Sowjetunion, mit Ausnahme von Lettland und der Westukraine, waren Einheimische dort vom Anfang bis zum Ende der deutschen Herrschaft tief in die Ermordung der Juden verstrickt. Bei Kriegsausbruch und in einigen Fällen schon vor dem Eintreffen deutscher Truppen brachen überall im Land Pogrome aus. In Kowno kamen dabei, nach einem Bericht des EK 3, 3800 Juden ums Leben.[119] Im benachbarten Lettland, das bis zum 10. Juli vollständig von der Wehrmacht besetzt wurde, fanden ähnliche Ausschreitungen statt, wenn auch in geringerem Umfang. In der Hauptstadt Riga ermordete Mitte Juli eine lettische Hilfspolizeitruppe unter Viktors Arajs in Absprache mit Einsatzgruppe A mehrere hundert Kommunisten, Juden und andere »unerwünschte« Personen.[120] In der im September 1939 von der Sowjetunion annektierten Westukraine (Wolhynien und Ostgalizien) wurden rund 24 000 Juden von Ukrainern ermordet; allein in der galizischen Distriktshauptstadt Lemberg kamen bis Ende Juli 1941 bei von den Deutschen unterstützten Pogromen mindestens 5000 Juden ums Leben.[121] Einige der berüchtigtsten Mordkommandos der Judenvernichtung operierten später weit außerhalb ihrer Heimatländer. So waren Hilfspolizeieinheiten aus Lettland und Litauen bis tief nach Weißrussland hinein an Massenmorden an Juden beteiligt, und in Trawniki bei Lublin ausgebildete Ukrainer sowie Angehörige anderer ethnischer Gruppen dienten als Wachen in deutschen Vernichtungs- und Konzentrationslagern.[122] Dieses erstaunliche Maß der Beteiligung an Mordaktionen war nicht nur die Folge deutscher Ermunterung; es spielten auch andere, aus den spezifischen Verhältnissen vor Ort resultierende Faktoren eine Rolle.

Deutschen Vorkriegsdenkschriften und den darin enthaltenen Klischees über »den Osten« und seine Bewohner lag eine gewisse Differenzierung zwischen den verschiedenen Bevölkerungsgruppen zugrunde. Sowohl als Ausbeutungs- als auch als Herrschaftsobjekte rangierten dabei die Russen zusammen mit den Juden am unteren Ende der Skala, während die Völker des Baltikums und der Ukraine in einem etwas besseren Licht erschienen. Auch Hitler übernahm diese Hierarchisierung, war aufgrund seines großen politischen Entwurfs für »den Osten« aber nicht bereit, Ukrainern, Litauern und anderen als rassisch minderwertig geltenden Völkern deshalb eine Vorzugsbehandlung zuzugestehen. Gleichzeitig instrumentalisierten die deutschen Besatzer ethnische Rivalitäten, den einheimischen Antisemitismus sowie nationale Aspirationen, um ihre Herrschaft über die besetzten Gebiete zu festigen. Damit erleichterten sie die Umsetzung des von Hitler in der Besprechung am 16. Juli 1941 vorgegebenen Ziels, den »riesenhaften Kuchen« zwecks besserer Einverleibung in handliche Stücke zu zerteilen.[123]

Dass in Berlin niemand ernsthaft daran dachte, nichtdeutsche Selbstbestimmungsbestrebungen zu stärken, hielt nationalistische Gruppen in den baltischen Staaten und der Ukraine nicht davon ab, sich in ihrem Kampf gegen Moskau um die Unterstützung des Dritten Reichs zu bemühen. Nach der Annexion ihrer Länder durch die Sowjetunion in den Jahren 1939/40 waren viele Litauer, Letten, Esten und Westukrainer ins Exil gegangen, wobei einige die Umsiedlungsmöglichkeiten nutzten, die Berlin mit dem Kreml für »Volksdeutsche« ausgehandelt hatte.[124] Grund zur Flucht vor dem NKWD hatten insbesondere die Mitarbeiter der jeweiligen Sicherheitsdienste in den ehemals selbständigen baltischen Staaten. Pranas Lukys, Mitangeklagter im westdeutschen Gerichtsverfahren gegen ehemalige Angehörige des Einsatzkommandos Tilsit, der bei der litauischen Geheimpolizei (Saugumas) gearbeitet hatte, war einer von ihnen. Es gibt Anzeichen – so unzusammenhängend sie wegen des Fehlens einer eingehenden Studie über die Aktivitäten baltischer Emigranten im Dritten Reich auch bleiben – für die Vermutung, dass Lukys' Schicksal keine Ausnahme war. Nachdem er die Grenze überschritten hatte, wurde er zusammen mit 40 bis 50 anderen Geheimpolizisten in einem Lager bei Tilsit interniert. Aus den Vorkriegsberichten der Stapostelle Tilsit geht hervor, dass den Deutschen bewusst war, wie nützlich ihnen diese Litauer im bevorstehenden Krieg gegen die Sowjetunion sein konnten. Die Stapostelle setzte Lukys und einige andere Saugumas-Männer bei Lublin im Generalgouvernement ein, wo sie bis zu ihrer Versetzung nach Memel im Frühjahr 1941 blieben. Von dort wurden sie in der Nacht vor Beginn des »Unternehmens Barbarossa« über die Grenze nach Litauen geschickt, um im Untergrund gegen die Rote Armee zu operieren.[125]

Im Vorfeld des Angriffs bot das Dritte Reich Nationalisten und Antibolschewisten nicht nur Asyl, sondern auch Möglichkeiten zur Propaganda sowie zur Ausarbeitung von Plänen für die Zeit nach einem sowjetischen Rückzug aus ihren Heimatländern. Einer der bekanntesten litauischen Emigranten in Berlin, Kazys Škirpa, gründete die Litauische Aktivistenfront (LAF), um die seit langem bestehende Teilung des bürgerlichen Lagers in die rechtsgerichtete Fraktion des früheren Präsidenten Antanas Smetona und die profaschistische Bewegung »Eiserner Wolf« zu überwinden.[126] Zu diesem Zweck griffen Škirpa und seine Leute vorhandene antisemitische Vorurteile auf und verknüpften sie mit der Behauptung, Juden als das Rückgrat des bolschewistischen Systems seien für den Verlust der nationalen Unabhängigkeit Litauens verantwortlich. In einem Flugblatt vom März 1941 gab die LAF ihren Anhängern jenseits der Grenze Anweisungen für die erwartete »Stunde der Befreiung Litauens«: »In den versklavten Städten und Dörfern von Litauen müssen örtliche Aufstände begonnen werden; genauer gesagt, muss in dem Moment, in dem der Krieg beginnt, die ganze Macht erobert werden. Einheimische Kommunisten und andere Verräter Litauens müssen sofort festgenommen werden, damit sie der gerechten Strafe für ihre

Verbrechen nicht entfliehen können. (Verräter werden nur begnadigt, wenn sie nachweisen können, dass sie wenigstens einen Juden getötet haben.) [...] Teilt den Juden schon heute mit, dass über ihr Schicksal entschieden worden ist, damit diejenigen, die es können, jetzt aus Litauen verschwinden und unnötige Opfer vermieden werden.«[127]

In den letzten Wochen vor dem »Unternehmen Barbarossa« verstärkte die LAF mit deutscher Hilfe ihre Propaganda, indem sie antisowjetische Agitatoren nach Litauen schleuste, Flugblätter verteilte und Radiobotschaften über die Grenze ausstrahlte. Aufgrund ihrer begrenzten Mitgliederzahl, zumal in den führenden Machtzirkeln der Vorkriegszeit, blieb die LAF jedoch eher ein Symbol des Antikommunismus als eine wirkungsvolle politische Kraft. Noch bevor die Wehrmacht das Land erobert hatte, meuterten litauische Einheiten der Roten Armee, insbesondere das 297. Territorialkorps in Kowno, und beschleunigten damit den sowjetischen Rückzug. Nach dem Abzug der Roten Armee wurden provisorische Militärkommandanten eingesetzt und litauische Behörden, einschließlich einer provisorischen Regierung in Kowno, gebildet, um den Anspruch Litauens auf Selbstbestimmung, wenn nicht sogar auf politische Unabhängigkeit anzumelden.[128] Unterdessen spielten Freischärler der LAF und andere Antibolschewisten eine bedeutende Rolle beim Entfachen von Pogromen.

Verglichen mit der Zurückhaltung, mit der an den Tatorten anwesende Deutsche über deutsche Verbrechen sprachen, gibt es überraschend viele Zeugenaussagen und fotografische Zeugnisse über von Einheimischen verübte Pogrome. Am berüchtigtsten sind die Fotografien und Äußerungen von Zuschauern der Morde, die zwischen dem 23. und 28. Juni 1941 in Kowno stattfanden. Ende der fünfziger Jahre berichtete ein ehemaliger Oberst, er sei Augenzeuge gewesen, wie ein junger Litauer mit einem Holzknüppel Männer zu Tode prügelte. Dies sei »wohl des furchtbarste Geschehen« gewesen, das er »im Verlaufe von zwei Weltkriegen gesehen« hatte. Ein Gefreiter einer Bäckereikompanie beschrieb ein ähnliches Vorkommnis und fügte hinzu: »Warum diese Juden erschlagen wurden, habe ich nicht erfahren. Ich konnte mir damals auch keine eigenen Gedanken über Judenverfolgungen machen, weil ich davon noch nichts gehört habe. Bei den zuschauenden Personen handelte es sich fast ausschließlich um deutsche Soldaten, welche aus Neugierde dem grausamen Geschehen zuschauten.«[129]

Öffentliche Gewaltszenen wie diese mit deutschen Zuschauern in einem vom Dritten Reich beherrschten Gebiet hatte es bis dahin nicht gegeben. Auch außerhalb von Litauen wurden Wehrmachtsoffiziere Zeugen solcher Vorkommnisse, die sie mit einer Mischung aus Zustimmung und Besorgnis aufnahmen. Am 1. Juli 1941 hielt das Kriegstagebuch der 1. Gebirgsdivision in Lemberg fest, dass während einer Offiziersbesprechung aus Richtung des GPU-Gefängnisses Schüsse zu hören gewesen seien, die von einem von Ukrainern angezettelten »regelrechten Juden- und Russenpogrom« stammten.[130] In Drohobycz beobachtete der örtliche Militärkommandant »Terror und Lynchjustiz gegen die Juden«; die Zahl der Opfer ließ er offen.[131] Selbst die höchsten Wehrmachtsoffiziere sahen sich außerstande einzugreifen. Anlässlich der Morde in Kowno schrieb Generalfeldmarschall von Leeb in sein Tagebuch: »Es bleibt nur übrig, dass man sich fernhält.«[132]

Einige Vertreter der Besatzungsmacht zollten den gewalttätigen Übergriffen offen Beifall. Aus Lemberg, wo der Pogrom vier Tage lang gewütet hatte, berichtete die Geheime Feldpolizei am 7. Juli, dass sich die »fanatische Stimmung« auf die ukrainischen Dolmetscher übertragen habe. Diese seien nationalistisch orientiert und verträten die Ansicht, »dass jeder Jude sofort erschlagen werden müsse«.[133] Aber Deutsche taten nicht nur ihre Meinung kund, sondern beteiligten sich auch selbst an den Gräueln gegen Juden, Russen und Kommunisten, was die Radikalisierung der deutschen Maßnahmen beschleunigte.[134] Auf lange Sicht musste die »spontane« Gewalt von Einheimischen jedoch in geordnete Bahnen kanalisiert, das heißt in organisierte Verbrechen eingebunden werden. Da Heydrichs Weisungen vom 29. Juni kaum eine Handhabe für die Lösung praktischer Probleme bot, hielten sich die Polizeioffiziere vor Ort an das Vorbild der Wehrmacht, die bereits damit begonnen hatte, systematisch nichtdeutsche Kollaborateure einzusetzen.

Aus Kowno meldete der Kommandeur des EK 1b, Erich Ehrlinger, dem RSHA am 1. Juli 1941, dass zwei Tage zuvor auf Befehl des deutschen Militärkommandanten die örtlichen antisowjetischen »Partisanen« entwaffnet worden seien. Der Feldkommandant der Wehrmacht habe jedoch aus verlässlichen Kollaborateuren eine in fünf Kompanien gegliederte Hilfspolizeieinheit aufgestellt. Laut Ehrlinger war diese Maßnahme zumindest teilweise sozial begründet, denn die Hilfspolizisten seien arbeitslos und »vollkommen mittellos« gewesen. Die wirtschaftliche Lage der einheimischen Bevölkerung sei insgesamt unsicher, insbesondere die Lebensmittelversorgung. Von den beiden dem EK 1b unterstellten Kompanien bewache eine das »inzwischen in Kowno – Fort VII [einer alten Festungsanlage] – eingerichtete Judenkonzentrationslager und führt Exekutionen durch«. Die Wehrmacht habe es in Litauen an Zielgerichtetheit fehlen lassen; im Interesse der »deutschen Ostraumpolitik« sei es aber notwendig, »dass die litauische Frage nach einheitlichen Richtlinien gelöst« werde.[135]

Aufgrund der raschen Einbeziehung lokaler Pogrome in das sich herausbildende Muster fortschreitender Vernichtung ist es äußerst schwierig, ihre spezifischen Ursachen auszumachen. Wie die Ereignisse in Kowno und Lemberg belegen, waren lokale Aktionen zumindest indirekt von deutschen Interessen beeinflusst. Hatten Wehrmacht oder Sipo erst einmal Fuß gefasst, trat das deutsche Übergewicht deutlicher zutage. Da die meisten der Forschung zugänglichen zeitgenössischen Dokumente von den Einsatzgruppen stammen, kann es nicht überraschen, dass andere Institutionen – deutsche wie nichtdeutsche – am Rande zu stehen schienen.[136] Dennoch enthalten die Berichte von Sipo und SD wichtige Informationen über die Lage vor Ort sowie das Mischungsverhältnis ursächlicher Faktoren. Offenbar beschränkten sich die frühen Massenmorde nicht auf Juden; und selbst wo dies der Fall war, scheint Antisemitismus nicht das einzige Motiv gewesen zu sein. Am selben Tag, an dem die »Partisanen« in Kowno entwaffnet wurden, veröffentlichte der litauische provisorische Militärkommandant einen Aufruf, in dem die Bevölkerung vor »wutentbrannten Russen und jüdischen Kommunisten« gewarnt wurde.[137] Im nahe gelegenen Wilna richteten sich die Aggressionen gegen Polen, die größte ethnische Gruppe der Stadt.[138]

Um die unkontrollierte Ausbreitung derartiger Gewaltaktionen zu verhindern, entschloss sich Heydrich zum Einschreiten. Auf eine Anfrage von General Karl Heinrich von Stülpnagels 17. Armee ergänzte er am 1. Juli seine zwei Tage zuvor erteilten Weisungen hinsichtlich der »Nichtverhinderung der Selbstreinigungsbestrebungen antikommunistischer und antijüdischer Kreise«. Es sei »selbstverständlich«, schrieb er, »dass die Reinigungsaktionen sich primär auf die Bolschewisten und Juden zu erstrecken« hätten. Polen solle man hingegen vorläufig verschonen, da »sie als Initiativelement [...] sowohl für Pogrome als auch als Auskunftspersonen von besonderer Wichtigkeit« seien.[139] Obwohl Heydrich die Ausschreitungen als Ausdruck des lokalen Hasses auf »Judeobolschewisten« nutzen wollte, übersah er die damit einhergehenden Gefahren nicht. In den Händen von Nationalisten, die früher – wie es in einem deutschen Bericht hieß – Parolen wie »Deutsche, Juden, Russen raus!« ausgegeben hatten,[140] waren Pogrome eine gefährliche Waffe. Wichtiger noch schien, dass Pogrome aufgrund der komplexen Mischung aus nationalistischen, opportunistischen und antisemitischen Motiven die Tendenz zur Verselbständigung in sich trugen und einer systematischen antijüdischen Politik, wie sie in Deutschland und in anderen Teilen des besetzten Europa verfolgt wurde, zuwider liefen. Die vom RSHA empfohlene Vorgehensweise – Anzettelung von Pogromen und Einsatz einheimischer Kollaborateure ohne offizielle Anerkennung ihrer Hilfsfunktion – waren in den Augen der Beamten vor Ort kein Rezept für eine effiziente Besatzungspolitik. Nach einem Bericht der Einsatzgruppe A reichten die »spontanen Reinigungsaktionen« nicht aus, »um den rückwärtigen Frontabschnitt zu stabilisieren, zumal der Eifer der einheimischen Bevölkerung auch alsbald nachließ«.[141] Je weiter die Wehrmacht vorstieß, desto weniger waren die Einheimischen zu Pogromen aufgelegt. In Weißrussland versagte die Taktik der Anzettelung von Pogromen von Anfang an.[142] Angesichts des deutschen Personalmangels erforderte die angestrebte »Stabilisierung« daher eine Umwandlung von Pogromtätern in reguläre Hilfspolizisten.

Es war allerdings immer noch unklar, wo die Trennlinie zwischen der Indienstnahme von Einheimischen für deutsche Sicherheitsinteressen einerseits und der Blockierung ihrer nationalen Ambitionen andererseits gezogen werden sollte. Ende Juni hatte die 9. Armee die Wehrmachtskommandeure in Litauen darauf hingewiesen, dass die Dienststellen der provisorischen Regierung auf Befehl des Führers zu ignorieren seien. Den lokalen litauischen Behörden käme einzig und allein die Aufgabe zu, »Ruhe und Ordnung« wiederherzustellen; bewaffnete litauische Einheiten seien aufzulösen, es sei denn, sie erfüllten »reine Polizeiaufgaben«.[143] Am 28. Juni 1941 suchte Oberst Jurgis Bobelis, der litauische Militärkommandant von Kowno, mit einem öffentlichen Aufruf Freiwillige aus der früheren litauischen Armee, die an die Stelle der »Partisanen« treten sollten. Nur wenige Tage darauf berichtete Ehrlinger, dass ein »Nationales Arbeitsschutz-Bataillon« aufgestellt worden sei, das Jägers EK 3 unterstellt wurde. Es wuchs in den folgenden Wochen rasch an und trug als Teil einer Einheit, die in deutschen Quellen nach ihrem Anführer »Rollkommando Hamann« genannt wurde, erheblich zu der atemberaubenden Zahl von 133 346 überwiegend jüdischen Mordopfern bei, die Jäger Mitte Dezember 1941 meldete.[144]

Dem Bestreben regionaler und lokaler Dienststellen, eine praktikable Lösung für die Sicherheitsprobleme in den besetzten Gebiete bei möglichst geringem deutschem Personalaufwand zu finden, stand die Berliner Zentrale einmal mehr zwiespältig gegenüber. In dem Spitzentreffen am 16. Juli 1941 hatte Hitler ausdrücklich erklärt, nie dürfe »erlaubt werden, dass ein anderer Waffen trägt als der Deutsche! […] Nur der Deutsche darf Waffen tragen, nicht der Slawe, nicht der Tscheche, nicht der Kossak oder der Ukrainer!«[145] Seine Untergebenen sahen sich jedoch gezwungen, in dieser Frage Kompromisse zu machen. Am 25. Juli bemerkte Himmler, die Polizeiaufgaben im Osten könnten von der deutschen Polizei und der SS allein nicht bewältigt werden, und ordnete an, »zusätzliche Schutzformationen aus den uns genehmen Volksteilen der eroberten

Gebiete beschleunigt aufzustellen«.[146] Damit rief er die so genannten Schutzmannschaften ins Leben, die im Lauf der Zeit neben den deutschen Sicherungsdivisionen, SS-Einheiten und Orpo-Bataillonen zu einer entscheidenden Kraft bei der »Befriedung« der besetzten Gebiete werden sollten.[147] Bis Ende 1941 wurden 26 Bataillone einheimischer Polizisten aufgestellt, in denen 33 000 »Schutzmänner« auf verschiedenste Art und Weise den deutschen Interessen dienten. Ein Jahr später hatte sich ihre Zahl auf rund 300 000 vervielfacht.[148]

In Gebieten wie Litauen, Lettland und Ostgalizien, in denen der Vormarsch der Wehrmacht Massenausschreitungen gegen Juden, Russen und alle Bevölkerungsgruppen, die mit der sowjetischen Herrschaft in Verbindung gebracht wurden, ausgelöst hatte, funktionierten die Deutschen einheimische Aktivisten ohne Schwierigkeiten zu Langzeitkollaborateuren um. Tatsächlich bestand das größere Problem gelegentlich darin, den Aktionismus der Einheimischen einzudämmen. Anfang August verkündete der Befehlshaber des rückwärtigen Heeresgebiets Nord, da die »Befriedung« Lettlands weitgehend abgeschlossen sei, bestehe »kein Anlass mehr zur Duldung eigenmächtiger und ungeprüfter Verhaftungen und weitergehender Exekutionsmaßnahmen« durch lettische Hilfskräfte; fortan müssten solche Maßnahmen von deutschen Stellen genehmigt werden.[149] Als höchste nichtmilitärische Autorität in der Region beaufsichtigte der Höhere SS- und Polizeiführer die rasch wachsenden Hilfspolizeitruppen und war für ihre Integration in die entstehende Verwaltungsstruktur verantwortlich.[150] Nachdem die Zivilverwaltung Rosenbergs die Kontrolle übernommen hatte, engagierten sich ihre Vertreter ebenfalls in dieser Richtung. Mitte August bezeichnete es der Gebietskommissar in Mitau als eine seiner Hauptaufgaben, unter den einheimischen Polizisten, die infolge ihrer Beteiligung an der Liquidierung der jüdischen Bevölkerung alle moralischen Hemmungen verloren hätten, für Disziplin zu sorgen. Dabei rechnete er es sich bereits als Erfolg an, dass sein Befehl, »die überlebenden 21 Juden aus Mitau lebend nach Illuxt« zu bringen, trotz des weiten Weges ausgeführt worden war.[151]

Neben ideologischer Nähe zu den neuen Herrschern boten

für die Einheimischen von Anfang an auch materielle Erwartungen einen großen Anreiz, sich der Hilfspolizei anzuschließen.[152] Da organisiertes Plündern und Rauben zu den integralen Bestandteilen deutscher Besatzungspolitik im Allgemeinen und antijüdischer Maßnahmen im Besonderen gehörten, kann es kaum überraschen, dass sich ein Teil der einheimischen Bevölkerung ein Stück vom Kuchen zu sichern suchte. Das galt insbesondere für entlassene sowjetische Kriegsgefangene, in zunehmendem Maße aber auch für die Kollaboration in Gebieten wie Weißrussland, deren Bewohner anfangs wenig Begeisterung für die deutschen Maßnahmen gegen Juden gezeigt hatten. Einsatzgruppe B, der es nicht gelungen war, ihre eigenen Hilfskräfte völlig unter Kontrolle zu bringen, schmähte den von Wehrmacht und Sipo in Weißrussland geschaffenen so genannten Ordnungsdienst als »organisierte Räuberbande«.[153] Anhaltende Schwierigkeiten, die einheimischen Kollaborateure in den Griff zu bekommen, sorgten dafür, dass in einigen Gebieten Weißrusslands bei größeren »Befriedungsaktionen« Schutzmannschaftsbataillone aus dem Baltikum hinzugezogen wurden.[154] Saßen die Zivilverwaltungen erst einmal fest im Sattel, verbesserten sich die Chancen, die Hilfspolizeien flächendeckend zur Schutztruppe deutscher Herrschaft zu machen. Zusammen mit der Orpo waren sie massiv an der Ermordung von Juden im Zuge der im Frühjahr 1942 einsetzenden »zweiten Tötungswelle« sowie an der Partisanenbekämpfung beteiligt.[155]

Antibolschewistische Aktivisten und Hilfspolizisten waren indessen nicht die Einzigen, von denen die Besatzer in ihrem Bemühen Unterstützung erhielten, ihr Einflussgebiet zu kontrollieren und zu »befrieden«. Vom Baltikum über Weißrussland bis zur Ukraine gab sich eine Vielzahl einheimischer Kommunalbeamter alle Mühe, die Einhaltung der von den Deutschen aufgestellten Regeln und Vorschriften sicherzustellen. Sie wurden in die sich herausbildende Verwaltungsmaschinerie integriert, in der Regel auf den unteren Ebenen, manchmal – wie im Fall der litauischen, lettischen und estnischen Sicherheitspolizei[156] – aber auch als Angehörige von Parallelorganisationen zu deutschen Behörden. Das deutsche Engagement variierte entsprechend zwischen direkten Eingriffen in die Arbeit lokaler Behörden und allgemeiner Aufsicht. Ohne die aktive Unterstützung von Bürgermeistern, Stadträten, Wohnungsämtern und einer Vielzahl von Kommunalverwaltern hätte die Erfassung, Ausbeutung und Ghettoisierung der jüdischen Bevölkerung, insbesondere außerhalb städtischer Zentren, die begrenzten logistischen Möglichkeiten der deutschen Besatzungsbehörden überschritten.[157] In einigen Fällen halfen diese einheimischen Behörden nicht nur bei den Vorarbeiten zur Ermordung der Juden. Am 30. Juni 1941, weniger als eine Woche nach der Besetzung von Alytus in Litauen, bot der litauische Polizeichef dem deutschen Militärkommandanten an, alle im Distrikt lebenden Juden von seinen Hilfspolizisten töten zu lassen. Zu diesem Zeitpunkt schlug der Stadtkommandant das Angebot aus;[158] bis zum 19. September ermordete das EK 3 in Alytus und Umgebung über 2200 Juden.[159] Im August fielen die Frauen und Kinder, die die ersten Mordaktionen von Böhmes Einsatzkommando östlich der sowjetisch-deutschen Grenze überlebt hatten, litauischen Polizeieinheiten zum Opfer, die teilweise ohne direkte deutsche Beteiligung handelten.[160]

Auf sowjetischem Territorium kämpften an der Seite der Wehrmacht Truppen verbündeter oder unter deutscher Kontrolle stehender Länder. Ihr Verhalten gegenüber den Juden hing, wie das der einheimischen Kollaborateure, von unterschiedlichen Faktoren ab.[161] Während ungarische Soldaten dem deutschen Beispiel offenbar überwiegend nicht folgten, begingen rumänische Einheiten im Südabschnitt der Front groß angelegte Mordaktionen.[162] Seit Ende der dreißiger Jahre zeichnete sich die rumänische Politik durch eine stark antisemitische Färbung aus. Diese Tendenz erreichte im Sommer 1940 einen ersten Höhepunkt, als es im Zuge der Abtretung Bessarabiens und der Nordbukowina an die Sowjetunion zu gewalttätigen Übergriffen gegen Juden kam.[163] Noch vor dem Beginn des »Unternehmens Barbarossa« wiesen Kommandeure der rumänischen Gendarmerie ihre regionalen Offiziere an, das Land »von Juden zu säubern«, die städtischen Juden in Ghettos zu konzentrieren und die »Vernichtung aller in ländlichen Gebieten aufgegriffenen Juden an Ort und Stelle« in Gang zu setzen. Ganz ähnlich klangen die frühen Verlautbarungen rumänischer Verwaltungsbeamter, nur ergänzten sie die Zielgruppe dieses »Akts ethnischer Säuberung« noch um Ukrainer.[164] Am 19. Juni ordnete der rumänische Diktator Ion Antonescu an, »die Namen aller jüdischen und kommunistischen Agenten und Sympathisanten [...] zu erfassen« und ihre Bewegungsfreiheit einzuschränken, um das Militär in die Lage zu versetzen, »weitere Befehle auszuführen«.[165]

Nach dem 22. Juni 1941 gingen die rumänischen Heeres- und Polizeieinheiten umgehend daran, ihre Vorkriegspläne zu verwirklichen. Zuerst kamen Bessarabien und die Nordbukowina an die Reihe, also jene Gebiete, die 1940 von der Sowjetunion besetzt worden waren. Für den weiteren Verlauf dieser Mordaktionen spielte die deutsche Beteiligung neben anderen Faktoren eine wichtige Rolle. Ohlendorfs Einsatzgruppe D, die der neben rumänischen Truppen (3. und 4. Armee) kämpfenden 11. Armee zugeordnet war, beobachtete die Aktivitäten des Verbündeten zunächst, um sie später zu kontrollieren und zu lenken. Viele Exekutionen wurden im Rahmen von »Vergeltungsmaßnahmen« ausgeführt, bei denen man für jeden getöteten rumänischen oder deutschen Soldaten 50 jüdische Opfer ermordete.[166] Nach Raul Hilbergs Schätzung sind im Juli 1941 in Bessarabien und der Bukowina über 10 000 Juden rumänischen und deutschen Einheiten zum Opfer gefallen.[167] Wie die Pogrome in Litauen verwiesen auch diese frühen Tötungsaktionen auf die nachfolgende Eskalation des Gesamtprozesses. Am 27. Juni verfügte der Militärkommandant die Evakuierung der gesamten Zivilbevölkerung von Sculeni, einem kurz zuvor eroberten Dorf in Moldawien. Offiziere des rumänischen 6. Gebirgsregiments sonderten die Juden unter den Evakuierten aus, beraubten sie ihrer Habseligkeiten und zwangen sie, Massengräber auszuheben. Dann erschossen rumänische Soldaten mindestens 311 Juden. Als der Vorfall ungefähr einen Monat später von rumänischen Militärbehörden untersucht wurde, erklärten die beteiligten Offiziere, »gemäß den Befehlen unserer Vorgesetzten« gehandelt zu haben. Bei der Exhumierung nach dem Krieg kamen die Leichen von Männern, Alten, Frauen und 33 Kindern, darunter sieben

Säuglinge, ans Licht; ein Kind schien bei lebendigem Leib verbrannt worden zu sein.[168]

Rumänische Offiziere wetteiferten mit ihren deutschen Waffenbrüdern darum, neue Maßstäbe in der »Behandlung« von Juden zu setzen. In Iasi im Nordosten Rumäniens, einer Hochburg der nationalistischen Rechten, zettelten Soldaten, Gendarmen und Zivilisten am 28. Juni 1941 ein Pogrom an, dem Tausende von einheimischen Juden zum Opfer fielen. Mehr als 4000 Überlebende wurden in Eisenbahnzügen, die man mit Aufschriften wie »Kommunistische Juden« und »Mörder deutscher und rumänischer Soldaten« versehen hatte, abtransportiert; mindestens die Hälfte der Insassen kam dabei ums Leben.[169] Auch hier versuchten deutsche Stellen unorganisierte Gewalt im Interesse größerer Effizienz in kontrollierte Bahnen zu lenken. So bestand bis zur formellen Angliederung der Bukowina, Bessarabiens und Transnistriens an Rumänien gemäß dem Vertrag von Tighina vom 30. August 1941 eine der Aufgaben der Einsatzgruppe D darin, weitere »von den Rumänen durchgeführte unsachgemäße und sadistische Exekutionen« zu verhindern.[170] Ohlendorfs Männer gaben den Rumänen ein Vorbild für »planvolleres Vorgehen in dieser Richtung«. Nachdem sich Erschießungsaktionen der Einsatzgruppe zunächst gegen »Neuankömmlinge« gerichtet hatten, die im Zuge der sowjetischen Annexionen im Sommer 1940 nach Czernowitz gekommen waren, erweiterte sie den Kreis der jüdischen Opfer rasch auf Frauen – in Kischinjow waren schon am 1. August 1941 200 Jüdinnen erschossen worden – und kurz darauf auch auf Kinder.[171]

Gewiss benötigten die Deutschen weder Litauer noch Letten, Ukrainer oder Rumänen, um die Juden in den besetzten sowjetischen Gebieten als Gegner anzusehen und entsprechend zu behandeln. Der physischen Vernichtung der »Feinde des Reichs« ging ihre Identifizierung voraus; welche Verbrechen auch von Nichtdeutschen begangen wurden, die insgesamt tödlichere Bedrohung bildete die von Deutschen entwickelte systematische Verfolgung. Zugleich lieferten Ereignisse wie die Pogrome in Kowno oder die Ermordung jüdischer Frauen und Kinder in Sculeni für deutsche Beobachter und

Beteiligte auf allen Ebenen wichtige Lehren. Die jeweils unterschiedlichen Herangehensweisen – unkoordinierte Übergriffe hier, organisierte Gewalt dort – gaben der Ereignisabfolge zusätzliche Stimuli und beeinflussten die Gestaltung antijüdischer Politik. Waren sie erst einmal in die sich herausbildende Infrastruktur des Todes integriert, trugen sie zum reibungsloseren Verlauf des Vernichtungsprozesses bei. In diesem Sinne hatte Himmlers Erlass vom 25. Juli 1941 über die Aufstellung von einheimischen Hilfspolizeieinheiten – Einheiten, die sich nicht nur in den Gebieten, in denen sie geschaffen wurden, als unverzichtbare Werkzeuge für die Durchführung der »Endlösung« erweisen sollten – auf lange Sicht eine größere Wirkung auf den Gang der Ereignisse als Pogrome und andere unkoordinierte antijüdische Aktionen der nichtdeutschen Bevölkerung.

7.4 Auf dem Weg zur »Endlösung«, August–Dezember 1941

Anfang August 1941 waren sämtliche Voraussetzungen erfüllt, um die Schwelle zur Ermordung aller Juden im besetzten Teil der Sowjetunion überschreiten zu können. Die Wehrmacht hatte die baltischen Staaten und Weißrussland besetzt und in der Ukraine die Linie Kiew–Kirowograd erreicht; in den Kesselschlachten von Uman und Smolensk/Roslawl waren fast eine Million russische Soldaten zu den bereits in deutschen Lagern hungernden Kriegsgefangenen hinzugekommen.[172] Mitte Juli hatte Heydrich Richtlinien für die Durchsuchung der Kriegsgefangenenlager ausgegeben, auf deren Grundlage Kommunisten und »alle Juden« ausgesondert werden sollten.[173] Am Ende des Monats war er von Göring ermächtigt worden, »alle erforderlichen Vorbereitungen [...] für eine Gesamtlösung der Judenfrage im deutschen Einflussgebiet in Europa« zu treffen.[174] Beginnend in Litauen, übergab die Wehrmacht die Zivilverwaltung an Rosenbergs Beamte, während das Gebiet um Bialystok sowie Galizien Ostpreußen beziehungsweise dem Generalgouvernement angegliedert wurden. Überall in den besetzten Gebieten waren im Anschluss an eine Phase der unsystematischen und örtlich unterschiedlichen Behandlung der Juden Verordnungen in Vorbereitung oder bereits in Kraft, die ihre Absonderung vom Rest der Bevölkerung vorsahen. Für die an der »Befriedung« beteiligten Einheiten von Wehrmacht, Sipo und Orpo hatte der Massenmord an Juden und anderen Nichtkombattanten den Charakter einer alltäglichen Angelegenheit angenommen. Die Rekrutierung einheimischer Kollaborateure half, den Tod noch bis ins entlegenste Dorf zu tragen. Immer häufiger fielen auch Frauen und Kinder den Morden zum Opfer. Deutsche Stellen vor Ort strebten nach einer Koordinierung oder Ausrichtung dieser Entwicklungen auf ein gemeinsames Ziel, einer Art »Gleichschaltung«, die extreme Destruktivität in einen normalen administrativen Vorgang und Massenmorde in Völkermord verwandeln sollte. Diese Vereinheitlichung vollzog sich bis Ende 1941.

Seit Ende Juli wuchs infolge des ausbleibenden schnellen Sieges über die Rote Armee bei den Deutschen die Sorge um die militärische Sicherheit in den besetzten Gebieten. Das Dritte Reich war, so Hitler, »gezwungen, mit einer Handvoll Leuten Bezirke von 300 auf 500 km Ausdehnung zu regieren«.[175] Die Heeresführung glich Personalmangel durch noch massivere Zwangsmaßnahmen aus.[176] Nach Ansicht der kommandierenden Offiziere erforderte die Verstärkung des Terrors eine größere Kontrolle der beteiligten Truppen. Zwei Themen standen daher nun häufiger als vorher auf der Tagesordnung. Zum einen barg die Beteiligung an Gewaltakten gegen die Zivilbevölkerung die Gefahr des Verfalls deutscher militärischer Disziplin, die sich infolge der Entschlossenheit, mit der die Heeresführung tatsächliche wie vermutete Feinde auszuschalten trachtete, allerdings nur durch kosmetische Maßnahmen abmildern ließ. So wurde es Soldaten und nichtdeutschen Hilfskräften verboten, ohne dienstlichen Befehl an Massenerschießungen teilzunehmen.[177] Zum anderen suchte man nach einer Rechtfertigung für den verstärkten Terror gegen Zivilisten weit hinter der Front, wobei die Aufteilung der einheimischen Bevölkerung in »erwünschte« und »unerwünschte« Gruppen hinreichend Handhabe bot. Nach Auffassung des Abwehroffiziers der 221. Sicherungsdivision bestand der Schlüssel zur »totalen politischen und wirtschaftlichen Befriedung« in der »souveränen Beherrschung dieses alten Volkstumskampfes unter gleichzeitiger Ausmerzung des Judentums«.[178] Dieser Strategie folgten die Militärs überall in der besetzten Sowjetunion, wenn auch mit unterschiedlicher Intensität. Im Süden ordneten Armeebefehlshaber an, Vergeltung für antideutsche Aktivitäten nur an Russen und Juden, nicht aber an Ukrainern zu üben; weiter nördlich sollten Weißrussen, Litauer und Letten vor den Aktivitäten von Juden, Russen und Polen »geschützt« werden.[179] Doch verwischte sich die Trennlinie zwischen »Erwünschten« und »Unerwünschten« im Lauf der Zeit aufgrund der zunehmenden deutschen Fixierung auf die Ausmerzung von »Partisanen« und deren potentiellen Sympathisanten – Juden, früheren Rotarmisten, »verdächtigen Elementen«, »Ortsfremden« und »Wanderern« –, bis schließlich alle Einheimischen als Sicherheitsrisiko betrachtet wurden.[180]

Drei Tage nach der Besprechung mit Hitler am 16. Juli 1941 über die künftige deutsche Politik in den besetzten Gebieten im Osten übertrug Himmler, der an der Besprechung nicht teilgenommen hatte, den HSSPF Russland Mitte (von dem Bach-Zelewski) und Süd (Jeckeln) die Befehlsgewalt über zwei Brigaden seines Kommandostabs: die SS-Kavalleriebrigade (von dem Bach-Zelewski) und die 1. SS-Brigade (Jeckeln). Aufgabe dieser Streitmacht von über 10 000 Mann war es, gemeinsam mit mehreren, den HSSPF unterstehenden Polizeibataillonen jene Gebiete zu »befrieden«, die als Problemzonen in der besetzten Sowjetunion galten. Während die SS-Kavalleriebrigade die Sicherung der Pripjetsümpfe übernahm – ein riesiges, nahezu unzugängliches Gebiet, das teils zu Weißrussland, teils zur Nordukraine gehörte –, wurde die 1. SS-Brigade am Südrand der Sümpfe eingesetzt.[181] Weit besser für schnelle, groß angelegte Operationen ausgerüstet als die Einsatzgruppen, spielten diese Einheiten eine bedeutende Rolle beim Übergang von der Politik unkoordinierter Massenmorde zur umfassenden Vernichtung jüdischen Lebens.

Die zunächst im besetzten Polen stationierten Einheiten des Kommandostabs RF-SS waren seit seiner Gründung im Mai 1941 der üblichen Indoktrination ausgesetzt gewesen, deren

Wirkung durch den Alltag im Osten noch verstärkt wurde. Die Männer der Waffen-SS sahen den »ewigen Juden« nicht nur auf den Leinwänden der örtlichen Kinos, sondern auch in den nahe gelegenen Ghettos von Krakau, Lublin, Tarnów oder Zamość.[182] In den Wochen vor ihrer Verlegung in die Pripjetsümpfe erhielten sowohl Offiziere als auch Mannschaften Richtlinien, in denen ausführlich erklärt wurde, wie die militärische Lage einzuschätzen, die Befehlsgebung zu handhaben und die »Befriedung des ›rückwärtigen Heeresgebietes‹ und des ›Gebietes der politischen Verwaltung‹« zu erreichen war. Das Verlangen des Kommandostabs, sich gegenüber der Wehrmacht zu profilieren, durchzog auch die Richtlinien, wobei von Beginn an kein Zweifel darüber bestehen konnte, dass es um mehr als militärische Aufgaben ging: »Raum zu gewinnen ist unwesentlich, Ziel des Kampfes bleibt allein die restlose Vernichtung des eingeschlossenen Gegners.«[183]

Am 21. Juli 1941 besuchte Himmler den Befehlshaber des rückwärtigen Heeresgebiets Süd, General Karl von Roques, in Lemberg.[184] Worüber die beiden sprachen, ist zwar nicht bekannt, doch stand die »Judenfrage« zumindest auf von Roques' Tagesordnung.[185] Weiter im Norden erwartete der Befehlshaber des rückwärtigen Heeresgebiets Mitte, General von Schenckendorff, von den SS-Kavallerieregimentern 1 und 2 Unterstützung bei der »Säuberung« der Pripjetsümpfe, wo Partisanen gesichtet worden waren.[186] Die beiden HSSPF in diesen Gebieten, Jeckeln im Süden und von dem Bach-Zelewski in Russland Mitte, fungierten als Schaltstellen zwischen der Wehrmacht und Himmlers Einheiten. Abgesehen von den allgemeinen Richtlinien, waren die Männer des Kommandostabs bis zu diesem Zeitpunkt kaum darüber informiert worden, welche konkreten Aufgaben auf sie zukamen. Als Himmler am 21. Juli das SS-Kavallerieregiment 2 besuchte, sprach er lediglich in allgemeinen Worten von einer »schweren Aufgabe«.[187] Vom 20. bis 23. Juli besuchten Offiziere der Abwehrabteilung des Kommandostabs, die SS-Hauptsturmführer May und Schneider, zum ersten Mal ihre Pendants bei der Heeresgruppe Mitte, Major Rudolph-Christoph Freiherr von Gersdorff und Hauptmann Henrici. Die Offiziere der Heeresgruppe Mitte wussten bereits von der geplanten Verlegung der SS-Kavalleriebrigade in von Schenckendorffs rückwärtiges Heeresgebiet und bedankten sich für die Hilfsbereitschaft ihrer Waffenbrüder.[188]

Am 27. Juli übermittelte der Chef des Kommandostabs, SS-Brigadeführer Kurt Knoblauch, HSSPF von dem Bach-Zelewski und dem Kommandeur des SS-Kavallerieregiments 1, SS-Standartenführer Hermann Fegelein, Himmlers Einsatzbefehl für die SS-Kavalleriebrigade.[189] Am selben Tag gab Fegelein die Weisungen an seine Untergebenen weiter: Zum Zweck der »Befriedung« des rückwärtigen Heeresgebiets im Gebiet der »Rollbahn« seien »Soldaten der russischen Armee in Zivil und Plünderer sowie bewaffnete oder sabotagetreibende Zivilisten […] standrechtlich unter den [sic] Befehl eines Offz. zu erschießen«. Spezielle Instruktionen, fuhr Fegelein fort, habe der »Reichsführer« hinsichtlich der Bewohner von Dörfern im Gebiet der Pripjetsümpfe erteilt. Kriminelle Elemente seien zu eliminieren und Juden »zum größten Teil als Plünderer zu behandeln«. Im Unterschied zu dem Anfang Juli ergangenen Befehl von dem Bach-Zelewskis an das Polizeiregiment Mitte blieb die Zielgruppe nicht mehr auf bestimmte Altersjahrgänge beschränkt. Bei qualifizierten Arbeitskräften wie Bäckern und Ärzten konnten Ausnahmen gemacht werden; Frauen und Kinder sollten zusammen mit dem Vieh aus den Dörfern vertrieben werden.[190] Am folgenden Tag erläuterte Himmler in einem Befehl die Aufgaben der SS-Kavallerieeinheiten ausführlicher und ordnete erneut an, dass Einheimische zu erschießen und ihre Dörfer niederzubrennen seien, sofern sie, »national gesehen, feindlich, rassisch und menschlich minderwertig oder gar […] Verbrecher« waren.[191] Bis zum 1. August ermordete das 1. SS-Kavallerieregiment 788 Menschen; fünf Tage später hatte sich die Zahl der Opfer auf 3000 »Juden und Freischärler« erhöht.[192]

Die Pripjetaktion bestätigte, wie gut Wehrmacht, SS und Polizei zusammenarbeiteten. In den rückwärtigen Heeresgebieten Mitte und Süd fanden die Aktionen der SS-Männer Beifall bei der Wehrmacht, die die Täter mit Auszeichnungen belohnte.[193] In einem Befehl, der es Soldaten verbot, sich ohne dienstlichen Befehl an Pogromen zu beteiligen, verkündete der Befehlshaber des rückwärtigen Heeresgebiets Süd eine OKH-Weisung, der zufolge nach dem 8. August aufgegriffene versprengte Rotarmisten zu erschießen waren.[194] Zur gleichen Zeit legte die 1. SS-Brigade unter HSSPF Jeckeln ihren ersten Bericht über die »Säuberungsaktion« in der nordwestlichen Ukraine vor, wo sie etwa 800 jüdische Männer und Frauen im Alter zwischen 16 und 60 Jahren »wegen Begünstigung des Bolschewismus und bolschewistischer Freischärler« erschossen hatte.[195] Am 31. Juli flog Himmler im Anschluss an einen Besuch bei Hinrich Lohse, dem frisch ernannten »Reichskommissar Ostland«, und bei HSSPF Prützmann in Kowno nach Baranowicze, wo er offenbar mit von dem Bach-Zelewski zusammentraf.[196] Am Tag darauf gab die SS-Kavalleriebrigade folgende Mitteilung an ihre Einheiten weiter: »Ausdrücklicher Befehl des RF-SS. Sämtliche Juden müssen erschossen werden. Judenweiber in die Sümpfe treiben.«[197]

Die Kommandeure der Einheiten nahmen Himmlers nach eigenem Verständnis unmissverständlichen Befehl unterschiedlich auf. Am Nachmittag des gleichen Tages sah sich der Kommandeur der »Reitenden Abteilung« des SS-Kavallerieregiments 1, SS-Sturmbannführer Gustav Lombard, veranlasst, seine Männer darauf hinzuweisen, dass Himmlers Befehl »betr. Judenerschießung« nicht als Tadel gedacht war: Mit Ausnahme des Dorfes Bereska-Kartuska, wo die 221. Sicherungsdivision der Wehrmacht dringend Arbeitskräfte für den Straßenbau benötigte, hatte man Juden bisher nur im Gebiet des SS-Kavallerieregiments 2 angetroffen. Dennoch schärfte Lombard seinen Männern für die Zukunft ein: »Es bleibt kein männlicher Jude leben, keine Restfamilie in den Ortschaften.«[198] Bei der Interpretation von Himmlers Befehl stützte sich Lombard auf seine Erfahrungen mit früheren Weisungen von Himmler, Fegelein und von dem Bach-Zelewski. In der Folgezeit meldete seine Einheit die »Entjudung« mehrerer Städte und Dörfer; in den meisten waren alle Juden, einschließlich der Frauen und Kinder, getötet worden.[199] SS-Sturmbannführer Franz Magill, der Kommandeur der »Reitenden Abteilung« des SS-Kavallerieregiments 2, nahm Himmlers Befehl wörtlicher. In einer Meldung vom 12. August berichtete er, man habe »jüdische Plünderer« erschossen, bei der Wehrmacht beschäftigte jüdische Handwerker aber verschont. »Weiber und Kinder in Sümpfe zu treiben«, fuhr er fort, »hatte nicht den Erfolg, den es haben sollte, denn die Sümpfe waren nicht so tief, dass ein Einsinken erfolgen könnte. Nach einer Tiefe von 1 Meter kam man in den meisten Fällen auf festen Boden [...], so dass ein Versinken nicht möglich war.«[200]

Obwohl in Himmlers »ausdrücklichem Befehl« die Ermordung von jüdischen Frauen und Kindern nicht explizit verfügt worden war, verstanden ihn einige Kommandeure in dieser Weise. In der ersten Augusthälfte meldete die SS-Kavalleriebrigade, sie habe »im Kampfe 200 Russen und außerdem an Juden und Plünderern 10 000 Mann erschossen«.[201] Bei einer Razzia in Pinsk nahm Magills »Reitende Abteilung« zusammen mit der Einsatzgruppe z. b. V. 5000 bis 8000 jüdische Männer im Alter von 18 bis 55 Jahren fest, die anschließend erschossen wurden; kurz darauf wurden weitere 2000 Pinsker Juden, darunter Alte, Frauen und Kinder, ermordet.[202] Kommandeure, die Himmlers Befehl nicht erhalten hatten, wussten dennoch, was sie zu tun hatten. Nach eigenen Angaben führte die 1. SS-Brigade am 3. August entsprechende »Judenaktionen« durch, darunter 500 Exekutionen; nachdem sie in Absprache mit dem HSSPF Russland Süd der 6. Armee unter Generalfeldmarschall von Reichenau unterstellt worden war, meldete sie in den folgenden Tagen »Säuberungsaktionen«, bei denen über 1500 Juden, darunter mindestens 275 Frauen, getötet wurden.[203]

Wie in Litauen waren die Täter zu einer effizienteren Tötungsmethode übergegangen und benutzten automatische Waffen.[204] Die Etikettierung der Zielgruppen als »Plünderer«, »Freischärler« und »Bolschewisten« bei gleichzeitiger Verschonung von begehrten Arbeitskräften erlaubte es ihnen, die Morde als ökonomisch rationale Handlungen zu legitimieren. Zudem sahen die Führungsoffiziere des Kommandostabs ihre Aktivitäten als notwendig an, um die einheimische Bevölkerung davon zu überzeugen, dass die Präsenz des Dritten Reichs auf Dauer angelegt und die Furcht vor einer Rückkehr der Roten Armee unbegründet war. »Eine Unschädlichmachung der

Juden wirkt aber auch in dieser Beziehung Wunder«, hieß es dazu in einem Kommandobefehl.[205] Am 13. August ging die erste massive »Säuberung« der Pripjetsümpfe zu Ende, bei der 13 788 »Plünderer«, überwiegend Juden, ermordet und 714 Menschen gefangen genommen worden waren. Kämpfe hatten nicht stattgefunden; die SS-Kavalleriebrigade mit ihren rund 4000 Mann meldete nur zwei Tote, die auf eine Mine gefahren waren, sowie 15 Verwundete.[206]

Die Aktivitäten von Himmlers Kommandostab von Anfang August markierten zweifellos einen wichtigen Abschnitt in der Geschichte des Holocaust.[207] Ein riesiges Gebiet war systematisch »gesäubert« und mehrere Landgemeinden waren vollständig ausgelöscht worden. Dennoch sollte der Präzedenzcharakter der Operationen des Kommandostabs nicht überbewertet werden. Dieter Pohl hat zu Recht darauf hingewiesen, dass die »Tötung von [jüdischen] Frauen und Kindern in der Sowjetunion bereits Ende Juli« begann.[208] Andererseits setzte die Ermordung *aller Juden* in einem bestimmten Gebiet, mit der bedeutenden Ausnahme Litauens, erst im Herbst ein, in manchen Teilen der besetzten Sowjetunion sogar erst im Frühjahr 1942. Zwei Verbände des Kommandostabs, die SS-Kavalleriebrigade und die 1. SS-Brigade, operierten unabhängig voneinander, insbesondere nachdem Letztere Anfang August der 6. Armee unterstellt worden war, was das stets vorhandene Kommunikationsproblem erheblich verschärfte.[209] Selbst im Gebiet der Pripjetsümpfe blieb eine größere Zahl von Juden, einschließlich von Männern, am Leben – allein in Pinsk über 20 000 –, die ein Jahr später zum Ziel einer weiteren Mordwelle wurden.[210] Die gleiche Einschränkung gilt für die Beteiligung des »Reichsführers-SS«. Neben Himmlers eigenen Ermahnungen sorgten vor allem der Eifer und die Flexibilität seiner Untergebenen dafür, dass die Aktion in den Pripjetsümpfen für den Gang der Ereignisse in der besetzten Sowjetunion insgesamt Bedeutung erlangte.

Bei dem Versuch, Himmlers Rolle bei der Eskalation des Tötungsprozesses zu klären, haben viele Historiker die Bedeutung seines Besuchs in Weißrussland Mitte August 1941 hervorgehoben.[211] Am Donnerstag, dem 14. August, verbrachte der »Reichsführer-SS« in Begleitung eines großen Gefolges einige Stunden in Baranowicze, wo er mit HSSPF von dem Bach-Zelewski, dem Kommandeur des 1. SS-Kavallerieregiments, Fegelein, dem Kommandeur der »Reitenden Abteilung« dieses Regiments, Lombard, sowie dem Befehlshaber des rückwärtigen Heeresgebiets Mitte, von Schenckendorff, zusammenkam. Zweifellos bildeten die Pripjetsümpfe einen wichtigen Gesprächsgegenstand. Am Nachmittag fuhr Himmler mit dem Auto nach Minsk weiter; für den nächsten Vormittag ist in seinem Dienstkalender verzeichnet: »Beiwohnen bei einer Exekution von Partisanen und Juden in der Nähe von Minsk.«[212] Aus solcher Nähe sollte Himmler die Ermordung der Juden in der besetzten Sowjetunion nie wieder miterleben. Nach dem Krieg sagte von dem Bach-Zelewski als Zeuge im Nürnberger Prozess aus, dass Himmler beim Anblick der von Nebes Einsatzgruppe B durchgeführten Exekution nervös geworden sei und die Tötungen hinterher in einer Rede als notwendiges Verteidigungsmittel gerechtfertigt habe, für das der »Führer« und er selbst die volle Verantwortung übernähmen. Laut Nachkriegsaussagen einiger Angehöriger der Einsatzgruppe B gab Himmler bei dieser Gelegenheit unter Bezugnahme auf eine Weisung Hitlers darüber hinaus den Befehl zur »Gesamtliquidierung der Juden im Osten«.[213] Am Nachmittag besuchte Himmler in Nowinki bei Minsk eine Nervenklinik, wo er offenbar mit von dem Bach-Zelewski und Nebe über alternative Tötungsmethoden sprach. Nebes Kriminaltechniker vom RKPA hatten bereits bei der Ermordung von Anstaltsinsassen im Reich und in Polen praktische Erfahrungen mit Vergasungstechniken gesammelt.[214] Anfang September wurden in Mogilew über 500 Geisteskranke vergast, und am 18. September fand auch in Nowinki eine solche »Testvergasung« mit Kohlenmonoxid statt.[215]

Der 15. August 1941 markierte eine Zäsur in der Geschichte der Judenvernichtung – allerdings nicht wegen Himmlers Besuch in Weißrussland, sondern weil EK 3 aus Litauen an diesem und dem nächsten Tag zum ersten Mal die Einbeziehung einer großen Zahl von Kindern in Massenerschießungen meldete, und zwar ohne sich auf einen Befehl von oben zu berufen.[216] Die Behauptung, dass Himmler in Minsk einen umfassenden Tötungsbefehl erteilt haben soll, beruht hauptsächlich auf exkulpatorisch frisierten Nachkriegsaussagen seiner Untergebenen sowie auf der irrigen Annahme, dem Massenmord im Osten müsse eine Entscheidung der Berliner Zentrale vorausgegangen sein.[217] Wie die Pripjetaktion belegt, hatte Himmler die gleichen Schwierigkeiten wie Heydrich, seine Weisungen den Ereignissen vor Ort anzupassen. Dabei spielten weniger ungenügende Kommunikationswege zwischen Zentrale und Peripherie die Hauptrolle als vielmehr die dem nationalsozialistischen System eigene Vorliebe für Ad-hoc-Entscheidungen und Initiativen nachgeordneter Chargen. Aufgrund von Himmlers Neigung, Macht an seine kommandierenden Offiziere zu delegieren, waren es die HSSPF und Führer von Einsatzgruppen, Kommandostab und Polizeibataillonen, die zusammen mit der Wehrmacht und Vertretern der im Aufbau begriffenen Zivilverwaltungen die praktische Politik festlegten. Die in den Folgemonaten ergriffenen antijüdischen Maßnahmen zeigen, wie sich das Interaktionsmuster zwischen lokalen und zentralen Dienststellen bis Ende 1941 verfestigte.[218]

In der von Rivalitäten geprägten NS-Bürokratie mussten die Neulinge vom Ostministerium ihr Territorium erst einmal abstecken. Dies traf besonders auf Rosenberg selbst zu, der die Feindseligkeit Himmlers zu spüren bekam und auch bei Göring, trotz des herzlichen Abschieds nach der Besprechung mit Hitler am 16. Juli, auf wenig Entgegenkommen hoffen durfte. Rosenberg gab seinen Reichskommissaren Richtlinien mit, nach denen bezüglich der »Judenfrage« zusätzlich zu Ghettoisierung, Zwangsarbeit und anderen diskriminierenden Schritten »vorbereitende Teilmaßnahmen« für eine europaweite Nachkriegslösung vorgesehen waren. Gleichzeitig betonte sein Ministerium, dass die im Osten gesammelten Erfahrungen in der Behandlung der Juden »für die Lösung des Gesamt-Problems richtungweisend« sein könnten.[219]

Während sich Erich Koch in der Ukraine nicht viel um papierne Pläne kümmerte, suchte der mehr bürokratisch veranlagte Lohse nach Anhaltspunkten dafür, wie er in seinem »Reichskommissariat Ostland« vorgehen sollte. Ende Juli führte er zwei Unterredungen mit Himmler,[220] und am 1. August kam er mit Rosenberg und anderen NS-Funktionären zusammen, um die Lage im »Ostland« zu besprechen. In Bezug auf die »Judenfrage«, die er als »wichtiges Problem« betrachtete, gab Lohse eine Reihe von Informationen weiter, die er von der Sipo oder von Himmler persönlich erhalten haben musste. Bis zu diesem Zeitpunkt, verkündete er, seien von den Litauern rund 10 000 Juden liquidiert worden. Die verbliebene jüdische Bevölkerung solle, einschließlich der Frauen, in Arbeitslager verbracht werden. Über das Schicksal der 3000 gefangenen »Bolschewisten« werde Himmler persönlich entscheiden; es fänden jede Nacht Exekutionen statt. »Nach der Entscheidung des Führers«, fügte Lohse hinzu, »solle die Eindeutschung des Reichskommissariats Ostland das Endziel sein; die Juden sollten restlos aus diesem Gebiet entfernt werden.« Bis dahin bilde die »Befriedung der Bevölkerung« das oberste Ziel. Der Gebietskommissar in Schaulen – einem Gebiet, das größer war als Lohses Heimatgau Schleswig-Holstein – habe lediglich vier Polizisten zur Verfügung, obwohl die dortige Bevölkerung zu 50 Prozent aus Juden bestehe.[221]

Es entsprach der Denkweise von SS, Polizei und Wehrmacht, die »Judenfrage« – wie Lohse dies tat – als Teil eines umfassenderen Problemkreises von »Germanisierung« und »Befriedung« aufzufassen. Lohse war allerdings nicht geneigt, anderen Instanzen die Führungsrolle zu überlassen. Am 2. August 1941 legte er dem HSSPF Ostland, Prützmann, »Vorläufige Richtlinien für die Behandlung der Juden im Gebiet des Reichskommissariats Ostland« vor, mit denen ein einheitliches Vorgehen gewährleistet werden sollte. Der Entwurf enthielt nicht nur seit 1935 in Deutschland und vor allem seit Herbst 1939 im besetzten Polen eingeführte antijüdische Restriktionen in Bezug auf Definition, Erfassung, Kennzeichnung, Enteignung, Zwangsarbeitspflicht und Konzentration, sondern sah darüber hinaus rigidere Maßnahmen vor, die speziell auf die besetzte Sowjetunion zugeschnitten waren. Danach waren die ländlichen Gebiete von Juden zu »säubern« und die Juden selbst in städtischen Ghettos zu konzentrieren, die hermetisch abgeriegelt und mit Lebensmittelrationen versorgt werden sollten, die allenfalls ausreichten, um die Bewohner am Leben zu erhalten. Bei der Umsetzung dieser Richtlinien waren die General- und Gebietskommissare gehalten, die örtlichen Bedingungen, insbesondere die Wirtschaftsstruktur, zu berücksichtigen. Das gesamte fünfseitige Dokument enthielt keinen einzigen Hinweis auf die bisherige Tätigkeit oder die zukünftige Rolle von Sipo und SD.[222]

Zum Zeitpunkt, als diese Richtlinien in Lohses Dienststelle entworfen wurden, hatten Stahleckers Männer bereits umfangreiche Erfahrungen mit »vorbereitenden« Maßnahmen gesammelt und verspürten keinerlei Neigung, sich von der Zivilverwaltung ins Abseits drängen zu lassen. Antijüdische Vorschriften existierten seit der Besetzung Litauens, die Ghettoisierung schritt voran, und bei den regelmäßigen Exekutionen halfen Kollaborateure mit.[223] In Bezug auf die »Judenfrage« folgten Sipo und SD ihren eigenen ökonomischen Überlegungen; dies erklärt auch, weshalb sich Stahlecker seit Juli bei seinen Vorgesetzten für die Errichtung von Konzentrationslagern stark gemacht hatte.[224] Auf Lohses Richtlinienentwurf reagierte er mit einer Stellungnahme, in der er die bisherige Tätigkeit seiner Männer zusammenfasste, um den Anspruch der Zivilverwaltung auf alleinige Zuständigkeit für die »Judenfrage« im »Ostland« zurückzuweisen. Lohses Entwurf, so Stahlecker, sei zu stark den im Generalgouvernement ergriffenen Maßnahmen verhaftet und übersehe die »im Ostraum erstmalig mögliche radikale Behandlung der Judenfrage«. Mit Ausnahme von Handwerkern bildeten Juden keinen wertvollen Wirtschaftsfaktor, sondern ein Sicherheitsrisiko, das im Interesse der »unbedingt notwendigen, schnellen Befriedung des Ostraums« ausgeschaltet werden müsse. Neben der »Säuberung des gesamten Ostlandes von Juden« sei in Zukunft der Verhinderung ihrer Fortpflanzung oberste Priorität einzuräumen. Die Juden müssten, nach Geschlechtern getrennt, in »Judenreservatsräume« umgesiedelt werden, so dass sie für Zwangsarbeitseinsätze zur Verfügung stünden – sofern »nicht unterdes die Gesamtreinigung des europäischen Raumes von allen Juden spruchreif geworden« sei. Zum Schluss seiner Ausführungen schlug Stahlecker eine Besprechung über das Thema vor, »zumal da der Entwurf grundsätzliche, schriftlich nicht zu erörternde Befehle von höherer Stelle an die Sicherheitspolizei erheblich berührt«.[225]

Den Verweis auf »Befehle von höherer Stelle« könnte man als Anspielung auf eine Absichtserklärung der NS-Führung, vielleicht sogar von Hitler selbst, interpretieren, die das Schicksal der Juden im »Ostland«, und darüber hinaus, bereits Anfang August besiegelte. Im Kontext der Ereignisse wie auch der Intentionen, die Stahlecker mit seinem Brief verfolgte, erscheint eine solche Annahme jedoch unwahrscheinlich. Eine entsprechende Äußerung Hitlers hätte eine lange Erwiderung Stahleckers auf Lohses Entwurf sowie den beiläufigen Verweis auf »höhere Stellen« überflüssig gemacht. Stahlecker hätte sich direkt auf sie bezogen und damit jede weitere Diskussion unterbunden. Ähnliches gilt für einen etwaigen Befehl Himmlers, wenngleich sich die Zivilverwaltung in diesem Fall größere Eingriffsmöglichkeiten bewahrt hätte. Zugleich hätten sich auch in anderen Gebieten SS- und Polizeioffiziere auf eine solche Direktive berufen. Stattdessen gab Himmler, wie die Pripjetaktion von Ende Juli, Anfang August gezeigt hatte, unklare Instruktionen; die gewünschte »Säuberung« wurde zwar erreicht, allerdings primär aufgrund des Eifers kommandierender Offiziere vor Ort. In einer früheren, an Jäger gerichteten Stellungnahme zu Lohses Richtlinien hatte SS-Sturmbannführer Karl Tschierschky, Stahleckers rechte Hand im Stab der Einsatzgruppe A, den Begriff »Weisung« anstelle von »Befehl« benutzt. Andere verfügbare Dokumente, vor allem die ausführlichen Berichte von Stahlecker und Jäger, enthalten keinerlei Hinweise auf einen höheren Befehl oder eine analoge Weisung, mit denen sich der Gang der Ereignisse und die wachsende Destruktivität der antijüdischen Maßnahmen erklären ließen.[226]

Spätere Ereignisse lassen vermuten, dass der ehrgeizige Stahlecker in seiner Erwiderung auf Lohses Entwurf etwas als bereits befohlen präsentierte, was er erst aus Berlin zu erhalten hoffte. Die seiner Meinung nach ungebührliche Einmischung der Zivilverwaltung diente ihm dabei als Druckmittel, um seinen Vorgesetzten die Erweiterung seiner Kompetenzen nahe

+) *1891 † 1.11.1948 (Krankheit) Babi Jar

zu legen.[227] Stahleckers Forderung, die Juden bis zur Entscheidung über eine europaweite »Endlösung« als Zwangsarbeiter auszubeuten, entsprach der Ansicht seines Kollegen Otto Rasch,+) dem Leiter der in der Ukraine operierenden Einsatzgruppe C.[228] Vorläufig blieb der Erfolg derlei indirekten Drucks auf die SS-Zentrale in Berlin jedoch noch begrenzt. Am 24. August 1941 teilte Gestapochef Müller den Einsatzgruppen A und B mit, dass einige der neu ernannten Gebietskommissare die »Einstellung der Kommunisten- und Juden-Aktionen« verlangt hätten. Während Heydrich seine umtriebigen Untergebenen in Schutz nahm und anordnete, solche Ersuchen abzulehnen und Berlin darüber zu unterrichten, verlor er kein Wort darüber, wer die Exekutionen autorisieren sollte.[229] Mangels klarer Anweisungen, die als Rückendeckung in der Auseinandersetzung mit Lohse hätten dienen können, bestand für Männer wie Stahlecker das beste Mittel zur Eindämmung der Zivilverwaltung und ihrer Machtansprüche darin, Heydrich von der Notwendigkeit einer Ausdehnung der Vision einer »im Ostraum erstmalig möglichen radikalen Behandlung der Judenfrage« über das »Ostland« hinaus zu überzeugen. Stahleckers Drängen in dieser Richtung sollte im weiteren Verlauf des Jahres 1941 nicht ohne Wirkung bleiben.

Im Zuge von Stahleckers Intervention fügte Lohse einen Passus in seinen Entwurf ein, dem zufolge die Zivilverwaltung »weitere Maßnahmen, insbesondere von der Sicherheitspolizei«, nicht behindern und sich auf die Ausführung von »Mindestmaßnahmen« konzentrieren werde.[230] Dieser Zusatz beruhigte Stahlecker. Die neuen Richtlinien wurden am 18. August 1941 an die General-, Stadt- und Gebietskommissare im »Ostland« versandt, mit der Auflage, sie nicht zu veröffentlichen, sondern den Judenräten mündlich mitzuteilen. Ende August schrieb Stahlecker den Einsatzkommandos: »Wenn auch jede Unterstützung der Dienststellen der Reichskommissare gerade in der Judenfrage für uns selbstverständlich ist, müssen wir doch unser Hauptaugenmerk z. Zt. auf die endgültige Lösung der Judenfrage mit ganz anderen als den vom Reichskommissar vorgesehenen Mitteln richten.«[231] Damit spielte er auf die anhaltenden Mordaktionen in Ghettos und ländlichen Gebieten an, bei denen, wie der inzwischen zum KdS in Litauen ernannte Jäger berichtete, ganze Gemeinden, einschließlich Frauen und Kinder, systematisch ausgerottet wurden.[232] Zugleich war die Zielgruppe über die sowjetischen Juden hinaus ausgedehnt worden: Für den 2. August – also noch Monate bevor man Juden aller Nationalitäten grundsätzlich genauso behandelte wie ihre osteuropäischen Leidensgenossen – meldete Jäger die Exekution eines jüdischen Paares mit US-amerikanischer Staatsbürgerschaft im Fort VII in Kowno[233] und für den 1. September die Erschießung einer mit einem Juden verheirateten deutschen Staatsbürgerin – neben der Ermordung von fast 5000 Juden und 109 Insassen einer Nervenheilanstalt in Mariampole.[234]

In Weißrussland, das am 1. September 1941 als Generalkommissariat Weißruthenien mit Wilhelm Kube an der Spitze teilweise ins »Ostland« eingegliedert wurde, entwickelte die Triade aus Wehrmacht, SS und Polizei ein ähnliches Vorgehen.[235] Die Sicherungsdivisionen und Polizeibataillone unter dem Wehrmachtbefehlshaber Ostland, General Braemer, und dem Befehlshaber des rückwärtigen Heeresgebiets Mitte, General von Schenckendorff, die Einsatzgruppe B und die Einheiten von HSSPF von dem Bach-Zelewski begannen ihr Mordwerk im Gebiet östlich der ehemaligen polnisch-sowjetischen Grenze. Während einer zweiten »Säuberung« der Pripjetsümpfe tötete die SS-Kavalleriebrigade 14 178 »Plünderer«, 1001 »Partisanen« und 699 Rotarmisten, machte aber nur 830 Gefangene.[236] Bei einem gemeinsamen Lehrgang zur Partisanenbekämpfung, den von Schenckendorff Ende September veranstaltete, fanden die teilnehmenden Offiziere von Wehrmacht und SS – darunter von dem Bach-Zelewski, Nebe und Fegelein – ihr Vorurteil von der untrennbaren Verbindung zwischen Juden und Partisanen bestätigt, weshalb deutsche Stellen verstärkt miteinander zusammenarbeiten sollten. Fegeleins Notizen über von Schenckendorffs Prioritäten in der »Judenfrage« zufolge sollten Einheiten, die längere Zeit an einem Ort stationiert blieben, Ghettos oder andere abgeschlossene Wohngebiete für Juden errichten, sofern man sie nicht sofort exekutieren konnte. Theorie und Praxis verschmolzen miteinander, als die Lehrgangsteilnehmer in einem Dorf bei Mogilew eine Razzia durchführten. Außer »einigen Juden« erschossen sie dabei »verdächtige Ortsfremde«.[237]

Die Entschlossenheit der Wehrmachtsführung, die »Befriedung« weiter voranzutreiben, bestärkte die Kommandeure vor Ort in ihrem Handeln. Mitte September forderte OKW-Chef Keitel ein »rücksichtsloses und energisches Durchgreifen vor allem auch gegen die Juden, die Haupttträger des Bolschewismus«,[238] der Oberkommandierende des Heeres, von Brauchitsch, Ende Oktober »rücksichtsloses und unbarmherziges« Handeln.[239] Während Keitels Befehl kaum Zweifel darüber aufkommen ließ, wie man sich in der »Judenfrage« zu verhalten habe, erwähnte von Brauchitsch Juden nicht ausdrücklich. Für General Gustav Freiherr von Mauchenheim, genannt von Bechtolsheim, den Kommandeur der im Generalkommissariat Weißruthenien stationierten 707. Infanteriedivision, umfasste der Ausdruck »Feinde des Reichs« Kommunisten, versprengte Rotarmisten, Polen und »Zigeuner«; ähnlich wie für Wehrmachtbefehlshaber Braemer waren die Juden in seinen Augen »die einzigen Stützen [...], die die Partisanen finden« konnten, und daher unbarmherzig zu vernichten.[240]

Die Ermordung von 2200 Männern, Frauen und Kindern am 2. und 3. Oktober in Mogilew durch SS- und Polizeitruppen unter dem Kommando von HSSPF von dem Bach-Zelewski markierte den Wendepunkt zum Genozid in Weißrussland. Einheiten der Einsatzgruppe B hatten bereits Ende August damit begonnen, auch Frauen und Kinder zu ermorden. Anfang Oktober drängte von dem Bach-Zelewski auf die »Entjudung« ganzer Gebiete; bis Ende des Jahres sollten die Juden im gesamten früheren sowjetischen Territorium buchstäblich ausgelöscht sein.[241] Während Einheiten von Sipo und SD, vor allem das EK 8, von Stadt zu Stadt zogen und dort die jüdische Bevölkerung drastisch dezimierten – beispielsweise in Witebsk und Borissow im Oktober und in Gomel, Bobruisk und Kritschew im November und Dezember –, durchkämmten Polizeibataillone und Sicherungsdivisionen der Wehrmacht die ländlichen Gebiete und töteten auf der Suche nach »politisch verdächtigen Zivilisten (Bolschewisten, Juden und Zigeuner)«,

x) * 1889 † ? Wohnsitz Heidelberg

wie Christian Gerlach schreibt, »fast beiläufig« auch Juden.[242] Weiter westlich »säuberten« Heeres- und Polizeieinheiten das unter ziviler Verwaltung stehende Gebiet. Von Bechtolsheim zufolge mussten »die Juden vom flachen Lande verschwinden und auch die Zigeuner vernichtet werden«.[243] Bis Ende des Jahres stieg die Zahl der jüdischen Opfer in Weißrussland auf 190 000, während noch knapp 320 000 Juden dort lebten. Im Zuständigkeitsbereich der Zivilverwaltung hatte man im selben Zeitraum rund 60 000 Juden ermordet – die Hälfte davon entfiel auf die Einsatzgruppe A –, während 145 000 vorläufig mit dem Leben davongekommen waren.[244]

Der Mordeinsatz von Einheiten über geographische und administrative Grenzen hinweg verdeutlicht die flexible, aufgabenbezogene Herangehensweise deutscher Dienststellen vor Ort. Auf Bitten führender Wehrmachtsbefehlshaber – von Bock, Braemer und von Schenckendorff – um Hilfe für von Bechtolsheims 707. Infanteriedivision im zivil verwalteten Gebiet wurden SS- und Polizeieinheiten aus dem Norden nach Weißrussland entsandt. Anfang Oktober 1941 führte das in Kowno stationierte Reservepolizeibataillon 11 zusammen mit zwei litauischen Schutzmannschaftsbataillonen in der Umgebung von Minsk mehrere Mordaktionen durch. Der Kommandeur des RPB 11, Major Franz Lechthaler, hatte die Hilfspolizei in Litauen seit August als Teil des im Rahmen der Zivilverwaltung geschaffenen Orpo-Apparats aufgebaut.[245] Nach seiner Ankunft in Minsk ging das Bataillon zusammen mit von Bechtolsheims Sicherungsregimentern daran, das Gebiet zu »befrieden«. Wie von Bechtolsheim berichtet, erschoss das Reservepolizeibataillon zusammen mit seinen litauischen Hilfspolizisten unter dem Kommando der zur Geheimen Feldpolizei der Wehrmacht gehörenden Abwehraußenstelle Minsk in der zweiten Oktoberwoche im Gebiet von Uzlany-Rudensk etwa 630 »verdächtige Elemente ohne Ausweise, Kommunisten und Juden«; in Kliniki und Smilowitschi tötete Lechthalers Truppe, ohne Beteiligung der Wehrmacht, 1341 Personen.[246] Nach weiteren Aktionen gegen »Juden«, »Kommunisten« und »Partisanen«, denen in Pleschtschenitzy 54, in Kojdanow 1000 und im Minsker Zivilgefangenenlager 1175 Juden zum Opfer fielen, ermordete das RPB 11 in der zweiten Oktoberhälfte in Sluzk und Klezk insgesamt 5900 Juden. Etwa zur gleichen Zeit schickte Karl Jäger eine Einheit seines EK 3 aus Litauen nach Weißrussland, die dort 620 jüdische Männer, 1285 Jüdinnen und 1126 jüdische Kinder tötete. Lechthalers und Jägers Männer hatten in rund drei Wochen also mindestens 14400 Männer, Frauen und Kinder umgebracht.[247]

Das Hauptproblem der deutschen Stellen in Weißrussland lag nicht so sehr in der Durchführung der »Befriedung« selbst als vielmehr in ihrer Koordinierung mit dem Ziel, bessere Ergebnisse zu erreichen und negative Folgen zu vermeiden. Nicht moralische Skrupel, sondern Sorge über mangelnde Effizienz veranlassten Gebietskommissar Heinrich Carl dazu, sich Ende Oktober über eine Mordaktion des RPB 11 an mehreren Tausend Juden in Sluzk zu beschweren.[248] Vergleichbare Bedenken wuchsen in selbem Maße wie der Umfang der selbst gestellten Aufgabe. In einem Brief an Reichskommissar Lohse bemerkte Wehrmachtbefehlshaber Braemer, dass »eine wesentliche Entspannung der Lage noch nicht eingetreten« sei, und das trotz von Bechtolsheims »scharfem Durchgreifen«.[249] Mit dem Vorrücken der Wehrmacht und damit auch der Einsatzgruppe B sowie der rückwärtigen Truppen oblag die »Befriedung des Ostlandes« vor allem der übergeordneten Dienststelle des HSSPF und den Polizeikräften der Zivilverwaltung. Diese umfassten die Sipo- und SD-Einheiten, die sich zu stationären BdS- beziehungsweise KdS-Dienststellen entwickelt hatten und, parallel dazu, den Apparat der Orpo (BdO, KdO) und ihre einheimischen Hilfskräfte. Angesichts der Koordinationsschwierigkeiten, die sich hieraus ergaben, erklärte von Bechtolsheim Ende November, dass die »Durchführung *größerer* Judenaktionen […] nicht Aufgabe der Einheiten der [707. Infanterie-]Division« sei, sondern von den Zivilbehörden oder auf deren Anordnung hin vorgenommen werden sollte: »Wo kleinere oder größere Judengruppen auf dem Lande angetroffen werden, können sie entweder selbst erledigt oder aber in Ghettos an einzelnen größeren Orten, die hierzu bestimmt werden, zusammengebracht werden, wo sie dann der Zivilverwaltung bezw. dem S.-D. zu übergeben sind.«[250]

In der Ukraine, wo es mehr ländliche jüdische Gemeinden als weiter nördlich gab, zeigte sich ein etwas anderes Verlaufsmuster. Östlich des Dnjepr hatten sich die meisten Juden vor dem Eintreffen der Deutschen in Sicherheit bringen können.[251] Als Reichskommissar Kochs Männer Anfang September ihre Posten in der Zivilverwaltung antraten, fanden sie – wie ihre Kollegen im »Ostland« – bereits von der Wehrmacht, der SS und der Polizei gemeinsam geschaffene Tatsachen vor. Während sich die Heeresgruppe Süd nach Osten vorkämpfte, ermordete sie entlang ihres Vormarschwegs Juden, Partisanen und gefangen genommene Rotarmisten. In der Region, die vorerst noch unter Militärverwaltung blieb, erreichten die Massentötungen im September einen neuen Höhepunkt.[252] Einsatzgruppe C agierte dabei als Bindeglied, indem sie einerseits Einheiten zu den vorrückenden Armeen abstellte (SK 4a zu von Reichenaus 6. Armee, SK 4b zu Generaloberst Hermann Hoths 17. Armee) und andererseits die Polizeiarbeit des HSSPF Süd, Friedrich Jeckeln, mit seinen Orpo- und Waffen-SS-Einheiten im rückwärtigen Heeresgebiet unterstützte. Weiter südlich operierte Einsatzgruppe D seit August zusammen mit der 11. Armee weitgehend unabhängig vom rumänischen Militär.[253]

Bernd Boll und Hans Safrian haben den Vormarsch der 6. Armee nach Stalingrad nachgezeichnet und dabei die enge Zusammenarbeit zwischen Wehrmacht und Sipo seit Beginn des Feldzugs offen gelegt. Am 9. August ließen das zur Einsatzgruppe C gehörende SK 4 und Heereseinheiten in Schitomir zwei Juden in einem makabren Spektakel öffentlich erhängen, dem die Hinrichtung von über 400 jüdischen Männern folgte.[254] Wie in anderen Teilen der besetzten Gebiete beteiligten sich auch hier dem HSSPF oder der Wehrmacht unterstellte Orpo-Einheiten massiv an den Tötungsaktionen.[255] Am deutlichsten zeigte sich die Arbeitsteilung zwischen der 6. Armee und der Einsatzgruppe C anlässlich der Ermordung jüdischer Kinder Ende August in Bjelaja Zerkow, deren Eltern zuvor im Rahmen einer gemeinsamen Aktion des örtlichen Militärkommandanten mit dem SK 4a getötet worden waren. Tagelang hatte man die Kinder, einige von ihnen noch im Säuglingsalter, ohne Essen und Trinken ihrem Schicksal überlassen. Als ein Stabsoffizier die Frage aufwarf, was mit ihnen geschehen solle, erwiderte der Feldkommandant der Wehrmacht, »diese Brut müsse ausgerottet werden«, ganz gleich wie. Die Angelegenheit wurde dem Befehlshaber der 6. Armee, Generalfeldmarschall von Reichenau, vorgelegt, der entschied, »dass die einmal begonnene Aktion in zweckmäßiger Weise durchzuführen sei«. Die Kinder wurden schließlich von Blobels SK 4a ermordet.[256]

Wie seine Pendants Prützmann und von dem Bach-Zelewski spielte HSSPF Jeckeln eine Schlüsselrolle bei der Koordination und Ausweitung der Mordaktionen. In der Ukraine töteten einzelne Einheiten bereits seit Ende Juli auch Frauen und Kinder; in den folgenden Wochen blieb die Todesrate jedoch relativ konstant. Die Schwelle zum Genozid wurde Ende August überschritten, als Jeckeln Wehrmachtskommandeuren anbot, die kritische Situation in Kamenez-Podolski, das Ziel von Massendeportationen aus Rumänien und Ungarn war, noch vor der formellen Übergabe der Stadt an die Zivilverwaltung am 1. September »zu entschärfen«. Seine Stabskompanie ermordete daraufhin zusammen mit Abordnungen der Einsatzgruppe C und des Polizeibataillons 320 zwischen dem 27. und 30. August rund 23 600 Juden, überwiegend Vertriebene aus Ungarn, darunter Frauen und Kinder.[257] Die Opfer von Kamenez-Podolski stellten über die Hälfte der bis zu diesem Zeitpunkt in der Ukraine von SS- und Polizeieinheiten ermordeten Juden. Ihren Höhepunkt erreichte die genozidale Zusammenarbeit der Einheiten von Jeckeln, Blobel und von Reichenau Ende September, als sie in der Schlucht von Babi Jar bei Kiew über 33 000 Juden töteten. Für den Monat August meldeten die dem HSSPF Süd unterstehenden Einheiten 44 125 Opfer; bis Mitte Oktober stieg diese Zahl auf über 100 000 ermordete Männer, Frauen und Kinder.[258]

In den Großstädten brachten die Einsatzgruppe C und die Wehrmacht nach ihrer Ankunft einen Teil der Juden um, registrierten die Übrigen und sprachen Art und Zeitpunkt ihrer Ermordung mit dem HSSPF, der Sipo oder der Orpo ab. Eine Anleitung durch höhere Stellen war nicht erforderlich. In Schitomir kam Blobel am 10. September mit dem örtlichen

Militärkommandanten zusammen, um mit ihm die Frage zu erörtern, was mit den über 3300 Juden der Stadt geschehen sollte. Sie beschlossen, »die Judenschaft von Schitomir endgültig und radikal zu liquidieren«. Am Morgen des 19. September trieb man die Juden mit Hilfe der ukrainischen Miliz zusammen, brachte sie mit zwölf Lastwagen, die teils von der Wehrmacht, teils von der Stadtverwaltung zur Verfügung gestellt worden waren, zur Tötungsstätte und erschoss sie dort.[259] Ein ähnliches Schicksal ereilte die jüdische Bevölkerung während dieses Zeitraums auch in anderen Städten des zivil verwalteten Gebietes. In Berditschew, wo man Ende August etwa 20 000 Juden ghettoisiert hatte, ermordeten das Polizeiregiment Süd, das Reservepolizeibataillon 45 und Jeckelns Stabskompanie in der ersten Septemberhälfte über 16 000 Menschen.[260] Ende September wandte sich Karl Heinrich von Stülpnagels 17. Armee mit der Bitte an das EK 4a, die Juden von Krementschug »auszurotten«. In Winniza fielen ungefähr 10 000 Menschen einer Aktion des EK 6, PB 45 und des PB 314 zum Opfer; in Kirowograd ermordeten das SK 4b und das PB 304 4200 Juden, und in Dnjepropetrowsk starben Schätzungen zufolge 15 000 Menschen. Anschließend setzte sich die Mordwelle weiter nach Osten fort. In Charkow wurden im Dezember 1941 und Januar 1942 mindestens 20 000 Juden im Zuge einer Terrorkampagne ermordet, die nicht mehr zwischen einzelnen Opfergruppen unterschied, sondern die gesamte Zivilbevölkerung erfasste.[261]

Im südlichsten Frontabschnitt schlug der Massenmord Mitte September 1941 mit der Liquidierung der jüdischen Gemeinde von Nikolajew in den Genozid um. Angehörige von Ohlendorfs Einsatzgruppe D trieben die Juden der Stadt mit Unterstützung der 11. Armee unter dem Vorwand der »Umsiedlung« zusammen und erschossen fast 5000 Männer, Frauen und Kinder. Überlebende gab es offenbar nicht. Eine ähnliche Aktion fand in Cherson statt. Damit stieg die Zahl der im September von der Einsatzgruppe Ermordeten nach eigenen Angaben auf 22 467 »Juden und Kommunisten«.[262] Als Himmler Ohlendorfs Männer Anfang Oktober auf der Durchreise nach Kiew in Nikolajew besuchte, versicherte er ihnen, dass die Liquidierung von Juden und politischen Gegnern notwendig sei, um den Bolschewismus zu zerschlagen und Land für deutsche Ansiedlungen zu gewinnen.[263] Derartige Anstiftungen verliehen dem Tötungsprozess zusätzliche Schwungkraft. Im Oktober wurde die jüdische Bevölkerung von Melitopol, Berdjansk, Mariupol und Taganrog ins Visier genommen. Im selben Monat besetzten rumänische Truppen Odessa, die Stadt mit den meisten jüdischen Bewohnern in der Sowjetunion. Nach einem Bombenanschlag, bei dem neben hochrangigen rumänischen auch einige deutsche Offiziere ums Leben kamen, wurden etwa 19 000 Juden festgenommen und am 23. Oktober im Hafen der Stadt von rumänischen Einheiten erschossen. Mindestens 500 Männer, Frauen und Kinder fielen darüber hinaus dem zur Einsatzgruppe D gehörenden SK 11b zum Opfer; kurz darauf wurden außerhalb Odessas weitere 16 000 Juden ermordet.[264] Mit der Eroberung der Krim im Oktober und November breitete sich das mörderische Geschehen nach Südosten aus.[265] Ende 1941 meldete Ohlendorfs Einsatzgruppe, bislang rund 55 000 Juden getötet zu haben.[266]

In den Köpfen der Täter hatte sich das Problem des Massenmords, selbst wenn es – wie in Bjelaja Zerkow – um Waisenkinder ging, auf logistische Fragen reduziert. Ende September berichtete die 454. Sicherungsdivision, an einigen Orten habe »die Versorgung elternlos gewordener jüdischer Kinder und Säuglinge teilweise Schwierigkeiten« bereitet, doch inzwischen sei »durch den S. D. Abhilfe geschaffen worden«.[267] Wiederum halfen hohe Wehrmachtsoffiziere mit, das systematische Abschlachten unbewaffneter Männer, Frauen und Kinder als Teil der gewöhnlichen Kriegführung im Osten zu rechtfertigen. Am 10. Oktober erließ Generalfeldmarschall von Reichenau seinen berüchtigten Befehl über das »Verhalten der Truppe im Ostraum«, in dem er die »Ausrottung des asiatischen Einflusses im europäischen Kulturkreis« verlangte und von der »Notwendigkeit der harten, aber gerechten Sühne am jüdischen Untermenschentum« sprach.[268] Nachdem Hitler den Befehlshaber der 6. Armee für seinen Eifer gelobt hatte, folgten andere Kommandeure seinem Beispiel.[269]

In den ländlichen Gebieten der Ukraine scheint die Wehrmacht in geringerem Ausmaß an Mordaktionen beteiligt gewesen zu sein als im »Ostland«. Hier überließ sie die »Säuberung des flachen Landes« weitgehend der Zivilverwaltung, das heißt den Einheiten von Sicherheits-, Ordnungs- und Hilfspolizei. In den Städten von Kochs neuem Herrschaftsbereich, insbesondere in der mittleren und südlichen Ukraine sowie östlich von Kiew, lebten nur noch wenige Juden. Wie in Weißrussland war die erste Welle systematischer Tötungsaktionen von Osten nach Westen über das Land gerollt. In den Verwaltungszentren verloren Rosenbergs Leute keine Zeit, sich am Morden zu beteiligen. Am 1. Oktober, dem Tag der offiziellen Gründung des Reichskommissariats, erschossen sie in Ostrog in der Westukraine 2500 Juden und Anfang November in Kochs Hauptstadt Rowno 17 000. Es folgten Massaker in Kostopol und Proskurow.[270] Doch im Unterschied zu den Gebieten unter Militärverwaltung waren im Reichskommissariat Ukraine die meisten der dort lebenden Juden Ende 1941 noch am Leben – nach Dieter Pohls Schätzung rund 300 000. Sie fielen einer zweiten riesigen Tötungswelle zum Opfer, die die deutschen Besatzungsbehörden im Frühjahr 1942 in einer Gemeinschaftsaktion in Gang setzten.[271]

Von Ende 1941 an wurden die vorläufig am Leben gebliebenen ukrainischen Juden im zivil verwalteten Gebiet ghettoisiert. In der Westukraine verlief dieser Prozess allerdings weniger systematisch als weiter im Norden, so dass viele Juden, insbesondere in entlegenen Gemeinden, bis zur Ankunft der Mordkommandos an ihren angestammten Wohnorten lebten.[272] Von größerer Bedeutung war die Konzentration in beengten und leicht zu überwachenden Quartieren dort, wo die Deutschen die Juden als Zwangsarbeiter ausbeuten wollten. Während dieser Phase des Krieges erforderten nur wenige Projekte so viele jüdische Arbeitskräfte wie der Straßenbau. Das ehrgeizigste Vorhaben war die seit Herbst 1941 geplante Verlängerung der so genannten Durchgangsstraße IV. Als Hauptnachschubweg der deutschen Truppen im Südabschnitt der Ostfront sollte sie über mehr als 1200 Kilometer vom Generalgouvernement durch die Ukraine bis nach Stalino im Donezbecken führen.[273] Obwohl die Bauarbeiten erst 1942 im großen Maßstab begannen, nahm man die vorbereitenden Arbeiten auf zentraler und regionaler Ebene bereits im Herbst 1941 in Angriff.[274] Das unter SS-Aufsicht in Zusammenarbeit mit anderen Behörden ausgeführte Projekt markierte den Übergang vom Einsatz jüdischer Zwangsarbeiter in der Zeit vor dem »Unternehmen Barbarossa« zur »Vernichtung durch Arbeit«, die in der zweiten Kriegshälfte das Leben Hunderttausender von Lagerinsassen fordern sollte.[275]

7.5 Antrieb und Motivation. Die Endlösung im Osten

Mit dem Angriff auf die Sowjetunion wurde, chronologisch und regional uneinheitlich, die Schwelle zur »Endlösung« an der Peripherie überschritten. Die Unterschiede im Ausmaß der Vernichtung, wie sie sich in den Berichten der Einsatzgruppen, Wehrmachtseinheiten und Polizeibataillone spiegeln, deuten darauf hin, dass zentrale Planung und Entscheidungsfindung auf oberster Ebene nur einen Faktor unter vielen darstellten, die zur Radikalisierung antijüdischer Politik im ersten halben Jahr des »Unternehmens Barbarossa« beitrugen. Die Entscheidung darüber, ob cinc jüdische Gemeinde bis auf weiteres verschont blieb, durch die Ermordung der »Intelligenz« ihrer Führung beraubt oder gänzlich ausgelöscht werden sollte, lag bei den Kommandeuren vor Ort. Entsprechend uneinheitlich sanktionierten ihre Vorgesetzten Initiativen auf unterer Ebene. Die Spitzen der Wehrmacht bevorzugten Befehle *ex post facto*, die auf den vor dem Krieg ergangenen Barbarossa-Erlassen beruhten und antijüdische Maßnahmen als einen integralen Bestandteil der Sicherung der besetzten Gebiete erscheinen ließen. Himmler und die Führung von SS und Polizei wollten sich nicht allein auf bestehende Kommunikationskanäle und eingehende Berichte verlassen; zusätzlich unternahmen sie Inspektionsreisen in den Osten, um eigenverantwortliches Vorgehen ihrer Offiziere zu belobigen und sie vor der gelegentlich geäußerten Kritik anderer Dienststellen, vor allem der Zivilverwaltung, in Schutz zu nehmen. Rosenbergs Ostministerium versuchte sich der Lage anzupassen, die es bei seiner Gründung vorfand. Gegen Ende des Jahres favorisierte es koordinierende Maßnahmen, die dazu beitrugen, den Polizeiapparat im Osten zu integrieren, anstatt ihn sich zum Feind zu machen.

Was trieb den Tötungsprozess während der ersten Phase des Krieges gegen die Sowjetunion an? Wirtschaftliche Faktoren spielten augenscheinlich eine Rolle. Schon in seiner Planungsphase erschien das »Unternehmen Barbarossa« als Kampf um die deutsche Vorherrschaft in Europa, der seiner Natur nach eine massive Besitzumverteilung auf Kosten des materiellen wie physischen Wohlergehens der Bevölkerung in den zu besetzenden Gebieten mit sich brachte. Nach dem Beginn des Feldzugs bestimmten das deutsche Vorgehen allerdings immer weniger Vorkriegspläne als vielmehr die widersprüchliche Dynamik der Ereignisse, die zwar von deutschen Dienststellen initiiert worden waren, ihnen aber häufig zu entgleiten drohten. Bereits Ende Juli sahen sich die Wirtschaftsfachleute der Wehrmacht gezwungen, ihre langfristigen Pläne zugunsten der Lösung kurzfristiger Probleme – der Ernährung der Truppen im Osten und der Schließung von Versorgungslücken in der Heimat – aufzugeben.[276] Während diese Hinwendung zu praktischen Schlüsselfragen der Zivilbevölkerung kaum bessere Aussichten auf eine ausreichende Versorgung eröffnete als die ursprünglichen Konzepte,[277] bewirkte sie eine Veränderung der politischen Machtbalance zugunsten der Peripherie, wo regionale und örtliche Instanzen eigenständige Entscheidungen auf der Grundlage der herrschenden Verhältnisse vor Ort zu treffen hatten.[278]

Mit dem Vorrücken der Frontlinie nach Osten kamen immer mehr kaum oder gar nicht industrialisierte Gebiete unter deutsche Herrschaft. Infolgedessen benötigte man eine geringere Anzahl von Arbeitern für die Aufrechterhaltung grundlegender Wirtschaftsfunktionen; die restliche Bevölkerung erschien nun als Gruppe »überflüssiger Esser«.[279] Gleichzeitig fielen den Deutschen weniger Juden in die Hände, so dass die Vorstellung, sie seien Negativposten für die deutsche Lebensmittelbewirtschaftung, nur noch von eingeschränkter praktischer Bedeutung war, zumal sie nur etwa die Hälfte der Nichtjuden zugestandenen Rationen erhielten.[280] Auch dort, wo man Juden als eine »außerordentliche Belastung, hauptsächlich ernährungspolitischer Art« betrachtete, wie beispielsweise in Brest-Litowsk, wurden sie nicht notwendigerweise sofort ermordet. Paradoxerweise erfuhr die jüdische Arbeitskraft in Brest-Litowsk zunehmende Wertschätzung und verstärkte Ausbeutung, während die deutsche Verwaltung die Rationen für Juden offiziell reduzierte und die tatsächliche Versorgung praktisch zum Erliegen kam.[281] In anderen Gebieten hielten die deutschen Stellen die Lebensmittelversorgung für gesichert genug, um den Juden ausreichende Rationen zuzugestehen; doch weder die Versorgungslage noch die Nachfrage nach jüdischen Handwerkern verhinderte die »endgültige Erledigung der Judenfrage«.[282]

Wie in ihrer ersten Phase vollzog sich die Ermordung der Juden im Rahmen einer durchgreifenden »Befriedung«, die Zehntausende von Zivilisten entweder des Lebens, ihrer Heimat oder jeglicher Existenzmöglichkeit beraubte. Gefangene Rotarmisten erwartete ein noch härteres Schicksal als andere Bevölkerungsgruppen. Schätzungen zufolge lag die Zahl der Todesfälle unter den sowjetischen Kriegsgefangenen im rückwärtigen Heeresgebiet Mitte monatlich zwischen 5000 und 9000.[283] Die Zahl der in dieser Region durch vorsätzlichen Nahrungsentzug und Selektion ermordeten sowjetischen Kriegsgefangenen stieg im Oktober auf 30 000 und im November auf 80 000 dramatisch an – Zahlen, die den gemeldeten Exekutionen der Einsatzgruppen kaum nachstanden.[284] Darüber hinaus wurden überall in den besetzten Gebieten »Zigeuner« und Insassen von Heilanstalten in unterschiedlichem Ausmaß Zielgruppen deutscher Mordaktionen.[285] Verlässliche Zahlen zu den zivilen Opfern von Hunger, Ausbeutung, Unterversorgung und den dadurch hervorgerufenen Krankheiten sind nicht verfügbar.

Für die Errichtung von Ghettos war das wirtschaftliche Kalkül zwar wichtig, aber nicht allein ausschlaggebend. Sowohl die systematische Ausbeutung der Juden durch Zwangsarbeit als auch der reibungslose Ablauf des Massenmordes erforderten abgegrenzte Örtlichkeiten. Es machte also doppelt Sinn, Ghettos einzurichten, auch wenn bisweilen offen blieb, ob die jüdische Arbeitskraft den Deutschen überhaupt wertvoll genug erschien, um erhalten zu werden. Unterschiedliche Dienststellen entschieden sich je nach Region für unterschiedliche Vorgehensweisen. Im Baltikum und in Westweißrussland setzte sich die Sipo dafür ein, die vom Krieg eröffneten beispiellosen »Möglichkeiten« für die ungestörte Durchführung drastischster Maßnahmen zu nutzen. Die Zivil- und Militärverwaltungen neigten im Interesse einer langfristigen Besatzungspolitik hingegen eher dazu, jüdische Arbeitskraft auszunutzen. Männer wie Stahlecker bedienten sich wiederum wirtschaftlicher Argumente, um ihre Pläne für »Reservatsräume« und Konzentrationslager durchzusetzen.

Selbst wo Juden als nützliche Arbeiter betrachtet wurden, schloss dies ihre Ermordung keineswegs aus. Mitte September wies die Einsatzgruppe C darauf hin, dass die Zerschlagung des kommunistischen Apparats nicht hinter der »arbeitsmäßig leichteren Aufgabe, die Juden auszuschalten«, zurückbleiben dürfe. Insbesondere in der Westukraine stellten diese den Kern der verfügbaren Arbeitskräfte. Entgegen der von der deutschen Verwaltung des Generalgouvernements seit langem verfolgten Praxis empfahl man die »Lösung der Judenfrage« durch »umfassenden Arbeitseinsatz«. Dieser werde »eine allmähliche Liquidierung des Judentums zur Folge haben – eine Entwicklung, die den wirtschaftlichen Gegebenheiten des Landes entspricht«.[286] Zwei Monate später forderte Max Thomas,ˣ Raschs Nachfolger als Leiter der Einsatzgruppe C, die »vollständige Ausrottung der Juden« in der Westukraine, um »dem Bolschewismus seinen fruchtbarsten Nährboden zu entziehen«. Juden brächten »als Arbeitskräfte fraglos weniger Nutzen [...], als sie als ›Bakterienträger‹ des Kommunismus Schaden anrichten«.[287]

Das »Unternehmen Barbarossa« war primär kein ökonomisch, sondern ein ideologisch motivierter Feldzug. Mochten auch viele Deutsche den Krieg im Osten als eine Art Goldrausch erleben, so konnten auf makroökonomischer Ebene die materiellen Vorteile des Massenmords die negativen Auswirkungen des Raubbaus an einer immer knapper werdenden Ressource – den Arbeitskräften – nicht mehr aufwiegen.[288] Bereits 1941 führten die Verwalter einer Reihe von Ghettos, etwa derjenigen in Kowno und Berditschew, »Selektionen« durch,

x) Dr. med * 1891 † 1949 (Krankh.)
General, untergetaucht: Dr. Karl Brandenburg

bei denen sie die »arbeitsfähigen« von den »ungeeigneten« Juden trennten – ein Vorgang, den man üblicherweise mit den später in Polen errichteten Vernichtungslagern in Verbindung bringt. Doch gestaltete sich diese Kategorisierung weder einheitlich noch konsequent, da man die einen mitsamt ihren Familien vorläufig am Leben ließ, andere Männer und Frauen, die ebenso arbeitsfähig oder -unfähig waren, aber ermordete.[289] Wie die antijüdischen Maßnahmen im Allgemeinen implizierten die Ghettoisierung und der Einsatz jüdischer Zwangsarbeiter ein Werturteil über ihren materiellen Nutzen unter Berücksichtigung anderer, insbesondere sicherheitspolitischer Erwägungen. Erst auf dieser Basis fällte man eine Entscheidung darüber, ob man die Juden vorübergehend verschonte, sie allmählich durch Arbeit vernichtete oder sofort ermordete. Angesichts der Tatsache, dass die ökonomische Ausbeutung des Ostens bereits in den frühen Planungen für das »Unternehmen Barbarossa« als Mittel zur Aufrechterhaltung der Ruhe an der Heimatfront erschien, kann das wechselhafte und uneinheitliche Muster der gegen Juden gerichteten deutschen Wirtschaftsmaßnahmen kaum überraschen.

Mit dem Übergang zum Massenmord an Kindern, der Mitte August 1941 in Litauen begann, war der Genozid an den Juden auf dem Territorium der besetzten Sowjetunion Wirklichkeit geworden. Eine weitere Eskalation des Prozesses konnte nicht mehr eintreten, nachdem deutsche Einheiten und ihre Helfer die physische Vernichtung aller Juden, ungeachtet ihres Geschlechts, ihres Alters, Berufs oder Verhaltens, die Auslöschung ganzer Gemeinden und die »Entjudung« riesiger Gebiete eingeleitet hatten. Die Frage lautete nicht mehr, warum die Juden getötet werden sollten, sondern warum sie *nicht* getötet werden sollten. Funktionsträger des Dritten Reichs, zumal jene, die nicht der Zivilverwaltung angehörten, nahmen die Juden nur bedingt als erhaltenswerten Wirtschaftsfaktor, dagegen weit stärker als »nutzlose Esser« wahr, die zur Erschöpfung der knappen Nahrungsmittelressourcen beitrugen; als Überreste »untragbarer Zustände«, die nicht länger toleriert werden konnten; als »Abschaum«, der ausgerottet gehörte; als Bedrohung der eigenen Sicherheit selbst dort, wo keine organisierte, wirkungsvolle Partisanenbewegung existierte. Der Einfluss dieser Faktoren auf das praktische Vorgehen variierte je nach Zeitpunkt und Ort. Auch wenn jeder Teil des Machtapparats seinen eigenen Rechtfertigungsmechanismen folgte, diente das Argument der »Befriedung« als stärkste übergreifende Legitimation des Massenmords.

Nirgends sind die vorhandenen deutschen Dokumente mit ihrer »sauberen« bürokratischen Sprache und standardisierten Phraseologie, hinter der sich individuelle Einstellungen bestens verbergen ließen, unzuverlässiger als im Hinblick auf die Motivation der Täter. Aufgrund der methodischen Grenzen ihres Fachs fällt es vielen Historikern schwer, die Frage zu beantworten, wie es – auf individueller wie auf kollektiver Ebene – zu einem Prozess der Gewöhnung an die Massenmorde kommen konnte. In seinem Buch über die »ganz normalen Männer« des Reservepolizeibataillons 101, der ersten Studie, die sich empirisch fundiert mit dem Thema der Motivation und ihrer Bedeutung für die Ausführung von Massenerschießungen beschäftigt hat, hebt Christopher Browning situative Faktoren hervor, insbesondere Gruppendruck und die Gefahr von Ausgrenzung im Falle mangelnder Konformität.[290] Andererseits war die Gruppe der Täter vielschichtig genug, um eine Arbeitsteilung in sämtlichen Aufgabenbereichen zu gewährleisten – von der Ausarbeitung der Pläne über die Organisation der Transporte bis hin zu Wachaufgaben. Das erlaubte es den meisten, sich zumindest gelegentlich von der direkten Beteiligung am Morden zurückzuziehen, ohne den Erfolg einer »Aktion« zu gefährden.

Wie im Gesamtprozess auch, spielte Arbeitsteilung eine Schlüsselrolle beim Vollzug der »Endlösung«. Einige eifrige »Dauerschützen« und ein kontinuierlicher Nachschub an Gelegenheitsmördern reichten aus, um die blutigsten Aufgaben zu erfüllen und es einer kleinen Minderheit zu gestatten, sich dauerhaft vom eigentlichen Mordgeschehen fern zu halten, ohne mit schweren Nachteilen rechnen zu müssen.[291] In diesem Sinn beschreibt die von vielen Tätern nach dem Krieg vorgebrachte Behauptung, sie hätten nur Wache gestanden, während die anderen schossen, durchaus realistisch das soziale

Gruppengefüge wie auch die nachhaltig exkulpierende Wirkung des Angebots, den Tatort zeitweise verlassen und sich so von den enthusiastischen Mördern absetzen zu können.

In seiner monumentalen Studie über die deutsche Besatzungspolitik in Weißrussland präsentiert Christian Gerlach verstörende Zeugnisse über die Selbstwahrnehmung eines eifrigen Täters vom unteren Ende der Befehlskette: die Briefe des Wiener Polizeisekretärs Walter Mattner über den Massenmord an den Juden in Mogilew von Anfang Oktober 1941. Über seine direkte Beteiligung an den Massenmorden schrieb Mattner seiner Frau: »Bei den ersten Wagen [mit Opfern] hat mir etwas die Hand gezittert, als ich geschossen habe, aber man gewöhnt das. Beim zehnten Wagen zielte ich schon ruhig und schoss sicher auf die vielen Frauen, Kinder und Säuglinge. Eingedenk dessen, dass ich auch zwei Säuglinge daheim habe, mit denen es diese Horden genau so, wenn nicht zehnmal ärger machen würden. Der Tod, den wir ihnen gaben, war ein schöner, kurzer Tod, gemessen [an] den höllischen Qualen von tausenden [sic] und Abertausenden in den Kerkern der GPU. Säuglinge flogen in großen Bogen durch die Luft und wir knallten sie schon im Fliegen ab, bevor sie in die Grube und ins Wasser flogen. Nur weg mit dieser Brut, die ganz Europa in den Krieg gestürzt hat und jetzt auch noch in Amerika schürt. […] Ich freue mich eigentlich schon, und viele sagen hier das [sic] wir in die Heimat zurückkehren, dann kommen unsere heimischen Juden dran. Na, ich darf Dir nicht genug erzählen.«[292]

Weder die schrittweise Radikalisierung antijüdischer Maßnahmen seit 1933 und ihre entmenschlichenden Auswirkungen auf Beteiligte wie Außenstehende noch der durch das »Unternehmen Barbarossa« verursachte massive Schub in Richtung physische Vernichtung kann die offenbar problemlose Einbeziehung von Kindern als Opfergruppe in den Mordprozess restlos erklären. Für ihre Ermordung waren wesentlich stärkere Rechtfertigungen erforderlich als für die Tötung von Erwachsenen, deren bloße Anwesenheit man als Bedrohung auffassen konnte. In einigen Fällen, wie in Bjelaja Zerkow, töteten die Mörder Kinder als Konsequenz aus der vorangegangenen Ermordung der Erwachsenen: Es musste getan werden, um etwas Angefangenes zu Ende zu bringen. Die sterile Logik dieser Denkweise steht in deutlichem Kontrast zur Ausführung der Morde, handelte es sich hier doch nicht um einen fabrikmäßigen, technisierten Tötungsprozess. Den Opfern gestattete man alles andere als einen »leichten, schnellen Tod«. Mattners Äußerungen sind wahrscheinlich eine Ausnahme, insofern er sich selbst und seine Frau davon zu überzeugen versuchte, mit der Ermordung jüdischer Kinder seine eigenen Kinder zu schützen und damit seine elterliche Pflicht zu erfüllen. Dennoch vermitteln sie einen Eindruck davon, mit welcher Leichtigkeit die deutschen Täter ihre Beteiligung an den grauenhaftesten Verbrechen sich selbst und anderen gegenüber rechtfertigten. Sie gewöhnten sich nicht nur an das Morden, sie lernten auch damit zu leben, und Männer wie Mattner warteten sogar geradezu ungeduldig darauf, dass der Tötungsprozess die Juden im Reich erfasste.

Im Rahmen der Ausweitung der Opfergruppen bildete die Wahrnehmung der »Judenfrage« als Teil eines umfassenderen Sicherheitsproblems im Osten eine der stärksten Konstanten. Dennoch gaben die Männer vor Ort gelegentlich mit klareren Worten die Richtung der Entwicklung vor, als es die Führungsspitzen des Regimes in Berlin taten. In einem längeren Befehl von Mitte November 1941 zur Bekämpfung von Partisanen betonte Heinrich Himmler die Notwendigkeit ihrer vollständigen Vernichtung und ermahnte zu »erhöhter Aufmerksamkeit« gegenüber Frauen und Kindern in Gebieten mit starker Partisanentätigkeit, ohne dabei jedoch die Juden zu erwähnen.[293] Damit blieb er hinter dem Mitte September durch Keitel sowie im Oktober durch von Reichenau vorgegebenen Beispiel zurück. Als der Chef des Kommandostabs Reichsführer-SS von Reichenaus Befehl an seine Einheiten weiterleitete, pries er dessen Nützlichkeit, da er den deutschen Soldaten eine »einheitliche, gründliche innere Ausrichtung über die grundsätzlichen Fragen unseres Lebenskampfes im Osten« ermögliche. Eine solche Orientierung werde sie nicht nur in den Augen der Einheimischen selbstbewusster erscheinen lassen, sie sei auch dringend erforderlich, gehe es doch nicht an, »dass die Truppe auch nur in Einzelfällen, veranlasst durch den Anblick des Elends in diesen Gebieten, in Einstellung und Verhalten zu den Einwohnern unsicher wird und immer wieder Brot oder sonstige Verpflegungsreste« an die einheimische Bevölkerung verteile.[294]

Die Männer, die der Zivilbevölkerung in den besetzten sowjetischen Gebieten Tod und Verderben brachten, interagierten nicht nur mit ihrer sozialen Bezugsgruppe, sondern auch mit ihrer Umwelt. Im Sommer 1941 konvergierten zeitliche Faktoren in Gestalt des erreichten Stadiums der Verfolgung von Juden und anderen »Unerwünschten« mit den Verhältnissen im Osten und ihrer Wahrnehmung durch die Besatzer, um das Überschreiten der Schwelle zum Völkermord zu ermöglichen. Obwohl die eigentlichen Mordtaten den direkt und indirekt Beteiligten eine bewusste Entscheidung abverlangten, war es ihnen doch möglich, sich als bloße Werkzeuge der Vorsehung zu begreifen. So kann es nicht überraschen, dass Mattner in einem seiner Briefe Hitlers berühmte Prophezeiung vom Januar 1939 beschwor, in der der »Führer« die »Vernichtung der jüdischen Rasse in Europa« als abstrakten, subjektlosen Vollzug des Schicksals präsentiert hatte.[295] Ende 1941 beschrieb das Schulungsblatt der Ordnungspolizei die östliche Dimension der »Lösung der Judenfrage« in ungewöhnlich offenen, wenn auch von der mörderischen Realität weit entrückten Worten: »Das Wort des Führers, das [sic] ein vom Judentum angezettelter neuer Krieg nicht die Zerschlagung des antisemitischen Deutschlands, sondern vielmehr das Ende des Judentums bringen werde, wird in diesen Tagen vollstreckt. Die gewaltigen Räume des Ostens, die Deutschland und Europa nun zur Kolonisation zur Verfügung stehen, ermöglichen in naher Zukunft auch die endgültige Lösung des jüdischen Problems, das heißt, nicht nur die Entmachtung, sondern die tatsächliche Ausscheidung der parasitären Rasse aus der europäischen Völkerfamilie. Was noch vor zwei Jahren unmöglich erschien, wird nun Schritt für Schritt Wirklichkeit: am Ende des Krieges steht das judenfreie Europa.«[296]

Die im Osten stationierten und mit der »Judenfrage« betrauten Deutschen agierten außerhalb der elementarsten sozialen Normen und Regeln. Aufgrund der Integration extremer

Formen staatlicher Gewalt in den Dienstalltag bei gleichzeitiger Aufrechterhaltung deutscher »Gemütlichkeit« im privaten Raum bekam das Wort »Normalität« selbst für Deutsche, die nicht direkt am Massenmord beteiligt waren, eine spezielle Bedeutung.[297] Hinter der Fassade des selbstlosen Dienstes am Vaterland herrschten Korruption und moralische Verkommenheit. Die Lebensverhältnisse von Deutschen in Minsk bieten dafür ein gutes Beispiel. Gerüchte über »Saufexzesse« und »Weibergeschichten« gelangten bis ins Reich und wurden zum Gegenstand amtlicher Untersuchungen.[298] Nach dem Krieg bezeichneten ehemalige Mitarbeiter die dortige KdS-Stelle als »Sauhaufen«.[299] Sekretärinnen und andere deutsche Frauen erinnerten sich an Trostinez – einen Lagerkomplex, in dem mindestens 40 000 Menschen ermordet wurden – als einen Ort, wo sie reiten gehen oder sich den Pelzmantel eines jüdischen Opfers aneignen konnten.[300] Es entsprach auch sicherlich nicht Himmlers Vorstellungen von »seelischer Betreuung« der Exekutionskommandos, dass ein Mitarbeiter der KdS-Stelle Tausende Flaschen Wodka beschaffte, die während und nach den Massenmorden geleert wurden.[301] Der Rückzug aus den besetzten Gebieten gegen Ende des Krieges ermöglichte es den Tätern, auch psychisch von ihren Verbrechen Abstand zu nehmen und sich, vom Mythos ihrer eigenen Opferrolle geschützt, mehr oder weniger reibungslos in die deutsche Nachkriegsgesellschaft einzufügen.[302]

Während der Genozid an der Peripherie bereits praktiziert wurde, wenn auch nicht unter diesem Namen, begann der NS-Führung in Berlin aufzugehen, welche Möglichkeiten sich im Osten für die Lösung der »Judenfrage« boten. Im RSHA gerieten Heydrichs Planer zunehmend unter Druck, sich der praktischen Seiten des Problems in seiner europäischen Dimension anzunehmen. Goebbels und andere Gauleiter versuchten, ihren direkten Zugang zu Hitler zu nutzen, um die Deportation der deutschen Juden zu beschleunigen,[303] während untergeordnete Beamte ihre eigenen Pläne entwickelten.[304] Erneut zog Hitler die Rolle des Beobachters derjenigen des Entscheidungsträgers vor. Anfang Oktober 1941 zeigte Heydrich Anzeichen von Frustration, die aus der Diskrepanz zwischen der herrschenden Erwartungshaltung und seinen begrenzten Handlungsmöglichkeiten erwuchs. In einer Rede vor Mitarbeitern des Besatzungsapparats am 2. Oktober in Prag, wo er soeben, neben seinem Posten als Chef der Sipo und des SD, das Amt des stellvertretenden Reichsprotektors angetreten hatte, erklärte er, dass alle Ereignisse der vorangegangenen Jahre miteinander zusammenhingen und eine notwendige Voraussetzung für die angestrebte »Eindeutschung« der Einflusssphäre des Reichs darstellten. Zu diesem Zweck werde man sogar die »gutrassig Schlechtgesinnten« an die Wand stellen müssen. Es bedarf wenig Phantasie, sich vorzustellen, was für eine Behandlung Heydrich denjenigen zudachte, die er als rassisch minderwertig einstufte. Der Zeitpunkt der Verwirklichung dieser Pläne, fuhr Heydrich fort, sei eine »Frage, die der Führer entscheiden muss«. Man könne jedoch schon »die Planungen und das Rohmaterial« zusammentragen. »Wir müssen das Material prüfen«, schloss Heydrich, »wir haben die vorhandenen Möglichkeiten auszunutzen.«[305]

Zwei Tage nach seiner Rede in Prag kam Heydrich mit Vertretern des Ostministeriums zusammen und sprach mit ihnen über eine Vielzahl von Themen, darunter auch die »Regelung der Judenfrage«. Dabei betonte er die Vorteile eines gemeinsamen Vorgehens, vor allem um zu verhindern, dass wirtschaftliche Erwägungen den »Plan einer totalen Aussiedlung der Juden aus den von uns besetzten Gebieten« durchkreuzten. Für einen Streit mit der Zivilverwaltung gebe es keinen Grund, »da die Durchführung der Behandlung der Juden in jeder Beziehung sowieso in den Händen der Sicherheitspolizei« liege.[306] Rosenberg war sich dieser Tatsache bewusst und trat mit Blick auf den bevorstehenden »großen weltanschaulichen Kampf« ebenfalls für kooperatives Handeln ein. Gleichzeitig machte er Heydrichs Vorgesetzten Himmler darauf aufmerksam, dass einige seiner SS-Kommandeure »sehr gewaltsame Aktionen durchgeführt haben, ohne dass der Reichsführer-SS über alles im Bilde gewesen« sei.[307]

Das Ostministerium als Konkurrenzinstanz auszuschalten war eine Sache, die »totale Aussiedlung« vorzubereiten eine andere. Seine neue Position als faktischer Reichsprotektor versetzte Heydrich in die Lage, entschiedener aufzutreten. Am 10. Oktober empfing er in Prag Eichmann und andere Umsiedlungsexperten zu einer Besprechung über die »Lösung der Judenfragen«, die einen wichtigen Einblick in die Wahrnehmung der östlichen Peripherie durch die Zentrale gewährt. Laut Protokoll sollte die Runde darüber diskutieren, wie sich das Problem »zunächst« im Protektorat und im Reich lösen ließe. Nach ihrer Konzentration in »vorübergehenden Sammellagern« wollte man die im Protektorat lebenden Juden nach Lodz deportieren; wegen des Widerstands der Lodzer Behörden sollten jedoch 50 000 der »lästigsten Juden« nach Minsk und Riga geschafft werden. Die Führer der Einsatzgruppen B und C, Nebe und Rasch, würden für einen Teil dieser Juden sowie für andere aus dem Reich in den »Lagern für kommunistische Häftlinge im [militärischen] Operationsgebiet« Platz schaffen. Eichmann zufolge hatten die Vorbereitungen dafür bereits begonnen. Darüber hinaus sollte eine unbestimmte Zahl von »Zigeunern« – wie sich herausstellte, 5000 Sinti und Roma aus Österreich[308] – »nach Riga zu Stahlecker gebracht werden, dessen Lager nach dem Muster von Sachsenhausen eingerichtet« sei. Da der »Führer« wünsche, »dass noch Ende d. J. möglichst die Juden aus dem deutschen Raum herausgebracht sind, müssen die schwebenden Fragen umgehend gelöst werden. Auch die Transportfrage darf dabei keine Schwierigkeit bedeuten.«[309]

In einer Presseerklärung über das Ergebnis der Sitzung erklärte Heydrich, »Ziel des Reichs« müsse es sein, »das Judentum nicht nur aus dem Einfluss der Völker Europas auszuschalten, sondern nach Möglichkeit sie außerhalb Europas zur Ansiedlung zu bringen«. Da Madagaskar zu diesem Zeitpunkt bereits in Vergessenheit geraten war, muss Heydrich den Osten gemeint haben. »Ich habe mich entschlossen«, verkündete er, »diese Etappen auch im Protektorat folgerichtig und möglichst schnell zu gehen.« Tatsächlich wurden noch in derselben Woche die ersten Juden aus dem Protektorat deportiert.[310] In Heydrichs Augen bedurfte die praktische Umsetzung des von Hitler geäußerten »Wunsches« offenbar keiner weiteren Entscheidung des »Führers«, wie tief greifend die Folgen der Deportationen für die betroffenen Menschen auch sein sollten.[311] Indem er die Initiative ergriff, erfüllte Heydrich zum einen Hitlers Vorstellung vom »besten Mann«, der den »Führer« am wenigstens bemühte,[312] zum anderen folgte er dem Beispiel einiger seiner Offiziere wie Nebe, Rasch und Stahlecker.

Während Heydrich und die anderen Teilnehmer der Besprechung klare Vorstellungen davon hatten, von wo die Deportationen abgehen sollten, blieben sie in Bezug auf die Zielorte recht vage. Laut Christian Gerlach gab es zum damaligen Zeitpunkt, bis auf ein Zwangsarbeitslager in Mogilew, in dem am 2. und 3. Oktober über 2200 jüdische Männer, Frauen und Kinder massakriert worden waren, keine »Lager für kommunistische Gefangene« hinter der Front.[313] Die Diskussion in Prag deutet darauf hin, dass Stahleckers Versuch Wirkung zu zeigen begann, den Weg für eine »Gesamtreinigung des europäischen Raumes von allen Juden« zu ebnen, indem er die Aufmerksamkeit Berlins auf die Handlungsspielräume im »Ostland« lenkte. Dem Interesse Heydrichs entsprechend, verstärkte der BdS Ostland und Führer der Einsatzgruppe A in einem ersten Schritt seine bis in den Juli zurückreichenden Bemühungen um die Errichtung eines Konzentrationslagers in der Umgebung von Riga. Anfang Oktober erweckte er das Projekt zu neuem Leben.[314] Bezeichnenderweise berief er sich gegenüber der Zivilverwaltung nicht auf eine Weisung Heydrichs, sondern auf einen »Wunsch des Führers«, dem zufolge im »Ostland« Unterkünfte für Juden aus dem Protektorat und dem Reich errichtet werden sollten.[315]

Generalkommissar Otto-Heinrich Drechsler, Lohses Verwaltungschef in Lettland, war darüber nicht begeistert. An demselben Tag, an dem Stahlecker ihn mit der Aussicht auf den Antransport von zusätzlichen unerwünschten Juden in seinen Herrschaftsbereich konfrontierte, berichtete sein Vertreter in Liepāja über die anhaltenden Schwierigkeiten, die bereits dort lebenden Juden loszuwerden. Nachdem man die Männer erschossen habe, schrieb der Gebietskommissar, seien die Frauen und Kinder an der Reihe gewesen. Das Vorgehen der Polizei sei allerdings nicht unbemerkt geblieben: »Gerade die Erschießung der Frauen und kleinen Kinder, die z. B. schreiend zu den Exekutionsplätzen geführt worden sind, hat das allgemeine Entsetzen erreicht.«[316] In den oberen Rängen der Hierarchie befasste man sich mit der Angelegenheit in sterilbürokratischer Weise. Am 11. Oktober nahm Otto Bräutigam, stellvertretender Leiter der Politischen Abteilung des Ostministeriums, an einer großen Sitzung mit Lohse und Wehrmachtsbefehlshaber Braemer teil.[317] Zwei Tage später notierte er für Rosenberg, dass der SD die »Liquidierung der Kommissare und Juden« als »selbstverständlich« ansehe.[318] In Himmlers Dienstkalender findet sich ein – gewohnt kryptischer – Vermerk über ein Gespräch mit Heydrich am 14. Oktober, in dem es unter anderem um »Exekutionen« ging.[319] Einen Tag später legte Stahlecker einen ersten zusammenfassenden Bericht über die Tätigkeit seiner Einsatzgruppe vor, der eine erschütternde Zahl von Todesopfern enthielt: Bis zu diesem Zeitpunkt hatte die EG A mit ihren Teileinheiten 125 000 Juden getötet, davon allein in Litauen über 80 000.[320] Am gleichen Tag begann die erste Deportationswelle. Bis zum 5. November wurden 25 000 Opfer nach Lodz transportiert.[321]

Während die Sipo in Riga den Bau des für Juden vorgesehenen Lagers forcierte, damit Anfang November die ersten Deportierten aufgenommen werden konnten,[322] besuchte Himmler Mogilew und Smolensk, wo er mit von dem Bach-Zelewski und hohen Wehrmachtsoffizieren zusammenkam.[323] Unterdessen ergingen Anordnungen für eine weitere Welle von Deportationen aus dem Reich und dem Protektorat nach Riga und Minsk, die am 1. November beginnen sollten.[324] Die meisten Juden im Osten waren im Rahmen von Massenexekutionen ermordet worden – ein Tötungsverfahren, das sich trotz Himmlers Sorge um die psychologischen Rückwirkungen auf die Täter sowie wiederholter Klagen aus der NS-Hierarchie als »effektiv« erwiesen hatte.[325] Dennoch experimentierte man auch mit anderen Möglichkeiten. In der Nähe von Minsk und Mogilew waren bereits im September »Testvergasungen« durchgeführt worden.[326] Jetzt, Ende Oktober, boten die Experten der »Euthanasie«-Morde ihr Fachwissen im Osten an. In dem Entwurf eines Briefs an Lohse teilte Erhard Wetzel, »Rassenreferent« in Rosenbergs Ostministerium, dem Reichskommissar mit, dass sich Viktor Brack aus der Kanzlei des Führers, der als Mitorganisator der Aktion T4 über einschlägige Erfahrungen verfügte, bereit erklärt habe, an der Herstellung von Vergasungseinrichtungen mitzuwirken. Eichmann habe seine Zustimmung erteilt und ihn über die Errichtung von Lagern für jüdische Deportierte in Riga und Minsk unterrichtet. Das Ostministerium hege »keine Bedenken, wenn diejenigen Juden, die nicht arbeitsfähig sind, mit den Brackschen Hilfsmitteln beseitigt werden«. Dieses Verfahren ermögliche auch eine größere Geheimhaltung als die Massenerschießungen, die, wie etwa in Liepāja, weiterhin unerwünschte öffentliche Aufmerksamkeit erregten. Die verbliebenen Juden sollten über den Winter, nach Geschlechtern getrennt, untergebracht und im nächsten Frühjahr weiter nach Osten abgeschoben werden.[327] Obwohl T4-Personal Anfang 1942 verdeckt und weitgehend undokumentiert im Gebiet von Minsk zum Einsatz kam, wurde Bracks spezieller Vorschlag für Riga in dieser Form nicht verwirklicht. Gleichwohl verwendete man von November und Dezember 1941 an in der besetzten Sowjetunion Kohlenmonoxid zur Vergasung von Juden. Es kam nicht aus Flaschen wie in den »Euthanasie«-Tötungszentren im Reichsgebiet, sondern aus den Auspuffrohren von Kraftfahrzeugen, die Nebes Kriminaltechniker eigens für diesen Zweck konstruiert und wahrscheinlich schon im August im Bereich der Einsatzgruppe B getestet hatten.[328]

Im November warteten die Verwaltungsbeamten im »Ostland« immer noch auf allgemeine Weisungen in Bezug auf die antijüdische Politik.[329] Der Wunsch nach Klärung wurde durch die Forderung der Sipo verstärkt, die Ankunft der ersten Deportierten, die Mitte November erwartet wurden, vorzubereiten und die im Gang befindliche Ermordung der einheimischen Juden zu beschleunigen.[330] Am 9. November schickte Lohses politischer Referent Friedrich Trampedach die dringende Bitte an das Ostministerium sowie an seinen Chef, der zu diesem Zeitpunkt in Berlin weilte, die Transporte zu verhindern und »weiter nach Osten« zu leiten.[331] Vier Tage später teilte der Leiter der Hauptabteilung Politik im Ostministerium, Georg Leibbrandt, Trampedach mit, dass es sich bei den Lagern in

Minsk und Riga tatsächlich nur um vorübergehende Einrichtungen handele; man schicke die Juden später weiter nach Osten, und folglich habe das Ostministerium auch keine Einwände gegen die Deportationen. Zur weiteren Klärung solle sich Trampedach mit dem HSSPF in Verbindung setzen.[332]

Da der bisherige HSSPF Russland-Nord, Prützmann, kurz vor der Ablösung stand, blieb es seinem Nachfolger Jeckeln vorbehalten, die offenen Fragen nicht nur in Bezug auf die Deportationen zu lösen. Wo sollten die Juden, wenn auch nur vorübergehend, hingeschickt werden? Keines der in den Schreiben aus Berlin erwähnten Lager im »Ostland« stand bereit.[333] Die naheliegendste Lösung war, die Juden in bestehende Ghettos einzuweisen, vorausgesetzt, es konnte Platz für sie geschaffen werden. Die Ermordung von fast 10 000 Juden Ende Oktober in Kowno lässt sich in der Tat als eine »Platz schaffende« Maßnahme auffassen; das Gleiche gilt für die Exekutionen Anfang November in Minsk, denen 12 000 Juden zum Opfer fielen.[334] Doch kann die auslösende Wirkung der Deportationen aus dem Reich zumindest für die »Aktion« in Kowno keinesfalls als gesichert gelten. Tatsächlich könnte es sich auch umgekehrt verhalten haben: Nicht zum ersten Mal erfüllten in Litauen ergriffene Maßnahmen eine Vorbildfunktion für den gesamten »Ostraum« – in diesem Fall für das Bemühen, Platz für Deportierte zu schaffen. Nach dem Ende des Krieges präsentierte Jeckeln eine andere Rechtfertigung: Er behauptete nun, am 10. oder 11. November 1941 – also ungefähr zu dem Zeitpunkt, als der Massenmord in Minsk stattfand, und zwei Wochen nach der »Aktion« in Kowno – von Himmler in Berlin einen Befehl erhalten zu haben, dem zufolge »alle sich im Ostland befindenden Juden bis zum letzten Mann vernichtet werden müssen«.[335]

Ein solcher Befehl, wenn Himmler ihn denn erteilt haben sollte, hätte die andere ungelöste Frage verbindlich beantwortet, was nämlich mit den Deportierten nach Erreichen ihres Bestimmungsortes geschehen sollte. Doch in Wirklichkeit präsentierte sich ein alles andere als einheitliches Bild. Als am 10. November die ersten Juden aus dem Reich in Minsk eintrafen, brachte man sie umgehend ins Ghetto.[336] Zwei Wochen später führte die Sipo in Kowno die dort angekommenen 5000 deutschen und österreichischen Deportierten direkt zum Fort IX und erschoss sie.[337] In Riga wurden am 30. November alle 1000 kurz zuvor eingetroffenen Deportierten zusammen mit 3000 Juden aus dem Ghetto ermordet. Erst nach einer weiteren umfangreichen Mordaktion mit wahrscheinlich über 25 000 Opfern am 8. Dezember wiesen die deutschen Behörden alle weiteren Deportierten in das Ghetto ein.[338] Angesichts der unterschiedlichen Behandlung dieser frühen Transporte überzeugt Hans Safrians Schlussfolgerung, »dass im Herbst 1941 keine generellen Befehle vorgelegen sein dürften, die eine sofortige und unterschiedslose Ermordung aller aus Zentraleuropa deportierten Juden angeordnet hatten«.[339] Untermauert wird sein Befund auch durch die Entwicklungen im Anschluss an die ersten Mordaktionen an Deportierten. Nachdem Himmler am Mittag des 30. November aus Hitlers Hauptquartier mit Heydrich telefoniert hatte, notierte er sich: »Judentransporte aus Berlin. Keine Liquidierung.« Zu diesem Zeitpunkt waren die über 1000 Juden, die aus Berlin in Riga eingetroffen waren, jedoch bereits tot. Himmler warnte Jeckeln daraufhin vor »Eigenmächtigkeiten und Zuwiederhandlungen [sic]« gegen die »von mir bezw. vom Reichssicherheitshauptamt in meinem Auftrage gegebenen Richtlinien« und bestellte den HSSPF zu einer Besprechung ein.[340] In Bezug auf die Ermordung der fast 5000 Deportierten in Kowno, unter denen sich auch etwa 1000 Berliner Juden befanden, ist dagegen keine vergleichbare Reaktion Himmlers oder Heydrichs überliefert. Hätte eine Weisung Himmlers zur Ermordung aller in den Osten transportierten Juden vorgelegen, so hätten seine Untergebenen mit der Unterbringung der Deportierten im Minsker Ghetto gegen diese Anordnung verstoßen und sich damit wahrscheinlich eine ähnliche Rüge eingehandelt wie Jeckeln, wenn auch aus einem anderen Grund. Dass der Leiter des EK 3, Jäger, in der makabren Todesstatistik, die er seinen Vorgesetzten vorlegte, keinerlei Instruktionen über die Behandlung der aus dem Reich deportierten Juden erwähnte, kann als weiterer Beleg für das Fehlen eines generellen Befehls für ihre sofortige Ermordung gelten.

Bis zu diesem Zeitpunkt hatten die Zivilbehörden tatsächlich angenommen, in der »Judenfrage« Weisungsbefugnis zu besitzen. Die bei ihnen eintreffenden Mitteilungen über die Deportationen und das Fehlen klarer Richtlinien von oben bestätigten sie in dieser Meinung. Nach der Ermordung der aus dem Reich deportierten Juden im Osten gestanden hochrangige Vertreter des Innenministeriums indessen ein, dass sie die Kontrolle über den Gang der Ereignisse verloren hatten.[341] Am 15. November 1941 antwortete Reichskommissar Lohse auf eine Anfrage des Ostministeriums bezüglich einer Beschwerde des RSHA über ein von ihm verhängtes Exekutionsverbot mit der Gegenfrage, ob er das Ansuchen so aufzufassen habe, »dass alle Juden im Ostland liquidiert werden sollen«.[342] Am gleichen Tag diskutierte Himmler mit Rosenberg darüber, ob die »Judenfrage« entsprechend Rosenbergs Vorstellungen »im Rahmen der Gesamtpolitik« zu behandeln sei oder aber als »polizeiliche Angelegenheit« in die Zuständigkeit des Reichsführers-SS und Chefs der Deutschen Polizei fiele.[343] Auf zentraler Ebene blieb diese Frage umstritten. Anfang 1942 beanspruchte Heydrich erneut die alleinige Zuständigkeit und drängte die Zivilverwaltung dazu, ihre Richtlinien über die Behandlung von Juden durch eine von Eichmann verfasste Version zu ersetzen. Einige Tage später wurde die Angelegenheit auf der Wannsee-Konferenz besprochen, doch erst im Herbst stimmte Himmler widerstrebend einem Kompromiss zu, der eine klare Kompetenzverteilung auf unbestimmte Zeit verschob.[344]

Im Spätherbst 1941 schaltete sich auch die Wehrmacht in die Debatte über die neue Dimension der »Judenfrage« ein. Am 20. November drückte der Wehrmachtsbefehlshaber Ostland in einem Brief an Lohse seine Sorge über die politischen und militärischen Folgen der Deportationen aus: Die Anwesenheit deutscher Juden im Generalkommissariat Weißruthenien stärke die Partisanenbewegung; darüber hinaus sei der »Abtransport von Juden« weiter nach Osten »mit Rücksicht auf die angespannte Transportlage z. Zt. überhaupt nicht möglich«.[345] Damit hatte er den empfindlichsten Punkt des ganzen Deportationsvorhabens getroffen. Bereits früher musste Heydrich einräumen, dass Hitler den Deportationen nur unter der Bedingung zugestimmt habe, dass sie den Transportbedarf der Wehrmacht nicht beeinträchtigten.[346] Der Einspruch der Wehrmacht war erfolgreich. Bis auf einen Transport, der am 28. November von Köln abging, sollten bis zum Frühjahr 1942 keine weiteren Deportationen in Minsk eintreffen.[347]

Die angespannte Transportlage diente als Hauptgrund für die Einstellung der Suche nach einer alternativen Lösung für das Doppelproblem, wo man die Deportierten unterbrachte und was man mit ihnen zu tun gedachte. Wie zuerst Götz Aly ausgeführt hat, gibt es Anzeichen für Pläne vom Herbst 1941 zur Errichtung einer großen Tötungsstätte für jüdische Deportierte in der besetzten Sowjetunion, höchstwahrscheinlich in Mogilew im rückwärtigen Heeresgebiet Mitte, wo Ende September oder Anfang Oktober ein Zwangsarbeitslager erbaut worden war. Obgleich sich das Projekt nicht hinreichend dokumentieren lässt, wird Alys Annahme von mehreren Anhaltspunkten gestützt; dazu zählt insbesondere eine große Bestellung von Zyklon für Mogilew und Riga, also von Blausäure, die für gewöhnlich als Insektenvertilgungsmittel verwendet wurde, später jedoch, in der Version »B«, auch als Vergasungsmittel in Auschwitz-Birkenau zum Einsatz kam. Zudem arbeitete die SS Mitte November Pläne für den Bau von Krematoriumsöfen in Mogilew aus. Doch weder dort noch in Riga scheinen Vergasungen mit Zyklon durchgeführt worden zu sein. Als die erste Brennkammer des Krematoriums am 30. Dezember in Mogilew eintraf, hatte man das Projekt bereits zugunsten alternativer Lösungen fallen gelassen. Die übrigen bestellten Brennkammern gingen 1942 nach Auschwitz.[348]

Ende November wurde die Deportationsfrage auch für andere Teile des »Ostlandes« entschieden. Während ein Gebiet nach dem anderen als »judenfrei« gemeldet wurde,[349] musste man nun die Deportierten aus dem Westen aufnehmen.[350] Das Ostministerium teilte Lohse mit, dass Heydrich für das bei Riga geplante Lager einen anderen Standort ausgewählt habe.[351] Der Reichskommissar, der vor diesem Entschluss nicht konsultiert worden war, lehnte es fürderhin ab, sich an der Diskussion darüber zu beteiligen, was mit den aus Deutschland deportierten

Juden geschehen sollte.[352] Mitte Dezember antwortete Bräutigam auf Lohses Anfrage vom 15. November mit der Feststellung, dass man in der »Judenfrage [...] inzwischen durch mündliche Besprechungen Klarheit geschaffen« haben dürfte. Wirtschaftliche Belange sollten grundsätzlich in den Hintergrund treten; alle weiteren Fragen seien direkt mit dem HSSPF zu klären.[353]

Auch innerhalb der SS schritt der Klärungsprozess voran. Am 4. Dezember meldete der nur wenige Tage zuvor für die Ermordung der nach Riga deportierten Berliner Juden gemaßregelte Jeckeln dem »Reichsführer-SS« bei einem Treffen die Tötung der meisten Rigaer Juden.[354] Mehr denn je sorgte sich Himmler um seine an den Exekutionen beteiligten Männer. In einem Befehl vom 12. Dezember riet er seinen Kommandeuren, jene Tage, an denen die »Feinde des deutschen Volkes der gerechten Todesstrafe« zugeführt worden waren, mit einem »kameradschaftlichen Beisammensein« ausklingen zu lassen. Diese Abende sollten indessen nicht in Trinkgelage ausarten, sondern »durch Musik, Vorträge und das Hineinführen unserer Männer in die schönen Gebiete deutschen Geistes- und Gemütslebens« ausgefüllt werden.[355] Die Wirklichkeit im Osten sah allerdings anders aus, als sie sich der Reichsführer-SS vorzustellen traute.

Wie es Heydrich in seiner Rede am 2. Oktober in Prag angekündigt hatte, wurden während der ersten sechs Monate des Krieges gegen die Sowjetunion das »Material geprüft« und »vorhandene Möglichkeiten ausgenutzt«,[356] wenn auch nicht nach einem fertigen, zusammenhängenden und zentralisierten Plan. Selten scheint deutsche Politik auf so regionaler, ja lokaler Ebene gestaltet worden zu sein wie in diesen Monaten, in denen sich noch kein einheitliches Muster des Massenmords herausgebildet hatte. Vertreter der mittleren Führungsebene mit übergreifenden Funktionen – vor allem Himmlers Höhere SS- und Polizeiführer sowie die Kommandeure der Einsatzgruppen,[357] aber auch die Befehlshaber der rückwärtigen Heeresgebiete und die Beamten der Zivilverwaltung – füllten in einträchtiger Zusammenarbeit die durch das Fehlen zentralisierter Entscheidungsprozesse bedingte Lücke. In den zusammenfassenden Berichten über die im Jahr 1941 von beteiligten Einheiten erbrachten »Leistungen« hoben verschiedene Einsatzgruppenführer hervor, sie hätten von Anfang an eine »radikale Lösung des Judenproblems durch die Exekution aller Juden« angestrebt.[358] Die in ihren Berichten enthaltenen Rechtfertigungen und Begründungen für ihre Taten bestätigen die These, dass sich die Praxis des Massenmords nicht aufgrund eines Befehls von oben, sondern unter dem Eindruck eines komplexen Faktorengemenges zum Standard deutscher Besatzungspolitik entwickelt hatte. Gegen Ende des Jahres waren sich die Zentralbehörden vollständig im Klaren darüber, welche Lehren die Ereignisse im Osten für die Lösung der »Judenfrage« in anderen Teilen Europas in sich bargen.

Kapitel 8

Vom Vernichtungskrieg zur »Endlösung«

8.1 Siegeseuphorie und Entscheidungsprozess zwischen Juli und Oktober 1941

Der erste Siegestaumel und das Schicksal der sowjetischen Juden

In den ersten Monaten des »Unternehmens Barbarossa« erzielten die deutschen Truppen atemberaubende Erfolge. Am 8. Juli frohlockte Goebbels in seinem Tagebuch: »An unserem Sieg in Russland zweifelt niemand mehr.«[1] Am nächsten Tag flog er ins Führerhauptquartier, wo ihm Hitler die militärische Lage »überraschend positiv« schilderte. Zwei Drittel der Roten Armee und fünf Sechstel ihrer Panzer und Flugzeuge seien bereits vernichtet. »Vom Bolschewismus darf nichts mehr übrig bleiben«, kommentierte Goebbels Hitlers Äußerungen. »Der Führer hat die Absicht, Städte wie Moskau und Petersburg ausradieren zu lassen.«[2] Einen Tag später, am 10. Juli, bezeichnete sich Hitler selbst als den Robert Koch der Politik, da er im Judentum den Bazillus »aller gesellschaftlichen Dekomposition« entdeckt habe.[3]

Als Hitler am 16. Juli vor den Spitzen des NS-Regimes zu den bereits zitierten »grundsätzlichen Feststellungen« ausholte, war die Hochstimmung aufgrund des erwarteten Sieges förmlich mit Händen zu greifen.[4] Wie üblich, hatte er keine expliziten Befehle ausgegeben, aber der Tenor seiner Ansprache war unmissverständlich. Denn welche Rolle hätten Juden in einem deutschen »Garten Eden« spielen können? Und was hatte man von seinen Gefolgsleuten zu erwarten, wenn er die Erschießung und Vernichtung aller feindlichen Elemente forderte? In seiner Siegeseuphorie hatte sich Hitler sowohl zu der Verkündung einer utopischen Vision von dem künftigen Paradies als auch zur bisher deutlichsten Anstiftung zu größerem Blutvergießen hinreißen lassen. Und seine Untergebenen bemühten sich, ihn nicht zu enttäuschen.

Für das Schicksal der sowjetischen Juden war Himmlers Reaktion am bedeutsamsten. Der »Reichsführer-SS« machte sich umgehend daran, das begrenzte Personal der Einsatzgruppen, die hinter den Linien mit »Befriedungsaktionen« und Massenmorden beschäftigt waren, zu vervielfachen. In nur wenigen Tagen fügte er jene Einheiten zusammen, die in der Folgezeit den Kern der Todesschwadronen der »Endlösung« auf sowjetischem Territorium bilden sollten. Neben dem Einsatz der SS-Kavalleriebrigade in den Pripjetsümpfen sowie der 1. SS-Brigade südlich davon[5] stellte er den HSSPF mindestens elf weitere Polizeibataillone mit über 5500 Mann zur Verfügung.[6] Darüber hinaus wies er die HSSPF am 25. Juli an, Hilfspolizeieinheiten in der ukrainischen, weißrussischen und baltischen Bevölkerung zu rekrutieren, da die »Aufgaben der Polizei in den besetzten Ostgebieten [...] allein mit den eingesetzten und noch einzusetzenden Mannschaften der Polizei und SS nicht erfüllt werden« können.[7]

Himmler setzte unterdessen die Besuche bei der Truppe fort. Schon am 30. Juni hatten Heydrich und er bei einem Besuch in Augustowo die Exekutionen von Juden durch das Einsatzkommando Tilsit abgesegnet. In Bialystok fanden unmittelbar nach einem Besuch Himmlers und Dalueges am 8. und 9. Juli umfangreiche Mordaktionen statt.[8] Nachdem er die Befehle für die Verstärkung der dortigen Einheiten erteilt hatte, reiste Himmler am 31. Juli nach Riga und Baranowicze, wo er mit den HSSPF Prützmann und von dem Bach-Zelewski zusammentraf und den berüchtigten Befehl zur »Durchkämmung« der Pripjetsümpfe erteilte.[9]

Einige Tage nach dem Treffen mit Himmler schickte Prützmann dem Kommandeur der Einsatzgruppe A, Stahlecker, den von Reichskommissar Ostland Lohse ohne Konsultation mit der SS verfassten Entwurf für Richtlinien über die Behandlung der Juden zu und bot ihm ein Flugzeug an, um nach Kowno zu fliegen und Lohse zur Rede zu stellen. Eine solche Besprechung sei unbedingt erforderlich, da die Sipo »Weisungen« habe, »die z. Tl. dem Entwurf widersprechen«. Stahlecker flog jedoch nicht nach Kowno, sondern schickte stattdessen seinem dortigen Kommandeur, Karl Jäger vom EK 3, eine dreiseitige Stellungnahme zum mündlichen Vortrag bei Lohse.[10] Es ging jedoch offenbar um mehr als um Kompetenzstreitigkeiten; immerhin hielt Stahlecker die Gelegenheit für eine »fast 100 % sofortige Säuberung des gesamten Ostlandes von Juden« für gekommen, zumal der Entwurf »grundsätzliche, schriftlich nicht zu erörternde Befehle von höherer Stelle an die Sicherheitspolizei erheblich« berührte.[11]

Auf welche »Weisungen« oder »Befehle« an die Sicherheitspolizei, die weder der eine noch der andere nennen wollte, bezogen sich Prützmann und Stahlecker wenige Tage nach Himmlers Besuch in Riga? Ein Hinweis könnte in den von Jäger festgehaltenen Opferzahlen des EK 3 zu finden sein. Nach dem 15. August stiegen diese drastisch an; zudem befanden sich nun auch viele Frauen und Kinder darunter.[12] Mehrere Nachkriegsaussagen, deren Datumsangaben stets unzuverlässig sind, erhalten im Hinblick auf Himmlers Rolle als Initiator der Morde an jüdischen Frauen und Kindern eine neue Bedeutung, wenn man sie mit seinem mittlerweile veröffentlichten Dienstkalender vergleicht. So befand sich Himmler am 21. Juli 1941 in Lemberg in der Ukraine.[13] Nach dem Krieg erinnerte sich Major Franz vom RPB 45 noch lebhaft an eine Unterredung mit seinem Vorgesetzten, dem Befehlshaber des Polizeiregiments Süd, Oberst Besser. Dieser habe ihm eröffnet, dass Himmler die Vernichtung der Juden in Russland angeordnet hatte und das RPB 45 an der Ausführung dieses Befehls beteiligt sein sollte. Einige Tage später begann das RPB 45 im Zuge einer »Aktion« in Schepetowka damit, auch jüdische Frauen und Kinder zu erschießen. Den zuverlässigen Angaben im Tagebuch eines Polizisten zufolge befand sich das Bataillon vom 24. Juli bis zum 1. August 1941 in dieser Stadt.[14]

Nachdem er sich über die unzureichende Berichterstattung der 1. SS-Brigade beklagt hatte, kam Himmler am 12. August mit Jeckeln zusammen. Der ehemalige Kommandeur des EK 5,

Erwin Schulz, sagte 1953 aus, er sei von seinem Vorgesetzten, dem Führer der Einsatzgruppe C, Otto Rasch, am 10. oder 12. August nach Schitomir beordert worden. Rasch habe seinen Offizieren mitgeteilt, man habe ihm vorgehalten, die Juden nicht hart genug anzufassen. Auf der Grundlage eines bindenden Befehls von Himmler hätte Jeckeln nun angeordnet, alle nicht arbeitenden Juden, einschließlich der Frauen und Kinder, zu erschießen.[15] Jeckeln selbst leitete anschließend in Kamenez-Podolski das bis zu diesem Zeitpunkt größte Einzelmassaker des Krieges und meldete für August die Ermordung von »insgesamt 44 125 Personen, meist Juden« durch seine Einheiten.[16] Wie die von Jäger festgehaltenen Opferzahlen für Litauen stiegen in den Wochen nach Himmlers Besuch auch diejenigen in Jeckelns Zuständigkeitsbereich drastisch an.

Vom 14. bis zum 16. August weilte Himmler wieder in Weißrussland. Am 15. »wohnte« er in der Nähe von Minsk der Exekution von »Partisanen und Juden« bei. Seiner Visite folgten zwar keine großen Massaker wie in Litauen durch Jäger oder in Kamenez-Podolski durch Jeckeln, doch bat von dem Bach-Zelewski umgehend um den Besuch eines Experten aus dem Warthegau für Gaswagentötungen von Geisteskranken, des künftigen Kommandanten von Chelmno (Kulmhof), Herbert Lange.[17] Auch wenn der Besuch nicht zustande kam, ging der Anstoß dazu von den Klagen der Einsatzgruppe B über die psychologische Belastung durch die Erschießung von Frauen und Kindern aus – das belegen zumindest die Aussagen von Deutschen, die an der Entwicklung und Serienfertigung der Gaswagen beteiligt waren.[18] Das Thema der Ermordung von Frauen und Kindern dürfte also bei Himmlers Besuch Mitte August zur Sprache gekommen sein.[19] Anlässlich eines Besuchs von Orpo-Chef Daluege Ende August in Minsk begann das Polizeibataillon 322 damit, jüdische Frauen in größerem Umfang als zuvor zu erschießen.[20]

Neben der starken Korrelation zwischen Himmlers dokumentiertem Handeln – der personellen Verstärkung im Osten sowie seiner Reisetätigkeit – und der Ausweitung der Ermordung sowjetischer Juden, unter Einbeziehung von Frauen und Kindern, existieren auch hinreichende Belege für die Ermah-

x) nördl. Moldawe
xx) * 1909 † 20.4.1945 (gefallen)
Major, Kom. Vernichtungslager Chelmno

nungen Berlins, über die Geschehnisse auf dem Laufenden gehalten zu werden. Heydrich erhielt von seinen Einsatzgruppenleitern selbstverständlich regelmäßig Informationen, die er zu den berüchtigten täglichen »Ereignismeldungen« zusammenfasste.[21] Als Grund für die Anfertigung dieser Meldungen gab Gestapochef Müller an, dass Hitler »von hier aus lfd. Berichte über die Arbeit der Einsatzgruppen im Osten vorgelegt« werden sollten.[22] Auch die SS-Kavalleriebrigade reichte detaillierte Berichte über die »Säuberungsaktion« in den Pripjetsümpfen ein,[23] und als die 1. SS-Brigade dies zunehmend versäumte, wurde sie von Himmler zurechtgewiesen.[24] Jeckeln wiederum machte im August regelmäßig per Funk Mitteilung über die Mordaktionen seiner Polizeibataillone in der Ukraine.[25] Offensichtlich klaffte keine Wissenslücke zwischen den Vorgängen »im Feld« und dem Informationsstand – geschweige denn den Wünschen – der obersten NS-Führung.

Obwohl in keinem einzigen Dokument das genaue Datum und die Art der Entscheidung für die »Endlösung« auf sowjetischem Territorium erwähnt wird, hatte der Zeitraum von Mitte Juli bis Mitte August 1941 eine für die sowjetischen Juden schicksalhafte Bedeutung. Nach einem mit den vorhandenen Quellen übereinstimmenden Szenarium gab Hitler in der Überzeugung, dass der Feldzug so gut wie vorüber war und der Sieg unmittelbar bevorstand, Mitte Juli das Zeichen, die Befriedung und rassische »Säuberung« von Deutschlands neuem »Garten Eden« zu beschleunigen. Seine Untergebenen verstanden, was dieses Signal zu bedeuten hatte, und insbesondere Himmler machte sich mit Eifer an die Arbeit. An all jene Einsatzgruppen und Polizeibataillone, die er nicht persönlich durch seinen Besuch auszeichnete, leiteten die HSSPF seine Weisungen und Aufrufe weiter – die größte Ausnahme in dieser Hinsicht scheint Ohlendorf gewesen zu sein, der von Heydrich Mitte August bei einem Besuch in Berlin instruiert wurde.[26] Folglich existierte kein einzelner umfassender Mordbefehl, der an einem bestimmten Tag erlassen und auf einheitliche Weise verteilt worden wäre. Die Kommandeure der Mordeinheiten erfuhren zu verschiedenen Zeitpunkten – und meistens nicht als Erste – sowie auf unterschiedliche Weise von ihrer neuen

Aufgabe. Dennoch führte die uneinheitliche Art der Verbreitung der neuen Politik Mitte August überall zu dem gleichen Ergebnis. Die Polizeibataillone, SS-Einheiten und Einsatzgruppen waren sich der an sie gestellten Erwartung, die »Endlösung« auf sowjetischem Territorium durchzuführen, durchaus bewusst, und zumindest in einigen Gebieten – insbesondere in Litauen – waren bereits entsprechende Mordoperationen im Gang.

Der grundlegende Wandel in der Art und Weise, wie die Mörder ihr eigenes Tun wahrnahmen, spiegelt sich in den Dokumenten auf verschiedener Ebene wider. So enthält die Ereignismeldung vom 23. Juli 1941 eine Aussage des Führers der Einsatzgruppe B, Artur Nebe, der zufolge seine Männer zwar täglich Hunderte von Juden töteten, eine Lösung der »Judenfrage« angesichts ihrer riesigen Zahl aber erst nach dem Krieg und dann auch nur durch Deportationen zu erreichen sei.[27] Einen völlig anderen Ton schlug Nebes Kollege von der Einsatzgruppe C, Otto Rasch, nicht einmal zwei Monate später an. Unmöglich erschien ihm nicht so sehr die Lösung der »Judenfrage« durch Erschießungen, sondern vielmehr der wirtschaftliche Wiederaufbau der Ukraine, wenn »auf die jüdische Arbeitskraft in vollem Umfange verzichtet« werde. Pragmatisch sprach er sich daher für den vorübergehenden Einsatz jüdischer Arbeitskräfte aus, der gleichfalls eine, wenn auch »allmähliche Liquidierung des Judentums zur Folge haben« würde – nur eben ohne Schaden für die Wirtschaft.[28] Diese beiden, zeitlich keine zwei Monate auseinander liegenden Berichte beruhten auf ganz unterschiedlichen Annahmen. Der erste setzte immer noch voraus, dass zukünftig irgendwann einmal Massendeportationen durchgeführt wurden. Der zweite Bericht ging hingegen von der Realisierbarkeit eines sofortigen, umfassenden Massenmords aus und rechtfertigte Ausnahmen nur dann, wenn sie eine »allmähliche Liquidierung« gewährleisteten.

Der gleiche Perspektivenwechsel spiegelt sich auch in den Briefen des bereits zitierten Bremer Reservepolizisten wider. Hatte er den Juden angesichts der ihnen zuteil werdenden Behandlung am 7. Juli noch geraten, wegen ihrer unglückseligen

Zukunftsaussichten am besten keine Kinder mehr in die Welt zu setzen, spielte diese Zukunft genau einen Monat später keine Rolle mehr. Stattdessen hieß es nun: »Hier werden alle Juden erschossen. Überall sind solche Aktionen jetzt im Gange. Gestern Nacht sind aus diesem Ort 150 Juden erschossen [worden], Männer, Frauen und Kinder, alles umgelegt. Die Juden werden gänzlich ausgerottet.«[29] Hier lag der Unterschied zwischen einem impliziten zukünftigen Genozid und der imminenten Realität der »Endlösung«.

Der zweite Siegestaumel und das Schicksal des europäischen Judentums

Nachdem die Einsatzgruppen und andere deutsche Verbände zwischen Mitte Juli und Mitte August zum umfassenden Massenmord übergegangen waren, hing auch das Schicksal der übrigen europäischen Juden in der Schwebe. Nach meiner Ansicht bildete die Siegeseuphorie Mitte Juli nicht nur den Hintergrund für die Entscheidungsfindung zugunsten des Massenmords am sowjetischen Judentum, sondern markierte auch den Punkt, an dem Hitler den Entscheidungsprozess in Gang setzte, der zur Ausweitung der »Endlösung« auf die Juden im restlichen Europa führte. Welche Bedeutung hatte für Hitler die Aussicht, bald Herr über ganz Europa zu sein?

Offenbar setzte er die europäische »Judenfrage« mit erneuerter Dringlichkeit auf die Tagesordnung. Bazillusmetaphern prägten seinen Diskurs. Am 22. Juli eröffnete er dem zu Besuch weilenden kroatischen Marschall Slavko Kvaternik seine Absichten in Bezug auf die europäischen Juden. Da ein Blatt des Protokolls fehlt, beginnt Hitlers Monolog, soweit er überliefert ist, mitten im Satz: »denn wenn auch nur ein Staat aus irgendwelchen Gründen eine jüdische Familie bei sich dulde, so würde diese der Bazillusherd für eine neue Zersetzung werden. Wohin man die Juden schicke, nach Sibirien oder Madagaskar, sei gleichgültig. Er werde an jeden Staat mit dieser Forderung herantreten.«[30] Wenn Hitler selbst einen durchreisenden kroatischen Marschall über seine Pläne informierte, von jedem Staat Europas die Deportation seiner jüdischen Bevölkerung zu verlangen, wie sprach er dann gegenüber Himmler oder Heydrich? Es liegt auf der Hand, dass er ihnen bedeutet hatte, sich der breiteren Frage nach dem Schicksal des europäischen Judentums zuzuwenden – und das vor dem Hintergrund seiner positiven Signale bezüglich der Durchführung von systematischen Massenmorden in der besetzten Sowjetunion.

Im selben Monat wurde Eichmanns Gestaporeferat für Judenangelegenheiten mit der Ernennung von Sturmbannführer Friedrich Suhr zum Referenten für die »Endlösung der Judenfrage, insbesondere Ausland«, personell verstärkt;[31] und am 31. Juli erhielt Heydrich Görings Unterschrift unter ein täuschend einfaches Dokument mit nur drei Sätzen, die wahrscheinlich aus seiner eigenen Feder stammten. Durch dieses Papier wurde er, über die Kompetenzen hinaus, die ihm bereits am 24. Januar 1939 übertragen worden waren, dazu ermächtigt, eine Lösung der »Judenfrage« durch Auswanderung oder Deportation auszuarbeiten. Im Einzelnen wurde er autorisiert, »alle erforderlichen Vorbereitungen« für eine »Gesamtlösung der Judenfrage« im deutschen Einflussgebiet in Europa zu treffen und die Beteiligung der »Zentralinstanzen« zu koordinieren, deren Zuständigkeiten berührt wurden. Schließlich beauftragte ihn Göring, einen »Gesamtentwurf« für die Durchführung der angestrebten »Endlösung der Judenfrage« vorzulegen.[32] Von Massenmord war in dem Schreiben selbstverständlich nicht die Rede. Es stellt sich daher die Frage, ob Heydrich zu diesem Zeitpunkt immer noch der Überzeugung war, dass man die »Endlösung« durch eine Massenabschiebung der europäischen Juden in ein unbewohnbares Gebiet in der besetzten Sowjetunion und ihre anschließende »natürliche« Dezimierung verwirklichen konnte oder ob der Begriff der »Endlösung« inzwischen eine neue und noch furchtbarere Bedeutung angenommen hatte.

Sowohl der unmittelbare Kontext als auch die nachfolgenden Ereignisse legen den Schluss nahe, dass es sich bei der Ermächtigung vom 31. Juli um einen »Freibrief« für Heydrich handelte, eine »Machbarkeitsstudie« über den Massenmord an den europäischen Juden anzufertigen. Folglich ging sie letzten Endes auf Hitlers aufhetzende Äußerungen von Mitte Juli zurück. Die neue Ermächtigung erweiterte die bereits früher von Göring erteilte Vollmacht in Bezug auf die jüdische Auswanderung. Nach Aufkommen der massiven Umsiedlungspläne und dem rückläufigen Interesse an der Auswanderung hatte Heydrich es nicht für notwendig gehalten, eine neue Beglaubigung zu erlangen, und sich stets auf die alte Ermächtigung vom Januar 1939 berufen, wenn er die Zuständigkeit über den Madagaskarplan und andere Umsiedlungsaktivitäten beanspruchte.[33] Darüber hinaus hatte er die vorangegangenen Monate mit dem Aufbau der Einsatzgruppen zugebracht, die genau zu diesem Zeitpunkt einen umfassenden Ausrottungsfeldzug gegen das sowjetische Judentum begannen. Der historische Kontext deutet also darauf hin, dass Heydrich die neue Ermächtigung nicht benötigte, um die unbestritten in seine Zuständigkeit fallenden Auswanderungs- und Vertreibungsaktivitäten fortzusetzen, sondern weil er vor einer neuen, überwältigenden Aufgabe stand, die selbst das in der Sowjetunion angelaufene systematische Mordprogramm in den Schatten stellte.[34]

Es dauerte fünf Monate, bis sich aus den frühen Vorstellungen über einen »Vernichtungskrieg« die ersten konkreten Maßnahmen zur Durchführung eines umfassenden Völkermords am sowjetischen Judentum entwickelt hatten. Die »Endlösung« aber sollte ein noch weit komplexeres Vorhaben werden. Hitlers Initiative und Görings Vollmachten waren nur erste Elemente in einem Prozess, der sich über Monate hinziehen sollte. Immerhin handelte es sich bei der Ausarbeitung eines Vernichtungsplans durch Himmler und Heydrich um einen präzedenzlosen Vorgang. Die Aufgabe, vor der sie standen, warf gewaltige Probleme auf, für die es keine offensichtlichen Lösungen gab. Eine gewissen Zweideutigkeit charakterisierte die deutsche Judenpolitik allem Anschein nach auch im Sommer und Herbst 1941. Ein praktikables Konzept für die Durchführung der »Endlösung« – massive Deportationen in Todesfabriken, die, mit Giftgasanlagen ausgerüstet, den fortlaufenden Massenmord gewährleisteten – tauchte im Oktober auf. Doch auch andere Optionen blieben im Gespräch, so dass die materiellen und politischen Vorbereitungen für den Beginn der »Endlösung« auf die beschriebene Art und Weise erst im Frühjahr 1942 getroffen worden waren.

Erst am Ende dieser Stufenfolge nahm die »Endlösung« den Anschein von Zwangsläufigkeit und Unvermeidbarkeit an, der den Tätern zum damaligen Zeitpunkt nicht bewusst gewesen sein konnte. Die Wegbereiter der »Endlösung«, die Erfinder eines bürokratisch organisierten Massenmordfließbandes tasteten sich auf einem Weg voller Eventualitäten und Unsicherheiten voran. Dies darf jedoch die Tatsache nicht verdecken, dass sie wussten, was von ihnen erwartet wurde und wonach sie suchten. Das Vernichtungslager war kein Zufall. Es entstand nicht in einem unerklärlichen Prozess spontaner Zeugung, sondern war das furchtbare Ergebnis der Problemlösungsfähigkeit der Täter, auch wenn sie dafür eine gewisse Vorlaufzeit benötigt hatten.

Der Versuch, diesen Weg zur »Endlösung« nachzuzeichnen, wird sowohl durch die Unsicherheit der Täter als auch durch die Beweislage erschwert. Hitler handelte auf sehr unbürokratische Weise, indem er seine »Wünsche« und Prioritäten mündlich andeutete.[35] Es existiert keine »Papierspur«, die ins Führerhauptquartier führte, und was die nächste Ebene angeht, so wurden Himmlers und Heydrichs Akten zur »Endlösung« vernichtet. Die Historiker können sich lediglich auf Kopien einiger Schlüsselpapiere stützen, die von ihnen versandt wurden – etwa Görings Ermächtigungsschreiben, die Ereignismeldungen oder das Protokoll der Wannsee-Konferenz –, nicht aber auf die normalerweise unerlässlichen internen Arbeitspapiere der koordinierenden Zentralinstanzen. Hitlers Worte sowie Himmlers und Heydrichs Aktivitäten in der Zentrale wirkten indessen wie Steine, die man ins Wasser wirft. Die von ihnen ausgelösten Wellen signalisierten nach und nach immer mehr Menschen, dass man etwas Neues von ihnen erwartete. Einige dokumentarische Belege sind erhalten geblieben, und einige Zeitzeugen dieser Übertragungen haben den Krieg überlebt. Ihre Informationen dienen den Historikern als Anhaltspunkte, die es ihnen erlauben, den Verlauf dieser Übertragungen zu verfolgen – oder wenigstens begründete Spekulationen darüber anzustellen. Gelingt es, den Zeitpunkt herauszufinden, an dem einzelne Täter erfahren haben, dass sie Teil eines präzedenzlosen Programms zur Ermordung der europäischen Juden waren, kann man rückwirkend und innerhalb der Hierarchie das Geschehen im Zentrum des NS-Regimes mit einiger Wahrscheinlichkeit extrapolieren.

Eine weitere Schwierigkeit bei der Beurteilung des vorhandenen Beweismaterials bildet die polykratische Natur des NS-Regimes. Die einzelnen Nationalsozialisten waren unterschiedlich gut informiert und sich folglich in unterschiedlichem Maße über die Vorgänge im Klaren. Auch variierten ihre Interpretationen und Vorstellungen über eine mögliche Lösung der »Judenfrage« sowie über die von Hitler an sie gestellten Erwartungen. Auf ihrem Weg zur »Endlösung« folgten sie daher unterschiedlichen Pfaden und Zeitplänen. Daher konnten sich die jeweiligen Standpunkte von Frank, Rosenberg oder Goebbels hinsichtlich der nationalsozialistischen Judenpolitik durchaus von denen Himmlers und Heydrichs unterscheiden. Diesen verwirrenden und unvollständigen Umständen soll im Folgenden Rechnung getragen werden, geht es doch darum, den Weg des NS-Regimes vom »Vernichtungskrieg« zur »Endlösung« nachzuzeichnen.

Die spektakulären militärischen Erfolge in der Sowjetunion und Hitlers anstachelnde Äußerungen von Mitte Juli schufen eine neue Atmosphäre und setzten in den Monaten August, September und Oktober eine Reihe von Reaktionen in Gang, die verschiedene Formen annahmen. Sowohl bekannte NS-Führer als auch unbekannte Vertreter der mittleren und unteren Ränge drängten auf sofortige Deportationen. In den Zielgebieten regte sich jedoch Widerstand dagegen. Andere ahnten die künftigen Ereignisse voraus und befürworteten entweder ganz offen den Massenmord an den Juden oder realisierten ihn sogar schon. Und schließlich machte sich in SS und Führerkanzlei eine noch recht kleine Gruppe daran, im Rahmen der technologischen und organisatorischen Lösung der Aufgabe, die Himmler und Heydrich im Juli von Hitler aufgetragen worden war, das System der Vernichtungslager zu entwickeln.

Die verschiedenen Reaktionen sollten in den folgenden drei Monaten teils getrennt, teils miteinander vermischt auftreten. Erst Ende Oktober vereinigten sich die unterschiedlichen Stränge der nationalsozialistischen Judenpolitik wieder und machten deutlich, wohin NS-Deutschland steuerte. Bis dahin hatte die NS-Führung geglaubt, die selbst geschaffene »Judenfrage« durch Vertreibung lösen und auf diese Weise ein »judenfreies« Deutsches Reich schaffen zu können, nicht ohne dabei eine erhebliche Zahl von Todesfällen in Kauf zu nehmen, ob nun durch direkten Mord oder durch Erschöpfung. Danach wurde die Vision klarer: Kein Jude sollte dem deutschen Zugriff entkommen und am Leben gelassen werden. Sollte die »Judenfrage« vor August 1941 »auf die eine oder andere Art« gelöst werden, so war die Vorgehensweise ab Ende Oktober eindeutig – die Juden mussten in ihrer Gesamtheit sterben.

Die Siegeseuphorie ergriff nicht nur Hitler. Nachdem die in die verschiedenen Auswanderungs- und Vertreibungspläne gesetzten Hoffnungen der Nationalsozialisten im Lauf der Jahre zerstoben waren, hatten sie die Lösung der »Judenfrage« in Europa Ende 1940 auf die Zeit nach dem Krieg verschoben. Angesichts des allem Anschein nach nahen Sieges über die Sowjetunion war nun für viele sowohl der Zeitpunkt gekommen als auch der Raum gefunden, die Visionen der nationalsozialistischen Judenpolitik zu verwirklichen. Im Spätsommer und Herbst 1941 herrschten im Machtapparat des Dritten Reichs – logische Konsequenz der Vertreibungspolitik von 1939/40 – ein Konsens sowie ein regelrechtes Wettrennen um die Wiederaufnahme der Deportationen, so dass Hitler, trotz seiner unvermindert aufmunternden Äußerungen, den Eifer seiner Gefolgsleute eher zügeln als anfachen musste.

Heydrich und Goebbels setzten sich an die Spitze der Entwicklung. Im August 1941 drängten sie Hitler, die antijüdischen Maßnahmen zu verschärfen und insbesondere die Deportationen aus dem Reich zu intensivieren. Am 15. August veranstaltete Goebbels' Staatssekretär Leopold Gutterer eine Sitzung, zu der er überwiegend Parteifunktionäre, aber auch den Rassereferenten im Innenministerium, Bernhard Lösener, geladen hatte. Thema der Besprechung war die Frage, ob Juden verpflichtet werden sollten, eine spezielle Kennzeichnung zu tragen. Gutterer rechtfertigte diesen neuerlichen Versuch, Einfluss auf die Judenpolitik zu nehmen, mit dem Argument, die Kennzeichnung von Juden sei für die Kriegsmoral der Deutschen unerlässlich. Außerdem gab er den Juden die Schuld an fast allen Schwierigkeiten, vom Wohnungsproblem bis zum Mangel an Erdbeeren. Von den 70 000 Berliner Juden, fügte er hinzu, würden nur 19 000 arbeiten. Die anderen sollte man am besten »›nach Russland abkarren‹ [...]; *am besten wäre es, diese überhaupt totzuschlagen*« (Hervorhebung C.B.). Die Kennzeichnung der Juden war dabei »Grundvoraussetzung« für die Durchführung der verschärften Restriktionen und Repressionen, die Gutterer auf weniger rhetorische Weise vorschlug. Anschließend teilte Eichmann den Versammelten mit, dass Göring bereits ein Kennzeichnungsvorschlag unterbreitet worden sei. Der Reichsmarschall habe dazu bemerkt, die Angelegenheit verlange eine Entscheidung des Führers. Das RSHA habe daher einen Antrag entworfen, den Bormann Hitler vortragen werde. Die »Evakuierung der Juden« habe Heydrich bereits dem Führer gegenüber zur Sprache gebracht, der sie jedoch »während des Krieges abgelehnt« habe. Heydrich lasse deshalb einen Vorschlag für die »Teilevakuierung der größeren Städte« ausarbeiten.[36]

Goebbels wartete nicht ab, bis Bormann Heydrichs Kennzeichnungsvorschlag weiterleitete. Am 19. August hatte er eine Unterredung mit Hitler. In einer unsignierten Aktennotiz des Propagandaministeriums vom 17. August, die wahrscheinlich zur Vorbereitung auf dieses Treffen entstanden war, wurde auf die Entrüstung deutscher Soldaten hingewiesen, wenn diese, von der Ostfront nach Deutschland zurückkommend, dort immer noch Juden frei herumgehen, knappe Waren kaufen und knappen Wohnraum belegen sahen. Klar sei, »dass der Soldat, wenn er aus dem Kriege zurückkommt, keine Juden mehr vorfinden darf. Ebenso klar ist auch, dass für die Zwischenzeit scharfe Sofortmaßnahmen getroffen werden müssen, soll die Stimmung durch solche Missstände nicht vergiftet werden. Bemühungen nach [sic] dieser Richtung scheitern aber an bürokratischen Hemmnissen, wie formaljuristischem Denken,

Zuständigkeitskämpfen und Bummelei. Letztere wird noch durch den Gedanken befördert, dass die Juden doch bald verschwinden und es sich daher nicht lohnt, die Verordnungsmaschine in schnellere Tätigkeit zu setzen.« Alle betroffenen Ministerien und Dienststellen stimmten überdies darin überein, dass die Kennzeichnung die Voraussetzung für alle wünschenswerten Verschärfungsmaßnahmen darstelle.[37]

In der Unterredung mit Hitler am 19. August wurde ausführlich über die »Judenfrage« gesprochen. »Der Führer«, hielt Goebbels hinterher fest, »ist der Überzeugung, dass seine damalige Prophezeiung im Reichstag, dass, wenn es dem Judentum gelänge, noch einmal einen Weltkrieg zu provozieren, er mit der Vernichtung der Juden enden würde, sich bestätigt. Sie bewahrheitet sich in diesen Wochen und Monaten mit einer fast unheimlich anmutenden Sicherheit. Im Osten müssen die Juden die Zeche bezahlen; in Deutschland haben sie sie zum Teil schon bezahlt und werden sie in Zukunft noch mehr bezahlen müssen.« Offenbar hatte Goebbels, wie vor ihm bereits Heydrich, die Gelegenheit wahrgenommen und auf sofortige Deportationen gedrängt, damit aber keinen Erfolg gehabt, notierte er doch, dass es »im Augenblick [...] noch nicht möglich ist, aus Berlin eine judenfreie Stadt zu machen«. Indessen tröstete er sich mit Hitlers Zusage, dass er »die Juden aus Berlin unmittelbar nach der Beendigung des Ostfeldzugs in den Osten abschieben« könne. Zu dem Schicksal, das ihnen dort blühte, hatte Hitler Unheil verheißend erklärt: »Dort werden sie dann unter einem härteren Klima in die Mache genommen.« Noch drohender klang Goebbels' Ankündigung: »Und was die Judenfrage anlangt, so kann man heute jedenfalls feststellen, dass z. B. ein Mann wie Antonescu in dieser Angelegenheit noch viel radikaler vorgeht, als wir bisher getan haben. Aber ich werde nicht ruhen und nicht rasten, bis auch wir dem Judentum gegenüber die letzten Konsequenzen gezogen haben.«[38]

Über seinen begrenzten Erfolg in der Frage der Kennzeichnung war Goebbels indes nicht enttäuscht. Am 20. und 21. August verbreitete sich telefonisch die Neuigkeit, dass er Hitlers Zustimmung für eine Kennzeichnungsverordnung erhalten habe.[39] Damit war Goebbels Heydrich und dem RSHA zuvorgekommen, die ihrerseits das Reichsinnenministerium übergangen hatten. Dieses bemühte sich jetzt verspätet, seine offizielle, stets gefährdete Zuständigkeit auf diesem Gebiet zu unterstreichen. Am 29. August leitete Staatssekretär Stuckart die Sitzung, auf der die Kennzeichnungsverordnung entworfen werden sollte.[40] Am Ende konnte sich das RSHA jedoch durchsetzen; sein Entwurf bildete die Diskussionsgrundlage und ging zum großen Teil in die endgültige Verordnung ein. Darüber hinaus wurde der auf den 1. September datierte und am 5. September veröffentlichte Erlass in Form einer Polizeiverordnung verabschiedet, weil diese verfahrenstechnisch schneller umgesetzt werden konnte als ein Gesetz. Zudem konnte auf diese Weise die schwierige Frage der Ausnahmeregelungen für ausländische Juden, und zwar nur solche aus bestimmten Ländern, durch interne Weisungen Himmlers geregelt werden, ohne sie im veröffentlichten Text der Verordnung selbst behandeln zu müssen.[41]

Das plötzliche Deportationsfieber ist in mehrfacher Hinsicht aufschlussreich. Erstens erhellt es das herrschende Klima, in dem ein Vertreter des Propagandaministeriums wie Gutterer vor einem überwiegend aus Parteifunktionären bestehenden Publikum in Berlin offen erklären konnte, dass die Ermordung der deutschen Juden die optimale, wenn auch undurchführbare Lösung der »Judenfrage« sei, und Goebbels in seinem Tagebuch prophezeite, dass die deutschen Juden in Zukunft eine noch höhere Zeche zu bezahlen hätten als die Ostjuden bereits zum damaligen Zeitpunkt. Mord lag in der Luft. Zweitens war Hitler direkt in den Entscheidungsprozess verwickelt und kontrollierte dessen Tempo. Obwohl die Vorschläge von anderen kamen, konnte nur er die Entscheidungen über die Kennzeichnung und die Deportationen fällen.[42] Drittens übte sich Hitler trotz aller aufhetzenden Äußerungen und wüsten Drohungen über das Schicksal der deutschen Juden in Zurückhaltung, und das, obgleich NS-Funktionäre wie Heydrich und Goebbels – denen sich bald auch andere anschlossen – nachdrücklich Deportationen forderten. Allerdings sollte man nicht vergessen, dass sich ihre Verschiebung bis nach Kriegsende aus zeitgenössischer Perspektive im August 1941 als eine denkbar kurze Verzögerung ausnahm. Viertens deutet Hitlers Entscheidung für eine Verschiebung der Deportationen bei gleichzeitiger Forcierung der »Befriedung« der besetzten sowjetischen Gebiete darauf hin, dass die Ermordung der sowjetischen Juden bis zu diesem Zeitpunkt wesentlich enger mit dem »Vernichtungskrieg« gegen die Sowjetunion zusammenhing als mit der »Endlösung der Judenfrage«. Bei beiden handelte es sich um zwei Phasen, die auf eigene Entscheidungen zurückgingen und unterschiedlichen Zeitplänen folgten. Erst später sollten sie zu einer einzigen Unternehmung verschmelzen. Fünftens schließlich ist zu erwähnen, dass Hitlers Prophezeiung und die Vernichtung der Juden, die auf sowjetischem Territorium bereits in vollem Gang war und nach einem Sieg die deutschen Juden erfassen sollte, nicht an einen durch die Teilnahme der Vereinigten Staaten definierten »Weltkrieg« gebunden waren. In Hitlers Augen besaß seine Prophezeiung auch ohne einen Kriegseintritt der Amerikaner Gültigkeit.[43] Außerdem sei darauf hingewiesen, dass Himmler am 20. August, einen Tag nach Goebbels' Besuch im Führerhauptquartier, zum Abendessen bei Hitler weilte und bereits zuvor mit Göring zu Mittag gegessen sowie einen langen Spaziergang mit ihm unternommen hatte.[44] Es ist anzunehmen, dass Hitler die Stimmung und die Erwartungen, die er Propagandaminister Goebbels vermittelt hatte, auch gegenüber der übrigen NS-Führung ausdrückte.

Vorschläge zur Deportation und Ermordung der Juden kamen nicht nur von den Spitzenvertretern des NS-Regimes in Berlin. In Posen machte sich eine Gruppe von SS-Offizieren Gedanken über die »Lösung der Judenfrage im Wartheland«. Am 16. Juli schrieb Sturmbannführer Rolf-Heinz Höppner einen Brief an den »lieben Kameraden Eichmann«, in dem er ihre Diskussionen zusammenfasste. Neben der Möglichkeit, alle im Warthegau lebenden Juden in einem einzigen riesigen Arbeitslager zu konzentrieren, das weniger Wachen benötigte und eine geringere Seuchengefahr darstellte als die Ghettos, hatte man in der Reichsstatthalterei zwei weitere Vorschläge besprochen:

> »Es besteht in diesem Winter die Gefahr, dass die Juden nicht mehr sämtlich ernährt werden können. Es ist ernsthaft zu erwägen, ob es nicht die humanste Lösung ist, die Juden, soweit sie nicht arbeitseinsatzfähig sind, durch irgendein schnell wirkendes Mittel zu erledigen. Auf jeden Fall wäre dies angenehmer, als sie verhungern zu lassen.
> Im Übrigen wurde der Vorschlag gemacht, in diesem Lager sämtliche Jüdinnen, von denen noch Kinder zu erwarten sind, zu sterilisieren, damit mit dieser Generation tatsächlich das Judenproblem restlos gelöst wird.«

Nachdem er Eichmann um seine Meinung gebeten hatte, schloss Höppner: »Die Dinge klingen teilweise phantastisch, wären aber meiner Ansicht nach durchaus durchführbar.«[45]

Eichmanns Antwort ist nicht überliefert, aber die beiden blieben in engem Kontakt. Am 3. September 1941 legte Höppner seinen beiden Vorgesetzten Ehlich und Eichmann einen Vorschlag über die Umstrukturierung und Vergrößerung der Umwandererzentrale vor. Diese sollte die Bewältigung der umfangreichen Deportationen nach Kriegsende gewährleisten, die nicht nur für die »Endlösung der Judenfrage«, sondern auch für die Ausschaltung anderer rassisch unerwünschter Gruppen erforderlich sein würden. Sein Vorschlag erfolge »aufgrund der letzten Rücksprache« mit Eichmann in Berlin, die genau in der Zeit stattgefunden haben musste, als Eichmann den Wortlaut einer seiner Standardformulierungen änderte. Hatte er in seiner Korrespondenz mit dem Auswärtigen Amt bis zu diesem Zeitpunkt stets von der »kommenden Endlösung« gesprochen, hieß es nun, am 28. August 1941, mit unheilvoller Ergänzung: »die kommende *und in Vorbereitung befindliche* Endlösung« (Hervorhebung C.B.).[46]

Höppner wollte die UWZ im Wesentlichen in eine Unterabteilung des Amts IV (Gestapo) des RSHA umwandeln, die sowohl für die Herkunfts- als auch für die »Aufnahmegebiete« der Deportierten zuständig sein sollte. Da er »die Absichten des Führers und des Reichsführers SS sowie des Chefs der Sicherheitspolizei und des SD über die Ausgestaltung dieser Gebiete nicht kenne«, müssten die konkreten Vorschläge in Bezug auf die »Aufnahmegebiete« vorerst jedoch »Stückwerk« bleiben: »Ich könnte mir vorstellen, dass man zur Aufnahme der im großdeutschen Siedlungsraum unerwünschten Volksteile große Räume im jetzigen Sowjet-Russland bereitstellt. [...] Auf weitere Einzelheiten der Organisation dieser Aufnahmegebiete einzugehen, wäre Phantasterei, da zunächst die grundlegenden Entscheidungen ergehen müssten. Wesentlich ist dabei im Übrigen, dass von Anfang an völlige Klarheit darüber herrscht, was nun mit diesen ausgesiedelten, für die großdeutschen Siedlungsräume unerwünschten Volksteilen endgültig geschehen soll, ob das Ziel darin besteht, ihnen ein gewisses Leben für dauernd zu sichern, oder ob sie völlig ausgemerzt werden sollen.«[47]

Ende August, Anfang September, so scheint es, plante man sowohl in Posen als auch in Berlin eine neue Phase der Judenpolitik, wobei auch offen über die »völlige Ausmerzung« der Juden diskutiert wurde. Darüber hinaus wuchs die Unzufriedenheit über den Mangel an »völliger Klarheit« und »grundlegenden Entscheidungen«.

Auch am anderen Ende Europas wuchs die Ungeduld. In der deutschen Botschaft in Paris wies SS-Sturmbannführer Zeitschel Botschafter Abetz am 22. August 1941 darauf hin, dass die »fortschreitende Eroberung und Besetzung der weiten Ostgebiete [...] das Judenproblem in ganz Europa in kürzester Zeit zu einer endgültigen, befriedigenden Lösung bringen« könnte. Im Unterschied zum Madagaskarplan, der auf die Nachkriegszeit vertagt worden war und zudem erhebliche Transportprobleme aufwarf, könne man im Osten bereits während des Krieges mit der Konzentration der Juden beginnen. »Es dürfte bei dieser Gelegenheit«, erläuterte Zeitschel, »kein allzu großes Problem sein, wenn in allen übrigen europäischen Staaten die Juden noch hinzukommen und auch die z. Zt. in Warschau, Litzmannstadt, Lublin usw. in Ghettos zusammengepferchten Juden auch dorthin abgeschoben werden.« Abetz forderte er dazu auf, in dieser Angelegenheit bei Ribbentrop vorstellig zu werden und diesen zu bitten, sich mit Rosenberg, Himmler und Göring zu verständigen.[48]

Mitte August wollten die Besatzungsbehörden in Serbien,

die mit zunehmenden Partisanenaktivitäten zu kämpfen hatten, wissen, ob die serbischen Juden nicht donauabwärts nach Rumänien oder ins Generalgouvernement deportiert werden könnten.[49] Da ihr Ersuchen zunächst ignoriert wurde, wiederholten sie es am 8., 10. und 12. September mit Nachdruck, diesmal auch mit Unterstützung von Ribbentrops Sonderemissär Edmund Veesenmayer.[50] Zwar lehnte das Auswärtige Amt eine Deportation nach Rumänien ab, aber Unterstaatssekretär Luther bat seinen Judenreferenten Rademacher, mit dem RSHA über die Möglichkeit einer Abschiebung nach Russland oder ins Generalgouvernement zu sprechen. Rademacher telefonierte mit Eichmann und notierte dessen denkwürdige Antwort, nach der die »Aufnahme in Russland und Generalgouvernement unmöglich« sei, »... nicht einmal die Juden aus Deutschland können dort untergebracht werden. Eichmann schlägt Erschießen vor.«[51] Der Abtransport der serbischen Juden sollte dem der deutschen nicht vorgezogen werden, und im Augenblick wurden alle Anfragen nach einer Deportation der deutschen Juden von Hitler zurückgewiesen. Dass Eichmann so unbekümmert wie beiläufig die Exekution der rumänischen Juden empfahl, zeugt von der gleichen Stimmung und Erwartungshaltung, die sich auch in den Denkschriften von Höppner und den Äußerungen von Gutterer niederschlugen.

Am 14. September 1941, also einen Tag nachdem Eichmann Rademacher erklärt hatte, dass nicht einmal die deutschen Juden im Osten untergebracht werden könnten, traf Otto Bräutigam aus dem Ostministerium mit einem Vorschlag seines Chefs, Alfred Rosenberg, im Führerhauptquartier ein. Danach sollten als Vergeltung für die von Stalin verordnete Deportation der Wolgadeutschen nach Sibirien alle Juden aus Mitteleuropa nach Osten abgeschoben werden. Nachdem er im Führerhauptquartier bei einigen Verantwortlichen auf Desinteresse gestoßen war, traf er mit Oberst Rudolf Schmundt, Hitlers oberstem Wehrmachtsadjutanten, zusammen, der zu seiner Überraschung ohne viel Umschweife nach seiner Denkschrift fragte, da es sich um eine »sehr wichtige und dringliche Angelegenheit« handle, »für die sich der Führer sehr interessiere«. Als sich Bräutigam am nächsten Tag nach dem Verbleib der

Denkschrift erkundigte, teilte man ihm mit, dass Hitler erst mit Ribbentrop über Rosenbergs Vorschlag reden wolle.[52]

Bevor Ribbentrop jedoch Hitler aufsuchte, ließ er ihm weitere Deportationsvorschläge zukommen. Wie bereits erwähnt, hatte in Paris Carltheo Zeitschel Botschafter Abetz aufgefordert, auf eine Nutzung der neu eroberten Ostgebiete für die Lösung der »Judenfrage« zu drängen. Gleichzeitig führte der Militärbefehlshaber in Frankreich, Otto von Stülpnagel, der nach dem deutschen Überfall auf die Sowjetunion mit wachsendem Widerstand gegen die deutsche Besatzung konfrontiert war, in Zusammenarbeit mit der französischen Polizei zwischen dem 20. und 23. August eine Welle von Verhaftungen durch, in deren Verlauf 4323 jüdische Männer in einem Lager in Drancy bei Paris interniert wurden. Die Militärverwaltung wollte weiteren Widerstand abschrecken, ohne die französische Bürokratie vor den Kopf zu stoßen und in der breiten Bevölkerung Ressentiments zu wecken. Ihr Hauptaugenmerk lag jedoch weiterhin auf der maximalen Ausbeutung Frankreichs bei minimalem Einsatz von deutschem Personal, ein Balanceakt, den sie durch die Konzentration der deutschen Repressalien auf Juden durchzuhalten hoffte.[53] Für Zeitschel war dies Grund genug, noch einmal bei Abetz nachzuhaken, der sich auf seine Begegnungen mit Ribbentrop, Himmler und Hitler am 16. September im Führerhauptquartier vorbereitete. Die Internierungslager seien voller Juden, notierte er für den Botschafter vor dessen Abreise. Abetz solle Himmler um ihren Abtransport in den Osten bitten, damit in den wenigen verfügbaren Lagern Platz für weitere Juden geschaffen werde.[54]

Druck kam auch von verschiedenen Gauleitern. Nach der Bombardierung Hamburgs in der Nacht des 15. September ersuchte der dortige Gauleiter, Karl Kaufmann, Hitler um die Erlaubnis, die Juden aus der teilweise zerstörten Stadt evakuieren zu dürfen, damit ihre Wohnungen an die obdachlos Gewordenen verteilt werden konnten.[55] Der Gauleiter von Köln schickte eine Delegation, der neben anderen der Chef der Stapoleitstelle, Emmanuel Schäfer, und der NSDAP-Kreisleiter Schaller angehörten, nach Berlin, um die Deportation der in der Domstadt lebenden Juden zu verlangen.[56] Währenddessen blieben auch Himmler und Heydrich nicht untätig. Nachdem sie am 1. September 1941 miteinander konferiert hatten, sprach Himmler am Tag darauf mit dem HSSPF im Generalgouvernement, Krüger, über die »Judenfrage. – Aussiedlung aus dem Reich«. Zwei Tage später traf er mit dem HSSPF im Warthegau, Koppe, zusammen und diskutierte mit ihm vermutlich über die Deportation von 60 000 »Reichsjuden« nach Lodz.[57] Bei beiden Begegnungen sondierte Himmler die Bereitstellung von Aufnahmegebieten für die Juden aus dem Reich, um Hitler gegenüber ein Argument für die Durchführbarkeit von Deportationen aus dem Reich in der Hand zu haben. Dabei war er bei Koppe offenbar erfolgreicher gewesen als bei Krüger; jedenfalls teilte Eichmann dem Auswärtigen Amt, wie bereits erwähnt, am 14. September mit, dass weder das Generalgouvernement noch Russland Juden aus dem Reich aufnehmen könnten. War es Krüger, vermutlich wegen der zu erwartenden Reaktion Franks, gelungen, Himmlers Absichten bezüglich des Generalgouvernements zu zerstreuen, gaben Koppe und der Warthegau Anlass zur Hoffnung, wie die Ereignisse von Mitte September beweisen sollten.

Am Nachmittag des 16. September fand die Begegnung zwischen Abetz, Himmler und Hitler statt, bei der Letzterer ausführlich seine Vision für Russland darlegte, nach der das seit kurzem belagerte Leningrad dem Erdboden gleich gemacht und das Gebiet bis zum Ural in Deutschlands »Indien« verwandelt werden sollte. Himmler beriet sich außerdem mit Ulrich Greifelt und Konrad Meyer vom Amt des RKFDV unter anderem über die Entschädigung der Baltendeutschen, die »Judenfrage« sowie die »Siedlung Ost«. Am nächsten Tag kam Ribbentrop nachmittags mit Hitler und abends mit Himmler zusammen.[58]

Infolge dieser Besprechungen scheint Hitler zu der grundsätzlichen Entscheidung gelangt zu sein, die wenige Wochen zuvor noch verschobene Deportation der »Reichsjuden« in Gang zu setzen. Offensichtlich wurde weder Ribbentrop noch Rosenberg darüber informiert, obwohl beide Einfluss auf den Entscheidungsprozess genommen hatten. Gauleiter Kaufmann berichtete später: »Der Führer hat unverzüglich meiner Anregung entsprochen und die entsprechenden Befehle zum Abtransport der Juden erteilt.«[59] Wann genau Kaufmann von dem Entschluss zur Deportation der Hamburger Juden erfuhr, ist nicht überliefert. Bekannt ist jedoch, dass Himmler über Hitlers Meinungsumschwung Bescheid erhielt und umgehend daranging, die neue Politik umzusetzen. Am 18. September 1941 schrieb er an Arthur Greiser im Warthegau: »Der Führer wünscht, dass möglichst bald das Altreich und das Protektorat vom Westen nach Osten von Juden geleert und befreit werden.« Deshalb beabsichtige er, Himmler, »als erste Stufe«, die Juden aus dem Altreich und dem Protektorat in die eingegliederten Gebiete zu deportieren, »um sie im nächsten Frühjahr noch weiter nach dem Osten abzuschieben«. Etwa 60 000 Juden müssten im Lodzer Ghetto untergebracht werden. Er wisse, dass dies für Greiser Schwierigkeiten und Belastungen mit sich bringe, bitte aber um seine volle Unterstützung bei der Durchführung der »Judenabwanderung«. Gruppenführer Heydrich werde mit HSSPF Koppe darüber sprechen.[60] Himmler versuchte offenbar, die Bombardierung Hamburgs als Mittel zu benutzen, um Franks Widerstand gegen die Aufnahme von Juden aus dem Reich zu brechen. Doch damit hatte er keinen Erfolg: Anfang Oktober legte Frank sein Veto speziell gegen zwei geplante Transporte von Hamburger Juden nach Hrubieszow im Distrikt Lublin ein.[61]

Was hatte zu dieser entscheidenden Wende geführt? Sofern man nicht annimmt, dass Rosenberg, Ribbentrop und Kaufmann größeren Einfluss auf Hitler hatten als Heydrich und Goebbels, deren ähnliche Vorschläge einen Monat zuvor abgelehnt worden waren, konnten die Vorschläge und Demarchen des Ost- und des Außenministeriums sowie aus Paris und Hamburg allenfalls der Anlass für Hitlers Entscheidung gewesen sein.[62] Großen Einfluss auf den Zeitpunkt dieser Entscheidung hatte eine zweite Welle euphorischer Siegesstimmung Ende September und Anfang Oktober 1941, wie ein Blick auf den Zusammenhang zwischen Hitlers Meinungsumschwung und dem wechselnden Kriegsglück der Deutschen an der Ostfront verdeutlicht: Nach den überwältigenden Erfolgen von Mitte Juli war der Krieg für die Deutschen enttäuschend verlaufen. Nachdem der Vormarsch im mittleren Frontabschnitt zum Stillstand gekommen war, wollte die Wehrmacht das Erreichte sichern, ihre Einheiten auffüllen und einen letzten Vorstoß auf das nicht mehr allzu ferne Moskau vorbereiten. Hitler hingegen drängte seine Generale, für Offensiven gegen Leningrad und Kiew gepanzerte Kräfte nach Norden und Süden zu verlegen. Für ihn besaßen ökonomische Ziele Vorrang vor der russischen Hauptstadt, die er als bloßen »geographischen Begriff« abtat. Die Generale blieben unnachgiebig und wehrten sich nach Kräften, bis Hitler ihnen seinen Willen aufzwang und am 18. August verkündete, dass es keine Wiederaufnahme der Offensive gegen Moskau geben werde, bevor nicht alle seine Ziele im Norden und Süden erreicht seien.[63] In dieser Phase des Patts in der Strategiediskussion mit der Generalität fiel auch Hitlers Widerstand gegen Goebbels' und Heydrichs Pläne, sofort mit den Deportationen aus dem Reich zu beginnen. Über seine Begegnung mit Hitler am 19. August berichtete Goebbels dann, dass Hitler nach mehreren sehr schwierigen Wochen wieder Hoffnung geäußert habe. Er werde nicht nur Leningrad und Kiew umgehen und aushungern, sondern auch mit aufgefrischten Panzerkräften Moskau noch vor Wintereinbruch erreichen, womit dann »ja praktisch auch wenigstens die militärische Stoßkraft des Bolschewismus erledigt« sei.[64]

Zuerst wurde die Offensive im Norden fortgesetzt. Anfang September war Leningrad vom Hinterland abgeschnitten. Kurz darauf begann der den Generalen von Hitler aufgezwungene ukrainische Feldzug. Am 12. September, demselben Tag, an dem deutsche Truppen den Verteidigungsring um Leningrad sprengten, durchbrachen Ewald von Kleists Panzerverbände hinter Kiew die sowjetischen Linien. Dieser Tag kann, um Alan Clark zu zitieren, »als der Tiefpunkt des militärischen Geschicks der Roten Armee im gesamten Kriegsverlauf angesehen« werden.[65] Am 16. September vereinigten sich bei Lochowiza von Kleists und Heinz Guderians Verbände und schlossen damit den riesigen Kessel von Kiew. Als die Stadt am 26. September fiel, gerieten 665 000 sowjetische Soldaten in Gefangenschaft.[66]

Die erfolgreichen Offensiven gegen Leningrad und in der Ukraine bildeten also den militärischen Hintergrund, vor dem Himmler Mitte September von Hitler das Signal erhielt, die

x *1881 † 1954 im sow. Lager Wladimirowka, Generalfeldm.

xx *1888 † 1954

Deportationen aus dem Altreich zu beginnen. Während die Lage der russischen Verteidiger von Kiew immer verzweifelter wurde, empfing Hitler am 23. und 24. September Himmler, Heydrich, Goebbels sowie eine Reihe anderer führender Vertreter des Regimes; im Führerhauptquartier war »großer Prominentenaufmarsch«, wie Goebbels es nannte. Als der Propagandaminister im Gespräch mit Heydrich den Wunsch äußerte, die Berliner Juden sobald wie möglich zu deportieren, erwiderte der RSHA-Chef, das werde »der Fall sein können, sobald wir im Osten zu einer Bereinigung der militärischen Fragen gekommen sind«. Die Juden wollte Heydrich in die von den »Bolschewisten« angelegten Lager stecken. »Diese Lager«, fügte er hinzu, »sind von den Juden errichtet worden; was läge also näher, als dass sie nun auch von den Juden bevölkert werden.« Hitler erklärte Goebbels, dass die Juden »nach und nach aus ganz Deutschland herausgebracht werden müssen«. Die ersten Städte, die »judenfrei« gemacht werden sollten, seien Berlin, Wien und Prag. »Berlin«, notierte Goebbels zuversichtlich, »kommt als erste [Stadt] an die Reihe, und ich habe die Hoffnung, dass es uns im Laufe dieses Jahres noch gelingt, einen wesentlichen Teil der Berliner Juden nach dem Osten abzutransportieren.«

Goebbels' Hoffnung beruhte auf Hitlers ungewöhnlich optimistischer Einschätzung der militärischen Lage. Nach Ansicht des »Führers« würde die Einkesselung von Kiew in wenigen Tagen erfolgreich beendet sein und die Wehrmacht im Anschluss daran auch an anderen Fronten rasche Fortschritte machen. »Der Bann ist gebrochen«, hielt Goebbels in seinem Tagebuch fest. »Wir haben in den nächsten drei bis vier Wochen wiederum große neue Siege zu erwarten.« Laut Hitler würden die ernsthaften Kämpfe noch bis zum 15. Oktober andauern; danach werde der Bolschewismus zerschlagen sein. Mit Genugtuung erwähnte er die Zerstörung und den Hunger, die Leningrad erwarteten, und prophezeite Moskau das gleiche Schicksal. Die Vorbereitungen für die Einkesselung der russischen Hauptstadt bis zu dem gleichen schicksalhaften Datum seien weit gediehen.[67] Hitlers Hoffnung auf einen baldigen Sieg war zwischen Mitte August und Mitte September enorm gewachsen. Sollte es da bloßer Zufall sein, dass sein Meinungsumschwung bezüglich der Deportationen in diese Zeit fiel?

Die »Bereinigung der militärischen Fragen« im Osten, von deren Notwendigkeit Heydrich gegenüber Goebbels gesprochen hatte, ließ nicht lange auf sich warten. Nachdem Hitler gegenüber der Generalität seinen Willen durchgesetzt hatte, gestattete er der Heeresgruppe Mitte am 6. September, einen entscheidenden Vorstoß zur Vernichtung der ihr gegenüberstehenden sowjetischen Truppen vorzubereiten.[68] Am 30. September, nur vier Tage nach dem Fall von Kiew, begann Guderians 2. Panzerarmee die Offensive, und am 2. Oktober folgten ihr die restlichen Truppenverbände des mittleren Frontabschnitts ins Unternehmen »Taifun«. Die ersten Meldungen ließen einen überwältigenden Sieg erwarten. Goebbels, der Hitler überredet hatte, am 4. Oktober nach Berlin zurückzukehren, um im Sportpalast eine Rede zu halten, schrieb über seinen Eindruck vom »Führer«: »Er ist von bestem Aussehen, befindet sich in einer übersprudelnd optimistischen Laune. Er strahlt förmlich Optimismus aus. […] Die Offensive ist bisher zu überraschenden Erfolgen gekommen. […] Der Führer ist der Überzeugung, dass, wenn das Wetter halbwegs günstig bleibt, die sowjetische Wehrmacht in vierzehn Tagen im Wesentlichen zertrümmert sein wird.«[69]

Am 6. Oktober, einen Tag bevor der Doppelkessel von Wjasma und Brjansk geschlossen wurde, kam Hitler erneut auf das Thema der Deportationen zu sprechen: »Alle Juden müssen aus dem Protektorat entfernt werden, und zwar nicht erst ins Generalgouvernement, sondern gleich weiter nach Osten.« Doch hatte er einen neuen Vorbehalt: »Es ist dies augenblicklich nur wegen des großen Bedarfs des Militärs an Transportmitteln nicht durchführbar. Mit den Protektoratsjuden sollen gleichzeitig alle Juden aus Berlin und Wien verschwinden.«[70] Gleichwohl blieben die Erwartungen hoch. Am 7. Oktober schlossen die Deutschen den Doppelkessel von Wjasma und Brjansk, was zur Gefangennahme weiterer 673 000 sowjetischer Soldaten führte. Am selben Tag notierte Goebbels in seinem Tagebuch: »An der Front steht es gut. Der Führer ist weiterhin außerordentlich optimistisch.«[71] Trotz der von Hitler und Heydrich angeführten Transportprobleme und militärischen Notwendigkeiten waren die Vorbereitungen für die Deportationen bereits angelaufen. Ein Beamter in Prag bemerkte später, der erste Transport aus Prag am 16. Oktober habe »längere vorhergehende Vorbereitungen, mindestens ab Mitte September« erfordert.[72]

Als Heydrich am 10. Oktober in der Hauptstadt des »Protektorats« eine Besprechung abhielt,[73] wurden offenbar keine weiteren Vorbehalte gegen die Deportationen mehr laut. Neben Lodz nannte er auch Riga und Minsk als Ziele für 50 000 jüdische Deportierte. Ähnlich wie schon gegenüber Goebbels erklärte er, »Nebe und Rasch könnten in die Lager für kommunistische Häftlinge im Operationsgebiet Juden mit hineinnehmen« (da er vorher Riga erwähnt hatte, meinte er wahrscheinlich nicht Rasch, sondern Stahlecker). Die Deportationen sollten um den 15. Oktober herum beginnen und im ersten Monat 5000 Juden aus Prag abgeschoben werden. »Da der Führer wünscht«, schloss Heydrich, »dass noch Ende d. J. möglichst die Juden aus dem deutschen Raum herausgebracht sind, müssen die schwebenden Fragen umgehend gelöst werden. Auch die Transportfrage darf dabei keine Schwierigkeiten bedeuten.«[74] Tatsächlich gingen die ersten Deportationszüge am 15. Oktober von Wien ab, demselben Tag, an dem im Kessel von Wjasma der Widerstand zusammenbrach und sich bis nach Moskau Panik ausbreitete. Zudem war es das Datum, das Hitler am 23. September im Gespräch mit Goebbels zweimal genannt hatte – der Zeitpunkt, an dem das militärische Urteil besiegelt sein und die großen Kämpfe an der Ostfront zu Ende gehen würden. Als am 18. Oktober der Kessel von Brjansk aufgelöst wurde, waren in Prag, Luxemburg und Berlin drei weitere Transporte mit Juden abgefahren.[75]

Die frustrierten, bisher vergeblich auf Deportationen drängenden Vertreter des NS-Regimes an der Peripherie hatten von dem grundlegenden Wandel der deutschen Politik in der Zentrale noch nichts mitbekommen. Am 8. Oktober setzte sich der umtriebige Zeitschel mit Eichmanns Pariser Vertreter, Theodor Dannecker, in Verbindung und erzählte ihm, Abetz habe seinen Vorschlag an Himmler weitergeleitet und das Versprechen erhalten, dass die in den besetzten Gebieten in Konzentrationslagern gefangenen Juden nach Osten deportiert werden könnten, sobald die nötigen Transportmittel zur Verfügung stünden. Dann bat er Dannecker, dafür Sorge zu tragen, dass Himmlers »prinzipielle Einwilligung« nicht umsonst gewesen sei. Er solle Woche für Woche die dringende Aufforderung nach einer schnellstmöglichen Deportation der französischen Juden nach Berlin senden.[76] Anscheinend bearbeitete Zeitschel auch die Militärbehörden in Frankreich. Als Hans Frank am 14. Oktober 1941 bei Rosenberg die Möglichkeit sondierte, die Juden des Generalgouvernements in den Osten abzuschieben, erwiderte der Ostminister, dass die Militärverwaltung in Paris eine ähnliche Idee aufgebracht habe. Leider sehe er im Augenblick keinen Spielraum für ein solches Deportationsvorhaben; er werde aber versuchen, es in Zukunft zu ermöglichen.[77]

Anfang Oktober war eines der Probleme im Zusammenhang mit den geplanten Deportationen der Juden ausgeräumt. Hitler hatte nach anfänglichem Zögern der Idee zugestimmt, bis Ende des Jahres so viele Juden wie möglich aus dem »Altreich« zu deportieren. Die anderen, ebenfalls in dieses Programm einzubeziehenden Teile des deutschen Einflussgebiets – das Generalgouvernement, Frankreich und Serbien – sollten vorerst noch nicht von ihren Juden »befreit« werden. Das von Hitler abgesegnete begrenzte Deportationsprogramm warf indessen zwei große Probleme auf: Zum einen stellte sich die Frage nach den Aufnahmegebieten. Der Gesamtplan für eine umfassende Lösung der »Judenfrage«, mit dessen Ausarbeitung Heydrich am 31. Juli beauftragt worden war, lag noch nicht vor. Wohin also sollten die deutschen Juden gebracht werden? Himmler sah die Lösung darin, bis zum nächsten Frühjahr Zeit zu schinden und die Juden zur Verzweiflung der lokalen deutschen Behörden teils in Lodz, überwiegend aber in Minsk und Riga unterzubringen. Das andere Problem verursachten diejenigen, die sich ihrer unerwünschten Juden nicht entledigen konnten. In Eigeninitiative suchten sie nach Auswegen aus einer scheinbar aussichtslosen Situation und nahmen dabei eine mörderische Lösung vorweg. Diesen lokalen Anzeichen von Verzweiflung und Antizipation wollen wir uns jetzt zuwenden.

8.2 Zweifel und Erwartung

Widerstrebende Aufnahmegebiete – Lodz, Riga und Minsk

Während viele Nationalsozialisten die Deportation der Juden sehnlichst herbeiwünschten, betrachteten das die deutschen Behörden in den Aufnahmegebieten aus einer ganz anderen Perspektive. Bereits im Frühsommer 1941 sah Hans Biebow von der Ghettoverwaltung in Lodz seine Bemühungen um die Stabilisierung der Ghettowirtschaft als gefährdet an, wenn man wie geplant alle Juden des Warthegaus in Lodz internierte. Er warnte vor den katastrophalen Folgen dieses Vorhabens, wenn nicht gleichzeitig das Lodzer Ghetto vergrößert und eine ausreichende Lebensmittelversorgung sichergestellt wurde. Dennoch verfügte Gauleiter Greiser Mitte Juli, dass die Stadt 2900 Juden aus dem Distrikt Leslau aufzunehmen habe. Die deutschen Behörden in Lodz sträubten sich nach Kräften und zögerten den Zuzug bis Ende September hinaus.[78] Zu diesem Zeitpunkt sahen sie sich plötzlich jedoch mit einer weit größeren Bedrohung konfrontiert, denn am 18. September kündigte Himmler Greiser in einem Brief die geplante Überwinterung von 60 000 deutschen Juden in Lodz an. Diese Zahl wurde zwar rasch auf 20 000 Juden sowie 5000 »Zigeuner« reduziert, doch blieb das für die Lodzer Beamten immer noch eine niederschmetternde Aussicht. Hastig stellte Biebow für seine unmittelbaren Vorgesetzten, Oberbürgermeister Ventzki und Regierungspräsident Uebelhör, Gegenargumente zusammen, die sie, mit ihrer Unterschrift versehen, postwendend an Himmler weiterleiteten.

Das Schreiben fasste zunächst die Geschichte des Lodzer Ghettos zusammen. Hätten die Juden anfangs noch von ihren »gehorteten« Gütern gelebt, so seien diese Mittel schon bald zu Ende gegangen. Deshalb habe man unter großen Anstrengungen ein »Arbeitsghetto« eingerichtet, »in dem die Juden heute ihren Lebensunterhalt zu 80 % selbst durch Arbeit verdienen«. Rund 95 Prozent der Ghettoproduktion werde im Auftrag der Wehrmacht hergestellt. »Wäre das Ghetto Litzmannstadt ein reines Dezimierungsghetto, dann könnte man an eine noch größere Zusammenpferchung der Juden denken.« Doch handelte es sich um »ein fein verästeltes und dadurch äußerst empfindliches Wehrwirtschaftsgebiet«. Aus diesem Grund hätte die Aufnahme von weiteren 20 000 Juden und vor allem von 5000 »Zigeunern« verheerende Folgen. Fabriken müssten geschlossen werden, um die Neuankömmlinge unterzubringen; Militäraufträgen könnte man nicht mehr nachkommen; das Ghetto müsste wieder auf Kosten des Reichs ernährt werden; fiele der Beitrag des Ghettos zur Rüstungsproduktion weg, wären deutsche Arbeiter nicht mehr für den Wehrdienst abkömmlich; Epidemien würden ausbrechen und über die Ghettogrenzen hinweg auf die deutsche Bevölkerung übergreifen. Aus diesen Gründen sei die geplante Einweisung von 20 000 Juden und 5000 »Zigeunern« schlicht »untragbar«.[79]

Himmler antwortete Uebelhör, dass Ventzki, den er anstelle von Biebow für den Verfasser hielt, zwar einen »ausgezeichneten« Bericht geschrieben habe, aber offenbar kein »alter Nationalsozialist« sei. Auf jeden Fall könne er die Argumente, so ausgezeichnet sie seien, nicht akzeptieren. Eine »Gefährdung wehrwirtschaftlicher Arbeiten« sei der »beliebteste Gegengrund heute in Deutschland [...], wenn man etwas abweisen will«. Es sei »selbstverständlich nicht angenehm«, weiter Juden aufnehmen zu müssen, aber er bitte trotzdem um Verständnis. Immerhin handele es sich »gemäß dem Willen des Führers, dass die Juden von Westen nach Osten hin Stufe für Stufe ausgetrieben werden sollen«, um einen notwendigen Vorgang.[80]

Noch bevor Uebelhör diesen Brief erhielt, hatte er sich ans Reichsinnenministerium gewandt, um die Situation zu erkunden. Anschließend schrieb er erneut an Himmler und teilte ihm mit, dass er von Eichmann und Dr. Schefe von der Lodzer Gestapo getäuscht worden sei. Eichmanns Behauptung, sich mit ihm, Uebelhör, abgesprochen zu haben, entspreche nicht der Wahrheit. Auch die Behauptung, der Wirtschaftsaufseher des Ghettos (Biebow) habe seine Zustimmung erteilt, sei falsch, habe dieser doch in Wirklichkeit den Ventzki zugeschriebenen »ausgezeichneten« Bericht verfasst. Ebenso falsch sei Eichmanns Darstellung einer Aufteilung des Ghettos in einen Arbeits- und einen Wohnbereich, welche die Einweisung zusätzlicher Bewohner ohne Auswirkungen auf die Produktionsabläufe ermögliche. Schließlich entspreche Dr. Schefes Aussage nicht der Realität, die Ghettobevölkerung sei von 185 000 auf 120 000 geschrumpft, weshalb problemlos zusätzliche 25 000 Menschen aufgenommen werden könnten. Die Zahl der Ghettobewohner sei von 160 000 auf 145 000 zurückgegangen, das Ghetto aber gleichzeitig auch verkleinert worden. Am Schluss des Briefs bezeichnete Uebelhör die von Eichmann und der Lodzer Gestapo angewandten Methoden kurzerhand als »Rosstäuschermanieren« und schlug vor, die Juden statt nach Lodz nach Warschau zu schicken.[81] Darüber hinaus spannte er nun auch den Chef des Wehrwirtschafts- und Rüstungsamts des OKW, General Thomas, für sein Anliegen ein.[82]

Himmler empfahl Uebelhör verärgert, sich seinen Brief noch einmal durchzulesen. »Sie haben sich im Ton völlig vergriffen«, hielt er ihm vor, »und offenkundig vergessen, dass Sie an einen Vorgesetzten geschrieben haben.« Er habe Anweisung gegeben, jede weitere Zuschrift von ihm zurückzuschicken, bis die Angelegenheit erledigt sei.[83] Heydrich setzte die von Himmler abgebrochene Korrespondenz fort und tadelte Uebelhör heftig für sein »oppositionelles Verhalten«, seine »völlig unbeherrschte und unerfreuliche Art«, seinen »Mangel an Zugehörigkeit zur SS« sowie die kleinlichen Angriffe gegen untergeordnete SS-Offiziere, die nur ihre Befehle ausführten. Wenn er nicht umgehend eine Erklärung von ihm erhalte, dass er sich weiterhin in der Lage sehe, mit Dr. Schefe zusammenzuarbeiten, werde er, Uebelhör, »entsprechende Konsequenzen« zu tragen haben.[84] Schließlich stellte sich Greiser vor seinen Regierungspräsidenten und versicherte Heydrich, Uebelhör habe nur auf seinen Befehl gehandelt. Himmler schlug daraufhin vor, der »gute Uebelhör« solle in Urlaub gehen und seine Nerven beruhigen. Wenn er erholt zurückkäme, werde er, Himmler, die Angelegenheit als erledigt betrachten. In der Zwischenzeit vertraue er darauf, dass der Regierungspräsident inzwischen eingesehen habe, »dass der Bau des Reiches höher ist als der Kirchturm in Litzmannstadt«.[85] Damit war zwar Uebelhörs Karriere gerettet, aber die Deportationen nach Lodz waren nicht verhindert.

Weniger spektakulär, doch genauso wirkungslos fiel die Reaktion der deutschen Verwaltung in Riga auf den unerwarteten und unerwünschten Zustrom von »Reichsjuden« aus. Am 11. Oktober 1941 teilte der Kommandeur der Einsatzgruppe A, Stahlecker, dem Generalkommissar Lettland, Drechsler, mit, dass er Material für den Bau eines großen Konzentrationslagers für die Juden aus dem Reich benötige, die »auf Wunsch des Führers« nach Riga geschickt werden sollten. Zehn Tage später präzisierte SS-Sturmbannführer Rudolf Lange vom EK 2, es gehe um die Unterbringung von 25 000 Juden in einem Lager außerhalb von Riga.[86] Drei Tage darauf, am 24. Oktober, kamen Reichskommissar Ostland Lohse und Drechsler mit Lange zu einer Besprechung über das Thema zusammen. Lange erklärte, er handle nur auf Befehl Heydrichs. Er sei angewiesen worden, die Behörden des Reichskommissariats Ostland zu informieren, was er getan habe. Drechsler beschwerte sich darüber, dass er nicht in die Diskussion über die Angelegenheit einbezogen, sondern vor vollendete Tatsache gestellt worden sei. Lohse wiederum beabsichtigte wegen der »hervorragenden politischen Bedeutung« dieser Maßnahmen am nächsten Morgen nach Berlin zu fahren, um die Sache zu klären. Auf eine entsprechende Frage versicherte Lange dem Reichskommissar, dass die »wesentliche Arbeit« an dem Lager noch nicht aufgenommen worden sei, so dass die Entscheidungen ungeachtet etwaiger Bauarbeiten noch modifiziert werden könnten.[87]

Während Lohse zu Gesprächen über die Deportationen ins Ostland in Berlin weilte, wurde die Zivilverwaltung in seinem Herrschaftsgebiet darüber unterrichtet, dass die ersten Transporte am 11. November in Minsk und am 19. November in Riga eintreffen sowie bis zum 17. Dezember tägliche Transporte mit jeweils 1000 Juden folgen würden. Fünf der für Riga bestimmten Transporte wurde indessen ins Ghetto von Kowno umgeleitet, und da das Lager in Salaspils bei Riga noch nicht fertig war, brachte man den ersten Transport in ehemaligen Kasernen in Jungfernhof unter.[88] Lohses politischer Referent Trampedach legte, wie oben bereits erwähnt, telegrafisch in Berlin Protest gegen die Transporte ein,[89] worauf ihm sein Pendant im Ostministerium, Leibbrandt, bestätigte, dass die

Juden in der Tat weiter nach Osten geschickt werden sollten, weshalb Berlin keine Bedenken habe.[90]

Einspruch kam, wie gesehen, auch von Wehrmachtbefehlshaber Braemer, der sich gegen die Deportation von 25 000 Juden nach Minsk wandte. Schon jetzt seien die probolschewistisch und antideutsch eingestellten weißrussischen Juden die »treibende Kraft« des Widerstandes. Zusätzliche deutsche Juden, zudem den weißrussischen geistig überlegen, würden die Gefahren nur noch vergrößern. Hinzu komme die angespannte Versorgungs- und Transportlage, weshalb er den Stopp der jüdischen Transporte für »dringend« erforderlich halte. Eine Woche darauf versuchte Lohse die Proteste mit der Herausgabe von Richtlinien zu unterbinden, »wonach gegen irgendwelche Transporte aus dem Reich keine Einwendungen mehr zu erheben« waren.[91] Dennoch blieben Braemers Einwände aufgrund der militärischen Sachzwänge nicht ganz ohne Wirkung, denn statt der geplanten 25 wurden lediglich sieben Transporte nach Minsk geschickt.[92]

Himmler und Heydrich zögerten, in der Frage der Deportationen nach Lodz, Riga, Kowno und Minsk einen Kompromiss einzugehen. Dennoch erreichten die lokalen Behörden, auch wenn sie die Transporte nicht völlig verhindern konnten, durch ihre Einwände eine Verringerung der Anzahl der Deportierten. Zudem standen Himmler und Heydrich den Problemen, die der Zustrom von Juden in den Aufnahmegebieten verursachte, nicht gleichgültig gegenüber. Sie waren gerne bereit, den lokalen Behörden zu helfen und die Übervölkerung abzumildern – allerdings nicht durch eine Beendigung der Deportationen, sondern durch eine Dezimierung der jüdischen Bevölkerung mit anderen Mitteln. Die Frustration der lokalen deutschen Stellen über die Aussicht, noch mehr Juden aufnehmen zu müssen, verstärkte wiederum ihre Bereitschaft, sich zu gegebener Zeit am Massenmord zu beteiligen.

Serbien

Während man in den Aufnahmegebieten vergeblich gegen neue Transporte aus dem Reich protestierte, nahmen andere die »Endlösung« vorweg, indem sie ihre eigenen Schlüsse aus dem vertrackten »Judenproblem« zogen. In Serbien trafen situative und ideologische Faktoren zuerst mit tödlichen Folgen zusammen. Zum einen hatte Berlin die Bitte nach einer Deportation der serbischen Juden abgewiesen; die Juden saßen nun in einem Land fest, das von einer wachsenden, kommunistisch angeführten Widerstandsbewegung erschüttert wurde. Zum anderen teilten die deutschen Besatzungstruppen in Serbien die im Vorfeld des Vernichtungskrieges gegen die Sowjetunion herrschende stereotype Gleichsetzung der Juden mit dem Kommunismus. Die Folge war, dass das erste systematische Massaker an europäischen Juden außerhalb der Sowjetunion im Oktober 1941 von der deutschen Wehrmacht in Serbien begangen wurde.[93]

Nachdem Jugoslawien Ende März 1941 ein Bündnis mit Deutschland abgelehnt hatte, war es einen Monat darauf ebenso wie Griechenland von deutschen Truppen überrannt worden. Im Anschluss hatte man das Land zwischen Deutschlands südosteuropäischen Verbündeten aufgeteilt; nur das serbische Kernland verblieb unter dem Befehl einer deutschen Militärverwaltung von beispielloser Komplexität und Konfusion. Ein Luftwaffengeneral – zuerst Ludwig von Schröder, dann Heinrich Danckelmann – fungierte als Militärbefehlshaber in Serbien, der dem Wehrmachtbefehlshaber Südost (Griechenland und Jugoslawien), Generalfeldmarschall Wilhelm List, unterstand. Der Befehlshaber in Serbien verfügte über zwei Stäbe: einen Kommandostab, der die direkte Kontrolle über die regionalen Verteidigungsbataillone und eine indirekte Kontrolle über General Paul Baders 65. Korps ausübte, sowie einen Verwaltungsstab unter Staatsrat und SS-Gruppenführer Harald Turner,[94] der die Aktivitäten der provisorischen Regierung von Serbien, der deutschen Kommandeure der vier Distrikte Serbiens, von Wilhelm Fuchs' Einsatzgruppe und des 64. Reservepolizeibataillons überwachte. Zudem waren Görings Amt für den Vierjahresplan durch einen Bevollmächtigten für Wirtschaftsfragen, Hans Neuhausen, und das Auswärtige Amt durch einen Bevollmächtigten für außenpolitische Angelegenheiten, den Gesandten Felix Benzler, in Serbien vertreten.

Noch bevor durch den deutschen Angriff auf die Sowjetunion der Aufstand in Serbien ausgelöst wurde, hatten die deutschen Besatzungsbehörden das übliche Bündel antijüdischer Maßnahmen eingeführt: Erfassung, Ausschluss von vielen Berufen und gesellschaftlichen Aktivitäten, Enteignung, Kennzeichnung und Heranziehung zur Zwangsarbeit. Gleichsam nebenbei waren diese Maßnahmen auch auf die serbischen »Zigeuner« ausgedehnt worden. Die deutschen Behörden in Belgrad ahnten den Aufstand voraus, nahmen jedoch an, dass Polizeimaßnahmen ausreichen würden, um den Widerstand niederzuhalten. Als eine der ersten Vergeltungsmaßnahmen erschossen die Deutschen inhaftierte Kommunisten. Darüber hinaus musste die jüdische Gemeinde jede Woche 40 Geiseln stellen; als am 22. Juli in einer Vergeltungsaktion 111 Menschen hingerichtet wurden, bezog man ausdrücklich auch Juden mit ein.[95]

Als sich der Aufstand ausdehnte und man die Vergeltungsmaßnahmen entsprechend intensivierte, erließ Schröders Verwaltungsstab Ende Juli eine Verfügung über »Vorbeugungs- und Sühnemaßnahmen«, durch die eine Reihe von Restriktionen verhängt wurden. Insbesondere sollte darauf geachtet werden, jeden Einzelfall zu überprüfen, denn »Maßnahmen, die zu Unrecht getroffen sind, schaden dem deutschen Ansehen«. Geiselerschießungen sollten nur als Vergeltung für Anschläge stattfinden, die nach der Verhaftung von Geiseln und der Veröffentlichung einer entsprechenden Warnung verübt worden waren. Außerdem sollte eine enge Verbindung zwischen Geiseln und Attentätern bestehen. Zugleich erlaubte die Verfügung aber auch Maßnahmen gegen die Bewohner einer Ortschaft, wenn sie sich durch Beihilfe zur Sabotage, passiven Widerstand gegen deutsche Ermittlungen oder die Schaffung eines positiven Umfelds für antideutsche Aktivitäten »mitverantwortlich« gemacht hatten. Damit gehörten neben den verhafteten Kommunisten und den jüdischen Geiseln nun auch solche angeblich Mitverantwortlichen zum Kreis der Opfer von Vergeltungsmaßnahmen.[96] Zum ersten Mal wandte man diese neue Vergeltungspolitik am 27. Juli an, als serbische Polizisten mit vorgehaltener Waffe gezwungen wurden, 81 Erntearbeiter zu erschießen, die man auf Feldern in einer Gegend aufgegriffen hatte, in der ein deutsches Fahrzeug in einen Hinterhalt geraten war.[97]

Als sich herausstellte, dass die Maßnahmen das Anwachsen der Partisanenbewegung nicht einzudämmen vermochten, suchten die Besatzungsbehörden nach wirkungsvolleren Konzepten. Generalfeldmarschall List verlangte eine aktivere Beteiligung von Baders 65. Korps an den Kämpfen; doch dessen drei Divisionen waren unterbesetzt, überaltert, schlecht ausgerüstet sowie unbeweglich und befanden sich zudem noch in der Ausbildung. Solche Einheiten konnten es mit den Partisanen nicht aufnehmen.[98] Das OKW verweigerte Verstärkungen und drängte stattdessen nachdrücklich auf die Intensivierung der Vergeltungsmaßnahmen.[99] Dies erwies sich nicht nur als unangemessen, sondern auch als kontraproduktiv.[100] Zahlreiche deutsche Dokumente belegen, dass Schröders ursprünglicher Ansatz der Vermeidung von Ungerechtigkeiten nur auf dem Papier existierte und die Vergeltungspolitik die Bevölkerung auf die Seite der Partisanen trieb. Mit dem Hinweis, auf dem Balkan gelte »das Leben des anderen nichts, das eigene Leben nur sehr wenig«, hieß es in einem deutschen Bericht aus dem Spätsommer: »Auch mit den schärfsten Vergeltungsmaßnahmen – bis Ende August waren insgesamt rund 1000 Kommunisten und Juden erschossen oder öffentlich aufgehängt und Häuser der Schuldigen niedergebrannt worden – vermochte man dem ständigen Anwachsen des bewaffneten Aufstandes nicht mehr Einhalt zu gebieten.«[101] Einige lokale deutsche Vertreter zogen eine Ausweitung der polizeilichen Maßnahmen einer größeren Beteiligung des Militärs und drakonischeren Repressalien vor. Sie forderten insbesondere eine Verstärkung und bessere Bewaffnung der schlecht ausgerüsteten serbischen Polizei, deren Moral und Zuverlässigkeit jedoch immer mehr abnahmen, je erfolgreicher die Partisanenbewegung wurde.[102]

Ende August wurden drastische Maßnahmen immer notwendiger. Dennoch traten die Deutschen in Belgrad und List in

x) * 1880 † 1971 kein NS

Griechenland weiterhin für gegensätzliche Lösungen ein, die auf stark voneinander abweichenden Einschätzungen der Partisanenbewegung beruhten. In Belgrad war man der Ansicht, dass die Kommunisten die Hauptkraft des Widerstandes bildeten, während sich die serbischen Nationalisten, einschließlich der Tschetniki, bisher zurückgehalten hätten und bewusst eine Konfrontation mit den Deutschen vermieden. Auch lehnte die breite Bevölkerung den Kommunismus immer noch ab, selbst wenn sie nicht mit den gegen die Partisanen vorgehenden deutschen Truppen kooperierte. Man wollte Kommunisten und Nationalisten nicht in eine Einheitsfront treiben, sondern die einen gegen die anderen ausspielen. Deshalb bat Danckelmann – mit Unterstützung von Turner, Benzler, Neuhausen und Bader – den früheren serbischen Verteidigungsminister Milan Nedič, einen beliebten antikommunistischen und deutschfreundlichen Politiker, Präsident einer neuen serbischen Regierung zu werden. Mit Hilfe seiner Popularität und seines Prestiges hoffte man antikommunistische Gefühle mobilisieren und breite Unterstützung gewinnen zu können.[103]

List räumte der Regierung Nedič widerstrebend eine Chance ein, lehnte die Belgrader Interpretation des Aufstandes jedoch rundweg ab. In seinen Augen handelte es sich nicht nur um eine kommunistische, sondern auch um eine serbisch-nationalistische Bewegung.[104] In zwei Schreiben nach Belgrad vom 4. und 5. September unterstrich der Generalfeldmarschall, dass er verschärfte militärische Aktionen und Repressalien einer stärkeren Zusammenarbeit mit serbischen Kollaborateuren vorzog. Er befürwortete nicht nur »rücksichtslose« Maßnahmen gegen die Aufständischen und ihre Familien, wie »Aufhängen, Niederbrennen beteiligter Ortschaften, vermehrte Festnahme von Geiseln, Abschieben der Familienangehörigen usw. in Konzentrationslager«, sondern auch allgemein einen »verschärften Druck auf die Bevölkerung, in deren Gebieten Aufständische geduldet werden«.[105]

Die Haltung, die List im September 1941 den Serben gegenüber einnahm, war weder für seine sonstige Laufbahn noch für seinen Charakter typisch. Er war kein Nationalsozialist und auch kein traditioneller preußischer Offizier, sondern ein hoch kultivierter und tief religiöser Mann, der seine Ausbildung vor dem Ersten Weltkrieg an einer Militärakademie in München erhalten hatte.[106] Kein Geringerer als Erzbischof Angelo Roncalli, der spätere Papst Johannes XXIII., bezeugte die von List durchgesetzte strenge Disziplin, die griechische Zivilisten vor Misshandlungen durch deutsche Soldaten schützte, sowie seine Bemühungen um Lebensmittellieferungen zur Vermeidung von Hungersnöten.[107] Auch war er kein Karrierist, der alles dafür tat, seine Position zu behalten, noch ein furchtsamer Mann, der sich scheute, Hitler die Stirn zu bieten. Als dieser ihm 1942 den Befehl gab, im Kaukasus einen Angriff durchzuführen, den er für selbstmörderisch für seine Truppen hielt, nahm er das abrupte Ende seiner militärischen Laufbahn in Kauf und verweigerte den Gehorsam.[108]

In Lists Haltung vom September 1941 spiegelte sich die militärische Enttäuschung eines Berufssoldaten ohne großes politisches Gespür. Als strenger Vorgesetzter, der in väterlicher Sorge auf das Wohlergehen seiner Truppe achtete, empfand List die Partisanen und ihre »hinterhältigen« Methoden als Affront gegen jeglichen Sinn für Ordnung und Anstand. Die »Freischärler« und die aufmüpfige serbische Bevölkerung, der sie entstammten, mussten bestraft werden. Das stereotype Bild von den »heißblütigen« Serben im Kopf, die unter jahrhundertelanger türkischer Herrschaft verroht waren, glaubte List, sie nur mit Maßnahmen disziplinieren zu können, die ihrer eigenen gewalttätigen Natur entsprachen.[109] Wie nahezu jeden deutschen Offizier auf dem Balkan beunruhigte es den Generalfeldmarschall, dass das Ansehen und das Image der Wehrmacht durch ihre Unfähigkeit, mit den Partisanen fertig zu werden, beschädigt wurden. Für seinen Berufsstolz war deren erfolgreiche Taktik mehr als nur peinlich. Konnten sie nicht aufgehalten werden, drohte sich die immer deutlicher zutage tretende militärische Ohnmacht der deutschen Truppen zu einer regelrechten Katastrophe auszuweiten. Es handelte sich daher um eine durchaus realitätsnahe Forderung, als List Anfang September für eine Verschärfung des Terrors eintrat. Einige Tschetnikeinheiten hatten unter dem Eindruck der Erfolge der Partisanen den Kampf mit den Deutschen aufgenommen und in den ersten Septembertagen bei zwei Überfällen 275 Deutsche gefangen genommen.[110] List reagierte mit seinen Forderungen also auf zwei Guerillaangriffe von bis dahin beispiellosem Ausmaß, die deutlich vor Augen führten, dass die dünn gesäten deutschen Truppen nicht nur unfähig waren, Sabotage und Hinterhalte zu verhindern, sondern auch durch eine Niederlage auf Raten bedroht waren.

Als sich die Lage der Deutschen in Serbien weiter verschlechterte, waren sogar die Vertreter des Nedič-Regimes wie auch Nedič selbst der Ansicht, dass der Aufstand nur mit deutschen Truppen niedergeschlagen werden könne.[111] In dieser Situation schritt List ein, um die seiner Meinung nach »unleidigen Befehlsverhältnisse« in Serbien zu beenden, in denen ein »eitler« und »oberflächlicher« Luftwaffengeneral, von Turners und Benzlers politischen Überlegungen verführt, die Wehrmachtskommandeure kraft seines Ranges überstimmte.[112] Seinem Ersuchen, General Franz Böhme, einen ehemaligen österreichischen Offizier, der vermutlich kaum Hemmungen in Bezug auf Repressionen in Serbien hatte, zum »Bevollmächtigten Kommandierenden General« zu ernennen, wurde ebenso entsprochen wie der Bitte um eine kampferfahrene Division.[113]

Als Böhme am 18. September in Belgrad eintraf, stieß er auf überzeugte Anhänger von Lists Forderung nach »verschärftem Druck auf die Bevölkerung«. Im Save-Bogen bei Šabac, einem besonders stark von Partisanenaktivitäten heimgesuchten Gebiet, plante man bereits eine groß angelegte Strafexpedition der aus Frankreich eintreffenden 342. Division unter dem Vorwand, die gesamte Bevölkerung der Gegend habe sich den Aufständischen angeschlossen. Folglich müsse man ein furchtbares Exempel statuieren, von dem ganz Serbien sofort erfahren würde.[114] Böhme gab Befehl, alle in dem Gebiet lebenden Männer zwischen 14 und 70 Jahren in ein Konzentrationslager zu bringen und die weibliche Bevölkerung in die Berge zu treiben. Bewohner, die sich am Widerstand beteiligt hatten, in deren Häusern Waffen gefunden wurden oder die zu fliehen versuchten, sollten erschossen und ihre Häuser niedergebrannt werden.[115] In einer Botschaft an die Truppe erklärte Böhme: »Eure Aufgabe ist in einem Landstreifen durchzuführen, in

x) ✱ 1885 † 1947 (Suizid)

dem 1914 Ströme deutschen Blutes durch die Hinterlist der Serben, Männer und Frauen, geflossen sind. Ihr seid Rächer dieser Toten. Es muss ein abschreckendes Beispiel für ganz Serbien geschaffen werden, das die gesamte Bevölkerung auf das Schwerste treffen muss.«[116]

Am 23. September drangen Einheiten der von Generalleutnant Walter Hinghofer befehligten 342. Division in Šabac ein. Die männliche Bevölkerung wurde zusammengetrieben und zwei Tage lang ohne Verpflegung festgehalten. Dann mussten sie 23 Kilometer weit nach Jarak marschieren, nur um vier Tage später wieder den Rückweg anzutreten, weil sich herausgestellt hatte, dass sich der Ort nicht für ein Konzentrationslager eignete.[117] Unterdessen schwärmten die Truppen von Šabac aus, wählten mehrere Ortschaften zur Zerstörung aus und erschossen jeden, der als Kommunist verdächtigt wurde.[118] Danach legte sich der Sturm. Am 2. Oktober untersagte Hinghofer die Vertreibung der Frauen in die Berge, damit sie sich in den Dörfern um das Vieh und die Felder kümmern konnten. Zwei Tage später beendete er auch die Erschießungen und die Zerstörung von Häusern und ganzen Dörfern. Bis zu diesem Zeitpunkt waren über 20 000 Männer interniert und 1126 exekutiert worden.[119]

In Valjevo, südlich von Šabac, führte das aus Griechenland abgestellte 125. Regiment eine ähnliche Strafaktion durch, doch anderswo blieben die Partisanen in der Offensive. Ende September wurde eine weitere deutsche Einheit überrannt und gefangen genommen. Noch erschreckender für die Deutschen war ein Vorfall am 2. Oktober, bei dem eine Nachrichteneinheit bei Topola in einen Hinterhalt geriet und, obwohl sie sich ergab, aus nächster Nähe mit Maschinengewehren niedergemäht wurde.[120] Böhmes Stab zog daraus den Schluss, dass »von einer abschreckenden Wirkung der bis jetzt [...] durchgeführten Säuberungsaktionen [...] nichts zu verspüren« sei, und entschied sich für ein noch härteres Vorgehen.[121]

Am 16. September erteilte Keitel die allgemeine Anweisung, im Sinne von Hitlers entsprechender Forderung in den besetzten Gebieten die »härtesten Maßnahmen« gegen kommunistische Freischärler zu ergreifen. Da ein Menschenleben in den betroffenen Ländern, so der OKW-Chef, häufig nichts zähle und eine abschreckende Wirkung nur durch ungewöhnliche Härte zu erreichen sei, befahl er die Hinrichtung von 50 bis 100 Kommunisten für jeden getöteten deutschen Soldaten.[122] Nach dem Anschlag von Topola unterbreitete Böhmes Quartiermeister, Hauptmann Hans Faulmüller, den von Stabschef Oberst Max Pemsel gegengezeichneten Vorschlag, »sofort für jeden ermordeten deutschen Soldaten 100 serbische Häftlinge zu erschießen«. Für die 21 bei Topola getöteten Soldaten wurde Turner »gebeten, 2100 Häftlinge in Konzentrationslagern Šabac und Belgrad (vorwiegend Juden und Kommunisten) zu bestimmen«.[123]

Am 5. Oktober, einen Tag, nachdem er den Befehl für die 2100 Geiselhinrichtungen erteilt hatte, erhielt Böhme von List eine weitere Weisung zur Partisanenbekämpfung. Böhme hatte darum ersucht, alle in Šabac internierten Serben nach Deutschland zu deportieren, da er sowohl ihre dauerhafte Internierung als auch ihre Freilassung ablehnte. List schloss die Deportation aus und ordnete an, diejenigen, die auf frischer Tat gefasst worden waren, zu erschießen, bei den anderen aber, die man bloß im Partisanengebiet angetroffen hatte, genauer nachzuforschen. Wer sich dabei als Partisan entpuppte, sei zu exekutieren, Verdächtige seien für Geiselerschießungen festzuhalten, und wer keiner deutschfeindlichen Aktivitäten bezichtigt werden könne, sei freizulassen.[124] Obwohl Keitels und Lists Erlasse theoretisch durchaus miteinander vereinbar waren, stellte sich in der Praxis das Gegenteil heraus. Die Ereignisse zeigten, dass die Vergeltungsquote nicht zu erfüllen war, wenn man jeden Einzelfall untersuchte und nur Verdächtige in Haft behielt; sollte die Quote erreicht werden, musste man die Überprüfung der Gefangenen aufgeben.

Böhmes Stab feilte daher weiter an der Formulierung einer allgemeinen Vergeltungspolitik. Am 10. Oktober 1941 wurden die von Pemsel x) angeregten und von Faulmüller ausgearbeiteten Richtlinien in Form einer Anordnung von General Böhme bekannt gemacht. Darin hieß es: »In Serbien ist es auf Grund der ›Balkanmentalität‹ und der großen Ausdehnung kommunistischer und national getarnter Aufstandsbewegungen not-

x) * 1897 † ? General der Bundeswehr

wendig, die Befehle des OKW in der schärfsten Form durchzuführen. [...] In allen Standorten sind durch schlagartige Aktionen umgehend alle Kommunisten, als solche verdächtigen männlichen Einwohner, *sämtliche Juden*, eine bestimmte Anzahl nationalistischer und demokratisch gesinnter Einwohner als Geiseln festzunehmen« (Hervorhebung C.B.). Für jeden getöteten Deutschen seien 100 und für jeden Verwundeten 50 dieser Geiseln hinzurichten.[125] Es handelte sich also nicht einfach nur um eine Minimalumsetzung von Keitels Verfügung. Vielmehr übernahm man nicht nur die höchste vorgeschlagene Quote von 100 zu 1, statt sich an die untere Grenze von 50 zu 1 zu halten, sondern bezog auch ausdrücklich »sämtliche Juden« mit ein, eine Opfergruppe, die Keitel überhaupt nicht erwähnt hatte. Welche Gründe hatten Böhme, Pemsel und Faulmüller dafür? Die Gleichsetzung von Kommunisten und Juden oder zumindest die Annahme ihrer natürlichen Komplizenschaft gehörte seit langem zum Gedankengut des deutschen Militärs in Serbien. Schon seit Beginn des Aufstandes richteten sich die Repressalien gegen »Kommunisten und Juden«. Insofern betraten Böhme, Pemsel und Faulmüller also kein Neuland.

Viele Offiziere mögen die Gleichsetzung von Kommunisten und Juden schlicht als unbestrittene und selbstverständliche Säule der NS-Ideologie hingenommen haben, aber auch diejenigen, die streng professionell und ideologiefrei dachten, gelangten zu den gleichen Schlussfolgerungen. Für jeden deutschen Offizier lag es auf der Hand, dass die Juden in den besetzten Gebieten zu den Feinden Deutschlands zählten. Aus Sicht der Juden, erklärte List in seinem Prozess, könne er gut verstehen, dass sie gegen die Deutschen arbeiteten und sich mit den Kommunisten zusammentaten.[126] Die Aufgabe von Berufssoldaten war es, ihr Vaterland gegen Feinde zu verteidigen; es stand ihnen nicht zu, ihr Urteil und ihre Loyalität von der Politik der Regierung abhängig zu machen, die diese Feinde schuf. Solange die antijüdischen Maßnahmen in Serbien als Maßnahmen zum Schutz Deutschlands wahrgenommen wurden, musste man kein fanatischer Nationalsozialist sein, um sie auszuführen; es genügte vollauf, ein gewissenhafter und politisch unbedarfter Berufsoffizier zu sein.

Dass man die jüdischen Männer automatisch in die Gruppe der für Geiselerschießungen vorgesehenen Opfer einbezog, fiel keinem Deutschen in Serbien als merkwürdig oder ungewöhnlich auf. In ihren Augen war es im Gegenteil eine fast natürliche und nahe liegende Handlungsweise. Die jüdischen Männer aus dem Banat und Belgrad waren seit dem Spätsommer interniert. Zudem hatte man eine große Gruppe von jüdischen Flüchtlingen aus Mitteleuropa, die in Jugoslawien gestrandet waren, weil ihre Einreisevisa für Palästina verfallen waren, im Juni 1941 in das Lager in Šabac eingewiesen.[127] Versuche von Turner und Benzler, die internierten Juden nach Rumänien oder anderswohin zu deportieren, waren von Auswärtigem Amt und SS abgeblockt worden, und so mussten sie in den Lagern bleiben. Zudem hatte List die Deportation der großen Anzahl von jüdischen Männern aus dem Save-Bogen untersagt und stattdessen angeordnet, sie zu überprüfen und Verdächtige als Geiseln festzuhalten. So sah sich die Wehrmacht in Serbien genötigt, immer mehr Lager zu betreiben, deren Insassen sie nicht deportieren konnte. Ihre Zahl ließ sich lediglich durch Entlassungen, die den Deutschen nicht zusagten, oder durch Geiselerschießungen verringern.

Bereits seit vier Monaten wurden serbische Juden als Vergeltungsopfer ausgewählt. Ihre generelle Gleichsetzung mit dem schwer zu fassenden kommunistischen Feind verhinderte von vornherein eine ebenso lästige wie unzuverlässige Einzelfallprüfung, wie sie jetzt für serbische Gefangene vorgeschrieben war. Es ist daher kaum vorstellbar, dass die Militärbehörden den Juden einen besonderen Schutz gewährt hätten, indem sie sie von der Geiselnahme verschonten. Zudem waren die Juden im Gegensatz zu den Kommunisten, die sich der Gefangennahme zumeist entziehen konnten, bereits interniert; für Böhme und seinen Stab lag es folgerichtig auf der Hand, gegen wen sich die Repressalien vor allem zu richten hatten.

Tatsächlich waren die 2100 Opfer der in Belgrad und Šabac als Vergeltung für den Hinterhalt bei Topola durchgeführten Geiselerschießungen ausschließlich Juden und »Zigeuner«. In einer unheilvollen Verknüpfung von Stereotypen wurden Juden mit Kommunisten und »Zigeuner« mit Juden gleichgesetzt.

Am 9. und 11. Oktober erschoss ein Exekutionskommando der Nachrichteneinheit, der die Opfer von Topola angehört hatten, 449 Juden. Sein Kommandeur, Oberleutnant Walter Liepe, berichtete, die Männer seien nach der ersten Erschießung »befriedigt« abgerückt. »Leider« sei es seiner Einheit nach dem zweiten Tag nicht möglich gewesen, eine weitere Erschießung durchzuführen, da sie zu einem Einsatz abkommandiert wurde. Andere Nachrichtentruppen setzten die Erschießungen in Belgrad fort.[128] In Šabac bewachten Teile des 750. Regiments unter Major Faninger und das 64. Reservepolizeibataillon Stadt und Lager. Von beiden Einheiten sind keine Dokumente überliefert, doch es existiert die Zeugenaussage eines Serben, der gezwungen worden war, Gräber auszuheben und die Leichen zu begraben. Nach dem Krieg berichtete er über Massenexekutionen am 12. und 13. Oktober 1941 in Zasavica, bei denen deutsche Soldaten Juden und »Zigeuner« aus dem Lager in Šabac erschossen.[129] Hier wurden also groteskerweise überwiegend aus Österreich stammende Flüchtlinge von Soldaten erschossen, die zum großen Teil ebenfalls österreichischer Herkunft waren, und das als Vergeltung für Verluste, die serbische Partisanen der deutschen Wehrmacht beigebracht hatten.

Von den Deutschen in Belgrad äußerte allein Harald Turner gewisse Vorbehalte gegenüber der Praxis, die Vergeltungsquoten mit internierten Juden aufzufüllen. Am 17. Oktober schrieb er in einem persönlichen Brief: »[Ich habe] in den letzten 8 Tagen 2000 Juden und 200 Zigeuner erschießen lassen nach der Quote 1 : 100 für bestialisch hingemordete deutsche Soldaten, und weitere 2200, ebenfalls fast nur Juden, werden in den nächsten 8 Tagen erschossen. Eine schöne Arbeit ist das nicht! Aber immerhin muss es sein, um einmal den Leuten klar zu machen, was es heißt, einen deutschen Soldaten überhaupt nur anzugreifen, und zum anderen löst sich die Judenfrage auf die Weise am schnellsten. Es ist ja eigentlich falsch, wenn man es genau nimmt, dass für ermordete Deutsche, bei denen ja das Verhältnis 1 : 100 zu Lasten der Serben gehen müsste, nun 100 Juden erschossen werden, aber die haben wir nun mal im Lager gehabt – schließlich sind es auch serbische Staatsangehörige und sie müssen ja auch verschwinden.«[130]

Turner bevorzugte indessen die Deportation der Juden nach Rumänien oder anderswohin, und nun bot sich ihm plötzlich die Gelegenheit, sich beim Judenreferenten des Auswärtigen Amts, Franz Rademacher, und einem Mitarbeiter Eichmanns, Friedrich Suhr, die beide am 18. Oktober in Belgrad eintrafen, noch einmal für diese Lösung stark zu machen. Ihr Besuch war schon seit längerem geplant gewesen. Von Mitte August bis Mitte September hatte Benzler auf Anregung Turners und mit Unterstützung Veesenmeyers wiederholt die Deportation der serbischen Juden verlangt. Begründet hatte er seine Forderung nach einem »judenfreien« Serbien mit dem Argument, dass die Juden gemeinsame Sache mit den kommunistischen Aufständischen machten und eine Befriedung erst nach ihrer Entfernung möglich wäre.[131] Benzlers vierte Eingabe hatte Rademacher veranlasst, bei Eichmann nachzufragen, ob es nicht möglich sei, die serbischen Juden nach Polen oder Russland abzuschieben. Das hatte der Leiter des Judenreferats im RSHA abgelehnt und stattdessen »Erschießen« vorgeschlagen.[132] Unterstaatssekretär Luther hatte Benzler daraufhin mitgeteilt, dass Deportationen nicht durchführbar seien; man solle die Juden aber durch »hartes und unnachgiebiges« Vorgehen daran hindern, Unruhe zu stiften.[133]

Damit gab sich Benzler indes nicht zufrieden. Am 28. September wandte er sich über die Köpfe der Bürokraten in der Wilhelmstraße hinweg an Ribbentrop »persönlich«. Er hielt ihm vor, dass er ihm die versprochene Hilfe schuldig geblieben sei, und verwies darauf, dass das Militär die sofortige Deportation von mindestens 8000 jüdischen Männern aus Serbien wünsche.[134] Luther, der eine Kopie des Schreibens erhalten hatte, verfasste verärgert eine Notiz für Ribbentrop: »Wenn der Militärbefehlshaber mit Benzler dahingehend einig ist, dass diese 8000 Juden in erster Linie die Befriedungsaktion im serbischen Altreich verhindern, so muss meiner Ansicht nach der Militärbefehlshaber für die sofortige Beseitigung dieser 8000 Juden Sorge tragen. In anderen Gebieten sind andere Militärbefehlshaber mit einer wesentlich größeren Anzahl von Juden fertig geworden, ohne überhaupt darüber zu reden.« Luther bat Ribbentrop um die Erlaubnis, diese Frage mit Heydrich zu erörtern, der in Kürze aus Prag zurückerwartet wurde. Er war überzeugt, dass man »im Einvernehmen mit ihm sehr bald zu einer klaren Lösung dieser Frage kommen« könne.[135]

Ernst von Weizsäcker versah diese Anfrage vom 2. Oktober mit seinen Initialen, leitete sie aber nicht weiter, da er gleichzeitig Anweisungen vom Außenminister erhielt. Von Benzlers Vorwurf mangelnder Unterstützung gekränkt, wollte sich Ribbentrop mit Himmler in Verbindung setzen, um zu klären, »ob er nicht 8000 Juden mit übernehmen könne, um sie nach Ostpolen und sonst irgendwohin zu schaffen«.[136] Luther wurde, wie gewünscht, die Vollmacht für Verhandlungen mit Heydrich erteilt, die er jedoch nicht für die Ziele des Außenministers, sondern für seine eigenen nutzte.

Das Treffen zwischen Luther und Heydrich muss am 4. Oktober stattgefunden haben, als der RSHA-Chef aus Prag nach Berlin zurückkehrte, denn an diesem Tag teilte Luther Benzler mit, er habe mit Heydrich die Entsendung zweier Vertreter – Rademacher und Suhr – nach Belgrad vereinbart.[137] »Zweck der Dienstreise war«, schrieb Rademacher später, »an Ort und Stelle zu prüfen, ob nicht das Problem der 8000 jüdischen Hetzer, deren Abschiebung von der Gesandtschaft gefordert wurde, an Ort und Stelle erledigt werden könne.«[138] Einen Tag nach seiner Ankunft am 18. Oktober kam Rademacher mit Turner zusammen, der ihm mitteilte, dass das Problem der 8000 jüdischen Männer bereits zu drei Vierteln gelöst sei. Aufgrund einer unerklärlichen Verwechslung habe man ihre Zahl zu hoch veranschlagt; in Wirklichkeit seien es nur 4000 Juden, »von denen außerdem nur 3500 erschossen werden können«, weil die Polizei 500 von ihnen für den Betrieb eines noch zu errichtenden Ghettos brauche. Von diesen 3500 Juden wiederum seien 2000 bereits zur Vergeltung für Anschläge auf deutsche Soldaten erschossen worden.

Wie Luther erhofft hatte, war das Militär stillschweigend dabei, die Juden zu liquidieren. Das »Problem« der restlichen 1500 Juden hätte sich wie von selbst lösen können, wenn Turner sie einfach den Erschießungskommandos der Wehrmacht übergeben hätte, machte Böhmes Quote doch schon jetzt mehr als 4000 weitere Erschießungen notwendig. Für die Wehrmacht bestand das Problem mittlerweile nicht mehr darin, dass es zu viele Juden gab, sondern darin, dass es zu wenige waren. Doch der Gelegenheit, sich rasch der verbliebenen 1500 zur Exekution ausgewählten Juden zu entledigen, stand ein Hindernis im Weg, und das war Turner. Erneut hielt er den Zeitpunkt für gekommen, auf die Deportation der jüdischen Männer zu drängen und gegenüber Rademacher seine tiefe Enttäuschung darüber auszudrücken, dass Benzler seine diesbezüglichen früheren Bitten ignoriert hatte. Daraufhin setzte Rademacher ihm auseinander, weshalb die Juden weder nach Rumänien noch nach Polen oder Russland deportiert werden konnten, und »Staatsrat Turner konnte sich diesen Gründen nicht verschließen. Er fordert aber nach wie vor die Abschiebung der restlichen Juden aus Serbien.«

Ohne Turner von seinen Deportationsplänen abbringen zu können, suchte Rademacher Einsatzgruppenführer Fuchs und dessen Gefolge von Judenexperten auf. Sie bestätigten ihm, dass das Problem der jüdischen Männer binnen einer Woche durch ihre Erschießung als Geiseln gelöst werden könne. Inzwischen reiche die Zahl der inhaftierten Juden schon nicht mehr aus. Am Vormittag des nächsten Tages, dem 20. Oktober, hielten Rademacher und Suhr eine Besprechung mit Fuchs und Turner ab. Die Abgesandten aus Berlin erklärten erneut, dass eine Deportation nicht in Frage komme, und Fuchs drängte darauf, die Juden im Rahmen von Böhmes Vergeltungspolitik zu erschießen. Angesichts der einhelligen Meinung der anderen erhob Turner keine Einwände mehr, so dass Rademacher endlich vermelden konnte: »Die männlichen Juden sind bis Ende dieser Woche erschossen, damit ist das in dem Bericht der Gesandtschaft angeschnittene Problem erledigt.«

Während man in Belgrad das Schicksal der verbliebenen jüdischen Männer in Serbien besiegelte, weiteten sich die Ereignisse in den südlich der Hauptstadt gelegenen Städten Kraljevo und Kragujevac zu einer Krise aus, infolge derer die Deutschen ihre Vergeltungspolitik überdenken mussten. Verantwortlich für diese Region war die 717. Division, deren Kommandeur, Generalmajor Paul Hoffmann, den Vergeltungsbefehl vom 10. Oktober buchstäblich als Jagdschein auffasste. Als Einheiten seiner Division bei einem Angriff der Partisanen auf Kraljevo am 15. und 16. Oktober Verluste erlitten, durchsuchten sie die Stadt Haus für Haus und erschossen bis zum Abend des 17. insgesamt 1736 Männer und 19 »kommunistische« Frauen.[139]

Dem Massaker von Kraljevo folgte kurz darauf ein noch größeres Blutbad in Kragujevac. Eine deutsche Strafexpedition hatte bei der Rückkehr in die Stadt Verluste erlitten, woraufhin Hoffmann sofortige Vergeltung befahl. Als die Zahl der Geiseln – angebliche Kommunisten, Gefängnisinsassen, Juden sowie Bewohner umliegender, als »kommunistisch verseucht« geltender Dörfer – weit unter der Quote von 2300 Personen blieb, ließ der deutsche Kommandeur, Major König, ein Mann, der nichts für »weiche« Maßnahmen übrig hatte, kurzerhand 3200 Bewohner der Stadt selbst festnehmen, einschließlich der Schüler der Oberschule, und am 21. Oktober vor die Erschießungskommandos stellen, bis die Quote erfüllt war.[140]

List und Böhme ernteten nun den Sturm, den sie mit ihren ständigen Aufrufen zu »rücksichtslosem« Terror gesät hatten. Die Auswirkungen der beiden Massaker in Kraljevo und Kragujevac machten sich sofort bemerkbar, zumal sich die gesamte Belegschaft einer kriegswichtigen Flugzeugfabrik in Kraljevo unter den Opfern befand. Das OKW war bestürzt über den Vorfall, und auch Nedič verlangte ein Ende der willkürlichen Erschießungen. Böhme pflichtete ihm bei, und Bader befahl allen Einheiten, die Massenexekutionen bis auf weiteres einzustellen.[141] Unterdessen hatten Faulmüller und Turner neue Vergeltungsrichtlinien ausgearbeitet, die am 25. Oktober bekannt gegeben wurden. Darin hieß es: »Wahllose Festnahmen und Erschießungen von Serben treiben am Aufstand bisher unbeteiligte Kreise der Bevölkerung zu den Aufständischen, stärken die Widerstandskraft des Kommunismus.« Es sei daher »zu vermeiden, dass gerade der Rest der Bevölkerung als Geiseln festgenommen und erschossen wird, der – am Aufstand unbeteiligt – vor einer Strafexpedition nicht geflohen ist«.[142]

Den inhaftierten Juden brachte die Einstellung der willkürlichen Erschießungen allerdings nichts. Wenn sich die Deutschen noch vorstellen konnten, dass nicht alle Serben Partisanen waren und willkürliche Erschießungen von Unschuldigen den deutsche Interessen schadeten, so zweifelten sie nicht im Geringsten daran, dass alle Juden eine deutschfeindliche Gesinnung hatten. Und wenn man bei der Auswahl serbischer Geiseln größere Sorgfalt anwenden musste, erhöhte dies den Druck, andere Geiseln zu finden, umso mehr. Turner, der bisher die Deportation der Juden angestrebt hatte, gab mit einer Denkschrift vom 26. Oktober das beste Beispiel für diese Haltung. Einerseits bemerkte er, dass der »Glaube an das Rechtsgefühl der deutschen Wehrmacht vernichtet werden muss, wenn nicht nur völlig Unschuldige erschossen werden, sondern – wie es in einem Fall sich ereignet hat – gerade diejenigen Männer in einer Ortschaft exekutiert werden, die im Vertrauen auf ihre Unschuld […] an ihren Arbeitsstätten die deutschen Truppen erwarteten«. Andererseits sei prinzipiell festzustellen, »dass Juden und Zigeuner ganz allgemein ein Element der Unsicherheit und damit Gefährdung der öffentlichen Ordnung und Sicherheit darstellen«. Deshalb seien »grundsätzlich in jedem Fall alle jüdischen Männer und alle männlichen Zigeuner als Geiseln der Truppe zur Verfügung zu stellen«.[143]

Die Ermordung der verbliebenen jüdischen Männer in Serbien begann am 27. Oktober.[144] Zwei Tage später wurden in Belgrad zusätzlich 250 »Zigeuner« verhaftet, um das Reservoir an Geiseln aufzufüllen.[145] Am 30. Oktober nahm das Erschießungskommando unter Oberleutnant Hans-Dietrich Walther die Exekutionen wieder auf. In seinem zusammenfassenden Bericht über das »Erschießen von Juden und Zigeunern« bemerkte dieser: »Anfangs waren meine Soldaten nicht beeindruckt. Am 2. Tag jedoch machte sich schon bemerkbar, dass der eine oder andere nicht die Nerven besitzt, auf längere Zeit eine Erschießung durchzuführen. Mein persönlicher Eindruck ist, dass man während der Erschießung keine seelischen Hemmungen bekommt. Diese stellen sich jedoch ein, wenn man nach Tagen abends in Ruhe darüber nachdenkt.«[146]

Nach der Liquidierung der männlichen Juden und »Zigeuner« in Serbien hielt man sich nicht mehr so streng an die Vergeltungsverordnung. Obwohl die Deutschen im November 11 345 und im Dezember weitere 984 Geiseln erschossen, blieben sie weit hinter der geforderten Quote zurück.[147] Da willkürliche Hinrichtungen untersagt worden waren und weder Juden noch »Zigeuner« mehr zur Verfügung standen, war die Quote einfach nicht zu erfüllen. Nachdem General Bader am 5. Dezember Böhme ersetzt hatte, ließ er die Zahlen über die Repressalien zusammentragen. Dabei stellte sich heraus, dass bis zu seinem Amtsantritt 11 164 Geiseln exekutiert worden waren. Es handelte sich hierbei allerdings um eine Mindestangabe, da man nicht von allen Einheiten die notwendigen Informationen erhalten hatte, unter anderem nicht von jenen, die Mitte Oktober die Erschießungen in Šabac durchgeführt hatten. Mit Blick auf die deutschen Verluste kam der Bericht zu dem Schluss, dass bis zur Erfüllung der Quote eine Lücke von 20 174 Exekutionen klaffte.[148]

Am 22. Dezember verfügte Bader niedrigere Vergeltungsquoten von 50 zu 1 und 25 zu 1 je getötetem beziehungsweise verwundetem Deutschen. Als Geiseln waren aber weiterhin Personen auszuwählen, die »auf Grund ihrer Einstellung und ihres Verhaltens zur Sühne für deutsche Menschenleben bestimmt sind, z. B. nicht mit der Waffe betroffene Kommunisten, Zigeuner, Juden, Verbrecher u. dergl.«.[149] Noch nach der Ermordung der männlichen Juden und Zigeuner rechneten die Deutschen sie also zum Kreis derer, die aufgrund ihrer angeblichen Einstellung und Verhaltensweise automatisch zu den todgeweihten Vergeltungsgeiseln zu rechnen waren. Hätte es noch genügend Juden und »Zigeuner« gegeben, wäre die Quote zweifellos erfüllt worden.

Der Massenmord an den jüdischen Männern in Serbien wurde nicht bewusst als Teil der europaweiten »Endlösung der Judenfrage« begangen, sondern war hauptsächlich durch lokale Faktoren begründet, die mit dem Partisanenkrieg und der Vergeltungspolitik der Wehrmacht zusammenhingen. Juden und »Zigeuner« bildeten verfügbare und entbehrliche Gruppen. Durch ihre Ermordung konnten ohne unerwünschte politische Auswirkungen, die den Partisanenkrieg verschärft hätten, die vorgeschriebenen Vergeltungsquoten erfüllt werden. Am wichtigsten ist jedoch, dass die Wehrmacht nicht mit der ausdrücklichen Absicht handelte, die gesamte jüdische Bevölkerung auszulöschen; daher blieben Frauen, Kinder und Alte verschont. Dennoch nahmen die Massaker in Serbien die »Endlösung« vorweg; immerhin wurden hier Juden getötet, nur weil sie Juden waren.[150] In dem Massenmord kulminierte ein Prozess, der im Frühjahr 1941 zunächst mit der Auswahl der Juden als exponierter Verfolgungsopfer begonnen und im Sommer zu massiven Repressalien und zur Internierung geführt hatte. Nachdem die Deutschen als Antwort auf die Partisanenaktivitäten eine »Maximalquote« festgesetzt hatten, befanden sich alle Serben in Gefahr, doch für die Juden bedeutete es den Untergang. In den Augen deutscher Militärs mochte es zwar unschuldige Serben geben, aber gewiss keine unschuldigen Juden. Vor allem deshalb fiel die Vernichtung der Juden derart umfassend aus.

Trotz seiner lokalen Ursprünge hatte dieser erste systematische Massenmord an Juden außerhalb des Territoriums der Sowjetunion weitreichende Auswirkungen auf die Bereitschaft der Deutschen, die »Endlösung« in die Tat umzusetzen. Nicht nur an der Ostfront, sondern auch in anderen Teilen Europas zählte das deutsche Militär die Juden zu jenen »Feinden«, gegen die »rücksichtslose« Maßnahmen, einschließlich des Massenmords, gerechtfertigt waren. Selbst das deutsche Auswärtige Amt, deren Mitarbeiter zur Elite der Ministerialbürokratie gehörten, arrangierte sich mit dem Massenmord. Ohne Befehl von oben – Ribbentrop hatte ihn lediglich ermächtigt, die Möglichkeit von Deportationen zu erkunden – ergriff Luther aus eigenem Antrieb die Initiative und versuchte sich mit Heydrich über eine »lokale Lösung« des serbischen »Judenproblems« zu verständigen. Solche Initiativen von unten verwickelten das Auswärtige Amt unauflöslich in den Prozess der Vernichtung des europäischen Judentums, so dass sich ausdrückliche Befehle von oben erübrigten. Durch die Entsendung von Rademacher und Suhr nach Serbien wollten Heydrich und Luther die dortigen Besatzungsbehörden dazu anregen, die Juden an Ort und Stelle zu erschießen. Dabei erkannten sie schnell, dass sie offene Türen einrannten, denn als die Abgesandten aus Berlin eintrafen, waren die Exekutionen bereits im Gang. Noch bevor die »Endlösung« zur Ermordung aller Juden Europas realisiert wurde, entstand hier eine Interessengemeinschaft zwischen Wehrmacht, SS und Auswärtigem Amt mit dem Ziel, alle männlichen Juden in Serbien zu töten. Vor diesem Hintergrund kann es nicht verwundern, dass das europaweite Mordprogramm, als seine planvolle Verwirklichung anstand, in keinem organisierten Segment der deutschen Gesellschaft auf nennenswerten Widerstand stieß.

Ostgalizien

In Serbien wurden Juden getötet, nur weil sie Juden waren. Allerdings waren lediglich männliche Erwachsene betroffen, und ihre Ermordung wurde nicht als erste Etappe auf dem Weg zur umfassenden Vernichtung der gesamten jüdischen Bevölkerung wahrgenommen, sondern im Rahmen groß angelegter Geiselerschießungen durchgeführt. Zum damaligen Zeitpunkt erwartete man in Serbien immer noch, dass die überlebenden jüdischen Frauen, Kinder und Alten nach Osten abgeschoben wurden. In einer anderen, westlich von Rosenbergs Domäne der besetzten Ostgebiete gelegenen europäischen Region, in Ostgalizien, kam es im Herbst 1941 ebenfalls zu Massenerschießungen von Juden. Auch sie waren sowohl auf Ermutigung und Zustimmung von oben als auch auf lokalen Konsens und örtliche Initiativen zurückzuführen. In Ostgalizien erreichten die Exekutionen indessen nicht nur größere Ausmaße als in Serbien, vielmehr wurden sie auch eindeutig als erster Schritt zur Liquidierung der gesamten jüdischen Bevölkerung verstanden.

Ostgalizien, das bis 1918 zu Österreich-Ungarn und bis 1939 zu Polen gehört hatte, war durch den Hitler-Stalin-Pakt an die Sowjetunion gefallen. Im Juni und Juli 1941 lösten die deutschen Besatzer die sowjetischen ab, womit rund eine halbe Million Juden, die ungefähr zehn Prozent der Bevölkerung ausmachten, unter NS-Herrschaft kamen.[151] Die Hauptstadt Lemberg, in der zum Zeitpunkt der Invasion 150 000 bis 160 000 Juden lebten,[152] wurde nach Warschau und Lodz zur drittgrößten jüdischen Gemeinde im deutschen Herrschaftsgebiet. Am 1. August gliederte man die Region als Distrikt Galizien dem Generalgouvernement an.

Die Vertreibung der Roten Armee aus Ostgalizien bekamen die dort lebenden Juden gleich zweifach zu spüren. Zum einen entfachte die vorwiegend ukrainische einheimische Bevölkerung in Lemberg, Tarnopol und anderen Städten Pogrome gegen ihre jüdischen Mitbürger, die von den deutschen Stellen häufig ermutigt und stets toleriert wurden.[153] Zum anderen zog die Einsatzgruppe C auf dem Marsch in die Ukraine durch den neuen Distrikt, und ihr folgte eine weitere Ad-hoc-Einsatzgruppe, die der BdS Krakau, Eberhard Schöngarth, aus Angehörigen der KdS-Stellen in Krakau (150 Mann), Warschau (50) und Lublin (30) zusammengestellt hatte.[154] Beide führten Massenexekutionen vor allem von Angehörigen der jüdischen Intelligenz durch.[155]

Wie schon bei den im Herbst 1939 in Polen operierenden Einsatzgruppen zu beobachten war, entwickelten sich aus vielen von Schöngarths Einheiten stationäre Dienststellen, die als Außenposten von SS-Obersturmbannführer Herbert Tanzmanns KdS-Stelle in Lemberg fungierten. Die wichtigsten Bestandteile dieses Netzwerks bildeten die KdS-Außenstellen in Tarnopol, Stanislau, Czortków, Kolomyja und Drohobycz, von denen das Gros der lokalen Massaker und Deportationen galizischer Juden durchgeführt wurden. Wie in den anderen Distrikten des Generalgouvernements ernannte man auch hier einen SSPF, in diesem Fall den aus Radom nach Galizien versetzten 35-jährigen Friedrich Katzmann.[156]

Nach den Pogromen und den Einsatzgruppen-Massakern im Sommer 1941 trat im Herbst eine gewisse Beruhigung ein – mit der bedeutenden Ausnahme der Ermordung von 1000 Juden in Stryj am 1. September.[157] Doch schon bald führten drei Programme zur erneuten Verschärfung der nationalsozialistischen Judenpolitik in Galizien: die Schaffung eines Netzes von Zwangsarbeitslagern, die Ghettoisierung sowie eine neue Welle von Massenexekutionen. Wie vorher in anderen Distrikten des Generalgouvernements verlief die Ghettoisierung auch in Galizien eher willkürlich als systematisch. Ende Oktober galt im Generalgouvernement immer noch das allgemeine Verbot, weitere Ghettos zu errichten, »da die Hoffnung besteht, dass die Juden in naher Zukunft aus dem Generalgouvernement abgeschoben werden könnten«.[158] Trotzdem hatte der Kreishauptmann in Tarnopol, Gerhard Hager, im September 1941 die Errichtung eines Ghettos in der Stadt angeordnet, wobei er die Organisation der Bevölkerungsverschiebungen in die Hände seines Judenreferenten legte – von niemand anderem als Alexander Palfinger, dem einstigen Verfechter der Aushungerung der Ghettos von Lodz und Warschau. Danach erhielt man von Krakau offenbar die Erlaubnis für die Errichtung von Ghettos in Stanislau und Lemberg.[159] Die Ghettoisierung der 12 000 Juden in Tarnopol schien derweil nur langsam voranzukommen, denn das Ghetto wurde erst Anfang Dezember abgeriegelt.[160]

Laut Dieter Pohl war es »kein Zufall, dass die Massaker fast gleichzeitig mit den ersten Ghettoisierungen stattfanden«.[161] In Stanislau, wo mindestens 27 500, vielleicht aber auch über 40 000 Juden lebten, drängten die Amtsträger der lokalen Verwaltung, Kreishauptmann Heinz Albrecht und Stadtkommissar Emil Beau, auf ihre Ghettoisierung. Für mehr als die Hälfte der Stadtbevölkerung wollten sie indes lediglich ein Sechstel der Stadtfläche zur Verfügung stellen.[162] Dem Sipo-Chef von Stanislau, Hans Krüger,[163] der mit Schöngarths Einsatzgruppe nach Galizien gekommen war, kam deshalb die Aufgabe zu, die jüdische Bevölkerung so weit zu verringern, dass ihre Ghettoisierung möglich wurde. Gemeinsam mit 20 bis 30 anderen Funktionsträgern, die für die Versetzung in Außenstellen der Sipo und des SD auserkoren waren, nahm er an einer von Schöngarth in Lemberg veranstalteten »Mustererschießung« teil. Im Anschluss daran wurde er nach Stanislau geschickt, wo er am 8. August die Exekution von etwa 300 jüdischen und 200 polnischen Intellektuellen und Akademikern leitete. Ende September oder Anfang Oktober hielt Katzmann in Lemberg eine Besprechung mit Krüger und Tanzmann ab, bei der er, laut Krügers Nachkriegsaussage, verkündete, dass Himmler groß angelegte Aktionen angeordnet habe und die Liquidierung der galizischen Juden deshalb nunmehr beginne. Krüger zufolge diente das erste große Massaker, das er daraufhin in Stanislau durchführen ließ, allerdings einem konkreteren und unmittelbareren Ziel. Es sei nicht so gewesen, »dass beabsichtigt gewesen wäre, Stanislau an einem Tag ›judenfrei‹ zu machen. Es ging vielmehr um eine Dezimierung der Juden, um ein Ghetto in Stanislau einrichten zu können.«[164]

Zur Vorbereitung der Massenexekution – es sollte das bis dahin größte von den Nationalsozialisten in Galizien begangene Massaker werden – begab sich Krüger am 6. Oktober 1941 mit einer Gruppe von Sicherheitspolizisten, ukrainischen Milizionären und Angehörigen des 133. Reservepolizeibataillons ins nahe gelegene Nadworna und ließ dort, gewissermaßen zur Übung, 2000 Juden erschießen.[165] Erst der Einbruch der Dunkelheit machte dem mörderischen Treiben ein Ende. Nachdem Krüger die Exekution in Nadworna mit Katzmann besprochen hatte, ordnete dieser die Dezimierung der jüdischen Bevölkerung von Stanislau und die Ghettoisierung der Überlebenden an. Daraufhin veranstaltete Krüger, wiederum mit Hilfe der örtlichen Schupo und ihrer ukrainischen Schutzleute sowie mit Kräften des 133. Reservepolizeibataillons, am 12. Oktober 1941 den »Blutsonntag« von Stanislau. Die Juden wurden angewiesen, ihre Wertsachen zusammenzupacken und sich mit ihnen an einem Sammelpunkt einzufinden. Vom Ringplatz führte man dann Kolonnen von jeweils 200 bis 300 Juden zum jüdischen Friedhof, wo Schupokommandeur Hauptmann Streege durch ukrainische Milizionäre Gräber hatte ausheben lassen. Am Friedhofstor mussten die Juden ihre Wertsachen aushändigen und sich ausziehen. Danach wurden sie zu einem der Gräber gebracht und von wechselnden Exekutionskommandos erschossen. Die Hinrichtungen begannen um 12 Uhr mittags. Bei Einbruch der Dunkelheit versuchte Krüger, die Erschießungen im Scheinwerferlicht von Lastwagen fortzusetzen, gab aber schließlich auf und erlaubte den restlichen Juden, in das neu geschaffene Ghetto zurückzukehren. An diesem »Blutsonntag« waren mindestens 10 000 Juden getötet worden.[166]

Die Errichtung des Ghettos in Stanislau war nicht der einzige Grund für Krügers »Blutsonntag«. Die Massaker von Nadworna und Stanislau waren nur die ersten einer ganzen Reihe großer Mordaktionen, die im Herbst 1941 im südlichen

Teil Galiziens durchgeführt wurden. Nur vier Tage nach dem »Blutsonntag« fielen Angehörige des Grenzpolizeipostens in Tatarow unter der Führung von Krügers Untergebenem Ernst Varchim zusammen mit der 3. Kompanie des 133. Reservepolizeibataillons, das am Massaker in Stanislau mitgewirkt hatte, und einer Einheit der ukrainischen Hilfspolizei über Delatyn her und erschossen 1950 Juden.[167] In den folgenden Monaten führte Varchims Polizeieinheit mehrere kleinere Massaker durch, mit dem Ziel, das Grenzgebiet, für das sie zuständig war, von Juden zu »säubern«.[168] Die Sicherheitspolizei von Stanislau stand später in dem Verdacht, am 12. Dezember 1941 in Brzezany 1000 Juden erschossen zu haben.[169]

Krügers Hauptkonkurrenten im Wettstreit um das größte Massaker in Galizien im Herbst 1941 waren der Chef der Sipo-Außendienststelle in Kolomyja, SS-Obersturmführer Peter Leideritz, und sein Stellvertreter Erwin Gay. Die im September 1941 gebildete Dienststelle bestand aus 25 deutschen Mitarbeitern und einer Wachmannschaft von 20 »Volksdeutschen« und Ukrainern. Daneben war in Kolomyja eine so genannte Dienstabteilung der Schutzpolizei stationiert, der 25 Polizisten und 100 ukrainische Milizionäre angehörten.[170] Am 12. Oktober töteten Leideritz' Männer in Kolomyja, zeitgleich zum Massaker in Stanislau, mehrere Tausend Juden.[171] Drei Tage später schickte Leideritz seinen Stellvertreter mit dem Befehl ins rund 35 Kilometer entfernte Kossow, so viele Juden wie möglich zu erschießen. Mit Hilfe von Angehörigen des 133. Reservepolizeibataillons, die man sich aus Stanislau ausgeliehen hatte, ermordeten seine Männer dort daraufhin am 16. und 17. Oktober über 2000 Juden.[172]

Nach der Exekution von 800 Juden am 6. November in Kolomyja selbst[173] erreichte die mörderische Tätigkeit von Leideritz' Einheit im Dezember ihren Höhepunkt. Am 4. und 5. Dezember führte der Obersturmführer selbst ein Kommando nach Horodenko. Hier rief der zuständige Kreishauptmann die 4000 Juden des Ortes unter dem Vorwand einer Typhusimpfung zusammen. Leideritz nahm die Selektion vor, wobei er Ärzte und Arbeiter von der Exekution ausnahm. Die restlichen 2600 Juden wurden erschossen.[174] Schließlich verübten die Sipo-Einheiten aus Kolomyja am 19. und 26. Dezember in Zabie und Zablatow Massaker an 600 beziehungsweise 1000 Juden.[175]

Während Krüger und Leideritz im Süden des Distrikts Galizien umfangreiche Massaker anordneten, führten die Sipo-Außenstellen in Tarnopol unter Edmund Schöne, Drohobycz unter Franz Wenzel und Czortków unter Karl Hildemann zahlreiche kleinere Tötungsaktionen durch, die sich häufig gegen kranke und alte Juden sowie gegen die Intelligenz richteten.[176] Am Jahresende setzte Tanzmann die Erschießungen vorübergehend aus.[177]

Nachdem die Besatzungsbehörden in Galizien im Herbst 1941 die Erlaubnis zur Errichtung von Ghettos in Tarnopol und Stanislau erhalten hatten, drängten sie nun auch auf die Ghettoisierung der jüdischen Gemeinde der Distriktshauptstadt Lemberg. Zur Begründung verwiesen sie wie üblich auf die Wohnungsnot und den kulturellen Status der Stadt; außerdem hielten sie es für unnormal, dass man die Juden von Lemberg anders behandelte als die in Warschau oder Krakau. Mit ihren Forderungen erreichten sie eine weitere Ausnahme vom grundsätzlichen Verbot der Errichtung weiterer Ghettos, und am 6. November 1941 konnte Distriktsgouverneur Karl Lasch SSPF Katzmann mit der Umsiedlung von rund 80 000 Juden aus Lemberg in die Stadtviertel Zamarstynów und Kleparów beauftragen, wo bereits 25 000 Juden lebten. Die am 8. November angeordnete Umsiedlung fand zwischen dem 12. November und dem 15. Dezember 1941 statt.[178] Wie in Stanislau ging die Einweisung ins Ghetto mit einer Dezimierung der jüdischen Bevölkerung einher. Auf dem Weg ins Ghetto mussten die Juden zwei Eisenbahnbrücken passieren, wo deutsche und ukrainische Polizisten ihnen alle Wertsachen abnahmen und eine Selektion durchführten. Katzmann schrieb später, die Juden seien durch »Schleusen« geführt worden, in denen »das gesamte arbeitsscheue und asoziale jüd. Gesindel erfasst und sonderbehandelt wurde«.[179] Im Rahmen dieser »Todesbrücken«-Aktion töteten die Deutschen viele tausend Juden, und im Unterschied zur »Intelligenzaktion« im vorangegangenen Sommer waren die Hauptopfer zum ersten Mal

Frauen.[180] Einige Tausend Juden müssen aber auch geflohen oder in den Untergrund gegangen sein, denn der Judenrat von Lemberg meldete für die Zeit zwischen Oktober und Dezember einen Rückgang der jüdischen Bevölkerung von 119 000 auf 106 000.[181]

Kurz vor der Abriegelung des Ghettos im Dezember, als noch 20 000 Juden auf der »arischen« Seite lebten, brach Fleckfieber aus und drohte auf die ganze Stadt überzugreifen. Daraufhin wurde die Ghettoisierung abgebrochen. Katzmann, der für die Umsiedlungsaktion verantwortlich zeichnete, schrieb später in seinem Abschlussbericht über die »Lösung der Judenfrage im Distrikt Galizien«: »Es zeigte sich immer mehr, dass die Zivilverwaltung nicht in der Lage war, das Judenproblem auch nur einer annähernd befriedigenden Lösung zuzuführen. Da wiederholte Versuche der Stadtverwaltung Lemberg z. B., die Juden in einem geschlossenen jüd. Wohnbezirk unterzubringen, scheiterten, wurde kurzerhand auch diese Frage vom SS- und Polizeiführer mit seinen Organen gelöst. Diese Maßnahme wurde umso vordringlicher, da allenthalben im Stadtgebiet in den Wintermonaten 1941 große Fleckfieberherde auftraten […].«[182] Der Historiker Dieter Pohl weist hingegen darauf hin, dass es sich hier um eine »groteske Verdrehung der Tatsachen« handele. Katzmann sei 1941 selbst mit der Ghettobildung beauftragt worden, und »diese wurde gestoppt, gerade weil sie zu einer Ausbreitung der Seuchen geführt hatte«.[183]

Bis Ende 1941 waren die galizischen Juden zwar nur zu einem kleinen Teil ghettoisiert, aber in großer Zahl Opfer von Massenmorden geworden. Nach einer Schätzung hatten die Deutschen im Herbst 1941 mindestens 30 000 und seit dem deutschen Einmarsch insgesamt 55 000 bis 65 000 galizische Juden umgebracht.[184] Weniger bekannt als das Ausmaß der galizischen Tragödie vom Herbst 1941 ist ihre Bedeutung für die Gesamtentwicklung der nationalsozialistischen Judenpolitik. Unklar ist insbesondere, wer die Mordwelle ausgelöst hat. Nach dem Krieg sagte der berüchtigtste Henker des Herbstes 1941, Hans Krüger, in verschiedenen Vernehmungen über Befehle von Katzmann und Tanzmann aus, diese hätten sie ihrerseits von Himmler beziehungsweise vom RSHA erhalten.[185] Katzmann selbst hielt sich in seinem prahlerischen Abschlussbericht von 1943 zugute, dass die Lösung der »Judenfrage« stets seine »vordringlichste Aufgabe« gewesen sei.[186] Krüger versuchte sich hingegen mit seiner Aussage zu entlasten, und auch Katzmann erwähnte in seinem Bericht die Massaker vom Herbst 1941 mit keinem Wort, sosehr er sich sonst auch bemühte, seine Leistungen ins rechte Licht zu rücken; stattdessen beginnt seine Darstellung mit der »Umsiedlung« in Galizien im April 1942.

Die beiden führenden Historiker auf diesem Gebiet, Dieter Pohl und Thomas Sandkühler, sind der Ansicht, dass lokale Entscheidungsträger, insbesondere führende Figuren der Sipo, eine herausragende Rolle bei der Initiierung der Massentötungen vom Herbst 1941 gespielt haben.[187] In Anbetracht des ständigen Einsatzes gemischter Polizeikräfte – Sipo, Orpo, Schupo, Grenzpolizei und ukrainische Hilfspolizei – war Katzmann sicherlich tief in die Aktionen verstrickt. Immerhin bildete die Koordinierung solcher gemeinsamen Einsätze die Hauptaufgabe der SS- und Polizeiführer.

Doch wie immer die Balance zwischen Befehlen von oben und Initiativen von unten im Einzelnen ausgesehen haben mag, zwei Faktoren dürften klar sein: Einerseits beruhten die Ghettoisierung und die Erschießungen im Herbst 1941 in Galizien nicht auf einer einheitlichen, für den gesamten Distrikt geltenden Politik. Die Ghettoisierung beschränkte sich auf einzelne Städte – Tarnopol, Stanislau und Lemberg –, für die von den Distriktsbehörden erst eine Ausnahmegenehmigung vom allgemeinen Verbot der Errichtung neuer Ghettos eingeholt werden musste. Die großen Massaker konzentrierten sich auf den Süden des Distrikts und wurden zudem nur von zwei Sipo-Stellen ausgeführt, denen in Stanislau und Kolomyja. Wurden die Opfer der ersten Massaker offenbar willkürlich ausgewählt, um die jüdische Bevölkerung zu dezimieren, bildete sich später, insbesondere in Horodenko und Lemberg, ein bestimmtes Selektionsmuster heraus, nach dem die Schwachen ermordet und potentielle Arbeitskräfte verschont wurden. Die Beschränkung der Massaker auf einen Teil des Distrikts und die Veränderung des Selektionsmusters deuten nicht darauf hin, dass hier eine umfassende, einheitliche Politik zur Vernichtung aller galizischen Juden umgesetzt wurde.

Andererseits hegten die lokalen Vertreter des NS-Regimes offenbar keinerlei Zweifel darüber, welches Schicksal die galizischen Juden letztlich erwartete. So konnten sie im Bestreben, die Sicherheitsprobleme an der Südgrenze zu lösen, die Wohnungsnot zu bekämpfen und eine Übervölkerung der Ghettos zu verhindern, Massaker an Juden anordnen und sich dabei sicher sein, dass ihr Vorgehen den Segen Berlins finden würde und zugleich ein Mordprogramm vorwegnahm, das sie früher oder später ohnehin würden ausführen müssen. Sie antizipierten die Zukunft mit noch klarerem Blick als die Henker in Serbien.

8.3 Die Erfindung des Vernichtungslagers

Der »Vernichtungskrieg« an der Ostfront mit den primitiven Exekutionsmethoden der Einsatzgruppen und ihrer vielen Helfer hatte einen massiven Angriff auf das sowjetische Judentum ausgelöst. Als die Deutschen im August auch Frauen und Kinder in den Vernichtungsprozess einbezogen, war der entscheidende Schritt zum systematischen Massenmord getan. Zugleich hatte die verlockende Aussicht auf die Eroberung unendlich weiter sowjetischer Gebiete überall im deutschen Herrschaftsbereich der Forderung Auftrieb gegeben, die seit langem stockende Vertreibung der europäischen Juden endlich wieder in Gang zu bringen. Während Hitler Deportationen zunächst abgelehnt und auf die Zeit nach dem Krieg verschoben hatte, genehmigte er Mitte September 1941 wenigstens die Abschiebung der im Reich lebenden Juden bis zum Ende des Jahres. Die darauf nicht vorbereiteten und von eigenen Problemen belasteten Funktionsträger in den Aufnahmegebieten beschwerten sich darüber ebenso lautstark wie jene, die sich ihrer unerwünschten Juden noch nicht entledigen durften. An manchen Orten nahm die Forderung nach dem Massenmord an den europäischen Juden die »Endlösung« vorweg, und in Serbien und Galizien ging man dabei bereits vom Wort zur Tat über.

Will man ein vollständiges Bild der entscheidenden und höchst komplexen Ereignisse zwischen August und Oktober 1941 erhalten, muss man eine weiteren Entwicklung in die Betrachtung einbeziehen, nämlich die Suche nach Lösungen für die beispiellosen Probleme, die eine mögliche Ausweitung des systematischen Massenmords auf das europäische Judentum aufwarf. In dem Augenblick, als das NS-Regime im Sommer 1941 vom selektiven zum totalen Massenmord an den sowjetischen Juden überging, gab Hitler offenbar das Signal – und das ist zugegebenermaßen Spekulation – für die Ausarbeitung eines nach dem Ende des Russlandfeldzuges umzusetzenden Programms für die Ermordung der europäischen Juden. Auf jeden Fall ließ sich Heydrich am 31. Juli von Göring ermächtigen, einen Plan für die »Endlösung« der europäischen »Judenfrage« zu entwerfen und vorzulegen. Da der RSHA-Chef schon seit Januar 1939 für die Vertreibung und Emigration von Juden zuständig war und Göring bereits im März 1941 einen Vorschlag für die vollständige »Umsiedlung« der europäischen Juden auf sowjetisches Territorium unterbreitet hatte, deutet die Erteilung eines neuen Auftrags für einen weiteren Plan darauf hin, dass diesmal etwas anderes von ihm erwartet wurde.[188] Im Grunde hatte Göring eine »Machbarkeitsstudie« über einen Massenmord von noch nie da gewesenem Ausmaß bei ihm bestellt. Die Ereignisse in der Sowjetunion hatten gezeigt, dass viele Probleme einer Lösung harrten. Allein die Ermordung der sowjetischen Juden durch Exekutionskommandos stellte eine enorme logistische Herausforderung dar und erforderte die Mobilisierung umfangreichen Personals, und dabei hatte man sie gerade erst in Angriff genommen. Daneben waren zwei weitere Probleme zutage getreten. Das eine war die psychische Belastung der Mörder. Einem sichtlich mitgenommenen Himmler, der soeben Zeuge einer relativ kleinen Exekution geworden war, will HSSPF von dem Bach-Zelewski in Minsk gesagt haben: »Sehen Sie in die Augen der Männer des Kommandos, wie tief erschüttert sie sind! Solche Männer sind fertig für ihr ganzes Leben. Was züchten wir uns damit für Gefolgsmänner heran? Entweder Nervenkranke oder Rohlinge!«[189] Das andere Problem bestand darin, dass die Massenerschießungen in der Sowjetunion viel zu öffentlich abliefen. Das Wissen über die Massaker war innerhalb der deutschen Truppen weit verbreitet.[190] Die Soldaten machten Fotos, schrieben nach Hause und erzählten während ihres Fronturlaubs Familienangehörigen und Freunden davon, so dass sich Gerüchte über Massaker an der Ostfront in Deutschland verbreiteten. Die in der Sowjetunion angewandte Exekutionsmethode brachte in dieser Hinsicht viele Nachteile mit sich, auch wenn die Nähe der Schlachtfelder und der Vorwand der Partisanenbekämpfung die Skrupel verringerten. Gleichwohl lag es auf der Hand, dass man effizientere, räumlich abgelegenere und geheimere Methoden benötigte, wenn man in der Nachkriegszeit, wie man noch immer meinte, den Tötungsprozess auf ganz Europa ausdehnen wollte.

Bis Oktober 1941 entwickelten findige NS-Schergen in Gestalt des Vernichtungslagers eine mögliche, wenn auch noch unerprobte Lösung all dieser Probleme. Dabei kombinierten sie im Wesentlichen Elemente von drei Programmen, mit denen sie bereits Erfahrungen gesammelt hatten. Der Tatort Konzentrationslager gewährleistete die Geheimhaltung, zumal in Osteuropa, weit hinter der deutschen Grenze. Mit der Vergasungstechnologie des »Euthanasie«-Programms stand eine Tötungsmethode zur Verfügung, die weit effizienter und unpersönlicher war als die Erschießung. Den unablässigen Nachschub von Opfern für die Todesfabriken schließlich stellte ein massives Entwurzelungs- und Deportationsprogramm sicher, das sich auf die Erfahrungen und das Personal – die HSSPF und Eichmanns Referat für »Judenangelegenheiten und Räumungsangelegenheiten« im RSHA – früherer Umsiedlungsprogramme stützen konnte.

Die Aktivitäten dieser Wegbereiter im August und September 1941 sind schwer nachzuvollziehen. Sie handelten ohne zentrale Anleitung und hinterließen keine Aktenspur wie etwa im Falle der umfangreichen und wortreichen Proteste deutscher Beamter in Lodz und Riga oder der eilfertigen, ja ungeduldigen Vorschläge Höppners aus Posen und Zeitschels aus Paris. Doch die Idee, Giftgas über das »Euthanasie«-Programm hinaus für Massentötungen einzusetzen, war im Spätsommer 1941 bereits weit verbreitet und führte zu lokalen Experimen-

x) * 1910 † 1951 (Hinrichtung Polen, Oberleutn.

ten. Im September und Oktober fehlte nur noch ihre allgemeine Durchsetzung als Methode für den systematischen Massenmord an den Juden. Der erste schriftliche Vorschlag in dieser Hinsicht scheint Rolf-Heinz Höppners x) Brief an den »lieben Kameraden Eichmann« vom 16. Juli gewesen zu sein, in dem er als »humanste Lösung«, um sich der nicht arbeitsfähigen Juden von Lodz zu entledigen, den Einsatz eines »schnellwirksamen Mittels« empfahl.[191] Die Mörder an der Ostfront, HSSPF von dem Bach-Zelewski und Einsatzgruppenführer Nebe, hatten es kaum weniger eilig. Anfang August beorderte Nebe einen Chemiker des Kriminaltechnischen Instituts nach Smolensk,[192] und von dem Bach-Zelewski bat HSSPF Wartheland Koppe, kurz nach Himmlers Besuch in Minsk, den umtriebigen Euthanasiemörder Herbert Lange aus Posen zu ihm zu schicken.[193] Langes Sonderkommando in Posen, das ist in diesem Zusammenhang erwähnenswert, verfügte über beachtliche Erfahrungen in der Tötung von Geisteskranken mit Kohlenmonoxid, das aus Flaschen in einen verschlossenen Lastwagen geleitet wurde.[194] Von dem Bach-Zelewskis Nachkriegsaussage zufolge war eine andere Initiative von Himmler ausgegangen; im Anschluss an eine Erschießung in Minsk, bei der er zugegen war, habe er sichtlich bewegt gefragt, ob es denn keine »humaneren« Tötungsmethoden gebe. Daraufhin habe Nebe Versuche mit Sprengstoff vorgeschlagen.[195]

Es gibt keinen Beweis dafür, dass Lange jemals in Minsk war, aber ein KTI-Chemiker, Albert Widmann, besuchte Mitte September 1941 zusammen mit einigen Sprengstoffexperten Nebe und von dem Bach-Zelewski in Minsk und Mogilew.[196] Widmann hatte bereits im Herbst 1939 Gasexperimente durchgeführt und den »Euthanasie«-Experten Kohlenmonoxid für ihre Tötungsaktionen empfohlen. Sein Chef, KTI-Direktor Walter Heeß, hatte ihm einmal während der Heimfahrt von der Arbeit in der U-Bahn von einem Vorschlag Nebes erzählt, statt der Gasflaschen Motorabgase zu benutzen. Der Gedanke ging auf einen Vorfall zurück, der Nebe um ein Haar das Leben gekostet hätte: Nach der Rückkehr von einer Feier, auf der er viel getrunken hatte, war er bei laufendem Automotor in seiner Garage eingeschlafen. Sowohl die daraus resultierende

Anregung als auch die Anfrage nach einem Chemiker Anfang August, noch vor Himmlers Besuch in Minsk, deuten darauf hin, dass Nebe der Initiator der nachfolgenden Experimente mit Autoabgasen war, Himmler aber von Mitte August an davon wusste und ihn ermutigte.

Ein Sprengstofftest an Geisteskranken in der Anstalt Nowinki bei Minsk erwies sich als höchst unbefriedigend. Bei dem grausamen Experiment waren zwei Sprengungen erforderlich, um alle in einem Bunker eingesperrten Opfer zu töten. Leichenteile waren überallhin verstreut worden und hingen sogar in den umstehenden Bäumen. Zwei Vergasungstests, der eine in Nowinki und der andere in Mogilew, verliefen vielversprechender. Die Opfer wurden in abgedichteten Räumen getötet, in die man durch Schläuche die Abgase eines Pkw und eines Lastwagens einleitete. Diese Abgasversuche blieben keine lokale Angelegenheit. In Berlin wandte sich Heydrich umgehend an den Chef des RSHA-Amts für technische Fragen (II D), Walter Rauff, der unter anderem für die über 4000 Fahrzeuge der Sipo zuständig war. Leiter dieses Fuhrparks war Friedrich Pradel, der bereits während der Ausbildung der Einsatzgruppen in Pretzsch deren Transport organisiert hatte. Leiter der dazugehörigen Werkstatt in der Prinz-Albrecht-Straße war Harry Wentritt. Irgendwann im September bestellte Rauff Pradel zu sich und wies ihn an, seinen Werkstattleiter zu fragen, ob Auspuffgase in einen geschlossenen Lastwagen geleitet werden könnten, um die Passagiere zu töten. Man brauche für die Einsatzgruppe eine »humanere« Exekutionsmethode, erläuterte Rauff.[197] Pradel leitete die Frage an Wentritt weiter, wobei er seinerseits erklärte, dass es bei den Erschießungskommandos in Russland regelmäßig zu Nervenzusammenbrüchen komme und man daher eine »humanere« Tötungsmethode suche. Die Arbeiten müssten in Wentritts Werkstatt ausgeführt werden. Angeblich fragte Wentritt seinen Chef, ob es keine andere Möglichkeit gebe, worauf dieser in »freundlichem Ton« erwiderte, er solle an seine Frau und seine Kinder denken.[198] Als nächstes wies Rauff Pradel an, sich bezüglich der Funktionsweise des Gaswagens mit Dr. Heeß vom KTI in Verbindung setzen, und nach einigem Hin und Her beschaffte Rauff selbst fünf Saurer-

x) * 1906 † 1984 Santiago, Marineoffizier
xx) * 1901 †? Pol.Kom., Major, 1966 7 Jahre Haft

Lastwagenchassis.[199] Danach erteilten Pradel und Wentritt der Berliner Karosseriebaufirma Gaubschat den Auftrag, luftdichte Kastenaufbauten für diese Chassis herzustellen. Den ersten fertigen Laster, der jetzt wie ein Möbelwagen aussah, brachte Wentritt in seine Werkstatt. Dort setzte er ein T-Stück ins Auspuffrohr ein, bohrte ein fünf Zentimeter großes Loch in den Boden des Laderaums und steckte einen Stutzen hindurch, den er im Innern an ein U-förmiges System aus durchlöcherten Rohren anschloss. Verband man den Stutzen nun durch einen Schlauch mit dem T-Stück und verschloss den Auspuff, strömte das Abgas in den Laderaum.[200]

Wentritt fuhr den Prototypen zum KTI, wo Widmann seine jungen Chemiker zusammenrief und ihnen erklärte, wie man den Kohlenmonoxidausstoß durch die richtige Einstellung der Zündung maximieren konnte. Im Anschluss daran setzte einer seiner Mitarbeiter eine Gasmaske auf und maß die Kohlenmonoxidkonzentration im Innern des abgedichteten Laderaums. Nach Widmanns Ansicht würde dieser Lastwagen die Erschießungskommandos an der Ostfront überflüssig machen. Einige Tage später, Ende Oktober oder Anfang November, fuhr Dr. Heeß mit zwei jungen Chemikern, die bei der Kohlenmonoxidmessung zugegen gewesen waren, ins Konzentrationslager Sachsenhausen, wo sie den Gaswagen, umringt von einer Gruppe von etwa 30 SS-Offizieren, vorfanden.[201] Aus einer nahe gelegenen Baracke holte man 40 nackte Russen und schloss sie in dem Lastwagen ein, der dann zum Krematorium in einem anderen Teil des Lagers fuhr. Nach 20 Minuten wurden die Türen des Laderaums geöffnet, und die dagegen gepressten Leichen fielen heraus. Die gerötete Haut der Leichen deutete darauf hin, dass sie nicht erstickt, sondern durch Vergiftung gestorben waren.[202] Die Firma Gaubschat erhielt nun einen Auftrag über den Umbau von dreißig Lastwagen.[203]

Die Initiative zur Entwicklung und zum Bau der Gaswagen war von Nebe ausgegangen. Ursprünglich mochten sie als Mittel für die Mordaktionen der Einsatzgruppen auf sowjetischem Territorium gedacht gewesen sein. Doch nachdem der Prototyp fertig gestellt und unter Heydrichs Schirmherrschaft in Berlin getestet worden war, stand auch er den SS-Planern, die

x) * 1901 † 1951 (für tot erklärt)

nach Mitteln für die Vernichtung der europäischen Juden suchten, als potentielle Lösung zur Verfügung. Zudem handelte es sich bei den Gaswagen um nur eine von drei Vergasungstechnologien, die im September und Oktober 1941 entwickelt und getestet wurden. In Auschwitz wurde bereits mit Zyklon B experimentiert, und mit der Übertragung der soeben getesteten Technik der Kohlenmonoxidvergasung von den »Euthanasie«-Zentren in Deutschland auf stationäre Gaskammern in Polen zeichnete sich eine dritte Lösung ab.

Den teilweise widersprüchlichen Aussagen von Auschwitz-Kommandant Rudolf Höß zufolge fanden im Spätsommer 1941 in seinem Lager zwei oder drei Vergasungstests statt.[204] Nach einer seiner Darstellungen benutzte sein Stellvertreter Karl Fritzsch ein starkes Insektenvertilgungsmittel – Zyklon B –, um in den Zellen im Keller von Block 11 russische Kriegsgefangene zu töten. Einige Zeit darauf war er persönlich bei einem Test im Krematorium von Auschwitz I anwesend, wo man die Türen abgedichtet und Löcher in die Decke gestoßen hatte, durch die Zyklon B in den Raum gegeben wurde.[205] Einer anderen Darstellung von Höß zufolge führte Fritzsch in Block 11 zunächst einen kleineren Versuch durch und erst im Anschluss daran einen zweiten, größeren, bei dem Höß zugegen war und zu seinem Schutz eine Gasmaske trug. Ein dritter sei, ebenfalls in seiner Anwesenheit, »bald darauf« im »alten Krematorium« durchgeführt worden.[206] Der große Versuch in Block 11 ist mit guten Gründen auf den 3. September 1941 datiert worden. Ein Raum des »alten Krematoriums« im Stammlager (Auschwitz I) wurde daraufhin in eine Gaskammer umgewandelt und am 16. September erprobt.[207] Im weiteren Verlauf des Jahres wurden dann mehrere kleinere Gruppen von Juden, die man mit Lastwagen ins Lager brachte, mit Zyklon B vergast.[208] Dabei handelte es sich vermutlich um Juden aus den nahe gelegenen Schmelt-Lagern, in denen man von nun an regelmäßig nicht mehr arbeitsfähige Juden selektierte, die nach Auschwitz in den Tod geschickt wurden.[209]

Wie im Fall von Nebes Augustinitiative und der anschließenden Versuche von Widmann wurden die Zyklon-B-Experimente in Auschwitz – entgegen der Nachkriegsaussage von

Höß – ursprünglich nicht im Zusammenhang mit der Suche nach Techniken für die Vernichtung der europäischen Juden durchgeführt. Vielmehr vergaste man die russischen Kriegsgefangenen, wie Robert Jan van Pelt und Karin Orth überzeugend nachgewiesen haben, im Rahmen der Aktion 14f13, der auf die Konzentrationslager ausgedehnten »Euthanasie«-Morde. Als Teil dieses Programms waren im Juli 575 Auschwitzhäftlinge im »Euthanasie«-Zentrum Sonnenstein vergast worden. Nachdem man die »Euthanasie«-Zentren geschlossen hatte und im August sowjetische Kriegsgefangene in großer Zahl eintrafen, begannen die Herren von Auschwitz mit Methoden zu experimentieren, die eine Tötung Ort und Stelle erlaubten.[210] Sobald aber in regelmäßigen Abständen die in den Lagern der Organisation Schmelt selektierten Juden im alten Krematorium des Stammlagers Auschwitz I ermordet wurden, nahm die Idee einer doppelten Nutzung der Krematorien ein Eigenleben an.

Am 1. Oktober 1941 wurde Karl Bischoff zum Chef der Zentralbauleitung von Auschwitz ernannt und beauftragt, in Birkenau ein zweites großes Lager für 100 000 sowjetische Kriegsgefangene zu errichten. Er erkannte bald, dass die Kapazität der vorhandenen Krematorien völlig unzureichend sein würde, und bat Kurt Prüfer von der Firma Topf & Söhne, die für die SS bereits Krematorien für andere Konzentrationslager gebaut hatte, zu sich. Bei dem Treffen am 21. und 22. Oktober 1941 wurden sich Prüfer und Bischoff über den Bau eines neuen Krematoriums im Stammlager mit erheblich größerer Kapazität – fünf Dreimuffelöfen – handelseinig.[211] Zwei Merkmale des Entwurfs bestätigen die nahe liegende Vermutung, dass die SS-Ingenieure und -Architekten ein Krematorium bauen wollten, das mindestens so vielseitig und so gut für Vergasungen geeignet war wie das alte, das bereits doppelt genutzt wurde. Erstens sollte der kleinere der beiden Kellerräume des neuen Krematoriums anders als der Rest des Gebäudes eine zusätzliche Belüftung erhalten, so dass nicht nur die alte Luft abgeleitet, sondern auch frische Luft zugeführt werden konnte.[212] Zweitens sollten die Belüftungsrohre, wiederum im Unterschied zum übrigen Gebäude, einbetoniert werden. Das war ebenso ungewöhnlich wie kostspielig. Nach Ansicht von Michael Thad Al-

x) * 1897 † 1950, Leiter Bauinspektion

len kann es für die massive Bauweise und die einbetonierten Rohrleitungen »nur eine Erklärung geben: Die SS wollte unter allen Umständen verhindern, dass ihre nach Luft ringenden Opfer im Todeskampf zerbrechliche Zinnrohre eintraten oder herunterrissen.«[213] Da diese Art der Verlegung der Rohre bereits in den überarbeiteten Zeichnungen vom Januar 1942 vorgesehen war, musste der Gedanke schon im Herbst 1941 zusammen mit der Idee einer zusätzlichen Lüftungsanlage aufgetaucht sein.[214] Bei dem Entwurf eines einzigen neuen Krematoriums im Stammlager, das zugleich als Gaskammer dienen konnte, handelte es sich lediglich um eine verbesserte Version der in Auschwitz vorhandenen Anlagen, die auf die gleiche Weise genutzt werden sollte. Auch wenn sie noch nicht auf die künftige Rolle des Lagers bei der Realisierung der »Endlösung« hinwies, zeigte sich doch, wie weit die Idee der Vergasung im Herbst 1941 bereits vorangeschritten war.

Schauplatz der dritten Kette von Ereignissen war Lublin. Die dortigen Geschehnisse können aus zwei Perspektiven betrachtet werden: derjenigen der deutschen Besatzer in Polen und derjenigen der Zentrale in Berlin. Wenden wir uns zuerst dem lokalen Blickwinkel im Generalgouvernement zu. Frank hatte nach seinen Begegnungen mit Hitler Mitte März 1941 den Blick auf langfristige Ziele gerichtet. Obwohl das Generalgouvernement »in absehbarer Zeit« von Juden »befreit« werden sollte, ging man bei den wirtschaftlichen Entscheidungen in Bezug auf das Warschauer Ghetto davon aus, dass es noch bis zu fünf Jahre existieren würde. Ohnedies wurden für das Projekt, das Generalgouvernement in einen dem Rheinland vergleichbaren rein deutschen Landstrich zu verwandeln, mehrere Jahrzehnte veranschlagt.[215] Doch wie viele andere straffte auch Frank unter dem Eindruck der militärischen Erfolge in der Sowjetunion seinen Zeitplan. Am 17. Juli 1941 verwies er auf Hitlers erneuertes Versprechen, dass man die Juden »in absehbarer Zeit« aus dem Generalgouvernement entfernen werde; es diene also nur noch »gewissermaßen [als] Durchgangslager«.[216] Nur zwei Tage darauf schlug er Lammers vor, die Pripjetsümpfe dem Generalgouvernement zuzuschlagen. Aus diesem brachliegenden Gebiet, erklärte er, könnten durch die produktive Arbeit gewisser »Bevölkerungselemente (vor allen Dingen jüdischer)« beträchtliche Werte herausgeholt werden.[217] Wiederum zwei Tage später, am 21. Juli, besprach Frank mit dem Chef seiner Gesundheitsverwaltung, Dr. Walbaum, die »kommende Räumung« des Warschauer Ghettos.[218] Fast im selben Moment, am 20. Juli, erhielt Globocnik in Lublin Besuch von Himmler, der ihm Anweisungen für den Bau eines großen Konzentrationslagers (Majdanek), die Vorbereitung deutscher Ansiedlungen im Distrikt Lublin, insbesondere in der Gegend um Zamość, sowie den Aufbau von SS- und Polizeistützpunkten in den weiter östlich gelegenen Regionen gab.[219]

Doch ebenso wie die Erwartung eines schnellen militärischen Sieges über die Sowjetunion enttäuscht wurde, erwies sich die im Generalgouvernement gehegte Hoffnung auf eine »kommende Räumung« des Warschauer Ghettos und die Abschiebung der Juden in östliche Gebiete wie die Pripjetsümpfe als trügerisch. Auch Globocniks Germanisierungspläne blieben in der Schublade. Aus lokaler Perspektive wurde der Engpass, der die Lösung dieser Probleme verhinderte, im Oktober 1941 indes durch mehrere Entwicklungen überwunden.[220] Am 1. Oktober schrieb Globocnik an Himmler: »Im Vollzug Ihrer Absichten in der Verdeutschung des Distriktes habe ich gestern Obergruppenführer Krüger die ausgearbeiteten Unterlagen übergeben und wollte SS-Obergruppenführer Krüger diese Unterlagen Ihnen, Reichsführer, sogleich zur Vorlage bringen.« Krüger teile seine Auffassung über die Dringlichkeit der Angelegenheit, da sich die Lage der »Volksdeutschen« im Generalgouvernement verschlechtere. Eine »Zusammensiedlung« der »Volksdeutschen« hänge aber von der »Entsiedlung« der »fremdvölkischen« Einwohner ab. Krüger habe ihm, Globocnik, daher aufgetragen, den Reichsführer-SS um ein baldiges Treffen zu ersuchen.[221]

Am Abend des 13. Oktober kamen Globocnik und Krüger zu einem zweistündigen Gespräch mit Himmler zusammen.[222] Der Inhalt der Unterredung ist zwar nicht dokumentiert, doch fasste SS-Hauptsturmführer Hellmut Müller zwei Tage später Globocniks Auffassung zusammen, dass eine »allmähliche Säuberung des gesamten GG. von Juden und auch Polen zwecks Sicherung der Ostgebiete usw. […] notwendig« sei. Der SSPF Lublin stecke »in diesem Zusammenhang voller weitgehender und guter Pläne«.[223] Unter Globocniks »weitgehenden Plänen«, die sofort Himmlers Zustimmung fanden, muss sich nach der übereinstimmenden Ansicht von Dieter Pohl und Bogdan Musial auch der Entwurf für die Errichtung eines Lagers mit Gaskammern in Belzec befunden haben. Nur zwei Wochen später, am 1. November 1941, begannen polnische Arbeiter dort mit den Bauarbeiten.[224]

Der Gedanke der Ermordung von Juden im Generalgouvernement fiel bei Franks Leuten, die sich zu diesem Zeitpunkt von verschiedenen Seiten unter Druck gesetzt fühlten, auf fruchtbaren Boden. Am 13. Oktober 1941, dem Tag des Treffens zwischen Himmler, Globocnik und Krüger, sprach Frank mit Rosenberg über die »Möglichkeit der Abschiebung der jüdischen Bevölkerung des Generalgouvernements in die besetzten Ostgebiete«. »Im Augenblick«, meinte Rosenberg dazu, sehe er »für die Durchführung derartiger Umsiedlungspläne noch keine Möglichkeit«.[225] Zwei Tage später, am 15. Oktober, begab sich Frank zum ersten einer Reihe von Treffen mit Vertretern der Distriktsverwaltungen nach Warschau. Distriktsgouverneur Fischer und die Ghettoverwalter Auerswald und Bischoff zeichneten ein entmutigendes Bild der Lage im Ghetto und machten insbesondere auf die Lebensmittelknappheit und den drohenden Ausbruch von Epidemien aufmerksam.[226] Frank lehnte indessen jede Erhöhung der Rationen ab, da auch »für die polnische Bevölkerung […] kaum noch etwas zur Verfügung gestellt werden« könne.[227] Der Todesstrafe für Juden, die beim Verlassen des Ghettos erwischt wurden, stimmte er dagegen zu.[228] Exakt zur selben Zeit wurde in Bad Krynica Dr. Walbaums Äußerung: »[…] wir verurteilen die Juden im Ghetto zum Hungertode oder wir erschießen sie«, von den versammelten 100 Amts-, SS- und Militärärzten mit stürmischem Beifall aufgenommen.[229]

Nächste Station von Franks Rundreise durch die Distriktshauptstädte war am 17. Oktober Lublin. An der dortigen Besprechung nahm offenbar auch Globocnik teil, der nach sei-

x) * 1889 † unbek. SA-Oberführer, Röntgenologe

nem Treffen mit Himmler wieder in Lublin weilte, denn er berichtete Himmler einige Tage später, am 25. Oktober, über eine Unterredung mit Frank.[230] Wie bereits ihre Warschauer Kollegen verlangten auch die Lubliner Verwaltungsbeamten die Todesstrafe für Juden, die außerhalb des Ghettos angetroffen wurden. Die lokalen Beamten wurden darüber informiert, dass eine entsprechende Verordnung in Vorbereitung sei. Stadthauptmann Fritz Sauermann fügte hinzu: »Eine Klärung der Judenfrage wird natürlich endgültig erst dann zu erreichen sein, wenn der vollkommene Abtransport aller Juden bewerkstelligt werden kann.«[231] Daneben erfuhren die Beamten zugleich, wie man sich das vorstellte: »Die Juden sollen – bis auf unentbehrliche Handwerker und dergl. – aus Lublin evakuiert werden. Zunächst werden 1000 Juden über den Bug überstellt werden. Den Vollzug übernimmt der SS- und Polizeiführer. Die Auswahl der zu evakuierenden Juden erfolgt durch den Stadthauptmann [Sauermann].« Dieser Mitteilung hängte Frank eine persönliche Nachricht an: »Ich habe in der nächsten Zeit auf Grund eines besonderen Auftrages des Führers sowieso hier noch öfter zu tun und werde daher das Glück haben, öfter in Lublin zu erscheinen.«[232]

Durch seinen Besuch in Lublin am 17. Oktober und das Treffen mit Globocnik hatte Frank von Hitlers Zustimmung zu dem Vorhaben erfahren, alle als Arbeitskräfte entbehrlichen Juden aus dem Distrikt Lublin zu deportieren, und nun nahm er an, dass er und seine Zivilverwaltung dabei eine zentrale Rolle spielen würden. Auch war ihm offenbar bewusst, dass es sich bei der vermeintlichen Abschiebung über den Bug um einen Euphemismus für Mord handelte, denn er hatte keineswegs die Absicht, Juden in den Distrikt Galizien zu »evakuieren«; dass Deportationen in Rosenbergs Gebiete ausgeschlossen waren, war ihm ohnehin bekannt. Darüber hinaus wusste er von der bevorstehenden »Evakuierung« von Juden nicht nur aus dem Distrikt Lublin; zumindest entsprach dies seinen Wünschen. Als er sich vier Tage später in Lemberg aufhielt, bekräftigte er das Verbot der Errichtung weiterer Ghettos, »da die Hoffnung besteht, dass die Juden in naher Zukunft aus dem Generalgouvernement abgeschoben werden könnten«.[233] Dem Besuch in

x) *1893 + ? unbek.
Nach 1945 Geschäftsführer AG-Verb. Chem. Industrie

Lemberg folgte am 22. Oktober ein festlicher Empfang in Stanislau. Hier hatte die Welle von Massenexekutionen im Distrikt Galizien, die sich bis in den Dezember hinziehen sollte, nur zehn Tage zuvor mit dem Massaker vom »Blutsonntag« ihren Anfang genommen.[234]

Aus dem lokalen Blickwinkel des Generalgouvernements heraus liegt die Schlussfolgerung nahe, dass Globocniks Initiative vom 1. Oktober den Anstoß für Hitlers und Himmlers Zustimmung zur »Evakuierung« der polnischen Juden und zum Bau des Vernichtungslagers Belzec gegeben habe und die Beamten vor Ort diese Entwicklung aufgrund der vielfältigen Krise, in der sich das Generalgouvernement befand, beifällig aufgenommen hätten. Von diesem Standpunkt her erscheinen die Oktoberereignisse im Generalgouvernement als eine Art »Sonderprogramm«, das sich aus lokalen Umständen, Motiven und Initiativen entwickelt hatte und noch vor der umfassenderen Entscheidung für den Völkermord an den europäischen Juden weitgehend unabhängig davon in Angriff genommen wurde.[235]

Doch der Gang der Ereignisse im September und Oktober muss auch aus Sicht der Zentrale betrachtet werden. Mitte September hatte Hitler seine bisherige Position aufgegeben, mit der Deportation der »Reichsjuden« bis nach dem Krieg zu warten, und Himmler mit ihrem sofortigen Abtransport in Übergangslager in Lodz, Riga und Minsk beauftragt. Von dort sollten sie im nächsten Frühjahr »weiter nach Osten« gebracht werden. Beantwortete das zugleich Rolf-Heinz Höppners Frage über das Schicksal der Deportierten, »ob das Ziel darin besteht, ihnen ein gewisses Leben für dauernd zu sichern, oder ob sie völlig ausgemerzt werden sollen«? Wurde dieses Deportationsprogramm noch im Rahmen früherer Vertreibungsvorhaben angegangen, oder markierte es die grundlegende Wegscheide im Zentrum des NS-Regimes, nach der man jede weitere Entscheidung in der Erwartung und mit dem Ziel der totalen Vernichtung traf? Deutliche Hinweise und größere Wahrscheinlichkeit sprechen für letztere Interpretation.

Am 2. September 1941 sprach Himmler mit dem HSSPF im Generalgouvernement, Krüger, über die »Judenfrage. – Aussiedlung aus dem Reich«.[236] Zwei Tage später ging es in einer

Unterredung mit dem HSSPF im Warthegau, Koppe, offenbar um die Möglichkeit einer Deportation von 60 000 »Reichsjuden« nach Lodz.[237] Während Himmler nach Aufnahmegebieten für die deutschen Juden Ausschau hielt, wurden auch die höchsten Beamten des »Euthanasie«-Programms an einer neuen Front aktiv. Nachdem Hitler am 24. August die Erwachseneneuthanasie in Deutschland bis auf weiteres untersagt hatte, reisten Bouhler und Brack aus der Führerkanzlei, die beiden Leiter des »Euthanasie«-Programms, im September zu Globocnik nach Lublin.[238] Nach ihrer Rückkehr nach Berlin saßen Mitarbeiter des eingestellten »Euthanasie«-Programms in der Kantine und unterhielten sich über die Versetzung verschiedener Personen nach Lublin, darunter auch der spätere Chef von Globocniks Vernichtungslagern im Generalgouvernement, Christian Wirth. Nach dem Krieg sagte einer der damals anwesenden Ärzte aus: »Der mir bekannte Polizei-Hauptmann Wirth, der Verwaltungsleiter in verschiedenen Euthanasie-Anstalten war, erzählte mir im Spätsommer 1941, dass er […] an eine Euthanasie-Anstalt im Raum Lublin versetzt sei.«[239] Nach der Erinnerung eines anderen Zeugen sei »klar« gewesen, dass in Lublin etwas Ähnliches wie das »Euthanasie«-Programm verwirklicht werden sollte, nur dass es diesmal, Gerüchten zufolge, um Juden gegangen sei.[240]

Die Konvergenz von Deportation und Vergasung versinnbildlichte sich auf dramatische Weise in der Begegnung des SS-Deportationsexperten Adolf Eichmann und des »Euthanasie«-Funktionärs Christian Wirth, die beide aus Berlin in den Distrikt Lublin entsandt worden waren, im Generalgouvernement. Irgendwann im Herbst 1941 wurde Eichmann, nach eigener Aussage,[241] zu Heydrich bestellt, der ihm verkündete: »Der Führer hat die physische Vernichtung der Juden befohlen. Globocnik hat vom Reichsführer seine diesbezüglichen Weisungen erhalten. Er soll demnach dazu die Panzergräben benützen. Ich möchte wissen, was er macht und wie weit er gekommen ist.«[242] In Lublin angekommen, fuhr Eichmann mit Globocniks Mitarbeiter Heinrich Höfle zu einem kleinen, auf der rechten Straßenseite stehenden Bauernhaus, anderthalb Fahrstunden außerhalb der Distriktshauptstadt. Wie der Ort

x) * 1885 † 1944 (Partisanen) T4
1941 1. Kommandant Belzec

hieß, konnte Eichmann nicht mehr sagen, aber er habe einen »mehr polnischen Namen« getragen als Treblinka.[243] Weiter berichtete er: »Wir wurden von einem Ordnungspolizisten mit aufgekrempelten Hemdärmeln, offenbar bei der Arbeit selbst mit Hand anlegend, empfangen. Die Art seiner Stiefel und der Schnitt seiner Reithose deuteten auf einen Offizier. Bei der Vorstellung wusste ich, dass ich es mit einem Hauptmann bei der Ordnungspolizei zu tun hatte. Der Name ist mir in den Nachkriegsjahren lange Zeit entfallen gewesen. Erst durch die Literatur erinnerte ich mich wieder. Sein Name war Wirth.«[244]

Von Wirths Erscheinung blieben dem Deportationsexperten vor allem eine grobe Stimme und ein südwestdeutscher Dialekt in Erinnerung.[245] Wirth führte Eichmann und Höfle auf einen kleinen Waldweg auf der linken Seite der Straße. In einer Version berichtete Eichmann später, sie seien zu zwei oder drei »noch im Bau« befindlichen Häusern gekommen;[246] nach einer anderen standen an dem Waldweg »unter Laubbäumen zwei kleinere Bauernhäuser«. Dort erklärte Wirth den Gästen seine Aufgabe: Er habe »sämtliche Fenster und Türen hermetisch zu verschließen«. Danach würden in die Räume »Juden kommen, welche durch die Auspuffgase eines russischen U-Boot-Motors, die in diese Räume geleitet würden, getötet werden«.[247] In einer dritten Version fügte Eichmann hinzu, »diese Holzhausbauten« hätten sich in einer »Laubbaumzone«, einer »ziemlich dichten Laubbaumzone« befunden, »größere Bäume und so, im vollen Schmuck ihrer Blätter«. Das wäre »also 1941 im Herbst« gewesen.[248] An Arbeiter erinnerte er sich nicht.[249] »Der Motor war noch nicht einmal da, die Anlage war noch nicht einmal in Betrieb gewesen.«[250] Tatsächlich sah er überhaupt nichts, was irgendeine Ähnlichkeit mit einem Lager gehabt hätte. Aber er erinnerte sich deutlich daran, dass er in der Erwartung nach Lublin gereist war, dort für Erschießungen bestimmte Panzergräben zu sehen. Stattdessen erfuhr er zum ersten Mal von konkreten Vorbereitungen für die Vergasung von Juden.

Eichmanns Darstellung enthält drei Schlüsselelemente. Erstens war er nach Polen geschickt worden, *nachdem* Heydrich ihn über eine Grundsatzentscheidung Hitlers für die physische

Vernichtung der europäischen Juden informiert hatte. Zweitens besuchte er den Standort eines von Globocniks künftigen Vernichtungslagern ganz am Anfang der Bauarbeiten, als die Idee, stationäre Gaskammern zu errichten und Autoabgase zu benutzen, gerade erst Gestalt annahm. Und drittens war das Laub bei seinem Besuch herbstlich gefärbt; er fand also im späten September oder frühen Oktober statt.[251] Wenn Eichmanns Darstellung in diesen Punkten zutrifft, kann man Hitlers Entscheidung von Mitte September, die deutschen Juden deportieren zu lassen, nicht klar von einer angeblich später erfolgten Entscheidung für die Endlösung trennen. Die Rolle der Zentrale im Herbst 1941 bestand folglich nicht nur darin, passiv auf eigenständige Initiativen der Peripherie zu reagieren.

Wie bei allen detaillierten Zeugenaussagen nach so vielen Jahren weichen auch Eichmanns unterschiedliche Darstellungen voneinander ab und sind nicht frei von verwirrenden Widersprüchen in Bezug auf andere Beweise. So wirft seine Datierung der Reise nach Lublin auf den Herbst 1941 zwei Probleme auf. Zum einen kam Wirth, laut Aussage von Josef Oberhauser, erst Ende Dezember 1941 nach Belzec;[252] zum anderen nahmen polnische Bauarbeiter, wie Stanislaw Kozak und Eustachy Urkainski bezeugten, erst am 1. November die Arbeiten an den ersten drei Holzbaracken in Belzec auf, einschließlich der künftigen Gaskammern.[253] Es gibt allerdings keinen Beweis, der Wirths Anwesenheit in Lublin bereits vor Oberhausers Ankunft im Oktober oder November ausschlösse. Tatsächlich ist es angesichts von Bouhlers und Bracks Reise ins Generalgouvernement im September durchaus nicht unwahrscheinlich, dass ein Repräsentant des »Euthanasie«-Programms wie Wirth während der ersten Test- und Planungsphase vor Ort war und später, als das Lager nahezu fertig gestellt war, zurückkehrte, um das Kommando in Belzec zu übernehmen. Sollte Eichmanns letzte Aussage korrekt sein, das heißt, hatte er tatsächlich zwei kleine Bauernhäuser inmitten eines dichten Waldes gesehen und nicht zwei oder drei im Bau befindliche Baracken, steht man vor einem weiteren Rätsel. Der Standort des späteren Lagers von Belzec, von dem man schon seit langem annimmt, dass es das Ziel dieses ersten Besuchs war, liegt

3 km v. Landau

an der Hauptstraße und der Eisenbahnstrecke in Sichtweite von Bahnhof und Stadt, und sowohl der Ort des Lagers als auch die Größe der darin errichteten Gebäude passen nicht zu Eichmanns Beschreibung zweier Bauernkaten im Wald.

Wie lassen sich diese Widersprüche auflösen? Ich würde folgendes Szenario vorschlagen. Im September wurde Wirth nach Lublin geschickt, um eine Vergasungsstätte zu errichten. Er erwog zuerst, zwei Bauernhäuser durch hermetische Abdichtung in Gaskammern zu verwandeln, wie Höß es später mit den Bunkern I und II in Birkenau machen sollte. Nach Eichmanns Besuch beschloss man dann jedoch, vermutlich in der Besprechung zwischen Himmler, Krüger und Globocnik am 13. Oktober, das gesamte Lager wegen der logistischen Notwendigkeit, einen ständigen Strom von Transporten zu bewältigen, an der Eisenbahnstrecke von Grund auf neu aufzubauen. Nach diesem Szenario bildeten Wirths Bauernhäuser die Grundlage für einige der »ausgearbeiteten Unterlagen« und »weitgehenden und guten Pläne«, die Globocnik am 1. Oktober Himmler hatte vorlegen wollen. Anschließend wurden diese Pläne dann Himmlers Bedürfnissen und Erwartungen entsprechend geändert und erweitert.

Unterstützt wird diese Möglichkeit von einigen obskuren und auf den ersten Blick trivialen Beweisen. Bei der Darstellung seines ersten Besuchs in Birkenau im Frühjahr 1942 erwähnte Eichmann, er habe dort »dieselben Häuschen« gesehen wie in dem Lager im Wald.[254] Auch der Kommandeur der Gendarmerie des Distrikts Lublin, Ferdinand Hahnzog, bezeugte die Existenz einer »tief im Grenzwalde gegen Galizien bei Belzec verborgenen primitiven Anlage [...], die aus einem abgedichteten Schuppen bestand«, in den bei einem Tötungsexperiment durch einen Schlauch die Abgase eines Lastwagens geleitet worden waren.[255] Zweimal brachte Eichmann seine Reise nach Lublin in einen Zusammenhang, aus dem sich eine Datierung auf Ende September ergibt. Vor Gericht stellte er fest, er habe sie kurz vor seinen Verhandlungen in Lodz unternommen,[256] und in seiner letzten Darstellung schrieb er, die Reise habe stattgefunden, »kurz ehvor [sic] der Befehl zur Vorbereitung zu dieser ersten großen Judendeportation« erging.[257]

Ferner sagte Eichmann aus, er sei in Berlin mit Heydrich zusammengetroffen, doch der hielt sich nach dem 27. September überwiegend in Prag auf.[258] Dies alles deutet darauf hin, dass es in den Wäldern bei Belzec ein Versuchsgelände gab, das Eichmann Ende September besichtigte und das den Ausgangspunkt für die Entscheidung bildete, an der Eisenbahnstrecke in Belzec ein völlig neues Lager zu errichten, mit dessen Bau am 1. November begonnen wurde.

In jedem Fall sind die Probleme und Widersprüche, die gegen den Wahrheitsgehalt von Eichmanns Aussage über einen Belzec-Besuch im Herbst sprechen, weit geringer, als wenn man versucht, seine Angaben mit einem Besuch im folgenden Winter in Übereinstimmung zu bringen.[259] Laut Kozak hatten polnische Bauarbeiter bis Ende Dezember drei große Baracken (50 mal 12,5 Meter, 25 mal 12,5 Meter, 12 mal 8 Meter) errichtet. Russische Kriegsgefangene in schwarzen Uniformen hoben derweil das erste große Grab (50 mal 20 Meter, bei 6 Metern Tiefe) aus, das durch ein Schmalspurgleis mit der künftigen Gaskammer verbunden wurde. Darüber hinaus zogen sie einen dichten Stacheldrahtzaun um das Lager.[260] Eichmann hätte bei einem Besuch im Winter folglich ein fast fertiges Lager vorgefunden, das auch nicht die entfernteste Ähnlichkeit mit den in seinen Aussagen geschilderten Gegebenheiten gehabt hätte.

Die Glaubwürdigkeit von Eichmanns Behauptung, er sei im Herbst 1941 *nach* Hitlers Entscheidung für die »Endlösung« nach Belzec gereist, muss jedoch vor allem anhand einiger anderer Ereignisse überprüft werden. Nach dem zweistündigen Treffen von Himmler, Krüger und Globocnik am 13. Oktober, bei dem Himmler wahrscheinlich der Errichtung Belzecs zustimmte, sowie einer vierstündigen Begegnung zwischen Himmler und Heydrich am nächsten Tag, dem 14. Oktober,[261] folgte in kurzer Zeit eine ungewöhnliche Häufung von Ereignissen, die sich in zwei Kategorien aufteilten. Die erste betraf die Multiplizierung potentieller Vergasungsstätten, die zweite spiegelte eine grundlegende Verschiebung der Vision einer Lösung der »Judenfrage« von der Vertreibung zur Vernichtung wider. Zuerst einmal war Belzec nicht das einzige Vernichtungslager, das in diesem Zeitraum im Generalgouvernement oder anderswo geplant wurde. Nach Aussage des Bahnhofsvorstehers von Sobibor, Jan Piwonski, erschien dort irgendwann im Herbst 1941 eine Gruppe von SS-Offizieren, die die Gleise und die Rampe vermaßen. Offenbar war auch dieser Standort für die Errichtung eines Vernichtungslagers im Gespräch.[262]

Im benachbarten Warthegau geschah Vergleichbares. Seit Anfang 1940 befehligte Herbert Lange in Posen ein Sonderkommando, das in Ostpreußen und den eingegliederten Gebieten »Euthanasie«-Morde durchführte, teils durch Erschießen, zumindest teilweise aber auch in mit Kohlenmonoxidflaschen ausgerüsteten Gaswagen.[263] Nach eigenen Angaben fuhr Langes Chauffeur seinen Chef im Herbst 1941 auf der Suche nach einem geeigneten Standort für ein Lager kreuz und quer durchs Wartheland. Anschließend reiste Lange zu Konsultationen nach Berlin und kehrte Ende Oktober oder Anfang November in einen kleinen Ort nordwestlich von Lodz zurück, wo eine Gruppe von SS-Männern und Ordnungspolizisten aus Lodz und Posen versammelt war und eine polnische Arbeitskolonne begonnen hatte, eine alte Villa beziehungsweise ein Schloss im Zentrum der Stadt zu renovieren und einzuzäunen. Das Dorf hieß Chelmno (Kulmhof) .[264] Diesen Ablauf bestätigte auch der örtliche volksdeutsche Amtskommissar, der Ende 1941 zwar nicht anwesend gewesen war, als einige SS-Männer das Schloss und andere Gebäude besichtigten, einige Tage später aber nach seiner eigenen Rückkehr Zeuge wurde, wie Lange erneut in dem Ort erschien und mehrere Gebäude konfiszierte. Bald darauf sei er mit einer Gruppe von SS-Männern zurückgekehrt, denen Polizisten gefolgt seien, und die Bauarbeiten am Schloss hätten begonnen.[265]

Es ist argumentiert worden, dass die Errichtung des Vernichtungslagers in Chelmno ebenso wie die des Lagers in Belzec aus vornehmlich lokalen Beweggründen erfolgt sei – als Resultat einer Sondergenehmigung Himmlers, die auf eine Initiative Greisers mit dem Ziel zurückging, die nicht arbeitende jüdische Bevölkerung des Lodzer Ghettos zu dezimieren. Auf diese Weise versuchte man den örtlichen Behörden die unerwünschte Ankunft von 20 000 »Reichsjuden« und 5000 »Zigeunern«, die seit Mitte Oktober dorthin deportiert wurden, schmackhaft zu machen.[266] Die Hinzuziehung des »Euthanasie«-Mörders Lange und die Bereitstellung von Gaswagen und Fahrern der Berliner RSHA-Fahrbereitschaft spricht indessen für eine enge, auf ein gemeinsames Ziel ausgerichtete Zusammenarbeit zwischen Brack und der Führerkanzlei, Heydrich und dem RSHA sowie Himmler und seinem HSSPF Koppe. Chelmno mag ein lokales Vernichtungslager für die Juden des Warthegaus gewesen sei, aber das Tempo, mit dem es im Herbst 1941 errichtet wurde, war nicht zuletzt darin begründet, dass sich die Auffassungen und Wünsche der lokalen Vertreter des NS-Regimes vollkommen mit den Vorstellungen und Zielen der Zentrale deckten.

Für Ende Oktober lassen sich indes nicht nur Vorarbeiten für die künftigen Vernichtungslager in Chelmno und Belzec (und für den Herbst 1941 zumindest die Auswahl des Standorts für das künftige Lager in Sobibor), sondern auch Planungen für mindestens zwei weitere, später nicht errichtete Vernichtungslager nachweisen. Ebenso wie die Errichtung von Chelmno ungefähr mit dem Termin der ersten Deportationen aus Lodz zusammenfiel, plante man die beiden Lager in Mogilew und Riga, als die Vorbereitungen für eine zweite Welle von Deportationen nach Minsk und Riga begonnen hattten. Am 23. Oktober, dem Tag, an dem Eichmann in Berlin mit seinen versammelten »Räumungsexperten« die bevorstehende »Aussiedlung« von 50 000 »Reichsjuden« in die beiden Städte besprach,[267] hielt sich Himmler in Mogilew auf, um ein Fabrikarbeitslager von dem Bach-Zelewskis zu inspizieren. Laut einem Augenzeugen, der dieses Ereignis auf einen späteren Zeitpunkt datierte, brachte Himmler dabei auch den Bau von Gaskammern zur Sprache. Mitte November wurde bei der Firma Topf ein riesiges Krematorium für Mogilew in Auftrag gegeben, und im Dezember wurde der erste Krematoriumsofen mit vier Einäscherungskammern übergeben. Die Gaskammern wurden jedoch nie gebaut und die anderen Krematoriumsöfen nach Auschwitz umgeleitet.[268] Stattdessen errichtete man im nächsten Frühjahr ein Vernichtungszentrum im näher bei Minsk gelegenen Maly Trostinez.

Während Himmler bei seinem Besuch in Mogilew am 23.–25. Oktober 1941 Pläne für den Bau von Gaskammern für das dort geplante Lager besprach, diskutierten in Berlin Vertreter des »Euthanasie«-Programms, des Ostministeriums und des RSHA über die mögliche Errichtung von Vergasungsanlagen in Riga. Wie bereits erwähnt, waren Reichskommissar Lohse und Generalkommissar Drechsler am 24. Oktober mit Einsatzgruppenführer Rudolf Lange zusammengekommen, um über die aus dem Reich erwarteten Judentransporte zu sprechen. Über das einseitige Vorgehen der SS verärgert, hatte Lohse verkündet, dass er am nächsten Tag nach Berlin reisen werde, um die Angelegenheit zu klären.[269] Als der Chef seiner Politischen Abteilung, Friedrich Trampedach, ihn zwei Wochen später drängte, die inzwischen unmittelbar bevorstehenden Judentransporte aufzuhalten, befand er sich immer noch in Berlin. Von dort erhielt Trampedach die oben zitierte Antwort, das Ostministerium habe keine Einwände gegen die Deportationen, da es sich bei den Lagern in Riga und Minsk nur um vorübergehende Einrichtungen handle und man die Juden »weiter nach Osten« abschieben werde.[270] Was hatte Lohse in Berlin erfahren, das die Haltung des Ostministeriums in der Frage der jüdischen Transporte derart radikal geändert hatte?

Am 25. Oktober, dem Tag von Lohses Ankunft in Berlin und einen Tag nach seiner Begegnung mit Lange, entwarf der Judenreferent des Ostministeriums, Erhard Wetzel, im Auftrag von Minister Rosenberg einen Brief über Gespräche, die er zuerst mit Viktor Brack und anschließend mit Eichmann geführt hatte. Adressat des Briefs war niemand anderes als Lohse. Die Gespräche hatten kurz vor dem »erfolgreichen« Test des Gaswagenprototyps in Sachsenhausen stattgefunden, vermutlich aber nach den vorangegangenen Versuchen im Kriminaltechnischen Institut. Laut Wetzel hatte sich Brack bereit erklärt, am Bau von »Vergasungsapparaten« vor Ort in Riga mitzuwirken, da es im Reich nicht genügend davon gebe. Sie müssten erst noch hergestellt werden. Brack bot an, den Chemiker Dr. Horst Kallmeyer für alles Weitere nach Riga zu schicken. Das fragliche Verfahren, warnte er, sei nicht ungefährlich, weshalb man besondere Schutzmaßnahmen treffen müsse. Lohse sollte Kallmeyer sowie weiteres Personal durch den HSSPF in Riga anfordern lassen. Eichmann hatte bestätigt, dass in Riga und Minsk in Kürze Lager für deutsche Juden errichtet werden sollten. Wetzel hatten dem Gespräch mit Eichmann ferner entnommen, dass man die arbeitsfähigen Juden später »in den Osten« schicken wollte. Unter den gegebenen Umständen gebe es aber keine Einwände dagegen, »wenn diejenigen Juden, die nicht arbeitsfähig sind, mit den Brackschen Hilfsmitteln beseitigt werden«.[271]

Laut Wetzels Nachkriegsaussage wurde er am 23. Oktober zu Brack in die Führerkanzlei bestellt: »Brack sagte mir, [...] er habe einen Auftrag für mich. Ich solle dem Minister Rosenberg Folgendes übermitteln: Er, Brack habe einen Gasapparat, der solle nach Riga geschickt werden. Der Minister solle den Reichskommissar Lose [sic] davon benachrichtigen. Brack sagte mir, der Gasapparat sei für die Vernichtung von Juden bestimmt. [...] Brack hatte mir übrigens bei seiner Erklärung gesagt, es handele sich um einen Führerbefehl oder einen Auftrag des Führers.« Nach der Unterredung mit Brack habe er, Wetzel, ein »kurzes und sachliches Gespräch« mit Eichmann geführt. Anschließend sei er ins Ostministerium zurückgekehrt, wo er Bräutigam Bericht erstattete. Dieser habe gemeint, es handle sich um eine »heikle Sache«, die mit Leibbrandt besprochen werden müsse. Der habe dann den Vorschlag gemacht, Lohse brieflich über die Treffen mit Brack und Eichmann zu informieren.[272] Da Lohse zu diesem Zeitpunkt gerade in Berlin eingetroffen war, sprachen Bräutigam und Leibbrandt wahrscheinlich persönlich mit ihm sowohl über die Frage der Judentransporte nach Riga als auch über Bracks Vorschlag. Der für Rosenberg entworfene Brief wurde weder unterzeichnet noch abgeschickt. Wie es scheint, ist Kallmeyer nicht nach Riga gereist, und Gaswagen sind dort ebenfalls nicht gebaut worden.[273] Stattdessen schickte man schließlich Gaswagen aus Berlin.

Als man im Prozess der Erfindung des Vernichtungslagers von der Konzeptions- und Experimentierphase zu konkreten Vorbereitungen überging, erhielten unvermeidlicherweise immer mehr Vertreter des NS-Regimes von ihren Kollegen in der SS unmissverständliche Hinweise darauf, dass die nationalsozialistische Judenpolitik eine schicksalhafte Wegscheide passiert hatte. Die europäischen Juden erwartete keine Vertreibung mehr, sondern Massenmord. Zwei in den Akten des Auswärtigen Amts dokumentierte Beispiele zeigen, welche Fingerzeige dessen Mitarbeiter Ende Oktober bekamen. In Frankreich waren mehrere spanische Juden festgenommen und interniert worden, und die spanische Regierung brachte daraufhin die Möglichkeit ins Gespräch, alle spanischen Juden (etwa 2000) nach Marokko zu evakuieren. Am 13. Oktober 1941 drängte Unterstaatssekretär Luther darauf, Verhandlungen über diesen Vorschlag aufzunehmen, der völlig mit der bisher verfolgten Politik eines »judenreinen« Europa übereinstimme. Vier Tage später – und nur drei Tage nach Heydrichs vierstündigem Gespräch mit Himmler – teilte das RSHA Luther telefonisch mit, dass es den spanischen Vorschlag ablehne, da die spanische Regierung weder den Willen noch die Erfahrung besitze, die Juden in Marokko effektiv zu bewachen. »Darüber hinaus wären diese Juden aber auch bei den nach Kriegsende zu ergreifenden Maßnahmen zur grundsätzlichen Lösung der Judenfrage dem unmittelbaren Zugriff allzu sehr entzogen.« In Verbindung mit der Ablehnung der Deportation nach Marokko deutete die Erwähnung einer grundsätzlichen Lösung nach Kriegsende, der ihre vorherige Abschiebung entgegenwirken würde, auf einen tief greifenden Wandel der nationalsozialistischen Judenpolitik hin. Zumindest die SS wollte ein »judenreines« Europa nicht mehr durch Vertreibungen verwirklichen.[274]

Am 18. Oktober 1941, einen Tag nachdem Heydrich Luther mitgeteilt hatte, dass die spanischen Juden nicht nach Marokko gebracht werden dürften, notierte Himmler über ein Telefongespräch mit Heydrich: »Keine Auswanderung der Juden nach Übersee.«[275] Fünf Tage später, am 23. Oktober, wurden die Auswanderungstore offiziell geschlossen. An diesem Tag versandte Gestapochef Müller ein Rundschreiben an die verschiedenen Dienststellen der Sipo und des SD, in dem er Himmlers Befehl bekannt gab, die Auswanderung von Juden künftig zu unterbinden.[276] Und als ob diese Mitteilung noch nicht deutlich genug gewesen wäre, erhielt Fritz Rademacher im Auswärtigen Amt von Eichmann am 4. November die amtliche Bestätigung, dass die Beendigung der jüdischen Auswanderung nicht nur die der spanischen Juden nach Marokko beträfe, sondern alle Juden in Europa.[277]

Schon im Oktober war Rademacher, wie erwähnt, in Begleitung von Eichmanns Mitarbeiter Friedrich Suhr nach Belgrad gereist, um sich mit der »Judenfrage« in Serbien zu befassen. Nachdem in einer Besprechung am 20. Oktober das Schicksal der jüdischen Männer geklärt worden war, berichtete er bezüglich der Frauen, Kinder und Alten: »Sobald dann im Rahmen der Gesamtlösung der Judenfrage die technische Möglichkeit besteht, werden die Juden auf dem Wasserwege in die Auffanglager im Osten abgeschoben.«[278] Als Rademacher fünf Tage später nach Berlin zurückkehrte, fand er einen am 23. Oktober geschriebenen Brief seines alten Freundes Paul Wurm vor, der als Auslandsredakteur für den *Stürmer* arbeitete. Wurm war zu Besuch in Berlin gewesen und hatte Rademacher verpasst, dafür aber ein anderes interessantes Gespräch geführt, über das er Rademacher in einer persönlichen Notiz rasch unterrichten wollte. »Auf meiner Rückreise aus Berlin«, schrieb er dem »lieben Parteigenossen Rademacher«, »traf ich einen alten Parteigenossen, der im Osten an der Regelung der Judenfrage arbeitet. In nächster Zeit wird von dem jüdischen Ungeziefer durch besondere Maßnahmen manches vernichtet werden.«[279] Welch außergewöhnlicher Zufall, dass am selben 23. Oktober Eichmann in Berlin mit seinen Deportationsexperten, einschließlich derjenigen aus den Ostgebieten, zusammengekommen war, um die bevorstehende Deportation von 50 000 »Reichsjuden« nach Riga und Minsk zu besprechen, die der ersten Deportationswelle nach Lodz folgen sollte.[280]

In den letzten Oktobertagen wurden auch Hitlers sonst eher verschleierte Äußerungen zu diesem Thema gegenüber seinen Gästen im Hauptquartier freimütiger. Spitzenvertretern des NS-Regimes, die eine Bestätigung seiner Absichten und »Wünsche« suchten, nahm er jeden Zweifel. Am 17. Oktober schwadronierte er in Gegenwart von Fritz Sauckel und Fritz Todt über die Germanisierung der Ostgebiete. Die »Eingeborenen« seien »als Indianer« zu behandeln. Sie seien zu »sieben«, während die Städte »vollständig ersterben« würden. »Den destruktiven Juden setzen wir ganz hinaus«, versicherte er. Gewissensbisse seien unangebracht. »Ich gehe an diese Sache eiskalt heran. Ich fühle mich nur als der Vollstrecker eines geschichtlichen Willens.«[281] Bei einem mittäglichen Treffen mit Bormann am 21. Oktober verbreitete sich Hitler über die These, dass Christentum und Bolschewismus zwei Versionen der ewigen revolutionären jüdischen Bedrohung darstellten. »Wenn wir diese Pest ausrotten«, resümierte er, »so vollbringen wir eine Tat für die Menschheit, von deren Bedeutung sich unsere Männer draußen noch gar keine Vorstellung machen können.«[282] Und als er am Abend des 25. Oktober Heydrich und den gerade aus Mogilew zurückgekehrten Himmler empfing, erinnerte er an seine Prophezeiung vom Januar 1939 und gab den Juden die Schuld an den Toten beider Weltkriege. Dann fuhr er fort: »Sage mir keiner: Wir können sie doch nicht in den Morast schicken! Wer kümmert sich denn um unsere Menschen? Es ist gut, wenn uns der Schrecken vorangeht, dass wir das Judentum ausrotten. […] Wir schreiben die Geschichte auch wieder neu: vom Rassenstandpunkt aus […].«[283]

Welches Szenario lässt sich aus den unvollständigen, disparaten und teilweise umstrittenen Beweisen konstruieren? Ich schlage das Folgende vor: Mitte Juli gab Hitler auf dem ersten Höhepunkt der Siegeseuphorie Himmler und Heydrich das Signal, sofort mit der umfassenden Ermordung der sowjetischen Juden zu beginnen. In den folgenden vier Wochen verstärkte Himmler das Personal und besuchte verschiedene Einheiten im Osten, um die neue Direktive zu verbreiten. Anschließend ging man reibungslos zu ihrer Umsetzung über. Gleichzeitig gab Hitler Himmler und Heydrich zu verstehen, dass er Vorschläge für das Schicksal der restlichen europäischen Juden erwartete, die über die Vertreibungspläne der vorangegangenen Jahre hinausgingen. Heydrich reagierte rasch und ließ sich von Göring beauftragen, einen neuen, beispiellosen Plan auszuarbeiten, der sich grundsätzlich von dem im März vorgelegten unterschied. Zudem begann er nun auch die Aktivitäten der zu beteiligenden Stellen zu koordinieren. Im August schlug Heydrich schließlich mit Goebbels' Unterstützung vor, mit der Deportation der »Reichsjuden« zu beginnen. Doch unter dem Eindruck einer ungewissen Lage an der Ostfront verlegte Hitler solche Deportationen in die Zeit nach Kriegsende. Als Ende August alle Konflikte über die militärische Strategie beigelegt waren und die Wiederaufnahme der Offensive bevorstand, segnete er Goebbels' Vorhaben einer Kennzeichnungsverordnung ab. Nur einen Tage später, am 20. Oktober, könnte Himmler bei seinem Besuch beim »Führer« bereits den Eindruck gewonnen haben, dass die Entscheidung für die Verschiebung der Deportationen bis nach dem Krieg nicht endgültig war.

In den letzten Augusttagen notierte Eichmann, Pläne für die »Endlösung« befänden sich »in Vorbereitung«. Sein Kollege Höppner wartete nach Rücksprache mit ihm ungeduldig auf eine grundlegende »Führerentscheidung« darüber, ob die Deportierten »völlig ausgemerzt« werden sollten. Anfang September kam Himmler mit den HSSPF des Generalgouvernements und des Warthelandes, Krüger und Koppe, zusammen. Mit Krüger besprach er die »Judenfrage« im Zusammenhang mit der »Aussiedlung aus dem Reich«, mit Koppe die Deportation von 60 000 »Reichsjuden« nach Lodz. Am 16. September wurde er von Hitler empfangen, und zwei Tage später informierte er Greiser schriftlich über die Deportation von »Reichsjuden« nach Lodz und ihre für das nächste Frühjahr vorgesehene Abschiebung weiter nach Osten. Am 22.–24. September, zu einem Zeitpunkt, als man auch Deportationen in »Lager« in Minsk und Riga plante, waren Himmler und Heydrich erneut bei Hitler. Im selben Monat reisten Bouhler und Brack zusammen mit Personal des kürzlich unterbrochenen »Euthanasie«-Programms ins Generalgouvernement, und Christian Wirth teilte Kollegen mit, dass er sich nach Lublin begeben werde. Nach meiner Auffassung ist es am wahrscheinlichsten, dass Hitler Mitte September nicht nur den Deportationen, sondern zumindest prinzipiell auch der »Ausradierung« der Deportierten vorläufig zustimmte, auch wenn noch nicht klar war, wann, wo und auf welche Weise dies geschehen sollte. Nach der Einnahme von Kiew und dem Sieg im Doppelkessel von Wjasma und Brjansk erreichte die Siegeseuphorie einen zweiten Höhepunkt, und Hitler fasste neuen Mut. So konnte Anfang Oktober definitiv umgesetzt werden, was Mitte September noch unter Vorbehalt entschieden worden war.

Ich halte es für am wahrscheinlichsten, dass Eichmann Ende September von Heydrich über Hitlers Entscheidung für die »physische Vernichtung« der europäischen Juden informiert und nach Lublin entsandt wurde, um sich Globocniks Fortschritte anzusehen. Der RSHA-Chef wusste zwar, dass Himmler Globocnik eingeweiht hatte, glaubte aber immer noch, er würde Panzergräben für Massenerschießungen verwenden. Stattdessen stieß Eichmann auf Wirth, der damit beschäftigt war, zwci im Wald gelegene Bauernhäuser abzudichten und in Gaskammern zu verwandeln. Hierbei handelte es sich vermutlich um einen der »weitgehenden und guten Pläne«, die Globocnik und Krüger Himmler unbedingt unterbreiten wollten, als sie ihn am 1. Oktober um eine Begegnung ersuchten. Bei dem Treffen am 13. Oktober muss Himmler Wirths Lösungsvorschlag dann ausgesprochen positiv aufgenommen haben. Bei einer Begegnung mit Globocnik vier Tage später erfuhr nun auch Frank, dass die nicht arbeitenden Juden des Generalgouvernements, angefangen mit den Lubliner Juden, »über den Bug« abgeschoben, das heißt getötet werden sollten. Am 1. November begann in Belzec an der Eisenbahnstrecke der Bau von zwei großen Baracken und den Gaskammern. Das zeigte, wie weit die bescheidenen Vorbereitungen, die Eichmann zuvor besichtigt hatte, inzwischen ausgeweitet worden waren. Von Wirths »Experimentierlabor« hatte sich Belzec in ein Lager verwandelt, das einen ständigen Zustrom von Deportierten aufnehmen konnte, die mit Eisenbahnzügen herantransportiert wurden. Wenig später wurde in Sobibor ein weiterer potentieller Standort für ein Vernichtungslager geprüft.

Zur gleichen Zeit als Himmler das Belzec-Projekt vorantrieb, griff Heydrich Widmanns Experimente in Weißrussland auf und initiierte die Serienproduktion von Gaswagen durch die Fahrzeugabteilung des RSHA. Ende Oktober wurden dem zu Besuch in Berlin weilenden Herbert Lange mehrere dieser Wagen für Chelmno versprochen, und am 23. Oktober lud Brack Wetzel in die Führerkanzlei ein, um dem Ostministerium seine Hilfe bei der Produktion solcher Laster in Riga anzubieten. Vom 23. bis 25. Oktober hielt sich Himmler in Mogilew auf und leitete dort offenbar den Bau eines weiteren, mit Gaskammern ausgerüsteten Vernichtungslagers in die Wege. Ende Oktober plante man also nicht nur im Distrikt Lublin, sondern auch in der Nähe der drei Städte, die Deportierte aus dem Reich aufnehmen sollten, den Bau von Vernichtungslagern – in Chelmno bei Lodz, in Mogilew bei Minsk sowie in Riga. Die Idee der Vergasung von Juden hatte seit Höppners Vorschlag von Mitte Juli und Nebes Initiative vom August unter den Vertretern des NS-Regimes eine gewisse Verbreitung gefunden. Himmler und Heydrich griffen sie Mitte Oktober auf ihrer Suche nach einer effektiven Methode der Massentötung begeistert auf, zumal der Zeitdruck durch Hitlers Genehmigung von Deportationen aus dem Reich einen Monat zuvor nun immer stärker wurde – vom Beginn der Deportationen am 15. Oktober ganz zu schweigen.[284]

Bis zum 25. Oktober erfuhren sogar Deutsche, die sich nicht im Zentrum dieser Entwicklungen befanden – wie Rademacher und Wurm –, von »Auffanglagern« im Osten und »besonderen Maßnahmen«, mit denen in »nächster Zeit [...] von dem jüdischen Ungeziefer [...] manches vernichtet« werde. Darüber hinaus waren jetzt alle Juden Europas betroffen. Am 17. Oktober formulierte Heydrich den Grundsatz, dass kein Jude dem »unmittelbaren Zugriff« der »nach Kriegsende zu ergreifenden Maßnahmen zur grundsätzlichen Lösung der Judenfrage« entkommen dürfe. Und am nächsten Tag, dem 18. Oktober, wies Himmler den RSHA-Chef an, jegliche Auswanderung von Juden zu unterbinden.

Peter Longerich vertritt in seiner hervorragenden Studie über die nationalsozialistische Verfolgung der Juden eine etwas andere Position. Nach seiner Ansicht gab es im Herbst 1941 keinen »konkreten Plan für die kurzfristige, systematische Ermordung« der Juden; es herrschte lediglich das »Klima zur Entwicklung eines solchen Programmes oder Planes«. Im Herbst 1941, so Longerich, sei »noch nicht die Entscheidung zur unmittelbaren Ermordung aller europäischen Juden gefallen«. Zu diesem Zeitpunkt habe man zwar den »Mord von Hunderttausenden, aber nicht von Millionen Menschen vorbereitet«.[285] Longerich wählt seine Worte mit Bedacht, und streng genommen ist seine Aussage auch korrekt. Ein Plan oder Programm für den »unmittelbaren« Massenmord an »allen europäischen Juden« existierte nicht. In den folgenden Monaten waren noch viele wichtige Entscheidungen darüber zu treffen, wie, wann, wo, in welchem Tempo und mit welchen Ausnahmen die Aufgabe der Ermordung der europäischen Juden realisiert werden konnte. Eine solche Einschätzung wird der Bedeutung der Ereignisse bis zur letzten Oktoberwoche 1941 indes nicht gerecht, fand sich bis zu diesem Zeitpunkt doch umstandslos eine Antwort auf Höppners grundlegende Frage, »ob das Ziel darin besteht, ihnen [den Juden] ein gewisses Leben für dauernd zu sichern, oder ob sie völlig ausgemerzt werden sollen«. Das NS-Regime hatte die entscheidende Grenze überschritten. Bis zum Sommer 1941 hatte sich die NS-Führung die Lösung der selbst geschaffenen »Judenfrage« auf dem Wege der Vertreibung und der dabei eintretenden Dezimierung vorgestellt. Derweil wurde dem engsten Kreis um Hitler und zunehmend auch anderen NS-Funktionären bis Ende Oktober bewusst, was der »Führer« von ihnen erwartete und welche Richtung sie einzuschlagen hatten. Immer deutlicher zeichnete sich jetzt ab, dass, ungeachtet der Methoden und des zeitlichen Ablaufs, kein europäischer Jude, nicht einmal Frauen und Kinder in Belgrad oder spanische Juden in Paris, den »nach Kriegsende zu ergreifenden Maßnahmen zur grundsätzlichen Lösung der Judenfrage« entkommen sollte: Das Ziel dieser Maßnahmen war die »physische Vernichtung«. Die Vision war da, die Entscheidung gefällt, die Planung in Gang und die Durchführung für eine Zeit vorgesehen, die abwechselnd als »nächstes Frühjahr« oder »nach dem Krieg« bezeichnet wurde.

Kapitel 9

Die »Endlösung« – Vom Konzept zur Umsetzung, Oktober 1941–März 1942

Ende Oktober 1941 hatte das Konzept der »Endlösung« Gestalt angenommen. Die Juden Europas sollten in geheime Lager deportiert werden, die zu dem Zweck errichtet worden waren, Massenmorde mit Hilfe von Giftgas zu begehen, obwohl auch andere Tötungsmethoden nicht ausgeschlossen wurden. In vollem Umfang kam dieses Programm jedoch erst im Frühjahr 1942 in Gang, weil vorher weder die »Todesfabriken« noch das »Nachschubsystem«, das heißt der für den Antransport der Opfer nötige administrative und logistische Apparat vorhanden war. Zwischen Oktober 1941 und März 1942 unternahm das NS-Regime alles, um diese Mängel zu beseitigen. Es handelte sich um eine Periode der Initiativen, Experimente und Vorbereitungen. Fast 60 000 Juden und »Zigeuner« wurden aus dem Dritten Reich deportiert. Etwa 6000 der deportierten Juden ermordeten Erschießungskommandos nach der Ankunft in Kowno und Riga. Das erste mit Gaswagen ausgestattete Vernichtungslager wurde in Chelmno in Betrieb genommen. Gaswagen schickten die Deutschen auch an andere Orte, so etwa nach Semlin bei Belgrad. In Belzec stellten sie die ersten stationären Gaskammern fertig, und in Birkenau wurde ein Bauernhaus (Bunker I) in eine Gaskammer umgewandelt. Während immer mehr Regierungsstellen in den Vernichtungsprozess hineingezogen wurden, verbreitete sich in der Bürokratie schließlich das Wissen über das vor der Durchführung stehende Massenmordprogramm. Infolge all dieser Initiativen, Experimente und Vorbereitungen war das NS-Regime im März 1942 so weit, die »Endlösung« umfassend in Angriff zu nehmen.

9.1 Deportationen aus Deutschland: die erste und zweite Welle

Nachdem er frühere Vorschläge zum Beginn der Deportation der deutschen Juden abgelehnt hatte, stimmte Hitler Mitte September 1941 nicht nur Deportationen aus dem »Großdeutschen Reich« zu, sondern drängte auch auf eine möglichst vollständige »Evakuierung« bis Ende des Jahres. Da noch keine Vernichtungslager in Betrieb waren, bereitete es Himmler und Heydrich große Schwierigkeiten, die Wünsche ihres Herrn zu erfüllen. Himmler kündigte Greiser zunächst an, 60 000 Juden nach Lodz zu schicken, musste die Zahl aber wenig später auf 20 000 Juden und 5000 »Zigeuner« reduzieren.[1] Anschließend fasste Himmler Aufnahmegebiete in Westrussland ins Auge; 25 000 Juden sollten nach Minsk, 20 000 nach Riga und 5000 nach Kowno deportiert werden.[2] Am Ende konnte er weder den Termin noch die Quote einhalten. Die Deportationen begannen zwar am 15. Oktober 1941, zogen sich aber bis weit ins nächste Jahr hin und endeten erst am 21. Februar 1942. Bis zu diesem Zeitpunkt hatte man 59 Transporte mit mehr als 58 000 Menschen (darunter 5000 »Zigeuner«) – rund 17 000 weniger, als angestrebt – aus dem »Altreich«, Österreich und dem Protektorat in den Osten geschickt.

Die erste Deportationswelle nach Lodz gliederte sich in zwei Abschnitte.[3] Zwischen dem 15. Oktober und dem 2. November gingen 20 Eisenbahnzüge mit knapp 20 000 Juden ab:[4]

	Stadt	Abfahrtsdatum	Ankunft
1	Wien	15. 10. 1941	16. 10. 1941
2	Prag	16. 10. 1941	17. 10. 1941
3	Luxemburg	16. 10. 1941	18. 10. 1941
4	Berlin	18. 10. 1941	19. 10. 1941
5	Wien	19. 10. 1941	20. 10. 1941
6	Frankfurt a. M.	19. 10. 1941	21. 10. 1941
7	Prag	21. 10. 1941	22. 10. 1941
8	Köln	21. 10. 1941	23. 10. 1941

9	Wien	23.10.1941	24.10.1941
10	Berlin	24.10.1941	25.10.1941
11	Hamburg	25.10.1941	26.10.1941
12	Prag	26.10.1941	27.10.1941
13	Düsseldorf	26.10.1941	28.10.1941
14	Wien	28.10.1941	29.10.1941
15	Berlin	17.10.1941	30.10.1941
16	Köln	30.10.1941	31.10.1941
17	Prag	30.10.1941	1.11.1941
18	Berlin	1.11.1941	2.11.1941
19	Wien	2.11.1941	3.11.1941
20	Prag	3.11.1941	4.11.1941

Es folgten fünf Transporte mit »Zigeunern« aus Österreich:

21	Hartberg	5.11.1941
22	Fürstenfeld	6.11.1941
23	Mattersberg	7.11.1941
24	Rotenturm	8.11.1941
25	Oserwart	9.11.1941

Die zweite Deportationswelle bestand aus vier Abschnitten. Zwischen dem 11. und 28. November gingen sieben Transporte nach Minsk:

1	Hamburg	8.11.1941
2	Frankfurt a.M.	11.11.1941
3	Düsseldorf	11.11.1941
4	Berlin	14.11.1941
5	Brünn	16.11.1941
6	Hamburg/Bremen	18.11.1941
7	Wien	28.11.1941

Zwischen dem 15. und 23. November wurden fünf Transporte nach Kowno abgefertigt:

1	München	15. 11. 1941
2	Berlin	17. 11. 1941
3	Frankfurt a. M.	22. 11. 1941
4	Wien	23. 11. 1941
5	Breslau	23. 11. 1941

Zwischen dem 25. November und 15. Dezember gingen elf Transporte nach Riga:

1	Berlin	27. 11. 1941
2	Nürnberg	29. 11. 1941
3	München	30. 11. 1941
4	Stuttgart	1. 12. 1941
5	Wien	3. 12. 1941
6	Hamburg	6. 12. 1941
7	Köln	7. 12. 1941
8	Kassel	9. 12. 1941
9	Düsseldorf	11. 12. 1941
10	Münster/Bielefeld	13. 12. 1941
11	Hannover	15. 12. 1941

Schließlich wurden zwischen dem 9. Januar und 21. Februar 1942 weitere elf Transporte nach Riga geschickt:

1	Theresienstadt	9. 1. 1942
2	Wien	11. 1. 1942
3	Berlin	13. 1. 1942
4	Theresienstadt	15. 1. 1942
5	Berlin	19. 1. 1942
6	Leipzig	21. 1. 1942
7	Berlin	25. 1. 1942
8	Dortmund	25. 1. 1942
9	Wien	26. 1. 1942
10	Wien	6. 2. 1942
11	Dresden/Leipzig	21. 2. 1942

Nach Abfahrtsorten aufgeschlüsselt, umfassten beide Deportationswellen folgende Transporte, ohne diejenigen von »Zigeunern«:

11 aus	Wien
10 aus	Berlin
5 aus	Prag
4 aus	Hamburg
je 3 aus	Düsseldorf, Köln und Frankfurt a. M.
je 2 aus	München und Theresienstadt
je 1 aus	Luxemburg, Brünn, Breslau, Nürnberg, Stuttgart, Münster, Kassel, Hannover, Dortmund, Leipzig und Dresden

Obwohl die ersten beiden Deportationswellen weniger als 20 Prozent der über 300 000 in Deutschland, Österreich und dem Protektorat lebenden Juden erfassten,[5] waren die dabei gewonnenen Erfahrungen und entwickelten Methoden von entscheidender Bedeutung für die weitere Durchführung der »Endlösung«. Die Probleme, welche die Deutschen bei den ersten beiden Deportationswellen zu überwinden hatten, können in zwei Kategorien eingeteilt werden: jene, die bei der Abfahrt aus Deutschland, und jene, die bei der Ankunft im Osten auftraten.

Abfahrt

Der Abtransport der Juden aus Deutschland, Österreich und dem Protektorat war eine hoch zentralisierte Operation, bei der Eichmann eine Schlüsselrolle zukam. Als lokaler Organisator der Zwangsauswanderung aus Wien und Prag vor dem Krieg hatte er im Herbst 1939 das zum Scheitern verurteilte Nisko-Experiment geleitet. Der Fehlschlag hatte seiner Karriere nicht geschadet; im Gegenteil: Im Dezember 1939 war er nach Berlin versetzt und zu Heydrichs »Sonderreferenten« in jüdischen Angelegenheiten und Evakuierungsfragen ernannt worden. Sein Sonderreferat R (Räumungsangelegenheiten) wurde unter der Bezeichnung IV D 4 bald darauf Heinrich Müllers Gestapo innerhalb von Heydrichs RSHA unterstellt und erhielt die Zuständigkeit für Auswanderung und Evakuierungen. Im März 1941 nannte man das Referat im Zuge einer Reorganisation in IV B 4 um und übertrug ihm die Verantwortung für »Juden-« und »Räumungsangelegenheiten«. Obwohl Eichmann formal lediglich als Referatsleiter fungierte, blieb er doch Heydrichs Sonderberater, der über ein eigenes Büro in der Kurfürstenstraße 115/116 verfügte, eine eigene Registratur für Geheimdokumente besaß und seine Korrespondenz direkt Müller vorlegen konnte, ohne den Dienstweg über seinen nominellen Vorgesetzten, Abteilungsleiter Albert Hartl, nehmen zu müssen.[6]

Im März 1941 beschäftigte Eichmanns Referat 107 Mitarbeiter, rund drei Viertel davon Sekretärinnen und Sachbearbeiter,[7] die einen enormen Papierausstoß produzierten. Eichmanns Stellvertreter war sein langjähriger Mitarbeiter Rolf Günther, der die für Räumungen zuständige Sektion IV B 4a leitete. Im Juli 1941 stieß Friedrich Suhr als Leiter der Sektion 4b für Judenangelegenheiten zu Eichmanns Referat. Aus Suhrs Personalakte geht hervor, dass man ihn eigens als Referent für die »Endlösung der Judenfrage, insbesondere Ausland« nach IV B 4 versetzt hatte.[8] Eichmanns Zuständigkeit reichte weit über die Büros von IV B 4 in Berlin hinaus, denn neben den Zentralstellen für jüdische Auswanderung in Wien und Prag hatte er in den eingegliederten Gebieten Deportationszentren gegründet und sie mit seinen eigenen Mitarbeitern besetzt. Die Umwandererzentrale in Posen (mit einer Außenstelle in Lodz) machte er zur Schaltstelle seiner Versuche, sowohl Polen als auch Juden ins Generalgouvernement abzuschieben. Allerdings war auch außerhalb des Warthegaus in allen anderen eingegliederten Gauen einer seiner Experten vor Ort. Doch erwiesen sich seine Versuche, massive Deportationen von Juden aus dem »Altreich« in Gang zu setzen – vom Nisko- bis zum Madagaskarplan –, immer wieder als vergeblich. Mitte März 1941 kam selbst die Abschiebung von Polen aus den eingegliederten Gebieten vollständig zum Erliegen. Nach Hitlers Meinungsumschwung von Mitte September 1941 bemühte sich Eichmann nun, die von Himmler vorgegebene Jahresendquote von 70 000 deportierten Juden aus dem »Großdeutschen Reich« zu erfüllen.

In Wien und Prag spannte er dafür die Zentralstellen für jüdische Auswanderung ein, die er 1938/39 gegründet hatte und die immer noch mit seinen Leuten besetzt waren. In Deutschland bediente er sich auf regionaler und lokaler Ebene der Stapoleitstellen und Stapostellen der Sipo. Mitte Oktober bestellte er die Judenexperten dieser Dienststellen zu mehreren Besprechungen über die bevorstehenden Deportationen nach Berlin. Gegenüber einer Gruppe von Judenexperten aus Westdeutschland betonte er die durch die alliierten Bombardements verursachte Notwendigkeit, Wohnraum freizumachen;[9] einer anderen Gruppe, zu der neben anderen der Judenreferent aus Nürnberg-Fürth gehörte, erklärte er, das Rheinland sei bereits teilweise »judenfrei« gemacht, und verlas eine Denkschrift über die Erfahrungen, die man bei den bisherigen Transporten – vermutlich denjenigen der ersten Welle von Deportationen nach Lodz – gemacht hatte. Um Komplikationen zu vermeiden, solle man sich bei künftigen Transporten streng an die Instruktionen des RSHA halten.[10] Zumindest eine dieser von Eichmann abgehaltenen Besprechungen, an der Franz Abromeit aus Danzig teilnahm, kann datiert werden; sie fand am 23. Oktober 1941 statt.[11]

Zu den Personengruppen, die von der Deportation bedroht waren, gehörten – mit vier Ausnahmen – all jene, die nach den Nürnberger Gesetzen von 1935 als Juden galten. Bei den Ausnahmen handelte es sich um Juden, die in »Mischehe« lebten, einer kriegswichtigen Arbeit nachgingen, über 60 Jahre alt waren oder eine ausländische Staatsbürgerschaft besaßen, sofern es nicht die sowjetische war. Staatenlose Juden, insbesondere frühere Bürger Polens und Luxemburgs, wurden ausdrücklich einbezogen. Um die Opfergruppe zu vergrößern und einen Präzedenzfall für spätere Deportationen aus anderen europäischen Ländern zu schaffen, fragte Eichmann im Auswärtigen Amt an, ob man die in Deutschland lebenden kroatischen und slowakischen Juden nicht mit abschieben könne. Es war typisch für die eilfertige Kooperationsbereitschaft, auf die Eichmanns Deportationsvorhaben in der deutschen Bürokratie stieß, dass Rademacher als Judenreferent des Auswärtigen Amts in zweifacher Weise über die Minimalerfüllung von Eichmanns Wunsch hinausging. Zum einen bat er auch die Rumänen um die Einwilligung zur Deportation ihrer Staatsbürger, zum anderen empfahl er eine Methode, Druck auf die betreffenden Regierungen auszuüben, um ihre Zustimmung zu erhalten: Sie sollten vor die Wahl gestellt werden, entweder »ihre« Juden zurückzunehmen oder aber zu gestatten, sie zusammen mit den deutschen Juden in den Osten abzuschieben.

Rumänien erklärte, es habe kein Interesse an der Rückkehr der Juden; Kroatien zeigte sich dankbar für ihre sofortige Deportation, und die slowakische Regierung sorgte sich nur um ihren Anspruch auf das zurückgelassene Vermögen der Juden, »wenn sie auf Nimmerwiedersehen in den Osten abgeschoben werden«. Sie gab ihre Zustimmung schließlich nur unter der Bedingung, dass ihr Eigentumsanspruch anerkannt würde. Da diese Frage zunächst von der Bürokratie des Auswärtigen Amts geklärt werden musste, konnte Unterstaatssekretär Luther Eichmann erst am 10. Januar 1942 eine zustimmende Antwort geben – viel zu spät, um die rumänischen, kroatischen und slowakischen Juden in die ersten Deportationswellen einzubeziehen.[12]

Nicht nur die slowakische Regierung war am Vermögen der deportierten Juden interessiert. Auch RSHA und Reichsfinanzministerium waren darauf bedacht, sich möglichst viel davon zu sichern.[13] Das RSHA gab dazu sehr detaillierte Anweisungen heraus. Danach war es Juden verboten, ihr Eigentum in jeglicher Form zu übertragen. Transaktionen, die nach dem 15. Oktober erfolgt waren, wurden für ungültig erklärt. Jeder Deportierte hatte in ein Formular ein ausführliches Verzeichnis seiner Vermögenswerte einzutragen. Dieses Formular war vor der Deportation zu übergeben, woraufhin ein Gerichtsvollzieher eine Beschlagnahmeanordnung aushändigen sollte. Außerdem mussten die Juden vor der Deportation Rechnungen von Versorgungsunternehmen begleichen und in ihren Wohnungen Strom, Gas und Wasser abstellen. Ihre Wohnungsschlüssel waren, deutlich gekennzeichnet, abzugeben, die Wohnungen nach ihrem Auszug zu versiegeln.

Im Prinzip sollte das gesamte jüdische Vermögen über die Finanzämter ans Reich fallen. Deren Beamte wurden ermahnt, stets die Vorrechte ihres Ministeriums im Auge zu behalten. Anfangs wurden die Beschlagnahmungen auf der Grundlage von Gesetzen aus dem Jahr 1933 durchgeführt, die die Einziehung der Vermögen von Kommunisten und anderen Staatsfeinden gestatteten. Doch dieses Verfahren war bürokratisch aufwändig, da jeder Fall einzeln entschieden werden musste – auch wenn die Grundlage dafür häufig durch erzwungene Unterschriften unter ungelesene Geständnisse bereitet wurde. Im Innenministerium grübelte man schon seit Monaten darüber nach, wie man den Juden die Staatsbürgerschaft entziehen könnte. Bereits am 15. Januar 1941 hatte das Finanzministerium angeregt, ein solches Gesetz mit der Vorschrift zu verbinden, Vermögen von im Ausland lebenden Juden, denen die Staatsbürgerschaft entzogen worden war, automatisch zu beschlagnahmen. Am 7. Juli 1941 erhielt das Innenministerium Hitlers prinzipielle Zustimmung dazu, Staatsbürgerschaft und Vermögen von Juden einzuziehen, die außerhalb der Reichsgrenzen lebten. Doch erst am 25. November, über einen Monat nach Beginn der Deportationen, wurden diese Bestimmungen als 11. Verordnung zum Reichsbürgergesetz offiziell verkündet. Selbstverständlich galten sie auch für die in die eingegliederten Gebiete, ins Generalgouvernement und in die besetzten Ostgebiete deportierten Juden.[14] Zuerst sollten die deutschen Juden Staatsbürgerschaft und Eigentum verlieren und danach erst ihr Leben.

Die Partnerschaft zwischen RSHA und Finanzministerium bei der Ausplünderung der Juden verlief nicht ohne Reibungen und Rivalitäten. Das Finanzministerium wies seine Beamten an, verwendbare Möbel und andere brauchbare Dinge auszusortieren, bevor der Rest verkauft wurde; der frei gewordene Wohnraum sollte zuerst bedürftigen Beamten zugeteilt werden.[15] Andererseits wollte das RSHA die Kosten der Deportationen aus dem jüdischen Vermögen finanzieren, was nur möglich war, wenn es dem Zugriff des Finanzministeriums entzogen wurde. Das RSHA verfügte deshalb, dass jeder Deportierte 50 Reichsmark auf ein von der jüdischen Kultusvereinigung eingerichtetes Sonderkonto W einzuzahlen hatte. Die örtlichen Polizeistellen stockten diesen Betrag umgehend um ihre eigenen Forderungen auf. Doch die Summe erwies sich als unzureichend, zumal einige der Deportierten völlig mittellos waren. Das RSHA wies die jüdischen Gemeinden daraufhin an, ihre begüterten Mitglieder zu bewegen, vor dem Beschlagnahmeverfahren ein Viertel ihres Barvermögens auf das Sonderkonto einzuzahlen. Auf diese Weise sollten angeblich sowohl die Deportationskosten gedeckt als auch die Fürsorgeverpflichtungen der Reichsvereinigung der Juden erfüllt werden.

Das RSHA legte bis ins Detail fest, was die Deportierten mit sich führen durften: 100 Reichsmark, 50 Kilogramm Gepäck in einem oder zwei Koffern, Bettzeug und Matratzen, Teller, Schüsseln und Löffel (aber weder Messer noch Gabeln), Werkzeuge, die für einen Neuanfang als Siedler im Osten von Nutzen sein konnten, Verpflegung für 14 Tage, zuzüglich drei Tagesrationen für die Reise. Außerdem sollte jeder Transport von der örtlichen jüdischen Gemeinde mit Öfen, Kesseln, Stacheldraht und Fensterglas ausgerüstet werden. Auch eine Uhr und ein Ehering waren erlaubt, andere Wertgegenstände, wie Schmuck, Bargeld, Wertpapiere, Sparbücher und Fotoapparate, hingegen verboten. Zur Einhaltung dieser Vorschriften mussten die Juden nicht nur eine Durchsuchung ihres Gepäcks, sondern auch eine Leibesvisitation über sich ergehen lassen.

Kaum waren Ende September 1941 die Deportationen aus Deutschland genehmigt worden, vereinbarte Heydrich mit dem Hauptamt Ordnungspolizei in Berlin eine Arbeitsteilung. Danach sollte die Sipo die Transporte organisieren und die Orpo ihre Bewachung übernehmen.[16] Dementsprechend wurde die lokale Ordnungspolizei vor jeder Deportationswelle angewiesen, Anforderungen der Sipo nach den vereinbarten Wachmannschaften zu erfüllen.[17] Für gewöhnlich stellte die Orpo für jeden Transport einen Offizier und 15 Mann ab.[18]

Zu den Hauptaufgaben von Eichmanns Referat gehörte die Beschaffung von Eisenbahnzügen. Auf diesem Gebiet entwickelte sich der junge Österreicher Franz Novak zum Experten. Schon 1929 war er im Alter von 16 Jahren in die Hitlerjugend und vier Jahre später in die NSDAP eingetreten. Nach der Beteiligung am Putschversuch von 1934 war er nach Deutschland geflohen und erst 1938 wieder nach Wien zurückgekehrt. Im selben Jahr trat er der SS bei und nahm eine Tätigkeit bei der Zentralstelle für jüdische Auswanderung an. Dort entwickelte er sich zu einer festen Größe in Eichmanns Gefolge, mit dem er nach Prag und Berlin (und 1944 schließlich nach Budapest) ging. Nach Eichmanns Aufstieg zu Heydrichs Sonderreferenten für »Juden-« und »Räumungsangelegenheiten« hatte Novak 1940/41 die transporttechnischen Probleme der »Umsiedlung« von Polen und Juden aus den eingegliederten Gebieten ins Generalgouvernement gelöst.[19] Bis zum Ende des Krieges sollte er insgesamt mindestens 260 Züge aus Deutschland, Österreich und dem Protektorat sowie mindestens 147 aus Ungarn, 87 aus Holland, 76 aus Frankreich, 63 aus der Slowakei, 27 aus Belgien, 23 aus Griechenland, 11 aus Italien, 7 aus Bulgarien und 6 aus Kroatien organisieren – zusammen 707 oder mehr Transporte aus West- und Südeuropa.[20] Im Herbst 1941 stand er also erst am Beginn eines Arbeitsprozesses, der im Lauf der Zeit ebenso routiniert wie tödlich ablaufen sollte.

Sobald das RSHA die gewünschten Transportkapazitäten für die kommenden Monate festgelegt hatte, reichten Rolf Günther oder Novak beim Reichsverkehrsministerium eine entsprechende Anfrage ein. Danach kamen sowohl die zentralen als auch die lokalen Dienststellen der Reichsbahn ins Spiel.[21] Für das RSHA besonders wichtig war die für die Aufstellung der Fahrpläne verantwortliche Betriebsabteilung (E II) der Reichsbahn, die zunächst von Max Leibbrand und ab August 1941 von Gustav Dilli geleitet wurde. Für die Massenbeförderung war das Referat 21 der Betriebsabteilung unter Ministerialdirigent Paul Schnell zuständig, speziell für die Sonderzüge Novaks Ansprechpartner, Regierungsrat Otto Stange. Waren Günther und Schnell zu einer grundsätzlichen Einigung gelangt, arbeiteten Novak und Stange die Einzelheiten aus. Die Koordination der Aktivitäten der regionalen und lokalen Dienststellen war Aufgabe der Reichsbahn. Für Deutschland waren drei Generalbetriebsleitungen zuständig: Ost, mit Sitz in Berlin, Süd, mit Sitz in München, und West, mit Sitz in Essen. Dominierend war die in Berlin, denn zum einen gehörte das Hauptwagenamt zu ihr, und zum anderen beaufsichtigte sie den Betrieb der Ostbahn im Generalgouvernement.

Wegen der von vielen Seiten an sie herangetragenen Anforderungen kamen Vertreter der drei Generalbetriebsleitungen regelmäßig zusammen, um die Fahrpläne der Sonderzüge für die nächsten Monate aufzustellen. Für die Transporte von Juden waren insbesondere zwei Beamte der Generalbetriebsleitung Ost wichtig: Reichsbahnoberinspektor Bruno Klemm, zuständig für die Fahrplanerstellung, und Reichsbahnoberinspektor Fähnrich, der für die Wagenzuteilung verantwortlich zeichnete. Obwohl die Juden in Güterwagen befördert wurden, buchte man sie als gewöhnliche Fahrgäste.[22] Ergebnis der Besprechungen war jeweils ein so genannter Umlaufplan mit Angaben über die Art der Züge, Zugnummern, Ausgangs- und Bestimmungsbahnhöfe sowie die Rück- oder Weiterleitung der Leerzüge. Für die Zusammenstellung der genehmigten und terminierten Züge waren schließlich die regionalen Reichsbahndirektionen verantwortlich, in deren Bereich sie abfuhren.

Novak wurde über jeden neuen Umlaufplan informiert. Seine Aufgabe war es dann, den regionalen und lokalen Dienststellen der Sipo Termine und Belegung – üblicherweise 1000 Personen – der Züge mitzuteilen, die sie mit Juden zu füllen hatten. Jeder Transport war also das Ergebnis von Verhandlungen sowie interministerieller Kooperation und hinterließ sowohl im Verkehrsministerium als auch in Form der Korrespondenz zwischen Novak und den lokalen Sipo-Stellen eine breite Papierspur. Gleichwohl fielen bei 850 000 im »Großdeutschen Reich« vorhandenen Güterwaggons, von denen jeden Tag 130 000 zur Beladung bereit standen, die einzelnen Judentransporte mit ihren 10 bis 20 Waggons, in denen etwa 1000 Menschen in den Tod gefahren wurden, kaum ins Gewicht. Wie Raul Hilberg angemerkt hat, war die Deportation der Juden »eingebettet in die üblichen Verfahren der Zuteilungen« des gesamten Wagenparks in Europa.[23] Aber so unscheinbar die ersten Judentransporte vor dem Gesamtbild der täglichen

Bewegungen auf den europäischen Schienenwegen auch gewirkt haben mochten, sie wurden mit größter Sorgfalt und sogar mit einem Blick für ästhetische Symmetrie geplant. Wie sonst soll man sich die Tatsache erklären, dass der Fahrplan für die 25 Züge nach Lodz, die aus über das ganze Reich verteilten Städten abgingen, so gestaltet wurde, dass sie ihr Ziel an 25 aufeinander folgenden Tagen erreichten und jeder einzelne pünktlich um 11 Uhr vormittags im Bahnhof Radegast einlaufen konnte?[24]

Trotz Eichmanns zentraler Koordinierung und seiner detaillierten Anweisungen musste vieles dem Ermessen, der Initiative und den Problemlösungsfähigkeiten der regionalen und lokalen Sipochefs und ihrer Judenreferenten überlassen werden. In Berlin, wo 70 000 Juden lebten, sowie in Wien und Prag mit jeweils 50 000 wurde für die große Zahl der zu organisierenden Transporte ein mehr oder weniger permanenter Deportationsapparat gebildet. Andernorts, wo nur gelegentlich ein Transport abging, stellte man ihn ad hoc zusammen. Doch überall standen die lokalen Beamten vor den gleichen Problemen: Sie mussten Personal aufbringen und einteilen, Sammelstellen einrichten, Prozeduren und Zeitpläne für die Selektion, Information und Erfassung der Deportierten entwickeln und schließlich die Transporte durchführen. Während sich die Zentralstellen für jüdische Auswanderung in Wien und Prag automatisch zu Deportationszentren entwickelten, musste man in der Gestapoabteilung der Stapoleitstelle in Berlin erst einen ständigen Apparat schaffen. Die Stapoleitstellen waren wie kleine RSHA aufgebaut, das heißt die Gestapoabteilung, mitsamt dazugehörigem Judenreferat, firmierte ebenfalls als Abteilung IV.

Am 1. oder 2. Oktober wurden die Führer der jüdischen Gemeinde von Berlin zur Gestapo bestellt und von Franz Prüfer aus dem Judenreferat darüber informiert, dass die Umsiedlung der Berliner Juden bevorstehe. Die Kultusgemeinde werde dabei mithelfen müssen, andernfalls würden SS und SA sie durchführen, und was das hieße, wisse man ja. Die erste Aufgabe der Kultusgemeinde bestehe darin, die Berliner Juden auf der Grundlage ihrer Listen aufzufordern, sich bei ihr einzufinden und Fragebögen auszufüllen, die anschließend der Gestapo auszuhändigen seien. Anhand der Fragebögen werde man Deportationslisten zusammenstellen und der Kultusgemeinde zukommen lassen. Diese habe die ausgewählten Juden über ihre baldige »Umsiedlung« zu informieren. Zudem sollte sie ein detailliertes Formular für die Vermögensaufstellung, das binnen drei Tagen auszufüllen war, sowie Anweisungen für die Übergabe der Wohnungen und die Vorbereitung auf den Transport verteilen.

Zu einem bestimmten Termin hatten die Deportierten dann in der ständigen Sammelstelle zu erscheinen, die in der früheren Synagoge in der Levetzowstraße eingerichtet worden war. Dort warteten sie für gewöhnlich ein oder zwei Tage, bis ihre Erfassung abgeschlossen war. Ein großer Teil der bürokratischen Prozedur wurde von jüdischen Sekretärinnen erledigt, und um das Gepäck kümmerten sich jüdische Arbeitsgruppen. Von den rund 35 Sipo-Beamten, die in Berlin intensiv mit jüdischen Angelegenheit befasst waren, spielten drei Mitarbeiter des Judenreferats bei der Aufsicht über die Sammelstelle und der Vergabe von Aufgaben an jüdische Arbeitskräfte der Kultusgemeinde eine besonders wichtige Rolle: Franz Prüfer, Gerhard Stübs und Max Starck. Waren die Deportierten erfasst, mussten sie zu Fuß zum Bahnhof, zumeist zum Lehrter Güterbahnhof, marschieren oder wurden mit Lastwagen dorthin gefahren, und mussten in den bereitstehenden Zug steigen.[25]

Nicht jedes lokale Deportationsverfahren funktionierte gleich von Anfang an. Am erfolglosesten dürfte am 19. Oktober 1941 die Deportation von Frankfurt am Main nach Lodz gewesen sein. Für diesen Transport hatte die Gestapo mit Hilfe einer von der örtlichen Gemeinde angelegten Kartei eine Liste mit 1200 Namen aufgestellt, die der Kultusgemeinde am 17. Oktober mit der Anweisung übergeben wurde, die früheren und aktuellen beruflichen Tätigkeiten der ausgewählten Juden zu ergänzen. Das Gerücht über die bevorstehende Deportation verbreitete sich rasch, obwohl die Kultusgemeinde dazu angehalten war, sie zu verheimlichen. Zwei Tage später, an einem Sonntagmorgen um 5.30 Uhr, versammelten sich 250 SA-Männer und hörten sich zunächst eine ermutigende Rede ihres Kreisleiters Schwebel an, bevor SS-Obersturmbannführer Poche von der Stapoleitstelle sie in ihre Aufgaben einwies. Danach schwärmten sie in Gruppen zu den ihnen zugeteilten Wohnhäusern aus, um die jüdischen Bewohner über ihre sofortige Deportation zu unterrichten. Ohne jede Vorwarnung oder Vorbereitung mussten die Betreffenden die umfangreichen Formulare über ihre Vermögensverhältnisse ausfüllen, ihre Wohnungen für die Versiegelung fertig machen und die Koffer packen. Gestapobeamte kontrollierten, ob alles erledigt war, und versiegelten die Wohnungen; vorher durften die SA-Männer und ihre Gefangenen die Häuser nicht verlassen. Da jedoch zu wenig Gestapobeamte für diese Aufgabe abgestellt worden waren, kam es vielfach zu stundenlangen Wartezeiten. Erst am frühen Nachmittag trafen die ersten Deportierten in der ungewöhnlichen Sammelstelle ein – der riesigen Großmarkthalle, die sonntags geschlossen war. Der überwiegende Teil musste die Stadt zu Fuß durchqueren und erreichte die Sammelstelle erst am frühen Abend. Dort mussten die SA-Männer mit ihren Gefangenen in langsam vorrückenden Schlangen warten, bis die zu Deportierenden erfasst worden waren. Diese Prozedur nahm die ganze Nacht in Anspruch, so dass der Transport erst am nächsten Morgen abfahren konnte. In den Berichten wurde hinterher darüber geklagt, dass die SA-Männer nach durchwachter Nacht morgens zur Arbeit hatten antreten müssen. Was geschah, als die Arbeiter am Montagmorgen den Markt aufbauen wollten und mitten in die verspätete Deportationsprozedur platzten, ist nicht überliefert.[26]

Die Erfahrungen aus diesen frühen Transporten flossen wahrscheinlich in die Flut von Instruktionen ein, mit denen Eichmann die Judenreferenten der Gestapo bei den nachfolgenden Orientierungstreffen in Berlin überhäufte. Spätere Deportationen aus anderen Städten, etwa aus Nürnberg, Stuttgart und Köln, verliefen jedenfalls wesentlich reibungsloser. So traf etwa der Chef des Nürnberger Judenreferats, Theodor Grafenberg, für einen Transport, der am 29. November nach Riga abging, intensive Vorbereitungen. Da er bereits einen Monat zuvor über diesen Termin unterrichtet worden war, versandte Grafenberg am 11. und 19. November zwei ausführliche Richtlinien für seine Durchführung.[27] Danach sollten Nürnberg 500, das benachbarte Fürth 100 und Würzburg 200 Deportierte stellen. Die restlichen 200 sollten aus den Städten Bamberg, Bayreuth und Coburg kommen. Grafenbergs eigene Polizeitruppe war für Operationen in Nürnberg und Fürth vorgesehen, während in Würzburg eine Außenstelle der Sipo in Aktion treten sollte. In Bamberg, Bayreuth und Coburg wollte man über das Bürgermeisteramt die örtliche Kripo einschalten. Die Auswahl der Deportierten erfolgte in Nürnberg anhand einer Kartei der jüdischen Kultusgemeinde durch die Polizei, während diese in Würzburg lediglich die Quote mitsamt Durchführungsbestimmungen vorgab und die Kultusgemeinde selbst die Liste anfertigte. Am 23. November versammelten sich in den genannten Städten »Evakuierungsgruppen« und machten sich nach einer Einweisung auf den Weg, um die Betroffenen zu benachrichtigen und ihnen die Vermögensformulare auszuhändigen. In Würzburg und Oberfranken mussten sich die Juden am 26. November an den Sammelstellen einfinden. Am nächsten Tag brachte man sie in Waggons, die an reguläre Züge angehängt wurden, nach Nürnberg. In Nürnberg-Fürth holten jüdische Arbeiter am 26. November ihr Gepäck ab, und am nächsten Tag geleiteten die Evakuierungsgruppen die Juden zur Sammelstelle Langwasser, einem von der Wehrmacht betriebenen Lager am Parteitagsgelände.

Bewacht wurde es von 55 SS-Männern, während die Evakuierungsgruppen die Deportierten durch vier Räume schleusten: Im ersten wurde ihr Gepäck durchsucht, bevor man es zum Bahnhof brachte; im zweiten händigten die Deportierten die Vermögensliste, sämtliche Wertsachen und Wertpapiere sowie das Fahrgeld in Höhe von 60 Reichsmark aus; im dritten wurden sie einer Leibesvisitation unterzogen, wobei zur Durchsuchung der weiblichen Deportierten die Sekretärinnen und sogar die Reinigungskräfte des Polizeireviers herangezogen wurden; im vierten Raum schließlich fand unter Aufsicht eines Gerichtsvollziehers die amtliche Beschlagnahmung des Eigentums der Juden statt, und ihre Ausweise wurden mit dem Stempel »evakuiert« versehen. Danach brachte man sie in ein »Sammellager«, wo sie auf dem nackten Boden schlafen mussten, während sie auf ihre Deportation warteten. Die Erfassung war am Nachmittag des 28. November beendet; der Transport ging am Nachmittag des folgenden Tages ab. Die Musterdeportation wurde von der Filmgesellschaft Müller-Nickel in offiziellem Auftrag dokumentiert.

In Stuttgart war Sturmbannführer Mussgay als Chef der Stapoleitstelle für die Organisation der für den 1. Dezember vorgesehenen Deportation von 1000 Juden aus ganz Württemberg verantwortlich. Im Gegensatz zu seinen Kollegen in Nürnberg entschied er sich für eine vergleichsweise dezentrale Vorgehensweise. Die jüdische Kultusvereinigung Württemberg wurde angewiesen, 1000 Juden für die Deportation auszuwählen und die Benachrichtigungen mitsamt den Vermögensformularen zu verschicken; dem kam sie am 15. November nach. Im Anschluss ließ Mussgay den württembergischen Landräten seine Instruktionen zukommen, die sich ihrerseits an die Bürgermeister der Städte wandten, aus denen Juden deportiert werden sollten. Die kommunalen Behörden sollten bis zum 25. November die Vermögensaufstellungen einsammeln, die Gepäckdurchsuchungen und Leibesvisitationen durchführen, die Wohnungen versiegeln und eine Polizeieskorte nach Stuttgart stellen. Dort wurden die Juden am 27. und 28. November in der Ausstellungshalle der Reichsgartenschau auf dem Killesberg versammelt. Der Deportationszug fuhr schließlich am Morgen des 1. Dezember ab.[28]

Die Stapoleitstelle Köln organisierte im Herbst 1941 drei Transporte: zwei Ende Oktober nach Lodz und einen im Dezember nach Riga. Der örtliche Gauleiter hatte bereits auf die Abschiebung der Kölner Juden gedrängt und sowohl den Chef der Stapoleitstelle, Schäfer, als auch NSDAP-Kreisleiter Schaller nach Berlin geschickt, um sein Anliegen vorzutragen. Dort hatten sie erfahren, dass Deportationen in den Osten unmittelbar bevorstanden. Jean Brodesser, der Judenreferent der Kölner Gestapo, wurde wenig später in einer der von Eichmann in Berlin abgehaltenen Besprechungen darüber informiert, dass der erste Transport aus Köln für den 21. Oktober geplant war. Nach seiner Rückkehr nach Köln bestellte er den Leiter der jüdischen Kultusgemeinde, Bernhard, zu sich und gab ihm 24

Stunden Zeit für die Zusammenstellung einer Deportationsliste mit 1000 Namen. Als die Liste fertig war, musste die jüdische Gemeinde die Betreffenden anweisen, einen Fragebogen und eine Vermögensaufstellung auszufüllen und sich am 20. Oktober pünktlich in der Nordhalle des Ausstellungsgeländes in Deutz einzufinden. Dort blieben sie, von Schupos bewacht, über Nacht. Für ihre Erfassung wurde, von einer Notmannschaft abgesehen, das gesamte Personal der Stapoleitstelle aufgeboten – etwa 40 Gestapoleute und 70 Kriminalpolizisten sowie die Sekretärinnen. Die Beschlagnahmung ihres Eigentums nahmen Finanzbeamte vor. Um den Anschein eines rechtlichen Vorgehens zu wahren, mussten die Deportationsopfer ein Geständnis unterschreiben, in dem sie sich kommunistischer Umtriebe bezichtigten. Beamte des Arbeitsamtes waren ebenfalls zugegen und sammelten die Arbeitsbücher ein. Am 21. Oktober brachte man die Juden zum Deutzer Bahnhof, der vorübergehend abgesperrt worden war. Der zweite und der dritte Transport liefen auf die gleiche Weise ab. Nur die Erwartungen der jüdischen Opfer hatten sie geändert: Vor dem ersten Transport nach Lodz hatten sich viele noch Werkzeuge für einen Neuanfang im Osten gekauft; vor dem dritten nach Riga nahmen zahlreiche Betroffene Gift.[29]

Obwohl die ersten beiden Deportationswellen um einiges hinter dem Zeitplan hinterherhinkten und die angestrebte Quote von 70 000 deportierten Juden deutlich verfehlten, bedeuteten sie für das NS-Regime doch einen großen Erfolg. Die Gelegenheit, eine große Anzahl von Juden zu deportieren – die seit 1939 immer wieder vereitelt worden war –, hatte auf allen Ebenen des Regierungsapparats nicht nur Zustimmung und Kooperationsbereitschaft, sondern auch Enthusiasmus und Eigeninitiative ausgelöst. Auf höchster Ebene beteiligten sich das Finanzministerium, das Auswärtige Amt sowie das Verkehrsministerium voller Eifer an den Aktionen; auf kommunaler Ebene sorgten die Bürgermeister von Kleinstädten dafür, dass die Hand voll jüdischer Einwohner auch tatsächlich in die Deportationslisten aufgenommen wurde. Putzfrauen kassierten für Leibesvisitationen von weiblichen Deportierten Überstundenzuschläge, und das Deutsche Rote Kreuz überschlug sich geradezu vor Dankbarkeit für die verderblichen Lebensmittel der Juden, die ihm zur Verteilung an Bedürftige übergeben wurden.[30]

Ein Konsenselement in Bezug auf die Deportationen bildete die allgemeine Beutegier, zumal im Hinblick auf Wohnraum, da sich die Wohnungsnot aufgrund der alliierten Bombenangriffe stetig verschlimmerte. Zu Beginn des Deportationsprogramms wurde regelmäßig auf die Wohnungsnot hingewiesen. Der Hamburger Gauleiter Kaufmann hatte nach dem Bombenangriff auf die Stadt am 15. und 16. September 1941 direkt an Hitler appelliert, die Juden deportieren zu lassen und auf diese Weise Unterkünfte für die obdachlos gewordenen Bombenopfer zu beschaffen. Seine Bitte hatte Hitler gleichzeitig mit ähnlichen Anfragen und unmittelbar vor dessen Zustimmung zur Deportation der Juden erreicht.[31] Tatsächlich gab es den kurzlebigen Plan, mindestens zwei Eisenbahnzüge mit Juden aus Hamburg nach Hrubieszow im Distrikt Lublin zu deportieren, den Frank jedoch durch sein Veto vereitelte.[32] In Wien erklärte Alois Brunner am 30. September 1941 Josef Löwenherz, der Beginn der Deportationen aus Deutschland hänge mit der durch die Bombenangriffe verursachten Wohnungsnot zusammen.[33] Den gleichen Vorwand führte Eichmann in einer Besprechung mit Vertretern der westdeutschen Stapoleitstellen an.[34] In Wirklichkeit kamen die meisten Deportierten nicht aus den westdeutschen Städten, die am meisten unter den alliierten Bombenangriffen zu leiden hatten, sondern aus Berlin, Wien und Prag. Diese Vorrangstellung ging offenbar auf Hitlers Wunsch zurück, die Folgen der von den alliierten Bomben verschärften Wohnungsnot in den wichtigsten Großstädten abzumildern. Dies bot zwar einen nützlichen Vorwand, war aber nicht der Hauptgrund für die Deportationen.

Gleichwohl war die Jagd nach Wohnraum als Reaktion auf die Deportationen in allen Schichten der deutschen Gesellschaft verbreitet. Ende Januar 1942 schmetterte Speer die Forderung von Rosenberg ab, jüngst frei gewordene Wohnungen von Berliner Juden an Mitarbeiter des Ostministeriums zu vergeben. Er müsse für potentielle Bombenopfer eine große Reserve von Wohnungen zurückbehalten, erläuterte Speer, und seine Quote sei bei weitem noch nicht erreicht, da man die Evakuierung der Juden bis zum Frühjahr vorübergehend gestoppt habe.[35] In Württemberg lehnte die Oberfinanzdirektion Ersuchen der Post und der Reichsbahn ab, ihren Mitarbeitern frühere jüdische Wohnungen zu überlassen.[36] Und aus Göttingen berichtete das dortige Parteibüro, die Kunde von einer baldigen Deportation der Juden der Stadt sei bereits allgemein bekannt, und die Kreisleitung der Partei werde mit Anträgen auf die Zuteilung von Wohnungen überschwemmt.[37] Häufig wurde darüber geklagt, dass das zurückgelassene jüdische Vermögen in den Taschen von Parteibonzen verschwände, statt unter denen aufgeteilt zu werden, die es am meisten benötigten.[38] Doch ungeachtet aller Unzufriedenheit der Verlierer im Kampf um die Beute stärkte die Nachfrage nach Wohnungen von Juden die Unterstützung für deren beschleunigte Deportation.

Die Haltung der deutschen Bevölkerung

Während das Regime bei der Ingangsetzung des Deportationsprogramms viele Probleme zu überwinden hatte, stellte sich eines erst gar nicht: Die deutsche Bevölkerung äußerte weder Unmut über die Deportationen, noch gab sie auch nur Interesse an ihnen zu erkennen. Der Popularität des Regimes schadeten sie in keinster Weise. Die Historiker Ian Kershaw, Otto Dov Kulka und David Bankier, die sich eingehend mit den schwer greifbaren Anzeichen für die Haltung der deutschen Bevölkerung zur nationalsozialistischen Judenpolitik während des Krieges befasst haben (insbesondere mit dem Kennzeichnungserlass und den Deportationen), sind allerdings nicht in allen Punkten zu den gleichen Folgerungen gelangt.[39] So schließen Kulka und Bankier auf weit konkretere Kenntnisse der Bevölkerung über die »Endlösung«, als nach Kershaws Ansicht vorhanden waren.[40] Bankier und Kershaw treten dabei stärker als Kulka für eine kritische und weniger wortwörtliche Interpretation der SD-Berichte ein.[41] Kershaw sieht in einem allgemeinen »Rückzug ins Privatleben« den Grund für die verbreitete Gleichgültigkeit und Apathie gegenüber der antijüdischen Politik des Regimes, während Kulka eine stärkere Internalisierung des nationalsozialistischen Antisemitismus durch die breite Bevölkerung feststellt, insbesondere in Bezug auf die »Endlösung der Judenfrage« durch eine nicht näher erläuterte »Eliminierung«. Daher zieht er moralisch wertende Begriffe wie »Passivität« und »objektive Komplizenschaft« eher beschreibenden Begriffen wie »Gleichgültigkeit« vor.[42] Bankier dagegen verweist auf ein starkes Gefühl von Schuld und Schande, auf verbreitete Leugnung und Unterdrückung, auf zunehmende Furcht vor den Folgen der bevorstehenden Kriegsniederlage sowie auf eine umfassende Ablehnung der antisemitischen Propaganda des Regimes.[43]

Trotz dieser Differenzen sind Kershaw, Bankier und Kulka in den meisten Punkten einer Meinung. Vor allem sind sie überzeugt, dass der fanatische Antisemitismus der Parteigläubigen nicht mit der antisemitischen Einstellung der breiten Bevölkerung gleichzusetzen ist und dass die antisemitischen Prioritäten und genozidalen Ziele des Regimes von den »gewöhnlichen Deutschen« nicht geteilt wurden. Laut Kershaw war zwar die »Entmenschlichung des Juden die eigentliche Erfolgsgeschichte der nationalsozialistischen Propaganda und Politik«, die »Judenfrage« hingegen »für die Mehrheit der Deutschen während des Krieges nicht mehr als von untergeordnetem Interesse. [...] Die öffentliche Meinung, die großenteils gleichgültig und von latenten, durch die Propaganda verstärkten antijüdischen Gefühlen erfüllt war, schuf das Klima, in dem sich die eskalierende nationalsozialistische Aggression gegen die Juden ungehindert entfalten konnte. Aber sie war nicht der Ursprung der Radikalisierung.«[44] Seine Position fasste Kershaw in der denkwürdigen Sentenz zusammen, die Straße nach Auschwitz sei »vom Hass gebaut, aber mit Gleichgültigkeit gepflastert«.[45]

Trotz seiner Kritik an Kershaw kommt Kulka zu ganz ähnlichen Schlussfolgerungen. In seiner Analyse der SD-Berichte stellt er fest, dass »während des Krieges das nahezu vollständige Fehlen jeglichen Bezugs auf Existenz, Verfolgung und Vernichtung der Juden unbestreitbar das Hauptmerkmal darstellte – eine Art nationale Verschwörung des Schweigens«. Die wenigen festgehaltenen Reaktionen seien »durch eine erschreckende Gleichgültigkeit gegenüber dem Schicksal der Juden als menschlicher Wesen« geprägt gewesen. Anscheinend hatten »die ›Judenfrage‹ und der gesamte Prozess ihrer ›Lösung‹ im Dritten Reich das Stadium fast vollständiger Entmenschlichung erreicht«.[46] Das »Phantombild«, das das Regime durch die Berichte über die öffentliche Meinung erhalten habe, »deutete auf eine verbreitete passive Haltung der Bevölkerung gegenüber der Verfolgung der Juden« hin. Doch obwohl die »Judenfrage« für die Bevölkerung keine vorrangige Bedeutung besessen habe, hätten die Deutschen dem Regime genügend Handlungsspielraum für die Durchsetzung einer radikalen »Endlösung« gelassen.[47]

Bankier erkennt zwar die »tief sitzenden antijüdischen Gefühle« in der deutschen Gesellschaft, kommt aber gleichfalls zu dem Schluss, dass »die Bevölkerung insgesamt dem Antisemitismus nicht dieselbe Bedeutung beigemessen« habe wie die Nationalsozialisten. Diese hätten ihre Politik der Deportationen und Massenmorde durchführen können, »weil die Öffentlichkeit kein Empfinden mit dem Schicksal der Juden zeigte«. Über moralische Unempfindlichkeit und Passivität hinaus bemerkt Bankier indes auch eine wachsende Kluft zwischen Volk und Regime: »Seitdem die Nationalsozialisten 1941 damit scheiterten, ihre Versprechen zu verwirklichen, war zwischen die Bevölkerung und das Regime ein Keil getrieben.« Angesichts der »sinkenden Hoffnung auf einen Sieg und der immer mehr ausufernden Vorahnungen von einem bitteren Ende« hätten es viele Durchschnittsdeutsche für richtiger gehalten, »zur Propaganda ganz allgemein auf Abstand zu gehen, und im Besondern zur Judenfrage«. Der gewöhnliche Deutsche habe »durchaus zwischen einer zulässigen Diskriminierung [...] und dem nicht akzeptablen Völkermordterror« unterscheiden können. Je mehr Nachrichten über den Massenmord durchgesickert seien, »desto weniger wollte die Öffentlichkeit mit der Endlösung der Judenfrage zu tun haben«.[48]

Die Reaktion des Regimes deutet darauf hin, dass es sich über diesen unerwünschten Reibungspunkt zwischen seiner eigenen Haltung und derjenigen der breiten Bevölkerung im Klaren war. So bemerkte ein verstimmter Goebbels über die Reaktion der Öffentlichkeit auf die Einführung des Judensterns, diese habe »genau das Gegenteil von dem bewirkt, was erreicht werden sollte«. Die »einfachen Menschen« würden »überall Sympathie für sie« zeigen. »Dieses Volk«, resümierte er, »ist einfach noch nicht reif und steckt voller Gefühlsduseleien!«[49] Ende Oktober beklagte er sich in seinem Tagebuch: »Unsere intellektuellen und gesellschaftlichen Schichten haben plötzlich wieder ihr Humanitätsgefühl für die armen Juden entdeckt. [...] Juden brauchen nur eine Greisin mit dem Judenstern über den Kurfürstendamm zu schicken, so ist der deutsche Michel schon geneigt, alles zu vergessen, was die Juden uns in den vergangenen Jahren und Jahrzehnten angetan haben. [...] Es ist merkwürdig, welche Instinktlosigkeit der Judenfrage gegenüber immer noch in unseren gesellschaftlichen und intellektuellen Kreisen zu finden ist.«[50]

Am 4. Oktober bedauerte der *Stuttgarter NS-Kurier*, dass Mitleidsbekundungen gegenüber Juden nichts Ungewöhnliches seien, und am 16. November geißelte Goebbels in einem Leitartikel in der Wochenzeitung *Das Reich* die »falsche Sentimentalität« und das »Mitleid«, welche Juden entgegengebracht würden. In schrillem Tonfall fügte er hinzu: »Die Juden sind Sendboten des Feindes unter uns. Wer sich zu ihnen stellt, läuft im Kriege zum Feind über.«[51] Das RSHA reagierte am 24. Oktober 1941 mit einem Erlass über »freundschaftliche Beziehungen zu Juden«, der Anfang November an die Stapostellen versandt wurde:

> »Wie hier in der letzten Zeit wiederholt bekannt geworden ist, unterhalten deutschblütige Personen nach wie vor freundschaftliche Beziehungen zu Juden und zeigen sich mit diesen in auffälliger Weise in der Öffentlichkeit. Da die betreffenden Deutschblütigen auch heute noch den elementarsten Grundbegriffen des Nationalsozialismus verständnislos gegenüberzustehen scheinen und ihr Verhalten als Missachtung der staatlichen Maßnahmen anzusehen ist, ordne ich an, dass bei derartigen Vorkommnissen der deutschblütige Teil aus erzieherischen Gründen vorübergehend in Schutzhaft zu

nehmen bzw. in schwerwiegenden Fällen bis zur Dauer von drei Monaten in ein Konzentrationslager, Stufe I, einzuweisen ist. Der jüdische Teil ist in jedem Falle bis auf weiteres unter Einweisung in ein Konzentrationslager in Schutzhaft zu nehmen.«[52]

Rief die Einführung des Judensterns in der deutschen Bevölkerung noch kurzfristig ein gewisses Mitgefühl für das Los der Juden hervor, auf das das Regime mit Repression und verstärkter Propaganda reagierte, stießen die Deportationen auf nahezu vollständiges Schweigen und weckten bei einigen sogar deplazierte materielle Begierden. Gleichwohl äußerte das Regime auch in den folgenden Jahren immer wieder Unbehagen über die geringe Zustimmung innerhalb der Bevölkerung zum Genozid. Zudem verbreiteten sich im Lauf des Jahres 1942 nicht nur Gerüchte über das Schicksal der Juden, sondern auch immer mehr konkrete Informationen. Am 19. Oktober 1942 bemerkte die Parteikanzlei in einem Rundschreiben, dass weithin Gerüchte über die »sehr scharfen Maßnahmen« gegen Juden im Osten kursierten, insbesondere aufgrund der Erzählungen von Soldaten auf Heimaturlaub. Es sei »denkbar, dass nicht alle Volksgenossen für die Notwendigkeit solcher Maßnahmen das genügende Verständnis aufzubringen vermögen«. Daher müsse diesen Gerüchten, die »oftmals bewusst tendenziösen Charakter« trügen, entgegengetreten werden. Am Ende des Rundschreibens betont die Parteikanzlei, dass die Lösung der »Judenfrage« zur »Existenzsicherung des deutschen Volkes« dringend notwendig sei und »rücksichtslose Härte« verlange; gleichzeitig bedient aber auch sie sich der Tarnbehauptung, die Juden würden in Lager geschickt, um dort »zur Arbeit eingesetzt oder noch weiter nach dem Osten verbracht« zu werden.[53] Im Sommer des nächsten Jahres verfügte Bormann im Namen Hitlers, dass in der Öffentlichkeit bei der Behandlung der »Judenfrage« nicht über eine »Gesamtlösung« gesprochen werden dürfe, allenfalls davon, dass man die Juden zur Arbeit heranziehe.[54] Am 4. Oktober 1943 lobte Himmler vor einer Gruppe hoher SS-Offiziere in Posen den »Takt« der SS, die nicht einmal in den eigenen Reihen über die Ermordung der

Juden spreche. Dies sei »ein niemals geschriebenes und niemals zu schreibendes Ruhmesblatt unserer Geschichte«.[55] Offenbar widerstrebte dem »Reichsführer-SS« die Geheimhaltung, doch letztlich hielt er sie für angeraten. Zwei Tage später, am 6. Oktober, erklärte er vor ebenfalls in Posen versammelten Reichs- und Gauleitern: »Man wird vielleicht in ganz später Zukunft sich einmal überlegen können, ob man dem deutschen Volke etwas mehr darüber sagt. Ich glaube, es ist besser, wir – wir insgesamt – haben das für unser Volk getragen, haben die Verantwortung auf uns genommen [...] und nehmen dann das Geheimnis mit in unser Grab.«[56]

Ironischerweise waren es ausgerechnet die beiden prominentesten Sprecher des NS-Regimes – Goebbels und Hitler –, die sich gelegentlich nicht zurückhalten konnten, den Massenmord zu erwähnen, insbesondere unter Verweis auf Hitlers »Prophezeiung«. Unter Nennung des richtigen Datums, des 30. Januar 1939, posaunte Goebbels am 16. November 1941 im *Reich* heraus, man erlebe »eben den Vollzug dieser Prophezeiung«. Das »Weltjudentum« erleide nun jenen »allmählichen Vernichtungsprozess, den es uns zugedacht hatte [...]. Es geht jetzt nach seinem eigenen Gesetz: ›Auge um Auge, Zahn um Zahn!‹ zugrunde.«[57] In der Ausgabe vom 9. Mai 1943 kam er auf das Thema zurück. Erneut auf angebliche jüdische Pläne zur »Vernichtung und Ausrottung« des deutschen Volkes eingehend, wiederholte er Hitlers Prophezeiung, die sich mit »unheimlicher Sicherheit und Zwangsläufigkeit« bewahrheite.[58] Auch Hitler selbst bezog sich bei zahlreichen Gelegenheiten während des Krieges auf seine Prophezeiung von 1939 – allerdings mit der falschen Datierung auf den 1. September –, und zwar nicht nur im kleinen Kreis, sondern auch in seinen Sportpalastreden am 30. Januar und 30. September 1942.[59]

Ankunft

Die Organisatoren der Deportationen aus dem Dritten Reich hatten nicht nur die Abfahrt der Transporte, sondern auch ihre Ankunft im Osten zu planen. Dabei traten völlig andere Probleme auf. In Deutschland waren die Beteiligten bestrebt, Techniken und Methoden zu entwickeln, die sie auch bei künftigen Deportationen anwenden konnten. Dagegen handelte es sich bei den Vorkehrungen für die Aufnahme im Osten um improvisierte Notbehelfe. Das Konzept des Vernichtungslagers war ausgearbeitet und genehmigt, und mehrere solcher Lager befanden sich im Bau. Doch bis zu ihrer Fertigstellung mussten die Deutschen zusehen, wie sie mit dem Zustrom von Deportierten fertig wurden.

Ende September, noch vor dem 29., hatte Eichmann in Lodz eine Besprechung mit dem Judenreferenten der dortigen Gestapo, Gunter Fuchs, und wahrscheinlich auch mit Hans Biebow, von dem er später behauptete, er hätte den Deportationsplänen zugestimmt.[60] Trotz Uebelhörs Beschwerde über Eichmanns »Rosstäuschermanieren« trafen bald 25 Transporte mit insgesamt 19 837 Juden und 5000 »Zigeunern« in Lodz ein. Die Ghettoverwaltung richtete sich rasch darauf ein. Bereits vorher, am 4. Oktober, hatte Uebelhör das von Biebow gegenüber Himmler vorgebrachte Argument aufgegriffen, eine größere Dichte der jüdischen Bevölkerung könne nur in Betracht gezogen werden, wenn man das Ghetto Litzmannstadt als »reines Dezimierungslager« konzipiere.[61] Nun benutzte Biebows Stellvertreter Ribbe den Begriff des »Dezimierungslagers«, allerdings auf andere Weise. Nach einem Treffen mit Vertretern der Gestapo und des Arbeitsamts von Lodz am 9. Oktober notierte er: »Es wurde weiter festgestellt, dass das Litzmannstädter Ghetto als reines Dezimierungsghetto keine Juden abgeben kann, da es diese im eigenen Kriegseinsatz braucht.« Als das Posener Arbeitsamt eine Woche später vorschlug, die eintreffenden Arbeiter für den Autobahnbau einzusetzen, bestand Ribbe auf dem Vorrecht, Facharbeiter und Handwerker für das Ghetto zurückzubehalten, versprach aber, im Gegenzug andere Arbeiter freizugeben. »Bei uns mangelt es vor allen Dingen an guten deutschsprechenden Büroarbeitern und an ausgesprochen guten Handwerkern«, fuhr er fort. »Die Ghettoverwaltung wird aber zunächst einmal eine Siebung vornehmen und wirklich brauchbare Kräfte selber verwenden.«[62] Monate vor Beginn der Deportationen nach Chelmno hatte die Ghettoverwaltung unter dem Eindruck der eintreffenden Transporte also bereits den Gedanken gefasst, »ihre« Juden zu sieben, die besten zu behalten und den Rest loszuwerden.

Zugleich fühlten sich Biebow und Ribbe bemüßigt, die Mitarbeiter der Ghettoverwaltung persönlich vor »absolut negativer Kritik« und »völlig unverantwortlichen Redereien« an öffentlichen Orten zu warnen, die aus einer »menschlich verständlichen Sensationslust« mitgehört und weitergetragen werden könnten. Die Lösung der »Judenfrage« sei eine »hochpolitische Angelegenheit«, und die Mitarbeiter der Ghettoverwaltung müssten bei allem, was mit ihrer Behandlung zu tun habe, strengste Geheimhaltung wahren.[63]

Während sich die Lodzer Ghettoverwaltung auf die neue Situation einstellte, fuhr Eichmann nach Prag zu der von Heydrich einberufenen Besprechung über die bevorstehenden Deportationen am 10. Oktober. »Vorläufig«, räumte Heydrich ein, »muss noch viel Rücksicht auf die Litzmannstädter Behörden genommen werden.« Daher schicke man 50 000 Juden nach Minsk und Riga, wo die Einsatzgruppenführer sie in Lagern unterbringen könnten. Dies sei »bereits nach Angabe von SS-Stubaf. Eichmann eingeleitet«.[64] Bereits am 23. Oktober wieder zurück in Berlin, traf sich der geschäftige Eichmann sowohl mit den Deportationsexperten als auch mit Wetzel. Dieser gewann dabei den Eindruck, dass gegen eine Beseitigung nicht arbeitsfähiger Juden mit Bracks »Vergasungsapparaten« keine Bedenken bestünden.[65] Auch wenn man diese »Vergasungsapparate« in Riga schließlich nicht baute, erwog man andere Lösungen oder erprobte sie bereits.

Ende Oktober wurde das Generalkommissariat Weißruthenien dem Zuständigkeitsbereich des HSSPF Mitte (von dem Bach-Zelewski) und der Einsatzgruppe B (Nebe) entzogen und demjenigen des HSSPF Nord (Jeckeln) und der Einsatzgruppe A (Stahlecker) zugeschlagen. Hans-Hermann Remmers, der Chef einer in dieser Phase in Minsk zusammengestellten Einheit aus SD-Männern verschiedener Einsatzkommandos, erhielt einen Anruf von Stahleckers Stab in Riga, der ihm die in Kürze bevorstehende Ankunft mehrerer Judentransporte ankündigte. Um im Minsker Ghetto Platz für sie zu schaffen, sei eine große Zahl russischer Juden zu erschießen. Die Exekutionen wurden von Remmers und SSPF Carl Zenner organisiert und von einer gemischten Truppe aus Sicherheits-, Ordnungs- und ukrainischen Hilfspolizisten ausgeführt.[66] Dem anschließenden Bericht zufolge fielen in der Zeit vom 7. bis 11. November 1941 insgesamt 6624 Juden den Erschießungen in Minsk zum Opfer. Um das angestrebte Ziel zu erreichen, folgte am 20. November eine weitere Massenexekution von 5000 Minsker Juden. Als am 14. November der erste von sieben Transporten eintraf, ein Zug aus Hamburg, brachte man dessen Passagiere in dem soeben freigeräumten Teil des Ghettos unter.[67]

Im Anschluss an die ersten sieben Transporte nach Minsk, die zwischen dem 8. und 28. November in Deutschland abgefahren waren, trafen keine weiteren Deportationszüge mehr ein. Doch beunruhigte den Generalkommissar von Weißruthenien, Kube, schon die Anwesenheit der ersten 6000 bis 7000 der angekündigten 25 000 »Reichsjuden«. Sie seien ebenso empfänglich für osteuropäische Seuchen wie »wir Reichsdeutschen«, schrieb er an Lohse. Einige Heeres- und Polizeieinheiten schielten bereits auf ihr Eigentum. Wahrscheinlich würden die Juden in den kommenden Monaten verhungern oder erfrieren. Das beunruhigte Kube: »Unter diesen Juden befinden sich Frontkämpfer mit dem Eisernen Kreuz erster und zweiter Klasse, Kriegsverletzte, Halbarier, ja sogar ein Dreiviertelarier. [...] Bei wiederholten dienstlichen Besuchen im Ghetto habe ich festgestellt, dass unter diesen Juden, die sich auch durch persönliche Sauberkeit gegenüber russischen Juden unterscheiden, auch Facharbeiter sind, die etwa die fünffache Tagesleistung von dem leisten, was russische Juden vermögen. [...] Ich bin gewiss hart und bereit, die Judenfrage mit lösen zu helfen, aber Menschen, die aus unserem Kulturkreis kommen, sind doch etwas anderes als die bodenständigen vertierten Horden. Soll man die Litauer und Letten, die hier auch von der Bevölkerung abgelehnt werden, mit der Abschlachtung beauftragen? Ich könnte es nicht.« Kube bat um »eindeutige Anweisungen [...], die in der menschlichsten Form das Nötige veranlassen«. Er war sich offenbar völlig im Klaren darüber, welches Schicksal die deportierten »Reichsjuden« letztlich erwartete. Einspruch

x) *1887 + 1943 durch Bombe
Generalkomm. Minsk

erhob er lediglich dagegen, dass sie auf die gleiche Weise wie die »Ostjuden« umgebracht wurden.[68]

Als der ohnehin schon unter Druck stehende Stadtkommissar von Minsk, Wilhelm Janetzke, Anfang Januar 1942 erfuhr, dass man in Berlin beabsichtigte, nicht nur 25 000, sondern 50 000 Juden in seine Stadt abzuschieben, beschwerte er sich über die Köpfe von Kube und Lohse hinweg direkt bei Rosenberg: Aufgrund der Lebensmittelknappheit werde dieser Plan zu einer »Katastrophe« führen.[69] Lohse wies Janetzke daraufhin zurecht, weil er sich nicht an den Dienstweg gehalten hatte, und teilte Kube mit, dass es bei der Quote von 25 000 Juden für Minsk bleibe. Infolge von Transportproblemen konnten indes nicht einmal diese geschickt werden. Als man die Probleme überwunden hatte, musste sich Minsk jedoch mit der Aufnahme der Juden abfinden.[70] Kube verteidigte Janetzkes Darstellung der Lage in Minsk: In einer zu 80 Prozent zerstörten Stadt könne man nicht plötzlich 25 000 Menschen unterbringen. Darüber hinaus sei »der Boden in Weißruthenien bis zu 2 Meter tief gefroren«, weshalb »auch andere Möglichkeiten [...] nicht vorhanden« seien.[71] Tatsächlich wurden die Transporte nach Minsk erst im Mai 1942 wieder aufgenommen, als der Boden aufgetaut war. Inzwischen existierten zudem auch Kubes »andere Möglichkeiten«: Im Unterschied zum Vorgehen bei den ersten Transporten wurden die jetzt ankommenden »Reichsjuden« sofort nach ihrer Ankunft ermordet.

In Lodz schätzten die Deutschen auch weiterhin den Arbeitswert der neu eintreffenden »Reichsjuden«, obwohl sie bereits den Plan gefasst hatten, sich der unerwünschten nicht arbeitenden Bevölkerung zu entledigen. In Minsk zögerte man hingegen nicht und erschoss sowjetische Juden, um für die neu eintreffenden Reichsjuden Platz zu schaffen. Vor einem Massenmord an den Neuankömmlingen schreckte man aber noch zurück. In Kowno spielten weder pragmatische Überlegungen noch Hemmungen eine Rolle. Am 8. November teilte Stahlecker der Dienststelle von Lohse in Riga mit, dass fünf der 25 für Riga bestimmten jüdischen Transporte nach Kowno umgeleitet werden würden, um die Deportierten »in das Ghetto in Kauen einzuweisen«. Ob es die ersten oder die letzten fünf

Züge sein würden, hänge von Transportfragen ab; deshalb sei noch nicht darüber entschieden worden.[72] Am 20. November informierte Lange das Reichskommissariat Ostland darüber, dass die ersten fünf Transporte tatsächlich nach Kowno statt nach Riga gehen würden.[73] Zwischen dem 15. und 23. November fuhren sie in München, Berlin, Frankfurt, Wien und Breslau ab. An der Exekutionsstätte im Fort IX wartete bereits Karl Jägers Einsatzkommando 3, dasjenige mit der mörderischsten Bilanz an der gesamten Ostfront, auf sie. Der berüchtigte Kommandoführer notierte in einer fünfseitigen Exekutionsliste knapp:

> »25. 11. 41 Kauen-F.IX – 1159 Juden, 1600 Jüdinn., 175 J.-Kind., 2934 (Umsiedler aus Berlin, München u. Frankfurt a. M.).
> 29. 11. 41 Kauen-F.IX – 693 Juden, 1155 Jüdinn., 152 J.-Kind., 2000 (Umsiedler aus Wien u. Breslau).«

Diese 4934 Opfer bildeten nur einen Bruchteil der unglaublichen Zahl von 133 346 Juden, die das EK 3 bis Ende November 1941 ermordete.[74] Sie waren jedoch die ersten deutschen Juden, die das NS-Regime systematisch im Rahmen der »Endlösung« der europäischen »Judenfrage« tötete. Eine weitere Grenze war überschritten worden. Den überlieferten Dokumenten ist zu entnehmen, dass die Entscheidung, diese fünf Transporte nach Kowno zu schicken, in Berlin gefällt worden war und man sie bereits seit Wochen in Erwägung gezogen hatte. Zwar lässt sich nicht gänzlich klären, wie, wann, warum und von wem beschlossen worden war, diese Juden nicht, wie vorher in Lodz oder Minsk, im Ghetto unterzubringen, sondern nach ihrer Ankunft in Fort IX zu ermorden. Doch lassen die Ereignisse um den folgenden Transport, der am 27. November aus Berlin in Richtung Riga abfuhr und dort in der Nacht vom 29. auf den 30. November eintraf – nur einen Tag nach dem zweiten Massaker von Kowno – einige vorsichtige Rückschlüsse zu.

Am 10. oder 11. November 1941 wies Himmler den neu ernannten HSSPF Nord, Jeckeln, persönlich in seine Aufgaben ein. Laut Jeckeln schärfte er ihm ein, »dass alle im Ostland sich befindenden Juden bis zum letzten Mann vernichtet werden müssen«. Dies sei bereits weitgehend erreicht, nur das Ghetto von Riga müsse man noch liquidieren. Jeckelns Vorgänger Prützmann habe ihn darauf hingewiesen, dass Reichskommissar Lohse dagegen sei, doch Jeckeln solle das Ghetto trotzdem liquidieren. »Sagen Sie dem Lohse«, fügte Himmler hinzu, »es ist mein Befehl, der auch einem Wunsch des Führers entspricht!« In Wirklichkeit hatte Lohse keine Einwände, und so gab Jeckeln den Befehl zur Auflösung des Rigaer Ghettos.[75] Laut der Ereignismeldung 156 vom 16. Januar 1942 erschossen Jeckelns Männer zusammen mit Langes EK 2 am so genannten Blutsonntag, dem 30. November 1941, 10 600 Juden.[76] Einem anderen Bericht zufolge erhöhte sich die Zahl der Opfer am zweiten Tag der Exekutionen, dem 8. Dezember 1941, auf mindestens 27 800.[77]

In diesen Mahlstrom geriet der erste Transport nach Riga, der am 27. November in Berlin abgefahren war: Unmittelbar nach ihrer Ankunft am Morgen des 30. November wurden die Deportierten ermordet. Verspätet versuchte Himmler, aus welchen Gründen auch immer, durchzusetzen, dass die Deportierten in Riga genauso behandelt wurden wie die in Minsk und nicht wie jene in Kowno. Sie seien nicht sofort nach der Ankunft zu töten, sondern vorübergehend in den jüngst durch die Ermordung der lettischen Juden freigemachten Wohnungen unterzubringen. Am 30. November um 13.30 Uhr rief Himmler aus Hitlers Hauptquartier bei Heydrich in Berlin an und notierte in seinem Dienstkalender: »Judentransport aus Berlin. Keine Liquidierung.«[78] Doch sein Befehl kam zu spät; die Berliner Juden waren am Vormittag bereits erschossen worden, noch bevor die Marschkolonnen der Juden aus dem Rigaer Ghetto die Erschießungsstätte in Rumbula erreichten. Am nächsten Tag sprach Himmler erneut mit Heydrich über die »Exekutionen in Riga«.[79] Darüber hinaus warnte er Jeckeln unmissverständlich, dass er »Eigenmächtigkeiten und Zuwiderhandlungen [sic]« nicht dulden werde,[80] und beorderte ihn für den 4. Dezember 1941 zu sich, um noch einmal mit ihm über die »Judenfrage« zu sprechen.[81] In der Folge brachte man die Juden aus den restlichen 22 Transporten – 11 vor und 11 nach Weihnachten – entweder im Rigaer Ghetto oder in den nahe gelegenen Lagern in Jungfernhof und Salaspils unter[82] – mit zwei Ausnahmen: Die Passagiere des zweiten Transports mit tschechischen Juden, der am 15. Januar 1942 in Theresienstadt abgefahren war, wurden sofort nach der Ankunft ermordet,[83] und auf die 1000 Deportierten des am 10. Februar aus Wien eintreffenden Transports wartete ein Gaswagen, in dem 700 von ihnen vergast wurden.[84]

Die Beweislage ist verwirrend. Wenn die Mordaktionen in Kowno tatsächlich den Zeitpunkt markierten, an dem Himmler die Ermordung aller weiteren Deportierten anordnete, er es sich am 30. November aber anders überlegte, warum war er dann über Jeckeln verärgert, der doch nur getreulich Befehle ausführte, die noch nicht zurückgenommen worden waren? Stellte Kowno aber einen Sonderfall dar und hatte Jeckeln keinen Befehl gehabt, die aus Berlin eintreffenden Juden zu töten, wieso diskutierten Himmler und Heydrich dann am 30. November miteinander über die Aussetzung der Liquidierung der Deportierten des Berliner Transports? Trotz aller Unklarheit in Bezug auf den ersten Riga-Transport sind jedoch zwei Punkte klar: Erstens hatte Himmler spezifische Richtlinien für die Behandlung der deportierten »Reichsjuden« ausgegeben und nachdrücklich auf deren Einhaltung gepocht. Es gibt nicht den geringsten Hinweis darauf, dass die beiden vier Tage auseinander liegenden Mordaktionen in Kowno, die keinerlei Reaktionen von seiner Seite hervorriefen, nicht aus seiner eigenen Politik resultierten. Zweitens entsprach es nach dem 30. November wiederum Himmlers Politik, die mit den nachfolgenden Transporten eintreffenden Juden aus dem »Altreich« nicht sofort zu töten, sondern vorübergehend zu internieren. Es ist zwar bloße Spekulation, aber die Auswirkungen der Mordaktionen in Kowno könnten Himmler eine Atempause verschafft haben.[85] In dieser heiklen und zunehmend unsicheren Phase des Krieges mochte er durchaus beschlossen haben, die weitere Tötung von »Reichsjuden« aufzuschieben, bis sie, wie von Kube gefordert, auf diskretere und »menschlichere« Weise durchgeführt werden konnte.

Stahlecker, der ansonsten so stolz auf die Zahl seiner Opfer war, erwähnte die Liquidierung dieser Transporte in seinem undatierten Abschlussbericht von Anfang 1942 mit keinem Wort: Seit Dezember seien 20 000 Juden aus dem Reich in Riga eingetroffen und entweder in dem neuen Lager oder in einem abgetrennten Teil des Ghettos untergebracht worden. »Von den Juden aus dem Reich ist nur ein geringer Teil arbeitsfähig. Etwa 70–80 % sind Frauen und Kinder sowie alte, arbeitsunfähige Personen. Die Sterblichkeitsziffer steigt ständig, auch infolge des außergewöhnlich harten Winters.« Außerdem bestehe natürlich Seuchengefahr. »In einzelnen Fällen wurden ansteckend erkrankte Juden unter dem Vorwand, in ein jüdisches Altersheim oder Krankenhaus verbracht zu werden, ausgesondert und exekutiert.«[86]

Laut Jeckeln war sich Himmler noch Ende Januar 1942 nicht sicher, wie die nach Riga geschickten »Reichsjuden« getötet werden sollten. Gegenüber seinem HSSPF zeigte er sich unentschlossen, »auf welche Weise die zu vernichten seien, [...] in Salaspils zu erschießen oder irgendwo in den Sumpf zu jagen«. Jeckeln erwiderte, »dass Erschießen der leichtere und schnellere Tod wäre«.[87] Sein Rat wurde beherzigt: Anfang Februar erschossen die Deutschen etwa 2500 »Reichsjuden« – 1500 aus dem Rigaer Ghetto und 1000 in Jungfernhof; im März folgten weitere 1800 Exekutionen in Jungfernhof. Wenige Monate nach den ersten Deportationen war nur noch die Hälfte der 20 000 nach Riga verschleppten Juden am Leben.[88]

Augenscheinlich hatte der umfassende Massenmord an den deportierten »Reichsjuden« in den letzten Monaten des Jahres 1941 noch nicht begonnen. Doch wurden die in Lagern der Organisation Schmelt eingesperrten nicht mehr arbeitsfähigen Juden bereits ausgesondert und im nahe gelegenen Auschwitz vergast; den deutschen Behörden in Riga wurde geraten, das Gleiche zu tun. In Kowno und Riga massakrierte man die Deportierten von sechs Transporten aus dem Reich sofort nach ihrer Ankunft. Die meisten Deportierten brachte man jedoch in den Ghettos von Lodz, Minsk und Riga unter, teilte den örtlichen Besatzungsbehörden gleichzeitig allerdings mit, dass es sich dabei nur um eine vorübergehende Maßnahme handle.

Man werde die unerwünschten Juden im kommenden Frühjahr weiter nach Osten abschieben. Weder der zu Himmler bestellte Jeckeln noch Kube in Minsk hatten irgendwelche Zweifel darüber, was die Juden dort erwartete. Offen blieb lediglich, wie und wann sie ermordet werden und ob dies mit diskreteren und »menschlicheren« Methoden geschehen würde als bei den brutalen und halböffentlichen Erschießungsmassakern an den sowjetischen Juden.

9.2 Einbeziehung der Bürokratie

Seit Jahren hatte man die Bürokratie auf den Gedanken eines »judenfreien« Deutschlands als letztem Ziel der nationalsozialistischen Judenpolitik eingeschworen. Jahre der Enttäuschung fanden ein Ende und lang gehegte Hoffnungen gingen in Erfüllung, als Mitte Oktober 1941 die ersten Transporte mit Juden aus Deutschland abfuhren. Eine Vielzahl lokaler Ämter und Behörden sowie die Ministerien für Verkehr, Finanzen und Äußeres zeigten sich nur allzu bereit, bei ihrer Durchführung mitzuwirken. Aber würde sich die deutsche Bürokratie ebenso bereitwillig am Programm des systematischen Massenmords an allen europäischen Juden beteiligen? Neigte auch der übrige Beamtenapparat dazu, sich dem Konsens über die »Endlösung« anzuschließen, wie das einige Mitarbeiter des Auswärtigen Amts im Fall von Serbien getan hatten? Darüber dürften Himmler und Heydrich in zweierlei Hinsicht erhebliche Zweifel gehabt haben.

Erstens betrachtete die SS die nationalsozialistische Judenpolitik seit langem als ihre ureigene Domäne, die sie vor der Einmischung und Teilnahme anderer abschirmte. In diesem gleichsam darwinistischen Kampf um bürokratische Kompetenzen und Einfluss hatte sie einen überwältigenden Sieg errungen. Konnte der Enthusiasmus ihrer früheren Konkurrenten für eine Beteiligung an der Judenpolitik, der in einigen Fällen schon lange unterdrückt, wenn nicht sogar erloschen war, wieder belebt werden? Und würden sie anstelle der früheren Rivalität die Rolle von Juniorpartnern akzeptieren?

Zweitens hatte sich die deutsche Bürokratie zwar an die Idee eines »judenfreien« Deutschlands gewöhnt, aber nicht an den systematischen, totalen Massenmord an den europäischen Juden. Im Gegensatz zu den direkt an der Durchsetzung des nationalsozialistischen Rassenimperialismus in Osteuropa Beteiligten erschien die »Endlösung« den in Berlin hinter ihren Schreibtischen sitzenden Beamten außerordentlich radikal und beispiellos. Die Nationalsozialisten versuchten schon seit langem, die deutsche politische Kultur an ungezügelte Gewalt und eine völlige Missachtung humanitärer Skrupel zu gewöhnen. Die rechtlichen und moralischen Normen der vornationalsozialistischen Gesellschaft – ein jahrhundertealtes Erbe von jüdisch-christlichen und griechisch-römischen Elementen der westlichen Zivilisation, die vom Mittelalter bis zur Aufklärung miteinander verschmolzen waren und sich weiterentwickelt hatten – waren den Nationalsozialisten ein Gräuel. In Hitlers Augen verkörperte das »jüdische Gewissen« diese Normen und Verbote; es musste daher aus dem deutschen Bewusstsein ausgemerzt werden. Für die deutsche Bürokratie mit ihren Vorstellungen von legaler Autorität, rechtmäßigem Verfahren und paternalistischer Verantwortlichkeit hatten die Nationalsozialisten deshalb lange Zeit nur Verachtung übrig gehabt. Hitler hatte ganz offen seinen Abscheu gegen Juristen und Beamte ausgedrückt, die sich angeblich vor ihrem eigenen Schatten fürchteten. Gelegentlich erwiderten die Staatsdiener diese Verachtung, wenn auch oftmals weniger aus moralischer Empörung als aus gesellschaftlichem Snobismus und Ressentiment.

Himmler und Heydrich müssen beim Gedanken an die Reaktionen der Bürokratie auf die »Endlösung« Unbehagen verspürt haben. Die Wehrmacht hatte Hitlers Wiederbewaffnungs- und Aggressionspolitik unterstützt, angesichts der Gräueltaten in Polen kurz gescheut und sich schließlich als Mitstreiter im »Vernichtungskrieg« gegen die Sowjetunion zur Verfügung gestellt. Obwohl die meisten der antijüdischen Maßnahmen der dreißiger Jahre durch die Kanäle der Bürokratie geleitet worden waren, war sie wie der größte Teil der deutschen Gesellschaft vor der offenen Gewalt der Kristallnacht zurückgeschreckt. Würde sie sich nun ähnlich dem Militär zum Partner bei der Ermordung der europäischen Juden entwickeln? Oder würde das deutsche Beamtentum den letzten schockierenden Quantensprung zum systematischen Massenmord nicht mit vollziehen, ganz gleich, wie bürokratisch man ihn organisierte und ausgeführte? Ende Oktober 1941 konnten Himmler und Heydrich trotz der zahlreichen »Vorwegnahmen« der »Endlösung« noch keine sicheren Antworten auf diese Fragen geben.

Ende Oktober beschloss Heydrich, die Berliner Ministerialbürokratie offiziell über den »Vernichtungskrieg« in Kenntnis zu setzen, den Deutschland gegen die Sowjetunion zu führen »gezwungen« war. Die Notwendigkeit, die Bürokratie an die Idee des systematischen Massenmords zu gewöhnen, ist die wahrscheinlichste Erklärung dafür. Im Auswärtigen Amt lässt sich der Informationsfluss am deutlichsten verfolgen, obwohl sich anderswo vermutlich Ähnliches abspielte. Auf Heydrichs Anweisung vom 30. Oktober 1941 schickte Gestapochef Müller Außenminister Ribbentrop die ersten fünf »Tätigkeits- und Lageberichte« der Einsatzgruppen von Sipo und SD. Im ersten, der den Zeitraum bis Ende Juli abdeckte, wurde die »ausgezeichnete« Zusammenarbeit mit der Wehrmacht gelobt. Bei Riga habe Einsatzgruppe A »zahlreiche Heckenschützen und Funktionäre, vorwiegend Juden, liquidiert«. Als Vergeltung für »Brandstiftungen, Plünderungen und Morde« habe Einsatzgruppe B »insgesamt ca. achttausend Personen liquidiert. Ein großer Teil von ihnen gehörte der jüdischen Intelligenz an.« In der Ukraine hatten die Aktivitäten der Einsatzgruppe C hauptsächlich der »Liquidierung der für den dortigen Blutterror verantwortlichen Juden und Bolschewisten« gegolten. Man habe 7000 Juden festgenommen und erschossen. Einsatzgruppe D beschwerte sich darüber, dass im ungarischen Heer eine »grundsätzliche Juden- und Polenfreundlichkeit« anzutreffen sei. Die Rumänen stellten ein anderes Problem dar: »Gegen die Juden gehen die Rumänen sehr planlos vor. Gegen die sehr zahlreichen Erschießungen von Juden wäre nichts einzuwenden, wenn die technische Vorbereitung und Durchführung nicht zu unzulänglich wäre. Die Rumänen lassen die Hingerichteten meist ohne Beerdigung an Ort und Stelle liegen.«[89]

Der zweite Bericht umfasste den Zeitraum vom 29. Juli bis zum 14. August. Im Baltikum seien die »Selbstreinigungsbestrebungen [...] an den meisten Orten nur langsam in Gang gekommen. Pogrome in Mitau führten dazu, dass sämtliche 1550 Juden nunmehr beseitigt sind.« In Weißrussland habe man die Juden in vielen Orten ghettoisiert, in Wilejka allerdings »die gesamte Judenschaft liquidieren« müssen. In Oschmjany habe man 527 und in Witebsk 332 Juden exekutiert, und in der Westukraine seien in den letzten Tagen 416 Juden erschossen worden. »Judenpogrome«, hieß es weiter, »konnten nur an einigen Stellen in Gang gebracht werden. So wurden z. B. in Tarnopol sechshundert und in Chorostkow 110 Juden von der Bevölkerung getötet.« Darüber hinaus habe man in Schitomir 400 Juden erschossen, in Tschaijachow 110 Juden und Bolschewiken, in Werditschew 222 Juden und in Winniza 146. In den rumänisch besetzten Gebieten seien von Einsatzgruppe D in Zusammenarbeit mit der rumänischen Polizei in Czernowitz 682 Juden, in Hotin 150 Juden und Kommunisten, in Kekyina 97, in Kischinjow 551 und in Tighina 155 Juden »erschossen«, »liquidiert« oder »entfernt« worden.[90]

Der dritte Bericht betraf die zweite Augusthälfte und führte die Erschießungen von Juden sowie von Partisanen und Kommunisten getrennt auf. In Kowno und Weißrussland, wurde gemeldet, gehe die Ghettobildung weiter. Für die Ukraine verzeichnete der Bericht eine vierstellige Zahl von Exekutionen; zum großen Teil sei sie bereits »judenfrei«. Die Rumänen hätten versucht, Tausende nicht arbeitender Juden in deutsches Herrschaftsgebiet zu vertreiben; 27 500 habe man zurückgeschickt und 1265 erschossen. In Czernowitz und dem östlichen Dnjestrgebiet seien 1106 Juden »liquidiert« worden.[91]

Der vierte Bericht verzeichnete für den 1.–15. September weitere Exekutionen nur in Weißrussland.[92] Der fünfte umfasste die zweite Septemberhälfte und informierte in einer Passage, die ein eifriger Leser im Auswärtigen Am angestrichen hatte, zunächst über das Baltikum: »An Orten, an denen eine verstärkt auftretende propagandistische Tätigkeit festzustellen war, wurde die jüdische Einwohnerschaft erschossen. Durch diese Maßnahmen erhöhte sich z. B. die Zahl der liquidierten

Personen eines Sonderkommandos auf 75 000 Personen. Das in den Kreisen Rokiskis, Zarasai, Birzai und Prienai tätige Einsatzkommando hat aus den gleichen Gründen bereits die Exekutionsziffer von 85 000 Personen erreicht. Die genannten Kreise sind judenfrei.« Unterdessen hatten die Deutschen in Janowitschi 1025 und in Minsk 2278 Juden exekutiert. In der Ukraine richtete ein Sonderkommando 1668 Juden hin, »die durch ihre Verschmutzung eine ständige Seuchengefahr darstellten«, und erhöhte damit die Zahl der von ihm bis zum 6. September getöteten Juden auf 11 328. Schmielenk war nun »judenfrei«.[93]

Am 26. November schickte Heydrich Ribbentrop persönlich ein Exemplar des nächsten Berichts, der die Ereignisse des gesamten Oktober zusammenfasste. Der Abschnitt über die Juden im Ostland verzichtete auf die fadenscheinigen Rechtfertigungen und Rationalisierungen, die in den bisherigen Berichten formelhaft wiederholt worden waren, um die Massenerschießungen von Juden zu verteidigen. Jetzt wurde nur noch knapp gemeldet: »Die männlichen über sechzehn Jahre alten Juden wurden mit Ausnahme der Ärzte und der Judenältesten exekutiert. Zum Teil ist diese Maßnahme noch im Gange. Nach Abschluss der Aktion werden in Estland nur noch fünfhundert Jüdinnen und Kinder vorhanden sein.« In Weißrussland habe sich die Bevölkerung zwar über die Juden beklagt, sei aber nicht zu Pogromen bereit gewesen. »Umso schärfer wird seitens der Einsatzgruppen der Sicherheitspolizei und des SD gegen die Juden vorgegangen«, versicherte der Bericht und verfiel in den nun folgenden Erschießungsmeldungen wieder in den rationalisierenden Tonfall: In Gorodnia seien 165 »jüdische Terroristen« erschossen worden, in Mogilew 337 jüdische Frauen wegen »besonders aufsässigen Verhaltens« und 113 Männer, weil sie sich gegen die Umsiedlung ins Ghetto gewehrt hatten, in Borissow 321 »jüdische Saboteure« und 118 »jüdische Plünderer«, in Bobruisk 380 Juden wegen »Hetz- und Gräuelpropaganda«, in Tatarsk alle jüdischen Männer, weil sie das Ghetto eigenmächtig verlassen hatten, in Starodub 272 jüdische Männer und Frauen wegen Widerstands, in Talka 222 Juden wegen »antideutscher Propaganda«, in Marina Gorka 996 Juden, die

x) 130 km s.ö. Minsk

xx) ?!

deutsche Anordnungen »sabotiert« hatten, in Schklow 627 Juden wegen Sabotage und in Witebsk sämtliche Ghettobewohner wegen Seuchengefahr. In der Ukraine habe man als »Vergeltungsmaßnahme für die Brandstiftungen in Kiew [...] sämtliche Juden verhaftet und am 29. und 30. 9. insgesamt 33 771 Juden exekutiert«. Auch diese Passage ist von einem Leser im Auswärtigen Amt angestrichen worden. In Schitomir waren 3145 Juden als Träger bolschewistischer Propaganda und Sabotage erschossen worden, in Tscherson 410 als Vergeltungsmaßnahme. Erst am Ende ließ der Bericht die Vorwände wieder fallen: »Die Lösung der Judenfrage wurde insbesondere im Raum ostwärts des Dnjepr seitens der Einsatzgruppen der Sicherheitspolizei und des SD energisch in Angriff genommen. Die von den Kommandos neu besetzten Räume wurden judenfrei gemacht. Dabei wurden 4891 Juden liquidiert.«[94]

Wie weit trugen diese Berichte dazu bei, die Empfänger an den Gedanken von Massenmorden an den Juden zu gewöhnen? In diesem Zusammenhang sind zwei Faktoren zu berücksichtigen. Erstens war das Auswärtige Amt nur ein Empfänger unter vielen. Der zweite Bericht wurde in 53 Exemplaren verbreitet, der dritte in 80, und die nächsten drei Berichte kamen in 100 Exemplaren in Umlauf. Im Oktober und November überschwemmte Heydrich die deutsche Bürokratie geradezu mit Informationen über die auf sowjetischem Gebiet stattfindenden Massaker. Zweitens wurden die Informationen aus dem ans Auswärtige Amt zugestellten Exemplar weiterverbreitet und von vielen Beamten ausgewertet. Die ersten fünf Berichte gingen nicht direkt an Ribbentrop, sondern an Unterstaatssekretär Luthers Referat D II, das für die Kontakte zu SS und Polizei zuständig war. Obwohl sie alle Aktivitäten der Einsatzgruppen behandelten, standen von Anfang die Informationen über die antijüdischen Massaker an erster Stelle; nicht ohne Grund leitete man die Berichte als nächstes an Rademachers Judenreferat D III weiter. In einer Zusammenfassung der ersten fünf Berichte stellte Rademachers Stellvertreter Fritz Gebhard von Hahn fest: »Ein genauer Überblick über die in allen drei Reichskommissariaten liquidierten Juden lässt sich aus den Berichten nicht gewinnen.« Von Hahn verallgemeinerte allerdings die Beispiele von EK 2 und 3 im Baltikum und kam irrtümlicherweise zu dem Schluss, jedes Sonderkommando habe 70 000 bis 80 000 Juden getötet, und überschätzte daher die Opferzahlen – ein deutliches Anzeichen dafür, dass ihm die Bedeutung der Berichte für das Schicksal der sowjetischen Juden nicht entgangen war.[95] Unterstaatssekretär Luther selbst schrieb eine Zusammenfassung des sechsten Berichts, in dem er bemerkte, dass im Ostland, bis auf Ärzte und Ratsmitglieder, alle Juden exekutiert würden. Nach Abschluss der Aktionen würden nur noch jüdische Frauen und Kinder am Leben sein. Außerdem konstatierte er die Ermordung von 33 000 Juden in Kiew, 3000 in Witebsk und 5000 östlich des Dnjestr.

Von Hahns und Luthers Zusammenfassungen gingen an Staatssekretär von Weizsäcker – diejenige Luthers noch am selben Tag, an dem sie verfasst worden waren – und den hochrangigsten Unterstaatssekretär, den Chef der Politischen Abteilung Ernst Woermann, die sie auf dem Titelblatt mit ihren Initialen abzeichneten. Außerdem wurden sie einer ganzen Reihe weiterer Abteilungs- und Referatsleiter vorgelegt. Von Ende Dezember bis Ende Januar waren sie in Umlauf. Am Ende hatten mindestens fünf Personen die Originalberichte gelesen und 16 die Zusammenfassungen abgezeichnet. Wie viele Beamte die Zusammenfassungen darüber hinaus ohne Abzeichnung von Umlaufbögen zu Gesicht bekommen oder von ihnen gehört hatten, lässt sich rückblickend nicht mehr feststellen. Sämtliche Dokumente waren als »Geheime Reichssache« gekennzeichnet, doch allem Anschein nach gehörten sie zur Kategorie der offenen Geheimnisse, und das mit Absicht. Die Beamten sollten erfahren, was von ihnen erwartet wurde, wenn sie an der Reihe waren, ihren Beitrag zur »Endlösung« zu leisten.

Der Informationsfluss hielt unvermindert an, nur dass nun anstelle von Zusammenfassungen die Originalberichte im Auswärtigen Amt kursierten. Die Berichte Nummer sieben und acht umfassten die Monate November beziehungsweise Dezember und wurden dem Auswärtigen Amt am 16. Januar in jeweils 100 Exemplaren zugestellt. »Die Judenfrage ist im Ostland als gelöst anzusehen«, hieß es stolz im siebten Bericht.

»Größere Exekutionen haben das Judentum stark dezimiert, und die verbliebenen Juden wurden ghettoisiert.« In Gorki seien 2200, in Mistislawl 900 und in Lubny 1865 Juden erschossen worden. In Mogilew habe man in einer großen Aktion 3276 Juden exekutiert; die Stadt sei jetzt »judenfrei«. Als Ergebnis der »Judenaktion« in Kiew und Schitomir habe man der Nationalsozialistischen Volkswohlfahrt (NSV) 137 Lastwagen mit Kleidung übergeben. Der achte Bericht unternahm keinen Versuch mehr, die Erschießungen als spontane Vergeltung zu verschleiern: »In Rowno wurde die seit längerer Zeit geplante Judenaktion durchgführt, bei der 15 000 Juden erschossen wurden.« Massaker in Bobruisk, Paritschi, Rudnia und bei Gomel kosteten 5282, 1113, 835 beziehungsweise 2365 Juden das Leben. Beide Berichte wurden von 13 Beamten abgezeichnet, unter anderem von Staatssekretär von Weizsäcker und Unterstaatssekretär Woermann.[96]

Einen neunten Bericht, den für Januar, erhielt das Auswärtige Amt nicht. Doch am 5. März 1942 schickte Gestapochef Müller den zehnten Bericht, der sich mit den Ereignissen des Februar befasste. Darin hieß es lakonisch: »Nachdem im Ostland die Judenfrage fast als gelöst und bereinigt angesehen werden kann, schreitet die Klärung dieses Problems in den übrigen besetzten Gebieten des Ostens weiter fort. [...] Immer wieder werden Juden, die sich den behördlichen Anordnungen nicht fügen, ergriffen und erschossen. Zur Vermeidung der weiteren Ausbreitung von Seuchengefahren waren verschiedentlich Erschießungen von Juden erforderlich geworden.« Luther fertigte eine Zusammenfassung des Berichts an, die an von Weizsäcker und sieben andere Beamte ging.[97] Der elfte und letzte Bericht, der den April umfasste, vermeldete ein zum großen Teil »judenfreies« Ostland. In Minsk habe man 3412, in Baranowicze 2007 und in Artenowsk 1224 Juden erschossen. Rakow sei durch die Exekution von 15 000 Juden »judenfrei« gemacht worden. Außerdem habe man auf der Krim 1000 »Juden und Zigeuner« getötet. Dieser Bericht wurde an 16 Adressaten verteilt, darunter von Weizsäcker und Woermann.[98]

Während Heydrich die Berliner Ministerialbürokratie mit Informationen versorgte, blieb auch Himmler nicht stumm.

Am 11. November erzählte er seinem Arzt Felix Kersten, »man plane die Vernichtung der Juden«, und fügte hinzu: »Nun lege man ihm die Vernichtung der Juden nahe.«[99] Vier Tage später, am 15. November, führte er ein vierstündiges Gespräch mit Rosenberg unter anderem über das Verhältnis zwischen den Höheren SS- und Polizeiführern und Rosenbergs Reichskommissaren und dabei insbesondere über die Position der Judenexperten vor Ort. Man einigte sich darauf, die Judenexperten in »Personalunion« sowohl beim HSSPF als auch im jeweiligen Reichskommissariat zu beschäftigen. Himmlers Aktennotiz über das Gespräch ist nicht zu entnehmen, ob er mit Rosenberg noch weitergehend über die »Judenfrage« diskutierte.[100]

Drei Tage nach der Begegnung mit Himmler und nur fünf Tage, nachdem das Ostministerium seinen Vertretern in Riga mitgeteilt hatte, dass man die bei ihnen eintreffenden »Reichsjuden« im nächsten Frühjahr weiter nach Osten abschieben werde, erhielt die deutsche Presse von Rosenberg einen außergewöhnlichen »vertraulichen« Hintergrundbericht. Zwar sollten die Journalisten die geschilderten Einzelheiten der Geschehnisse im Osten noch nicht veröffentlichen, ihnen solle aber genügend Hintergrundwissen vermittelt werden, um ihrer Berichterstattung die richtige »Farbe« geben zu können, erläuterte er. Unter anderem sprach Rosenberg auch über die »Judenfrage«:

> »Zugleich ist dieser Osten berufen, eine Frage zu lösen, die den Völkern Europas gestellt ist: das ist die Judenfrage. Im Osten leben noch etwa 6 Millionen Juden, und diese Frage kann nur gelöst werden in einer biologischen Ausmerzung des gesamten Judentums in Europa. Die Judenfrage ist für Deutschland erst gelöst, wenn der letzte Jude das deutsche Territorium verlassen hat, und für Europa, wenn kein Jude mehr bis zum Ural auf dem europäischen Kontinent steht. Das ist die Aufgabe, die das Schicksal uns gestellt hat. Sie können sich vorstellen, dass zur Durchführung dieser Maßnahmen nur Menschen berufen sind, die die Frage als historische Aufgabe begreifen, die nicht aus persönlichem Hass handeln, sondern aus dieser nüchternen politischen und his-

> torischen Einsicht. Der 9. November 1918 ist für uns Schicksals- und Entscheidungstag gewesen. Damals hat das Judentum gezeigt, dass es auf die Vernichtung Deutschlands eingestellt war. Dass dies nicht gelang, ist nur dem Führer und der Charakterkraft der deutschen Nation zu verdanken. Wir haben deshalb vorzubeugen, dass nicht ein romantisches Geschlecht in Europa die Juden wieder aufnimmt, und dazu ist es nötig, sie über den Ural zu drängen oder sonst irgendwie zur Ausmerzung zu bringen.«[101]

Konnte Rosenberg auch immer noch nicht genau sagen, wie und wo die Juden im Osten Europas den Tod finden sollten, so zweifelte er doch ebenso wenig wie seine Zuhörer an dem Ziel einer »biologischen Ausmerzung« aller europäischen Juden.

Am 24. November führte Himmler ein langes Gespräch mit Staatssekretär Stuckart vom Innenministerium. Sein Dienstkalender deutet an, dass er seinen früheren Hauptrivalen im Ringen um die Zuständigkeit für die Judenpolitik unmissverständlich klar zu machen gedachte, wer diesen Streit gewonnen hatte: »Judenfrage gehören [sic] zu mir.«[102] Anscheinend teilte er Stuckart bei dem Treffen noch einiges mehr über die nationalsozialistische Judenpolitik mit. Am 19. Dezember, weniger als einen Monat später, empfing er jedenfalls auf Stuckarts dringende Bitte den Judenreferenten seines Ministeriums, Bernhard Lösener, der ihm berichtete, was er soeben von seinem Kollegen, Regierungsrat Werner Feldscher, erfahren habe. Ein zuverlässiger Bekannter Feldschers habe mit eigenen Augen beobachtet, wie man die Berliner Juden in Riga ermordete, und ihm nach seiner Rückkehr das grauenhafte Geschehen beschrieben. Unter diesen Umständen könne er nicht länger im Innenministerium arbeiten, auch wenn das seine Bemühungen gefährde, die Kategorie der »Mischlinge« als eigene, von den »Volljuden« zu unterscheidende Kategorie zu erhalten. »Das Verfahren gegen die evakuierten Juden«, entgegnete Stuckart, »beruht auf einer Entscheidung von höchster Stelle. Damit werden Sie sich abfinden müssen.« Er sei »nicht dynamisch genug« und halte zu halsstarrig an den Nürnberger Gesetzen fest. Zudem habe er es nicht verstanden, die nötigen Beziehungen zur Partei und insbesondere zur SS aufzubauen. Daher sei dem Innenministerium »die Führung in der Judenfrage entglitten«. Im Übrigen hätten die Juden Deutschland den Krieg aufgezwungen und seien folglich auch für alle deutschen Verluste verantwortlich. »Wenn wir da mit Härte zurückschlagen«, erklärte Stuckart, »so muss man die weltgeschichtliche Notwendigkeit dieser Härte einsehen und darf nicht ängstlich fragen, ob denn gerade dieser oder jener bestimmte evakuierte Jude, den sein Schicksal ereilt, persönlich daran schuldig ist.«[103]

Das Wissen um den Wandel der deutschen Politik verbreitete sich nicht nur unter den Regierungsbeamten in Berlin, sondern auch im Ausland. So sickerten nach einer Versammlung, zu der Eichmann seine Judenexperten in die Reichshauptstadt beordert hatte,[104] Indiskretionen an die Öffentlichkeit, unter anderem vermutlich über seinen Abgesandten in den Niederlanden. Jedenfalls wurde in vier Berichten eines holländischen Kollaborateurs und SS-Informanten immer offener auf das Schicksal nicht nur der Juden aus dem Reich, sondern auch derjenigen aus den Niederlanden angespielt. Am 20. November 1941 bemerkte der Kollaborateur, ein glühender Nazisympathisant und Antisemit, dass man die »Verschleppung aller deutschen Juden nach Polen« angeordnet habe, und drängte nachdrücklich darauf, auch die niederländischen Juden so bald wie möglich zu deportieren, »am liebsten ebenfalls nach Polen«. Am 4. Dezember war er bereits darüber informiert, dass der Deportation der deutschen Juden, die eine »teilweise Ausrottung des Judentums bedeute«, im nächsten Frühjahr die Deportation der niederländischen Juden folgen würde – »ebenfalls nach Ost-Polen«. Er forderte daher, umgehend mit vorbereitenden Maßnahmen, wie Kennzeichnung, Einschränkung der Bewegungsfreiheit und »Aushungerung der Juden in den Niederlanden«, zu beginnen. Am 18. Dezember 1941 verkündete der Informant schließlich, die »Ausrottung, Vernichtung und Verschleppung des Judentums« solle »für alle Zeiten eine Wiederauferstehung des Judentums unmöglich machen«.[105] Anfang Dezember wusste der holländische Kollaborateur folglich nicht nur, dass man sowohl deutsche als auch niederländische Juden in den Tod schicken wollte, sondern auch, dass die Hinrichtungsstätten in »Ost-Polen« lagen.

Die Absichten des NS-Regimes wurden jedoch nicht nur auf den unteren Ebenen bekannt, sondern auch auf höchster Ebene. Anlässlich des Empfangs des Großmuftis von Jerusalem am 28. November 1941 in Berlin ging Hitler noch über seine Vertraulichkeiten von Ende Juli gegenüber seinem kroatischen Gast Marschall Kvaternik hinaus und fügte seiner düsteren Zukunftsprognose für das Judentum eine außereuropäische Dimension hinzu. »Deutschland«, heißt es in den Aufzeichnungen des Gesandten Paul Schmidt über das Gespräch, »sei entschlossen, Zug um Zug eine europäische Nation nach der anderen zur Lösung des Judenproblems aufzufordern und sich im gegebenen Augenblick mit einem gleichen Appell auch an außereuropäische Völker zu wenden.« Wenn Deutschland Russland besiegt habe und über den Kaukasus in den Nahen Osten vorstoße, werde es keine imperialen Ziele verfolgen, sondern sich für die Befreiung der Araber einsetzen, versicherte Hitler seinem Gast. Ein Ziel habe er jedoch, fügte er hinzu: »Das deutsche Ziel würde dann lediglich die Vernichtung des im arabischen Raum unter der Protektion der britischen Macht lebenden Judentums sein.«[106] Die Juden sollten also nicht einfach nur aus der deutschen Einflusssphäre vertrieben, sondern auch darüber hinaus verfolgt und vernichtet werden.

Am 29. November 1941, dem Tag, an dem Jägers SK 3 in Kowno die Deportierten des vierten und fünften Transports aus dem Reich ermordete, sowie einen Tag bevor Jeckelns und Langes Männer in Riga den ersten Transport liquidierten, verschickte Heydrich Einladungen zu einer für den 9. Dezember anberaumten Konferenz.[107] Empfänger in der Ministerialbürokratie waren Staatssekretäre der Ministerien für Inneres, Propaganda und Justiz, des Amts für den Vierjahresplan, des Ostministeriums sowie Unterstaatssekretär Luther im Auswärtigen Amt und Ministerialdirektor Kritzinger in der Reichskanzlei. Nicht eingeladen waren Vertreter der Ministerien für Finanzen und Verkehr, die bereits reibungslos beim Deportationsprogramm kooperierten. Als sich HSSPF Krüger aus dem Generalgouvernement bei einem Treffen am 28. November mit Himmler über Franks Bestrebungen beschwerte, in der Judenpolitik alle Fäden in die Hand zu bekommen, erweiterte der Reichsführer-SS die Einladungsliste rasch um Staatssekretär Bühler.[108]

Heydrich legte der Einladung eine Kopie von Görings Ermächtigungsschreiben vom 31. Juli bei, das ihn mit den Vorbereitungen für eine »Gesamtlösung der Judenfrage« in Europa beauftragte, und begründete die Sitzung mit der »außerordentlichen Bedeutung« des Themas sowie dem Interesse an einer Zusammenarbeit aller mit der »Endlösung« befassten Zentralbehörden. Eine einheitliche Linie sei umso notwendiger, als seit dem 15. Oktober bereits ununterbrochen Transporte mit Juden aus dem Reichsgebiet und dem Protektorat Böhmen und Mähren nach Osten abgingen. Wenigstens von einem der Empfänger ist eine Reaktion auf die Einladung bekannt – von Martin Luther, dem einstigen Verteidiger der Vorrechte des Auswärtigen Amts gegen die Kompetenzansprüche der SS und seit der Besprechung über die serbischen Juden von Anfang Oktober 1941 Mordkomplize Heydrichs. Er war der einzige Unterstaatssekretär in der Phalanx der eingeladenen Staatssekretäre; offenbar zog Heydrich den ebenso ehrgeizigen wie opportunistischen Luther seinem drögen und gehemmten Chef, Ernst von Weizsäcker, vor.[109] Luther wies Rademacher an, für die Sitzung ein Memorandum über »unsere Wünsche und Ideen« anzufertigen. Die in acht Punkte aufgeteilte Denkschrift legte das Auswärtige Amt darauf fest, andere europäische Länder zu drängen, Gesetze nach deutschem Vorbild zu erlassen und »ihre« Juden anschließend zu deportieren. Diese Maßnahmen werde man »wie bisher im guten Einvernehmen mit dem Geheimen Staatspolizeiamt« ausführen.[110]

Am 5. Dezember eröffnete die Rote Armee vor Moskau eine Gegenoffensive, und am 7. Dezember griffen japanische Flugzeuge Pearl Harbor an. Vier Tage später erklärte Deutschland den Vereinigten Staaten den Krieg. Aufgrund dieser Folge plötzlicher und tief greifender Ereignisse, welche die volle Aufmerksamkeit der Eingeladenen beanspruchten, musste Heydrich die Sitzung in letzter Minute verschieben.[111] Einen Monat später teilte er den Eingeladenen den 20. Januar 1942 als neuen Konferenztermin mit.

Im Gegensatz zu Heydrichs Konferenz, auf der er die Mitarbeit der Ministerialbürokratie koordinieren und seine eigene Zuständigkeit absichern wollte,[112] hatte man eine andere Besprechung nicht vertagt. Am 12. Dezember 1941 empfing Hitler in seiner Privatwohnung in Berlin die Reichs- und Gauleiter, das heißt die Führungsspitzen der NSDAP. Goebbels hielt die wesentlichen Punkte von Hitlers langer Ansprache in seinem Tagebuch fest, darunter auch einige Sätze über die »Judenfrage«: »Bezüglich der Judenfrage ist der Führer entschlossen, reinen Tisch zu machen. Er hat den Juden prophezeit, dass, wenn sie noch einmal einen Weltkrieg herbeiführen würden, sie dabei ihre Vernichtung erleben würden. Das ist keine Phrase gewesen. Der Weltkrieg ist da, die Vernichtung des Judentums muss die notwendige Folge sein. Diese Frage ist ohne jede Sentimentalität zu betrachten. Wir sind nicht dazu da, Mitleid mit den Juden, sondern nur Mitleid mit unserem deutschen Volk zu haben. Wenn das deutsche Volk jetzt wieder im Ostfeldzug an die 160 000 Tote geopfert hat, so werden die Urheber dieses blutigen Konflikts dafür mit ihrem Leben bezahlen müssen.«[113]

Erneut hatte Hitler keinen expliziten Befehl gegeben, aber unmissverständlich klar gemacht, dass seine Prophezeiung vom Januar 1939 – auf die immer wieder Bezug genommen worden war – wörtlich zu nehmen sei. Darüber hinaus hatte er eine mögliche Zweideutigkeit hinsichtlich des Zeitpunkts der »Endlösung« ausgeräumt. Im Herbst 1941 war ihr Beginn sowohl auf die Zeit »nach dem Krieg« als auch ins »nächste Frühjahr« gelegt worden. Damals meinten beide Formulierungen noch dasselbe. Nach der sowjetischen Gegenoffensive und dem Kriegseintritt der USA im Dezember traf dies nicht mehr zu, und der Gegensatz zwischen beiden Zeitbestimmungen musste aufgelöst werden. Hitler legte sich nun auf einen Beginn der »Endlösung« im kommenden Frühjahr fest, unabhängig vom weiteren Kriegsverlauf. Außerdem gab er dem inneren Kreis zu verstehen, die Botschaft zu verbreiten. Nach seinem langen Treffen mit Himmler am 15. November hatte Rosenberg der deutschen Presse gegenüber bereits eine außerordentliche Offenheit an den Tag gelegt und in seiner Rede zudem Himmlers Sprachstil anklingen lassen. Nach Hitlers Rede wiederholte Hans Frank dieses Szenario. Während seines Berlinbesuchs vom 10. bis 13. Dezember hatte er an der Versammlung der Parteiführer teilgenommen und sich möglicherweise auch privat mit Hitler getroffen.[114] Nach der Rückkehr ins Generalgouvernement hielt er am 16. Dezember vor seinen Distriktsgouverneuren und Abteilungsleitern eine Ansprache, in der er sich auch mit der »Judenfrage« befasste. Dabei ging er weit über seine vagen Andeutungen vom vergangenen Oktober hinaus und griff auf erschreckende Weise Hitlers eben gehörte Worte auf:

> »Mit den Juden – das will ich ganz offen sagen – muss so oder so Schluss gemacht werden. Der Führer sprach einmal das Wort aus: wenn es der vereinigten Judenschaft wieder gelingen wird, einen Weltkrieg zu entfesseln, dann werden die Blutopfer nicht nur von den in den Krieg gehetzten Völkern sein, sondern dann wird der Jude in Europa sein Ende gefunden haben. Ich weiß, es wird an vielen Maßnahmen, die jetzt im Reich gegenüber den Juden getroffen werden, Kritik geübt. Bewusst wird, das geht aus den Stimmungsberichten hervor, immer wieder versucht, von Grausamkeit, von Härte und so weiter zu sprechen. Ich möchte Sie bitten: einigen Sie sich mit mir zunächst, bevor ich jetzt weiterspreche, auf die Formel: Mitleid wollen wir grundsätzlich nur mit dem deutschen Volk haben, sonst mit niemandem auf der Welt. Die anderen haben auch kein Mitleid mit uns gehabt. Ich muss auch als alter Nationalsozialist sagen: Wenn die Judensippschaft den Krieg überleben würde, wir aber unser bestes Blut für die Erhaltung Europas geopfert hätten, dann würde dieser Krieg doch nur einen Teilerfolg darstellen. Ich werde daher den Juden gegenüber grundsätzlich nur von der Erwartung ausgehen, dass sie verschwinden. Sie müssen weg. Ich habe Verhandlungen zu dem Zwecke angeknüpft, sie nach dem Osten abzuschieben. Im Januar findet über diese Frage eine große Besprechung in Berlin statt, zu der ich Herrn

Staatssekretär Dr. Bühler entsenden werde. Diese Besprechung soll im Reichssicherheitshauptamt mit SS-Obergruppenführer Heydrich gehalten werden. Jedenfalls wird eine große jüdische Wanderung einsetzen.
Aber was soll mit den Juden geschehen? Glauben Sie, man wird sie im Ostland in Siedlungsdörfern unterbringen? Man hat uns in Berlin gesagt: Weshalb macht man diese Scherereien? Wir können im ›Ostland‹ oder im ›Reichskommissariat‹ auch nichts mit ihnen anfangen, liquidiert sie selber!
Meine Herren, ich muss Sie bitten, sich gegen alle Mitleidserwägungen zu wappnen. Wir müssen die Juden vernichten, wo immer wir sie treffen und wo es irgend möglich ist, um das Gesamtgefüge des Reiches hier aufrechtzuerhalten.«

Frank hatte sich offenbar auch mit der Frage der Realisierung dieser Forderungen beschäftigt, doch reichte das diesbezüglich in Berlin Erfahrene noch nicht aus, um seinen Zuhörern darüber genauer Auskunft zu geben: »Man kann bisherige Anschauungen nicht auf solche gigantische einmalige Ereignisse übertragen. Jedenfalls müssen wir aber einen Weg finden, der zum Ziele führt, und ich mache mir darüber meine Gedanken. [...] Wir haben im Generalgouvernement schätzungsweise 2,5, vielleicht mit den jüdisch Versippten und dem, was alles daran hängt, jetzt 3,5 Millionen Juden. Diese 3,5 Millionen Juden können wir nicht erschießen, wir können sie nicht vergiften, werden aber trotzdem Eingriffe vornehmen können, die irgendwie zu einem Vernichtungserfolg führen, und zwar im Zusammenhang mit den vom Reich her zu besprechenden großen Maßnahmen. Das Generalgouvernement muss genauso judenfrei werden, wie es das Reich ist.«[115] Frank wusste aus seinen Gesprächen in Berlin bereits, dass man die in den Januar verlegte Staatssekretärssitzung einberufen hatte, um sich mit dem von Hitler in seiner Rede angesprochenen Problem zu beschäftigen, wie die Juden getötet werden sollten. Beide Besprechungen – die der Parteiführer und die der Staatssekretäre – waren ursprünglich dazu gedacht gewesen, die jeweiligen Teilnehmer zeitgleich ins Bild zu setzen. Nun entwickelte sich die Sitzung der Staatssekretäre jedoch zu einer Art Folgekonferenz zur Klärung der methodischen Umsetzung der »Endlösung«.

Schon während sich das Wissen um die »Endlösung« im Dezember immer weiter verbreitete, verspürten sowohl Himmler als auch Hitler ein gewisses Unbehagen darüber, dass das »offene Geheimnis« allzu bekannt werden könnte. Am 14. Dezember pochte Himmler im Gespräch mit Viktor Brack, einem der Leiter des »Euthanasie«-Programms, aus dem sich das Personal der Vernichtungslager rekrutierte, auf die Dringlichkeit der Angelegenheit, da »man schon aus Gründen der Tarnung so schnell wie möglich arbeiten müsse«.[116] Ostminister Rosenberg, der ebenfalls an dem Treffen der Parteiführer teilgenommen hatte, kam am 14. Dezember erneut mit Hitler zusammen, um ihm ein im Vorfeld der deutschen Kriegserklärung an die USA geschriebenes Redemanuskript vorzulegen, in dem er den osteuropäischen Juden offenbar Vergeltung für die Hetze androhte, mit der die »New Yorker Juden« angeblich die Einkreisung Deutschlands betrieben.[117] Im Gespräch mit Hitler schnitt er das Thema an: »Über die Judenfrage sagte ich, dass die Anmerkungen über die New Yorker Juden vielleicht jetzt nach der Entscheidung etwas geändert werden müssten. Ich stände auf dem Standpunkt, von der Ausrottung des Judentums nicht zu sprechen. Der Führer bejahte diese Haltung und sagte, sie hätten uns den Krieg aufgebürdet und sie hätten die Zerstörung gebracht, es sei kein Wunder, wenn die Folgen sie zuerst träfen.«[118] Es wäre nicht nur sinnlos, sondern auch kontraproduktiv, die Juden nach der Kriegserklärung an die USA durch Drohungen dazu bewegen zu wollen, den von ihnen ausgeübten Druck zugunsten des amerikanischen Kriegseintritts aufzugeben. Das würde die Aufmerksamkeit nur unnötig auf das geplante Vernichtungsprogramm lenken.[119] In Rosenbergs Ostministerium hatte man lange Zeit über das Ausmaß der beabsichtigten Vernichtung gerätselt. Das war nun vorbei. Vier Tage nach Rosenbergs Treffen mit Hitler erhielt Lohse auf seine Anfrage, ob alle Juden, ungeachtet von Alter, Geschlecht und wirtschaftlichen Interessen, liquidiert werden sollten, aus Berlin die Antwort: »In der Judenfrage dürfte inzwischen durch mündliche Besprechungen Klarheit geschaffen sein. Wirtschaftliche Belange sollen bei der Regelung des Problems grundsätzlich unberücksichtigt bleiben.«[120] Und am 18. Dezember notierte Himmler nach einem Gespräch mit Hitler kurz und knapp in seinem Dienstkalender: »Judenfrage. | als Partisanen auszurotten.«[121] Wahrscheinlich hatten die beiden über eine mögliche Rechtfertigung sowie über eine Sprachregelung für die »Endlösung« gesprochen.

Als Heydrich am 8. Januar erneut Einladungen für eine mittägliche Zusammenkunft am 20. Januar verschickte, diesmal »mit anschließendem Frühstück«,[122] war der Prozess der Einweihung und Einbeziehung der Ministerialbürokratie in den Völkermord bereits weit fortgeschritten. Die Staatssekretäre Stuckart vom Innenministerium, Luther vom Auswärtigen Amt, Bühler von der Regierung des Generalgouvernements und Alfred Meyer vom Ostministerium sowie Georg Leibbrandt, der Chef der Politischen Abteilung des Ostministeriums, wussten bereits über den fundamentalen Wandel der nationalsozialistischen Judenpolitik Bescheid. Das Justizministerium wurde durch Staatssekretär Roland Freisler vertreten, den späteren Vorsitzenden des berüchtigten Volksgerichtshofs. Aus Lammers' Reichskanzlei nahm Ministerialdirigent Kritzinger, dem Vernehmen nach einer der bestinformierten Männer im Dritten Reich, an der Konferenz teil.[123] Als Vertreter Görings saß Staatssekretär Erich Neumann am Tisch. Unter denen, die trotz Einladung fehlten, ist besonders Goebbels' Staatssekretär Gutterer zu erwähnen.

Neben den Vertretern der Ministerialbürokratie waren mehrere SS-Führer anwesend: Gestapochef Heinrich Müller (der Eichmann auf Inspektionsreise nach Minsk und Chelmno geschickt hatte); Otto Hofmann vom Rasse- und Siedlungshauptamt; BdS im Generalgouvernement Schöngarth (der im Juli 1941 eine in Galizien operierende Sondereinsatzgruppe geleitet hatte); Rudolf Lange, Leiter von Einsatzkommando 2 und KdS des Generalkommissariats Lettland (der an den Massakern in Riga beteiligt gewesen war); SS-Oberführer Gerhard Klopfer, De-facto-Staatssekretär in Bormanns Parteikanzlei; und natürlich Heydrich und sein Judenreferent Eichmann. Nicht weniger als acht der 15 Teilnehmer trugen einen Doktortitel. Es handelte sich also weder um eine begriffsstutzige Meute noch um nichtsahnende oder überempfindliche Gemüter, die verständnislos oder schockiert auf das angesetzte Thema hätten reagieren können.

Die Konferenz fand in einer 1914 erbauten und 1940 von der SS erworbenen Villa im noblen Berliner Randbezirk Wannsee statt, in der Straße Am Großen Wannsee 56/58.[124] Heydrich eröffnete die Konferenz mit einer langen Ansprache, die großenteils auf Material beruhte, das Eichmann für ihn zusammengestellt hatte.[125] Im ersten Teil der Rede verwies Heydrich erneut auf die ihm von Göring erteilte Ermächtigung, eine »Endlösung der europäischen Judenfrage« vorzubereiten, und gab einen Überblick über die Auswanderungspolitik, die bis zu Himmlers Verbot vom Herbst 1941 zur Ausreise von 537 000 Juden aus der deutschen Einflusssphäre geführt habe. Danach kam Heydrich zum zweiten Teil seiner Rede. »Anstelle der Auswanderung«, verkündete er, »ist nunmehr als weitere Lösungsmöglichkeit nach entsprechender vorheriger Genehmigung durch den Führer die Evakuierung der Juden nach dem Osten getreten.« Die Evakuierungen nach Lodz, Minsk und Riga seien jedoch »lediglich als Ausweichmöglichkeiten« zu betrachten. Bei ihrer Durchführung erwerbe man aber bereits »praktische Erfahrungen«, die bei der »kommenden Endlösung der Judenfrage« von großer Bedeutung sein würden. Immerhin betreffe die »Endlösung« über 11 Millionen Juden aus allen Teilen Europas, etwa aus England, der Türkei, Finnland, Portugal und sogar Irland. Anschließend verdeutlichte Heydrich, dass er damit den Arbeitseinsatz der Juden im Osten meinte:

> »In großen Arbeitskolonnen, unter Trennung der Geschlechter, werden die arbeitsfähigen Juden straßenbauend in diese Gebiete geführt, wobei zweifellos ein Großteil durch natürliche Verminderung ausfallen wird.
> Der allfällig endlich verbleibende Restbestand wird, da es sich bei diesen zweifellos um den widerstandsfähigsten Teil handelt, entsprechend behandelt werden müssen, da dieser, eine natürliche Auslese darstellend, bei Freilassung als Keimzelle eines neuen jüdischen Aufbaues anzusprechen ist.«

Trotz der Euphemismen – Trennung der Geschlechter, natürliche Verminderung durch Arbeit und schließlich »entsprechende« Behandlung der Überlebenden, denen nicht erlaubt werden dürfe, eine neue jüdische Rasse heranzubilden – waren die genozidalen Implikationen klar und unmissverständlich. Wussten die meisten Anwesenden bereits von den Massenmorden an den Juden, konnten sie jetzt keinen Zweifel mehr daran haben, welches Ausmaß diese mörderische Politik haben sollte: Sie zielte darauf ab, jeden Juden in Europa zu töten – von Irland bis zum Ural und vom Polarkreis bis zum Mittelmeer.

Im dritten Abschnitt seiner Rede befasste sich Heydrich mit einigen konkreten Problemen. So schlug er vor, ein »Altersghetto« einzurichten, um mögliche Interventionen in Einzelfällen von vornherein auszuschließen. Ferner sollten Judenberater in verschiedene Satellitenstaaten geschickt werden, um dort die nötigen Vorbereitungen zu treffen. Das schwierigste Problem stellte jedoch das Schicksal der »Mischehen« und ihrer Nachkommen dar. Ein großer Teil der Konferenz widmete sich diesem Thema, und erst jetzt entspann sich eine lebhafte Diskussion. Heydrich wollte »Halbjuden« deportieren, das heißt ermorden lassen, »Vierteljuden« aber den Deutschen gleichstellen, sofern weder ihr Erscheinungsbild noch ihr Verhalten erkennbare »jüdische« Züge trug. In Mischehe lebende Juden sollten entweder nach Osten »evakuiert« oder im Altersghetto untergebracht werden, wobei mit Rücksicht auf die deutschen Verwandten jeder Fall einzeln entschieden werden sollte. Stuckart sprach sich dafür aus, »Halbjuden« nicht zu deportieren, sondern zwangsweise sterilisieren zu lassen, während Hofmann vom Rasse- und Siedlungshauptamt der SS vorschlug, »Halbjuden« zwischen Sterilisation und Deportation wählen zu lassen. Um endlose Verwaltungsprobleme zu vermeiden, sprach sich Stuckart zudem für Zwangsscheidungen aus. Doch traf man für all diese Fragen noch keine Entscheidungen, sondern vertagte sie auf zwei weitere Konferenzen im März und Oktober 1942.

Im Anschluss verlief die Diskussion sprunghaft und unstrukturiert. Wie Eichmann, der in einer Ecke saß und die Stenotypistin überwachte, in seinem Prozess in Jerusalem aussagte, bestand die Konferenz aus zwei Phasen: »[...] der offizielle Teil, wenn man so will, der setzte sich wieder aus zwei Teilen zusammen – nämlich der Anfang – wo alles ruhig gewesen ist und zu gehorchen hat und dann gegen das Ende zu, wo die Sache durcheinandergesprochen wurde und wo die Ordonnanzen überreichten die ganze Zeit Cognac und andere Getränke und es ist nicht, dass etwa eine alkoholische Wirkung zustande gekommen wäre – ich will damit nur sagen, es war eine offizielle Angelegenheit – aber doch wieder keine chefoffizielle Angelegenheit, wo jeder ruhig war und jeder jeden ruhig aussprechen ließ, sondern wo am Ende alles durcheinander gesprochen wurde.«[126]

Neumann bat darum, in kriegswichtigen Betrieben arbeitende Juden erst zu deportieren, wenn man sie ersetzen konnte, was ihm Heydrich zugestand. Bühler drängte darauf, mit der »Endlösung« im Generalgouvernement zu beginnen, da es dort kein Transportproblem gebe und die meisten dort lebenden Juden arbeitsunfähig seien. Er habe »nur eine Bitte, die Judenfrage in diesem Gebiet so schnell wie möglich zu lösen«. An dieser Stelle vermerkt das Protokoll vielsagend: »Abschließend wurden die verschiedenen Arten der Lösungsmöglichkeiten besprochen.«

Auf Heydrichs Anweisung hin nahm Eichmann die Einzelheiten der Diskussion über diesen Punkt nichts ins Protokoll auf. In Jerusalem sagte Eichmann jedoch aus: »[...] aber ich weiß, dass die Herren beisammen gespannt und beisammen gesessen sind und da haben sie eben in sehr unverblümten Worten – nicht den Worten, wie ich sie dann ins Protokoll geben musste, sondern in sehr unverblümten Worten die Sache genannt – ohne sie zu kleiden. [...] Es wurde von Töten und Eliminieren und Vernichten gesprochen.« Zu diesem Zeitpunkt waren sich die Deutschen über die Methoden allerdings noch nicht im Klaren. Die Experimente mit verschiedenen Mordtechniken – den »praktischen Erfahrungen«, die gerade gesammelt wurden – liefen noch, und es war nicht abzusehen, ob sie sich für einen solchen Massenmord eigneten.[127] Zu ihnen gehörte unter anderem die Vernichtung durch Arbeit.[128]

Gleichzeitig zeigen Bühlers Bemerkungen, dass die Teilnehmer der Konferenz genauestens über den katastrophalen körperlichen Zustand der meisten Juden und der daraus folgernden Unfähigkeit zu anstrengender Arbeit informiert waren und nach einer anderen, direkteren Lösung suchten, wie immer die Tötungsmethode auch aussehen mochte.

Heydrich schloss die Konferenz mit der Bitte um die Mitarbeit aller Anwesenden. Eichmann schätzte, dass die Sitzung insgesamt eine bis anderthalb Stunden gedauert habe. Die Teilnehmer gingen jedoch nicht sofort. Einige blieben in kleinen Gruppen zusammen stehen und »diskutierten sicherlich über die Konferenz und auch Anderes«. In dieser gelockerten Atmosphäre zeigte sich Heydrich sehr zufrieden, wie Eichmann erklärte, und gönnte sich ein Glas Kognak. Er hatte allen Grund zur Zufriedenheit. Eichmann erinnerte sich, dass der Chef des RSHA »sicherlich auf dieser Konferenz die größten Schwierigkeiten erwartet« hatte. Doch stattdessen herrschte »nicht nur freudige Zustimmung allseits, sondern darüber hinaus ein gänzlich Unerwartetes, ich möchte sagen, sie Übertreffendes und Überbietendes im Hinblick auf die Forderung zur Endlösung der Judenfrage«. Die Staatssekretäre machten keine Schwierigkeiten und hatten sich gerne zur Mitarbeit an der »Endlösung« bereit erklärt.

Im Gefolge der Wannsee-Konferenz kam es zu einer Reihe von Arbeitstreffen unterer Dienstgrade zur »Endlösung«. Das erste zum Thema der Definition des Begriffs »Jude« und der Anwendbarkeit des Mischlingsbegriffs auf die besetzten Ostgebiete fand nur neun Tage später, am 29. Januar, im Ostministerium statt. Leibbrandt zufolge boten die Nürnberger Gesetze keine geeignete Grundlage für eine Begriffsdefinition, weil in den Ostgebieten keine dokumentarischen Abstammungsnachweise verfügbar seien. Außerdem bestehe keine Notwendigkeit, wie in Deutschland die Rechtsposition der Halbjuden zu wahren. Im Osten seien Halbjuden »rassisch ebenso unerwünscht wie Volljuden«, da kein deutscher »Bluteinschlag« zu berücksichtigen wäre. Deshalb schlage sein Ministerium vor, frühere sowjetische Staatsbürger oder Staatenlose als Juden anzusehen, wenn sie sich selbst als Jude bezeichneten, von der jüdischen Gemeinde als Mitglied geführt wurden, ihre Zugehörigkeit zum Judentum aus anderen Umständen hervorgehe, oder wenn man eines ihrer Elternteile nach diesen Kriterien als Jude betrachten könne.[129]

An der unter Bräutigams Vorsitz abgehaltenen Konferenz nahmen 17 Vertreter der SS, des Amtes für den Vierjahresplan, der Parteikanzlei sowie der Ministerien für Inneres, Äußeres und die besetzten Ostgebiet teil. Die SS bestand mit Erfolg auf der Ausdehnung der Definition über frühere Sowjetbürger und Staatenlose hinaus auf jeden, der normalerweise in den besetzten Ostgebieten wohnte. Lösener vom Innenministerium brachte das Thema der Mischlinge zur Sprache und bemerkte zunächst, so als ob alle Anwesenden bereits Bescheid wissen müssten, dass auf der Konferenz vom 20. Januar die Sterilisierung der »Mischlinge ersten Grades« beschlossen worden sei; tatsächlich hatte Heydrich aber erst drei Tage zuvor 30 Exemplare des Protokolls verschickt. Im Interesse einer einheitlichen europäischen Definition des Begriffs »Jude« schlage er vor, von der Gleichsetzung von Halb- und Volljuden im Osten Abstand zu nehmen. Löseners Kollege Wetzel vom Ostministerium entgegnete daraufhin verklausuliert, »infolge der zu erwartenden Lösung der Judenfrage« seien »politische Gefahren aus der Gleichstellung jüdischer Mischlinge aus den Ostgebieten nicht zu erwarten«. Mit anderen Worten, Wetzel versuchte Löseners Befürchtung zweier einander widersprechender Definitionen des Begriffs »Halbjude« auszuräumen, da es nach der »Endlösung« im Osten keine Halbjuden mehr geben werde.[130]

Lösener war nicht der einzige Beamte, der sich auf die Wannsee-Konferenz bezog. Am 10. Februar 1942 erinnerte Rademacher den Kolonialreferenten des Auswärtigen Amts, Ernst Bielfeld, an die Akten über den Madagaskarplan, die er ihm im August 1940 zugeschickt hatte. Damals wollten die Deutschen Frankreich in den Friedensverhandlungen zu einer Abtretung Madagaskars zwingen. Nun hatte sich die Situation jedoch gewandelt: »Der Krieg gegen die Sowjetunion hat inzwischen die Möglichkeit gegeben, andere Territorien für die Endlösung zur Verfügung zu stellen. Demgemäß hat der Führer entschieden, dass die Juden nicht nach Madagaskar, sondern nach dem

Osten abgeschoben werden sollen. Madagaskar braucht mithin nicht mehr für die Endlösung vorgesehen zu werden.«[131] Als der Chef der Politischen Abteilung, Woermann, die Berechtigung von Rademachers Denkschrift in Zweifel zog, wandte sich Rademacher an Luther: Er habe Bielfeld die Denkschrift aufgrund der neuen Entwicklungen, so wie Heydrich sie ihm, Luther, erläutert habe, zukommen lassen und bitte ihn nun darum, Woermann über die Besprechung mit Heydrich ins Bild zu setzen. Luther antwortete: »Anfrage habe ich persönlich beantwortet.«[132]

Es gab eine wichtige Institution, die man nicht in die fortschreitenden Planungen zur »Endlösung« einweihte: Goebbels' Propagandaministerium. Weder an der Wannsee-Konferenz noch an der Besprechung im Ostministerium hatte ein Vertreter dieses Ministeriums teilgenommen, und während den Mitwirkenden der Wannsee-Konferenz das Protokoll am 26. Januar zugeschickt wurde, erhielt Goebbels erst wesentlich später ein Exemplar. Am 7. März 1942 notierte er in seinem Tagebuch: »Ich lese eine ausführliche Denkschrift des SD und der Polizei über die Endlösung der Judenfrage. Daraus ergeben sich eine Unmenge von neuen Gesichtspunkten. Die Judenfrage muss jetzt im gesamteuropäischen Rahmen gelöst werden. Es gibt in Europa noch über 11 Millionen Juden. Sie müssen später einmal zuerst im Osten konzentriert werden; eventuell kann man ihnen nach dem Kriege eine Insel, etwa Madagaskar, zuweisen.«[133]

Doch Goebbels' Ausschluss war die Ausnahme von der Regel. Das Wissen über die »Endlösung« war im März 1942 innerhalb der deutschen Bürokratie weit, wenn auch ungleichmäßig verbreitet und hatte in den meisten Fällen ihre vorbehaltlose Bereitschaft hervorgerufen, an dieser dem Dritten Reich – mit Rosenbergs Worten – vom »Schicksal« auferlegten »historischen Aufgabe« mitzuwirken.

9.3 Das Vergasen beginnt

Heydrich hatte auf der Wannsee-Konferenz die Notwendigkeit erwähnt, »praktische Erfahrungen« für die Durchführung der »Endlösung« zu sammeln. Von den beiden Vernichtungslagern mit Gaskammern, Chelmno und Belzec, die sich Anfang November im Bau befunden hatten, war das erste bereits in Betrieb, und das zweite stand kurz vor der Fertigstellung und ersten Probeläufen. Die Entscheidung für einen dritten Standort, Auschwitz-Birkenau, kündigte sich bereits an. Schon bald sollten sich die Zweifel der Deutschen über die Wirksamkeit ihrer neuen Erfindung, des Vernichtungslagers, zerstreuen.

Chelmno (Kulmhof)

Von 1939 bis 1941 hatte Himmler an das »Euthanasie«-Programm Personal entliehen, das unter dem organisatorischen Dach der Führerkanzlei arbeitete. Nun trieb er die Schulden ein und holte sich nicht nur das mittlerweile in der neuen Vergasungstechnik erfahrene SS-Personal zurück, sondern heuerte darüber hinaus auch einige von Bracks Mitarbeitern an. Zusammen sollten sie zum Stammpersonal der neuen Vernichtungslager gehören. Zu dieser Gruppe gehörte unter anderen Herbert Lange, der zuvor ein Sonderkommando zur Ermordung von Geisteskranken in den eingegliederten Gebieten angeführt hatte.[134]

Im Herbst 1941 war Lange auf der Suche nach einem geeigneten Standort für ein Vernichtungslager durchs Wartheland gefahren und in der kleinen Ortschaft Chelmno, rund 55 Kilometer nordwestlich von Lodz, fündig geworden. Anschließend war er zu Besprechungen nach Berlin gereist und Ende Oktober oder Anfang November nach Chelmno zurückgekehrt, um dort mehrere Gebäude zu beschlagnahmen. Der Nachkriegsaussage des damaligen HSSPF Koppe zufolge hatte ihn Lange nach seiner Rückkehr aus Berlin über die neue Aufgabe informiert: die »Evakuierung« der Juden des Warthegaus, das heißt ihre Ermordung, wie Koppe sofort begriffen hatte.

Darüber hinaus rief Himmlers Adjutant Rudolf Brandt bei Koppe an und teilte ihm mit, dass die »Erprobung der Brackschen Gase« im Warthegau geplant sei.[135] Man mag bezweifeln, dass Koppes Rolle wirklich so passiv war, wie er es dargestellt hat, doch überzeugen seine Datierung und seine Wortwahl. Am 23. Oktober diskutierten Wetzel, Eichmann und Brack über die Möglichkeit, die »Brackschen Hilfsmittel« in Riga einzusetzen; eine solche Ausdrucksweise war damals folglich gang und gäbe.

Koppe stellte in der Folgezeit das Personal für Langes Sonderkommando zur Verfügung. Aus Posen und Lodz kommandierte der Inspekteur der Sicherheitspolizei und des SD (IdS), Hermann Damzog, 10 bis 15 SS-Männer zu Lange ab,[136] und auch den BdO im Wartheland, Oskar Knofe, bat Koppe um eine Einheit.[137] In der Folge hielt sich ständig eine Truppe von rund 80 Ordnungspolizisten in Chelmno auf, die Knofe jedoch regelmäßig durch Angehörige des in Lodz stationierten Polizeibataillons ablöste, so dass das Personal ständig rotierte.[138] Während Koppe und dessen Sipo-, SD- und Orpo-Kommandeure die Mannschaften bereitstellten, erhielt Lange seine Befehle von Himmler aus Berlin und teilweise auch von Gauleiter Arthur Greiser, der von Himmler offenbar beträchtliche Befugnisse übertragen bekommen hatte.[139] Greiser zahlte den Männern des Sonderkommandos einen täglichen Zuschlag aus einem Sonderfonds der Reichsstatthalterei, das heißt nicht in seiner Funktion als Gauleiter, sondern in der des Staatsbeamten.[140]

Alte wie neue Mitglieder von Langes Sonderkommando reisten Anfang November von Posen nach Chelmno, zusammen mit einem Gaswagen, bei dem es sich wahrscheinlich um den mit Gasflaschen ausgerüsteten Originalwagen der »Euthanasie«-Aktionen von 1940 handelte. Auf der Fahrt legte das Kommando in einem Wald bei Kazimierz Biskupi, nördlich von Konin, wo im Oktober bereits rund 3000 Juden aus Zagórów, Gradziec und Rzgów erschossen worden waren, einen Zwischenstopp ein.[141] Nach Aussage eines polnischen Gefangenen, der während des Krieges wiederholt Langes Sonderkommando zugeteilt wurde, setzten die Männer des Kommandos den Gaswagen in dem Wald zwei Tage lang in Betrieb, bevor sie nach Chelmno weiterfuhren.[142]

Am Ende des Monats brachte das Sonderkommando den Gaswagen zum Arbeitslager in Bornhagen (Kozminek), wo die Juden aus dem Gebiet von Kalisz 1940 ghettoisiert worden waren. Am 26. November 1941 rief Lagerkommandant Ferdinand Göhler die Insassen zusammen und teilte ihnen mit, dass man die Jungen in ein Kinderheim und die Alten in ein Sanatorium verlegen werde. Anschließend sperrte man die Selektierten in eine Synagoge, und SS-Männer fuhren einen großen Lastwagen, der wie ein Möbeltransporter aussah, innen aber mit Metallplatten verkleidet war, rückwärts an das Gebäude heran. Dann ließ man die ersten Juden in den Laderaum steigen, bis sich 70 bis 80 von ihnen darin drängten. Nachdem der Fahrer die Gaszufuhr in den Kastenaufbau geöffnet hatte, fuhr der Wagen davon. Diese Prozedur wiederholte sich an mehreren Tagen, einschließlich einer speziellen »Kinderumsiedlung« am 30. November. An manchen Tagen machte der Gaswagen mehr als eine Fahrt, und täglich musste mehr Zwang angewandt werden, um die Juden auf den Platz zu treiben, wo die Opfer selektioniert wurden. Etwa 700 Juden wurden insgesamt mit dem Lastwagen weggefahren. Ihre Leichen fand man nach dem Krieg in einem nahe gelegenen Wald und exhumierte sie.[143]

Chelmno war ein kleiner Ort mit rund 250 Einwohnern. Auf den größeren Höfen hatte man Wolhyniendeutsche angesiedelt, aber der größte Teil der Bevölkerung waren Polen. Das Sonderkommando legte das Vernichtungslager mitten im Ort beim Schloss und dem umliegenden Park an, die das Ortsbild dominierten. In keiner Weise verbarg man die Vorgänge innerhalb des Lagers vor den Einwohnern von Chelmno. Zu Beginn umgaben die Deutschen das Gelände des Schlosses nur mit einem Drahtzaun. Erst als die Mordoperationen bereits seit über einem Monat liefen, errichtete man einen Bretterzaun als Sichtschutz.[144]

Am 8. Dezember 1941, einen Tag vor dem ursprünglichen Termin der Wannsee-Konferenz, begannen in Chelmno die Vergasungen.[145] Anfangs hob die Gendarmerie der umliegenden Ortschaften die dafür vorgesehenen jüdischen Opfer aus und brachte sie mit Hilfe von zivilen Fahrern in Lastwagen und Bussen nach Chelmno.[146] Jeweils ein Fahrzeug fuhr durch ein großes Tor auf das Schlossgelände, wo die Juden ausgeladen wurden und eine beruhigende Ansprache darüber zu hören bekamen, dass man sie desinfizieren müsse, um sie zum Arbeitseinsatz nach Deutschland zu schicken. Danach betraten die Juden die Haupthalle des Schlosses, wo sie sich entkleideten und ihre Wertsachen der Obhut einer ständig nach Chelmno abkommandierten Gruppe von sieben polnischen Gefangenen überließen. Anschließend gingen sie in den Keller hinunter und stiegen eine Rampe hinauf in einen wartenden Gaswagen. Die Türen des Gaswagens schlossen sich hinter ihnen. Der Vergasungsprozess begann, noch während der Lastwagen das Gelände verließ und die vier Kilometer nach Norden fuhr, bevor er ins »Waldlager« abbog.

Aus den ersten in Chelmno eingetroffenen Transporten wählten die Deutschen drei Arbeitsgruppen aus. Das Handwerkerkommando war mit acht bis zehn Gefangenen die kleinste. Das Schlosskommando, das aus rund 15 Gefangenen bestand, sammelte im Umkleideraum die Kleidung ein und sortierte sie. Im Waldlager arbeitete das mit mindestens 30 Gefangenen größte Arbeitskommando. Es hatte die schreckliche Aufgabe, die Gaswagen zu entladen, zu säubern und die Leichen in große Massengräber zu werfen.[147] Von den Angehörigen des kleinen deutschen Sonderkommandos erfüllte fast jeder eine besondere Aufgabe, ebenso wie einige der Ordnungspolizisten, die man auf Dauer zur Lagermannschaft abgestellt hatte. Der größte Teil war jedoch wie die Juden in drei Gruppen eingeteilt, die die Opfer auf ihrem Marsch ins Lager, auf dem Schlossgelände und schließlich auch ihre Beerdigung im Wald überwachten.

Zwischen dem 8. Dezember 1941 und dem 15. Januar 1942 wurden in Chelmno 6400 Juden aus Kowale Panski, Kolo, Bugaj, Dabie, Izbica Kujawska und Klodawa ermordet.[148] Außerdem brachte man Anfang 1942 4400 im Oktober 1941 aus Österreich deportierte »Zigeuner«, die immer noch im »Zigeunerlager« des Lodzer Ghettos lebten, nach Chelmno und vergaste sie dort.[149] Vermutlich im Januar 1942 trafen aus Berlin zwei weitere Gaswagen ein, deren Abgase in das Innere der Wagen geleitet werden konnten.[150] Ihre Herkunft und Ausführung sind nicht genau bekannt. Zwar handelte es sich dabei nach übereinstimmenden Aussagen um umgebaute ausländische Modelle, doch erinnerte sich einer der Fahrer an Wagen der Marke Dodge, ein anderer an Renaults. In Berlin ließ RSHA-Cheftechniker Rauff durch Werkstattchef Pradel und die Firma Gaubschat Lastwagen der Typen Saurer und Opel Blitz umbauen. Wahrscheinlich stammten die Chelmnoer Gaswagen aus dieser Produktionslinie, denn der luftdichte Kastenaufbau und die Abgasumleitung stimmten mit den anderen Gaswagen überein, und mindestens einer der Fahrer aus Chelmno war von der gleichen Berliner Kraftfahrzeugabteilung abgestellt worden wie die Fahrer der vom RSHA hergestellten und von den Einsatzgruppen in der Sowjetunion eingesetzten Gaswagen.[151]

Irgendwann in dieser Anfangsphase inspizierte der allgegenwärtige Eichmann die Mordprozeduren in Chelmno, am wahrscheinlichsten im Januar, denn der Gaswagen, den er in Betrieb sah, verwendete keine Gasflaschen mehr, sondern bereits Abgase. In seiner Aussage in Jerusalem behauptete er, dass er vor Übelkeit vergessen habe, die Zeit mit der Stoppuhr zu messen. Auch sei er nicht der Aufforderung des Fahrers nachgekommen, den Todeskampf der Opfer durch ein Guckloch in den Laderaum zu verfolgen.[152]

Am 16. Januar, vier Tage vor der Wannsee-Konferenz, fuhr der erste Zug mit Juden von Lodz nach Kolo, von wo aus man die Opfer mit Lastwagen und Bussen ins nahe Vernichtungslager transportierte. Chelmno stand bereit, seine eigentliche Aufgabe zu erfüllen: die Ermordung der Juden aus dem Lodzer Ghetto.

Belzec

Parallel zu den Bauarbeiten in Chelmno hatte man in Belzec im Distrikt Lublin mit der Errichtung eines zweiten Vernichtungslagers begonnen.[153] Technisch wie personell folgte es am stärksten dem Vorbild der »Euthanasie«-Anstalten, denn es besaß stationäre Gaskammern und verwendete Kohlenmonoxid, das man allerdings wie in Chelmno mit Motoren produzierte und nicht wie in den »Euthanasie«-Anstalten in chemisch reiner Form in Stahlflaschen bezog. Hier entstand folglich eine weitere Variante von Vernichtungslager mit einer anderen Vergasungsmethode.

Belzec war 1940 als eines von Globocniks berüchtigten Arbeitslagern für Juden dicht an der Demarkationslinie zur Ukraine errichtet worden, um Arbeitskräfte für den Bau von Verteidigungsanlagen unterzubringen. Ein Jahr nach seiner Schließung im Herbst 1940 erschienen drei SS-Offiziere in Belzec und verlangten 20 polnische Arbeitskräfte. Die von der polnischen Kommunalverwaltung ausgewählten Arbeiter, die für ihre Arbeit »gut bezahlt« wurden, begannen am 1. November mit dem Bau des neuen Lagers.[154] Auch Josef Oberhauser, ein früherer Mitarbeiter des »Euthanasie«-Programms, der im Oktober 1941 Globocnik unterstellt worden war, tauchte in jenem Herbst zum ersten Mal in Belzec auf, um militärische Ausrüstungen wegzuschaffen.[155]

Die polnischen Arbeiter errichteten drei Gebäude. Das mit einer Grundfläche von 12 mal 8 Metern kleinste war in drei Räume aufgeteilt und mit Metallblech ausgekleidet. Zwischen innere und äußere Wandverschalung schütteten die Arbeiter Sand. Jeder Raum besaß dicke, mit Gummi abgedichtete Innen- und Außentüren, die sich nach außen öffnen und mit schweren Eisenstangen verriegeln ließen. Unter dem Fußboden führten Rohre in die Räume. Die Bauarbeiten wurden von einem stattlichen blonden 20-jährigen »volksdeutschen« Tischler aus Kattowitz beaufsichtigt, der stets mit einem Bündel Bauplänen herumlief und lachte, wenn ihn die Polen nach dem Zweck des Gebäudes fragten. Am 22. Dezember beendeten sie ihre Arbeit und wurden entlassen.[156]

Im Dezember kehrte Oberhauser mit Baumaterial und einer Gruppe ehemaliger sowjetischer Kriegsgefangener in schwarzen Uniformen nach Belzec zurück. Es waren Ukrainer, die man in deutschen Kriegsgefangenenlagern angeworben und in einem SS-Lager im ebenfalls im Distrikt Lublin gelegenen

Trawniki für die Arbeit im Dienste ihrer neuen Herren ausgebildet hatte. Die Ukrainer bauten an der Nordseite des Gebäudes, wo sich die Außentüren der drei Räume befanden, eine Rampe und verlegten darauf Gleise, die in ein nahes Feld führten; dort hoben sie eine große, zwei Meter tiefe Grube von 20 mal 50 Metern aus. Außerdem umzäunten sie das Lager mit Stacheldraht und pflanzten einen Sichtschutz aus Tannen und Fichten.[157] Gegenüber Oberhauser hielt sich der junge »volksdeutsche« Bauleiter weniger bedeckt als gegenüber den polnischen Arbeitern und zeigte ihm die Pläne für die Gaskammer.[158] Im Dezember kehrte auch Christian Wirth nach Belzec zurück und übernahm das Kommando. Oberhauser fungierte nun als sein Verbindungsmann zu Globocnik in Lublin.

Nachdem die polnischen Arbeiter entlassen worden waren, holte man aus Lubuzcza und Mosty Male jüdische Arbeitskräfte, die im Januar Wachtürme und weitere Gebäude errichteten.[159] Nach Weihnachten wurde auch Dr. Kallmeyer nach Lublin entsandt, der Chemiker, den Brack nach Riga schicken wollte, um dort Gasanlagen zu bauen, der später aber behauptete, nie dorthin gefahren zu sein. In Lublin wartete er auf seinen Einsatz, bis man ihm schließlich mitteilte, dass man keinen Chemiker brauche, und ihn wieder nach Hause schickte.[160] Im Februar wurden bei einem ersten Probelauf der Gaskammern die 150 jüdischen Arbeiter ermordet.[161] Danach wies Wirth den Leiter des ukrainischen Kommandos an, Globocnik anzurufen und ihm auszurichten, dass Wirth und seine Leute nach Berlin zurückkehrten. Alles Weitere solle von dort aus geregelt werden. Globocnik schickte daraufhin Oberhauser nach Belzec, um die Sache zu überprüfen, der dort jedoch weder auf Gefangene noch auf Wirths Kommando stieß.[162]

Die plötzliche Abreise Wirths ohne Globocniks Wissen oder Erlaubnis deutet darauf hin, dass er den SSPF Lublin nicht als seinen direkten Vorgesetzten anerkannte und Spannungen aufgetreten waren.[163] »Verhandlungen« in Berlin scheinen dieses Problem allerdings gelöst zu haben, jedenfalls kehrte Wirth Anfang März mit einem Lagerkommando, das fast vollständig aus ehemaligen Mitarbeitern des »Euthanasie«-Programms bestand, nach Belzec zurück. Am 15. oder 16. März trafen die ersten Juden aus Galizien ein, und am 17. März folgte der erste Transport aus dem Lubliner Ghetto. Auch im Vernichtungslager Belzec war man nun so weit, die Tötungsmaschinerie in Gang zu setzen.

Birkenau

Neben der Erprobung von Zyklon B im August und September 1941, zuerst in Block 11 und dann im alten Krematorium des Stammlagers Auschwitz I, verfolgte Lagerkommandant Höß noch andere wichtige Projekte. Er erwartete die Ankunft einer großen Zahl sowjetischer Kriegsgefangener und war von Himmler diesbezüglich beauftragt worden, in Birkenau ein Lager für 100 000 Menschen zu errichten. Die Bauarbeiten begannen im Oktober 1941. Zur gleichen Zeit traf der Krematoriumsexperte der SS, Kurt Prüfer von der Firma Topf & Söhne, in Auschwitz ein, um die Errichtung eines neuen großen Krematoriums für das Stammlager zu planen.[164]

Doch schon Anfang 1942 zeichnete sich ab, dass niemals eine größere Zahl sowjetischer Kriegsgefangener in Birkenau einziehen würde, denn soweit sie noch am Leben waren, schickte man sie zum Arbeitseinsatz ins Reich. Langsam kristallisierte sich für diesen »Standort auf der Suche nach einer Mission« (Robert Jan van Pelt) allerdings eine andere Aufgabe heraus. Bereits im Herbst 1941 hatte man kleine Gruppen von Juden, denen man einen Arbeitseinsatz in der Organisation Schmelt körperlich nicht mehr zutraute, nach Auschwitz geschickt und im alten Krematorium vergast. Am 15. Februar 1942 traf ein aus Beuthen kommender kleiner Transport mit älteren schlesischen Juden in Auschwitz ein, die ebenfalls zum alten Krematorium gebracht und dort vergast sowie verbrannt wurden – ein Vorgang, für den der normale Betrieb im Stammlager unterbrochen werden musste.[165] Doch sollte Auschwitz-Birkenau für Schlesien die gleiche Aufgabe erfüllen wie Chelmno für das Wartheland, das heißt die Ermordung der arbeitsunfähigen Juden gewährleisten, mussten noch einige Veränderungen vorgenommen werden. Am 27. Februar besuchte Hans

Kammler, der Chef der Abteilung Bauwesen des Wirtschaftsverwaltungshauptamts (WVHA) der SS, Auschwitz und zeichnete Pläne ab, die den Bau des neuen großen Krematoriums statt im Stammlager im nordwestlichen Bereich des Lagers vorsahen. Gleichzeitig sollte ein nordwestlich des Lagers in einem Birkenwäldchen stehendes Bauernhaus, das so genannte Rote Haus, unter dem Namen Bunker I in eine Gaskammer umgewandelt werden. Wie Robert Jan van Pelt ausführt, ist es höchst unwahrscheinlich, dass diese beiden Bauvorhaben nichts miteinander zu tun hatten.[166] Um den 20. März 1942 herum wurden zum ersten Mal Juden aus Oberschlesien in Bunker I vergast und auf einer nahe gelegenen Wiese verscharrt.[167] Birkenaus unheilvolle Geschichte als Vernichtungslager hatte begonnen, auch wenn Liquidierungen im großen Maßstab erst mit dem Eintreffen der Transporte schlesischer Juden im Mai anliefen.[168]

Semlin

Neben Chelmno, Belzec und Birkenau wurde Anfang 1942 noch ein vierter, wenn auch improvisierter und temporärer Standort für die Vergasung von Juden genutzt, und zwar in der jenseits der Save gegenüber von Belgrad in Kroatien gelegenen Stadt Semlin (Sajmište). Im Herbst 1941 hatten Erschießungskommandos der Wehrmacht und das 64. Reservepolizeibataillon alle erwachsenen männlichen Juden und »Zigeuner« in Serbien getötet. Von Dezember an wurden die in Belgrad lebenden Frauen, Kinder und Alten beider Bevölkerungsgruppen in einem Lager auf dem Messegelände von Semlin interniert. Häftlinge aus anderen Teilen Serbiens folgten. In großen, ungeheizten Ausstellungspavillons untergebracht, unterernährt und zu schwerer körperlicher Arbeit gezwungen, hatten sie bitter unter dem harten Winter zu leiden.[169]

Mit dem Beginn ihrer Internierung drängte der Bevollmächtigte des deutschen Auswärtigen Amts, Benzler, auf ihre baldmögliche Deportation, woraufhin man ihm das nächste Frühjahr in Aussicht stellte.[170] Auf der Wannsee-Konferenz verwarf

Heydrich die Aussicht auf frühe Deportationen aus Serbien jedoch wieder, da er vorhatte, Europa von Westen nach Osten zu durchkämmen. Auf der Berliner Prioritätenliste rangierten die in Semlin internierten jüdischen Frauen, Kinder und Alte weit hinten, während sie den lokalen deutschen Behörden »außerordentlich lästig« waren, zumal die Wehrmacht ihre Erschießung verweigerte, obwohl sie auf diese Art und Weise die ihr für Vergeltungsmaßnahmen vorgeschriebene Quote hätte erfüllen können.[171] Zur gleichen Zeit produzierte die Kraftfahrzeugabteilung des RSHA in Berlin spezielle Gaswagen, um den Mördern die Tötung von Frauen und Kindern zu erleichtern. Die Entscheidung, im Frühjahr einen Gaswagen nach Semlin zu schicken, um die dort festgehaltenen Frauen, Kinder und Alten zu ermorden, muss sich gewissermaßen wie von selbst angeboten haben, auch wenn die genauen Umstände ihres Zustandekommens verschwommen bleiben.

Der Chef der Militärverwaltung, Harald Turner, schrieb am 11. April 1942 an Himmlers Adjutanten: »Schon vor Monaten habe ich alles an Juden im hiesigen Lande Greifbare erschießen und sämtliche Judenfrauen und Kinder in einem Lager konzentrieren lassen und zugleich mit Hilfe des SD einen ›Entlausungswagen‹ angeschafft, der nun in etwa 14 Tagen bis 4 Wochen auch die Räumung des Lagers endgültig durchgeführt haben wird […].«[172] Turner kämpfte zu diesem Zeitpunkt um seinen Posten und suchte Wolffs Unterstützung zu gewinnen.[173] Man kann daher davon ausgehen, dass seine prahlerische Behauptung bezüglich des Gaswagens ebenso übertrieben war wie sein Anspruch auf die Verantwortung für die Erschießung der männlichen Juden.

Der Belgrader KdS, Emmanuel Schäfer, hatte 1939 in Polen eine Einsatzgruppe kommandiert. Nachdem er zur Stapoleitstelle in Köln versetzt worden war, stellte er Ende 1941 drei Judentransporte zusammen. Im Januar 1942 schickte ihn Heydrich schließlich nach Belgrad. Nach dem Krieg gab Schäfer freimütig Auskunft. Gestapochef Müller habe ihm ein verklausuliertes Telegramm geschickt, in dem er die Ankunft eines »Spezialwagens« mit einem »Spezialauftrag« für eine Judenaktion in Serbien ankündigte, woraufhin ihm, Schäfer, völlig klar gewesen sei, worum es ging. Anfang März sei dann ein großer Saurer-Gaswagen mit zwei Fahrern eingetroffen.[174]

Die »Zigeuner« entließ man nun wieder aus dem Lager Semlin;[175] im Gegensatz zu den Geiselerschießungen standen sie noch nicht im Visier der »Endlösung«. Danach erschien etwa zwei Monate lang jeden Vormittag sowie an drei oder vier Nachmittagen in der Woche, außer sonn- und feiertags, der Gaswagen am Lagertor und wurde mit annähernd hundert Juden beladen. Der Wagen fuhr auf den verbliebenen Brückenbogen der Savebrücke, wo der Fahrer anhielt und das Abgas in den abgedichteten Laderaum leitete. Anschließend fuhr der Lastwagen quer durch Belgrad zum südöstlich der Stadt gelegenen Schießplatz Avala, der bereits als Exekutionsstätte gedient hatte. Dort trugen sieben serbische Gefangene unter der Bewachung von vier Angehörigen des 64. Reservepolizeibataillons die Leichen der Juden in ein Massengrab. Am 10. Mai 1942 unternahm der Gaswagen seine letzte Todesfahrt.[176] Bis zu diesem Zeitpunkt waren 8500 Insassen des Lagers Semlin umgekommen, etwa 7300 in dem Gaswagen, die anderen aufgrund der harten Lebensbedingungen oder durch Erschießungen.[177]

Besonders bemerkenswert an Semlin ist der Umstand, dass die Deutschen weder das Lager noch die Vergasungen vor der Öffentlichkeit verheimlichten. Offenbar kümmerte es niemanden, dass man von den Belgrader Hügeln auf der anderen Flussseite aus einen direkten Einblick in das Lager hatte. Als sich die Verantwortlichen Ende 1943 darüber Sorgen zu machen begannen, regte der deutsche Botschafter – allerdings vergeblich – an, das Lager zu verlegen, da er seinen jetzigen Standort vor den Augen der Belgrader Bevölkerung »aus Stimmungsgründen für politisch nicht tragbar« hielt.[178] Zudem fuhr der Gaswagen während der Vergasungen mitten durch Belgrad. Auch scheuten sich die beteiligten Deutschen gewiss nicht, ihre Leistung herauszustreichen. So schrieb der Judenreferent des Auswärtigen Amtes, Franz Rademacher, am 29. Mai 1942 in einer Denkschrift: »Die Judenfrage ist in Serbien nicht mehr akut«; und Schäfer brüstete sich: »[…] habe mit Stolz erzählt, Belgrad sei die einzige Großstadt Europas, die judenfrei sei«.[179]

Kapitel 10

Schlussbetrachtung

10.1 Hitler und der Entscheidungsprozess

In den fünf Wochen zwischen dem 18. September und dem 25. Oktober 1941 überstürzten sich die Ereignisse. Hitler hatte seine frühere Entscheidung, die Deportation der Juden aus dem »Altreich« auf die Zeit nach Kriegsende zu verschieben, zurückgenommen und strebte nunmehr das unrealisierbare Ziel an, Deutschland bis Jahresende »judenfrei« zu machen. Die Standorte der ersten Vernichtungslager waren ausgewählt und verschiedene Vergasungsmethoden erprobt worden. Die deutschen Behörden hatten die Auswanderung von Juden aus dem Reich verboten und die ersten elf Judentransporte mit Lodz als vorläufigem Ziel auf den Weg gebracht. Die Vision der »Endlösung« – ein Programm, das darauf abzielte, jeden Juden im deutschen Einflussbereich zu ermorden – nahm in den Köpfen der NS-Führung Gestalt an und beeinflusste in der Folgezeit ihr Handeln.

Während sich die letzten Versatzstücke des Entscheidungsprozesses zum Ende hin schnell zusammenfügten, bildete diese unheilvolle Häufung von Entscheidungen den Höhepunkt einer langen Entwicklung, die sich von September 1939 bis Oktober 1941 über 25 Monate erstreckte. Das Streben nach einer wie auch immer gearteten »Endlösung der Judenfrage« war von Anfang an Bestandteil der NS-Ideologie gewesen. Entsprechend hatte sich die nationalsozialistische Judenpolitik aus einer Reihe von »Endlösungen« heraus entwickelt, die zuerst ein »judenfreies« Deutschland durch Auswanderung und dann ein »judenfreies« Europa durch Vertreibung vorsahen. Diese Stufenfolge der Radikalisierung kulminierte 1941 in der ultimativen, mittels systematischem Massenmord vollzogenen »Endlösung«. Konzeptionell ließ sich die Judenpolitik nicht mehr weiterentwickeln; was noch ausstand, war, sie in die Tat umzusetzen.

Welche Rolle spielte Hitler in dieser verhängnisvollen Entwicklung? Als Verkörperung der NS-Ideologie, unermüdlicher Agitator und Triebkraft der Parteigetreuen hat er die unablässige Suche nach der »Endlösung« ohne Zweifel legitimiert und vorangetrieben. Seine Besessenheit in der »Judenfrage« gewährleistete, dass das Engagement der Nationalsozialisten nie nachließ und die Suche nach einer Lösung für dieses selbst geschaffene Problem, wie auch immer sie aussehen mochte, niemals in den Hintergrund trat oder auf unbestimmte Zeit verschoben wurde. Kein führender Nationalsozialist konnte es sich erlauben, nicht wenigstens den Anschein zu erwecken, als würde er die »Judenfrage« genauso ernst nehmen wie Hitler. So übte Hitler schon durch seine bloße Existenz einen beständigen Druck auf das politische System aus, der unter den Getreuen und Ehrgeizigen zu einem Wettstreit um den radikalsten Vorschlag sowie die brutalste und umfassendste Umsetzung der Judenpolitik führte. Bei vielen – den »wahren Gläubigen« – entsprach dieses Engagement für die »Endlösung« einer tiefen Überzeugung. Für die bedingungslos und treu Ergebenen handelte es sich um eine Frage der völligen Identifizierung mit Hitler. Eugenikern und Bevölkerungsplanern bot sich die Gelegenheit, jenen Teil ihrer Vorstellungen zu verwirklichen, der sich mit denen Hitlers deckte. Techniker aller Art sahen eine Möglichkeit, ihre Fähigkeiten unter Beweis zu stellen. Und für zahllose andere bedeutete die »Endlösung« nicht mehr als eine zynische Übung in politischem Karrierismus, Opportunismus und Anpassung. Die Resultate der unterschiedlichen Antriebe liefen letztlich auf das Gleiche hinaus. Die Fixierung auf eine Art von »Endlösung« durchdrang das gesamte Regime, und ein großer Teil der deutschen Bevölkerung akzeptierte diese Schwerpunktsetzung.

Doch Hitler nahm auch unmittelbar Einfluss. Von September 1939 bis Oktober 1941 spielte er eine aktive und kontinuierliche Rolle im Entscheidungsprozess. Tatsächlich fand keine maßgebliche Veränderung in der nationalsozialistischen Judenpolitik ohne seine Intervention und Zustimmung statt. Aus dieser Beteiligung lassen sich zwei grundsätzliche Schlussfolgerungen ziehen. Die erste betrifft Hitlers Vorgehensweise: Er signalisierte seine Wünsche durch relativ ungenaue und verschlüsselte Äußerungen, Mahnungen und Prophezeiungen. Andere, insbesondere Himmler, besaßen ein außerordentlich feines Gespür für diese Signale und reagierten darauf umgehend, indem sie Hitler detailliertere Richtlinien zur Genehmigung vorlegten. Als klassisches Beispiel kann Himmlers Denkschrift über die Behandlung der »Fremdvölkischen« im Osten vom Mai 1940 gelten. Mitunter wurden dem »Führer« nicht nur Richtlinien, sondern auch konkrete Vorschläge unterbreitet – etwa über die Kennzeichnung der deutschen Juden oder über die Deportation jüdischer Einwohner bestimmter Städte des Reichs an bestimmte Zielorte im Osten. Wenn sich in dieser Hinsicht Kontinuitäten beobachten lassen, dann ist es die in dieser Phase enge Beziehung zwischen den zwei Gleichgesinnten Hitler und Himmler. Wer erfahren will, was Hitler dachte, muss sich ansehen, was Himmler tat.

Ein zweites Muster, das den Entscheidungsprozess durchzog, bildet die zeitliche Korrelation zwischen militärischen Erfolgen und Radikalisierung der Judenpolitik. Sie deutet darauf hin, dass die Herausbildung der »Endlösung« nicht nur Hitlers unveränderlicher Besessenheit in der »Judenfrage« entsprang, sondern auch den sich verändernden Umständen sowie der Hochstimmung und Siegeseuphorie, die das Dritte Reich phasenweise erfassten. Diese chronologische Sequenz lässt sich wie folgt umreißen: Hitler hatte in seiner Reichstagsrede vom 30. Januar 1939 angekündigt, dass der Ausbruch eines Weltkriegs zur Vernichtung des Judentums in Europa führen würde. Damit hatte er seinen Anhängern, zumindest den Aufmerksamen unter ihnen, zu verstehen gegeben, dass sich seine Erwartungshaltung in Kriegszeiten radikalisieren würde. Mitte September legte Himmler inmitten der Hochstimmung über den Sieg in Polen Vorschläge für die demographische Neuordnung Osteuropas vor, die Hitler absegnete – einschließlich des Lubliner Reservats für die polnischen Juden. Im März 1940 äußerte er jedoch sein Missfallen über die Reservatspläne; zudem drohte der Widerstand Görings und Franks Himmlers umfassenderes demographisches Vorhaben einer raschen »Eindeutschung« der eingegliederten Gebiete zu durchkreuzen. Im Mai 1940, nach dem entscheidenden Durchbruch in Frankreich, unterbreitete Himmler dem »Führer« seine Denkschrift über die Behandlung der »Fremdvölkischen« im Osten, der zufolge die Juden nach Afrika geschickt werden sollten. Hitler befand Himmlers Vorlage als »sehr gut und richtig«, und machte sich nach dem endgültigen Sieg über Frankreich einen Monat später den im Auswärtigen Amt entstandenen und von Heydrich sofort unterstützten Madagaskarplan zu Eigen.

Im Vorfeld der Ausweitung des Krieges auf die Sowjetunion signalisierte Hitler wiederum neue Erwartungen. Zwischen dem 26. Februar und dem 30. März 1941 setzte er bei mindestens vier Gelegenheiten den Akzent in Richtung eines »Vernichtungskriegs« gegen den »jüdischen Bolschewismus«. Nicht nur die SS, sondern auch Wehrmacht und Wirtschaftsplaner machten sich umgehend daran, seine ideologischen Erklärungen in die Form konkreter Politik zu gießen: von der Vereinbarung zwischen SS und Wehrmacht über die Tätigkeit der Einsatzgruppen im Frontgebiet und den Kommissarbefehl bis hin zu dem Plan, weiten Teilen der Sowjetunion eine für das Überleben ausreichende Lebensmittelversorgung vorzuenthalten. Mitte Juli, nach den überwältigenden Anfangssiegen des »Barbarossa«-Feldzugs, drängte Hitler auf eine Beschleunigung der Mordkampagne. Im Osten sollte ein »Garten Eden« entstehen, aus dem sich die Deutschen nie wieder zurückziehen würden. Außerdem deutete er an, dass jetzt die Zeit gekommen war, an alle europäischen Staaten mit der Forderung nach einer vollständigen Vertreibung der Juden heranzutreten. Kurz darauf sicherte sich Heydrich die Genehmigung, einen Plan für die »Gesamtlösung der europäischen Judenfrage« auszuarbeiten und vorzulegen. Im September kesselten deutsche Truppen Leningrad ein und eroberten Kiew; Anfang Oktober nahmen sie den Vorstoß auf Moskau wieder auf und obsiegten in der Doppelschlacht von Wjasma und Brjansk. Ein Sieg bis Jahresende schien immer noch möglich zu sein; im Führerhauptquartier herrschte eine entsprechende Siegeseuphorie, die jener im Hochsommer glich. Ebenfalls Mitte September revidierte Hitler seine frühere Entscheidung, die Deportationen aus dem Reich bis nach Kriegsende aufzuschieben. Im Oktober begannen die Deportationen, und jede weitere Auswanderung von Juden aus Europa wurde verboten. Zur selben Zeit führten Experten verschiedene Vergasungsexperimente durch, und deutsche Kommandos erschienen in Belzec und Chelmno, um dort die Errichtung von Vernichtungslagern vorzubereiten. Darüber hinaus wurde der Bau von Vergasungseinrichtungen in Riga, Mogilew und Sobibor erwogen.

Die Radikalisierung der nationalsozialistischen Rassenpolitik erfolgte also in jenen Phasen, in denen die Wehrmacht ihre größten militärischen Erfolge erzielte und sich ein euphorisierter Hitler versucht und ermutigt fühlte, einen immer drastischeren politischen Kurs einzuschlagen. Als der »Vernichtungskrieg« in der Sowjetunion schließlich in vollem Gang war und Hitler ganz Europa zuzufallen schien, schwanden noch verbliebene Hemmungen. Mit den letzten großen Kesselschlachten, die noch einen raschen Sieg versprachen, verflüchtigten sich Ende September, Anfang Oktober nun auch Hitlers Vorbehalte, das Ende des Krieges abzuwarten.

Doch Ende Oktober brach die Serie militärischer Erfolge plötzlich überraschend schnell ab.[1] Schlechtes Wetter, miserable Straßen, fehlender Nachschub, die Erschöpfung der Truppe und die hartnäckigen Rückzugsgefechte der Reste der Roten Armee brachten den Vormarsch der Wehrmacht zum Stehen. Es gab keinen Weg nach Moskau. Für das europäische Judentum kam die Kriegswende indessen zu spät. Die Sowjetunion war gerettet, nicht aber die Juden Europas. Die Nationalsozialisten hatten sich inzwischen auf ein Programm festgelegt, das zwar der Euphorie des bevorstehenden Sieges entstammte, aber in der Niederlage verwirklicht werden sollte. »Lebensraum« und »Endlösung«, Hitlers doppelte Obsession, hatten sich im Sog des Sieges und der sich bietenden Gelegenheiten weiterentwickelt und radikalisiert. Von nun an blieb Hitler verbissen seiner im Herbst 1941 konkretisierten Vision von »Lebensraum« und »Endlösung« verhaftet, die zunächst die Vernichtung der europäischen Juden und dann die Zerstörung Deutschlands herbeiführte.

Im Rückblick ist kaum zu übersehen, dass der Oktober 1941 nicht nur eine schicksalhafte Wende in der nationalsozialistischen Judenpolitik, sondern auch einen entscheidenden militärischen Umschwung an der Ostfront mit sich brachte. Der NS-Führung stand diese Perspektive jedoch nicht offen. Sie strebte weiter hartnäckig nach dem immer unwahrscheinlicheren militärischen Sieg und trieb gleichzeitig die Vorbereitungen für den am Ende nur allzu erfolgreichen Genozid am europäischen Judentum voran. Hitler hetzte seine Anhänger weiterhin auf und legitimierte die Politik der Massenvernichtung. Bei seinem Treffen am 12. Dezember 1941 mit der Führungsspitze der NSDAP stellte er klar, dass der Kriegseintritt der Vereinigten Staaten die Durchführung der »Endlösung« nicht verzögern werde. In den Wochen nach der Wannsee-Konferenz machte er zudem öffentlich wie privat zahlreiche Äußerungen über das Schicksal der Juden, die an Häufigkeit und Schärfe diejenigen der vorangegangenen Monate noch übertrafen.[2]

Am 10. März 1942 war Himmler zum Abendessen bei Hitler und erstattete ihm anschließend Bericht. Am 11., 12. und 13. März sprach Himmler mit Heydrich telefonisch über die »Judenfrage« und Krügers gestärkte Position im Generalgouvernement als neu ernannter Staatssekretär für Sicherheitsfragen und reiste anschließend nach Krakau und Lublin, wo er am 13. und 14. März, am Vorabend der ersten Deportationen aus Lublin und Galizien nach Belzec, mit Frank, Krüger und Globocnik zusammenkam. Am 17. März war er wieder beim »Führer«, diesmal sowohl zum Mittag- als auch zum Abendessen, und erstattete ihm erneut Bericht – nur wenige Stunden bevor in Belzec die Gaskammern den Dauerbetrieb aufnahmen.[3] Zehn Tage darauf, am 27. März, hielt Goebbels in seinem Tagebuch fest: »Aus dem Generalgouvernement werden jetzt, bei Lublin beginnend, die Juden nach dem Osten abgeschoben. Es wird hier ein ziemlich barbarisches und nicht näher zu beschreibendes Verfahren angewandt, und von den Juden selbst bleibt nicht mehr viel übrig. [...] An den Juden wird ein Strafgericht vollzogen, das zwar barbarisch ist, das sie aber vollauf verdient haben. Die Prophezeiung, die der Führer ihnen für die Herbeiführung eines neuen Weltkriegs mit auf den Weg gegeben hat, beginnt sich in der furchtbarsten Weise zu verwirklichen. [...] Keine andere Regierung und kein anderes Regime könnte die Kraft aufbringen, diese Frage generell zu lösen. Auch hier ist der Führer der unentwegte Vorkämpfer und Wortführer einer radikalen Lösung [...].«[4] In dem langen Entwicklungsprozess der nationalsozialistischen Judenpolitik hin zur »Endlösung« hatte Hitler jedoch selbstverständlich nicht nur die Rolle des »Vorkämpfers und Wortführers« gespielt, sondern auch die des unentbehrlichen Entscheidungsträgers.

10.2 Die Deutschen und die »Endlösung«

Abgesehen von frustrierten Parteiaktivisten, die ihre Wut endlich einmal auf der Straße abreagieren durften, schauten die meisten Deutschen während des »Kristallnacht«-Pogroms im November 1938 zu und missbilligten die gewalttätigen und zerstörerischen Übergriffe auf deutsche Juden und ihr Eigentum. In dieser reservierten Haltung äußerte sich indessen keinesfalls ein Gefühl der Solidarität mit den bedrängten deutschen Juden, geschweige denn eine prinzipielle Ablehnung des gesetzgeberischen und administrativen Prozesses, durch den sie sowohl ihrer Rechte als auch ihrer Habe beraubt wurden. Die meisten »gewöhnlichen« Deutschen störten sich nicht so sehr an der Verfolgung der Juden selbst, als vielmehr an der Art ihrer pogromartigen Durchführung – der willkürlichen Zerstörung von fremdem Eigentum, dem Niederbrennen von Gotteshäusern und der öffentlich zur Schau gestellten Gewalt.[5]

Dennoch wirft die weithin negative Reaktion der Bevölkerung auf die »Kristallnacht« eine entscheidende Frage auf: Wenn die »gewöhnlichen« Deutschen 1938 schon zusammenzuckten, als Schaufensterscheiben zu Bruch gingen, Synagogen in Brand gesteckt und Juden verprügelt wurden, wieso waren sie dann nur drei Jahre später dazu in der Lage, die Juden in Osteuropa massenhaft umzubringen? Das dort sichtbare

Ausmaß öffentlicher Gewalt war präzedenzlos. Die Männer der Erschießungskommandos wateten buchstäblich im Blut ihrer Opfer, und selbst die Deportationen aus dem »Altreich« in die fernen Vernichtungslager gingen mit Selbstmordwellen und Mitleid erregenden Prozessionen alter Juden einher. Auf polnischem Territorium prägten ausgedehnte, vor aller Augen vollzogene Ghettoräumungen die Deportationen, deren enorme Brutalität leichengesäumte Straßen hinterließ. Wie konnten »gewöhnliche« Deutsche in drei kurzen Jahren von »Zuschauern«, die Vandalismus, Brandstiftung und tätliche Angriffe verabscheuten, zu »willigen Vollstreckern« werden, die mit zügelloser Gewalt Massenmorde begingen?

Entscheidende Bedeutung hatte der Wechsel von Zeit und Ort. Seit September 1939 befand sich Deutschland in einem Krieg, durch den in Osteuropa ein riesiges deutsches Kolonialreich geschaffen wurde. Auch wenn die Bevölkerung zu Anfang mehr besorgt als begeistert auf den Kriegsausbruch reagierte,[6] war kaum jemand bereit, sich als Dissident, Kritiker oder Nonkonformist hervorzutun. Man kann ohne Übertreibung behaupten, dass in der politischen Kultur der deutschen Gesellschaft – und nicht nur in dieser – keine Kriegsparole auf so starkem Konsens basierte wie die Forderung nach Pflichterfüllung und Patriotismus. Dieser Konsens war keine Erfindung der Nationalsozialisten, aber er kam ihnen sehr zupass. Ein Krieg brachte im Allgemeinen die Suspendierung kritischer Haltungen mit sich; der Unterschied zwischen Treue dem Land und Treue der Regierung gegenüber verlor vorübergehend an Konturen, während Opferbereitschaft, Härte und Freund-Feind-Denken vorherrschten. Die Erwartung, dass sich schreckliche, aber unvermeidliche Dinge abspielen würden, ging auf paradoxe Weise mit der Neigung einher, Berichte über solche Geschehnisse als übertriebene Feindpropaganda abzutun.

Tatsächlich wusste die NS-Führung, dass der Krieg günstige Rahmenbedingungen für die Umsetzung einer Politik schuf, die in Friedenszeiten unangebracht, wenn nicht undenkbar war. So machte Göring in den Tagen nach dem Novemberpogrom in einer Konferenz hochrangiger Beamter darauf aufmerksam, dass es im Falle eines baldigen außenpolitischen

Konfliktes selbstverständlich sei, »dass auch wir in Deutschland in allererster Linie daran denken werden, eine große Abrechnung an den Juden zu vollziehen«.[7] Hitler machte diese Erwartung am 30. Januar 1939 mit seiner »Prophezeiung« über die »Vernichtung der jüdischen Rasse in Europa« im Falle eines Weltkriegs sogar öffentlich. Die Juden waren indessen nicht die Einzigen, die durch den Kriegsausbruch erheblich angreifbarer wurden, wie Hitlers Ermächtigung zum Massenmord an geistig und körperlich Behinderten vom Herbst 1939 zeigte.

Die Eroberung und Aufteilung Polens im September 1939 wirkte als großer Schritt in Richtung eines deutschen Kolonialreichs in Osteuropa, das zum Schauplatz für die Durchführung unterschiedlicher rassenimperialistischer Maßnahmen werden sollte. Wie die Bedingungen des Vertrages von Brest-Litowsk, die Freikorpskampagnen oder die nahezu einmütige Ablehnung des Versailler Vertrages verdeutlicht hatten, gehörten die Weigerung, die Ergebnisse des Ersten Weltkriegs zu akzeptieren, sowie die unerfüllten imperialen Ambitionen in Osteuropa mitsamt der ihnen zugrunde liegenden Ideologie rassischer und kultureller Überlegenheit zu den Grundüberzeugungen großer Teile der deutschen Gesellschaft. Mehr noch als im Antisemitismus bot sich der Masse der Deutschen und dem NS-Regime hier ein breiter gemeinsamer Nenner.

Der Krieg und die Besetzung Polens schufen temporäre und situative Rahmenbedingungen, unter denen sich die Deutschen weit stärker veränderten – und zwar allein aufgrund ihrer Eindrücke und ihrer Taten in den Jahren 1939 bis 1941 – als durch die Erfahrung der heimischen Diktatur 1933 bis 1939. Die Adaption der Täter verlief ebenso schrittweise wie der zur »Endlösung« führende Entscheidungsprozess und wurde gleichfalls sowohl von Siegeseuphorie als auch von anschließender Frustration infolge von Stillstand und enttäuschten Erwartungen beeinflusst. Nach der ungebrochenen Folge von Siegen in Polen, Skandinavien, Frankreich, den Niederlanden sowie auf dem Balkan reichte die deutsche Machtsphäre über den halben Kontinent. Aber vor allem in Polen gaben die Deutschen dem Anreiz nach, sich gegenüber einer angeblich minderwertigen einheimischen Bevölkerung als Vertreter der

»Herrenrasse« aufzuführen. Zudem begegneten sie hier der fremdartigen, abstoßenden Erscheinung des »Ostjuden«, die sich so sehr von derjenigen des assimilierten, bürgerlichen deutschen Juden unterschied. In Polen konnte der korrumpierende Prozess des rassischen Imperialismus daher am leichtesten ansetzen.

Während das Regime in Deutschland versuchte, den Massenmord an den geistig und körperlich Behinderten so gut es ging geheim zu halten, galt dies nicht für den rassischen Imperialismus in Polen. Über die Verhaftung und Ermordung der polnischen Führungsschicht und Intelligenz wurde kaum Stillschweigen bewahrt, und die Aushebungen von Polen, ob zur Vertreibung oder zur Zwangsarbeit, verliefen noch offener. Besonders sichtbar traten die gegen die polnischen Juden gerichteten erniedrigenden Rituale und öffentlichen Demütigungen in Erscheinung. Die Flut von Maßnahmen zur Kennzeichnung, Enteignung, Aussonderung und Rekrutierung von Zwangsarbeitern sowie die vermehrte Ausbreitung von Armut, Hunger und Krankheit, von der die polnischen Juden in unverhältnismäßigem Ausmaß betroffen waren, beschleunigten den Teufelskreis von Entmenschlichung und Verfolgung.

Im Rahmen ihrer Mission rassischer Herrschaftssicherung im Osten machten sich die deutschen Besatzer in Polen rasch die Vorstellung zu Eigen, dass Osteuropa nach der demographischen Neuordnung vollständig von Juden gesäubert sein würde. Weit stärker als in Deutschland, wo nur eine relativ kleine und ständig abnehmende Zahl assimilierter Juden lebte, betrachteten Deutsche in Polen die Anwesenheit von Juden als ein Problem, das gelöst werden musste. Massenvertreibungen – eine Zwangsmaßnahme, die man heute »ethnische Säuberung« nennen würde und im NS-Jargon euphemistisch »Umsiedlung« hieß – zuerst nach Lublin, dann nach Madagaskar und schließlich weiter nach Osten schienen die Patentlösung zu sein. Doch bereits dieser eine Aspekt der von den Nationalsozialisten geplanten umfassenden bevölkerungspolitischen Revolution erwies sich als illusorisch. Die Wirklichkeit kennzeichneten übervölkerte, von Krankheiten heimgesuchte, verelendete Ghettos voller polnischer Juden, die zwar konzentriert, aber nicht vertrieben werden konnten. Das von den Nationalsozialisten selbst erzeugte Problem hatte sich nicht nur verschärft, sondern war von einer Lösung weiter entfernt denn je.

Die deutschen Kolonialverwalter in Polen unterschieden sich je nach den Improvisationen, die sie zur Verwaltung des Problems bevorzugten: Die einen tendierten zur verstärkten Auszehrung der jüdischen Bevölkerung durch Hunger, die anderen zum produktiven Einsatz jüdischer Arbeitskraft, um die Ernährungskosten aufzubringen, die Seuchengefahr zu verringern und die Kriegswirtschaft zu unterstützen. Doch so gut wie kein Deutscher in Polen – ganz gleich, ob er nun in einer Stadtverwaltung mit Lebensmittelknappheit und Wohnungsnot, als Gesundheitsbeamter mit Epidemien oder als Polizist mit dem schwarzen Markt zu kämpfen hatte, ob er als Wirtschaftsexperte oder Unternehmer das Land ausbeutete oder als Stadt-, Landschafts- oder Bevölkerungsplaner »ästhetische« deutsche Siedlungen entwarf – glaubte, dass die Juden dort eine langfristige Zukunft hätten. Das Ziel, dass alle Juden verschwinden sollten, wurde weithin akzeptiert, bevor man sich für das Mittel des systematischen Massenmords entschied, zumal die deutsche Politik »unhaltbare Verhältnisse«[8] geschaffen hatte, einen »unmöglichen Zustand«,[9] der es immer einfacher machte, Konsens für eine radikale Lösung herzustellen.

Den entscheidenden Sprung vom Verschwinden durch Vertreibung zum Verschwinden durch systematischen Massenmord machte man dann jedoch nicht zuerst in Polen, sondern in der Sowjetunion. Den bestehenden Kontext aus rassenimperialistischer Perspektive und »untragbaren Verhältnissen« ergänzten hier der Kreuzzug gegen den Bolschewismus und der »Vernichtungskrieg«. Nach Plänen, die nicht nur der SS, sondern auch der Wehrmacht, Wirtschaftsexperten und Zivilverwaltern vorschwebten, waren in der Sowjetunion Millionen von Menschen zum Tod durch Massenexekutionen, Hunger und Vertreibung verdammt. Dabei blieben sie *einem* Muster treu: Bei Massenexekutionen waren unter den Opfern bisher immer unverhältnismäßig viele Juden gewesen; wo immer Lebensmittel fehlten, verhungerten als Erste Juden; und wo immer Menschen deportiert wurden, konnten sich die Deutschen nicht vorstellen, dass auch nur ein Jude zurückblieb. Dem »Euthanasie«-Programm fielen, wie Henry Friedlander gezeigt hat, deutsche Behinderte zum Opfer, nachdem man sie selektiert hatte, während die deutsch-jüdischen Behinderten unterschiedslos getötet wurden.[10] Diese Tendenz erfuhr durch die Gleichsetzung von Juden und Bolschewiken, die nicht nur zum Kern der NS-Ideologie gehörte, sondern der Überzeugung vieler Konservativer in ganz Europa entsprach, unweigerlich eine massive Verstärkung. Kurz, sogar schon vor der Invasion zeigten die deutschen Absichten gegenüber der Sowjetunion genozidale Implikationen, die über das hinausgingen, was die polnischen Juden bereits zu erleiden hatten.

Bis zum Frühjahr 1942 kamen zwei Millionen sowjetische Kriegsgefangene ums Leben, und weitere Millionen von Sowjetbürgern wurden Opfer von Unterernährung und Erschießungen. Wenn man diese Opfer zu den 70 000 bis 80 000 Geisteskranken und Körperbehinderten, der polnischen Intelligenz, den Geiseln und vielen anderen, die bis zu diesem Zeitpunkt ermordet worden waren, hinzuzählt, wird deutlich, dass es dem NS-Regime gelang, Deutsche dafür zu mobilisieren, auch Nichtjuden in großer Zahl zu töten. In diesen Fällen bildete der Antisemitismus kein relevantes, noch viel weniger ein hinreichendes Motiv. Aber es handelte sich fast durchweg um Opfer des nationalsozialistischen Rassenimperialismus, der das Leben ganzer Kategorien von Menschen, nicht nur der Juden, für nichtig erklärte.

So wie die Deutschen im Kontext von Rassenimperialismus, »Vernichtungskrieg« und antibolschewistischem Kreuzzug keine Skrupel hatten, Millionen von Menschen zu töten, so waren sie auch bereit, *alle* sowjetischen Juden umzubringen. Ende des 19. Jahrhunderts war das Judentum, um Shulamit Volkovs Terminologie zu folgen, in Deutschland zu einem »kulturellen Code« für Demokratie und Sozialismus, Kapitalismus und freies Unternehmertum, Internationalismus und kulturelle Experimente geworden. Im besetzten Polen galten sie ebenfalls als Symbol, und zwar für die »untragbaren Verhältnisse« in Gestalt von Krankheit, Übervölkerung, Schwarzmarkt, Schmutz und Hunger. 1941 setzte man den Begriff

»Jude« auf sowjetischem Territorium gleich mit Bolschewismus, asiatischer Bedrohung und Partisanenkampf in einem Krieg, der als Kampf auf Leben und Tod zwischen unversöhnlichen rassischen und ideologischen Feinden wahrgenommen wurde.

Der deutsche Antisemitismus war nicht statischer Natur, sondern verschärfte sich unter wechselnden historischen Umständen. Dass Hitler und sein Regime in den dreißiger Jahren immer mehr Zustimmung gewannen, resultierte hauptsächlich aus der Wiederherstellung der politischen Ordnung, dem wirtschaftlichen Aufschwung und dem Wiederaufstieg zu nationaler Größe. Zwar blieb die öffentliche Zustimmung für die Verfolgung der deutschen Juden aus, aber genauso wenig bezeigte man Solidarität mit den Opfern, die durch eine Reihe gesetzlicher und administrativer Maßnahmen in zunehmendem Maße isoliert sowie ihrer Rechte und ihres Eigentums beraubt wurden. Von einer Minderheit von Parteiaktivisten abgesehen, waren die meisten Deutschen 1938 weder bereit noch willens, physische Gewalt gegen ihre jüdischen Nachbarn anzuwenden; gleichzeitig dachten sie aber auch nicht daran, ihnen zu Hilfe zu eilen.

Nach dem Ausbruch des Krieges und dem Beginn kolonialer Herrschaftsentfaltung im Osten, zuerst in Polen, dann aber vor allem in der Sowjetunion, veränderte sich die Situation, und zwei Entwicklungsstränge wurden wirksam. Zum einen bedeutete jeder Sieg und jede territoriale Expansion für die Entscheidungsträger an der Spitze einen Rückschlag für ihr selbst geschaffenes »Judenproblem«, da die Zahl der Juden im deutschen Herrschaftsbereich unablässig anwuchs. Zum anderen wirkte nach Ansicht der Besatzer nicht jede neue Maßnahme im Osten im Sinne einer Lösung, sondern verschärfte nur die »untragbaren Verhältnisse« (oder erreichte bestenfalls eine prekäre Stabilisierung), um gleichzeitig die Juden noch weiter zu entmenschlichen und sie selbst in dem Bestreben nach noch radikaleren Maßnahmen zu bestärken. Die Lösung der »Judenfrage« durch das letztliche Verschwinden der Juden – irgendwann und irgendwie – erschien als Selbstverständlichkeit.

Im Kontext des mörderischen »Vernichtungskrieges« gegen die Sowjetunion vollzog sich im Sommer 1941 der Sprung vom Verschwinden der Juden »irgendwann und irgendwie« zum »Massenmord jetzt«, und nachdem diese »Endlösung« auf sowjetischem Territorium begonnen hatte, erschien sie dem NS-Regime auch auf den Rest des europäischen Judentums übertragbar. Da die »gewöhnlichen« Deutschen auf sowjetischem Territorium als Täter bereits tief in den Massenmord an Millionen von Juden und Nichtjuden verstrickt waren, stand zu erwarten, dass sie nicht davor zurückschrecken würden, die »Endlösung« nun auch gegenüber den Juden Europas zu verwirklichen.

Anhang

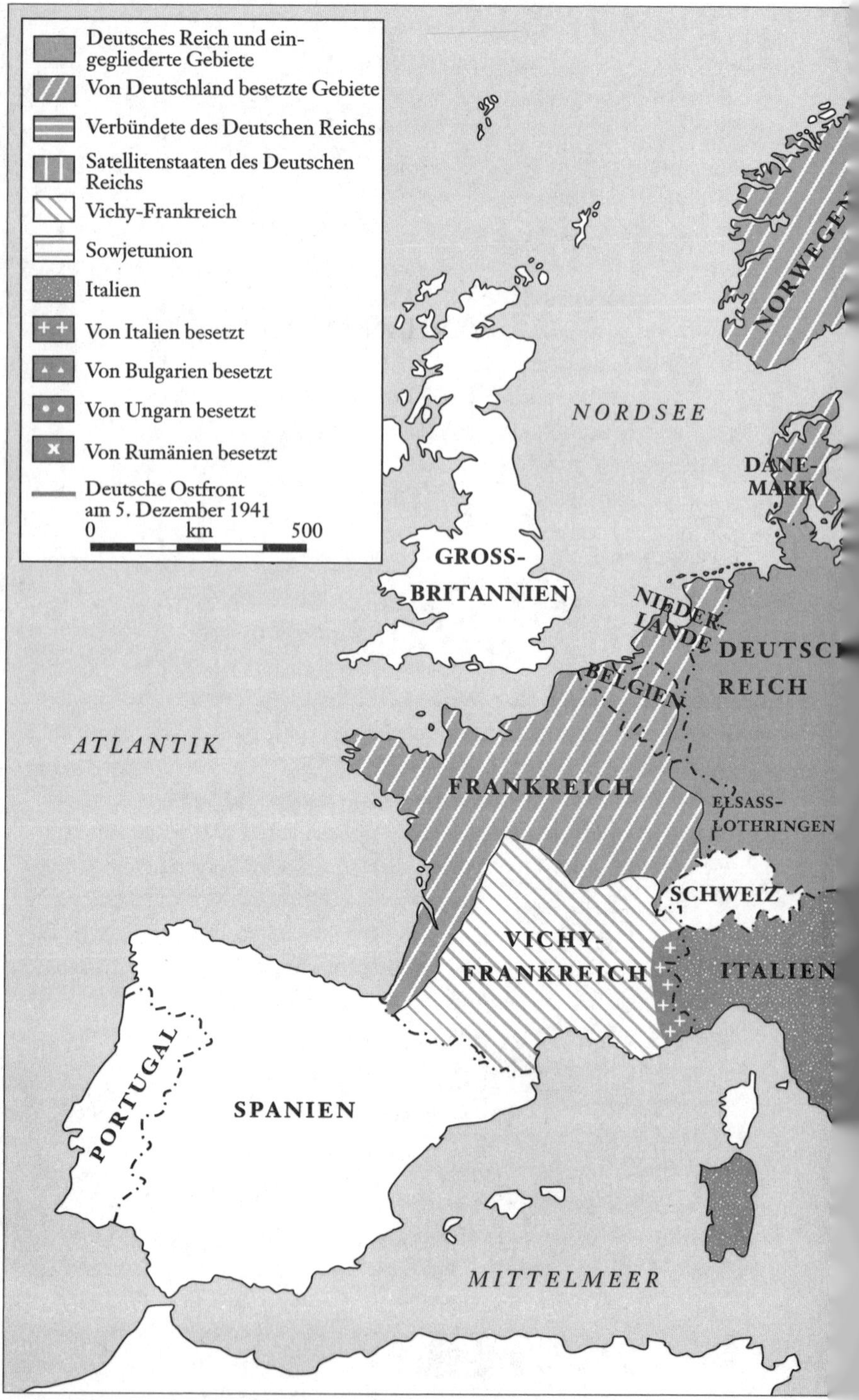

Deutsches Reich und eingegliederte Gebiete
Von Deutschland besetzte Gebiete
Verbündete des Deutschen Reichs
Satellitenstaaten des Deutschen Reichs
Vichy-Frankreich
Sowjetunion
Italien
Von Italien besetzt
Von Bulgarien besetzt
Von Ungarn besetzt
Von Rumänien besetzt
Deutsche Ostfront am 5. Dezember 1941
0 km 500
NORDSEE
NORWEGEN
DÄNE-MARK
GROSS-BRITANNIEN
NIEDER-LANDE
BELGIEN
DEUTSCH
REICH
ATLANTIK
FRANKREICH
ELSASS-LOTHRINGEN
SCHWEIZ
VICHY-FRANKREICH
ITALIEN
PORTUGAL
SPANIEN
MITTELMEER

OSTSEE
SOWJETUNION
REICHS-
KOMMISSARIAT
OSTLAND
VON DER
WEHRMACHT
BESETZT
DANZIG
OST-
PREUSSEN
WEST-
PREUSSEN
BIALY-
STOK
WARTHE-
GAU
REICHSKOMMISSARIAT
UKRAINE
GENERAL-
GOUVERNEMENT
OSTOBER-
SCHLESIEN
MÄHREN
SLOWAKEI
TRANS-
NISTRIEN
UNGARN
RUMÄNIEN
SCHWARZES MEER
KROATIEN
SERBIEN
BULGARIEN
ALBA-
NIEN
GRIECHEN-
LAND

5. Dezember 1941. Grösste Ausdehnung der NS-Macht in Osteuropa

Abkürzungen

Zu den kursiv gesetzten Abkürzungen siehe die Bibliographie.

AA	Auswärtiges Amt
ADAP	*Akten zur deutschen auswärtigen Politik*
AJB	Association des Juifs en Belgique
AMT	American Military Tribunal
AOK	Armeeoberkommando
BA	Bundesarchiv Berlin
BAK	Bundesarchiv Koblenz
BA-MA	Bundesarchiv-Militärarchiv
BDC	Berlin Document Center
BdO	Befehlshaber der Ordnungspolizei
BdS	Befehlshaber der Sicherheitspolizei und des SD
Biuletyn	*Biuletyn Głównej Komisji Badania Zbrodni*
Bydgoszcz	*Pierwsze miesiące okupacji hitlerowskiej w Bydgoszczy*
CdS	Chef der Sipo
CdZ	Chef der Zivilverwaltung
CGQJ	Commissariat Général aux Questions Juives (Generalkommissariat für jüdischen Angelegenheiten)
DdGP	*Das Diensttagebuch des deutschen Generalgouverneurs in Polen*
DiM	*Dokumenty i Materialy do Dziejow Okukpacji Niemieckiej w Polsce*
DKHH	*Der Dienstkalender Heinrich Himmlers*
EG	Einsatzgruppe
EK	Einsatzkommando
EWZ	Einwandererzentralstelle
FGM	*Faschismus – Getto – Massenmord. Dokumentation über Ausrottung und Widerstand der Juden in Polen während des Zweiten Weltkrieges*
FOP	*Die faschistische Okkupationspolitik in Polen*
FOS	*Die faschistische Okkupationspolitik in den zeitweilig besetzten Gebieten der Sowjetunion*
GFP	Geheime Feldpolizei
GmbH	Gesellschaft mit beschränkter Haftung

GPU	Gossudarstwennoje Polititscheskoje Uprawlenije (Staatliche Politische Verwaltung; Vorgängerorganisation des KGB)
HSSPF	Höherer SS- und Polizeiführer
HTO	Haupttreuhandstelle Ost
IdS	Inspekteur der Sicherheitspolizei und des SD
IGCR	*Intergovernmental Committee on Refugees*
IMG	*Internationaler Militärgerichtshof, Nürnberg, Sitzungsprotokoll und Dokumentenbände*
IRK	Internationales Rotes Kreuz
ISA	Israelisches Staatsarchiv
ISD	Internationaler Suchdienst des Internationalen Komitees des Roten Kreuzes
JNSV	*Justiz und NS-Verbrechen*
KdO	Kommandeur der Ordnungspolizei
KdoS RF-SS	Kommandostab Reichsführer-SS
KdS	Kommandeur der Sicherheitspolizei und des SD
KHM	Kreishauptmann
Ktb-OKW	*Kriegstagebuch des Oberkommandos der Wehrmacht*
KTI	Kriminaltechnisches Institut
KZ	Konzentrationslager
LHWG	Litzmannstädter Warenhandelsgesellschaft
NARA	National Archives and Records Administration, College Park, Maryland
NCA	*Nazi Conspiracy and Aggression*
NKWD	Narodny Komissariat Wnutrennych Del (Volkskommissariat des Inneren; Vorgängerorganisation des KGB)
NSB	Nationaal-Socialistische Beweging der Nederlanden (Nationalsozialistische Bewegung der Niederlande)
NSDAP	Nationalsozialistische Deutsche Arbeiterpartei
NSKK	Nationalsozialistisches Kraftfahrkorps
NStA	Staatsarchiv Nürnberg
NSV	Nationalsozialistische Volkswohlfahrt
ObdH	Oberbefehlshaber des Heeres
OKH	Oberkommando des Heeres
OKW	Oberkommando der Wehrmacht
Orpo	Ordnungspolizei

PAA	Politisches Archiv des Auswärtigen Amts
PB	Polizeibataillon
PRO	Public Record Office, Kew, London
RF-SS	Reichsführer-SS
RKFDV	Reichskommissar für die Festigung deutschen Volkstums
RKPA	Reichskriminalpolizeiamt
RPA	Rassenpolitisches Amt der NSDAP
RPB	Reservepolizeibataillon
RSHA	Reichssicherheitshauptamt
RuSHA	Rasse- und Siedlungshauptamt der SS
SA	Sturmabteilung
SAM	Sonderarchiv Moskau
Schupo	Schutzpolizei/-polizist
SD	Sicherheitsdienst
Sipo	Sicherheitspolizei
SK	Sonderkommando
SS	Schutzstaffel
SSPF	SS- und Polizeiführer
Stapo	Staatspolizei
TAE	*The Trial of Adolf Eichmann*
TWC	*Trials of War Criminals before the Nuernberg Military Tribunals under Control Council Law No. 10*
UGIF	Union Générale des Israélites de France
USHMMA	United States Holocaust Memorial Museum Archive, Washington, D. C.
UWZ	Umwandererzentralstelle
WFSt	Wehrmachtführungsstab im OKW (ab 8. 8. 1940)
WVHA	Wirtschaftsverwaltungshauptamt der SS
YIVO	Institute for Jewish Research, New York
YVA	Yad Vashem Archives, Jerusalem
ZSA	Zentrales Staatsarchiv
ZStL	Zentralstelle der Landesjustizverwaltungen in Ludwigsburg

Anmerkungen

1. Der Hintergrund

1 Zur Herausbildung und Entwicklung des mittelalterlichen Antisemitismus vgl. Langmuir, »Prolegomena«, und ders., »Anti-Judaism«.
2 Chazan, »Medieval Antisemitism«, S. 54 f.; Poliakov, *Antisemitismus*, Bd. 1, S. 32, 36–70.
3 Langmuir, »Anti-Judaism«, S. 291.
4 Langmuir, »Prolegomena«, S. 154–157.
5 Katz, *Holocaust*, Bd. l, Kap. 7.
6 Hinsichtlich der Beziehung zwischen Modernisierung und rassischem Antisemitismus stütze ich mich vor allem auf Pulzer, *Antisemitismus*.
7 Zur Herausbildung des Rassismus vgl. Mosse, *Rassismus*.
8 Herf, *Reactionary Modernism;* Mosse, *Ein Volk;* Stern, *Kulturpessimismus*.
9 Wehler, *Das Deutsche Kaiserreich;* Retallack, »Social History«; Fletcher, »Developments«. Dieser Ansatz ist von Geoff Eley und David Blackbourn kritisiert worden, die die Vorstellung einer gescheiterten oder verfehlten bürgerlich-liberalen deutschen Revolution im 19. Jahrhundert in Frage stellen und einwenden, das Land sei trotz des Scheiterns von 1848 schrittweise, aber unaufhaltsam von einer bürgerlich-liberalen Reformbewegung erfasst worden.
10 Goldhagen, *Vollstrecker*, S. 490 f., 522.
11 Weiss, *Der lange Weg*.
12 Volkov, »Antisemitismus als kultureller Code«, S. 22; vgl. auch Pulzer, *Antisemitismus*.
13 Tal, *Christians and Jews*, S. 121–159, 223–259.
14 Friedländer, *Das Dritte Reich*, Bd. 1, S. 87–128.
15 Tal, *Christians and Jews*, S. 300 f.
16 Levy, *Downfall*, S. 4.
17 Allen, *Machtergreifung*, S. 84.
18 Kershaw, »Persecution«; ders., *Popular Opinion;* ders., *Hitler-Mythos;* ders., »Popular Opinion«; Kulka, »›Public Opinion‹«; Kulka/Rodrigue, »German Population«; Bankier, »Germans«;

ders., *Meinung*. Vgl. auch Steinert, *Hitlers Krieg*; Laqueur, »German People«; Gordon, *Hitler*; Gellately, *Gestapo*. Zur gegensätzlichen Haltung siehe Kater, »Anti-Semitism«.

19 Friedländer, *Das Dritte Reich*, Bd. 1, S. 317, 346 f.

20 Eine ausgezeichnete Studie über die Wechselwirkung zwischen nationalsozialistischem Aktivismus, Regierungspolitik und der Haltung der Öffentlichkeit findet sich in Longerich, *Politik*, S. 23–226.

21 Jäckel, *Hitlers Weltanschauung*, S. 55–78.

22 Adam, *Judenpolitik*, S. 339 f.

23 Hilberg, *Destruction*, S. 639.

2. Polen – Laboratorium der Rassenpolitik

1 Die vorsichtigste Schätzung beläuft sich auf 1,68 Millionen (Golczewski, »Polen«, S. 426). Der deutsche Bevölkerungswissenschaftler Friedrich Burgdörfer schätzte die Zahl der polnischen Juden, die sich 1940 im deutschen Herrschaftsgebiet aufhielten, auf 1,8 Millionen (PAA, Inland II A/B 35/2, Burgdörfer, Gutachten, 17. Juli 1940). Gutman, *Jews of Warsaw*, S. 11, nennt ebenso wie Hilberg, *Vernichtung* (1990), Bd. 1, S. 198, eine Zahl von zwei Millionen. Friedman, »The Extermination of the Polish Jews during the German Occupation«, S. 212 f., rechnet mit 1,835 Millionen, während Broszat, *Polenpolitik*, S. 67, von 1,9 und Bauer, *American Jewry*, S. 69, von 1,8 bis 1,9 Millionen ausgeht.

2 Gutman, *Jews of Warsaw*, S. 11.

3 Adam, *Judenpolitik*, S. 233–236.

4 Eine erhellende Analyse der ersten Begegnungen von Deutschen mit den Ostjuden im Zuge der Eroberung Polens hat Bogdan Musial vorgelegt (*Zivilverwaltung*, S. 183–188).

5 Broszat, *Polenpolitik*, S. 67.

6 Der Zusammenhang zwischen dem europäischen Imperialismus des 19. und dem Totalitarismus des 20. Jahrhunderts ist von Hannah Arendt in *Elemente und Ursprünge des Totalitarismus* dargelegt worden. In *Durch das Herz der Finsternis* hat Sven Lindqvist kürzlich erneut darauf hingewiesen. Den expliziten Zusammenhang zwischen deutscher Kolonial- und nationalsozialistischer Rassen- und Bevölkerungspolitik untersuchen Annegret Eh-

mann in »From Colonial Racism to Nazi Population Policy« sowie Woodruff D. Smith in *The Ideological Origins of Nazi Imperialism.*

7 Nürnberger Dokument PS-1014 (Zweite Ansprache Hitlers an die Oberbefehlshaber vom 22. August 1939), in: *IMG*, Bd. 26, S. 523 f. Winfried Baumgart erläutert in seinem Aufsatz »Zur Ansprache Hitlers vor den Führern der Wehrmacht am 22. August 1939«, warum diese Niederschrift vermutlich die Originalnotizen von Abwehrchef Admiral Wilhelm Canaris enthält und deshalb anderen Berichten über Hitlers Ausführungen, die später aus dem Gedächtnis niedergeschrieben oder nach Notizen verfasst wurden, vorzuziehen sind. Der entsprechende Eintrag in General Halders *Kriegstagebuch* gibt einen ähnlichen Eindruck wieder wie die zitierte Niederschrift: »*Ziel: Vernichtung Polens* = Beseitigung seiner lebendigen Kraft. Es handelt sich nicht um Erreichen einer bestimmten Linie oder einer neuen Grenze, sondern um Vernichtung des Feindes [...] Mittel gleichgültig. Der Sieger wird nie interpelliert, ob seine Gründe berechtigt waren. Es handelt sich nicht darum, das Recht auf unserer Seite zu haben, sondern ausschließlich um den Sieg« (S. 25). Nach einer apokalyptischeren Version, die den Engländern vermutlich mit der Absicht zugespielt wurde, sie in der Unterstützung Polens zu bestärken, soll Hitler Folgendes gesagt haben: »Dschingkiskhan [sic] hat Millionen Frauen und Kinder in den Tod gejagt, bewusst und fröhlichen Herzens. Die Geschichte sieht in ihm nur den großen Staatengründer. Was die schwache westeuropäische Zivilisation über mich behauptet, ist gleichgültig. [...] So habe ich, einstweilen nur im Osten, meine Totenkopfverbände bereitgestellt mit dem Befehl, unbarmherzig und mitleidlos Mann, Weib und Kind polnischer Abstammung und Sprache in den Tod zu schicken. Nur so gewinnen wir den Lebensraum, den wir brauchen. Wer redet heute noch von der Vernichtung der Armenier?« (Nürnberger Dokument L-003)

8 Zit. in Umbreit, *Militärverwaltungen*, S. 71 (Anm. 24), 74 f.

9 Rossino, »September 1939«, S. 37–44, 64–75; ders., »Destructive Impulses«.

10 Krausnick/Wilhelm, *Truppe*, S. 34. Am 5. Juli 1939 hatte Heydrich auf einer Sitzung in seiner Wohnung zunächst die Bildung von vier Einsatzgruppen unter Josef Meisinger, Ernst Damzog,

Emanuel Schäfer und Bruno Streckenbach vorgeschlagen (USHMMA, RG 15 007 m, 11/154/4–6: RSHA-Akten, Hauptkommission für die Untersuchung von Verbrechen gegen das polnische Volk, RG 362). Einsatzgruppe I unter Streckenbach war in der Gegend von Krakau und in Südpolen tätig. Das Hauptquartier der Einsatzgruppe II unter Schäfer befand sich zunächst in Tschenstochau (Częstochowa) und dann in Radom, das der Einsatzgruppe III unter Herbert Fischer in Lodz. Einsatzgruppe IV unter Lothar Beutel zog durch Westpreußen über Bromberg nach Ostpreußen und Bialystok. Einsatzgruppe V unter Damzog operierte von Ostpreußen aus in Richtung Warschau. Einsatzgruppe VI unter Erich Naumann war in Posen stationiert, und die Einsatzgruppe z. b. V. (zur besonderen Verwendung), die zuerst unter dem Befehl von Woyrschs und später unter dem von Otto Rasch stand, war hauptsächlich in Oberschlesien, kurzzeitig aber auch in Tarnów aktiv. Die Marschrouten können den täglichen Berichten des Sonderreferats »Unternehmen Tannenberg« der Sipo vom 6. September bis zum 6. Oktober 1939 entnommen werden (USHMMA, RG 15 007 m, Rolle 2, Akten 1 und 2).

11 Zum Personal der Einsatzgruppen siehe: *Einsatzgruppen in Polen*, Bd. 1, S. 31–76, 84–95; Bd. 2, S. 10–17. Zu der Intellektuellengruppe in Heydrichs RSHA siehe Wildt, *Generation*.

12 BA R 58/241 (Richtlinien für den auswärtigen Einsatz der Sicherheitspolizei und des SD, o. D.), zit. in Umbreit, *Militärverwaltungen*, S. 76.

13 Wagner, *Briefe*, S. 103; Krausnick/Wilhelm, *Truppe*, S. 40.

14 Groscurth, *Tagebücher*, S. 201.

15 Ebd., S. 202.

16 Ebd., S. 358 (Dokument 12: Aktenvermerk vom 14. September 1939 von Lahousens über Besprechung im Führerzug am 12. September 1939).

17 So wurde ein SS-Mann, der an der Ermordung von 50 Juden beteiligt gewesen war, nur zu einer dreijährigen Haftstrafe verurteilt, weil das Militärgericht ihm mildernde Umstände zubilligte: Als SS-Mann habe er »in besonderem Maße beim Anblick der Juden die deutschfeindliche Einstellung des Judentums empfunden« und »daher in jugendlichem Draufgängertum völlig unüberlegt gehandelt«. Allerdings hatte der Anklagevertre-

ter die Todesstrafe gefordert und General Georg von Küchler, der Kommandeur der 3. Armee, lehnte es mit Billigung des Oberbefehlshabers des Heeres, Walther von Brauchitsch, ab, das Urteil zu bestätigen, weil es in seinen Augen zu milde war (Nürnberger Dokument D-419, in: *IMG*, Bd. 35, S. 93).

18 Rossino, »September 1939«, S. 140–150; Krausnick/Wilhelm, *Truppe*, S. 57, 62.

19 Groscurth, *Tagebücher*, S. 360 (Dokument 13: Vortragsnotiz für Generaloberst von Brauchitsch, 17. September 1939). Laut Krausnick/Wilhelm, *Truppe*, S. 50, hatte das Heer angesichts des anhaltenden Widerstandes und der Unruhen hinter der Front die Verfahrensregeln für den Umgang mit Freischärlern vereinfacht und Standgerichte eingerichtet, die die unverzügliche Vollstreckung verhängter Todesurteile anordnen konnten; eine Berufung war nicht vorgesehen. Das Vorgehen der Einsatzgruppen ging indessen weit darüber hinaus, versuchten sie bei Massenerschießungen doch nicht einmal, den Anschein eines rechtmäßigen Verfahrens aufrechtzuerhalten. Zum allgemeinen Verhältnis zwischen der Einsatzgruppe II und der 10. Armee siehe Rossino, »September 1939«, S. 110–123.

20 Groscurth, *Tagebücher*, S. 209, Anm. 509. Zur Einsatzgruppe von Woyrschs siehe Rossino, »Nazi Anti-Jewish Policy« sowie ders., »Destructive Impulses«.

21 Wagner, *Briefe*, S. 134.

22 Halder, *Kriegstagebuch*, Bd. 1, S. 79.

23 Wagner, *Briefe*, S. 134.

24 NA-Mikrofilm, T175/239/2728228–31 (Amtschefbesprechung, 19. September 1939); Kopie in YVA, JM 4542.

25 Halder, *Kriegstagebuch*, Bd. 1, S. 82.

26 K.-J. Müller, *Heer*, S. 667 f. (Dokument 45: Von Brauchitsch an die Heeresgruppen- und Armeeoberbefehlshaber und Militärbefehlshaber in den besetzten Gebieten, 21. September 1939).

27 Groscurth, *Tagebücher*, S. 361 f. (Dokument 14: Notiz über mündliche Orientierung durch Major Radke, 22. September 1939).

28 Ebd., S. 209 (Privattagebuch, 23. September 1939), 277 (Diensttagebuch, 23. September 1939).

29 Ebd., S. 362 (Dokument 14: Notiz über mündliche Orientierung durch Major Radke, 22. September 1939).

30 Wagner, *Briefe*, S. 135.

31 Rossino, »September 1939«, S. 76–171, dokumentiert das Ausmaß, in dem das Militär, von vereinzelten Protesten gegen »Exzesse« und »Disziplinlosigkeiten« abgesehen, das Vorgehen der Einsatzgruppen gegen vorgebliche Störungen der Sicherheit begrüßte und einkalkulierte.
32 K.-J. Müller, *Heer*, S. 434.
33 Ebd., S. 9.
34 Ironischerweise forderte der Befehlshaber der 14. Armee, General Wilhelm List, die Rückkehr der Einsatzgruppe, da ihre »angeblichen« Ausschreitungen »übertrieben« worden seien, die »rücksichtslose« Säuberung von »Banden, Guerillas und Plünderern« im Interesse der Truppe jedoch »außerordentlich erfolgreich« gewesen sei (Rossino, »September 1939«, S. 104 f.; Rückübersetzung – d. Ü.).
35 Wagner, *Briefe*, S. 130.
36 Umbreit, *Militärverwaltungen*, S. 85 f., 107. Bereits früher hatte Heydrich seinen Amtschefs versichert, die Militärregierung in Polen werde durch eine Zivilverwaltung ersetzt, sobald die Feindseligkeiten beendet wären (NA T175/239/2728499–502: Amtschefbesprechung, 7. September 1939).
37 Wagner, *Briefe*, S. 137; Umbreit, *Militärverwaltungen*, S. 98.
38 Umbreit, *Militärverwaltungen*, S. 107–109.
39 Koehl, *RKFDV. German Resettlement and Population Policy 1939–45*, S. 50-53.
40 Rich, *Hitler's War Aims*, Bd. 2, S. 73; *TWC*, Bd. 4, S. 718–720 (EC-410).
41 Broszat, *Polenpolitik*, S. 29 f.
42 Umbreit, *Militärverwaltungen*, S. 98.
43 Ebd., S. 114.
44 Deutsch, *Verschwörung*, S. 72 f.
45 K.-J. Müller, *Heer*, S. 437.
46 Umbreit, *Militärverwaltungen*, S. 107.
47 Halder, *Kriegstagebuch*, Bd. 1, S. 98.
48 Broszat, *Polenpolitik*, S. 30.
49 K.-J. Müller, *Heer*, S. 437.
50 Groscurth, *Tagebücher*, S. 218 (Privattagebuch, 16. Oktober 1939).
51 Nürnberger Dokument PS-864 (Notiz Wagners für Keitel, 17. Oktober 1939), in: *IMG*, Bd. 26, S. 379 f.
52 Ebd., S. 378–383. Die Auszüge aus dem Nürnberger Dokument

PS-864 stammen aus drei Quellen: Keitels Notizen, Wagners Notizen über Keitels Wiedergabe von Hitlers Ausführungen sowie der auf Keitels Notizen beruhenden, von Oberst Gause drei Tage später niedergeschriebenen Zusammenfassung des OKW. Zwei weitere Versionen von Hitlers Äußerungen finden sich in Groscurth, *Tagebücher*, S. 381 (Dokument 24, unsignierte Notiz, 18. Oktober 1939), und Halder, *Kriegstagebuch*, Bd. 1, S. 107 (Eintrag vom 18. Oktober 1939).

53 Groscurth, *Tagebücher*, S. 298 (Diensttagebuch, 18. Oktober 1939).

54 NA-Mikrofilm, T175/239/2728499–502 (Amtschefbesprechung, 7. September 1939).

55 NA-Mikrofilm, T175/239/2728513–15 (Amtschefbesprechung, 14. September 1939).

56 NA-Mikrofilm, T175/239/2728524–28 (Amtschef- und Einsatzgruppenleiterbesprechung, 21. September 1939).

57 Nürnberger Dokument PS-3363 (Heydrich, Schnellbrief an die Einsatzgruppenleiter, 21. September 1939), abgedruckt in: *FGM*, S. 37–41.

58 Groscurth, *Tagebücher*, S. 362 (Dokument 14: Notiz über mündliche Orientierung durch Major Radke, 22. September 1939).

59 K.-J. Müller, *Heer*, S. 671 f. (Dokument 47: Heydrich an die Einsatzgruppenleiter, 30. September 1939).

60 Krausnick/Wilhelm, *Truppe*, S. 75 (WB-2752, im Manstein-Prozess verwendet).

61 NA-Mikrofilm, T175/239/2728534 (Inspekteur- und Einsatzgruppenleiterbesprechung, 3. Oktober 1939).

62 Broszat, *Polenpolitik*, S. 15.

63 Rosenberg, *Tagebuch*, S. 81. Auch Heydrich war darüber informiert, dass als Deportationsgebiet nicht mehr die Region östlich von Krakau bis zur slowakischen Grenze, sondern das Gebiet von Lublin zwischen Weichsel und Bug vorgesehen war. Am 29. September informierte er die RSHA-Amtschefs, »dass in dem Raum hinter Warschau und um Lublin ein ›Naturschutzgebiet‹ oder ›Reichs-Ghetto‹ geschaffen werden soll, in dem all die polnischen und jüdischen Elemente untergebracht werden, die aus den künftigen deutschen Gauen ausgesiedelt werden müssen«. NA-Mikrofilm, T175/239/2828531–32 (Amtschefbesprechung, 29. September 1939).

64 Aly, »*Endlösung*«, S. 13–17; vgl. auch Aly/Heim, *Vordenker;* Burleigh, *Eastward;* ders., »Experten«; Mommsen, »Umvolkungspläne«.
65 Umbreit, *Militärverwaltungen*, S. 166.
66 Datner, *Wehrmachtu*, S. 114–117; Heeresgruppe Süd an 8., 10. und 14. Armee, 20. September 1939, in: *Einsatzgruppen in Polen*, Bd. 1, S. 151. Laut Madajczyk, *Die Okkupationspolitik Nazideutschlands in Polen*, S. 28, wurden von den 764 Erschießungsaktionen, die zwischen dem 1. September und dem 26. Oktober 1939 stattfanden, 311 von der Wehrmacht durchgeführt. Nach seiner Schätzung sind diesen Hinrichtungen 20 000 Menschen zum Opfer gefallen. Vgl. Krausnick/Wilhelm, *Truppe*, S. 42–46. Die vom Sonderreferat »Unternehmen Tannenberg« gesammelten Berichte der Einsatzgruppen enthalten kaum nützliche Zahlenangaben über die Exekutionen (USHMMA, RG 15 007 m, Rolle 1, Akten 1 und 2).
67 Laut Włodzimierz Jastrzębski sind nach deutschen Angaben vom Dezember 1939 in Bromberg Anfang September 103 Deutschstämmige getötet worden (*Blutsonntag*, S. 168). Madajczyk schätzt, dass in Bromberg am 3. September etwa 150 Deutschstämmige ums Leben kamen und bis zum Rückzug der polnischen Armee insgesamt rund 300 Todesopfer unter den Deutschstämmigen zu beklagen waren. Beide polnischen Historiker führen an, dass das Töten durch ein »Ablenkungsmanöver« ausgelöst worden sei, mit dem Deutschstämmige die polnischen Armeeeinheiten in Bromberg verwirren wollten.
68 *Bydgoszcz*, S. 7–14 (Auszüge aus dem Kriegstagebuch des Kommandanten des rückwärtigen Armeegebiets 580, 6.–11. September 1939). Nach diesem Kriegstagebuch sind bis zum 11. September 370 Menschen in Bromberg erschossen worden. Dagegen gibt Szymon Datner wesentlich höhere Zahlen an: 2177 Exekutionen bis zum 10. September und 5755 bis zum 25. Oktober (*Wehrmachtu*, S. 114–117). In den Meldungen der Einsatzgruppe IV sind keine verwertbaren Zahlen enthalten; es ist nur die Rede davon, dass »Gegenmaßnahmen im Gang« seien (*Bydgoszcz*, S. 19: Sonderreferat »Unternehmen Tannenberg«, Tagesbericht für den 9. September 1939).
69 Nürnberger Dokument D-421, in: *IMG*, Bd. 35, S. 92; Halder, *Kriegstagebuch*, S. 67.

70 Groscurth, *Tagebücher*, S. 203 (Privattagebuch, 11. September 1939).
71 Umbreit, *Militärverwaltungen*, S. 167; Krausnick/Wilhelm, *Truppe*, S. 81 f.
72 Groscurth, *Tagebücher*, S. 363 (Dokument 14: Notiz über mündliche Orientierung durch Major Radke, 22. September 1939).
73 Ebd., S. 209, Anm. 509.
74 *Einsatzgruppen in Polen*, Bd. 2, S. 162 (Quartiermeister im Stab des Kommandanten des rückwärtigen Armeegebiets 581 an 8. Armee, 25. September 1939).
75 USHMMA, RG 15 007 m, 2/1/14, 40 f., 82 (Berichte vom 7., 10. und 15. September 1939).
76 USHMMA, RG 15 007 m, 2/2/34, 50, 55 (Berichte vom 24., 27. und 28. September 1939).
77 USHMMA, RG 15 007 m, 2/1/76 (Bericht vom 14. September 1939).
78 Krausnick/Wilhelm, *Truppe*, S. 70 f.; Rossino, »September 1939«, S. 93 f.
79 Rossino, »September 1939«, S. 108 f. Laut Madajczyk sind nicht nur 2000 junge jüdische Männer aus Schlesien und 4000 Juden (von der Wehrmacht) aus Tarnobrzeg, sondern auch 20 000 Juden aus dem Gebiet von Rzeszów/Jarosław vertrieben worden (*Die Okkupationspolitik Nazideutschlands in Polen*, S. 18).
80 Krausnick/Wilhelm, *Die Truppe des Weltanschauungskriegs*, S. 71; Pohl, *»Judenpolitik«*, S. 56. Auf polnische Quellen gestützt, schätzt Pohl die Zahl der jüdischen Opfer des deutschen Terrors in Polen bis Ende 1939 auf 7000 (S. 25), ebenso Musial (*Zivilverwaltung*, S. 106).
81 Jastrzebski wendet sich in seinem Buch *Der Bromberger Blutsonntag* energisch gegen die sowohl von Zeitgenossen als auch nach dem Krieg vorgebrachte deutsche Behauptung, polnische Truppen und Dorfbewohner hätten in Wut und Panik die deutschen Gemeinden angegriffen. Stattdessen vertritt er die These, die »Volksdeutschen« hätten versucht, ein militärisches Ablenkungsmanöver zu starten.
82 Broszat, *Polenpolitik*, S. 47, schätzt die Zahl der Getöteten auf 4000 bis 5000. Im ersten deutschen »Weißbuch« war von 5800 Opfern die Rede, bevor diese Zahl zu Propaganda- und Hetzzwecken verzehnfacht wurde (*JNSV*, Bd. 21, S. 12).

83 Zum Selbstschutz siehe: *Einsatzgruppen in Polen*, Bd. 1, S. 164–181, Bd. 2, S. 43–119; Umbreit, *Militärverwaltungen*, S. 176–181; *JNSV*, Bd. 21, S. 13–16; und besonders Jansen/Weckbecker, *»Selbstschutz«*.

84 *Einsatzgruppen in Polen*, Bd. 2, S. 163 (Alvensleben an Daluege, 7. Oktober 1939).

85 *Bydgoszcz*, S. 51 f. (SD-Einsatzkommando Bromberg, Lagebericht, 14. Oktober 1939).

86 NA-Mikrofilm, T175/239/2728535–7 (Abteilungsleiterkonferenz, 14. Oktober 1939).

87 *Bydgoszcz*, S. 61 (Denkschrift von Oebsger-Röder, o. D.).

88 Ebd., S. 56 f. (SD-Einsatzkommando Bromberg, Lagebericht, 20. Oktober 1939).

89 Ebd., S. 76 (Bericht von Löllgen, 24. Oktober 1939).

90 Ebd., S. 60 (SD-Einsatzkommando Bromberg, Lagebericht, 20. Oktober 1939), 97 (Bericht von Abromeit, 14. November 1939).

91 Ebd., S. 67, 69 (SD-Einsatzkommando Bromberg, Lagebericht, 2. November 1939).

92 Ebd., S. 78 (Bericht von Löllgen, 4. November 1939).

93 Ebd., S. 62 (Denkschrift von Oebsger-Röder, o. D.).

94 *JNSV*, Bd. 15, S. 714–720; Bd. 21, S. 15 f.

95 *Einsatzgruppen in Polen*, Bd. 2, S. 62, 93 f.

96 USHMMA, RG 15 007 m, 11/153/1–2 (Bericht betr. Maßnahmen der Bezirksverwaltung Pelplin gegen den Selbstschutz, 24. Oktober 1939).

97 *Bydgoszcz*, S. 61 (Denkschrift von Oebsger-Röder, o. D.). Jansen und Weckbecker schätzen die Zahl der Opfer der Selbstschutzaktionen auf 20 000 bis 30 000, von denen zwei Drittel in Danzig-Westpreußen und ein weiteres Zehntel in Kreisen, in denen Selbstschutzeinheiten aus Danzig-Westpreußen aktiv waren, ermordet wurden. Von den 359 Massenerschießungen, bei denen eine Beteiligung des Selbstschutzes erwiesen ist, fanden 348 in Westpreußen statt. In der jüngst veröffentlichten Schätzung des polnischen Historikers Tadeusz Kor, der die Zahl der Opfer mit 51 000 angibt, sind laut Jansen und Weckbecker Exekutionen enthalten, bei denen eine Beteiligung des Selbstschutzes nicht eindeutig belegt ist (*»Selbstschutz«*, S. 155 f., 211–229). Nach Madajczyks Angaben belief sich die Zahl der Exekutionen in

Danzig und Pommern allein im September 1939 auf fast 11 000, bei insgesamt über 16 000 in ganz Polen (*Die Okkupationspolitik Nazideutschlands in Polen*, S. 12).

98 Nürnberger Dokument EC-305 (Niederschrift der Besprechung in Karinhall, 12. Februar 1940), in: *IMG*, Bd. 36, S. 302.

99 *Bydgoszcz*, S. 60 (SD-Einsatzkommando Bromberg, Lagebericht, 20. Oktober 1939), S. 92 (Bericht von Löllgen, 10. November 1939), S. 97 (SD-Einsatzkommando Bromberg, 15. November 1939), S. 100 (SD-Einsatzkommando Bromberg, Lagebericht, 17. November 1939).

100 *JNSV*, Bd. 19, S. 649–653; Bd. 20, S. 9; Bd. 22, S. 401–403.

101 YVA, 0-53/49/442–4 (Privatbrief von Adolf Freuer, 12. April 1943); *Biuletyn*, Bd. 12, S. 28 F (Bericht von Rapp, 18. Dezember 1939).

102 Umbreit, *Militärverwaltungen*, S. 98.

103 Nürnberger Dokument NO-1073 (Affidavit von Otto Rasch, 16. Juni 1943), NO-1074 (Affidavit von Friedrich Schlegel, 3. Juni 1943, und Kaltenbrunner an den SS-Richter beim Reichsführer-SS und Chef der Deutschen Polizei, 11. Februar 1943). Nachdem im August 1941 eine Epidemie ausgebrochen war, der sechs Wachen zum Opfer fielen, und das Lager evakuiert werden musste, wurden die furchtbaren Bedingungen im Lager Soldau zum Gegenstand einer SS-Untersuchung.

104 Madajczyk, *Die Okkupationspolitik Nazideutschlands in Polen*, S. 17. Nach Madajczyks Ansicht war die relative »Zurückhaltung« der Nationalsozialisten in dem Wunsch begründet, die schlesische Wirtschaft rasch wieder in Gang zu bringen.

105 *DdGP*, S. 104.

106 Nürnberger Dokument PS-2233 (Tagebuch des Generalgouverneurs für die besetzten polnischen Gebiete), in: *IMG*, Bd. 29, S. 372 (Abteilungsleitersitzung, 8. März 1940), 386 (Besprechung mit Kurt Friedrich Theodor Wille, Weh und Sage, 19. Februar 1940), 432 (Arbeitstagung der Abteilungsleiter, Kreishauptmänner und Stadthauptmänner des Distrikts Radom, 24./25. Februar 1940).

107 *DdGP*, S. 211 f. (Polizeisitzung, 30. Mai 1940).

108 Musial, *Zivilverwaltung*, S. 106.

3. Die Suche nach einer »Endlösung« durch Vertreibung

1 Als ich den ersten Entwurf dieses Kapitels schrieb und in dem Aufsatz »Nazi Resettlement Policy and the Search for a Solution to the Jewish Question, 1939–1941« zusammenfasste, war Robert Koehls Buch *RKFDV. German Resettlement and Population Policy 1939–45*, das sich auf die Repatriierung der Volksdeutschen konzentriert, die einzige umfangreiche Monographie über die nationalsozialistische Umsiedlungspolitik. Seither ist eine ganze Reihe bedeutender wissenschaftlicher Untersuchungen erschienen, darunter Götz Aly, *»Endlösung«*; Rolf-Dieter Müller, *Hitlers Ostkrieg und die deutsche Siedlungspolitik*; sowie Hans Mommsens Aufsatz »Umvolkungspläne des Nationalsozialismus und der Holocaust«.

2 Gutman und Golczewski schätzen, dass 300 000 Juden die Demarkationslinie überquerten, bevor sie im Dezember 1939 abgeriegelt wurde (Gutman, *Jews of Warsaw*, S. 17; Golczewski, »Polen«, S. 426). Bauer nennt eine geringere Zahl, nämlich 200 000 bis 250 000 (*American Jewry*, S. 69).

3 Diese Frage hat als erster Seev Goshen aufgeworfen (»Eichmann«, S. 80).

4 Neuere Studien über Eichmann sind Safrian, *Die Eichmann-Männer*; Lozowick, *Hitlers Bürokraten*; und Wojak, *Eichmanns Memoiren*.

5 YVA, 0-53/93/283 (Aktenvermerk von Eichmann, 6. Oktober 1939). Dieses Dokument ist neben anderen in der unpaginierten Broschüre *Nazi-Dokumente sprechen* abgedruckt. Die grundlegenden Studien über die Nisko-Episode sind Goshen, »Eichmann«; Moser, »Nisko«; Adler, *Der verwaltete Mensch*, S. 126–140; Safrian, *Eichmann-Männer*, S. 68–86. Goshen schreibt Eichmann ein hohes Maß an Eigeninitiative zu und unterstellt ihm, er hätte seine Befehle von Müller aus einigen eher vagen Empfehlungen abgeleitet und nach eigenem Gutdünken interpretiert. Es sei nahezu ausgeschlossen, so Goshen weiter, dass Eichmann von Müller ermächtigt worden war, mit Deportationen zu beginnen (S. 84).

6 YVA, 0-53/93/194–197 (Aktenvermerk von Dannecker, 11. Oktober 1939).

7 YVA, 0-53/93/258–259 (Aktenvermerk von R. Günther über

Besprechung mit Knobelsdorff am 9. Oktober 1939); 0-53/93/284 (Aktenvermerk von R. Günther über Besprechung mit Wagner am 10. Oktober 1939).

8 Eichmann-Prozess, Dokument T-1135 (Denkschrift von Löwenherz, 10. Oktober 1939).

9 Botz, *Wohnungspolitik*, S. 164–186 (Dokument VII: Denkschrift von Becker, 11. Oktober 1939).

10 YVA, 0-53/93/211 (Niederschrift vom 17. Oktober 1939 über eine Besprechung zwischen Eichmann, Ebner und Becker am Tag zuvor); 0-53/93/206 (Aktenvermerk für Eichmann, 18. Oktober 1939).

11 YVA, 0-53/93/211 (Eichmann an R. Günther, 15. Oktober 1939); 0-53/93/218 (Aktenvermerk von R. Günther, 16. Oktober 1939).

12 YVA, 0-53/93/289 (Braune an Wagner, 13. Oktober 1939); 0-53/93/299–300 (Eichmann an Nebe, 16. Oktober 1939); 0-53/93/227–229 (R. Günther an Braune, 18. Oktober 1939).

13 YVA, 0-53/93/225–226 (Günther an Eichmann, 18. Oktober 1939); 0-53/93/245 (Aktenvermerk, 21. Oktober 1939); 0-53/93/307 (Aktenvermerk von Günther, Oktober 1939). Zu den Deportationen aus Österreich vgl. Rosenkranz, *Verfolgung*, S. 216 f.

14 *Nazi-Dokumente sprechen*, »Ein Augenzeuge berichtet« (I. Zehngut).

15 Adler, *Der verwaltete Mensch*, S. 135.

16 Ebd., S. 138 f.; *Nazi-Dokumente sprechen*, »Ein Augenzeuge berichtet« und »Der Marsch nach Osten« (I. Zehngut).

17 YVA, 0-53/93/235–238 (Tagesbericht von R. Günther, 19. Oktober 1939); 0-53/93/220 (Telegramm von R. Günther, o. D.); 0-53/ 93/244 (Aktenvermerk von R. Günther, 21. Oktober 1939).

18 YVA, 0-53/93/249–250 (Aktenvermerk von R. Günther, 24. Oktober 1939).

19 Rosenkranz, *Verfolgung*, S. 217.

20 YVA, 0-53/93/262–264 (Novak an Brunner, 3. November 1939, und Sonderreferat, Zentrale Stelle in Mährisch-Ostrau, an R. Günther, 3. November 1939); Adler, *Der verwaltete Mensch*, 134 f. Den Prager Juden wurde 1940 schließlich gestattet, in die Slowakei auszuwandern (Bauer, *American Jewry*, S. 360).

21 YVA, 0-53/93/256–257 (Brunner an Eichmann, 28. Oktober 1939).

22 Goshen, »Eichmann«, S. 96.
23 Ebd., S. 92 f.
24 Umbreit, *Militärverwaltungen*, S. 110.
25 *DdGP*, S. 82 (Eintrag vom 20. Dezember 1939).
26 YVA, 0-53/93/256–257 (Brunner an Eichmann, 28. Oktober 1939).
27 Goshens Theorie, Eichmann hätte ohne Wissen Berlins gehandelt und Müller nicht auf dem Laufenden gehalten, widerspricht auch Rolf Günthers Bemerkung, Müllers Stoppbefehl und Eichmanns letzter Bericht müssten sich gekreuzt haben (YVA, 0-53/93/220 [Telegramm von R. Günther, o. D.]).
28 *NCA*, Bd. 6, S. 116 (3398-PS, Seyß-Inquart an Himmler, 4. November 1939); Botz, *Wohnungspolitik*, S. 196 (Dokument X: Himmler an Bürckel, 9. November 1939).
29 Umbreit, *Militärverwaltungen*, S. 218.
30 Koehl, *RKFDV*, S. 61 f.; Rich, *Hitler's War Aims*, Bd. 2, S. 73; Nürnberger Dokument NO-2676 (Himmler an oberste Reichsbehörden, 10. November 1939), in: *TWC*, Bd. 4, S. 958–960.
31 *FGM*, S. 42 f.; Nürnberger Dokument NO-4059 (Allgemeine Anordnungen und Richtlinien des RKFDV, o. D., signiert von Creutz), in: *TWC*, Bd. 4, S. 873; YVA, JM 21/1 (Tagebuch von Frank: Bericht von Streckenbach vom 31. Oktober 1939). Zu Himmlers Anordnung, die im westlich der Weichsel gelegenen Teil des Generalgouvernements lebenden Juden im nächsten Jahr über den Fluss abzuschieben, siehe: USHMMA, RG 15 005 m, 2/104/15 (Müller, RSHA, an Einsatzgruppe VI in Posen, 8. November 1939).
32 Nürnberger Dokument NO-3732 (Wetzel/Hecht, »Die Frage der Behandlung der Bevölkerung der ehemaligen polnischen Gebiete nach rassenpolitischen Gesichtspunkten«, 25. November 1939), in: *Documenta Occupationis*, Bd. 5, S. 2–28; Nürnberger Dokument NO-1880 (»Denkschrift Himmlers über die Behandlung der Fremdvölkischen im Osten [Mai 1940]«).
33 Nürnberger Dokument PS-2278 (Bericht von Seyß-Inquart über eine Inspektionsreise durch Polen vom 17. bis 22. November 1939), in: *IMG*, Bd. 30, S. 95.
34 Zit. in: *FGM*, S. 46. Der gesamte Redetext findet sich in: YVA, 0-53/99/442–463.
35 Goebbels, *Die Tagebücher*, Teil I, Bd. 3, S. 604, 612, 628, 658

(Einträge vom 10. und 17. Oktober, 2. November und 5. Dezember 1939).

36 Umbreit, *Militärverwaltungen*, S. 217 f.; Madajczyk, *Die Okkupationspolitik Nazideutschlands in Polen*, S. 407.

37 Nürnberger Dokument NO-4613 (Himmler an Lorenz, Heydrich, Greifelt, Forster und Greiser, 11. Oktober 1939); YVA, 0-53/59/342 (Damzog an Jäger, 26. Oktober 1939), JM 3582 (Bethke an Derichsweiler, 4. November 1939; als Mikrofilm im BA, R 75/3b); *Documenta Occupationis*, Bd. 8, S. 3 (Auszug aus dem Lagebericht vom 5. November 1939).

38 *Biuletyn*, Bd. 12, S. 11F-14 F (Niederschrift über die Besprechung beim Generalgouverneur am 8. November 1939); *DdGP*, S. 60 ff.

39 YVA, JM 3582 (Bericht von Rapp, 26. Januar 1940).

40 USHMMA, RG 15 015 m (Akten der Umwandererzentrale Posen), 1/5/4–7 (Entwurf von Rapp, 10. November 1939); vgl. Aly, *»Endlösung«*, S. 68 f.; *FGM*, S. 43–46.

41 USHMMA, RG 15 005 m, 2/99/1–5 (Rundschreiben von Koppe, 12. November 1939); ein Auszug aus dem Rundschreiben ist abgedruckt in: *FGM*, S. 43–46.

42 YVA, JM 3582 (Bericht von Rapp, 26. Januar 1940, mit einer Liste von Verordnungen); USHMMA, RG 15 015 m, 2/107/1–35 (Protokolle der Besprechungen vom 17. und 23. November 1939).

43 YVA, JM 3582 (Sonderbefehl über die Heranziehung der jüdischen Ältestenräte bei der Evakuierung der Juden, 24. November 1939).

44 *Einsatzgruppen in Polen*, Bd. 2, S. 117.

45 Goebbels, *Die Tagebücher*, Teil I, Bd. 3, S. 654 (Eintrag vom 30. November 1939).

46 USHMMA, RG 15 015 m, 2/104/1 (Müller an Naumann, 26. Dezember 1939).

47 USHMMA, RG 15 007 m, 8/94/1 (Müller, RSHA IV, an Sandberger, Einwandererzentralstelle Gotenhafen [Gdingen], 26. Dezember 1939).

48 YVA, 0-53/68/639–641 (Polizeisitzung in Danzig, 15. November 1939); 0-53/68/642–643 (Sitzung am 20. November 1939); JM 3582 (Rede Hildebrandts am 26. November 1939 in Bromberg).

49 *Biuletyn*, Bd. 12, S. 15F-18 F (Heydrich an HSSPF Krakau, Breslau, Posen und Danzig, 28. November 1939; Heydrich an Krüger, Streckenbach, Koppe und Damzog, 28. November 1939).

50 Ebd., S. 22 F–31 F (Bericht von Rapp, 18. Dezember 1939), 46 F-57 F (Bericht von Rapp, 26. Januar 1940).

51 Ebd., S. 37 F–39 F (Äußerungen Eichmanns in einer Besprechung am 4. Januar 1940); Nürnberger Dokument PS-2916 (Anordnung von Himmler, »Einsatz von eindeutschungsfähigen Polen«), in: *IMG*, Bd. 31, S. 283–285; Nürnberger Dokument NO-5150 (zusammenfassender Bericht der Sipo und des SD, 15. November 1940). Andererseits wurden die Deportationen vom Dezember 1939 im Abschlussbericht des dritten Nahplans als »Aussiedlung von politisch führender polnischer Intelligenz und teilweise Juden« bezeichnet (BA, R 75/8).

52 USHMMA, RG 15 015 m, 4/235/22 (Bericht von Richter, o. D.). Laut Theo Richmond wurden am 1. Dezember 1939 1080 Menschen aus Konin deportiert (*Konin*, S. 105).

53 USHMMA, RG 15 015 m, 3/218/13–14 (Bericht von Richter, o. D.).

54 USHMMA, RG 15 015 m, 3/218/27–35 (Bericht von Richter, 16. Dezember 1939).

55 USHMMA, RG 15 015 m, 4/235/12 (Landrat von Konin an Koppe, 17. November 1939), 4/235/22 (Bericht von Richter, o. D.).

56 USHMMA, RG 15 015 m, 4/243/17–19 (Landrat des Kreises Schroda an Koppe, 12. Dezember 1939).

57 USHMMA, RG 15 015 m, 4/243/15 (Bericht von Richter, o. D.).

58 USHMMA, RG 15 004 m, 1/2/1 (Einsatzkommando 11, Außenstelle Ciechocinek, an den Bürgermeister von Alexandrow, 14. November 1939).

59 BAK, R 58/544 (RSHA II/112 an den Leiter II im Hause, 19. Dezember 1939).

60 YVA, JM 3581 (Müller an alle Staatspolizeileitstellen, 21. Dezember 1939, und Heydrich an Sipo und SD in Krakau, Breslau, Posen, Danzig und Königsberg, 21. Dezember 1939). Eichmann kannte diese Ergebnisse bereits zwei Tage vorher, als er Josef Löwenherz, dem Vorsitzenden der jüdischen Kultusgemeinde Wien, mitteilte, dass es keine weiteren Transporte aus

Österreich nach Polen geben werde, er selbst fortan für die jüdische Auswanderung zuständig sei und sowohl in Berlin als auch in Prag und Wien arbeiten werde (Eichmann-Prozess, Dokument T-1139: Löwenherz-Memorandum, 19. Dezember 1939).

61 USHMMA, RG 15 007 m, 8/101/13 (Rundschreiben von Heydrich, 22. Dezember 1939).

62 USHMMA, RG 15 015 m, 2/97/1–7 (2. Nahplan, 21. Dezember 1939).

63 Aly, *»Endlösung«*, S. 44.

64 *Biuletyn*, Bd. 12, S. 37F-39 F (Aktenvermerk von Abromeit über die Sitzung vom 4. Januar 1940, 8. Januar 1940).

65 Aly, *»Endlösung«*, S. 70, merkt an, dass in diesen bis 1918 zum Deutschen Reich gehörenden Gebieten nur wenige Juden lebten, weil die meisten von ihnen 1919/20 aus Furcht vor dem polnischen Antisemitismus für Deutschland optiert hätten und dorthin übergesiedelt wären.

66 Zum Verdacht, Deutsch sprechende Polen könnten sich als »Volksdeutsche« ausgeben, siehe *Bydgoszcz*, S. 55–60 (SD-Einsatzkommando 16, Lagebericht, 20. Oktober 1939), und *Documenta Occupationis*, Bd. 8, S. 24 (Bericht von Rapp, 18. Dezember 1939). Zu Rapps späterer Verteidigung der Auswahl von »Volksdeutschen« siehe: YVA, JM 3582 (Bericht von Rapp, 26. Januar 1940). Beschwerden über die Einbeziehung von »Volksdeutschen« aus dem Generalgouvernement finden sich in: YVA, JM 3582 (Koppe an Greiser und Rapp, 4. Januar 1940). Zu Himmlers einschränkenden Anweisungen siehe: Nürnberger Dokument NO-5411 (Creutz an Koppe, 18. Januar 1940) und *Biuletyn*, Bd. 12, S. 44 F–45 F (Aktenvermerk über eine Besprechung zwischen Eichmann und Seidel am 22. und 23. Januar 1940). Zu wirtschaftlichen Störungen siehe: *Documenta Occupationis*, Bd. 8, S. 32 f. (Bericht der Gendarmerie des Landkreises Schrimm, 22. Januar 1940), und YVA, JM 3582 (Außenstelle Lodz an Rapp, 15. Januar 1940).

67 *Biuletyn*, Bd. 12, S. 37 F–39 F (Aktenvermerk von Abromeit über die Sitzung vom 4. Januar 1940, 8. Januar 1940); *FGM*, S. 48 (Bericht von Gschliesser, 29 Dezember 1939), 52 f. (Bericht von Wächter, 19. Februar 1940); *Documenta Occupationis*, Bd. 8., S. 37 f. (Bericht von Mattern).

68 Goebbels, *Die Tagebücher*, Teil I, Bd. 4, S. 19 und 21 (Einträge vom 20. und 23. Januar 1940).
69 *Biuletyn*, Bd. 12, S. 19 F (Aktenvermerk von Rapp, 2. Dezember 1939).
70 USHMMA, RG 15 015 m, 2/101/5 (Polizeibericht, 3. Dezember 1939); *Biuletyn*, Bd. 12, S. 63 F (Befehl Petzels, 3. Februar 1940).
71 Nürnberger Dokument EC-344 (Auszug aus dem Aktenstück »Das Feldwirtschaftsamt«, die deutsche Rüstungswirtschaft in Polen 1939/40 betreffend, November 1941), in: *IMG*, Bd. 36, S. 328–331.
72 Nürnberger Dokument EC-302 (Auszug aus nicht nachgewiesenem Dokument).
73 Nürnberger Dokument PS-661 (Gutachten über die »Rechtsgestaltung deutscher Polenpolitik nach volkspolitischen Gesichtspunkten«, Januar 1940), in: *IMG*, Bd. 26, S. 209 f.; vgl. Hilberg, *Vernichtung* (1990), Bd. 1, S. 216.
74 *DdGP*, S. 93–97 (Abteilungsleitersitzung, 19. Januar 1940).
75 USHMMA, RG 15 015 m, 1/7/10–14 (Anweisungen von Strickner für die Aufstellung der Evakuierungsliste, 6. Januar 1940; Blank an Rapp, 20. November 1940).
76 *Biuletyn*, Bd. 12, S. 41 F–42 F (Damzog an Rapp, 12. Januar 1940); USHMMA, RG 15 015 m, 3/197/10 (HSSPF Posen an SD-Abschnitt Lodz, 12. Januar 1940).
77 USHMMA, RG 15 015 m, 2/114/12–14 (Döring an Rapp, 9. Januar 1940; Aktenvermerk von Jahr, 9. Januar 1940).
78 USHMMA, RG 15 015 m, 3/218/36–39, 49 (Sonderbefehl des Kommandanten der Schutzpolizei, 23. Januar 1940; Amt für Balteneinsatz, Außenstelle Lodz, Tagesberichte Nr. 2 und 3, 23. Januar 1940, und Nr. 6, 25. Januar 1940).
79 Anordnung Koppes, »Räumung der Ostprovinz, hier: Umsiedlung der Juden«, zit. in Aly, *»Endlösung«*, S. 77 f.
80 USHMMA, RG 15 015 m, 1/96/8–10 (Rundschreiben von Koppe, 20. Januar 1940).
81 Lumans, *Himmler's Auxiliaries*, S. 161–164.
82 USHMMA, RG 15 015 m, 1/96/12–13 (Bericht von Krumey über eine Fahrplanbesprechung in Leipzig am 26. und 27. Januar 1940, 30. Januar 1940).
83 Aly, *»Endlösung«*, S. 113 f.

84 Zum Einsatz polnischer Arbeitskräfte in den Jahren 1939/40 vgl. Herbert, *Fremdarbeiter*, S. 67–90.

85 *Biuletyn*, Bd. 12, S. 35 F–36 F (Fernschreiben von Lorenz, Gestapo Berlin, an Döring in Posen, 5. Januar 1940).

86 USHMMA, RG 15 015 m, 2/146/9–15 (Bericht über die Besprechung vom 11. Januar 1940).

87 Nürnberger Dokument NO-5322 (Niederschrift der Besprechung am 30. Januar 1939), in: *Biuletyn*, Bd. 12, S. 66 F–75 F; USHMMA, RG 15 015 m, 2/109/1–3 (Aktenvermerk von Rapp, 1. Februar 1940).

88 Nürnberger Dokument EC-305 (Niederschrift der Besprechung in Karinhall, 12. Februar 1940), in: *IMG*, Bd. 36, S. 300–306. Frank hatte die Umsiedlung der im Distrikt Lublin lebenden »Volksdeutschen« bereits am 1. November 1939 vorgeschlagen; Himmler stimmte dem Mitte Dezember zu (*DdGP*, S. 56; USHMMA, RG 15 015 m, 2/115/2: Frank an Greiser, 14. Dezember 1939).

89 *DdGP*, S. 131, 146 f. (Sitzung des Reichsverteidigungsausschusses, Warschau, 2. März 1940, und Dienstversammlung der Kreis- und Stadthauptmänner des Distrikts Lublin, 4. März 1940). Der Wehrmachtsvertreter auf der Sitzung am 2. März gewann offenbar den Eindruck, dass keine Judendeportationen bevorstünden, jedenfalls notierte er: »Die Judenfrage biete keine unmittelbare Gefahr« (Nürnberger Dokument EC-300: Aktenvermerk über die Sitzung des Reichsverteidigungsausschusses in Warschau am 2. März 1940).

90 YVA, JM 3582 (Gestapo Hohensalza an IdS Posen, 17. Juli 1940); *Biuletyn*, Bd. 12, S. 61 F (Endgültiger Fahrplan für die Transportzüge im Rahmen des Zwischenplans).

91 USHMMA, RG 15 015 m, 1/96/16–17 (Bericht von Hagelstein, 31. Januar 1941), 1/96/18–19 (Rundschreiben von Koppe, 1. Februar 1940), 1/96/28–29 (Rundschreiben von Rapp, 26. Februar 1940).

92 USHMMA, RG 15 015 m, 3/97/16 (Rapp an Eichmann, 3. Februar 1940), 3/97/19–20 (Rapp an Streckenbach und Eichmann, 15. Februar 1940), 1/96/27 (Rapp an Außenstellen, 15. Februar 1940).

93 USHMMA, RG 15 015 m, 1/96/35–36 (Rapp an Regierungspräsident von Kalisch), 3/153/1 (Oberbürgermeister von Posen an Koppe und Rapp, 5. März 1940).

94 USHMMA, RG 15 015 m, 1/97/25–27 (Rapp an Eichmann, 13. März 1940), 3/203/1 (Eichmann an Rapp, 13. März 1940).

95 *DdGP*, S. 153 (Niederschrift über eine Besprechung am 12. März 1940).

96 YVA, 0-53/48/650–2 (Umwandererzentrale, Abschlussbericht 1940).

97 *Biuletyn*, Bd. 12, S. 78 F (Barth an Rapp, 7. März 1940).

98 USHMMA, RG 15 015 m, 3/155 (Posen an Umwandererzentralstelle, Dienststelle Litzmannstadt, Datum unleserlich). Diese Juden stammten vermutlich aus anderen Orten als Konin selbst, denn ihre Deportation wird in Theo Richmonds Buch über Konin nicht erwähnt.

99 USHMMA, RG 15 026, 11/14/27–29 (Bericht der Jüdischen Gemeinde Krakau, 20. Mai 1940).

100 USHMMA, RG 15 015 m, 3/228/1 (Kreisweise Aufstellung der aus dem Warthegau abgeschobenen Juden).

101 USHMMA, RG 15 015 m, 1/96/37–38 (Rapp an Eichmann, 7. März 1940).

102 Hans G. Adler spricht von 1200 Juden (*Der verwaltete Mensch*, S. 140), Peter Longerich nennt eine Zahl von über 1100 (*Politik*, S. 267). In den Akten von Sipo und SD (Nürnberger Dokument PS-2916) ist von 1000 Deportierten die Rede.

103 PAA, Unterstaatssekretär – Judenfrage, DBN Bern, 16. Februar 1940, über Artikel in der *Neuen Zürcher Zeitung* (1530-NG) und Weizsäcker an Ref. D., 16. Februar 1940; ebd., Inland II A/B 42/2, Auszug aus *Politiken* (Kopenhagen), 16. Februar 1940.

104 Götz Aly hat gezeigt, dass es sich tatsächlich um eine begrenzte Aktion zur Beschaffung von Wohnraum für die Baltendeutschen handelte (*»Endlösung«*, S. 97 f.).

105 PAA, Inland II A/B 42/2 (Bielfeld und Neuwirth an von Weizsäcker, 17. Februar 1940, und Schumberg an Müller, 20. Februar 1940).

106 Das Exemplar der Reichskanzlei ist das Nürnberger Dokument NG-2490, abgedruckt in Adler, *Der verwaltete Mensch*, S. 144 f., dasjenige des Außenministeriums findet sich im Politischen Archiv des Auswärtigen Amtes, Inland II A/B 42/2.

107 PAA, Inland II A/B 42/2 (Schumberg an Weizsäcker, 21. März 1940).

108 PAA, Inland IIg 173 (Notiz, 29. März 1940; Schumberg an

Weizsäcker, 29. März 1940; Notiz, 2. April 1940; Schumberg an Weizsäcker, 2. April 1940; Telegramm von Göring, 23. März 1940).

109 *FGM*, S. 53 f. (Aktenvermerk über eine Besprechung in Berlin, 1. April 1940).

110 *DdGP*, S. 158 (Eintrag 5. April 1940), 204 (Eintrag 19. Mai 1940); *DiM*, Bd. 3, S. 168 f. (Regierungspräsident an Beamte der Bezirke Lodz und Kalisch, 8. Mai 1940).

111 USHMMA, RG 15 015 m, 2/130/4–5 (Bericht von Rapp über eine Besprechung am 4. Februar 1940), 2/131/3–35 (Berichte über Treffen von Haussmann und Burkert mit Landräten).

112 USHMMA, RG 15 015 m, 2/130/7–9 (Bericht über den Kreis Tureck, 6. Februar 1940).

113 USHMMA, RG 15 015 m, 2/109/3–6 (Doerksen an Rapp, 8. Februar 1940).

114 USHMMA, RG 15 015 m, 2/130/26–32 (Koppe, Merkpunkte, 2. März 1940).

115 Zum Lagersystem siehe: USHMMA RG 15 015 m, 2/109/16–17 (Barth an Rapp, 1. April 1940), 2/130/43–49 (Rapp an Außenstellen, 1. April 1940), 2/130/58–61 (Rapp an Außenstellen, 19. April 1940). Zu den Kriterien, anhand deren potentielle Deutschstämmige herausgefiltert wurden, siehe: USHMMA, RG 15 015 m, 3/198/6–7 (Rapp an Außenstellen, 29. Februar 1940), 3/214/1 (Aktenvermerk von Seidel, 19. März 1940).

116 USHMMA, RG 15 015 m, 3/184/11 (Internierungslager Glowno, Aktennotiz, 30. März 1940), 3/228/1 (Kreisweise Aufstellung von aus dem Warthegau deportierten Polen).

117 USHMMA, RG 15 015 m, 2/130/73–75 (Aktenvermerk von Rapp, 20. April 1940). Die Umwandererzentralstelle in Lodz hatte Rapp am 17. April mitgeteilt, dass nur 72 von 994 Polen, die am 13. und 14. April überprüft werden sollten, tatsächlich in Gewahrsam genommen worden seien. Sie riet dazu, die Polen bis zum Ende der Ernte in Ruhe zu lassen; bis dahin sollten »Fremde« aus den Dörfern verschwinden, in denen die Übernahme von Höfen vorgesehen war (USHHM, RG 15 015 m, 3/190/7–8: Krumey an Rapp, 17. April 1940).

118 USHMMA, RG 15 015 m, 2/130/81–82 (Himmler an Greifelt, 10. Mai 1940).

119 USHMMA, RG 15 015 m, 1/49/1 (Eichlich, RSHA III B, an Höppner, Umwandererzentralstelle Posen, 22. Mai 1940).
120 *ADAP*, Serie D, Bd. 8.1, S. 716 f. (Aufzeichnung von Hewel über das Gespräch zwischen Hitler und Ross, 12. März 1940).
121 *FGM*, S. 109 (Bericht von Schön, 20. Januar 1941).
122 Nürnberger Dokument PS-2916 (Anordnung von Himmler, 9. Mai 1940), in: *IMG*, Bd. 31, S. 285 f.
123 USHMMA, RG 15 015 m, 4/215/2–3 (Himmler an HSSPF Ost, Nordost, Weichsel, Warthe und Südost, 20. Mai 1940).
124 Himmlers Denkschrift ist abgedruckt in: »Denkschrift Himmlers«, S. 196–198.
125 Ebd., S. 195 f. (Schreiben von Himmler, 28. Mai 1940).
126 NA-Mikrofilm, T175/122/266598 ff. (Denkschrift von Himmler, 24. Juni 1940).
127 *DdGP*, S. 210, 216 (Polizeisitzung, 30. Mai 1940).
128 *Biuletyn*, Bd. 12, S. 94 F–95 F (R. Günther an Höppner, 1. Juli 1940).
129 Nürnberger Dokument NG-1627 (Frank an Lammers, 25. Juni 1940).
130 *Biuletyn*, Bd. 12, S. 96 F–97 F (Aktenvermerk über eine Besprechung zwischen Höppner und dem Referat IV D 4 im RSHA, 9. Juli 1940).
131 Dies wäre ohne die Pionierarbeit, die Klaus-Jürgen Müller mit seiner Studie *Das Heer und Hitler* geleistet hat, und die ausgezeichnete Ausgabe der Aufzeichnungen von Helmuth Groscurth durch Helmut Krausnick und Harold C. Deutsch kaum möglich.
132 Deutsch, *Verschwörung*, S. 75–78.
133 Ebd., S. 209–252; Groscurth, *Tagebücher*, S. 223 f. (Privattagebuch, 1. und 5. November 1939).
134 Groscurth, *Tagebücher*, S. 409–411 (Dokument 37: Bock an Forster, 17. November 1939).
135 Nürnberger Dokument D-419 (Bericht von Petzel, 23. November 1939).
136 Stieff, »Briefe«, S. 300 (Brief vom 21. November 1939).
137 Groscurth, *Tagebücher*, S. 426 f. (Dokument 43: Blaskowitz ans OKH, 27. November 1939).
138 Engel, *Heeresadjutant*, S. 68. Wie die Herausgeberin von Engels Aufzeichnungen anmerkt, ist ihm bei der Datierung dieser Äu-

ßerungen wahrscheinlich ein Fehler unterlaufen, da er seine Aufzeichnungen erst nach dem Krieg datiert habe. Richard Giziowski nimmt dagegen an, dass es zwei Schreiben von Blaskowitz gab, eines vom 17. und eines vom 27. November (*Enigma*, S. 172 f.).

139 Groscurth, *Tagebücher*, S. 234 (Privattagebuch, 10. Dezember 1939). Zu Hitlers allgemeiner Bestechungspolitik gegenüber der Generalität und zu deren Auswirkungen siehe Gouda, »Black Marks«.

140 Groscurth, *Tagebücher*, S. 236 (Privattagebuch, 10. Dezember 1939). Dieselbe Liste von Gründen führte Halder auch gegenüber Goerdeler an (von Hassell, *Tagebücher*, S. 144 f.: Eintrag vom 5. Dezember 1939).

141 Giziowski, *Enigma*, S. 176–180. Dieser Bericht ist nicht erhalten.

142 Groscurth, *Tagebücher*, S. 238 (Privattagebuch, 19. Dezember 1939).

143 K.-J. Müller, *Heer*, S. 442, Anm. 97; »Zu Vorgeschichte und Inhalt der Rede Himmlers vor der höheren Generalität am 13. März 1940 in Koblenz«, S. 103.

144 Groscurth, *Tagebücher*, S. 241 (Privattagebuch, 13. Januar 1940).

145 K.-J. Müller, *Heer*, S. 443; Giziowski, *Enigma*, S. 199.

146 »Zu Vorgeschichte und Inhalt der Rede Himmlers vor der höheren Generalität am 13. März 1940 in Koblenz«, S. 109. Die Verärgerung über von Brauchitschs Schwäche gegenüber der SS scheint ebenso sehr durch die Gräuel in Polen wie durch eine Anordnung Himmlers ausgelöst worden zu sein, welche die SS-Männer ermutigte, uneheliche Kinder zu zeugen, um den zu erwartenden Verlust an Menschenleben zu ersetzen (Groscurth, *Tagebücher*, S. 427–430: Dokument 44, List an Heeresgruppe A, 28. November 1939; von Leeb an von Brauchitsch, 5. Dezember 1939).

147 »Zu Vorgeschichte und Inhalt der Rede Himmlers vor der höheren Generalität am 13. März 1940 in Koblenz«, S. 110 (Tagesaufzeichnungen von Tippelskirch, 23. Januar 1940).

148 Ebd., S. 111 (Tagesaufzeichnungen von Tippelskirch, 29. Januar 1940).

149 Groscurth, *Tagebücher*, S. 246 f. (Privattagebuch, 2. und 14. Februar 1940).

150 Halder, *Kriegstagebuch*, S. 183 f. (Eintrag vom 5. Februar 1940);

»Zu Vorgeschichte und Inhalt der Rede Himmlers vor der höheren Generalität am 13. März 1940 in Koblenz«, S. 111 (Tagesaufzeichnungen von Tippelskirch, 5. Februar 1940).

151 Nürnberger Dokument NOKW-1799 (von Brauchitsch an Oberbefehlshaber der Heeresgruppen und Armeen und an Oberost, betreffs Heer und SS, 7. Februar 1940).

152 Groscurth, *Tagebücher*, S. 245, 247 f. (Privattagebuch, 2. und 14. Februar 1940).

153 Nürnberger Dokument NO-3011 (Vortragsnotiz von Blaskowitz für das Treffen mit von Brauchitsch in Spała am 15. Februar 1940, einschließlich des Ulex-Berichts vom 2. Februar 1940).

154 K.-J. Müller, *Heer*, S. 675 (Dokument 50: von Mackensen an von Brauchitsch, 14. Februar 1940).

155 »Zu Vorgeschichte und Inhalt der Rede Himmlers vor der höheren Generalität am 13. März 1940 in Koblenz«, S. 112 f. (Tagesaufzeichnungen von Tippelskirch, 20. Februar 1940).

156 K.-J. Müller, *Heer*, S. 673 f. (Dokument 49: Vortragsnotiz von Radke über einen Telefonanruf von Wolff am 3. März 1940, 4. März 1940).

157 Krausnick/Wilhelm, *Truppe*, S. 105.

158 »Zu Vorgeschichte und Inhalt der Rede Himmlers vor der höheren Generalität am 13. März 1940 in Koblenz«, S. 95 f., 108.

159 Wagner, *Briefe*, S. 183 (Brief vom 15. Juni 1940). Am eindrücklichsten wird diese endgültige »Bekehrung« der Generale infolge des deutschen Sieges über Frankreich in Krausnick/Wilhelm, *Truppe*, S. 110–112, diskutiert.

160 Giziowski, *Enigma*, S. 213, 221; Deutsch, *Verschwörung*, S. 200.

161 Nürnberger Dokument NOKW-1531 (Weisung von Küchlers, 22. Juli 1940), zit. in Krausnick/Wilhelm, *Truppe*, S. 112.

162 Brechtken, *»Madagaskar«*, S. 31–79. Zu den britischen Antisemiten siehe Bondy, *Racketeers of Hatred*, S. 131–138; Morrel, »Arnold Leese«. Vgl. auch Friedman, »The Lublin Reservation«, S. 166; Yahil, »Madagascar«, S. 319 f.

163 Yahil, »Madagascar«, S. 321 f.

164 Ebd., S. 317 f.; Hevesi, »Hitler's Plan«; Brechtken, *»Madagaskar«*, S. 81–164.

165 Zu Streicher, Schacht, Göring, Rosenberg und Ribbentrop siehe Yahil, »Madagascar«, S. 320 f., 323, 332; zu Frank siehe: Nürnberger Dokument PS-661 (Gutachten über die »Rechtsgestal-

tung deutscher Polenpolitik nach volkspolitischen Gesichtspunkten«, Januar 1940), in: *IMG*, Bd. 26, S. 210–222.

166 Yahil, »Madagascar«, S. 321.

167 Browning, *Final Solution*, S. 29 f.

168 PAA, Inland, II A/B 347/3 (Rademacher, »Gedanken über die Arbeit und Aufgaben des Ref. D III«, 3. Juni 1940); eine Zusammenfassung dieser Denkschrift (»Kurzer Überblick über die neu aufzunehmenden, vordringlichen Aufgaben Ref. D III«) enthält das Nürnberger Dokument NG-5764, abgedruckt in Adler, *Der verwaltete Mensch*, S. 71 f. Rademacher schreibt die Anregung zum Madagaskarplan irrtümlicherweise dem »alten holländischen Antisemiten Beamish« zu, dessen Pamphlet aus den zwanziger Jahren er in den Akten der Deutschlandabteilung gefunden habe (PAA, Inland IIg 177: Denkschrift von Rademacher, 30. August 1940; NStA, Zz 431, Nr. 1: Affidavit von Rademacher, 20. Juli 1948). Es ist daher unklar, ob er den Engländer Beamish oder Georg de Pottere mit seinem holländisch klingenden Pseudonym van Winghene oder vielleicht beide meinte. Auch in einem Artikel im *Stürmer* vom September 1938 hieß es, die Idee, Madagaskar sei der ideale Siedlungsplatz für Juden, stamme aus einer holländischen Broschüre (USHMMA, RG 11 001, 9/672/2: Ausschnitt aus *Der Stürmer*).

169 Ciano, *Tagebücher*, Bd. 2, S. 249; Schmidt, *Hitler's Interpreter*, S. 178.

170 Hildebrand, *Vom Reich zum Weltreich*, S. 651 f.

171 PAA, Inland IIg 177 (Heydrich an Ribbentrop, 24. Juni 1940; handschriftliche Notiz von Rademacher auf seiner Zusammenfassung seiner Denkschrift vom 3. Juni 1940, abgedruckt in Adler, *Der verwaltete Mensch*, S. 72).

172 *DdGP*, S. 248 (Eintrag vom 10. Juli 1940).

173 Ebd., S. 252 (Abteilungsleitersitzung, 12. Juli 1940), 258 (Ansprache in Lublin, 25. Juli 1940).

174 Czerniaków, *Im Warschauer Getto*, S. 88.

175 *FGM*, S. 110 (Bericht von Schön, 20. Januar 1941). Auch der Kreishauptmann von Mińsk Mazowiecki meldete am 11. Oktober 1940, dass man die Einrichtung eines Ghettos, die dort bereits im Juni in Angriff genommen worden sei, »im Monat Juli [...] auf höhere Anordnung wieder eingestellt« habe (ebd., S. 96).

176 YVA, JM 814 (Lagebericht des Kreishauptmanns von Krasnystaw, 10. September 1940).
177 *DdGP*, S. 261 f. (Eintrag für den 31. Juli 1940).
178 Eichmanns Behauptung, die Idee stamme von ihm, und andere hätten sich eingemischt und dann die Urheberschaft für sich selbst beansprucht, beschreibt das genaue Gegenteil des tatsächlichen Ablaufs der Geschehnisse (*TAE*, Bd. 4, S. 1396, 1609, 1616; Bd. 7, Sp. 137; Bd. 8, Sp. 278). Magnus Brechtken hat kürzlich auch Görings Rolle beim Zusammentragen von Diskussionspapieren zum Madagaskarplan dokumentiert (*»Madagaskar«*, S. 254–259).
179 *ADAP*, Serie D, Bd. 10, S. 92–94 (Rademacher, »Die Judenfrage im Friedensvertrage«, 3. Juli 1940); PAA, Inland IIg 177 (Rademacher, »Plan zur Lösung der Judenfrage«, 2. Juli 1940).
180 PAA, Inland II A/B 35/2 (Gutachten von Burgdörfer, 17. Juli 1940); IIg 177 (Gutachten von Schumacher, 2. August 1940, und Auszug aus *Meyer's Lexicon)*.
181 PAA, Inland IIg 177 (Rademacher, »Gedanken über die Gründung einer intereuropäischen Bank zur Verwertung des Judenvermögens in Europa«, 12. August 1940).
182 *ADAP*, Serie D, Bd. 10, S. 389 (Luther an Rademacher, 15. August 1940).
183 Hildesheimer, *Selbstverwaltung*, S. 186 f.
184 Eichmann-Prozess, Dokument T-1143 (Denkschrift von Löwenherz, 3. Juli 1940).
185 PAA, Inland IIg 177 (Dannecker an Rademacher, 15. August 1940, und »Reichssicherheitshauptamt: Madagaskar-Projekt«, auszugsweise abgedruckt in Adler, *Der verwaltete Mensch*, S. 75–79).
186 Das Außenministerium ging aufgrund seiner von Burgdörfer stammenden Zahlen von 4,9 Millionen Juden in ganz Europa aus, während das RSHA mit vier Millionen allein im deutschen Herrschaftsgebiet rechnete. Der Grund für diese Diskrepanz lag darin, dass Burgdörfer die Zahl der im Reich und im Generalgouvernement lebenden Juden um eine ganze Million niedriger veranschlagte als die SS.
187 PAA, Inland IIg 177 (Rademacher, »Bisherige Entwicklung des Madagaskar-Plans des Referats D III«, 30. August 1940).
188 Lösener, »Rassereferent«, S. 296. Karl Schleunes hat Löseners

Erinnerungen mittlerweile unter dem Titel *Legislating the Holocaust* herausgegeben.

189 Yahil, »Madagascar«, S. 327.

190 Diese Ansicht wird auch von Magnus Brechtken geteilt (*»Madagaskar«*, S. 295).

191 Nürnberger Dokument PS-1918 (Rede von Himmler vor dem Offizierskorps der Leibstandarte »Adolf Hitler«, 7. September 1940), in: *IMG*, Bd. 29, S. 104.

192 Zu Lothringen siehe: Nürnberger Dokument NO-5051 (Überblick über die Evakuierungen seit 15. November 1940, zusammengestellt von Sipo und SD); zum Elsass siehe: *Akten der Partei-Kanzlei der NSDAP*, Mikrofiches 101 23821 f. (Chef der Zivilverwaltung im Elsass an Bormann über die Volkszählung vom 15. Februar 1941, 22. April 1941). Unter den Deportierten aus dem Elsass waren neben den 3259 Juden 2381 Personen, die in Mischehe lebten, 171 Berufsverbrecher, 672 »Zigeuner«, 738 Alkoholiker und Prostituierte, 161 Homosexuelle, 1797 Ausländer aus Feindländern sowie – ohne die Unterscheidungen genauer zu definieren – 935 »Innerfranzosen«, 1626 »Patoisfranzosen« und 12 504 »frankophile Elsässer«.

193 BAK, All. Proz. 6/1 (Eichmann-Verhör, I, S. 141, 145). Auch andere Quellen legen nahe, dass die Initiative von Wagner ausging (vgl. *Dokumente Baden-Württemberg*, Bd. 2, S. 242 f.; Toury, »Entstehungsgeschichte«, S. 435–464).

194 Lösener, »Rassereferent«, S. 295; *Dokumente Baden-Württemberg*, Bd. 2, S. 238 (Bericht des Gendarmerie-Einzelpostens in Malsch, 24. Oktober 1940).

195 *Dokumente Baden-Württemberg*, Bd. 2, S. 236 f. (Merkblatt für eingesetzte Beamte).

196 Ebd., S. 239 (Bericht des Gendarmerie-Postens Walldorf, 23. Oktober 1940).

197 PAA, Inland IIg 189 (Heydrich an Luther, 29. Oktober 1940); *TWC*, Bd. 4, S. 142–144; Adler, *Der verwaltete Mensch*, S. 158.

198 PAA, Inland IIg 189 (Welck ans Außenministerium, 28. Oktober 1940).

199 Ebd. (Heydrich an Luther, 29. Oktober 1940); *ADAP*, Serie D, Bd. XI.1, S. 376 (Todenhöfer an Luther und Ribbentrop, 31. Oktober 1940).

200 PAA, Inland IIg 189 (anonymer Brief, 30. Oktober 1940).

201 Ebd. (Rademacher an Luther, 21. November 1940).
202 Ebd. (Hencke ans Außenministerium, 19. November 1940).
203 Ebd. (Aktenvermerk von Grothe, 20. November 1940).
204 Ebd. (Sonnleitner an von Weizsäcker und Wörmann, 22. November 1940; Luther an Kramarz, 25. November 1940; Rademacher an Hencke in Wiesbaden, 7. Dezember 1940); Adler, *Der verwaltete Mensch*, S. 162–165.
205 PAA, Inland II A/B 132/79 (Hencke ans Außenministerium, 20. November 1940; Bericht des Chefs der Militärverwaltung in Bordeaux, 18. Dezember 1940).
206 Ebd. (Welck ans Außenministerium, 21. Dezember 1940 und 14. Februar 1941).
207 Ebd. (RSHA, IV D 4, an Luther, 28. Februar 1941).
208 Ebd. (Aktenvermerk des OKH, 13. Mai 1941).
209 Ebd. (Welck ans Außenministerium, 4. Juni 1941; IV D 4 an D III, 9. Juli 1941).
210 USHMMA, RG 15 015 m, 3/227/2 (statistischer Bericht über den 2. Nahplan), 3/228/1–2 (Eisenbahnzüge der Wolhynienaktion).
211 USHMMA, RG 15 015 m, 3/213/13–14 (Außenstelle Gostynin an UWZ Posen, 25. Mai 1940).
212 *Documenta Occupationis*, Bd. 8, S. 62 (Bericht der Gestapostelle Lodz, 25. Juli 1940).
213 USHMMA, RG 15 015 m, 3/169/3–4 (Aktenvermerk von Höppner, 18. Juni 1940).
214 USHMMA, RG 15 015 m, 3/147/1–110 (Korrespondenz zwischen UWZ Posen und Polizeibataillon 44, 7. September bis 13. Dezember 1940).
215 USHMMA, RG 15 015 m, 2/143/9–10 (Höppner an Eichmann, 15. November 1940).
216 BAK, R 20/51/3–7 (Tätigkeitsbericht des Polizeibataillons 101, 5. Mai bis 7. April 1940).
217 USHMMA, RG 15 015 m, 3/201/1–2 (UWZ Litzmannstadt an Eichmann, 3. November 1940).
218 USHMMA, RG 15 015 m, 2/143/9–10 (Höppner an Eichmann, 15. November 1940).
219 USHMMA, RG 15 015 m, 3/220/1 (Außenstelle Nessau an UWZ Litzmannstadt, 24. Mai 1941). Auch durch das Verhalten der »volksdeutschen« Neusiedler wurden die zur Deportation ausersehenen Polen gewarnt, denn wenn die »Rückkehrer« her-

ausfanden, welche Höfe ihnen zugedacht waren, konnten sie der Versuchung oft nicht widerstehen, sie selbst in Augenschein zu nehmen (USHMMA, RG 15 004 m, 1/3/12, Landrat Hermannsbad, 27. Februar 1941, an Amtskommissare und Gendarmerieposten).

220 USHMMA, RG 15 015 m, 2/134/4 (SD-Bericht an Döring, 23. September 1940, mit Anhang), 2/134/9 (Aktenvermerk von Seidel, o. D.), 2/134/11–12, 14 (Aktenvermerke von Höppner, 5., 8. und 17. Oktober 1940), 2/134/20 (Döring an Ansiedlungsstab Litzmannstadt, 3. November 1940), 2/134/21 (Bericht der SD-Außenstelle Obornik, 23. November 1940), 2/134/24–25 (Höppner an Döring, 11. Dezember 1940), 2/134/28 (Außenstelle Altburgund an UWZ Posen, 25. Juni 1941).

221 USHMMA, RG 15 015 m, 3/195/4–5 (SD-Außenstelle Posen an SD-Leitabschnitt Posen, 19. Oktober 1940, mit Randbemerkungen von Höppner), 3/195/6 (unbekannter SS-Obersturmbannführer an Regierungspräsident Hohensalza, o. D.), 3/195/7 (Landrat Hohensalza an Regierungspräsident, 16. September 1940); Aly, *»Endlösung«*, S. 195.

222 USHMMA, RG 15 015 m, 3/151/2 (Höppner an Medizinalrat Dr. Gundermann, 4. April 1941).

223 USHMMA, RG 15 015 m, 3/214/6–7 (Bilharz an UWZ Posen und Litzmannstadt, 24. Mai 1940).

224 USHMMA, RG 15 015 m, 2/121/4 (Aktenvermerk von Bilharz, 17. Juni 1940), 2/121/7–8 (Höppner an Ehlich und Eichmann, 28. Juni 1940).

225 USHMMA, RG 15 015 m, 2/121/10 (Günther an Höppner, 1. Juli 1940), 2/125/1 (Höppner an Krumey, 14. Juni 1940).

226 USHMMA, RG 15 015 m, 1/121/16 (Höppner an Damzog, Eichmann und Krumey, 18. Juli 1940), 1/122/4 (Aktenvermerk von Höppner, 5. Dezember 1940). Der Plan eines riesigen Truppenübungsplatzes bei Konin wurde 1941 neu belebt und wiederum aufgeschoben (USHMMA, RG 15 015 m, 2/122: verschiedene Korrespondenz).

227 *DdGP*, S. 56 (Eintrag vom 1. November 1939); USHMMA, RG 15 015 m, 2/115/2 (Frank an Greiser, 14. Dezember 1939).

228 USHMMA, RG 15 015 m, 2/115/3 (Aktenvermerk der UWZ Posen, 25. Mai 1940).

229 USHMMA, RG 15 015 m, 2/115/11–12 (Aktenvermerk von

Seidel, 27. Juni 1940), 2/115/17–25 (Höppner an Ehlich und Eichmann, 28. Juni 1940), 2/115/25–26 (Aktenvermerk von Krumey, 28. Juni 1940).

230 USHMMA, RG 15 015 m, 2/115/28–29 (Günther an Höppner, 1. Juli 1940, und Aktenvermerk von Höppner, 3. Juli 1940).

231 USHMMA, RG 15 015 m, 2/115/35 (Aktenvermerk des Referats IV D 4, RSHA, 9. Juli 1940).

232 USHMMA, RG 15 015 m, 2/115/38 (Besprechung des Ansiedlungsstabs, Posen, 12. Juli 1940), 2/115/40–41 (Höppner an Eichmann und Ehlich, 12. Juli 1940), 2/115/50 (Aktenvermerk von Krumey, 21. August 1940).

233 USHMMA, RG 15 015 m, 3/228/3 (Aufstellung der Cholmer Aktion).

234 YVA, 0-53/66/305–307 (Zuglisten aus BA, R 75/9a); Eisenblätter, »Grundlinien«, S. 188; Aly, *»Endlösung«*, S. 183 (Aly verlegt den Ort der »Litauer Aktion« irrtümlicherweise von Ost- nach Westpreußen.) Zu Mielau siehe auch: USHMMA, RG 15 015 m, 2/124/2 (Krumey an Ehlich, 12. November 1940); YVA, 0-53/66/301 (Krumey an Eichmann, 6. Dezember 1940); zur »Litauer Aktion« siehe auch: USHMMA, RG 15 015 m, 2/142/3, 5–7, 11–12 (verschiedene Korrespondenz).

235 Nürnberger Dokument USSR-172 (Aktenvermerk von Bormann über ein Gespräch bei Hitler am 2. Oktober 1940), in: *IMG*, Bd. 39, S. 426–429.

236 *Biuletyn*, Bd. 12, S. 113 F (Höppner an Eichmann und Ehlich, 5. November 1940, Kopie eines Fernschreibens an Greiser vom 2. November 1940).

237 *DdGP*, S. 302 (Eintrag vom 6. November 1940).

238 Ebd., S. 329 (Eintrag vom 15. Januar 1941).

239 Nürnberger Dokument PS-1950 (Lammers an von Schirach, 3. Dezember 1940), in: *IMG*, Bd. 29, S. 176.

240 *DdGP*, S. 309 (Eintrag vom 2. Dezember 1940).

241 YVA, 0-53/66/231 (Eichmann an Höppner, Krumey, Abromeit, Schlegel und Riedel, 12. Dezember 1940).

242 *DdGP*, S. 327 (Besprechung am 15. Januar 1941); USHMMA, RG 15 015 m, 3/199/4–6 (Aktenvermerk über eine Besprechung am 8. Januar 1941 in Posen, 10. Januar 1941), 3/199/8–9 (Aktenvermerk von Höppner über eine Fahrplankonferenz am 16. Januar 1941 in Posen, 17. Januar 1940); *Biuletyn*, Bd. 12, S. 127 F

(Krumey an Eichmann, 6. Januar 1941); YVA, JM 3582 (Abschlussbericht 1941). Die Quote für den Warthegau lag bei 330 000 Deportierten.

243 Zum Warthegau siehe: USHMMA 15 015 m, 3/227/1 (Kreisweise Aufstellung der aus dem Warthegau ausgesiedelten Polen).

244 *DdGP*, S. 326 (Besprechung, 15. Januar 1941).

245 YVA, JM 3582 (Abschlussbericht 1941).

246 YVA, 0-53-68/628-683 (Bericht über eine Besprechung über die Evakuierung von Juden in Danzig-Westpreußen, 19. Februar 1941). Laut Emmanuel Ringelblum, *Journal*, S. 136, kamen mit dem Transport 2000 Juden aus Danzig nach Warschau, nach Włodzimierz Jastrzębski umfasste er jedoch nur 319 Juden (»Nazi Deportations«).

247 Eichmann-Prozess, Dokument T-1147 (Denkschrift von Löwenherz, 1. Februar 1941); Rosenkranz, *Verfolgung*, S. 261 f.

248 PAA, Inland II A/B 42/2 (anonymer Brief, 15. Februar 1941, und Rademacher ans RSHA, 20. Februar und 21. Mai 1941).

249 BA Freiburg, RH 20-17/83 (AOK 17 an OKH, Generalquartiermeister, 14. Februar 1941; MiG an AOK 17, 14. Februar 1941; Abwehrstelle beim Militärbefehlshaber im Generalgouvernement an OKW, Amt Ausland/Abwehr, 17. Februar 1941; AOK 17 ans OKH, 3. März 1941; Bühler an Stülpnagel, 11. März 1941). Ich danke Dr. Jürgen Förster dafür, dass er mir diese Dokumente zur Verfügung gestellt hat.

250 YVA, JM 3583 (Günther an Höppner, Krumey, Abromeit und Brunner, 21. Februar 1941); *Biuletyn*, Bd. 12, S. 134 F-135 F (Eichmann an Höppner, Schlegel, Krumey und Abromeit, 27. Februar 1941).

251 *Biuletyn*, Bd. 12, S. 138F-139 F (Müller an Königsberg, Gotenhafen [Gdingen], Kattowitz, Litzmannstadt, Wien und Krakau, 15. März 1941).

252 Nürnberger Dokument PS-2233 (Tagebuch des Generalgouverneurs für die besetzten polnischen Gebiete), in: *IMG*, Bd. 29, S. 492 (Regierungssitzung am 25. März 1941); *DdGP*, S. 338 (Eintrag vom 26. März 1941).

253 Engel, *Heeresadjutant*, S. 94 f.

254 Am eloquentesten verficht Richard Breitman diese Auffassung in der Himmler-Biographie *Der Architekt der »Endlösung«*. Nach

seiner Ansicht haben Hitler und Himmler wie Verschwörer, das heißt ohne eine deutliche Aktenspur zu hinterlassen, schon Anfang 1941 eine »grundsätzliche Entscheidung« gefällt. Alle nachfolgenden Entscheidungen hätten nur noch die Ausführung betroffen.

255 Brechtken, *»Madagaskar«*, S. 278–283.

256 USHMMA 15 015 m, 3/168/8–14 (RSHA, IV D 6, an alle Staatspolizeileitstellen, 30. Oktober 1940).

257 Lösener, »Rassereferent«, S. 296.

258 *Bevölkerungsstruktur und Massenmord*, S. 24–27 (Eichmann, »Die Judenfrage«, zur Vorlage bei Himmler); Aly, »Endlösung«, S. 195–198. Die folgende Darstellung eines dritten Vertreibungsplans nach dem Lubliner und dem Madagaskarplan stützt sich weitgehend auf die Pionierarbeit von Götz Aly.

259 Aly, »Endlösung«, S. 200.

260 Klarsfeld, *Vichy – Auschwitz*, S. 361 f.

261 PAA, Inland II A/B 80–41 Sdh. III, Bd. 1 (Heydrich an Luther, 5. Februar 1941; Streckenbach an Luther, 14. Februar 1941).

262 Aly, *»Endlösung«*, S. 270–272.

263 Goebbels, *Die Tagebücher*, Teil I, Bd. 4, S. 543 (Eintrag vom 18. März 1941).

264 Adler, *Der verwaltete Mensch*, S. 152 f.

265 Goebbels, *Die Tagebücher*, Teil I, Bd. 4, S. 547 (Eintrag vom 22. März 1941).

266 NA-Mikrofilm, T 81/676/5485642 (Aktenvermerk von Tiessler, 21. April 1941).

267 NA-Mikrofilm, T 81/676/5485631 (Reischer, Parteikanzlei, an Tiessler, 24. Mai 1941).

268 *DdGP*, S. 335–339 (Besprechung und Regierungssitzung, 25. März 1941, und Eintrag vom 26. März 1941).

269 Lösener, »Rassereferent«, S. 296.

270 *TWC*, Bd. 1, S. 732 (Aussage von Viktor Brack, Mai 1947); Nürnberger Dokument NO-203 (Brack an Himmler, 28. März 1941); 204-NO (Tiefenbacher an Brack, 12. Mai 1941). Zur gegenteiligen Interpretation dieser Episode sowie der Aussage Bracks siehe Breitman, »Plans«, S. 486 f., und Burrin, *Hitler*, S. 104. Da Bracks Schreiben aktenkundig ist, dürfte der sich darauf beziehende Teil seiner Aussage der Wahrheit entsprechen. Dagegen halte ich es im Unterschied zu Breitman für völlig un-

glaubwürdig, wenn er apologetisch erklärt, er habe auf Bitten Himmlers die Möglichkeit der Röntgensterilisierung untersucht, weil er sie im Vergleich zu angeblich bereits bekannten Plänen zur Judenvernichtung, die er nach eigenem Bekunden ablehnte, als das geringere Übel betrachtet habe.

271 *Biuletyn*, Bd. 12, S. 90 F (Aktenvermerk für Höppner, 6. Juni 1940).

272 Groscurth, *Tagebücher*, S. 381 (Dokument 24: unsignierte Aufzeichnung über Hitlers Besatzungspolitik in Polen, 18. Oktober 1939); Nürnberger Dokument USSR-172 (Aktenvermerk von Bormann über ein Gespräch bei Hitler, 2. Oktober 1940), in: *IMG*, Bd. 39, S. 425–429. Zu einer ähnlichen Äußerung gegenüber den Gauleitern im Westen siehe Aly, *»Endlösung«*, S. 102.

4. Die polnischen Ghettos

1 NA-Mikrofilm, T175/239/2728524–28 (Amtschef- und Einsatzgruppenleiterbesprechung, 21. September 1939).

2 Nürnberger Dokument PS-3363 (Heydrich, Schnellbrief an die Einsatzgruppenleiter, 21. September 1939), abgedruckt in: *FGM*, S. 37–41.

3 K.-J. Müller, *Heer*, S. 671 f. (Dokument 47: Heydrich an die Einsatzgruppenleiter, 30. September 1939).

4 Eine neuere, weitgehend meinen Ansichten entsprechende Darstellung der deutschen Ghettoisierungspolitik in Polen, wie sie im Distrikt Lublin umgesetzt wurde, findet sich in Musial, *Zivilverwaltung*, S. 126–145.

5 Umbreit, *Militärverwaltungen*, S. 205.

6 Ebd., S. 209.

7 *Biuletyn*, Bd. 12, S. 11 F–14 F (Niederschrift über die Besprechung beim Generalgouverneur am 8. November 1939).

8 BDC, Personalakte Greiser, Besuchsvermerk des Stabs des Stellvertreters des Führers, 11. Januar 1940. Ich danke Hans Umbreit dafür, dass er mir eine Kopie dieses Dokuments zur Verfügung gestellt hat.

9 *FGM*, S. 78–81 (Rundschreiben von Uebelhör, 10. Dezember 1939).

10 *DiM*, Bd. 3, S. 35–37 (Verordnung von Schäfer, 8. Februar 1940), 74 f. (Schiffer an Rumkowski, 30. April 1940).
11 *Documenta Occupationis*, Bd. 8, S. 57 f. (undatierter Vermerk des Reichsjustizamts).
12 Friedman, *Roads to Extinction*, S. 72. Das erste Ghetto, das bestehen blieb, entstand im Dezember 1939 oder Januar 1940 in Tuliszkow. In Piotrkow hatte man bereits früher erfolglos versucht, ein Ghetto zu errichten.
13 YVA, 0-6/79 (Bericht des Statistischen Amts von Lodz über die jüdische Bevölkerung im Jahr 1940); Dobroszycki, »Introduction«, in ders., *Chronicle*, S. XXXIX.
14 YVA, 0-53/116/726 (Bericht des Gendarmeriepostens Hinterberg, 14. März 1940).
15 *FGM*, S. 109 (Bericht von Schön über das Warschauer Ghetto, 20. Januar 1941); *DdGP*, S. 286 (Bericht von Schwender, 8. Oktober 1940); Nürnberger Dokument PS-1061 (Jürgen Stroop, »Es gibt keinen jüdischen Wohnbezirk in Warschau mehr!«), in: *IMG*, Bd. 26, S. 633; Dobroszycki, »Introduction«, in ders., *Chronicle*, S. XXXIX.
16 Madajczyk, *Polityka III-Rzeszy*, Bd. 1, S. 245; Bauer, *American Jewry*, S. 69.
17 *FGM*, S. 81 (Rundschreiben von Uebelhör, 10. Dezember 1939).
18 *DiM*, Bd. 3, S. 167 f. (Besprechung am 1. April 1940), 168 f. (Baur an Landräte, 8. Mai 1940).
19 *DdGP*, S. 261–263 (Eintrag vom 31. Juli 1940).
20 YVA, JM 799/202 (Bericht an den Regierungspräsidenten, 6. April 1940).
21 YVA, JM 799/20) (Vermerk über Besprechungen am 26. und 27. April 1940); 0–58/78/296–297 (Rumkowski an Marder, 6. April 1940); *DiM*, Bd. 3, S. 74 f. (Schiffer an Rumkowski, 30. April 1940).
22 YVA, JM 800/387–389 (Aktenvermerk von Nebel über die Besprechung am 27. Mai 1940).
23 YVA, JM 800/39 t (Aktennotiz von Biebow, 28. Mai 1940); JM 799/196 (Aktennotiz von Biebow über die Besprechung am 6. Juni 1940).
24 Dobroszycki, »Introduction«, in ders., *Chronicle of the Lodz Ghetto*, S. XLI-XLII.

25 YVA, JM 798 (Tätigkeitsbericht für Juli 1940).
26 YVA, JM 799/193 (Aktennotiz von Palfinger, 16. Juli 1940).
27 YVA, JM 798 (Tätigkeitsbericht für August 1940).
28 YVA, JM 800/217–220 (Marder an Reichstreuhänder der Arbeit, Posen, 21. August 1940); JM 800/227–228 (Marder an Regierungspräsident, 10. September 1940); JM 800/239 (Aktennotiz, 17. September 1940); JM 798 (Denkschrift »Beschäftigung von Juden durch Privatunternehmungen«, o. D.).
29 YVA, JM 798 (Prüfbericht des Rechnungshofs von Februar 1941).
30 YVA, JM 798 (Tätigkeitsbericht für September 1940).
31 YVA, JM 798 (Prüfbericht des Rechnungshofs von Februar 1941).
32 *DiM*, Bd. 3, S. 102–104 (Besprechung am 18. Oktober 1940).
33 YVA, 0-53/78/76–82 (Palfingers »kritischer Bericht« vom 7. November 1940). Bei anderer Gelegenheit erläuterte Palfinger genauer, was er unter »völliger Gleichgültigkeit« gegenüber dem »Absterben der Juden« verstand. In Bezug auf Krankheiten bemerkte er: »Tuberkulose und außerdem nicht übertragbare Kinderkrankheiten, sowie andere Krankheiten, die ein rapides Ansteigen der Sterblichkeit zur Folge haben, interessieren die deutschen Behörden nicht.« Die einzige Ausnahme seien Epidemien, die von den Juden auf die übrige Bevölkerung überzugreifen drohten (YVA, JM 799/174: Aktennotiz von Palfinger, 30. Oktober 1940).
34 *DiM*, Bd. 3, S. 177–179 (Marder an Uebelhör, 4. Juli 1941).
35 YVA, 0-53/78/76–82 (Palfingers »kritischer Bericht« vom 7. November 1940); *DiM*, Bd. 3, S. 256 f. (Biebow an Marder, 12. November 1940).
36 YVA, JM 799/167–168 (Ribbe an Marder, 22. November 1941).
37 Czerniaków, *Im Warschauer Getto*, S. 13 f. (Einträge vom 4. und 5. November 1939); Gutman, *Jews of Warsaw*, S. 49.
38 YVA, JM 1112 (Bericht von Auerswald, »Zwei Jahre Aufbauarbeit im Distrikt Warschau: Juden im Distrikt Warschau«).
39 *DdGP*, S. 59 (Eintrag vom 7. November 1939).
40 Czerniaków, *Im Warschauer Getto*, S. 23, 27 (Einträge vom 9. und 20. Dezember 1939 sowie vom 14. Februar 1940).
41 YVA, 0-53/49/83–86 (Personalfragebogen von Schön), 0-53/49/90 (Anordnung von Fischer, 23. Januar 1940).

42 *FGM*, S. 108 f. (Bericht von Schön über das Warschauer Ghetto, 20. Januar 1941).
43 Ebd., S. 109.
44 YVA, 0-53/102/391–399 (»Halbjahres-Bericht« von Dr. Kreppel, Abt. Innere Verwaltung, Distrikt Warschau, 14. Mai 1940).
45 Czerniaków, *Im Warschauer Getto*, S. 58–61, 69 (Einträge vom 4., 6., 8. und 10. April sowie vom 10. Mai 1940).
46 *FGM*, S. 109 (Bericht von Schön über das Warschauer Ghetto, 20. Januar 1941).
47 *DdGP*, S. 232, 239 (Wirtschaftstagung, 6.–7. Juni 1940).
48 *FGM*, S. 110 (Bericht von Schön über das Warschauer Ghetto, 20. Januar 1941).
49 YVA, JM 814 (Bericht von Lambrecht, 3. September 1940; Bericht der Abteilung Innere Verwaltung, 4. September 1940); *FGM*, S. 110 (Bericht von Schön über das Warschauer Ghetto, 20. Januar 1941).
50 Nürnberger Dokument PS-2233, in: *IMG*, Bd. 29, S. 406 (Tagebuch des Generalgouverneurs für die besetzten polnischen Gebiete, Eintrag vom 6. September 1940); *DdGP*, S. 281 (Abteilungsleitersitzung, 12. September 1940).
51 Czerniaków, *Im Warschauer Getto*, S. 100 f. (Eintrag vom 9. August 1940; Anordnung des Beauftragten des Distriktchefs für die Stadt Warschau, 7. August 1940).
52 Ringelblum, *Journal*, S. 75, 90; YVA, JM 814, Lagebericht für den Distrikt Warschau für Oktober, 15. November 1940).
53 *FGM*, S. 111 (Bericht von Schön über das Warschauer Ghetto, 20. Januar 1941); *DdGP*, S. 343 (Besprechung in Warschau am 3. April 1941).
54 Bogdan Musial, *Zivilverwaltung*, S. 129 f., hat dokumentiert, dass die Kombination aus deutschem Antisemitismus und »Verschönerungs«-Vorstellungen auch in anderen Teilen des Generalgouvernements ein wichtiges Motiv für die Ghettoisierung darstellte.
55 YVA, JM 1112 (Bericht von Auerswald, »Zwei Jahre Aufbauarbeit im Distrikt Warschau: Juden im Distrikt Warschau«); 0-53/48/792–816 (Bericht von Schön über das Warschauer Ghetto, 20. Januar 1941). In einem am 15. Mai 1941 in der Zeitschrift *Ostland* erschienen Artikel mit dem Titel »Die jüdischen Wohnbezirke im Generalgouvernement« wurden zwei Gründe

für die Ghettobildung genannt: erstens hygienische Erwägungen, da sich die Juden angeblich besonders häufig »Schmutzkrankheiten« zuzogen, gegen die andere, gesündere Völker weniger widerstandsfähig seien; zweitens politische Überlegungen, das heißt die Absicht, den jüdischen Einfluss auf die polnische Gesellschaft auszuschließen, um wirkungsvoll gegen den Schwarzen Markt vorzugehen. Der Autor des Artikels warf die Frage auf, ohne sie zu beantworten, ob die Ghettoisierung eine »endgültige Lösung der Judenfrage« bedeute oder nur eine provisorische Antwort, bis die »endgültige Beseitigung« der Juden »praktisch durchführbar« sei (USHMMA, RG 15 031 m, 13/129/91–95).

56 YVA, JM 1112 (Zweijahresbericht von Auerswald, 26. September 1941).

57 YVA, 0-53/48/792–816 (Bericht von Schön über das Warschauer Ghetto, 20. Januar 1941).

58 Czerniaków, *Im Warschauer Getto*, S. 110, 113 (Einträge vom 5. und 13. September 1940).

59 *DdGP*, S. 286 f. (Bericht von Schwender, 8. Oktober 1940).

60 YVA, JM 1112 (Zweijahresbericht von Auerswald, 26. September 1941); Czerniaków, *Im Warschauer Getto*, S. 117 f., 119, 121 f., 124 (Einträge vom 25., 27. und 28. September sowie vom 2., 10., 12. und 20. Oktober 1940).

61 Gutman, *Jews of Warsaw*, S. 60.

62 *FGM*, S. 112 (Bericht von Schön über das Warschauer Ghetto, 20. Januar 1941).

63 Gutman, *Jews of Warsaw*, S. 63; YVA, JM 814 (Lagebericht für den Distrikt Warschau für Februar 1941, 10. März 1941).

64 Ringelblum, *Journal*, S. 158.

65 YVA, 0-53/48/792–816 (Bericht von Schön über das Warschauer Ghetto, 20. Januar 1941).

66 Ebd.; YVA, JM 814 (Lagebericht des Distrikts Warschau für Oktober 1940, 15. November 1940).

67 YVA, JM 1113 (Besprechung am 2. Dezember 1940).

68 Czerniaków, *Im Warschauer Getto*, S. 137 (Eintrag vom 4. Dezember 1940).

69 YVA, JM 1113 (Briefe von Czerniaków, 30. Dezember 1940 und 8. Januar 1941).

70 *DdGP*, S. 328 (Besprechung am 15. Januar 1941).

71 YVA, JM 1113 (Besprechung bei Abteilungsleiter Schön, 3. Februar 1941); YVA, 0-53/105/III/760–768 (Bericht von Hagen, 7. Juli 1941).
72 *DdGP,* S. 336 (Regierungssitzung, 25. März 1941).
73 Ebd., S. 334 (Eintrag vom 22. März 1941); YVA, JMA 10016 (Bericht »Die Wirtschaftsbilanz des jüdischen Wohnbezirks in Warschau«, März 1941); Trunk, *Judenrat,* S. 287. Eine abweichende Interpretation von Gaters Bericht findet sich in Aly/Heim, »Ökonomie«. Das gesamte Dokument ist abgedruckt in: *Bevölkerungsstruktur und Massenmord,* S. 84–138. Zu meiner Kritik der ursprünglichen Interpretation von Aly und Heim siehe meinen Aufsatz »German Technocrats, Jewish Labor, and the Final Solution«. In ihrer jüngsten Darstellung in *Vordenker der Vernichtung,* S. 312–330, nähern sie sich insoweit meinem Standpunkt, als sie anerkennen, dass es einen Konflikt zwischen Emmerich und Gater auf der einen sowie Palfinger und Schön auf der anderen Seite gab.
74 *DdGP,* S. 337 (Regierungssitzung, 25. März 1941).
75 Ebd., S. 343–346 (Besprechung in Warschau am 3. April 1941). Dass Fischer versuchte, die Einmischung Krakaus abzuschwächen und ansonsten ein überzeugter Befürworter der Aushungerungsstrategie von Schön und Palfinger war, belegt die von Philip Friedman zitierte Bemerkung, die Juden würden aus Hunger und Not verschwinden, und von der Judenfrage werde nicht mehr übrig bleiben als ein Friedhof (*Roads to Extinction,* S. 69).
76 Archivum Panstwowe m. st. Warszawy, Der Kommissar für den jüdischen Wohnbezirk in Warschau, Nr. 125, Aktennotiz von Palfinger, 7. April 1941.
77 *Documenta Occupationis,* Bd. 6, S. 556 (Verordnung über den jüdischen Wohnbezirk, 19. April 1941).
78 Dass Czerniaków dieser Titel und seine Stellung im Gegensatz zu Rumkowski in Lodz nicht zu Kopf stiegen, bezeugt sein ironischer Kommentar: »Dr. Auerswald erklärte, ich sei zum Bürgermeister ernannt worden. Zusammen mit dem König von Kroatien« (*Im Warschauer Getto,* S. 150, Eintrag vom 19. Mai 1941). Die letzte Bemerkung war eine Anspielung auf die nach der Besetzung Jugoslawiens durch die Achsenmächte im April 1941 in die Wege geleitete Krönung des italienischen Fürsten Maspalto zum König von Kroatien.

79 *DdGP*, S. 354 f. (Eintrag vom 9. April 1941).
80 Ebd., S. 359–362 (Besprechung, 19. April 1941).
81 Aly/Heim, *Vordenker*, S. 324.
82 YVA, JM 1112 (Aktenvermerk von Bischof über ein Gespräch mit Fischer, 30. April 1941).
83 YVA, 0-53/49/103–104 (Personalfragebogen von Auerswald).
84 YVA, JM 1112 (Aktenvermerk von Bischof, 8. Mai 1941).
85 Czerniaków, *Im Warschauer Getto*, S. 142–144, 146 f., 151 f., 157 f. (Einträge vom 5., 6., 8., 12. und 21. Mai sowie vom 3. Juni 1941). Palfingers verderblicher Einfluss war indessen noch nicht ganz gebrochen. Am 3. Juni notierte Czerniaków: »Ich brachte den Kauf von Kartoffeln usw. auf dem freien Markt [...] zur Sprache. Vorerst war er [Bischof] einverstanden, mit dem E[rnährungs-] u. L[andwirtschaftsamt] Rücksprache zu halten. Kurz darauf fragte er Palfinger, und der erklärte, das wäre eine ›Beleidigung für das Amt‹. Bischof machte einen Rückzieher. Desgleichen befragte er Palfinger zu meinem [anderen] Vorschlag (mit dem er vorher einverstanden gewesen war) [...] Palfinger stellte sich auch dem entgegen« (*Im Warschauer Getto*, S. 158).
86 Nach deutschen Statistiken vom Juli 1940 lebten damals in den Distrikten Radom 310 000, Lublin 250 000 und Krakau 200 000 Juden; in Warschau waren es 610 000, in den eingegliederten Gebieten 550 000 (*FGM*, S. 86).
87 Die aufeinander folgenden Wellen von Entwurzelung und Umsiedlung im Distrikt Lublin werden in Musial, *Zivilverwaltung*, S. 127–144, beschrieben. Ein einprägsames Beispiel dieser ständigen Bevölkerungsverschiebungen ist die Stadt Zamość im Distrikt Lublin. Laut Mieczyzlaw Garwin, dem Vorsitzenden des dortigen Judenrates, flohen von den 12 000 bis 14 000 Juden, die vor dem Krieg dort gelebt hatten, bis auf 3000 alle in die sowjetische Zone. Sie wurden jedoch sofort durch Juden aus Dörfern der Umgebung sowie 8000 Juden aus den ins Reich eingegliederten Gebieten ersetzt. Im April und Mai 1942 wurden 4500 Juden nach Belzec deportiert, für die wiederum 3000 Juden aus dem Protektorat und dem Reichsgebiet nachrückten. Im Herbst 1942 wurden schließlich alle in Zamość wohnenden Juden, von denen fast keiner vor dem Krieg dort gelebt hatte, ermordet (YVA, 0-53/95/198–202).
88 *DdGP*, S. 165 (Abteilungsleitersitzung, 12. April 1940).

89 YVA, 0-53/85/738 (Krakau an Gendarmerie Lublin, 2. August 1940), 0-53/85/752 (Distrikt Lublin, Abteilung für Bevölkerungswesen und Fürsorge, an Kreishauptleute, 9. August 1940); USHMMA, RG 15 026 m, 1/14/23 (Generalgouverneur an Distriktchefs, Entwurf, Mai 1940), 1/14/24 (Bekanntmachung des Stadthauptmanns betr. Abwanderung von Juden, o. D.), 1/14/42–43 (Generalgouverneur an Distriktchefs, 25. Mai 1940).

90 USHMMA, RG 15 025, 1/14/27–29 (Bericht der Jüdischen Gemeinde von Krakau, 20. Mai 1940).

91 USHMMA, RG 15 026 m, 1/14/68–70 (Bericht von Ragger über ein Treffen mit Frank, 2. August 1940).

92 USHMMA, RG 15 026 m, 1/14/38 (Schmid an Krüger, 23. Juli 1940); 1/14/44–45 (Ragger an Obmann des Judenrates Krakau, 25. Juli 1940). Zur Abteilung für Bevölkerungswesen und Fürsorge siehe Aly und Heim, *Vordenker*, S. 207–216.

93 USHMMA, RG 15 026 m, 1/14/51–53 (Bericht von Ragger über eine Besprechung am 24. Juli 1940, 26. Juli 1940).

94 USHMMA, RG 15 026 m, 1/14/68–70 (Bericht von Ragger über ein Treffen mit Frank, 2. August 1940).

95 USHMMA, RG 15 026 m, 1/14/79–81 (Bericht von Ragger über ein Treffen am 19. August 1940).

96 USHMMA, RG 15 026 m, 1/14/82–83 (Aktennotiz von Ragger, 20. August 1940).

97 USHMMA, RG 15 026 m, 1/14/86–90 (Biberstein an Stadthauptmann Krakau, 22. August 1940).

98 USHMMA, RG 15 026 m, 1/14/86–90 (statistische Übersicht über die bis zum 1. September 1940 umgesiedelten Juden); YVA, JM 814 (Zusammenfassung von Lageberichten durch die Abteilung Innere Verwaltung, Krakau, 30. September 1940).

99 YVA, JM 814 (Lagebericht des Kreises Krakau-Land, 8. September 1940).

100 YVA, JM 814 (Lagebericht des Kreises Jaslo, 29. August 1940).

101 YVA, JM 814 (Lagebericht des Kreises Tarnów, 31. August 1940).

102 YVA, JM 814 (Lagebericht des Kreises Opatów, 7. September 1940).

103 YVA, JM 814 (Lageberichte der Kreise Krasnystaw vom 10. September 1940, Rzeszow vom 30. August und 30. Oktober 1940, Neu Sandez vom 29. Oktober, 29. November und 30. Dezem-

ber 1940 sowie Sokolow-Wengrow vom 10. Dezember 1940 und 7. Januar 1941).

104 USHMMA, RG 15 026 m, 1/14/94–99 (Aktenvermerk und Sitzungsbericht, 2. Oktober 1940).

105 USHMMA, RG 15 026 m, 1/14/101–103 (Wächter an Schmid, 21. November 1940); YVA, JM 814 (Lagebericht des Kreises Krakau-Land, 8. November 1940).

106 YVA, JM 814 (Wächter an Bühler, Lagebericht des Distrikts Krakau, 27. Januar 1941); USHMMA, RG 15 026 m, 1/14/113–115 (KdO Krakau, Einsatzbefehl, 27. November 1940).

107 YVA, JM 814 (Lageberichte der Kreise Zamość vom 8. Dezember 1940, Lublin-Land vom 9. Dezember 1940, Krakau-Land vom 10. Januar 1940 und Neu Sandez vom 31. Dezember 1940; Zörner an Bühler, Lagebericht des Distrikts Lublin, 8. Januar 1941).

108 YVA, JM 814 (Wächter an Zörner, Lagebericht des Distrikts Krakau, 13. März 1941).

109 YVA, 0-53/85/989 und 743 (Kreishauptmann Lublin-Land an Abteilung für Bevölkerungswesen und Fürsorge in Lublin, 3. und 27. Februar 1941), 0-53/85/747 (Kreishauptmann Lublin-Land an den Vorsitzenden der Jüdischen Sozialen Selbsthilfe in Krakau, 14. Februar 1941); JM 814 (Lagebericht des Distrikts Lublin, 6. März 1941).

110 *FGM*, S. 118–122 (Verordnungen von Wächter, 25. Februar und 3. März 1941).

111 Grabitz/Scheffler, *Letzte Spuren*, S. 283 f.; Pohl, *»Judenpolitik«*, S. 86 f.

112 YVA, JM 814 (Lagebericht des Kreises Busko, 11. Januar 1940), Ringelblum, *Journal*, S. 105, 132.

113 YVA, JM 814 (Lagebericht der Stadt Radom, Februar 1941). Laut Philip Friedman waren schließlich 14 000 Juden im Ghetto von Radom eingesperrt (*Roads to Extinction*, S. 73).

114 *FGM*, S. 124 f. (Anordnung des Kreishauptmanns von Kielce, Hans Drechsel, 31. März 1941) und 127 (Bericht des Kreishauptmanns von Opatów, Heinz Ritter, 1. August 1941); YVA, JM 1489 (Bekanntmachung über das Ghetto von Tschenstochau, 9. April 1941); USHMMA, RG 15 031 m, 13/129/5 (Stadtkommissar Skarzysko-Kamienna an Distriktchef Radom, 8. April 1941); Friedman, *Roads to Extinction*, S. 73.

115 USHMMA, RG 15 031 m, 13/129/1–4 (Stadthauptmann an Kreishauptmann Kielce, 23. Januar 1941, und Antworten, 27. und 31. Januar 1941).
116 USHMMA, RG 15 031 m, 13/129/10 (Abt. I an BuF, Radom, 5. Mai 1941).
117 USHMMA, RG 15 031 m, 13/129/12 (Kreishauptmann an Stadthauptmann Kielce, 3. Juli 1941), 13/129/88 (Stadtverwaltung Checiny an Kreishauptmann Kielce, 8. August 1941).
118 Laut Dieter Pohl, »*Judenpolitik*«, S. 67, waren im Distrikt Lublin in lokaler Initiative bereits mehrere Ghettos errichtet worden, so im Dezember 1939 in Puławy und im August 1940 in Krasnystaw. Der erste geschlossene »jüdische Wohnbezirk« im Distrikt Lublin entstand im Frühjahr 1941 in Piaski, wo die Ghettoisierung im Dezember 1940 angeordnet worden war (Musial, *Zivilverwaltung*, S. 131).
119 BA-MA Freiburg, RH 20–17/83 (AOK 17 an OKH, 3. März 1941; Bühler an Heydrich, Kopie an von Stülpnagel, 11. März 1941). Ich danke Jürgen Förster für Kopien dieser Dokumente.
120 *DdGP*, S. 338 (Regierungssitzung, 25. März 1941).
121 YVA, 0-53/85/720–722 (Aktenvermerke vom 9. und 12. März 1941); *FGM*, S. 121 (Aktenvermerk des Vorsitzenden der Jüdischen Sozialen Selbsthilfe in Krakau, 12. März 1941).
122 YVA, 0-53/85/999–1001 (Bekanntgabe der Ghettobildung in Lublin); *FGM*, S. 123 f. (Aktenvermerk über eine Besprechung bei Zörner am 31. März 1941); Friedman, *Roads to Extinction*, S. 73.
123 YVA, 0-53/85/1011 (Standortarzt Miedzyrzec an Sipo, Außenstelle Radzyn, 12. April 1941).
124 YVA, 0-53/82/465 (Abteilung für Bevölkerungswesen und Fürsorge, Lublin, an Krakau, 6. Februar 1942).
125 Musial, *Zivilverwaltung*, S. 143
126 Friedman, *Roads to Extinction*, S. 74.
127 *FGM*, S. 68 (Verordnung von Uebelhör, 14. November 1939); *DiM*, Bd. 3, S. 23 (Verordnung von Uebelhör, 11. Dezember 1939).
128 *FGM*, S. 66 (Verordnung von Frank, 23. November 1939); YVA, 0-53/102/331–339 (Halbjahresbericht von Kreppel, 14. Mai 1940).
129 Umbreit, *Militärverwaltungen*, S. 206; *FGM*, S. 200 (Bericht des

Warschauer Judenrats für die Zeit vom 7. Oktober 1939 bis 31. Dezember 1940 über die Zwangsarbeit), 203 (Verordnung von Frank, 26. Oktober 1939).

130 Trunk, *Judenrat*, S. 62–64.

131 *FGM*, S. 71 (Verordnung von Frank, 28. November 1939).

132 YVA, 0-53/102/331–339 (Halbjahresbericht von Kreppel, 14. Mai 1940).

133 Rich, *Hitler's War Aims*, Bd. 2, S. 73; Trunk, *Judenrat*, S. 63. Eine gute Übersicht über die antijüdischen Enteignungsmaßnahmen findet sich in ebd., S. 61–71, sowie bei Hilberg, *Vernichtung* (1990), Bd. 1, S. 251–261.

134 Hilberg, *Vernichtung* (1990), Bd. 1, S. 253.

135 *FGM*, S. 165 (Verordnung des Chefs der Zivilverwaltung, 6. September 1939) und 166 (Befehl Nr. 7 des Chefs der Zivilverwaltung beim Wehrkreisbefehlshaber in Tschenstochau, 15. September 1939).

136 Zur Goldrauschmentalität und dem entsprechenden Verhalten der deutschen Besatzer in Polen siehe insbesondere Musial, *Zivilverwaltung*, S. 188–192.

137 YVA, 0-53/66/309–344 (Zusammenfassung und Protokoll der Besprechung am 23. November 1939 in Posen).

138 *DiM*, Bd. 3, S. 54–59 (Besprechung am 16. Januar 1940).

139 Ebd., S. 38–44 (Verordnung von Schäfer, 8. Februar 1940).

140 Ebd., S. 62 (Uebelhör an Schäfer, 10. Januar 1940), 63 f. (Anordnung von Schäfer, 17. Januar 1940).

141 Ebd., S. 67 f. (Regierungspräsident in Kalisch, gezeichnet Weihe, an Oberbürgermeister von Lodz, Polizeipräsident von Lodz, Oberbürgermeister von Kalisch, Landräte und Außenstelle Lodz des Regierungspräsidenten, 4. März 1940).

142 Ebd., S. 70 f. (Anordnungen des Oberbürgermeisters von Litzmannstadt [Lodz], 15. und 16. April 1940).

143 Ebd., S. 92–94 (Denkschrift von Bracken, 19. Mai 1940).

144 Ebd., S. 96–98 (Denkschrift von Richter für eine Besprechung am 28. August 1940).

145 Ebd., S. 100 f. (Besprechung am 23. Oktober 1940).

146 YVA, JM 814 (Lagebericht des Kreises Krasnystaw, 10. September 1940).

147 Hilberg, *Vernichtung* (1990), Bd. 1, S. 261.

148 *FGM*, S. 203 (Erlass vom 26. Oktober 1939).

149 Ebd., S. 200 (Bericht des Warschauer Judenrats für die Zeit vom 7. Oktober 1939 bis 31. Dezember 1940 über die Zwangsarbeit); Czerniaków, *Im Warschauer Getto*, S. 11 (Eintrag vom 20. Oktober 1939).

150 Czerniaków, *Im Warschauer Getto*, S. 33 (Eintrag vom 15. Januar 1940); Trunk, *Judenrat*, S. 72.

151 *DdGP*, S. 77 (Abteilungsleitersitzung, 8. Dezember 1939).

152 Czerniaków, *Im Warschauer Getto*, S. 37 (Eintrag vom 28. Januar 1940); YVA, JM 1113 (Bericht von Czerniaków, 18. Februar 1940; Dengel an Kulski, 7. Januar und 16. Februar 1940).

153 *DdGP*, S. 105 (Interview mit Kleiss, 6. Februar 1940).

154 Nürnberger Dokument 5322-NO, in: *Biuletyn*, Bd. 12, S. 71 F (Besprechung am 30. Januar 1940); Halder, *Kriegstagebuch*, Bd. 1, S. 184 (Eintrag vom 5. Februar 1940). Rolf-Dieter Müller, *Ostkrieg*, S. 20–22, führt aus, dass Himmler einen militärischen und wirtschaftlichen Grund dafür gesucht habe, die Juden trotz des wachsenden Widerstands von Frank und der örtlichen Wehrmachtbefehlshaber ins Generalgouvernement zu deportieren. Im Zuge seiner Verständigung mit Himmler in Koblenz im März 1940 habe von Brauchitsch dann den Plan gebilligt und dabei Blaskowitz' Proteste übergangen, woraufhin dieser sich in den Lauf der Dinge gefügt habe.

155 Gutman, *Jews of Warsaw*, S. 23; *DdGP*, S. 217 (Polizeisitzung, 30. Mai 1940).

156 YVA, 0-53/85/967–970 (SSPF Lublin, Richtlinien für den Einsatz jüdischer Zwangsarbeiter, 8. Mai 1940). In Wirklichkeit zögerten die verschiedenen deutschen Behörden in Lublin nicht, auch im jüdischen Viertel Arbeitskräfte auszuheben, wann immer sie welche benötigten. Als Heydrich im Juni 1940 in Lublin erwartet wurde, um die neue Filiale der Einwandererzentralstelle zu inspizieren, die die »Wolhynienaktion« organisieren sollte, begaben sich einige ihrer Mitarbeiter am 11. Juni ins jüdische Viertel, um Arbeitskräfte für die Entladung der Büromöbel herbeizuschaffen. Dabei schoss Unterscharführer Eichner »angeblich in die Luft« – so der Untersuchungsbericht –, um einen flüchtenden Juden zu stoppen, wobei eine an einem Fenster stehende Jüdin getötet wurde. Der Untersuchungsbericht kam jedoch zu dem Schluss, dass nicht mit letzter Sicherheit bewiesen werden könne, dass Eichners Schüsse die Todesursache wa-

ren, da zu jenem Zeitpunkt mehrere Gruppen in dem Viertel gewesen seien, um jüdische Arbeitskräfte auszuheben, und dabei ebenfalls wiederholt Schüsse abgegeben hätten (USHMMA, RG 15 034 m, 6/68/3–11: Berichte vom 12. Juni bis 8. Juli 1940).

157 Nürnberger Dokument PS-2233, in: *IMG*, Bd. 29, S. 451–456 (Polizeisitzung, 30. Mai 1940).

158 *DdGP*, S. 230–232, 239 (Wirtschaftstagung, 6.–7. Juni 1940).

159 Solche Bemerkungen waren nicht nur von Zivilbeamten zu hören. Eine Woche zuvor hatte auch BdS Streckenbach erklärt: »Schließlich könne man sie [die Juden] ja nicht verhungern lassen« (Nürnberger Dokument PS-2233, in: *IMG*, Bd. 29, S. 452: Polizeisitzung, 30. Mai 1940).

160 YVA, 0-53/79/94–95 (Krüger an Frauendorfer, 13. Juni 1940).

161 *Documenta Occupationis*, Bd. 6, S. 568–572 (Rundschreiben von Frauendorfer, 5. Juli 1940).

162 Czerniaków, *Im Warschauer Getto*, S. 69 (Eintrag vom 10. Mai 1940).

163 YVA, JM 814 (Lagebericht des Kreises Puławy, 7. September 1940).

164 YVA, JM 814 (Lagebericht des Kreises Jaslo, 31. Oktober 1940).

165 *FGM*, S. 217 (Lagebericht des Kreises Miechów, 4. Oktober 1940).

166 YVA, JM 814 (Lagebericht des Kreises Tschenstochau, 14. September 1940).

167 *FGM*, S. 215 (Protokoll einer Sitzung in der Abteilung Arbeit der Regierung des Generalgouvernements am 6. August 1940, 9. August 1940).

168 Zur Rolle der Zivilverwaltung im Streit über die jüdische Zwangsarbeit im Distrikt Lublin vgl. insbesondere Musial, *Zivilverwaltung*, S. 164–170.

169 R.-D. Müller, *Ostkrieg*, S. 22. Am Ende wurden nur 13 Kilometer nutzloser Panzergräben ausgehoben, bevor die Wehrmacht das Interesse an Verteidigungsanlagen verlor und ihre Aufmerksamkeit stattdessen der Vorbereitung von Bereitstellungsräumen für einen Angriff zuwandte.

170 YVA, 0-53/79/96 (Globocnik an Jache, 15. Juli 1940); *FGM*, S. 213 (Globocnik an Schmidt, 30. Juli 1940).

171 YVA, 0-53/79/197–198 (Aktenvermerk von Hecht, 23. Juli 1940).

172 YVA, 0-53/79/99 (Aktenvermerk von Jache, 23. Juli 1940).
173 JM 2700 (Sitzung in der Abteilung Arbeit der Regierung des Generalgouvernements, 6. August 1940).
174 YVA, 0-53/79/102 (Aktenvermerk von Ramm für Jache und Hecht über eine Besprechung mit Globocnik, Wendt und Hofbauer, 8. August 1940).
175 YVA, 0-53/79/129 (Lerch an Ramm, 19. August 1940).
176 YVA, 0-53/79/116–117 (Arbeitsamt Zamość über die Ereignisse vom 13.–14. August 1940), 0-53/79/118–119 (Aktenvermerk von Ramm, 15. August 1940).
177 YVA, 0-53/79/110–114 (Damrau an Frank, 16. August 1940).
178 YVA, 0-53/79/141–142 (Ramm an Globocnik, 19. August 1940), 0-53/79/130 (Abteilung Arbeit an Globocnik, 20. August 1940), 0-53/79/136 (Aktenvermerk von Ramm für Jache und Hecht, 20. August 1940), 0-53/79/140 (Globocnik an Abteilung Arbeit, 23. August 1940), 0-53/79/138 (Abteilung Arbeit an Globocnik, 24. August 1940).
179 YVA, 0-53/79/133 (Ramm an Gschliesser, 20. August 1940), 0-53/79/132 (Ramm an Frauendorfer, 20. August 1940); *FGM*, S. 216 (Lagebericht der Abteilung Innere Verwaltung des Distrikts Lublin, 7. September 1940).
180 YVA, 0-53/79/142 (Aktenvermerk von Hecht, 6. September 1940).
181 YVA, JM 2700 (Aktenvermerke, 21. Oktober und 15. November 1940).
182 *FGM*, S. 218 (Aktenvermerk des Chefs des Distrikts Lublin, 28. November 1940).
183 YVA, JM 1113 (Tätigkeitsbericht des Warschauer Judenrats, 29. November bis 15. Dezember 1940); *FGM*, S. 216 (August-Bericht von Fischer, 7. September 1940), 218–221 (Bericht über Lubliner Arbeitslager, Ende 1940).
184 YVA, JM 2700 (Notiz für die Abteilung Arbeit in Krakau, o. D.); vgl.: *FGM*, S. 217 (Oktober-Bericht von Zörner, 6. November 1943); YVA, 0-53/79/150–151 (Jache an Frauendorfer, 10. Oktober 1940).
185 *DiM*, Bd. 1, S. 220 f. (Abteilung Bevölkerungswesen und Fürsorge, Lublin, an Föhl, BuF, Krakau, 21. Oktober 1940).
186 YVA, JM 814 (Hummel, Lagebericht des Distrikts Warschau, 25. Januar 1941; Lagebericht des Distrikts Lublin, 8. Januar

1941), JM 1113 (Tätigkeitsbericht des Warschauer Judenrats, 27. Dezember 1940 bis 2. Januar 1941).

187 Musial, *Zivilverwaltung*, S. 165–168.

188 YVA, 0-53/105/II/415–417 (Bericht von Wielikowski, 30. Juni 1940).

189 Ringelblum, *Journal*, S. 154, 158–163, 170 f.; Czerniaków, *Im Warschauer Getto*, S. 140, 142 f. (Einträge vom 26. und 29. April sowie 5. Mai 1941).

190 YVA, 0-53/105/II/339–341 (Bericht von Wielikowski, 10. Mai 1940); Czerniakow, *Im Warschauer Getto*, S. 146, 302 f.

191 YVA, 0-53/105/II/342–345 (Bericht von Meissner, 14. Mai 1941).

192 YVA, 0-53/105/II/351–352 (unsignierte Denkschrift aus den Akten von Auerswald, o. D.).

193 YVA, 0-53/105/II/346 (Brief von Goebel, 19. Mai 1941).

194 YVA, 0-53/105/II/346 (Mohns an Auerswald, 13. Mai 1941); Czerniaków, *Im Warschauer Getto*, S. 144 (Eintrag vom 8. Mai 1941).

195 YVA, 0-53/105/II/363–364 (Aktenvermerk von Auerswald, 23. Mai 1941).

196 YVA, 0-53/105/II/366–367 (Bericht von Meissner, 30. Juni 1941).

197 YVA, 0-53/105/II/363–364 (Bericht von Wielikowski, 30. Juni 1941).

198 Czerniaków, *Im Warschauer Getto*, S. 167 (Eintrag vom 8. Juli 1941).

199 YVA, 0-53/105/II/402 (Aktennotiz von Auerswald, 16. Juli 1941).

200 YVA, JM 1112 (Bericht von Auerswald, 26. September 1941), JM 3462 (Hoffmann, Monatsbericht des Arbeitsamts für den jüdischen Wohnbezirk für Oktober 1941).

201 YVA, JM 3462 (Bericht von Hoffmann für August 1941); YVA, 0-53/105/II/712–715 (Bericht von Hoffmann über den Einsatz jüdischer Arbeitskräfte, o. D., nach dem Inhalt aber offenbar für September 1941).

202 YVA, JM 3462 (Besprechung über den Einsatz jüdischer Arbeitskräfte, 20. März 1942).

203 YVA, JM 3462 (Frauendorfer an die Arbeitsabteilungen der Distrikte, 25. Juni 1942).

204 Gutman, *Jews of Warsaw*, S. 63–65.

205 Ringelblum, *Journal*, S. 157, 184, 206. Isaiah Trunk schätzt, dass das Warschauer Ghetto offiziell mit zehn Prozent seines Lebensmittelbedarfs beliefert wurde, während in Lodz Arbeiter 65 Prozent und Nichtarbeiter 45 bis 58 Prozent des Mindestbedarfs erhielten (*Judenrat*, S. 105).
206 *DiM*, Bd. 3, S. 241 f. (Protokoll der Besprechung am 24. Oktober 1940).
207 YVA, 0-53/78/70–74 (Besprechung, 9. November 1940).
208 YVA, 0-53/78/296–297 (Rumkowski an Marder, 6. April 1940), 0-53/78/237–241 (Denkschrift von Rumkowski, 23. November 1940).
209 *DiM*, Bd. 3, S. 74 f. (Schiffer an Rumkowski, 30. April 1940).
210 YVA, 0-53/78/137–139 (Denkschrift der Ghettoverwaltung, 24. März 1943); *DiM*, Bd. 3, S. 114–116 (Biebow an Treuhandstelle Posen, 26. März 1942).
211 YVA, JM 798 (Tätigkeitsbericht vom Februar 1941), JM 800/148 (Aktennotiz, 10. März 1940).
212 YVA. JM 798 (Tätigkeitsberichte vom März, April und Mai 1941).
213 YVA, JM 798 (Tätigkeitsberichte für Oktober und Dezember 1940).
214 *Dobroszycki, Chronicle*, S. 46 (Eintrag vom 11. April 1941).
215 YVA, 0-53/78/137–139 (Denkschrift der Ghettoverwaltung, 24. März 1943); *DiM*, Bd. 3, S. 177–179 (Marder an Uebelhör, 4. Juli 1941), 243–245 (Biebow an Fuchs, 4. März 1942).
216 YVA, 0-53/78/137–139 (Denkschrift der Ghettoverwaltung, 24. März 1943).
217 Trunk, *Judenrat*, S. 76, 84, 282 f.
218 YVA, JM 798 (Tätigkeitsbericht vom Februar 1941); *DiM*, Bd. 3, S. 177–179 (Marder an Uebelhör, 4. Juli 1941).
219 *DiM*, Bd. 3, S. 243–245 (Biebow an Gestapo, 4. März 1942).
220 Trunk, *Judenrat*, S. 91.
221 YVA, JM 798 (Tätigkeitsbericht für November 1940).
222 YVA, JM 798 (Tätigkeitsbericht für Dezember 1940).
223 *Dobroszycki*, *Chronicle*, S. 9, 21 (Einträge vom 14. Januar und 1. März 1941).
224 YVA, JM 798 (Tätigkeitsbericht für November 1940).
225 YVA, JM 800/160–161 (Aktenvermerk über die Besprechung am 14. Januar 1941).

226 YVA, JM 798 (Tätigkeitsbericht für Februar 1941).
227 YVA, JM 798 (Prüfbericht des Rechnungshofs für Februar 1941), abgedruckt in: *Bevölkerungsstruktur und Massenmord*, S. 39–73; zum Kommentar der Herausgeber Götz Aly und Susanne Heim siehe deren Buch *Vordenker*, S. 305–307.
228 YVA, JM 798 (Tätigkeitsberichte für März und April 1941); vgl.: *Dobroszycki, Chronicle*, S. 26, 30 (Einträge vom 3. und 5. März 1941).
229 YVA, JM 800/82–83 (Besprechung am 7. Juni 1941 in Posen), JM 800/94 (Aktennotiz, 11. Juni 1941).
230 YVA, JM 798 (Tätigkeitsbericht für August 1941).
231 *DiM*, Bd. 3, S. 243–245 (Biebow an Fuchs, 4. März 1942).
232 YVA, 0-53/78/242–243 (Stadtmedizinalrat an Ventzki, 15. Juni 1942).
233 *DiM*, Bd. 3, S. 245–248 (Biebow an Ventzki, 19. April 1943; Aktenvermerk von Ventzki). Biebows Forderung nach einer Verbesserung der Lebensmittelversorgung des Ghettos wurde wiederum vom Stadtmedizinalrat unterstützt (YVA, 0-53/78/244: Stadtmedizinalrat an Ventzki, 24. April 1943).
234 NA-Mikrofilm, T-501/214/269 (Monatsbericht der Kommandantur Warschau an den Militärbefehlshaber des Generalgouvernements, 20. Mai 1941).
235 YVA, JM 112 (Bericht von Auerswald, 26. September 1941); Ringelblum, *Journal*, S. 191 f.; Gutman, *Jews of Warsaw*, S. 63–65.
236 Czerniaków, *Im Warschauer Getto*, S. 151 f., 167, 174, 178 (Einträge vom 21. Mai, 7. Juli, 27. Juli und 19. August 1941).
237 YVA, JM 1112 (Bericht der Transferstelle, 8. Oktober 1941); Archivum Panstwowe m. st. Warszawy, Der Kommissar für den jüdischen Wohnbezirk, Nr. 132 (Reden von Max Bischof, Heinz Auerswald und Ludwig Fischer, 15. Oktober 1941).
238 YVA, JM 21/4 (Tagebuch von Frank, 15. Oktober 1941).
239 YVA, JM 1112 (Bericht der Transferstelle, 8. November 1941).
240 Czerniaków, *Im Warschauer Getto*, S. 200 (Eintrag vom 1. November 1941).
241 YVA, JM 112 (Berichte der Transferstelle, 6. Dezember 1941 und 7. Januar 1942).
242 YVA, JM 112 (Zweijahresbericht von Auerswald, 26. September 1941).
243 Czerniaków, *Im Warschauer Getto*, S. 160 (Eintrag vom 13. Juni 1941).

244 YVA, 1112 (Bericht von Auerswald, 26. September 1941).

245 *FGM*, S. 127 f. (Rundschreiben von Auerswald, 18. September 1941).

246 YVA, JM 3462 (Hagen an Leist, 22. September 1941).

247 Czerniaków, *Im Warschauer Getto*, S. 191 f. (Einträge vom 4. und 6. Oktober 1941).

248 *FGM*, S. 128 f. (Verordnung von Frank, 15. Oktober 1941); YVA, JM 21/4 (Tagebuch von Frank, 15. Oktober 1941).

249 YVA, 0-53/145/75–78 (Arbeitstagung der Abteilung Gesundheitswesen der Regierung des Generalgouvernements in Bad Krynica, 13.–16. Oktober 1941).

250 Hilberg, *Vernichtung* (1990), Bd. 1, S. 237; Browning, »Genocide and Public Health«.

251 Czerniaków, *Im Warschauer Getto*, S. 201 f., 204–206 (Einträge vom 6., 17. und 21. November 1941).

252 YVA, 0-53/101 (Hummel an Bühler in Krakau, Monatsberichte von Dezember 1941 bis Juli 1942). Im Dezember 1941 waren 1971 neue Fleckfieberfälle gemeldet worden, im Februar 1942 noch 784, und im Juli 1942 waren nur noch 67 neue Fälle aufgetreten.

253 Czerniaków, *Im Warschauer Getto*, S. 231 (Eintrag vom 26. Februar 1942); Ringelblum, *Journal*, S. 234. Mir erscheint Yisrael Gutmans Beurteilung von Auerswald (*Jews of Warsaw*, S. 97, 99) schlüssiger als die negativere Einschätzung von Isaiah Trunk (*Judenrat*, S. 294–298). Trunk stützt seine Charakterisierung Auerswalds als eines »erfolgreich indoktrinierten NS-Funktionärs, der sich streng an die nationalsozialistischen Schlagworte über die Juden hielt«, größtenteils auf die abstoßenden Formulierungen in dessen Bericht »Zwei Jahre Aufbauarbeit im Distrikt Warschau: Die Juden im Distrikt Warschau«. Dabei übersieht er allerdings, dass Auerswalds erste, nüchterne und kritisch getönte Version des Berichts vom 26. September 1941 von den Behörden in Krakau zurückgewiesen und als ungeeignet für die Aufnahme in eine Aufsatzsammlung befunden worden war, mit der Franks zweijährige Herrschaft in Polen gefeiert werden sollte. Auerswald wurde stattdessen mitgeteilt, er solle etwas schreiben, das dem Anlass besser entspräche (vgl. die Korrespondenz über die beiden Berichte in: YVA, JM 1112).

254 YVA, JM 814 (Hummel an Bühler, Lagebericht für Februar, 10. März 1941).

255 YVA, JM 1112 (Bericht von Auerswald, 26. September 1941).
256 YVA, JM 3462 (Berichte von Hoffmann von Oktober und November 1941).
257 YVA, JM 1112 (Bericht von Auerswald, 26. September 1941).
258 Ebd.
259 YVA, JM 3462 (Berichte von Hoffmann von Oktober und November 1941).
260 Czerniaków, *The Warsaw Diary*, S. 301 (Dokumentenanhang, Auerswald an von Medeazza, 24. November 1941).
261 YVA, JM 1112 (Aktenvermerk von Auerswald, 4. März 1942).
262 Gutman, *Jews of Warsaw*, S. 75; Trunk, *Judenrat*, S. 78–81.
263 YVA, JM 1112 (Bericht der Transferstelle, 7. Januar 1942).
264 YVA, JM 1112 (Berichte der Transferstelle, 6. Dezember 1941 und 7. Januar 1942).
265 Archivum Panstwowe m. st. Warszawy, Der Kommissar für den jüdischen Wohnbezirk in Warschau, Nr. 132, Rede von Max Bischof, 15. Oktober 1941.
266 Streit, *Keine Kameraden;* Herbert, »Arbeit und Vernichtung«; ders., *Fremdarbeiter*, insbesondere S. 137–149.
267 YVA, JM 3462 (Besprechung über jüdische Arbeitskräfte, 20. März 1942).
268 YVA, JM 3462 (Berichte von Hoffmann von April und Mai 1942; Bericht Nr. 65 von Czerniaków, Mai 1942).
269 YVA, 0-53/101 (Hummel an Bühler, Monatsberichte von Januar bis Mai und Zweimonatsbericht für Juni/Juli 1942).
270 *DdGP*, S. 510 (Polizeisitzung, 18. Juni 1942).
271 YVA, JM 1113 (Mohns an Leist, 11. Januar 1941).
272 Czerniaków, *The Warsaw Diary*, S. 402 (Dokumentenanhang: Auerswald an von Medeazza, 24. November 1941).
273 Trunk, *Judenrat*, S. 61.
274 Bogdan Musial analysiert eindringlich den durch die deutschen Maßnahmen geschaffenen Teufelskreis (*Zivilverwaltung*, S. 174–178). Da er sich ausschließlich mit dem Distrikt Lublin befasst, Lodz und Warschau aber nicht in seine Analyse einbezieht, lässt er in seiner ansonsten ausgezeichneten Studie die Frage des Unterhalts der Ghettos allerdings außer Acht.
275 Auch im Anschluss an die Liquidierung des Warschauer Ghettos versuchte Auerswald nicht, seine Tätigkeit als Kommissar für den »jüdischen Wohnbezirk« rückblickend so umzudeuten, als

hätte er einen entscheidenden Anteil an der Durchführung des Massenmords gehabt. Vielmehr zählte er folgende »Erfolge der Dienststelle« auf: »Vereinfachung der Grenzführung, Bau der Sperrmauer, Aufrechterhaltung der Ruhe (im Mai 1941 befürchtet der Höhere SS- und Polizeiführer den Ausbruch von Hungerrevolten!), Aufbau einer im Wesentlichen zufrieden stellend arbeitenden jüdischen Kommunalverwaltung, Verbesserung der hygienischen Verhältnisse im Interesse der Seuchenbekämpfung (Absinken des Fleckfiebers) und – gemeinsam mit der Transferstelle – Verhinderung des anfänglich befürchteten wirtschaftlichen Fehlschlages (Einsatz einer großen Zahl von Facharbeitern in rüstungswichtigen Betrieben)«. YVA, 0-53/49/132 (Bericht von Auerswald über seine Tätigkeit in Warschau, o. D., aber nach Januar 1943).

276 Gutman, *Jews of Warsaw*, S. 71.

277 Czerniaków, *The Warsaw Diary*, S. 402 (Dokumentenanhang: Auerswald an von Mendeazza, 24. November 1941).

5. Deutschland und Europa

1 Gruner, »NS-Judenverfolgung«, S. 121.

2 Kwiet, »Pogrom«, S. 602.

3 Hilberg, *Vernichtung* (1990), Bd. 1, S. 164 f.

4 Gruner, *Arbeitseinsatz*, S. 108, 127.

5 Kaplan, *Mut*, S. 221.

6 Gruner, »NS-Judenverfolgung«, S. 109.

7 Adler, *Der verwaltete Mensch*, S. 44.

8 Gruner, *Zwangsarbeit*, S. 222 f.

9 Gruner, »NS-Judenverfolgung«, S. 117–119; ders., *Arbeitseinsatz*, S. 249–262.

10 Kaplan, *Mut*, S. 222 f.

11 Walk, *Sonderrecht*, S. 304–306, 320, 326, 345, 360, 364.

12 Zur systematischen Enteignung jüdischer Vermögen siehe Genschel, *Verdrängung*; Barkai, *Boykott*; Bajohr, *»Arisierung« in Hamburg*; Hayes/Wojak (Hg.), *»Arisierung«*.

13 Adam, *Judenpolitik*, S. 266.

14 Hilberg, *Vernichtung* (1990), Bd. 1, S. 144, 157.

15 Walk, *Sonderrecht*, S. 355, 361, 371.

16 Adam, *Judenpolitik*, S. 260.
17 Kaplan, *Mut*, S. 216–220; Walk, *Sonderrecht*, S. 312, 314, 316.
18 Hilberg, *Vernichtung* (1990), Bd. 1, S. 159.
19 Ebd., S. 154 f.; Gruner, *Arbeitseinsatz*, S. 151–159, 194–204.
20 Walk, *Sonderrecht*, S. 308, 319.
21 Johnson, *Terror*, S. 385–389, 410–424. Zu Denunziationen siehe Gellately, *Gestapo*, S. 225–233.
22 Zur NS-Debatte über die Staatsbürgerschaft der deutschen Juden siehe Adam, *Judenpolitik*, S. 292–302; Adler, *Der verwaltete Mensch*, S. 496–505; Essner, »Das System der ›Nürnberger Gesetze‹«, S. 363–380.
23 Zit. in Adler, *Der verwaltete Mensch*, S. 496.
24 Zit. in Adam, *Judenpolitik*, S. 300.
25 Walk, *Sonderrecht*, S. 307 f.
26 Ebd., S. 363 f., 366, 372, 374, 383.
27 Kwiet, »Forced Labour«, S. 392; Adler, *Der verwaltete Mensch*, S. 208 f.
28 Gruner, *Arbeitseinsatz*, S. 114.
29 Denkschrift von Werner Best über die Besprechung im Innenministerium am 28. Februar 1939, 1. März 1939, abgedruckt in Kwiet, »Forced Labour«, S. 408–410.
30 Gruner, *Zwangsarbeit*, S. 133–136.
31 Gruner, *Arbeitseinsatz*, S. 116–122.
32 Ebd., S. 133–139; Maier, *Arbeitseinsatz*, 71–76.
33 Gruner, *Arbeitseinsatz*, S. 162 f.
34 Gruner, *Zwangsarbeit*, S. 166 f., 189, 192.
35 Gruner, »›Straßen des Führers‹«, S. 789–791, 800.
36 Ebd., S. 792.
37 Nürnberger Dokument NG-363 (Syrup an Landesarbeitsämter, 14. März 1941), zit. in Adler, *Der verwaltete Mensch*, S. 211.
38 NA-Mikrofilm, T 81/676/548604–05 (Denkschrift des Propagandaministeriums, »Evakuierung der Juden aus Berlin«, 21. März 1941), abgedruckt in Adler, *Der verwaltete Mensch*, S. 152 f.
39 Goebbels, *Die Tagebücher von Josef Goebbels*, Teil I, Bd. 4, S. 547 (Eintrag vom 22. März 1941).
40 Zit. in Gruner, »›Straßen des Führers‹«, S. 793.
41 Zit. in Adler, *Der verwaltete Mensch*, S. 212.
42 Maier, *Arbeitseinsatz*, S. 235.

43 Gruner, *Arbeitseinsatz*, S. 148–160.

44 Henry Friedlander *(NS-Genozid)* sowie Michael Burleigh und Wolfgang Wippermann *(The Racial State)* stellen die Verfolgung und Ermordung der »Zigeuner« in den umfassenderen Zusammenhang des nationalsozialistischen Rassismus und Genozids. Die beiden detailliertesten Darstellungen der Verfolgung der »Zigeuner« durch das NS-Regime haben Guenter Lewy *(»Rückkehr«)* und Michael Zimmermann *(Rassenutopie)* vorgelegt. Vgl. auch Zimmermann, »›Solution of the Gypsy Question‹«.

45 Henry Friedlander schätzt, dass damals in Deutschland 30 000 bis 35 000 Sinti und in Österreich 4000 Sinti und 8000 Roma lebten (*NS-Genozid*, S. 396 f.). Nach Guenter Lewys Schätzung belief sich die Zahl der »Zigeuner« in Deutschland auf 26 000 und in Österreich auf 11 000 (*»Rückkehr«*, S. 37, 101).

46 Zimmermann, *Rassenutopie*, S. 381–383.

47 Obwohl ich die von Guenter Lewy getroffenen sorgfältigen Unterscheidungen zu schätzen weiß und den meisten seiner Schlussfolgerungen zustimme, kann ich doch sein enges Verständnis des Genozidbegriffs nicht teilen. Nach seiner Argumentation bestand nicht die »Absicht«, die »Zigeuner« als Gruppe zu töten, da die einzelnen Maßnahmen der nationalsozialistischen Verfolgung der »Zigeuner«, für sich selbst genommen, nicht Teil eines Gesamtplans mit dem Ziel, die »Zigeuner« auszulöschen, waren (*»Rückkehr«*, S. 368–372). Ich denke dagegen, dass es eine solche Absicht gab, und zwar in Form eines amorphen Konsenses der NS-Führung darüber, dass die deutschen und österreichischen »Zigeuner« als kulturelle und rassische Gruppe zu existieren aufhören sollten, und die kumulativen Maßnahmen zur Erreichung dieses Ziels – Deportation, Internierung und Sklavenarbeit unter tödlichen Bedingungen, Sterilisation und offener Mord in Gaskammern – hatten den Tod der großen Mehrheit der Zielgruppe zur Folge. Wie ungenau der Begriff der »teilweisen« Vernichtung in der UN-Völkermordkonvention von 1948 auch sein mag, das Schicksal der deutschen und österreichischen »Zigeuner« entspricht ihm allemal, und dass ein zusammenhängender, umfassender Gesamtplan fehlt, bedeutet nicht, dass dieses Ergebnis nicht beabsichtigt war. Allerdings trifft es meiner Meinung nach zu, dass die deutsche

Politik gegenüber den »Zigeunern« anderer Länder, wie mörderisch sie auch war, nicht den Tatbestand des Völkermords erfüllte. Soll Genozid nur für Juden gelten?

48 Friedlander, *NS-Genozid*, S. 397, 401 f.; Lewy, *»Rückkehr«*, S. 49–52.

49 Zimmermann, *Rassenutopie*, S. 370.

50 Friedlander, *NS-Genozid*, S. 404; Lewy, *»Rückkehr«*, S. 73–79.

51 Friedlander, *NS-Genozid*, S. 405–407; Lewy, *»Rückkehr«*, S. 44–48.

52 Lewy, *»Rückkehr«*, S. 79–81; Burleigh/Wippermann, *Racial State*, S. 116.

53 Lewy, *»Rückkehr«*, S. 81–88; Friedlander, *NS-Genozid*, S. 403 f.

54 Runderlass von Himmler, »Bekämpfung der Zigeunerplage«, 8. Dezember 1938, in: *Ministerialblatt des Reichs- und Preußischen Ministeriums des Innern* 51 (1938), S. 2105–2110.

55 NA-Mikrofilm, T175/239/2728524–8 (Amtschef- und Einsatzgruppenleiterbesprechung, 21. September 1939).

56 Groscurth, *Tagebücher*, S. 362 (Dokument 14: Notiz über mündliche Orientierung durch Major Radke, 22. September 1939).

57 Siehe oben, S. 69 f. sowie S. 635, Anm. 12.

58 Nürnberger Dokument PS-864 (Besprechung Hitlers mit Keitel, 17. Oktober 1939), in: *IMG*, Bd. 26, S. 381.

59 Schnellbrief von Heydrich, 17. Oktober 1939, abgedruckt in: *Topographie des Terrors*, S. 122 f.

60 Zimmermann, *Rassenutopie*, S. 170; Lewy, *»Rückkehr«*, S. 119 f.

61 Zimmermann, *Rassenutopie*, S. 170 f.; Lewy, *»Rückkehr«*, S. 124 f.

62 Nürnberger Dokument NO-5322 (Niederschrift der Besprechung am 30. Januar 1939), in: *Biuletyn*, Bd. 12, S. 71 F.

63 Zimmermann, *Rassenutopie*, S. 172.

64 Detaillierte Darstellungen finden sich in Zimmermann, *Rassenutopie*, S. 173–184; Lewy, *»Rückkehr«*, S. 124–142.

65 *DdGP*, S. 262.

66 Zimmermann, *Rassenutopie*, S. 200. Ebd., S. 186; Lewy, *»Rückkehr«*, S. 134.

67 Thurner, *Nationalsozialismus und Zigeuner*, S. 20–23; Zimmermann, *Rassenutopie*, S. 201–207, 218–222; Lewy, *»Rückkehr«*, S. 184–190.

68 Zimmermann, *Rassenutopie*, S. 214–217; Lewy, *»Rückkehr«*, S. 142–144.

69 Zimmermann, *Rassenutopie*, S. 195–198; Lewy, *»Rückkehr«*,

S. 162–167. Die Wehrmacht schwankte 1943 in der Frage der »Zigeunermischlinge«, bekräftigte 1944 aber ihren Ausschlussbefehl.

70 Lewy, *»Rückkehr«*, S. 156–162, 172.

71 Zimmermann, *Rassenutopie*, S. 210.

72 Zur historischen Beziehung zwischen Sozialdarwinismus, Rassismus und Eugenik in Deutschland siehe Weindling, *Health*.

73 Friedlander, *NS-Genozid*, S. 48–50. Zur Eugenik und zur Ermordung der Behinderten durch das NS-Regime liegt eine Fülle von Literatur vor. Ich stütze mich hier hauptsächlich auf die sowohl durch die Breite der Perspektive als auch durch die Schärfe der Analyse herausragende Studie von Henry Friedlander.

74 Kühl, *Nazi Connection*, S. 77–84.

75 Friedlander, *NS-Genozid*, S. 55–57.

76 U. Schmidt, »Kriegsausbruch«, S. 127; Friedlander, *NS-Genozid*, S. 84; Burleigh, *Tod*, S. 120.

77 U. Schmidt, »Kriegsausbruch«, S. 117–123.

78 Friedlander, *NS-Genozid*, S. 91 f.

79 Ebd., S. 120 f.

80 U. Schmidt, »Kriegsausbruch«, S. 123 f.

81 Laut Ulf Schmidt (»Kriegsausbruch«, S. 131) und Volker Rieß (*Anfänge*, S. 45 f.) fand diese Besprechung im September statt, laut Michael Burleigh (*Tod*, S. 138) vor dem Juli. Henry Friedlander (*NS-Genozid*, S. 118) gibt kein Datum an.

82 Rieß, *Anfänge*, S. 45 f.

83 Ebd., S. 24 f.

84 Ebd., S. 28, 119–150.

85 Ebd., S. 171.

86 Ebd., S. 152 f.

87 Ebd., S. 29–36, 120, 135 f., 142–148, 153, 156 f., 169.

88 Ebd., S. 53–88; Klee, *»Euthanasie«*, S. 95–98.

89 Riess, *Anfänge*, S. 243–257, 266–271.

90 Ebd., S. 285–289.

91 Ebd., S. 298–304.

92 Ebd., S. 306 f., 311–316, 321 f.

93 Ebd., S. 330–339.

94 Friedlander, *NS-Genozid*, S. 233 f.; Riess, *Anfänge*, S. 348–352.

95 Rieß, *Anfänge*, S. 355.

96 Friedlander, *NS-Genozid*, S. 84–116.

97 Ebd., S. 117–151.

98 Ebd., S. 148 f., 152–190.
99 Ebd., S. 429–448.
100 Klee, *»Euthanasie«*, S. 345–355; Friedlander, *NS-Genozid*, S. 237–248.
101 Friedlander, *NS-Genozid*, S. 184–186.
102 Klee, *»Euthanasie«*, S. 333–340; Friedlander, *NS-Genozid*, S. 191–199. Klee nennt als Hauptgrund den Protest der Kirchen, während Friedlander einwendet: »Trotzdem hinkte der kirchliche Protest der öffentlichen Empörung hinterher« (S. 199).
103 Friedlander, *NS-Genozid*, S. 249–267 (Zitat auf S. 249).
104 Reitlinger, *Endlösung*, S. 137–148.
105 Hilberg, *Vernichtung* (1990), Bd. 2, S. 937. In der ersten Auflage der englischen Ausgabe wurde die »Euthanasie« nur auf einer Seite erwähnt (*Destruction*, S. 561). In der englischen Neuausgabe von 1985 (und vorher bereits in der deutschen Ausgabe von 1982 [S. 590 f., 603–606]) ging Hilberg an zwei Stellen (S. 872–883, 894 f.) auf die Verbindung zwischen »Euthanasie« und »Endlösung« ein.
106 Burleigh/Wippermann, *Racial State;* Friedlander, *NS-Genozid.*
107 Zur Rolle des deutschen Außenministeriums siehe Browning, *Final Solution;* zur Nazifizierung des Außenministeriums vgl. Döscher, *Auswärtiges Amt.*
108 Aly, *»Endlösung«*, S. 198, 207.
109 PAA, Inland II A/B 45/1a (deutsche Botschaft in Bern an AA mit Anfrage des IRK vom 27. September 1939; Lischka an Ref. D, 14. Oktober 1939; deutsches Konsulat in Genf an AA, 16. November 1939). Zur Geschichte des IRK und seiner Reaktion auf den Holocaust siehe Favez, *Das IRK.*
110 PAA, Inland II A/B 54/2 (Lischka an AA, 14. November 1939; Aktenvermerk des Ref. D für Ref. Kultur).
111 PAA, Inland II A/B 45/1a (Aktenvermerk von Woermann, 30. September 1939; Müller an AA, 17. Oktober 1939).
112 PAA, Inland II A/B 45/1a (Müller an AA, 21. Mai 1940; Luther an D III, 27. Mai 1940).
113 PAA, Inland II A/B 45/1a (Denkschrift von Rademacher, 10. Juli 1940); II A/B 47/2 (Reichsstelle für Auswanderungswesen an Sipo, 29. Juni 1940).
114 PAA, Inland II A/B 45/2 (Weintz, RF-SS, an D III, 25. September 1940).

115 PAA, Inland II A/B 45/1a (deutsches Konsulat in Kowno an AA, 8. Februar 1940; Krause, RF-SS, an Rödiger, AA, 26. März 1940; Machule, RF-SS, an Rödiger, AA, 15. Juli 1940).
116 PAA, Inland II A/B 45/1a (Eichmann an Rademacher, 4. September 1940; Rechtsabteilung an Rademacher, 17. September 1940; Rademacher an Sipo, 20. September 1940).
117 PAA, Pressburg 332/2 (Wisliceny an das deutsche Konsulat in Pressburg, 15. März 1941; Eichmann an AA, 26. März 1941).
118 Nürnberger Dokument NG-3104 (Rundschreiben von Schellenberg, 20. Mai 1941), in: PAA, Inland IIg 182. Sowohl die ominöse Formulierung über die »zweifellos kommende Endlösung der Judenfrage« als auch die Verhinderung der jüdischen Auswanderung aus nichtdeutschen Gebieten gehörten seit dem vorangegangenen Herbst zum Standardrepertoire der Nationalsozialisten. Darüber hinaus geht es in diesem Dokument eindeutig um die Verbesserung der in zunehmendem Maße gefährdeten Ausreisemöglichkeiten von Juden aus dem Dritten Reich über Spanien und Portugal – eine Absicht, die erst im Oktober 1941 aufgegeben wurde. Das Rundschreiben markiert daher nicht, wie einige Historiker (beispielsweise Helmut Krausnick und Richard Breitman) annehmen, eine unheilvolle Wende in der deutschen Politik.
119 Zur Politik der deutschen Besatzer in Frankreich und ihren Zielen siehe Jäckel, *Frankreich;* Umbreit, *Militärbefehlshaber.* Zum Vichy-Regime siehe Paxton, *Vichy France.*
120 Herbert, *Best,* S. 251–254.
121 Marrus/Paxton, *Vichy France,* S. 6, 78; Klarsfeld, *Vichy – Auschwitz,* S. 32; Fox, »Abetz«, S. 183. John P. Fox hebt zu Recht die ideologische Ausrichtung der Angehörigen der Pariser Botschaft und ihre Verbundenheit mit dem Regime hervor, verallgemeinert diese Feststellung aber zu stark, während der Fall Abetz in dieser Hinsicht eher die Ausnahme war.
122 Klarsfeld, *Vichy – Auschwitz,* S. 36 f., 47–50.
123 *ADAP,* Serie D, Bd. 10, S. 399 (Aufzeichnung von Luther, 15. August 1940).
124 Nürnberger Dokument NG-4893 (Abetz an Ribbentrop, 20. August 1940), in: PAA, Inland IIg 189.
125 Herbert, *Best,* S. 263; Klarsfeld, *Vichy – Auschwitz,* S. 356–359 (Aktenvermerk von Best, 19. August 1940; Aktenvermerk

von Mahnke, 22. August 1940; Altenvermerk von Storz, o. D.).

126 Herbert, *Best*, S. 263; Fox, »Abetz«, S. 186.

127 PAA, Inland IIg 189 (Aktenvermerk von Rademacher, 31. August 1940).

128 Ebd. (Luther an Paris, 28. September 1940).

129 Ebd. (Heydrich an Luther, 20. September 1940), abgedruckt in Klarsfeld, *Vichy – Auschwitz*, S. 360.

130 PAA, Inland IIg 189 (Schleier an AA, 9. Oktober 1940).

131 Herbert, *Best*, S. 264 f.

132 Marrus/Paxton, *Vichy France*, S. 13.

133 Ebd., S. 3–9, 76.

134 Herbert, *Best*, S. 264.

135 PAA, Inland II A/B 61/4 (Bargen an AA, 11. November 1940); Klarsfeld/Steinberg (Hg.), *Endlösung*, S. 11 f. (Sonderbericht »Das Judentum in Belgien«, 31. Januar 1942); Steinberg, »Judenpolitik«, S. 200.

136 Klarsfeld, *Vichy – Auschwitz*, S. 361–365 (Denkschrift von Dannecker, 21. Januar 1941; Aktenvermerk von Mahnke, 3. Februar 1941; Abetz an Thomas, 14. Februar 1941).

137 PAA, Inland II A/B 80–41 Sdh. III, Bd. 1 (Heydrich an Luther, 5. Februar 1941; Streckenbach an Luther, 14. Februar 1941).

138 Marrus/Paxton, *Vichy France*, S. 81–83, 88–95; Fox, »Abetz«, S. 187, 193 f.

139 Klarsfeld, *Vichy – Auschwitz*, S. 366 f. (Best an Militärbefehlshaber, 4. April 1941).

140 Marrus/Paxton, *Vichy France*, S. 96 f.; Herbert, *Best*, S. 307 f.

141 *ADAP*, Serie D, Bd. 12.1, S. 188 (Abetz ans Auswärtige Amt, 6. März 1941).

142 Herbert, *Best*, S. 308.

143 Marrus/Paxton, *Vichy France*, S. 98–104.

144 Ebd., S. 108 f.

145 Zum deutschen Besatzungsregime in den Niederlanden siehe Hirschfeld, *Fremdherrschaft;* Warmbrunn, *The Dutch;* Kwiet, *Reichskommissariat Niederlande*.

146 Marrus/Paxton, »Nazis and Jews«, S. 175.

147 Presser, *Destruction*, S. 16–25; Moore, *Victims*, S. 54–56, 190–194.

148 Presser, *Destruction*, S. 31; Moore, *Victims*, S. 56 f., 194–196; Meershoek, »Amsterdam Police«, S. 284–287. Explizite Ver-

gleiche finden sich in Zeller/Griffioen, »Judenverfolgung«, und Bloom, »Persecution«.
149 Presser, *Destruction*, S. 33–35; Moore, *Victims*, S. 196–199.
150 Hilberg, *Vernichtung* (1990), Bd. 2, S. 599–606.
151 Meershoek, »Amsterdam Police«, S. 287.
152 Presser, *Destruction*, S. 45–57; Moore, *Victims*, S. 66–73. Nach Guus Meershoeks Einschätzung handelte es sich bei dem Streik eher um einen »Aufruhr« (»Amsterdam Police«, S. 287).
153 Michman, »Planning for the Final Solution«, S. 150–153, 161; vgl. auch Houwink ten Cate, »Heydrich's Security Police«, S. 384–386.
154 Michman, »Planning for the Final Solution«, S. 162–165; Moore, *Victims*, S. 73–77.
155 Michman, »Planning for the Final Solution«, S. 167–169; Yahil, »Methods«, S. 181; Houwink ten Cate, »Heydrich's Security Police«, S. 387–389.
156 Meershoek, »Amsterdam Police«, S. 287–295.
157 Klarsfeld/Steinberg (Hg.), *Endlösung*, S. 12 f. (Sonderbericht »Das Judentum in Belgien«, 31. Januar 1942); Steinberg, »Judenpolitik«, 200 f., 207; Zeller/Griffioen, »Judenverfolgung«, S. 43–48; Hilberg, *Vernichtung* (1990), Bd. 2, S. 632–638.
158 Hilberg, *Vernichtung* (1990), Bd. 2, S. 768; Rich, *Hitler's War Aims*, Bd. 2, S. 65.
159 Jelinek, »Internal Policy«, S. 242–245; ders., »Storm-Troopers«, S. 108 f.
160 *ADAP*, Serie D, Bd. 9, S. 344 (Denkschrift von Woermann, 23. Mai 1940).
161 Ebd., S. 442 f. (Bericht von Killingers, 9. Juni 1940).
162 Ebd., Bd. 10, S. 284 f. (Besprechung auf dem Berghof, 28. Juli 1940).
163 Ebd., S. 308 (Ribbentrop an von Killinger, 29. Juli 1940).
164 PA, Luther-Handakten, Bd. 32 (Luther an von Killinger, 15. Oktober 1940).
165 *ADAP*, Serie D, Bd. 10, S. 222 (Denkschrift von Bernard, 22. Juli 1940).
166 Yahil, *Die Shoah*, S. 259–261; Broszat, »Das deutsch-slowakische Verhältnis«.
167 Broszat, »Das deutsch-ungarische Verhältnis«, S. 184–187; Braham, *The Politics of Genocide*, Bd. 1, S. 118–125.

168 Braham, *The Politics of Genocide*, Bd. 1, S. 128–134.
169 *ADAP*, Serie D, Bd. 5, S. 305 (Unterredung Hitlers mit Csáky, 16. Januar 1939).
170 Braham, *The Politics of Genocide*, Bd. 1, S. 144 f.; Broszat, »Das deutsch-ungarische Verhältnis«, S. 191.
171 Nürnberger Dokument D-737 (Unterredung Ribbentrops mit Teleki und Csáky, 29. April 1939), in: *IMG*, Bd. 35, S. 435.
172 Braham, *The Politics of Genocide*, Bd. 1, S. 148–154.
173 Ebd., S. 173, 177.
174 Ioanid, *Holocaust*, S. 17 f.
175 Münz, »Verantwortlichkeit«, S. 137–141.
176 *ADAP*, Serie D, Bd. 10, S. 58 (Bericht von Killingers, 30. Juni 1940), 254, 259 (Unterredung von Hitler und Ribbentrop mit Gigurtu, 26. Juli 1940).
177 Ioanid, *Holocaust*, S. 19–23, 25; Broszat, »Das Dritte Reich«, S. 114–116; Hilberg, *Vernichtung* (1990), Bd. 2, S. 814 f.
178 Hilberg, *Vernichtung* (1990), Bd. 2, S. 813.
179 Ebd., S. 816; Ioanid, *Holocaust*, S. 23–31; Münz, »Verantwortlichkeit«, S. 149 f.
180 Ioanid, *Holocaust*, S. 52–61.
181 Broszat, »Das Dritte Reich«, S. 123–125.
182 Chary, *Bulgarian Jews*, S. 35–41; vgl. Fauck, »Das deutsch-bulgarische Verhältnis«, S. 46–49; Nissan, »Bulgarian Exception«, S. 85–88, 92 f.; Todorov, *Fragility*, S. 3–6; Hoppe, »Bulgarien«, S. 278–282.

6. Vorbereitung auf den »Vernichtungskrieg«

1 Zu meiner Analyse dieser Historikerdebatte und meinen diesbezüglichen Beiträgen siehe meine Bücher *Fateful Months*, S. 8–38, und *Judenmord*, S. 47–92, sowie den Aufsatz »Jenseits von ›Intentionalismus‹ und ›Funktionalismus‹« (im Original erschienen in *The Path to Genocide*, S. 86–121).
2 Am nachdrücklichsten wird die Kontinuitätsthese in Peter Longerichs Buch *Politik der Vernichtung* vertreten.
3 Streit, *Keine Kameraden*, S. 127, 356; Streim, *Behandlung*, S. 74–93. In jüngster Zeit haben unter anderen Peter Longerich (»Massenmord«), Ralf Ogorreck *(Einsatzgruppen)* und Christian Ger-

lach *(Krieg)* die These von Streit und Streim vertreten. Ein Verfechter der gegenteiligen Ansicht aus jüngster Zeit ist Daniel Jonah Goldhagen (*Vollstrecker,* S. 183–191).

4 Die Literatur zu diesem Thema ist in den letzten Jahren enorm angewachsen. Ich stütze mich vor allem auf folgende grundlegende Studien: Jacobsen, »Kommissarbefehl«; Hillgruber, »›Endlösung‹«; Streit, *Keine Kameraden;* Krausnick/Wilhelm, *Truppe;* Krausnick, »Kommissarbefehl«. Besonders hervorheben möchte ich die Beiträge von Jürgen Förster in Band 4 des vom Militärgeschichtlichen Forschungsamt herausgegebenen Werks *Das Deutsche Reich und der Zweite Weltkrieg.*

5 Halder, *Kriegstagebuch,* Bd. 2, S. 49 (Eintrag vom 31. Juli 1940).

6 *Ktb-OKW,* Bd. 1, S. 203–209, 237 (Einträge vom 5. und 18. Dezember 1940).

7 Ebd., S. 257 f. (Eintrag vom 9. Januar 1941).

8 R.-D. Müller, »Wirtschaftsallianz », S. 128, 414.

9 *Ktb-OKW,* Bd. 1, S. 341 (Eintrag vom 3. März 1941).

10 Halder, *Kriegstagebuch,* Bd. 2, S. 303 (Eintrag vom 5. März 1941).

11 Jacobsen, »Kommissarbefehl«, S. 166–169 (Dokument Nr. 1: »Richtlinien auf Sondergebieten zur Weisung Nr. 21«, 13. März 1941, unterzeichnet von Keitel).

12 Halder, *Kriegstagebuch,* Bd. 2, S. 311 (Eintrag vom 13. März 1941: »Besprechung Wagner-Heydrich: Polizeifragen, Grenzzoll«).

13 Ebd., S. 320 (Eintrag vom 17. März 1940).

14 Jacobsen, »Kommissarbefehl«, S. 170–173 (Dokument Nr. 2: Entwurf vom 26. März 1941; Dokument Nr. 3, Nürnberger Dokument NOKW-2080: »Regelung des Einsatzes der Sicherheitspolizei und des SD im Verbande des Heeres«, 28. April 1941).

15 Walter Schellenberg im ersten Manuskript seiner Memoiren, zit. in Krausnick/Wilhelm, *Truppe,* S. 135, Anm. 155.

16 Krausnick/Wilhelm, *Truppe,* S. 125.

17 Jacobsen, »Kommissarbefehl«, S. 166–169 (Dokument Nr. 1: »Richtlinien auf Sondergebieten zur Weisung Nr. 21«, 13. März 1941).

18 Halder, *Kriegstagebuch,* Bd. 2, S. 336 f. (Eintrag vom 30. März 1941).

19 Jacobsen, »Kommissarbefehl«, S. 174–179 (Dokument Nr. 5: Müller an OKW, 6. Mai 1941, mit zwei Anhängen – Dokument Nr. 5a: Entwurf »Behandlung feindlicher Landeseinwohner«

[Gerichtsbarkeitserlass], und Dokument Nr. 6, Nürnberger Dokument PS-1471: Entwurf »Richtlinien betr. Behandlung politischer Hoheitsträger usw.« [Kommissarbefehl]). Zur Ausarbeitung dieser Erlasse siehe insbesondere Krausnick, »Kommissarbefehl«; Streit, *Keine Kameraden*, S. 33–50; Förster, »Unternehmen ›Barbarossa‹«, S. 426–440.

20 *Ktb-OKW*, Bd. 1, S. 344, 349 (Einträge vom 4. und 8. März 1941).

21 Zit. in Streit, *Keine Kameraden*, S. 37 f.

22 Halder, *Kriegstagebuch*, Bd. 2, S. 399 (Eintrag vom 6. Mai 1941).

23 Jacobsen, »Kommissarbefehl«, S. 175–177 (Dokument Nr. 5a: Entwurf »Behandlung feindlicher Landeseinwohner«, 6. Mai 1941).

24 Zit. in Streit, *Keine Kameraden*, S. 40 f.

25 Jacobsen, »Kommissarbefehl«, S. 182–184 (Dokument Nr. 8: »Erlass über die Ausübung der Kriegsgerichtsbarkeit im Gebiet ›Barbarossa‹«, 13. Mai 1941, unterzeichnet von Keitel).

26 Ebd., S. 177–179 (Dokument Nr. 6, Nürnberger Dokument PS-1471: Entwurf »Richtlinien betr. Behandlung politischer Hoheitsträger usw.« [Kommissarbefehl], 12. Mai 1941).

27 Ebd., S. 179 f. (Dokument Nr. 7: Vortragsnotiz von Warlimont, 12. Mai 1941).

28 Ebd., S. 188–191 (Dokument Nr. 12, Nürnberger Dokument NOKW-1076: »Richtlinien für die Behandlung politischer Kommissare« [Kommissarbefehl], 6. Juni 1941).

29 Förster, »Unternehmen ›Barbarossa‹«, S. 435; Streit, *Keine Kameraden*, S. 44.

30 Förster, »Unternehmen ›Barbarossa‹«, S. 446.

31 Streit, *Keine Kameraden*, S. 59.

32 Jacobsen, »Kommissarbefehl«, S. 185 f. (Dokument Nr. 10, Nürnberger Dokument NOKW-3357: »Behandlung feindlicher Zivilpersonen und Straftaten gegen feindliche Zivilpersonen«, unterzeichnet durch von Brauchitsch, 24. Mai 1941).

33 Ebd., S. 191 (Dokument Nr. 13, Nürnberger Dokument NOKW-1076: Erlass von Brauchitschs, 8. Juni 1941).

34 Förster, »Unternehmen ›Barbarossa‹«, S. 424 f., 433–439; Streit, *Keine Kameraden*, S. 42 f.

35 Jacobsen, »Kommissarbefehl«, S. 187 f. (Dokument Nr. 11, Nürnberger Dokument NOKW-1692: »Richtlinien für das Verhalten der Truppe in Russland«, 4. Juni 1941).

36 Die folgenden Ausführungen entsprechen den von Christian Streit, *Keine Kameraden*, S. 50–61, Helmut Krausnick und Hans-Ulrich Wilhelm, *Truppe*, S. 111–115, 122–126, sowie Jürgen Förster, »Unternehmen ›Barbarossa‹«, S. 445 f., in bemerkenswerter Einmütigkeit gezogenen Schlussfolgerungen.

37 Krausnick/Wilhelm, *Truppe*, S. 127–133.

38 Breitman, *Architekt*, S. 195 f.

39 Zu Streckenbach siehe Wildt, »Streckenbach«.

40 Ogorreck, »Einsatzgruppen«, S. 151–156.

41 Mallmann, »Türöffner«, S. 457 f.

42 Ogorreck, »Einsatzgruppen«, S. 157 f.

43 Mallmann, »Türöffner«, S. 456.

44 Klein, »Einleitung«, S. 22; Mallmann, »Menschenjagd«, S. 304 f.

45 Nürnberger Dokument L-180 (Bericht von Stahlecker, Anlage 1a, 15. Oktober 1941).

46 Die Zahlen veränderten sich im Lauf der Zeit. Einsatzgruppe B verfügte am Beginn der Kampagne über 655 Mitglieder (Gerlach, »Einsatzgruppe B«, S. 52). Die Zahl der Angehörigen der Einsatzgruppe C schwankte zwischen 700 und 800 (Pohl, »Einsatzgruppe C«, S. 71). Einsatzgruppe D bestand aus 500 bis 600 Personen (Krausnick/Wilhelm, *Truppe*, S. 147).

47 Der Begriff der »energischen Rücksichtslosigkeit« stammt aus einem Papier mit dem Titel »Antisemitism as an Offer. Ideological Indoctrination of the SS- and Police Corps during the Holocaust«, das Jürgen Matthäus im November 2002 auf der Lessons and Legacies Conference in Minneapolis vorgelegt hat. Studien über die ideologische Elite der SS aus jüngerer Zeit sind: Herbert, *Best;* Banach, *Heydrichs Elite;* Wildt, *Generation.* Zu den Leitern der Gestapostellen, von denen die meisten im Verlauf des Krieges in verschiedenen Einsatzgruppen dienten, und zum Ethos der Gestapo siehe Mallmann, »Türöffner«, sowie Paul, »Akademiker«.

48 Krausnick/Wilhelm, *Truppe*, S. 148; Ogorreck, *Einsatzgruppen*, S. 152.

49 Ogorreck, *Einsatzgruppen*, S. 56–58.

50 Ebd., S. 106–109.

51 Wilhelm, *Einsatzgruppe A*, S. 17 f.

52 Angrick, »Einsatzgruppe D«, S. 88.

53 Ogorreck, *Einsatzgruppen*, S. 48 f.

54 Vgl. Krausnick/Wilhelm, *Truppe*, S. 150–172.
55 Ogorreck, *Einsatzgruppen*, S. 47–109, insbesondere 95 f.
56 Streim, *Behandlung*, S. 74–93. Ein anderer Autor, der früh das Vorhandensein eines umfassenden Mordbefehls ausgeschlossen hat, ist Christian Streit, *Keine Kameraden*, S. 127, 356. Zur Debatte zwischen Krausnick und Streim siehe Krausnick, »Befehle«; Streim, »Eröffnung«; ders., »Tasks«; sowie den Austausch zwischen Krausnick und Streim in: *The Simon Wiesenthal Center Annual* 6 (1987), S. 311–347. Als weitere Beiträge zu dieser Debatte vgl. Lozowick, »Rollbahn Mord«, und Headland, »The Einsatzgruppen«.
57 Vgl. zum Beispiel Longerich, »Massenmord«; Ogorreck, *Einsatzgruppen;* Gerlach, *Krieg*, S. 56–81; Mallmann, »Türöffner«. Gegen den allgemeinen Trend schließt sich Daniel Jonah Goldhagen nicht der These Streims an (*Vollstrecker*, S. 184–190).
58 Zit. in Ogorreck, *Einsatzgruppen*, S. 104–106.
59 *Einsatzgruppen in der besetzten Sowjetunion*, S. 319 (Heydrich an Einsatzgruppenführer, 29. Juni 1941).
60 Ebd., S. 324–328 (Heydrich an HSSPF Jeckeln, von dem Bach-Zelewski, Prützmann und Korsemann, 2. Juli 1941).
61 Zu Schulz siehe Wildt, *Generation*, S. 561–570, 779–784.
62 Ogorreck, *Einsatzgruppen*, S. 83, 98.
63 BA, R 19/336 (Vortrag von Daluege über Stärke und Kriegsaktivitäten der Orpo, 1.–4. Februar 1941); Longerich, *Politik*, S. 308 f.; Tessin/Kannapin/Meyer, *Waffen-SS*, S. 629–638. Einen ausgezeichneten Überblick über die Literatur zum Beitrag der Orpo zur »Endlösung« gibt Klaus-Michael Mallmann, »Fußvolk«. Zu Dalueges Treffen mit Himmler in Vorbereitung auf die Teilnahme der Orpo am »Unternehmen Barbarossa« siehe Breitman, *Staatsgeheimnisse*, S. 54 f.
64 Tessin/Kannapin/Meyer, *Waffen-SS*, S. 534–537.
65 Westermann, »›Friend and Helper‹«; Tessin/Kannapin/Meyer, *Waffen-SS*, S. 559, 629 f.
66 Tessin, »Stäbe«, S. 24, 49.
67 Longerich, *Politik*, S. 306 f.; Tessin/Kannapin/Meyer, *Waffen-SS*, S. 538.
68 BA, R 19/336 (Personalstärke der Ordnungspolizei, 20. Juli 1940).
69 Browning, *Ganz normale Männer*, S. 25–27, 63, 220.

70 Westermann, »›Ordinary Men‹«, S. 47–53; Longerich, *Politik*, S. 306–308.

71 Tessin/Kannapin/Meyer, *Waffen-SS*, S. 629–638; Longerich, *Politik*, S. 308 f. Zu einzelnen dieser 300er-Bataillone siehe Westermann, »›Ordinary Men‹«; Kwiet, »Diary«; Angrick u. a., »Polizeibataillon 322«; Mallmann, »Einstieg«; Klemp, »Polizeibataillone«; Nachtwei, »›Ganz normale Männer‹«; Lichtenstein, »Ein Lügenwirr«.

72 PB 303, 304, 307, 309, 311 und 314 waren vor dem »Barbarossa«-Einsatz in Polen und PB 316, 317, 318 und 320 im Protektorat stationiert (Tessin/Kannapin/Meyer, *Waffen-SS*, S. 635–637).

73 Eiber (Hg.), »›... ein bisschen die Wahrheit‹«; Goldhagen, *Vollstrecker*, S. 221–223, 230–233 (zum PB 65).

74 Westermann, »Himmler's Uniformed Police«.

75 BA, R 19/336 (Vortrag von Daluege über die Personalstärke der Orpo im Jahr 1941, 1.–4. Februar 1942).

76 Browning, *Ganz normale Männer*, S. 68 f.

77 Westermann, »›Ordinary Men‹«, S. 48–51. Westermann unterscheidet bei seinen Zahlenangaben zur Parteimitgliedschaft nicht zwischen Mannschaften und Unteroffizieren, so dass kein direkter Vergleich angestellt werden kann.

78 BA, R 19/308 (Ausbildungsrichtlinien für Polizeibataillone, 23. Januar 1941).

79 BA, R 19/308 (RFSS/CDP, Denkschrift über die Ausbildung von Reservepolizeibataillonen, 12. Dezember 1940).

80 BA, R 19/308 (Richtlinien für die ideologische Ausbildung der Orpo in den Kriegsjahren, 2. Juni 1940).

81 Die *Mitteilungsblätter für die weltanschauliche Schulung der Ordnungspolizei* kamen alle zehn Tage heraus, und die *Schriftenreihe für die weltanschauliche Schulung der Ordnungspolizei* erschien vier- bis sechsmal jährlich. Exemplare beider Publikationen befinden sich in: BA, R 19, RD 18/15–1, RD 18/15–2, RD 18/16, RD 18/19, RD 18/41, RD 18/42.

82 Bei diesen Schlussfolgerungen stütze ich mich insbesondere auf die Vorträge, die Edward B. Westermann und Jürgen Matthäus im November 2002 auf der Lessons and Legacies Conference in Minneapolis gehalten haben. Vgl. auch Matthäus, »Ausbildungsziel«; ders., »›Warum wird über das Judentum geschult?‹«; ders., »An vorderster Front«; ders. u. a., *Ausbildungsziel*.

83 YVA, TR-10/823 (Urteil gegen Buchs und andere, Landgericht Wuppertal, 12 Ks 1/67, S. 29 f.).
84 YVA, 0-53/127 (Kriegstagebuch von PB 322, Einträge vom 6. Juni und 2. Juli 1941).
85 »›... ein bisschen die Wahrheit‹«, S. 67.
86 Büchler, »Kommandostab«, S. 13–15. Zur Waffen-SS allgemein siehe Wegner, *Hitlers politische Soldaten*.
87 Birn, *Die Höheren SS- und Polizeiführer*, S. 10–12, 61–75, 331, 337, 339, 342.
88 Jacobsen, »Kommissarbefehl«, S. 184 f. (Dokument Nr. 9, Nürnberger Dokument NOKW-2079: Aktennotiz von Himmler, 21. Mai 1941).
89 Birn, *Die Höheren SS- und Polizeiführer*, S. 363–399.
90 Vgl. Aly/Heim, *Vordenker*; Koehl, *RKFDV*.
91 R.-D. Müller, »Wirtschaftsallianz«, S. 125–129.
92 Nürnberger Dokument PS-2718 (Aktennotiz über Besprechung mit Staatssekretären, 2. Mai 1941), in: *IMG*, Bd. 31, S. 84. Christian Gerlach interpretiert dieses Dokument anders, *Kalkulierte Morde*, S. 46–67; vgl. ders., »Die Ausweitung der deutschen Massenmorde in den besetzten sowjetischen Gebieten im Herbst 1941«; Longerich, *Politik*, S. 298; Aly, *»Endlösung«*, S. 283; Streit, *Keine Kameraden*, S. 63.
93 Bis jetzt gibt es keine politische Biographie über Rosenberg. Zu seiner Rolle als Parteiideologe siehe Nova, *Alfred Rosenberg*. Am 20. April 1940 wurde Rosenberg zum Bevollmächtigten für die zentrale Bearbeitung aller Fragen des osteuropäischen Raumes ernannt.
94 SAM, 500-3-795, Bl. 140–145 (Aktenvermerk von Heydrich, CdS B Nr. 3795/41, für Müller [»auch zur Unterrichtung Eichmann«], Schellenberg, Streckenbach, Filbert [für Jost], Ohlendorf »nur zur persönlichen, streng vertraulichen Information«, 26. März 1941, auszugsweise abgedruckt in: *Einsatzgruppen in der besetzten Sowjetunion*, S. 367 f., und Aly, *»Endlösung«*, S. 270).
95 *DKHH*, S. 119, Anm. 10.
96 BA NS 15/271 (Rede von Rosenberg bei der Eröffnung des Instituts für die Erforschung der Judenfrage in Frankfurt am Main, 28. März 1941).
97 Tagebucheintrag von Rosenberg, 2. April 1941, zit. in Kempner, *Kreuzverhör*, S. 226.

98 Zit. in Kempner, *Eichmann*, S. 97.

99 Nürnberger Dokument PS-1017 (Denkschrift von Rosenberg »betr. UdSSR«, 2. April 1941), in: *IMG*, Bd. 26, S. 547–554.

100 Tagebucheintrag von Rosenberg, 11. April 1941, zit. in Kempner, *Kreuzverhör*, S. 226.

101 Nürnberger Dokument PS-1024 (Rosenberg, »Allgemeiner Aufbau und Aufgaben einer Dienststelle für die zentrale Bearbeitung der Fragen des osteuropäischen Raumes«, 29. April 1941), in: *IMG*, Bd. 26, S. 560–566.

102 Nürnberger Dokumente PS-1028 und PS-1029 (Instruktionen von Rosenberg für die Reichskommissare in der Ukraine und im Ostland, 7./8. Mai 1941), in: *IMG*, Bd. 26, S. 567–576.

103 Am 12. Mai 1941 bemerkten Warlimont und Jodl die Diskrepanz zwischen dem OKH-Entwurf des »Kommissarbefehls«, der die Exekution von führenden Funktionären und Kommissaren vorsah, und Rosenbergs »Denkschrift 3«, nach der »nur hohe und höchste Funktionäre zu erledigen« seien. In Erwartung einer Entscheidung Hitlers empfahl Jodl, Funktionäre, die »sich gegen die Truppe wenden«, wie im Barbarossa-Erlass und den Richtlinien für das Verhalten der Truppe in Russland vorgesehen, »als Freischärler« zu erschießen, alle anderen aber bis zu einer späteren Überprüfung am Leben zu lassen. »Funktionäre in der Truppe« sollten entsprechend dem OKH-Vorschlag nicht als Kriegsgefangene anerkannt und spätestens in den Durchgangslagern exekutiert werden (Nürnberger Dokument PS-884: Vortragsnotiz von Warlimont, 12. Mai 1941, in: *IMG*, Bd. 26, S. 406–408). Einige der Barbarossa-Erlasse sind als Faksimile abgedruckt in: *Verbrechen der Wehrmacht*, S. 43–55.

104 Förster, »Unternehmen ›Barbarossa‹«, S. 419; Gerlach, *Kalkulierte Morde*, S. 46, Anm. 60. Rosenberg hat später behauptet, er hätte vor dem Angriff auf die Sowjetunion regelmäßig mit Vertretern des Wirtschaftsministeriums, des Wirtschaftsführungsstabes Ost und anderer Behörden konferiert (Nürnberger Dokument PS-1039: Bericht von Rosenberg, 28. Juni 1941, in: *IMG*, Bd. 26, S. 584–592).

105 Nürnberger Dokument PS-1030 (Rosenberg, »Allgemeine Instruktionen für alle Reichskommissare in den besetzten Ostgebieten«, 8. Mai 1941), in: *IMG*, Bd. 26, S. 580.

106 Nürnberger Dokument EC-126 (Wirtschaftsstab Ost, Gruppe

La, »Wirtschaftspolitische Richtlinien für Wirtschaftsorganisation Ost, Gruppe Landwirtschaft«, 23. Mai 1941), in: *IMG*, Bd. 36, S. 135–157. Vgl. auch Gerlach, *Kalkulierte Morde*, S. 298 f.; Dieckmann, »Der Krieg und die Ermordung der litauischen Juden«, S. 310. Der Wirtschaftsstab Ost unterstand dem von Göring kontrollierten Wirtschaftsführungsstab Ost und wurde von dessen Staatssekretär im Amt für den Vierjahresplan, Paul Körner, zusammen mit Landwirtschaftsstaatssekretär Herbert Backe und General Thomas vom Wehrwirtschafts- und Rüstungsamt des OKW geleitet. Seine Aufgabe war es, die Wirtschaftsmaßnahmen im Osten zu koordinieren. Er bestand aus mehreren Gruppen (Führungsgruppe, Gruppe La, Gruppe W, Gruppe M), die jeweils für bestimmte Wirtschaftsaufgaben in den besetzten sowjetischen Gebieten (Ernährung und Landwirtschaft; gewerbliche Wirtschaft; Truppenbedarf und Rüstungswirtschaft) zuständig waren und die Tätigkeit anderer Wirtschaftsdienststellen (je einer Wirtschaftsinspektion bei den Befehlshabern der rückwärtigen Heeresgebiete, Wirtschaftskommandos bei den Sicherungsdivisionen und nachgeordnete Instanzen) überwachten (Nürnberger Dokument EC-472: »Richtlinien für die Führung der Wirtschaft in den neubesetzten Ostgebieten [Grüne Mappe], Teil I [2. Auflage]«, in: *IMG*, Bd. 36, S. 542–545).

107 Entsprechend der großen Bedeutung, die er der deutschen Wirtschaftsplanung für die Behandlung der Bevölkerung in den besetzten sowjetischen Gebieten beimisst, sieht Christian Gerlach in den Richtlinien einen »von Hitler genehmigten Vernichtungsplan durch Hunger« (*Kalkulierte Morde*, S. 51; vgl. ders., *Krieg*, S. 17). Obwohl Wirtschaftsfaktoren die deutsche Politik sicherlich beeinflussten, geht Gerlachs Interpretation unserer Auffassung nach zu weit. Was das hier besprochene konkrete Dokument angeht, übersieht er, wie vage der Bezug auf »höchste Stellen« ist und wie viele Ausnahmen die Richtlinien enthalten. Allgemein neigt Gerlach dazu, die Folgen der Vorkriegspläne für die Lebensbedingungen der lokalen Bevölkerung überzubewerten, obwohl er in seiner ausgezeichneten Fallstudie über Weißrussland selbst gezeigt hat, dass diese stärker von den Ereignissen nach dem deutschen Einmarsch bestimmt wurden.

108 Streit, *Keine Kameraden*, S. 62–82.

109 R.-D. Müller, »Wirtschaftsallianz«, S. 152.

110 Tagebucheintrag von Rosenberg, 1. Juni 1941, zit. in Kempner, *Kreuzverhör*, S. 226.

111 Goebbels, *Die Tagebücher von Josef Goebbels*, Teil I, Bd. 4, S. 705 (Eintrag vom 20. Juni 1941). Dies war nur einer von mehreren Anlässen, bei denen Goebbels sich an Hitlers Prophezeiung erinnerte, wenn die Sprache auf das Schicksal der Juden kam (vgl. ebd., Teil II, Bd. 1, S. 269: Eintrag vom 19. August 1941; Bd. 3, S. 561: Eintrag vom 23. März 1942).

112 *DdGP*, S. 386, 389 (Einträge vom 17. und 27. Juli 1941). Noch Mitte Oktober 1941 suchte Frank nach einem Gebiet im Osten, in das er »seine« Juden umsiedeln konnte (ebd., S. 413: Eintrag vom 14. Oktober 1941 über ein Gespräch mit Rosenberg am Tag zuvor).

113 Burrin, *Hitler*, S. 115; Aly, *»Endlösung«*, S. 276.

114 Nürnberger Dokument PS-1058 (Ansprache Rosenbergs »vor den engsten Beteiligten am Ostproblem«, 20. Juni 1941), in: *IMG*, Bd. 26, S. 610–627. Im Kempner-Nachlass im Archiv des USHMMA, Nuremberg box 4, befinden sich handschriftliche Notizen vom 6. Juni 1941 für diese Rede.

115 Aly/Heim, *Vordenker*, S. 394–396.

116 Dieses Treffen wird heute anhand von Himmlers Dienstkalender auf den 12.–15. Juni 1941 datiert (*DKHH*, S. 173–174). Von dem Bach-Zelewski hatte es in einer Aussage im Verfahren gegen Karl Wolff irrtümlich in den März 1941 verlegt (*JNSV*, Bd. 20, S. 413: Nr. 580, LG München II 1 Ks 1/64). In Nürnberg hatte er ausgesagt, es habe Anfang 1941 stattgefunden (*IMG*, Bd. 4, S. 535 f.).

117 Eichholtz, »Der ›Generalplan Ost‹«, S. 256 (Dokument 2: Meyer an Himmler, 15. Juli 1941); Breitman, *Architekt*, S. 223 f.

118 Breitman, *Architekt*, S. 235 f.

119 »Der Generalplan Ost«, S. 300, 308, 313 (Dokument Nr. 2: Wetzel, »Stellungnahme und Gedanken zum Generalplan Ost des Reichsführers SS«, 27. April 1942).

120 Madajczyk, »Generalplan Ost«. Zur wachsenden Zahl von Veröffentlichungen über den Generalplan Ost vgl. ders., »Was Generalplan Ost synchronous with the Final Solution?«; R.-D. Müller, *Ostkrieg*, S. 94–110; Aly/Heim, *Vordenker*, S. 394–440; Rössler/Schleiermacher (Hg.), *»Generalplan Ost«*.

121 Als erster Historiker hat Philippe Burrin diesen Schluss gezogen (*Hitler*, S. 113 f., 193).

122 Safrian, *Eichmann-Männer*, S. 23–36.
123 R.-D. Müller, *Ostkrieg*, S. 25–39, Zitat von S. 143 (OKW/AWA/BW Sied., Merkblatt Nr. 1 über die Ansiedlung von Wehrmachtsangehörigen in den neu eingegliederten Ostgebieten, 16. Mai 1941).
124 Nürnberger Dokument EC-126 (Wirtschaftsstab Ost, Gruppe La, »Wirtschaftspolitische Richtlinien für Wirtschaftsorganisation Ost, Gruppe Landwirtschaft«, 23. Mai 1941), in: *IMG*, Bd. 36, S. 154 f.
125 Vgl. Birn, *Die Höheren SS- und Polizeiführer*, S. 331, 337, 339, 342, 391–395.
126 Vgl. Breitman, *Staatsgeheimnisse*, S. 57 f.; Matthäus, »›Warum wird über das Judentum geschult?‹«, S. 110.
127 Vgl. Mommsen, »Hitlers Stellung«.
128 Hitler, *Monologe*, S. 82 (14. Oktober 1941).

7. *Das »Unternehmen Barbarossa« und der Beginn der Judenvernichtung*

1 Die folgende Darstellung gibt die Auffassung des Autors wieder und entspricht nicht notwendigerweise den Ansichten des United States Holocaust Museum und des United States Memorial Council. Ich danke Nechama Tec, Konrad Kwiet und Christopher Browning für ihre Anmerkungen zu früheren Textfassungen.
2 Longerich, *Politik*, S. 418; Hilberg, *Vernichtung* (1990), Bd. 2, S. 351; Streit, *Keine Kameraden*, S. 105, 128.
3 Die klassischen Studien sind Dallin, *Deutsche Herrschaft*, und Reitlinger, *Ein Haus auf Sand gebaut*. Aus der Vielzahl aktuellerer Arbeiten mit Schwergewicht auf der Judenvernichtung in den besetzten sowjetischen Gebieten siehe Hilberg, *Vernichtung* (1990), Bd. 2, S. 287–410; Yahil, *Die Shoah*, S. 356–425; Longerich, *Politik*, S. 293–418; Kaiser (Hg.), *Täter*.
4 Mommsen, »Realisierung«.
5 Kershaw, *Hitler*, Bd. 1, S. 299–326; aus anderer Perspektive: Jäckel, *Hitlers Weltanschauung*, S. 37–46.
6 Eine systematische Studie zur deutschen »Osterfahrung« im besetzten Polen und in der besetzten Sowjetunion fehlt bislang. Wichtige Elemente finden sich in Aly/Heim, *Vordenker*,

S. 188–206; Wilhelm, »Motivation«. Unentbehrlich für das Verständnis des allgemeineren historischen Kontexts ist Burleigh, *Eastward*. Zu den Folgen des Ersten Weltkriegs siehe Liulevicius, *Eroberung*.

7 Aschheim, *Brothers and Strangers*, S. 139–156; Matthäus, »German Judenpolitik«.

8 Jahn, »›Russenfurcht‹«; vgl. Förster, »German Army«.

9 Förster, »Unternehmen ›Barbarossa‹«, S. 431, 433 f. (Einweisung durch General z. b. V. beim ObdH Müller in Warschau, 11. Juni 1941). Zur Wehrmachtsführung vgl. Hillgruber, »Russland-Bild«, S. 125–128.

10 Die Verschmelzung von Antisemitismus, Antikommunismus und geopolitischen Stereotypen im nationalkonservativen Weltbild ist bisher nicht eingehend untersucht worden. Zu einigen Aspekten siehe Jahn, »›Russenfurcht‹«; Merz, *Schreckbild*, S. 402–412, 432–448.

11 Hilberg, *Vernichtung* (1990), Bd. 1, S. 93; Kershaw, *Hitler*, Bd. 1, S. 655 f., 709. Allgemein siehe Geyer, »Etudes«; Messerschmidt, *Wehrmacht*.

12 Zit. in Förster, »Unternehmen ›Barbarossa‹«, S. 440.

13 Zit. in Messerschmidt, *Wehrmacht*, S. 354.

14 Gerlach, »Männer des 20. Juli«.

15 Bartov, *Eastern Front*, S. 76–105. Zu SS und Polizei vgl. Matthäus, »Ausbildungsziel«; ders. u. a., *Ausbildungsziel*.

16 Rossino, »Destructive Impulses«.

17 Weißbecker, »›Wenn hier Deutsche wohnten ...‹«, S. 30–33; vgl. auch von Brauchitschs Richtlinien für die »weltanschauliche Erziehung« von Soldaten und Offizieren der Wehrmacht vom 7. Oktober 1940, in denen »jüdischer Bolschewismus« wegen des Hitler-Stalin-Pakts mit keinem Wort erwähnt wird (Förster, »Unternehmen ›Barbarossa‹«, S. 441).

18 Bartov, *Eastern Front*, S. 12–21.

19 Vgl. Shils/Janowitz, »Cohesion and Disintegration«.

20 Halder, *Kriegstagebuch*, Bd. 2, S. 337 (Eintrag vom 30. März 1941).

21 Hitler, *Monologe*, S. 61 (17./18. September 1941).

22 Zit. in Förster, »Unternehmen ›Barbarossa‹«, S. 446; vgl. auch Mallmann, »Türöffner«.

23 Jacobsen, »Kommissarbefehl«, S. 176 (Dokument 5a: Entwurf

»Behandlung feindlicher Landeseinwohner« [Gerichtsbarkeitserlass], 6. Mai 1941).

24 Ebd., S. 182–184 (Dokument Nr. 8: »Erlass über die Ausübung der Kriegsgerichtsbarkeit im Gebiet ›Barbarossa‹«, 13. Mai 1941.

25 Nürnberger Dokument NOKW-486 (Sitzung von Ic-Offizieren, 24. Mai 1941), in: NARA, RG-238.

26 Jacobsen, »Kommissarbefehl«, S. 187 f. (Dokument Nr. 11, Nürnberger Dokument NOKW-1692: »Richtlinien für das Verhalten der Truppe in Russland«, 4. Juni 1941).

27 Förster, »Unternehmen ›Barbarossa‹«, S. 442 f. (OKW/WFSt, »Weisungen für die Handhabung der Propaganda im Fall ›Barbarossa‹« und »Mitteilungen für die Truppe«, nach dem 22. Juni 1941).

28 Jacobsen, »Kommissarbefehl«, S. 188–191 (Dokument Nr. 12, Nürnberger Dokument NOKW-1076: »Richtlinien für die Behandlung politischer Kommissare« [Kommissarbefehl], 6. Juni 1941). Der Befehl wurde am 8. Juni vom OKH verteilt, in schriftlicher Form nur bis zu den AOK, weiter nach unten in mündlicher Form (Förster, »Unternehmen ›Barbarossa‹«, S. 438; Longerich, *Politik*, S. 300 f.).

29 Jacobsen, »Kommissarbefehl«, S. 198–200 (OKW-Erlass »Kriegsgefangenenwesen im Fall Barbarossa«, 16. Juni 1941). Nach Streit, *Keine Kameraden*, S. 73–75, verlangte der Erlass deshalb keine Berichte für die Wehrmachtsauskunftsstelle, weil man bereits zu diesem Zeitpunkt mit einer hohen Sterblichkeitsrate unter den Kriegsgefangenen rechnete. Die Nichterwähnung der Juden lasse wiederum den Schluss zu, dass ein »Sonderbefehl« über ihr Schicksal entscheiden sollte.

30 Browning, *Ganz normale Männer.* Eine Interpretation auf der Grundlage angenommener Spezifika des deutschen Antisemitismus findet sich in Goldhagen, *Hitlers willige Vollstrecker.*

31 Vgl. Birn, *Die Höheren SS- und Polizeiführer*, S. 363–395; Breitman, *Staatsgeheimnisse*, S. 56.

32 Vgl. Banach, *Heydrichs Elite;* Browder, *Hitler's Enforcers.*

33 Kwiet, »Erziehung zum Mord«.

34 Kershaw, *Hitler-Mythos*, S. 17.

35 Kwiet, »Erziehung zum Mord«, S. 446–448; Matthäus, »Ausbildungsziel«, S. 692; ders. u. a., *Ausbildungsziel*, S. 201 f. Zur Verwendung von »Anwärtern des leitenden Dienstes« aus der

»Führerschule« Charlottenburg siehe Angrick, »Einsatzgruppe D« (Dissertation), S. 202 f.; Mallmann, »Türöffner«.

36 ZSA Wilna, 1173-1-7, Bl. 24 (RSHA IV [N] 950/41, 22. Mai 1941, auf der Grundlage eines Berichts der Stapostelle Tilsit III E 5d 681/41 g vom 16. Mai 1941). Vgl. auch MacQueen, »Nazi Policy«; ders., »Context«.

37 Vgl. Krausnick/Wilhelm, *Truppe*, S. 36–51.

38 SAM, 500-5-3, Bl. 2 (CdS I B 1 [Heydrich], »Richtlinien für den Einsatz der Sicherheitspolizei und des SD in Norwegen«, 14. April 1940).

39 BA-MA, RH 31-I/v.23 (OKH-Befehl über den Einsatz von Sipo und SD im Balkankrieg, 2. April 1941).

40 Die folgende Darstellung zu den Ereignissen in Garsden folgt dem Text des Urteils des Landgerichts Ulm vom 29. August 1958, abgedruckt in: *JNSV*, Bd. 15, S. 53–61. Vgl. auch Kwiet, »Rehearsing for Murder«; Dieckmann, »Der Krieg«, S. 295–299; Matthäus, »Jenseits der Grenze«.

41 *JNSV*, Bd. 15, S. 61.

42 Vgl. zum Beispiel Krausnick/Wilhelm, *Truppe*, S. 162 f. Krausnick stützt seine Annahme, dass der Befehl zur Ermordung aller Juden bereits vor dem Krieg ergangen sei, auf die Aussagen Böhmes und anderer Angeklagter in dem Ulmer Verfahren. Stahlecker war 1942 bei einer Aktion gegen Partisanen ums Leben gekommen. Die Trauerrede bei seiner Beerdigung hielt Heydrich (*Die Deutsche Polizei*, 15. April 1942, mit einem der wenigen vorhandenen Fotos von Stahlecker).

43 SAM, 500-1-758, Bl. 2–5 (Stapostelle Tilsit an RSHA IV [Müller], 1. Juli 1941; teilweise abgedruckt in: *Einsatz im »Reichskommissariat Ostland«*, S. 73 f.).

44 *The Einsatzgruppen Reports*, S. 36 (Ereignismeldung, 26. Juli 1941).

45 Longerich, *Politik*, S. 345–348; vgl. auch Gerlach, *Kalkulierte Morde*, S. 542 f.; Browning, *Ganz normale Männer*, S. 31–35.

46 Hilberg, *Vernichtung* (1990), Bd. 2, S. 304–350.

47 Seit den späten achtziger Jahren stimmen die meisten Historiker darin überein, dass es einen solchen Plan nicht gab (vgl. Browning, »Jenseits von ›Intentionalismus‹ und ›Funktionalismus‹«).

48 USHMMA, RG 48 004, Rolle 1 (Militärhistorisches Archiv Prag, KdoS RF-SS), Tätigkeitsbericht Kommandostab RF-SS, 17. Juli 1941; vgl. auch Gerlach, *Kalkulierte Morde*, S. 555.

49 Vgl. Breitman, *Architekt*, S. 224–227; Pohl, »Einsatzgruppe C«, S. 72.

50 Vgl. Angrick u. a., »Polizeibataillon 322«, S. 331.

51 Der administrative Status der besetzten Gebiete unterschied sich je nach ihrem Abstand von der Front und dem Tempo des deutschen Vormarschs. Rückten die kämpfenden Truppen der Heeresgruppen Nord, Mitte und Süd vor, wurde das eroberte Gebiet zunächst zum rückwärtigen Armeegebiet und später, wenn sie noch weiter vorgestoßen waren, zum rückwärtigen Heeresgebiet erklärt. In jeder Heeresgruppe standen dem Befehlshaber des rückwärtigen Heeresgebiets drei Sicherungsdivisionen und ein Orpo-Regiment zur Verfügung. Die Pläne für den Fall »Barbarossa« sahen vor, die besetzten Gebiete einer Zivilverwaltung zu übergeben, die Rosenbergs im Juli 1941 geschaffenem Ostministerium (Reichsministerium für die besetzten Ostgebiete) unterstehen sollte. Da es der Wehrmacht nicht gelang, die Rote Armee vernichtend zu schlagen, entstand ein duales Besatzungssystem: Die westlichen Gebiete wurden zivilen Reichskommissaren übergeben (Reichskommissariate Ostland und Ukraine), während die östlichen Gebiete unter militärischer Verwaltung blieben. Einsatzgruppen und HSSPF operierten in beiden Gebieten und stützten sich dabei stark auf die Orpo-Bataillone. In den westlichen Gebieten wurden die Einsatzgruppen zu stationären Dienststellen, die dem jeweiligen Reichskommissar (als BdS-Stelle) beziehungsweise Generalkommissar (als KdS-Stelle) unterstellt waren. Im Osten blieben sie als mobile Einheiten bestehen (vgl. Krausnick/Wilhelm, *Truppe*, S. 285–289).

52 Angrick u. a., »Polizeibataillon 322«, S. 334.

53 Das Datum dieses Massakers wird im Kriegstagebuch von PB 322 nicht genannt (vgl. Angrick u. a., »Polizeibataillon 322«, S. 333–336; Gerlach, *Kalkulierte Morde*, S. 543; Browning, *Judenmord*, S. 184 f.). Zu PB 322 siehe auch Kwiet, »Diary«. Zu einigen von Dalueges Reisen in den Osten siehe Breitman, *Staatsgeheimnisse*, S. 78, 355 Anm. 8.

54 Christian Gerlach, »Einsatzgruppe B«, S. 56, wirft die Frage auf, ob die Besuche von Himmler, Heydrich und Daluege möglicherweise Zeichen ihrer Unsicherheit in Bezug auf die Vorgehensweise waren. Zu einer anderen Interpretation siehe Browning, *Judenmord*, S. 184 f.

55 Angrick u. a., »Polizeibataillon 322«, S. 335 f.
56 *Einsatz im »Reichskommissariat Ostland«*, S. 75 f. (Polizeiregiment Mitte Ia (Montua) an PB 307, 316 und 322, 11. Juli 1941); vgl. auch Browning, *Ganz normale Männer*, S. 34.
57 Vgl. zum Beispiel: *The Einsatzgruppen Reports*, S. 9, 14 f., 46, 69 f., 78.
58 *Verbrechen der Wehrmacht*, S. 78–83.
59 Bartov, *Eastern Front*, S. 107–119; Gerlach, »Verbrechen«; Streit, *Keine Kameraden*; ders., »German Army«.
60 Nürnberger Dokument PS-022 (Bericht von Dorsch an Rosenberg, 10. Juli 1941), in: *IMG*, Bd. 25, S. 81–83.
61 Gerlach, *Kalkulierte Morde*, S. 506–510.
62 Pohl, *Judenverfolgung*, S. 70.
63 BA-MA, AOK 17/14499/51 (Panzergruppe 4 an OKH, 12. Juli 1941), zit. in Streit, *Keine Kameraden*, S. 124; Pohl, *Judenverfolgung*, S. 68.
64 *The Einsatzgruppen Reports*, S. 10–12 (Ereignismeldung 14, 6. Juli 1941), 22–24 (Ereignismeldung 21, 13. Juli 1941), 27–33 (Ereignismeldung 24, 16. Juli 1941); SAM, 500-1-756, Bl. 4–6 (Lagebericht von EK 1b, 1. Juli 1941). Zu Galizien siehe Pohl, *Judenverfolgung*, S. 59–69. Die Darstellung von Bogdan Musial, *»Konterrevolutionäre«*, betont über Gebühr den reaktiven Charakter deutschen Handelns.
65 Christopher Browning hebt, den Nachkriegsaussagen ehemaliger Angehöriger des PB 307 folgend, hervor, dass die Mordaktion in Brest-Litowsk nach dem Vorbild der »Vorgänge im benachbarten Bialystok« auf Befehle Dalueges und von Schenckendorffs zurückging (*Judenmord*, S. 182–185). Dagegen weist Christian Gerlach darauf hin, dass die Zeugenaussagen in diesem Punkt stark voneinander abweichen (*Kalkulierte Morde*, S. 547).
66 *The Einsatzgruppen Reports*, S. 17 f. (Ereignismeldung 19, 11. Juli 1941).
67 Für Minsk siehe Gerlach, *Kalkulierte Morde*, S. 523 f.
68 *Einsatz im »Reichskommissariat Ostland«*, S. 122 f.; Gerlach, *Kalkulierte Morde*, S. 525 f. Vom ersten zentralen Befehl des OKH über die Ghettoisierung, der am 19. August 1941 erlassen wurde, ist keine Kopie erhalten geblieben. Laut einer Verordnung des Befehlshabers des rückwärtigen Heeresgebiets Nord wurde die

Ghettoisierung in diesem Befehl nicht als dringliche Aufgabe bezeichnet und eine diesbezügliche Absprache mit dem HSSPF empfohlen (*Einsatz im »Reichskommissariat Ostland«*, S. 123).

69 Entsprechend der Kooperationsvereinbarung zwischen Heydrich und Wagner hielten Wehrmacht und Einsatzgruppen ständigen Kontakt zueinander. Heydrich ernannte mit Vorliebe Personen zu Verbindungsoffizieren der Einsatzgruppen, die ihr jeweiliges Gegenüber bei der Wehrmacht schon vor Beginn des Unternehmens »Barbarossa« gekannt hatten, wie im Fall der Einsatzgruppen A und B (Stahlecker und Nebe), die in den rückwärtigen Heeresgebieten Nord und Mitte (Franz von Roques und von Schenckendorff) operierten (Krausnick/Wilhelm, *Truppe*, S. 223–226; Gerlach, *Kalkulierte Morde*, S. 544; *Verbrechen der Wehrmacht*, S. 85).

70 Vestermanis, »Ortskommandantur Libau«; mit stärkerer Betonung der Rolle der deutschen Marine Borger, »Kriegsmarine« (ich danke Jürgen Förster für eine Kopie dieses Artikels).

71 *Einsatzgruppen in der besetzten Sowjetunion*, S. 375–385 (Bericht der EG B ans RSHA für die Zeit vom 23. Juni bis 13. Juli 1941). Zur Ermordung der Juden aus dem Minsker Ghetto im August/September 1941 siehe Gerlach, *Kalkulierte Morde*, S. 567–569.

72 Pohl, *Judenverfolgung*, S. 71–73; vgl. ders., »Einsatzgruppe C«, S. 73. Eine in Ostpolen stationierte Sipo-Einheit des BdS Krakau, die später als »Einsatzgruppe z. b. V.« bezeichnet wurde, meldete 1726 Exekutionen seit dem 2. Juli (Krausnick/Wilhelm, *Truppe*, S. 180 f., 186; Pohl, »Hans Krüger«; Gerlach, *Kalkulierte Morde*, S. 540 f.).

73 Gerlach, »Einsatzgruppe B«, S. 62.

74 Gerlach, *Krieg*, S. 58.

75 »›… ein bisschen die Wahrheit‹«, S. 71.

76 BA-MA, RH 26–295/16, Bl. 60 (Bericht der 295. Inf.Div./Ic, 3. Juli 1941). Der Pogrom dauerte bis zum 7. Juli und kostete rund 2000 Menschen das Leben. Beteiligt waren auch SK 4b und Feldgendarmerie, die es eventuell sogar angestiftet hatten (Pohl, *Judenverfolgung*, S. 62 f.).

77 USHMMA, RG 11 001 m, Rolle 183 (SAM, 500-1-25), Bl. 104–107 (EK 3, »Gesamtaufstellung der im Bereiche des EK 3 bis jetzt durchgeführten Exekutionen«, 10. September 1941);

vgl. auch: *The Einsatzgruppen Reports*, S. 90 f. (Ereignismeldung 54, 16. August 1941).

78 Pohl, *Judenverfolgung*, S. 64 f.

79 Militärhistorisches Archiv Prag, PolRgt. (Polizeiregiment Mitte, Ia, an PB 307, 316, 322, NSKK-Kompanien Berlin, Stuttgart und Nürnberg, 27. Juli 1941).

80 Gerlach, *Kalkulierte Morde*, S. 277; Pohl, »Einsatzgruppe C«, S. 74.

81 »›... ein bisschen die Wahrheit‹«, S. 73.

82 Hilberg, *Vernichtung* (1990), Bd. 2, S. 333 f. Ein Beispiel bietet die »Gesamtaufstellung der im Bereich des EK 3 bis zum 1. Dezember 1941 durchgeführten Exekutionen« vom 1. Dezember 1941 (USHMMA, RG 11 001 m, Rolle 183 [SAM, 500-1-25], Bl. 107–117), in der Jäger schreibt, die Tötungsaktionen seien »in erster Linie eine Organisationsfrage«. Zu Berichten von Überlebenden der Massenerschießungen oder Augenzeugen siehe: *Documents on the Holocaust*, S. 421–425, 427–430; *Ermordung der europäischen Juden*, S. 127–129, 146 f.

83 Vgl. die Beispiele in: *Einsatz im »Reichskommissariat Ostland«*, S. 85, 92 f.; *Documents on the Holocaust*, S. 388.

84 Vgl. Hilberg, *Vernichtung* (1990), Bd. 2, S. 332–350; Stang, *Kollaboration*, S. 257–267.

85 BA-MA, RW 31/66, Bl. 11 f. (Bericht des Wirtschaftsstabes Ost, 16. Juli 1941), zit. in Pohl, *Judenverfolgung*, S. 46 f. Aufgrund des Mangels an Fachkräften mussten in der Raffinerie in Drohobycz dennoch wieder Juden eingesetzt werden (Sandkühler, *»Endlösung«*, S. 314 f.).

86 BA-MA, RW 31/11 (Bericht des Wirtschaftsstabes Ost, 14. Juli 1941), zit. in Aly, *»Endlösung«*, S. 291; ZSA Riga, P70-2-52, Bl. 202 (Bericht des Wirtschaftsstabes Ost, 15. Juli 1941), zit. in Dieckmann, »Der Krieg«, S. 299). Dies war in Riga der Fall (Nürnberger Dokument PS-579: Wirtschaftskommando Riga an Wirtschaftsinspektion Nord, 21. Juli 1941, in: NARA, RG-238).

87 *FOS*, S. 178–180 (Auszüge aus einem Bericht über eine Besprechung von Heeresoffizieren beim Chef des Wehrwirtschafts- und Rüstungsamts, General Thomas, am 31. Juli 1941). Zu Beispielen antijüdischer Erlasse siehe: *Einsatz im »Reichskommissariat Ostland«*, S. 119–121.

88 BA-MA, RW 31/66, Bl. 2 (Bericht des Wirtschaftsstabes Ost für die Zeit vom 22. Juni bis 5. Juli 1941).

89 YIVO, Occ E3a-2 (Bericht eines deutschen Agenten [Sonderführer Schröter] über Weißrussland, 12. Juli 1941). Mangels einer Alternative kamen auch die meisten Judenräte in den Ghettos zu diesem Schluss (Hilberg, »Ghetto«; Trunk, *Judenrat*, S. 400–413).

90 *Einsatzgruppen in der besetzten Sowjetunion*, S. 319 (Heydrich an Einsatzgruppenführer, 29. Juni 1941).

91 Ebd., S. 321 f. (Heydrich an Einsatzgruppenführer, 1. Juli 1941). Christian Gerlach weist darauf hin, dass der von Heydrich geforderte schnelle Vormarsch wenig Zeit für umfangreiche Tötungsaktionen ließ (»Einsatzgruppe B«, S. 53).

92 *Einsatzgruppen in der besetzten Sowjetunion*, S. 324–328 (Heydrich an HSSPF Jeckeln, von dem Bach-Zelewski, Prützmann und Korsemann, 2. Juli 1941).

93 Mommsen, »Realisierung«, S. 186 f. Laut Nachkriegsaussage eines Einsatzgruppenoffiziers waren die Ereignismeldungen dazu bestimmt, die Regierungsstellen auf die Dynamik des eskalierenden Tötungsprozesses einzustimmen und sie »sturmreif zu schießen«, wie es wörtlich hieß (zit. in Longerich, *Politik*, S. 314).

94 USHMMA, RG 11 001 m, Rolle 183 (SAM, 500-1-25), Bl. 416: Funkspruch von Müller an die Einsatzgruppen, 1. August 1941.

95 *Einsatzgruppen in der besetzten Sowjetunion*, S. 329 f. (Heydrich an Einsatzgruppenführer, 4. Juli 1941).

96 Militärhistorisches Archiv Prag, PolRgt. (Polizeiregiment Mitte an PB 307, 316, 322 und NSKK-Kompanien Berlin, Stuttgart und Nürnberg, 27. Juli 1941); BA, NS 33/312, Bl. 26 (Funkspruch von Grothmann an 1. SS-Brigade via HSSPF Russland-Süd, 11. August 1941); BA, NS 33/312, Bl. 23 (Knoblauch an HSSPF Russland-Süd, 12. August 1941). Zu Kommunikationsproblemen zwischen SS-Führung und den Einheiten im Osten siehe Breitman, *Staatsgeheimnisse*, S. 79 f.

97 Breitman, *Staatsgeheimnisse*, S. 121–125. Breitman zitiert eine Rede Winston Churchills vom 24. August 1941, in welcher der britische Premierminister die Mordaktionen in Russland als »methodisches, gnadenloses Abschlachten« bezeichnete, wie es seit dem Einfall der Mongolen im 16. Jahrhundert nicht mehr vorgekommen sei (ebd., S. 126; vgl. auch ders., *Architekt*, S. 238).

98 *Einsatz im »Reichskommissariat Ostland«*, S. 67 f. (Heydrich an Sipo-Stellen, 3. September 1941). Zur Einstellung der Aktion T4 siehe Friedlander, *NS-Genozid*, S. 191–193.

99 Hitler, *Monologe*, S. 61 (17./18. September 1941).

100 Latzel, *Deutsche Soldaten*, S. 180 (Presseanweisung des Reichspressechefs, 5. Juli 1941).

101 Vgl. *»Es gibt nur eines für das Judentum: Vernichtung«*, hg. von Walter Manoschek, mit einer kleinen Auswahl der über 50 000 Briefe der in der Bibliothek für Zeitgeschichte in Stuttgart aufbewahrten »Sammlung Sterz«. Unter den 739 Briefen, die Martin Humburg ausgewertet hat, enthielten nur 15 Verweise auf Juden, während verächtliche Bemerkungen über die »primitiven Verhältnisse« wesentlich häufiger waren (*Gesicht*, S. 197–205). Zu Feldpostbriefen von der Ostfront siehe: *Verbrechen der Wehrmacht*, S. 629–636. Zu Abbildungen von Fotografien siehe Milton, »The Camera as a Weapon«. Zur Kriegsfotografie siehe Hüppauf, »Der entleerte Blick«; Rossino, »Eastern Europe«; Tec, »Heroine«. Um ein umfassendes Bild der deutschen Wahrnehmung des Ostens und ihrer Veränderungen im Lauf der Zeit zu erhalten, bedarf es weiterer Forschungen auf der Basis privater Fotografien und schriftlicher Quellen.

102 Humburg, *Gesicht*, S. 152–155; allgemein: Bartov, *Eastern Front*.

103 Abgedruckt in: *»Es gibt nur eines für das Judentum: Vernichtung«*, S. 33. Zu den Pogromen in Tarnopol siehe: *Verbrechen der Wehrmacht*, S. 100–108.

104 Nürnberger Dokument L-221 (Besprechung Hitlers mit Rosenberg, Lammers, Keitel und Göring, 16. Juli 1941), in: *IMG*, Bd. 38, S. 86–88. Lammers sagte nach dem Krieg aus, Verfasser des Protokolls sei wahrscheinlich Bormann gewesen, dessen Abneigung gegen Rosenberg sich darin niedergeschlagen habe (*TWC*, Bd. 12, S. 1329 f.).

105 Nürnberger Dokumente PS-1028 (Rosenbergs Instruktionen für einen Reichskommissar in der Ukraine, 7. Mai 1941), PS-1029 (Rosenbergs Instruktionen für einen Reichskommissar Ostland), in: *IMG*, Bd. 26, S. 567–576.

106 USHMMA, Kempner-Nachlass, Nuremberg box 4 (Tagebuch von Rosenberg, Eintrag vom 16. Juli 1941). Das weitere Schicksal des Originals von Rosenbergs Tagebuch nach dessen teilweiser Übersetzung für den Nürnberger Kriegsverbrecherprozess

ist unbekannt. Ein Fragment wurde 1956 von Hans-Günther Seraphim veröffentlicht (Rosenberg, *Tagebuch*).

107 Nürnberger Dokument L-221 (Besprechung Hitlers mit Rosenberg, Lammers, Keitel und Göring, 16. Juli 1941); in: *IMG*, Bd. 38, S. 90 f.

108 Ebd., S. 92.

109 USHMMA, Kempner-Nachlass, Nuremberg box 4 (Tagebuch von Rosenberg, Eintrag vom 16. Juli 1941); vgl. auch Bräutigam, »Kriegstagebuch«, S. 136 f. (Eintrag vom 16. Juli 1941).

110 Browning, »Jenseits von ›Intentionalismus‹ und ›Funktionalismus‹«, S. 92 f., 95.

111 USHMMA, RG 48004 m, Rolle 1 (Militärhistorisches Archiv Prag, KdoS RF-SS), Kommandostab RF-SS, Tätigkeitsbericht Nr. 7, 28. Juli 1941.

112 Krausnick/Wilhelm, *Truppe*, S. 208 (Tagebucheintrag von Leebs, 8. Juli 1941).

113 Nürnberger Dokumente NG-1280 (Brief von Lammers, 18. Juli 1941, mit dem »Erlass des Führers über die Verwaltung der neu besetzten Gebiete« vom 17. Juli 1941, den darin erwähnten Erlassen [»Erlass des Führers über die Ernennung von Wehrmachtsbefehlshabern in den neu besetzten Ostgebieten«, 25. Juni 1941; »Erlass des Führers über die Wirtschaft in den neu besetzten Ostgebieten«, 29. Juni 1941] und dem »Ersten Erlass des Führers über die Einführung der Zivilverwaltung in den neu besetzten Gebieten«, 17. Juli 1941) sowie »Erlass des Führers über die polizeiliche Sicherung der neu besetzten Ostgebiete«, 17. Juli 1941, NG-1688, in: *TWC*, Bd. 12, S. 1298–1304.

114 Nürnberger Dokument PS-710 (Auftrag Görings an Heydrich, Juli 1941), in: *IMG*, Bd. 26, S. 266 f.

115 Das Reichskommissariat Ostland wurde am 25. Juli gebildet. Zu diesem Zeitpunkt bestand es aus Teilen von Litauen und Lettland; das Gebiet von Wilna und der Rest von Litauen wurden am 1. August, Teile von Weißrussland am 1. September und Estland am 5. Dezember angegliedert. Das Reichskommissariat Ukraine entstand am 1. September 1941 und wurde am 20. Oktober sowie am 15. November um das westlich des Dnjeprs gelegene Gebiet erweitert (Förster, »Sicherung«, S. 1033, 1073–1075; Scheffler, »Einsatzgruppe A«, S. 47, Anm. 25; Pohl, »Einsatzgruppe C«, S. 81).

116 Hilberg, *Täter.*
117 *Einsatzgruppen in der besetzten Sowjetunion*, S. 319 (Heydrich an Einsatzgruppenführer, 29. Juni 1941).
118 Tec, *When Light Pierced the Darkness.*
119 USHMMA, RG 11001 m, Rolle 183 (SAM, 500-1-25), Bl. 104–107 (EK 3, »Gesamtaufstellung der im Bereiche des EK 3 bis jetzt durchgeführten Exekutionen«, 10. September 1941), Bl. 107–117 (EK 3, »Gesamtaufstellung der im Bereich des EK 3 bis zum 1. Dezember 1941 durchgeführten Exekutionen«, 1. Dezember 1941); vgl. auch Porat, »Lithuania«. Christoph Dieckmann, Freiburg, arbeitet an einer Fallstudie zur deutschen Besatzungspolitik in Litauen.
120 Ezergailis, *Holocaust*, S. 173–202; Waite, »Kollaboration«, S. 217. Während es EG A nicht gelang, in Wilna ein Pogrom anzuzetteln, unterstützten litauische Hilfspolizisten EG B am 20. Juli 1941 in derselben Stadt bei der Ermordung von 4000 bis 5000 Juden (Gerlach, »Einsatzgruppe B«, S. 56).
121 Pohl, »Einsatzgruppe C«, S. 72; ders., *Judenverfolgung*, S. 60–62; Zbikowski, »Anti-Jewish Pogroms«.
122 Es gibt noch keine systematische Untersuchung über Kollaboration in der besetzten Sowjetunion. Zu einigen Aspekten siehe Hass, »Okkupationsziele«; Stang, *Kollaboration;* Dean, *Collaboration;* Reichelt, »Kollaboration«. Laut Andrew Ezergailis tötete das lettische Arajs-Kommando bis zum Ende der deutschen Besatzung mindestens 26000 Juden (*Holocaust*, S. 173).
123 Nürnberger Dokument L-221 (Besprechung Hitlers mit Rosenberg, Lammers, Keitel und Göring, 16. Juli 1941), in: *IMG*, Bd. 38, S. 88.
124 Für Lettland siehe Waite, »Kollaboration«, S. 218, und Reichelt, »Kollaboration«; für Litauen siehe Arad, *Ghetto in Flames*, S. 35–38.
125 *JNSV*, Bd. 15, S. 26 f.; MacQueen, »Nazi Policy«, S. 96 f.
126 Zur innenpolitischen Situation in Litauen vor dem Krieg siehe MacQueen, »Context«.
127 *Documents Accuse*, S. 123 f. (Flugblatt der LAF, 19. März 1941).
128 MacQueen, »Context«, S. 35–37.
129 *»Schöne Zeiten«*, S. 36, 39 f.; Mallmann/Pyta/Rieß (Hg.), *Deutscher Osten*, S. 61–69.
130 Pohl, *Judenverfolgung*, S. 61; Förster, »Sicherung«, S. 1064,

Anm. 193. Nachdem etwa 2000 überwiegend männliche Juden ermordet worden waren, machte der deutsche Stadtkommandant von Lemberg dem Pogrom am 2. Juli ein Ende (Pohl, *Judenverfolgung*, S. 61).

131 SAM, 1275-3-661, Bl. 1–3 (Bericht der Ortskommandantur Drohobycz an Feldkommandantur 676 in Sambor, 8. Juli 1941).

132 Förster, »Sicherung«, S. 1045 (Tagebucheintrag von Leebs, 8. Juli 1941).

133 Pohl, *Judenverfolgung*, S. 58 (Bericht der GFP-Gruppe 711, 7. Juli 1941).

134 Vgl. zum Beispiel: *»Es gibt nur eines für das Judentum: Vernichtung«*, S. 31, 33 f., 39, 51.

135 SAM, 500-1-756, Bl. 4–6 (Lagebericht EK 1b an RSHA-Eingangsstelle, EG I [sic], 1. Juli 1941). Vgl. auch: *The Einsatzgruppen Reports*, S. 1, 10–12 (Ereignismeldungen 8 und 14). Obgleich sowohl die Wehrmacht als auch die Sipo von einem Konzentrationslager sprachen, gab es in Kowno kein solches.

136 Zum historiographischen Wert der Meldungen der Einsatzgruppen (Meldungen der einzelnen Einheiten, aufbereitete Ereignismeldungen, Tätigkeits- und Lageberichte) siehe Headland, *Messages of Murder*, S. 177–204; Krausnick/Wilhelm, *Truppe*, S. 333–347; Klein, »Einleitung«, S. 9–11.

137 ZSA Wilna, 1444-1-8, Bl. 37a (Aufruf des litauischen Militärkommandanten, 28. Juni 1941).

138 Scheffler, »Einsatzgruppe A«, S. 19.

139 *Einsatzgruppen in der besetzten Sowjetunion*, S. 320 (Heydrich an Einsatzgruppenführer, 1. Juli 1941).

140 Parole der Anhänger des lettischen *Perkonkrusts* (Donnerkreuz), zit. in Waite, »Kollaboration«, S. 218.

141 Nürnberger Dokument PS-2273 (Bericht der EG A für die Zeit vom 16. Oktober 1941 bis 31. Januar 1942 [so genannter zweiter Stahlecker-Bericht], o. D. [Anfang 1942]), in: *IMG*, Bd. 30, S. 72.

142 Gerlach, »Einsatzgruppe B«, S. 56.

143 USHMMA, RG 48 004 m, Rolle 1 (Militärhistorisches Archiv Prag, KdoS RF-SS), Kommandostab RF-SS, Ia, 11. 7. 1941, Kopie eines Fernschreibens von AOK 9, Ic/AO, Nr. 1963/41, an XXXII. AK, vom 25. Juni 1941.

144 MacQueen, »Nazi Policy«, S. 97 f.; Stang, *Kollaboration*, S. 153–171.

145 Nürnberger Dokument L-221 (Besprechung Hitlers mit Rosenberg, Lammers, Keitel und Göring, 16. Juli 1941), in: *IMG*, Bd. 38, S. 88.

146 BA-MA, R 19/326 (Himmler an HSSPF in Russland und SSPF Lublin, 25. Juli 1941); vgl. auch MacQueen, »Nazi Policy«, S. 99.

147 Hitler lehnte zwar die Aufstellung militärischer Einheiten in den baltischen Staaten und der Ukraine ab, stimmte Anfang 1942 aber der Vergrößerung der Schutzmannschaften zu (NARA, T 175, Rolle 127, Aufnahme 2654001: Himmler an Jeckeln, 27. Januar 1942).

148 BDC, 0464 (»Osteinsatz Polizei«); Nürnberger Dokument NO-285 (Bericht von Daluege, Januar 1943), in: NARA, RG-238; Browning, *Ganz normale Männer*, S. 46; vgl. auch Breitman, »Himmler's Police Auxiliaries«. Zu Weißrussland siehe Chiari, *Alltag*, S. 160–194; Gerlach, *Kalkulierte Morde*, S. 202–207. Zur Ukraine siehe Golczewski, »Organe«; Pohl, *Judenverfolgung*, S. 92 f.

149 *Einsatz im »Reichskommissariat Ostland«*, S. 86 (Direktive des Befehlshabers des rückwärtigen Heeresgebiets Nord [Franz von Roques], 3. August 1941).

150 Laut einem Bericht des HSSPF Nord bestand die Schutzmannschaft Anfang August allein in Riga aus 2799 Mann, von denen die meisten in 13 Polizeirevieren eingesetzt wurden (Waite, »Kollaboration«, S. 225 f.).

151 *Einsatz im »Reichskommissariat Ostland«*, S. 88 (Bericht des Gebietskommissars Mitau an den Generalkommissar Lettland, 12. August 1941). Zu den Aktivitäten der lettischen Hilfspolizei im Juli und August siehe Waite, »Kollaboration«, S. 221–224.

152 Chiari, *Alltag*, S. 172.

153 Gerlach, *Kalkulierte Morde*, S. 203 (Ereignismeldung 67, 29. August 1941). In Gebieten, die unter Militärverwaltung standen, nannte man die einheimische Polizei Ordnungsdienst, in zivil verwalteten Gebieten Schutzmannschaft (und die Polizisten Schutzmänner). Zu den verschiedenen Arten nichtdeutscher Polizeieinheiten siehe Breitman, »Himmler's Police Auxiliaries«.

154 *»Ich wundere mich, dass ich noch lebe«*, S. 207–209.

155 Nach Angaben von Christian Gerlach gab es Ende 1941 im so genannten Generalkommissariat Weißruthenien 3680 Schutz-

männer (*Kalkulierte Morde*, S. 204). Zur Beteiligung einheimischer Polizisten an der »zweiten Tötungswelle« und der Partisanenbekämpfung siehe ebd., S. 697–705; Dean, *Collaboration;* Matthäus, »›Reibungslos und planmäßig‹«. Klaus-Michael Mallmann arbeitet an einer Gesamtdarstellung zur Rolle der Orpo im besetzten Osteuropa.

156 Zu Litauen siehe MacQueen, »Context«, S. 38 f.; zu Lettland siehe Waite, »Kollaboration«; für Estland siehe Birn, »Collaboration«.

157 Zu Weißrussland siehe Chiari, *Alltag*, S. 96–159; Gerlach, *Kalkulierte Morde*, S. 530 f.; ders., »Einsatzgruppe B«, S. 53. Zur Miliz in der Ukraine siehe Pohl, »Einsatzgruppe C«, S. 79 f.

158 Vgl. Dieckmann, »Der Krieg«, S. 298.

159 USHMMA, RG 11 001 m, Rolle 183 (SAM, 500-1-25), Bl. 104–107 (EK 3, »Gesamtaufstellung der im Bereiche des EK 3 bis jetzt durchgeführten Exekutionen«, 10. September 1941, Einträge für 13. August, 13. bis 31. August und 9. September 1941).

160 Scheffler, »Einsatzgruppe A«, S. 32, 35.

161 Vgl. zum Beispiel Pohl, »Einsatzgruppe C«, S. 80.

162 Hilberg, *Vernichtung* (1990), Bd. 2, S. 319–321; Pohl, *Judenverfolgung*, S. 50; *Einsatzgruppen in der besetzten Sowjetunion*, S. 119 f., 140, 218.

163 Ioanid, *Holocaust*, S. 38–43.

164 USHMMA, RG 25 004 m, Rolle 16 (rumänischer Geheimdienst), zit. in Ioanid, *Holocaust*, S. 91 f.; siehe auch Ancel, »Romanian Way«; ders., »Antonescu«, in: *Yad Vashem Studies;* ders. »Antonescu«, in Berenbaum/Peck (Hg.), *Holocaust.*

165 *Holocaust in Rumania*, S. 170 (Präsidium des Ministerrats, Ministerium für nationale Propaganda, 19. Juni 1941).

166 Ioanid, *Holocaust*, S. 93.

167 Hilberg, *Vernichtung* (1990), Bd. 2, S. 826. Jean Ancel schätzt, dass bis Ende August 1941 mindestens 100 000 Juden von rumänischen Einheiten getötet wurden (»Antonescu«, in Berenbaum/Peck [Hg.], S. 468).

168 Ioanid, *Holocaust*, S. 94–96.

169 Ebd., S. 63–90 (Zitate von S. 80); *Holocaust in Rumania*, S. 141–169; Angrick, »Einsatzgruppe D«, S. 90 f.

170 Angrick, »Einsatzgruppe D«, S. 93 (Aktenvermerk über eine Besprechung mit dem Ic der 11. Armee, 16. Juli 1941). Zur Ermor-

dung der Juden im von Rumänien okkupierten Transnistrien durch den Volksdeutschen Selbstschutz unter dem Kommando von Himmlers Volksdeutscher Mittelstelle siehe Angrick, »Escalation«, S. 229–234.

171 Angrick, »Einsatzgruppe D«, S. 92–95; ders., »Escalation«, S. 209; ders., »Einsatzgruppe D« (Dissertation), S. 93–102.

172 Streit, *Keine Kameraden*, S. 83.

173 *Einsatzgruppen in der besetzten Sowjetunion*, S. 331–340 (Heydrich, »Einsatzbefehl Nr. 8: Richtlinien über die Säuberung der Gefangenenlager, in denen Sowjetrussen untergebracht sind«, 17. Juli 1941). Die Richtlinien enthielten keine über die Aussonderung hinausgehenden Anordnungen zur Behandlung jüdischer und kommunistischer Kriegsgefangener (vgl. Otto, *Wehrmacht*, S. 48–58). Christian Streit, *Keine Kameraden*, S. 93, interpretiert sie als »letzte Radikalisierung der Gegnervernichtung im Rahmen der seit März 1941 entwickelten weltanschaulichen Befehle«. Vgl. auch Aly, *»Endlösung«*, S. 293.

174 Nürnberger Dokument PS-710 (Göring an Heydrich, 31. Juli 1941), in: *IMG*, Bd. 26, S. 266 f.

175 Hitler, *Monologe*, S. 50 f. (1./2. August 1941). Vgl. auch das Protokoll der Besprechung von Wehrmachtsoffizieren beim Chef des Wehrwirtschafts- und Rüstungsamts, General Thomas, am 31. Juli 1941, in der darauf hingewiesen wurde, dass es unmöglich sei, das gesamte Gebiet zu verwalten – »Wir können nicht das ganze Land regieren« –, und mit massenhaftem Hungertod gerechnet wurde – »Große Gebiete werden sich selbst überlassen bleiben müssen (verhungern)« (auszugsweise abgedruckt in: *FOS*, S. 178–180).

176 Nach Hitlers »Weisung Nr. 33a« vom 23. Juli 1941 sollte der Terror gegen die Zivilbevölkerung verstärkt werden, um ihr »jede Lust zur Widersetzlichkeit zu nehmen« (auszugsweise abgedruckt in: *FOS*, S. 182 f.). Vgl. auch die Verfügung des Generals z. b. V. beim ObdH, Müller, vom 25. Juli 1941 (ebd., S. 168–171); Streit, *Keine Kameraden*, S. 106–108.

177 Vgl. die Beispiele bei Förster, »Sicherung«, S. 1047–1049; *Einsatz im »Reichskommissariat Ostland«*, S. 84–86. Die Sipo erhielt den Befehl, »das Ansammeln von Zuschauern, auch wenn es sich um Wehrmachtsoffiziere handelt, zu verhindern« (ebd., S. 69: RSHA IV an Einsatzgruppen, 30. August 1941).

178 BA-MA, RH 26-221/70 (221. Sicherungsdivision Ic, 28. Juli 1941), zit. in Förster, »Sicherung«, S. 1045; zu anderen Einheiten siehe ebd., S. 1046. Die 221. Sicherungsdivision war im Gebiet von Bialystok stationiert, das am 1. August 1941 Ostpreußen zugeschlagen wurde.

179 Boll/Safrian, »Stalingrad«, S. 268 (Befehl des AOK 6, 19. Juli 1941); Anderson, »Die 62. Infanterie-Division«, S. 300 (Befehl des Befehlshabers rückwärtiges Heeresgebiet, 16. August 1941); *Einsatz im »Reichskommissariat Ostland«*, S. 77 (Befehl des Kommandanten in Weißrussland [von Bechtolsheim], 10. Oktober 1941), 86 f. (Befehl der 281. Sicherungsdivision, 11. August 1941).

180 Gerlach, *Kalkulierte Morde*, S. 870–884. Zur Entwicklung der Partisanenbewegung siehe Armstrong (Hg.), *Soviet Partisans;* Grenkevich, *Soviet Partisan Movement;* Slepyan, »›The People's Avengers‹«.

181 Förster, »Gesicht«, S. 155–157; Birn, »Zweierlei Wirklichkeit?«; Büchler, »Kommandostab«; Lozowick, »Rollbahn Mord«. Martin Cüppers, Berlin, bereitet eine Arbeit zur Tätigkeit des Kommandostabs vor.

182 Matthäus, »Ausbildungsziel«, S. 693.

183 USHMMA, RG 48 004 m, Rolle 1 (Militärhistorisches Archiv Prag, KdoS RF-SS) KdoS RF-SS, Ia, »Einsatz von Truppen zur Befriedung des ›rückwärtigen Heeresgebietes‹ und des ›Gebietes der politischen Verwaltung‹«, 6. Juli 1941; »Merkblatt über Beurteilung der Lage, Entschlussfassung und Befehlsgebung«, 19. Juli 1941.

184 *DKHH*, S. 186, Anm. 18; Pohl, *Judenverfolgung*, S. 65.

185 Förster, »Sicherung«, S. 1034.

186 USHMMA, RG 48 004 m, Rolle 1 (Militärhistorisches Archiv Prag, KdoS RF-SS), KdoS RF-SS, Tätigkeitsbericht, 23. Juli 1941.

187 Birn, »Zweierlei Wirklichkeit?«, S. 280.

188 USHMMA, RG 48 004 m, Rolle 1 (Militärhistorisches Archiv Prag, KdoS RF-SS), KdoS RF-SS, Ic, Tätigkeitsbericht für 20.–27. Juli 1941, 28. Juli 1941.

189 USHMMA, RG 48 004 m, Rolle 1 (Militärhistorisches Archiv Prag, KdoS RF-SS), KdoS RF-SS, Ia, Tätigkeitsbericht für 20.–27. Juli 1941, 31. Juli 1941.

190 NARA, T-175, Rolle 109 (SS-Kavallerieregiment 1, Ia [Fegelein], »Regimentsbefehl Nr. 42«, 27. Juli 1941); vgl. auch *Einsatz im »Reichskommissariat Ostland«*, S. 75 f.

191 *FOS*, S. 175–177 (»Kommandosonderbefehl« von Himmler, 28. Juli 1941).

192 Gerlach, *Kalkulierte Morde*, S. 559; USHMMA, RG 48 004 m, Rolle 1 (Militärhistorisches Archiv Prag, KdoS RF-SS), KdoS RF-SS, Ia, Tätigkeitsbericht für 28. Juli–3. August 1941, 6. August 1941.

193 Gerlach, *Kalkulierte Morde*, S. 565 f.

194 BA-MA, RH 22/170 (Befehl des Befehlshabers rückwärtiges Heeresgebiet Süd, 29. Juli 1941); Förster, »Sicherung«, S. 1039, 1047; Pohl, *Judenverfolgung*, S. 60.

195 *Unsere Ehre heißt Treue*, S. 95 f. (1. SS-Brigade, Ia, Tätigkeitsbericht für 27.–30. Juli 1941, 30. Juli 1941); *Ermordung der europäischen Juden*, S. 131. Vgl. auch: USHMMA, RG 48 004 m, Rolle 1 (Militärhistorisches Archiv Prag, KdoS RF-SS), KdoS RF-SS, Ia, Tätigkeitsbericht für 28. Juli-3. August 1941, 6. August 1941. Laut Dieter Pohl befahl Jeckeln der 1. SS-Brigade die Exekution aller Personen, die das »bolschewistische System« unterstützten (»Schauplatz Ukraine«, S. 139).

196 Gerlach, *Kalkulierte Morde*, S. 559; *DKHH*, S. 186, Anm. 23.

197 BA-MA, RS 4/441 (SS-Kavallerieregiment 2, Reitende Abteilung, 1. August 1941), zit. in Gerlach, *Kalkulierte Morde*, S. 560; ders., »Wirtschaftsinteressen«, S. 278.

198 BA-MA, RS 4/441 (SS-Kavallerieregiment 2, Reitende Abteilung, Abteilungsbefehl Nr. 28, 1. August 1941).

199 Gerlach, *Kalkulierte Morde*, S. 560.

200 *Unsere Ehre heißt Treue*, S. 229 f. (SS-Kavallerieregiment 2, Reitende Abteilung, 12. August 1941).

201 USHMMA, RG 48 004 m, Rolle 1 (Militärhistorisches Archiv Prag, KdoS RF-SS), KdoS RF-SS, Ic, Lagebericht, 12. August 1941; Tätigkeitsbericht für 4.–10. August 1941, 13. August 1941.

202 Gerlach, *Kalkulierte Morde*, S. 563 f. Nach Büchler, »Kommandostab«, S. 13, war die von Krakau abgestellte Einsatzgruppe z. b. V. auch an der Ermordung der Juden von Sluzk, Brest, Bialystok, Wilna und des Minsker Gebiets beteiligt.

203 USHMMA, RG 48 004 m, Rolle 1 (Militärhistorisches Archiv

Prag, KdoS RF-SS), KdoS RF-SS, Ia, Tätigkeitsbericht für 28. Juli–3. August 1941, 6. August 1941; Tätigkeitsbericht für 4.–10. August 1941, 13. August 1941; *Unsere Ehre heißt Treue*, S. 98 f. (SS-Brigade, Ia, Tätigkeitsbericht für 3.–6. August 1941, 6. August 1941), 101–105 (SS-Brigade, Ia, Tätigkeitsbericht für 6.–10. August 1941, 10. August 1941).

204 Birn, »Zweierlei Wirklichkeit?«, S. 278–280.

205 USHMMA, RG 48 004 m, Rolle 1 (Militärhistorisches Archiv Prag, KdoS RF-SS), KdoS RF-SS, Ia/Ic, Kommandobefehl Nr. 42, 11. November 1941.

206 USHMMA, RG 48 004 m, Rolle 1 (Militärhistorisches Archiv Prag, KdoS RF-SS), SS-Kavalleriebrigade [Fegelein] an HSSPF Russland Mitte, »Betr.: Zu Abschlussmeldung für den RF-SS«, 13. August 1941, abgedruckt: *Unsere Ehre heißt Treue*, S. 214–216.

207 Peter Longerich spricht von einer »neuen Dimension« (*Politik*, S. 368), Christian Gerlach von einer »neuen Qualität des Mordens« (*Kalkulierte Morde*, S. 562).

208 Pohl, »Hans Krüger«, S. 244.

209 Die Annahme, Jeckeln habe während seines Besuchs bei Himmler am 12. August 1941 »Order zur Ausweitung der Vernichtungsaktionen« erhalten (Gerlach, »Wirtschaftsinteressen«, S. 278; ähnlich ders., *Kalkulierte Morde*, S. 638; Pohl, »Einsatzgruppe C«, S. 67 Anm. 37, S. 85 Anm. 18; ders., »Schauplatz Ukraine«, S. 143) oder radikalere Maßnahmen gefordert (*DKHH*, S. 70 f., 191), ist meines Erachtens durch die vorhandenen Quellen nicht gedeckt. Am 11. August 1941 hatte Himmlers Adjutant Werner Grothmann dem Kommandeur der 1. SS-Brigade, SS-Brigadeführer Günther Herrmann, in einem Funkspruch die Unzufriedenheit seines Chefs über die nachlässige Berichterstattung übermittelt – »RF-SS ist sehr ungehalten über mangelhaften Eingang von Einsatzmeldungen« –, zumal die SS-Kavalleriebrigade regelmäßig Meldungen schickte (BA, NS 33/312, Bl. 26). Am nächsten Tag teilte Kommandostabsführer Knoblauch HSSPF Jeckeln mit, Himmler erwarte umgehend einen Bericht über die Aktivitäten der 1. SS-Brigade (ebd., Bl. 23). Belege dafür, dass Himmlers Unzufriedenheit von der Zahl der Exekutionen verursacht worden wäre, fehlen (vgl.: *Unsere Treue heißt Ehre*, S. 26 f., 35, 149). Obwohl nicht bekannt ist, was Himmler am 12. August mit Jeckeln besprach, wurden seine

Instruktionen von manchen Kommandeuren als Lizenz oder Befehl zur Ermordung von Frauen und Kindern interpretiert. Andere Einheiten des Kommandostabs, vor allem die 2. SS-Brigade, waren nicht an den von der SS-Kavalleriebrigade und der 1. SS-Brigade durchgeführten »Säuberungsaktionen« beteiligt (ebd., S. 21–33).

210 Gerlach, *Kalkulierte Morde*, S. 719–721.

211 Browning, »Jenseits von ›Intentionalismus‹ und ›Funktionalismus‹«, S. 92; ders., *Fateful Months*, S. 59.

212 *DKHH*, S. 193, 195. Den Herausgebern zufolge fand die Erschießung in Smolewitschi oder Smilowitschi statt (ebd., S. 195, Anm. 14).

213 Ogorreck, *Einsatzgruppen*, 179–183 (Zitat des Kommandeurs von EK 8, Bradfisch, S. 181). Der Verweis auf Hitler in Bradfischs Nachkriegsaussage ist nicht ganz klar. Laut Bradfisch behauptete Himmler, von Hitler eine Weisung erhalten zu haben; dennoch sprach er – was bei Vorliegen eines solchen Befehls ziemlich überflüssig gewesen wäre – davon, dass die Vernichtung der Juden ein »Kriegsziel« und eine »Staatsnotwendigkeit« sei.

214 Gerlach, *Kalkulierte Morde*, S. 646–648.

215 *DKHH*, S. 195, Anm. 15; Gerlach, »Failure«, S. 65.

216 USHMMA, RG 11 001 m, Rolle 183 (SAM, 500-1-25), Bl. 104–107 (EK 3, »Gesamtaufstellung der im Bereiche des EK 3 bis jetzt durchgeführten Exekutionen«, 10. September 1941). In dieser Aufstellung meldete EK 3 die Erschießung von 3200 »Juden, Jüdinnen und J-Kindern« in Rokiskis.

217 Vgl. Gerlach, »Einsatzgruppe B«, S. 57; ders., *Kalkulierte Morde*, S. 641. Nach Ansicht Ralf Ogorrecks hat Himmler am 15. August 1941 einen solchen Befehl erteilt (*Einsatzgruppen*, S. 181).

218 Obwohl sich die meisten Historiker darüber einig sind, dass es ein sich gegenseitig verstärkendes Dreiecksverhältnis zwischen allgemeinen Richtlinien, Initiativen von unten und Koordinationsbemühungen von oben gab (Longerich, *Politik*, S. 369, 372; Browning, *Judenmord*, S. 190 f.), ist dessen konkrete Ausprägung weiterhin umstritten. Allgemein wird angenommen, dass Hitler irgendwann im Lauf des Jahres 1941 zu einer Entscheidung gelangte, die in Gestalt eines Befehls, einer Weisung oder zumindest einer Absichtserklärung die von der Peripherie ergriffenen antijüdischen Maßnahmen und die Entwicklung zur »Endlö-

sung« vorantrieb. Lag bisher der analytische Schwerpunkt in der Regel auf der Rolle der Zentrale, so hat er sich mittlerweile vor allem aufgrund lokaler und regionaler Studien, wie derjenigen von Christian Gerlach und Dieter Pohl, sowie der Arbeiten von Götz Aly und Hans Safrian in Richtung Peripherie verlagert (vgl. Browning, *Judenmord*, S. 47–92).

219 BA, R43II/685a (»Die Zivilverwaltung in den besetzten Ostgebieten« [Braune Mappe], Teil 1: Reichskommissariat Ostland, o. D. [Sommer 1941], auszugsweise abgedruckt in: *Einsatz im »Reichskommissariat Ostland«*, S. 33–37 [zit. S. 33 f.]); ZSA Moskau, 7021-148-183 (»Die Zivilverwaltung in den besetzten Ostgebieten«, Teil 2: Reichskommissariat Ukraine).

220 Am 29. Juli traf Himmler in Kowno offenbar mit Lohse und dem KdO in Litauen zusammen, aber nicht mit den »erfolgreichsten« Mördern in dem Gebiet, Jäger und Stahlecker (seinem Dienstkalender zufolge hatte Himmler in der gesamten Periode vom Beginn des »Unternehmens Barbarossa« bis zu Stahleckers Tod im Frühjahr 1942 keine einzige Begegnung mit ihm). Zwei Tage darauf besuchte Himmler auf der Fahrt nach Baranowicze Lohse und Prützmann (*DKHH*, S. 188, Anm. 20, 189, Anm. 23).

221 BA, R 6/300, Bl. 1–5 (Besprechung über die politische und wirtschaftliche Lage im Ostland in der Sitzung bei Reichsminister Rosenberg, 1. August 1941; zit. Bl. 4). Das Treffen war von Rosenberg einberufen worden, um Währungsfragen zu besprechen. Vgl. Dieckmann, »Der Krieg«, S. 320, 327.

222 *Einsatz im »Reichskommissariat Ostland«*, S. 38–42 (Reichskommissariat Ostland II [Lohse] an HSSPF, 2. August 1941).

223 So wurde in einem Bericht des Generalkommissars in Lettland an den Reichskommissar Ostland vom 20. Oktober 1941 angemerkt, dass zum Zeitpunkt der Einsetzung der Zivilverwaltung in Riga die »notwendigsten und dringlichsten Maßnahmen« gegen Juden (Erfassung, Kennzeichnung, Zwangsarbeitspflicht, Ernennung eines Judenrats, Vorarbeiten für die Errichtung eines Ghettos) bereits ergriffen worden waren (*FOS*, S. 205–207).

224 Vgl. Stahleckers Schreiben ans RSHA (Amt II) vom 21. Juli und 6. Oktober 1941 (USHMMA, RG 11 001 m5, Rolle 75 [SAM, 504-2-8]), denen zufolge die rund 25 000 in Riga verbliebenen Juden in einem Konzentrationslager außerhalb der Stadt untergebracht werden sollten. Obwohl Stahlecker möglicherweise das

1940/41 von Globocnik und Fritz Katzmann im Generalgouvernement eingeführte Modell des »Zwangsarbeitslagers für Juden« vorzog (vgl. Pohl, »Zwangsarbeitslager«), stimmte das RSHA nur der Errichtung eines »von der Sipo geführten erweiterten Polizeigefängnisses« zu (USHMMA, RG 11 001 m5, Rolle 75 [SAM, 504-2-8]: RSHA II C 3 an EG A, 4. August 1941; vgl. Longerich, *Politik*, S. 396).

225 *Einsatz im »Reichskommissariat Ostland«*, S. 42–46 (Stahleckers Stellungnahme zu Lohses »vorläufigen Richtlinien«, 6. August 1941 [zwei Kopien mit handschriftlichen Schlusspassagen von unterschiedlicher Hand]). Christopher Browning interpretiert Stahleckers Vorschlag, »Judenreservatsräume« zu schaffen, als Tarngeschichte (»Jenseits von ›Intentionalismus‹ und ›Funktionalismus‹«, S. 91 f.).

226 Vgl.: USHMMA, RG 11 001 m, Rolle 183 (SAM, 500-1-25), Bl. 104–107 (EK 3, »Gesamtaufstellung der im Bereiche des EK 3 bis jetzt durchgeführten Exekutionen«, 10. September 1941), Bl. 107–117 (EK 3, »Gesamtaufstellung der im Bereich des EK 3 bis zum 1. Dezember 1941 durchgeführten Exekutionen«, 1. Dezember 1941); *Einsatz im »Reichskommissariat Ostland«*, S. 42 (EG A [Tschierschky] an EK 3, 4. August 1941).

227 Der Chef des RSHA-Amts VI (SD-Ausland), Walter Schellenberg, sagte nach dem Krieg aus, Stahlecker sei jemand gewesen, der aus allem, was er tat, ein Schauspiel gemacht habe (Verhör, 14. November 1945, NARA, T-1139, Rolle 52, Aufnahme 1021).

228 Vgl.: *The Einsatzgruppen Reports*, S. 87 (Ereignismeldung 52, 14. August 1941, betrifft Einsatzgruppe C).

229 *Einsatz im »Reichskommissariat Ostland«*, S. 76.

230 Ebd., S. 46 f. (Auszug aus: Reichskommissar Ostland an Generalkommissare, 18. August 1941). Während die Zivilverwaltung in der Judenpolitik nachgab, bestand sie darauf, dass die Polizei nicht das Recht habe, in Wirtschaftsfragen einzugreifen (USHMMA, RG 11 001 m, Rolle 183 [SAM, 500-1-25, Bl. 423]: Reichsministerium [Meyer] an Reichskommissar Ostland, 23. August 1941).

231 *Einsatz im »Reichskommissariat Ostland«*, S. 47 f. (Stahlecker an Einsatzkommandos, 29. August 1941).

232 USHMMA, RG 11 001 m, Rolle 183 (SAM, 500-1-25), Bl. 107–117 (EK 3, »Gesamtaufstellung der im Bereich des EK 3

bis zum 1. Dezember 1941 durchgeführten Exekutionen«, 1. Dezember 1941); *Einsatz im »Reichskommissariat Ostland«*, S. 87–94.

233 USHMMA, RG 11 001 m, Rolle 183 (SAM, 500-1-25), Bl. 107–117 (EK 3, »Gesamtaufstellung der im Bereich des EK 3 bis zum 1. Dezember 1941 durchgeführten Exekutionen«, 1. Dezember 1941); *Einsatz im »Reichskommissariat Ostland«*, S. 55 (Generalkommissar Lettland an KdS Lettland, 12. März 1942); vgl.: Nürnberger Dokument NO-2849 (Ereignismeldung 54), in: NARA, RG 238.

234 USHMMA, RG 11 001 m, Rolle 183 (SAM, 500-1-25), Bl. 107–117 (EK 3, »Gesamtaufstellung der im Bereich des EK 3 bis zum 1. Dezember 1941 durchgeführten Exekutionen«, 1. Dezember 1941). Für den 22. August 1941 wurde die Ermordung von 544 als »geisteskrank« bezeichneten Menschen in Aglona gemeldet, darunter 48 Kinder.

235 Das Generalkommissariat Weißruthenien war eine künstliche Verwaltungseinheit, die Weißrussland in seinen Vor- und Nachkriegsgrenzen nur teilweise entsprach. Unter deutscher Besatzung wurden Wolhynien und Podolien der Ukraine zugeschlagen; im Osten reichte das Generalkommissariat kaum über Minsk hinaus (vgl. Gerlach, *Kalkulierte Morde*, S. 160–165). Kubes Zusammenstöße mit der Sipo in Bezug auf die »Judenfrage«, insbesondere seine Sorge um die nach Minsk deportierten deutschen Juden, hat die Forschung bisweilen überbetont. 1942 gestand Kube x) in einem Gespräch mit einem Vertreter von Bormanns Parteikanzlei ein, während einer vom SD durchgeführten Exekution im Minsker Ghetto, die er wegen ihres öffentlichen Charakters abgelehnt habe, einem jüdischen Kind »ca. 3 bis 5« Bonbons gegeben zu haben. Obwohl sich die Sipo über das gespannten Verhältnis zur Zivilverwaltung beklagte, stimmte Kube ihrer Forderung zu, mehr Personal auf dem Land zu stationieren (USHMMA, Kempner-Nachlass, Nuremberg box #4: Beauftragter des Reichsleiters Bormann im OKW/Stab z. b. V. Generalleutnant von Unruh [Albert Hoffmann] an Bormann, »Bericht Nr. 4 Weißruthenien/Minsk«, 26. Mai 1942).

236 KdoS RF-SS, SS-Kavalleriebrigade Ia (Fegelein), »Abschlussmeldung der SS-Kav.Brigade über Befriedung der Prypec-Sümpfe«, 19. September 1941; vgl. Gerlach, *Kalkulierte Morde*, S. 606–608.

x) * 1887 † 1943 (Bombe in Minsk durch Partisanen)

237 Krausnick/Wilhelm, *Truppe*, S. 247 f.; Gerlach, *Kalkulierte Morde*, S. 566; *Einsatz im »Reichskommissariat Ostland«*, S. 76 f.
238 Gerlach, *Kalkulierte Morde*, S. 604 (OKW/WFSt/Abt. L (IV/Qu), 12. September 1941).
239 USHMMA, RG 48 004 m, Rolle 1 (Militärhistorisches Archiv Prag, KdoS RF-SS), ObdH/GenStdH/AusbAbt., Ia, »Richtlinien für die Partisanenbekämpfung«, 25. Oktober 1941. In den Richtlinien heißt es: »Der Feind muss *vollständig vernichtet* werden. Die ununterbrochene Entscheidung über Leben und Tod gestellter Partisanen oder Verdächtiger ist auch für den härtesten Soldaten schwer. Es muss gehandelt werden. Richtig handelt, wer unter vollkommener Hintansetzung etwaiger persönlicher Gefühlsanwandlungen rücksichtslos und unbarmherzig zupackt.« (Hervorhebung im Original) Ende November übermittelte General von Bechtolsheim die Richtlinien den Bataillonskommandeuren (USHMMA, RG 53 002 m, Rolle 2 [ZSA Minsk, 378-1-698, Bl. 32]: Kommandant in Weißruthenien, Befehl Nr. 24, 24. November 1941).
240 USHMMA, RG 53 002 m, Rolle 2 (ZSA Minsk, 378-1-698, Bl. 11b), Bericht des Kommandanten in Weißruthenien, Abt. Ia, 16. Oktober 1941; BA-MA, RH 26-707/2 (Bericht des Wehrmachtbefehlshabers Ostland, Abt. Ia, 10. November 1941).
241 Gerlach, *Kalkulierte Morde*, S. 587 f., 593, 639.
242 Ebd., S. 603, 605 (Merkblatt der 339. Infanteriedivision, 11. November 1941). Zum Verlauf und breiteren Kontext der Tötungsaktionen in Weißrussland siehe ebd., S. 596–605, 870–884. Zur Verfolgung der »Zigeuner«, die laut Gerlach weniger auf rassischen Kategorien beruhte und weniger systematisch erfolgte als die der Juden, siehe ebd., S. 1063–1067.
243 *Einsatz im »Reichskommissariat Ostland«*, S. 78 (Befehl Nr. 24 des Kommandanten in Weißruthenien [von Bechtolsheim], 24. November 1941).
244 Gerlach, *Kalkulierte Morde*, S. 609, 628.
245 *Documents Accuse*, S. 105–109. Die Orpo war ähnlich aufgebaut wie die Sipo in den zivil verwalteten Gebieten und wurde jeweils von einem Befehlshaber der Ordnungspolizei (BdO) kommandiert; im »Ostland« war dies SS-Gruppenführer und Generalleutnant der Polizei Georg Jedicke. Die 3. Kompanie des RPB

11 hatte in Kowno als Wachmannschaft des Ghettos gedient (vgl. Browning, *Ganz normale Männer*, S. 39 f.).

246 USHMMA, RG 53 002 m, Rolle 2 (ZSA Minsk, 378-1-698, Bl. 4, 11), Berichte des Kommandanten in Weißrussland, Abt. Ia, 10. und 16. Oktober 1941. Das RPB 11 meldete die Erschießung von 1300 »Partisanen, Kommunisten, Juden und sonstigem verdächtigen Gesindel« durch seine 2. und 4. Kompanie in Zusammenarbeit mit zwei Schutzmannschaftskompanien (USHMMA, RG 22 001, Ordner 18, ZSA Minsk, 651-1-1, Bl. 4: Jedicke an Lohse, 25. Oktober 1941). Die Abwehraußenstelle der Geheimen Feldpolizei in Minsk war Mitte September eingerichtet worden (SAM, 1369-1-29, Bl. 345: Abwehrstelle Ostland, 12. September 1941).

247 Gerlach, *Kalkulierte Morde*, S. 612 f. Als das RPB 11 am 6. November 1941 abgezogen wurde, blieben die litauischen Schutzmänner in Weißrussland.

248 Browning, *Ganz normale Männer*, S. 41–45 (Carl an Kube, 30. Oktober 1941); vgl. auch *Einsatz im »Reichskommissariat Ostland«*, S. 137 f.

249 SAM, 1369-1-29, Bl. 358 (Wehrmachtbefehlshaber Ostland, Abt. Ia, an Reichskommissar Ostland, 17. Oktober 1941).

250 USHMMA, RG 53 002 m, Rolle 2 (ZSA Minsk, 378-1-698, Bl. 32), Kommandant in Weißruthenien, Abt. Ia, Befehl Nr. 24, 24. November 1941.

251 Altshuler, »Escape«.

252 Pohl, »Einsatzgruppe C«, S. 73 f.

253 Seit der Überquerung des Juschny Bug operierten die EG D und die 11. Armee außerhalb der von Berlin und Bukarest vereinbarten rumänischen Interessensphäre (vgl. Angrick, »Einsatzgruppe D«, S. 97).

254 Boll/Safrian, »Stalingrad«, S. 270–273; Lower, »Nazi Colonial Dreams«, S. 138–140. Ich danke Wendy Lower für eine auszugsweise Kopie ihrer Dissertation.

255 Vgl. die Zusammenstellung in Browning, *Ganz normale Männer*, S. 38; Pohl, »Einsatzgruppe C«, S. 78.

256 Groscurth, *Tagebücher*, S. 534–542; Boll/Safrian, »Stalingrad«, S. 275–281.

257 Angrick, »Escalation«, S. 210–229; Braham, »Kamenetsk Poldolsk«.

258 Longerich, *Politik*, S. 377–379. Laut Dieter Pohl ermordeten die sechs dem HSSPF Ukraine unterstellten Polizeibataillone im Jahr 1941 mehr Juden als die Einsatzgruppen C und D (»Schauplatz Ukraine«, S. 152).

259 *The Einsatzgruppen Reports*, S. 174 (Ereignismeldung 106, 7. Oktober 1941).

260 Pohl, »Schauplatz Ukraine«, S. 146; Lower, »Nazi Colonial Dreams«, S. 141 f.

261 Hilberg, *Vernichtung* (1990), Bd. 2, S. 316; Pohl, »Schauplatz Ukraine«, S. 147–149; Boll/Safrian, »Stalingrad«, S. 279–281.

262 Anfang Oktober meldete die Einsatzgruppe D eine Gesamtzahl von 35 782 Getöteten (*The Einsatzgruppen Reports*, S. 168 f.: Ereignismeldungen 101 und 103, 2. und 4. Oktober 1941; Angrick, »Einsatzgruppe D«, S. 98).

263 *DKHH*, S. 225, Anm. 6 (Nachkriegsaussage von Paul Zapp, dem Leiter des EK 11a). Ralf Ogorreck zitiert andere Darstellungen von Tätern aus den sechziger Jahren, denen zufolge Himmler bei dieser Gelegenheit einen zuerst im August an Ohlendorf erteilten Befehl wiederholte, alle Juden zu töten (*Einsatzgruppen*, S. 207, Anm. 117; vgl. Angrick, »Einsatzgruppe D«, S. 94, 98, 100). Abgesehen von ihrer offensichtlichen Entlastungsfunktion können solche Täteraussagen aufgrund von Ohlendorfs Verteidigungsstrategie in seinem Prozess 1947/48 als wenig glaubwürdig gelten (vgl. Browning, *Fateful Months*, S. 17–19).

264 Hilberg, *Vernichtung* (1990), Bd. 2, S. 320 f.; Angrick, »Einsatzgruppe D« (Dissertation), S. 199–202, mit einer anderen Einschätzung der Opferzahlen. Laut Radu Ioanid wurden Ende Oktober in Odessa mindestens 25 000 Juden ermordet (*Holocaust*, S. 182). Jean Ancel spricht von 5000 Opfern in der Stadt selbst und 20 500 im nahe gelegenen Dalnic (»Antonescu«, S. 470).

265 Angrick, »Einsatzgruppe D« (Dissertation), S. 216–241; ders., »Einsatzgruppe D«, S. 101 f.

266 *The Einsatzgruppen Reports*, S. 256 (Ereignismeldung 145, 12. Dezember 1941).

267 Pohl, »Schauplatz Ukraine«, S. 145 (Bericht der 454. Sicherungsdivision/VII, 23. September 1941).

268 Abgedruckt in: *FOS*, S. 203 f.; Förster, »Sicherung«, S. 1049–1051.

269 *Verbrechen der Wehrmacht*, S. 89 f.

270 Neben Jeckeln hielt sich in dieser Zeit auch HSSPF z. b. V. Kor-

semann, der auf seinen Einsatz im noch nicht besetzten Kaukasus wartete, in der Ukraine auf. Korsemann war Anfang November offenbar an der Ermordung der Juden von Rowno beteiligt (vgl. Pohl, »Schauplatz Ukraine«, S. 144, 147).

271 Pohl, »Schauplatz Ukraine«, S. 154–163; Hilberg, *Vernichtung* (1990), Bd. 2, S. 386–410; Yahil, *Die Shoah*, S. 600–610.

272 Spector, *Volhynian Jews*, S. 118–120, mit einer Beschreibung der »offenen«, das heißt nicht umzäunten Ghettos.

273 Kaienburg, »Arbeitslager«. Zum galizischen Teil dieses Straßenbauvorhabens siehe Pohl, *Judenverfolgung*, S. 338–342.

274 Pohl, »Schauplatz Ukraine«, S. 156; R.-D. Müller, *Ostkrieg*, S. 161–167.

275 Nach dem Krieg schätzte ein deutsches Gericht die Zahl der jüdischen Zwangsarbeiter, die beim Bau der Durchgangsstraße IV erschossen wurden, auf 25 000. Die meisten von ihnen stammten aus dem rumänisch verwalteten Transnistrien und ukrainischen Städten in der Nähe der Baustelle (Kaienburg, »Arbeitslager«, S. 25 f.).

276 *FOS*, S. 178–180 (Bericht über eine Besprechung im Wehrwirtschafts- und Rüstungsamt des OKW, 31. Juli 1941).

277 Am 16. September 1941 betonte Göring, dass in den besetzten Ostgebieten nur jene Teile der Bevölkerung ernährt werden sollten, die für die Deutschen arbeiteten (Streit, *Keine Kameraden*, S. 143).

278 Ende September beklagten sich untergeordnete Militärverwalter in der Südukraine über die vorherrschende »Organisation der Unordnung«. Hinzu komme, »dass die höheren Wirtschaftsdienststellen für die unteren kaum erreichbar sind und diesen klare Weisungen fehlen« (SAM, 1275-3-661, Bl. 21: Bericht von Feldkommandantur 676 in Perwomaisk an Befehlshaber rückwärtiges Heeresgebiet Süd, Abt. VII, 21. September 1941).

279 Pohl, »Schauplatz Ukraine«, S. 155. Zu Weißrussland siehe Gerlach, *Kalkulierte Morde*, S. 574–585; ders., »Deutsche Wirtschaftsinteressen, Besatzungspolitik und der Mord an den Juden in Weißrussland«. Zu Litauen siehe Dieckmann, »Der Krieg«.

280 *FOS*, S. 212–214 (Wirtschaftsstab Ost, »Besondere Anordnung Nr. 44«, 4. November 1941).

281 Browning, *Judenmord*, S. 194 (Stadtkommissar Brest [Burat] an Generalkommissar Wolhynien-Podolien, 11. November 1941).

Bis Anfang November hatten die 17 000 Juden von Brest-Litwosk zumindest offiziell die gleichen Rationen wie Nichtjuden erhalten; danach litten sie jedoch unter zunehmender Lebensmittelverknappung (ebd., S. 194–200). Unter deutscher Besatzung wurde das Gebiet von Brest-Litowsk ins Reichskommissariat Ukraine eingegliedert. Zu Brest siehe auch Bauer, *Shoa*, S. 189–203.

282 SAM, 1275-3-661 (Bericht der Feldkommandantur 676 in Perwomaisk an Befehlshaber rückwärtiges Heeresgebiet Süd, Abt. VII, 21. September 1941); vgl. ebd., 1275-3-661, Bl. 2, 4, 15 f., 21, 30 f. (Feldkommandantur 676 an 444. Sicherungsdivision, Befehlshaber rückwärtiges Heeresgebiet Süd, Abt. VII, 10. und 30. Juli sowie 9. und 21. September 1941).

283 Gerlach, *Kalkulierte Morde*, S. 806. Streit, *Keine Kameraden*, S. 132, nennt für den Zeitraum Juni bis September 1941 eine Todesrate in den Kriegsgefangenenlagern von zirka 0,3 Prozent pro Tag. In der zweiten Septemberhälfte exekutierte Einsatzgruppe B im Durchschnitt 419 Menschen am Tag (Gerlach, »Einsatzgruppe B«, S. 62; ders., *Kalkulierte Morde*, S. 279, Anm. 50). Einsatzgruppe A meldete fast die doppelte Zahl (USHMMA, RG 11 001 m, Rolle 183 [SAM, 500-1-25]: EK 3, »Gesamtaufstellung der im Bereich des EK 3 bis zum 1. Dezember 1941 durchgeführten Exekutionen«, 1. Dezember 1941).

284 Vgl. Streit, *Keine Kameraden*, S. 132–135; Otto, *Wehrmacht*, S. 271 f.; Gerlach, *Kalkulierte Morde*, S. 806–823; ders., *Krieg*, S. 46.

285 Zimmermann, *Rassenutopie*, S. 259–276; *Einsatz im »Reichskommissariat Ostland«*, S. 77–79.

286 BA, R 58/217 (Ereignismeldung 86, 17. September 1941).

287 BA, R 58/219 (Ereignismeldung 133, 14. November 1941).

288 Am 2. Dezember 1941 legte die Rüstungsinspektion Ukraine in einem Schreiben an den Chef des Wirtschafts- und Rüstungsamts des OKW, General Thomas, einige der wirtschaftlichen Auswirkungen des Massenmords im Osten dar und warf dabei die Frage auf, »[w]er denn hier eigentlich Wirtschaftswerte produzieren soll« (Nürnberger Dokument PS-3257, in: *IMG*, Bd. 32, S. 71–75).

289 Die Selektionen in Kowno und Berditschew wurden von groß angelegten Mordaktionen begleitet, wobei sich das Verhältnis zwischen Opfern und vorläufig Überlebenden unterschied: In

Berditschew starben Mitte September rund 4000 von 20 000 Ghettobewohnern, in Kowno Ende Oktober 9200 von etwa 30 000. Jägers Berichten zufolge waren in Kowno Arbeitern ihre Familien belassen worden, um die Produktivität zu erhöhen (USHMMA, RG 11 001 m, Rolle 183 [SAM, 500-1-25], Bl. 107–117: EK 3, »Gesamtaufstellung der im Bereich des EK 3 bis zum 1. Dezember 1941 durchgeführten Exekutionen«, 1. Dezember 1941).

290 Browning, *Ganz normale Männer*, S. 228–230, 241 f.

291 Browning, *Judenmord*, S. 246–248; Matthäus, »›Ordinary Men‹«, S. 138 f.

292 Gerlach, *Kalkulierte Morde*, S. 588 f. (Brief von Walter Mattner, 10. Oktober 1941). Laut Gerlach war Mattner zumindest zu einem späteren Zeitpunkt Angehöriger der Dienststelle des SS- und Polizeistandortführers in Mogilew. 1947 und 1964 in Wien geführte Gerichtsverhandlungen gegen Mattner endeten ohne eine Verurteilung (ich danke Winfried Garscha, Wien, für diese Information).

293 USHMMA, RG 48 004 m, Rolle 1 (Militärhistorisches Archiv Prag, KdoS RF-SS), KdoS RF-SS Ia/Ic, Kommandobefehl Nr. 42, 18. November 1941.

294 Ebd. (KdoS RF-SS Ia/Ic, »Betr.: Verhalten der Truppe im Ostraum«, 18. November 1941). Der Befehl war in Zusammenarbeit mit Müllers RSHA-Amt IV (Gestapo) ergangen (vgl.: ebd., KdoS RF-SS Ic 206/41, »Tätigkeitsbericht Nr. 24«, 11. Dezember 1941).

295 Gerlach, *Kalkulierte Morde*, S. 589. Die Häufigkeit, mit der Hitler und andere seine »Prophezeiung« wiederholten, ging zum großen Teil auf die Tätigkeit von Goebbels' Propagandamaschine zurück. So wurde sie zum Beispiel in dem antisemitischen »Dokumentarfilm« *Der ewige Jude* zitiert (Mommsen, »Hitler's Reichstag Speech«; vgl. Longerich, *Politik*, S. 428 f.).

296 *Mitteilungsblätter für die weltanschauliche Schulung der Ordnungspolizei*, Folge 27, 1. Dezember 1941. Vgl. Browning, *Ganz normale Männer*, S. 334; Matthäus, »Ausbildungsziel«, S. 692; ders. u. a., *Ausbildungsziel*, S. 66–83.

297 Bei der Verbreitung von Bildern der Normalität spielte die deutsche Lokalpresse eine besondere Rolle (vgl. beispielsweise die seit dem 5. August 1941 in Riga erschienene *Deutsche Zeitung im*

Ostland). Zur »Osterfahrung« von Deutschen in Weißrussland siehe Chiari, *Alltag*, S. 72–95, 308 f.

298 USHMMA, Kempner-Nachlass, Nuremberg box 4 (Beauftragter des Reichsleiters Bormann im OKW/Stab z. b. V. Generalleutnant von Unruh [Albert Hoffmann] an Bormann, »Bericht Nr. 4 Weißruthenien/Minsk«, 26. Mai 1942).

299 Staatsanwaltschaft Koblenz, 9 Ks 2/62, Bd. 42, Bl. 6380 (Aussage Edith Sch., 10. Januar 1961); Bd. 29, Bl. 4340 (Ulrich F.); Bd. 47, Bl. 7058–7067 (Ruth Z.); Bd. 48, Bl. 7193–7202 (Ryszard Sch.).

300 Ebd., Bd. 48, Bl. 7126–7135 (Aussage Irma Sch., 29. März 1961). Ein Gaswagenfahrer holte seinen 14-jährigen Sohn aus Deutschland nach Trostinez, wo er Bürogehilfe wurde, seinem Vater zufolge aber nie irgendwelche Grausamkeiten zu Gesicht bekam (ebd., Bd. 71, Bl. 10590–99, Bd. 73, Bl. 10845–46, Aussage Karl G., 2. April 1961). Zu Trostinez siehe: *»Ich wundere mich, dass ich noch lebe«*, S. 91–103; Gerlach, *Kalkulierte Morde*, S. 768–771.

301 Staatsanwaltschaft Koblenz, 9 Ks 2/62, Bd. 49, Bl. 7350–55 (Aussage Karl v. d. G., 10. April 1961).

302 Zur Nachkriegswahrnehmung des Dritten Reichs in Deutschland siehe Frei, *Vergangenheitspolitik;* ders./Steinbacher (Hg.), *Beschweigen und Bekennen*.

303 Vgl. Longerich, *Politik*, S. 426, 429.

304 Vgl. Aly, *»Endlösung«*, S. 336 (Denkschrift von Carltheo Zeitschel,x) 21. August 1941); Safrian, *Eichmann-Männer*, S. 110 f.

305 *Deutsche Politik im »Protektorat Böhmen und Mähren«*, S. 107–122 (Rede von Heydrich, 2. Oktober 1941).

306 BA, NS 19/1734, Bl. 2–7 (Aktenvermerk über eine Besprechung Heydrichs mit Alfred Meyer und anderen, 4. Oktober 1941). Am 26. Oktober schrieb Himmler ausführliche Kommentare zu dem Vermerk nieder, berührte dabei die »Judenfrage« aber mit keinem Wort (ebd., Bl. 9–12).

307 NARA, T 175, Rolle 22, Aufnahme 2525944–46 (Aktenvermerk über eine Besprechung mit Rosenberg vom Chef des SS-Hauptamtes [Berger] für Himmler, 10. Oktober 1941). Später agierte SS-Obergruppenführer Gottlob Berger als Himmlers Verbindungsmann bei Rosenberg, siehe *DKHH*, S. 668.

308 Vgl. Safrian, *Eichmann-Männer*, S. 121 f.

309 *Deutsche Politik im »Protektorat Böhmen und Mähren«*, S. 137–141 (Protokoll einer Besprechung über die »Lösung von Judenfra-

x) *1893 † 1945 Bombenangriff Berlin.
Major, Schiffsarzt

gen«, 10. Oktober 1941); vgl. auch Adler, *Der verwaltete Mensch*, S. 87 f.; Safrian, *Eichmann-Männer*, S. 124 f.; Aly, *»Endlösung«*, S. 355–357.

310 Benz (Hg.), *Dimension*, S. 361, Anm. 28 (Presseerklärung von Heydrich, 10. Oktober 1941).

311 Laut Protokoll der Besprechung vom 10. Oktober 1941 führten die Evakuierungen aus den »vorübergehenden Sammellagern« bereits dazu, dass die jüdische Bevölkerung im Protektorat »stark dezimiert« wurde (*Deutsche Politik im »Protektorat Böhmen und Mähren«*, S. 137–141: Protokoll einer Besprechung über die »Lösung von Judenfragen«, 10. Oktober 1941).

312 Hitler, *Monologe*, S. 82 (14. Oktober 1941).

313 Gerlach, *Kalkulierte Morde*, S. 651; ders., *Krieg*, S. 62.

314 USHMMA, RG 11 001 m5, Rolle 75 (SAM, 504-2-8: Aktennotiz BdS Riga/EG A II [Lange], 1. Oktober 1941; BdS/EG A [Stahlecker] an RSHA II, 6. Oktober 1941); vgl. Longerich, *Politik*, S. 461.

315 YIVO, Occ E3–29 (Aktenvermerk des Generalkommissars in Lettland [Drechsler] über einen Besuch Stahleckers am 11. Oktober 1941, 20. Oktober 1941). Der KdS Lettland, Rudolf Lange, berief sich am 24. Oktober 1941 in einer Besprechung mit Vertretern der Zivilverwaltung auf eine Anordnung Heydrichs (YIVO, Occ E3–30: Aktenvermerk Reichskommissar Ostland, 27. Oktober 1941).

316 *Einsatz im »Reichskommissariat Ostland«*, S. 92 f. (Bericht des Gebietskommissars Libau an den Generalkommissar Lettland, 11. Oktober 1941); vgl. auch Borgert, »Kriegsmarine«, S. 61.

317 Bräutigam, »Kriegstagebuch«, S. 148.

318 Nürnberger Dokument PS-082 (Vortragsnotiz von Bräutigam für Rosenberg, 13. Oktober 1941), zit. in Streit, *Keine Kameraden*, S. 341, Anm. 95.

319 *DKHH*, S. 235.

320 *FOS*, S. 204 f. (Tätigkeitsbericht der Einsatzgruppe A für die Zeit bis zum 15. Oktober 1941).

321 Longerich, *Politik*, S. 448 f.

322 Vgl.: YIVO, Occ E3–30 (Aktenvermerk Reichskommissar Ostland, 27. Oktober 1941). Dieser Notiz zufolge stellte Lange fest, dass bisher nichts für die Errichtung eines Lagers in der Umgebung von Riga getan worden sei.

323 *DKHH*, S. 245.

324 Nürnberger Dokument PS-3921 (Erlass des Chefs der Orpo, 24. Oktober 1941), in: *IMG*, Bd. 33, S. 535 f. Wolf Gruner gibt an, dass Hitler direkt an der Auswahl der Zielorte beteiligt war. Sollte dies tatsächlich der Fall gewesen sein, war es ihm angesichts der uneinheitlichen Behandlung der Deportierten offenbar gleichgültig, was mit ihnen nach ihrer Ankunft geschah (»NS-Judenverfolgung«, S. 75).

325 Vgl. beispielsweise die an Generalkommissar Lohse gerichtete Klage des Gebietskommissars in Sluzk vom 30. Oktober 1941, die schließlich auch Rosenbergs Ministerium erreichte (abgedruckt in Browning, *Ganz normale Männer*, S. 41–45).

326 Longerich, *Politik*, S. 442.

327 Nürnberger Dokument NO-365 (Entwurf eines Briefs von Wetzel an Lohse, »Betr.: Lösung der Judenfrage«, 25. Oktober 1941), in: NARA, RG-238; vgl. Friedlander, *NS-Genozid*, S. 341; Longerich, *Politik*, S. 443.

328 Browning, *Fatefull Months*, S. 57–68; Gerlach, *Kalkulierte Morde*, S. 764–767. Eine von Nebes Mitarbeiter SS-Obersturmbannführer Engelmann geführte Akte bestätigt Nachkriegsaussagen, nach denen Kripo-Chef Nebe als Leiter der Einsatzgruppe B bereits Anfang August einen Chemiker des kriminaltechnischen Instituts des RKPA nach Smolensk beordert hatte (BA, ZR 7, Bl. 120: Engelmann an KdS Warschau, 8. August 1941; vgl. auch Gerlach, *Kalkulierte Morde*, S. 648 f.). Mitte Dezember 1941 teilte Nebe seinem Nachfolger als Führer der Einsatzgruppe B mit, dass demnächst zwei »Spezialfahrzeuge« in den Osten geschickt werden würden (BA, ZR 7, Bl. 165: Nebe an Naumann, 12. Dezember 1941).

329 Safrian, *Eichmann-Männer*, S. 147 f. (Aktennotiz von Trampedach, 7. November 1941).

330 YIVO, Occ E3–31 (BdS/EG A [Lange] an Reichskommissar Ostland, 8. November 1941); *Einsatz im »Reichskommissariat Ostland«*, S. 94 (KdS Lettland an Gebietskommissar Dünaburg, 11. November 1941). Am 7. November teilte die Berliner jüdische Gemeinde auf Anordnung der Gestapo den für die Deportation vorgesehenen Juden ihren bevorstehenden Abtransport nach Kowno mit (ZSA Wilna, 1390-3-67, Bl. 1–7).

331 YIVO, Occ E3-32 (Telegramm Reichskommissar Ostland II [Trampedach] an Reichsministerium für die besetzten Ostgebiete und Lohse, 9. November 1941).

332 YIVO, Occ 3-52 (Telegramm Reichsministerium für die besetzten Ostgebiete [Leibbrandt] an Reichskommissar Ostland, 9. November 1941).

333 Riga sollte 25 000 Deportierte aufnehmen. Da aber in Salaspils gerade erst mit dem Bau begonnen worden war, sollten die Transporte nach Jungfernhof geschickt werden. Die ersten fünf eigentlich für Riga bestimmten Transporte mussten nach Kowno umgeleitet werden (YIVO, Occ E3-31: BdS/EG A [Lange] an Reichskommissar Ostland, 8. November 1941).

334 Gerlach, *Kalkulierte Morde*, S. 624–626.

335 USHMMA, Zugangsnummer 1996.A510 (KGB-Archiv: Aussage von Jeckeln, 14. Dezember 1945). Himmlers Dienstkalender enthält an diesen Tagen keinen Vermerk über eine Begegnung mit Jeckeln (*DKHH*, S. 258 f.).

336 *The Einsatzgruppen Reports*, S. 269 (Ereignismeldung 151, 5. Januar 1942).

337 Nach der »Gesamtaufstellung der im Bereich des EK 3 bis zum 1. Dezember 1941 durchgeführten Exekutionen« vom 1. Dezember 1941 (USHMMA, RG 11 001 m, Rolle 183 [SAM, 500-1-25]) wurden am 25. und 29. November 1941 in Kowno 4934 Juden aus Berlin, München, Frankfurt am Main, Wien und Breslau ermordet.

338 *The Einsatzgruppen Reports*, S. 277 (Ereignismeldung 155, 11. Januar 1942); Safrian, *Eichmann-Männer*, S. 153. Die »Aktion« in Riga verstärkte die Spannungen zwischen der Sipo und dem Stadtkommissar, der für den 1. Dezember eine weitere Enteignungsaktion geplant hatte (vgl. Scheffler, »Einsatzgruppe A«, S. 40).

339 Safrian, *Eichmann-Männer*, S. 154.

340 Gerlach, *Krieg*, S. 94 f. (BA, NS 19/1438: Telefonnotizen von Himmler, 30. November 1941; PRO, HW 16/32, GPD 471 Nr. 2: zwei Funksprüche Himmlers an Jeckeln, 1. Dezember 1941).

341 Lösener, »Handakten«, S. 697 (Aktennotiz von Lösener über eine Besprechung mit Staatssekretär Stuckart, 26. Dezember 1941).

342 Nürnberger Dokument PS-3666 (Leibbrandt an Lohse, 31. Oktober 1941; Lohse an Rosenberg, 15. November 1941), in: *IMG*, Bd. 32, S. 435 f.

343 *DKHH*, S. 262, Anm. 46 (Aktenvermerk von Rosenberg, 19. November 1941).

344 YIVO, Occ E4–22 (Heydrich an Rosenberg, 10. Januar 1942); BA, NS 19/1704 (Himmler an Berger, 9. Oktober 1942); *Einsatz im »Reichskommissariat Ostland«*, S. 51–61.

345 *FOS*, S. 225 f. (Wehrmachtsbefehlshaber Ostland [Braemer] an Reichskommissar Ostland, 20. November 1941).

346 *Deutsche Politik im »Protektorat Böhmen und Mähren«*, S. 130 (Bericht von Koeppen an Rosenberg, 7. Oktober 1941).

347 Hilberg, *Vernichtung* (1990), Bd. 2, S. 371 f.; Gerlach, *Krieg*, S. 97. Laut Christian Gerlach hatten Proteste von Kube und Lohse gegen die Deportation von »Mischlingen« und deutschen Juden mit Kriegsauszeichnungen keinen Einfluss auf den vorübergehenden Deportationsstopp (ebd. S. 100 f.).

348 Aly, *»Endlösung«*, S. 342–347; Gerlach, »Failure«, S. 60–64; Breitman, *Staatsgeheimnisse*, S. 102–106. In einem Schreiben von Anfang November 1941 erwähnte der Hersteller der Krematorien von Auschwitz, die Erfurter Firma Topf & Söhne, ein sogar noch größeres Projekt: die »äußerst dringliche« Produktion von »ca. 25 Krematoriumsanlagen«, die Himmler »für Gefangenenlager im Osten« bestellt hatte (Topf & Söhne an Industrie- und Handelskammer Erfurt, 3. November 1941; die Papiere der Firma Topf & Söhne befinden sich im Besitz von Jean-Claude Pressac, dem ich für die Einsicht in dieses Dokument danke).

349 USHMMA, RG 11 001 m, Rolle 183 (SAM, 500-1-25), Bl. 107–117 (EK 3, »Gesamtaufstellung der im Bereich des EK 3 bis zum 1. Dezember 1941 durchgeführten Exekutionen«, 1. Dezember 1941); zu Lettland siehe: *Einsatz im »Reichskommissariat Ostland«*, S. 126–128, 138–141 (Auszüge aus einem Bericht des Generalkommissars in Lettland, 20. November 1941); zum »judenfrei« gemeldeten Estland siehe ebd., S. 104 (Tätigkeits- und Lagebericht Nr. 9 für die Zeit bis 31. Januar 1941).

350 YIVO, Occ E3-23 (Aktennotiz [Lohse?], 28. November 1941); Occ E3-26 (Notizen von Lohse, 26. November 1941 [»IIa:

Nichts mehr zu veranlassen«]; vgl. Safrian, *Eichmann-Männer*, S. 149.

351 Gerlach, *Krieg*, S. 95, Anm. 30 (BA, R 90/146: Leibbrandt an Lohse, 4. Dezember 1941, »Betr.: Lösung der Judenfrage«).

352 YVA, JM 3455 (Kube an Lohse, 16. Dezember 1941); Hilberg, *Vernichtung* (1990), Bd. 2, S. 371 f.

353 Nürnberger Dokument PS-3666 (Bräutigam an Lohse, 18. Dezember 1941), in: *IMG*, Bd. 32, S. 437.

354 *DKHH*, S. 283 f. In Pätzold/Schwarz, *Tagesordnung*, S. 97 f., ist der Bericht eines Ordnungspolizisten über die Deportation deutscher Juden aus dem Rheinland nach Riga im Dezember 1941 abgedruckt.

355 *Einsatz im »Reichskommissariat Ostland«*, S. 28 f. (SS-Befehl von Himmler, 12. Dezember 1941); Kwiet, »Erziehung zum Mord«, S. 449–452; Matthäus u. a., *Ausbildungsziel*, S. 76 f.

356 *Deutsche Politik im »Protektorat Böhmen und Mähren«*, S. 107–122 (Rede von Heydrich, 2. Oktober 1941).

357 Bereits Anfang August stellten Kryptanalytiker des britischen Nachrichtendienstes bei der Auswertung abgefangener deutscher Funksprüchen fest: »Die Führer [HSSPF] der drei Gebiete wetteifern anscheinend um die ›besten‹ Ergebnisse« (zit. in Breitman, *Staatsgeheimnisse*, S. 125).

358 BA, R 70 Sowjetunion/70 (fragmentarischer Bericht des EK 2 [Lange], o. D. [Anfang 1942]); vgl.: USHMMA, RG 11 001 m, Rolle 183 (SAM, 500-1-25), Bl. 115 (EK 3, »Gesamtaufstellung der im Bereich des EK 3 bis zum 1. Dezember 1941 durchgeführten Exekutionen«, 1. Dezember 1941).

8. Vom Vernichtungskrieg zur »Endlösung«

1 Goebbels, *Die Tagebücher von Josef Goebbels*, Teil I, Bd. 4, S. 741 (Eintrag vom 8. Juli 1941).

2 Ebd., Teil II, Bd. 1, S. 30, 33 (Eintrag vom 9. Juli 1941). Wenige Tage zuvor hatte Hitler verkündet, der »Bolschewismus müsse ausgerottet werden« und Moskau als »Sitz dieser Lehre werde vom Erdboden verschwinden« (Hitler, *Monologe*, S. 39 [5./6. Juli 1941]).

3 Kershaw, *Hitler*, Bd. 2, S. 627 (Tagebuch von Walther Hewel, Eintrag vom 10. Juli 1941).

4 Nürnberger Dokument L-221 (Besprechung Hitlers mit Rosenberg, Lammers, Keitel und Göring, 16. Juli 1941), in: *IMG*, Bd. 38, S. 86–88.
5 Büchler, »Kommandostab«; Militärhistorisches Archiv Prag, KdoS RF-SS, sig. Ia 12/1, Kr. 10 (Mannschaftsstärke der Einheiten des Kommandostabs RF-SS, 1. Juli 1941).
6 Das PB 322 wurde am 23. Juli 1941 von dem Bach-Zelewski für die »dem Batl. bevorstehende Aufgabe« unterstellt (YVA, 0-53/27/53, Kriegstagebuch, Eintrag vom 23. Juli 1941).
7 BA-MA, R 19/326 (Himmler an HSSPF in Russland und SSPF Lublin, 25. Juli 1941).
8 *DKHH*, S. 181, 183.
9 Ebd., S. 189. BA-MA, RS 4/441 (SS-Kavallerieregiment 2, Reitende Abteilung, 1. August 1941), zit. in Gerlach, *Kalkulierte Morde*, S. 560; siehe auch: *JNSV*, Bd. 20, Nr. 570 (Landgericht Braunschweig, 2 Ks 1/63), S. 44.
10 YVA, 0-53/144/409–410 (Tschierschky an Stahlecker, 5. August 1941); *Einsatz im »Reichskommissariat Ostland«*, S. 42 (Tschierschky an Jäger, 4. August 1941); YVA, 0-53/144/412 (Stahlecker an Heydrich, 8. Oktober 1941).
11 *Einsatz im »Reichskommissariat Ostland«*, S. 41–46 (Stahleckers Stellungnahme zu Lohses »vorläufigen Richtlinien«, 6. August 1941).
12 USHMMA, RG 11 001 m, Rolle 183 (SAM, 500–1–25), Bl. 107–117 (EK 3, »Gesamtaufstellung der im Bereich des EK 3 bis zum 1. Dezember 1941 durchgeführten Exekutionen«, 1. Dezember 1941).
13 *DKHH*, S. 186.
14 ZStL, II 204 AR-Z 1251/65 (Landgericht Regensburg, Ks 6/70, Urteil gegen Engelbert Kreuzer), S. 11–15, 33–35.
15 *DKHH*, S. 191; Landgericht Köln, 24 Ks 1/52, Bd. 8, S. 747–755 (Aussage von Erwin Schulz, 3. Februar 1953). Zur Laufbahn von Erwin Schulz siehe Wildt, *Generation*, S. 561–578. Eine Analyse der verschiedenen Aussagen von Schulz (einschließlich einer weniger präzisen Datierung der Befehlsübermittlung in Schitomir auf Mitte August) findet sich in Ogorreck, *Einsatzgruppen*, S. 190 f. Zum an Lucius D. Clay gerichteten Gnadengesuch von Schulz siehe: *Rassenpolitik und Kriegführung*, S. 220–227.

16 *The Einsatzgruppen Reports*, S. 158 (Ereignismeldung 94, 24. September 1941).
17 *DKHH*, S. 192–196.
18 Browning, *Fateful Months*, S. 59 f.
19 Ralf Ogorreck zitiert die Aussage eines SS-Mannes: »Am Tag nach dem Besuch Himmlers wurde uns gesagt, dass dieser angeordnet habe, dass nicht nur Männer, sondern auch Frauen und Kinder, also die gesamte jüdische Bevölkerung zu erfassen sei. Man sagte uns, dass sich später die Jugend, wenn sie am Leben gelassen wird, rächen könnte. Von diesem Tag an sind dann auch Frauen und Kinder jeden Alters erschossen worden« (*Einsatzgruppen*, S. 183). Der Übergang zur Ermordung von Frauen und Kindern verlief in Weißrussland weder so schnell noch so umfassend, wie in dieser Aussage dargestellt; dennoch stützt sie die Annahme, dass das Thema der Erschießung jüdischer Frauen und Kinder bei Himmlers Besuch angeschnitten wurde.
20 YVA, 0-53/127 (Kriegstagebuch des PB 322, Einträge vom 31. August und 1. September 1941).
21 Headland, *Messenger of Murder;* Breitman, *Staatsgeheimnisse*, S. 78 f.; ders., *Architekt*, S. 226.
22 *Einsatzgruppen in der besetzten Sowjetunion*, S. 342 (Müller an Einsatzgruppen A, B, C, D, 1. August 1941).
23 *Unsere Ehre heißt Treue*, S. 219–238; umfassender in: USHMMA, RG 48 004 m, mit den Akten des Militärhistorischen Archivs Prag.
24 *DKHH*, S. 191, Anm. 4.
25 YVA, 0-53/128/242–275 und 0-53/86/14–26; Breitman, *Staatsgeheimnisse*, S. 87–89.
26 Ogorreck, *Einsatzgruppen*, S. 204–206.
27 *The Einsatzgruppen Reports*, S. 43 (Ereignismeldung 31, 23. Juli 1941). In der Ereignismeldung 52 vom 14. August 1941 heißt es – vermutlich auf der Grundlage eines einige Tage zuvor geschriebenen Berichts von Ohlendorf –, dass die »überzähligen jüdischen Massen [...] zur Kultivierung der großen Pripjetsümpfe sowie der Sümpfe am nördlichen Dnjepr sowie an der Wolga ausgezeichnet verwendet und verbraucht werden« könnten, allerdings nur bis »zur endgültigen Lösung der Judenfrage für den ganzen Kontinent« (*The Einsatzgruppen Reports*, S. 87).
28 *The Einsatzgruppen Reports*, S. 137 (Ereignismeldung 86, 17. September 1941).

29 »»... ein bisschen die Wahrheit‹«, S. 71, 73.

30 *ADAP*, Serie D, Bd. 13.2, Anhang 3, S. 838 (Aufzeichnung von Hewel über das Gespräch von Hitler mit Keitel und Kvaternik, 22. Juli 1941).

31 BDC, SS-Personalakte Friedrich Suhr.

32 Nürnberger Dokument PS-710 (Ermächtigungsschreiben Görings für Heydrich, Juli 1941), in: *IMG*, Bd. 26, S. 266 f. In einer Darstellung hat Eichmann behauptet, er hätte auf Heydrichs Anweisung dieses Schreiben entworfen, das dann Göring zur Unterschrift vorgelegt worden sei (Eichmann, *Ich*, S. 479). Bei anderer Gelegenheit beteuerte er zwar weiterhin, die Initiative sei von Heydrich ausgegangen, räumte aber ein: »Jedenfalls wie Heydrich diese Ermächtigung bekam, weiß ich nicht« (BA Koblenz, All. Proz. 6/199, Manuskript »Meine Memoiren«, S. 112 f.). Eberhard Jäckel hat darauf hingewiesen, dass für den frühen Abend des 31. Juli 1941 laut Görings Terminkalender eine einstündige Begegnung mit Heydrich vorgesehen war. Bei dieser Gelegenheit könnte ihm das Ermächtigungsschreiben vorgelegt worden sein. Dass es nicht unter seinem Briefkopf, sondern auf einem leeren Blatt geschrieben wurde, spricht in Jäckels Augen für die Annahme der Urheberschaft Heydrichs (Jäckel/Rohwer [Hg.], *Mord an den Juden*, S. 15).

33 PAA, Inland IIg 177 (Heydrich an Ribbentrop, 23. Juni 1940); Browning, *Final Solution*, S. 19, 38.

34 Götz Alys Auffassung, das Dokument vom 31. Juli sei lediglich die schriftliche Bestätigung eines Auftrages für einen Vertreibungsplan, für den Heydrich bereits im März 1941 Görings Zustimmung erhalten habe, und nur nötig gewesen, um Heydrichs Stellung gegenüber anderen zu stärken, ist nicht überzeugend (*»Endlösung«*, S. 271). Heydrich brauchte kein Schriftstück von Göring, um einen »Entwurf« für einen Plan vorzulegen, der von Hitler und Göring bereits Monate zuvor gebilligt worden war.

35 Darauf spielt der suggestive deutsche Untertitel von Gerald Flemings Buch *Hitler und die Endlösung* an: »Es ist des Führers Wunsch«.

36 Lösener, »Rassereferent«, S. 302 f.

37 NA-Mikrofilm, T81/676/6485740–56 (Aktennotiz des Propagandaministeriums für Goebbels, 17. August 1941), ausführlich zit. in Adler, *Der verwaltete Mensch*, S. 50 f.

38 Goebbels, *Die Tagebücher von Josef Goebbels*, Teil II, Bd. 1, S. 265 f., 269, 278 (Einträge vom 19. und 20. August 1941). Nachdem sie Mitte August in Bessarabien viele Juden getötet hatten, gingen rumänische Truppen daran, die Überlebenden über den Dnjestr nach Transnistrien abzuschieben.

39 Zum Innenministerium siehe Lösener, »Rassereferent«, S. 305; zum Außenministerium: PAA, Inland IIg 172 (Denkschrift von Rademacher, 21. August 1941; Aktenvermerk von Luther, 22. August 1941; Denkschrift von Luther, 22. August 1941).

40 Lösener, »Rassereferent«, S. 305–307.

41 PAA, Inland IIg 172 (Denkschrift von Rademacher, 8. September 1941; Luther an Ribbentrop, 11. September 1941).

42 In Ian Kershaws neuer Biographie wird Hitler in dieser wie in anderen Episoden als eher zurückhaltende Figur dargestellt, als jemand, der lediglich dem Druck nachgab und die ihm unterbreiteten Vorschläge absegnete (*Hitler*, Bd. 2, S. 615–656). In seinem Aufsatz »Die Interaktion von Kriegsverlauf und Judenvernichtung« porträtiert Tobias Jersak Hitler hingegen als einen Politiker, der Entscheidungen ausschließlich aus eigenem Antrieb traf. Nach Jersaks Ansicht war die Unterzeichnung der Atlantikcharta Mitte August der Zeitpunkt, an dem Hitler die Hoffnung auf einen schnellen Sieg über die Sowjetunion aufgab und als eine »Alternative« die Durchführung der »Endlösung« anordnete.

43 Eine ganze Reihe von Historikern vertritt die Auffassung, dass der Kriegseintritt der USA für die Realisierung von Hitlers Prophezeiung von entscheidender Bedeutung war. Dazu zählen L. J. Hartog *(Befehl)* und Christian Gerlach (*Krieg*, S. 121–127). Tobias Jersak ist ebenfalls dieser Ansicht, datiert die Entscheidung jedoch nicht auf den japanischen Angriff auf Pearl Harbor, sondern auf die Unterzeichnung der Atlantikcharta.

44 *DKHH*, S. 198.

45 Zit. in Rückerl, *Vernichtungslager*, S. 256 f.

46 PAA, Inland II A/B 47/1 (Eichmann an D III, 28. August 1941).

47 USHMMA, RG 15 007 m, 8/103/45–62 (Aktenvermerk von Höppner, 2. September 1941; Höppner an Ehlich und Eichmann, 3. September 1941); der Aktenvermerk ist abgedruckt in: *Vom Generalplan Ost zum Generalsiedlungsplan*, S. 392–396.

48 Klarsfeld, *Vichy – Auschwitz*, S. 367 f. (Zeitschel an Abetz, 22. August 1941).

49 PAA, Inland II A/B 65/4 (Benzler ans Auswärtige Amt, 14. August 1941).
50 *ADAP*, Serie D, Bd. 13, S. 378, 386 (Veesenmayer und Benzler ans Auswärtige Amt, 8. und 10. September 1941); PAA, Inland IIg 194 (Benzler ans Auswärtige Amt, 12. September 1941),
51 PAA, Inland IIg 194 (Randbemerkung von Rademacher vom 13. September 1941 auf Benzlers Telegramm ans Auswärtige Amt vom 12. September 1941).
52 Bräutigam, »Kriegstagebuch«, S. 144 f.; vgl. auch Adler, *Der verwaltete Mensch*, S. 176 f.
53 Herbert, »Militärverwaltung«, S. 435 f., 443 f.
54 Klarsfeld, *Vichy – Auschwitz*, S. 32 (Zeitschel an Abetz, 10. September 1941); Witte, »Zwei Entscheidungen«, S. 47. Die Darstellung der Ereignisse zwischen dem 14. und 18. September beruht weitgehend auf der von Peter Witte vorgelegten großartigen Rekonstruktion.
55 Witte, »Zwei Entscheidungen«, S. 45.
56 Landgericht Köln, 24 Ks 3/53, Bd. 2, S. 366 f. (Aussage von Jean Brodesser).
57 *DKHH*, S. 200–203, 205 (insbesondere Anm. 19).
58 Witte, »Zwei Entscheidungen«, S. 49, 51; *DKHH*, S. 210–212.
59 Witte, »Zwei Entscheidungen«, S. 45.
60 NA-Mikrofilm, T175/54/2568695 (Himmler an Greiser, 18. September 1941).
61 YVA, 0-53/85/1036 (Türk an KHM Hrubieszow, 7. Oktober 1941).
62 Burrin, *Hitler*, S. 143; Witte, »Zwei Entscheidungen«, S. 45 f.
63 Die Auseinandersetzung über die Strategie ist im Anhang des *Ktb-OKW*, Bd. 4.2, S. 1029–1068, nachzulesen. Vgl. auch Klink, »Krieg gegen die Sowjetunion«, S. 489–507; Weinberg, *Welt in Waffen*, S. 300 f.
64 Goebbels, *Die Tagebücher von Josef Goebbels*, Teil II, Bd. 1, S. 261 (Eintrag vom 19. August 1941).
65 Clark, *Barbarossa*, S. 155.
66 *Ktb-OKW*, Bd. 2, S. 661.
67 Goebbels, *Die Tagebücher von Josef Goebbels*, Teil II, Bd. 1, S. 479–482, 485 (Eintrag vom 24. September 1941).
68 Klink, »Krieg gegen die Sowjetunion«, S. 569.

69 Goebbels, *Die Tagebücher von Josef Goebbels*, Teil II, Bd. 2, S. 49 f. (Eintrag vom 4. Oktober 1941).

70 *Deutsche Politik im »Protektorat Böhmen und Mähren«*, S. 129–131 (Dokument 25: Bericht von Koeppen an Rosenberg, 7. Oktober 1941). Am 29. September 1941 hatte Eichmann seine Kollegen von der UWZ in Lodz darüber unterrichtet, dass sowjetische Gebiete als »vorläufige Ausweichmöglichkeit« für die Aufnahme von Abgeschobenen in Erwägung gezogen wurden, jedoch »erst eine bessere Transportlage abgewartet werden« müsse, bevor eine Entscheidung getroffen werden könne (Aly, *»Endlösung«*, S. 351). Laut Hitlers Adjutant Gerhard Engel war Himmler am 2. Oktober zusammen mit Heydrich, Keitel und Jodl beim »Führer« gewesen und hatte über die Deportation von Juden Bericht erstattet. Dabei habe er insbesondere über Riga, Reval und Minsk gesprochen sowie anschließend Saloniki erwähnt. Hitler habe ihn daraufhin ermächtigt, die Juden von Saloniki zu deportieren, da er wie Himmler eine »Verflechtung zwischen Juden und Levantinern« befürchtete (Engel, *Heeresadjutant*, S. 111). Engels Datierung ist indessen unzuverlässig. Philippe Burrin weist darauf hin, dass sich Hitler zu diesem Zeitpunkt in der Ukraine aufgehalten habe und erst am 5. Oktober 1941 zurückgekehrt sei. Er nimmt deshalb wohl zu Recht an, dass das Treffen später stattfand (*Hitler*, S. 199, Anm. 43).

71 Goebbels, *Die Tagebücher von Josef Goebbels*, Teil II, Bd. 2, S. 73 (Eintrag vom 7. Oktober 1941). »Überall herrschte Übereinstimmung über die Gunst der Lage«, bemerkte Ernst Klink dazu (»Krieg gegen die Sowjetunion«, S. 577). Vgl. ebenso Andreas Hillgruber, *Staatsmänner und Diplomaten bei Hitler*, Bd. 1, S. 626.

72 *Deutsche Politik im »Protektorat Böhmen und Mähren«*, S. 128 f. (Dokument 24: undatierte Stellungnahme).

73 In den vorangegangenen Wochen war Heydrich stark beschäftigt gewesen. In der Nacht des 2. Oktober waren Sprengstoffattentate auf sieben Synagogen verübt worden. Die Ermittlungen der Wehrmacht hatten zur Sipo in Paris geführt hatten, woraufhin Heydrich freimütig seine Verantwortung eingestanden hatte. Allerdings habe er die Erlaubnis erst gegeben, »als auch von höchster Stelle mit aller Schärfe das Judentum als der verantwortliche Brandstifter Europas gekennzeichnet wurde, der endgültig in Europa verschwinden muss«. Am 4. Oktober be-

klagte er sich im Gespräch mit Alfred Meyer vom Ostministerium über Firmen, die jüdische Arbeiter behalten wollten und damit »den Plan einer totalen Aussiedlung der Juden aus den von uns besetzten Gebieten zunichte« zu machen drohten (Burrin, *Hitler*, S. 144 f.).

74 Adler, *Theresienstadt*, S. 720–722 (Dokument 46b: Aufzeichnung über eine Besprechung am 10. Oktober 1941 in Prag).

75 Zum Ende des Widerstands in den Kesseln von Wjasma und Brjansk siehe: *Ktb-OKW*, Bd. 2, S. 702, 708.

76 Centre de Documentation Juive Contemporaine (Dokument V-16: Zeitschel an Dannecker, 8. Oktober 1941), vorhanden in: YVA, 0-53/136/2275–76.

77 *DdGP*, S. 413 (Eintrag vom 14. Oktober 1941).

78 *DiM*, Bd. 3, S. 184 (Auszug aus dem Monatsbericht vom 3. Juni 1941), 188 (Biebow an Landrat Welun, 2. September 1941), 190 (Greiser an Uebelhör, 11. September 1941), 191 f. (Ventzki an Uebelhör, 16. September 1941), 192 f. (Polizeidirektor in Leslau an Reichsbahndirektion Posen, 20. September 1941).

79 NA-Mikrofilm, T175/54/2568671–94 (Ventzki an Uebelhör, 24. September 1941), T175/54/2568668–70 (Uebelhör an Himmler, 4. Oktober 1941).

80 NA-Mikrofilm, T175/54/2568662–63 (Himmler an Uebelhör, 10. Oktober 1941).

81 NA-Mikrofilm, T175/54/2568653–54 (Uebelhör an Himmler, 9. Oktober 1941).

82 NA-Mikrofilm, T175/54/2568648–49 (Thomas an Himmler, 11. Oktober 1941).

83 NA-Mikrofilm, T175/54/2568651 (Himmler an Uebelhör, 11. Oktober 1941).

84 NA-Mikrofilm, T175/54/2568645–47 (Heydrich an Himmler, 19. Oktober 1941).

85 NA-Mikrofilm, T175/54/2568641–43 (Greiser an Himmler, 28. Oktober 1941; Himmler an Greiser, 10. November 1941).

86 Hilberg, *Vernichtung* (1990), Bd. 2, S. 368 f. (YIVO, Occ E3-29: Drechsler an Lohse, 20. Oktober 1941; unsignierte Notiz, 21. Oktober 1941).

87 YVA, JM 3435 (YIVO, Occ E3-30: Aktenvermerk des Reichskommissars Ostland, unterzeichnet von Wetzel, 27. Oktober 1941).

88 YVA, JM 3435 (Lange an Reichskommissar Ostland, 8. November 1941).
89 YVA, JM 3435 (Trampedach an Ostministerium und Lohse, 9. November 1941).
90 YVA, JM 3435 (Leibbrandt an Reichskommissar Ostland, 13. November 1941).
91 YVA, JM 3435 (Wehrmachtsbefehlshaber Ostland an Reichskommissar Ostland, 20. November 1941; Trampedach an Reichskommissar Ostland, 13. Januar 1941). Offenbar protestierte auch der Befehlshaber der Heeresgruppe Mitte, Generalfeldmarschall von Bock, dagegen, dass in der heißen Phase der Vorbereitungen auf die Entscheidungsschlacht um Moskau und trotz der durch schlechtes Wetter verschärften Versorgungskrise die knappen Transportmittel für die »Umsiedlung« von Juden zur Verfügung gestellt wurden (Krausnick/Wilhelm, *Truppe*, S. 585).
92 Gerlach, *Krieg*, S. 96.
93 Es folgt eine Zusammenfassung der Darstellungen in Browning, *Final Solution*, S. 56–67, und ders., *Fateful Months*, S. 39–56.
94 Zu Turners Laufbahn siehe Browning, »Harald Turner«, S. 352 f.
95 Landgericht Köln, 24 Ks 1/52, Bd. 2, S. 397 f. (Aussage von Alexander F.); BA-MA, RW 40/4 (Eintrag vom 5. Juli 1941; Anlage 33: Nürnberger Dokument NOKW-1091 [Bericht vom 22. Juli 1941]); Nürnberger Dokument NO-2942 (Bericht vom Chef der Sipo und des SD, 19. Juli 1941); Amerikanischer Militärgerichtshof, Fall VII, Mitschrift, S. 917 (Aussage von Georg Kiessel).
96 BA-MA, RH 26-104/8, Anlage 156 (Verfügung über Vorbeugungs- und Sühnemaßnahmen, Juli 1941).
97 BA-MA, RH 40/4, Anlage 61 (Bericht von Ehrmann, 1. August 1941); PAA, Staatssekretär-Jugoslawien, Bd. 3 (Benzler ans Auswärtige Amt, 1. August 1941); Nürnberger Dokumente NOKW-1661 (Kiessel an Tippelskirch, 9. August 1941), NOKW-551 (Tagesbericht des OKW, 11. August 1941).
98 BA-MA, RW 40/4 (Eintrag vom 22. Juli 1941), Anlage 33 (Gravenhorst an 65. Korps, 21. Juli 1941), 40411/7 (Bader an List, 28. August 1941).
99 BA-MA, RW 40/4 (Einträge vom 24. und 29. Juli 1941), Anlage 48 (List an Danckelmann, 29. Juli 1941).

100 PAA, Staatssekretär-Jugoslawien, Bd. 3 (Benzler ans Auswärtige Amt, 23. Juli und 1. August 1941), Inland IIg 401 (Benzler ans Auswärtige Amt, 8. August 1941); BA-MA, RW 40/4, Anlage 45 (Bericht der Feldkommandantur 816 für den 12.–27. Juli 1941), Anlage 59 (Bericht des Ic an Picht für Juli 1941), 14 749/18 (Berichte der Wehrmachtverbindungsstelle, 31. Juli und 8. August 1941), 40411/6 (Bericht von Bader, 23. August 1941).

101 Nürnberger Dokument NOKW-1898 (Wisshaupt, »Die Bekämpfung der Aufständischen im Südostraum«; IfZ München), S. 19 f.

102 PAA, Staatssekretär-Jugoslawien, Bd. 3 (Benzler ans Auswärtige Amt, 23. Juli 1941); BA-MA, RW 40/4, Anlage 35 (Kiessel an List, 23. Juli 1941), RH 25-104/9, Anlage 116 (Bericht von Jost, 30. Juli 1941), Anlage 180 (Stobbe an 704. Division, 7. August 1941), RW 40/5 (Eintrag vom 9. August 1941), RH 26-114/3 (Zusammenfassung für August).

103 PAA, Staatssekretär-Jugoslawien, Bd. 3 (Benzler ans Auswärtige Amt, 23. Juli sowie 8., 12., 27. und 28. August 1941), Inland II A/B 65/4 (Benzler ans Auswärtige Amt, 14. August 1941); BA-MA, RW 40/4, Anlage 35 (Kiessel an List, 23. Juli 1941), Anlage 45 (Bericht der Feldkommandantur 816 für den 12.–27. Juli 1941), Anlage 59 (Bericht des Ic an Picht für Juli 1941), RW 40/5, Eintrag vom 2. August 1941, Anlage 1 (Danckelmann an List, 2. August 1941), Anlage 2 (Danckelmann ans OKW, 3. August 1941), Anlage 40 (Danckelmann ans OKW, 14. August 1941), Anlage 111 (Bericht von Ic Fetz für den 21.–31. August 1941), Anlage 114 (Bericht von Ia Kogard für August 1941), RW 40/184 (Bericht von Turner, 10. Juli 1941), RW 40/185 (Bericht von Turner, 10. August 1941), RW 40/186 (Bericht von Turner, 6. September 1941); BA, NS 19/1730 (Danckelmann an List, 3. September 1941); Nürnberger Dokument NOKW-1898 (Wisshaupt, »Die Bekämpfung der Aufständischen im Südostraum«; IfZ München), S. 18 f.

104 Nürnberger Dokument NOKW-1898 (Wisshaupt, »Die Bekämpfung der Aufständischen im Südostraum«; IfZ München), S. 19, 26 f.

105 BA-MA, 14 749/5, Anlage 58 (Nürnberger Dokument NOKW-453: List an Danckelmann und Bader, 4. September 1941), RW

40/11, Anlage 7 (Nürnberger Dokument NOKW-625: List an Danckelmann, 5. September 1941).

106 Zu List siehe seine Aussage vor dem Amerikanischen Militärgerichtshof (Mitschrift, S. 3148 ff., 3321 ff., 9605 ff.), seine Vernehmung vor Prozessbeginn (NStA, Rep. 502, VI, L 65), die Darstellung seines Stabschefs, Hermann Foertsch (Institut für Zeitgeschichte, Zz 37), und die List-Verteidigungsdokumente (NStA, Rep. 501, VII, Le, Bde. 2–10).

107 NStA, List-Verteidigungsdokument 35 (Affidavit von Angelo Roncalli).

108 NStA, List-Verteidigungsdokument 23 (Affidavit von Franz Halder), 134 (Affidavit von Konrad Rudolf).

109 Amerikanischer Militärgerichtshof, Fall VII, Mitschrift, S. 3427–29.

110 Nürnberger Dokument NOKW-1898 (Wisshaupt, »Die Bekämpfung der Aufständischen im Südostraum«; IfZ München), S. 22 f.

111 PAA, Staatssekretär-Jugoslawien, Bd. 4 (Benzler ans Auswärtige Amt, 12. September 1941); BA-MA, 40/11, Anlage 31 (Danckelmann an 65. Korps, 12. September 1941), Anlage 33 (Tagesbericht vom 12. September 1941).

112 Nürnberger Dokument NOKW-1898 (Wisshaupt, »Die Bekämpfung der Aufständischen im Südostraum«; IfZ München), S. 32–34; Amerikanischer Militärgerichtshof, Fall VII, S. 4158 (Aussage von Foertsch).

113 Zu Böhme siehe: Nürnberger Dokumente NOKW-876, 1560 und 1041; NStA, Rep. 502, VI B 110.

114 BA-MA, 17 729.4, Anlage 11 (Bericht von Kewisch, 21. September 1941), Anlage 17 (Nürnberger Dokument NOKW-892: Turner an Böhme, 21. September 1941).

115 BA-MA, 17 729.4, Anlage 20 (Befehl von Böhme, 22. September 1941), Anlage 22 (Nürnberger Dokument NOKW-194: Befehl von Böhme, 23. September 1941), 17 729.9, Anlage 17 (Nürnberger Dokument NOKW-193: Pemsel an Turner und 342. Division, 27. September 1941).

116 BA-MA, 17 729.9, Anlage 31 (Nürnberger Dokument NOKW-1048: Befehl und Botschaft Böhmes an die Truppe, 25. September 1941).

117 Jovanovic, »›Wir packen‹«. Hinghofer hatte befohlen, die Eva-

kuierung »mit allergrößter Härte und ohne falsch verstandenes Mitleid« durchzuführen (BA-MA, 15 365.14: Schuster an Ia, 1. Oktober 1941).

118 BA-MA, 15 365.7 (Krogh an Regimenter, 29. September 1941; Ia an Infanterieregiment 699, 28. September 1941).

119 BA-MA, 15 365.16 (Zusammenfassung für die Zeit vom 24. September bis zum 9. Oktober 1941), 15 365.3 (Eintrag vom 7. Oktober 1941), 17 7129.4, Anlage 80 (Böhme an 342. Division, 7. Oktober 1941).

120 BA-MA, 17 1729.2 (Einträge vom 2. und 3. Oktober 1941); RH 26–114/3 (Zusammenfassung für Oktober); Amerikanischer Militärgerichtshof, Fall VII, Mitschrift, S. 8433 f. (Aussage von Johann Kerbler, einem Überlebenden von Topola).

121 BA-MA, 17 7129.2 (Eintrag vom 2. Oktober 1941). Wie Walter Manoschek nachgewiesen hat, wusste Böhme genau, dass die Meldung über eine Verstümmelung der Leichen der bei Topola Getöteten falsch war. Dennoch unternahm er nichts gegen diese Legende, da sie zu seinen Absichten passte (*»Serbien ist judenfrei«*, S. 82 f.).

122 BA-MA, 17 729.9, Anlage 48 (Auszug aus Keitels Befehl vom 16. September 1041 [Nürnberger Dokument NOKW-258]).

123 BA-MA, 17 729.8, Anlage 24 (Nürnberger Dokument NOKW-192: Faulmüllers Entwurf eines Befehls an Turner und die 342. Division, 4. Oktober 1941, mit Randbemerkung von Faulmüller). Böhme unterzeichnete keinen schriftlichen Befehl, sondern ließ den Befehl von Faulmüller mündlich übermitteln. Am 8. Oktober wurde Faulmüller die Zuständigkeit für die Vergeltungsmaßnahmen übertragen (BA-MA, 171729.8, Eintrag vom 8. Oktober 1941).

124 BA-MA, 17 729.8, Anlage 28 (Nürnberger Dokument NOKW-203: List an Böhme, 4. Oktober 1941), 17729.2 (Eintrag vom 5. Oktober 1941).

125 BA-MA, 17 1729.9, Anlage 48 (Nürnberger Dokument NOKW-891 und 557: Befehl von Böhme, Nr. 2848/1 g, 10. Oktober 1941).

126 Amerikanischer Militärgerichtshof, Fall VII, Mitschrift, S. 3370.

127 Jovanovic, »›Wir packen‹«, S. 245–279.

128 BA-MA, 17 729.9, Anlage 64 (Nürnberger Dokument NOKW-497: Bericht von Liepe, 13. Oktober 1941); Landgericht Kassel,

3 Js 11/66 (Ermittlungsverfahren gegen Walter Liepe; mit ausführlichen Aussagen über die Erschießungen).

129 BA-MA, 15 367.7 (Aktenvermerk von Treustedt, 8. Oktober 1941; 342. Regiment, Ia, Nr. 13/41 g, 8. Oktober 1941), 17 7129.9, Anlagen 12 und 17 (Nürnberger Dokument NOKW-183 und 193: Pemsel an Turner, 25. und 27. Oktober 1941), Anlage 100 (Nürnberger Dokument NOKW-561: Turner an Böhme, 25. Oktober 1941), Anlage 159 (Böhme an List, 20. Oktober 1941); Nürnberger Dokument NO-3156 (Bericht der Sipo und des SD, 9. Oktober 1941); Jüdisches Historisches Museum, Belgrad, 24-3-1/6-1 (Aussage von Milorad Jelsic, 20. Februar 1945).

130 Nürnberger Dokument NO-5810 (Turner an Hildebrandt, 17. Oktober 1941).

131 PAA, Inland II A/B 65/4 (Benzler ans Auswärtige Amt, 14. August 1941), IIg 194 (Benzler ans Auswärtige Amt, 14. August 1941); *ADAP*, Serie D, Bd. 13.1, S. 378, 386.

132 PAA, Inland IIg 194 (Rademachers Randnotiz vom 13. September 1941 auf Benzlers Schreiben ans Auswärtige Amt vom 12. September 1941).

133 Ebd. (Luther an Belgrad, 16. September 1941).

134 Ebd. (Benzler an Ribbentrop, 28. September 1941).

135 Ebd. (Luther an Ribbentrop, 2. Oktober 1941).

136 Ebd. (Ribbentrops Büro an Luther, 3. Oktober 1941).

137 Ebd. (Luther an Belgrad, 4., 8. und 14. Oktober 1941).

138 *ADAP*, Serie D, Bd. 13.2, S. 570–572 (Bericht von Rademacher, 25. Oktober 1941). Die folgende Darstellung von Rademachers Reise beruht auf diesem Bericht sowie den Informationen in: Landgericht Nürnberg-Fürth, 2 Ks 3/53, S. 53–58.

139 BA-MA, RH 26-117/3 (Einträge vom 15.–17. Oktober 1941).

140 BA-MA, RH 26-104/16, Anlage 486c (Nürnberger Dokument NOKW-904: Bericht von König, 27. Oktober 1941), RW 40.12 (Nürnberger Dokument NOKW-387: Bericht von Bischofshausen, 20. Oktober 1941), RH 26-104/13 (Bericht von König, 20. September 1941).

141 BA-MA, 17 729.9, Anlagen 80 und 81 (Faulmüller an 749. Infanterieregiment, 21. Oktober 1941; Pemsel an 65. Korps, 22. Oktober 1941), 17 729.2 (Eintrag vom 22. Oktober 1941); RH 26-104/14, Anlage 53 (Befehl von Bader, 24. Oktober 1941).

142 BA-MA, 17 729.8 (Einträge vom 23. und 24. Oktober 1941), 17 729.9, Anlage 97 (Nürnberger Dokument NOKW-562: Befehl von Böhme, Nr. 3208/41, 25. Oktober 1941).

143 Nürnberger Dokument NOKW-802 (Turner an FK, KK, 26. Oktober 1941).

144 BA-MA, RH 26-104/15 (Nürnberger Dokument NOKW-906: 734. Regiment an 704. Division, 28. Oktober 1941), RH 26-104/4 (Eintrag vom 27. Oktober 1941).

145 BA-MA, RW 40.12, Anlage 56 (Kogard an Böhme, 29. Oktober 1941).

146 BA-MA, RH 26-104/16 (Nürnberger Dokument NOKW-905: Bericht von Walther, 1. November 1941); Landgericht Konstanz, 12 Js 823/62, Ermittlungsverfahren gegen Hans-Dietrich Walther, Bd. 1, S. 215–259 (Vernehmung von Walther).

147 BA-MA, 17 729.4, Anlagen 253, 288 und 329 (Zehntagesberichte vom 10., 20. und 30. November 1941), RW 40/14, Anlagen 12, 26 und 44 (Zehntagesberichte vom 10., 20. und 30. Dezember 1941).

148 BA-MA, RW 40/2 (Nürnberger Dokument NOKW-474: Aktennotiz, 20. Dezember 1941). Der Bericht zeigt, dass 68 Prozent der Erschießungen von Wehrmachteinheiten und 32 Prozent von Turners Militärverwaltung, das heißt von der Einsatzgruppe der Sipo und des SD sowie vom 64. Reservepolizeibataillon, ausgeführt worden waren.

149 BA-MA, RW 40/14, Anlage 29 (Bader an Verwaltungsstab, 22. Dezember 1941), Anlage 26 (Nürnberger Dokument NOKW-840: Anlage 3 zum Zehntagesbericht vom 20. Dezember 1941).

150 Walter Manoschek widerspricht in seinem Buch *»Serbien ist judenfrei«* meiner Charakterisierung der Ermordung der jüdischen Männer in Serbien als Auftakt oder Vorwegnahme der »Endlösung«. Die Meinungsverschiedenheit scheint definitorischer Art zu sein und nicht auf einer konzeptuellen Unfähigkeit meinerseits zu beruhen, lokalen Ereignissen, die nicht von der Zentrale bestimmt wurden, den angemessenen Platz zuzuweisen, wie Manoschek mir vorwirft. Manoschek definiert die »Endlösung« als Tötung von Juden, nur weil sie Juden sind, wohingegen ich auch in diesem Zusammenhang, wie schon bei der Darstellung der Ermordung der sowjetischen Juden im vorangegangenen

Sommer, die Absicht, *alle* Juden zu töten, einschließlich der Frauen und Kinder, als Hauptkriterium ansehe.

151 Die umfassendsten Studien über die »Endlösung« in Ostgalizien sind Pohl, *Judenverfolgung*, und Sandkühler, *»Endlösung«*. Pohl (S. 43–45) schätzt, dass den Deutschen in Galizien 540 000 Juden in die Hände fielen. Laut Frank Golczewski waren es 500 000 (»Polen«, S. 445).

152 Berenstein, »Eksterminacja«, Tabelle 1; YVA, TR-10/696 (Landgericht Stuttgart, Ks 5/65, Urteil gegen Rudolf Röder, Anton Löhnert und andere), S. 19; Friedman, *Roads to Extinction*, S. 244.

153 Pohl, *Judenverfolgung*, S. 54–67.

154 YVA, TR-10/518 (Staatsanwaltschaft Stuttgart, 12 Js 1403/61, Anklageschrift gegen Paul Raebel, Hermann Müller und andere), S. 94 f.

155 Pohl, *Judenverfolgung*, S. 67–74; Sandkühler, *»Endlösung«*, S. 114–122.

156 Pohl, *Judenverfolgung*, S. 83–93; Sandkühler, *»Endlösung«*, S. 80–85.

157 YVA, TR-10/1116 (Polizeidirektion Wien an Staatsanwaltschaft Wien, 18. November 1947, mit zusammengefassten Zeugenaussagen). Aharon Weiss nennt als Datum »Anfang September« (»Stryj«, S. 1378), und Tatiana Berenstein dokumentiert ein Massaker an 800 Juden, das entweder im September oder im Oktober stattfand (»Eksterminacja«, Tabelle 10).

158 *DdGP*, S. 436 (Regierungssitzung, 21. Oktober 1941).

159 Pohl, *Judenverfolgung*, S. 141, 154–158.

160 YVA, TR-10/518 (Staatsanwaltschaft Stuttgart, 12 Js 1403/61, Anklageschrift gegen Paul Raebel, Hermann Müller und andere), S. 100; Weiss, »Ternopol«, S. 1402.

161 Pohl, *Judenverfolgung*, S. 141.

162 Pohl, *Judenverfolgung*, S. 157. Die niedrigste Schätzung der Größe der jüdischen Bevölkerung von Stanislau stammt von Tatiana Berenstein (»Eksterminacja«, Tabelle 9); Aharon Weiss schätzt die Zahl der damaligen jüdischen Einwohner der Stadt auf 40 000 (»Stanislau«, S. 1370), Sandkühler auf 42 000 (*»Endlösung«*, S. 149).

163 Zu Krüger und den im Folgenden dargestellten Ereignissen siehe: YVA, TR-10/785 (Landgericht Münster, 5 Ks 4/65, Urteil gegen Krüger), S. 82–84, 100–106, 139–142, 197–205; Pohl,

Judenverfolgung, S. 143–147; ders., »Hans Krüger«; Sandkühler, »*Endlösung*«, S. 149–152; Freundlich, *Stanislau*.

164 Zit. in Pohl, *Judenverfolgung*, S. 144.

165 Tatiana Berenstein schätzt die Zahl der Opfer auf 2000 (»Eksterminacja«, Tabelle 9); die Mindestschätzung im Urteil des Stuttgarter Landgerichts gegen Krüger (S. 120) beläuft sich auf 1200.

166 Berenstein, »Eksterminacja«, Tabelle 9. Dieter Pohl (*Judenverfolgung*, S. 147) und Thomas Sandkühler (»*Endlösung*«, S. 152) schätzen die Zahl der Opfer auf 10 000 bis 12 000.

167 Pohl, *Judenverfolgung*, S. 145.

168 Urteil gegen Krüger, S. 332, 381, 388, 391.

169 YVA, TR-10/518 (Staatsanwaltschaft Stuttgart, 12 Js 1403/61, Anklageschrift gegen Paul Raebel, Hermann Müller und andere), S. 134; Berenstein, »Eksterminacja«, Tabelle 2.

170 YVA, TR-10/831 (Staatsanwaltschaft Darmstadt, 2 Js 50/66, Anklageschrift gegen Herbert Härtel, Erwin Gaqy und andere), S. 177–181.

171 Thomas Sandkühler gibt die Zahl der Opfer mit 1200 an (»*Endlösung*«, S. 153), während Aharon Weiss von 3000 Opfern spricht (»Kolokyja«, S. 781). Dagegen ist weder bei Tatiana Berenstein noch in den deutschen Gerichtsakten ein Hinweis auf eine große Tötungsaktion in Kolomyja zu diesem Zeitpunkt zu finden.

172 YVA, TR-10/831 (Staatsanwaltschaft Darmstadt, 2 Js 50/66, Anklageschrift gegen Herbert Härtel, Erwin Gaqy und andere), S. 203–205; Berenstein, »Eksterminacja«, Tabelle 6.

173 Weiss, »Kolomyja«, S. 781; Berenstein, »Eksterminacja«, Tabelle 6.

174 YVA, TR-10/831 (Staatsanwaltschaft Darmstadt, 2 Js 50/66, Anklageschrift gegen Herbert Härtel, Erwin Gaqy und andere), S. 219 f.; Berenstein, »Eksterminacja«, Tabelle 6; Pohl, *Judenverfolgung*, S. 149; Sandkühler, »*Endlösung*«, S. 154.

175 YVA, TR-10/831 (Staatsanwaltschaft Darmstadt, 2 Js 50/66, Anklageschrift gegen Herbert Härtel, Erwin Gaqy und andere), S. 191, 223; Berenstein, »Eksterminacja«, Tabelle 6; Pohl, *Judenverfolgung*, S. 149.

176 Pohl, *Judenverfolgung*, S. 149; Berenstein, »Eksterminacja«, diverse Tabellen.

177 Pohl, *Judenverfolgung*, S. 150.

178 Zur mörderischen, aber wenig erfolgreichen Ghettoisierung in Lemberg siehe Pohl, *Judenverfolgung*, S. 158–162.
179 Nürnberger Dokument L-018 (Katzmann, »Lösung der Judenfrage im Distrikt Galizien«, 30. Juni 1943), in: *IMG*, Bd. 37, S. 393.
180 Friedman, *Roads to Extinction*, S. 263.
181 Pohl, *Judenverfolgung*, S. 158; Berenstein, »Eksterminacja«, Tafel 1.
182 Nürnberger Dokument L-018 (Katzmann, »Lösung der Judenfrage im Distrikt Galizien«, 30. Juni 1943), in: *IMG*, Bd. 37, S. 393.
183 Pohl, *Judenverfolgung*, S. 160.
184 Ebd., S. 151. Thomas Sandkühler schätzt die Zahl der Opfer der Massaker im Herbst 1941 auf »nur« 20 000 (*»Endlösung«*, S. 148).
185 Pohl, *Judenverfolgung*, S. 140, 142 f.
186 Nürnberger Dokument L-018 (Katzmann, »Lösung der Judenfrage im Distrikt Galizien«, 30. Juni 1943), in: *IMG*, Bd. 37, S. 392.
187 Pohl, *Judenverfolgung*, S. 140–144; Sandkühler, *»Endlösung«*, S. 137–141.
188 Zu einer völlig anderen Ansicht siehe Aly, *»Endlösung«*, S. 200.
189 Zit. in Hilberg, *Vernichtung* (1990), Bd. 2, S. 348. Zur allgemeinen Diskussion der psychologischen Auswirkungen siehe ebd., S. 343–350.
190 Ebd., S. 338–342.
191 Zit. in Rückerl, *Vernichtungslager*, S. 256 f.
192 BA, ZR 7, Bl. 120 (Engelmann an KdS Warschau, 8. August 1941).
193 *DKHH*, S. 195, Anm. 15.
194 Browning, *Fateful Months*, S. 59; ausführlich Rieß, *Anfänge*, 273–353.
195 Hilberg, *Vernichtung* (1990), Bd. 2, S. 348.
196 Zu Widmanns Experimenten siehe: Landgericht Hannover, 2 Ks 2/65 (Strafverfahren gegen Pradel und Wentritt), Bd. 2, S. 95–102 (Zentralstelle an Staatsanwaltschaft Hannover, 29. März 1960), Bd. 8, S. 224 f. (Aussage von Helmut H.); Zentralstelle der Landesjustizverwaltungen, 439 AR-Z 18a/60 (Ermittlungsverfahren gegen Dr. August Becker, Staatsanwaltschaft Stuttgart, 13 Js 328/60), S. 79 f. (Aussage von Widmann). Ma-

thias Beer datiert den Besuch von Widmann auf den 13.–21. September 1941 (»Gaswagen«, S. 407 f.). Christian Gerlach vertritt als erster Historiker die Annahme, dass kurz vor dem Vergasungstest am 18. September in Mogilew bereits ein Test in Nowinki stattgefunden hatte, bei dem Widmann möglicherweise schon nicht mehr anwesend war (»Failure«, S. 65; vgl. ders., *Kalkulierte Morde*, S. 646–649).

197 Landgericht Hannover, 2 Ks 2/65 (Strafverfahren gegen Pradel und Wentritt), Bd. 5, S. 251–254, 262 f., und Bd. 14, S. 103 (Aussage von Pradel), Bd. 12, S. 153–161 (Aussage von Rauff).

198 Ebd., Bd. 4, S. 69–75, Bd. 6, S. 72–75 (Aussage von Wentritt).

199 Ebd., Bd. 5, S. 521–524 (Aussage von Pradel).

200 Ebd., Bd. 6, S. 69–76 (Aussage von Wentritt), Bd. 14, S. 137 (Urteil).

201 Mathias Beer datiert die im Folgenden geschilderten Ereignisse auf den 3. November 1941 (»Gaswagen«, S. 411).

202 Landgericht Hannover, 2 Ks 2/65 (Strafverfahren gegen Pradel und Wentritt), Bd. 8, S. 221 f. (Aussage von Helmut H.), Bd. 9, S. 16–19, und Bd. 14, S. 118 (Aussage von Theodor L.).

203 BA, R 58/71 (Aktenvermerk der Sipo/SD, II D 3, 23. Juni 1942).

204 Die gründlichste Analyse der Aussagen von Rudolf Höß findet sich in Karin Orths Aufsatz »Rudolph Höß und die ›Endlösung der Judenfrage‹«. Seine Verwirrung in Bezug auf Daten und Chronologie legt sie auf sehr überzeugende Weise dar. Da Höß die Ereignisse von 1941 und 1942 im Rückblick chronologisch zusammenschob, ist insbesondere seine Behauptung unglaubwürdig, Himmler habe ihm im Sommer 1941 einen Hitler-Befehl über die Vernichtung der europäischen Juden übermittelt.

205 Höß, *Kommandant*, S. 159: »Gelegentlich einer Dienstfahrt hatte mein Vertreter, der Hauptsturmführer Fritzsch, aus eigener Initiative Gas zur Vernichtung dieser russischen Kriegsgefangenen verwendet, und zwar derart, dass er die einzelnen im Keller gelegenen Zellen mit den Russen vollstopfte und unter Verwendung von Gasmasken Cyclon B in die Zellen warf […]. Beim nächsten Besuch Eichmanns berichtete ich ihm über diese Verwendung von Cyclon B und wir entschlossen uns, bei der zukünftigen Massenvernichtung dieses Gas zur Anwendung zu bringen. Die Tötung der oben bezeichneten russischen Kriegsgefangenen durch Cyclon B wurde fortgesetzt, aber nicht in

Block 11, da nach der Vergasung das ganze Gebäude mindestens zwei Tage gelüftet werden musste. Es wurde daher der Leichenraum des Krematoriums beim Revier als Vergasungsraum benutzt, indem die Tür gasdicht und einige Löcher zum Einwurf des Gases in die Decke geschlagen wurden. Ich erinnere mich aber nur noch an einen Transport von 900 russischen Kriegsgefangenen, die dort vergast wurden […].«

206 Ebd., S. 126: »Während einer Dienstreise hatte mein Vertreter, der Schutzhaftlagerführer Fritzsch, zur Tötung Gas verwendet. Und zwar das Blausäurepräparat Cyclon B […] Nach meiner Rückkehr meldete er mir dies, und beim nächsten Transport wurde wiederum dies Gas benutzt. Die Vergasung wurde in den Arrestzellen des Blocks 11 durchgeführt. Ich selbst habe mir die Tötung, durch eine Gasmaske geschützt, angesehen. […] Stärker erinnerlich ist mir die *bald darauf* (Hervorhebung C.B.) erfolgte Vergasung von 900 Russen im alten Krematorium, da die Benutzung des Blocks 11 zuviel Umstände erforderlich machte. Es wurden einfach noch während des Entladens mehrere Löcher von oben durch die Erd- und Betondecke des Leichenraumes geschlagen.«

207 Laut Danuta Czech fand Fritzschs erstes Vergasungsexperiment Ende August und das zweite, bei dem Höß anwesend war, am 3. September statt. Am folgenden Tag, dem 4. September, wurden die Leichen entfernt. Dabei handelte es sich um 600 russische Kriegsgefangene und 250 kranke Lagerinsassen. Czech beruft sich auf Zeugenaussagen und die Tatsache, dass dem Bunkerbuch zufolge zwischen dem 31. August und 5. September keine neuen Gefangenen aufgenommen wurden. Ohne eine weitere Quelle oder Begründung zu nennen, gibt sie als Datum der ersten Vergasung im »alten Krematorium« den 16. September an (*Kalendarium*, S. 115–119, 122). Vgl.: *Nationalsozialistische Massentötungen durch Giftgas*, S. 204; ZStL, IV 402 AR-Z 37/58 (Landgericht Frankfurt 4 Ks 2/63), Sonderband 16. S. 2475 (Aussage von Edward Pys); Piper, »Gas Chambers«, S. 157, 177; Kloodzinski, »Vergasung«.

208 ZStL, IV 402 AR-Z 37/58, Sonderband 6, S. 970 (Aussage von Hans Stark), Sonderband 16, S. 2469 f. (Aussage von Edward Pys), Urteil (Landgericht Frankfurt 4 Ks 2/63, p/242). Nach Aussage des Zeugen Hans Stark fanden diese Vergasungen im

Oktober 1941 statt. Da Stark von Dezember 1941 bis März 1942 nicht in Auschwitz weilte, kann er die Ereignisse des Herbstes 1941 nicht mit denen des Frühjahrs 1942 verwechselt haben. Zudem machte er seine Aussage über die Testvergasungen im alten Krematorium ohne Aufforderung durch die Vernehmer; sie ist also nicht das Ergebnis gezielter Fragen und daher glaubwürdig. Hans Aumeier bezeugte, dass im November oder Dezember 1942 Vergasungen kleiner Gruppen von 50 bis 80 Juden durchgeführt worden waren, meinte vermutlich aber 1941. Vgl.: Gutachteraussage von Robert Jan van Pelt, Irving vs. Penguin Books und Deborah Lipstadt, mit Zitat von PRO WO 208/4661, S. 261 (van Pelt hat diesen Teil von Aumeiers Aussage nicht in die veröffentlichte Fassung des Prozessmaterials, *The Case for Auschwitz*, aufgenommen); Wagner, »Gerüchte«, S. 234. In dem zusammen mit Jean-Claude Pressac verfassten Aufsatz »The Machinery of Mass Murder at Auschwitz« datiert Robert Jan van Pelt unter Bezug auf Jan Sehn die ersten Vergasungen im alten Krematorium auf den Dezember 1941. Warum sie die von anderen vorgelegten Beweise nicht akzeptieren, erläutern van Pelt und Pressac nicht (S. 209, 242 f.).

209 Steinbacher, *»Musterstadt« Auschwitz*, S. 276 f.

210 Van Pelt/Dwork, *Auschwitz*, S. 308–313, 322–324; Orth, »Rudolph Höß«, S. 49–51.

211 Van Pelt, »Site in Search«, S. 118, 139; Pressac/van Pelt, »Machinery«, S. 198 f.

212 Allen, »Devil«, S. 199–201; Pressac/van Pelt, »Machinery«, S. 200 f.; Pressac, *Krematorien*, S. 34.

213 Allen, »Devil«, S. 201.

214 Zeichnung 1173, 15. Januar 1942, und Zeichnung 934, 27. Januar 1942, abgedruckt in Pressac, *Auschwitz: Technique and Operation of the Gas Chambers*, S. 357 f.

215 *DdGP*, S. 335 f., 338 f. (25. und 26. März 1941).

216 Ebd., S. 386 (Eintrag vom 17. Juli 1941).

217 Zit. in Aly, *»Endlösung«*, S. 276 (Frank an Lammers, 19. Juli 1941).

218 *DdGP*, S. 389 (Eintrag vom 20. Juli 1941).

219 Breitman, *Architekt*, S. 244–246.

220 Zu den im Folgenden dargestellten Ereignissen im Generalgouvernement siehe Pohl, *»Judenpolitik«*, S. 89–111; Musial, *Zivilverwaltung*, S. 193–215.

221 Musial, *Zivilverwaltung*, S. 203 f. (Globocnik an Himmler, 1. Oktober 1941).
222 *DKHH*, S. 233.
223 Nürnberger Dokument NO-5875 (Bericht von Hellmut Müller, 15. Oktober 1941), in: *TWC*, Bd. 4, S. 864–886.
224 *Nationalsozialistische Massentötungen durch Giftgas*, S. 152 (Zeugenaussage von Stanislaw Kozak).
225 *DdGP*, S. 413 (Aktennotiz über die Besprechung zwischen Frank und Rosenberg am 13. Oktober 1941, 14. Oktober 1941).
226 Archivum Pastwowe mj. St. Warszawy, Der Kommissar für den jüdischen Wohnbezirk, Nr. 132, Ansprachen von Max Bischoff, Heinz Auerswald und Ludwig Fischer, 15. Oktober 1941.
227 YVA, JM 21/4 (Tagebuch von Frank, 15. Oktober 1941).
228 *FGM*, S. 128 f. (Verordnung von Frank, 15. Oktober 1941)
229 YVA, 0-53/145/57–265 (Arbeitstagung der Abteilung Gesundheitswesen der Regierung des Generalgouvernements in Bad Krynica, 13.–16. Oktober 1941).
230 *DKHH*, S. 246 (Eintrag vom 25. Oktober 1941 und Anm. 79).
231 *DdGP*, S. 427 f. (Regierungssitzung in Lublin und Anlage, 17. Oktober 1941).
232 Musial, *Zivilverwaltung*, S. 196–198. Musial fand diese Bemerkungen in bislang unveröffentlichten Teilen von Franks Diensttagebuch.
233 *DdGP*, S. 436 (Regierungssitzung in Lemberg, 21. Oktober 1941).
234 Ebd., S. 441 (Eintrag vom 21. Oktober 1941).
235 Musial, *Zivilverwaltung*, S. 193, 200, der hierin mit Gerlach übereinstimmt (»Die Wannsee-Konferenz, das Schicksal der deutschen Juden und Hitlers Grundsatzentscheidung, alle Juden Europas zu ermorden«, in: WerkstattGeschichte 18 (1997), S. 4–44, überarbeitet und erweitert abgedruckt in ders., *Krieg*, S. 85–166); vgl. auch Longerich, *Politik*.
236 *DKHH*, S. 201 f.
237 Ebd., S. 205, insbesondere Anm. 19.
238 Burrin, *Hitler*, S. 148 f.
239 Helmut Krausnick in Jäckel/Rohwer (Hg.), *Mord an den Juden*, S. 139 f. (Affidavit von Hans Bodo Gorgass, 23. Februar 1947).
240 ZStL, 8 AR-Z 252/59, Bd. 5, S. 925–930 (Aussage von Hans-Joachim B.).

241 Mittlerweise liegen sechs Aussagen Eichmanns vor:
1) 1957 gab er dem holländischen Journalisten Willem Sassen ein Interview, dessen Mitschrift er selbst mit Korrekturen versah (BA Koblenz, All. Proz. 6/95–111). Aus dem Sassen-Material wurden von anderen zwei Veröffentlichungen zusammengestellt: *Ich, Adolf Eichmann* und »Eichmann tells his own damning story«.
2) In seiner Gefängniszelle verfasste Eichmann, noch bevor er die Dokumente der Staatsanwaltschaft gesehen hatte, ein 127 Seiten umfassendes handschriftliches Konvolut, das er am 16. Juni 1960 fertig stellte und dem er den Titel »Meine Memoiren« gab. Das Original befindet sich im israelischen Staatsarchiv. Kopien sind im Archiv von Yad Vashem und in der Zentralstelle der Landesjustizverwaltungen in Ludwigsburg einzusehen. Die Zeitung *Die Welt* hat es zwischen dem 11. August und 3. September 1999 als Serie veröffentlicht.
3) Von Ende Mai 1960 an wurde Eichmann in Israel ausführlich vernommen, vor allem von Avner Less. Die Verhöre sind veröffentlicht in *TAE*, Bde. 7 und 8. Eine Kopie befindet sich im BA Koblenz (All. Proz. 6/1–6). Auszüge aus den Transkripten sind enthalten in *Das Eichmann-Protokoll*.
4) In Vorbereitung auf seinen Prozess besuchte ihn sein Verteidiger Robert Servatius. Für diese Begegnungen verfasste Eichmann mehrere Zeitpläne, die auf den 28. März 1961 datiert sind, sowie diverse Notizen, die sich im Servatius-Nachlass befinden (BA Koblenz, All. Proz. 6/169).
5) Vor Gericht machte er im Juni 1961 eine umfangreiche Aussage, die in englischer Übersetzung in *TAE*, Bd. 4, abgedruckt ist. Im Original (mit einer etwas anderen englischen Übersetzung) findet man sie im BA Koblenz (All. Proz. 6/11–83).
6) Im Frühjahr 2000 schließlich machte das Israelische Staatsarchiv der Öffentlichkeit in maschinenschriftlicher Form eine 487 Seite lange, nach dem Prozess niedergeschriebene handschriftliche Darstellung Eichmanns mit dem Titel »Götzen« zugänglich, die auf den September 1961 datiert ist. Im Gegensatz zu den »Memoiren« verweist »Götzen« häufig auf Prozessdokumente; außerdem wird der Text durch 620 Seiten mit Entwürfen und Notizen ergänzt. Eine historiographische Würdigung von Eichmanns Aussagen findet sich in Wojak, *Eichmanns*

Memoiren, sowie Gerlach, »The Eichmann Interrogations«; vgl. auch Browning, »Perpetrator Testimony«.
242 ISA, Eichmann, »Götzen«, Teil 1, S. 119.
243 *TAE*, Bd. 7 (Eichmann-Verhör), Sp. 169–174, 179.
244 ISA, Eichmann, »Götzen«, Teil 1, S. 121.
245 *TAE*, Bd. 7 (Eichmann-Verhör), Sp. 169–174.
246 YVA, Eichmann, »Meine Memoiren«, S. 97.
247 ISA, Eichmann, »Götzen«, Teil 1, S. 122.
248 *TAE*, Bd. 7 (Eichmann-Verhör), Sp. 174.
249 ISA, Eichmann, »Götzen«, Teil 1, S. 122.
250 *TAE*, Bd. 7 (Eichmann-Verhör), Sp. 400.
251 Am 9. Oktober 1941 notierte Goebbels in seinem Tagebuch, im Norden Berlins sei das Laub bereits braun geworden und falle von den Ästen (*Die Tagebücher von Josef Goebbels*, Teil II, Bd. 2, S. 84).
252 ZStL, 8 AR-Z 252/59, Bd. 9, S. 1680 (Aussage von Oberhauser, 12. Dezember 1962).
253 Ebd., Bd. 6, S. 1119 f. (Aussage von Eustachy Urkainski, 11. Oktober 1945), S. 1129–32 (Aussage von Stanislaw Kozak, 14. Oktober 1945); vgl. auch: *Nationalsozialistische Massentötungen durch Giftgas*, S. 152 f.
254 *TAE*, Bd. 7 (Eichmann-Verhör), Sp. 372 f.
255 Zit. in Musial, *Zivilverwaltung*, S. 205 f. Hahnzog datierte diesen Test nicht auf den Herbst, sondern auf das Frühjahr 1941.
256 *TAE*, Bd. 4 (Eichmanns Prozessaussage), S. 1416; BA, All. Proz. 6/57. Am 29. September war Eichmann bereits von seiner Reise nach Lodz zurückgekehrt, denn an diesem Tag erstattete er in Berlin Bericht über die angebliche Zustimmung der Lodzer Verwaltung zur Aufnahme von 20 000 Juden und 5000 »Zigeunern« (NA-Mikrofilm, T-175/54/2568653–54: Uebelhör an Himmler, 9. Oktober 1941).
257 ISA, Eichmann, »Götzen«, Teil 1, S. 144 f.
258 Laut Charles Sydnor jr. war Heydrich vom späten 24. September bis zum Nachmittag des 27. September, als er nach Prag abreiste, um seinen Posten als stellvertretender Reichsprotektor anzutreten, in Berlin. Danach kam er erst am 4. Oktober wieder in die »Reichshauptstadt«.
259 Witte, »Auf Befehl des ›Führers‹«. Christian Gerlach nimmt einen Termin im Dezember an (*Krieg*, S. 134), während Irmtrud

Wojak den Besuch in den März 1942 verlegt (*Eichmanns Memoiren*, S. 183).

260 *Nationalsozialistische Massentötungen durch Giftgas*, S. 152 f. (Aussage von Stanislaw Kozak).

261 *DKHH*, S. 233 f.

262 ZStL, 298 AR 64–71 (Staatsanwaltschaft Hamburg, 147 Js 43/69, Ermittlungsverfahren gegen Streibel), Bd. 2, S. 442 (Aussage von Jan Piwonski).

263 Browning, *Fateful Months*, S. 59; Friedlander, *NS-Genozid*, S. 232–234; Rieß, *Anfänge der Vernichtung*, S. 330–339, 348–352.

264 ZStL, 203 AR-Z 69/59 (Urteil, Landgericht Bonn, 8 Ks 2/63), Bd. 5, S. 24, 92; Bd. 4, S. 624–643, und Bd. 6, S. 96–89 (Aussage von Walter Burmeister). Auszüge aus Burmeisters Aussage sind abgedruckt in: *Nationalsozialistische Massentötungen durch Giftgas*, S. 113 f. Peter Kleins Ansicht, dass das Lager in Chelmno nicht erst im Herbst, sondern bereits im Juli 1941 errichtet worden sei, weil Burmeisters Dienstzeit im Sonderkommando Lange anlässlich einer späteren Auszeichnung mit »Juli 1941–5. 4. 1943« angegeben wurde (Klein, »Vernichtungslager«, S. 475), halte ich für wenig überzeugend.

265 ZStL, 203 AR-Z 69/59, Bd. 7, S. 1288–93 (Aussage von Konrad S.); vgl. im selben Band die Aussagen der »volksdeutschen« Einwohner von Chelmno Nelli L., Herbert W., Adele F. und Erhard M.; siehe auch: *Nationalsozialistische Massentötungen durch Giftgas*, S. 118–121.

266 Kershaw, »Improvised Genocide?«; Longerich, *Politik*, S. 451 f.

267 YVA, 0-53/76/110–111 (Aktenvermerk von Abromeit über die Besprechung am 23. Oktober 1941, 24. Oktober 1941).

268 Gerlach, »Failure«, S. 60–64; ders., *Kalkulierte Morde*, S. 650–653; Ogorreck, »Einsatzgruppen«, S. 280, 289; vgl. auch Breitman, *Staatsgeheimnisse*, S. 102–106; Aly, *»Endlösung«*, S. 343 f., 361; Pressac/van Pelt, »Machinery«, S. 201, 208; Pressac, *Krematorien*, S. 38–50. Himmlers Besuch in Mogilew kann jetzt anhand seines Dienstkalenders verlässlich datiert werden (*DKHH*, S. 245 f.).

269 YVA, JM 3435 (Denkschrift von Wetzel, 27. Oktober 1941).

270 YVA, JM 3435 (Trampedach an Ostministerium und Lohse, 9. November 1941; Leibbrandt an Reichskommissar Ostland, 13. November 1941).

271 Nürnberger Dokument NO-365 (Entwurf eines Briefs von Wetzel an Lohse, »Betr.: Lösung der Judenfrage«, 25. Oktober 1941). Bei den Nürnberger Dokumenten NO-996 und NO-997 handelt es sich um eine zweite Fassung des Briefentwurfs in Wetzels Handschrift. In dieser Fassung stellte Rosenberg fest, dass er keine Einwände gegen die in einem Bericht Lohses vom 4. Oktober enthaltenen Vorschläge in Bezug auf die »Judenfrage« habe. Dennoch sende er ihm die Zusammenfassung von Wetzels Unterredungen mit Brack und Eichmann, der er »das Nähere über den Stand der Angelegenheit [...] entnehmen« möge. Kopien des Briefs gingen an Brack und Eichmann. Dass die Produktion der Gaswagen in der gewünschten Anzahl Schwierigkeiten bereitete, wird von Aussagen im Gaswagenprozess gegen Pradel und Wentritt (Landgericht Hannover, 2 Ks 2/65) und von Dokumenten der Fahrzeugabteilung des RSHA (II D 3) bestätigt (BA, R 58/871).

272 ZStL, VI 420 AR-Z 1439/65 (Aussage von Wetzel, 20. September 1961). Ich danke Helmut Krausnick dafür, dass er mich auf dieses Dokument aufmerksam gemacht hat.

273 Oberhauser-Prozess, Bd. 5, S. 974 f. (Kallmeyer an seinen Rechtsanwalt, 18. Juni 1960).

274 PAA, Inland III 246 (Denkschriften von Luther, 13. und 17. Oktober 1941).

275 *DKHH*, S. 238 (Eintrag vom 18. Oktober 1941).

276 Eichmann-Prozess, Dokument T/1209, zit. in Adler, *Der verwaltete Mensch*, S. 29 f.

277 PAA, Inland II A/B 46/2 I (Huene an D III, 12. November 1941; Aktenvermerk Rademachers, 14. November 1941).

278 *ADAP*, Serie D, Bd. 13.2, S. 571 (Bericht von Rademacher, 25. Oktober 1941). Dass Rademacher vom Transport auf dem Wasserweg in »Auffanglager im Osten« sprach, deutet auf eine Route über die Donau und das Schwarze Meer. Folglich wurden Standorte auf sowjetischem Gebiet erwogen. Die Möglichkeit der Benutzung von Wasserwegen für die Deportation von Juden in das geplante Lager in Mogilew untersuchen Götz Aly (*»Endlösung«*, S. 345–347) und Christian Gerlach (»Failure«).

279 PAA, Inland II A/B 59/3 (Wurm an Rademacher, 23. Oktober 1941).

280 YVA, 0-53/76/110–111 (Aktenvermerk von Abromeit über eine Besprechung in Berlin am 23. Oktober 1941, 24. Oktober 1941).
281 Hitler, *Monologe*, S. 90 f. (Eintrag vom 17. Oktober 1941).
282 Ebd., S. 99 (Eintrag vom 21. Oktober 1941).
283 Ebd., S. 106 (Eintrag vom 25. Oktober 1941). Christian Gerlach hebt scharfsichtig hervor, dass die Phrase über die in den Morast beziehungsweise Sumpf geschickten Juden für Hitler und Himmler sowohl eine übertragene als auch eine wörtliche Bedeutung gehabt habe. Himmler habe diese Formulierung während der Massaker an Juden in den Pripjetsümpfen benutzt, Hitler unmittelbar nach dessen Rückkehr aus Mogilew (Gerlach, *Kalkulierte Morde*, S. 653).
284 Peter Klein argumentiert in seinem Aufsatz »Die Rolle der Vernichtungslager Kulmhof (Chelmno), Belzec und Auschwitz-Birkenau in den frühen Deportationsverbreitungen« genau umgekehrt: Die frühe Geschichte dieser drei Lager stütze die These, dass ihre Errichtung auf lokale Entscheidungen infolge des bevorstehenden Zustroms von Deportierten zurückzuführen sei und daher nicht als Beweis für das Vorhandensein der Vision eines europaweiten Vernichtungsprogramms zum damaligen Zeitpunkt tauge. Allerdings zieht Klein nicht die gleichzeitigen Pläne für Vergasungsstätten in Sobibor, Mogilew und Riga in Erwägung.
285 Longerich, *Politik*, S. 440, 448, 457.

9. Die »Endlösung« – Vom Konzept zur Umsetzung

1 NA-Mikrofilm, T175/54/2568695 (Himmler an Greiser, 18. September 1941), 2568671–94 (Ventzki an Uebelhör, 24. September 1941).
2 Nürnberger Dokument PS-3921 (HSSPF Wien an Reichsverteidigungskommissar, 27. Oktober 1941, mit Erlass von Daluege vom 24. Oktober 1941), in: *IMG*, Bd. 33, S. 534–536; YVA, JM 3435 (Lange an Reichskommissar Ostland, 8. November 1941).
3 Den ersten großen Versuch, die Deportationen aus Deutschland durch ihre Aufgliederung nach Zeitpunkt und Zielort zu analysieren, unternahm Henry Friedlander in seinem Aufsatz »The Deportations of the German Jews«. Ich stütze mich hier auf fol-

gende Quellen: für Berlin auf die Anklage gegen Bovensiepen (Berlin 1 Js 69/65), S. 224–331; für Wien auf YVA, BD 23/6 (ISD, Arolson, Zusammenfassung der Transportliste); für Prag auf YVA, JM 807 (Aufstellung der Gestapo von in Lodz eintreffenden Transporten); für Hamburg und Bremen auf YVA, BD 23/4 (Listen des ISD) und *»Es geht tatsächlich nach Minsk«;* für Düsseldorf auf YVA, BD 23/4 (Listen des ISD) und *JNSV*, Bd. 5, Nr. 148 (8 Ks 19/49), S. 6; für Köln auf *JNSV*, Bd. 12, Nr. 403a (Urteil gegen Schäfer, 24 Ks 3/53), S. 581, und Corbach, *Köln-Deutz;* für Frankfurt am Main auf *Dokumente zur Geschichte der Frankfurter Juden 1933–1945*, Dokument XIV/15, S. 323 f., *JNSV*, Bd. 6, Nr. 207 (Urteil gegen Baab, 51 Ks 1/50), S. 378, YVA, BD 23/5 (Listen des ISD), und Diamant, *Deportationsbuch;* für München auf YVA, BD 23/5 (Material des ISD); für Nürnberg auf *JNSV*, Bd. 11, Nr. 363 (Urteil gegen Martin, Ks 1/51), S. 190, und Bd. 4, Nr. 138 (Urteil gegen Völk, Würzburg KLs 63/48), S. 438; für Dresden und Leipzig auf Diamant, *Chronik*, S. 446 f.; für Stuttgart auf *Das Schicksal der jüdischen Bürger in Baden-Württemberg während der nationalsozialistischen Verfolgungszeit*, S. 282–307, und *JNSV*, Bd. 22, Nr. 615 (Ks 35/50), S. 761 f.; für Kassel auf *Namen und Schicksale der Juden Kassels 1933–1945;* für Münster auf *JNSV*, Bd. 17, Nr. 503 (6 Ks 1/55), S. 93; für Hannover auf Asaria, *Die Juden in Niedersachsen*, S. 52; für Breslau auf Jonca, »Deportations«; für Deportationen von (und nach) Theresienstadt auf Lederer, *Ghetto Theresienstadt*, S. 250–263; für die Ankunft der Transporte in Lodz, einschließlich der »Zigeunertransporte« und derjenigen aus Luxemburg, auf YVA, JM 807 (Ankunftszeiten der Judentransporte und »Zigeunertransporte«; ein davon abweichender Fahrplan der »Zigeunertransporte« befindet sich in YVA, 0-51/63/4 [Butennop, KdO Wien, an verschiedene Einheiten, 24. Oktober 1941]); für die Ankunft in Minsk, einschließlich der Transporte aus Brünn in *JNSV*, Bd. 19, Nr. 552 (Koblenz 9 Ks 2/62), S. 190 (nach dieser Quelle wurden im Zuge dieser Deportationswelle 6963 Menschen verschleppt); für die Ankunft in Riga und Kowno, einschließlich der Transporte aus Breslau und Dortmund, auf Schneider, *Journey*, S. 148, 155.

4 *DiM*, Bd. 3, S. 203–205 (Erfahrungsbericht, 13. November 1941). Diesem Dokument zufolge wurden aus Prag und Wien je 5000

Menschen deportiert, aus Berlin 4187, aus Köln 2007, aus Frankfurt am Main 1113, aus Hamburg 1304, aus Düsseldorf 984 und aus Luxemburg 512, insgesamt also 19 837.

5 In Deutschland lebten 166 000 Juden (nach Angaben der Reichsvereinigung der deutschen Juden vom August 1941, in: *Dokumente zur Geschichte der Frankfurter Juden 1933–1945*, S. 474 f.), im Protektorat 88 000 (laut Heydrichs Erklärung in der Besprechung am 10. Oktober 1941 in Prag, in Adler, *Theresienstadt*, S. 720–722) und in Wien 50 000 (nach Angaben des Propagandaministeriums, in: NA, T81/675/5485696).

6 ZStL, 415 AR 1310/63 (Ermittlungen gegen Bosshamer), E 5, Bd. 3, S. 53, 71, 109. Zu Eichmann und seinem Referat siehe insbesondere Safrian, *Eichmann-Männer*, und Lozowick, *Hitlers Bürokraten*.

7 ZStL, 415 AR 1310/63 (Ermittlungen gegen Bosshamer), E 5, Bd. 3, S. 112, 117.

8 Ebd., S. 127; BDC, Akte Friedrich Suhr (Kopie in YVA).

9 Landgericht Köln, 24 Ks 3/53, Hauptakten, Bd. 2, S. 367–369 (Aussage von Jean Brodesser).

10 *JNSV*, Bd. 11, Nr. 363, S. 189. Von Eichmanns ersten Instruktionen ist kein Exemplar erhalten geblieben, doch kann man das Datum und ihren Inhalt den Anweisungen der Stapostelle Nürnberg-Fürth an ihre Außendienststelle in Würzburg entnehmen (Eichmann-Prozess, Dokument T/1277, »Organisationsanweisung zur Durchführung der Juden-Evakuierung am 29. 11. 41«, unterzeichnet von Grafenberg, 11. November 1941, in: »Judendeportationen aus dem Reichsgebiet«, Bd. 2, Anlage 5). Weitere Schlüsseldokumente zur Organisation der Deportationen vom Herbst 1941 in der Dokumentensammlung »Judendeportationen aus dem Reichsgebiet« sind: Anlage 2, »Richtlinien zur technischen Durchführung der Evakuierung von Juden nach Ostland« (Eichmann-Prozess, Dokument T/1275); Anlage 3, »Richtlinien für Behandlung des Vermögens«, 3. Dezember 1941 (Eichmann-Prozess, Dokument T/1283); Anlage 6, Staatspolizei Nürnberg-Fürth an Außendienststelle Würzburg, 19. November 1941 (Eichmann-Prozess, Dokument T/1276). Vgl. auch: *Dokumente Baden-Württemberg*, S. 272–275 (Dokument 462: Staatspolizei Stuttgart an Landräte und Polizeidirektoren, 18. November 1941), S. 304–306 (Dokument

482: Heydrich an alle Staatspolizei[leit]stellen, 27. November 1941).

11 YVA, 0-53/76/110–111 (Aktenvermerk von Abromeit über eine Besprechung in Berlin am 23. Oktober 1941 über den Führerbefehl zur Evakuierung von 50 000 Juden, 24. Oktober 1941).

12 PAA, Inland IIg 174 (Rademacher an Luther, 27. Oktober 1941; Rademacher über Luther an von Weizsäcker, 29. Oktober 1941; von Killinger ans Auswärtige Amt, 13. November 1941; Kasche ans Auswärtige Amt, 21. November 1941; Luther an Eichmann, 10. Januar 1942; Gesandtschaft in Pressburg 312/5, Ludin ans Auswärtige Amt, 2. und 4. Dezember 1941).

13 Die eingehendsten Analyse von Eigentumsmaßnahmen finden sich in Hilberg, *Vernichtung* (1990), Bd. 2, S. 493–505, und Adler, *Der verwaltete Mensch*, S. 489–644.

14 Adler, *Der verwaltete Mensch*, S. 496–500.

15 Nürnberger Dokument NG-4905 (Finanzministerium an Oberfinanzpräsidenten, 4. November 1941), abgedruckt in Adler, *Der verwaltete Mensch*, S. 506–509; vgl. auch Hilberg, *Vernichtung* (1990), B d. 2, S. 499, 501.

16 YVA, 0-51/63/6 (Denkschrift von Bomhard über die Evakuierung der Juden, 4. Oktober 1941).

17 Nürnberger Dokument PS-3921 (HSSPF Wien an Reichsverteidigungskommissar, 27. Oktober 1941, mit Erlass von Daluege vom 24. Oktober 1941), in: *IMG*, Bd. 33, S. 534–536; YVA, 0–51/63/4 (Butennop, KdO Wien, an örtliche Orpo-Einheiten, 24. Oktober 1941).

18 Ein höchst anschaulicher und detaillierter Bericht aus der Sicht eines Ordnungspolizisten über einen Transport von Düsseldorf nach Riga im Dezember 1941 stammt von Schupo-Hauptmann Salitter, in Schneider, *Journey*, S. 195–211, auszugsweise in Adler, *Der verwaltete Mensch*, S. 461–465.

19 YVA, TR-10/622 (Anklage gegen Novak, Wien 15 St 1416/61, S. 4 f., 34 f.); Pätzold/Schwarz, *»Auschwitz«*.

20 Für Deutschland, Österreich und das Protektorat siehe Anm. 3 zu diesem Kapitel; für die anderen Länder siehe: YVA, TR-10/835 (Anklage gegen Ganzenmüller, Düsseldorf, 8 Js 430/67, S. 177 f.). Lokale Deportationen, etwa innerhalb des Generalgouvernements oder aus dem Protektorat nach Theresienstadt, konnten ohne Einschaltung des RSHA in Berlin von den ört-

lichen Sicherheitspolizisten und Eisenbahnbeamten arrangiert werden.

21 Zur Organisation und zur Prozedur der Reichsbahn siehe Hilberg, *Sonderzüge;* ders., *Vernichtung* (1990), Bd. 2, S. 429–435; YVA, TR-10/835 (Anklage gegen Ganzenmüller, S. 94–100, 141–143).

22 Hilberg, *Vernichtung* (1990), Bd. 2, S. 430 f., 434.

23 Ebd., S. 431.

24 YVA, JM 805 (undatierter Fahrplan für Juden- und »Zigeunertransporte«). Tatsächlich trafen die Züge allesamt zwischen 60 und 470 Minuten zu spät ein, so dass die »Entladung« häufig erst nach Dunkelwerden beginnen konnte, wie sich die deutsche Polizei in Lodz beschwerte (*DiM*, Bd. 3, S. 203–205: Erfahrungsbericht, 13. November 1941).

25 Adler, *Theresienstadt*, S. 782 f. (Aussage von Martha Mosse); YVA, TR-10/662 (Anklage gegen Bovensiepen, S. 26, 145–155). In Wien informierte Alois Brunner Dr. Löwenherz schon einen Tag früher, am 30. September 1941, über die bevorstehenden Deportationen nach Lodz (Safrian, *Eichmann-Männer*, S. 120).

26 *Dokumente zur Geschichte der Frankfurter Juden 1933–1945*, Dokument XIV.1 (Aussage von Lina Katz), XIV.2.A–E (Berichte verschiedener SA-Einheiten), S. 507–514.

27 »Judendeportationen aus dem Reichsgebiet«, Bd. 2, Anlagen 5 und 6; *JNSV*, Bd. 4, Nr. 138, S. 482–489, Nr. 140a, S. 529–540, Bd. 11, Nr. 363, S. 189–195.

28 *Dokumente Baden-Württemberg*, S. 268–309, insbesondere Dokument 462 (Mussgay an Landräte und Polizeidirektoren, 18. November 1941).

29 Landgericht Köln, 24 Ks 3/53, Hauptakten, Bd. 1, S. 20 f. (Aussage von E. Schäfer), 41–45 (Aussage von Moritz Goldschmidt), 50-53 (Aussage von Aloysia Nussbaum), 103 (Aussage von Frowein), 189–191 (Aussage von Jakob Marx), Bd. 2, S. 220 (Aussage von Hubert Götz), 362–375 (Aussagen von Jean Brodesser), Bd. 3, S. 422–428 (Aussage von Schäfer). Zur Kölner und Krefelder Gestapo siehe Johnson, *Terror.* Zu sämtlichen Deportationen aus Köln siehe Corbach, *Köln-Deutz.*

30 »Judendeportationen aus dem Reichsgebiet«, Anlage 53 (Deutsches Rotes Kreuz Düsseldorf an Gestapo Düsseldorf, 4. Mai 1942).

31 Witte, »Zwei Entscheidungen«, S. 45.
32 YVA, 0-53/85/1036 (Türk an KHM Hrubieszow, 7. Oktober 1941).
33 Eichmann-Prozess, Dokument T-1151 (Bericht von Löwenherz über ein Treffen mit Brunner, 30. September 1941).
34 Landgericht Köln, 24 Ks 3/53, Bd. 2, S. 367 (Aussage von Jean Brodesser).
35 Nürnberger Dokument PS-1738 (Speer an Rosenberg, 26. Januar 1942).
36 *Dokumente Baden-Württemberg*, S. 308 f. (Dokument 485: Bericht des Oberfinanzpräsidenten an den Reichsminister der Finanzen, 12. Februar 1942).
37 Kulka, »›Public Opinion‹«, Teil 2, S. 35.
38 Kershaw, *Popular Opinion*, S. 363; Bankier, *Meinung*, S. 182.
39 Kershaw, »Persecution«; ders., *Popular Opinion;* ders., »Popular Opinion«; ders., *Hitler-Mythos*, S. 277–306; Kulka, »›Public Opinion‹«; ders./Rodrigue, »German Population«; Bankier, *Meinung*, S. 139–190. Außer diesen drei Historikern haben sich auch andere mit dem Thema beschäftigt. Nach Sarah Gordons Ansicht *(Hitler)* gab es sogar eine noch größere Kluft zwischen Bevölkerung und Regime, während Michael Kater (»Anti-Semitism«) glaubt, dass die Anzeichen für antisemitische Tendenzen in der deutschen Bevölkerung zu sehr heruntergespielt werden. Zuletzt hat Daniel Goldhagen in seinem Buch *Hitlers willige Vollstrecker* für einen Historiker allzu summarische Verallgemeinerungen über einen in der vornationalsozialistischen deutschen Gesellschaft allgegenwärtigen Antisemitismus und den verbreiteten Enthusiasmus für Verfolgung und Genozid während der NS-Herrschaft angestellt. Goldhagen beginnt seine Darstellung mit einem Begriffsmodell des Antisemitismus, das in zweierlei Hinsicht gleich bleibende Einstellungen voraussetzt: zum einen im Ausmaß der Ablehnung gegenüber Juden und zum anderen in der Gewichtung dieses Themas. Einen solchen Ansatz hat bereits Jahre zuvor Ian Kershaw vertreten, als er argumentierte, die Deutschen seien während des Krieges feindseliger und gleichgültiger gegenüber den Juden geworden. Doch Goldhagen greift Kershaws Gleichgültigkeitsthese als theoretisch unzulänglich an. Saul Friedländer neigt in Band 1 seines Werks *Das Dritte Reich und die Juden* der These von Ker-

shaw, Kulka und Bankier zu. Deren Folgerungen sind im Übrigen von Lawrence Stokes vorweggenommen worden (»German People«).

40 Kulka, »›Public Opinion‹«, S. 36; Bankier, *Meinung*, S. 139–158. Dass das Schicksal der Juden in der Kriegszeit weithin bekannt war, befindet auch Eric A. Johnson (*Terror*, S. 464–489).

41 Bankier, *Meinung*, S. 160 f.; Kershaw, »Popular Opinion«, S. 373.

42 Kulka/Rodrigue, »German Population«, S. 430–435.

43 Bankier, *Meinung*, S. 156–158, 189, 192, 200–202, 208.

44 Kershaw, »Persecution«, S. 281, 288.

45 Kershaw, *Popular Opinion*, S. 277.

46 Kulka, »›Public Opinion‹«, S. 43 f.

47 Kulka/Rodrigue, »German Population«, S. 435.

48 Bankier, *Meinung*, S. 208, 211, 213 (für den letzten Satz, der in der deutschen Ausgabe fehlt, siehe ders., *Germans*, S. 152).

49 Zit. in Speer, *Spandauer Tagebücher*, S. 401.

50 Goebbels, *Die Tagebücher von Josef Goebbels*, Teil II, Bd. 2, S. 194 f. (Eintrag vom 28. Oktober 1941).

51 Joseph Goebbels, »Die Juden sind schuld!«, in: *Das Reich*, 16. November 1941, S. 2; vgl. Bankier, *Meinung*, S. 175 f.

52 Das von der Stapostelle Kattowitz in Umlauf gebrachte Exemplar ist archiviert in: USHMMA, RG 15 033 m, 6/210/71 (Geheime Staatspolizei Kattowitz, Rundverfügung, 4. November 1941); vgl. Bankier, *Meinung*, S. 175; Kershaw, »Persecution«, S. 283.

53 *Verfolgung, Vertreibung, Vernichtung*, S. 351–353 (Nürnberger Dokument PS-3244: Rundschreiben der Parteikanzlei, 9. Oktober 1942).

54 Nürnberger Dokument NO-2710 (Rundschreiben der Parteikanzlei über die Behandlung der »Judenfrage«, 11. Juli 1943), in: *Documents on the Holocaust*, S. 342.

55 Nürnberger Dokument PS-1919 (Rede Himmlers vor hohen SS-Offizieren in Posen, 4. Oktober 1943), in: *IMG*, Bd. 29, S. 145.

56 Himmler, *Geheimreden*, S. 170 f. (Rede vor Reichs- und Gauleitern in Posen, 6. Oktober 1943).

57 Joseph Goebbels, »Die Juden sind schuld!«, in: *Das Reich*, 16. November 1941, S. 1; vgl. Wilhelm, »Holocaust«, S. 105.

58 Joseph Goebbels, »Der Krieg und die Juden«, in: *Das Reich*, 9. Mai 1943, S. 1 f.; vgl. Wilhelm, »Holocaust«, S. 108–113.
59 Hillgruber, »Grundlage«, S. 286–296.
60 NA-Mikrofilm, T175/54/2568653–55 (Uebelhör an Himmler, 9. Oktober 1941).
61 NA-Mikrofilm, T175/54/2568668–70 (Uebelhör an Himmler, 4. Oktober 1941).
62 YVA, JM 800 (Aktennotizen von Ribbe über Besprechungen am 9. und 16. Oktober 1941).
63 YVA, JM 806 (von Biebow und Ribbe unterzeichnetes Rundschreiben an alle Mitarbeiter der Ghettoverwaltung, 20. Oktober 1941).
64 Adler, *Theresienstadt*, S. 720–722 (Dokument 46b: Aufzeichnung über eine Besprechung am 10. Oktober 1941 in Prag).
65 Nürnberger Dokument NO-365 (Entwurf eines Briefes von Wetzel an Lohse, »Betr.: Lösung der Judenfrage«, 25. Oktober 1941).
66 Eichmanns Rolle bei diesen Exekutionen ist unklar. Am 10. Oktober hatte Heydrich in Prag erklärt, der Leiter des Judenreferats werde die Frage der Aufnahme der deportierten »Reichsjuden« direkt mit den Einsatzgruppenführern besprechen. Nach Eichmanns erster Nachkriegsdarstellung war er nach seinem Besuch bei Globocnik in Lublin »später im Jahr« nach Minsk geschickt worden, wo 5000 Juden erschossen worden seien. Er sei verspätet eingetroffen und habe nur noch miterlebt, wie sich die letzte Gruppe von Juden (einschließlich Frauen und Kinder) ausziehen und in einen Graben springen musste, wo sie erschossen wurde. Er erinnerte sich an eine Frau, die, bevor sie getroffen wurde, verzweifelt ihr Kind hochhielt. Da es sehr kalt gewesen sei, habe er einen knöchellangen Mantel getragen, der mit »Hirnteilen« übersät gewesen sei, bei deren Entfernung ihm sein Fahrer habe helfen müssen (Eichmann, »Own damning story«). In seiner Vernehmung erzählte er eine etwas andere Geschichte. Jetzt datierte er die Reise nach Minsk auf Anfang 1942, nach seinem Besuch in Chelmno. Der Graben sei voller Leichen gewesen, als er beobachtete, wie die letzte Gruppe erschossen wurde, wobei ihm insbesondere eine Frau im Gedächtnis geblieben sei. Auch erinnerte er sich, über Lwów zurückgefahren zu sein, wo ihm ein SS-Offizier ein weiteres Massengrab gezeigt

habe, aus dem wie aus einem »Geiser« Blut hervorgespritzt sei (*TAE*, Bd. 7, Sp. 181, 210–215). In dem für seinen Verteidiger angefertigten Zeitplan datierte er die Reise ebenfalls in den Winter 1942 und erwähnt wiederum das einzelne Kind sowie die Tatsache, dass er einen langen Mantel getragen habe (BA, All. Proz. 6/169: Zeitplan 1942). Christian Gerlach, der sich intensiv mit der deutschen Besatzungspolitik in Weißrussland befasst hat, kommt zu dem Schluss, dass Eichmann nicht im Herbst 1941, sondern am 2.–3. März 1942 im Minsker Ghetto einer Erschießung von Frauen und Kindern beiwohnte (*Kalkulierte Morde*, S. 693 f.). Irmtrud Wojak dagegen akzeptiert den Termin im November 1941 (*Eichmanns Memoiren*, S. 171 f.). Ich halte diesen Termin im Zusammenhang mit der Aufnahme der Transporte aus Deutschland ebenfalls für den wahrscheinlichsten, zum einen, weil er Eichmanns Rolle in dieser Zeit am logischsten entspricht, und zum anderen, weil der Termin Anfang März höchst unwahrscheinlich ist, da Eichmann am 4. März zu einer Besprechung wieder in Berlin weilte.

67 *JNSV*, Bd. 17, Nr. 512 (Urteil gegen Remmers und Zenner, Koblenz 9 Ks 1/61), S. 510–513; Gerlach, *Kalkulierte Morde*, S. 624–626.

68 YVA, JM 3455 (Kube an Lohse, 16. Dezember 1941). Christian Gerlach hebt hervor, dass Kube um eindeutige Anweisungen gebeten habe, weil er den Mord der deutschen Juden nicht aus eigener Verantwortung anordnen wollte (*Krieg*, S. 105).

69 YVA, JM 3455 (Janetzke an Rosenberg, 5. Januar 1942).

70 YVA, JM 3455 (Lohse an Kube, 27. Januar 1942).

71 YVA, JM 3455 (Kube an Lohse, 6. Februar 1942).

72 YVA, JM 3435 (Lange an Reichskommissariat Ostland, 8. November 1941).

73 YVA, JM 3435 (Lange an Reichskommissariat Ostland, 20. November 1941).

74 YVA, 0-53/141/4378–4386 (Bericht von Jäger, EK 3, Kowno, 1. Dezember 1941).

75 Krausnick/Wilhelm, *Truppe*, S. 366 f. Zur vollständigen Vernehmung Jeckelns siehe: YVA, 0.53/144/395–402. Dieses Treffen mit Jeckeln ist in Himmlers Dienstkalender nicht verzeichnet.

76 *The Einsatzgruppen Reports*, S. 280 (Ereignismeldung 156, 16. Januar 1942).

77 Ebd., S. 277 (Ereignismeldung 155, 11. Januar 1942); Schneider, *Journey*, S. 12–14. Die detaillierteste Darstellung findet sich bei Andrew Ezergailis, *Holocaust*, S. 239–270). Nach seiner Schätzung wurden an diesen beiden Tagen in Rumbula nahezu 24 000 lettische und 1000 deutsche Juden getötet. Rund 5000 lettische Juden (nicht 2600, wie in Ereignismeldung 155 angegeben) habe man als Arbeitskräfte vorläufig am Leben gelassen.
78 *DKHH*, S. 278.
79 Ebd., S. 280.
80 PRO, HW 16/32, GPD 471 (Funkspruch Himmlers an Jeckeln 1. Dezember 1941). Diesen abgefangenen Funkspruch hat Richard Breitman zitiert, der als einer der ersten Historiker die von den Briten abgefangenen Funksprüche als Quelle für die Holocaustforschung genutzt hat (*Staatsgeheimnisse*, S. 113).
81 *DKHH*, S. 284.
82 Ebd., S. 283 f.; Broszat, »Genesis«, S. 760 f.; Hilberg, *Vernichtung* (1990), Bd. 2, S. 370 f., 377; Ezergailis, *Holocaust*, S. 253; Schneider, *Journey*, S. 23–30.
83 Adler, *Theresienstadt*, S. 799.
84 Safrian, *Eichmann-Männer*, S. 180 f.
85 Zu den von den Tötungsaktionen in Kowno und Riga ausgelösten Komplikationen siehe Gerlach, *Krieg*, S. 97–103; Fleming, *Hitler*, S. 89–93.
86 Nürnberger Dokument PS-2273 (undatierter Abschlussbericht von Stahlecker, Anfang 1942), in: *IMG*, Bd. 30, S. 79 f.
87 Krausnick/Wilhelm, *Truppe*, S. 568. In Himmlers Dienstkalender klafft Ende Januar und Anfang Februar 1942 eine Lücke. Nach dem 4. Dezember 1941 ist das nächste Treffen mit Jeckeln erst wieder am 20. März 1942 verzeichnet.
88 Safrian, *Eichmann-Männer*, S. 180 f.
89 PAA, Inland IIg 431 (Tätigkeits- und Lagebericht Nr. 1). Sämtliche Tätigkeits- und Lageberichte sind von Peter Klein in kommentierter Form veröffentlicht worden (*Einsatzgruppen in der besetzten Sowjetunion*, S. 111–315).
90 PAA, Inland IIg 431 (Tätigkeits- und Lagebericht Nr. 2).
91 Ebd. (Tätigkeits- und Lagebericht Nr. 3).
92 Ebd. (Tätigkeits- und Lagebericht Nr. 4).
93 Ebd. (Tätigkeits- und Lagebericht Nr. 5).
94 Ebd. (Tätigkeits- und Lagebericht Nr. 6).

95 Ebd. (zusammenfassender Bericht von Hahns, 10. Dezember 1941).
96 Ebd. (Tätigkeits- und Lagebericht Nr. 7 und 8 und Umlaufblätter).
97 Ebd. (Tätigkeits- und Lagebericht Nr. 10 und Zusammenfassung von Luther).
98 Ebd. (Tätigkeits- und Lagebericht Nr. 11 und Umlaufblatt).
99 Kersten, *Totenkopf*, S. 149.
100 Nürnberger Dokument NO-5329 (Aktennotiz von Himmler über das Gespräch mit Rosenberg am 15. November 1941); *DKHH*, S. 262.
101 PAA, Inland III, VAA-Berichte (Rede von Rosenberg, 18. November 1941).
102 *DKHH*, S. 273 f.
103 Lösener, »Handakten, ›Rassereferent‹ im Reichsministerium des Innern«, S. 6 (Aktenvermerk von Lösener, 26. Dezember 1941). Der Herausgeber der Handakten, Wilhelm Lenz, weist auf einige viel sagende Diskrepanzen in Bezug auf Stuckart zwischen dem zeitgenössischen Aktenvermerk und Löseners Nachkriegsdarstellung in dem Aufsatz »Rassereferent« hin. So wird Stuckarts Rechtfertigung für die Ermordung der Juden nur in dem Aktenvermerk erwähnt, während der Hinweis auf einen Befehl von höchster Stelle, das heißt von Hitler, in beiden Versionen wiedergegeben wird. Löseners Aussage in Nürnberg ist erneut in Lösener, *Memoirs*, S. 111–152, veröffentlicht worden.
104 Höß datierte die Sitzung von Eichmanns Mitarbeitern aus ganz Europa auf Ende November 1941, was einer der seltenen Fälle sein dürfte, in denen eine seiner Datierungen zutrifft (*Kommandant*, S. 158).
105 Rijksinstitut voor Oorlogsdocumentatie, HSSPF 25 A-B (Berichte von Denis H., 20. November sowie 4., 11. und 18. Dezember 1941). Ich danke Thomas Sandkühler, dass er mich auf diese Dokumente aufmerksam gemacht hat, und Peter Romijn für die Kopien.
106 *ADAP*, Serie D, Bd. 13.2, S. 718–721 (Aufzeichnungen des Gesandten Schmidt über das Gespräch zwischen Hitler und dem Großmufti von Jerusalem, 30. November 1941). Eine andere, von dem Gesandten Fritz Grobba stammende Version von Hitlers Äußerungen gegenüber dem Großmufti ist weniger kon-

kret. Im Augenblick der arabischen Befreiung, erklärte Hitler danach, habe Deutschland im Nahen Osten kein anderes Interesse als die »Vernichtung der das Judentum protegierenden Macht« (vgl. Yisraeli, *The Palestinian Problem*, S. 310). Ich danke Dan Michman für den Hinweis auf diese Quelle.

107 Ein Beispiel ist die Einladung an den »lieben Parteigenossen Luther« in: PAA, Inland IIg 177 (Heydrich an Luther, 29. November 1941), ein Faksimile ist abgedruckt in Roseman, *Wannsee-Konferenz*, S. 166.

108 Zur Einladung an Bühler siehe: »A Preparatory Document for the Wannsee ›Conference‹«; *DKHH*, S. 277.

109 Zu den Beziehungen zwischen Heydrich und Luther sowie zwischen Luther und von Weizsäcker siehe Browning, *Final Solution*.

110 PAA, Inland IIg 177 (Randbemerkung von Luther auf Heydrichs Einladung; Rademachers Anschreiben und Denkschrift »Wünsche und Ideen« vom 8. Dezember 1941).

111 Ebd. (Randbemerkungen von Rademacher, 8. Dezember 1941; Heydrich an Luther, 8. Januar 1942). Im Gegensatz zu meiner Auffassung erklärt Hans Safrian die Verschiebung damit, dass nach der Eröffnung der sowjetischen Gegenoffensive die letzten Illusionen in Bezug auf einen schnellen Sieg über die Sowjetunion zerstoben seien und Heydrich sowie andere Zeit brauchten, um sich darauf einzustellen und neue Pläne auszuarbeiten, einschließlich einer Alternative für die Abschiebung der Juden hinter den Ural (*Eichmann-Männer*, S. 169). Nach Christian Gerlachs Ansicht rief Eichmann die Wannsee-Konferenz ursprünglich dafür ein, Fragen im Zusammenhang mit der Deportation der deutschen Juden zu besprechen, über deren endgültiges Schicksal bis zu diesem Zeitpunkt noch nicht entschieden worden sei. Hitler habe die Grundsatzentscheidung zugunsten der Ermordung aller europäischen Juden erst am 12. Dezember 1941 gefällt, daher habe die verlegte Konferenz unter völlig veränderten Rahmenbedingungen stattgefunden (*Krieg*, S. 94–136). Das, was Gerlach als Grundsatzentscheidung bezeichnet, war meines Erachtens eine offizielle Einweisung von Parteiführern in einen bereits mehrere Monate zuvor getroffenen Entschluss.

112 Laut Eichmann verfolgte Heydrich mit der Wannsee-Konfe-

renz zwei (genau genommen drei) Ziele: Er habe sich, erstens, der Mitarbeit der Teilnehmer versichern und, zweitens, seiner Eitelkeit frönen und seine Zuständigkeit unterstreichen wollen (Eichmann-Prozess, BA Koblenz, All. Proz. 6/1, S. 239; vgl. auch Jäckel, »Purpose«).

113 Goebbels, *Die Tagebücher von Josef Goebbels*, Teil II, Bd. 2, S. 498 f. (Eintrag vom 13. Dezember 1941).

114 *IMG*, Bd. 12, S. 68 f. (Aussage von Bühler); *DdGP*, S. 459 Anm.

115 *DdGP*, S. 457 f. (Regierungssitzung, 16. Dezember 1941).

116 Zum Treffen zwischen Himmler und Brack siehe *DKHH*, S. 290; zu Himmlers Äußerung siehe: Nürnberger Dokument NO-205 (Brack an Himmler, 23. Juni 1942).

117 Gerlach, *Krieg*, S. 121 f. Gerlach merkt an, es sei noch nicht geklärt, ob es sich bei dem überlieferten Manuskript um das Original handelt und ob Rosenberg die Rede überhaupt gehalten hatte.

118 Nürnberger Dokument PS-1517 (Aktenvermerk von Rosenberg über das Treffen mit Hitler am 14. Dezember 1941), in: *IMG*, Bd. 27, S. 270.

119 Christian Gerlach ist der Ansicht, die Worte »jetzt nach der Entscheidung« bezögen sich nicht auf die Kriegserklärung an die USA, sondern auf den von Hitler angeblich am 12. Dezember gefassten Beschluss, alle Juden Europas zu ermorden, weil es keinen Sinn gemacht hätte, die Drohgebärden gegen die Juden im Zusammenhang mit der Kriegserklärung auszusetzen (*Krieg*, S. 122 f.).

120 Nürnberger Dokument PS-3666 (Bräutigam an Lohse, 18. Dezember 1941), in: *IMG*, Bd. 32, S. 437.

121 *DKHH*, S. 293 f.

122 PAA, Inland IIg 177 (Heydrich an Luther, 8. Januar 1942).

123 Mommsen, »Aufgabenkreis«, S. 380, 396.

124 Jüngere Studien zur Wannsee-Konferenz sind Roseman, *Wannsee-Konferenz;* Longerich, *Politik*, S. 466–472; Gerlach, *Krieg*, S. 85–166; Jäckel, »Purpose«; Pätzold/Schwarz, *Tagesordnung*, zusammengefasst in Pätzold, »Wannsee-Konferenz«; Scheffler, »Wannsee-Konferenz«.

125 Das einzige überlieferte Exemplar des Protokolls befindet sich in: PAA, Inland IIg 177. Ein Faksimile ist abgedruckt in Kempner, *Eichmann*, S. 133–147; Roseman, *Wannsee-Konferenz*, S. 170–184.

126 Dieses und die folgenden Zitate aus Eichmanns Aussagen vor Gericht sind Hilberg, *Documents of Destruction*, S. 99–106, entnommen (deutsch: BA, All. Proz. 6).

127 Zwei Wochen nach der Wannsee-Konferenz, am 4. Februar 1942, bezeichnete Heydrich in Prag vor deutschen Besatzungsbeamten die Konzentrationslager der Sowjetunion in der Eismeerregion als »zukünftig ideale[s] Heimatland der 11 Millionen Juden aus Europa« (*Deutsche Politik*, S. 229).

128 Hermann Kaienburg, »Jüdische Arbeitslager«, S. 19 f., und Thomas Sandkühler, »Judenpolitik«, S. 136, weisen darauf hin, dass die D-4-Zwangsarbeitslager, die in Galizien für die im Straßenbau eingesetzten Juden errichtet wurden, auf erschreckende Weise an Heydrichs Äußerungen auf der Wannsee-Konferenz über die Dezimierung der Juden durch Arbeit im Straßenbau erinnern und daher nicht als bloße Tarngeschichte abgetan werden können.

129 PAA, Inland IIg 179 (Leibbrandt ans Auswärtige Amt, 22. Januar 1942, mit Gesetzentwurf und Erläuterungen).

130 Ebd. (Protokoll der Endlösungskonferenz im Ostministerium am 29. Januar 1942).

131 *ADAP*, Serie E, Bd. 1, S. 403 (Rademacher an Bielfeld, 10. Februar 1942).

132 PAA, Inland IIg 177 (Woermann an Rademacher, 14. Februar 1942; Rademacher an Luther, 24. Februar 1942, mit Luthers Randnotiz vom 26. Februar 1942).

133 Goebbels, *Die Tagebücher von Josef Goebbels*, Teil II, Bd. 3, S. 431 (Eintrag vom 7. März 1942).

134 Zur »Euthanasie« im Wartheland siehe Rieß, *Anfänge*, S. 273–353.

135 ZStL, 203 AR-Z 69/59, Bd. 1, S. 138 f. (Vernehmung von Koppe).

136 ZStL, Ordner Nr. 350, Bild 530 f. (Damzog an Krumey, 18. Dezember 1941; Aktenvermerk von Krumey, 6. Januar 1942).

137 ZStL, 203 AR-Z 69/59, Bd. 3, S. 459–463 (Vernehmung von Knofe).

138 Zur Personalrotation siehe ZStL, 203 AR-Z 69/59, Bd. 3, S. 411–421 (Theodor Malzmüller), Bd. 7a, S. 1193–1198 (Heinz Schattner).

139 Zur verwickelten Befehlskette siehe Rückerl, *Vernichtungslager*, S. 251–253. Ian Kershaw betrachtet das Todeslager Chelmno in seinem Aufsatz »Improvised Genocide?« vor allem als Ergebnis

lokaler Improvisation und nicht als lokalen Ausdruck einer grundsätzlichen Entscheidung der Zentrale.

140 Rückerl, *Vernichtungslager*, S. 264. Freund, Perz und Stuhlpfarrer, »Das Ghetto in Litzmannstadt«, S. 27 f., erwähnen eine Vereinbarung Ende Oktober 1941 zwischen Himmler und Greiser zur Überwindung lokaler Probleme, die durch Hitlers Beschluss, »Reichsjuden« zu deportieren, und Himmlers Entscheidung, sie nach Lodz zu schicken, verursacht worden waren.

141 Dabrowska, »Zaglada«, Tabelle 13; Dobroszycki, *Chronicle*, S. LIV.

142 Montague, »Chelmno«, S. 2, 4. Einem anderen Zeugen zufolge, der die Aktion auf Mitte November datiert, wurden die Juden am ersten Tag in einer Grube buchstäblich bei lebendigem Leib in Löschkalk gekocht; am nächsten Tag füllte das Kommando eine zweite Grube mit Leichen von Juden, die sie in dem Gaswagen getötet hatten (Richmond, *Konin*, S. 507–510).

143 *JNSV*, Bd. 7, Nr. 231b (Landgericht Stuttgart 3 Ks 31/49), S. 217–233.

144 Bevor man im Januar 1942 den Holzzaun errichtete, konnten zwei »volksdeutsche« Schulkinder, wie sie nach dem Krieg aussagten, von einem Aussichtspunkt aus beobachten, wie der Gaswagen rückwärts ans Schloss heranfuhr. Anschließend hörten sie die Schreie der Opfer. Aber auch trotz des Zaunes sahen die Kinder in der gegenüber dem Mannschaftsquartier gelegenen Schule jeden Morgen die betrunkenen Krankenschwestern aus dem Krankenhaus im nahe gelegenen Warthebrücken nach durchzechter Nacht nackt auf der Straße liegen. Schließlich wurde die deutsche Schule in eine andere Stadt verlegt, und die Schüler wurden mit einem SS-Fahrzeug dorthin gefahren (ZStL, 203 AR-Z 69/59, Bd. 4, S. 550–562 [Fritz Ismer], 624–643 [Walter Burmeister], Bd. 7a, S. 1262–1265 [Nelli Löhrko], 1266–1269 [Else Semmler], 1270–1277 [Herbert Wauer], 1281–1286 [Erhard Michelson]).

145 Dieses Datum stammt aus einem polnischen Nachkriegsbericht (zit. in: ZStL, 203 AR-Z 69/59, Bd. 1, S. 38). Ohne die Abweichung zu erklären, legt das Bonner Landgericht, 8 Ks 3/62, S. 36, ebenso wie Rückerl, *Vernichtungslager*, S. 288, den Beginn der Vergasungen in Chelmno auf den 5. Dezember 1941.

146 Urteil, Landgericht Bonn 8 Ks 3/62, S. 27.

147 Zur Mordprozedur siehe Rückerl, *Vernichtungslager*, S. 268–276; ZStL, 203 AR-Z 69/59, Bd. 4, S. 517–549 (Gustav Laabs), Bd. 4, S. 624–643, und Bd. 6, S. 961–989 (Walter Burmeister), Bd. 5, S. 872–883, und Bd. 6, S. 1046–1072 (Kurt Möbius); Montague, »Chelmno«, S. 30–94.

148 ZStL, 203 AR-Z 69/59, Bd. 1, S. 83 (Dr. Pieh an die Zentralstelle, 6. November 1959); Dabrowska, »Zaglada«, S. 163, 169 (Tabellen 7 und 12); Montague, »Chelmno«, S. 17–20.

149 ZStL, 203 AR-Z 69/59, Bd. 4, S. 550–562 (Fritz Ismer); *Dobroszycki, Chronicle*, S. 107 f. Im November und Dezember 1941 waren in Lodz über 600 »Zigeuner« gestorben.

150 Ich danke Patrick Montague, der in »The Chelmno Death Camp«, S. 51–53, schlüssig dokumentiert hat, dass die Vergasung in Chelmno mit Langes altem, mit Kohlenmonoxidflaschen ausgerüstetem Gaswagen begann. Wann dieser Gaswagen ausgemustert wurde und die beiden neuen Wagen – welcher Bauart auch immer – und schließlich noch ein größerer Saurer-Gaswagen aus Berlin eintrafen, geht aus den Nachkriegsaussagen nicht eindeutig hervor. Die Aussage des von Montague zitierten polnischen Mechanikers (S. 56) deutet darauf hin, dass die neuen Gaswagen bereits im Januar 1942 vor Ort waren, während Montague einen wesentlich späteren Zeitpunkt im März oder April 1942 annimmt (S. 55).

151 Landgericht Hannover, 2 Ks 2/65 (Strafverfahren gegen Pradel und Wentritt), Bd. 4, S. 117, Bd. 7, S. 52–54, Bd. 8, S. 227 f. (Aussage von Gustav Laabs), Bd. 7, S. 200–202 (Aussage von Walter Burmeister), Bd. 9, S. 193 f. (Aussage von Fritz Ismer); Urteil, Landgericht Bonn 8 Ks 3/63, S. 27, 92. Nach Ansicht Artur Eisenachs waren Langes Gaswagen in Leipzig gekauft worden (»Operation Reinhard«, S. 97), doch die auf Hans Bothmann, den Kommandanten von Kulmhof, ausgestellte Rechnung der Leipziger Firma Motoren-Heyne vom 2. November 1942 betraf nur die Lieferung eines Dieselmotors (*FGM*, S. 282 f.); zudem liegt das Datum zu spät. Zur Entwicklung und Herstellung der Gaswagen siehe Browning, *Fateful Months*, S. 57–67; Beer, »Gaswagen«.

152 *TAE*, Bd. 7, Sp. 174–177 (Eichmann-Verhör); Eichmann, »Own damning story«; BA Koblenz, All. Proz. 6/199, Manuskript »Meine Memoiren«, S. 105–107. In »Götzen« (Teil 1,

S. 126–128, ISA) erklärte Eichmann, es müsse Januar gewesen sein, als Müller ihm dem Auftrag gab, Chelmno zu inspizieren.

153 Zur Geschichte des Lagers siehe Tregenza, »Belzec«; Arad, *Belzec, Sobibor, Treblinka;* Rückerl, *Vernichtungslager.*

154 Tregenza, »Belzec«, S. 247 f.

155 ZStL, Landgericht München I, 1 Js 278/60, Bd. 1, S. 133 (Oberhauser, BDC, RuSHA-Akte, Brief der Ehefrau vom 9. Oktober 1941), Bd. 6, S. 1037 (Aussage von Oberhauser, 15. September 1960).

156 ZStL, Landgericht München I, 1 Js 278/60, Bd. 6, S. 1129–1132, 1195 (Aussage von Stanislaw Kozak), 117 f. (Eustachy Ukrainski), 1222 (Edward Ferens).

157 Ebd., Bd. 6, S. 1129–1132 (Kozak), 1156 (Jan Glab).

158 Ebd., Bd. 9, S. 1681 (Oberhauser, 12. Dezember 1960). Tregenza identifiziert den jungen »Volksdeutschen« nur als »Edward L.« (»Belzec«, S. 247).

159 ZStL, Landgericht München I, 1 Js 278/60, Bd. 6, S. 1129–1132 (Kozak).

160 Ebd., Bd. 5, S. 974 f. (Kallmeyer an Dr. Stahmer, 18. Juni 1960).

161 Laut Tregenza (»Belzec«, S. 248 f.) wurden im Februar zwei Tests durchgeführt, der erste mit Zyklon B und der zweite mit Kohlenmonoxid aus Flaschen. Opfer des zweiten Tests seien aus dem Reich deportierte deutsch-jüdische Psychiatriepatienten sowie einheimische Juden aus Piaskik und Izbica gewesen. Erst zu diesem Zeitpunkt habe man für die Kohlenmonoxidherstellung einen sowjetischen Panzermotor installiert.

162 ZStL, Landgericht München I, 1 Js 278/60, Bd. 4, S. 656–660 (Oberhauser, 26. Februar 1960), 763–765 (Oberhauser, 20. April 1960), Bd. 9, S. 1683 f. (Oberhauser, 12. Dezember 1962). In seiner Aussage von 1960 datierte Oberhauser Wirths abrupte Abreise in den Februar 1942, also auf einen Zeitpunkt, als er Baumaterial nach Belzec brachte und die erste jüdische Arbeitsmannschaft gerade getötet worden war. Seine Aussage von 1962, in der er diese Episode in den April oder Mai verlegte, ist in meinen Augen ausgesprochen zweifelhaft, da er augenscheinlich versuchte, die Chronologie zu fälschen und den Eindruck zu erwecken, dass bis zum August 1942, also in dem Zeitraum, dessentwegen er vor Gericht stand, nur eine geringe Zahl von Testvergasungen in Belzec durchgeführt worden sei, und das auch

nur in einer einzigen Gaskammer mit einem Fassungsvermögen von hundert Personen. Aussagen polnischer Dorfbewohner über Informationen von ukrainischen Wachen zufolge fand die Vergasung der jüdischen Arbeiter jedoch bereits im Februar statt (ebd., Bd. 6, S. 1126 [Mierczyslaw Kudyba], 1150 [Michal Kusmierczak], 1158 [Jan Glab]). Deshalb kann ich dem Münchner Landgericht sowie Adalbert Rückerl, *Vernichtungslager*, S. 136 f., und Yitzhak Arad, *Belzec, Sobibor, Treblinka*, S. 72 f., die Oberhausers Aussage von 1962 für richtig halten und Wirths Abreise auf April/Mai 1942 datieren, nicht zustimmen.

163 Rückerl, *Vernichtungslager*, S. 136 f.

164 Pressac/van Pelt, »Machinery«, S. 199; van Pelt, »Site in Search«, S. 139.

165 Van Pelt, »Site in Search«, S. 145; Czech, *Kalendarium*, S. 174 f. Pery Broads Beschreibung einer vage auf das Jahr 1942 datierten Vergasung im alten Krematorium scheint zu diesem Vorfall zu passen (*Auschwitz in den Augen der SS*, S. 174–176).

166 Van Pelt, »Site in Search«, S. 145 f. Pressac und van Pelt behaupten allerdings, ohne einen Beweis oder eine Erklärung dafür anzuführen, Bunker I sei erst im Mai 1942 umgebaut und in Betrieb genommen worden (»Machinery«, S. 212). Dworah Dwork und Robert Jan van Pelt schließen das Argument an, dass die Entscheidung, Bunker I und ein großes Krematorium zeitgleich und nebeneinander zu errichten, aufgrund der Gelegenheit gefällt worden sei, nicht nur jüdische Arbeitskräfte aus der Slowakei, sondern auch ihre Familienangehörigen nach Auschwitz zu schaffen, wofür die Deutschen ein Kopfgeld von 500 Reichsmark erhielten. Ihrer Ansicht nach zogen Himmler und Eichmann eine Deportation ganzer jüdischer Familien aus der Slowakei allerdings erst in Betracht, nachdem im Stammlager die ersten schlesischen Juden vergast worden waren und Kammler eine technische Lösung für eine reibungslose Ermordung der nicht arbeitenden slowakischen Juden in Birkenau entwickelt hatte (*Auschwitz*, S. 334–338). Ich bin der Auffassung, dass sie die Rolle der slowakischen Juden für diese Entscheidungsfindung über- und diejenige der schlesischen Juden unterbewerten. Zwischen dem 5. Mai und 7. Juni verschleppten die Deutschen 20 000 schlesische Juden, um sie in Birkenau zu vergasen; das Gleiche geschah im August 1942 mit weiteren 10 000 bis 13 000

schlesischen Juden in Auschwitz (Steinbacher, *»Musterstadt« Auschwitz*, S. 286; vgl. auch: YVA, BD 23/5: Listen des ISD; USHMMA, RG 15 003 m, Mikrofiche 1, Nachverzeichnis aller aus Beuthen/Oberschlesien ausgesiedelten Juden; Ronen, »Zaglembie«, S. 11). Im Gegensatz dazu waren 1942 nur die letzten acht von 57 Transporten aus der Slowakei mit 7700 von insgesamt 58 000 Deportierten Familien vorbehalten, die in Birkenau selektiert und vergast werden sollten (zu den Listen der slowakischen Transporte siehe Büchler, »The Deportation of Slovakian Jews to the Lublin District of Poland in 1942«, S. 166; ders., »First in the Vale of Affliction«, S. 308, 320). Für die Vergasung schlesischer Juden war Birkenau 1942 folglich von zentraler, für die Ermordung der slowakischen Juden nur von peripherer Bedeutung.

167 Czech, *Kalendarium*, S. 186 f. Danuta Czech nennt keine Quelle für dieses genaue Datum. Raul Hilberg gibt für Bunker I allgemein den Monat März an (»Auschwitz«, S. 85). Am vorsichtigsten ist Francisek Piper; er schreibt: »Die schlechte Quellenlage erlaubt keine genaue Datumsangabe für die Inbetriebnahme von Bunker I« (»Gas Chambers«, S. 178).

168 Die Rekonstruktion der Ereignisse in Auschwitz im Herbst 1941 und Frühjahr 1942 stützt sich vor allem auf die Untersuchung seiner Baupläne durch Pressac und van Pelt, da die Aussagen insbesondere von Höß und teilweise auch von Eichmann verworren, widersprüchlich, eigennützig und unglaubwürdig sind. Nach Höß' Darstellung erhielt er kurz nach einer Begegnung mit Himmler im Sommer 1941 Besuch von Eichmann. Bei dieser Gelegenheit erklärte ihm Eichmann angeblich, dass angesichts der im Osten sowohl bei den Erschießungen (die Eichmann als »Niedermähen« bezeichnete) als auch beim Einsatz von Gaswagen auftretenden Schwierigkeiten lediglich eine stationäre Vergasung für die Ermordung von Juden in Frage komme. Darüber hinaus habe er von einer europaweiten Aushebung der Juden gesprochen. Laut Höß bestimmten er und Eichmann anschließend das nordwestlich des geplanten Abschnitts III von Birkenau gelegene Bauernhaus als Standort für die künftige Gaskammer, obwohl noch kein geeignetes Gas gefunden worden war. Erst nachdem er Monate später, im November 1941, an einer Besprechung von Eichmanns Deportations-

experten aus verschiedenen europäischen Ländern teilgenommen habe, hätten Fritzsch und er die Tests mit Zyklon B durchgeführt. Im Januar 1942 habe man dann mit der Vergasung der schlesischen Juden begonnen; nach dem ersten Transport habe Eichmann Himmlers Anweisung übermittelt, Goldzähne herauszubrechen und den Frauen die Haare abzuschneiden (Höß, *Kommandant*, S. 157–160, 127). Allerdings übertreibt Höß in seiner Darstellung von Eichmanns Rolle und bringt die Reihenfolge seiner Besuche und des ersten Zyklon-B-Tests durcheinander. Eichmann selbst berichtete sowohl über eine Reise nach Lublin im Herbst 1941, als die schönsten Herbstfarben zu sehen waren und noch warme Temperaturen herrschten, als auch darüber, dass er im Januar 1942 in Chelmno einer Vergasung und zuvor bei schlechtem Wetter (wahrscheinlich im November 1941) in Minsk einer Massenerschießung beigewohnt habe. Ohne Eichmanns eigene Aussage wäre keines dieser Erlebnisse bekannt, und ein Motiv für ihre Erfindung ist schwerlich zu erkennen. Aber er ärgerte sich über die Art und Weise, wie Höß seine Rolle in Auschwitz schilderte, und stritt dessen Darstellung vehement ab. Ihm sei dieser Punkt so wichtig gewesen, weil »ich dem Erzlügner Höß beweisen musste, dass ich mit ihm und seinen Gaskammern und seinem Tötungslager überhaupt nichts zu tun gehabt habe« (BA, All. Proz 6/169, Servatius-Papiere, einschließlich Eichmanns Notizen und Zeitplan). Nach Eichmanns verschiedenen Aussagen besuchte er Auschwitz erst im Frühjahr 1942, als Höß ihm in »denselben Häuschen«, wie er sie bereits in dem Waldlager bei Lublin gesehen hatte, Einrichtungen für die Vergasung mit »Tabletten« zeigte, »großen kreisförmigen Pappdingern«, die wie »Pappdeckel« aussahen. Er erinnerte sich deutlich an eine »besondere Blumenfülle«. Sein erster Besuch muss also in der »Hochfrühjahrszeit« stattgefunden haben (vgl.: »Meine Memoiren«, S. 102; *TAE*, Bd. 7, Sp. 218, 363, 372–376, 380, 384, 394; ISA, »Götzen«, Teil 1, S. 163–166). Wahrscheinlich fiel sein Besuch in die Zeit der Vergasung der oberschlesischen Juden Anfang Mai. Auch Höß fiel der krasse Widerspruch zwischen den Vergasungen und den »blühenden Obstbäumen des Bauerngehöftes« auf (*Kommandant*, S. 129). Insoweit Eichmanns Aussage von verteidigungsstrategischen Überlegungen und persönlicher Verärgerung verzerrt wurde, geschah dies eindeutig in Form einer Spät-, nicht aber durch Vordatierung wichtiger Ereignisse und vor allem mit dem Ziel, seine Rolle in Auschwitz zu minimieren.

169 Zur Vergasung im Lager Semlin siehe Browning, *Fateful Months*, S. 68–85; Shelach, »Sajmiste«.

170 *ADAP*, Serie D, Bd. 13.2, S. 580 (Aktenvermerk von Luther, 9. Dezember 1941).

171 Landgericht Hannover, 2 Ks 2/65 (Strafverfahren gegen Pradel und Wentritt), Bd. 12, S. 238 (Aussage von Schäfer).

172 BDC, SS-Akte Turner (Turner an Wolff, 11. April 1942).

173 Browning, »Harald Turner«.

174 Landgericht Köln, 24 Ks 1/52 (Strafverfahren gegen Schäfer), Bd. 2, S. 199–204, 331–334, 342–344; Landgericht Hannover, 2 Ks 2/65 (Strafverfahren gegen Pradel und Wentritt), Bd. 8, S. 55–57, und Bd. 12, S. 238 f. (Aussagen von Schäfer).

175 Shelach, »Sajmiste«, S. 248, 258.

176 Browning, *Fateful Months*, S. 79–83.

177 Menachem Shelach schätzt, dass allein bei den Vergasungen 8000 Menschen getötet wurden (darunter 500 Patienten des jüdischen Krankenhauses in Belgrad), weitere 500 vor dem Eintreffen des Gaswagens erschossen worden waren und rund zehn Prozent der Winterinsassen des Lagers den schrecklichen Bedingung zum Opfer fielen (»Sajmiste«, S. 255 f.).

178 Nürnberger Dokument NOKW-1421 (Felber an Meyszner, 24. Dezember 1943).

179 PAA, Pol. IV, 348 (Denkschrift von Rademacher, 29. Mai 1942); Landgericht Köln, 24 Ks 1/52 (Strafverfahren gegen Schäfer), Bd. 2, S. 353 (Aussage von Dr. R.).

10. Schlussbetrachtung

1 Am 4. Oktober hielt Goebbels in seinem Tagebuch Hitlers Voraussage fest, dass die Rote Armee bei gleich bleibendem Wetter innerhalb der nächsten 14 Tage zerschlagen sein werde (*Die Tagebücher von Josef Goebbels*, Teil II, Bd. 2, S. 50). Einige Tage darauf vermerkte er, dass das Wetter am 9. Oktober umgeschlagen sei (S. 83). Dennoch notierte er am 10. Oktober, dem Tag der Prager Konferenz: »Der Führer beurteilt die Situation gänzlich opti-

mistisch. Er ist der Meinung, dass von einem nennenswerten sowjetischen Widerstand nicht mehr die Rede sein könne« (S. 87). Trotz der Berichte über zunehmende Schwierigkeiten an der Ostfront schätzte Hitler, laut Goebbels, am 15. Oktober die Lage günstiger ein als die Generäle und glaubte immer noch, dass die militärischen Operationen im November abgeschlossen werden könnten (S. 117). Ende Oktober musste Goebbels dann allerdings einsehen, dass weitere Fortschritte »fast unmöglich« waren und man im Frühjahr von neuem werde beginnen müssen (S. 204, 209). Doch noch am 10. November war Hitler davon überzeugt, »dass die Sowjetunion bereits geschlagen sei«, und hoffte binnen vier Wochen Moskau einkreisen, die Wolga erreichen und den Kaukasus abschneiden zu können. Danach sollten die deutschen Truppen ins Winterquartier gehen, um die Offensive im Frühjahr fortzusetzen (S. 262 f.).

2 Am 25. Januar 1942 machte Hitler anlässlich eines Mittagessens mit geladenen Gästen, darunter Himmler und Lammers, in vollem Bewusstsein, dass den Juden die Auswanderung verboten worden war, die zynische Bemerkung: »Der Jude muss aus Europa heraus. [...] ich sage nur, er muss weg. Wenn er dabei kaputtgeht, da kann ich nicht helfen. Ich sehe nur eines: die absolute Ausrottung, wenn sie nicht freiwillig gehen« (*Monologe*, S. 229). In seiner Sportpalastrede am 30. Januar 1942 beschwor er unverblümt seine fehldatierte Reichstagsprophezeiung vom Januar 1939: »Wir sind uns im Klaren darüber, dass entweder die arischen Völker ausgerottet werden oder dass das Judentum aus Europa verschwindet. Ich habe am 1. September 1939 im Deutschen Reichstag es schon ausgesprochen – und ich hüte mich vor voreiligen Prophezeiungen –, dass dieser Krieg nicht so ausgehen wird, wie es sich die Juden vorstellen, nämlich dass die europäisch-arischen Völker ausgerottet werden, sondern das Ergebnis dieses Krieges die Vernichtung des Judentums sein wird. Zum ersten Mal wird diesmal das echt altjüdische Gesetz angewendet: ›Aug' um Aug', Zahn um Zahn!‹« (*Reden*, Teil II, Bd. 2, S. 1828 f.).

Goebbels notierte am 15. Februar 1942: »Der Führer gibt noch einmal seiner Meinung Ausdruck, dass er entschlossen ist, rücksichtslos mit den Juden in Europa aufzuräumen. Hier darf man keinerlei sentimentale Anwandlungen haben. Die Juden haben die Katastrophe, die sie heute erleben, verdient. Sie werden mit der Vernichtung unserer Feinde auch ihre eigene Vernichtung erleben. Wir müssen diesen Prozess mit einer kalten Rücksichtslosigkeit beschleunigen, und wir tun damit der leidenden und seit Jahrtausenden vom Judentum gequälten Menschheit einen unabschätzbaren [sic] Dienst« (*Die Tagebücher von Josef Goebbels*, Teil II, Bd. 3, S. 320 f.). Eine Woche später, am 22. Februar, rief Hitler beim Abendessen mit Himmler aus: »Der gleiche Kampf, den Pasteur und Koch haben kämpfen müssen, muss heute von uns geführt werden. Zahllose Erkrankungen haben die Ursache in einem Bazillus: dem Juden! ... Wir werden gesunden, wenn wir den Juden eliminieren« (*Monologe*, S. 293). Am 24. Februar 1942 erklärte er vor »alten Kämpfern« der Partei, seine Prophezeiung werde »ihre Erfüllung finden, dass durch diesen Krieg nicht die arische Menschheit vernichtet, sondern der Jude ausgerottet werden wird. Was immer auch der Kampf mit sich bringen, oder wie lange er dauern mag, dies wird sein endgültiges Ergebnis sein« (*Reden*, Teil II, Bd. 2, S. 1844). Zur Einschätzung von Hitlers Rolle in diesen Monaten siehe auch Kershaw, *Hitler*, Bd. 2, S. 647–655.

3 *DKHH*, S. 375–381.

4 Goebbels, *Die Tagebücher von Josef Goebbels*, Teil II, Bd. 3, S. 561 (Eintrag vom 27. März 1942).

5 Friedländer, *Das Dritte Reich*, Bd. 1, S. 317 f. Zum allgemeinen Konsens der Historiker zu diesem Thema im Lauf der Jahre siehe Steinert, *Hitlers Krieg*, S. 74–76; Stokes, »The German People«, S. 174 f.; Gordon, *Hitler, Germans*, S. 175–180; Kulka, »›Public Opinion‹«, S. 135–144; Kershaw, »Persecution«, S. 275–281; Bankier, *Meinung*, S. 118–122.

6 Steinert, *Hitlers Krieg*, S. 91 f.

7 Friedländer, *Das Dritte Reich*, Bd. 1, S. 306.

8 Herbert, »Militärverwaltung«, S. 444 f.

9 Aly, *»Endlösung«*, S. 163 f., 319.

10 Friedlander, *NS-Genozid*, S. 431–448.

Bibliographie

Dokumentensammlungen

Akten der Partei-Kanzlei der NSDAP. Rekonstruktion eines verlorengegangenen Bestandes, hg. vom Institut für Zeitgeschichte (München), Teil 2: Mikrofiches, Bd. 1, München/Oldenburg 1985

Akten zur deutschen auswärtigen Politik [ADAP], Serie D: *1937–1945*, 13 Bde., 1950–1970: Bd. 5, Baden-Baden 1953; Bd. 8, 2 Tle., Baden-Baden/Frankfurt am Main 1961; Bd. 9, Frankfurt am Main 1962; Bd. 10, Frankfurt am Main 1963; Bd. 11, 2 Tle., Bonn 1964; Bd. 13, 2 Tle., Göttingen 1970; Serie E, Bd. 1, Göttingen 1969

Ausbildungsziel Judenmord? »Weltanschauliche Erziehung« von SS, Polizei und Waffen-SS im Rahmen der »Endlösung«, hg. von Jürgen Matthäus, Konrad Kwiet, Jürgen Förster und Richard Breitman, Frankfurt am Main 2003

Auschwitz in den Augen der SS. Höss, Broad, Kremer, hg. von Jadwiga Bezwinska und Danuta Czech, Warschau 1992

Bevölkerungsstruktur und Massenmord. Neue Dokumente zur deutschen Politik der Jahre 1938–1945 (Beiträge zur nationalsozialistischen Gesundheits- und Sozialpolitik, Bd. 9), hg. von Götz Aly und Susanne Heim, Berlin 1991

Biuletyn Głównej Komisji Badania Zbrodni Hitlerowskich w Polsce [Biuletyn], (Warschau), Bd. 11 (1959), 12 (1960)

The Chronicle of the Lodz Ghetto 1941–1944, hg. von Lucjan Dobroszycki, New Haven, Connecticut/London 1984

»Denkschrift Himmlers über die Behandlung der Fremdvölkischen im Osten (Mai 1940)«, hg. von Helmut Krausnick, in: *Vierteljahrshefte für Zeitgeschichte* 5 (1957), S. 194–198

Deutsche Politik im »Protektorat Böhmen und Mähren« unter Reinhard Heydrich 1941–1942. Eine Dokumentation, hg. von Miroslav Kárný, Jaroslava Milotová und Margita Kárná, Berlin 1997

Documenta Occupationis, Bd. 5, 6, 8, Poznań 1952/1958/1969

Documents Accuse, hg. von B. Baranauskas, K. Ruksenas und E. Rozauskas, Wilna 1970

Documents of Destruction. Germany and Jewry 1933–1945, hg. von Raul Hilberg, Chicago, Illinois, 1971

Documents on the Holocaust. Selected Sources on the Destruction of the Jews of Germany and Austria, Poland, and the Soviet Union, hg. von Yitzhak Arad, Yisrael Gutman und Abraham Margliot, Jerusalem 1981

Dokumente über die Verfolgung der jüdischen Bürger in Baden-Württemberg durch das nationalsozialistische Regime, 1933–1945, hg. von Paul Sauer, 2 Bde., Stuttgart 1966

Dokumente zur Geschichte der Frankfurter Juden 1933–1945, hg. von der Kommission zur Erforschung der Geschichte der Frankfurter Juden, Frankfurt am Main 1963

Dokumenty i Materiały do Dziejow Okukpacji Niemieckiej w Polsce [DiM], Bd. 1: *Obozy*, Lodz 1946; Bd. 3: *Getto Lodzkie*, Warschau/Lodz/Krakau 1946

Das Eichmann-Protokoll. Tonbandaufzeichnungen der israelischen Verhöre, hg. von Jochen von Lang, Berlin 1982

Die Einsatzgruppen in der besetzten Sowjetunion 1941/42. Die Tätigkeits- und Lageberichte des Chefs der Sicherheitspolizei und des SD, hg. von Peter Klein, Berlin 1997

Einsatzgruppen in Polen. Einsatzgruppen der Sicherheitspolizei, Selbstschutz und andere Formationen in der Zeit vom 1. September 1939 bis Frühjahr 1940, zusammengestellt von der Zentralstelle der Landesjustizverwaltungen in Ludwigsburg, 2 Bde., Ludwigsburg 1962/63

The Einsatzgruppen Reports. Selections from the Dispatches of the Nazi Death Squads' Campaign Against the Jews in Occupied Territories of the Soviet Union July 1941 – January 1943, hg. von Yitzhak Arad, Shmuel Krakowski und Shmuel Spector, New York 1989

Einsatz im »Reichskommissariat Ostland«. Dokumente zum Völkermord im Baltikum und in Weißrußland 1941–1944, hg. von Wolfgang Benz, Konrad Kwiet und Jürgen Matthäus, Berlin 1998

Die Ermordung der europäischen Juden. Eine umfassende Dokumentation des Holocaust 1941–1945, hg. von Peter Longerich, München/Zürich 1989

»Es geht tatsächlich nach Minsk«. Texte und Materialien zur Erinnerung an die Deportation von Bremer Juden am 18. 11. 41 in das Vernichtungslager Minsk, hg. von Andreas Röpcke und Günter Rohdenburg, Bremen 1992

»Es gibt nur eines für das Judentum: Vernichtung«. Das Judenbild in deutschen Soldatenbriefen 1939–1944, hg. von Walter Manoschek, Hamburg 1995

Faschismus – Getto – Massenmord. Dokumentation über Ausrottung und Widerstand der Juden in Polen während des Zweiten Weltkrieges [FGM], hg. von Tatiana Berenstein, Artur Eisenbach, Bernard Mark und Adam Rutkowski, Berlin 1960

Die faschistische Okkupationspolitik in den zeitweilig besetzten Gebieten der Sowjetunion (1941–1944) [FOS], hg. von Norbert Müller, Berlin 1991

Die faschistische Okkupationspolitik in Polen (1939–1945) [FOP], hg. von Werner Röhr, Berlin 1989

»Der Generalplan Ost«, hg. von Helmut Heiber, in: *Vierteljahrshefte für Zeitgeschichte* 6 (1958), S. 281–325

Holocaust in Rumania. Facts and Documents on the Annihilation of Rumania's Jews, 1940–1944, hg. von Matatias Carp, Budapest 1994

»Ich wundere mich, dass ich noch lebe«. Sowjetische Augenzeugen berichten, hg. von Paul Kohl, Gütersloh 1990

»Judendeportationen aus dem Reichsgebiet«, unveröffentlichte Dokumentensammlung der Zentralstelle der Landesjustizverwaltungen in Ludwigsburg (Kopie in YVA, 0-4/52))

Justiz und NS-Verbrechen. Sammlung deutscher Strafurteile wegen nationalsozialistischer Tötungsverbrechen, 1945–1966 [JNSV], bearbeitet im »Seminarium voor Strafrecht en Strafrechtspleging Van Hamel« der Universität Amsterdam von Adelheid L. Rüter-Ehlermann, Christiaan F. Rüter, Irene Sagel-Grande u. a., Redaktion: Fritz Bauer, Karl Dietrich Bracher u. a., 26 Bde., Amsterdam 1968–2001

Kriegstagebuch des Oberkommandos der Wehrmacht (Wehrmachtführungsstab), 1940–1945 [Ktb-OKW], 4 Bde., hg. von Percy Ernst Schramm, Frankfurt am Main 1965

Namen und Schicksale der Juden Kassels 1933–1945. Ein Gedenkbuch, hg. von Beate Kleinert und Wolfgang Prinz, Kassel 1986

Nationalsozialistische Massentötungen durch Giftgas. Eine Dokumentation, hg. von Eugen Kogon, Hermann Langbein und Adalbert Rückerl, Frankfurt am Main 1983

Nazi Conspiracy and Aggression [NCA], 8 Bde. und 2 Ergänzungsbände, Washington, D. C., 1946–1958

Nazi-Dokumente sprechen, hg. vom Rat der jüdischen Gemeinden in den böhmischen Ländern (Prag) und vom Zentralverband der jüdischen Gemeinden in der Slowakei (Bratislava), Redaktion Rudolf Iltis, Prag 1965

Pierwsze miesiące okupacji hitlerowskiej w Bydgoszcz. W świetle źródeł niemieckich [Bydgoszczy], hg. von Tadeusz Esman und Włodzimierz Jastrzębski, Bydgoszcz 1967

»A Preparatory Document for the Wannsee ›Conference‹«, mit Kommentaren von Yehoshua Büchler und Richard Breitman, in: *Holocaust and Genocide Studies*, 9/1 (Frühjahr 1995), S. 121–129

Der Prozess gegen die Hauptkriegsverbrecher vor dem internationalen Militärgerichtshof, Nürnberg, 14. November 1945–1. Oktober 1946 [IMG], 42 Bde., Nürnberg 1947–1949

Rassenpolitik und Kriegführung. Sicherheitspolizei und Wehrmacht in Polen und in der Sowjetunion 1939–1942, hg. von Hans-Heinrich Wilhelm, Passau 1991

Das Schicksal der jüdischen Bürger Baden-Württembergs während der nationalsozialistischen Verfolgungszeit, hg. von Paul Sauer, Stuttgart 1963

»Schöne Zeiten«. Judenmord aus der Sicht der Täter und Gaffer, hg. von Ernst Klee, Willi Dreßen und Volker Rieß, Frankfurt am Main 1988

Staatsmänner und Diplomaten bei Hitler, hg. von Andreas Hillgruber, Bd. 1: *Vertrauliche Aufzeichnungen über Unterredungen mit Vertretern des Auslandes 1939–1941*, Frankfurt am Main 1967; Bd. 2: *Vertrauliche Aufzeichnungen über Unterredungen mit Vertretern des Auslandes 1942–1944*, Frankfurt am Main 1970

Topographie des Terrors. Gestapo, SS und Reichssicherheitshauptamt auf dem »Prinz-Albrecht-Gelände«. Eine Dokumentation, hg. von Reinhard Rürup, Berlin [5]1989

The Trial of Adolf Eichmann. Record of the Proceedings in the District Court of Jerusalem [TAE], 9 Bde., Jerusalem 1992–1995

Trials of War Criminals before the Nuernberg Military Tribunals under Control Council Law No. 10 [TWC], 15 Bde., Washington, D. C., 1949–1953

Unsere Ehre heißt Treue. Kriegstagebuch des Kommandostabes Reichsführer SS. Tätigkeitsberichte der 1. und 2. SS-Inf.-Brigade, der 1. SS-Kav.-Brigade und von Sonderkommandos der SS, Wien/Frankfurt am Main/Zürich 1965

Verbrechen der Wehrmacht. Dimensionen des Vernichtungskrieges 1941–1944, hg. vom Hamburger Institut für Zeitgeschichte, Hamburg 2002

Verfolgung, Vertreibung, Vernichtung. Dokumente des faschistischen Antisemitismus 1933 bis 1942, hg. von Kurt Pätzold, Leipzig 1983

Vom Generalplan Ost zum Generalsiedlungsplan, hg. von Czesław Madajczyk, München 1994
»Wysiedlanie Ludnosciz ziem Polskich Wcielonych Do Rzesy«, hg. von Szymon Datner, Janusz Gumkoswki und Kazimierz Leszczynski, in: *Biuletyn Glownej Komisji Badania Zbrodni Hitlerowskich W Polsce*, Bd. 12, Warschau 1960
»Zu Vorgeschichte und Inhalt der Rede Himmlers vor der höheren Generalität am 13. März 1940 in Koblenz«, hg. von Klaus-Jürgen Müller, in: *Vierteljahrshefte für Zeitgeschichte*, 18/1 (1970), S. 95–120.

Memoiren, Tagebücher, Briefe, Reden und persönliche Berichte

Bräutigam, Otto: »Aus dem Kriegstagebuch des Diplomaten Otto Bräutigam«, hg. von H. D. Heilmann, in: *Biedermann und Schreibtischtäter. Materialien zur deutschen Täter-Biographie* (*Beiträge zur nationalsozialistischen Gesundheits- und Sozialpolitik*, Bd. 4), Berlin 1987
Ciano, Galeazzo: *Tagebücher*, Bd. 1: *1937/38*, Hamburg 1949; Bd. 2: *1939–1943*, Bern 1946
Czerniaków, Adam: *The Warsaw Diary of Adam Czerniakow*, hg. von Raul Hilberg, Stanislaw Staron und Josef Kermisz, New York 1969 (deutsch: *Im Warschauer Getto. Das Tagebuch des Adam Czerniaków 1939–1942*, München 1986)
Das Diensttagebuch des deutschen Generalgouverneurs in Polen 1939–1945 [DdGP], hg. von Werner Präg und Wolfgang Jacobmeyer, Stuttgart 1975
Eichmann, Adolf: »Eichmann tells his own damning story«, in: *Life Magazine*, 49/22, 28. November 1960, und 49/23, 5. Dezember 1960
—: *Ich, Adolf Eichmann. Ein historischer Zeugenbericht*, hg. von Rudolf Aschenauer, Leoni am Starnberger See 1980
»›... ein bisschen die Wahrheit‹. Briefe eines Bremer Kaufmanns von seinem Einsatz beim Reserve-Polizeibataillon 105 in der Sowjetunion 1941«, hg. von Ludwig Eiber, in: *1999. Zeitschrift für Sozialgeschichte des 20. und 21. Jahrhunderts*, Bd. 1 (1991), S. 58–83
Engel, Gerhard: *Heeresadjutant bei Hitler, 1938–1943. Aufzeichnungen des Majors Engel*, hg. von Hildegard von Kotze, Stuttgart 1974

Goebbels, Joseph: *Tagebücher 1924–1945*, hg. von Ralf Georg Reuth, 5 Bde., München/Zürich 1992

—: *Die Tagebücher von Josef Goebbels. Sämtliche Fragmente*, hg. von Elke Fröhlich, Teil I: *Aufzeichnungen 1924–1941*, 9 Bde., Teil II: *Diktate 1941–1945*, 15 Bde., München/New York/London/Paris 1987–2001/1993–1996

Groscurth, Helmuth: *Tagebücher eines Abwehroffiziers 1938–1940. Mit weiteren Dokumenten zur Militäropposition gegen Hitler*, hg. von Helmuth Krausnick und Harold C. Deutsch, Stuttgart 1970

Halder, Franz: *Kriegstagebuch. Tägliche Aufzeichnungen des Chefs des Generalstabes des Heeres, 1939–1942*, 3 Bde., hg. von Hans-Adolf Jacobsen und Alfred Philippi, Stuttgart 1962–1964

Hassell, Ulrich von: *Die Hassell-Tagebücher, 1938–1944. Aufzeichnungen vom Andern Deutschland*, hg. von Friedrich Freiherr Hiller von Gaertringen, Berlin ³1989

Himmler, Heinrich: *Der Dienstkalender Heinrich Himmlers 1941/42 [DKHH]*, hg. von Peter Witte, Michael Wildt, Martina Voigt, Dieter Pohl, Peter Klein, Christian Gerlach, Christoph Dieckmann und Andrej Angrick, Hamburg 1999

—: *Geheimreden 1933 bis 1945 und andere Ansprachen*, hg. von Bradley F. Smith und Agnes Petersen, Frankfurt am Main/Berlin/Wien 1974

—: *Reichsführer! Briefe an und von Himmler*, hg. von Helmut Heiber, Stuttgart 1968

Hitler, Adolf: *Reden und Proklamationen 1932–1945*, hg. von Max Domarus, 2 Bde., Wiesbaden 1973

—: *Monologe im Führerhauptquartier 1941–1944. Die Aufzeichungen Heinrich Heims*, hg. von Werner Jochmann, Hamburg 1980

Höss, Rudolf: *Kommandant in Auschwitz. Autobiographische Aufzeichnungen des Rudolf Höss*, hg. von Martin Broszat, München 1963

Kersten, Felix: *Totenkopf und Treue. Heinrich Himmler ohne Uniform. Aus den Tagebuchblättern des finnischen Medizinalrats Felix Kersten*, Hamburg 1952

Lösener, Bernhard: *Legislating the Holocaust. The Bernhard Loesener Memoirs*, hg. von Karl Schleunes, Boulder, Colorado, 2001

—: »Als Rassereferent im Reichsministerium des Innern«, in: *Vierteljahrshefte für Zeitgeschichte* 9/3 (1961), S. 264–313

—: »Die Handakten von Bernhard Lösener, ›Rassereferent‹ im Reichsministerium des Innern«, hg. von Wilhelm Lenz, in: *Ar-*

chiv und Geschichte. Festschrift für Friedrich P. Kahlenberg, hg. von Klaus Oldenhage, Hermann Schreyer und Wolfram Werner, Düsseldorf 2000, S. 684–699

Ringelblum, Emmanuel: *Notes from the Warsaw Ghetto. The Journal of Emmanuel Ringelblum*, hg. von Jacob Sloan, New York 1974

Rosenberg, Alfred: *Das politische Tagebuch Alfred Rosenbergs*, hg. von Hans-Günther Seraphim, Göttingen 1956

Speer, Albert: *Spandauer Tagebücher*, Frankfurt am Main/Berlin 1994

Stieff, Helmut: »Ausgewählte Briefe von Generalmajor Helmut Stieff (hingerichtet am 8. August 1944)«, hg. von Hans Rothfels, in: *Vierteljahrshefte für Zeitgeschichte* 2/3 (1954), S. 291–305

Wagner, Eduard: *Der Generalquartiermeister. Briefe und Tagebuchaufzeichnungen des Generalquartiermeisters des Heeres, General der Artillerie Eduard Wagner*, hg. von Elisabeth Wagner, München/Wien 1963

Forschungsliteratur

Adam, Uwe Dietrich: *Judenpolitik im Dritten Reich*, Düsseldorf 1972

Adler, Hans G.: *Theresienstadt 1941–1945. Das Antlitz einer Zwangsgemeinschaft*, Tübingen 1960

—: *Der verwaltete Mensch. Studien zur Deportation der Juden aus Deutschland*, Tübingen 1974

Allen, Michael Thad: *The Business of Genocide. The SS, Slave Labor, and the Concentration Camps*, Chapel Hill, North Carolina, 2002

—: »The Devil in the Details. The Gas Chambers of Birkenau, October 1941«, in: *Holocaust and Genocide Studies* 16/2 (Herbst 2002), S. 189–216

Allen, William Sheridan: *»Das haben wir nicht gewollt«. Die nationalsozialistische Machtergreifung in einer Kleinstadt 1930–1935*, Gütersloh 1965

Altshuler, Mordechai: »Escape and Evacuation of Soviet Jews at the Time of the Nazi Invasion«, in Dobroszycki/Gurock (Hg.), *The Holocaust in the Soviet Union*, S. 77–104

Aly, Götz: *»Endlösung«. Völkerschiebung und der Mord an den europäischen Juden*, Frankfurt am Main 1995

Aly, Götz/Heim, Susanne: »Die Ökonomie der ›Endlösung‹. Menschenvernichtung und wirtschaftliche Neuordnung«, in: *Sozial-*

politik und Judenvernichtung. Gibt es eine Ökonomie der Endlösung? (Beiträge zur Nationalsozialistischen Gesundheits- und Sozialpolitik, Bd. 5), S. 7–90, Berlin 1987

—: *Vordenker der Vernichtung. Auschwitz und die deutschen Pläne für eine neue europäische Ordnung*, Hamburg 1991

Ancel, Jean: »Antonescu and the Jews«, in Berenbaum/Peck (Hg.), *The Holocaust and History*, S. 463–479

—: »Antonescu and the Jews«, in: *Yad Vashem Studies* 23 (1993), S. 213–280

—: »The Romanian Way of Solving the ›Jewish Problem‹ in Bessarabia and Bukovina, June–July 1941«, in: *Yad Vashem Studies* 19 (1988), S. 185–232

Anderson, Truman O.: »Die 62. Infanterie-Division. Repressalien im Heeresgebiet Süd, Oktober bis Dezember 1941«, in Heer/Naumann (Hg.), *Vernichtungskrieg*, S. 297–314

Angrick, Andrej: »Die Einsatzgruppe D. Struktur und Tätigkeit einer mobilen Einheit der Sicherheitspolizei und des SD in der deutsch besetzten Sowjetunion«, Dissertation, Technische Universität Berlin, 1999

—: »Die Einsatzgruppe D«, in: *Die Einsatzgruppen in der besetzten Sowjetunion 1941/42*, S. 88–110

—: »The Escalation of German-Rumanian Anti-Jewish Policy after the Attack on the Soviet Union«, in: *Yad Vashem Studies* 26 (1998), S. 203–238

—/Voigt, Martina/Ammerschubert, Silke/Klein, Peter: »›Da hätte man schon ein Tagebuch führen müssen‹. Das Polizeibataillon 322 und die Judenmorde im Bereich der Heeresgruppe Mitte während des Sommers und Herbstes 1941«, in Grabitz, Bästlein und Tuchel (Hg.), *Die Normalität des Verbrechens*, S. 325–385

Arad, Yitzhak: »Alfred Rosenberg and the ›Final Solution‹ in the Occupied Soviet Territories«, in: *Yad Vashem Studies* 13 (1979), S. 263–286

—: *Belzec, Sobibor, Treblinka. The Operation Reinhard Death Camps*, Bloomington, Indiana, 1987

—: *Ghetto in Flames. The Struggle and Destruction of the Jews in Vilna in the Holocaust*, New York 1982

Arendt, Hannah: *Eichmann in Jerusalem. Ein Bericht von der Banalität des Bösen*, München 1964

—: *Elemente und Ursprünge des Totalitarismus*, 3 Bde., Frankfurt am Main/Berlin/Wien 1975

Armstrong, John (Hg.): *Soviet Partisans in World War II*, Madison, Wisconsin, 1964

Asaria, Zvi: *Die Juden in Niedersachsen. Von den ältesten Zeiten bis zur Gegenwart*, Leer 1979

Aschheim, Steven E.: *Brothers and Strangers. The East European Jew in German and German Jewish Consciousness, 1800–1923*, Madison, Wisconsin, 1982

Bajohr, Frank: *»Arisierung« in Hamburg. Die Verdrängung der jüdischen Unternehmer 1933–1945*, Hamburg 1997

Banach, Jens: *Heydrichs Elite. Das Führerkorps der Sicherheitspolizei und des SD 1936–1945*, Paderborn/München/Wien/Zürich 1998

Bankier, David: *Die öffentliche Meinung im Hitler-Staat. Die »Endlösung« und die Deutschen. Eine Berichtigung*, hg. von Arnold Harttung, Berlin 1995

—: »The Germans and the Holocaust. What Did They Know«, in: *Yad Vashem Studies* 20 (1990), S. 69–98

Barkai, Avraham: *Vom Boykott zur »Entjudung«. Der wirtschaftliche Existenzkampf der Juden im Dritten Reich, 1933–1943*, Frankfurt am Main 1987

Bartov, Omer: *The Eastern Front, 1941–1944. German Troops and the Barbarization of Warfare*, New York 1986

Bauer, Yehuda: *American Jewry and the Holocaust. The American Jewish Joint Distribution Committee, 1939–1945*, Detroit, Michigan, 1981

—: *Die dunkle Seite der Geschichte. Die Shoah in historischer Sicht. Interpretationen und Re-Interpretationen*, Frankfurt am Main 2001

Baumgart, Winfred: »Zur Ansprache Hitlers vor den Führern der Wehrmacht am 22. August 1939«, in: *Vierteljahrshefte für Zeitgeschichte* 16 (1968), S. 120–149

Beer, Mathias: »Die Entwicklung der Gaswagen beim Mord an den Juden«, in: *Vierteljahrshefte für Zeitgeschichte* 35/3 (1987), S. 403–417

Benz, Wolfgang (Hg.): *Dimension des Völkermords. Die Zahl der jüdischen Opfer des Nationalsozialismus*, München 1991

Berenbaum, Michael/Peck, Abraham J. (Hg.): *The Holocaust and History. The Known, the Unknown, the Disputed, and the Reexamined*, Bloomington, Indiana, 1998

Berenstein, Tatiana: »Eksterminacja Ludnosci Zydowskiej W Dystrikcie Galicja«, in: *Biuletyn Zydowskiego Instytutu Historycznego* 61 (1967)

Berschel, Holger: »Polizeiroutiniers und Judenverfolgung. Die Bearbeitung von ›Judenangelegenheiten‹ bei der Stapo-Leitstelle Düsseldorf«, in Paul/Mallmann (Hg.), *Die Gestapo im Zweiten Weltkrieg*, S. 155–178

Birn, Ruth Bettina: »Collaboration in the East. The Case of the Estonian Security Police« (in Vorbereitung)

—: *Die Höheren SS- und Polizeiführer. Himmlers Vertreter im Reich und in den besetzten Gebieten*, Düsseldorf 1986

—: »Revising the Holocaust«, in: *The Historical Journal* 40/1 (1997), S. 195–215

—: »Zweierlei Wirklichkeit? Fallbeispiele zur Partisanenbekämpfung im Osten«, in Bernd Wegner (Hg.), *Zwei Wege nach Moskau. Vom Hitler-Stalin-Pakt bis zum »Unternehmen Barbarossa«*, München/Zürich 1991, S. 275–290

Blackbourn, David/Eley, Geoff: *The Peculiarities of German History. Bourgeois Society and Politics in Nineteenth Century Germany*, New York 1984

Bloom, J. C.: »The Persecution of the Jews in the Netherlands. A Comparative Western European Perspective«, in: *Dutch Jewish History* III (1993), S. 273–289

Boll, Bernd/Safrian, Hans: »Auf dem Weg nach Stalingrad. Die 6. Armee 1941/42«, in Heer/Naumann (Hg.), *Vernichtungskrieg*, S. 260–296

Bondy, Louis W.: *Racketeers of Hatred. Julius Streicher and the Jew-Baiters' International*, London 1946

Borgert, Hans-Ludger: »Die Kriegsmarine und das Unternehmen ›Barbarossa‹«, in: *Mitteilungen des Bundesarchivs* 1 (1999), S. 52–66

Botz, Gerhard: *Wohnungspolitik und Judendeportation in Wien 1938 bis 1945. Zur Funktion des Antisemitismus als Ersatz nationalsozialistischer Sozialpolitik*, Wien/Salzburg 1975

Braham, Randolph L.: »The Kamenetsk Podolsk and Delvidek Massacres«, in: *Yad Vashem Studies* 9 (1973), S. 133–156

—: *The Politics of Genocide. The Holocaust in Hungary*, Bd. 1, New York 1981

Brechtken, Magnus: *»Madagaskar für die Juden«. Antisemitische Idee und politische Praxis 1885–1945*, München 1997

Breitman, Richard: *Der Architekt der »Endlösung«. Himmler und die Vernichtung der europäischen Juden*, Paderborn/München/Wien/Zürich 1996

—: »Himmler's Police Auxiliaries in the Occupied Soviet Territories«, in: *Simon Wiesenthal Center Annual* 7 (1990), S. 23–29

—: »Plans for the Final Solution in Early 1941«, in: *German Studies Review* 17/3 (Oktober 1994), S. 483–493

—: *Staatsgeheimnisse. Die Verbrechen der Nazis – von den Alliierten toleriert*, München 1999

Broszat, Martin: »Das deutsch-slowakische Verhältnis 1939/40 und seine Rückwirkung auf die Slowakische Judenpolitik«, in: *Gutachten des Instituts für Zeitgeschichte*, Bd. 1, S. 221–229

—: »Das deutsch-ungarische Verhältnis und die ungarische Judenpolitik in den Jahren 1938–41«, in: *Gutachten des Instituts für Zeitgeschichte*, Bd. 1, S. 183–200

—: »Das Dritte Reich und die rumänische Judenpolitik«, in: *Gutachten des Instituts für Zeitgeschichte*, Bd. 1, S. 102–183

—: »Hitler und die Genesis der ›Endlösung‹. Aus Anlass der Thesen von David Irving«, in: *Vierteljahrshefte für Zeitgeschichte* 25/4 (1977), S. 739–775

—: *Nationalsozialistische Polenpolitik, 1939–1945*, Stuttgart 1961

Browder, George C.: *Hitler's Enforcers. Gestapo and the SS Security Service in the Nazi Revolution*, New York 1996

Browning, Christopher R.: *Fateful Months. Essays on the Emergence of the Final Solution*, New York 1985

—: *The Final Solution and the German Foreign Office*, New York 1978

—: *Ganz normale Männer. Das Reserve-Polizeibataillon 101 und die »Endlösung« in Polen*, Reinbek 1993

—: »Genocide and Public Health. German Doctors and Polish Jews, 1939–41«, in: *Holocaust and Genocide Studies* 3/1 (1988), S. 21–36

—: »German Technocrats, Jewish Labor, and the Final Solution«, in ders., *The Path to Genocide*, S. 59–76

—: »Harald Turner und die Militärverwaltung in Serbien«, in Dieter Rebentisch und Karl Teppe (Hg.), *Verwaltung contra Menschenführung im Staat Hitlers*, Göttingen 1986, S. 351–373

—: »Jenseits von ›Intentionalismus‹ und ›Funktionalismus‹. Die Entscheidung zur ›Endlösung‹«, in ders., *Der Weg zur »Endlösung«*, S. 67–104

—: *Judenmord. NS-Politik, Zwangsarbeit und das Verhalten der Täter*, Frankfurt am Main 2001
—: »Nazi Resettlement Policy and the Search for a Solution to the Jewish Question, 1939–1941«, in: *German Studies Review* 9/3 (1986), S. 497–519 (deutsch: »Die nationalsozialistische Umsiedlungspolitik und die Suche nach einer ›Lösung der Judenfrage‹ 1939–1941«, in ders., *Der Weg zur »Endlösung«*, S. 13–36)
—: *The Path to Genocide. Essays on Launching the Final Solution*, New York 1992
—: »Perpetrator Testimony. Another Look at Adolf Eichmann«, in: *Postwar Testimony and Holocaust History*, Madison, Wisconsin, 2003
—: *Der Weg zur »Endlösung«. Entscheidungen und Täter*, Bonn 1998
Buchheim, Hans/Broszat, Martin/Jacobsen, Hans-Adolf/Krausnick Helmut: *Anatomie des SS-Staats*, 2 Bde., München 1967
Büchler, Yehoshua: »Kommandostab Reichsfuehrer-SS. Himmler's Personal Murder Brigades in 1941«, in: *Holocaust and Genocide Studies* 1/1 (1986), S. 11–26
Buhlan, Harald/Jung, Werner (Hg.): *Wessen Freund und wessen Helfer? Die Kölner Polizei im Nationalsozialismus*, Köln 2000
Burleigh, Michael: *Germany Turns Eastward. A Study of Ostforschung in the Third Reich*, New York 1988
—: »Die Stunde der Experten«, in Rössler/Schleiermacher (Hg.), *Der »Generalplan Ost«*, S. 346–350
—: *Tod und Erlösung. Euthanasie in Deutschland 1900–1945*, Zürich/München 2002
—/Wippermann, Wolfgang: *The Racial State. Germany 1933–1945*, New York 1991
Burrin, Philippe: *Hitler und die Juden. Die Entscheidung für den Völkermord*, Frankfurt am Main 1993
Chary, Frederick B.: *The Bulgarian Jews and the Final Solution 1940–1944*, Pittsburgh, Pennsylvania, 1972
Chazan, Robert: »Medieval Anti-Semitism«, in David Berger (Hg.), *History and Hate. The Dimensions of Anti-Semitism*, Philadelphia, Pennsylvania, 1986, S. 49–61
Chiari, Bernhard: *Alltag hinter der Front. Besetzung, Kollaboration und Widerstand in Weißrussland 1941–1944*, Düsseldorf 1998
Clark, Alan: *Barbarossa. The Russian-German Conflict, 1941–45*, New York 1966

Corbach, Dieter: *6:00 Uhr ab Messe Köln-Deutz. Deportationen 1938–1945*, Köln 1999

Corni, Gustavo: *Hitler's Ghettos. Voices from a Beleaguered Society, 1939–1944*, New York 2002

Czech, Danuta: *Kalendarium der Ereignisse im Konzentrationslager Auschwitz-Birkenau 1939–1945*, Reinbek 1989

Dabrowska, Danuta: »Zaglada Skupisk Zydowskich W ›Kraju Warty‹ W Okresie Okupacji Hitlerowskiej«, in: *Biuletyn Zydowskiego Instytutu Historycznego* 13–14 (1955), S. 122–184

Dallin, Alexander: *Deutsche Herrschaft in Russland 1941–1945. Eine Studie über Besatzungspolitik*, Königstein im Taunus 1981

Datner, Szymon: *55 dni Wehrmachtu w Polsce. Zbrodnie dokonane na polskiej ludnosacutesci cywilnej w okresie 1. 9.–25. 10. 1939 r*, Warschau 1967

Dawidowicz, Lucy: *The War Against the Jews, 1933–1945*, New York 1975

Dean, Martin: *Collaboration in the Holocaust. Crimes of the Local Police in Belorussia and Ukraine, 1941–44*, New York 2000

Deutsch, Harold C.: *Verschwörung gegen den Krieg. Der Widerstand in den Jahren 1939–1940*, München 1969

Diamant, Adolf: *Chronik der Juden in Dresden. Von den ersten Juden bis zur Blüte der Gemeinde und deren Ausrottung*, Darmstadt 1973

—: *Deportationsbuch der von Frankfurt am Main aus gewaltsam verschickten Juden in den Jahren 1941 bis 1944*, Frankfurt am Main 1984

Dieckmann, Christopher: »Der Krieg und die Ermordung der litauischen Juden«, in Herbert (Hg.), *Nationalsozialistische Vernichtungspolitik*, S. 292–329

Dobroszycki, Lucjan (Hg.): *The Chronicle of the Lodz Ghetto 1941–1944*, New Haven, Connecticut, 1984

—/Gurock, Jeffrey S. (Hg.): *The Holocaust in the Soviet Union. Studies and Sources on the Destruction of the Jews in the Nazi-Occupied Territories of the USSR 1941–1945*, Armonk, New York, 1993

Döscher, Hans-Jürgen: *Das Auswärtige Amt im Dritten Reich. Diplomatie im Schatten der ›Endlösung‹*, Berlin 1987

Ehmann, Annegret: »From Colonial Racism to Nazi Population Policy. The Role of the So-called Mischlinge«, in Berenbaum/Peck (Hg.), *The Holocaust and History*, S. 115–133

Eichholtz, Dietrich: »Der ›Generalplan Ost‹. Über eine Ausgeburt imperialistischer Denkart und Politik«, in: *Jahrbuch für Geschichte* 26 (1982), S. 217–274

Eisenach, Artur: »Operation Reinhard. Mass Extermination of the Jewish Population in Poland«, in: *Polish Western Affairs* 3/1 (1962)

Eisenblätter, Gerhard: »Grundlinien der Politik des Reiches gegenüber dem Generalgouvernement, 1939–1945«, Dissertation, Frankfurt am Main 1969

Enzyklopädie des Holocaust, Hauptherausgeber Ysrael Gutman, deutsche Ausgabe hg. von Eberhard Jäckel, Peter Longerich und Julius H. Schoeps, 4 Bde., München/Zürich 1995

Essner, Cornelia: »Das System der »Nürnberger Gesetze« (1933–1945) oder der verwaltete Rassismus«, Dissertation, Berlin 1999

Ezergailis, Andrew: *The Holocaust in Latvia, 1941–1944. The Missing Center*, Riga/Washington, D. C., 1996

Fauck, S.: »Das deutsch-bulgarische Verhältnis 1939–1944 und seine Rückwirkung auf die bulgarische Judenpolitik«, in: *Gutachten des Instituts für Zeitgeschichte*, Bd. 2, S. 46–59

—: »Das deutsch-slowakische Verhältnis 1941–43 und seine Rückwirkung auf die slowakische Judenpolitik«, in: *Gutachten des Instituts für Zeitgeschichte*, Bd. 2, S. 61–73

Favez, Jean-Claude: *Das Internationale Rote Kreuz und das Dritte Reich. War der Holocaust aufzuhalten?*, München 1989

Fleming, Gerald: *Hitler and the Final Solution. Public Opinion under Nazism*, Berkeley, California, 1984 (deutsch: *Hitler und die Endlösung. »Es ist des Führers Wunsch …«*, Frankfurt am Main/Berlin 1987)

Fletcher, Roger: »Recent Developments in West German Historiography. The Bielefeld School and its Critics«, in: *German Studies Review* 7/3 (1984), S. 451–480

Förster, Jürgen: »Das andere Gesicht des Krieges. Das ›Unternehmen Barbarossa‹ als Eroberungs- und Vernichtungskrieg«, in Roland G. Foerster (Hg.), *»Unternehmen Barbarossa«. Zum historischen Ort der deutsch-sowjetischen Beziehungen von 1933 bis Herbst 1941*, München 1993, S. 151–162

—: »The German Army and the Ideological War against the Soviet Union«, in Hirschfeld (Hg.), *The Policies of Genocide*, S. 15–29

—: »Hitlers Entscheidung für den Krieg gegen die Sowjetunion«, in Militärgeschichtliches Forschungsamt (Hg.), *Das Deutsche Reich und der Zweite Weltkrieg*, Bd. 4, S. 3–37

—: »Die Sicherung des ›Lebensraumes‹«, in Militärgeschichtliches Forschungsamt (Hg.), *Das Deutsche Reich und der Zweite Weltkrieg*, Bd. 4, S. 1030–1078

—: »Das Unternehmen ›Barbarossa‹ als Eroberungs- und Vernichtungskrieg«, in Militärgeschichtliches Forschungsamt (Hg.), *Das Deutsche Reich und der Zweite Weltkrieg*, Bd. 4, S. 413–447

—: »Das Unternehmen ›Barbarossa‹ – eine historische Ortsbestimmung«, in Militärgeschichtliches Forschungsamt (Hg.), *Das Deutsche Reich und der Zweite Weltkrieg*, Bd. 4, S. 1079–1088

Fox, John P.: »German Bureaucrat or Nazified Ideologue? Ambassador Otto Abetz and Hitler's Anti-Jewish Policies 1940–44«, in Michael Graham Fry (Hg.), *Powers, Personalities and Policies. Essays in Honour of Donald Cameron Watt*, London 1992

Frei, Norbert: *Vergangenheitspolitik. Die Anfänge der Bundesrepublik und die NS-Vergangenheit*, München 1996

—/Steinbacher, Sybille (Hg.): *Beschweigen und Bekennen. Die deutsche Nachkriegsgesellschaft und der Holocaust*, Göttingen 2001

—/Steinbacher, Sybille/Wagner, Bernd C. (Hg.): *Ausbeutung, Vernichtung, Öffentlichkeit. Neue Studien zur nationalsozialistischen Lagerpolitik*, München 2000

Freund, Florian/Perz, Bertrand/Stuhlpfarrer, Karl: »Das Ghetto in Litzmannstadt (Lodz)«, in: *»Unser einziger Weg ist Arbeit.« Das Getto in Lodz, 1940–1944. Eine Ausstellung des Jüdischen Museums Frankfurt am Main*, Wien 1990

Freundlich, Elizabeth: *Die Ermordung einer Stadt namens Stanislau. NS-Vernichtungspolitik in Polen 1939–1945*, Wien 1986

Friedlander, Henry: »The Deportations of the German Jews. Post-War Trials of Nazi Criminals«, in: *Leo Baeck Institute Yearbook* 29 (1984), S. 201–226

—: *Der Weg zum NS-Genozid. Von der Euthanasie zur Endlösung*, Berlin 1997

Friedländer, Saul: *Das Dritte Reich und die Juden*, Bd. 1: *Die Jahre der Verfolgung, 1933–1939*, München 1998

Friedman, Philip: »The Lublin Reservation and the Madagascar Plan. Two Aspects of Nazi Jewish Policy during the Second World War«, in: *YIVO Annual of Jewish Social Studies* 8 (1953), S. 151–177

—: *Roads to Extinction. Essays on the Holocaust*, Philadelphia, Pennsylvania, 1980

Furet, François (Hg.): *Unanswered Questions. Nazi Germany and the Genocide of the Jews*, New York 1989

Gellately, Robert: *Hingeschaut und weggesehen. Hitler und sein Volk*, Stuttgart/München 2002

—: *Die Gestapo und die deutsche Gesellschaft. Die Durchsetzung der Rassenpolitik 1933–1945*, Paderborn/München/Wien/Zürich 1993

Genschel, Hermann: *Die Verdrängung der Juden aus der Wirtschaft im Dritten Reich*, Göttingen/Berlin/Frankfurt am Main/Zürich 1966

Gerlach, Christian: »Deutsche Wirtschaftsinteressen, Besatzungspolitik und der Mord an den Juden in Weißrussland, 1941–1943«, in Herbert (Hg.), *Nationalsozialistische Vernichtungspolitik*, S. 263–291

—: »The Eichmann Interrogations in Holocaust Historiography«, in: *Holocaust and Genocide Studies*, 15/3 (Winter 2001), S. 428–452

—: »Die Einsatzgruppe B«, in: *Die Einsatzgruppen in der besetzten Sowjetunion 1941/42*, S. 52–70

—: »Failure of Plans for an SS Extermination Camp in Mogilev, Belorussia«, in: *Holocaust and Genocide Studies* 7/1 (Frühjahr 1997), S. 60–78

—: *Kalkulierte Morde. Die deutsche Wirtschafts- und Vernichtungspolitik in Weißrussland 1941 bis 1944*, Hamburg 1999

—: *Krieg, Ernährung, Völkermord. Forschungen zur deutschen Vernichtungspolitik im Zweiten Weltkrieg*, Hamburg 1998

—: »Männer des 20. Juli und der Krieg gegen die Sowjetunion«, in Heer/Naumann (Hg.), *Vernichtungskrieg*, S. 427–446

—: »Verbrechen deutscher Fronttruppen in Weißrussland 1941–1944«, in Karl Heinrich Pohl (Hg.), *Wehrmacht und Vernichtungspolitik. Militär im nationalsozialistischen System*, Göttingen 1999, S. 89–114

Geyer, Michael: »Etudes in Political History. Reichswehr, NSDAP, and the Seizure of Power«, in Peter D. Stachura (Hg.), *The Nazi Machtergreifung*, London 1983, S. 101–123

Giziowski, Richard: *The Enigma of General Blaskowitz*, New York 1997

Golczewski, Frank: »Organe der deutschen Besatzungsmacht. Die ukrainischen Schutzmannschaften«, in Wolfgang Benz, Johannes Houwink ten Cate und Gerhard Otto (Hg.), *Die Bürokratie der Okkupation. Strukturen der Herrschaft und Verwaltung im besetzten Europa*, Berlin 1998, S. 173–196

—: »Polen«, in Benz (Hg.), *Dimension des Völkermords*, S. 411–497

Goldhagen, Daniel Jonah: *Hitlers willige Vollstrecker. Ganz gewöhnliche Deutsche und der Holocaust*, Berlin 1996

Gordon, Sarah: *Hitler, Germans, and the »Jewish Question«*, Princeton, New Jersey, 1984

Goshen, Seev: »Eichmann und die Nisko-Aktion im Oktober 1939. Eine Fallstudie zur NS-Judenpolitik in der letzten Etappe vor der ›Endlösung‹«, in: *Vierteljahrshefte für Zeitgeschichte* 29 (1981), S. 74–96

Gouda, Norman: »Black Marks. Hitler's Bribery of his Senior Officers during World War II«, in: *Journal of Modern History* 72 (Juni 2000), S. 413–452

Grabitz, Helge/Bästlein, Klaus/Tuchel, Johannes (Hg.): *Die Normalität des Verbrechens. Bilanz und Perspektiven der Forschung zu den nationalsozialistischen Gewaltverbrechen. Festschrift für Wolfgang Scheffler zum 65. Geburtstag*, Berlin 1994

Grabitz, Helge/Scheffler, Wolfgang: *Letzte Spuren. Ghetto Warschau, SS-Arbeitslager Trawniki, Aktion Erntefest. Fotos und Dokumente über Opfer des Endlösungswahns im Spiegel der historischen Ereignisse*, Berlin 1988

Grenkevich, Leonid D.: *The Soviet Partisan Movement 1941–1944. A Critical Historiographical Analysis*, London/Portland 1999

Gross, Jan Tomasz: *Polish Society under German Occupation. The Generalgouvernement, l939-l944*, Princeton, New Jersey, 1979

Gruner, Wolf: *Der geschlossene Arbeitseinsatz deutscher Juden. Zur Zwangsarbeit als Element der Verfolgung 1938–1943*, Berlin 1997

—: »Juden bauen die ›Straßen des Führers‹. Zwangsarbeit und Zwangsarbeitslager für nichtdeutsche Juden im Altreich 1940 bis 1943/44«, in: *Zeitschrift für Geschichtswissenschaft* 44/9 (1996), S. 789–808

—: »Die NS-Judenverfolgung und die Kommunen. Zur wechselseitigen Dynamisierung von zentraler und lokaler Politik 1933–1941«, in: *Vierteljahrshefte für Zeitgeschichte* 48/1 (2000), S. 75–126

—: *Zwangsarbeit und Verfolgung. Österreichische Juden im NS-Staat*, Innsbruck 2000

Gutman, Yisrael: *The Jews of Warsaw. Ghetto, Underground, Revolt*, Bloomington, Indiana, 1982

—/Berenbaum, Michael (Hg.): *Anatomy of the Auschwitz Death Camp*, Bloomington, Indiana 1998

—/Greif, Gideon (Hg.): *The Historiography of Genocide of the Jews: Proceedings of the Fifth Yad Vashem International Conference*, Jerusalem 1988

Hartog, Leendert Johan: *Der Befehl zum Judenmord. Hitler, Amerika und die Juden*, Bodenheim 1997

Hass, Gerhart: »Deutsche Okkupationsziele und die Kollaboration in den besetzten Gebieten der Russischen Föderativen Sowjetrepublik 1941–44«, in Röhr (Hg.), *Okkupation und Kollaboration*, S. 273–291

Hayes, Peter/Wojak, Irmtrud (Hg.): *»Arisierung« im Nationalsozialismus. Volksgemeinschaft, Raub und Gedächtnis*, Frankfurt am Main/New York 2000

Headland, Roland: »The Einsatzgruppen. The Question of their Initial Operations«, in: *Holocaust and Genocide Studies* 4/4 (1989), S. 401–412

—: *Messages of Murder. A Study of the Reports of the Einsatzgruppen of the Security Police and the Security Service, 1941–1943*, Rutherford, New Jersey, 1992

Heer, Hannes/Naumann, Klaus (Hg.): *Vernichtungskrieg. Verbrechen der Wehrmacht 1941–1945*, Hamburg 1995

Hehn, Paul: *The German Struggle Against Yugoslav Guerrillas in World War II. German Counter-Insurgency in Yugoslavia 1941–1943*, New York 1979

Herbert, Ulrich: »Arbeit und Vernichtung. Ökonomisches Interesse und Primat der ›Weltanschauung‹ im Nationalsozialismus«, in Dan Diner (Hg.), Ist der Nationalsozialismus Geschichte? Zu Historisierung und Historikerstreit, Frankfurt am Main 1987, S. 198–236

—: *Best. Biographische Studien über Radikalismus, Weltanschauung und Vernunft, 1903–1989*, Bonn 1996

—: »Die deutsche Militärverwaltung und die Deportation der französischen Juden«, in Christian Jansen, Lutz Niethammer und Bernd Weisbrod (Hg.), *Von der Aufgabe der Freiheit. Politische Verantwortung und bürgerliche Gesellschaft im 19. und 20. Jahrhundert. Festschrift für Hans Mommsen zum 5. November 1995*, Berlin 1995

—: *Fremdarbeiter. Politik und Praxis des »Ausländer-Einsatzes« in der Kriegswirtschaft des Dritten Reiches*, Bonn 1985
— (Hg.): *Nationalsozialistische Vernichtungspolitik 1939–1945. Neue Forschungen und Kontroversen*, Frankfurt am Main 1998
—/Orth, Karin/Dieckmann, Christoph: *Die nationalsozialistischen Konzentrationslager. Entwicklung und Struktur*, 2 Bde., Göttingen 1998
Herf, Jeffrey: *Reactionary Modernism. Technology, Culture and Politics in Weimar and the Third Reich*, New York 1984
Hevesi, Eugene: »Hitler's Plan for Madagascar«, in: *Contemporary Jewish Record* V (1941), S. 381–395
Hilberg, Raul: »Auschwitz and the Final Solution«, in Gutman/Berenbaum (Hg.), *Anatomy of the Auschwitz Death Camp*, S. 81–92
—: *The Destruction of the European Jews*, New York/Chicago, Illinois, 1961; (Neuauflage) New York 1985 (deutsch: *Die Vernichtung der europäischen Juden. Die Gesamtgeschichte des Holocaust*, Berlin 1982; durchgesehene und erweiterte Ausgabe in 3 Bänden, Frankfurt am Main 1990)
—: »The Ghetto as a Form of Government«, in: *APPSS Annals* 450 (1980), S. 98–112
—: *Sonderzüge nach Auschwitz*, Frankfurt am Main/Berlin 1987
—: *Täter, Opfer, Zuschauer. Die Vernichtung der Juden 1933–1945*, Frankfurt am Main 1992
Hildebrand, Klaus: *Vom Reich zum Weltreich. Hitler, NSDAP, und koloniale Frage 1919–1945*, München 1969
Hildesheimer, Esriel: *Jüdische Selbstverwaltung unter dem NS-Regime. Der Existenzkampf der Reichsvertretung und Reichsvereinigung der Juden in Deutschland*, Tübingen 1994
Hillgruber, Andreas: »Die ›Endlösung‹ und das deutsche Ostimperium als Kernstück des rassenideologischen Programms des Nationalsozialismus«, in: *Vierteljahrshefte für Zeitgeschichte* 20/2 (1972), S. 133–153
—: »Die ideologisch-dogmatische Grundlage der nationalsozialistischen Politik der Ausrottung der Juden in den besetzten Gebieten der Sowjetunion und ihre Durchführung 1941–44«, in: *German Studies Review* 2/2 (1979), S. 263–296
—: »Das Russland-Bild der führenden deutschen Militärs vor Beginn des Angriffs auf die Sowjetunion«, in Volkmann (Hg.), *Das Russlandbild im Dritten Reich*, S. 125–140

Hirschfeld, Gerhard: *Fremdherrschaft und Kollaboration. Die Niederlande unter deutscher Besatzung 1940–1945*, Stuttgart 1984
— (Hg.): *The Policies of Genocide. Jews and Soviet Prisoners of War in Nazi Germany*, Boston, Massachusetts, 1986
Höhne, Heinz: *Der Orden unter dem Totenkopf. Die Geschichte der SS*, 2 Bde., Frankfurt am Main 1969
Hoppe, Hans-Joachim: »Bulgarien«, in Benz (Hg.), *Dimension des Völkermords*, S. 275–310
Houwink ten Cate, Johannes: »Heydrich's Security Police and the Amsterdam Jewish Council«, in: *European History Quarterly* XIX (1985)
Humburg, Martin: *Das Gesicht des Krieges. Feldpostbriefe von Wehrmachtssoldaten aus der Sowjetunion 1941–1944*, Opladen/Wiesbaden 1998
Hüppauf, Bernd: »Der entleerte Blick hinter der Kamera«, in Heer/Naumann (Hg.), *Vernichtungskrieg*, S. 504–527
Institut für Zeitgeschichte (Hg.): *Gutachten des Instituts für Zeitgeschichte*, Bd. 1, München 1958; Bd. 2, Stuttgart 1966
Ioanid, Radu: *The Holocaust in Romania. The Destruction of the Jews and Gypsies under the Antonescu Regime, 1940–1944*, Chicago, Illinois, 2000
Jäckel, Eberhard: *Frankreich in Hitlers Europa. Die deutsche Frankreichpolitik im Zweiten Weltkrieg*, Stuttgart 1966
—: *Hitlers Herrschaft. Vollzug einer Weltanschauung*, Stuttgart 1986
—: *Hitlers Weltanschauung. Entwurf einer Herrschaft*, Stuttgart ^{3}1986
—: »On the Purpose of the Wannsee Conference«, in: *Perspectives on the Holocaust. Essays in Honor of Raul Hilberg*, hg. von James S. Pacy und Alan P. Wertheimer, Boulder, Colorado, 1995, S. 39–49
—/Rohwer, Jürgen (Hg.): *Der Mord an den Juden im Zweiten Weltkrieg. Entschlußbildung und Verwirklichung*, Stuttgart 1985
Jacobsen, Hans Adolph: »Kommissarbefehl und Massenexekutionen sowjetischer Kriegsgefangener«, in: *Anatomie des SS-Staates*, Bd. 2, S. 137–234
Jahn, Peter: »›Russenfurcht‹ und Antibolschewismus. Zur Entstehung und Wechselwirkung von Feindbildern«, in ders./Rürup (Hg.), *Erobern und Vernichten*, S. 47–56
—/Rürup, Reinhard (Hg.): *Erobern und Vernichten. Der Krieg gegen die Sowjetunion*, Berlin 1991

Jansen, Christian/Weckbecker, Arno: *Der »Volksdeutsche Selbstschutz« in Polen 1939/40*, München 1992
Jastrzębski, Włodzimierz: *Der Bromberger Blutsonntag. Legende und Wirklichkeit*, Poznań 1990
—: »Nazi Deportations of Polish and Jewish Population from Territories Incorporated into the Third Reich«, Diskussionspapier, vorgelegt auf der Konferenz über den NS-Genozid in Polen und Europa, Warschau, 14.–17. April 1983
Jelinek, Yeshayahu: »Slovakia's Internal Policy and the Third Reich«, in: *Central European History* 4/3 (1971), S. 242–270
—: »Storm-Troopers in Slovakia. The Rodobranna and the Hlinka Guard«, in: *Journal of Contemporary History* 6/3 (1971), S. 97–120
Jersak, Tobias: »Die Interaktion von Kriegsverlauf und Judenvernichtung. Ein Blick auf Hitlers Strategie im Spätsommer 1941«, in: *Historische Zeitschrift* 268/2 (April 1999), S. 311–349
Johnson, Eric A.: *Der nationalsozialistische Terror. Gestapo, Juden und gewöhnliche Deutsche*, Berlin 2001
Jonca, Karol: »Deportations of German Jews from Breslau 1941–1944 as Described in Eyewitness Testimony«, in: *Yad Vashem Studies* 25 (1996), S. 275–306
Jovanovic, M.: »›Wir packen, wir auspacken‹. Tragnica Sudbina Jevreja-Isbeglica U Sapcu 1941«, in: *Zbornik* 4 (1979), pp. 245–279
Kaienburg, Hermann: »Jüdische Arbeitslager an der ›Straße der SS‹«, in: *1999. Zeitschrift für Sozialgeschichte des 20. und 21. Jahrhunderts* 1 (1996), S. 13–39
Kaiser, Wolf (Hg.): *Täter im Vernichtungskrieg. Der Überfall auf die Sowjetunion und der Völkermord an den Juden*, München/Berlin 2002
Kaplan, Marion: *Der Mut zum Überleben. Jüdische Frauen und ihre Familien in Nazideutschland*, Berlin 2001
Kater, Michael: »Everyday Anti-Semitism in Prewar Nazi Germany«, in: *Yad Vashem Studies* 16 (1984), S. 129–159
Katz, Steven T.: *The Holocaust in Historical Context*, Bd. l: *The Holocaust and Mass Death before the Modern Age*, New York 1994
Kempner, Robert: *Eichmann und Komplizen*, Zürich/Stuttgart/Wien 1961
—: *SS im Kreuzverhör. Die Elite, die Europa in Scherben schlug*, Nördlingen ^{2}1987
Kershaw, Ian: »German Popular Opinion and the ›Jewish Question‹,

1939–1943. Some Further Reflections«, in Wolfgang Benz (Hg.), *Die Juden im National-Sozialistischen Deutschland. Leben unter nationalsozialistischer Herrschaft*, Tübingen 1986, S. 365–385
—: *Hitler*, Bd. 1: *1889–1936*, Stuttgart 1998; Bd. 2: *1936–1945*, Stuttgart 2000
—: *Der Hitler-Mythos. Führerkult und Volksmeinung*, Stuttgart 1999
—: »Improvised Genocide? The Emergence of the ›Final Solution‹ in the ›Warthegau‹«, in: *Transactions of the Royal Historical Society*, 6. Serie (1992), S. 51–78
—: »The Persecution of the Jews and German Public Opinion in the Third Reich«, in: *Leo Baeck Institute Yearbook* 26 (1981), S. 261–289
—: *Popular Opinion and Political Dissent in the Third Reich. Bavaria 1933–1945*, New York 1983
Klarsfeld, Serge: *Vichy – Auschwitz. Die Zusammenarbeit der deutschen und französischen Behörden bei der »Endlösung der Judenfrage« in Frankreich*, Nördlingen 1989
—/Steinberg, Maxime (Hg.): *Die Endlösung der Judenfrage in Belgien*, New York/Paris o. D.
Klee, Ernst: *»Euthanasie« im NS-Staat. Die »Vernichtung lebensunwerten Lebens«*, Frankfurt am Main 1983
Klein, Peter: »Einleitung«, in: *Die Einsatzgruppen in der besetzten Sowjetunion 1941/42*, S. 9–28
—: »Die Rolle der Vernichtungslager Kulmhof (Chelmno), Belzec und Auschwitz-Birkenau in den frühen Deportationsvorbereitungen«, in Dittmar Dahlmann und Gerhard Hirschfeld (Hg.), *Lager, Zwangsarbeit und Deportation. Dimensionen der Massenverbrechen in der Sowjetunion und in Deutschland 1933 bis 1945*, Essen 1999, S. 459–481
Klemp, Stefan: »Kölner Polizeibataillone in Osteuropa. Die Polizeibataillone 69, 309, 319 und die Polizeireservekompanie Köln«, in Buhlan/Jung (Hg.), *Wessen Freund und wessen Helfer?*, S. 277–298
Klink, Ernst: »Der Krieg gegen die Sowjetunion bis zur Jahreswende 1941/42. Die Operationsführung. Heer und Kriegsmarine«, in Militärgeschichtliches Forschungsamt (Hg.), *Das Deutsche Reich und der Zweite Weltkrieg*, Bd. 4, S. 451–652
Kloodzinski, Stanislaw: »Die erste Vergasung von Häftlingen und Kriegsgefangenen im Konzentrationslager Auschwitz«, in: *Die Auschwitz-Hefte*, Bd. 1, S. 261–275

Koehl, Robert: *Black Corps. The Structure and Power Struggles of the Nazi SS*, Madison, Wisconsin, 1983

—: *RKFDV. German Resettlement and Population Policy 1939–45*, Cambridge, Massachusetts, 1957

Krausnick, Helmut: »Hitler und die Befehle an die Einsatzgruppen im Sommer 1941«, in Jäckel/Rohwer (Hg.), *Der Mord an den Juden im Zweiten Weltkrieg*, S. 88–106

—: »Judenverfolgung«, in: *Anatomie des SS-Staats*, Bd. 2, S. 235–366

—: »Kommissarbefehl und ›Gerichtsbarkeitserlass Barbarossa‹ in neuer Sicht«, in: *Vierteljahrshefte für Zeitgeschichte* 25/4 (1977), S. 682–738

—/Wilhelm, Hans-Heinrich: *Die Truppe des Weltanschauungskrieges. Die Einsatzgruppen der Sicherheitspolizei und des SD, 1938–1942*, Stuttgart 1981

Kühl, Stefan: *The Nazi Connection. Eugenics, American Racism, and German National Socialism*, New York 1994

Kulka, Otto Dov: »›Public Opinion‹ in Nazi Germany and the ›Jewish Question‹«, in: *The Jerusalem Quarterly* 25 (Herbst 1982), S. 121–144, und 26 (Winter 1982), S. 34–45

—/Rodrigue, Aron: »The German Population and the Jews in the Third Reich. Recent Publications and Trends in Research on German Society and the ›Jewish Question‹«, in: *Yad Vashem Studies* 16 (1984), S. 421–435

Kwiet, Konrad: »Erziehung zum Mord – Zwei Beispiele zur Kontinuität der deutschen ›Endlösung der Judenfrage‹«, in Michael Grüttner, Rüdiger Hachtmann und Heinz-Gerhard Haupt (Hg.), *Geschichte und Emanzipation. Festschrift für Reinhard Rürup*, Frankfurt am Main/New York 1999, S. 435–457

—: »Forced Labour of German Jews in Nazi Germany«, in: *Leo Baeck Institute Yearbook* 36 (1991), S. 389–410

—: »From the Diary of a Killing Unit«, in John Milfull (Hg.), Why Germany? *National Socialist Anti-Semitism and the European Context*, Providence/Oxford 1992, S. 92–110

—: »Nach dem Pogrom. Stufen der Ausgrenzung«, in Wolfgang Benz (Hg.), *Die Juden in Deutschland 1933–1945. Leben unter nationalsozialistischer Herrschaft*, München 1988, S. 545–659

—: »Rehearsing for Murder. The Beginning of the Final Solution in Lithuania in June 1941«, in: *Holocaust and Genocide Studies* 12/1 (1998), S. 3–26

——: *Reichskommissariat Niederlande. Versuch und Scheitern nationalsozialistischer Neuordnung*, Stuttgart 1968

Langmuir, Gavin I.: »From Anti-Judiasm to Antisemitism«, in ders., *History, Religion, and Antisemitism*, Berkeley, Kalifornien, 1990, S. 275–305

——: »Prolegomena to Any Present Analysis of Hostility Against the Jews«, in Michael Marrus (Hg.), *The Nazi Holocaust. Historical Articles on the Destruction of European Jews*, Bd. 2, Westport, Connecticut, 1989, S. 133–171

Laqueur, Walter: »The German People and the Destruction of the European Jews«, in: *Central European History* 6/2 (1973), S. 167–191

——: *Was niemand wissen wollte. Die Unterdrückung der Nachrichten über Hitlers »Endlösung«*, Frankfurt am Main/Berlin/Wien 1981

Latzel, Klaus: *Deutsche Soldaten – nationalsozialistischer Krieg? Kriegserlebnis – Kriegserfahrung 1939–1945*, Paderborn/München/Wien/Zürich 1998

Lederer, Zdenek: *Ghetto Theresienstadt*, London 1953

Levy, Richard S.: *The Downfall of the Anti-Semitic Political Parties in Imperial Germany*, New Haven, Connecticut/London 1975

Lewy, Guenter: *»Rückkehr nicht erwünscht«. Die Verfolgung der Zigeuner im Dritten Reich*, Berlin 2001

Lichtenstein, Heiner: *Himmlers grüne Helfer. Die Schutz- und Ordnungspolizei im »Dritten Reich«*, Köln 1990

——: »Ein Lügenwirr. Der Wuppertaler Prozess gegen Angehörige des Polizeibataillons 309«, in Buhlan/Jung (Hg.), *Wessen Freund und wessen Helfer?*, S. 619–632

Lindqvist, Sven: *Durch das Herz der Finsternis. Ein Afrika-Reisender auf den Spuren des europäischen Völkermords*, Frankfurt am Main 1999

Liulevicius, Vejas G.: *Eroberung, Kolonisierung und Militärherrschaft im Ersten Weltkrieg*, Hamburg 2002

Longerich, Peter: *Politik der Vernichtung. Eine Gesamtdarstellung der nationalsozialistische Judenverfolgung*, München 1998

——: *Der ungeschriebene Befehl. Hitler und der Weg zur »Endlösung«*, München/Zürich 2001

——: »Vom Massenmord zur ›Endlösung‹. Die Erschießungen von jüdischen Zivilisten in den erster Monaten des Ostfeldzuges im Kontext des nationalsozialistischen Judenmords«, in Bernd

Wegner (Hg.), *Zwei Wege nach Moskau. Vom Hitler-Stalin-Pakt zum »Unternehmen Barbarossa«*, München 1991, S. 251–274

Lower, Wendy: »Nazi Colonial Dreams. German Policies and Ukrainian Society in Zhytomir«, Dissertation, American University, Washington, D. C., 1999

Lozowick, Yaacov: *Hitlers Bürokraten. Eichmann, seine willigen Vollstrecker und die Banalität des Bösen*, Zürich 2000

—: »Rollbahn Mord. The Early Activities of Einsatzgruppe C«, in: *Holocaust and Genocide Studies* 2/2 (1987), S. 221–242

Lumans, Valdis O.: *Himmler's Auxiliaries. The Volksdeutsche Mittelstelle and the German Minorities of Europe, 1933–1945*, Chapel Hill, North Carolina/London 1993

MacQueen, Michael: »The Context of Mass Destruction. Agents and Prerequisites of the Holocaust in Lithuania«, in: *Holocaust and Genocide Studies* 12/1 (1998), S. 27–48

—: »Nazi Policy toward the Jews in the Reichskommissariat Ostland, June-December 1941. From White Terror to Holocaust in Lithuania«, in Zvi Gitelman (Hg.), *Bitter Legacy. Confronting the Holocaust in the USSR*, Bloomington, Indiana, 1997, S. 91–103

Madajczyk, Czesław: *Polityka III-Rzeszy w okupowanej Polsce*, Warschau 1970 (deutsch: *Die Okkupationspolitik Nazideutschlands in Polen 1939–1945*, Berlin 1987)

—: »Generalplan Ost«, in: *Polish Western Affairs* 3/2 (1962), S. 391–442

—: »Was Generalplan Ost synchronous with the Final Solution?«, in Asher Cohen, Yehoyakim Cochavi und Yoav Gelber (Hg.), *The Shoah and the War*, New York 1992, S. 145–160

Maier, Dieter: *Arbeitseinsatz und Deportation. Die Mitwirkung der Arbeitsverwaltung bei der nationalsozialistischen Judenverfolgung in den Jahren 1938–1945*, Berlin 1994

Mallmann, Klaus-Michael/Pyta, Wolfram/Rieß, Volker (Hg.): *Deutscher Osten 1939–1945. Der Weltanschauungskrieg in Photos und Texten*, Darmstadt 2003

—: »Der Einstieg in den Genozid. Das Lübecker Polizeibataillon 307 und das Massaker in Brest-Litowsk Anfang Juli 1941«, in: *Archiv für Polizeigeschichte*, 1999, S. 82–88

—: »Menschenjagd und Massenmord. Das neue Instrument der Einsatzgruppen und -kommandos 1938–1945«, in Paul/Mallmann (Hg.), *Die Gestapo im Zweiten Weltkrieg*, S. 291–316

—: »Die Türöffner der ›Endlösung‹. Zur Genesis des Genozids«, in Paul/Mallmann (Hg.), *Die Gestapo im Zweiten Weltkrieg*, S. 437–463

—: »Vom Fußvolk der ›Endlösung‹. Ordnungspolizei, Ostkrieg und Judenmord«, in: *Tel Aviv Jahrbuch für deutsche Geschichte* 16 (1997), S. 355–391

Manoschek, Walter: *»Serbien ist judenfrei«. Militärische Besatzungspolitik und Judenvernichtung in Serbien 1941/42*, München 1993

Marrus, Michael R./Paxton, Robert O.: »The Nazis and Jews in Occupied Western Europe, 1940–1944«, in Furet (Hg.), *Unanswered Questions*

—: *Vichy France and the Jews*, New York 1981

Matthäus, Jürgen: »Antisemitism as an Offer. Ideological Indoctrination of the SS and Police Corps during the Holocaust«, unveröffentlichtes Papier, Lessons and Legacies Conference, Minneapolis, Minnesota, 2002

—: »An vorderster Front. Voraussetzungen für die Beteiligung der Ordnungspolizei an der Shoah«, in Paul (Hg.), *Die Täter der Shoah*, S. 137–166

—: »Ausbildungsziel Judenmord? Zum Stellenwert der ›weltanschaulichen Erziehung‹ von SS und Polizei im Rahmen der ›Endlösung‹«, in: *Zeitschrift für Geschichtswissenschaft* 8 (1999), S. 673–699

—/Kwiet, Konrad/Förster, Jürgen/Breitman, Richard: *Ausbildungsziel Judenmord? »Weltanschauliche Erziehung« von SS und Polizei im Rahmen der »Endlösung«*, Frankfurt am Main 2003

—: »German Judenpolitik in Lithuania During the First World War«, in: *Leo Baeck Institute Year Book* 43 (1998), S. 155–174

—: »Jenseits der Grenze. Die ersten Massenerschießungen von Juden in Litauen«, in: *Zeitschrift für Geschichtswissenschaft* 2 (1996), S. 101–117

—: »›Reibungslos und planmäßig‹. Die zweite Welle der Judenvernichtung im Generalkommissariat Weißruthenien (1942–1944)«, in: *Jahrbuch für Antisemitismusforschung* 4 (1995), S. 254–274

—: »›Warum wird über das Judentum geschult?‹ Die ideologische Vorbereitung der deutschen Polizei auf den Holocaust«, in Paul/Mallmann (Hg.), *Die Gestapo im Zweiten Weltkrieg*, S. 100–124

—: »What About the ›Ordinary Men‹? The German Order Police and the Holocaust in the Occupied Soviet Union«, in: *Holocaust and Genocide Studies* 10 (1996), S. 138–150

Mayer, Arno: *Why Did the Heavens Not Darken? The »Final Solution« in History*, New York 1989

Meershoek, Guus: »The Amsterdam Police and the Persecution of the Jews«, in Berenbaum/Peck (Hg.), *The Holocaust and History*, S. 284–300

Merz, Kai-Uwe: *Das Schreckbild. Deutschland und der Bolschewismus 1917 bis 1921*, Berlin/Frankfurt am Main 1995

Messerschmidt, Manfred: *Die Wehrmacht im NS-Staat. Zeit der Indoktrination*, Hamburg 1969

Michman, Joseph: »Planning for the Final Solution Against the Background of Developments in Holland in 1941«, in: *Yad Vashem Studies* 17 (1986), S. 145–180

Militärgeschichtliches Forschungsamt (Hg.): *Das Deutsche Reich und der Zweite Weltkrieg*, Stuttgart 1983, Bd. 4: *Der Angriff auf die Sowjetunion;* Bd. 5.1: *Organisation und Mobilisierung des deutschen Machtbereiches*

Milton, Sybil: »The Camera as a Weapon. Documentary Photography and the Holocaust«, in: *Simon Wiesenthal Center Annual* 1 (1984), S. 45–68

Mommsen, Hans: »Aufgabenkreis und Verantwortlichkeit des Staatssekretärs der Reichskanzlei Dr. Wilhelm Kritzinger«, in: *Gutachten des Instituts für Zeitgeschichte*, Bd. 2, S. 369–398

—: »Hitler's Reichstag Speech of 30 January 1939«, in: *History and Memory* 9 (1997), S. 147–161

—: »Hitlers Stellung im nationalsozialistischen Herrschaftssystem«, in Gerhard Hirschfeld und Lothar Kettenacker (Hg.), *Der »Führerstaat«. Mythos und Realität. Studien zur Struktur und Politik des Dritten Reiches*, Stuttgart 1981

—: »Die Realisierung des Utopischen. Die ›Endlösung der Judenfrage‹ im ›Dritten Reich‹«, in ders., *Der Nationalsozialismus und die deutsche Gesellschaft. Ausgewählte Aufsätze*, Reinbek 1991, S. 184–232

—: »Umvolkungspläne des Nationalsozialismus und der Holocaust«, in Grabitz/Bästlein/Tuchel (Hg.), *Die Normalität des Verbrechens*, S. 68–84

—/Willems, Susanne (Hg.): *Herrschaftsalltag im Dritten Reich. Studien und Texte*, Düsseldorf 1988

Montague, Patrick O.: »The Chelmno Death Camp«, unveröffentlichtes Manuskript

Moore, Bob: *Victims and Survivors. The Nazi Persecution of the Jews in the Netherlands 1940–1945*, London 1997

Morrel, J. E.: »Arnold Leese – Fascist and Antisemite«, in: *The Wiener Library Bulletin*, Neue Serie Nr. 17 (1969), S. 32–36

Moser, Jonny: »Nisko. The First Experiment in Deportation«, in: *The Simon Wiesenthal Center Annual* 2 (1985), S. 1–30

Mosse, George L.: *Ein Volk, ein Reich, ein Führer. Die völkischen Ursprünge des Nationalsozialismus*, Königstein im Taunus 1979

—: *Rassismus. Ein Krankheitssymptom in der europäischen Geschichte des 19. und 20. Jahrhunderts*, Königstein im Taunus 1978

—/Vago, Bela (Hg.): *The Jews and Non-Jews in Eastern Europe, 1918–1945*, New York 1974

Müller, Klaus-Jürgen: *Das Heer und Hitler. Armee und nationalsozialistisches Regime 1933–40*, Stuttgart 1969

Müller, Rolf-Dieter: *Hitlers Ostkrieg und die deutsche Siedlungspolitik. Die Zusammenarbeit von Wehrmacht, Wirtschaft und SS*, Frankfurt am Main 1991

—: »Die Mobilisierung der deutschen Wirtschaft für Hitlers Kriegführung«, in Militärgeschichtliches Forschungsamt (Hg.), *Das Deutsche Reich und der Zweite Weltkrieg*, Bd. 5.1, S. 349–689

—: »Von der Wirtschaftsallianz zum kolonialen Ausbeutungskrieg«, in Militärgeschichtliches Forschungsamt (Hg.), *Das Deutsche Reich und der Zweite Weltkrieg*, Bd. 4, S. 98–189

Mulligan, Timothy P.: *The Politics of Illusion and Empire. German Occupation Policy in the Soviet Union, 1942–43*, New York 1988

Münz, Max: »Die Verantwortlichkeit für die Judenverfolgungen im Ausland während der nationalsozialistischen Herrschaft«, Dissertation, Frankfurt am Main 1958

Musial, Bogdan: *Deutsche Zivilverwaltung und Judenverfolgung im Generalgouvernement. Eine Fallstudie zum Distrikt Lublin 1939–1944*, Wiesbaden 1999

—: *»Konterrevolutionäre Elemente sind zu erschießen«. Die Brutalisierung des deutsch-sowjetischen Krieges im Sommer 1941*, München/Berlin 2000

Nachtwei, Winfried: »›Ganz normale Männer‹. Die Verwicklung von Polizeibataillonen aus dem Rheinland und Westfalen in den nationalsozialistischen Vernichtungskrieg«, in Alfons Kenkmann (Hg.), *Villa ten Hompel. Sitz der Ordnungspolizei im Dritten Reich. Vom »Tatort Schreibtisch« zur Erinnerungsstätte?*, Münster 1996, S. 54–77

Nissan, Oren: »The Bulgarian Exception. A Reassessment of the Salvation of the Jewish Community«, in: *Yad Vashem Studies* 3 (1966), S. 83–106
Noakes, Jeremy: »No Ordinary People«, in: *Times Literary Supplement*, 7. Juni 1996, S. 10
Nova, Fritz: *Alfred Rosenberg. Nazi Theorist of the Holocaust*, New York 1986
Ogorreck, Ralf: »Die Einsatzgruppen der Sicherheitspolizei und des Sicherheitsdienstes im Rahmen der ›Genesis der Endlösung‹. Ein Beitrag zur Entschlußbildung der ›Endlösung der Judenfrage‹ im Jahre 1941«, Dissertation, Berlin 1992
—: *Die Einsatzgruppen und die »Genesis der Endlösung«*, Berlin 1996
Orth, Karin: »Rudolph Höß und die ›Endlösung der Judenfrage‹. Drei Argumente gegen deren Datierung auf den Sommer 1941«, in: *Werkstatt Geschichte* 18 (1997)
Otto, Reinhard: *Wehrmacht, Gestapo und sowjetische Kriegsgefangene im deutschen Reichsgebiet*, München 1998
Pätzold, Kurt: »Von der Vertreibung zum Genozid. Zu den Ursachen, Triebkräften, und Bedingungen der antijüdischen Politik des faschistischen deutschen Imperialismus«, in Dietrich Eichholtz und Kurt Gossweiler (Hg.), *Faschismus-Forschung. Positionen, Probleme, Polemik*, Berlin 1980
—: »Die Wannsee-Konferenz – zu ihrem Platz in der Geschichte der Judenvernichtung«, in Werner Röhr (Hg.), *Faschismus und Rassismus. Kontroversen um Ideologie und Opfer*, Berlin 1992, S. 257–290
Pätzold, Kurt/Schwarz, Erika: *»Auschwitz war für mich nur ein Bahnhof«. Franz Novak – der Transportoffizier Adolf Eichmanns*, Berlin 1994
—: *Tagesordnung: Judenmord. Die Wannsee-Konferenz am 20. Januar 1942. Eine Dokumentation zur Organisation der ›Endlösung‹*, Berlin 1992
Paul, Gerhard: »Ganz normale Akademiker. Eine Fallstudie zur regionalen staatspolizeilichen Funktionselite«, in Gerhard Paul und Klaus-Michael Mallmann (Hg.), *Die Gestapo. Mythos und Realität*, Darmstadt 1995, S. 236–254
— (Hg.): *Die Täter der Shoah. Fanatische Nationalsozialisten oder ganz normale Deutsche?*, Göttingen 2002
—/Mallmann, Klaus-Michael (Hg.): *Die Gestapo im Zweiten Weltkrieg. »Heimatfront« und besetztes Europa*, Darmstadt 2000

Paxton, Robert O.: *Vichy France. Old Guard and New Order*, New York 1972

Pelt, Robert Jan van: *The Case for Auschwitz. Evidence from the Irving Trial*, Bloomington, Indiana, 2002

—: »A Site in Search of a Mission«, in Gutman/Berenbaum (Hg.), *Anatomy of the Auschwitz Death Camp*, S. 93–156

—/Dwork, Deborah: *Auschwitz: von 1270 bis heute*, Zürich/München 1998

Piper, Franciszek: »Gas Chambers and Crematoria«, Gutman/Berenbaum (Hg.), *Anatomy of the Auschwitz Death Camp*, S. 157–182

Pohl, Dieter: »Die Einsatzgruppe C«, in: *Die Einsatzgruppen in der besetzten Sowjetunion 1941/42*, S. 71–87

—: »Die großen Zwangsarbeitslager der SS- und Polizeiführer für Juden im Generalgouvernement 1942–1945«, in Herbert/Orth/Dieckmann (Hg.), *Die nationalsozialistischen Konzentrationslager*, Bd. 1, S. 415–438

—: »Hans Krüger and the Murder of the Jews in the Stanislawow Region (Galicia)«, in: *Yad Vashem Studies* 26 (1998), S. 239–264

—: *Nationalsozialistische Judenverfolgung in Ostgalizien 1941–1944. Organisation und Durchführung eines staatlichen Massenverbrechens*, München 1996

—: »Schauplatz Ukraine. Der Massenmord an den Juden im Militärverwaltungsgebiet und im Reichskommissariat 1941–1943«, in Frei/Steinbacher/Wegner (Hg.), *Ausbeutung, Vernichtung, Öffentlichkeit*, S. 135–173

—: *Von der »Judenpolitik« zum Judenmord. Der Distrikt Lublin des Generalgouvernements 1939–1944*, Frankfurt am Main 1993

Poliakov, Leon: *Geschichte des Antisemitismus*, Bde. 1–6, Worms 1977–1987, Bde. 7–8, Frankfurt am Main 1988

—: *Harvest of Hatred*, Philadelphia, Pennsylvania, 1954

Porat, Dina: »The Holocaust in Lithuania. Some Unique Aspects«, in David Cesarini (Hg.), *The Final Solution. Origins and Implementation*, London/New York 1994, S. 159–174

Pressac, Jean-Claude: *Auschwitz: Technique and Operation of the Gas Chambers*, New York 1989

—: *Die Krematorien von Auschwitz. Die Technik des Massenmordes*, München/Zürich 1994

—/Pelt, Robert Jan van: »The Machinery of Mass Murder at Auschwitz«, in Gutman/Berenbaum (Hg.), *Anatomy of the Auschwitz Death Camp*, S. 183–245

Presser, Jacob: *The Destruction of the Dutch Jews*, New York 1969

Pulzer, Peter G. J.: *Die Entstehung des politischen Antisemitismus in Deutschland und Österreich 1867 bis 1914*, Gütersloh 1966

Reichelt, Katrin: »Kollaboration und Holocaust in Lettland 1941–1945«, in Kaiser (Hg.), *Täter im Vernichtungskrieg*, S. 110–124

Reitlinger, Gerald: *Die Endlösung. Hitlers Versuch der Ausrottung der Juden 1939–1945*, Berlin [4]1961

—: *Ein Haus auf Sand gebaut. Hitlers Gewaltpolitik in Russland 1941–1944*, Hamburg 1962

Retallack, James: »Social History with a Vengeance? Some Reactions to H-U Wehler's ›Das Kaiserreich‹«, in: *German Studies Review* 7/3 (1984), S. 423–450

Rich, Norman: *Hitler's War Aims*, Bd. 2: *The Establishment of the New Order*, New York 1974

Richmond, Theo: *Konin. Auf der Suche nach der Stadt meiner Eltern*, München 1997

Rieß, Volker: *Die Anfänge der Vernichtung »lebensunwerten Lebens« in den Reichsgauen Danzig-Westpreußen und Wartheland 1939/40*, Frankfurt am Main/Berlin/Bern/New York/Paris/Wien 1995

Röhr, Werner (Hg.): *Okkupation und Kollaboration (1938–1945). Beiträge zu Konzepten und Praxis der Kollaboration in der deutschen Okkupationspolitik*, Berlin/Heidelberg 1994

Ronen, Avihu: »The Jews of Zaglembie during the Holocaust«, Dissertation, Jerusalem 1989

Roseman, Mark: *Die Wannsee-Konferenz. Wie die NS-Bürokratie den Holocaust organisierte*, München/Berlin 2002

Rosenkranz, Herbert: *Verfolgung und Selbstbehauptung. Die Juden in Österreich 1938–1945*, München 1978

Rossino, Alexander B.: »Destructive Impulses. German Soldiers and the Conquest of Poland«, in: *Holocaust and Genocide Studies* 11/3 (Winter 1997), S. 351–365

—: »Eastern Europe through German Eyes. Soldiers' Photographs 1939–42«, in: *History of Photography* 23 (1999), S. 313–321

—: »Nazi Anti-Jewish Policy during the Polish compaign. The Case of Einsatzgruppe von Woyrsch«, in: *German Studies Review*, 26 (2001), S. 35–53

—: »September 1939. The German Army and the Invasion of Poland«, Dissertation, Syracuse University, 1999

Rössler, Mechthild/Schleiermacher, Sabine (Hg.): *Der »Generalplan Ost«. Hauptlinien der nationalsozialistischen Planungs- und Vernichtungspolitik*, Berlin 1993

Rückerl, Adalbert: *Nationalsozialistische Vernichtungslager im Spiegel deutscher Strafprozesse: Belzec, Sobibor, Treblinka, Chelmno*, München 1977

Safrian, Hans: *Die Eichmann-Männer*, Wien/Zürich 1993

Sandkühler, Thomas: *»Endlösung« in Galizien. Der Judenmord in Ostpolen und die Rettungsinitiativen von Berthold Beitz, 1941–1944*, Bonn 1996

—: »Judenpolitik und Judenmord im Distrikt Galizien, 1941–1942«, in Herbert (Hg.), *Nationalsozialistische Vernichtungspolitik*, S. 122–147

Scheffler, Wolfgang: »Die Einsatzgruppe A«, in: *Die Einsatzgruppen in der besetzten Sowjetunion 1941/42*, S. 29–51

—: »Die Wannsee-Konferenz und ihre historische Bedeutung«, in: *Erinnern für die Zukunft. Ansprache und Vorträge zur Eröffnung der Gedenkstätte [Haus der Wannseekonferenz]*, Berlin 1992, S. 17–34

—: »Zur Entstehungsgeschichte der ›Endlösung‹«, in: *Aus Politik und Zeitgeschichte* B/43/82 (30. November 1982), S. 3–10

Schleunes, Karl (Hg.): *Legislating the Holocaust. The Bernhard Loesener Memoirs and Supporting Documents*, Boulder, Colorado, 2001

—: *The Twisted Road to Auschwitz. Nazi Policy towards German Jews 1933–1939*, Urbana, Illinois, 1970

Schmidt, Paul: *Der Statist auf der Galerie 1945–1950. Erlebnisse, Kommentare, Vergleiche*, Bonn 1951

Schmidt, Ulf: »Kriegsausbruch und ›Euthanasie‹. Neue Forschungsergebnisse zum ›Knauer Kind‹ im Jahr 1939«, in Andreas Frewer und Clemens Eickhoff (Hg.), *»Euthanasie« und die aktuelle Sterbehilfe-Debatte. Die historischen Hintergründe medizinischer Ethik*, Frankfurt am Main/New York 2000

—: »Reassessing the Beginning of the ›Euthanasia‹ Program«, in: *German History* 17/4 (1999), S. 543–550

Schmidt-Hartmann, Eva: »Tschechoslowakei«, in Benz (Hg.), *Dimension des Völkermords*, S. 353–379

Schneider, Gertrude: *Journey into Terror. Story of the Riga Ghetto*, New York 1979

Schulte, Theo J.: *The German Army and Nazi Policies in Occupied Russia*, Oxford/New York 1989

Shelach, Menachem: »Sajmiste extermination camp in Serbia«, in: *Holocaust and Genocide Studies* 2/2 (1987), S. 243–260

Shils, Edward/Janowitz, Morris: »Cohesion and Disintegration in the Wehrmacht in World War II«, in Edward Shils (Hg.), *Center and Periphery. Essays in Macrosociology*, Chicago, Illinois, 1975, S. 345–383

Slepyan, Kenneth D.: »›The People's Avengers‹. Soviet Partisans, Stalinist Society, and the Politics of Resistance, 1941–1944«, Dissertation, University of Michigan, 1994

Smith, Woodruff D.: *The Ideological Origins of Nazi Imperialism*, New York 1986

Spector, Shmuel: *The Holocaust of the Volhynian Jews, 1941–1944*, Jerusalem 1990

Stang, Knut: *Kollaboration und Massenmord. Die litauische Hilfspolizei, das Rollkommando Hamann und die Ermordung der litauischen Juden*, Frankfurt am Main 1996

Steinbacher, Sybille: *»Musterstadt« Auschwitz. Germanisierungspolitik und Judenmord in Ostoberschlesien*, München 2000

Steinberg, Maxime: »The Judenpolitik in Belgium within the West European Context. Comparative Observations«, in Dan Michman (Hg.), *Belgium and the Holocaust. Jews, Belgians, Germans*, Jerusalem 1998

Steinert, Marlis G.: *Hitlers Krieg und die Deutschen. Stimmung und Haltung der deutschen Bevölkerung im Zweiten Weltkrieg*, Düsseldorf/Wien 1970

Stern, Fritz: *Kulturpessimismus als politische Gefahr. Eine Analyse nationaler Ideologie in Deutschland*, Bern/Stuttgart/Wien 1963

Steur, Claudia: »Eichmanns Emissäre. Die ›Judenberater‹ in Hitlers Europa«, in Paul/Mallmann (Hg.), *Die Gestapo im Zweiten Weltkrieg*, S. 403–436

—: *Theodor Dannecker. Ein Funktionär der »Endlösung«*, Essen 1997

Stokes, Lawrence D.: »The German People and the Destruction of the European Jews«, in: *Central European History* 6/2 (1973), S. 167–191

Streim, Alfred: *Die Behandlung sowjetischer Kriegsgefangener im »Fall Barbarossa«. Eine Dokumentation*, Heidelberg/Karlsruhe 1981

—: »The Tasks of the Einsatzgruppen«, in: *The Simon Wiesenthal Center Annual* 4 (1987), S. 309–328

—: »Zur Eröffnung des allgemeinen Judenvernichtungsbefehls gegenüber den Einsatzgruppen«, in Jäckel/Rohwer (Hg.), *Der Mord an den Juden im Zweiten Weltkrieg*, S. 107–119

Streit, Christian: »The German Army and the Policies of Genocide«, in Hirschfeld (Hg.), *The Policies of Genocide*, S. 1–14

—: *Keine Kameraden. Die Wehrmacht und die sowjetischen Kriegsgefangenen 1941–1945*, Bonn [3]1997

Tal, Uriel: *Christians and Jews in Germany. Religion, Politics, and Ideology in the Second Reich, 1870–1914*, Ithaca, New York/London 1975

Tec, Nechama: *When Light Pierced the Darkness. Christian Rescue of Jews in Nazi-Occupied Poland*, New York 1986

—/Weiss, Daniel: »The Heroine of Minsk. Eight Photographs of an Execution«, in: *History of Photography* 23 (1999), S. 322–330

Tessin, Georg: »Die Stäbe und Truppeneinheiten der Ordnungspolizei«, in: *Zur Geschichte der Ordnungspolizei 1936–1945*, Koblenz 1957

—/Kannapin, Norbert/Meyer, Brün: *Waffen-SS und Ordnungspolizei im Kriegseinsatz 1939–1945. Ein Überblick anhand der Feldpostübersicht*, Osnabrück 2000

Thurner, Erika: *Nationalsozialismus und Zigeuner in Österreich*, Wien 1983

Todorov, Tzvetan: *The Fragility of Goodness. Why Bulgaria's Jews Survived the Holocaust*, Princeton, New Jersey, 1999

Toury, Jacob: »Die Entstehungsgeschichte des Austreibungsbefehls gegen die Juden der Saarpfalz und Badens (22./23. Oktober 1940 – Camp de Gurs)«, in: *Jahrbuch des Instituts für Deutsche Geschichte* XV (1986), S. 431–464

Tregenza, Michael: »Belzec – Das Vergessene Lager des Holocaust«, in Hayes/Wojak (Hg.), *»Arisierung« im Nationalsozialismus*, S. 241–267

Trunk, Isaiah: *Judenrat. The Jewish Councils in Eastern Europe under Nazi Occupation*, New York 1972

Ueberschär, Gerd R./Vogel, Winfried: *Dienen und Verdienen. Hitlers Geschenke an seine Eliten*, Frankfurt am Main 1999

Uhlig, Heinrich: »Der verbrecherische Befehl«, in: *Die Vollmacht des Gewissens. Der militärische Widerstand gegen Hitler im Krieg*, 2

Bde., hg. von der Europäischen Publikation e. V., Frankfurt am Main 1965, Bd. 2, S. 287–410

Umbreit, Hans: *Deutsche Militärverwaltungen 1938/39. Die militärische Besetzung der Tschechoslowakei und Polens*, Stuttgart 1977

—: *Der Militärbefehlshaber in Frankreich 1940–1944*, Boppard 1968

Vestermanis, Margers: »Ortskommandantur Libau. Zwei Monate deutscher Besatzung im Sommer 1941«, in Heer/Naumann (Hg.), *Vernichtungskrieg*, S. 241–259

Volkmann, Hans-Erich (Hg.): *Das Russlandbild im Dritten Reich*, Köln/Weimar/Wien 1994

Volkov, Shulamit: »Antisemitism as a Cultural Code«, in: *Leo Baeck Institute Yearbook* 23 (1978), S. 25–46

Wagner, Bernd C.: »Gerüchte, Wissen, Verdrängung. Die IG Auschwitz und das Vernichtungslager Birkenau«, in Frei/Steinbacher/Wagner (Hg.), *Ausbeutung, Vernichtung, Öffentlichkeit*, S. 231–248

Waite, Robert: »Kollaboration und deutsche Besatzungspolitik in Lettland 1941 bis 1945«, in Röhr (Hg.), *Okkupation und Kollaboration*, S. 217–237

Walk, Joseph (Hg.): *Das Sonderrecht für die Juden im NS-Staat. Eine Sammlung der gesetzlichen Maßnahmen und Richtlinien. Inhalt und Bedeutung*, Heidelberg/Karlsruhe ²1989

Warmbrunn, Werner: *The Dutch Under German Occupation, 1940–45*, Stanford, Kalifornien, 1963

Wegner, Bernd: *Hitlers politische Soldaten: Die Waffen-SS 1933–1945. Leitbild, Struktur und Funktion einer nationalsozialistischen Elite*, Paderborn 1982

Wehler, Hans-Ulrich: *Das Deutsche Kaiserreich. 1871–1918*, Göttingen 1973

Weinberg, Gerhard: *Eine Welt in Waffen. Die globale Geschichte des Zweiten Weltkriegs*, Stuttgart 1995

Weindling, Paul: *Health, Race and German Politics Between National Unification and Nazism, 1870–1945*, Cambridge 1989

Weiss, Aharon: »Kolomyja«, in: *Enzyklopädie des Holocaust*, Bd. 2, S. 781 f.

—: »Stanislau«, in: *Enzyklopädie des Holocaust*, Bd. 3, S. 1370–1372

—: »Stryj«, in: *Enzyklopädie des Holocaust*, Bd. 3, S. 1378 f.

—: »Ternopol«, in: *Enzyklopädie des Holocaust*, Bd. 3, S. 1402 f.

Weiss, John: *Der lange Weg zum Holocaust. Die Geschichte der Judenfeindschaft in Deutschland und Österreich*, Berlin 1998

Weißbecker, Manfred: »›Wenn hier Deutsche wohnten ...‹ Beharrung und Veränderung im Russlandbild Hitlers und der NSDAP«, in Volkmann (Hg.), *Das Russlandbild im Dritten Reich*, S. 9–54

Welzer, Harald: »Wer waren die Täter? Anmerkungen zur Täterforschung aus sozialpsychologischer Sicht«, in Paul (Hg.), *Die Täter der Shoah*, S. 237–253

Westermann, Edward B.: »›Friend and Helper‹. German Uniformed Police Operations in the General Government, 1939–1941«, in: *The Journal of Military History* 58 (Oktober 1994), S. 643–661

—: »Himmler's Uniformed Police on the Eastern Front. The Reich's Secret Soldiers, 1941–1942«, in: *War in History* 3/3 (1996), S. 309–329

—: »›Ordinary Men‹ or ›Ideological Soldiers‹? Police Battalion 310 in Russia, 1942«, in: *German Studies Review* 21/1 (Februar 1998), S. 43–66

Wildt, Michael: *Generation des Unbedingten. Das Führungskorps des Reichssicherheitshauptamtes*, Hamburg 2002

—: »Der Hamburger Gestapochef Bruno Streckenbach. Eine Nationalsozialistische Karriere«, in Frank Bajohr und Joachim Szodrzynski (Hg.), *Hamburg in der NS-Zeit. Ergebnisse neuerer Forschungen*, Hamburg 1995, S. 93–123

Wilhelm, Hans-Heinrich: *Die Einsatzgruppe A der Sicherheitspolizei und des SD 1941/42*, Frankfurt am Main 1996

—: »The Holocaust in NS-Rhetoric«, in: *Yad Vashem Studies* 16 (1984), S. 95–127

—: »Motivation und ›Kriegsbild‹ deutscher Generale und Offiziere im Krieg gegen die Sowjetunion«, in Jahn und Rürup (Hg.), *Erobern und Vernichten*, S. 153–182

Witte, Peter: »Auf Befehl des ›Führers‹«, in: *Die Welt*, 27. August 1999

—: »Zwei Entscheidungen in der ›Endlösung der Judenfrage‹: Deportationen nach Lodz und Vernichtung in Chelmno«, in: *Theresienstädter Studien und Dokumente 1995*, hg. von Miroslav Kárný, Raimund Kemper und Margita Kárná, Prag 1995, S. 38–68

Wojak, Irmtrud: *Eichmanns Memoiren. Ein kritischer Essay*, Frankfurt am Main 2002

Yahil, Leni: »Methods of Persecution. A Comparison of the ›Final Solution‹ in Holland and Denmark«, in Michael Marrus (Hg.), *The Nazi Holocaust*, Bd. 4, Westport, Connecticut, 1989, S. 169–190

—: *Die Shoah. Überlebenskampf und Vernichtung der europäischen Juden*, München 1998

—: »Madagascar – Phantom of a Solution for the Jewish Question«, in George Mosse und Bela Vago (Hg.), *Jews and Non-Jews in Eastern Europe*, New York 1974

Yisraeli, David: *The Palestinian Problem in German Politics 1889–1945*, Ramat-Gan 1974

Zeller, Ron/Griffioen, Pim: »Judenverfolgung in den Niederlanden und in Belgien während des Zweiten Weltkrieges. Eine vergleichende Analyse«, in: *1999. Zeitschrift für Sozialgeschichte des 20. und 21. Jahrhunderts*, Teil I (1996), S. 30–54, und Teil II (1997), S. 29–48

Zbikowski, Andrzej: »Local Anti-Jewish Pogroms in the Occupied Territories of Eastern Poland, June – July 1941«, in Dobroszycki/Gurock (Hg.), *The Holocaust in the Soviet Union*, S. 173–179

Zimmermann, Michael: »The National Socialist ›Solution of the Gypsy Question‹. Central Decisions, Local Initiative, and their Interrelation«, in: *Holocaust and Genocide Studies* 15/3 (Winter 2001), S. 412–427

—: *Rassenutopie und Genozid. Die nationalsozialistische »Lösung der Zigeunerfrage«*, Hamburg 1996

Ortsregister

Personenregister